GOETHE · FAUST

Sonderausgabe

GOETHE · FAUST

Der Tragödie erster und zweiter Teil
Urfaust

Herausgegeben und kommentiert
von Erich Trunz

VERLAG C.H. BECK MÜNCHEN

Dieser Sonderausgabe liegt folgende Ausgabe zugrunde:
Goethes Werke, Band III (Hamburger Ausgabe).
Textkritisch durchgesehen und kommentiert von Erich Trunz.
14., durchgesehene Auflage. 1989

Die ‚Hamburger Ausgabe' wurde begründet
im Christian Wegner Verlag, Hamburg.
Die erste bis neunte Auflage des dritten Bandes
erschien dort in den Jahren 1949 bis 1972

ISBN 3 406 31234 9

291.–316. Tausend. 1989
Umschlagentwurf: Bruno Schachtner, Dachau
© C. H. Beck'sche Verlagsbuchhandlung (Oscar Beck), München 1986
Satz: C. H. Beck'sche Buchdruckerei, Nördlingen
Druck und Bindung: May + Co., Darmstadt
Printed in Germany

INHALT

Die in den Anmerkungen ohne weiteren Zusatz
genannten Band- und Seitenzahlen beziehen sich auf
Goethes Werke · Hamburger Ausgabe in 14 Bänden

FAUST

EINE TRAGÖDIE

ZUEIGNUNG

Ihr naht euch wieder, schwankende Gestalten,
Die früh sich einst dem trüben Blick gezeigt.
Versuch' ich wohl, euch diesmal festzuhalten?
Fühl' ich mein Herz noch jenem Wahn geneigt?
Ihr drängt euch zu! nun gut, so mögt ihr walten,   5
Wie ihr aus Dunst und Nebel um mich steigt;
Mein Busen fühlt sich jugendlich erschüttert
Vom Zauberhauch, der euren Zug umwittert.

Ihr bringt mit euch die Bilder froher Tage,
Und manche liebe Schatten steigen auf;   10
Gleich einer alten, halbverklungnen Sage
Kommt erste Lieb' und Freundschaft mit herauf;
Der Schmerz wird neu, es wiederholt die Klage
Des Lebens labyrinthisch irren Lauf,
Und nennt die Guten, die, um schöne Stunden   15
Vom Glück getäuscht, vor mir hinweggeschwunden.

Sie hören nicht die folgenden Gesänge,
Die Seelen, denen ich die ersten sang;
Zerstoben ist das freundliche Gedränge,
Verklungen, ach! der erste Widerklang.   20
Mein Lied ertönt der unbekannten Menge,
Ihr Beifall selbst macht meinem Herzen bang,
Und was sich sonst an meinem Lied erfreuet,
Wenn es noch lebt, irrt in der Welt zerstreuet.

Und mich ergreift ein längst entwöhntes Sehnen   25
Nach jenem stillen, ernsten Geisterreich,
Es schwebet nun in unbestimmten Tönen
Mein lispelnd Lied, der Äolsharfe gleich,
Ein Schauer faßt mich, Träne folgt den Tränen,
Das strenge Herz, es fühlt sich mild und weich;   30
Was ich besitze, seh' ich wie im Weiten,
Und was verschwand, wird mir zu Wirklichkeiten.

VORSPIEL AUF DEM THEATER

Direktor. Theaterdichter. Lustige Person.

DIREKTOR. Ihr beiden, die ihr mir so oft,
In Not und Trübsal, beigestanden,
35 Sagt, was ihr wohl in deutschen Landen
Von unsrer Unternehmung hofft?
Ich wünschte sehr der Menge zu behagen,
Besonders weil sie lebt und leben läßt.
Die Pfosten sind, die Bretter aufgeschlagen,
40 Und jedermann erwartet sich ein Fest.
Sie sitzen schon, mit hohen Augenbraunen,
Gelassen da und möchten gern erstaunen.
Ich weiß, wie man den Geist des Volks versöhnt;
Doch so verlegen bin ich nie gewesen:
45 Zwar sind sie an das Beste nicht gewöhnt,
Allein sie haben schrecklich viel gelesen.
Wie machen wir's, daß alles frisch und neu
Und mit Bedeutung auch gefällig sei?
Denn freilich mag ich gern die Menge sehen,
50 Wenn sich der Strom nach unsrer Bude drängt
Und mit gewaltig wiederholten Wehen
Sich durch die enge Gnadenpforte zwängt,
Bei hellem Tage, schon vor vieren,
Mit Stößen sich bis an die Kasse ficht
55 Und, wie in Hungersnot um Brot an Bäckertüren,
Um ein Billett sich fast die Hälse bricht.
Dies Wunder wirkt auf so verschiedne Leute
Der Dichter nur; mein Freund, o tu es heute!
DICHTER.
O sprich mir nicht von jener bunten Menge,
60 Bei deren Anblick uns der Geist entflieht.
Verhülle mir das wogende Gedränge,
Das wider Willen uns zum Strudel zieht.
Nein, führe mich zur stillen Himmelsenge,
Wo nur dem Dichter reine Freude blüht,
65 Wo Lieb' und Freundschaft unsres Herzens Segen
Mit Götterhand erschaffen und erpflegen.

Ach! was in tiefer Brust uns da entsprungen,
Was sich die Lippe schüchtern vorgelallt,
Mißraten jetzt und jetzt vielleicht gelungen,
Verschlingt des wilden Augenblicks Gewalt.   70
Oft, wenn es erst durch Jahre durchgedrungen,
Erscheint es in vollendeter Gestalt.
Was glänzt, ist für den Augenblick geboren,
Das Echte bleibt der Nachwelt unverloren.

LUSTIGE PERSON.

Wenn ich nur nichts von Nachwelt hören sollte.   75
Gesetzt, daß ich von Nachwelt reden wollte,
Wer machte denn der Mitwelt Spaß?
Den will sie doch und soll ihn haben.
Die Gegenwart von einem braven Knaben
Ist, dächt' ich, immer auch schon was.   80
Wer sich behaglich mitzuteilen weiß,
Den wird des Volkes Laune nicht erbittern;
Er wünscht sich einen großen Kreis,
Um ihn gewisser zu erschüttern.
Drum seid nur brav und zeigt euch musterhaft,   85
Laßt Phantasie mit allen ihren Chören,
Vernunft, Verstand, Empfindung, Leidenschaft,
Doch, merkt euch wohl! nicht ohne Narrheit hören!

DIREKTOR.

Besonders aber laßt genug geschehn!
Man kommt zu schaun, man will am liebsten sehn.   90
Wird vieles vor den Augen abgesponnen,
So daß die Menge staunend gaffen kann,
Da habt Ihr in der Breite gleich gewonnen,
Ihr seid ein vielgeliebter Mann.
Die Masse könnt Ihr nur durch Masse zwingen,   95
Ein jeder sucht sich endlich selbst was aus.
Wer vieles bringt, wird manchem etwas bringen;
Und jeder geht zufrieden aus dem Haus.
Gebt Ihr ein Stück, so gebt es gleich in Stücken!
Solch ein Ragout, es muß Euch glücken;   100
Leicht ist es vorgelegt, so leicht als ausgedacht.
Was hilft's, wenn Ihr ein Ganzes dargebracht,
Das Publikum wird es Euch doch zerpflücken.

DICHTER.
Ihr fühlet nicht, wie schlecht ein solches Handwerk sei!
105 Wie wenig das dem echten Künstler zieme!
Der saubern Herren Pfuscherei
Ist, merk' ich, schon bei Euch Maxime.
DIREKTOR. Ein solcher Vorwurf läßt mich ungekränkt:
Ein Mann, der recht zu wirken denkt,
110 Muß auf das beste Werkzeug halten.
Bedenkt, Ihr habet weiches Holz zu spalten,
Und seht nur hin, für wen Ihr schreibt!
Wenn diesen Langeweile treibt,
Kommt jener satt vom übertischten Mahle,
115 Und, was das Allerschlimmste bleibt,
Gar mancher kommt vom Lesen der Journale.
Man eilt zerstreut zu uns, wie zu den Maskenfesten,
Und Neugier nur beflügelt jeden Schritt;
Die Damen geben sich und ihren Putz zum besten
120 Und spielen ohne Gage mit.
Was träumet Ihr auf Eurer Dichterhöhe?
Was macht ein volles Haus Euch froh?
Beseht die Gönner in der Nähe!
Halb sind sie kalt, halb sind sie roh.
125 Der, nach dem Schauspiel, hofft ein Kartenspiel,
Der eine wilde Nacht an einer Dirne Busen.
Was plagt ihr armen Toren viel,
Zu solchem Zweck, die holden Musen?
Ich sag' Euch, gebt nur mehr und immer, immer mehr,
130 So könnt Ihr Euch vom Ziele nie verirren.
Sucht nur die Menschen zu verwirren,
Sie zu befriedigen, ist schwer – –
Was fällt Euch an? Entzückung oder Schmerzen?
DICHTER. Geh hin und such dir einen andern Knecht!
135 Der Dichter sollte wohl das höchste Recht,
Das Menschenrecht, das ihm Natur vergönnt,
Um deinetwillen freventlich verscherzen!
Wodurch bewegt er alle Herzen?
Wodurch besiegt er jedes Element?
140 Ist es der Einklang nicht, der aus dem Busen dringt
Und in sein Herz die Welt zurücke schlingt?

Wenn die Natur des Fadens ew'ge Länge,
Gleichgültig drehend, auf die Spindel zwingt,
Wenn aller Wesen unharmon'sche Menge
Verdrießlich durcheinander klingt,   145
Wer teilt die fließend immer gleiche Reihe
Belebend ab, daß sie sich rhythmisch regt?
Wer ruft das Einzelne zur allgemeinen Weihe,
Wo es in herrlichen Akkorden schlägt?
Wer läßt den Sturm zu Leidenschaften wüten?   150
Das Abendrot im ernsten Sinne glühn?
Wer schüttet alle schönen Frühlingsblüten
Auf der Geliebten Pfade hin?
Wer flicht die unbedeutend grünen Blätter
Zum Ehrenkranz Verdiensten jeder Art?   155
Wer sichert den Olymp? vereinet Götter?
Des Menschen Kraft, im Dichter offenbart.
LUSTIGE PERSON. So braucht sie denn, die schönen Kräfte,
Und treibt die dichtrischen Geschäfte,
Wie man ein Liebesabenteuer treibt.   160
Zufällig naht man sich, man fühlt, man bleibt,
Und nach und nach wird man verflochten;
Es wächst das Glück, dann wird es angefochten,
Man ist entzückt, nun kommt der Schmerz heran,
Und eh' man sich's versieht, ist's eben ein Roman.   165
Laßt uns auch so ein Schauspiel geben!
Greift nur hinein ins volle Menschenleben!
Ein jeder lebt's, nicht vielen ist's bekannt,
Und wo ihr's packt, da ist's interessant.
In bunten Bildern wenig Klarheit,   170
Viel Irrtum und ein Fünkchen Wahrheit,
So wird der beste Trank gebraut,
Der alle Welt erquickt und auferbaut.
Dann sammelt sich der Jugend schönste Blüte
Vor eurem Spiel und lauscht der Offenbarung,   175
Dann sauget jedes zärtliche Gemüte
Aus eurem Werk sich melanchol'sche Nahrung,
Dann wird bald dies, bald jenes aufgeregt,
Ein jeder sieht, was er im Herzen trägt.
Noch sind sie gleich bereit, zu weinen und zu lachen,   180

Sie ehren noch den Schwung, erfreuen sich am Schein;
Wer fertig ist, dem ist nichts recht zu machen;
Ein Werdender wird immer dankbar sein.

DICHTER. So gib mir auch die Zeiten wieder,
185 Da ich noch selbst im Werden war,
Da sich ein Quell gedrängter Lieder
Ununterbrochen neu gebar,
Da Nebel mir die Welt verhüllten,
Die Knospe Wunder noch versprach,
190 Da ich die tausend Blumen brach,
Die alle Täler reichlich füllten.
Ich hatte nichts und doch genug:
Den Drang nach Wahrheit und die Lust am Trug.
Gib ungebändigt jene Triebe,
195 Das tiefe, schmerzenvolle Glück,
Des Hasses Kraft, die Macht der Liebe,
Gib meine Jugend mir zurück!

LUSTIGE PERSON.
Der Jugend, guter Freund, bedarfst du allenfalls,
Wenn dich in Schlachten Feinde drängen,
200 Wenn mit Gewalt an deinen Hals
Sich allerliebste Mädchen hängen,
Wenn fern des schnellen Laufes Kranz
Vom schwer erreichten Ziele winket,
Wenn nach dem heft'gen Wirbeltanz
205 Die Nächte schmausend man vertrinket.
Doch ins bekannte Saitenspiel
Mit Mut und Anmut einzugreifen,
Nach einem selbstgesteckten Ziel
Mit holdem Irren hinzuschweifen,
210 Das, alte Herrn, ist eure Pflicht,
Und wir verehren euch darum nicht minder.
Das Alter macht nicht kindisch, wie man spricht,
Es findet uns nur noch als wahre Kinder.

DIREKTOR. Der Worte sind genug gewechselt,
215 Laßt mich auch endlich Taten sehn!
Indes ihr Komplimente drechselt,
Kann etwas Nützliches geschehn.
Was hilft es viel von Stimmung reden?

Dem Zaudernden erscheint sie nie.
Gebt ihr euch einmal für Poeten, 220
So kommandiert die Poesie.
Euch ist bekannt, was wir bedürfen:
Wir wollen stark Getränke schlürfen;
Nun braut mir unverzüglich dran!
Was heute nicht geschieht, ist morgen nicht getan, 225
Und keinen Tag soll man verpassen.
Das Mögliche soll der Entschluß
Beherzt sogleich beim Schopfe fassen,
Er will es dann nicht fahren lassen
Und wirket weiter, weil er muß. 230

Ihr wißt, auf unsern deutschen Bühnen
Probiert ein jeder, was er mag;
Drum schonet mir an diesem Tag
Prospekte nicht und nicht Maschinen.
Gebraucht das groß' und kleine Himmelslicht, 235
Die Sterne dürfet ihr verschwenden;
An Wasser, Feuer, Felsenwänden,
An Tier und Vögeln fehlt es nicht.
So schreitet in dem engen Bretterhaus
Den ganzen Kreis der Schöpfung aus 240
Und wandelt mit bedächt'ger Schnelle
Vom Himmel durch die Welt zur Hölle.

PROLOG IM HIMMEL

Der Herr. Die himmlischen Heerscharen.

Nachher Mephistopheles.

Die drei Erzengel treten vor.

RAPHAEL. Die Sonne tönt nach alter Weise
In Brudersphären Wettgesang,
245 Und ihre vorgeschriebne Reise
Vollendet sie mit Donnergang.
Ihr Anblick gibt den Engeln Stärke,
Wenn keiner sie ergründen mag;
Die unbegreiflich hohen Werke
250 Sind herrlich wie am ersten Tag.

GABRIEL. Und schnell und unbegreiflich schnelle
Dreht sich umher der Erde Pracht;
Es wechselt Paradieseshelle
Mit tiefer, schauervoller Nacht;
255 Es schäumt das Meer in breiten Flüssen
Am tiefen Grund der Felsen auf,
Und Fels und Meer wird fortgerissen
In ewig schnellem Sphärenlauf.

MICHAEL. Und Stürme brausen um die Wette,
260 Vom Meer aufs Land, vom Land aufs Meer,
Und bilden wütend eine Kette
Der tiefsten Wirkung rings umher.
Da flammt ein blitzendes Verheeren
Dem Pfade vor des Donnerschlags;
265 Doch deine Boten, Herr, verehren
Das sanfte Wandeln deines Tags.

ZU DREI. Der Anblick gibt den Engeln Stärke,
Da keiner dich ergründen mag,
Und alle deine hohen Werke
270 Sind herrlich wie am ersten Tag.

MEPHISTOPHELES. Da du, o Herr, dich einmal wieder nahst
Und fragst, wie alles sich bei uns befinde,
Und du mich sonst gewöhnlich gerne sahst,
So siehst du mich auch unter dem Gesinde.
275 Verzeih, ich kann nicht hohe Worte machen,

Und wenn mich auch der ganze Kreis verhöhnt;
Mein Pathos brächte dich gewiß zum Lachen,
Hättst du dir nicht das Lachen abgewöhnt.
Von Sonn' und Welten weiß ich nichts zu sagen,
Ich sehe nur, wie sich die Menschen plagen. 280
Der kleine Gott der Welt bleibt stets von gleichem Schlag,
Und ist so wunderlich als wie am ersten Tag. *ironisch*
Ein wenig besser würd' er leben,
Hättst du ihm nicht den Schein des Himmelslichts gegeben;
Er nennt's Vernunft und braucht's allein, 285
Nur tierischer als jedes Tier zu sein.
Er scheint mir, mit Verlaub von Euer Gnaden,
Wie eine der langbeinigen Zikaden,
Die immer fliegt und fliegend springt
Und gleich im Gras ihr altes Liedchen singt; 290
Und läg' er nur noch immer in dem Grase!
In jeden Quark begräbt er seine Nase.
DER HERR. Hast du mir weiter nichts zu sagen?
Kommst du nur immer anzuklagen?
Ist auf der Erde ewig dir nichts recht? 295
MEPHISTOPHELES.
Nein, Herr! ich find' es dort, wie immer, herzlich schlecht.
Die Menschen dauern mich in ihren Jammertagen,
Ich mag sogar die armen selbst nicht plagen.
DER HERR. Kennst du den Faust?
MEPHISTOPHELES. Den Doktor?
DER HERR. Meinen Knecht!
MEPHISTOPHELES.
Fürwahr! er dient Euch auf besondre Weise. 300
Nicht irdisch ist des Toren Trank noch Speise.
Ihn treibt die Gärung in die Ferne,
Er ist sich seiner Tollheit halb bewußt;
Vom Himmel fordert er die schönsten Sterne
Und von der Erde jede höchste Lust, 305
Und alle Näh' und alle Ferne
Befriedigt nicht die tiefbewegte Brust.
DER HERR.
Wenn er mir jetzt auch nur verworren dient,
So werd' ich ihn bald in die Klarheit führen.

misverstaht [handwritten marginal note]

310 Weiß doch der Gärtner, wenn das Bäumchen grünt,
   Daß Blüt' und Frucht die künft'gen Jahre zieren.
MEPHISTOPHELES.
   Was wettet Ihr? den sollt Ihr noch verlieren,
   Wenn Ihr mir die Erlaubnis gebt,
   Ihn meine Straße sacht zu führen!

Ir kriegt Erlaubnis [handwritten marginal note]

315 DER HERR. Solang' er auf der Erde lebt,
   Solange sei dir's nicht verboten.
   Es irrt der Mensch, solang' er strebt.
MEPHISTOPHELES.
   Da dank' ich Euch; denn mit den Toten
   Hab' ich mich niemals gern befangen.
320 Am meisten lieb' ich mir die vollen, frischen Wangen.
   Für einen Leichnam bin ich nicht zu Haus;
   Mir geht es wie der Katze mit der Maus.
DER HERR. Nun gut, es sei dir überlassen!
   Zieh diesen Geist von seinem Urquell ab,
325 Und führ' ihn, kannst du ihn erfassen,
   Auf deinem Wege mit herab,
   Und steh beschämt, wenn du bekennen mußt:
   Ein guter Mensch in seinem dunklen Drange
   Ist sich des rechten Weges wohl bewußt.
MEPHISTOPHELES.
330 Schon gut! nur dauert es nicht lange.
   Mir ist für meine Wette gar nicht bange.
   Wenn ich zu meinem Zweck gelange,
   Erlaubt Ihr mir Triumph aus voller Brust.
   Staub soll er fressen, und mit Lust,
335 Wie meine Muhme, die berühmte Schlange.
DER HERR. Du darfst auch da nur frei erscheinen;
   Ich habe deinesgleichen nie gehaßt.
   Von allen Geistern, die verneinen,
   Ist mir der Schalk am wenigsten zur Last.
340 Des Menschen Tätigkeit kann allzuleicht erschlaffen,
   Er liebt sich bald die unbedingte Ruh;
   Drum geb' ich gern ihm den Gesellen zu,
   Der reizt und wirkt und muß als Teufel schaffen. —
   Doch ihr, die echten Göttersöhne,
345 Erfreut euch der lebendig reichen Schöne!

Das Werdende, das ewig wirkt und lebt,
Umfass' euch mit der Liebe holden Schranken,
Und was in schwankender Erscheinung schwebt,
Befestiget mit dauernden Gedanken.

> Der Himmel schließt, die Erzengel verteilen sich.

MEPHISTOPHELES allein.

Von Zeit zu Zeit seh' ich den Alten gern,   350
Und hüte mich, mit ihm zu brechen.
Es ist gar hübsch von einem großen Herrn,
So menschlich mit dem Teufel selbst zu sprechen.

DER TRAGÖDIE ERSTER TEIL

NACHT

In einem hochgewölbten, engen gotischen Zimmer
Faust unruhig auf seinem Sessel am Pulte.

FAUST. Habe nun, ach! Philosophie,
355 Juristerei und Medizin,
Und leider auch Theologie
Durchaus studiert, mit heißem Bemühn.
Da steh' ich nun, ich armer Tor,
Und bin so klug als wie zuvor!
360 Heiße Magister, heiße Doktor gar,
Und ziehe schon an die zehen Jahr'
Herauf, herab und quer und krumm
Meine Schüler an der Nase herum –
Und sehe, daß wir nichts wissen können!
365 Das will mir schier das Herz verbrennen.
Zwar bin ich gescheiter als alle die Laffen,
Doktoren, Magister, Schreiber und Pfaffen;
Mich plagen keine Skrupel noch Zweifel,
Fürchte mich weder vor Hölle noch Teufel –
370 Dafür ist mir auch alle Freud' entrissen,
Bilde mir nicht ein, was Rechts zu wissen,
Bilde mir nicht ein, ich könnte was lehren,
Die Menschen zu bessern und zu bekehren.
Auch hab' ich weder Gut noch Geld,
375 Noch Ehr' und Herrlichkeit der Welt;
Es möchte kein Hund so länger leben!
Drum hab' ich mich der Magie ergeben,
Ob mir durch Geistes Kraft und Mund
Nicht manch Geheimnis würde kund;
380 Daß ich nicht mehr mit sauerm Schweiß
Zu sagen brauche, was ich nicht weiß;
Daß ich erkenne, was die Welt
Im Innersten zusammenhält,
Schau' alle Wirkenskraft und Samen,
385 Und tu' nicht mehr in Worten kramen.

O sähst du, voller Mondenschein,
Zum letztenmal auf meine Pein,
Den ich so manche Mitternacht
An diesem Pult herangewacht:
Dann über Büchern und Papier,   390
Trübsel'ger Freund, erschienst du mir!
Ach! könnt' ich doch auf Bergeshöhn
In deinem lieben Lichte gehn,
Um Bergeshöhle mit Geistern schweben,
Auf Wiesen in deinem Dämmer weben,   395
Von allem Wissensqualm entladen,
In deinem Tau gesund mich baden!

Gretchen is last scene is called "Kerker"

Weh! steck' ich in dem Kerker noch?
Verfluchtes dumpfes Mauerloch,
Wo selbst das liebe Himmelslicht   400
Trüb durch gemalte Scheiben bricht!
Beschränkt von diesem Bücherhauf,
Den Würme nagen, Staub bedeckt,
Den, bis ans hohe Gewölb' hinauf,
Ein angeraucht Papier umsteckt;   405
Mit Gläsern, Büchsen rings umstellt,
Mit Instrumenten vollgepfropft,
Urväter-Hausrat drein gestopft –
Das ist deine Welt! das heißt eine Welt!

Und fragst du noch, warum dein Herz   410
Sich bang in deinem Busen klemmt?
Warum ein unerklärter Schmerz
Dir alle Lebensregung hemmt?
Statt der lebendigen Natur,
Da Gott die Menschen schuf hinein,   415
Umgibt in Rauch und Moder nur
Dich Tiergeripp' und Totenbein.

Flieh! auf! hinaus ins weite Land!
Und dies geheimnisvolle Buch,
Von Nostradamus' eigner Hand,   420
Ist dir es nicht Geleit genug?
Erkennest dann der Sterne Lauf,

Und wenn Natur dich unterweist,
Dann geht die Seelenkraft dir auf,
425   Wie spricht ein Geist zum andern Geist.
Umsonst, daß trocknes Sinnen hier
Die heil'gen Zeichen dir erklärt:
Ihr schwebt, ihr Geister, neben mir;
Antwortet mir, wenn ihr mich hört!

Er schlägt das Buch auf und erblickt das Zeichen des Makrokosmus.

430   Ha! welche Wonne fließt in diesem Blick
Auf einmal mir durch alle meine Sinnen!
Ich fühle junges, heil'ges Lebensglück
Neuglühend mir durch Nerv' und Adern rinnen.
War es ein Gott, der diese Zeichen schrieb,
435   Die mir das innre Toben stillen,
Das arme Herz mit Freude füllen
Und mit geheimnisvollem Trieb
Die Kräfte der Natur rings um mich her enthüllen?
Bin ich ein Gott? Mir wird so licht!
440   Ich schau' in diesen reinen Zügen
Die wirkende Natur vor meiner Seele liegen.
Jetzt erst erkenn' ich, was der Weise spricht:
„Die Geisterwelt ist nicht verschlossen;
Dein Sinn ist zu, dein Herz ist tot!
445   Auf, bade, Schüler, unverdrossen
Die ird'sche Brust im Morgenrot!"

Er beschaut das Zeichen.

Wie alles sich zum Ganzen webt,
Eins in dem andern wirkt und lebt!
Wie Himmelskräfte auf und nieder steigen
450   Und sich die goldnen Eimer reichen!
Mit segenduftenden Schwingen
Vom Himmel durch die Erde dringen,
Harmonisch all das All durchklingen!

Welch Schauspiel! Aber ach! ein Schauspiel nur!
455   Wo fass' ich dich, unendliche Natur?
Euch Brüste, wo? Ihr Quellen alles Lebens,
An denen Himmel und Erde hängt,
Dahin die welke Brust sich drängt —

Ihr quellt, ihr tränkt, und schmacht' ich so vergebens?

Er schlägt unwillig das Buch um und erblickt das Zeichen des Erdgeistes.

Wie anders wirkt dies Zeichen auf mich ein!   460
Du, Geist der Erde, bist mir näher;
Schon fühl' ich meine Kräfte höher,
Schon glüh' ich wie von neuem Wein,
Ich fühle Mut, mich in die Welt zu wagen,
Der Erde Weh, der Erde Glück zu tragen,   465
Mit Stürmen mich herumzuschlagen
Und in des Schiffbruchs Knirschen nicht zu zagen.
Es wölkt sich über mir –
Der Mond verbirgt sein Licht –
Die Lampe schwindet!   470
Es dampft – Es zucken rote Strahlen
Mir um das Haupt – Es weht
Ein Schauer vom Gewölb' herab
Und faßt mich an!
Ich fühl's, du schwebst um mich, erflehter Geist.   475
Enthülle dich!
Ha! wie's in meinem Herzen reißt!
Zu neuen Gefühlen
All' meine Sinnen sich erwühlen!
Ich fühle ganz mein Herz dir hingegeben!   480
Du mußt! du mußt! und kostet' es mein Leben!

Er faßt das Buch und spricht das Zeichen des Geistes geheimnisvoll aus.
Es zuckt eine rötliche Flamme, der Geist erscheint in der Flamme.

GEIST. Wer ruft mir?
FAUST *abgewendet.* Schreckliches Gesicht!
GEIST. Du hast mich mächtig angezogen,
An meiner Sphäre lang' gesogen,
Und nun –
FAUST. Weh! ich ertrag' dich nicht!   485
GEIST. Du flehst eratmend, mich zu schauen,
Meine Stimme zu hören, mein Antlitz zu sehn;
Mich neigt dein mächtig Seelenflehn,
Da bin ich! – Welch erbärmlich Grauen
Faßt Übermenschen dich! Wo ist der Seele Ruf?   490
Wo ist die Brust, die eine Welt in sich erschuf
Und trug und hegte, die mit Freudebeben

Erschwoll, sich uns, den Geistern, gleich zu heben?
Wo bist du, Faust, des Stimme mir erklang,
495 Der sich an mich mit allen Kräften drang?
Bist du es, der, von meinem Hauch umwittert,
In allen Lebenstiefen zittert,
Ein furchtsam weggekrümmter Wurm?
FAUST. Soll ich dir, Flammenbildung, weichen?
500 Ich bin's, bin Faust, bin deinesgleichen!
GEIST. In Lebensfluten, im Tatensturm
Wall' ich auf und ab,
Webe hin und her!
Geburt und Grab,
505 Ein ewiges Meer,
Ein wechselnd Weben,
Ein glühend Leben,
So schaff' ich am sausenden Webstuhl der Zeit
Und wirke der Gottheit lebendiges Kleid.
510 FAUST. Der du die weite Welt umschweifst,
Geschäftiger Geist, wie nah fühl' ich mich dir!
GEIST. Du gleichst dem Geist, den du begreifst,
Nicht mir! Verschwindet.
FAUST zusammenstürzend. Nicht dir? *Big Downer!*
515 Wem denn?
Ich Ebenbild der Gottheit! *(made in image of God)*
Und nicht einmal dir! Es klopft.
O Tod! ich kenn's – das ist mein Famulus –
Es wird mein schönstes Glück zunichte!
520 Daß diese Fülle der Gesichte
Der trockne Schleicher stören muß!
Wagner im Schlafrocke und der Nachtmütze, eine Lampe in der
Hand. Faust wendet sich unwillig.
WAGNER. Verzeiht! ich hör' Euch deklamieren;
Ihr last gewiß ein griechisch Trauerspiel?
In dieser Kunst möcht' ich was profitieren,
525 Denn heutzutage wirkt das viel.
Ich hab' es öfters rühmen hören,
Ein Komödiant könnt' einen Pfarrer lehren.
FAUST. Ja, wenn der Pfarrer ein Komödiant ist;
Wie das denn wohl zu Zeiten kommen mag.

WAGNER. Ach! wenn man so in sein Museum gebannt ist, 530
  Und sieht die Welt kaum einen Feiertag,
  Kaum durch ein Fernglas, nur von weiten,
  Wie soll man sie durch Überredung leiten?
FAUST. Wenn ihr's nicht fühlt, ihr werdet's nicht erjagen,
  Wenn es nicht aus der Seele dringt   535
  Und mit urkräftigem Behagen
  Die Herzen aller Hörer zwingt.
  Sitzt ihr nur immer! Leimt zusammen,
  Braut ein Ragout von andrer Schmaus,
  Und blast die kümmerlichen Flammen   540
  Aus eurem Aschenhäufchen 'raus!
  Bewundrung von Kindern und Affen,
  Wenn euch darnach der Gaumen steht –
  Doch werdet ihr nie Herz zu Herzen schaffen,
  Wenn es euch nicht von Herzen geht.   545
WAGNER.
  Allein der Vortrag macht des Redners Glück;
  Ich fühl' es wohl, noch bin ich weit zurück.
FAUST. Such' Er den redlichen Gewinn!
  Sei Er kein schellenlauter Tor!
  Es trägt Verstand und rechter Sinn   550
  Mit wenig Kunst sich selber vor;
  Und wenn's euch Ernst ist, was zu sagen,
  Ist's nötig, Worten nachzujagen?
  Ja, eure Reden, die so blinkend sind,
  In denen ihr der Menschheit Schnitzel kräuselt,   555
  Sind unerquicklich wie der Nebelwind,
  Der herbstlich durch die dürren Blätter säuselt!
WAGNER. Ach Gott! die Kunst ist lang,
  Und kurz ist unser Leben.
  Mir wird, bei meinem kritischen Bestreben,   560
  Doch oft um Kopf und Busen bang.
  Wie schwer sind nicht die Mittel zu erwerben,
  Durch die man zu den Quellen steigt!
  Und eh' man nur den halben Weg erreicht,
  Muß wohl ein armer Teufel sterben.   565
FAUST. Das Pergament, ist das der heil'ge Bronnen,
  Woraus ein Trunk den Durst auf ewig stillt?

Erquickung hast du nicht gewonnen,
Wenn sie dir nicht aus eigner Seele quillt.
570 WAGNER. Verzeiht! es ist ein groß Ergetzen,
Sich in den Geist der Zeiten zu versetzen;
Zu schauen, wie vor uns ein weiser Mann gedacht,
Und wie wir's dann zuletzt so herrlich weit gebracht.
FAUST. O ja, bis an die Sterne weit!
575 Mein Freund, die Zeiten der Vergangenheit
Sind uns ein Buch mit sieben Siegeln.
Was ihr den Geist der Zeiten heißt,
Das ist im Grund der Herren eigner Geist,
In dem die Zeiten sich bespiegeln.
580 Da ist's denn wahrlich oft ein Jammer!
Man läuft euch bei dem ersten Blick davon:
Ein Kehrichtfaß und eine Rumpelkammer
Und höchstens eine Haupt- und Staatsaktion
Mit trefflichen pragmatischen Maximen,
585 Wie sie den Puppen wohl im Munde ziemen!
WAGNER. Allein die Welt! des Menschen Herz und Geist!
Möcht' jeglicher doch was davon erkennen.
FAUST. Ja, was man so erkennen heißt!
Wer darf das Kind beim rechten Namen nennen?
590 Die wenigen, die was davon erkannt,
Die töricht gnug ihr volles Herz nicht wahrten,
Dem Pöbel ihr Gefühl, ihr Schauen offenbarten,
Hat man von je gekreuzigt und verbrannt.
Ich bitt' Euch, Freund, es ist tief in der Nacht,
595 Wir müssen's diesmal unterbrechen.
WAGNER. Ich hätte gern nur immer fortgewacht,
Um so gelehrt mit Euch mich zu besprechen.
Doch morgen, als am ersten Ostertage,
Erlaubt mir ein' und andre Frage.
600 Mit Eifer hab' ich mich der Studien beflissen;
Zwar weiß ich viel, doch möcht' ich alles wissen. Ab.
FAUST allein.
Wie nur dem Kopf nicht alle Hoffnung schwindet,
Der immerfort an schalem Zeuge klebt,
Mit gier'ger Hand nach Schätzen gräbt,
605 Und froh ist, wenn er Regenwürmer findet!

Darf eine solche Menschenstimme hier,
Wo Geisterfülle mich umgab, ertönen?
Doch ach! für diesmal dank' ich dir,
Dem ärmlichsten von allen Erdensöhnen.
Du rissest mich von der Verzweiflung los,   610
Die mir die Sinne schon zerstören wollte.
Ach! die Erscheinung war so riesengroß,
Daß ich mich recht als Zwerg empfinden sollte.

Ich, Ebenbild der Gottheit, das sich schon
Ganz nah gedünkt dem Spiegel ew'ger Wahrheit,   615
Sein selbst genoß in Himmelsglanz und Klarheit,
Und abgestreift den Erdensohn;
Ich, mehr als Cherub, dessen freie Kraft
Schon durch die Adern der Natur zu fließen
Und, schaffend, Götterleben zu genießen   620
Sich ahnungsvoll vermaß, wie muß ich's büßen!
Ein Donnerwort hat mich hinweggerafft.

Nicht darf ich dir zu gleichen mich vermessen!
Hab' ich die Kraft dich anzuziehn besessen,
So hatt' ich dich zu halten keine Kraft.   625
In jenem sel'gen Augenblicke
Ich fühlte mich so klein, so groß;
Du stießest grausam mich zurücke,
Ins ungewisse Menschenlos.
Wer lehret mich? was soll ich meiden?   630
Soll ich gehorchen jenem Drang?
Ach! unsre Taten selbst, so gut als unsre Leiden,
Sie hemmen unsres Lebens Gang.

Dem Herrlichsten, was auch der Geist empfangen,
Drängt immer fremd und fremder Stoff sich an;   635
Wenn wir zum Guten dieser Welt gelangen,
Dann heißt das Beßre Trug und Wahn.
Die uns das Leben gaben, herrliche Gefühle,
Erstarren in dem irdischen Gewühle.

Wenn Phantasie sich sonst mit kühnem Flug   640
Und hoffnungsvoll zum Ewigen erweitert,
So ist ein kleiner Raum ihr nun genug,

Wenn Glück auf Glück im Zeitenstrudel scheitert.
Die Sorge nistet gleich im tiefen Herzen,
645 Dort wirket sie geheime Schmerzen,
Unruhig wiegt sie sich und störet Lust und Ruh;
Sie deckt sich stets mit neuen Masken zu,
Sie mag als Haus und Hof, als Weib und Kind erscheinen,
Als Feuer, Wasser, Dolch und Gift;
650 Du bebst vor allem, was nicht trifft,
Und was du nie verlierst, das mußt du stets beweinen.

Den Göttern gleich' ich nicht! Zu tief ist es gefühlt;
Dem Wurme gleich' ich, der den Staub durchwühlt,
Den, wie er sich im Staube nährend lebt,
655 Des Wandrers Tritt vernichtet und begräbt.

Ist es nicht Staub, was diese hohe Wand
Aus hundert Fächern mir verenget,
Der Trödel, der mit tausendfachem Tand
In dieser Mottenwelt mich drängt?
660 Hier soll ich finden, was mir fehlt?
Soll ich vielleicht in tausend Büchern lesen,
Daß überall die Menschen sich gequält,
Daß hie und da ein Glücklicher gewesen? –
Was grinsest du mir, hohler Schädel, her,
665 Als daß dein Hirn wie meines einst verwirret
Den leichten Tag gesucht und in der Dämmrung schwer,
Mit Lust nach Wahrheit, jämmerlich geirret?
Ihr Instrumente freilich spottet mein
Mit Rad und Kämmen, Walz' und Bügel:
670 Ich stand am Tor, ihr solltet Schlüssel sein;
Zwar euer Bart ist kraus, doch hebt ihr nicht die Riegel.
Geheimnisvoll am lichten Tag
Läßt sich Natur des Schleiers nicht berauben,
Und was sie deinem Geist nicht offenbaren mag,
675 Das zwingst du ihr nicht ab mit Hebeln und mit Schrauben.
Du alt Geräte, das ich nicht gebraucht,
Du stehst nur hier, weil dich mein Vater brauchte.
Du alte Rolle, du wirst angeraucht,
Solang' an diesem Pult die trübe Lampe schmauchte.
680 Weit besser hätt' ich doch mein weniges verpraßt,

Als mit dem wenigen belastet hier zu schwitzen!
Was du ererbt von deinen Vätern hast,
Erwirb es, um es zu besitzen.
Was man nicht nützt, ist eine schwere Last,
Nur was der Augenblick erschafft, das kann er nützen. 685

Doch warum heftet sich mein Blick auf jene Stelle?
Ist jenes Fläschchen dort den Augen ein Magnet?
Warum wird mir auf einmal lieblich helle,
Als wenn im nächt'gen Wald uns Mondenglanz umweht?

Ich grüße dich, du einzige Phiole, 690
Die ich mit Andacht nun herunterhole!
In dir verehr' ich Menschenwitz und Kunst.
Du Inbegriff der holden Schlummersäfte,
Du Auszug aller tödlich feinen Kräfte,
Erweise deinem Meister deine Gunst! 695
Ich sehe dich, es wird der Schmerz gelindert,
Ich fasse dich, das Streben wird gemindert,
Des Geistes Flutstrom ebbet nach und nach.
Ins hohe Meer werd' ich hinausgewiesen,
Die Spiegelflut erglänzt zu meinen Füßen, 700
Zu neuen Ufern lockt ein neuer Tag.

Ein Feuerwagen schwebt auf leichten Schwingen
An mich heran! Ich fühle mich bereit,
Auf neuer Bahn den Äther zu durchdringen,
Zu neuen Sphären reiner Tätigkeit. 705
Dies hohe Leben, diese Götterwonne,
Du, erst noch Wurm, und die verdienest du?
Ja, kehre nur der holden Erdensonne
Entschlossen deinen Rücken zu!
Vermesse dich, die Pforten aufzureißen, 710
Vor denen jeder gern vorüberschleicht.
Hier ist es Zeit, durch Taten zu beweisen,
Daß Manneswürde nicht der Götterhöhe weicht,
Vor jener dunkeln Höhle nicht zu beben,
In der sich Phantasie zu eigner Qual verdammt, 715
Nach jenem Durchgang hinzustreben,
Um dessen engen Mund die ganze Hölle flammt;

Zu diesem Schritt sich heiter zu entschließen,
Und wär' es mit Gefahr, ins Nichts dahinzufließen.

720 Nun komm herab, kristallne reine Schale!
Hervor aus deinem alten Futterale,
An die ich viele Jahre nicht gedacht!
Du glänztest bei der Väter Freudenfeste,
Erheitertest die ernsten Gäste,
725 Wenn einer dich dem andern zugebracht.
Der vielen Bilder künstlich reiche Pracht,
Des Trinkers Pflicht, sie reimweis zu erklären,
Auf einen Zug die Höhlung auszuleeren,
Erinnert mich an manche Jugendnacht;
730 Ich werde jetzt dich keinem Nachbar reichen,
Ich werde meinen Witz an deiner Kunst nicht zeigen;
Hier ist ein Saft, der eilig trunken macht;
Mit brauner Flut erfüllt er deine Höhle.
Den ich bereitet, den ich wähle,
735 Der letzte Trunk sei nun, mit ganzer Seele,
Als festlich hoher Gruß, dem Morgen zugebracht!
            Er setzt die Schale an den Mund.

        Glockenklang und Chorgesang.

CHOR DER ENGEL.   Christ ist erstanden!
                   Freude dem Sterblichen,
                   Den die verderblichen,
740   Schleichenden, erblichen
                   Mängel umwanden.

FAUST. Welch tiefes Summen, welch ein heller Ton
Zieht mit Gewalt das Glas von meinem Munde?
Verkündiget ihr dumpfen Glocken schon
745 Des Osterfestes erste Feierstunde?
Ihr Chöre, singt ihr schon den tröstlichen Gesang,
Der einst, um Grabes Nacht, von Engelslippen klang,
Gewißheit einem neuen Bunde?

CHOR DER WEIBER.   Mit Spezereien
750   Hatten wir ihn gepflegt,
                   Wir seine Treuen

Hatten ihn hingelegt;
Tücher und Binden
Reinlich umwanden wir,
Ach! und wir finden　　　　　　　755
Christ nicht mehr hier.

CHOR DER ENGEL.　Christ ist erstanden!
Selig der Liebende,
Der die betrübende,
Heilsam' und übende　　　　　　760
Prüfung bestanden.

FAUST. Was sucht ihr, mächtig und gelind,
Ihr Himmelstöne, mich am Staube?
Klingt dort umher, wo weiche Menschen sind.
Die Botschaft hör' ich wohl, allein mir fehlt der Glaube; 765
Das Wunder ist des Glaubens liebstes Kind.
Zu jenen Sphären wag' ich nicht zu streben,
Woher die holde Nachricht tönt;
Und doch, an diesen Klang von Jugend auf gewöhnt,
Ruft er auch jetzt zurück mich in das Leben.　　770
Sonst stürzte sich der Himmelsliebe Kuß
Auf mich herab, in ernster Sabbatstille;
Da klang so ahnungsvoll des Glockentones Fülle,
Und ein Gebet war brünstiger Genuß;
Ein unbegreiflich holdes Sehnen　　　　775
Trieb mich, durch Wald und Wiesen hinzugehn,
Und unter tausend heißen Tränen
Fühlt' ich mir eine Welt entstehn.
Dies Lied verkündete der Jugend muntre Spiele,
Der Frühlingsfeier freies Glück;　　　　780
Erinnrung hält mich nun mit kindlichem Gefühle
Vom letzten, ernsten Schritt zurück.
O tönet fort, ihr süßen Himmelslieder!
Die Träne quillt, die Erde hat mich wieder!

CHOR DER JÜNGER.　Hat der Begrabene　　　785
Schon sich nach oben,
Lebend Erhabene,
Herrlich erhoben,

Ist er in Werdelust
790   Schaffender Freude nah:
Ach! an der Erde Brust
Sind wir zum Leide da.
Ließ er die Seinen
Schmachtend uns hier zurück;
795   Ach! wir beweinen,
Meister, dein Glück!

CHOR DER ENGEL.   Christ ist erstanden,
Aus der Verwesung Schoß;
Reißet von Banden
800   Freudig euch los!
Tätig ihn Preisenden,
Liebe Beweisenden,
Brüderlich Speisenden,
Predigend Reisenden,
805   Wonne Verheißenden
Euch ist der Meister nah,
Euch ist er da!

VOR DEM TOR

Spaziergänger aller Art ziehen hinaus.

EINIGE HANDWERKSBURSCHEN. Warum denn dort hinaus?
ANDRE. Wir gehn hinaus aufs Jägerhaus.
810 DIE ERSTEN. Wir aber wollen nach der Mühle wandern.
EIN HANDWERKSBURSCH.
    Ich rat' euch, nach dem Wasserhof zu gehn.
ZWEITER. Der Weg dahin ist gar nicht schön.
DIE ZWEITEN. Was tust denn du?
EIN DRITTER.   Ich gehe mit den andern.
VIERTER. Nach Burgdorf kommt herauf, gewiß dort findet ihr
815   Die schönsten Mädchen und das beste Bier,
    Und Händel von der ersten Sorte.
FÜNFTER. Du überlustiger Gesell,
    Juckt dich zum drittenmal das Fell?
    Ich mag nicht hin, mir graut es vor dem Orte.
820 DIENSTMÄDCHEN. Nein, nein! ich gehe nach der Stadt zurück.

ANDRE. Wir finden ihn gewiß bei jenen Pappeln stehen.

ERSTE. Das ist für mich kein großes Glück;
  Er wird an deiner Seite gehen,
  Mit dir nur tanzt er auf dem Plan.
  Was gehn mich deine Freuden an!   825

ANDRE. Heut ist er sicher nicht allein,
  Der Krauskopf, sagt er, würde bei ihm sein.

SCHÜLER. Blitz, wie die wackern Dirnen schreiten!
  Herr Bruder, komm! wir müssen sie begleiten,
  Ein starkes Bier, ein beizender Toback   830
  Und eine Magd im Putz, das ist nun mein Geschmack.

BÜRGERMÄDCHEN. Da sieh mir nur die schönen Knaben!
  Es ist wahrhaftig eine Schmach:
  Gesellschaft könnten sie die allerbeste haben,
  Und laufen diesen Mägden nach!   835

ZWEITER SCHÜLER zum ersten.
  Nicht so geschwind! dort hinten kommen zwei,
  Sie sind gar niedlich angezogen,
  's ist meine Nachbarin dabei;
  Ich bin dem Mädchen sehr gewogen.
  Sie gehen ihren stillen Schritt   840
  Und nehmen uns doch auch am Ende mit.

ERSTER. Herr Bruder, nein! Ich bin nicht gern geniert.
  Geschwind! daß wir das Wildbret nicht verlieren.
  Die Hand, die Samstags ihren Besen führt,
  Wird Sonntags dich am besten karessieren.   845

BÜRGER. Nein, er gefällt mir nicht, der neue Burgemeister!
  Nun, da er's ist, wird er nur täglich dreister.
  Und für die Stadt was tut denn er?
  Wird es nicht alle Tage schlimmer?
  Gehorchen soll man mehr als immer,   850
  Und zahlen mehr als je vorher.

BETTLER singt. Ihr guten Herrn, ihr schönen Frauen,
      So wohlgeputzt und backenrot,
      Belieb' es euch, mich anzuschauen,
      Und seht und mildert meine Not!   855
      Laßt hier mich nicht vergebens leiern!

Nur der ist froh, der geben mag.
Ein Tag, den alle Menschen feiern,
Er sei für mich ein Erntetag.

ANDRER BÜRGER.
860 Nichts Bessers weiß ich mir an Sonn- und Feiertagen
Als ein Gespräch von Krieg und Kriegsgeschrei,
Wenn hinten, weit, in der Türkei,
Die Völker auf einander schlagen.
Man steht am Fenster, trinkt sein Gläschen aus
865 Und sieht den Fluß hinab die bunten Schiffe gleiten;
Dann kehrt man abends froh nach Haus,
Und segnet Fried' und Friedenszeiten.

DRITTER BÜRGER.
Herr Nachbar, ja! so laß ich's auch geschehn,
Sie mögen sich die Köpfe spalten,
870 Mag alles durch einander gehn;
Doch nur zu Hause bleib's beim alten.

ALTE zu den Bürgermädchen.
Ei! wie geputzt! das schöne junge Blut!
Wer soll sich nicht in euch vergaffen? –
Nur nicht so stolz! Es ist schon gut!
875 Und was ihr wünscht, das wüßt' ich wohl zu schaffen.

BÜRGERMÄDCHEN. Agathe, fort! ich nehme mich in acht,
Mit solchen Hexen öffentlich zu gehen;
Sie ließ mich zwar in Sankt Andreas' Nacht
Den künft'gen Liebsten leiblich sehen –

880 DIE ANDRE. Mir zeigte sie ihn im Kristall,
Soldatenhaft, mit mehreren Verwegnen;
Ich seh' mich um, ich such' ihn überall,
Allein mir will er nicht begegnen.

SOLDATEN.   Burgen mit hohen
885   Mauern und Zinnen,
                          Mädchen mit stolzen
                          Höhnenden Sinnen
                          Möcht' ich gewinnen!
                          Kühn ist das Mühen,
890   Herrlich der Lohn!

Und die Trompete
Lassen wir werben,
Wie zu der Freude,
So zum Verderben.
Das ist ein Stürmen!   895
Das ist ein Leben!
Mädchen und Burgen
Müssen sich geben.
Kühn ist das Mühen,
Herrlich der Lohn!   900
Und die Soldaten
Ziehen davon.

Faust und Wagner.

FAUST. Vom Eise befreit sind Strom und Bäche
Durch des Frühlings holden, belebenden Blick;
Im Tale grünet Hoffnungsglück;   905
Der alte Winter, in seiner Schwäche,
Zog sich in rauhe Berge zurück.
Von dorther sendet er, fliehend, nur
Ohnmächtige Schauer körnigen Eises
In Streifen über die grünende Flur;   910
Aber die Sonne duldet kein Weißes:
Überall regt sich Bildung und Streben,
Alles will sie mit Farben beleben;
Doch an Blumen fehlt's im Revier,
Sie nimmt geputzte Menschen dafür.   915
Kehre dich um, von diesen Höhen
Nach der Stadt zurückzusehen.
Aus dem hohlen finstern Tor
Dringt ein buntes Gewimmel hervor.
Jeder sonnt sich heute so gern.   920
Sie feiern die Auferstehung des Herrn,
Denn sie sind selber auferstanden,
Aus niedriger Häuser dumpfen Gemächern,
Aus Handwerks- und Gewerbesbanden,
Aus dem Druck von Giebeln und Dächern,   925
Aus der Straßen quetschender Enge,
Aus der Kirchen ehrwürdiger Nacht

Sind sie alle ans Licht gebracht.
Sieh nur, sieh! wie behend sich die Menge
930   Durch die Gärten und Felder zerschlägt,
Wie der Fluß, in Breit' und Länge,
So manchen lustigen Nachen bewegt,
Und bis zum Sinken überladen
Entfernt sich dieser letzte Kahn.
935   Selbst von des Berges fernen Pfaden
Blinken uns farbige Kleider an.
Ich höre schon des Dorfs Getümmel,
Hier ist des Volkes wahrer Himmel,
Zufrieden jauchzet groß und klein;
940   Hier bin ich Mensch, hier darf ich's sein.
WAGNER. Mit Euch, Herr Doktor, zu spazieren,
Ist ehrenvoll und ist Gewinn;
Doch würd' ich nicht allein mich her verlieren,
Weil ich ein Feind von allem Rohen bin.
945   Das Fiedeln, Schreien, Kegelschieben
Ist mir ein gar verhaßter Klang;
Sie toben wie vom bösen Geist getrieben
Und nennen's Freude, nennen's Gesang.

BAUERN unter der Linde.

Tanz und Gesang.

Der Schäfer putzte sich zum Tanz,
950   Mit bunter Jacke, Band und Kranz,
Schmuck war er angezogen.
Schon um die Linde war es voll;
Und alles tanzte schon wie toll.
Juchhe! Juchhe!
955   Juchheisa! Heisa! He!
So ging der Fiedelbogen.

Er drückte hastig sich heran,
Da stieß er an ein Mädchen an
Mit seinem Ellenbogen;
960   Die frische Dirne kehrt' sich um
Und sagte: Nun, das find' ich dumm!

Juchhe! Juchhe!
Juchheisa! Heisa! He!
Seid nicht so ungezogen.

Doch hurtig in dem Kreise ging's,   965
Sie tanzten rechts, sie tanzten links,
Und alle Röcke flogen.
Sie wurden rot, sie wurden warm
Und ruhten atmend Arm in Arm,
Juchhe! Juchhe!   970
Juchheisa! Heisa! He!
Und Hüft' an Ellenbogen.

Und tu mir doch nicht so vertraut!
Wie mancher hat nicht seine Braut
Belogen und betrogen!   975
Er schmeichelte sie doch bei Seit',
Und von der Linde scholl es weit:
Juchhe! Juchhe!
Juchheisa! Heisa! He!
Geschrei und Fiedelbogen.   980

ALTER BAUER. Herr Doktor, das ist schön von Euch,
Daß Ihr uns heute nicht verschmäht
Und unter dieses Volksgedräng',
Als ein so Hochgelahrter, geht.
So nehmet auch den schönsten Krug,   985
Den wir mit frischem Trunk gefüllt,
Ich bring' ihn zu und wünsche laut,
Daß er nicht nur den Durst Euch stillt:
Die Zahl der Tropfen, die er hegt,
Sei Euren Tagen zugelegt.   990
FAUST. Ich nehme den Erquickungstrank,
Erwidr' euch allen Heil und Dank.

Das Volk sammelt sich im Kreis umher.

ALTER BAUER. Fürwahr, es ist sehr wohl getan,
Daß Ihr am frohen Tag erscheint;
Habt Ihr es vormals doch mit uns   995
An bösen Tagen gut gemeint!

Gar mancher steht lebendig hier,
Den Euer Vater noch zuletzt
Der heißen Fieberwut entriß,
1000 Als er der Seuche Ziel gesetzt.
Auch damals Ihr, ein junger Mann,
Ihr gingt in jedes Krankenhaus;
Gar manche Leiche trug man fort,
Ihr aber kamt gesund heraus;
1005 Bestandet manche harte Proben;
Dem Helfer half der Helfer droben.
ALLE. Gesundheit dem bewährten Mann,
Daß er noch lange helfen kann!
FAUST. Vor jenem droben steht gebückt,
1010 Der helfen lehrt und Hilfe schickt.

Er geht mit Wagnern weiter.

WAGNER. Welch ein Gefühl mußt du, o großer Mann,
Bei der Verehrung dieser Menge haben!
O glücklich, wer von seinen Gaben
Solch einen Vorteil ziehen kann!
1015 Der Vater zeigt dich seinem Knaben,
Ein jeder fragt und drängt und eilt,
Die Fiedel stockt, der Tänzer weilt.
Du gehst, in Reihen stehen sie,
Die Mützen fliegen in die Höh':
1020 Und wenig fehlt, so beugten sich die Knie,
Als käm' das Venerabile.
FAUST. Nur wenig Schritte noch hinauf zu jenem Stein,
Hier wollen wir von unsrer Wandrung rasten.
Hier saß ich oft gedankenvoll allein
1025 Und quälte mich mit Beten und mit Fasten.
An Hoffnung reich, im Glauben fest,
Mit Tränen, Seufzen, Händeringen
Dacht' ich das Ende jener Pest
Vom Herrn des Himmels zu erzwingen.
1030 Der Menge Beifall tönt mir nun wie Hohn.
O könntest du in meinem Innern lesen,
Wie wenig Vater und Sohn
Solch eines Ruhmes wert gewesen!

Mein Vater war ein dunkler Ehrenmann,
Der über die Natur und ihre heil'gen Kreise   1035
In Redlichkeit, jedoch auf seine Weise,
Mit grillenhafter Mühe sann;
Der, in Gesellschaft von Adepten,
Sich in die schwarze Küche schloß
Und, nach unendlichen Rezepten,   1040
Das Widrige zusammengoß.
Da ward ein roter Leu, ein kühner Freier,
Im lauen Bad der Lilie vermählt,
Und beide dann mit offnem Flammenfeuer
Aus einem Brautgemach ins andere gequält.   1045
Erschien darauf mit bunten Farben
Die junge Königin im Glas,
Hier war die Arzenei, die Patienten starben,
Und niemand fragte: wer genas?
So haben wir mit höllischen Latwergen   1050
In diesen Tälern, diesen Bergen
Weit schlimmer als die Pest getobt.
Ich habe selbst den Gift an Tausende gegeben,
Sie welkten hin, ich muß erleben,
Daß man die frechen Mörder lobt.   1055

WAGNER. Wie könnt Ihr Euch darum betrüben!
Tut nicht ein braver Mann genug,
Die Kunst, die man ihm übertrug,
Gewissenhaft und pünktlich auszuüben?
Wenn du, als Jüngling, deinen Vater ehrst,   1060
So wirst du gern von ihm empfangen;
Wenn du, als Mann, die Wissenschaft vermehrst,
So kann dein Sohn zu höhrem Ziel gelangen.

FAUST. O glücklich, wer noch hoffen kann
Aus diesem Meer des Irrtums aufzutauchen!   1065
Was man nicht weiß, das eben brauchte man,
Und was man weiß, kann man nicht brauchen.
Doch laß uns dieser Stunde schönes Gut
Durch solchen Trübsinn nicht verkümmern!
Betrachte, wie in Abendsonneglut   1070
Die grünumgebnen Hütten schimmern.

Sie rückt und weicht, der Tag ist überlebt,
Dort eilt sie hin und fördert neues Leben.
O daß kein Flügel mich vom Boden hebt,
1075 Ihr nach und immer nach zu streben!
Ich säh' im ewigen Abendstrahl
Die stille Welt zu meinen Füßen,
Entzündet alle Höhn, beruhigt jedes Tal,
Den Silberbach in goldne Ströme fließen.
1080 Nicht hemmte dann den göttergleichen Lauf
Der wilde Berg mit allen seinen Schluchten;
Schon tut das Meer sich mit erwärmten Buchten
Vor den erstaunten Augen auf.
Doch scheint die Göttin endlich wegzusinken;
1085 Allein der neue Trieb erwacht,
Ich eile fort, ihr ew'ges Licht zu trinken,
Vor mir den Tag und hinter mir die Nacht,
Den Himmel über mir und unter mir die Wellen.
Ein schöner Traum, indessen sie entweicht.
1090 Ach! zu des Geistes Flügeln wird so leicht
Kein körperlicher Flügel sich gesellen.
Doch ist es jedem eingeboren,
Daß sein Gefühl hinauf und vorwärts dringt,
Wenn über uns, im blauen Raum verloren,
1095 Ihr schmetternd Lied die Lerche singt;
Wenn über schroffen Fichtenhöhen
Der Adler ausgebreitet schwebt,
Und über Flächen, über Seen
Der Kranich nach der Heimat strebt.

1100 WAGNER. Ich hatte selbst oft grillenhafte Stunden,
Doch solchen Trieb hab' ich noch nie empfunden.
Man sieht sich leicht an Wald und Feldern satt;
Des Vogels Fittich werd' ich nie beneiden.
Wie anders tragen uns die Geistesfreuden
1105 Von Buch zu Buch, von Blatt zu Blatt!
Da werden Winternächte hold und schön,
Ein selig Leben wärmet alle Glieder,
Und ach! entrollst du gar ein würdig Pergamen,
So steigt der ganze Himmel zu dir nieder.

FAUST. Du bist dir nur des einen Triebs bewußt;   1110
O lerne nie den andern kennen!
Zwei Seelen wohnen, ach! in meiner Brust,
Die eine will sich von der andern trennen;
Die eine hält, in derber Liebeslust,
Sich an die Welt mit klammernden Organen;   1115
Die andre hebt gewaltsam sich vom Dust
Zu den Gefilden hoher Ahnen.
O gibt es Geister in der Luft,
Die zwischen Erd' und Himmel herrschend weben,
So steiget nieder aus dem goldnen Duft   1120
Und führt mich weg, zu neuem, buntem Leben!
Ja, wäre nur ein Zaubermantel mein
Und trüg' er mich in fremde Länder!
Mir sollt' er um die köstlichsten Gewänder,
Nicht feil um einen Königsmantel sein.   1125
WAGNER. Berufe nicht die wohlbekannte Schar,
Die strömend sich im Dunstkreis überbreitet,
Dem Menschen tausendfältige Gefahr,
Von allen Enden her, bereitet.
Von Norden dringt der scharfe Geisterzahn   1130
Auf dich herbei, mit pfeilgespitzten Zungen;
Von Morgen ziehn, vertrocknend, sie heran
Und nähren sich von deinen Lungen;
Wenn sie der Mittag aus der Wüste schickt,
Die Glut auf Glut um deinen Scheitel häufen,   1135
So bringt der West den Schwarm, der erst erquickt,
Um dich und Feld und Aue zu ersäufen.
Sie hören gern, zum Schaden froh gewandt,
Gehorchen gern, weil sie uns gern betrügen;
Sie stellen wie vom Himmel sich gesandt,   1140
Und lispeln englisch, wenn sie lügen.
Doch gehen wir! Ergraut ist schon die Welt,
Die Luft gekühlt, der Nebel fällt!
Am Abend schätzt man erst das Haus. –
Was stehst du so und blickst erstaunt hinaus?   1145
Was kann dich in der Dämmrung so ergreifen?
FAUST. Siehst du den schwarzen Hund durch Saat und
                    Stoppel streifen?

WAGNER. Ich sah ihn lange schon, nicht wichtig schien er mir.
FAUST. Betracht' ihn recht! für was hältst du das Tier?
1150 WAGNER. Für einen Pudel, der auf seine Weise
Sich auf der Spur des Herren plagt.
FAUST. Bemerkst du, wie in weitem Schneckenkreise
Er um uns her und immer näher jagt?
Und irr' ich nicht, so zieht ein Feuerstrudel
1155 Auf seinen Pfaden hinterdrein.
WAGNER. Ich sehe nichts als einen schwarzen Pudel;
Es mag bei Euch wohl Augentäuschung sein.
FAUST. Mir scheint es, daß er magisch leise Schlingen
Zu künft'gem Band um unsre Füße zieht.
WAGNER.
1160 Ich seh' ihn ungewiß und furchtsam uns umspringen,
Weil er, statt seines Herrn, zwei Unbekannte sieht.
FAUST. Der Kreis wird eng, schon ist er nah!
WAGNER. Du siehst! ein Hund, und kein Gespenst ist da.
Er knurrt und zweifelt, legt sich auf den Bauch.
1165 Er wedelt. Alles Hundebrauch.
FAUST. Geselle dich zu uns! Komm hier!
WAGNER. Es ist ein pudelnärrisch Tier.
Du stehest still, er wartet auf;
Du sprichst ihn an, er strebt an dir hinauf;
1170 Verliere was, er wird es bringen,
Nach deinem Stock ins Wasser springen.
FAUST. Du hast wohl recht, ich finde nicht die Spur
Von einem Geist, und alles ist Dressur.
WAGNER. Dem Hunde, wenn er gut gezogen,
1175 Wird selbst ein weiser Mann gewogen.
Ja, deine Gunst verdient er ganz und gar,
Er, der Studenten trefflicher Skolar.
              Sie gehen in das Stadttor.

STUDIERZIMMER

FAUST mit dem Pudel hereintretend.
Verlassen hab' ich Feld und Auen,
Die eine tiefe Nacht bedeckt,
1180 Mit ahnungsvollem, heil'gem Grauen
In uns die beßre Seele weckt.

Entschlafen sind nun wilde Triebe
Mit jedem ungestümen Tun;
Es reget sich die Menschenliebe,
Die Liebe Gottes regt sich nun. 1185

Sei ruhig, Pudel! renne nicht hin und wider!
An der Schwelle was schnoperst du hier?
Lege dich hinter den Ofen nieder,
Mein bestes Kissen geb' ich dir.
Wie du draußen auf dem bergigen Wege 1190
Durch Rennen und Springen ergetzt uns hast,
So nimm nun auch von mir die Pflege,
Als ein willkommner stiller Gast.

Ach, wenn in unsrer engen Zelle
Die Lampe freundlich wieder brennt, 1195
Dann wird's in unserm Busen helle,
Im Herzen, das sich selber kennt.
Vernunft fängt wieder an zu sprechen,
Und Hoffnung wieder an zu blühn,
Man sehnt sich nach des Lebens Bächen, 1200
Ach! nach des Lebens Quelle hin.

Knurre nicht, Pudel! Zu den heiligen Tönen,
Die jetzt meine ganze Seel' umfassen,
Will der tierische Laut nicht passen.
Wir sind gewohnt, daß die Menschen verhöhnen, 1205
Was sie nicht verstehn,
Daß sie vor dem Guten und Schönen,
Das ihnen oft beschwerlich ist, murren;
Will es der Hund, wie sie, beknurren?

Aber ach! schon fühl' ich, bei dem besten Willen, 1210
Befriedigung nicht mehr aus dem Busen quillen.
Aber warum muß der Strom so bald versiegen,
Und wir wieder im Durste liegen?
Davon hab' ich so viel Erfahrung.
Doch dieser Mangel läßt sich ersetzen: 1215
Wir lernen das Überirdische schätzen,
Wir sehnen uns nach Offenbarung,
Die nirgends würd'ger und schöner brennt

Als in dem Neuen Testament.
1220 Mich drängt's, den Grundtext aufzuschlagen,
Mit redlichem Gefühl einmal
Das heilige Original
In mein geliebtes Deutsch zu übertragen.

Er schlägt ein Volum auf und schickt sich an.

Geschrieben steht: „Im Anfang war das Wort!"
1225 Hier stock' ich schon! Wer hilft mir weiter fort?
Ich kann das Wort so hoch unmöglich schätzen,
Ich muß es anders übersetzen,
Wenn ich vom Geiste recht erleuchtet bin.
Geschrieben steht: Im Anfang war der Sinn.
1230 Bedenke wohl die erste Zeile,
Daß deine Feder sich nicht übereile!
Ist es der Sinn, der alles wirkt und schafft?
Es sollte stehn: Im Anfang war die Kraft!
Doch, auch indem ich dieses niederschreibe,
1235 Schon warnt mich was, daß ich dabei nicht bleibe.
Mir hilft der Geist! Auf einmal seh' ich Rat
Und schreibe getrost: Im Anfang war die Tat!

Soll ich mit dir das Zimmer teilen,
Pudel, so laß das Heulen,
1240 So laß das Bellen!
Solch einen störenden Gesellen
Mag ich nicht in der Nähe leiden.
Einer von uns beiden
Muß die Zelle meiden.
1245 Ungern heb' ich das Gastrecht auf,
Die Tür ist offen, hast freien Lauf.
Aber was muß ich sehen!
Kann das natürlich geschehen?
Ist es Schatten? ist's Wirklichkeit?
1250 Wie wird mein Pudel lang und breit!
Er hebt sich mit Gewalt,
Das ist nicht eines Hundes Gestalt!
Welch ein Gespenst bracht' ich ins Haus!
Schon sieht er wie ein Nilpferd aus,

Mit feurigen Augen, schrecklichem Gebiß. 1255
O! du bist mir gewiß!
Für solche halbe Höllenbrut
Ist Salomonis Schlüssel gut.

GEISTER auf dem Gange. Drinnen gefangen ist einer!
 Bleibet haußen, folg' ihm keiner! 1260
 Wie im Eisen der Fuchs,
 Zagt ein alter Höllenluchs.
 Aber gebt acht!
 Schwebet hin, schwebet wider,
 Auf und nieder, 1265
 Und er hat sich losgemacht.
 Könnt ihr ihm nützen,
 Laßt ihn nicht sitzen!
 Denn er tat uns allen
 Schon viel zu Gefallen. 1270

FAUST. Erst zu begegnen dem Tiere,
Brauch' ich den Spruch der viere:

Salamander soll glühen,
Undene sich winden,
Sylphe verschwinden, 1275
Kobold sich mühen.

Wer sie nicht kennte,
Die Elemente,
Ihre Kraft
Und Eigenschaft, 1280
Wäre kein Meister
Über die Geister.

Verschwind in Flammen,
Salamander!
Rauschend fließe zusammen, 1285
Undene!
Leucht in Meteoren-Schöne,
Sylphe!
Bring häusliche Hilfe,
Incubus! Incubus! 1290
Tritt hervor und mache den Schluß.

Keines der viere
Steckt in dem Tiere.
Es liegt ganz ruhig und grinst mich an;
1295 Ich hab' ihm noch nicht weh getan.
Du sollst mich hören
Stärker beschwören.

Bist du Geselle
Ein Flüchtling der Hölle?
1300 So sieh dies Zeichen,
Dem sie sich beugen,
Die schwarzen Scharen!

Schon schwillt es auf mit borstigen Haaren.

Verworfnes Wesen!
1305 Kannst du ihn lesen?
Den nie Entsproßnen,
Unausgesprochnen,
Durch alle Himmel Gegoßnen,
Freventlich Durchstochnen?

1310 Hinter den Ofen gebannt,
Schwillt es wie ein Elefant,
Den ganzen Raum füllt es an,
Es will zum Nebel zerfließen.
Steige nicht zur Decke hinan!
1315 Lege dich zu des Meisters Füßen!
Du siehst, daß ich nicht vergebens drohe.
Ich versenge dich mit heiliger Lohe!
Erwarte nicht
Das dreimal glühende Licht!
1320 Erwarte nicht
Die stärkste von meinen Künsten!

MEPHISTOPHELES tritt, indem der Nebel fällt, gekleidet wie
ein fahrender Scholastikus, hinter dem Ofen hervor.

Wozu der Lärm? was steht dem Herrn zu Diensten?

FAUST. Das also war des Pudels Kern!
Ein fahrender Skolast? Der Casus macht mich lachen.

MEPHISTOPHELES. Ich salutiere den gelehrten Herrn!   1325
Ihr habt mich weidlich schwitzen machen.

FAUST. Wie nennst du dich?

MEPHISTOPHELES.   Die Frage scheint mir klein
Für einen, der das Wort so sehr verachtet,
Der, weit entfernt von allem Schein,
Nur in der Wesen Tiefe trachtet.   1330

FAUST. Bei euch, ihr Herrn, kann man das Wesen
Gewöhnlich aus dem Namen lesen,
Wo es sich allzudeutlich weist,
Wenn man euch Fliegengott, Verderber, Lügner heißt.
Nun gut, wer bist du denn?

MEPHISTOPHELES.   Ein Teil von jener Kraft,   1335
Die stets das Böse will und stets das Gute schafft.

FAUST. Was ist mit diesem Rätselwort gemeint?

MEPHISTOPHELES. Ich bin der Geist, der stets verneint!
Und das mit Recht; denn alles, was entsteht,
Ist wert, daß es zugrunde geht;   1340
Drum besser wär's, daß nichts entstünde.
So ist denn alles, was ihr Sünde,
Zerstörung, kurz das Böse nennt,
Mein eigentliches Element.

FAUST.
Du nennst dich einen Teil, und stehst doch ganz vor mir? 1345

MEPHISTOPHELES. Bescheidne Wahrheit sprech' ich dir.
Wenn sich der Mensch, die kleine Narrenwelt,
Gewöhnlich für ein Ganzes hält –
Ich bin ein Teil des Teils, der anfangs alles war,
Ein Teil der Finsternis, die sich das Licht gebar,   1350
Das stolze Licht, das nun der Mutter Nacht
Den alten Rang, den Raum ihr streitig macht,
Und doch gelingt's ihm nicht, da es, so viel es strebt,
Verhaftet an den Körpern klebt.
Von Körpern strömt's, die Körper macht es schön,   1355
Ein Körper hemmt's auf seinem Gange,
So, hoff' ich, dauert es nicht lange,
Und mit den Körpern wird's zugrunde gehn.

FAUST. Nun kenn' ich deine würd'gen Pflichten!
1360 Du kannst im Großen nichts vernichten
Und fängst es nun im Kleinen an.

MEPHISTOPHELES. Und freilich ist nicht viel damit getan.
Was sich dem Nichts entgegenstellt,
Das Etwas, diese plumpe Welt,
1365 So viel als ich schon unternommen,
Ich wußte nicht ihr beizukommen,
Mit Wellen, Stürmen, Schütteln, Brand –
Geruhig bleibt am Ende Meer und Land!
Und dem verdammten Zeug, der Tier- und Menschenbrut,
1370 Dem ist nun gar nichts anzuhaben:
Wie viele hab' ich schon begraben!
Und immer zirkuliert ein neues, frisches Blut.
So geht es fort, man möchte rasend werden!
Der Luft, dem Wasser, wie der Erden
1375 Entwinden tausend Keime sich,
Im Trocknen, Feuchten, Warmen, Kalten!
Hätt' ich mir nicht die Flamme vorbehalten,
Ich hätte nichts Aparts für mich.

FAUST. So setzest du der ewig regen,
1380 Der heilsam schaffenden Gewalt
Die kalte Teufelsfaust entgegen,
Die sich vergebens tückisch ballt!
Was anders suche zu beginnen,
Des Chaos wunderlicher Sohn!

1385 MEPHISTOPHELES. Wir wollen wirklich uns besinnen,
Die nächsten Male mehr davon!
Dürft' ich wohl diesmal mich entfernen?

FAUST. Ich sehe nicht, warum du fragst.
Ich habe jetzt dich kennen lernen,
1390 Besuche nun mich, wie du magst.
Hier ist das Fenster, hier die Türe,
Ein Rauchfang ist dir auch gewiß.

MEPHISTOPHELES. Gesteh' ich's nur! daß ich hinausspaziere,
Verbietet mir ein kleines Hindernis,
1395 Der Drudenfuß auf Eurer Schwelle –

FAUST. Das Pentagramma macht dir Pein?
Ei sage mir, du Sohn der Hölle,
Wenn das dich bannt, wie kamst du denn herein?
Wie ward ein solcher Geist betrogen?

MEPH. Beschaut es recht! Es ist nicht gut gezogen;   1400
Der eine Winkel, der nach außen zu,
Ist, wie du siehst, ein wenig offen.

FAUST. Das hat der Zufall gut getroffen!
Und mein Gefangner wärst denn du?
Das ist von ungefähr gelungen!   1405

MEPH. Der Pudel merkte nichts, als er hereingesprungen,
Die Sache sieht jetzt anders aus:
Der Teufel kann nicht aus dem Haus.

FAUST. Doch warum gehst du nicht durchs Fenster?

MEPH. 's ist ein Gesetz der Teufel und Gespenster: 1410
Wo sie hereingeschlüpft, da müssen sie hinaus.
Das erste steht uns frei, beim zweiten sind wir Knechte.

FAUST. Die Hölle selbst hat ihre Rechte?
Das find' ich gut, da ließe sich ein Pakt,
Und sicher wohl, mit euch, ihr Herren, schließen?   1415

MEPH. Was man verspricht, das sollst du rein genießen,
Dir wird davon nichts abgezwackt.
Doch das ist nicht so kurz zu fassen,
Und wir besprechen das zunächst;
Doch jetzo bitt' ich hoch und höchst,   1420
Für dieses Mal mich zu entlassen.

FAUST. So bleibe doch noch einen Augenblick,
Um mir erst gute Mär zu sagen.

MEPHISTOPHELES. Jetzt laß mich los! Ich komme bald zurück,
Dann magst du nach Belieben fragen.   1425

FAUST. Ich habe dir nicht nachgestellt,
Bist du doch selbst ins Garn gegangen.
Den Teufel halte, wer ihn hält!
Er wird ihn nicht so bald zum zweiten Male fangen.

MEPHISTOPHELES. Wenn dir's beliebt, so bin ich auch bereit,   1430
Dir zur Gesellschaft hier zu bleiben;
Doch mit Bedingnis, dir die Zeit
Durch meine Künste würdig zu vertreiben.

FAUST. Ich seh' es gern, das steht dir frei;
1435 Nur daß die Kunst gefällig sei!
MEPHISTOPHELES. Du wirst, mein Freund, für deine Sinnen
In dieser Stunde mehr gewinnen
Als in des Jahres Einerlei.
Was dir die zarten Geister singen,
1440 Die schönen Bilder, die sie bringen,
Sind nicht ein leeres Zauberspiel.
Auch dein Geruch wird sich ergetzen,
Dann wirst du deinen Gaumen letzen,
Und dann entzückt sich dein Gefühl.
1445 Bereitung braucht es nicht voran,
Beisammen sind wir, fanget an!
GEISTER.   Schwindet, ihr dunkeln
                     Wölbungen droben!
                     Reizender schaue
1450   Freundlich der blaue
                     Äther herein!
                     Wären die dunkeln
                     Wolken zerronnen!
                     Sternelein funkeln,
1455   Mildere Sonnen
                     Scheinen darein.
                     Himmlischer Söhne
                     Geistige Schöne,
                     Schwankende Beugung
1460   Schwebet vorüber.
                     Sehnende Neigung
                     Folget hinüber;
                     Und der Gewänder
                     Flatternde Bänder
1465   Decken die Länder,
                     Decken die Laube,
                     Wo sich fürs Leben,
                     Tief in Gedanken,
                     Liebende geben.
1470   Laube bei Laube!
                     Sprossende Ranken!
                     Lastende Traube

Stürzt ins Behälter
Drängender Kelter,
Stürzen in Bächen   1475
Schäumende Weine,
Rieseln durch reine,
Edle Gesteine,
Lassen die Höhen
Hinter sich liegen,   1480
Breiten zu Seen
Sich ums Genügen
Grünender Hügel.
Und das Geflügel
Schlürfet sich Wonne,   1485
Flieget der Sonne,
Flieget den hellen
Inseln entgegen,
Die sich auf Wellen
Gauklend bewegen;   1490
Wo wir in Chören
Jauchzende hören,
Über den Auen
Tanzende schauen,
Die sich im Freien   1495
Alle zerstreuen.
Einige klimmen
Über die Höhen,
Andere schwimmen
Über die Seen,   1500
Andere schweben;
Alle zum Leben,
Alle zur Ferne
Liebender Sterne,
Seliger Huld.   1505

MEPH. Er schläft! So recht, ihr luft'gen zarten Jungen!
Ihr habt ihn treulich eingesungen!
Für dies Konzert bin ich in eurer Schuld.
Du bist noch nicht der Mann, den Teufel festzuhalten!
Umgaukelt ihn mit süßen Traumgestalten,   1510
Versenkt ihn in ein Meer des Wahns;

Doch dieser Schwelle Zauber zu zerspalten,
Bedarf ich eines Rattenzahns.
Nicht lange brauch' ich zu beschwören,
1515 Schon raschelt eine hier und wird sogleich mich hören.

Der Herr der Ratten und der Mäuse,
Der Fliegen, Frösche, Wanzen, Läuse
Befiehlt dir, dich hervorzuwagen
Und diese Schwelle zu benagen,
1520 Sowie er sie mit Öl betupft –
Da kommst du schon hervorgehupft!
Nur frisch ans Werk! Die Spitze, die mich bannte,
Sie sitzt ganz vorn an der Kante.
Noch einen Biß, so ist's geschehn. –
1525 Nun, Fauste, träume fort, bis wir uns wiedersehn.

FAUST erwachend. Bin ich denn abermals betrogen?
Verschwindet so der geisterreiche Drang,
Daß mir ein Traum den Teufel vorgelogen,
Und daß ein Pudel mir entsprang?

STUDIERZIMMER

Faust. Mephistopheles.

1530 FAUST. Es klopft? Herein! Wer will mich wieder plagen?
MEPHISTOPHELES. Ich bin's.
FAUST.   Herein!
MEPHISTOPHELES.   Du mußt es dreimal sagen.
FAUST. Herein denn!
MEPHISTOPHELES.   So gefällst du mir.
Wir werden, hoff' ich, uns vertragen!
Denn dir die Grillen zu verjagen,
1535 Bin ich als edler Junker hier,
In rotem, goldverbrämtem Kleide,
Das Mäntelchen von starrer Seide,
Die Hahnenfeder auf dem Hut,
Mit einem langen spitzen Degen,
1540 Und rate nun dir, kurz und gut,
Dergleichen gleichfalls anzulegen;

Damit du, losgebunden, frei,
Erfahrest, was das Leben sei.

FAUST. In jedem Kleide werd' ich wohl die Pein
Des engen Erdelebens fühlen.   1545
Ich bin zu alt, um nur zu spielen,
Zu jung, um ohne Wunsch zu sein.
Was kann die Welt mir wohl gewähren?
Entbehren sollst du! sollst entbehren!
Das ist der ewige Gesang,   1550
Der jedem an die Ohren klingt,
Den, unser ganzes Leben lang,
Uns heiser jede Stunde singt.
Nur mit Entsetzen wach' ich morgens auf,
Ich möchte bittre Tränen weinen,   1555
Den Tag zu sehn, der mir in seinem Lauf
Nicht Einen Wunsch erfüllen wird, nicht Einen,
Der selbst die Ahnung jeder Lust
Mit eigensinnigem Krittel mindert,
Die Schöpfung meiner regen Brust   1560
Mit tausend Lebensfratzen hindert.
Auch muß ich, wenn die Nacht sich niedersenkt,
Mich ängstlich auf das Lager strecken;
Auch da wird keine Rast geschenkt,
Mich werden wilde Träume schrecken.   1565
Der Gott, der mir im Busen wohnt,
Kann tief mein Innerstes erregen;
Der über allen meinen Kräften thront,
Er kann nach außen nichts bewegen;
Und so ist mir das Dasein eine Last,   1570
Der Tod erwünscht, das Leben mir verhaßt.

MEPHISTOPHELES.
Und doch ist nie der Tod ein ganz willkommner Gast.

FAUST. O selig der, dem er im Siegesglanze
Die blut'gen Lorbeern um die Schläfe windet,
Den er, nach rasch durchrastem Tanze,   1575
In eines Mädchens Armen findet!
O wär' ich vor des hohen Geistes Kraft
Entzückt, entseelt dahingesunken!

MEPHISTOPHELES. Und doch hat jemand einen braunen Saft,
1580 In jener Nacht, nicht ausgetrunken.

FAUST. Das Spionieren, scheint's, ist deine Lust.

MEPH. Allwissend bin ich nicht; doch viel ist mir bewußt.

FAUST. Wenn aus dem schrecklichen Gewühle
Ein süß bekannter Ton mich zog,
1585 Den Rest von kindlichem Gefühle
Mit Anklang froher Zeit betrog,
So fluch' ich allem, was die Seele
Mit Lock- und Gaukelwerk umspannt,
Und sie in diese Trauerhöhle
1590 Mit Blend- und Schmeichelkräften bannt!
Verflucht voraus die hohe Meinung,
Womit der Geist sich selbst umfängt!
Verflucht das Blenden der Erscheinung,
Die sich an unsre Sinne drängt!
1595 Verflucht, was uns in Träumen heuchelt,
Des Ruhms, der Namensdauer Trug!
Verflucht, was als Besitz uns schmeichelt,
Als Weib und Kind, als Knecht und Pflug!
Verflucht sei Mammon, wenn mit Schätzen
1600 Er uns zu kühnen Taten regt,
Wenn er zu müßigem Ergetzen
Die Polster uns zurechtelegt!
Fluch sei dem Balsamsaft der Trauben!
Fluch jener höchsten Liebeshuld!
1605 Fluch sei der Hoffnung! Fluch dem Glauben,
Und Fluch vor allen der Geduld!

GEISTERCHOR unsichtbar. Weh! weh!
Du hast sie zerstört,
Die schöne Welt,
1610 Mit mächtiger Faust;
Sie stürzt, sie zerfällt!
Ein Halbgott hat sie zerschlagen!
Wir tragen
Die Trümmern ins Nichts hinüber,
1615 Und klagen
Über die verlorne Schöne.

Mächtiger
Der Erdensöhne,
Prächtiger
Baue sie wieder,   1620
In deinem Busen baue sie auf!
Neuen Lebenslauf
Beginne,
Mit hellem Sinne,
Und neue Lieder   1625
Tönen darauf!

MEPHISTOPHELES. Dies sind die Kleinen
Von den Meinen.
Höre, wie zu Lust und Taten
Altklug sie raten!   1630
In die Welt weit,
Aus der Einsamkeit,
Wo Sinnen und Säfte stocken,
Wollen sie dich locken.

Hör auf, mit deinem Gram zu spielen,   1635
Der, wie ein Geier, dir am Leben frißt;
Die schlechteste Gesellschaft läßt dich fühlen,
Daß du ein Mensch mit Menschen bist.
Doch so ist's nicht gemeint,
Dich unter das Pack zu stoßen.   1640
Ich bin keiner von den Großen;
Doch willst du mit mir vereint
Deine Schritte durchs Leben nehmen,
So will ich mich gern bequemen,
Dein zu sein, auf der Stelle.   1645
Ich bin dein Geselle,
Und mach' ich dir's recht,
Bin ich dein Diener, bin dein Knecht!

FAUST. Und was soll ich dagegen dir erfüllen?

MEPHISTOPHELES. Dazu hast du noch eine lange Frist. 1650

FAUST. Nein, nein! der Teufel ist ein Egoist
Und tut nicht leicht um Gottes willen,
Was einem andern nützlich ist.

Sprich die Bedingung deutlich aus;
1655 Ein solcher Diener bringt Gefahr ins Haus.

MEPH. Ich will mich hier zu deinem Dienst verbinden,
Auf deinen Wink nicht rasten und nicht ruhn;
Wenn wir uns drüben wiederfinden,
So sollst du mir das gleiche tun.

1660 FAUST. Das Drüben kann mich wenig kümmern;
Schlägst du erst diese Welt zu Trümmern,
Die andre mag darnach entstehn.
Aus dieser Erde quillen meine Freuden,
Und diese Sonne scheinet meinen Leiden;
1665 Kann ich mich erst von ihnen scheiden,
Dann mag, was will und kann, geschehn.
Davon will ich nichts weiter hören,
Ob man auch künftig haßt und liebt,
Und ob es auch in jenen Sphären
1670 Ein Oben oder Unten gibt.

MEPHISTOPHELES. In diesem Sinne kannst du's wagen.
Verbinde dich; du sollst, in diesen Tagen,
Mit Freuden meine Künste sehn,
Ich gebe dir, was noch kein Mensch gesehn.

1675 FAUST. Was willst du armer Teufel geben?
Ward eines Menschen Geist, in seinem hohen Streben,
Von deinesgleichen je gefaßt?
Doch hast du Speise, die nicht sättigt, hast
Du rotes Gold, das ohne Rast,
1680 Quecksilber gleich, dir in der Hand zerrinnt,
Ein Spiel, bei dem man nie gewinnt,
Ein Mädchen, das an meiner Brust
Mit Äugeln schon dem Nachbar sich verbindet,
Der Ehre schöne Götterlust,
1685 Die, wie ein Meteor, verschwindet?
Zeig mir die Frucht, die fault, eh' man sie bricht,
Und Bäume, die sich täglich neu begrünen!

MEPHISTOPHELES. Ein solcher Auftrag schreckt mich nicht,
Mit solchen Schätzen kann ich dienen.
1690 Doch, guter Freund, die Zeit kommt auch heran,
Wo wir was Guts in Ruhe schmausen mögen.

FAUST. Werd' ich beruhigt je mich auf ein Faulbett legen,
  So sei es gleich um mich getan!
  Kannst du mich schmeichelnd je belügen,
  Daß ich mir selbst gefallen mag,   1695
  Kannst du mich mit Genuß betrügen,
  Das sei für mich der letzte Tag!
  Die Wette biet' ich!
MEPHISTOPHELES.   Topp!
FAUST.   Und Schlag auf Schlag!
  Werd' ich zum Augenblicke sagen:
  Verweile doch! du bist so schön!   1700
  Dann magst du mich in Fesseln schlagen,
  Dann will ich gern zugrunde gehn!
  Dann mag die Totenglocke schallen,
  Dann bist du deines Dienstes frei,
  Die Uhr mag stehn, der Zeiger fallen,   1705
  Es sei die Zeit für mich vorbei!
MEPH. Bedenk es wohl, wir werden's nicht vergessen.
FAUST. Dazu hast du ein volles Recht;
  Ich habe mich nicht freventlich vermessen.
  Wie ich beharre, bin ich Knecht,   1710
  Ob dein, was frag' ich, oder wessen.
MEPH. Ich werde heute gleich, beim Doktorschmaus,
  Als Diener, meine Pflicht erfüllen.
  Nur eins! – Um Lebens oder Sterbens willen
  Bitt' ich mir ein paar Zeilen aus.   1715
FAUST. Auch was Geschriebnes forderst du Pedant?
  Hast du noch keinen Mann, nicht Manneswort gekannt?
  Ist's nicht genug, daß mein gesprochnes Wort
  Auf ewig soll mit meinen Tagen schalten?
  Rast nicht die Welt in allen Strömen fort,   1720
  Und mich soll ein Versprechen halten?
  Doch dieser Wahn ist uns ins Herz gelegt,
  Wer mag sich gern davon befreien?
  Beglückt, wer Treue rein im Busen trägt,
  Kein Opfer wird ihn je gereuen!   1725
  Allein ein Pergament, beschrieben und beprägt,
  Ist ein Gespenst, vor dem sich alle scheuen.
  Das Wort erstirbt schon in der Feder,

Die Herrschaft führen Wachs und Leder.
1730 Was willst du böser Geist von mir?
Erz, Marmor, Pergament, Papier?
Soll ich mit Griffel, Meißel, Feder schreiben?
Ich gebe jede Wahl dir frei.
MEPHISTOPHELES. Wie magst du deine Rednerei
1735 Nur gleich so hitzig übertreiben?
Ist doch ein jedes Blättchen gut.
Du unterzeichnest dich mit einem Tröpfchen Blut.
FAUST. Wenn dies dir völlig G'nüge tut,
So mag es bei der Fratze bleiben.
1740 MEPHISTOPHELES. Blut ist ein ganz besondrer Saft.
FAUST. Nur keine Furcht, daß ich dies Bündnis breche!
Das Streben meiner ganzen Kraft
Ist grade das, was ich verspreche.
Ich habe mich zu hoch gebläht,
1745 In deinen Rang gehör' ich nur.
Der große Geist hat mich verschmäht,
Vor mir verschließt sich die Natur.
Des Denkens Faden ist zerrissen,
Mir ekelt lange vor allem Wissen.
1750 Laß in den Tiefen der Sinnlichkeit
Uns glühende Leidenschaften stillen!
In undurchdrungnen Zauberhüllen
Sei jedes Wunder gleich bereit!
Stürzen wir uns in das Rauschen der Zeit,
1755 Ins Rollen der Begebenheit!
Da mag denn Schmerz und Genuß,
Gelingen und Verdruß
Mit einander wechseln, wie es kann;
Nur rastlos betätigt sich der Mann.
1760 MEPHISTOPHELES. Euch ist kein Maß und Ziel gesetzt.
Beliebt's Euch, überall zu naschen,
Im Fliehen etwas zu erhaschen,
Bekomm' Euch wohl, was Euch ergetzt.
Nur greift mir zu und seid nicht blöde!
1765 FAUST. Du hörest ja, von Freud' ist nicht die Rede.
Dem Taumel weih' ich mich, dem schmerzlichsten Genuß,
Verliebtem Haß, erquickendem Verdruß.

Mein Busen, der vom Wissensdrang geheilt ist,
Soll keinen Schmerzen künftig sich verschließen,
Und was der ganzen Menschheit zugeteilt ist,   1770
Will ich in meinem innern Selbst genießen,
Mit meinem Geist das Höchst' und Tiefste greifen,
Ihr Wohl und Weh auf meinen Busen häufen,
Und so mein eigen Selbst zu ihrem Selbst erweitern,
Und, wie sie selbst, am End' auch ich zerscheitern.   1775
MEPHISTOPHELES. O glaube mir, der manche tausend Jahre
An dieser harten Speise kaut,
Daß von der Wiege bis zur Bahre
Kein Mensch den alten Sauerteig verdaut!
Glaub unsereinem: dieses Ganze   1780
Ist nur für einen Gott gemacht!
Er findet sich in einem ew'gen Glanze,
Uns hat er in die Finsternis gebracht,
Und euch taugt einzig Tag und Nacht.
FAUST. Allein ich will!
MEPHISTOPHELES.   Das läßt sich hören!   1785
Doch nur vor einem ist mir bang:
Die Zeit ist kurz, die Kunst ist lang.
Ich dächt', Ihr ließet Euch belehren.
Assoziiert Euch mit einem Poeten,
Laßt den Herrn in Gedanken schweifen,   1790
Und alle edlen Qualitäten
Auf Euren Ehrenscheitel häufen,
Des Löwen Mut,
Des Hirsches Schnelligkeit,
Des Italieners feurig Blut,   1795
Des Nordens Dau'rbarkeit.
Laßt ihn Euch das Geheimnis finden,
Großmut und Arglist zu verbinden,
Und Euch, mit warmen Jugendtrieben,
Nach einem Plane zu verlieben.   1800
Möchte selbst solch einen Herren kennen,
Würd' ihn Herrn Mikrokosmus nennen.
FAUST. Was bin ich denn, wenn es nicht möglich ist,
Der Menschheit Krone zu erringen,
Nach der sich alle Sinne dringen?   1805

MEPHISTOPHELES. Du bist am Ende – was du bist.
Setz dir Perücken auf von Millionen Locken,
Setz deinen Fuß auf ellenhohe Socken,
Du bleibst doch immer, was du bist.
1810 FAUST. Ich fühl's, vergebens hab' ich alle Schätze
Des Menschengeists auf mich herbeigerafft,
Und wenn ich mich am Ende niedersetze,
Quillt innerlich doch keine neue Kraft;
Ich bin nicht um ein Haar breit höher,
1815 Bin dem Unendlichen nicht näher.
MEPHISTOPHELES. Mein guter Herr, Ihr seht die Sachen,
Wie man die Sachen eben sieht;
Wir müssen das gescheiter machen,
Eh' uns des Lebens Freude flieht.
1820 Was Henker! freilich Händ' und Füße
Und Kopf und H – –, die sind dein;
Doch alles, was ich frisch genieße,
Ist das drum weniger mein?
Wenn ich sechs Hengste zahlen kann,
1825 Sind ihre Kräfte nicht die meine?
Ich renne zu und bin ein rechter Mann,
Als hätt' ich vierundzwanzig Beine.
Drum frisch! Laß alles Sinnen sein,
Und grad' mit in die Welt hinein!
1830 Ich sag' es dir: ein Kerl, der spekuliert,
Ist wie ein Tier, auf dürrer Heide
Von einem bösen Geist im Kreis herumgeführt,
Und rings umher liegt schöne grüne Weide.
FAUST. Wie fangen wir das an?
MEPHISTOPHELES.   Wir gehen eben fort.
1835 Was ist das für ein Marterort?
Was heißt das für ein Leben führen,
Sich und die Jungens ennuyieren?
Laß du das dem Herrn Nachbar Wanst!
Was willst du dich das Stroh zu dreschen plagen?
1840 Das Beste, was du wissen kannst,
Darfst du den Buben doch nicht sagen.
Gleich hör' ich einen auf dem Gange!
FAUST. Mir ist's nicht möglich, ihn zu sehn.

MEPHISTOPHELES. Der arme Knabe wartet lange,
Der darf nicht ungetröstet gehn.   1845
Komm, gib mir deinen Rock und Mütze;
Die Maske muß mir köstlich stehn. Er kleidet sich um.
Nun überlaß es meinem Witze!
Ich brauche nur ein Viertelstündchen Zeit;
Indessen mache dich zur schönen Fahrt bereit! Faust ab.   1850
MEPHISTOPHELES in Fausts langem Kleide.
Verachte nur Vernunft und Wissenschaft,
Des Menschen allerhöchste Kraft,
Laß nur in Blend- und Zauberwerken
Dich von dem Lügengeist bestärken,
So hab' ich dich schon unbedingt –   1855
Ihm hat das Schicksal einen Geist gegeben,
Der ungebändigt immer vorwärts dringt,
Und dessen übereiltes Streben
Der Erde Freuden überspringt.
Den schlepp' ich durch das wilde Leben,   1860
Durch flache Unbedeutenheit,
Er soll mir zappeln, starren, kleben,
Und seiner Unersättlichkeit
Soll Speis' und Trank vor gier'gen Lippen schweben;
Er wird Erquickung sich umsonst erflehn,   1865
Und hätt' er sich auch nicht dem Teufel übergeben,
Er müßte doch zugrunde gehn!

Ein Schüler tritt auf.

SCHÜLER. Ich bin allhier erst kurze Zeit,
Und komme voll Ergebenheit,
Einen Mann zu sprechen und zu kennen,   1870
Den alle mir mit Ehrfurcht nennen.
MEPHISTOPHELES. Eure Höflichkeit erfreut mich sehr!
Ihr seht einen Mann wie andre mehr.
Habt Ihr Euch sonst schon umgetan?
SCHÜLER. Ich bitt' Euch, nehmt Euch meiner an!   1875
Ich komme mit allem guten Mut,
Leidlichem Geld und frischem Blut;
Meine Mutter wollte mich kaum entfernen;
Möchte gern was Rechts hieraußen lernen.

1880 MEPHISTOPHELES. Da seid Ihr eben recht am Ort.
    SCHÜLER. Aufrichtig, möchte schon wieder fort:
    In diesen Mauern, diesen Hallen
    Will es mir keineswegs gefallen.
    Es ist ein gar beschränkter Raum,
1885 Man sieht nichts Grünes, keinen Baum,
    Und in den Sälen auf den Bänken
    Vergeht mir Hören, Sehn und Denken.
    MEPHISTOPHELES. Das kommt nur auf Gewohnheit an.
    So nimmt ein Kind der Mutter Brust
1890 Nicht gleich im Anfang willig an,
    Doch bald ernährt es sich mit Lust.
    So wird's Euch an der Weisheit Brüsten
    Mit jedem Tage mehr gelüsten.
    SCHÜLER. An ihrem Hals will ich mit Freuden hangen;
1895 Doch sagt mir nur, wie kann ich hingelangen?
    MEPHISTOPHELES. Erklärt Euch, eh' Ihr weiter geht,
    Was wählt Ihr für eine Fakultät?
    SCHÜLER. Ich wünschte recht gelehrt zu werden,
    Und möchte gern, was auf der Erden
1900 Und in dem Himmel ist, erfassen,
    Die Wissenschaft und die Natur.
    MEPHISTOPHELES. Da seid Ihr auf der rechten Spur;
    Doch müßt Ihr Euch nicht zerstreuen lassen.
    SCHÜLER. Ich bin dabei mit Seel' und Leib;
1905 Doch freilich würde mir behagen
    Ein wenig Freiheit und Zeitvertreib
    An schönen Sommerfeiertagen.
    MEPH. Gebraucht der Zeit, sie geht so schnell von hinnen,
    Doch Ordnung lehrt Euch Zeit gewinnen.
1910 Mein teurer Freund, ich rat' Euch drum
    Zuerst Collegium Logicum.
    Da wird der Geist Euch wohl dressiert,
    In spanische Stiefeln eingeschnürt,
    Daß er bedächtiger so fortan
1915 Hinschleiche die Gedankenbahn,
    Und nicht etwa, die Kreuz und Quer,
    Irrlichteliere hin und her.
    Dann lehret man Euch manchen Tag,

Daß, was Ihr sonst auf einen Schlag
Getrieben, wie Essen und Trinken frei, 1920
Eins! Zwei! Drei! dazu nötig sei.
Zwar ist's mit der Gedankenfabrik
Wie mit einem Weber-Meisterstück,
Wo ein Tritt tausend Fäden regt,
Die Schifflein herüber hinüber schießen, 1925
Die Fäden ungesehen fließen,
Ein Schlag tausend Verbindungen schlägt:
Der Philosoph, der tritt herein
Und beweist Euch, es müßt' so sein:
Das Erst' wär' so, das Zweite so, 1930
Und drum das Dritt' und Vierte so,
Und wenn das Erst' und Zweit' nicht wär',
Das Dritt' und Viert' wär' nimmermehr.
Das preisen die Schüler aller Orten,
Sind aber keine Weber geworden. 1935
Wer will was Lebendigs erkennen und beschreiben,
Sucht erst den Geist heraus zu treiben,
Dann hat er die Teile in seiner Hand,
Fehlt leider! nur das geistige Band.
Encheiresin naturae nennt's die Chemie, 1940
Spottet ihrer selbst und weiß nicht wie.
SCHÜLER. Kann Euch nicht eben ganz verstehen.
MEPHISTOPHELES. Das wird nächstens schon besser gehen,
Wenn Ihr lernt alles reduzieren
Und gehörig klassifizieren. 1945
SCHÜLER. Mir wird von alle dem so dumm,
Als ging' mir ein Mühlrad im Kopf herum.
MEPHISTOPHELES. Nachher, vor allen andern Sachen,
Müßt Ihr Euch an die Metaphysik machen!
Da seht, daß Ihr tiefsinnig faßt, 1950
Was in des Menschen Hirn nicht paßt;
Für was drein geht und nicht drein geht,
Ein prächtig Wort zu Diensten steht.
Doch vorerst dieses halbe Jahr
Nehmt ja der besten Ordnung wahr. 1955
Fünf Stunden habt Ihr jeden Tag;
Seid drinnen mit dem Glockenschlag!

Habt Euch vorher wohl präpariert,
Paragraphos wohl einstudiert,
1960 Damit Ihr nachher besser seht,
Daß er nichts sagt, als was im Buche steht;
Doch Euch des Schreibens ja befleißt,
Als diktiert' Euch der Heilig' Geist!

SCHÜLER. Das sollt Ihr mir nicht zweimal sagen!
1965 Ich denke mir, wie viel es nützt;
Denn, was man schwarz auf weiß besitzt,
Kann man getrost nach Hause tragen.

MEPHISTOPHELES. Doch wählt mir eine Fakultät!

SCHÜLER.
Zur Rechtsgelehrsamkeit kann ich mich nicht bequemen.

1970 MEPH. Ich kann es Euch so sehr nicht übel nehmen,
Ich weiß, wie es um diese Lehre steht.
Es erben sich Gesetz' und Rechte
Wie eine ew'ge Krankheit fort,
Sie schleppen von Geschlecht sich zum Geschlechte
1975 Und rücken sacht von Ort zu Ort.
Vernunft wird Unsinn, Wohltat Plage;
Weh dir, daß du ein Enkel bist!
Vom Rechte, das mit uns geboren ist,
Von dem ist leider! nie die Frage.

1980 SCHÜLER. Mein Abscheu wird durch Euch vermehrt.
O glücklich der, den Ihr belehrt!
Fast möcht' ich nun Theologie studieren.

MEPHISTOPHELES. Ich wünschte nicht, Euch irre zu führen.
Was diese Wissenschaft betrifft,
1985 Es ist so schwer, den falschen Weg zu meiden,
Es liegt in ihr so viel verborgnes Gift,
Und von der Arzenei ist's kaum zu unterscheiden.
Am besten ist's auch hier, wenn Ihr nur Einen hört,
Und auf des Meisters Worte schwört.
1990 Im ganzen – haltet Euch an Worte!
Dann geht Ihr durch die sichre Pforte
Zum Tempel der Gewißheit ein.

SCHÜLER. Doch ein Begriff muß bei dem Worte sein.

MEPHISTOPHELES.
  Schon gut! Nur muß man sich nicht allzu ängstlich quälen;
  Denn eben wo Begriffe fehlen,   1995
  Da stellt ein Wort zur rechten Zeit sich ein.
  Mit Worten läßt sich trefflich streiten,
  Mit Worten ein System bereiten,
  An Worte läßt sich trefflich glauben,
  Von einem Wort läßt sich kein Jota rauben.   2000

SCHÜLER. Verzeiht, ich halt' Euch auf mit vielen Fragen,
  Allein ich muß Euch noch bemühn.
  Wollt Ihr mir von der Medizin
  Nicht auch ein kräftig Wörtchen sagen?
  Drei Jahr' ist eine kurze Zeit,   2005
  Und, Gott! das Feld ist gar zu weit.
  Wenn man einen Fingerzeig nur hat,
  Läßt sich's schon eher weiter fühlen.

MEPHISTOPHELES für sich. Ich bin des trocknen Tons nun satt,
  Muß wieder recht den Teufel spielen.   2010
  Laut. Der Geist der Medizin ist leicht zu fassen;
  Ihr durchstudiert die groß' und kleine Welt,
  Um es am Ende gehn zu lassen,
  Wie's Gott gefällt.
  Vergebens, daß Ihr ringsum wissenschaftlich schweift,   2015
  Ein jeder lernt nur, was er lernen kann;
  Doch der den Augenblick ergreift,
  Das ist der rechte Mann.
  Ihr seid noch ziemlich wohl gebaut,
  An Kühnheit wird's Euch auch nicht fehlen,   2020
  Und wenn Ihr Euch nur selbst vertraut,
  Vertrauen Euch die andern Seelen.
  Besonders lernt die Weiber führen;
  Es ist ihr ewig Weh und Ach
  So tausendfach   2025
  Aus einem Punkte zu kurieren,
  Und wenn Ihr halbweg ehrbar tut,
  Dann habt Ihr sie all' unterm Hut.
  Ein Titel muß sie erst vertraulich machen,
  Daß Eure Kunst viel Künste übersteigt;   2030

Zum Willkomm tappt Ihr dann nach allen Siebensachen,
Um die ein andrer viele Jahre streicht,
Versteht das Pülslein wohl zu drücken,
Und fasset sie, mit feurig schlauen Blicken,
2035 Wohl um die schlanke Hüfte frei,
Zu sehn, wie fest geschnürt sie sei.

SCHÜLER.
Das sieht schon besser aus! Man sieht doch, wo und wie.

MEPHISTOPHELES. Grau, teurer Freund, ist alle Theorie,
Und grün des Lebens goldner Baum.

2040 SCHÜLER. Ich schwör' Euch zu, mir ist's als wie ein Traum.
Dürft' ich Euch wohl ein andermal beschweren,
Von Eurer Weisheit auf den Grund zu hören?

MEPHISTOPHELES. Was ich vermag, soll gern geschehn.

SCHÜLER. Ich kann unmöglich wieder gehn,
2045 Ich muß Euch noch mein Stammbuch überreichen.
Gönn' Eure Gunst mir dieses Zeichen!

MEPHISTOPHELES. Sehr wohl. Er schreibt und gibt's.
SCHÜLER liest.
Eritis sicut Deus scientes bonum et malum.

Macht's ehrerbietig zu und empfiehlt sich.

MEPHISTOPHELES. Folg' nur dem alten Spruch und meiner
Muhme, der Schlange,
2050 Dir wird gewiß einmal bei deiner Gottähnlichkeit bange!

Faust tritt auf.

FAUST. Wohin soll es nun gehn?

MEPHISTOPHELES.   Wohin es dir gefällt.
Wir sehn die kleine, dann die große Welt.
Mit welcher Freude, welchem Nutzen
Wirst du den Cursum durchschmarutzen!

2055 FAUST. Allein bei meinem langen Bart
Fehlt mir die leichte Lebensart.
Es wird mir der Versuch nicht glücken;
Ich wußte nie mich in die Welt zu schicken.
Vor andern fühl' ich mich so klein;
2060 Ich werde stets verlegen sein.

MEPH. Mein guter Freund, das wird sich alles geben;
   Sobald du dir vertraust, sobald weißt du zu leben.

FAUST. Wie kommen wir denn aus dem Haus?
   Wo hast du Pferde, Knecht und Wagen?

MEPHISTOPHELES. Wir breiten nur den Mantel aus,   2065
   Der soll uns durch die Lüfte tragen.
   Du nimmst bei diesem kühnen Schritt
   Nur keinen großen Bündel mit.
   Ein bißchen Feuerluft, die ich bereiten werde,
   Hebt uns behend von dieser Erde.   2070
   Und sind wir leicht, so geht es schnell hinauf;
   Ich gratuliere dir zum neuen Lebenslauf!

AUERBACHS KELLER IN LEIPZIG

Zeche lustiger Gesellen.

FROSCH. Will keiner trinken? keiner lachen?
   Ich will euch lehren Gesichter machen!
   Ihr seid ja heut wie nasses Stroh,   2075
   Und brennt sonst immer lichterloh.

BRANDER. Das liegt an dir; du bringst ja nichts herbei,
   Nicht eine Dummheit, keine Sauerei.

FROSCH gießt ihm ein Glas Wein über den Kopf.
   Da hast du beides!

BRANDER.   Doppelt Schwein!

FROSCH. Ihr wollt es ja, man soll es sein!   2080

SIEBEL. Zur Tür hinaus, wer sich entzweit!
   Mit offner Brust singt Runda, sauft und schreit!
   Auf! Holla! Ho!

ALTMAYER.   Weh mir, ich bin verloren!
   Baumwolle her! der Kerl sprengt mir die Ohren.

SIEBEL. Wenn das Gewölbe widerschallt,   2085
   Fühlt man erst recht des Basses Grundgewalt.

FROSCH. So recht, hinaus mit dem, der etwas übel nimmt!
   A! tara lara da!

ALTMAYER. A! tara lara da!

FROSCH.   Die Kehlen sind gestimmt.

2090   Singt. Das liebe heil'ge Röm'sche Reich,
        Wie hält's nur noch zusammen?

BRANDER. Ein garstig Lied! Pfui! ein politisch Lied
    Ein leidig Lied! Dankt Gott mit jedem Morgen,
    Daß ihr nicht braucht fürs Röm'sche Reich zu sorgen!
2095 Ich halt' es wenigstens für reichlichen Gewinn,
    Daß ich nicht Kaiser oder Kanzler bin.
    Doch muß auch uns ein Oberhaupt nicht fehlen;
    Wir wollen einen Papst erwählen.
    Ihr wißt, welch eine Qualität
2100 Den Ausschlag gibt, den Mann erhöht.

FROSCH singt. Schwing dich auf, Frau Nachtigall,
            Grüß' mir mein Liebchen zehentausendmal.

SIEBEL. Dem Liebchen keinen Gruß! ich will davon nichts

FROSCH.   [hören!
    Dem Liebchen Gruß und Kuß! du wirst mir's nicht
2105   Singt. Riegel auf! in stiller Nacht.   [verwehren!
            Riegel auf! der Liebste wacht.
            Riegel zu! des Morgens früh.

SIEBEL. Ja, singe, singe nur und lob' und rühme sie!
    Ich will zu meiner Zeit schon lachen.
2110 Sie hat mich angeführt, dir wird sie's auch so machen.
    Zum Liebsten sei ein Kobold ihr beschert!
    Der mag mit ihr auf einem Kreuzweg schäkern;
    Ein alter Bock, wenn er vom Blocksberg kehrt,
    Mag im Galopp noch gute Nacht ihr meckern!
2115 Ein braver Kerl von echtem Fleisch und Blut
    Ist für die Dirne viel zu gut.
    Ich will von keinem Gruße wissen,
    Als ihr die Fenster eingeschmissen!

BRANDER auf den Tisch schlagend.
    Paßt auf! paßt auf! Gehorchet mir!
2120 Ihr Herrn, gesteht, ich weiß zu leben;
    Verliebte Leute sitzen hier,
    Und diesen muß, nach Standsgebühr,
    Zur guten Nacht ich was zum besten geben.

Gebt acht! Ein Lied vom neusten Schnitt!
Und singt den Rundreim kräftig mit!   2125
Er singt. Es war eine Ratt' im Kellernest,
   Lebte nur von Fett und Butter,
   Hatte sich ein Ränzlein angemäst't,
   Als wie der Doktor Luther.
   Die Köchin hatt' ihr Gift gestellt;   2130
   Da ward's so eng ihr in der Welt,
   Als hätte sie Lieb' im Leibe.
CHORUS jauchzend. Als hätte sie Lieb' im Leibe.
BRANDER. Sie fuhr herum, sie fuhr heraus,
   Und soff aus allen Pfützen,   2135
   Zernagt', zerkratzt' das ganze Haus,
   Wollte nichts ihr Wüten nützen;
   Sie tät gar manchen Ängstesprung,
   Bald hatte das arme Tier genung,
   Als hätt' es Lieb' im Leibe.   2140
CHORUS. Als hätt' es Lieb' im Leibe.
BRANDER. Sie kam für Angst am hellen Tag
   Der Küche zugelaufen,
   Fiel an den Herd und zuckt' und lag,
   Und tät erbärmlich schnaufen.   2145
   Da lachte die Vergifterin noch:
   Ha! sie pfeift auf dem letzten Loch,
   Als hätte sie Lieb' im Leibe.
CHORUS. Als hätte sie Lieb' im Leibe.
SIEBEL. Wie sich die platten Bursche freun!   2150
 Es ist mir eine rechte Kunst,
 Den armen Ratten Gift zu streuen!
BRANDER. Sie stehn wohl sehr in deiner Gunst?
ALTMAYER. Der Schmerbauch mit der kahlen Platte!
 Das Unglück macht ihn zahm und mild;   2155
 Er sieht in der geschwollnen Ratte
 Sein ganz natürlich Ebenbild.
   Faust und Mephistopheles treten auf.
MEPHISTOPHELES. Ich muß dich nun vor allen Dingen
 In lustige Gesellschaft bringen,
 Damit du siehst, wie leicht sich's leben läßt.   2160
 Dem Volke hier wird jeder Tag ein Fest.

Mit wenig Witz und viel Behagen
Dreht jeder sich im engen Zirkeltanz,
Wie junge Katzen mit dem Schwanz.
2165 Wenn sie nicht über Kopfweh klagen,
So lang' der Wirt nur weiter borgt,
Sind sie vergnügt und unbesorgt.

BRANDER. Die kommen eben von der Reise,
Man sieht's an ihrer wunderlichen Weise;
2170 Sie sind nicht eine Stunde hier.

FROSCH.
Wahrhaftig, du hast recht! Mein Leipzig lob' ich mir!
Es ist ein klein Paris, und bildet seine Leute.

SIEBEL. Für was siehst du die Fremden an?

FROSCH. Laßt mich nur gehn! Bei einem vollen Glase
2175 Zieh' ich, wie einen Kinderzahn,
Den Burschen leicht die Würmer aus der Nase.
Sie scheinen mir aus einem edlen Haus,
Sie sehen stolz und unzufrieden aus.

BRANDER. Marktschreier sind's gewiß, ich wette!

ALTMAYER. Vielleicht.

2180 FROSCH.   Gib acht, ich schraube sie!

MEPH. zu Faust. Den Teufel spürt das Völkchen nie,
Und wenn er sie beim Kragen hätte.

FAUST. Seid uns gegrüßt, ihr Herrn!

SIEBEL.   Viel Dank zum Gegengruß.
Leise, Mephistopheles von der Seite ansehend.
Was hinkt der Kerl auf einem Fuß?

2185 MEPH. Ist es erlaubt, uns auch zu euch zu setzen?
Statt eines guten Trunks, den man nicht haben kann,
Soll die Gesellschaft uns ergetzen.

ALTMAYER. Ihr scheint ein sehr verwöhnter Mann.

FROSCH. Ihr seid wohl spät von Rippach aufgebrochen?
2190 Habt ihr mit Herren Hans noch erst zu Nacht gespeist?

MEPHISTOPHELES. Heut sind wir ihn vorbeigereist!
Wir haben ihn das letzte Mal gesprochen.
Von seinen Vettern wußt' er viel zu sagen,
Viel Grüße hat er uns an jeden aufgetragen.
Er neigt sich gegen Frosch.

ALTMAYER leise. Da hast du's! der versteht's!
SIEBEL.   Ein pfiffiger Patron! 2195
FROSCH. Nun, warte nur, ich krieg' ihn schon!
MEPHISTOPHELES. Wenn ich nicht irrte, hörten wir
  Geübte Stimmen Chorus singen?
  Gewiß, Gesang muß trefflich hier
  Von dieser Wölbung widerklingen!   2200
FROSCH. Seid Ihr wohl gar ein Virtuos?
MEPHISTOPHELES.
  O nein! die Kraft ist schwach, allein die Lust ist groß.
ALTMAYER. Gebt uns ein Lied!
MEPHISTOPHELES.   Wenn ihr begehrt, die Menge.
SIEBEL. Nur auch ein nagelneues Stück!
MEPHISTOPHELES. Wir kommen erst aus Spanien zurück, 2205
  Dem schönen Land des Weins und der Gesänge.
      Singt. Es war einmal ein König,
          Der hatt' einen großen Floh –
FROSCH. Horcht! Einen Floh! Habt ihr das wohl gefaßt?
  Ein Floh ist mir ein saubrer Gast.   2210
MEPHISTOPHELES singt. Es war einmal ein König,
          Der hatt' einen großen Floh,
          Den liebt' er gar nicht wenig,
          Als wie seinen eignen Sohn.
          Da rief er seinen Schneider,   2215
          Der Schneider kam heran:
          Da, miß dem Junker Kleider
          Und miß ihm Hosen an!
BRANDER. Vergeßt nur nicht, dem Schneider einzuschärfen,
  Daß er mir aufs genauste mißt,   2220
  Und daß, so lieb sein Kopf ihm ist,
  Die Hosen keine Falten werfen!
MEPHISTOPHELES. In Sammet und in Seide
          War er nun angetan,
          Hatte Bänder auf dem Kleide,   2225
          Hatt' auch ein Kreuz daran,
          Und war sogleich Minister,
          Und hatt' einen großen Stern.
          Da wurden seine Geschwister
          Bei Hof' auch große Herrn.   2230

        Und Herrn und Fraun am Hofe,
        Die waren sehr geplagt,
        Die Königin und die Zofe
        Gestochen und genagt,
2235   Und durften sie nicht knicken,
        Und weg sie jucken nicht.
        Wir knicken und ersticken
        Doch gleich, wenn einer sticht.

CHORUS jauchzend. Wir knicken und ersticken
2240   Doch gleich, wenn einer sticht.

FROSCH. Bravo! Bravo! Das war schön!

SIEBEL. So soll es jedem Floh ergehn!

BRANDER. Spitzt die Finger und packt sie fein!

ALTMAYER. Es lebe die Freiheit! Es lebe der Wein!

MEPHISTOPHELES.
2245 Ich tränke gern ein Glas, die Freiheit hoch zu ehren,
    Wenn eure Weine nur ein bißchen besser wären.

SIEBEL. Wir mögen das nicht wieder hören!

MEPHISTOPHELES. Ich fürchte nur, der Wirt beschweret sich;
    Sonst gäb' ich diesen werten Gästen
2250 Aus unserm Keller was zum besten.

SIEBEL. Nur immer her! ich nehm's auf mich.

FROSCH. Schafft Ihr ein gutes Glas, so wollen wir Euch loben.
    Nur gebt nicht gar zu kleine Proben;
    Denn wenn ich judizieren soll,
2255 Verlang' ich auch das Maul recht voll.

ALTMAYER leise. Sie sind vom Rheine, wie ich spüre.

MEPHISTOPHELES. Schafft einen Bohrer an!

BRANDER.   Was soll mit dem geschehn?
    Ihr habt doch nicht die Fässer vor der Türe?

ALTMAYER.
    Dahinten hat der Wirt ein Körbchen Werkzeug stehn.

MEPHISTOPHELES nimmt den Bohrer.
2260 Zu Frosch. Nun sagt, was wünschet Ihr zu schmecken?

FROSCH. Wie meint Ihr das? Habt Ihr so mancherlei?

MEPHISTOPHELES. Ich stell' es einem jeden frei.

ALTMAYER zu Frosch.
    Aha! du fängst schon an, die Lippen abzulecken.

FROSCH.

Gut! wenn ich wählen soll, so will ich Rheinwein haben.

Das Vaterland verleiht die allerbesten Gaben.   2265

MEPHISTOPHELES indem er an dem Platz, wo Frosch sitzt, ein Loch
  in den Tischrand bohrt.

Verschafft ein wenig Wachs, die Pfropfen gleich zu machen!

ALTMAYER. Ach, das sind Taschenspielersachen.

MEPHISTOPHELES zu Brander. Und Ihr?

BRANDER.   Ich will Champagner Wein,
  Und recht moussierend soll er sein!

MEPHISTOPHELES bohrt; einer hat indessen die Wachspfropfen
  gemacht und verstopft.

BRANDER. Man kann nicht stets das Fremde meiden,   2270
  Das Gute liegt uns oft so fern.
  Ein echter deutscher Mann mag keinen Franzen leiden,
  Doch ihre Weine trinkt er gern.

SIEBEL indem sich Mephistopheles seinem Platze nähert.
  Ich muß gestehn, den sauren mag ich nicht,
  Gebt mir ein Glas vom echten süßen!   2275

MEPHISTOPHELES bohrt. Euch soll sogleich Tokayer fließen.

ALTMAYER. Nein, Herren, seht mir ins Gesicht!
  Ich seh' es ein, ihr habt uns nur zum besten.

MEPHISTOPHELES. Ei! Ei! Mit solchen edlen Gästen
  Wär' es ein bißchen viel gewagt.   2280
  Geschwind! Nur grad' heraus gesagt!
  Mit welchem Weine kann ich dienen?

ALTMAYER. Mit jedem! Nur nicht lang gefragt.

          Nachdem die Löcher alle gebohrt und verstopft sind,

MEPHISTOPHELES mit seltsamen Gebärden.
          Trauben trägt der Weinstock!
          Hörner der Ziegenbock;   2285
          Der Wein ist saftig, Holz die Reben,
          Der hölzerne Tisch kann Wein auch geben.
          Ein tiefer Blick in die Natur!
          Hier ist ein Wunder, glaubet nur!
Nun zieht die Pfropfen und genießt!   2290

ALLE indem sie die Pfropfen ziehen und jedem der verlangte Wein
    ins Glas läuft. O schöner Brunnen, der uns fließt!
MEPHISTOPHELES. Nur hütet euch, daß ihr mir nichts
               Sie trinken wiederholt.   [vergießt!
ALLE singen. Uns ist ganz kannibalisch wohl,
           Als wie fünfhundert Säuen!
2295 MEPH. Das Volk ist frei, seht an, wie wohl's ihm geht!
FAUST. Ich hätte Lust, nun abzufahren.
MEPHISTOPHELES. Gib nur erst acht, die Bestialität
    Wird sich gar herrlich offenbaren.
SIEBEL trinkt unvorsichtig, der Wein fließt auf die Erde und wird
    zur Flamme. Helft! Feuer! helft! Die Hölle brennt!
MEPHISTOPHELES die Flamme besprechend.
2300   Sei ruhig, freundlich Element!
             Zu dem Gesellen.
    Für diesmal war es nur ein Tropfen Fegefeuer.
SIEBEL. Was soll das sein? Wart! Ihr bezahlt es teuer!
    Es scheinet, daß Ihr uns nicht kennt.
FROSCH. Laß Er uns das zum zweiten Male bleiben!
2305 ALTM. Ich dächt', wir hießen ihn ganz sachte seitwärts gehn.
SIEBEL. Was, Herr? Er will sich unterstehn,
    Und hier sein Hokuspokus treiben?
MEPHISTOPHELES. Still, altes Weinfaß!
SIEBEL.   Besenstiel!
    Du willst uns gar noch grob begegnen?
2310 BRANDER. Wart' nur, es sollen Schläge regnen!
ALTMAYER zieht einen Pfropf aus dem Tisch, es springt ihm Feuer
    entgegen. Ich brenne! ich brenne!
SIEBEL.   Zauberei!
    Stoßt zu! der Kerl ist vogelfrei!
       Sie ziehen die Messer und gehn auf Mephistopheles los.
MEPHISTOPHELES mit ernsthafter Gebärde.
          Falsch Gebild und Wort
         Verändern Sinn und Ort!
2315   Seid hier und dort!
      Sie stehn erstaunt und sehn einander an.
ALTMAYER. Wo bin ich? Welches schöne Land!
FROSCH. Weinberge! Seh' ich recht?
SIEBEL.   Und Trauben gleich zur Hand!

BRANDER. Hier unter diesem grünen Laube,
  Seht, welch ein Stock! Seht, welche Traube!
*Er faßt Siebeln bei der Nase. Die andern tun es wechselseitig und
heben die Messer.*
MEPH. wie oben. Irrtum, laß los der Augen Band!   2320
  Und merkt euch, wie der Teufel spaße.
    Er verschwindet mit Faust, die Gesellen fahren auseinander.
SIEBEL. Was gibt's?
ALTMAYER.   Wie?
FROSCH.   War das deine Nase?
BRANDER zu Siebel. Und deine hab' ich in der Hand!
ALTMAYER. Es war ein Schlag, der ging durch alle Glieder!
  Schafft einen Stuhl, ich sinke nieder!   2325
FROSCH. Nein, sagt mir nur, was ist geschehn?
SIEBEL. Wo ist der Kerl? Wenn ich ihn spüre,
  Er soll mir nicht lebendig gehn!
ALTMAYER. Ich hab' ihn selbst hinaus zur Kellertüre –
  Auf einem Fasse reiten sehn – –   2330
  Es liegt mir bleischwer in den Füßen.
            Sich nach dem Tische wendend.
  Mein! Sollte wohl der Wein noch fließen?
SIEBEL. Betrug war alles, Lug und Schein.
FROSCH. Mir deuchte doch, als tränk' ich Wein.
BRANDER. Aber wie war es mit den Trauben?   2335
ALTMAYER.
  Nun sag' mir eins, man soll kein Wunder glauben!

caricature of "Studium"; foreshadows Wagner scene in Part II

HEXENKÜCHE   *witch's laboratory*

(danger of drugs & phantasy & rank sexuality)

Auf einem niedrigen Herde steht ein großer Kessel über dem Feuer.
In dem Dampfe, der davon in die Höhe steigt, zeigen sich verschiedene Gestalten. Eine Meerkatze sitzt bei dem Kessel und schäumt
ihn, und sorgt, daß er nicht überläuft. Der Meerkater mit den
Jungen sitzt darneben und wärmt sich. Wände und Decke sind mit
dem seltsamsten Hexenhausrat ausgeschmückt.

            Faust. Mephistopheles.

FAUST. Mir widersteht das tolle Zauberwesen!
  Versprichst du mir, ich soll genesen
  In diesem Wust von Raserei?

*animals do not have "ich" (no ego);
the witch is their "ich"*

2340 Verlang' ich Rat von einem alten Weibe?
Und schafft die Sudelköcherei
Wohl dreißig Jahre mir vom Leibe?
Weh mir, wenn du nichts Bessers weißt!
Schon ist die Hoffnung mir verschwunden.
2345 Hat die Natur und hat ein edler Geist
Nicht irgendeinen Balsam ausgefunden?

MEPHISTOPHELES. Mein Freund, nun sprichst du wieder klug!
Dich zu verjüngen, gibt's auch ein natürlich Mittel;
Allein es steht in einem andern Buch,
2350 Und ist ein wunderlich Kapitel.

FAUST. Ich will es wissen.

MEPHISTOPHELES.   Gut! Ein Mittel, ohne Geld
Und Arzt und Zauberei zu haben:
Begib dich gleich hinaus aufs Feld,
Fang an zu hacken und zu graben,
2355 Erhalte dich und deinen Sinn
In einem ganz beschränkten Kreise,
Ernähre dich mit ungemischter Speise,
Leb mit dem Vieh als Vieh, und acht es nicht für Raub,
Den Acker, den du erntest, selbst zu düngen;
2360 Das ist das beste Mittel, glaub,
Auf achtzig Jahr dich zu verjüngen!

FAUST.
Das bin ich nicht gewöhnt, ich kann mich nicht bequemen,
Den Spaten in die Hand zu nehmen.
Das enge Leben steht mir gar nicht an.

2365 MEPHISTOPHELES. So muß denn doch die Hexe dran.

FAUST. Warum denn just das alte Weib!
Kannst du den Trank nicht selber brauen?

MEPHISTOPHELES. Das wär' ein schöner Zeitvertreib!
Ich wollt' indes wohl tausend Brücken bauen.
2370 Nicht Kunst und Wissenschaft allein,
Geduld will bei dem Werke sein.
Ein stiller Geist ist Jahre lang geschäftig,
Die Zeit nur macht die feine Gärung kräftig.
Und alles, was dazu gehört,
2375 Es sind gar wunderbare Sachen!

Der Teufel hat sie's zwar gelehrt;
Allein der Teufel kann's nicht machen. Die Tiere erblickend.
Sieh, welch ein zierliches Geschlecht!
Das ist die Magd! das ist der Knecht!
Zu den Tieren. Es scheint, die Frau ist nicht zu Hause?   2380

DIE TIERE.   Beim Schmause,
                      Aus dem Haus
                      Zum Schornstein hinaus!

MEPHISTOPHELES. Wie lange pflegt sie wohl zu schwärmen?

DIE TIERE. So lange wir uns die Pfoten wärmen.   2385

MEPHISTOPHELES zu Faust. Wie findest du die zarten Tiere?

FAUST. So abgeschmackt, als ich nur jemand sah!

MEPHISTOPHELES. Nein, ein Diskurs wie dieser da
Ist grade der, den ich am liebsten führe!
Zu den Tieren. So sagt mir doch, verfluchte Puppen,   2390
Was quirlt ihr in dem Brei herum?

DIE TIERE. Wir kochen breite Bettelsuppen.

MEPHISTOPHELES. Da habt ihr ein groß Publikum.

DER KATER macht sich herbei und schmeichelt dem Mephistopheles.
                      O würfle nur gleich
                      Und mache mich reich,   2395
                      Und laß mich gewinnen!
                      Gar schlecht ist's bestellt,
                      Und wär' ich bei Geld,
                      So wär' ich bei Sinnen.

MEPH. Wie glücklich würde sich der Affe schätzen,   2400
Könnt' er nur auch ins Lotto setzen!
Indessen haben die jungen Meerkätzchen mit einer großen Kugel ge-
                 spielt und rollen sie hervor.
DER KATER.   Das ist die Welt;
                      Sie steigt und fällt
                      Und rollt beständig;
                      Sie klingt wie Glas –   2405
                      Wie bald bricht das!
                      Ist hohl inwendig.
                      Hier glänzt sie sehr,
                      Und hier noch mehr:

2410   Ich bin lebendig!
Mein lieber Sohn,
Halt dich davon!
Du mußt sterben!
Sie ist von Ton,
2415   Es gibt Scherben.

MEPHISTOPHELES. Was soll das Sieb?

DER KATER holt es herunter. Wärst du ein Dieb,
Wollt' ich dich gleich erkennen.

Er läuft zur Kätzin und läßt sie durchsehen.

Sieh durch das Sieb!
2420   Erkennst du den Dieb,
Und darfst ihn nicht nennen?

MEPHISTOPHELES sich dem Feuer nähernd. Und dieser Topf?

KATER UND KÄTZIN.   Der alberne Tropf!
Er kennt nicht den Topf,
2425   Er kennt nicht den Kessel!

MEPHISTOPHELES. Unhöfliches Tier!

DER KATER.   Den Wedel nimm hier
Und setz' dich in Sessel!

Er nötigt den Mephistopheles zu sitzen.

FAUST welcher diese Zeit über vor einem Spiegel gestanden, sich
ihm bald genähert, bald sich von ihm entfernt hat.

Was seh' ich? Welch ein himmlisch Bild
2430   Zeigt sich in diesem Zauberspiegel!
O Liebe, leihe mir den schnellsten deiner Flügel,
Und führe mich in ihr Gefild!
Ach! wenn ich nicht auf dieser Stelle bleibe,
Wenn ich es wage, nah zu gehn,
2435   Kann ich sie nur als wie im Nebel sehn! –
Das schönste Bild von einem Weibe!
Ist's möglich, ist das Weib so schön?
Muß ich an diesem hingestreckten Leibe
Den Inbegriff von allen Himmeln sehn?
2440   So etwas findet sich auf Erden?

MEPH. Natürlich, wenn ein Gott sich erst sechs Tage plagt,
Und selbst am Ende Bravo sagt,
Da muß es was Gescheites werden.
Für diesmal sieh dich immer satt;
Ich weiß dir so ein Schätzchen auszuspüren,   2445
Und selig, wer das gute Schicksal hat,
Als Bräutigam sie heimzuführen!

Faust sieht immerfort in den Spiegel. Mephistopheles, sich in dem
Sessel dehnend und mit dem Wedel spielend, fährt fort zu sprechen.

Hier sitz' ich wie der König auf dem Throne,
Den Zepter halt' ich hier, es fehlt nur noch die Krone.

DIE TIERE welche bisher allerlei wunderliche Bewegungen durcheinander gemacht haben, bringen dem Mephistopheles eine Krone mit
großem Geschrei.

O sei doch so gut,   2450
Mit Schweiß und mit Blut
Die Krone zu leimen!

Sie gehn ungeschickt mit der Krone um und zerbrechen sie in zwei
Stücke, mit welchen sie herumspringen.

Nun ist es geschehn!
Wir reden und sehn,
Wir hören und reimen –   2455

FAUST gegen den Spiegel. Weh mir! ich werde schier verrückt.

MEPHISTOPHELES auf die Tiere deutend.
Nun fängt mir an fast selbst der Kopf zu schwanken.

DIE TIERE.   Und wenn es uns glückt,
Und wenn es sich schickt,
So sind es Gedanken!   2460

FAUST wie oben. Mein Busen fängt mir an zu brennen!
Entfernen wir uns nur geschwind!

MEPHISTOPHELES in obiger Stellung.
Nun, wenigstens muß man bekennen,
Daß es aufrichtige Poeten sind.

Der Kessel, welchen die Kätzin bisher außer acht gelassen, fängt an,
überzulaufen; es entsteht eine große Flamme, welche zum Schornstein
hinausschlägt. Die Hexe kommt durch die Flamme mit entsetzlichem
Geschrei heruntergefahren.

2465 DIE HEXE. Au! Au! Au! Au!
Verdammtes Tier! verfluchte Sau!
Versäumst den Kessel, versengst die Frau!
Verfluchtes Tier! Faust und Mephistopheles erblickend.

Was ist das hier?
2470   Wer seid ihr hier?
Was wollt ihr da?
Wer schlich sich ein?
Die Feuerpein
Euch ins Gebein!

Sie fährt mit dem Schaumlöffel in den Kessel und spritzt Flammen
nach Faust, Mephistopheles und den Tieren. Die Tiere winseln.

MEPHISTOPHELES welcher den Wedel, den er in der Hand hält, um-
kehrt und unter die Gläser und Töpfe schlägt.

2475   Entzwei! entzwei!
Da liegt der Brei!
Da liegt das Glas!
Es ist nur Spaß,
Der Takt, du Aas,
2480   Zu deiner Melodei.

Indem die Hexe voll Grimm und Entsetzen zurücktritt.

Erkennst du mich? Gerippe! Scheusal du!
Erkennst du deinen Herrn und Meister?
Was hält mich ab, so schlag' ich zu,
Zerschmettre dich und deine Katzengeister!
2485 Hast du vorm roten Wams nicht mehr Respekt?
Kannst du die Hahnenfeder nicht erkennen?
Hab' ich dies Angesicht versteckt?
Soll ich mich etwa selber nennen?

DIE HEXE. O Herr, verzeiht den rohen Gruß!
2490 Seh' ich doch keinen Pferdefuß.
Wo sind denn Eure beiden Raben?

MEPHISTOPHELES. Für diesmal kommst du so davon;
Denn freilich ist es eine Weile schon,
Daß wir uns nicht gesehen haben.
2495 Auch die Kultur, die alle Welt beleckt,
Hat auf den Teufel sich erstreckt;

Das nordische Phantom ist nun nicht mehr zu schauen;
Wo siehst du Hörner, Schweif und Klauen?
Und was den Fuß betrifft, den ich nicht missen kann,
Der würde mir bei Leuten schaden;   2500
Darum bedien' ich mich, wie mancher junge Mann,
Seit vielen Jahren falscher Waden.

DIE HEXE tanzend. Sinn und Verstand verlier' ich schier,
Seh' ich den Junker Satan wieder hier!

MEPHISTOPHELES. Den Namen, Weib, verbitt' ich mir!   2505

DIE HEXE. Warum? Was hat er Euch getan?

MEPH. Er ist schon lang' ins Fabelbuch geschrieben;
Allein die Menschen sind nichts besser dran,
Den Bösen sind sie los, die Bösen sind geblieben.
Du nennst mich Herr Baron, so ist die Sache gut;   2510
Ich bin ein Kavalier, wie andre Kavaliere.
Du zweifelst nicht an meinem edlen Blut;
Sieh her, das ist das Wappen, das ich führe!
            Er macht eine unanständige Gebärde.

DIE HEXE lacht unmäßig. Ha! Ha! Das ist in Eurer Art!
Ihr seid ein Schelm, wie Ihr nur immer wart!   2515

MEPH. zu Faust. Mein Freund, das lerne wohl verstehn!
Dies ist die Art, mit Hexen umzugehn.

DIE HEXE. Nun sagt, ihr Herren, was ihr schafft.

MEPHISTOPHELES. Ein gutes Glas von dem bekannten Saft!
Doch muß ich Euch ums älteste bitten;   2520
Die Jahre doppeln seine Kraft.

DIE HEXE. Gar gern! Hier hab' ich eine Flasche,
Aus der ich selbst zuweilen nasche,
Die auch nicht mehr im mindsten stinkt;
Ich will euch gern ein Gläschen geben.   2525
            Leise.
Doch wenn es dieser Mann unvorbereitet trinkt,
So kann er, wißt Ihr wohl, nicht eine Stunde leben.

MEPH. Es ist ein guter Freund, dem es gedeihen soll;
Ich gönn' ihm gern das Beste deiner Küche.
Zieh deinen Kreis, sprich deine Sprüche,   2530
Und gib ihm eine Tasse voll!

Die Hexe, mit seltsamen Gebärden, zieht einen Kreis und stellt wunderbare Sachen hinein; indessen fangen die Gläser an zu klingen, die Kessel zu tönen, und machen Musik. Zuletzt bringt sie ein großes Buch, stellt die Meerkatzen in den Kreis, die ihr zum Pult dienen und die Fackel halten müssen. Sie winkt Fausten, zu ihr zu treten.

FAUST zu Mephistopheles.

Nein, sage mir, was soll das werden?
Das tolle Zeug, die rasenden Gebärden,
Der abgeschmackteste Betrug,
2535 Sind mir bekannt, verhaßt genug.

MEPHISTOPHELES. Ei Possen! Das ist nur zum Lachen;
Sei nur nicht ein so strenger Mann!
Sie muß als Arzt ein Hokuspokus machen,
Damit der Saft dir wohl gedeihen kann.

    Er nötigt Fausten, in den Kreis zu treten.

DIE HEXE mit großer Emphase fängt an, aus dem Buche zu deklamieren.
2540   Du mußt verstehn!
    Aus Eins mach Zehn,
    Und Zwei laß gehn,
    Und Drei mach gleich,
    So bist du reich.
2545   Verlier die Vier!
    Aus Fünf und Sechs,
    So sagt die Hex',
    Mach Sieben und Acht,
    So ist's vollbracht:
2550   Und Neun ist Eins,
    Und Zehn ist keins.
    Das ist das Hexen-Einmaleins.

FAUST. Mich dünkt, die Alte spricht im Fieber.

MEPHISTOPHELES. Das ist noch lange nicht vorüber,
2555 Ich kenn' es wohl, so klingt das ganze Buch;
Ich habe manche Zeit damit verloren,
Denn ein vollkommner Widerspruch
Bleibt gleich geheimnisvoll für Kluge wie für Toren.
Mein Freund, die Kunst ist alt und neu.
2560 Es war die Art zu allen Zeiten,
Durch Drei und Eins, und Eins und Drei

Irrtum statt Wahrheit zu verbreiten.
So schwätzt und lehrt man ungestört;
Wer will sich mit den Narrn befassen?
Gewöhnlich glaubt der Mensch, wenn er nur Worte hört, 2565
Es müsse sich dabei doch auch was denken lassen.

DIE HEXE *fährt fort.* Die hohe Kraft
        Der Wissenschaft,
        Der ganzen Welt verborgen!
        Und wer nicht denkt, 2570
        Dem wird sie geschenkt,
        Er hat sie ohne Sorgen.

FAUST. Was sagt sie uns für Unsinn vor?
Es wird mir gleich der Kopf zerbrechen.
Mich dünkt, ich hör' ein ganzes Chor 2575
Von hunderttausend Narren sprechen.

MEPHISTOPHELES. Genug, genug, o treffliche Sibylle!
Gib deinen Trank herbei, und fülle
Die Schale rasch bis an den Rand hinan;
Denn meinem Freund wird dieser Trunk nicht schaden: 2580
Er ist ein Mann von vielen Graden,
Der manchen guten Schluck getan.

DIE HEXE, *mit vielen Zeremonien, schenkt den Trank in eine Schale;*
wie sie Faust an den Mund bringt, entsteht eine leichte Flamme.

MEPHISTOPHELES. Nur frisch hinunter! Immer zu!
Es wird dir gleich das Herz erfreuen.
Bist mit dem Teufel du und du,
Und willst dich vor der Flamme scheuen? 2585

      Die Hexe löst den Kreis. Faust tritt heraus.

MEPHISTOPHELES. Nun frisch hinaus! Du darfst nicht ruhn.

DIE HEXE. Mög' Euch das Schlückchen wohl behagen!

MEPH. *zur Hexe.* Und kann ich dir was zu Gefallen tun,
So darfst du mir's nur auf Walpurgis sagen. 2590

DIE HEXE. Hier ist ein Lied! wenn Ihr's zuweilen singt,
So werdet Ihr besondre Wirkung spüren.

MEPHISTOPHELES *zu Faust.*
Komm nur geschwind und laß dich führen;
Du mußt notwendig transpirieren,

2595 Damit die Kraft durch Inn- und Äußres dringt.
    Den edlen Müßiggang lehr' ich hernach dich schätzen,
    Und bald empfindest du mit innigem Ergetzen,
    Wie sich Cupido regt und hin und wider springt.
    FAUST. Laß mich nur schnell noch in den Spiegel schauen!
2600 Das Frauenbild war gar zu schön!
    MEPH. Nein! Nein! Du sollst das Muster aller Frauen
    Nun bald leibhaftig vor dir sehn.
    Leise. Du siehst, mit diesem Trank im Leibe,
    Bald Helenen in jedem Weibe.

STRASSE

Faust. Margarete vorübergehend.

2605 FAUST. Mein schönes Fräulein, darf ich wagen,
    Meinen Arm und Geleit Ihr anzutragen?
    MARGARETE. Bin weder Fräulein, weder schön,
    Kann ungeleitet nach Hause gehn. Sie macht sich los und ab.
    FAUST. Beim Himmel, dieses Kind ist schön!
2610 So etwas hab' ich nie gesehn.
    Sie ist so sitt- und tugendreich,
    Und etwas schnippisch doch zugleich.
    Der Lippe Rot, der Wange Licht,
    Die Tage der Welt vergess' ich's nicht!
2615 Wie sie die Augen niederschlägt,
    Hat tief sich in mein Herz geprägt;
    Wie sie kurz angebunden war,
    Das ist nun zum Entzücken gar!

Mephistopheles tritt auf.

    FAUST. Hör, du mußt mir die Dirne schaffen!
    MEPHISTOPHELES. Nun, welche?
2620 FAUST.   Sie ging just vorbei.
    MEPHISTOPHELES. Da die? Sie kam von ihrem Pfaffen,
    Der sprach sie aller Sünden frei;
    Ich schlich mich hart am Stuhl vorbei.
    Es ist ein gar unschuldig Ding,
2625 Das eben für nichts zur Beichte ging;
    Über die hab' ich keine Gewalt!

FAUST. Ist über vierzehn Jahr doch alt.

MEPHISTOPHELES. Du sprichst ja wie Hans Liederlich,
Der begehrt jede liebe Blum' für sich,
Und dünkelt ihm, es wär' kein' Ehr' 2630
Und Gunst, die nicht zu pflücken wär';
Geht aber doch nicht immer an.

FAUST. Mein Herr Magister Lobesan,
Lass' Er mich mit dem Gesetz in Frieden!
Und das sag' ich Ihm kurz und gut: 2635
Wenn nicht das süße junge Blut
Heut nacht in meinen Armen ruht,
So sind wir um Mitternacht geschieden.

MEPHISTOPHELES. Bedenkt, was gehn und stehen mag!
Ich brauche wenigstens vierzehn Tag', 2640
Nur die Gelegenheit auszuspüren.

FAUST. Hätt' ich nur sieben Stunden Ruh',
Brauchte den Teufel nicht dazu,
So ein Geschöpfchen zu verführen.

MEPHISTOPHELES. Ihr sprecht schon fast wie ein Franzos; 2645
Doch bitt' ich, laßt's Euch nicht verdrießen:
Was hilft's, nur grade zu genießen?
Die Freud' ist lange nicht so groß,
Als wenn Ihr erst herauf, herum,
Durch allerlei Brimborium, 2650
Das Püppchen geknetet und zugericht't,
Wie's lehret manche welsche Geschicht'.

FAUST. Hab' Appetit auch ohne das.

MEPHISTOPHELES. Jetzt ohne Schimpf und ohne Spaß.
Ich sag' Euch: mit dem schönen Kind 2655
Geht's ein- für allemal nicht geschwind.
Mit Sturm ist da nichts einzunehmen;
Wir müssen uns zur List bequemen.

FAUST. Schaff mir etwas vom Engelsschatz!
Führ mich an ihren Ruheplatz! 2660
Schaff mir ein Halstuch von ihrer Brust,
Ein Strumpfband meiner Liebeslust!

MEPHISTOPHELES. Damit Ihr seht, daß ich Eurer Pein
　　Will förderlich und dienstlich sein,
2665 Wollen wir keinen Augenblick verlieren,
　　Will Euch noch heut in ihr Zimmer führen.

FAUST. Und soll sie sehn? sie haben?

MEPHISTOPHELES.　　　　　　　　　　Nein!
　　Sie wird bei einer Nachbarin sein.
　　Indessen könnt Ihr ganz allein
2670 An aller Hoffnung künft'ger Freuden
　　In ihrem Dunstkreis satt Euch weiden.

FAUST. Können wir hin?

MEPHISTOPHELES.　　　　　Es ist noch zu früh.

FAUST. Sorg du mir für ein Geschenk für sie! Ab.

MEPHISTOPHELES.
　　Gleich schenken? Das ist brav! Da wird er reüssieren!
2675 Ich kenne manchen schönen Platz
　　Und manchen altvergrabnen Schatz;
　　Ich muß ein bißchen revidieren. Ab.

ABEND

Ein kleines reinliches Zimmer.

MARGARETE ihre Zöpfe flechtend und aufbindend.
　　Ich gäb' was drum, wenn ich nur wüßt',
　　Wer heut der Herr gewesen ist!
2680 Er sah gewiß recht wacker aus,
　　Und ist aus einem edlen Haus;
　　Das konnt' ich ihm an der Stirne lesen –
　　Er wär' auch sonst nicht so keck gewesen. Ab.

Mephistopheles. Faust.

MEPHISTOPHELES. Herein, ganz leise, nur herein!

FAUST nach einigem Stillschweigen.
2685 Ich bitte dich, laß mich allein!

MEPHISTOPHELES herumspürend.
　　Nicht jedes Mädchen hält so rein. Ab.

FAUST rings aufschauend. Willkommen, süßer Dämmerschein,
Der du dies Heiligtum durchwebst!
Ergreif mein Herz, du süße Liebespein,
Die du vom Tau der Hoffnung schmachtend lebst!   2690
Wie atmet rings Gefühl der Stille,
Der Ordnung, der Zufriedenheit!
In dieser Armut welche Fülle!
In diesem Kerker welche Seligkeit!
        Er wirft sich auf den ledernen Sessel am Bette.
O nimm mich auf, der du die Vorwelt schon   2695
Bei Freud' und Schmerz im offnen Arm empfangen!
Wie oft, ach! hat an diesem Väterthron
Schon eine Schar von Kindern rings gehangen!
Vielleicht hat, dankbar für den heil'gen Christ,
Mein Liebchen hier, mit vollen Kinderwangen,   2700
Dem Ahnherrn fromm die welke Hand geküßt.
Ich fühl', o Mädchen, deinen Geist
Der Füll' und Ordnung um mich säuseln,
Der mütterlich dich täglich unterweist,
Den Teppich auf den Tisch dich reinlich breiten heißt,   2705
Sogar den Sand zu deinen Füßen kräuseln.
O liebe Hand! so göttergleich!
Die Hütte wird durch dich ein Himmelreich.
Und hier! Er hebt einen Bettvorhang auf.
              Was faßt mich für ein Wonnegraus!
Hier möcht' ich volle Stunden säumen.   2710
Natur! hier bildetest in leichten Träumen
Den eingebornen Engel aus!
Hier lag das Kind, mit warmem Leben
Den zarten Busen angefüllt,
Und hier mit heilig reinem Weben   2715
Entwirkte sich das Götterbild!

Und du! Was hat dich hergeführt?
Wie innig fühl' ich mich gerührt!
Was willst du hier? Was wird das Herz dir schwer?
Armsel'ger Faust! ich kenne dich nicht mehr.   2720

Umgibt mich hier ein Zauberduft?
Mich drang's, so grade zu genießen,

Und fühle mich in Liebestraum zerfließen!
Sind wir ein Spiel von jedem Druck der Luft?
2725 Und träte sie den Augenblick herein,
Wie würdest du für deinen Frevel büßen!
Der große Hans, ach wie so klein!
Läg', hingeschmolzen, ihr zu Füßen.
MEPHISTOPH. Geschwind! ich seh' sie unten kommen.
2730 FAUST. Fort! Fort! Ich kehre nimmermehr!
MEPHISTOPHELES. Hier ist ein Kästchen leidlich schwer,
Ich hab's wo anders hergenommen.
Stellt's hier nur immer in den Schrein,
Ich schwör' Euch, ihr vergehn die Sinnen;
2735 Ich tat Euch Sächelchen hinein,
Um eine andre zu gewinnen.
Zwar Kind ist Kind und Spiel ist Spiel.
FAUST. Ich weiß nicht, soll ich?
MEPHISTOPHELES.   Fragt Ihr viel?
Meint Ihr vielleicht den Schatz zu wahren?
2740 Dann rat' ich Eurer Lüsternheit,
Die liebe schöne Tageszeit
Und mir die weitere Müh' zu sparen.
Ich hoff' nicht, daß Ihr geizig seid!
Ich kratz' den Kopf, reib' an den Händen –

Er stellt das Kästchen in den Schrein und drückt das Schloß
wieder zu.

2745 Nur fort! geschwind! –,
Um Euch das süße junge Kind
Nach Herzens Wunsch und Will' zu wenden;
Und Ihr seht drein,
Als solltet Ihr in den Hörsaal hinein,
2750 Als stünden grau leibhaftig vor Euch da
Physik und Metaphysika!
Nur fort! Ab.

MARGARETE mit einer Lampe. Es ist so schwül, so dumpfig hie,
(Sie macht das Fenster auf)
Und ist doch eben so warm nicht drauß.
2755 Es wird mir so, ich weiß nicht wie –

Ich wollt', die Mutter käm' nach Haus.
Mir läuft ein Schauer übern ganzen Leib –
Bin doch ein töricht furchtsam Weib!

Sie fängt an zu singen, indem sie sich auszieht.

Es war ein König in Thule
Gar treu bis an das Grab,   2760
Dem sterbend seine Buhle
Einen goldnen Becher gab.

Es ging ihm nichts darüber,
Er leert' ihn jeden Schmaus;
Die Augen gingen ihm über,   2765
So oft er trank daraus.

Und als er kam zu sterben,
Zählt' er seine Städt' im Reich,
Gönnt' alles seinem Erben,
Den Becher nicht zugleich.   2770

Er saß beim Königsmahle,
Die Ritter um ihn her,
Auf hohem Vätersaale,
Dort auf dem Schloß am Meer.

Dort stand der alte Zecher,   2775
Trank letzte Lebensglut,
Und warf den heiligen Becher
Hinunter in die Flut.

Er sah ihn stürzen, trinken
Und sinken tief ins Meer,   2780
Die Augen täten ihm sinken,
Trank nie einen Tropfen mehr.

*Sie eröffnet den Schrein, ihre Kleider einzuräumen, und **erblickt das**
Schmuckkästchen.*

Wie kommt das schöne Kästchen hier herein?
Ich schloß doch ganz gewiß den Schrein.

2785 Es ist doch wunderbar! Was mag wohl drinne sein?
     Vielleicht bracht's jemand als ein Pfand,
     Und meine Mutter lieh darauf.
     Da hängt ein Schlüsselchen am Band,
     Ich denke wohl, ich mach' es auf!
2790 Was ist das? Gott im Himmel! Schau,
     So was hab' ich mein' Tage nicht gesehn!
     Ein Schmuck! Mit dem könnt' eine Edelfrau
     Am höchsten Feiertage gehn.
     Wie sollte mir die Kette stehn?
2795 Wem mag die Herrlichkeit gehören?
            Sie putzt sich damit auf und tritt vor den Spiegel.
     Wenn nur die Ohrring' meine wären!
     Man sieht doch gleich ganz anders drein.
     Was hilft euch Schönheit, junges Blut?
     Das ist wohl alles schön und gut,
2800 Allein man läßt's auch alles sein;
     Man lobt euch halb mit Erbarmen.
     Nach Golde drängt,
     Am Golde hängt
     Doch alles. Ach wir Armen!

SPAZIERGANG

Faust in Gedanken auf und ab gehend.
Zu ihm Mephistopheles.

MEPHISTOPHELES.
2805 Bei aller verschmähten Liebe! Beim höllischen Elemente!
     Ich wollt', ich wüßte was Ärgers, daß ich's fluchen könnte!
     FAUST. Was hast? was kneipt dich denn so sehr?
     So kein Gesicht sah ich in meinem Leben!
     MEPH. Ich möcht' mich gleich dem Teufel übergeben,
2810 Wenn ich nur selbst kein Teufel wär'!
     FAUST. Hat sich dir was im Kopf verschoben?
     Dich kleidet's, wie ein Rasender zu toben!
     MEPH. Denkt nur, den Schmuck, für Gretchen angeschafft,
     Den hat ein Pfaff hinweggerafft! –
2815 Die Mutter kriegt das Ding zu schauen,

Gleich fängt's ihr heimlich an zu grauen:
Die Frau hat gar einen feinen Geruch,
Schnuffelt immer im Gebetbuch,
Und riecht's einem jeden Möbel an,
Ob das Ding heilig ist oder profan;   2820
Und an dem Schmuck da spürt' sie's klar,
Daß dabei nicht viel Segen war.
Mein Kind, rief sie, ungerechtes Gut
Befängt die Seele, zehrt auf das Blut.
Wollen's der Mutter Gottes weihen,   2825
Wird uns mit Himmels-Manna erfreuen!
Margretlein zog ein schiefes Maul,
Ist halt, dacht' sie, ein geschenkter Gaul,
Und wahrlich! gottlos ist nicht der,
Der ihn so fein gebracht hierher.   2830
Die Mutter ließ einen Pfaffen kommen;
Der hatte kaum den Spaß vernommen,
Ließ sich den Anblick wohl behagen.
Er sprach: So ist man recht gesinnt!
Wer überwindet, der gewinnt.   2835
Die Kirche hat einen guten Magen,
Hat ganze Länder aufgefressen,
Und doch noch nie sich übergessen;
Die Kirch' allein, meine lieben Frauen,
Kann ungerechtes Gut verdauen.   2840

FAUST. Das ist ein allgemeiner Brauch,
Ein Jud' und König kann es auch.

MEPH. Strich drauf ein Spange, Kett' und Ring',
Als wären's eben Pfifferling',
Dankt' nicht weniger und nicht mehr,   2845
Als ob's ein Korb voll Nüsse wär',
Versprach ihnen allen himmlischen Lohn –
Und sie waren sehr erbaut davon.

FAUST. Und Gretchen?

MEPHISTOPHELES.   Sitzt nun unruhvoll,
Weiß weder, was sie will noch soll,   2850
Denkt ans Geschmeide Tag und Nacht,
Noch mehr an den, der's ihr gebracht.

FAUST. Des Liebchens Kummer tut mir leid.
  Schaff du ihr gleich ein neu Geschmeid'!
2855 Am ersten war ja so nicht viel.
MEPHISTOPHELES. O ja, dem Herrn ist alles Kinderspiel!
FAUST. Und mach, und richt's nach meinem Sinn!
  Häng dich an ihre Nachbarin!
  Sei, Teufel, doch nur nicht wie Brei,
2860 Und schaff einen neuen Schmuck herbei!
MEPHISTOPHELES. Ja, gnäd'ger Herr, von Herzen gerne.
FAUST ab.
MEPHISTOPHELES. So ein verliebter Tor verpufft
  Euch Sonne, Mond und alle Sterne
  Zum Zeitvertreib dem Liebchen in die Luft. Ab.

DER NACHBARIN HAUS

2865 MARTHE allein. Gott verzeih's meinem lieben Mann,
  Er hat an mir nicht wohl getan!
  Geht da stracks in die Welt hinein,
  Und läßt mich auf dem Stroh allein.
  Tät ihn doch wahrlich nicht betrüben,
2870 Tät ihn, weiß Gott, recht herzlich lieben.
               Sie weint.
  Vielleicht ist er gar tot! – O Pein! – –
  Hätt' ich nur einen Totenschein!
            Margarete kommt.
MARGARETE. Frau Marthe!
MARTHE.   Gretelchen, was soll's?
MARGARETE. Fast sinken mir die Kniee nieder!
2875 Da find' ich so ein Kästchen wieder
  In meinem Schrein, von Ebenholz,
  Und Sachen herrlich ganz und gar,
  Weit reicher, als das erste war.
MARTHE. Das muß Sie nicht der Mutter sagen;
2880 Tät's wieder gleich zur Beichte tragen.
MARGARETE. Ach seh' Sie nur! ach schau' Sie nur!
MARTHE putzt sie auf. O du glücksel'ge Kreatur!
MARGARETE. Darf mich, leider, nicht auf der Gassen,
  Noch in der Kirche mit sehen lassen.

MARTHE. Komm du nur oft zu mir herüber,   2885
  Und leg den Schmuck hier heimlich an;
  Spazier ein Stündchen lang dem Spiegelglas vorüber,
  Wir haben unsre Freude dran;
  Und dann gibt's einen Anlaß, gibt's ein Fest,
  Wo man's so nach und nach den Leuten sehen läßt.   2890
  Ein Kettchen erst, die Perle dann ins Ohr;
  Die Mutter sieht's wohl nicht, man macht ihr auch was vor.

MARGARETE. Wer konnte nur die beiden Kästchen bringen?
  Es geht nicht zu mit rechten Dingen! Es klopft.
  Ach Gott! mag das meine Mutter sein?   2895

MARTHE durchs Vorhängel guckend.
  Es ist ein fremder Herr – Herein!

        Mephistopheles tritt auf.

MEPHISTOPHELES. Bin so frei, grad' hereinzutreten,
  Muß bei den Frauen Verzeihn erbeten.

    Tritt ehrerbietig vor Margareten zurück.

  Wollte nach Frau Marthe Schwerdtlein fragen!

MARTHE. Ich bin's, was hat der Herr zu sagen?   2900

MEPHISTOPHELES leise zu ihr.
  Ich kenne Sie jetzt, mir ist das genug;
  Sie hat da gar vornehmen Besuch.
  Verzeiht die Freiheit, die ich genommen,
  Will Nachmittage wiederkommen.

MARTHE laut. Denk, Kind, um alles in der Welt!   2905
  Der Herr dich für ein Fräulein hält.

MARGARETE. Ich bin ein armes junges Blut;
  Ach Gott! der Herr ist gar zu gut:
  Schmuck und Geschmeide sind nicht mein.

MEPHISTOPHELES. Ach, es ist nicht der Schmuck allein;   2910
  Sie hat ein Wesen, einen Blick so scharf!
  Wie freut mich's, daß ich bleiben darf.

MARTHE. Was bringt Er denn? Verlange sehr –

MEPHISTOPHELES. Ich wollt', ich hätt' eine frohere Mär!
  Ich hoffe, Sie läßt mich's drum nicht büßen: 2915
  Ihr Mann ist tot und läßt Sie grüßen.

MARTHE. Ist tot? das treue Herz! O weh!
  Mein Mann ist tot! Ach, ich vergeh'!

MARGARETE. Ach! liebe Frau, verzweifelt nicht!

2920 MEPHISTOPHELES. So hört die traurige Geschicht'!

MARGARETE. Ich möchte drum mein' Tag' nicht lieben,
Würde mich Verlust zu Tode betrüben.

MEPHISTOPHELES. Freud' muß Leid, Leid muß Freude haben.

MARTHE. Erzählt mir seines Lebens Schluß!

2925 MEPHISTOPHELES. Er liegt in Padua begraben
Beim heiligen Antonius,
An einer wohlgeweihten Stätte
Zum ewig kühlen Ruhebette.

MARTHE. Habt Ihr sonst nichts an mich zu bringen?

2930 MEPHISTOPHELES. Ja, eine Bitte, groß und schwer;
Lass' Sie doch ja für ihn dreihundert Messen singen!
Im übrigen sind meine Taschen leer.

MARTHE. Was! nicht ein Schaustück? Kein Geschmeid'?
Was jeder Handwerksbursch im Grund des Säckels spart,
2935 Zum Angedenken aufbewahrt,
Und lieber hungert, lieber bettelt!

MEPHISTOPHELES. Madam, es tut mir herzlich leid;
Allein er hat sein Geld wahrhaftig nicht verzettelt.
Auch er bereute seine Fehler sehr,
2940 Ja, und bejammerte sein Unglück noch viel mehr.

MARGARETE. Ach! daß die Menschen so unglücklich sind!
Gewiß, ich will für ihn manch Requiem noch beten.

MEPHISTOPHELES. Ihr wäret wert, gleich in die Eh' zu treten:
Ihr seid ein liebenswürdig Kind.

2945 MARGARETE. Ach nein, das geht jetzt noch nicht an.

MEPH. Ist's nicht ein Mann, sei's derweil ein Galan.
's ist eine der größten Himmelsgaben,
So ein lieb Ding im Arm zu haben.

MARGARETE. Das ist des Landes nicht der Brauch.

2950 MEPHISTOPHELES. Brauch oder nicht! Es gibt sich auch.

MARTHE. Erzählt mir doch!

MEPHISTOPHELES.   Ich stand an seinem Sterbebette,
Es war was besser als von Mist,
Von halbgefaultem Stroh; allein er starb als Christ,

Und fand, daß er weit mehr noch auf der Zeche hätte.
„Wie", rief er, „muß ich mich von Grund aus hassen,   2955
So mein Gewerb, mein Weib so zu verlassen!
Ach, die Erinnrung tötet mich.
Vergäb' sie mir nur noch in diesem Leben!"

MARTHE weinend.
Der gute Mann! ich hab' ihm längst vergeben.

MEPH. „Allein, weiß Gott! sie war mehr schuld als ich."   2960

MARTHE. Das lügt er! Was! am Rand des Grabs zu lügen!

MEPHISTOPHELES. Er fabelte gewiß in letzten Zügen,
Wenn ich nur halb ein Kenner bin.
„Ich hatte", sprach er, „nicht zum Zeitvertreib zu gaffen,
Erst Kinder, und dann Brot für sie zu schaffen,   2965
Und Brot im allerweitsten Sinn,
Und konnte nicht einmal mein Teil in Frieden essen."

MARTHE. Hat er so aller Treu', so aller Lieb' vergessen,
Der Plackerei bei Tag und Nacht!

MEPHISTOPHELES.
Nicht doch, er hat Euch herzlich dran gedacht.   2970
Er sprach: „Als ich nun weg von Malta ging,
Da betet' ich für Frau und Kinder brünstig;
Uns war denn auch der Himmel günstig,
Daß unser Schiff ein türkisch Fahrzeug fing,
Das einen Schatz des großen Sultans führte.   2975
Da ward der Tapferkeit ihr Lohn,
Und ich empfing denn auch, wie sich gebührte,
Mein wohlgemeßnes Teil davon."

MARTHE. Ei wie? Ei wo? Hat er's vielleicht vergraben?

MEPHISTOPHELES. Wer weiß, wo nun es die vier Winde   2980
Ein schönes Fräulein nahm sich seiner an,   [haben.
Als er in Napel fremd umherspazierte;
Sie hat an ihm viel Lieb's und Treu's getan,
Daß er's bis an sein selig Ende spürte.

MARTHE. Der Schelm! der Dieb an seinen Kindern!   2985
Auch alles Elend, alle Not
Konnt' nicht sein schändlich Leben hindern!

MEPHISTOPHELES. Ja seht! dafür ist er nun tot.
Wär' ich nun jetzt an Eurem Platze,

²⁹⁹⁰ Betraurt' ich ihn ein züchtig Jahr,
Visierte dann unterweil nach einem neuen Schatze.
MARTHE. Ach Gott! wie doch mein erster war,
Find' ich nicht leicht auf dieser Welt den andern!
Es konnte kaum ein herziger Närrchen sein.
²⁹⁹⁵ Er liebte nur das allzuviele Wandern;
Und fremde Weiber, und fremden Wein,
Und das verfluchte Würfelspiel.
MEPHISTOPHELES. Nun, nun, so konnt' es gehn und stehen,
Wenn er Euch ungefähr so viel
³⁰⁰⁰ Von seiner Seite nachgesehen.
Ich schwör' Euch zu, mit dem Beding
Wechselt' ich selbst mit Euch den Ring!
MARTHE. O es beliebt dem Herrn, zu scherzen!
MEPHISTOPHELES für sich. Nun mach' ich mich beizeiten fort!
³⁰⁰⁵ Die hielte wohl den Teufel selbst beim Wort.
Zu Gretchen. Wie steht es denn mit Ihrem Herzen?
MARGARETE. Was meint der Herr damit?
MEPHISTOPHELES für sich. Du gut's, unschuldig's Kind!
Laut. Lebt wohl, ihr Fraun!
MARGARETE. Lebt wohl!
MARTHE. O sagt mir doch geschwind!
Ich möchte gern ein Zeugnis haben,
³⁰¹⁰ Wo, wie und wann mein Schatz gestorben und begraben.
Ich bin von je der Ordnung Freund gewesen,
Möcht' ihn auch tot im Wochenblättchen lesen.
MEPHISTOPHELES. Ja, gute Frau, durch zweier Zeugen Mund
Wird allerwegs die Wahrheit kund;
³⁰¹⁵ Habe noch gar einen feinen Gesellen,
Den will ich Euch vor den Richter stellen.
Ich bring' ihn her.
MARTHE. O tut das ja!
MEPHISTOPHELES. Und hier die Jungfrau ist auch da? –
Ein braver Knab'! ist viel gereist,
³⁰²⁰ Fräuleins alle Höflichkeit erweist.
MARGARETE. Müßte vor dem Herren schamrot werden.
MEPHISTOPHELES. Vor keinem Könige der Erden.
MARTHE. Da hinterm Haus in meinem Garten
Wollen wir der Herrn heut' abend warten.

Meph. → very misanthropic & misogynistic here!

STRASSE

Faust. Mephistopheles.

FAUST. Wie ist's? Will's fördern? Will's bald gehn?   3025

MEPHISTOPHELES. Ah bravo! Find' ich Euch in Feuer?
In kurzer Zeit ist Gretchen Euer.
Heut' abend sollt Ihr sie bei Nachbar' Marthen sehn:
Das ist ein Weib wie auserlesen
Zum Kuppler- und Zigeunerwesen!   3030

FAUST. So recht!

MEPHISTOPHELES. Doch wird auch was von uns begehrt.

FAUST. Ein Dienst ist wohl des andern wert.

MEPHISTOPHELES. Wir legen nur ein gültig Zeugnis nieder,
Daß ihres Ehherrn ausgereckte Glieder
In Padua an heil'ger Stätte ruhn.   3035

FAUST. Sehr klug! Wir werden erst die Reise machen müssen!

MEPHISTOPHELES.
Sancta Simplicitas! darum ist's nicht zu tun;
Bezeugt nur, ohne viel zu wissen.

FAUST. Wenn Er nichts Bessers hat, so ist der Plan zerrissen.

MEPHISTOPHELES. O heil'ger Mann! Da wärt Ihr's nun!   3040
Ist es das erstemal in Eurem Leben,
Daß Ihr falsch Zeugnis abgelegt?
Habt Ihr von Gott, der Welt und was sich drin bewegt,
Vom Menschen, was sich ihm in Kopf und Herzen regt,
Definitionen nicht mit großer Kraft gegeben?   3045
Mit frecher Stirne, kühner Brust?
Und wollt Ihr recht ins Innre gehen,
Habt Ihr davon, Ihr müßt es grad' gestehen,
So viel als von Herrn Schwerdtleins Tod gewußt!

FAUST. Du bist und bleibst ein Lügner, ein Sophiste.   3050

MEPH. Ja, wenn man's nicht ein bißchen tiefer wüßte.
Denn morgen wirst, in allen Ehren,
Das arme Gretchen nicht betören
Und alle Seelenlieb' ihr schwören?

FAUST. Und zwar von Herzen.

3055 MEPHISTOPHELES.   Gut und schön!
   Dann wird von ewiger Treu' und Liebe,
   Von einzig überallmächt'gem Triebe –
   Wird das auch so von Herzen gehn?
   FAUST. Laß das! Es wird! – Wenn ich empfinde,
3060 Für das Gefühl, für das Gewühl
   Nach Namen suche, keinen finde,
   Dann durch die Welt mit allen Sinnen schweife,
   Nach allen höchsten Worten greife,
   Und diese Glut, von der ich brenne,
3065 Unendlich, ewig, ewig nenne,
   Ist das ein teuflisch Lügenspiel?
   MEPHISTOPHELES. Ich hab' doch recht!
   FAUST.   Hör! merk dir dies –
   Ich bitte dich, und schone meine Lunge –:
   Wer recht behalten will und hat nur eine Zunge,
3070 Behält's gewiß.
   Und komm, ich hab' des Schwätzens Überdruß,
   Denn du hast recht, vorzüglich weil ich muß.

                    GARTEN

   Margarete an Faustens Arm. Marthe mit Mephistopheles
                 auf und ab spazierend.

   MARGARETE. Ich fühl' es wohl, daß mich der Herr nur schont,
   Herab sich läßt, mich zu beschämen.
3075 Ein Reisender ist so gewohnt,
   Aus Gütigkeit fürlieb zu nehmen;
   Ich weiß zu gut, daß solch erfahrnen Mann
   Mein arm Gespräch nicht unterhalten kann.
   FAUST. Ein Blick von dir, ein Wort mehr unterhält
3080 Als alle Weisheit dieser Welt. Er küßt ihre Hand.
   MARGARETE.
   Inkommodiert Euch nicht! Wie könnt Ihr sie nur küssen?
   Sie ist so garstig, ist so rauh!
   Was hab' ich nicht schon alles schaffen müssen!
   Die Mutter ist gar zu genau.
                 Gehn vorüber.

MARTHE. Und Ihr, mein Herr, Ihr reist so immer fort? 3085
MEPH. Ach, daß Gewerb' und Pflicht uns dazu treiben!
 Mit wieviel Schmerz verläßt man manchen Ort,
 Und darf doch nun einmal nicht bleiben!
MARTHE. In raschen Jahren geht's wohl an,
 So um und um frei durch die Welt zu streifen; 3090
 Doch kömmt die böse Zeit heran,
 Und sich als Hagestolz allein zum Grab zu schleifen,
 Das hat noch keinem wohlgetan.
MEPHISTOPHELES. Mit Grausen seh' ich das von weiten.
MARTHE. Drum, werter Herr, beratet Euch in Zeiten. 3095

Gehn vorüber.

MARGARETE. Ja, aus den Augen aus dem Sinn!
 Die Höflichkeit ist Euch geläufig;
 Allein Ihr habt der Freunde häufig,
 Sie sind verständiger, als ich bin.
FAUST. O Beste! glaube, was man so verständig nennt, 3100
 Ist oft mehr Eitelkeit und Kurzsinn.
MARGARETE.   Wie?
FAUST. Ach, daß die Einfalt, daß die Unschuld nie
 Sich selbst und ihren heil'gen Wert erkennt!
 Daß Demut, Niedrigkeit, die höchsten Gaben
 Der liebevoll austeilenden Natur – 3105
MARGARETE. Denkt Ihr an mich ein Augenblickchen nur,
 Ich werde Zeit genug an Euch zu denken haben.
FAUST. Ihr seid wohl viel allein?
MARGARETE. Ja, unsre Wirtschaft ist nur klein,
 Und doch will sie versehen sein. 3110
 Wir haben keine Magd; muß kochen, fegen, stricken
 Und nähn, und laufen früh und spat;
 Und meine Mutter ist in allen Stücken
 So akkurat!
 Nicht daß sie just so sehr sich einzuschränken hat; 3115
 Wir könnten uns weit eh'r als andre regen:
 Mein Vater hinterließ ein hübsch Vermögen,
 Ein Häuschen und ein Gärtchen vor der Stadt.
 Doch hab' ich jetzt so ziemlich stille Tage;
 Mein Bruder ist Soldat, 3120

Mein Schwesterchen ist tot.
Ich hatte mit dem Kind wohl meine liebe Not;
Doch übernähm' ich gern noch einmal alle Plage,
So lieb war mir das Kind.

FAUST.   Ein Engel, wenn dir's glich.

3125 MARGARETE. Ich zog es auf, und herzlich liebt' es mich.
Es war nach meines Vaters Tod geboren.
Die Mutter gaben wir verloren,
So elend wie sie damals lag,
Und sie erholte sich sehr langsam, nach und nach.

3130 Da konnte sie nun nicht dran denken,
Das arme Würmchen selbst zu tränken,
Und so erzog ich's ganz allein,
Mit Milch und Wasser; so ward's mein.
Auf meinem Arm, in meinem Schoß

3135 War's freundlich, zappelte, ward groß.

FAUST. Du hast gewiß das reinste Glück empfunden.

MARGARETE. Doch auch gewiß gar manche schwere Stunden.
Des Kleinen Wiege stand zu Nacht
An meinem Bett; es durfte kaum sich regen,

3140 War ich erwacht;
Bald mußt' ich's tränken, bald es zu mir legen,
Bald, wenn's nicht schwieg, vom Bett aufstehn
Und tänzelnd in der Kammer auf und nieder gehn,
Und früh am Tage schon am Waschtrog stehn;

3145 Dann auf dem Markt und an dem Herde sorgen,
Und immer fort wie heut so morgen.
Da geht's, mein Herr, nicht immer mutig zu;
Doch schmeckt dafür das Essen, schmeckt die Ruh.

Gehn vorüber.

MARTHE. Die armen Weiber sind doch übel dran:
3150 Ein Hagestolz ist schwerlich zu bekehren.

MEPHISTOPHELES. Es käme nur auf Euresgleichen an,
Mich eines Bessern zu belehren.

MARTHE. Sagt grad', mein Herr, habt Ihr noch nichts
Hat sich das Herz nicht irgendwo gebunden? [gefunden?

3155 MEPHISTOPHELES. Das Sprichwort sagt: Ein eigner Herd,
Ein braves Weib sind Gold und Perlen wert.

MARTHE. Ich meine, ob Ihr niemals Lust bekommen?
MEPH. Man hat mich überall recht höflich aufgenommen.
MARTHE. Ich wollte sagen: ward's nie Ernst in Eurem
MEPHISTOPHELES.   [Herzen?
  Mit Frauen soll man sich nie unterstehn zu scherzen.   3160
MARTHE. Ach, Ihr versteht mich nicht!
MEPHISTOPHELES.   Das tut mir herzlich leid!
  Doch ich versteh' – daß Ihr sehr gütig seid. Gehn vorüber.
FAUST. Du kanntest mich, o kleiner Engel, wieder,
  Gleich als ich in den Garten kam?
MARG. Saht Ihr es nicht? ich schlug die Augen nieder.   3165
FAUST. Und du verzeihst die Freiheit, die ich nahm?
  Was sich die Frechheit unterfangen,
  Als du jüngst aus dem Dom gegangen?
MARGARETE. Ich war bestürzt, mir war das nie geschehn;
  Es konnte niemand von mir Übels sagen.   3170
  Ach, dacht' ich, hat er in deinem Betragen
  Was Freches, Unanständiges gesehn?
  Es schien ihn gleich nur anzuwandeln,
  Mit dieser Dirne gradehin zu handeln.
  Gesteh' ich's doch! Ich wußte nicht, was sich   3175
  Zu Eurem Vorteil hier zu regen gleich begonnte;
  Allein gewiß, ich war recht bös' auf mich,
  Daß ich auf Euch nicht böser werden konnte.
FAUST. Süß Liebchen!
MARGARETE.   Laßt einmal!
    Sie pflückt eine Sternblume und zupft die Blätter ab,
        eins nach dem andern.
FAUST.   Was soll das? Einen Strauß?
MARGARETE. Nein, es soll nur ein Spiel.
FAUST.   Wie?
MARGARETE.   Geht! Ihr lacht mich aus. 3180
     Sie rupft und murmelt.
FAUST. Was murmelst du?
MARGARETE halb laut.   Er liebt mich – liebt mich nicht.
FAUST. Du holdes Himmelsangesicht!
MARG. fährt fort. Liebt mich – Nicht – Liebt mich – Nicht –
    Das letzte Blatt ausrupfend, mit holder Freude.
  Er liebt mich!

FAUST.   Ja, mein Kind! Laß dieses Blumenwort
3185 Dir Götterausspruch sein. Er liebt dich!
Verstehst du, was das heißt? Er liebt dich!

Er faßt ihre beiden Hände.

MARGARETE. Mich überläuft's!
FAUST. O schaudre nicht! Laß diesen Blick,
Laß diesen Händedruck dir sagen,
3190 Was unaussprechlich ist:
Sich hinzugeben ganz und eine Wonne
Zu fühlen, die ewig sein muß!
Ewig! – Ihr Ende würde Verzweiflung sein.
Nein, kein Ende! Kein Ende!

MARGARETE drückt ihm die Hände, macht sich los und läuft weg.
Er steht einen Augenblick in Gedanken, dann folgt er ihr.

MARTHE *kommend.* Die Nacht bricht an.
3195 MEPHISTOPHELES.   Ja, und wir wollen fort.
MARTHE. Ich bät' Euch, länger hier zu bleiben,
Allein es ist ein gar zu böser Ort.
Es ist, als hätte niemand nichts zu treiben
Und nichts zu schaffen,
3200 Als auf des Nachbarn Schritt und Tritt zu gaffen,
Und man kommt ins Gered', wie man sich immer stellt.
Und unser Pärchen?
MEPHISTOPHELES.   Ist den Gang dort aufgeflogen.
Mutwill'ge Sommervögel!
MARTHE.   Er scheint ihr gewogen.
MEPHISTOPHELES. Und sie ihm auch. Das ist der Lauf der Welt.

EIN GARTENHÄUSCHEN

Margarete springt herein, steckt sich hinter die Tür, hält die Finger-
spitze an die Lippen, und guckt durch die Ritze.

MARGARETE. Er kommt!
3205 FAUST *kommt.*   Ach Schelm, so neckst du mich!
Treff' ich dich! *Er küßt sie.*
MARGARETE *ihn fassend und den Kuß zurückgebend.*
Bester Mann! von Herzen lieb' ich dich!

Mephistopheles klopft an.

FAUST stampfend. Wer da?
MEPHISTOPHELES.   Gut Freund!
FAUST.   Ein Tier!
MEPHISTOPHELES.   Es ist wohl Zeit zu scheiden.
MARTHE kommt. Ja, es ist spät, mein Herr.
FAUST.   Darf ich Euch nicht geleiten?
MARGARETE. Die Mutter würde mich – Lebt wohl!
FAUST.   Muß ich denn gehn?
  Lebt wohl!
MARTHE.   Ade!
MARGARETE.   Auf baldig Wiedersehn!   3210
            Faust und Mephistopheles ab.
MARGARETE. Du lieber Gott! was so ein Mann
  Nicht alles, alles denken kann!
  Beschämt nur steh' ich vor ihm da,
  Und sag' zu allen Sachen ja.
  Bin doch ein arm unwissend Kind,   3215
  Begreife nicht, was er an mir find't. Ab.

WALD UND HÖHLE

FAUST allein. Erhabner Geist, du gabst mir, gabst mir alles,
  Warum ich bat. Du hast mir nicht umsonst
  Dein Angesicht im Feuer zugewendet.
  Gabst mir die herrliche Natur zum Königreich,   3220
  Kraft, sie zu fühlen, zu genießen. Nicht
  Kalt staunenden Besuch erlaubst du nur,
  Vergönnest mir, in ihre tiefe Brust,
  Wie in den Busen eines Freunds, zu schauen.
  Du führst die Reihe der Lebendigen   3225
  Vor mir vorbei, und lehrst mich meine Brüder
  Im stillen Busch, in Luft und Wasser kennen.
  Und wenn der Sturm im Walde braust und knarrt,
  Die Riesenfichte stürzend Nachbaräste
  Und Nachbarstämme quetschend niederstreift,   3230
  Und ihrem Fall dumpf hohl der Hügel donnert,
  Dann führst du mich zur sichern Höhle, zeigst
  Mich dann mir selbst, und meiner eignen Brust
  Geheime tiefe Wunder öffnen sich.

3235 Und steigt vor meinem Blick der reine Mond
Besänftigend herüber, schweben mir
Von Felsenwänden, aus dem feuchten Busch
Der Vorwelt silberne Gestalten auf
Und lindern der Betrachtung strenge Lust.

3240 O daß dem Menschen nichts Vollkommnes wird,
Empfind' ich nun. Du gabst zu dieser Wonne,
Die mich den Göttern nah und näher bringt,
Mir den Gefährten, den ich schon nicht mehr
Entbehren kann, wenn er gleich, kalt und frech,
3245 Mich vor mir selbst erniedrigt, und zu Nichts,
Mit einem Worthauch, deine Gaben wandelt.
Er facht in meiner Brust ein wildes Feuer
Nach jenem schönen Bild geschäftig an.
So tauml' ich von Begierde zu Genuß,
3250 Und im Genuß verschmacht' ich nach Begierde.
       Mephistopheles tritt auf.
MEPH. Habt Ihr nun bald das Leben gnug geführt?
Wie kann's Euch in die Länge freuen?
Es ist wohl gut, daß man's einmal probiert;
Dann aber wieder zu was Neuen!
3255 FAUST. Ich wollt', du hättest mehr zu tun,
Als mich am guten Tag zu plagen.
MEPHISTOPHELES. Nun, nun! ich lass' dich gerne ruhn,
Du darfst mir's nicht im Ernste sagen.
An dir Gesellen, unhold, barsch und toll,
3260 Ist wahrlich wenig zu verlieren.
Den ganzen Tag hat man die Hände voll!
Was ihm gefällt und was man lassen soll,
Kann man dem Herrn nie an der Nase spüren.
FAUST. Das ist so just der rechte Ton!
3265 Er will noch Dank, daß er mich ennuyiert.
MEPHISTOPHELES. Wie hättst du, armer Erdensohn,
Dein Leben ohne mich geführt?
Vom Kribskrabs der Imagination
Hab' ich dich doch auf Zeiten lang kuriert;
3270 Und wär' ich nicht, so wärst du schon
Von diesem Erdball abspaziert.

Was hast du da in Höhlen, Felsenritzen
Dich wie ein Schuhu zu versitzen?
Was schlurfst aus dumpfem Moos und triefendem Gestein,
Wie eine Kröte, Nahrung ein? 3275
Ein schöner, süßer Zeitvertreib!
Dir steckt der Doktor noch im Leib.
FAUST. Verstehst du, was für neue Lebenskraft
Mir dieser Wandel in der Öde schafft?
Ja, würdest du es ahnen können, 3280
Du wärest Teufel gnug, mein Glück mir nicht zu gönnen.
MEPHISTOPHELES. Ein überirdisches Vergnügen!
In Nacht und Tau auf den Gebirgen liegen,
Und Erd' und Himmel wonniglich umfassen,
Zu einer Gottheit sich aufschwellen lassen, 3285
Der Erde Mark mit Ahnungsdrang durchwühlen,
Alle sechs Tagewerk' im Busen fühlen,
In stolzer Kraft ich weiß nicht was genießen,
Bald liebewonniglich in alles überfließen,
Verschwunden ganz der Erdensohn, 3290
Und dann die hohe Intuition –
        (mit einer Gebärde)
Ich darf nicht sagen, wie – zu schließen.
FAUST. Pfui über dich!
MEPHISTOPHELES.   Das will Euch nicht behagen;
Ihr habt das Recht, gesittet Pfui zu sagen.
Man darf das nicht vor keuschen Ohren nennen, 3295
Was keusche Herzen nicht entbehren können.
Und kurz und gut, ich gönn' Ihm das Vergnügen,
Gelegentlich sich etwas vorzulügen;
Doch lange hält Er das nicht aus.
Du bist schon wieder abgetrieben, 3300
Und, währt es länger, aufgerieben
In Tollheit oder Angst und Graus!
Genug damit! Dein Liebchen sitzt dadrinne,
Und alles wird ihr eng und trüb.
Du kommst ihr gar nicht aus dem Sinne, 3305
Sie hat dich übermächtig lieb.
Erst kam deine Liebeswut übergeflossen,
Wie vom geschmolznen Schnee ein Bächlein übersteigt;

Du hast sie ihr ins Herz gegossen,
3310 Nun ist dein Bächlein wieder seicht.
Mich dünkt, anstatt in Wäldern zu thronen,
Ließ' es dem großen Herren gut,
Das arme affenjunge Blut
Für seine Liebe zu belohnen.
3315 Die Zeit wird ihr erbärmlich lang;
Sie steht am Fenster, sieht die Wolken ziehn
Über die alte Stadtmauer hin.
Wenn ich ein Vöglein wär'! so geht ihr Gesang
Tage lang, halbe Nächte lang.
3320 Einmal ist sie munter, meist betrübt,
Einmal recht ausgeweint,
Dann wieder ruhig, wie's scheint,
Und immer verliebt.

FAUST. Schlange! Schlange!

3325 MEPHISTOPHELES für sich. Gelt! daß ich dich fange!

FAUST. Verruchter! hebe dich von hinnen,
Und nenne nicht das schöne Weib!
Bring die Begier zu ihrem süßen Leib
Nicht wieder vor die halb verrückten Sinnen!

MEPHISTOPHELES.
3330 Was soll es denn? Sie meint, du seist entflohn,
Und halb und halb bist du es schon.

FAUST. Ich bin ihr nah, und wär' ich noch so fern,
Ich kann sie nie vergessen, nie verlieren;
Ja, ich beneide schon den Leib des Herrn,
3335 Wenn ihre Lippen ihn indes berühren.

MEPHISTOPHELES.
Gar wohl, mein Freund! Ich hab' Euch oft beneidet
Ums Zwillingspaar, das unter Rosen weidet.

FAUST. Entfliehe, Kuppler!

MEPHISTOPHELES.   Schön! Ihr schimpft, und ich muß
Der Gott, der Bub und Mädchen schuf,   [lachen.
3340 Erkannte gleich den edelsten Beruf,
Auch selbst Gelegenheit zu machen.
Nur fort, es ist ein großer Jammer!
Ihr sollt in Eures Liebchens Kammer,
Nicht etwa in den Tod.

FAUST. Was ist die Himmelsfreud' in ihren Armen?   3345
Laß mich an ihrer Brust erwarmen!
Fühl' ich nicht immer ihre Not?
Bin ich der Flüchtling nicht? der Unbehauste?
Der Unmensch ohne Zweck und Ruh',
Der wie ein Wassersturz von Fels zu Felsen brauste   3350
Begierig wütend nach dem Abgrund zu?
Und seitwärts sie, mit kindlich dumpfen Sinnen,
Im Hüttchen auf dem kleinen Alpenfeld,
Und all ihr häusliches Beginnen
Umfangen in der kleinen Welt.   3355
Und ich, der Gottverhaßte,
Hatte nicht genug,
Daß ich die Felsen faßte
Und sie zu Trümmern schlug!
Sie, ihren Frieden mußt' ich untergraben!   3360
Du, Hölle, mußtest dieses Opfer haben!
Hilf, Teufel, mir die Zeit der Angst verkürzen!
Was muß geschehn, mag's gleich geschehn!
Mag ihr Geschick auf mich zusammenstürzen
Und sie mit mir zugrunde gehn!   3365

MEPHISTOPHELES. Wie's wieder siedet, wieder glüht!
Geh ein und tröste sie, du Tor!
Wo so ein Köpfchen keinen Ausgang sieht,
Stellt er sich gleich das Ende vor.
Es lebe, wer sich tapfer hält!   3370
Du bist doch sonst so ziemlich eingeteufelt.
Nichts Abgeschmackters find' ich auf der Welt
Als einen Teufel, der verzweifelt.

GRETCHENS STUBE

GRETCHEN am Spinnrade allein.
         Meine Ruh' ist hin,
         Mein Herz ist schwer;
         Ich finde sie nimmer   3375
         Und nimmermehr.

Wo ich ihn nicht hab',
Ist mir das Grab,
3380   Die ganze Welt
Ist mir vergällt.

Mein armer Kopf
Ist mir verrückt,
Mein armer Sinn
3385   Ist mir zerstückt.

Meine Ruh' ist hin,
Mein Herz ist schwer;
Ich finde sie nimmer
Und nimmermehr.

3390   Nach ihm nur schau' ich
Zum Fenster hinaus,
Nach ihm nur geh' ich
Aus dem Haus.

Sein hoher Gang,
3395   Sein' edle Gestalt,
Seines Mundes Lächeln,
Seiner Augen Gewalt,

Und seiner Rede
Zauberfluß,
3400   Sein Händedruck,
Und ach sein Kuß!

Meine Ruh' ist hin,
Mein Herz ist schwer;
Ich finde sie nimmer
3405   Und nimmermehr.

Mein Busen drängt
Sich nach ihm hin.
Ach dürft' ich fassen
Und halten ihn,

Und küssen ihn,   3410
So wie ich wollt',
An seinen Küssen
Vergehen sollt'!

MARTHENS GARTEN

Margarete. Faust.

MARGARETE. Versprich mir, Heinrich!
FAUST.   Was ich kann!
MARGARETE. Nun sag, wie hast du's mit der Religion?   3415
  Du bist ein herzlich guter Mann,
  Allein ich glaub', du hältst nicht viel davon.
FAUST. Laß das, mein Kind! Du fühlst, ich bin dir gut;
  Für meine Lieben ließ' ich Leib und Blut,
  Will niemand sein Gefühl und seine Kirche rauben.   3420
MARGARETE. Das ist nicht recht, man muß dran glauben!
FAUST. Muß man?
MARGARETE.   Ach! wenn ich etwas auf dich könnte!
  Du ehrst auch nicht die heil'gen Sakramente.
FAUST. Ich ehre sie.
MARGARETE.   Doch ohne Verlangen.
  Zur Messe, zur Beichte bist du lange nicht gegangen.   3425
  Glaubst du an Gott?
FAUST.   Mein Liebchen, wer darf sagen:
  Ich glaub' an Gott?
  Magst Priester oder Weise fragen,
  Und ihre Antwort scheint nur Spott
  Über den Frager zu sein.
MARGARETE.   So glaubst du nicht?
                                                        3430
FAUST. Mißhör mich nicht, du holdes Angesicht!
  Wer darf ihn nennen?
  Und wer bekennen:
  Ich glaub' ihn.
  Wer empfinden,
                                                        3435
  Und sich unterwinden
  Zu sagen: ich glaub' ihn nicht?
  Der Allumfasser,
  Der Allerhalter,

3440 Faßt und erhält er nicht
Dich, mich, sich selbst?
Wölbt sich der Himmel nicht dadroben?
Liegt die Erde nicht hierunten fest?
Und steigen freundlich blickend
3445 Ewige Sterne nicht herauf?
Schau' ich nicht Aug' in Auge dir,
Und drängt nicht alles
Nach Haupt und Herzen dir,
Und webt in ewigem Geheimnis
3450 Unsichtbar sichtbar neben dir?
Erfüll davon dein Herz, so groß es ist,
Und wenn du ganz in dem Gefühle selig bist,
Nenn es dann, wie du willst,
Nenn's Glück! Herz! Liebe! Gott!
3455 Ich habe keinen Namen
Dafür! Gefühl ist alles;
Name ist Schall und Rauch,
Umnebelnd Himmelsglut.

MARGARETE. Das ist alles recht schön und gut;
3460 Ungefähr sagt das der Pfarrer auch,
Nur mit ein bißchen andern Worten.

FAUST. Es sagen's allerorten
Alle Herzen unter dem himmlischen Tage,
Jedes in seiner Sprache;
3465 Warum nicht ich in der meinen?

MARGARETE. Wenn man's so hört, möcht's leidlich scheinen,
Steht aber doch immer schief darum;
Denn du hast kein Christentum.

FAUST. Liebs Kind!

MARGARETE.   Es tut mir lang schon weh,
3470 Daß ich dich in der Gesellschaft seh'.

FAUST. Wieso?

MARGARETE.   Der Mensch, den du da bei dir hast,
Ist mir in tiefer innrer Seele verhaßt;
Es hat mir in meinem Leben
So nichts einen Stich ins Herz gegeben,
3475 Als des Menschen widrig Gesicht.

FAUST. Liebe Puppe, fürcht ihn nicht!

MARGARETE. Seine Gegenwart bewegt mir das Blut.
  Ich bin sonst allen Menschen gut;
  Aber wie ich mich sehne, dich zu schauen,
  Hab' ich vor dem Menschen ein heimlich Grauen,   3480
  Und halt' ihn für einen Schelm dazu!
  Gott verzeih' mir's, wenn ich ihm unrecht tu'!
FAUST. Es muß auch solche Käuze geben.
MARGARETE. Wollte nicht mit seinesgleichen leben!
  Kommt er einmal zur Tür herein,   3485
  Sieht er immer so spöttisch drein
  Und halb ergrimmt;
  Man sieht, daß er an nichts keinen Anteil nimmt;
  Es steht ihm an der Stirn geschrieben,
  Daß er nicht mag eine Seele lieben.   3490
  Mir wird's so wohl in deinem Arm,
  So frei, so hingegeben warm,
  Und seine Gegenwart schnürt mir das Innre zu.
FAUST. Du ahnungsvoller Engel du!
MARGARETE. Das übermannt mich so sehr,   3495
  Daß, wo er nur mag zu uns treten,
  Mein' ich sogar, ich liebte dich nicht mehr.
  Auch, wenn er da ist, könnt' ich nimmer beten,
  Und das frißt mir ins Herz hinein;
  Dir, Heinrich, muß es auch so sein.   3500
FAUST. Du hast nun die Antipathie!
MARGARETE. Ich muß nun fort.
FAUST.   Ach, kann ich nie
  Ein Stündchen ruhig dir am Busen hängen,
  Und Brust an Brust und Seel' in Seele drängen?
MARGARETE. Ach, wenn ich nur alleine schlief'!   3505
  Ich ließ' dir gern heut nacht den Riegel offen;
  Doch meine Mutter schläft nicht tief,
  Und würden wir von ihr betroffen,
  Ich wär' gleich auf der Stelle tot!
FAUST. Du Engel, das hat keine Not.   3510
  Hier ist ein Fläschchen! Drei Tropfen nur
  In ihren Trank umhüllen
  Mit tiefem Schlaf gefällig die Natur.

MARGARETE. Was tu' ich nicht um deinetwillen?
3515 Es wird ihr hoffentlich nicht schaden!

FAUST. Würd' ich sonst, Liebchen, dir es raten?

MARGARETE. Seh' ich dich, bester Mann, nur an,
     Weiß nicht, was mich nach deinem Willen treibt;
     Ich habe schon so viel für dich getan,
3520 Daß mir zu tun fast nichts mehr übrig bleibt. Ab.

          Mephistopheles tritt auf.

MEPHISTOPHELES. Der Grasaff'! ist er weg?

FAUST.   Hast wieder spioniert?

MEPHISTOPHELES. Ich hab's ausführlich wohl vernommen,
     Herr Doktor wurden da katechisiert;
     Hoff', es soll Ihnen wohl bekommen.
3525 Die Mädels sind doch sehr interessiert,
     Ob einer fromm und schlicht nach altem Brauch.
     Sie denken: duckt er da, folgt er uns eben auch.

FAUST. Du Ungeheuer siehst nicht ein,
     Wie diese treue liebe Seele
3530 Von ihrem Glauben voll,
     Der ganz allein
     Ihr selig machend ist, sich heilig quäle,
     Daß sie den liebsten Mann verloren halten soll.

MEPHISTOPHELES. Du übersinnlicher sinnlicher Freier,
3535 Ein Mägdelein nasführet dich.

FAUST. Du Spottgeburt von Dreck und Feuer!

MEPHISTOPHELES.
     Und die Physiognomie versteht sie meisterlich:
     In meiner Gegenwart wird's ihr, sie weiß nicht wie,
     Mein Mäskchen da weissagt verborgnen Sinn;
3540 Sie fühlt, daß ich ganz sicher ein Genie,
     Vielleicht wohl gar der Teufel bin.
     Nun, heute nacht –?

FAUST.   Was geht dich's an?

MEPHISTOPHELES. Hab' ich doch meine Freude dran!

AM BRUNNEN

Gretchen und Lieschen mit Krügen.

LIESCHEN. Hast nichts von Bärbelchen gehört?

GRETCHEN. Kein Wort. Ich komm' gar wenig unter Leute. 3545

LIESCHEN. Gewiß, Sibylle sagt' mir's heute!
Die hat sich endlich auch betört.
Das ist das Vornehmtun!

GRETCHEN.   Wieso?

LIESCHEN.   Es stinkt!
Sie füttert zwei, wenn sie nun ißt und trinkt.

GRETCHEN. Ach!   3550

LIESCHEN. So ist's ihr endlich recht ergangen.
Wie lange hat sie an dem Kerl gehangen!
Das war ein Spazieren,
Auf Dorf und Tanzplatz Führen,
Mußt' überall die Erste sein,   3555
Kurtesiert' ihr immer mit Pastetchen und Wein;
Bild't' sich was auf ihre Schönheit ein,
War doch so ehrlos, sich nicht zu schämen,
Geschenke von ihm anzunehmen.
War ein Gekos' und ein Geschleck';   3560
Da ist denn auch das Blümchen weg!

GRETCHEN. Das arme Ding!

LIESCHEN.   Bedauerst sie noch gar!
Wenn unsereins am Spinnen war,
Uns nachts die Mutter nicht hinunterließ,
Stand sie bei ihrem Buhlen süß,   3565
Auf der Türbank und im dunkeln Gang
Ward ihnen keine Stunde zu lang.
Da mag sie denn sich ducken nun,
Im Sünderhemdchen Kirchbuß' tun!

GRETCHEN. Er nimmt sie gewiß zu seiner Frau.   3570

LIESCHEN. Er wär' ein Narr! Ein flinker Jung'
Hat anderwärts noch Luft genung.
Er ist auch fort.

GRETCHEN.   Das ist nicht schön!

LIESCHEN. Kriegt sie ihn, soll's ihr übel gehn.
3575 Das Kränzel reißen die Buben ihr,
Und Häckerling streuen wir vor die Tür! Ab.

GRETCHEN nach Hause gehend.
Wie konnt' ich sonst so tapfer schmälen,
Wenn tät ein armes Mägdlein fehlen!
Wie konnt' ich über andrer Sünden
3580 Nicht Worte gnug der Zunge finden!
Wie schien mir's schwarz, und schwärzt's noch gar,
Mir's immer doch nicht schwarz gnug war,
Und segnet' mich und tat so groß,
Und bin nun selbst der Sünde bloß!
3585 Doch – alles, was dazu mich trieb,
Gott! war so gut! ach war so lieb!

ZWINGER

In der Mauerhöhle ein Andachtsbild der Mater dolorosa, Blumenkrüge davor.

GRETCHEN steckt frische Blumen in die Krüge. Ach neige,
Du Schmerzenreiche,
Dein Antlitz gnädig meiner Not!

3590 Das Schwert im Herzen,
Mit tausend Schmerzen
Blickst auf zu deines Sohnes Tod.

Zum Vater blickst du,
Und Seufzer schickst du
3595 Hinauf um sein' und deine Not.

Wer fühlet,
Wie wühlet
Der Schmerz mir im Gebein?
Was mein armes Herz hier banget,
3600 Was es zittert, was verlanget,
Weißt nur du, nur du allein!

Wohin ich immer gehe,
Wie weh, wie weh, wie wehe

Wird mir im Busen hier!
Ich bin, ach, kaum alleine,   3605
Ich wein', ich wein', ich weine,
Das Herz zerbricht in mir.

Die Scherben vor meinem Fenster
Betaut' ich mit Tränen, ach,
Als ich am frühen Morgen   3610
Dir diese Blumen brach.

Schien hell in meine Kammer
Die Sonne früh herauf,
Saß ich in allem Jammer
In meinem Bett schon auf.   3615

Hilf! rette mich von Schmach und Tod!
Ach neige,
Du Schmerzenreiche,
Dein Antlitz gnädig meiner Not!

NACHT

Straße vor Gretchens Türe.

VALENTIN, Soldat, Gretchens Bruder.
Wenn ich so saß bei einem Gelag,   3620
Wo mancher sich berühmen mag,
Und die Gesellen mir den Flor
Der Mägdlein laut gepriesen vor,
Mit vollem Glas das Lob verschwemmt –
Den Ellenbogen aufgestemmt   3625
Saß ich in meiner sichern Ruh',
Hört' all dem Schwadronieren zu,
Und streiche lächelnd meinen Bart,
Und kriege das volle Glas zur Hand
Und sage: Alles nach seiner Art!   3630
Aber ist eine im ganzen Land,
Die meiner trauten Gretel gleicht,
Die meiner Schwester das Wasser reicht?
Topp! Topp! Kling! Klang! das ging herum;

3635 Die einen schrieen: Er hat recht,
Sie ist die Zier vom ganzen Geschlecht!
Da saßen alle die Lober stumm.
Und nun! – um 's Haar sich auszuraufen
Und an den Wänden hinaufzulaufen! –
3640 Mit Stichelreden, Naserümpfen
Soll jeder Schurke mich beschimpfen!
Soll wie ein böser Schuldner sitzen,
Bei jedem Zufallswörtchen schwitzen!
Und möcht' ich sie zusammenschmeißen,
3645 Könnt' ich sie doch nicht Lügner heißen.

Was kommt heran? Was schleicht herbei?
Irr' ich nicht, es sind ihrer zwei.
Ist er's, gleich pack' ich ihn beim Felle,
Soll nicht lebendig von der Stelle!

Faust. Mephistopheles.

3650 FAUST. Wie von dem Fenster dort der Sakristei
Aufwärts der Schein des ew'gen Lämpchens flämmert
Und schwach und schwächer seitwärts dämmert,
Und Finsternis drängt ringsum bei!
So sieht's in meinem Busen nächtig.

MEPHISTOPHELES.
3655 Und mir ist's wie dem Kätzlein schmächtig,
Das an den Feuerleitern schleicht,
Sich leis' dann um die Mauern streicht;
Mir ist's ganz tugendlich dabei,
Ein bißchen Diebsgelüst, ein bißchen Rammelei.
3660 So spukt mir schon durch alle Glieder
Die herrliche Walpurgisnacht.
Die kommt uns übermorgen wieder,
Da weiß man doch, warum man wacht.

FAUST. Rückt wohl der Schatz indessen in die Höh',
3665 Den ich dort hinten flimmern seh?

MEPHISTOPHELES. Du kannst die Freude bald erleben,
Das Kesselchen herauszuheben.
Ich schielte neulich so hinein,
Sind herrliche Löwentaler drein.

FAUST. Nicht ein Geschmeide, nicht ein Ring, 3670
Meine liebe Buhle damit zu zieren?
MEPHISTOPHELES. Ich sah dabei wohl so ein Ding,
Als wie eine Art von Perlenschnüren.
FAUST. So ist es recht! Mir tut es weh,
Wenn ich ohne Geschenke zu ihr geh'. 3675
MEPHISTOPHELES. Es sollt' Euch eben nicht verdrießen,
Umsonst auch etwas zu genießen.
Jetzt, da der Himmel voller Sterne glüht,
Sollt Ihr ein wahres Kunststück hören:
Ich sing' ihr ein moralisch Lied, 3680
Um sie gewisser zu betören.

Singt zur Zither.
Was machst du mir
Vor Liebchens Tür,
Kathrinchen, hier
Bei frühem Tagesblicke? 3685
Laß, laß es sein!
Er läßt dich ein,
Als Mädchen ein,
Als Mädchen nicht zurücke.

Nehmt euch in acht! 3690
Ist es vollbracht,
Dann gute Nacht,
Ihr armen, armen Dinger!
Habt ihr euch lieb,
Tut keinem Dieb 3695
Nur nichts zu Lieb',
Als mit dem Ring am Finger.

VALENTIN tritt vor. Wen lockst du hier? beim Element!
Vermaledeiter Rattenfänger!
Zum Teufel erst das Instrument! 3700
Zum Teufel hinterdrein den Sänger!
MEPH. Die Zither ist entzwei! an der ist nichts zu halten.
VALENTIN. Nun soll es an ein Schädelspalten!
MEPH. zu Faust. Herr Doktor, nicht gewichen! Frisch!
Hart an mich an, wie ich Euch führe. 3705

Heraus mit Eurem Flederwisch!
Nur zugestoßen! ich pariere.
VALENTIN. Pariere den!
MEPHISTOPHELES.   Warum denn nicht?
VALENTIN. Auch den!
MEPHISTOPHELES.   Gewiß!
VALENTIN.   Ich glaub', der Teufel ficht!
3710 Was ist denn das? Schon wird die Hand mir lahm.
MEPHISTOPHELES zu Faust. Stoß zu!
VALENTIN fällt.   O weh!
MEPHISTOPHELES.   Nun ist der Lümmel zahm!
Nun aber fort! Wir müssen gleich verschwinden:
Denn schon entsteht ein mörderlich Geschrei.
Ich weiß mich trefflich mit der Polizei,
3715 Doch mit dem Blutbann schlecht mich abzufinden.
MARTHE am Fenster. Heraus! Heraus!
GRETCHEN am Fenster.   Herbei ein Licht!
MARTHE wie oben. Man schilt und rauft, man schreit und ficht.
VOLK. Da liegt schon einer tot!
MARTHE heraustretend. Die Mörder, sind sie denn entflohn?
GRETCHEN heraustretend. Wer liegt hier?
3720 VOLK.   Deiner Mutter Sohn.
GRETCHEN. Allmächtiger! welche Not!
VALENTIN. Ich sterbe! das ist bald gesagt
Und bälder noch getan.
Was steht ihr Weiber, heult und klagt?
3725 Kommt her und hört mich an! Alle treten um ihn.
Mein Gretchen, sieh! du bist noch jung,
Bist gar noch nicht gescheit genung,
Machst deine Sachen schlecht.
Ich sag' dir's im Vertrauen nur:
3730 Du bist doch nun einmal eine Hur';
So sei's auch eben recht.
GRETCHEN. Mein Bruder! Gott! Was soll mir das?
VALENTIN. Laß unsern Herrgott aus dem Spaß.
Geschehn ist leider nun geschehn,
3735 Und wie es gehn kann, so wird's gehn.
Du fingst mit einem heimlich an,
Bald kommen ihrer mehre dran,

Und wenn dich erst ein Dutzend hat,
So hat dich auch die ganze Stadt.

Wenn erst die Schande wird geboren,   3740
Wird sie heimlich zur Welt gebracht,
Und man zieht den Schleier der Nacht
Ihr über Kopf und Ohren;
Ja, man möchte sie gern ermorden.
Wächst sie aber und macht sich groß,   3745
Dann geht sie auch bei Tage bloß,
Und ist doch nicht schöner geworden.
Je häßlicher wird ihr Gesicht,
Je mehr sucht sie des Tages Licht.

Ich seh' wahrhaftig schon die Zeit,   3750
Daß alle brave Bürgersleut',
Wie von einer angesteckten Leichen,
Von dir, du Metze! seitab weichen.
Dir soll das Herz im Leib verzagen,
Wenn sie dir in die Augen sehn!   3755
Sollst keine goldne Kette mehr tragen!
In der Kirche nicht mehr am Altar stehn!
In einem schönen Spitzenkragen
Dich nicht beim Tanze wohlbehagen!
In eine finstre Jammerecken   3760
Unter Bettler und Krüppel dich verstecken
Und, wenn dir dann auch Gott verzeiht,
Auf Erden sein vermaledeit!
MARTHE. Befehlt Eure Seele Gott zu Gnaden!
Wollt Ihr noch Lästrung auf Euch laden?   3765
VALENTIN. Könnt' ich dir nur an den dürren Leib,
Du schändlich kupplerisches Weib!
Da hofft' ich aller meiner Sünden
Vergebung reiche Maß zu finden.
GRETCHEN. Mein Bruder! Welche Höllenpein!   3770
VALENTIN. Ich sage, laß die Tränen sein!
Da du dich sprachst der Ehre los,
Gabst mir den schwersten Herzensstoß.
Ich gehe durch den Todesschlaf
Zu Gott ein als Soldat und brav. Stirbt.   3775

DOM

Amt, Orgel und Gesang.
Gretchen unter vielem Volke. Böser Geist hinter Gretchen.

BÖSER GEIST. Wie anders, Gretchen, war dir's,
Als du noch voll Unschuld
Hier zum Altar tratst,
Aus dem vergriffnen Büchelchen
3780 Gebete lalltest,
Halb Kinderspiele,
Halb Gott im Herzen!
Gretchen!
Wo steht dein Kopf?
3785 In deinem Herzen
Welche Missetat?
Betst du für deiner Mutter Seele, die
Durch dich zur langen, langen Pein hinüberschlief?
Auf deiner Schwelle wessen Blut?
3790 – Und unter deinem Herzen
Regt sich's nicht quillend schon
Und ängstet dich und sich
Mit ahnungsvoller Gegenwart?
GRETCHEN. Weh! Weh!
3795 Wär' ich der Gedanken los,
Die mir herüber und hinüber gehen
Wider mich!
CHOR. Dies irae, dies illa
Solvet saeclum in favilla.
                                    Orgelton.
3800 BÖSER GEIST. Grimm faßt dich!
Die Posaune tönt!
Die Gräber beben!
Und dein Herz,
Aus Aschenruh
3805 Zu Flammenqualen
Wieder aufgeschaffen,
Bebt auf!
GRETCHEN. Wär' ich hier weg!
Mir ist, als ob die Orgel mir

Den Atem versetzte,   3810
Gesang mein Herz
Im Tiefsten löste.
CHOR. Judex ergo cum sedebit,
Quidquid latet adparebit,
Nil inultum remanebit.   3815
GRETCHEN. Mir wird so eng!
Die Mauernpfeiler
Befangen mich!
Das Gewölbe
Drängt mich! – Luft!   3820
BÖSER GEIST. Verbirg dich! Sünd' und Schande
Bleibt nicht verborgen.
Luft? Licht?
Weh dir!
CHOR. Quid sum miser tunc dicturus?   3825
Quem patronum rogaturus?
Cum vix justus sit securus.
BÖSER GEIST. Ihr Antlitz wenden
Verklärte von dir ab.
Die Hände dir zu reichen,   3830
Schauert's den Reinen.
Weh!
CHOR. Quid sum miser tunc dicturus?
GRETCHEN. Nachbarin! Euer Fläschchen! –
          Sie fällt in Ohnmacht.

WALPURGISNACHT

Harzgebirg. Gegend von Schierke und Elend.
Faust. Mephistopheles.

MEPH. Verlangst du nicht nach einem Besenstiele?   3835
Ich wünschte mir den allerderbsten Bock.
Auf diesem Weg sind wir noch weit vom Ziele.
FAUST. So lang' ich mich noch frisch auf meinen Beinen fühle,
Genügt mir dieser Knotenstock.
Was hilft's, daß man den Weg verkürzt! –   3840
Im Labyrinth der Täler hinzuschleichen,
Dann diesen Felsen zu ersteigen,
Von dem der Quell sich ewig sprudelnd stürzt,

Das ist die Lust, die solche Pfade würzt!
3845 Der Frühling webt schon in den Birken,
Und selbst die Fichte fühlt ihn schon;
Sollt' er nicht auch auf unsre Glieder wirken?
MEPHISTOPHELES. Fürwahr, ich spüre nichts davon!
Mir ist es winterlich im Leibe,
3850 Ich wünschte Schnee und Frost auf meiner Bahn.
Wie traurig steigt die unvollkommne Scheibe
Des roten Monds mit später Glut heran,
Und leuchtet schlecht, daß man bei jedem Schritte
Vor einen Baum, vor einen Felsen rennt!
3855 Erlaub', daß ich ein Irrlicht bitte!
Dort seh' ich eins, das eben lustig brennt.
He da! mein Freund! darf ich dich zu uns fodern?
Was willst du so vergebens lodern?
Sei doch so gut und leucht' uns da hinauf!
3860 IRRLICHT. Aus Ehrfurcht, hoff' ich, soll es mir gelingen,
Mein leichtes Naturell zu zwingen;
Nur zickzack geht gewöhnlich unser Lauf.
MEPH. Ei! Ei! Er denkt's den Menschen nachzuahmen.
Geh' Er nur grad', in 's Teufels Namen!
3865 Sonst blas' ich Ihm sein Flackerleben aus.
IRRLICHT. Ich merke wohl, Ihr seid der Herr vom Haus,
Und will mich gern nach Euch bequemen.
Allein bedenkt! der Berg ist heute zaubertoll,
Und wenn ein Irrlicht Euch die Wege weisen soll,
3870 So müßt Ihr's so genau nicht nehmen.

FAUST, MEPHISTOPHELES, IRRLICHT im Wechselgesang.
In die Traum- und Zaubersphäre
Sind wir, scheint es, eingegangen.
Führ' uns gut und mach' dir Ehre,
Daß wir vorwärts bald gelangen
3875 In den weiten, öden Räumen!

Seh' die Bäume hinter Bäumen,
Wie sie schnell vorüberrücken,
Und die Klippen, die sich bücken,
Und die langen Felsennasen,
3880 Wie sie schnarchen, wie sie blasen!

Durch die Steine, durch den Rasen
Eilet Bach und Bächlein nieder.
Hör' ich Rauschen? hör' ich Lieder?
Hör' ich holde Liebesklage,
Stimmen jener Himmelstage? 3885
Was wir hoffen, was wir lieben!
Und das Echo, wie die Sage
Alter Zeiten, hallet wider.

Uhu! Schuhu! tönt es näher,
Kauz und Kiebitz und der Häher, 3890
Sind sie alle wach geblieben?
Sind das Molche durchs Gesträuche?
Lange Beine, dicke Bäuche!
Und die Wurzeln, wie die Schlangen,
Winden sich aus Fels und Sande, 3895
Strecken wunderliche Bande,
Uns zu schrecken, uns zu fangen;
Aus belebten derben Masern
Strecken sie Polypenfasern
Nach dem Wandrer. Und die Mäuse 3900
Tausendfärbig, scharenweise,
Durch das Moos und durch die Heide!
Und die Funkenwürmer fliegen
Mit gedrängten Schwärmezügen
Zum verwirrenden Geleite. 3905

Aber sag' mir, ob wir stehen,
Oder ob wir weitergehen?
Alles, alles scheint zu drehen,
Fels und Bäume, die Gesichter
Schneiden, und die irren Lichter, 3910
Die sich mehren, die sich blähen.

MEPHISTOPHELES. Fasse wacker meinen Zipfel!
Hier ist so ein Mittelgipfel,
Wo man mit Erstaunen sieht,
Wie im Berg der Mammon glüht. 3915
FAUST. Wie seltsam glimmert durch die Gründe
Ein morgenrötlich trüber Schein!
Und selbst bis in die tiefen Schlünde

Des Abgrunds wittert er hinein.
3920 Da steigt ein Dampf, dort ziehen Schwaden,
Hier leuchtet Glut aus Dunst und Flor,
Dann schleicht sie wie ein zarter Faden,
Dann bricht sie wie ein Quell hervor.
Hier schlingt sie eine ganze Strecke
3925 Mit hundert Adern sich durchs Tal,
Und hier in der gedrängten Ecke
Vereinzelt sie sich auf einmal.
Da sprühen Funken in der Nähe,
Wie ausgestreuter goldner Sand.
3930 Doch schau! in ihrer ganzen Höhe
Entzündet sich die Felsenwand.
MEPHISTOPHELES. Erleuchtet nicht zu diesem Feste
Herr Mammon prächtig den Palast?
Ein Glück, daß du's gesehen hast;
3935 Ich spüre schon die ungestümen Gäste.
FAUST. Wie rast die Windsbraut durch die Luft!
Mit welchen Schlägen trifft sie meinen Nacken!
MEPHISTOPHELES. Du mußt des Felsens alte Rippen packen,
Sonst stürzt sie dich hinab in dieser Schlünde Gruft.
3940 Ein Nebel verdichtet die Nacht.
Höre, wie's durch die Wälder kracht!
Aufgescheucht fliegen die Eulen.
Hör', es splittern die Säulen
Ewig grüner Paläste.
3945 Girren und Brechen der Äste!
Der Stämme mächtiges Dröhnen!
Der Wurzeln Knarren und Gähnen!
Im fürchterlich verworrenen Falle
Übereinander krachen sie alle,
3950 Und durch die übertrümmerten Klüfte
Zischen und heulen die Lüfte.
Hörst du Stimmen in der Höhe?
In der Ferne, in der Nähe?
Ja, den ganzen Berg entlang
3955 Strömt ein wütender Zaubergesang!
HEXEN IM CHOR. Die Hexen zu dem Brocken ziehn,
Die Stoppel ist gelb, die Saat ist grün.

Dort sammelt sich der große Hauf,
Herr Urian sitzt oben auf.
So geht es über Stein und Stock, 3960
Es f–t die Hexe, es stinkt der Bock.

STIMME. Die alte Baubo kommt allein,
Sie reitet auf einem Mutterschwein.

CHOR. So Ehre denn, wem Ehre gebührt!
Frau Baubo vor! und angeführt! 3965
Ein tüchtig Schwein und Mutter drauf,
Da folgt der ganze Hexenhauf.

STIMME. Welchen Weg kommst du her?

STIMME. Übern Ilsenstein!
Da guckt' ich der Eule ins Nest hinein.
Die macht' ein Paar Augen!

STIMME. O fahre zur Hölle! 3970
Was reitst du so schnelle!

STIMME. Mich hat sie geschunden,
Da sieh nur die Wunden!

HEXEN. CHOR. Der Weg ist breit, der Weg ist lang,
Was ist das für ein toller Drang? 3975
Die Gabel sticht, der Besen kratzt,
Das Kind erstickt, die Mutter platzt.

HEXENMEISTER. HALBES CHOR.
Wir schleichen wie die Schneck' im Haus,
Die Weiber alle sind voraus.
Denn, geht es zu des Bösen Haus, 3980
Das Weib hat tausend Schritt voraus.

ANDRE HÄLFTE. Wir nehmen das nicht so genau,
Mit tausend Schritten macht's die Frau;
Doch, wie sie auch sich eilen kann,
Mit einem Sprunge macht's der Mann. 3985

STIMME oben. Kommt mit, kommt mit, vom Felsensee!

STIMMEN von unten. Wir möchten gerne mit in die Höh'.
Wir waschen, und blank sind wir ganz und gar;
Aber auch ewig unfruchtbar.

BEIDE CHÖRE. Es schweigt der Wind, es flieht der Stern, 3990
Der trübe Mond verbirgt sich gern.
Im Sausen sprüht das Zauberchor
Viel tausend Feuerfunken hervor.

STIMME von unten. Halte! Halte!
3995 STIMME von oben. Wer ruft da aus der Felsenspalte?
STIMME unten. Nehmt mich mit! Nehmt mich mit!
Ich steige schon dreihundert Jahr,
Und kann den Gipfel nicht erreichen.
Ich wäre gern bei meinesgleichen.
4000 BEIDE CHÖRE. Es trägt der Besen, trägt der Stock,
Die Gabel trägt, es trägt der Bock;
Wer heute sich nicht heben kann,
Ist ewig ein verlorner Mann.
HALBHEXE unten. Ich tripple nach, so lange Zeit;
4005 Wie sind die andern schon so weit!
Ich hab' zu Hause keine Ruh,
Und komme hier doch nicht dazu.
CHOR DER HEXEN. Die Salbe gibt den Hexen Mut,
Ein Lumpen ist zum Segel gut,
4010 Ein gutes Schiff ist jeder Trog;
Der flieget nie, der heut nicht flog.
BEIDE CHÖRE. Und wenn wir um den Gipfel ziehn,
So streichet an dem Boden hin,
Und deckt die Heide weit und breit
4015 Mit eurem Schwarm der Hexenheit.
Sie lassen sich nieder.
MEPH. Das drängt und stößt, das ruscht und klappert!
Das zischt und quirlt, das zieht und plappert!
Das leuchtet, sprüht und stinkt und brennt!
Ein wahres Hexenelement!
4020 Nur fest an mir! sonst sind wir gleich getrennt.
Wo bist du?
FAUST in der Ferne. Hier!
MEPHISTOPHELES.   Was! dort schon hingerissen?
Da werd' ich Hausrecht brauchen müssen.
Platz! Junker Voland kommt. Platz! süßer Pöbel, Platz!
Hier, Doktor, fasse mich! und nun, in einem Satz,
4025 Laß uns aus dem Gedräng' entweichen;
Es ist zu toll, sogar für meinesgleichen.
Dort neben leuchtet was mit ganz besondrem Schein,
Es zieht mich was nach jenen Sträuchen.
Komm, komm! wir schlupfen da hinein.

FAUST.

Du Geist des Widerspruchs! Nur zu! du magst mich führen. 40

Ich denke doch, das war recht klug gemacht:

Zum Brocken wandeln wir in der Walpurgisnacht,

Um uns beliebig nun hieselbst zu isolieren.

MEPHISTOPHELES. Da sieh nur, welche bunten Flammen!

Es ist ein muntrer Klub beisammen. 4035

Im Kleinen ist man nicht allein.

FAUST. Doch droben möcht' ich lieber sein!

Schon seh' ich Glut und Wirbelrauch.

Dort strömt die Menge zu dem Bösen;

Da muß sich manches Rätsel lösen. 4040

MEPHISTOPHELES. Doch manches Rätsel knüpft sich auch.

Laß du die große Welt nur sausen,

Wir wollen hier im Stillen hausen.

Es ist doch lange hergebracht,

Daß in der großen Welt man kleine Welten macht. 4045

Da seh' ich junge Hexchen nackt und bloß,

Und alte, die sich klug verhüllen.

Seid freundlich, nur um meinetwillen;

Die Müh' ist klein, der Spaß ist groß.

Ich höre was von Instrumenten tönen! 4050

Verflucht Geschnarr! Man muß sich dran gewöhnen.

Komm mit! Komm mit! Es kann nicht anders sein,

Ich tret' heran und führe dich herein,

Und ich verbinde dich aufs neue.

Was sagst du, Freund? das ist kein kleiner Raum. 4055

Da sieh nur hin! du siehst das Ende kaum.

Ein Hundert Feuer brennen in der Reihe;

Man tanzt, man schwatzt, man kocht, man trinkt, man liebt;

Nun sage mir, wo es was Bessers gibt?

FAUST. Willst du dich nun, um uns hier einzuführen, 4060

Als Zaubrer oder Teufel produzieren?

MEPH. Zwar bin ich sehr gewohnt, inkognito zu gehn,

Doch läßt am Galatag man seinen Orden sehn.

Ein Knieband zeichnet mich nicht aus,

Doch ist der Pferdefuß hier ehrenvoll zu Haus. 4065

Siehst du die Schnecke da? Sie kommt herangekrochen;

Mit ihrem tastenden Gesicht

Hat sie mir schon was abgerochen.
Wenn ich auch will, verleugn' ich hier mich nicht.
4070 Komm nur! von Feuer gehen wir zu Feuer,
Ich bin der Werber, und du bist der Freier.

Zu einigen, die um verglimmende Kohlen sitzen.

Ihr alten Herrn, was macht ihr hier am Ende?
Ich lobt' euch, wenn ich euch hübsch in der Mitte fände,
Von Saus umzirkt und Jugendbraus;
4075 Genug allein ist jeder ja zu Haus.

GENERAL. Wer mag auf Nationen trauen,
Man habe noch so viel für sie getan;
Denn bei dem Volk, wie bei den Frauen,
Steht immerfort die Jugend oben an.

4080 MINISTER. Jetzt ist man von dem Rechten allzu weit,
Ich lobe mir die guten Alten;
Denn freilich, da wir alles galten,
Da war die rechte goldne Zeit.

PARVENU. Wir waren wahrlich auch nicht dumm,
4085 Und taten oft, was wir nicht sollten;
Doch jetzo kehrt sich alles um und um,
Und eben da wir's fest erhalten wollten.

AUTOR. Wer mag wohl überhaupt jetzt eine Schrift
Von mäßig klugem Inhalt lesen!
4090 Und was das liebe junge Volk betrifft,
Das ist noch nie so naseweis gewesen.

MEPHISTOPHELES, der auf einmal sehr alt erscheint.
Zum jüngsten Tag fühl' ich das Volk gereift,
Da ich zum letzten Mal den Hexenberg ersteige,
Und weil mein Fäßchen trübe läuft,
4095 So ist die Welt auch auf der Neige.

TRÖDELHEXE. Ihr Herren, geht nicht so vorbei!
Laßt die Gelegenheit nicht fahren!
Aufmerksam blickt nach meinen Waren,
Es steht dahier gar mancherlei.
4100 Und doch ist nichts in meinem Laden,
Dem keiner auf der Erde gleicht,
Das nicht einmal zum tücht'gen Schaden
Der Menschen und der Welt gereicht.
Kein Dolch ist hier, von dem nicht Blut geflossen,

Kein Kelch, aus dem sich nicht, in ganz gesunden Leib, 4105
Verzehrend heißes Gift ergossen,
Kein Schmuck, der nicht ein liebenswürdig Weib
Verführt, kein Schwert, das nicht den Bund gebrochen,
Nicht etwa hinterrücks den Gegenmann durchstochen.

MEPHISTOPHELES.
Frau Muhme! Sie versteht mir schlecht die Zeiten. 4110
Getan geschehn! Geschehn getan!
Verleg' Sie sich auf Neuigkeiten!
Nur Neuigkeiten ziehn uns an.

FAUST. Daß ich mich nur nicht selbst vergesse!
Heiß' ich mir das doch eine Messe! 4115

MEPHISTOPHELES. Der ganze Strudel strebt nach oben;
Du glaubst zu schieben und du wirst geschoben.

FAUST. Wer ist denn das?

MEPHISTOPHELES.   Betrachte sie genau!
Lilith ist das.

FAUST.   Wer?

MEPHISTOPHELES.   Adams erste Frau.
Nimm dich in acht vor ihren schönen Haaren, 4120
Vor diesem Schmuck, mit dem sie einzig prangt.
Wenn sie damit den jungen Mann erlangt,
So läßt sie ihn so bald nicht wieder fahren.

FAUST. Da sitzen zwei, die Alte mit der Jungen;
Die haben schon was Rechts gesprungen! 4125

MEPHISTOPHELES. Das hat nun heute keine Ruh.
Es geht zum neuen Tanz; nun komm! wir greifen zu.

FAUST mit der Jungen tanzend.
                Einst hatt' ich einen schönen Traum:
                Da sah ich einen Apfelbaum,
                Zwei schöne Äpfel glänzten dran, 4130
                Sie reizten mich, ich stieg hinan.

DIE SCHÖNE. Der Äpfelchen begehrt ihr sehr,
                Und schon vom Paradiese her.
                Von Freuden fühl' ich mich bewegt,
                Daß auch mein Garten solche trägt. 4135

MEPHISTOPHELES mit der Alten.
     Einst hatt' ich einen wüsten Traum;
     Da sah ich einen gespaltnen Baum,
     Der hatt' ein – – –;
     So – es war, gefiel mir's doch.
4140 DIE ALTE. Ich biete meinen besten Gruß
     Dem Ritter mit dem Pferdefuß!
     Halt' Er einen – – bereit,
     Wenn Er – – – nicht scheut.
PROKTOPHANTASMIST.
 Verfluchtes Volk! was untersteht ihr euch?
4145 Hat man euch lange nicht bewiesen:
 Ein Geist steht nie auf ordentlichen Füßen?
 Nun tanzt ihr gar, uns andern Menschen gleich!
DIE SCHÖNE tanzend. Was will denn der auf unserm Ball?
FAUST tanzend. Ei! der ist eben überall.
4150 Was andre tanzen, muß er schätzen.
 Kann er nicht jeden Schritt beschwätzen,
 So ist der Schritt so gut als nicht geschehn.
 Am meisten ärgert ihn, sobald wir vorwärtsgehn.
 Wenn ihr euch so im Kreise drehen wolltet,
4155 Wie er's in seiner alten Mühle tut,
 Das hieß' er allenfalls noch gut;
 Besonders wenn ihr ihn darum begrüßen solltet.
PROKTOPHANTASMIST.
 Ihr seid noch immer da! Nein, das ist unerhört.
 Verschwindet doch! Wir haben ja aufgeklärt!
4160 Das Teufelspack, es fragt nach keiner Regel.
 Wir sind so klug, und dennoch spukt's in Tegel.
 Wie lange hab' ich nicht am Wahn hinausgekehrt,
 Und nie wird's rein; das ist doch unerhört!
DIE SCHÖNE. So hört doch auf, uns hier zu ennuyieren!
4165 PROKTOPHANTASMIST. Ich sag's euch Geistern ins Gesicht,
 Den Geistesdespotismus leid' ich nicht;
 Mein Geist kann ihn nicht exerzieren. Es wird fortgetanzt.
 Heut', seh' ich, will mir nichts gelingen;
 Doch eine Reise nehm' ich immer mit
4170 Und hoffe noch, vor meinem letzten Schritt,
 Die Teufel und die Dichter zu bezwingen.

MEPHISTOPHELES. Er wird sich gleich in eine Pfütze setzen,
  Das ist die Art, wie er sich soulagiert,
  Und wenn Blutegel sich an seinem Steiß ergetzen,
  Ist er von Geistern und von Geist kuriert.   4175
          Zu Faust, der aus dem Tanz getreten ist.
  Was lässest du das schöne Mädchen fahren,
  Das dir zum Tanz so lieblich sang?

FAUST. Ach! mitten im Gesange sprang
  Ein rotes Mäuschen ihr aus dem Munde.

MEPHISTOPHELES.
  Das ist was Rechts! das nimmt man nicht genau;   4180
  Genug, die Maus war doch nicht grau.
  Wer fragt darnach in einer Schäferstunde?

FAUST. Dann sah ich –

MEPHISTOPHELES.   Was?

FAUST.   Mephisto, siehst du dort
  Ein blasses, schönes Kind allein und ferne stehen?
  Sie schiebt sich langsam nur vom Ort,   4185
  Sie scheint mit geschloßnen Füßen zu gehen.
  Ich muß bekennen, daß mir deucht,
  Daß sie dem guten Gretchen gleicht.

MEPH. Laß das nur stehn! dabei wird's niemand wohl.
  Es ist ein Zauberbild, ist leblos, ein Idol.   4190
  Ihm zu begegnen, ist nicht gut;
  Vom starren Blick erstarrt des Menschen Blut,
  Und er wird fast in Stein verkehrt,
  Von der Meduse hast du ja gehört.

FAUST. Fürwahr, es sind die Augen eines Toten,   4195
  Die eine liebende Hand nicht schloß.
  Das ist die Brust, die Gretchen mir geboten,
  Das ist der süße Leib, den ich genoß.

MEPH. Das ist die Zauberei, du leicht verführter Tor!
  Denn jedem kommt sie wie sein Liebchen vor.   4200

FAUST. Welch eine Wonne! welch ein Leiden!
  Ich kann von diesem Blick nicht scheiden.
  Wie sonderbar muß diesen schönen Hals
  Ein einzig rotes Schnürchen schmücken,
  Nicht breiter als ein Messerrücken!   4205

MEPHISTOPHELES. Ganz recht! ich seh' es ebenfalls.
  Sie kann das Haupt auch unterm Arme tragen;
  Denn Perseus hat's ihr abgeschlagen. –
  Nur immer diese Lust zum Wahn!
4210 Komm doch das Hügelchen heran,
  Hier ist's so lustig wie im Prater;
  Und hat man mir's nicht angetan,
  So seh' ich wahrlich ein Theater.
  Was gibt's denn da?
  SERVIBILIS.   Gleich fängt man wieder an.
4215 Ein neues Stück, das letzte Stück von sieben;
  So viel zu geben, ist allhier der Brauch.
  Ein Dilettant hat es geschrieben,
  Und Dilettanten spielen's auch.
  Verzeiht, ihr Herrn, wenn ich verschwinde;
4220 Mich dilettiert's, den Vorhang aufzuziehn.
  MEPHISTOPHELES. Wenn ich euch auf dem Blocksberg finde,
  Das find' ich gut; denn da gehört ihr hin.

WALPURGISNACHTSTRAUM
oder
OBERONS UND TITANIAS GOLDNE HOCHZEIT
INTERMEZZO

THEATERMEISTER. Heute ruhen wir einmal,
            Miedings wackre Söhne.
4225   Alter Berg und feuchtes Tal,
            Das ist die ganze Szene!

HEROLD.   Daß die Hochzeit golden sei,
            Solln funfzig Jahr sein vorüber;
            Aber ist der Streit vorbei,
4230   Das Golden ist mir lieber.

OBERON.   Seid ihr Geister, wo ich bin,
            So zeigt's in diesen Stunden;
            König und die Königin,
            Sie sind aufs neu verbunden.

4235 PUCK. Kommt der Puck und dreht sich quer
            Und schleift den Fuß im Reihen,

     Hundert kommen hinterher,
     Sich auch mit ihm zu freuen.

ARIEL.   Ariel bewegt den Sang
     In himmlisch reinen Tönen;   4240
     Viele Fratzen lockt sein Klang,
     Doch lockt er auch die Schönen.

OBERON. Gatten, die sich vertragen wollen,
     Lernen's von uns beiden!
     Wenn sich zweie lieben sollen,   4245
     Braucht man sie nur zu scheiden.

TITANIA. Schmollt der Mann und grillt die Frau,
     So faßt sie nur behende,
     Führt mir nach dem Mittag Sie,
     Und Ihn an Nordens Ende.   4250

ORCHESTER TUTTI. Fortissimo. Fliegenschnauz' und Mücken-
     Mit ihren Anverwandten,   [nas'
     Frosch im Laub und Grill' im Gras,
     Das sind die Musikanten!

SOLO.   Seht, da kommt der Dudelsack!   4255
     Es ist die Seifenblase.
     Hört den Schneckeschnickeschnack
     Durch seine stumpfe Nase.

GEIST, DER SICH ERST BILDET. Spinnenfuß und Krötenbauch
     Und Flügelchen dem Wichtchen!   4260
     Zwar ein Tierchen gibt es nicht,
     Doch gibt es ein Gedichtchen.

EIN PÄRCHEN. Kleiner Schritt und hoher Sprung
     Durch Honigtau und Düfte;
     Zwar du trippelst mir genung,   4265
     Doch geht's nicht in die Lüfte.

NEUGIERIGER REISENDER. Ist das nicht Maskeraden-Spott?
     Soll ich den Augen trauen,
     Oberon den schönen Gott
     Auch heute hier zu schauen!   4270

ORTHODOX. Keine Klauen, keinen Schwanz!
     Doch bleibt es außer Zweifel:
     So wie die Götter Griechenlands,
     So ist auch er ein Teufel.

4275 NORDISCHER KÜNSTLER. Was ich ergreife, das ist heut
Fürwahr nur skizzenweise;
Doch ich bereite mich bei Zeit
Zur italien'schen Reise.

PURIST. Ach! mein Unglück führt mich her:
4280 Wie wird nicht hier geludert!
Und von dem ganzen Hexenheer
Sind zweie nur gepudert.

JUNGE HEXE. Der Puder ist so wie der Rock
Für alt' und graue Weibchen;
4285 Drum sitz' ich nackt auf meinem Bock
Und zeig' ein derbes Leibchen.

MATRONE. Wir haben zu viel Lebensart,
Um hier mit euch zu maulen,
Doch, hoff' ich, sollt ihr jung und zart,
4290 So wie ihr seid, verfaulen.

KAPELLMEISTER. Fliegenschnauz' und Mückennas',
Umschwärmt mir nicht die Nackte!
Frosch im Laub und Grill' im Gras,
So bleibt doch auch im Takte!

WINDFAHNE nach der einen Seite.
4295 Gesellschaft wie man wünschen kann.
Wahrhaftig lauter Bräute!
Und Junggesellen, Mann für Mann,
Die hoffnungsvollsten Leute.

WINDFAHNE nach der andern Seite.
Und tut sich nicht der Boden auf,
4300 Sie alle zu verschlingen,
So will ich mit behendem Lauf
Gleich in die Hölle springen.

XENIEN. Als Insekten sind wir da,
Mit kleinen scharfen Scheren,
4305 Satan, unsern Herrn Papa,
Nach Würden zu verehren.

HENNINGS. Seht, wie sie in gedrängter Schar
Naiv zusammen scherzen!
Am Ende sagen sie noch gar,
4310 Sie hätten gute Herzen.

MUSAGET.	Ich mag in diesem Hexenheer
	Mich gar zu gern verlieren;
	Denn freilich diese wüßt' ich eh'r
	Als Musen anzuführen.
CI-DEVANT GENIUS DER ZEIT.	
	Mit rechten Leuten wird man was. 4315
	Komm, fasse meinen Zipfel!
	Der Blocksberg, wie der deutsche Parnaß,
	Hat gar einen breiten Gipfel.
NEUGIERIGER REISENDER. Sagt, wie heißt der steife Mann?	
	Er geht mit stolzen Schritten. 4320
	Er schnopert, was er schnopern kann.
	„Er spürt nach Jesuiten."
KRANICH.	In dem Klaren mag ich gern
	Und auch im Trüben fischen;
	Darum seht ihr den frommen Herrn 4325
	Sich auch mit Teufeln mischen.
WELTKIND.	Ja für die Frommen, glaubet mir,
	Ist alles ein Vehikel;
	Sie bilden auf dem Blocksberg hier
	Gar manches Konventikel. 4330
TÄNZER.	Da kommt ja wohl ein neues Chor?
	Ich höre ferne Trommeln.
	Nur ungestört! es sind im Rohr
	Die unisonen Dommeln.
TANZMEISTER. Wie jeder doch die Beine lupft! 4335	
	Sich, wie er kann, herauszieht!
	Der Krumme springt, der Plumpe hupft
	Und fragt nicht, wie es aussieht.
FIDELER.	Das haßt sich schwer, das Lumpenpack,
	Und gäb' sich gern das Restchen; 4340
	Es eint sie hier der Dudelsack,
	Wie Orpheus' Leier die Bestjen.
DOGMATIKER. Ich lasse mich nicht irre schrein,	
	Nicht durch Kritik noch Zweifel.
	Der Teufel muß doch etwas sein; 4345
	Wie gäb's denn sonst auch Teufel?
IDEALIST.	Die Phantasie in meinem Sinn
	Ist diesmal gar zu herrisch.

Fürwahr, wenn ich das alles bin,
4350   So bin ich heute närrisch.

REALIST.   Das Wesen ist mir recht zur Qual
Und muß mich baß verdrießen;
Ich stehe hier zum ersten Mal
Nicht fest auf meinen Füßen.

4355 SUPERNATURALIST. Mit viel Vergnügen bin ich da
Und freue mich mit diesen;
Denn von den Teufeln kann ich ja
Auf gute Geister schließen.

SKEPTIKER.   Sie gehn den Flämmchen auf der Spur,
4360   Und glaub'n sich nah dem Schatze.
Auf Teufel reimt der Zweifel nur,
Da bin ich recht am Platze.

KAPELLMEISTER. Frosch im Laub und Grill' im Gras,
Verfluchte Dilettanten!
4365   Fliegenschnauz' und Mückennas',
Ihr seid doch Musikanten!

DIE GEWANDTEN. Sanssouci, so heißt das Heer
Von lustigen Geschöpfen;
Auf den Füßen geht's nicht mehr,
4370   Drum gehn wir auf den Köpfen.

DIE UNBEHÜLFLICHEN.
Sonst haben wir manchen Bissen erschranzt,
Nun aber Gott befohlen!
Unsere Schuhe sind durchgetanzt,
Wir laufen auf nackten Sohlen.

4375 IRRLICHTER. Von dem Sumpfe kommen wir,
Woraus wir erst entstanden;
Doch sind wir gleich im Reihen hier
Die glänzenden Galanten.

STERNSCHNUPPE. Aus der Höhe schoß ich her
4380   Im Stern- und Feuerscheine,
Liege nun im Grase quer –
Wer hilft mir auf die Beine?

DIE MASSIVEN. Platz und Platz! und ringsherum!
So gehn die Gräschen nieder,
4385   Geister kommen, Geister auch
Sie haben plumpe Glieder.

PUCK.	Tretet nicht so mastig auf
	Wie Elefantenkälber,
	Und der Plumpst' an diesem Tag
	Sei Puck, der Derbe, selber. 4390
ARIEL.	Gab die liebende Natur,
	Gab der Geist euch Flügel,
	Folget meiner leichten Spur,
	Auf zum Rosenhügel!
ORCHESTER.	Pianissimo. Wolkenzug und Nebelflor 4395
	Erhellen sich von oben.
	Luft im Laub und Wind im Rohr,
	Und alles ist zerstoben.

TRÜBER TAG · FELD

Faust. Mephistopheles.

FAUST. Im Elend! Verzweifelnd! Erbärmlich auf der Erde lange verirrt und nun gefangen! Als Missetäterin im Kerker zu entsetzlichen Qualen eingesperrt das holde unselige Ge- 5
schöpf! Bis dahin! dahin! – Verräterischer, nichtswürdiger Geist, und das hast du mir verheimlicht! – Steh nur, steh! Wälze die teuflischen Augen ingrimmend im Kopf herum! Steh und trutze mir durch deine unerträgliche Gegenwart! Gefangen! Im unwiederbringlichen Elend! Bösen Geistern 10 übergeben und der richtenden gefühllosen Menschheit! Und mich wiegst du indes in abgeschmackten Zerstreuungen, verbirgst mir ihren wachsenden Jammer und lässest sie hülflos verderben!

MEPHISTOPHELES. Sie ist die erste nicht.   15

FAUST. Hund! abscheuliches Untier! – Wandle ihn, du unendlicher Geist! wandle den Wurm wieder in seine Hundsgestalt, wie er sich oft nächtlicher Weile gefiel, vor mir herzutrotten, dem harmlosen Wandrer vor die Füße zu kollern und sich dem niederstürzenden auf die Schultern zu hängen. 20 Wandl' ihn wieder in seine Lieblingsbildung, daß er vor mir im Sand auf dem Bauch krieche, ich ihn mit Füßen trete, den Verworfnen! – Die erste nicht! – Jammer! Jammer! von keiner Menschenseele zu fassen, daß mehr als ein Geschöpf in die Tiefe dieses Elendes versank, daß nicht das erste genug 25 tat für die Schuld aller übrigen in seiner windenden Todes-

not vor den Augen des ewig Verzeihenden! Mir wühlt es
Mark und Leben durch, das Elend dieser Einzigen; du grinsest gelassen über das Schicksal von Tausenden hin!

MEPHISTOPHELES. Nun sind wir schon wieder an der
Grenze unsres Witzes, da wo euch Menschen der Sinn überschnappt. Warum machst du Gemeinschaft mit uns, wenn
du sie nicht durchführen kannst? Willst fliegen und bist
vorm Schwindel nicht sicher? Drangen wir uns dir auf, oder
du dich uns?

FAUST. Fletsche deine gefräßigen Zähne mir nicht so entgegen! Mir ekelt's! – Großer herrlicher Geist, der du mir
zu erscheinen würdigtest, der du mein Herz kennest und
meine Seele, warum an den Schandgesellen mich schmieden,
der sich am Schaden weidet und am Verderben sich letzt?

MEPHISTOPHELES. Endigst du?

FAUST. Rette sie! oder weh dir! Den gräßlichsten Fluch
über dich auf Jahrtausende!

MEPHISTOPHELES. Ich kann die Bande des Rächers nicht
lösen, seine Riegel nicht öffnen. – Rette sie! – Wer war's,
der sie ins Verderben stürzte? Ich oder du?

FAUST blickt wild umher.

MEPHISTOPHELES. Greifst du nach dem Donner? Wohl,
daß er euch elenden Sterblichen nicht gegeben ward! Den
unschuldig Entgegnenden zu zerschmettern, das ist so
Tyrannenart, sich in Verlegenheiten Luft zu machen.

FAUST. Bringe mich hin! Sie soll frei sein!

MEPHISTOPHELES. Und die Gefahr, der du dich aussetzest?
Wisse, noch liegt auf der Stadt Blutschuld von deiner Hand.
Über des Erschlagenen Stätte schweben rächende Geister
und lauern auf den wiederkehrenden Mörder.

FAUST. Noch das von dir? Mord und Tod einer Welt über
dich Ungeheuer! Führe mich hin, sag' ich, und befrei sie!

MEPHISTOPHELES. Ich führe dich, und was ich tun kann,
höre! Habe ich alle Macht im Himmel und auf Erden? Des
Türners Sinne will ich umnebeln, bemächtige dich der
Schlüssel und führe sie heraus mit Menschenhand! Ich
wache! die Zauberpferde sind bereit, ich entführe euch.
Das vermag ich.

FAUST. Auf und davon!

NACHT · OFFEN FELD

Faust, Mephistopheles, auf schwarzen Pferden daherbrausend.

FAUST. Was weben die dort um den Rabenstein?
MEPHISTOPHELES. Weiß nicht, was sie kochen und schaffen. 4400
FAUST. Schweben auf, schweben ab, neigen sich, beugen sich.
MEPHISTOPHELES. Eine Hexenzunft.
FAUST. Sie streuen und weihen.
MEPHISTOPHELES. Vorbei! Vorbei!

KERKER

FAUST

mit einem Bund Schlüssel und einer Lampe, vor einem eisernen Türchen.

Mich faßt ein längst entwohnter Schauer, 4405
Der Menschheit ganzer Jammer faßt mich an.
Hier wohnt sie, hinter dieser feuchten Mauer,
Und ihr Verbrechen war ein guter Wahn!
Du zauderst, zu ihr zu gehen!
Du fürchtest, sie wiederzusehen! 4410
Fort! Dein Zagen zögert den Tod heran.

Er ergreift das Schloß. Es singt inwendig:

Meine Mutter, die Hur',
Die mich umgebracht hat!
Mein Vater, der Schelm,
Der mich gessen hat! 4415
Mein Schwesterlein klein
Hub auf die Bein',
An einem kühlen Ort;
Da ward ich ein schönes Waldvögelein;
Fliege fort, fliege fort! 4420

FAUST aufschließend. Sie ahnet nicht, daß der Geliebte lauscht,
Die Ketten klirren hört, das Stroh, das rauscht.

Er tritt ein.

MARGARETE sich auf dem Lager verbergend.
Weh! Weh! Sie kommen. Bittrer Tod!
FAUST leise. Still! Still! ich komme, dich zu befreien.
MARGARETE sich vor ihn hinwälzend.
Bist du ein Mensch, so fühle meine Not. 4425

FAUST. Du wirst die Wächter aus dem Schlafe schreien!

Er faßt die Ketten, sie aufzuschließen.

MARGARETE *auf den Knieen.* Wer hat dir, Henker, diese Macht
Über mich gegeben!
Du holst mich schon um Mitternacht.
4430 Erbarme dich und laß mich leben!
Ist's morgen früh nicht zeitig genung?

Sie steht auf.

Bin ich doch noch so jung, so jung!
Und soll schon sterben!
Schön war ich auch, und das war mein Verderben.
4435 Nah war der Freund, nun ist er weit;
Zerrissen liegt der Kranz, die Blumen zerstreut.
Fasse mich nicht so gewaltsam an!
Schone mich! Was hab' ich dir getan?
Laß mich nicht vergebens flehen,
4440 Hab' ich dich doch mein Tage nicht gesehen!

FAUST. Werd' ich den Jammer überstehen!

MARGARETE. Ich bin nun ganz in deiner Macht.
Laß mich nur erst das Kind noch tränken.
Ich herzt' es diese ganze Nacht;
4445 Sie nahmen mir's, um mich zu kränken,
Und sagen nun, ich hätt' es umgebracht.
Und niemals werd' ich wieder froh.
Sie singen Lieder auf mich! Es ist bös von den Leuten!
Ein altes Märchen endigt so,
4450 Wer heißt sie's deuten?

FAUST *wirft sich nieder.* Ein Liebender liegt dir zu Füßen,
Die Jammerknechtschaft aufzuschließen.

MARGARETE *wirft sich zu ihm.*
O laß uns knien, die Heil'gen anzurufen!
Sieh! unter diesen Stufen,
4455 Unter der Schwelle
Siedet die Hölle!
Der Böse,
Mit furchtbarem Grimme,
Macht ein Getöse!
4460 FAUST *laut.* Gretchen! Gretchen!

MARGARETE aufmerksam. Das war des Freundes Stimme!

Sie springt auf. Die Ketten fallen ab.

Wo ist er? Ich hab' ihn rufen hören.
Ich bin frei! Mir soll niemand wehren.
An seinen Hals will ich fliegen,
An seinem Busen liegen!   4465
Er rief: Gretchen! Er stand auf der Schwelle.
Mitten durchs Heulen und Klappen der Hölle,
Durch den grimmigen, teuflischen Hohn
Erkannt' ich den süßen, den liebenden Ton.
FAUST. Ich bin's!
MARGARETE.   Du bist's! O sag' es noch einmal!   4470

Ihn fassend.

Er ist's! Er ist's! Wohin ist alle Qual?
Wohin die Angst des Kerkers? der Ketten?
Du bist's! Kommst, mich zu retten!
Ich bin gerettet! –
Schon ist die Straße wieder da,   4475
Auf der ich dich zum ersten Male sah.
Und der heitere Garten,
Wo ich und Marthe deiner warten.
FAUST fortstrebend. Komm mit! Komm mit!
MARGARETE.   O weile!
Weil' ich doch so gern, wo du weilest.   4480

Liebkosend.

FAUST. Eile!
Wenn du nicht eilest,
Werden wir's teuer büßen müssen.
MARGARETE. Wie? du kannst nicht mehr küssen?
Mein Freund, so kurz von mir entfernt,   4485
Und hast 's Küssen verlernt?
Warum wird mir an deinem Halse so bang?
Wenn sonst von deinen Worten, deinen Blicken
Ein ganzer Himmel mich überdrang,
Und du mich küßtest, als wolltest du mich ersticken.   4490
Küsse mich!
Sonst küss' ich dich!

Sie umfaßt ihn.

O weh! deine Lippen sind kalt,
Sind stumm.
4495 Wo ist dein Lieben
Geblieben?
Wer brachte mich drum?
                    Sie wendet sich von ihm.
FAUST. Komm! Folge mir! Liebchen, fasse Mut!
Ich herze dich mit tausendfacher Glut;
4500 Nur folge mir! Ich bitte dich nur dies!
MARGARETE *zu ihm gewendet.*
Und bist du's denn? Und bist du's auch gewiß?
FAUST. Ich bin's! Komm mit!
MARGARETE.   Du machst die Fesseln los,
Nimmst wieder mich in deinen Schoß.
Wie kommt es, daß du dich vor mir nicht scheust? –
4505 Und weißt du denn, mein Freund, wen du befreist?
FAUST. Komm! komm! schon weicht die tiefe Nacht.
MARGARETE. Meine Mutter hab' ich umgebracht,
Mein Kind hab' ich ertränkt.
War es nicht dir und mir geschenkt?
4510 Dir auch. – Du bist's! ich glaub' es kaum.
Gib deine Hand! Es ist kein Traum!
Deine liebe Hand! – Ach aber sie ist feucht!
Wische sie ab! Wie mich deucht,
Ist Blut dran.
4515 Ach Gott! was hast du getan!
Stecke den Degen ein,
Ich bitte dich drum!
FAUST. Laß das Vergangne vergangen sein,
Du bringst mich um.
4520 MARGARETE. Nein, du mußt übrigbleiben!
Ich will dir die Gräber beschreiben.
Für die mußt du sorgen
Gleich morgen;
Der Mutter den besten Platz geben,
4525 Meinen Bruder sogleich darneben,
Mich ein wenig beiseit',
Nur nicht gar zu weit!
Und das Kleine mir an die rechte Brust.

Niemand wird sonst bei mir liegen!
Mich an deine Seite zu schmiegen,   4530
Das war ein süßes, ein holdes Glück!
Aber es will mir nicht mehr gelingen;
Mir ist's, als müßt' ich mich zu dir zwingen,
Als stießest du mich von dir zurück;
  Und doch bist du's und blickst so gut, so fromm.   4535
FAUST. Fühlst du, daß ich es bin, so komm!
MARGARETE. Dahinaus?
FAUST. Ins Freie.
MARGARETE.   Ist das Grab drauß,
  Lauert der Tod, so komm!
Von hier ins ewige Ruhebett   4540
Und weiter keinen Schritt –
  Du gehst nun fort? O Heinrich, könnt' ich mit!
FAUST. Du kannst! So wolle nur! Die Tür steht offen.
MARGARETE. Ich darf nicht fort; für mich ist nichts zu hoffen.
  Was hilft es fliehn? Sie lauern doch mir auf.   4545
Es ist so elend, betteln zu müssen,
  Und noch dazu mit bösem Gewissen!
Es ist so elend, in der Fremde schweifen,
  Und sie werden mich doch ergreifen!
FAUST. Ich bleibe bei dir.   4550
MARGARETE. Geschwind! Geschwind!
  Rette dein armes Kind.
Fort! Immer den Weg
Am Bach hinauf,
Über den Steg,   4555
In den Wald hinein,
Links, wo die Planke steht,
Im Teich.
  Faß es nur gleich!
Es will sich heben,   4560
Es zappelt noch!
  Rette! rette!
FAUST. Besinne dich doch!
  Nur einen Schritt, so bist du frei!
MARGARETE. Wären wir nur den Berg vorbei!   4565
  Da sitzt meine Mutter auf einem Stein,

Es faßt mich kalt beim Schopfe!
Da sitzt meine Mutter auf einem Stein
Und wackelt mit dem Kopfe;
4570 Sie winkt nicht, sie nickt nicht, der Kopf ist ihr schwer,
Sie schlief so lange, sie wacht nicht mehr.
Sie schlief, damit wir uns freuten.
Es waren glückliche Zeiten!
FAUST. Hilft hier kein Flehen, hilft kein Sagen,
4575 So wag' ich's, dich hinweg zu tragen.
MARGARETE. Laß mich! Nein, ich leide keine Gewalt!
Fasse mich nicht so mörderisch an!
Sonst hab' ich dir ja alles zu Lieb' getan.
FAUST. Der Tag graut! Liebchen! Liebchen!
MARGARETE.
4580 Tag! Ja es wird Tag! der letzte Tag dringt herein;
Mein Hochzeittag sollt' es sein!
Sag niemand, daß du schon bei Gretchen warst.
Weh meinem Kranze!
Es ist eben geschehn!
4585 Wir werden uns wiedersehn;
Aber nicht beim Tanze.
Die Menge drängt sich, man hört sie nicht.
Der Platz, die Gassen
Können sie nicht fassen.
4590 Die Glocke ruft, das Stäbchen bricht.
Wie sie mich binden und packen!
Zum Blutstuhl bin ich schon entrückt.
Schon zuckt nach jedem Nacken
Die Schärfe, die nach meinem zückt.
4595 Stumm liegt die Welt wie das Grab!
FAUST. O wär' ich nie geboren!
MEPHISTOPHELES erscheint draußen. Auf! oder ihr seid verloren.
Unnützes Zagen! Zaudern und Plaudern!
Meine Pferde schaudern,
4600 Der Morgen dämmert auf.
MARGARETE. Was steigt aus dem Boden herauf?
Der! der! Schick' ihn fort!
Was will der an dem heiligen Ort?
Er will mich!

FAUST.   Du sollst leben!

MARGARETE. Gericht Gottes! dir hab' ich mich übergeben! 4605

MEPHISTOPHELES zu Faust.
  Komm! komm! Ich lasse dich mit ihr im Stich.

MARGARETE. Dein bin ich, Vater! Rette mich!
  Ihr Engel! Ihr heiligen Scharen,
  Lagert euch umher, mich zu bewahren!
  Heinrich! Mir graut's vor dir.   4610

MEPHISTOPHELES. Sie ist gerichtet!

STIMME von oben.   Ist gerettet!

MEPHISTOPHELES zu Faust.   Her zu mir!
             Verschwindet mit Faust.

STIMME von innen, verhallend. Heinrich! Heinrich!

DER TRAGÖDIE ZWEITER TEIL

IN FÜNF AKTEN

ERSTER AKT

ANMUTIGE GEGEND

Faust auf blumigen Rasen gebettet, ermüdet, unruhig, schlafsuchend. Dämmerung.
Geisterkreis schwebend bewegt, anmutige kleine Gestalten.

ARIEL. Gesang, von Äolsharfen begleitet.

Wenn der Blüten Frühlingsregen
Über alle schwebend sinkt,
4615 Wenn der Felder grüner Segen
Allen Erdgebornen blinkt,
Kleiner Elfen Geistergröße
Eilet, wo sie helfen kann,
Ob er heilig, ob er böse,
4620 Jammert sie der Unglücksmann.

Die ihr dies Haupt umschwebt im luft'gen Kreise,
Erzeigt euch hier nach edler Elfen Weise,
Besänftiget des Herzens grimmen Strauß,
Entfernt des Vorwurfs glühend bittre Pfeile,
4625 Sein Innres reinigt von erlebtem Graus.
Vier sind die Pausen nächtiger Weile,
Nun ohne Säumen füllt sie freundlich aus.
Erst senkt sein Haupt aufs kühle Polster nieder,
Dann badet ihn im Tau aus Lethes Flut;
4630 Gelenk sind bald die krampferstarrten Glieder,
Wenn er gestärkt dem Tag entgegenruht;
Vollbringt der Elfen schönste Pflicht,
Gebt ihn zurück dem heiligen Licht.

CHOR. Einzeln, zu zweien und vielen, abwechselnd und gesammelt.

Wenn sich lau die Lüfte füllen
4635 Um den grünumschränkten Plan,
Süße Düfte, Nebelhüllen
Senkt die Dämmerung heran.

Lispelt leise süßen Frieden,
Wiegt das Herz in Kindesruh;
Und den Augen dieses Müden   4640
Schließt des Tages Pforte zu.

Nacht ist schon hereingesunken,
Schließt sich heilig Stern an Stern,
Große Lichter, kleine Funken
Glitzern nah und glänzen fern;   4645
Glitzern hier im See sich spiegelnd,
Glänzen droben klarer Nacht,
Tiefsten Ruhens Glück besiegelnd
Herrscht des Mondes volle Pracht.

Schon verloschen sind die Stunden,   4650
Hingeschwunden Schmerz und Glück;
Fühl es vor! Du wirst gesunden;
Traue neuem Tagesblick.
Täler grünen, Hügel schwellen,
Buschen sich zu Schattenruh;   4655
Und in schwanken Silberwellen
Wogt die Saat der Ernte zu.

Wunsch um Wünsche zu erlangen,
Schaue nach dem Glanze dort!
Leise bist du nur umfangen,   4660
Schlaf ist Schale, wirf sie fort!
Säume nicht, dich zu erdreisten,
Wenn die Menge zaudernd schweift;
Alles kann der Edle leisten,
Der versteht und rasch ergreift.   4665

Ungeheures Getöse verkündet das Herannahen der Sonne.

ARIEL.   Horchet! horcht dem Sturm der Horen!
            Tönend wird für Geistesohren
            Schon der neue Tag geboren.
            Felsentore knarren rasselnd,
            Phöbus' Räder rollen prasselnd,   4670
            Welch Getöse bringt das Licht!
            Es trommetet, es posaunet,

Auge blinzt und Ohr erstaunet,
Unerhörtes hört sich nicht.
4675 Schlüpfet zu den Blumenkronen,
Tiefer, tiefer, still zu wohnen,
In die Felsen, unters Laub;
Trifft es euch, so seid ihr taub.

FAUST. Des Lebens Pulse schlagen frisch lebendig,
4680 Ätherische Dämmerung milde zu begrüßen;
Du, Erde, warst auch diese Nacht beständig
Und atmest neu erquickt zu meinen Füßen,
Beginnest schon, mit Lust mich zu umgeben,
Du regst und rührst ein kräftiges Beschließen,
4685 Zum höchsten Dasein immerfort zu streben. –
In Dämmerschein liegt schon die Welt erschlossen,
Der Wald ertönt von tausendstimmigem Leben,
Tal aus, Tal ein ist Nebelstreif ergossen,
Doch senkt sich Himmelsklarheit in die Tiefen,
4690 Und Zweig und Äste, frisch erquickt, entsprossen
Dem duft'gen Abgrund, wo versenkt sie schliefen;
Auch Farb' an Farbe klärt sich los vom Grunde,
Wo Blum' und Blatt von Zitterperle triefen –
Ein Paradies wird um mich her die Runde.

4695 Hinaufgeschaut! – Der Berge Gipfelriesen
Verkünden schon die feierlichste Stunde;
Sie dürfen früh des ewigen Lichts genießen,
Das später sich zu uns hernieder wendet.
Jetzt zu der Alpe grüngesenkten Wiesen
4700 Wird neuer Glanz und Deutlichkeit gespendet,
Und stufenweis herab ist es gelungen; –
Sie tritt hervor! – und leider schon geblendet,
Kehr' ich mich weg, vom Augenschmerz durchdrungen.

So ist es also, wenn ein sehnend Hoffen
4705 Dem höchsten Wunsch sich traulich zugerungen,
Erfüllungspforten findet flügeloffen;
Nun aber bricht aus jenen ewigen Gründen
Ein Flammenübermaß, wir stehn betroffen;
Des Lebens Fackel wollten wir entzünden,

Ein Feuermeer umschlingt uns, welch ein Feuer!   4710
Ist's Lieb'? ist's Haß? die glühend uns umwinden,
Mit Schmerz und Freuden wechselnd ungeheuer,
So daß wir wieder nach der Erde blicken,
Zu bergen uns in jugendlichstem Schleier.

So bleibe denn die Sonne mir im Rücken!   4715
Der Wassersturz, das Felsenriff durchbrausend,
Ihn schau' ich an mit wachsendem Entzücken.
Von Sturz zu Sturzen wälzt er jetzt in tausend,
Dann abertausend Strömen sich ergießend,
Hoch in die Lüfte Schaum an Schäume sausend.   4720
Allein wie herrlich, diesem Sturm ersprießend,
Wölbt sich des bunten Bogens Wechseldauer,
Bald rein gezeichnet, bald in Luft zerfließend,
Umher verbreitend duftig kühle Schauer.
Der spiegelt ab das menschliche Bestreben.   4725
Ihm sinne nach, und du begreifst genauer:
Am farbigen Abglanz haben wir das Leben.

KAISERLICHE PFALZ · SAAL DES THRONES

Staatsrat in Erwartung des Kaisers.
Trompeten.

Hofgesinde aller Art, prächtig gekleidet, tritt vor.

Der Kaiser gelangt auf den Thron, zu seiner Rechten der Astrolog.

KAISER. Ich grüße die Getreuen, Lieben,
Versammelt aus der Näh' und Weite; –
Den Weisen seh' ich mir zur Seite,   4730
Allein wo ist der Narr geblieben?

JUNKER. Gleich hinter deiner Mantelschleppe
Stürzt' er zusammen auf der Treppe,
Man trug hinweg das Fettgewicht,
Tot oder trunken? weiß man nicht.   4735

ZWEITER JUNKER. Sogleich mit wunderbarer Schnelle
Drängt sich ein andrer an die Stelle.
Gar köstlich ist er aufgeputzt,

Doch fratzenhaft, daß jeder stutzt;
4740 Die Wache hält ihm an der Schwelle
Kreuzweis die Hellebarden vor –
Da ist er doch, der kühne Tor!
MEPHISTOPHELES am Throne knieend.
Was ist verwünscht und stets willkommen?
Was ist ersehnt und stets verjagt?
4745 Was immerfort in Schutz genommen?
Was hart gescholten und verklagt?
Wen darfst du nicht herbeiberufen?
Wen höret jeder gern genannt?
Was naht sich deines Thrones Stufen?
4750 Was hat sich selbst hinweggebannt?
KAISER. Für diesmal spare deine Worte!
Hier sind die Rätsel nicht am Orte,
Das ist die Sache dieser Herrn. –
Da löse du! das hört' ich gern.
4755 Mein alter Narr ging, fürcht' ich, weit ins Weite;
Nimm seinen Platz und komm an meine Seite.
Mephistopheles steigt hinauf und stellt sich zur Linken.
GEMURMEL DER MENGE. Ein neuer Narr – Zu neuer Pein –
Wo kommt er her? – Wie kam er ein? –
Der alte fiel – Der hat vertan –
4760 Es war ein Faß – Nun ist's ein Span –
KAISER. Und also, ihr Getreuen, Lieben,
Willkommen aus der Näh' und Ferne!
Ihr sammelt euch mit günstigem Sterne,
Da droben ist uns Glück und Heil geschrieben.
4765 Doch sagt, warum in diesen Tagen,
Wo wir der Sorgen uns entschlagen,
Schönbärte mummenschänzlich tragen
Und Heitres nur genießen wollten,
Warum wir uns ratschlagend quälen sollten?
4770 Doch weil ihr meint, es ging' nicht anders an,
Geschehen ist's, so sei's getan.
KANZLER. Die höchste Tugend, wie ein Heiligenschein,
Umgibt des Kaisers Haupt; nur er allein
Vermag sie gültig auszuüben:
4775 Gerechtigkeit! — Was alle Menschen lieben,

Was alle fordern, wünschen, schwer entbehren,
Es liegt an ihm, dem Volk es zu gewähren.
Doch ach! Was hilft dem Menschengeist Verstand,
Dem Herzen Güte, Willigkeit der Hand,
Wenn's fieberhaft durchaus im Staate wütet   4780
Und Übel sich in Übeln überbrütet?
Wer schaut hinab von diesem hohen Raum
Ins weite Reich, ihm scheint's ein schwerer Traum,
Wo Mißgestalt in Mißgestalten schaltet,
Das Ungesetz gesetzlich überwaltet   4785
Und eine Welt des Irrtums sich entfaltet.

Der raubt sich Herden, der ein Weib,
Kelch, Kreuz und Leuchter vom Altare,
Berühmt sich dessen manche Jahre
Mit heiler Haut, mit unverletztem Leib.   4790
Jetzt drängen Kläger sich zur Halle,
Der Richter prunkt auf hohem Pfühl,
Indessen wogt in grimmigem Schwalle
Des Aufruhrs wachsendes Gewühl.
Der darf auf Schand' und Frevel pochen,   4795
Der auf Mitschuldigste sich stützt,
Und: Schuldig! hörst du ausgesprochen,
Wo Unschuld nur sich selber schützt.
So will sich alle Welt zerstückeln,
Vernichtigen, was sich gebührt;   4800
Wie soll sich da der Sinn entwickeln,
Der einzig uns zum Rechten führt?
Zuletzt ein wohlgesinnter Mann
Neigt sich dem Schmeichler, dem Bestecher,
Ein Richter, der nicht strafen kann,   4805
Gesellt sich endlich zum Verbrecher.
Ich malte schwarz, doch dichtern Flor
Zög' ich dem Bilde lieber vor. Pause.
Entschlüsse sind nicht zu vermeiden;
Wenn alle schädigen, alle leiden,   4810
Geht selbst die Majestät zu Raub.

HEERMEISTER. Wie tobt's in diesen wilden Tagen!
Ein jeder schlägt und wird erschlagen,

Und fürs Kommando bleibt man taub.
4815 Der Bürger hinter seinen Mauern,
Der Ritter auf dem Felsennest
Verschwuren sich, uns auszudauern,
Und halten ihre Kräfte fest.
Der Mietsoldat wird ungeduldig,
4820 Mit Ungestüm verlangt er seinen Lohn,
Und wären wir ihm nichts mehr schuldig,
Er liefe ganz und gar davon.
Verbiete wer, was alle wollten,
Der hat ins Wespennest gestört;
4825 Das Reich, das sie beschützen sollten,
Es liegt geplündert und verheert.
Man läßt ihr Toben wütend hausen,
Schon ist die halbe Welt vertan;
Es sind noch Könige da draußen,
4830 Doch keiner denkt, es ging' ihn irgend an.
SCHATZMEISTER.
Wer wird auf Bundsgenossen pochen!
Subsidien, die man uns versprochen,
Wie Röhrenwasser bleiben aus.
Auch, Herr, in deinen weiten Staaten
4835 An wen ist der Besitz geraten?
Wohin man kommt, da hält ein Neuer Haus,
Und unabhängig will er leben,
Zusehen muß man, wie er's treibt;
Wir haben so viel Rechte hingegeben,
4840 Daß uns auf nichts ein Recht mehr übrigbleibt.
Auch auf Parteien, wie sie heißen,
Ist heutzutage kein Verlaß;
Sie mögen schelten oder preisen,
Gleichgültig wurden Lieb' und Haß.
4845 Die Ghibellinen wie die Guelfen
Verbergen sich, um auszuruhn;
Wer jetzt will seinem Nachbar helfen?
Ein jeder hat für sich zu tun.
Die Goldespforten sind verrammelt,
4850 Ein jeder kratzt und scharrt und sammelt,
Und unsre Kassen bleiben leer.

MARSCHALK. Welch Unheil muß auch ich erfahren!
Wir wollen alle Tage sparen
Und brauchen alle Tage mehr,
Und täglich wächst mir neue Pein. 4855
Den Köchen tut kein Mangel wehe;
Wildschweine, Hirsche, Hasen, Rehe,
Welschhühner, Hühner, Gäns' und Enten,
Die Deputate, sichre Renten,
Sie gehen noch so ziemlich ein. 4860
Jedoch am Ende fehlt's an Wein.
Wenn sonst im Keller Faß an Faß sich häufte,
Der besten Berg' und Jahresläufte,
So schlürft unendliches Gesäufte
Der edlen Herrn den letzten Tropfen aus. 4865
Der Stadtrat muß sein Lager auch verzapfen,
Man greift zu Humpen, greift zu Napfen,
Und unterm Tische liegt der Schmaus.
Nun soll ich zahlen, alle lohnen;
Der Jude wird mich nicht verschonen, 4870
Der schafft Antizipationen,
Die speisen Jahr um Jahr voraus.
Die Schweine kommen nicht zu Fette,
Verpfändet ist der Pfühl im Bette,
Und auf den Tisch kommt vorgegessen Brot. 4875
KAISER nach einigem Nachdenken zu Mephistopheles.
Sag, weißt du Narr nicht auch noch eine Not?
MEPHISTOPHELES.
Ich? Keineswegs. Den Glanz umher zu schauen,
Dich und die Deinen! – Mangelte Vertrauen,
Wo Majestät unweigerlich gebeut,
Bereite Macht Feindseliges zerstreut? 4880
Wo guter Wille, kräftig durch Verstand,
Und Tätigkeit, vielfältige, zur Hand?
Was könnte da zum Unheil sich vereinen,
Zur Finsternis, wo solche Sterne scheinen?
GEMURMEL. Das ist ein Schalk – Der's wohl versteht – 4885
Er lügt sich ein – So lang' es geht –
Ich weiß schon – Was dahinter steckt –
Und was denn weiter? – Ein Projekt –

MEPH. Wo fehlt's nicht irgendwo auf dieser Welt?
4890 Dem dies, dem das, hier aber fehlt das Geld.
Vom Estrich zwar ist es nicht aufzuraffen;
Doch Weisheit weiß das Tiefste herzuschaffen.
In Bergesadern, Mauergründen
Ist Gold gemünzt und ungemünzt zu finden,
4895 Und fragt ihr mich, wer es zutage schafft:
Begabten Manns Natur- und Geisteskraft.
KANZLER.
Natur und Geist – so spricht man nicht zu Christen.
Deshalb verbrennt man Atheisten,
Weil solche Reden höchst gefährlich sind.
4900 Natur ist Sünde, Geist ist Teufel,
Sie hegen zwischen sich den Zweifel,
Ihr mißgestaltet Zwitterkind.
Uns nicht so! – Kaisers alten Landen
Sind zwei Geschlechter nur entstanden,
4905 Sie stützen würdig seinen Thron:
Die Heiligen sind es und die Ritter;
Sie stehen jedem Ungewitter
Und nehmen Kirch' und Staat zum Lohn.
Dem Pöbelsinn verworrner Geister
4910 Entwickelt sich ein Widerstand:
Die Ketzer sind's! die Hexenmeister!
Und sie verderben Stadt und Land.
Die willst du nun mit frechen Scherzen
In diese hohen Kreise schwärzen;
4915 Ihr hegt euch an verderbtem Herzen,
Dem Narren sind sie nah verwandt.
MEPHISTOPHELES. Daran erkenn' ich den gelehrten Herrn!
Was ihr nicht tastet, steht euch meilenfern,
Was ihr nicht faßt, das fehlt euch ganz und gar,
4920 Was ihr nicht rechnet, glaubt ihr, sei nicht wahr,
Was ihr nicht wägt, hat für euch kein Gewicht,
Was ihr nicht münzt, das, meint ihr, gelte nicht.
KAISER. Dadurch sind unsre Mängel nicht erledigt,
Was willst du jetzt mit deiner Fastenpredigt?
4925 Ich habe satt das ewige Wie und Wenn;
Es fehlt an Geld, nun gut, so schaff es denn.

MEPH. Ich schaffe, was ihr wollt, und schaffe mehr;
  Zwar ist es leicht, doch ist das Leichte schwer;
  Es liegt schon da, doch um es zu erlangen,
  Das ist die Kunst, wer weiß es anzufangen?   4930
  Bedenkt doch nur: in jenen Schreckensläuften,
  Wo Menschenfluten Land und Volk ersäuften,
  Wie der und der, so sehr es ihn erschreckte,
  Sein Liebstes da- und dortwohin versteckte.
  So war's von je in mächtiger Römer Zeit,   4935
  Und so fortan, bis gestern, ja bis heut.
  Das alles liegt im Boden still begraben,
  Der Boden ist des Kaisers, der soll's haben.
SCHATZMEISTER. Für einen Narren spricht er gar nicht
  Das ist fürwahr des alten Kaisers Recht.   [schlecht, 4940
KANZLER. Der Satan legt euch goldgewirkte Schlingen:
  Es geht nicht zu mit frommen rechten Dingen.
MARSCHALK. Schafft' er uns nur zu Hof willkommne Gaben,
  Ich wollte gern ein bißchen Unrecht haben.
HEERMEISTER. Der Narr ist klug, verspricht, was jedem   4945
  Fragt der Soldat doch nicht, woher es kommt.   [frommt;
MEPH. Und glaubt ihr euch vielleicht durch mich betrogen,
  Hier steht ein Mann! da, fragt den Astrologen!
  In Kreis' um Kreise kennt er Stund' und Haus;
  So sage denn: wie sieht's am Himmel aus?   4950
GEMURMEL. Zwei Schelme sind's – Verstehn sich schon –
  Narr und Phantast – So nah dem Thron –
  Ein mattgesungen – Alt Gedicht –
  Der Tor bläst ein – Der Weise spricht –
ASTROLOG spricht, Mephistopheles bläst ein.
  Die Sonne selbst, sie ist ein lautres Gold,   4955
  Merkur, der Bote, dient um Gunst und Sold,
  Frau Venus hat's euch allen angetan,
  So früh als spat blickt sie euch lieblich an;
  Die keusche Luna launet grillenhaft;
  Mars, trifft er nicht, so dräut euch seine Kraft.   4960
  Und Jupiter bleibt doch der schönste Schein,
  Saturn ist groß, dem Auge fern und klein.
  Ihn als Metall verehren wir nicht sehr,
  An Wert gering, doch im Gewichte schwer.

4965 Ja! wenn zu Sol sich Luna fein gesellt,
     Zum Silber Gold, dann ist es heitre Welt;
     Das übrige ist alles zu erlangen:
     Paläste, Gärten, Brüstlein, rote Wangen,
     Das alles schafft der hochgelahrte Mann,
4970 Der das vermag, was unser keiner kann.
     KAISER. Ich höre doppelt, was er spricht,
     Und dennoch überzeugt's mich nicht.
     GEMURMEL. Was soll uns das? – Gedroschner Spaß –
     Kalenderei – Chymisterei –
4975 Das hört' ich oft – Und falsch gehofft –
     Und kommt er auch – So ist's ein Gauch –
     MEPHISTOPHELES. Da stehen sie umher und staunen,
     Vertrauen nicht dem hohen Fund,
     Der eine faselt von Alraunen,
4980 Der andre von dem schwarzen Hund.
     Was soll es, daß der eine witzelt,
     Ein andrer Zauberei verklagt,
     Wenn ihm doch auch einmal die Sohle kitzelt,
     Wenn ihm der sichre Schritt versagt.
4985   Ihr alle fühlt geheimes Wirken
     Der ewig waltenden Natur,
     Und aus den untersten Bezirken
     Schmiegt sich herauf lebend'ge Spur.
     Wenn es in allen Gliedern zwackt,
4990 Wenn es unheimlich wird am Platz,
     Nur gleich entschlossen grabt und hackt,
     Da liegt der Spielmann, liegt der Schatz!
     GEMURMEL. Mir liegt's im Fuß wie Bleigewicht –
     Mir krampft's im Arme – Das ist Gicht –
4995 Mir krabbelt's an der großen Zeh' –
     Mir tut der ganze Rücken weh –
     Nach solchen Zeichen wäre hier
     Das allerreichste Schatzrevier.
     KAISER. Nur eilig! du entschlüpfst nicht wieder,
5000 Erprobe deine Lügenschäume
     Und zeig uns gleich die edlen Räume.
     Ich lege Schwert und Zepter nieder
     Und will mit eignen hohen Händen,

Wenn du nicht lügst, das Werk vollenden,
Dich, wenn du lügst, zur Hölle senden! 5005
MEPH. Den Weg dahin wüßt' allenfalls zu finden –
Doch kann ich nicht genug verkünden,
Was überall besitzlos harrend liegt.
Der Bauer, der die Furche pflügt,
Hebt einen Goldtopf mit der Scholle, 5010
Salpeter hofft er von der Leimenwand
Und findet golden-goldne Rolle
Erschreckt, erfreut in kümmerlicher Hand.
Was für Gewölbe sind zu sprengen,
In welchen Klüften, welchen Gängen 5015
Muß sich der Schatzbewußte drängen,
Zur Nachbarschaft der Unterwelt!
In weiten, altverwahrten Kellern
Von goldnen Humpen, Schüsseln, Tellern
Sieht er sich Reihen aufgestellt; 5020
Pokale stehen aus Rubinen,
Und will er deren sich bedienen,
Daneben liegt uraltes Naß.
Doch – werdet ihr dem Kundigen glauben –
Verfault ist längst das Holz der Dauben, 5025
Der Weinstein schuf dem Wein ein Faß.
Essenzen solcher edlen Weine,
Gold und Juwelen nicht alleine
Umhüllen sich mit Nacht und Graus.
Der Weise forscht hier unverdrossen; 5030
Am Tag erkennen, das sind Possen,
Im Finstern sind Mysterien zu Haus.
KAISER. Die lass' ich dir! Was will das Düstre frommen?
Hat etwas Wert, es muß zu Tage kommen.
Wer kennt den Schelm in tiefer Nacht genau? 5035
Schwarz sind die Kühe, so die Katzen grau.
Die Töpfe drunten, voll von Goldgewicht –
Zieh deinen Pflug und ackre sie ans Licht.
MEPHISTOPHELES. Nimm Hack' und Spaten, grabe selber,
Die Bauernarbeit macht dich groß, 5040
Und eine Herde goldner Kälber,
Sie reißen sich vom Boden los.

Dann ohne Zaudern, mit Entzücken
Kannst du dich selbst, wirst die Geliebte schmücken;
5045 Ein leuchtend Farb- und Glanzgestein erhöht
Die Schönheit wie die Majestät.
KAISER. Nur gleich, nur gleich! Wie lange soll es währen!
ASTROLOG wie oben. Herr, mäßige solch dringendes Begehren,
Laß erst vorbei das bunte Freudenspiel;
5050 Zerstreutes Wesen führt uns nicht zum Ziel.
Erst müssen wir in Fassung uns versühnen,
Das Untre durch das Obere verdienen.
Wer Gutes will, der sei erst gut;
Wer Freude will, besänftige sein Blut;
5055 Wer Wein verlangt, der keltre reife Trauben;
Wer Wunder hofft, der stärke seinen Glauben.
KAISER. So sei die Zeit in Fröhlichkeit vertan!
Und ganz erwünscht kommt Aschermittwoch an.
Indessen feiern wir, auf jeden Fall,
5060 Nur lustiger das wilde Karneval.
                    Trompeten. Exeunt.
MEPHISTOPHELES. Wie sich Verdienst und Glück verketten,
Das fällt den Toren niemals ein;
Wenn sie den Stein der Weisen hätten,
Der Weise mangelte dem Stein.

WEITLÄUFIGER SAAL MIT NEBENGEMÄCHERN

verziert und aufgeputzt zur Mummenschanz

5065 HEROLD. Denkt nicht, ihr seid in deutschen Grenzen
Von Teufels-, Narren- und Totentänzen;
Ein heitres Fest erwartet euch.
Der Herr, auf seinen Römerzügen,
Hat, sich zu Nutz, euch zum Vergnügen,
5070 Die hohen Alpen überstiegen,
Gewonnen sich ein heitres Reich.
Der Kaiser, er, an heiligen Sohlen
Erbat sich erst das Recht zur Macht,
Und als er ging, die Krone sich zu holen,
5075 Hat er uns auch die Kappe mitgebracht.
Nun sind wir alle neugeboren;

Ein jeder weltgewandte Mann
Zieht sie behaglich über Kopf und Ohren;
Sie ähnelt ihn verrückten Toren,
Er ist darunter weise, wie er kann.   5080
Ich sehe schon, wie sie sich scharen,
Sich schwankend sondern, traulich paaren;
Zudringlich schließt sich Chor an Chor.
Herein, hinaus, nur unverdrossen;
Es bleibt doch endlich nach wie vor   5085
Mit ihren hunderttausend Possen
Die Welt ein einzig großer Tor.

GÄRTNERINNEN. Gesang, begleitet von Mandolinen.
        Euren Beifall zu gewinnen,
        Schmückten wir uns diese Nacht,
        Junge Florentinerinnen   5090
        Folgten deutschen Hofes Pracht;

        Tragen wir in braunen Locken
        Mancher heitern Blume Zier;
        Seidenfäden, Seidenflocken
        Spielen ihre Rolle hier.   5095

        Denn wir halten es verdienstlich,
        Lobenswürdig ganz und gar,
        Unsere Blumen, glänzend künstlich,
        Blühen fort das ganze Jahr.

        Allerlei gefärbten Schnitzeln   5100
        Ward symmetrisch Recht getan;
        Mögt ihr Stück für Stück bewitzeln
        Doch das Ganze zieht euch an.

        Niedlich sind wir anzuschauen,
        Gärtnerinnen und galant;   5105
        Denn das Naturell der Frauen
        Ist so nah mit Kunst verwandt.

HEROLD. Laßt die reichen Körbe sehen,
  Die ihr auf den Häupten traget,

5110 Die sich bunt am Arme blähen,
Jeder wähle, was behaget.
Eilig, daß in Laub und Gängen
Sich ein Garten offenbare!
Würdig sind sie zu umdrängen,
5115 Krämerinnen wie die Ware.

GÄRTNERINNEN. Feilschet nun am heitern Orte,
Doch kein Markten finde statt!
Und mit sinnig kurzem Worte
Wisse jeder, was er hat.

OLIVENZWEIG MIT FRÜCHTEN.
5120 Keinen Blumenflor beneid' ich,
Allen Widerstreit vermeid' ich;
Mir ist's gegen die Natur:
Bin ich doch das Mark der Lande
Und, zum sichern Unterpfande,
5125 Friedenszeichen jeder Flur.
Heute, hoff' ich, soll mir's glücken,
Würdig schönes Haupt zu schmücken.

ÄHRENKRANZ, golden. Ceres' Gaben, euch zu putzen,
Werden hold und lieblich stehn:
5130 Das Erwünschteste dem Nutzen
Sei als eure Zierde schön.

PHANTASIEKRANZ. Bunte Blumen, Malven ähnlich,
Aus dem Moos ein Wunderflor!
Der Natur ist's nicht gewöhnlich,
5135 Doch die Mode bringt's hervor.

PHANTASIESTRAUSS. Meinen Namen euch zu sagen,
Würde Theophrast nicht wagen;
Und doch hoff' ich, wo nicht allen,
Aber mancher zu gefallen,
5140 Der ich mich wohl eignen möchte,
Wenn sie mich ins Haar verflöchte,
Wenn sie sich entschließen könnte,
Mir am Herzen Platz vergönnte.

ROSENKNOSPEN. Ausforderung.
Mögen bunte Phantasieen
5145 Für des Tages Mode blühen,

Wunderseltsam sein gestaltet,
Wie Natur sich nie entfaltet;
Grüne Stiele, goldne Glocken,
Blickt hervor aus reichen Locken! –
Doch wir – halten uns versteckt: 5150
Glücklich, wer uns frisch entdeckt.
Wenn der Sommer sich verkündet,
Rosenknospe sich entzündet,
Wer mag solches Glück entbehren?
Das Versprechen, das Gewähren,   5155
Das beherrscht in Florens Reich
Blick und Sinn und Herz zugleich.

*Unter grünen Laubgängen putzen die Gärtnerinnen zierlich ihren
Kram auf.*

GÄRTNER. *Gesang, begleitet von Theorben.*

Blumen sehet ruhig sprießen,
Reizend euer Haupt umzieren;
Früchte wollen nicht verführen,   5160
Kostend mag man sie genießen.

Bieten bräunliche Gesichter
Kirschen, Pfirschen, Königspflaumen,
Kauft! denn gegen Zung' und Gaumen
Hält sich Auge schlecht als Richter.   5165

Kommt, von allerreifsten Früchten
Mit Geschmack und Lust zu speisen!
Über Rosen läßt sich dichten,
In die Äpfel muß man beißen.

Sei's erlaubt, uns anzupaaren   5170
Eurem reichen Jugendflor,
Und wir putzen reifer Waren
Fülle nachbarlich empor.

Unter lustigen Gewinden,
In geschmückter Lauben Bucht,   5175
Alles ist zugleich zu finden:
Knospe, Blätter, Blume, Frucht.

Unter Wechselgesang, begleitet von Gitarren und Theorben, fahren beide Chöre fort, ihre Waren stufenweis in die Höhe zu schmücken und auszubieten.

Mutter und Tochter.

MUTTER. Mädchen, als du kamst ans Licht,
Schmückt' ich dich im Häubchen;
5180 Warst so lieblich von Gesicht
Und so zart am Leibchen.
Dachte dich sogleich als Braut,
Gleich dem Reichsten angetraut,
Dachte dich als Weibchen.

5185 Ach! Nun ist schon manches Jahr
Ungenützt verflogen,
Der Sponsierer bunte Schar
Schnell vorbeigezogen;
Tanztest mit dem einen flink,
5190 Gabst dem andern feinen Wink
Mit dem Ellenbogen.

Welches Fest man auch ersann,
Ward umsonst begangen,
Pfänderspiel und dritter Mann
5195 Wollten nicht verfangen;
Heute sind die Narren los,
Liebchen, öffne deinen Schoß,
Bleibt wohl einer hangen.

Gespielinnen, jung und schön, gesellen sich hinzu, ein vertrauliches Geplauder wird laut.

Fischer und Vogelsteller mit Netzen, Angeln und Leimruten, auch sonstigem Geräte treten auf, mischen sich unter die schönen Kinder. Wechselseitige Versuche, zu gewinnen, zu fangen, zu entgehen und festzuhalten, geben zu den angenehmsten Dialogen Gelegenheit.

HOLZHAUER treten ein, ungestüm und ungeschlacht.
Nur Platz! nur Blöße!
5200 Wir brauchen Räume,
Wir fällen Bäume,
Die krachen, schlagen;

Und wenn wir tragen,
Da gibt es Stöße.
Zu unserm Lobe   5205
Bringt dies ins reine;
Denn wirkten Grobe
Nicht auch im Lande,
Wie kämen Feine
Für sich zustande,   5210
So sehr sie witzten?
Des seid belehret!
Denn ihr erfröret,
Wenn wir nicht schwitzten.

PULCINELLE, *täppisch, fast läppisch.* Ihr seid die Toren,   5215
Gebückt geboren.
Wir sind die Klugen,
Die nie was trugen;
Denn unsre Kappen,
Jacken und Lappen   5220
Sind leicht zu tragen;
Und mit Behagen
Wir immer müßig,
Pantoffelfüßig,
Durch Markt und Haufen   5225
Einherzulaufen,
Gaffend zu stehen,
Uns anzukrähen;
Auf solche Klänge
Durch Drang und Menge   5230
Aalgleich zu schlüpfen,
Gesamt zu hüpfen,
Vereint zu toben.
Ihr mögt uns loben,
Ihr mögt uns schelten,   5235
Wir lassen's gelten.

PARASITEN, *schmeichelnd-lüstern.* Ihr wackern Träger
Und eure Schwäger,
Die Kohlenbrenner,
Sind unsre Männer.   5240

Denn alles Bücken,
Bejahndes Nicken,
Gewundne Phrasen,
Das Doppelblasen,
5245　Das wärmt und kühlet,
Wie's einer fühlet,
Was könnt' es frommen?
Es möchte Feuer
Selbst ungeheuer
5250　Vom Himmel kommen,
Gäb' es nicht Scheite
Und Kohlentrachten,
Die Herdesbreite
Zur Glut entfachten.
5255　Da brät's und prudelt's,
Da kocht's und strudelt's.
Der wahre Schmecker,
Der Tellerlecker,
Er riecht den Braten,
5260　Er ahnet Fische;
Das regt zu Taten
An Gönners Tische.

TRUNKNER unbewußt. Sei mir heute nichts zuwider!
Fühle mich so frank und frei;
5265　Frische Lust und heitre Lieder,
Holt' ich selbst sie doch herbei.
Und so trink' ich! Trinke, trinke!
Stoßet an, ihr! Tinke, Tinke!
Du dorthinten, komm heran!
5270　Stoßet an, so ist's getan.

Schrie mein Weibchen doch entrüstet,
Rümpfte diesem bunten Rock,
Und, wie sehr ich mich gebrüstet,
Schalt mich einen Maskenstock.
5275　Doch ich trinke! Trinke, trinke!
Angeklungen! Tinke, Tinke!
Maskenstöcke, stoßet an!
Wenn es klingt, so ist's getan.

      Saget nicht, daß ich verirrt bin,
      Bin ich doch, wo mir's behagt.   5280
      Borgt der Wirt nicht, borgt die Wirtin,
      Und am Ende borgt die Magd.
      Immer trink' ich! Trinke, trinke!
      Auf, ihr andern! Tinke, Tinke!
      Jeder jedem! so fortan!   5285
      Dünkt mich's doch, es sei getan.

      Wie und wo ich mich vergnüge,
      Mag es immerhin geschehn;
      Laßt mich liegen, wo ich liege,
      Denn ich mag nicht länger stehn.   5290

CHOR.   Jeder Bruder trinke, trinke!
      Toastet frisch ein Tinke, Tinke!
      Sitzet fest auf Bank und Span!
      Unterm Tisch dem ist's getan.

Der Herold kündigt verschiedene Poeten an, Naturdichter, Hof-
und Rittersänger, zärtliche sowie Enthusiasten. Im Gedräng von Mit-
werbern aller Art läßt keiner den andern zum Vortrag kommen. Einer
      schleicht mit wenigen Worten vorüber.

SATIRIKER.   Wißt ihr, was mich Poeten   5295
      Erst recht erfreuen sollte?
      Dürft' ich singen und reden,
      Was niemand hören wollte.

Die Nacht- und Grabdichter lassen sich entschuldigen, weil sie soeben im interessantesten Gespräch mit einem frisch erstandenen
Vampyren begriffen seien, woraus eine neue Dichtart sich vielleicht
entwickeln könnte; der Herold muß es gelten lassen und ruft indessen die griechische Mythologie hervor, die, selbst in moderner
   Maske, weder Charakter noch Gefälliges verliert.

           Die Grazien.
AGLAIA.   Anmut bringen wir ins Leben;
      Leget Anmut in das Geben.   5300
HEGEMONE. Leget Anmut ins Empfangen,
      Lieblich ist's, den Wunsch erlangen.
EUPHROSYNE. Und in stiller Tage Schranken
      Höchst anmutig sei das Danken.

Die Parzen.

5305 ATROPOS.   Mich, die Älteste, zum Spinnen
Hat man diesmal eingeladen;
Viel zu denken, viel zu sinnen
Gibt's beim zarten Lebensfaden.

Daß er euch gelenk und weich sei,
5310   Wußt' ich feinsten Flachs zu sichten;
Daß er glatt und schlank und gleich sei,
Wird der kluge Finger schlichten.

Wolltet ihr bei Lust und Tänzen
Allzu üppig euch erweisen,
5315   Denkt an dieses Fadens Grenzen,
Hütet euch! Er möchte reißen.

KLOTHO.   Wißt, in diesen letzten Tagen
Ward die Schere mir vertraut;
Denn man war von dem Betragen
5320   Unsrer Alten nicht erbaut.

Zerrt unnützeste Gespinste
Lange sie an Licht und Luft,
Hoffnung herrlichster Gewinste
Schleppt sie schneidend zu der Gruft.

5325   Doch auch ich im Jugendwalten
Irrte mich schon hundertmal;
Heute mich im Zaum zu halten,
Schere steckt im Futteral.

Und so bin ich gern gebunden,
5330   Blicke freundlich diesem Ort;
Ihr in diesen freien Stunden
Schwärmt nur immer fort und fort.

LACHESIS.   Mir, die ich allein verständig,
Blieb das Ordnen zugeteilt;
5335   Meine Weife, stets lebendig,
Hat noch nie sich übereilt.

Fäden kommen, Fäden weifen,
Jeden lenk' ich seine Bahn,
Keinen lass' ich überschweifen,
Füg' er sich im Kreis heran.   5340

Könnt' ich einmal mich vergessen,
Wär' es um die Welt mir bang;
Stunden zählen, Jahre messen,
Und der Weber nimmt den Strang.

HEROLD. Die jetzo kommen, werdet ihr nicht kennen,   5345
Wärt ihr noch so gelehrt in alten Schriften;
Sie anzusehn, die so viel Übel stiften,
Ihr würdet sie willkommne Gäste nennen.

Die Furien sind es, niemand wird uns glauben,
Hübsch, wohlgestaltet, freundlich, jung von Jahren; 5350
Laßt euch mit ihnen ein, ihr sollt erfahren,
Wie schlangenhaft verletzen solche Tauben.

Zwar sind sie tückisch, doch am heutigen Tage,
Wo jeder Narr sich rühmet seiner Mängel,
Auch sie verlangen nicht den Ruhm als Engel,   5355
Bekennen sich als Stadt- und Landesplage.

Die Furien.

ALEKTO. Was hilft es euch? ihr werdet uns vertrauen,
Denn wir sind hübsch und jung und Schmeichelkätzchen;
Hat einer unter euch ein Liebeschätzchen,
Wir werden ihm so lang die Ohren krauen,   5360

Bis wir ihm sagen dürfen, Aug' in Auge:
Daß sie zugleich auch dem und jenem winke,
Im Kopfe dumm, im Rücken krumm, und hinke
Und, wenn sie seine Braut ist, gar nichts tauge.

So wissen wir die Braut auch zu bedrängen: 5365
Es hat sogar der Freund, vor wenig Wochen,
Verächtliches von ihr zu der gesprochen! –
Versöhnt man sich, so bleibt doch etwas hängen.

Megära. Das ist nur Spaß! denn, sind sie erst verbunden,
5370 Ich nehm' es auf und weiß, in allen Fällen,
      Das schönste Glück durch Grille zu vergällen;
      Der Mensch ist ungleich, ungleich sind die Stunden.

      Und niemand hat Erwünschtes fest in Armen,
      Der sich nicht nach Erwünschterem törig sehnte,
5375 Vom höchsten Glück, woran er sich gewöhnte;
      Die Sonne flieht er, will den Frost erwarmen.

      Mit diesem allen weiß ich zu gebaren
      Und führe her Asmodi, den Getreuen,
      Zu rechter Zeit Unseliges auszustreuen,
5380 Verderbe so das Menschenvolk in Paaren.

Tisiphone. Gift und Dolch statt böser Zungen
            Misch' ich, schärf' ich dem Verräter;
            Liebst du andre, früher, später
            Hat Verderben dich durchdrungen.

5385   Muß der Augenblicke Süßtes
            Sich zu Gischt und Galle wandeln!
            Hier kein Markten, hier kein Handeln –
            Wie er es beging', er büßt es.

            Singe keiner vom Vergeben!
5390   Felsen klag' ich meine Sache,
            Echo! horch! erwidert: Rache!
            Und wer wechselt, soll nicht leben.

Herold. Belieb' es euch, zur Seite wegzuweichen,
      Denn was jetzt kommt, ist nicht von euresgleichen.
5395 Ihr seht, wie sich ein Berg herangedrängt,
      Mit bunten Teppichen die Weichen stolz behängt,
      Ein Haupt mit langen Zähnen, Schlangenrüssel,
      Geheimnisvoll, doch zeig' ich euch den Schlüssel.
      Im Nacken sitzt ihm zierlich-zarte Frau,
5400 Mit feinem Stäbchen lenkt sie ihn genau;

Die andre, droben stehend herrlich-hehr,
Umgibt ein Glanz, der blendet mich zu sehr.
Zur Seite gehn gekettet edle Frauen,
Die eine bang, die andre froh zu schauen;
Die eine wünscht, die andre fühlt sich frei.   5405
Verkünde jede, wer sie sei.

FURCHT.   Dunstige Fackeln, Lampen, Lichter
          Dämmern durchs verworrne Fest;
          Zwischen diese Truggesichter
          Bannt mich, ach! die Kette fest.   5410

          Fort, ihr lächerlichen Lacher!
          Euer Grinsen gibt Verdacht;
          Alle meine Widersacher
          Drängen mich in dieser Nacht.

          Hier! ein Freund ist Feind geworden,   5415
          Seine Maske kenn' ich schon;
          Jener wollte mich ermorden,
          Nun entdeckt schleicht er davon.

          Ach wie gern in jeder Richtung
          Flöh' ich zu der Welt hinaus;   5420
          Doch von drüben droht Vernichtung,
          Hält mich zwischen Dunst und Graus.

HOFFNUNG. Seid gegrüßt, ihr lieben Schwestern!
          Habt ihr euch schon heut' und gestern
          In Vermummungen gefallen,   5425
          Weiß ich doch gewiß von allen:
          Morgen wollt ihr euch enthüllen.
          Und wenn wir bei Fackelscheine
          Uns nicht sonderlich behagen,
          Werden wir in heitern Tagen   5430
          Ganz nach unserm eignen Willen
          Bald gesellig, bald alleine
          Frei durch schöne Fluren wandeln,
          Nach Belieben ruhn und handeln
          Und in sorgenfreiem Leben   5435

Nie entbehren, stets erstreben;
Überall willkommne Gäste,
Treten wir getrost hinein:
Sicherlich, es muß das Beste
5440 Irgendwo zu finden sein.

KLUGHEIT.   Zwei der größten Menschenfeinde,
Furcht und Hoffnung, angekettet,
Halt' ich ab von der Gemeinde;
Platz gemacht! ihr seid gerettet.

5445   Den lebendigen Kolossen
Führ' ich, seht ihr, turmbeladen,
Und er wandelt unverdrossen
Schritt vor Schritt auf steilen Pfaden.

        Droben aber auf der Zinne
5450 Jene Göttin, mit behenden
Breiten Flügeln, zum Gewinne
Allerseits sich hinzuwenden.

        Rings umgibt sie Glanz und Glorie,
Leuchtend fern nach allen Seiten;
5455 Und sie nennet sich Viktorie,
Göttin aller Tätigkeiten.

ZOILO-THERSITES.   → a cynic (philosophic)   elephant seel
Hu! Hu! da komm' ich eben recht,
Ich schelt' euch allzusammen schlecht!
Doch was ich mir zum Ziel ersah,
5460 Ist oben Frau Viktoria.
Mit ihrem weißen Flügelpaar
Sie dünkt sich wohl, sie sei ein Aar,
Und wo sie sich nur hingewandt,
Gehör' ihr alles Volk und Land;
5465 Doch, wo was Rühmliches gelingt,
Es mich sogleich in Harnisch bringt.
Das Tiefe hoch, das Hohe tief,
Das Schiefe grad, das Grade schief,
Das ganz allein macht mich gesund,
5470 So will ich's auf dem Erdenrund.

HEROLD. So treffe dich, du Lumpenhund,
Des frommen Stabes Meisterstreich!
Da krümm und winde dich sogleich! –
Wie sich die Doppelzwerggestalt
So schnell zum eklen Klumpen ballt! –   5475
– Doch Wunder! – Klumpen wird zum Ei,
Das bläht sich auf und platzt entzwei.
Nun fällt ein Zwillingspaar heraus,
Die Otter und die Fledermaus;
Die eine fort im Staube kriecht,   5480
Die andre schwarz zur Decke fliegt.
Sie eilen draußen zum Verein;
Da möcht' ich nicht der dritte sein.
GEMURMEL. Frisch! dahinten tanzt man schon –
Nein! Ich wollt', ich wär' davon –   5485
Fühlst du, wie uns das umflicht,
Das gespenstische Gezücht?–
Saust es mir doch übers Haar –
Ward ich's doch am Fuß gewahr –
Keiner ist von uns verletzt –   5490
Alle doch in Furcht gesetzt –
Ganz verdorben ist der Spaß –
Und die Bestien wollten das.
HEROLD. Seit mir sind bei Maskeraden
Heroldspflichten aufgeladen,   5495
Wach' ich ernstlich an der Pforte,
Daß euch hier am lustigen Orte
Nichts Verderbliches erschleiche,
Weder wanke, weder weiche.
Doch ich fürchte, durch die Fenster   5500
Ziehen luftige Gespenster,
Und von Spuk und Zaubereien
Wüßt' ich euch nicht zu befreien.
Machte sich der Zwerg verdächtig,
Nun! dort hinten strömt es mächtig.   5505
Die Bedeutung der Gestalten
Möcht' ich amtsgemäß entfalten.
Aber was nicht zu begreifen,
Wüßt' ich auch nicht zu erklären;

5510 Helfet alle mich belehren! –
     Seht ihr's durch die Menge schweifen?
     Vierbespannt ein prächtiger Wagen
     Wird durch alles durchgetragen;
     Doch er teilet nicht die Menge,
5515 Nirgend seh' ich ein Gedränge.
     Farbig glitzert's in der Ferne,
     Irrend leuchten bunte Sterne
     Wie von magischer Laterne,
     Schnaubt heran mit Sturmgewalt.
     Platz gemacht! Mich schaudert's!

5520 KNABE WAGENLENKER.   Halt!
     Rosse, hemmet eure Flügel,
     Fühlet den gewohnten Zügel,
     Meistert euch, wie ich euch meistre,
     Rauschet hin, wenn ich begeistre –
5525 Diese Räume laßt uns ehren!
     Schaut umher, wie sie sich mehren,
     Die Bewundrer, Kreis um Kreise.
     Herold auf! nach deiner Weise,
     Ehe wir von euch entfliehen,
5530 Uns zu schildern, uns zu nennen;
     Denn wir sind Allegorien,
     Und so solltest du uns kennen.

     HEROLD. Wüßte nicht, dich zu benennen;
     Eher könnt' ich dich beschreiben.

     KNABE LENKER. So probier's!

5535 HEROLD.   Man muß gestehn:
     Erstlich bist du jung und schön.
     Halbwüchsiger Knabe bist du; doch die Frauen,
     Sie möchten dich ganz ausgewachsen schauen.
     Du scheinest mir ein künftiger Sponsierer,
5540 Recht so von Haus aus ein Verführer.

     KNABE LENKER. Das läßt sich hören! fahre fort,
     Erfinde dir des Rätsels heitres Wort.

     HEROLD. Der Augen schwarzer Blitz, die Nacht der Locken,
     Erheitert von juwelnem Band!
5545 Und welch ein zierliches Gewand

Fließt dir von Schultern zu den Socken,
Mit Purpursaum und Glitzertand!
Man könnte dich ein Mädchen schelten;
Doch würdest du, zu Wohl und Weh,
Auch jetzo schon bei Mädchen gelten,   5550
Sie lehrten dich das ABC.

KNABE LENKER. Und dieser, der als Prachtgebilde
Hier auf dem Wagenthrone prangt?

HEROLD. Er scheint ein König reich und milde,
Wohl dem, der seine Gunst erlangt!   5555
Er hat nichts weiter zu erstreben,
Wo's irgend fehlte, späht sein Blick,
Und seine reine Lust zu geben
Ist größer als Besitz und Glück.

KNABE LENKER. Hiebei darfst du nicht stehen bleiben,   5560
Du mußt ihn recht genau beschreiben.

HEROLD. Das Würdige beschreibt sich nicht.
Doch das gesunde Mondgesicht,
Ein voller Mund, erblühte Wangen,
Die unterm Schmuck des Turbans prangen;   5565
Im Faltenkleid ein reich Behagen!
Was soll ich von dem Anstand sagen?
Als Herrscher scheint er mir bekannt.

KNABE LENKER. Plutus, des Reichtums Gott genannt!
Derselbe kommt in Prunk daher,   5570
Der hohe Kaiser wünscht ihn sehr.

HEROLD. Sag von dir selber auch das Was und Wie!

KNABE LENKER. Bin die Verschwendung, bin die Poesie;
Bin der Poet, der sich vollendet,
Wenn er sein eigenst Gut verschwendet.   5575
Auch ich bin unermeßlich reich
Und schätze mich dem Plutus gleich,
Beleb' und schmück' ihm Tanz und Schmaus,
Das, was ihm fehlt, das teil' ich aus.

HEROLD. Das Prahlen steht dir gar zu schön,   5580
Doch laß uns deine Künste sehn.

KNABE LENKER. Hier seht mich nur ein Schnippchen schla-
    Schon glänzt's und glitzert's um den Wagen.   [gen,
    Da springt eine Perlenschnur hervor!

                Immerfort umherschnippend.

5585 Nehmt goldne Spange für Hals und Ohr;
    Auch Kamm und Krönchen ohne Fehl,
    In Ringen köstlichstes Juwel;
    Auch Flämmchen spend' ich dann und wann,
    Erwartend, wo es zünden kann.
5590 HEROLD. Wie greift und hascht die liebe Menge!
    Fast kommt der Geber ins Gedränge.
    Kleinode schnippt er wie ein Traum,
    Und alles hascht im weiten Raum.
    Doch da erleb' ich neue Pfiffe:
5595 Was einer noch so emsig griffe,
    Des hat er wirklich schlechten Lohn,
    Die Gabe flattert ihm davon.
    Es löst sich auf das Perlenband,
    Ihm krabbeln Käfer in der Hand,
5600 Er wirft sie weg, der arme Tropf,
    Und sie umsummen ihm den Kopf.
    Die andern statt solider Dinge
    Erhaschen frevle Schmetterlinge.
    Wie doch der Schelm so viel verheißt
5605 Und nur verleiht, was golden gleißt!

    KNABE LENKER.
    Zwar Masken, merk' ich, weißt du zu verkünden,
    Allein der Schale Wesen zu ergründen,
    Sind Herolds Hofgeschäfte nicht;
    Das fordert schärferes Gesicht.
5610 Doch hüt' ich mich vor jeder Fehde;
    An dich, Gebieter, wend' ich Frag' und Rede.

                Zu Plutus gewendet.

    Hast du mir nicht die Windesbraut
    Des Viergespannes anvertraut?
    Lenk' ich nicht glücklich, wie du leitest?
5615 Bin ich nicht da, wohin du deutest?
    Und wußt' ich nicht auf kühnen Schwingen

Für dich die Palme zu erringen?
Wie oft ich auch für dich gefochten,
Mir ist es jederzeit geglückt:
Wenn Lorbeer deine Stirne schmückt,   5620
Hab' ich ihn nicht mit Sinn und Hand geflochten?
PLUTUS. Wenn's nötig ist, daß ich dir Zeugnis leiste,
  So sag' ich gern: Bist Geist von meinem Geiste.
  Du handelst stets nach meinem Sinn,
  Bist reicher, als ich selber bin.   5625
  Ich schätze, deinen Dienst zu lohnen,
  Den grünen Zweig vor allen meinen Kronen.
  Ein wahres Wort verkünd' ich allen:
  Mein lieber Sohn, an dir hab' ich Gefallen.
KNABE LENKER zur Menge.
  Die größten Gaben meiner Hand,   5630
  Seht! hab' ich rings umher gesandt.
  Auf dem und jenem Kopfe glüht
  Ein Flämmchen, das ich angesprüht;
  Von einem zu dem andern hüpft's,
  An diesem hält sich's, dem entschlüpft's,   5635
  Gar selten aber flammt's empor,
  Und leuchtet rasch in kurzem Flor;
  Doch vielen, eh' man's noch erkannt,
  Verlischt es, traurig ausgebrannt.
WEIBERGEKLATSCH. Da droben auf dem Viergespann   5640
            Das ist gewiß ein Scharlatan;
            Gekauzt da hintendrauf Hanswurst,
            Doch abgezehrt von Hunger und Durst,
            Wie man ihn niemals noch erblickt;
            Er fühlt wohl nicht, wenn man ihn zwickt. 5645
DER ABGEMAGERTE. Vom Leibe mir, ekles Weibsgeschlecht!
  Ich weiß, dir komm' ich niemals recht. —
  Wie noch die Frau den Herd versah,
  Da hieß ich Avaritia;
  Da stand es gut um unser Haus: 5650
  Nur viel herein und nichts hinaus!
  Ich eiferte für Kist' und Schrein;
  Das sollte wohl gar ein Laster sein.
  Doch als in allerneusten Jahren

5655 Das Weib nicht mehr gewohnt zu sparen,
Und, wie ein jeder böser Zahler,
Weit mehr Begierden hat als Taler,
Da bleibt dem Manne viel zu dulden,
Wo er nur hinsieht, da sind Schulden.
5660 Sie wendet's, kann sie was erspulen,
An ihren Leib, an ihren Buhlen;
Auch speist sie besser, trinkt noch mehr
Mit der Sponsierer leidigem Heer;
Das steigert mir des Goldes Reiz:
5665 Bin männlichen Geschlechts, der Geiz!

HAUPTWEIB. Mit Drachen mag der Drache geizen;
Ist's doch am Ende Lug und Trug!
Er kommt, die Männer aufzureizen,
Sie sind schon unbequem genug.

WEIBER IN MASSE.
5670   Der Strohmann! Reich ihm eine Schlappe!
Was will das Marterholz uns dräun?
Wir sollen seine Fratze scheun!
Die Drachen sind von Holz und Pappe,
Frisch an und dringt auf ihn hinein!

5675 HEROLD. Bei meinem Stabe! Ruh gehalten! –
Doch braucht es meiner Hülfe kaum;
Seht, wie die grimmen Ungestalten,
Bewegt im rasch gewonnenen Raum,
Das Doppel-Flügelpaar entfalten.
5680 Entrüstet schütteln sich der Drachen
Umschuppte, feuerspeiende Rachen;
Die Menge flieht, rein ist der Platz.

              Plutus steigt vom Wagen.

HEROLD. Er tritt herab, wie königlich!
Er winkt, die Drachen rühren sich,
5685 Die Kiste haben sie vom Wagen
Mit Gold und Geiz herangetragen,
Sie steht zu seinen Füßen da:
Ein Wunder ist es, wie's geschah.

PLUTUS *zum Lenker.*
Nun bist du los der allzulästigen Schwere,

Bist frei und frank, nun frisch zu deiner Sphäre! 5690
Hier ist sie nicht! Verworren, scheckig, wild
Umdrängt uns hier ein fratzenhaft Gebild.
Nur wo du klar ins holde Klare schaust,
Dir angehörst und dir allein vertraust,
Dorthin, wo Schönes, Gutes nur gefällt, 5695
Zur Einsamkeit! – Da schaffe deine Welt.

KNABE LENKER. So acht' ich mich als werten Abgesandten,
So lieb' ich dich als nächsten Anverwandten.
Wo du verweilst, ist Fülle; wo ich bin,
Fühlt jeder sich im herrlichsten Gewinn. 5700
Auch schwankt er oft im widersinnigen Leben:
Soll er sich dir? soll er sich mir ergeben?
Die Deinen freilich können müßig ruhn,
Doch wer mir folgt, hat immer was zu tun.
Nicht insgeheim vollführ' ich meine Taten, 5705
Ich atme nur, und schon bin ich verraten.
So lebe wohl! Du gönnst mir ja mein Glück;
Doch lisple leis', und gleich bin ich zurück. Ab, wie er kam.

PLUTUS. Nun ist es Zeit, die Schätze zu entfesseln!
Die Schlösser treff' ich mit des Herolds Rute. 5710
Es tut sich auf! schaut her! in ehrnen Kesseln
Entwickelt sich's und wallt von goldnem Blute,
Zunächst der Schmuck von Kronen, Ketten, Ringen;
Es schwillt und droht, ihn schmelzend zu verschlingen.

WECHSELGESCHREI DER MENGE.
        Seht hier, o hin! wie's reichlich quillt, 5715
        Die Kiste bis zum Rande füllt. –
        Gefäße, goldne, schmelzen sich,
        Gemünzte Rollen wälzen sich. –
        Dukaten hüpfen wie geprägt,
        O wie mir das den Busen regt – 5720
        Wie schau' ich alle mein Begehr!
        Da kollern sie am Boden her. –
        Man bietet's euch, benutzt's nur gleich
        Und bückt euch nur und werdet reich. –
        Wir andern, rüstig wie der Blitz, 5725
        Wir nehmen den Koffer in Besitz.

HEROLD. Was soll's, ihr Toren? soll mir das?
Es ist ja nur ein Maskenspaß.
Heut abend wird nicht mehr begehrt;
5730 Glaubt ihr, man geb' euch Gold und Wert?
Sind doch für euch in diesem Spiel
Selbst Rechenpfennige zuviel.
Ihr Täppischen! ein artiger Schein
Soll gleich die plumpe Wahrheit sein.
5735 Was soll euch Wahrheit? – Dumpfen Wahn
Packt ihr an allen Zipfeln an. –
Vermummter Plutus, Maskenheld,
Schlag dieses Volk mir aus dem Feld.
PLUTUS. Dein Stab ist wohl dazu bereit,
5740 Verleih ihn mir auf kurze Zeit. –
Ich tauch' ihn rasch in Sud und Glut. –
Nun, Masken, seid auf eurer Hut!
Wie's blitzt und platzt, in Funken sprüht!
Der Stab, schon ist er angeglüht.
5745 Wer sich zu nah herangedrängt,
Ist unbarmherzig gleich versengt. –
Jetzt fang' ich meinen Umgang an.
GESCHREI UND GEDRÄNG.
                    O weh! Es ist um uns getan. –
                    Entfliehe, wer entfliehen kann! –
5750   Zurück, zurück, du Hintermann! –
                    Mir sprüht es heiß ins Angesicht. –
                    Mich drückt des glühenden Stabs Gewicht –
                    Verloren sind wir all' und all'. –
                    Zurück, zurück, du Maskenschwall!
5755   Zurück, zurück, unsinniger Hauf'! –
                    O hätt' ich Flügel, flög' ich auf. –
PLUTUS. Schon ist der Kreis zurückgedrängt,
Und niemand, glaub' ich, ist versengt.
Die Menge weicht,
5760 Sie ist verscheucht. –
Doch solcher Ordnung Unterpfand
Zieh' ich ein unsichtbares Band.
HEROLD. Du hast ein herrlich Werk vollbracht,
Wie dank' ich deiner klugen Macht!

PLUTUS. Noch braucht es, edler Freund, Geduld: 5765
Es droht noch mancherlei Tumult.

GEIZ. So kann man doch, wenn es beliebt,
Vergnüglich diesen Kreis beschauen;
Denn immerfort sind vornenan die Frauen,
Wo's was zu gaffen, was zu naschen gibt. 5770
Noch bin ich nicht so völlig eingerostet!
Ein schönes Weib ist immer schön;
Und heute, weil es mich nichts kostet,
So wollen wir getrost sponsieren gehn.
Doch weil am überfüllten Orte 5775
Nicht jedem Ohr vernehmlich alle Worte,
Versuch' ich klug und hoff', es soll mir glücken,
Mich pantomimisch deutlich auszudrücken.
Hand, Fuß, Gebärde reicht mir da nicht hin,
Da muß ich mich um einen Schwank bemühn. 5780
Wie feuchten Ton will ich das Gold behandeln,
Denn dies Metall läßt sich in alles wandeln.

HEROLD. Was fängt der an, der magre Tor!
Hat so ein Hungermann Humor?
Er knetet alles Gold zu Teig, 5785
Ihm wird es untern Händen weich;
Wie er es drückt und wie es ballt,
Bleibt's immer doch nur ungestalt.
Er wendet sich zu den Weibern dort,
Sie schreien alle, möchten fort, 5790
Gebärden sich gar widerwärtig;
Der Schalk erweist sich übelfertig.
Ich fürchte, daß er sich ergetzt,
Wenn er die Sittlichkeit verletzt.
Dazu darf ich nicht schweigsam bleiben, 5795
Gib meinen Stab, ihn zu vertreiben.

PLUTUS. Er ahnet nicht, was uns von außen droht;
Laß ihn die Narrenteidung treiben!
Ihm wird kein Raum für seine Possen bleiben;
Gesetz ist mächtig, mächtiger ist die Not. 5800

GETÜMMEL UND GESANG.
        Das wilde Heer, es kommt zumal
        Von Bergeshöh' und Waldestal,

Unwiderstehlich schreitet's an:
Sie feiern ihren großen Pan.
5805 Sie wissen doch, was keiner weiß,
Und drängen in den leeren Kreis.

PLUTUS. Ich kenn' euch wohl und euren großen Pan!
Zusammen habt ihr kühnen Schritt getan.
Ich weiß recht gut, was nicht ein jeder weiß,
5810 Und öffne schuldig diesen engen Kreis.
Mag sie ein gut Geschick begleiten!
Das Wunderlichste kann geschehn;
Sie wissen nicht, wohin sie schreiten,
Sie haben sich nicht vorgesehn.

WILDGESANG.
5815   Geputztes Volk du, Flitterschau!
        Sie kommen roh, sie kommen rauh,
        In hohem Sprung, in raschem Lauf,
        Sie treten derb und tüchtig auf.

FAUNEN. Die Faunenschar
5820 Im lustigen Tanz,
Den Eichenkranz
Im krausen Haar,
Ein feines zugespitztes Ohr
Dringt an dem Lockenkopf hervor,
5825 Ein stumpfes Näschen, ein breit Gesicht,
Das schadet alles bei Frauen nicht:
Dem Faun, wenn er die Patsche reicht,
Versagt die Schönste den Tanz nicht leicht.

SATYR. Der Satyr hüpft nun hinterdrein
5830 Mit Ziegenfuß und dürrem Bein,
Ihm sollen sie mager und sehnig sein,
Und gemsenartig auf Bergeshöhn
Belustigt er sich, umherzusehn.
In Freiheitsluft erquickt alsdann,
5835 Verhöhnt er Kind und Weib und Mann,
Die tief in Tales Dampf und Rauch
Behaglich meinen, sie lebten auch,
Da ihm doch rein und ungestört
Die Welt dort oben allein gehört.

GNOMEN. Da trippelt ein die kleine Schar,   5840
　　Sie hält nicht gern sich Paar und Paar;
　　Im moosigen Kleid mit Lämplein hell
　　Bewegt sich's durcheinander schnell,
　　Wo jedes für sich selber schafft,
　　Wie Leucht-Ameisen wimmelhaft;   5845
　　Und wuselt emsig hin und her,
　　Beschäftigt in die Kreuz und Quer.
　　　Den frommen Gütchen nah verwandt,
　　Als Felschirurgen wohlbekannt;
　　Die hohen Berge schröpfen wir,   5850
　　Aus vollen Adern schöpfen wir;
　　Metalle stürzen wir zuhauf,
　　Mit Gruß getrost: Glück auf! Glück auf!
　　Das ist von Grund aus wohlgemeint:
　　Wir sind der guten Menschen Freund.   5855
　　Doch bringen wir das Gold zu Tag,
　　Damit man stehlen und kuppeln mag,
　　Nicht Eisen fehle dem stolzen Mann,
　　Der allgemeinen Mord ersann.
　　Und wer die drei Gebot' veracht't,   5860
　　Sich auch nichts aus den andern macht.
　　Das alles ist nicht unsre Schuld;
　　Drum habt so fort, wie wir, Geduld.
RIESEN. Die wilden Männer sind s' genannt,
　　Am Harzgebirge wohlbekannt;   5865
　　Natürlich nackt in aller Kraft,
　　Sie kommen sämtlich riesenhaft.
　　Den Fichtenstamm in rechter Hand
　　Und um den Leib ein wulstig Band,
　　Den derbsten Schurz von Zweig und Blatt,   5870
　　Leibwache, wie der Papst nicht hat.
NYMPHEN IM CHOR. Sie umschließen den großen Pan.
　　Auch kommt er an! –
　　Das All der Welt
　　Wird vorgestellt
　　Im großen Pan.   5875
　　Ihr Heitersten, umgebet ihn,
　　Im Gaukeltanz umschwebet ihn:

Denn weil er ernst und gut dabei,
So will er, daß man fröhlich sei.
5880 Auch unterm blauen Wölbedach
Verhielt' er sich beständig wach;
Doch rieseln ihm die Bäche zu,
Und Lüftlein wiegen ihn mild in Ruh.
Und wenn er zu Mittage schläft,
5885 Sich nicht das Blatt am Zweige regt;
Gesunder Pflanzen Balsamduft
Erfüllt die schweigsam stille Luft;
Die Nymphe darf nicht munter sein,
Und wo sie stand, da schläft sie ein.
5890 Wenn unerwartet mit Gewalt
Dann aber seine Stimm' erschallt,
Wie Blitzes Knattern, Meergebraus,
Dann niemand weiß, wo ein noch aus,
Zerstreut sich tapfres Heer im Feld,
5895 Und im Getümmel bebt der Held.
So Ehre dem, dem Ehre gebührt,
Und Heil ihm, der uns hergeführt!

DEPUTATION DER GNOMEN an den großen Pan.
Wenn das glänzend reiche Gute
Fadenweis durch Klüfte streicht,
5900 Nur der klugen Wünschelrute
Seine Labyrinthe zeigt,

Wölben wir in dunklen Grüften
Troglodytisch unser Haus,
Und an reinen Tageslüften
5905 Teilst du Schätze gnädig aus.

Nun entdecken wir hieneben
Eine Quelle wunderbar,
Die bequem verspricht zu geben,
Was kaum zu erreichen war.

5910 Dies vermagst du zu vollenden,
Nimm es, Herr, in deine Hut:
Jeder Schatz in deinen Händen
Kommt der ganzen Welt zugut.

PLUTUS zum Herold. Wir müssen uns im hohen Sinne fassen
Und, was geschieht, getrost geschehen lassen,   5915
Du bist ja sonst des stärksten Mutes voll.
Nun wird sich gleich ein Greulichstes eräugnen,
Hartnäckig wird es Welt und Nachwelt leugnen:
Du schreib es treulich in dein Protokoll.

HEROLD den Stab anfassend, welchen Plutus in der Hand behält.
Die Zwerge führen den großen Pan   5920
Zur Feuerquelle sacht heran;
Sie siedet auf vom tiefsten Schlund,
Dann sinkt sie wieder hinab zum Grund,
Und finster steht der offne Mund;
Wallt wieder auf in Glut und Sud,   5925
Der große Pan steht wohlgemut,
Freut sich des wundersamen Dings,
Und Perlenschaum sprüht rechts und links.
Wie mag er solchem Wesen traun?
Er bückt sich tief hineinzuschaun. –   5930
Nun aber fällt sein Bart hinein! –
Wer mag das glatte Kinn wohl sein?
Die Hand verbirgt es unserm Blick. –
Nun folgt ein großes Ungeschick:
Der Bart entflammt und fliegt zurück,   5935
Entzündet Kranz und Haupt und Brust,
Zu Leiden wandelt sich die Lust. –
Zu löschen läuft die Schar herbei,
Doch keiner bleibt von Flammen frei,
Und wie es patscht und wie es schlägt,   5940
Wird neues Flammen aufgeregt;
Verflochten in das Element,
Ein ganzer Maskenklump verbrennt.

Was aber, hör' ich, wird uns kund
Von Ohr zu Ohr, von Mund zu Mund!   5945
O ewig unglücksel'ge Nacht,
Was hast du uns für Leid gebracht!
Verkünden wird der nächste Tag,
Was niemand willig hören mag;
Doch hör' ich aller Orten schrein: 5950

„Der Kaiser leidet solche Pein."
O wäre doch ein andres wahr!
Der Kaiser brennt und seine Schar.
Sie sei verflucht, die ihn verführt,
5955 In harzig Reis sich eingeschnürt,
Zu toben her mit Brüllgesang
Zu allerseitigem Untergang.
O Jugend, Jugend, wirst du nie
Der Freude reines Maß bezirken?
5960 O Hoheit, Hoheit, wirst du nie
Vernünftig wie allmächtig wirken?

Schon geht der Wald in Flammen auf,
Sie züngeln leckend spitz hinauf
Zum holzverschränkten Deckenband;
5965 Uns droht ein allgemeiner Brand.
Des Jammers Maß ist übervoll,
Ich weiß nicht, wer uns retten soll.
Ein Aschenhaufen einer Nacht
Liegt morgen reiche Kaiserpracht.

5970 PLUTUS.   Schrecken ist genug verbreitet,
Hilfe sei nun eingeleitet! —
Schlage, heil'gen Stabs Gewalt,
Daß der Boden bebt und schallt!
Du, geräumig weite Luft,
5975   Fülle dich mit kühlem Duft!
Zieht heran, umherzuschweifen,
Nebeldünste, schwangre Streifen,
Deckt ein flammendes Gewühl!
Rieselt, säuselt, Wölkchen kräuselt,
5980   Schlüpfet wallend, leise dämpfet,
Löschend überall bekämpfet,
Ihr, die lindernden, die feuchten,
Wandelt in ein Wetterleuchten
Solcher eitlen Flamme Spiel! —
5985   Drohen Geister, uns zu schädigen,
Soll sich die Magie betätigen.

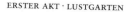

LUSTGARTEN

Morgensonne.

Der Kaiser, Hofleute · Faust, Mephistopheles, anständig, nicht auffallend, nach Sitte gekleidet; beide knieen.

FAUST. Verzeihst du, Herr, das Flammengaukelspiel?

KAISER zum Aufstehn winkend.

Ich wünsche mir dergleichen Scherze viel. –
Auf einmal sah ich mich in glühnder Sphäre,
Es schien mir fast, als ob ich Pluto wäre.
Aus Nacht und Kohlen lag ein Felsengrund,   5990
Von Flämmchen glühend. Dem und jenem Schlund
Aufwirbelten viel tausend wilde Flammen
Und flackerten in ein Gewölb' zusammen.
Zum höchsten Dome züngelt' es empor,   5995
Der immer ward und immer sich verlor.
Durch fernen Raum gewundner Feuersäulen
Sah ich bewegt der Völker lange Zeilen,
Sie drängten sich im weiten Kreis heran
Und huldigten, wie sie es stets getan.   6000
Von meinem Hof erkannt' ich ein und andern,
Ich schien ein Fürst von tausend Salamandern.

MEPHISTOPHELES. Das bist du, Herr! weil jedes Element
Die Majestät als unbedingt erkennt.
Gehorsam Feuer hast du nun erprobt;   6005
Wirf dich ins Meer, wo es am wildsten tobt,
Und kaum betrittst du perlenreichen Grund,
So bildet wallend sich ein herrlich Rund;
Siehst auf und ab lichtgrüne schwanke Wellen,
Mit Purpursaum, zur schönsten Wohnung schwellen 6010
Um dich, den Mittelpunkt. Bei jedem Schritt,
Wohin du gehst, gehn die Paläste mit.
Die Wände selbst erfreuen sich des Lebens,
Pfeilschnellen Wimmlens, Hin- und Widerstrebens.
Meerwunder drängen sich zum neuen milden Schein, 6015
Sie schießen an, und keines darf herein.
Da spielen farbig goldbeschuppte Drachen,
Der Haifisch klafft, du lachst ihm in den Rachen.

Wie sich auch jetzt der Hof um dich entzückt,
6020 Hast du doch nie ein solch Gedräng' erblickt.
Doch bleibst du nicht vom Lieblichsten geschieden:
Es nahen sich neugierige Nereiden
Der prächt'gen Wohnung in der ew'gen Frische,
Die jüngsten scheu und lüstern wie die Fische,
6025 Die spätern klug. Schon wird es Thetis kund,
Dem zweiten Peleus reicht sie Hand und Mund. –
Den Sitz alsdann auf des Olymps Revier...
KAISER. Die luft'gen Räume, die erlass' ich dir:
Noch früh genug besteigt man jenen Thron.
MEPHISTOPHELES.
6030 Und, höchster Herr! die Erde hast du schon.
KAISER. Welch gut Geschick hat dich hieher gebracht,
Unmittelbar aus Tausend Einer Nacht?
Gleichst du an Fruchtbarkeit Scheherazaden,
Versichr' ich dich der höchsten aller Gnaden.
6035 Sei stets bereit, wenn eure Tageswelt,
Wie's oft geschieht, mir widerlichst mißfällt.
MARSCHALK tritt eilig auf.
Durchlauchtigster, ich dacht' in meinem Leben
Vom schönsten Glück Verkündung nicht zu geben
Als diese, die mich hoch beglückt,
6040 In deiner Gegenwart entzückt:
Rechnung für Rechnung ist berichtigt,
Die Wucherklauen sind beschwichtigt,
Los bin ich solcher Höllenpein;
Im Himmel kann's nicht heitrer sein.
HEERMEISTER folgt eilig.
6045 Abschläglich ist der Sold entrichtet,
Das ganze Heer aufs neu' verpflichtet,
Der Landsknecht fühlt sich frisches Blut,
Und Wirt und Dirnen haben's gut.
KAISER. Wie atmet eure Brust erweitert!
6050 Das faltige Gesicht erheitert!
Wie eilig tretet ihr heran!
SCHATZMEISTER der sich einfindet.
Befrage diese, die das Werk getan.
FAUST. Dem Kanzler ziemt's, die Sache vorzutragen.

KANZLER, der langsam herankommt.

Beglückt genug in meinen alten Tagen. –
So hört und schaut das schicksalschwere Blatt, 6055
Das alles Weh in Wohl verwandelt hat.
Er liest. „Zu wissen sei es jedem, der's begehrt:
Der Zettel hier ist tausend Kronen wert.
Ihm liegt gesichert, als gewisses Pfand,
Unzahl vergrabnen Guts im Kaiserland. 6060
Nun ist gesorgt, damit der reiche Schatz,
Sogleich gehoben, diene zum Ersatz."

KAISER. Ich ahne Frevel, ungeheuren Trug!
Wer fälschte hier des Kaisers Namenszug?
Ist solch Verbrechen ungestraft geblieben? 6065

SCHATZMEISTER. Erinnre dich! hast selbst es unterschrieben;
Erst heute nacht. Du standst als großer Pan,
Der Kanzler sprach mit uns zu dir heran:
„Gewähre dir das hohe Festvergnügen,
Des Volkes Heil, mit wenig Federzügen." 6070
Du zogst sie rein, dann ward's in dieser Nacht
Durch Tausendkünstler schnell vertausendfacht.
Damit die Wohltat allen gleich gedeihe,
So stempelten wir gleich die ganze Reihe,
Zehn, Dreißig, Funfzig, Hundert sind parat. 6075
Ihr denkt euch nicht, wie wohl's dem Volke tat.
Seht eure Stadt, sonst halb im Tod verschimmelt,
Wie alles lebt und lustgenießend wimmelt!
Obschon dein Name längst die Welt beglückt,
Man hat ihn nie so freundlich angeblickt. 6080
Das Alphabet ist nun erst überzählig,
In diesem Zeichen wird nun jeder selig.

KAISER. Und meinen Leuten gilt's für gutes Gold?
Dem Heer, dem Hofe gnügt's zu vollem Sold?
So sehr mich's wundert, muß ich's gelten lassen. 6085

MARSCHALK. Unmöglich wär's, die Flüchtigen einzufassen;
Mit Blitzeswink zerstreute sich's im Lauf.
Die Wechslerbänke stehen sperrig auf:
Man honoriert daselbst ein jedes Blatt
Durch Gold und Silber, freilich mit Rabatt. 6090
Nun geht's von da zum Fleischer, Bäcker, Schenken;

Die halbe Welt scheint nur an Schmaus zu denken,
Wenn sich die andre neu in Kleidern bläht.
Der Krämer schneidet aus, der Schneider näht.
6095 Bei „Hoch dem Kaiser!" sprudelt's in den Kellern,
Dort kocht's und brät's und klappert mit den Tellern.

MEPHISTOPHELES.
Wer die Terrassen einsam abspaziert,
Gewahrt die Schönste, herrlich aufgeziert,
Ein Aug' verdeckt vom stolzen Pfauenwedel,
6100 Sie schmunzelt uns und blickt nach solcher Schedel;
Und hurt'ger als durch Witz und Redekunst
Vermittelt sich die reichste Liebesgunst.
Man wird sich nicht mit Börs' und Beutel plagen,
Ein Blättchen ist im Busen leicht zu tragen,
6105 Mit Liebesbrieflein paart's bequem sich hier.
Der Priester trägt's andächtig im Brevier,
Und der Soldat, um rascher sich zu wenden,
Erleichtert schnell den Gürtel seiner Lenden.
Die Majestät verzeihe, wenn ins Kleine
6110 Das hohe Werk ich zu erniedern scheine.

FAUST. Das Übermaß der Schätze, das, erstarrt,
In deinen Landen tief im Boden harrt,
Liegt ungenutzt. Der weiteste Gedanke
Ist solchen Reichtums kümmerlichste Schranke;
6115 Die Phantasie, in ihrem höchsten Flug,
Sie strengt sich an und tut sich nie genug.
Doch fassen Geister, würdig, tief zu schauen,
Zum Grenzenlosen grenzenlos Vertrauen.

MEPHISTOPHELES.
Ein solch Papier, an Gold und Perlen Statt,
6120 Ist so bequem, man weiß doch, was man hat;
Man braucht nicht erst zu markten, noch zu tauschen,
Kann sich nach Lust in Lieb' und Wein berauschen.
Will man Metall, ein Wechsler ist bereit,
Und fehlt es da, so gräbt man eine Zeit.
6125 Pokal und Kette wird verauktioniert,
Und das Papier, sogleich amortisiert,
Beschämt den Zweifler, der uns frech verhöhnt.
Man will nichts anders, ist daran gewöhnt.

So bleibt von nun an allen Kaiserlanden
An Kleinod, Gold, Papier genug vorhanden.   6130
KAISER. Das hohe Wohl verdankt euch unser Reich;
  Wo möglich sei der Lohn dem Dienste gleich.
  Vertraut sei euch des Reiches innrer Boden,
  Ihr seid der Schätze würdigste Kustoden.
  Ihr kennt den weiten, wohlverwahrten Hort,   6135
  Und wenn man gräbt, so sei's auf euer Wort.
  Vereint euch nun, ihr Meister unsres Schatzes,
  Erfüllt mit Lust die Würden eures Platzes,
  Wo mit der obern sich die Unterwelt,
  In Einigkeit beglückt, zusammenstellt.   6140
SCHATZMEISTER.
  Soll zwischen uns kein fernster Zwist sich regen,
  Ich liebe mir den Zaubrer zum Kollegen. Ab mit Faust.
KAISER. Beschenk' ich nun bei Hofe Mann für Mann,
  Gesteh' er mir, wozu er's brauchen kann.
PAGE empfangend. Ich lebe lustig, heiter, guter Dinge.   6145
EIN ANDRER gleichfalls.
  Ich schaffe gleich dem Liebchen Kett' und Ringe.
KÄMMERER annehmend.
  Von nun an trink' ich doppelt beßre Flasche.
EIN ANDRER gleichfalls.
  Die Würfel jucken mich schon in der Tasche.
BANNERHERR mit Bedacht.
  Mein Schloß und Feld, ich mach' es schuldenfrei.
EIN ANDRER gleichfalls.
  Es ist ein Schatz, den leg' ich Schätzen bei.   6150
KAISER. Ich hoffte Lust und Mut zu neuen Taten;
  Doch wer euch kennt, der wird euch leicht erraten.
  Ich merk' es wohl: bei aller Schätze Flor,
  Wie ihr gewesen, bleibt ihr nach wie vor.
NARR, herbeikommend.
  Ihr spendet Gnaden, gönnt auch mir davon!   6155
KAISER. Und lebst du wieder, du vertrinkst sie schon.
NARR. Die Zauberblätter! ich versteh's nicht recht.
KAISER. Das glaub' ich wohl, denn du gebrauchst sie schlecht.
NARR. Da fallen andere; weiß nicht, was ich tu'.
KAISER. Nimm sie nur hin, sie fielen dir ja zu. Ab.   6160

NARR. Fünftausend Kronen wären mir zu Handen!

MEPH. Zweibeiniger Schlauch, bist wieder auferstanden?

NARR. Geschieht mir oft, doch nicht so gut als jetzt.

MEPH. Du freust dich so, daß dich's in Schweiß versetzt.

6165 NARR. Da seht nur her, ist das wohl Geldes wert?

MEPH. Du hast dafür, was Schlund und Bauch begehrt.

NARR. Und kaufen kann ich Acker, Haus und Vieh?

MEPHISTOPHELES. Versteht sich! Biete nur, das fehlt dir nie.

NARR. Und Schloß, mit Wald und Jagd und Fischbach?

MEPHISTOPHELES.   Traun!

6170 Ich möchte dich gestrengen Herrn wohl schaun!

NARR. Heut abend wieg' ich mich im Grundbesitz! – Ab.

MEPHISTOPHELES solus.

Wer zweifelt noch an unsres Narren Witz!

FINSTERE GALERIE

Faust. Mephistopheles.

MEPHISTOPHELES. Was ziehst du mich in diese düstern

     Ist nicht da drinnen Lust genug,   [Gänge?

6175   Im dichten, bunten Hofgedränge

     Gelegenheit zu Spaß und Trug?

FAUST. Sag mir das nicht, du hast's in alten Tagen

     Längst an den Sohlen abgetragen;

     Doch jetzt dein Hin- und Widergehn

6180   Ist nur, um mir nicht Wort zu stehn.

     Ich aber bin gequält zu tun:

     Der Marschalk und der Kämmrer treibt mich nun.

     Der Kaiser will, es muß sogleich geschehn,

     Will Helena und Paris vor sich sehn;

6185   Das Musterbild der Männer so der Frauen

     In deutlichen Gestalten will er schauen.

     Geschwind ans Werk! ich darf mein Wort nicht brechen.

MEPHISTOPHELES.

     Unsinnig war's, leichtsinnig zu versprechen.

FAUST. Du hast, Geselle, nicht bedacht,

6190   Wohin uns deine Künste führen;

     Erst haben wir ihn reich gemacht,

     Nun sollen wir ihn amüsieren.

MEPHISTOPHELES. Du wähnst, es füge sich sogleich;
Hier stehen wir vor steilern Stufen,
Greifst in ein fremdestes Bereich, 6195
Machst frevelhaft am Ende neue Schulden,
Denkst Helenen so leicht hervorzurufen
Wie das Papiergespenst der Gulden. –
Mit Hexen-Fexen, mit Gespenst-Gespinsten,
Kielkröpfigen Zwergen steh' ich gleich zu Diensten; 6200
Doch Teufels-Liebchen, wenn auch nicht zu schelten,
Sie können nicht für Heroinen gelten.
FAUST. Da haben wir den alten Leierton!
Bei dir gerät man stets ins Ungewisse.
Der Vater bist du aller Hindernisse, 6205
Für jedes Mittel willst du neuen Lohn.
Mit wenig Murmeln, weiß ich, ist's getan;
Wie man sich umschaut, bringst du sie zur Stelle.
MEPHISTOPHELES. Das Heidenvolk geht mich nichts an,
Es haust in seiner eignen Hölle; 6210
Doch gibt's ein Mittel.
FAUST. Sprich, und ohne Säumnis!
MEPHISTOPHELES. Ungern entdeck' ich höheres Geheimnis.
Göttinnen thronen hehr in Einsamkeit,
Um sie kein Ort, noch weniger eine Zeit;
Von ihnen sprechen ist Verlegenheit. 6215
Die Mütter sind es!
FAUST, aufgeschreckt. Mütter!
MEPHISTOPHELES. Schaudert's dich?
FAUST. Die Mütter! Mütter! – 's klingt so wunderlich!
MEPHISTOPHELES. Das ist es auch. Göttinnen, ungekannt
Euch Sterblichen, von uns nicht gern genannt.
Nach ihrer Wohnung magst ins Tiefste schürfen; 6220
Du selbst bist schuld, daß ihrer wir bedürfen.
FAUST. Wohin der Weg?
MEPHISTOPHELES. Kein Weg! Ins Unbetretene,
Nicht zu Betretende; ein Weg ans Unerbetene,
Nicht zu Erbittende. Bist du bereit? –
Nicht Schlösser sind, nicht Riegel wegzuschieben, 6225
Von Einsamkeiten wirst umhergetrieben.
Hast du Begriff von Öd' und Einsamkeit?

Symbolic Keys (inner attitude of soul)

FAUST. Du spartest, dächt' ich, solche Sprüche;
Hier wittert's nach der Hexenküche   — an echo of "vibes"
6230 Nach einer längst vergangnen Zeit.
Mußt' ich nicht mit der Welt verkehren?
Das Leere lernen, Leeres lehren? –
Sprach ich vernünftig, wie ich's angeschaut,
Erklang der Widerspruch gedoppelt laut;
6235 Mußt' ich sogar vor widerwärtigen Streichen
Zur Einsamkeit, zur Wildernis entweichen
Und, um nicht ganz versäumt allein zu leben,
Mich doch zuletzt dem Teufel übergeben.
MEPHISTOPHELES.
Und hättest du den Ozean durchschwommen,
6240 Das Grenzenlose dort geschaut,
So sähst du dort doch Well' auf Welle kommen,
Selbst wenn es dir vorm Untergange graut.
Du sähst doch etwas. Sähst wohl in der Grüne
Gestillter Meere streichende Delphine;
6245 Sähst Wolken ziehen, Sonne, Mond und Sterne –
Nichts wirst du sehn in ewig leerer Ferne,
Den Schritt nicht hören, den du tust,
Nichts Festes finden, wo du ruhst.
FAUST. Du sprichst als erster aller Mystagogen,
6250 Die treue Neophyten je betrogen;
Nur umgekehrt. Du sendest mich ins Leere,
Damit ich dort so Kunst als Kraft vermehre;
Behandelst mich, daß ich, wie jene Katze,
Dir die Kastanien aus den Gluten kratze.
6255 Nur immer zu! wir wollen es ergründen,
In deinem Nichts hoff' ich das All zu finden.
MEPH. Ich rühme dich, eh' du dich von mir trennst,
Und sehe wohl, daß du den Teufel kennst;
Hier diesen Schlüssel nimm.
FAUST.   Das kleine Ding!
6260 MEPH. Erst faß ihn an und schätz ihn nicht gering.
FAUST. Er wächst in meiner Hand! er leuchtet, blitzt!
MEPH. Merkst du nun bald, was man an ihm besitzt?
Der Schlüssel wird die rechte Stelle wittern,
Folg ihm hinab, er führt dich zu den Müttern.

Key as theatrical "trick" (stamping foot etc.)

FAUST schaudernd.

Den Müttern! Trifft's mich immer wie ein Schlag! 6265
Was ist das Wort, das ich nicht hören mag?

MEPH. Bist du beschränkt, daß neues Wort dich stört?
Willst du nur hören, was du schon gehört?
Dich störe nichts, wie es auch weiter klinge,
Schon längst gewohnt der wunderbarsten Dinge. 6270

FAUST. Doch im Erstarren such' ich nicht mein Heil,
Das Schaudern ist der Menschheit bestes Teil;
Wie auch die Welt ihm das Gefühl verteure,
Ergriffen, fühlt er tief das Ungeheure.

MEPH. Versinke denn! Ich könnt' auch sagen: steige! 6275
's ist einerlei. Entfliehe dem Entstandnen
In der Gebilde losgebundne Reiche!
Ergetze dich am längst nicht mehr Vorhandnen;
Wie Wolkenzüge schlingt sich das Getreibe,
Den Schlüssel schwinge, halte sie vom Leibe! 6280

FAUST begeistert. Wohl! fest ihn fassend fühl' ich neue Stärke,
Die Brust erweitert, hin zum großen Werke.

MEPH. Ein glühnder Dreifuß tut dir endlich kund,
Du seist im tiefsten, allertiefsten Grund.
Bei seinem Schein wirst du die Mütter sehn, 6285
Die einen sitzen, andre stehn und gehn,
Wie's eben kommt. Gestaltung, Umgestaltung,
Des ewigen Sinnes ewige Unterhaltung.
Umschwebt von Bildern aller Kreatur;
Sie sehn dich nicht, denn Schemen sehn sie nur. 6290
Da faß ein Herz, denn die Gefahr ist groß,
Und gehe grad' auf jenen Dreifuß los,
Berühr ihn mit dem Schlüssel!

FAUST macht eine entschieden gebietende Attitüde mit dem Schlüssel.

MEPHISTOPHELES ihn betrachtend. So ist's recht!
Er schließt sich an, er folgt als treuer Knecht;
Gelassen steigst du, dich erhebt das Glück,
Und eh' sie's merken, bist mit ihm zurück.
Und hast du ihn einmal hierher gebracht,
So rufst du Held und Heldin aus der Nacht,
Der erste, der sich jener Tat erdreistet;
Sie ist getan, und du hast es geleistet.

Meph. is lying &
  „ teasing

Dann muß fortan, nach magischem Behandeln,
Der Weihrauchsnebel sich in Götter wandeln.
FAUST. Und nun was jetzt?
MEPHISTOPHELES.　　　　　Dein Wesen strebe nieder;
　Versinke stampfend, stampfend steigst du wieder.
FAUST stampft und versinkt.
6305 MEPH. Wenn ihm der Schlüssel nur zum besten frommt!
　Neugierig bin ich, ob er wiederkommt.

Most dangerous threshold crossing faust has ever made

HELL ERLEUCHTETE SÄLE

Kaiser und Fürsten, Hof in Bewegung.

KÄMMERER zu Mephistopheles.
　Ihr seid uns noch die Geisterszene schuldig;
　Macht Euch daran! der Herr ist ungeduldig.
MARSCHALK. Soeben fragt der Gnädigste darnach;
6310 Ihr! zaudert nicht der Majestät zur Schmach.
MEPHISTOPHELES.
　Ist mein Kumpan doch deshalb weggegangen;
　Er weiß schon, wie es anzufangen,
　Und laboriert verschlossen still,
　Muß ganz besonders sich befleißen;
6315 Denn wer den Schatz, das Schöne, heben will,
　Bedarf der höchsten Kunst, Magie der Weisen.
MARSCHALK. Was ihr für Künste braucht, ist einerlei:
　Der Kaiser will, daß alles fertig sei.
BLONDINE zu Mephistopheles.
　Ein Wort, mein Herr! Ihr seht ein klar Gesicht,
6320 Jedoch so ist's im leidigen Sommer nicht!
　Da sprossen hundert bräunlich rote Flecken,
　Die zum Verdruß die weiße Haut bedecken.
　Ein Mittel!
MEPHISTOPHELES. Schade! so ein leuchtend Schätzchen
　Im Mai getupft wie eure Pantherkätzchen.
6325 Nehmt Froschlaich, Krötenzungen, kohobiert,
　Im vollsten Mondlicht sorglich distilliert
　Und, wenn er abnimmt, reinlich aufgestrichen,
　Der Frühling kommt, die Tupfen sind entwichen.

BRAUNE. Die Menge drängt heran, Euch zu umschranzen.
  Ich bitt' um Mittel! Ein erfrorner Fuß   6330
  Verhindert mich am Wandeln wie am Tanzen,
  Selbst ungeschickt beweg' ich mich zum Gruß.

MEPHISTOPHELES. Erlaubet einen Tritt von meinem Fuß.

BRAUNE. Nun, das geschieht wohl unter Liebesleuten.

MEPH. Mein Fußtritt, Kind! hat Größres zu bedeuten.   6335
  Zu Gleichem Gleiches, was auch einer litt;
  Fuß heilet Fuß, so ist's mit allen Gliedern.
  Heran! Gebt acht! Ihr sollt es nicht erwidern.

BRAUNE schreiend.
  Weh! Weh! das brennt! das war ein harter Tritt,
  Wie Pferdehuf.

MEPHISTOPHELES. Die Heilung nehmt Ihr mit.   6340
  Du kannst nunmehr den Tanz nach Lust verüben,
  Bei Tafel schwelgend füßle mit dem Lieben.

DAME herandringend.
  Laßt mich hindurch! Zu groß sind meine Schmerzen,
  Sie wühlen siedend mir im tiefsten Herzen;
  Bis gestern sucht' Er Heil in meinen Blicken,   6345
  Er schwatzt mit ihr und wendet mir den Rücken.

MEPHISTOPHELES. Bedenklich ist es, aber höre mich.
  An ihn heran mußt du dich leise drücken;
  Nimm diese Kohle, streich ihm einen Strich
  Auf Ärmel, Mantel, Schulter, wie sich's macht;   6350
  Er fühlt im Herzen holden Reuestich.
  Die Kohle doch mußt du sogleich verschlingen,
  Nicht Wein, nicht Wasser an die Lippen bringen;
  Er seufzt vor deiner Tür noch heute nacht.

DAME. Ist doch kein Gift?

MEPHISTOPHELES entrüstet. Respekt, wo sich's gebührt!   6355
  Weit müßtet Ihr nach solcher Kohle laufen;
  Sie kommt von einem Scheiterhaufen,
  Den wir sonst emsiger angeschürt.

PAGE. Ich bin verliebt, man hält mich nicht für voll.

MEPHISTOPHELES beiseite.
  Ich weiß nicht mehr, wohin ich hören soll.   6360
  Zum Pagen. Müßt Euer Glück nicht auf die Jüngste setzen.

Die Angejahrten wissen Euch zu schätzen. –
Andere drängen sich herzu.

Schon wieder Neue! Welch ein harter Strauß!
Ich helfe mir zuletzt mit Wahrheit aus;
6365 Der schlechteste Behelf! Die Not ist groß. –
O Mütter, Mütter! Laßt nur Fausten los! Umherschauend.
Die Lichter brennen trübe schon im Saal,
Der ganze Hof bewegt sich auf einmal.
Anständig seh' ich sie in Folge ziehn
6370 Durch lange Gänge, ferne Galerien.
Nun! sie versammeln sich im weiten Raum
Des alten Rittersaals, er faßt sie kaum.
Auf breite Wände Teppiche spendiert,
Mit Rüstung Eck' und Nischen ausgeziert.
6375 Hier braucht es, dächt' ich, keine Zauberworte;
Die Geister finden sich von selbst zum Orte.

RITTERSAAL

Dämmernde Beleuchtung.

Kaiser und Hof sind eingezogen.

HEROLD. Mein alt Geschäft, das Schauspiel anzukünden,
Verkümmert mir der Geister heimlich Walten;
Vergebens wagt man, aus verständigen Gründen
6380 Sich zu erklären das verworrene Schalten.
Die Sessel sind, die Stühle schon zur Hand;
Den Kaiser setzt man grade vor die Wand;
Auf den Tapeten mag er da die Schlachten
Der großen Zeit bequemlichstens betrachten.
6385 Hier sitzt nun alles, Herr und Hof im Runde,
Die Bänke drängen sich im Hintergrunde;
Auch Liebchen hat, in düstern Geisterstunden,
Zur Seite Liebchens lieblich Raum gefunden.
Und so, da alle schicklich Platz genommen,
6390 Sind wir bereit; die Geister mögen kommen! Posaunen.
ASTROLOG. Beginne gleich das Drama seinen Lauf,
Der Herr befiehlt's, ihr Wände tut euch auf!
Nichts hindert mehr, hier ist Magie zur Hand:

Die Teppiche schwinden, wie gerollt vom Brand;
Die Mauer spaltet sich, sie kehrt sich um, 6395
Ein tief Theater scheint sich aufzustellen,
Geheimnisvoll ein Schein uns zu erhellen,
Und ich besteige das Proszenium.

MEPHISTOPHELES, aus dem Souffleurloche auftauchend.

Von hier aus hoff' ich allgemeine Gunst,
Einbläsereien sind des Teufels Redekunst. 6400

Zum Astrologen.

Du kennst den Takt, in dem die Sterne gehn,
Und wirst mein Flüstern meisterlich verstehn.

ASTROLOG. Durch Wunderkraft erscheint allhier zur Schau,
Massiv genug, ein alter Tempelbau.
Dem Atlas gleich, der einst den Himmel trug, 6405
Stehn reihenweis der Säulen hier genug;
Sie mögen wohl der Felsenlast genügen,
Da zweie schon ein groß Gebäude trügen.

ARCHITEKT. Das wär' antik! Ich wüßt' es nicht zu preisen,
Es sollte plump und überlästig heißen. 6410
Roh nennt man edel, unbehülflich groß.
Schmalpfeiler lieb' ich, strebend, grenzenlos;
Spitzbögiger Zenit erhebt den Geist;
Solch ein Gebäu erbaut uns allermeist.

ASTROLOG. Empfangt mit Ehrfurcht sterngegönnte Stunden; 6415
Durch magisch Wort sei die Vernunft gebunden;
Dagegen weit heran bewege frei
Sich herrliche verwegne Phantasei.
Mit Augen schaut nun, was ihr kühn begehrt,
Unmöglich ist's, drum eben glaubenswert. 6420

Faust steigt auf der andern Seite des Proszeniums herauf.

ASTROLOG. Im Priesterkleid, bekränzt, ein Wundermann,
Der nun vollbringt, was er getrost begann.
Ein Dreifuß steigt mit ihm aus hohler Gruft,
Schon ahn' ich aus der Schale Weihrauchduft.
Er rüstet sich, das hohe Werk zu segnen; 6425
Es kann fortan nur Glückliches begegnen.

FAUST großartig. In eurem Namen, Mütter, die ihr thront
Im Grenzenlosen, ewig einsam wohnt,
Und doch gesellig. Euer Haupt umschweben

6430 Des Lebens Bilder, regsam, ohne Leben.
       Was einmal war, in allem Glanz und Schein,
       Es regt sich dort; denn es will ewig sein.
       Und ihr verteilt es, allgewaltige Mächte,
       Zum Zelt des Tages, zum Gewölb der Nächte.
6435 Die einen faßt des Lebens holder Lauf,
       Die andern sucht der kühne Magier auf;
       In reicher Spende läßt er, voll Vertrauen,
       Was jeder wünscht, das Wunderwürdige schauen.

ASTROLOG.
       Der glühnde Schlüssel rührt die Schale kaum,
6440 Ein dunstiger Nebel deckt sogleich den Raum;
       Er schleicht sich ein, er wogt nach Wolkenart,
       Gedehnt, geballt, verschränkt, geteilt, gepaart.
       Und nun erkennt ein Geister-Meisterstück!
       So wie sie wandeln, machen sie Musik.
6445 Aus luft'gen Tönen quillt ein Weißnichtwie,
       Indem sie ziehn, wird alles Melodie.
       Der Säulenschaft, auch die Triglyphe klingt,
       Ich glaube gar, der ganze Tempel singt.
       Das Dunstige senkt sich; aus dem leichten Flor
6450 Ein schöner Jüngling tritt im Takt hervor.
       Hier schweigt mein Amt, ich brauch' ihn nicht zu nennen,
       Wer sollte nicht den holden Paris kennen!

                    Paris hervortretend.

DAME. O! welch ein Glanz aufblühender Jugendkraft!
ZWEITE. Wie eine Pfirsche frisch und voller Saft!
6455 DRITTE. Die fein gezognen, süß geschwollnen Lippen!
VIERTE. Du möchtest wohl an solchem Becher nippen?
FÜNFTE. Er ist gar hübsch, wenn auch nicht eben fein.
SECHSTE. Ein bißchen könnt' er doch gewandter sein.
RITTER. Den Schäferknecht glaub' ich allhier zu spüren,
6460 Vom Prinzen nichts und nichts von Hofmanieren.
ANDRER. Eh nun! halb nackt ist wohl der Junge schön,
       Doch müßten wir ihn erst im Harnisch sehn!
DAME. Er setzt sich nieder, weichlich, angenehm.
RITTER. Auf seinem Schoße wär' Euch wohl bequem?
6465 ANDRE. Er lehnt den Arm so zierlich übers Haupt.
KÄMMERER. Die Flegelei! Das find' ich unerlaubt!

DAME. Ihr Herren wißt an allem was zu mäkeln.

DERSELBE. In Kaisers Gegenwart sich hinzuräkeln!

DAME. Er stellt's nur vor! Er glaubt sich ganz allein.

DERSELBE. Das Schauspiel selbst, hier sollt' es höflich sein. 6470

DAME. Sanft hat der Schlaf den Holden übernommen.

DERSELBE.
  Er schnarcht nun gleich; natürlich ist's, vollkommen!

JUNGE DAME entzückt.
  Zum Weihrauchsdampf was duftet so gemischt,
  Das mir das Herz zum innigsten erfrischt?

ÄLTERE. Fürwahr! Es dringt ein Hauch tief ins Gemüte, 6475
  Er kommt von ihm!

ÄLTESTE.   Es ist des Wachstums Blüte,
  Im Jüngling als Ambrosia bereitet
  Und atmosphärisch ringsumher verbreitet.

              Helena hervortretend.

MEPHISTOPHELES.
  Das wär' sie denn! Vor dieser hätt' ich Ruh';
  Hübsch ist sie wohl, doch sagt sie mir nicht zu. 6480

ASTROLOG. Für mich ist diesmal weiter nichts zu tun,
  Als Ehrenmann gesteh', bekenn' ich's nun.
  Die Schöne kommt, und hätt' ich Feuerzungen! –
  Von Schönheit ward von jeher viel gesungen –
  Wem sie erscheint, wird aus sich selbst entrückt, 6485
  Wem sie gehörte, ward zu hoch beglückt.

FAUST. Hab' ich noch Augen? Zeigt sich tief im Sinn
  Der Schönheit Quelle reichlichstens ergossen?
  Mein Schreckensgang bringt seligsten Gewinn.
  Wie war die Welt mir nichtig, unerschlossen! 6490
  Was ist sie nun seit meiner Priesterschaft?
  Erst wünschenswert, gegründet, dauerhaft!
  Verschwinde mir des Lebens Atemkraft,
  Wenn ich mich je von dir zurückgewöhne! –
  Die Wohlgestalt, die mich voreinst entzückte, 6495
  In Zauberspiegelung beglückte,
  War nur ein Schaumbild solcher Schöne! –
  Du bist's, der ich die Regung aller Kraft,
  Den Inbegriff der Leidenschaft,
  Dir Neigung, Lieb', Anbetung, Wahnsinn zolle. 6500

MEPHISTOPHELES aus dem Kasten.

So faßt Euch doch und fallt nicht aus der Rolle!

ÄLTERE DAME. Groß, wohlgestaltet, nur der Kopf zu klein.

JÜNGERE. Seht nur den Fuß! Wie könnt' er plumper sein!

DIPLOMAT. Fürstinnen hab' ich dieser Art gesehn,

6505   Mich deucht, sie ist vom Kopf zum Fuße schön.

HOFMANN. Sie nähert sich dem Schläfer listig mild.

DAME. Wie häßlich neben jugendreinem Bild!

POET. Von ihrer Schönheit ist er angestrahlt.

DAME. Endymion und Luna! wie gemalt!

6510 DERSELBE. Ganz recht! Die Göttin scheint herabzusinken,

Sie neigt sich über, seinen Hauch zu trinken;

Beneidenswert! – Ein Kuß! – Das Maß ist voll.

DUENNA. Vor allen Leuten! Das ist doch zu toll!

FAUST. Furchtbare Gunst dem Knaben! –

MEPHISTOPHELES.   Ruhig! still!

6515   Laß das Gespenst doch machen, was es will.

HOFMANN. Sie schleicht sich weg, leichtfüßig; er erwacht.

DAME. Sie sieht sich um! Das hab' ich wohl gedacht.

HOFMANN. Er staunt! Ein Wunder ist's, was ihm geschieht.

DAME. Ihr ist kein Wunder, was sie vor sich sieht.

6520 HOFMANN. Mit Anstand kehrt sie sich zu ihm herum.

DAME. Ich merke schon, sie nimmt ihn in die Lehre;

In solchem Fall sind alle Männer dumm,

Er glaubt wohl auch, daß er der erste wäre.

RITTER. Laßt mir sie gelten! Majestätisch fein! –

6525 DAME. Die Buhlerin! Das nenn' ich doch gemein!

PAGE. Ich möchte wohl an seiner Stelle sein!

HOFMANN. Wer würde nicht in solchem Netz gefangen?

DAME. Das Kleinod ist durch manche Hand gegangen,

Auch die Verguldung ziemlich abgebraucht.

6530 ANDRE. Vom zehnten Jahr an hat sie nichts getaugt.

RITTER. Gelegentlich nimmt jeder sich das Beste;

Ich hielte mich an diese schönen Reste.

GELAHRTER. Ich seh' sie deutlich, doch gesteh' ich frei:

Zu zweiflen ist, ob sie die rechte sei.

6535   Die Gegenwart verführt ins Übertriebne,

Ich halte mich vor allem ans Geschriebne.

Da les' ich denn, sie habe wirklich allen

Graubärten Trojas sonderlich gefallen;
Und wie mich dünkt, vollkommen paßt das hier:
Ich bin nicht jung, und doch gefällt sie mir.   6540

ASTROLOG. Nicht Knabe mehr! Ein kühner Heldenmann,
Umfaßt er sie, die kaum sich wehren kann.
Gestärkten Arms hebt er sie hoch empor,
Entführt er sie wohl gar?

FAUST.   Verwegner Tor!
Du wagst! Du hörst nicht! halt! das ist zu viel!   6545

MEPHISTOPHELES.
Machst du's doch selbst, das Fratzengeisterspiel!

ASTROLOG. Nur noch ein Wort! Nach allem, was geschah,
Nenn' ich das Stück den Raub der Helena.

FAUST. Was Raub! Bin ich für nichts an dieser Stelle!
Ist dieser Schlüssel nicht in meiner Hand!   6550
Er führte mich, durch Graus und Wog' und Welle
Der Einsamkeiten, her zum festen Strand.
Hier fass' ich Fuß! Hier sind es Wirklichkeiten,
Von hier aus darf der Geist mit Geistern streiten,
Das Doppelreich, das große, sich bereiten.   6555
So fern sie war, wie kann sie näher sein!
Ich rette sie, und sie ist doppelt mein.
Gewagt! Ihr Mütter! Mütter! müßt's gewähren!
Wer sie erkannt, der darf sie nicht entbehren.

ASTROLOG. Was tust du, Fauste! Fauste! – Mit Gewalt   6560
Faßt er sie an, schon trübt sich die Gestalt.
Den Schlüssel kehrt er nach dem Jüngling zu,
Berührt ihn! – Weh uns, Wehe! Nu! im Nu!

        Explosion, Faust liegt am Boden.
        Die Geister gehen in Dunst auf.

MEPHISTOPHELES, *der Fausten auf die Schulter nimmt.*
Da habt ihr's nun! mit Narren sich beladen,
Das kommt zuletzt dem Teufel selbst zu Schaden.   6565

        Finsternis, Tumult.

ZWEITER AKT

HOCHGEWÖLBTES ENGES GOTISCHES ZIMMER
ehemals Faustens, unverändert

MEPHISTOPHELES hinter einem Vorhang hervortretend. Indem
er ihn aufhebt und zurücksieht, erblickt man Fausten hingestreckt
auf einem altväterischen Bette.

Hier lieg, Unseliger! verführt
Zu schwergelöstem Liebesbande!
Wen Helena paralysiert,
Der kommt so leicht nicht zu Verstande. Sich umschauend.
6570 Blick' ich hinauf, hierher, hinüber,
Allunverändert ist es, unversehrt;
Die bunten Scheiben sind, so dünkt mich, trüber,
Die Spinneweben haben sich vermehrt;
Die Tinte starrt, vergilbt ist das Papier;
6575 Doch alles ist am Platz geblieben;
Sogar die Feder liegt noch hier,
Mit welcher Faust dem Teufel sich verschrieben.
Ja! tiefer in dem Rohre stockt
Ein Tröpflein Blut, wie ich's ihm abgelockt.
6580 Zu einem solchen einzigen Stück
Wünscht' ich dem größten Sammler Glück.
Auch hängt der alte Pelz am alten Haken,
Erinnert mich an jene Schnaken,
Wie ich den Knaben einst belehrt,
6585 Woran er noch vielleicht als Jüngling zehrt.
Es kommt mir wahrlich das Gelüsten,
Rauchwarme Hülle, dir vereint
Mich als Dozent noch einmal zu erbrüsten,
Wie man so völlig recht zu haben meint.
6590 Gelehrte wissen's zu erlangen,
Dem Teufel ist es längst vergangen.

Er schüttelt den herabgenommenen Pelz; Zikaden, Käfer und
Farfarellen fahren heraus.

CHOR DER INSEKTEN. Willkommen! willkommen,
Du alter Patron!
Wir schweben und summen

Und kennen dich schon.   6595
Nur einzeln im stillen
Du hast uns gepflanzt;
Zu Tausenden kommen wir,
Vater, getanzt.
Der Schalk in dem Busen   6600
Verbirgt sich so sehr,
Vom Pelze die Läuschen
Enthüllen sich eh'r.

MEPHISTOPHELES.
Wie überraschend mich die junge Schöpfung freut!
Man säe nur, man erntet mit der Zeit.   6605
Ich schüttle noch einmal den alten Flaus,
Noch eines flattert hier und dort hinaus. –
Hinauf! umher! in hunderttausend Ecken
Eilt euch, ihr Liebchen, zu verstecken.
Dort, wo die alten Schachteln stehn,   6610
Hier im bebräunten Pergamen,
In staubigen Scherben alter Töpfe,
Dem Hohlaug' jener Totenköpfe.
In solchem Wust und Moderleben
Muß es für ewig Grillen geben. Schlüpft in den Pelz.   6615
Komm, decke mir die Schultern noch einmal!
Heut bin ich wieder Prinzipal.
Doch hilft es nichts, mich so zu nennen;
Wo sind die Leute, die mich anerkennen?

Er zieht die Glocke, die einen gellenden, durchdringenden Ton erschallen läßt, wovon die Hallen erbeben und die Türen aufspringen.

FAMULUS, den langen finstern Gang herwankend.
Welch ein Tönen! welch ein Schauer!   6620
Treppe schwankt, es bebt die Mauer;
Durch der Fenster buntes Zittern
Seh' ich wetterleuchtend Wittern.
Springt das Estrich, und von oben
Rieselt Kalk und Schutt verschoben.   6625
Und die Türe, fest verriegelt,
Ist durch Wunderkraft entsiegelt. –
Dort! Wie fürchterlich! Ein Riese

Steht in Faustens altem Vliese!
6630 Seinen Blicken, seinem Winken
Möcht' ich in die Kniee sinken.
Soll ich fliehen? Soll ich stehn?
Ach, wie wird es mir ergehn!

MEPHISTOPHELES winkend.
Heran, mein Freund! – Ihr heißet Nikodemus.
6635 FAMULUS. Hochwürdiger Herr! so ist mein Nam' – Oremus.
MEPHISTOPHELES. Das lassen wir!
FAMULUS.   Wie froh, daß Ihr mich kennt!
MEPHISTOPHELES.
Ich weiß es wohl, bejahrt und noch Student,
Bemooster Herr! Auch ein gelehrter Mann
Studiert so fort, weil er nicht anders kann.
6640 So baut man sich ein mäßig Kartenhaus,
Der größte Geist baut's doch nicht völlig aus.
Doch Euer Meister, das ist ein Beschlagner:
Wer kennt ihn nicht, den edlen Doktor Wagner,
Den Ersten jetzt in der gelehrten Welt!
6645 Er ist's allein, der sie zusammenhält,
Der Weisheit täglicher Vermehrer.
Allwißbegierige Horcher, Hörer
Versammeln sich um ihn zuhauf.
Er leuchtet einzig vom Katheder;
6650 Die Schlüssel übt er wie Sankt Peter,
Das Untre so das Obre schließt er auf.
Wie er vor allen glüht und funkelt,
Kein Ruf, kein Ruhm hält weiter stand;
Selbst Faustus' Name wird verdunkelt,
6655 Er ist es, der allein erfand.
FAMULUS.
Verzeiht, hochwürdiger Herr! wenn ich Euch sage,
Wenn ich zu widersprechen wage:
Von allem dem ist nicht die Frage;
Bescheidenheit ist sein beschieden Teil.
6660 Ins unbegreifliche Verschwinden
Des hohen Manns weiß er sich nicht zu finden;
Von dessen Wiederkunft erfleht er Trost und Heil.
Das Zimmer, wie zu Doktor Faustus' Tagen,

Noch unberührt seitdem er fern,
Erwartet seinen alten Herrn.   6665
Kaum wag' ich's, mich hereinzuwagen.
Was muß die Sternenstunde sein? –
Gemäuer scheint mir zu erbangen;
Türpfosten bebten, Riegel sprangen,
Sonst kamt Ihr selber nicht herein.   6670

MEPHISTOPHELES. Wo hat der Mann sich hingetan?
Führt mich zu ihm, bringt ihn heran!

FAMULUS. Ach! sein Verbot ist gar zu scharf,
Ich weiß nicht, ob ich's wagen darf.
Monatelang, des großen Werkes willen,   6675
Lebt' er im allerstillsten Stillen.
Der zarteste gelehrter Männer,
Er sieht aus wie ein Kohlenbrenner,
Geschwärzt vom Ohre bis zur Nasen,
Die Augen rot vom Feuerblasen,   6680
So lechzt er jedem Augenblick;
Geklirr der Zange gibt Musik.

MEPHISTOPHELES. Sollt' er den Zutritt mir verneinen?
Ich bin der Mann, das Glück ihm zu beschleunen.

Der Famulus geht ab, Mephistopheles *setzt sich gravitätisch nieder.*

Kaum hab' ich Posto hier gefaßt,   6685
Regt sich dort hinten, mir bekannt, ein Gast.
Doch diesmal ist er von den Neusten,
Er wird sich grenzenlos erdreusten.

BACCALAUREUS, *den Gang herstürmend.*

        Tor und Türe find' ich offen!
        Nun, da läßt sich endlich hoffen,   6690
        Daß nicht, wie bisher, im Moder
        Der Lebendige wie ein Toter
        Sich verkümmere, sich verderbe
        Und am Leben selber sterbe.

        Diese Mauern, diese Wände   6695
        Neigen, senken sich zum Ende,
        Und wenn wir nicht bald entweichen,
        Wird uns Fall und Sturz erreichen.

Bin verwegen, wie nicht einer,
6700   Aber weiter bringt mich keiner.

Doch was soll ich heut erfahren!
War's nicht hier, vor so viel Jahren,
Wo ich, ängstlich und beklommen,
War als guter Fuchs gekommen?
6705   Wo ich diesen Bärtigen traute,
Mich an ihrem Schnack erbaute?

Aus den alten Bücherkrusten
Logen sie mir, was sie wußten,
Was sie wußten, selbst nicht glaubten,
6710   Sich und mir das Leben raubten.
Wie? – Dort hinten in der Zelle
Sitzt noch einer dunkel-helle!

Nahend seh' ich's mit Erstaunen,
Sitzt er noch im Pelz, dem braunen,
6715   Wahrlich, wie ich ihn verließ,
Noch gehüllt im rauhen Vlies!
Damals schien er zwar gewandt,
Als ich ihn noch nicht verstand.
Heute wird es nichts verfangen,
6720   Frisch an ihn herangegangen!

Wenn, alter Herr, nicht Lethes trübe Fluten
Das schiefgesenkte, kahle Haupt durchschwommen,
Seht anerkennend hier den Schüler kommen,
Entwachsen akademischen Ruten.
6725 Ich find' Euch noch, wie ich Euch sah;
Ein anderer bin ich wieder da.

MEPHISTOPHELES. Mich freut, daß ich Euch hergeläutet.
Ich schätzt' Euch damals nicht gering;
Die Raupe schon, die Chrysalide deutet
6730 Den künftigen bunten Schmetterling.
Am Lockenkopf und Spitzenkragen
Empfandet Ihr ein kindliches Behagen. –
Ihr trugt wohl niemals einen Zopf? –
Heut schau' ich Euch im Schwedenkopf.

Ganz resolut und wacker seht Ihr aus;   6735
Kommt nur nicht absolut nach Haus.

BACCALAUREUS. Mein alter Herr! Wir sind am alten Orte;
Bedenkt jedoch erneuter Zeiten Lauf   B = really rude, bratty
Und sparet doppelsinnige Worte;   guy.
Wir passen nun ganz anders auf.   6740
Ihr hänseltet den guten treuen Jungen;
Das ist Euch ohne Kunst gelungen,
Was heutzutage niemand wagt.

MEPH. Wenn man der Jugend reine Wahrheit sagt,
Die gelben Schnäbeln keineswegs behagt,   6745
Sie aber hinterdrein nach Jahren
Das alles derb an eigner Haut erfahren,
Dann dünkeln sie, es käm' aus eignem Schopf;
Da heißt es denn: der Meister war ein Tropf.

BACCALAUREUS.
Ein Schelm vielleicht! – denn welcher Lehrer spricht   6750
Die Wahrheit uns direkt ins Angesicht?
Ein jeder weiß zu mehren wie zu mindern,
Bald ernst, bald heiter klug zu frommen Kindern.

MEPHISTOPHELES. Zum Lernen gibt es freilich eine Zeit;
Zum Lehren seid Ihr, merk' ich, selbst bereit.   6755
Seit manchen Monden, einigen Sonnen
Erfahrungsfülle habt Ihr wohl gewonnen.

BACCALAUREUS. Erfahrungswesen! Schaum und Dust!
Und mit dem Geist nicht ebenbürtig.
Gesteht! was man von je gewußt,   6760
Es ist durchaus nicht wissenswürdig.

MEPHISTOPHELES nach einer Pause.
Mich deucht es längst. Ich war ein Tor,
Nun komm' ich mir recht schal und albern vor.

BACC. Das freut mich sehr! Da hör' ich doch Verstand;
Der erste Greis, den ich vernünftig fand!   6765

MEPH. Ich suchte nach verborgen-goldnem Schatze,
Und schauerliche Kohlen trug ich fort.

BACCALAUREUS. Gesteht nur, Euer Schädel, Eure Glatze
Ist nicht mehr wert als jene hohlen dort?

MEPHISTOPHELES gemütlich.
Du weißt wohl nicht, mein Freund, wie grob du bist?   6770

BACCALAUREUS. *(new age man)*
Im Deutschen lügt man, wenn man höflich ist.

MEPHISTOPHELES, der mit seinem Rollstuhle immer näher ins
Proszenium rückt, zum Parterre.

Hier oben wird mir Licht und Luft benommen;
Ich finde wohl bei euch ein Unterkommen?

BACCALAUREUS.

Anmaßlich find' ich, daß zur schlechtsten Frist
6775 Man etwas sein will, wo man nichts mehr ist.
Des Menschen Leben lebt im Blut, und wo
Bewegt das Blut sich wie im Jüngling so?
Das ist lebendig Blut in frischer Kraft,
Das neues Leben sich aus Leben schafft.
6780 Da regt sich alles, da wird was getan,
Das Schwache fällt, das Tüchtige tritt heran.
Indessen wir die halbe Welt gewonnen,
Was habt Ihr denn getan? genickt, gesonnen,
Geträumt, erwogen, Plan und immer Plan.
6785 Gewiß! das Alter ist ein kaltes Fieber
Im Frost von grillenhafter Not.
Hat einer dreißig Jahr vorüber,
So ist er schon so gut wie tot.
Am besten wär's, euch zeitig totzuschlagen.
6790 MEPH. Der Teufel hat hier weiter nichts zu sagen.
BACC. Wenn ich nicht will, so darf kein Teufel sein.

MEPHISTOPHELES abseits.

Der Teufel stellt dir nächstens doch ein Bein.

BACCALAUREUS. Dies ist der Jugend edelster Beruf!
Die Welt, sie war nicht, eh' ich sie erschuf;
6795 Die Sonne führt' ich aus dem Meer herauf;
Mit mir begann der Mond des Wechsels Lauf;
Da schmückte sich der Tag auf meinen Wegen,
Die Erde grünte, blühte mir entgegen.
Auf meinen Wink, in jener ersten Nacht,
6800 Entfaltete sich aller Sterne Pracht.
Wer, außer mir, entband euch aller Schranken
Philisterhaft einklemmender Gedanken?
Ich aber frei, wie mir's im Geiste spricht,
Verfolge froh mein innerliches Licht,

self-assured egotist

Und wandle rasch, im eigensten Entzücken, 6805
Das Helle vor mir, Finsternis im Rücken. Ab.
MEPHISTOPHELES. Original, fahr hin in deiner Pracht! –
Wie würde dich die Einsicht kränken:
Wer kann was Dummes, wer was Kluges denken,
Das nicht die Vorwelt schon gedacht? – 6810
Doch sind wir auch mit diesem nicht gefährdet,
In wenig Jahren wird es anders sein:
Wenn sich der Most auch ganz absurd gebärdet,
Es gibt zuletzt doch noch e' Wein.
   Zu dem jüngern Parterre, das nicht applaudiert.
Ihr bleibt bei meinem Worte kalt, 6815
Euch guten Kindern laß ich's gehen;
Bedenkt: der Teufel, der ist alt,
So werdet alt, ihn zu verstehen!

LABORATORIUM

im Sinne des Mittelalters, weitläufige unbehülfliche Apparate zu
phantastischen Zwecken

WAGNER am Herde. Die Glocke tönt, die fürchterliche,
Durchschauert die berußten Mauern. 6820
Nicht länger kann das Ungewisse
Der ernstesten Erwartung dauern.
Schon hellen sich die Finsternisse;
Schon in der innersten Phiole
Erglüht es wie lebendige Kohle, 6825
Ja wie der herrlichste Karfunkel,
Verstrahlend Blitze durch das Dunkel.
Ein helles weißes Licht erscheint!
O daß ich's diesmal nicht verliere! –
Ach Gott! was rasselt an der Türe? 6830
MEPH. eintretend. Willkommen! es ist gut gemeint.
WAGNER ängstlich. Willkommen zu dem Stern der Stunde!
Leise. Doch haltet Wort und Atem fest im Munde,
Ein herrlich Werk ist gleich zustand gebracht.
MEPHISTOPHELES leiser.
Was gibt es denn?
WAGNER leiser.   Es wird ein Mensch gemacht. 6835

MEPHISTOPHELES. Ein Mensch? Und welch verliebtes Paar
Habt ihr ins Rauchloch eingeschlossen?
WAGNER. Behüte Gott! wie sonst das Zeugen Mode war,
Erklären wir für eitel Possen.
6840 Der zarte Punkt, aus dem das Leben sprang,
Die holde Kraft, die aus dem Innern drang
Und nahm und gab, bestimmt sich selbst zu zeichnen,
Erst Nächstes, dann sich Fremdes anzueignen,
Die ist von ihrer Würde nun entsetzt;
6845 Wenn sich das Tier noch weiter dran ergetzt,
So muß der Mensch mit seinen großen Gaben
Doch künftig höhern, höhern Ursprung haben.
                    Zum Herd gewendet.
Es leuchtet! seht! – Nun läßt sich wirklich hoffen,
Daß, wenn wir aus viel hundert Stoffen
6850 Durch Mischung – denn auf Mischung kommt es an –
Den Menschenstoff gemächlich komponieren,
In einen Kolben verlutieren
Und ihn gehörig kohobieren,
So ist das Werk im stillen abgetan.
                    Zum Herd gewendet.
6855 Es wird! die Masse regt sich klarer!
Die Überzeugung wahrer, wahrer:
Was man an der Natur Geheimnisvolles pries,
Das wagen wir verständig zu probieren,
Und was sie sonst organisieren ließ,
6860 Das lassen wir kristallisieren.
MEPHISTOPHELES. Wer lange lebt, hat viel erfahren,
Nichts Neues kann für ihn auf dieser Welt geschehn.
Ich habe schon in meinen Wanderjahren
Kristallisiertes Menschenvolk gesehn.
WAGNER, bisher immer aufmerksam auf die Phiole.
6865 Es steigt, es blitzt, es häuft sich an,
Im Augenblick ist es getan.
Ein großer Vorsatz scheint im Anfang toll;
Doch wollen wir des Zufalls künftig lachen,
Und so ein Hirn, das trefflich denken soll,
6870 Wird künftig auch ein Denker machen.
                    Entzückt die Phiole betrachtend.

Das Glas erklingt von lieblicher Gewalt,
Es trübt, es klärt sich; also muß es werden!
Ich seh' in zierlicher Gestalt
Ein artig Männlein sich gebärden.
Was wollen wir, was will die Welt nun mehr? 6875
Denn das Geheimnis liegt am Tage.
Gebt diesem Laute nur Gehör,
Er wird zur Stimme, wird zur Sprache.

HOMUNCULUS in der Phiole zu Wagner.

Nun Väterchen! wie steht's? es war kein Scherz.
Komm, drücke mich recht zärtlich an dein Herz! 6880
Doch nicht zu fest, damit das Glas nicht springe.
Das ist die Eigenschaft der Dinge:
Natürlichem genügt das Weltall kaum,
Was künstlich ist, verlangt geschloßnen Raum.

Zu Mephistopheles.

Du aber, Schalk, Herr Vetter, bist du hier 6885
Im rechten Augenblick? ich danke dir.
Ein gut Geschick führt dich zu uns herein;
Dieweil ich bin, muß ich auch tätig sein.
Ich möchte mich sogleich zur Arbeit schürzen.
Du bist gewandt, die Wege mir zu kürzen. 6890

WAGNER. Nur noch ein Wort! Bisher mußt' ich mich schä-
Denn alt und jung bestürmt mich mit Problemen. [men,
Zum Beispiel nur: noch niemand konnt' es fassen,
Wie Seel' und Leib so schön zusammenpassen,
So fest sich halten, als um nie zu scheiden, 6895
Und doch den Tag sich immerfort verleiden.
Sodann –

MEPHISTOPHELES. Halt ein! ich wollte lieber fragen:
Warum sich Mann und Frau so schlecht vertragen?
Du kommst, mein Freund, hierüber nie ins reine.
Hier gibt's zu tun, das eben will der Kleine. 6900

HOMUNCULUS. Was gibt's zu tun?

MEPHISTOPHELES, auf eine Seitentüre deutend.

                    Hier zeige deine Gabe!

WAGNER, immer in die Phiole schauend.

Fürwahr, du bist ein allerliebster Knabe!

Die Seitentür öffnet sich, man sieht Faust auf dem Lager hingestreckt.

HOMUNCULUS erstaunt. Bedeutend! –
Die Phiole entschlüpft aus Wagners Händen, schwebt über Faust
und beleuchtet ihn.
                              Schön umgeben! – Klar Gewässer
Im dichten Haine! Fraun, die sich entkleiden,
6905 Die allerliebsten! – Das wird immer besser.
Doch eine läßt sich glänzend unterscheiden,
Aus höchstem Helden-, wohl aus Götterstamme.
Sie setzt den Fuß in das durchsichtige Helle;
Des edlen Körpers holde Lebensflamme
6910 Kühlt sich im schmiegsamen Kristall der Welle. –
Doch welch Getöse rasch bewegter Flügel,
Welch Sausen, Plätschern wühlt im glatten Spiegel?
Die Mädchen fliehn verschüchtert; doch allein
Die Königin, sie blickt gelassen drein
6915 Und sieht mit stolzem weiblichem Vergnügen
Der Schwäne Fürsten ihrem Knie sich schmiegen,
Zudringlich-zahm. Er scheint sich zu gewöhnen. –
Auf einmal aber steigt ein Dunst empor
Und deckt mit dichtgewebtem Flor
6920 Die lieblichste von allen Szenen.
MEPHISTOPHELES. Was du nicht alles zu erzählen hast!
So klein du bist, so groß bist du Phantast.
Ich sehe nichts –
HOMUNCULUS.   Das glaub' ich. Du aus Norden,
Im Nebelalter jung geworden,
6925 Im Wust von Rittertum und Pfäfferei,
Wo wäre da dein Auge frei!
Im Düstern bist du nur zu Hause. Umherschauend.
Verbräunt Gestein, bemodert, widrig,
Spitzbögig, schnörkelhaftest, niedrig! –
6930 Erwacht uns dieser, gibt es neue Not,
Er bleibt gleich auf der Stelle tot.
Waldquellen, Schwäne, nackte Schönen,
Das war sein ahnungsvoller Traum;
Wie wollt' er sich hierher gewöhnen!
6935 Ich, der Bequemste, duld' es kaum.
Nun fort mit ihm!
MEPHISTOPHELES.   Der Ausweg soll mich freuen.

HOMUNCULUS. Befiehl den Krieger in die Schlacht,
  Das Mädchen führe du zum Reihen,
  So ist gleich alles abgemacht.
  Jetzt eben, wie ich schnell bedacht,   6940
  Ist klassische Walpurgisnacht;
  Das Beste, was begegnen könnte.
  Bringt ihn zu seinem Elemente!
MEPHISTOPHELES. Dergleichen hab' ich nie vernommen.
HOMUNCULUS.
  Wie wollt' es auch zu euren Ohren kommen?   6945
  Romantische Gespenster kennt ihr nur allein;
  Ein echt Gespenst, auch klassisch hat's zu sein.
MEPHISTOPHELES.
  Wohin denn aber soll die Fahrt sich regen?
  Mich widern schon antikische Kollegen.
HOMUNCULUS. Nordwestlich, Satan, ist dein Lustrevier,   6950
  Südöstlich diesmal aber segeln wir –
  An großer Fläche fließt Peneios frei,
  Umbuscht, umbaumt, in still- und feuchten Buchten;
  Die Ebne dehnt sich zu der Berge Schluchten,
  Und oben liegt Pharsalus, alt und neu.   6955
MEPHISTOPHELES. O weh! hinweg! und laßt mir jene Streite
  Von Tyrannei und Sklaverei beiseite.
  Mich langeweilt's; denn kaum ist's abgetan,
  So fangen sie von vorne wieder an;
  Und keiner merkt: er ist doch nur geneckt   6960
  Vom Asmodeus, der dahinter steckt.
  Sie streiten sich, so heißt's, um Freiheitsrechte;
  Genau besehn, sind's Knechte gegen Knechte.
HOMUNCULUS. Den Menschen laß ihr widerspenstig Wesen,
  Ein jeder muß sich wehren, wie er kann,   6965
  Vom Knaben auf, so wird's zuletzt ein Mann.
  Hier fragt sich's nur, wie dieser kann genesen.
  Hast du ein Mittel, so erprob' es hier,
  Vermagst du's nicht, so überlaß es mir.
MEPH. Manch Brockenstückchen wäre durchzuproben,   6970
  Doch Heidenriegel find' ich vorgeschoben.
  Das Griechenvolk, es taugte nie recht viel!
  Doch blendet's euch mit freiem Sinnenspiel,

Verlockt des Menschen Brust zu heitern Sünden;
6975 Die unsern wird man immer düster finden.
Und nun, was soll's?
HOMUNCULUS.   Du bist ja sonst nicht blöde;
Und wenn ich von thessalischen Hexen rede,
So denk' ich, hab' ich was gesagt.
MEPHISTOPHELES lüstern.
Thessalische Hexen! Wohl! das sind Personen,
6980 Nach denen hab' ich lang' gefragt.
Mit ihnen Nacht für Nacht zu wohnen,
Ich glaube nicht, daß es behagt;
Doch zum Besuch, Versuch –
HOMUNCULUS.   Den Mantel her,
Und um den Ritter umgeschlagen!
6985 Der Lappen wird euch, wie bisher,
Den einen mit dem andern tragen;
Ich leuchte vor.
WAGNER ängstlich. Und ich?
HOMUNCULUS.   Eh nun,
Du bleibst zu Hause, Wichtigstes zu tun.
Entfalte du die alten Pergamente,
6990 Nach Vorschrift sammle Lebenselemente
Und füge sie mit Vorsicht eins ans andre.
Das Was bedenke, mehr bedenke Wie.
Indessen ich ein Stückchen Welt durchwandre,
Entdeck' ich wohl das Tüpfchen auf das i.
6995 Dann ist der große Zweck erreicht;
Solch einen Lohn verdient ein solches Streben:
Gold, Ehre, Ruhm, gesundes langes Leben,
Und Wissenschaft und Tugend – auch vielleicht.
Leb wohl!
WAGNER betrübt. Leb wohl! Das drückt das Herz mir nieder.
7000 Ich fürchte schon, ich seh' dich niemals wieder.
MEPHISTOPHELES. Nun zum Peneios frisch hinab!
Herr Vetter ist nicht zu verachten.
Ad spectatores. Am Ende hängen wir doch ab
Von Kreaturen, die wir machten.

KLASSISCHE WALPURGISNACHT

PHARSALISCHE FELDER

Finsternis.

ERICHTHO. Zum Schauderfeste dieser Nacht, wie öfter schon, 7005
  Tret' ich einher, Erichtho, ich, die düstere;
  Nicht so abscheulich, wie die leidigen Dichter mich
  Im Übermaß verlästern ... Endigen sie doch nie
  In Lob und Tadel... Überbleicht erscheint mir schon
  Von grauer Zelten Woge weit das Tal dahin,   7010
  Als Nachgesicht der sorg- und grauenvollsten Nacht.
  Wie oft schon wiederholt' sich's! wird sich immerfort
  Ins Ewige wiederholen... Keiner gönnt das Reich
  Dem andern; dem gönnt's keiner, der's mit Kraft erwarb
  Und kräftig herrscht. Denn jeder, der sein innres Selbst   7015
  Nicht zu regieren weiß, regierte gar zu gern
  Des Nachbars Willen, eignem stolzem Sinn gemäß...
  Hier aber ward ein großes Beispiel durchgekämpft:
  Wie sich Gewalt Gewaltigerem entgegenstellt,
  Der Freiheit holder, tausendblumiger Kranz zerreißt,   7020
  Der starre Lorbeer sich ums Haupt des Herrschers biegt.
  Hier träumte Magnus früher Größe Blütentag,
  Dem schwanken Zünglein lauschend wachte Cäsar dort!
  Das wird sich messen. Weiß die Welt doch, wem's gelang.

  Wachfeuer glühen, rote Flammen spendende,   7025
  Der Boden haucht vergoßnen Blutes Widerschein,
  Und angelockt von seltnem Wunderglanz der Nacht,
  Versammelt sich hellenischer Sage Legion.
  Um alle Feuer schwankt unsicher oder sitzt
  Behaglich alter Tage fabelhaft Gebild...   7030
  Der Mond, zwar unvollkommen, aber leuchtend hell,
  Erhebt sich, milden Glanz verbreitend überall;
  Der Zelten Trug verschwindet, Feuer brennen blau.

  Doch über mir! welch unerwartet Meteor?
  Es leuchtet und beleuchtet körperlichen Ball.   7035
  Ich wittre Leben. Da geziemen will mir's nicht,
  Lebendigem zu nahen, dem ich schädlich bin;

Das bringt mir bösen Ruf und frommt mir nicht.
Schon sinkt es nieder. Weich' ich aus mit Wohlbedacht!
Entfernt sich.
Die Luftfahrer oben.

7040 HOMUNCULUS.   Schwebe noch einmal die Runde
Über Flamm- und Schaudergrauen;
Ist es doch in Tal und Grunde
Gar gespenstisch anzuschauen.

MEPHISTOPHELES. Seh' ich, wie durchs alte Fenster
7045   In des Nordens Wust und Graus,
Ganz abscheuliche Gespenster,
Bin ich hier wie dort zu Haus.

HOMUNCULUS.   Sieh! da schreitet eine Lange
Weiten Schrittes vor uns hin.

7050 MEPHISTOPHELES. Ist es doch, als wär' ihr bange;
Sah uns durch die Lüfte ziehn.

HOMUNCULUS.   Laß sie schreiten! setz ihn nieder,
Deinen Ritter, und sogleich
Kehret ihm das Leben wieder,
7055   Denn er sucht's im Fabelreich.

FAUST, *den Boden berührend.*
Wo ist sie? –

HOMUNCULUS.   Wüßten's nicht zu sagen,
Doch hier wahrscheinlich zu erfragen.
In Eile magst du, eh' es tagt,
Von Flamm' zu Flamme spürend gehen:
7060 Wer zu den Müttern sich gewagt,
Hat weiter nichts zu überstehen.

MEPHISTOPHELES. Auch ich bin hier an meinem Teil;
Doch wüßt' ich Besseres nicht zu unserm Heil,
Als: jeder möge durch die Feuer
7065 Versuchen sich sein eigen Abenteuer.
Dann, um uns wieder zu vereinen,
Laß deine Leuchte, Kleiner, tönend scheinen.

HOMUNCULUS. So soll es blitzen, soll es klingen.
Das Glas dröhnt und leuchtet gewaltig.
Nun frisch zu neuen Wunderdingen!

7070 FAUST *allein.* Wo ist sie? – Frage jetzt nicht weiter nach...
Wär's nicht die Scholle, die sie trug,

Die Welle nicht, die ihr entgegenschlug,
So ist's die Luft, die ihre Sprache sprach.
Hier! durch ein Wunder, hier in Griechenland!
Ich fühlte gleich den Boden, wo ich stand;   7075
Wie mich, den Schläfer, frisch ein Geist durchglühte,
So steh' ich, ein Antäus an Gemüte.
Und find' ich hier das Seltsamste beisammen,
Durchforsch' ich ernst dies Labyrinth der Flammen.
Entfernt sich.

AM OBEREN PENEIOS

MEPHISTOPHELES *umherspürend.*
Und wie ich diese Feuerchen durchschweife,   7080
So find' ich mich doch ganz und gar entfremdet,
Fast alles nackt, nur hie und da behemdet:
Die Sphinxe schamlos, unverschämt die Greife,
Und was nicht alles, lockig und beflügelt,
Von vorn und hinten sich im Auge spiegelt...   7085
Zwar sind auch wir von Herzen unanständig,
Doch das Antike find' ich zu lebendig;
Das müßte man mit neustem Sinn bemeistern
Und mannigfaltig modisch überkleistern...
Ein widrig Volk! Doch darf mich's nicht verdrießen,   7090
Als neuer Gast anständig sie zu grüßen...
Glückzu den schönen Fraun, den klugen Greisen!
GREIF *schnarrend.*
Nicht Greisen! Greifen! — Niemand hört es gern,
Daß man ihn Greis nennt. Jedem Worte klingt
Der Ursprung nach, wo es sich her bedingt: 7095
Grau, grämlich, griesgram, greulich, Gräber, grimmig,
Etymologisch gleicherweise stimmig,
Verstimmen uns.
MEPHISTOPHELES. Und doch, nicht abzuschweifen,
Gefällt das G r e i im Ehrentitel G r e i f e n.
GREIF *wie oben und immer so fort.*
Natürlich! Die Verwandtschaft ist erprobt,   7100
Zwar oft gescholten, mehr jedoch gelobt;
Man greife nun nach Mädchen, Kronen, Gold,
Dem Greifenden ist meist Fortuna hold.

AMEISEN von der kolossalen Art.
    Ihr sprecht von Gold, wir hatten viel gesammelt,
7105 In Fels- und Höhlen heimlich eingerammelt;
    Das Arimaspen-Volk hat's ausgespürt,
    Sie lachen dort, wie weit sie's weggeführt.
GREIFE. Wir wollen sie schon zum Geständnis bringen.
ARIMASPEN. Nur nicht zur freien Jubelnacht.
7110 Bis morgen ist's alles durchgebracht,
    Es wird uns diesmal wohl gelingen.
MEPHISTOPHELES hat sich zwischen die Sphinxe gesetzt.
    Wie leicht und gern ich mich hierher gewöhne,
    Denn ich verstehe Mann für Mann.
SPHINX. Wir hauchen unsre Geistertöne,
7115 Und ihr verkörpert sie alsdann.
    Jetzt nenne dich, bis wir dich weiter kennen.
MEPH. Mit vielen Namen glaubt man mich zu nennen –
    Sind Briten hier? Sie reisen sonst so viel,
    Schlachtfeldern nachzuspüren, Wasserfällen,
7120 Gestürzten Mauern, klassisch dumpfen Stellen;
    Das wäre hier für sie ein würdig Ziel.
    Sie zeugten auch: Im alten Bühnenspiel
    Sah man mich dort als old Iniquity.
SPHINX. Wie kam man drauf?
MEPHISTOPHELES.   Ich weiß es selbst nicht wie.
7125 SPHINX. Mag sein! Hast du von Sternen einige Kunde?
    Was sagst du zu der gegenwärt'gen Stunde?
MEPHISTOPHELES aufschauend.
    Stern schießt nach Stern, beschnittner Mond scheint helle,
    Und mir ist wohl an dieser trauten Stelle,
    Ich wärme mich an deinem Löwenfelle.
7130 Hinauf sich zu versteigen, wär' zum Schaden;
    Gib Rätsel auf, gib allenfalls Scharaden.
SPHINX. Sprich nur dich selbst aus, wird schon Rätsel sein.
    Versuch einmal, dich innigst aufzulösen:
    „Dem frommen Manne nötig wie dem bösen,
7135 Dem ein Plastron, aszetisch zu rapieren,
    Kumpan dem andern, Tolles zu vollführen,
    Und beides nur, um Zeus zu amüsieren."

ERSTER GREIF schnarrend. Den mag ich nicht!
ZWEITER GREIF stärker schnarrend.   Was will uns der?
BEIDE. Der Garstige gehöret nicht hierher!
MEPHISTOPHELES brutal.
  Du glaubst vielleicht, des Gastes Nägel krauen   7140
  Nicht auch so gut wie deine scharfen Klauen?
  Versuch's einmal!
SPHINX milde.   Du magst nur immer bleiben,
  Wird dich's doch selbst aus unsrer Mitte treiben;
  In deinem Lande tust dir was zugute,
  Doch, irr' ich nicht, hier ist dir schlecht zumute.   7145
MEPHISTOPHELES. Du bist recht appetitlich oben anzuschau-
  Doch unten hin die Bestie macht mir Grauen.   [en,
SPHINX. Du Falscher kommst zu deiner bittern Buße,
  Denn unsre Tatzen sind gesund;
  Dir mit verschrumpftem Pferdefuße   7150
  Behagt es nicht in unserem Bund.
            Sirenen präludieren oben.
MEPHISTOPHELES. Wer sind die Vögel, in den Ästen
  Des Pappelstromes hingewiegt?
SPHINX. Gewahrt euch nur! Die Allerbesten
  Hat solch ein Singsang schon besiegt.   7155
SIRENEN.   Ach was wollt ihr euch verwöhnen
            In dem Häßlich-Wunderbaren!
            Horcht, wir kommen hier zu Scharen
            Und in wohlgestimmten Tönen;
            So geziemet es Sirenen.   7160
SPHINXE, sie verspottend in derselben Melodie.
            Nötigt sie, herabzusteigen!
            Sie verbergen in den Zweigen
            Ihre garstigen Habichtskrallen,
            Euch verderblich anzufallen,
            Wenn ihr euer Ohr verleiht.   7165
SIRENEN.   Weg das Hassen! weg das Neiden!
            Sammeln wir die klarsten Freuden,
            Unterm Himmel ausgestreut!
            Auf dem Wasser, auf der Erde
            Sei's die heiterste Gebärde,   7170
            Die man dem Willkommnen beut.

MEPHISTOPHELES. Das sind die saubern Neuigkeiten,
Wo aus der Kehle, von den Saiten
Ein Ton sich um den andern flicht.
7175 Das Trallern ist bei mir verloren:
Es krabbelt wohl mir um die Ohren,
Allein zum Herzen dringt es nicht.
SPHINXE. Sprich nicht vom Herzen! das ist eitel;
Ein lederner verschrumpfter Beutel,
7180 Das paßt dir eher zu Gesicht.
FAUST herantretend.
Wie wunderbar! das Anschaun tut mir Gnüge,
Im Widerwärtigen große, tüchtige Züge.
Ich ahne schon ein günstiges Geschick;
Wohin versetzt mich dieser ernste Blick?
              Auf Sphinxe bezüglich.
7185 Vor solchen hat einst Ödipus gestanden;
              Auf Sirenen bezüglich.
Vor solchen krümmte sich Ulyß in hänfnen Banden;
              Auf Ameisen bezüglich.
Von solchen ward der höchste Schatz gespart,
              Auf Greife bezüglich.
Von diesen treu und ohne Fehl bewahrt.
Vom frischen Geiste fühl' ich mich durchdrungen;
7190 Gestalten groß, groß die Erinnerungen.
MEPHISTOPHELES. Sonst hättest du dergleichen weggeflucht,
Doch jetzo scheint es dir zu frommen;
Denn wo man die Geliebte sucht,
Sind Ungeheuer selbst willkommen.
FAUST zu den Sphinxen.
7195 Ihr Frauenbilder müßt mir Rede stehn:
Hat eins der Euren Helena gesehn?
SPHINXE. Wir reichen nicht hinauf zu ihren Tagen,
Die letztesten hat Herkules erschlagen.
Von Chiron könntest du's erfragen;
7200 Der sprengt herum in dieser Geisternacht;
Wenn er dir steht, so hast du's weit gebracht.
SIRENEN.   Sollte dir's doch auch nicht fehlen!...
              Wie Ulyß bei uns verweilte,
              Schmähend nicht vorübereilte,

Wußt' er vieles zu erzählen; 7205
Würden alles dir vertrauen,
Wolltest du zu unsern Gauen
Dich ans grüne Meer verfügen.

SPHINX. Laß dich, Edler, nicht betrügen.
Statt daß Ulyß sich binden ließ, 7210
Laß unsern guten Rat dich binden;
Kannst du den hohen Chiron finden,
Erfährst du, was ich dir verhieß.

Faust entfernt sich.

MEPHISTOPHELES verdrießlich.
Was krächzt vorbei mit Flügelschlag?
So schnell, daß man's nicht sehen mag, 7215
Und immer eins dem andern nach,
Den Jäger würden sie ermüden.

SPHINX. Dem Sturm des Winterwinds vergleichbar,
Alcides' Pfeilen kaum erreichbar;
Es sind die raschen Stymphaliden, 7220
Und wohlgemeint ihr Krächzegruß,
Mit Geierschnabel und Gänsefuß.
Sie möchten gern in unsern Kreisen
Als Stammverwandte sich erweisen.

MEPHISTOPHELES, wie verschüchtert.
Noch andres Zeug zischt zwischen drein. 7225

SPHINX. Vor diesen sei Euch ja nicht bange!
Es sind die Köpfe der lernäischen Schlange,
Vom Rumpf getrennt, und glauben was zu sein.
Doch sagt, was soll nur aus Euch werden?
Was für unruhige Gebärden? 7230
Wo wollt Ihr hin? Begebt Euch fort!...
Ich sehe, jener Chorus dort
Macht Euch zum Wendehals. Bezwingt Euch nicht,
Geht hin! begrüßt manch reizendes Gesicht!
Die Lamien sind's, lustfeine Dirnen, 7235
Mit Lächelmund und frechen Stirnen,
Wie sie dem Satyrvolk behagen;
Ein Bocksfuß darf dort alles wagen.

MEPH. Ihr bleibt doch hier? daß ich euch wiederfinde.

7240 SPHINXE. Ja! Mische dich zum luftigen Gesinde.
　　　Wir, von Ägypten her, sind längst gewohnt,
　　　Daß unsereins in tausend Jahre thront.
　　　Und respektiert nur unsre Lage,
　　　So regeln wir die Mond- und Sonnentage.
7245 　　　　　　　Sitzen vor den Pyramiden,
　　　　　　　　Zu der Völker Hochgericht;
　　　　　　　　Überschwemmung, Krieg und Frieden –
　　　　　　　　Und verziehen kein Gesicht.

AM UNTERN PENEIOS

　　　Peneios umgeben von Gewässern und Nymphen.

PENEIOS. Rege dich, du Schilfgeflüster!
7250 Hauche leise, Rohrgeschwister,
　　　Säuselt, leichte Weidensträuche,
　　　Lispelt, Pappelzitterzweige,
　　　Unterbrochnen Träumen zu!...
　　　Weckt mich doch ein grauslich Wittern,
7255 Heimlich allbewegend Zittern
　　　Aus dem Wallestrom und Ruh'.
FAUST, an den Fluß tretend.
　　　Hör' ich recht, so muß ich glauben:
　　　Hinter den verschränkten Lauben
　　　Dieser Zweige, dieser Stauden
7260 Tönt ein menschenähnlichs Lauten.
　　　Scheint die Welle doch ein Schwätzen,
　　　Lüftlein wie – ein Scherzergetzen.
NYMPHEN zu Faust. Am besten geschäh' dir,
　　　　　　　　Du legtest dich nieder,
7265 　　　　　　　Erholtest im Kühlen
　　　　　　　　Ermüdete Glieder,
　　　　　　　　Genössest der immer
　　　　　　　　Dich meidenden Ruh;
　　　　　　　　Wir säuseln, wir rieseln,
7270 　　　　　　　Wir flüstern dir zu.
FAUST. Ich wache ja! O laßt sie walten,
　　　Die unvergleichlichen Gestalten,
　　　Wie sie dorthin mein Auge schickt.

So wunderbar bin ich durchdrungen!
Sind's Träume? Sind's Erinnerungen?   7275
Schon einmal warst du so beglückt.
Gewässer schleichen durch die Frische
Der dichten, sanft bewegten Büsche,
Nicht rauschen sie, sie rieseln kaum;
Von allen Seiten hundert Quellen   7280
Vereinen sich im reinlich hellen,
Zum Bade flach vertieften Raum.
Gesunde junge Frauenglieder,
Vom feuchten Spiegel doppelt wieder
Ergetztem Auge zugebracht!   7285
Gesellig dann und fröhlich badend,
Erdreistet schwimmend, furchtsam watend;
Geschrei zuletzt und Wasserschlacht.
Begnügen sollt' ich mich an diesen,
Mein Auge sollte hier genießen,   7290
Doch immer weiter strebt mein Sinn.
Der Blick dringt scharf nach jener Hülle,
Das reiche Laub der grünen Fülle
Verbirgt die hohe Königin.
    Wundersam! auch Schwäne kommen   7295
Aus den Buchten hergeschwommen,
Majestätisch rein bewegt.
Ruhig schwebend, zart gesellig,
Aber stolz und selbstgefällig,
Wie sich Haupt und Schnabel regt...   7300
Einer aber scheint vor allen
Brüstend kühn sich zu gefallen,
Segelnd rasch durch alle fort;
Sein Gefieder bläht sich schwellend,
Welle selbst, auf Wogen wellend,   7305
Dringt er zu dem heiligen Ort...
Die andern schwimmen hin und wider
Mit ruhig glänzendem Gefieder,
Bald auch in regem prächtigen Streit,
Die scheuen Mädchen abzulenken,   7310
Daß sie an ihren Dienst nicht denken,
Nur an die eigne Sicherheit.

NYMPHEN. Leget, Schwestern, euer Ohr
    An des Ufers grüne Stufe;
7315   Hör' ich recht, so kommt mir's vor
    Als der Schall von Pferdes Hufe.
    Wüßt' ich nur, wer dieser Nacht
    Schnelle Botschaft zugebracht.
FAUST. Ist mir doch, als dröhnt' die Erde,
7320 Schallend unter eiligem Pferde.
  Dorthin mein Blick!
  Ein günstiges Geschick,
  Soll es mich schon erreichen?
  O Wunder ohnegleichen!
7325 Ein Reuter kommt herangetrabt,
  Er scheint von Geist und Mut begabt,
  Von blendend-weißem Pferd getragen...
  Ich irre nicht, ich kenn' ihn schon,
  Der Philyra berühmter Sohn! –
7330 Halt, Chiron! halt! Ich habe dir zu sagen...
CHIRON. Was gibt's? Was ist's?
FAUST.   Bezähme deinen Schritt!
CHIRON. Ich raste nicht.
FAUST.   So bitte! nimm mich mit!
CHIRON. Sitz auf! so kann ich nach Belieben fragen:
  Wohin des Wegs? Du stehst am Ufer hier,
7335 Ich bin bereit, dich durch den Fluß zu tragen.
FAUST aufsitzend.
  Wohin du willst. Für ewig dank' ich's dir...
  Der große Mann, der edle Pädagog,
  Der, sich zum Ruhm, ein Heldenvolk erzog,
  Den schönen Kreis der edlen Argonauten
7340 Und alle, die des Dichters Welt erbauten.
CHIRON. Das lassen wir an seinem Ort!
  Selbst Pallas kommt als Mentor nicht zu Ehren;
  Am Ende treiben sie's nach ihrer Weise fort,
  Als wenn sie nicht erzogen wären.
7345 FAUST. Den Arzt, der jede Pflanze nennt,
  Die Wurzeln bis ins tiefste kennt,
  Dem Kranken Heil, dem Wunden Lindrung schafft,
  Umarm' ich hier in Geist- und Körperkraft!

CHIRON. Ward neben mir ein Held verletzt,
Da wußt' ich Hülf' und Rat zu schaffen; 7350
Doch ließ ich meine Kunst zuletzt
Den Wurzelweibern und den Pfaffen.
FAUST. Du bist der wahre große Mann,
Der Lobeswort nicht hören kann.
Er sucht bescheiden auszuweichen 7355
Und tut, als gäb' es seinesgleichen.
CHIRON. Du scheinest mir geschickt zu heucheln,
Dem Fürsten wie dem Volk zu schmeicheln.
FAUST. So wirst du mir denn doch gestehn:
Du hast die Größten deiner Zeit gesehn, 7360
Dem Edelsten in Taten nachgestrebt,
Halbgöttlich ernst die Tage durchgelebt.
Doch unter den heroischen Gestalten
Wen hast du für den Tüchtigsten gehalten?
CHIRON. Im hehren Argonautenkreise 7365
War jeder brav nach seiner eignen Weise,
Und nach der Kraft, die ihn beseelte,
Konnt' er genügen, wo's den andern fehlte.
Die Dioskuren haben stets gesiegt,
Wo Jugendfüll' und Schönheit überwiegt. 7370
Entschluß und schnelle Tat zu andrer Heil,
Den Boreaden ward's zum schönen Teil.
Nachsinnend, kräftig, klug, im Rat bequem,
So herrschte Jason, Frauen angenehm.
Dann Orpheus: zart und immer still bedächtig, 7375
Schlug er die Leier allen übermächtig.
Scharfsichtig Lynceus, der bei Tag und Nacht
Das heil'ge Schiff durch Klipp' und Strand gebracht...
Gesellig nur läßt sich Gefahr erproben:
Wenn einer wirkt, die andern alle loben. 7380
FAUST. Von Herkules willst nichts erwähnen?
CHIRON. O weh! errege nicht mein Sehnen...
Ich hatte Phöbus nie gesehn,
Noch Ares, Hermes, wie sie heißen;
Da sah ich mir vor Augen stehn, 7385
Was alle Menschen göttlich preisen.
So war er ein geborner König,

Als Jüngling herrlichst anzuschaun;
Dem ältern Bruder untertänig
7390 Und auch den allerliebsten Fraun.
Den zweiten zeugt nicht Gäa wieder,
Nicht führt ihn Hebe himmelein;
Vergebens mühen sich die Lieder,
Vergebens quälen sie den Stein.
7395 FAUST. So sehr auch Bildner auf ihn pochen,
So herrlich kam er nie zur Schau.
Vom schönsten Mann hast du gesprochen,
Nun sprich auch von der schönsten Frau!
CHIRON. Was!... Frauenschönheit will nichts heißen,
7400 Ist gar zu oft ein starres Bild;
Nur solch ein Wesen kann ich preisen,
Das froh und lebenslustig quillt.
Die Schöne bleibt sich selber selig;
Die Anmut macht unwiderstehlich,
7405 Wie Helena, da ich sie trug.
FAUST. Du trugst sie?
CHIRON.   Ja, auf diesem Rücken.
FAUST. Bin ich nicht schon verwirrt genug?
Und solch ein Sitz muß mich beglücken!
CHIRON. Sie faßte so mich in das Haar,
Wie du es tust.
7410 FAUST.   O ganz und gar
Verlier' ich mich! Erzähle, wie?
Sie ist mein einziges Begehren!
Woher, wohin, ach, trugst du sie?
CHIRON. Die Frage läßt sich leicht gewähren.
7415 Die Dioskuren hatten jener Zeit
Das Schwesterchen aus Räuberfaust befreit.
Doch diese, nicht gewohnt, besiegt zu sein,
Ermannten sich und stürmten hinterdrein.
Da hielten der Geschwister eiligen Lauf
7420 Die Sümpfe bei Eleusis auf;
Die Brüder wateten, ich patschte, schwamm hinüber;
Da sprang sie ab und streichelte
Die feuchte Mähne, schmeichelte
Und dankte lieblich-klug und selbstbewußt.

Wie war sie reizend! jung, des Alten Lust!   7425
FAUST. Erst zehen Jahr!...
CHIRON.   Ich seh', die Philologen,
  Sie haben dich so wie sich selbst betrogen.
  Ganz eigen ist's mit mythologischer Frau,
  Der Dichter bringt sie, wie er's braucht, zur Schau:
  Nie wird sie mündig, wird nicht alt,   7430
  Stets appetitlicher Gestalt,
  Wird jung entführt, im Alter noch umfreit;
  Gnug, den Poeten bindet keine Zeit.
FAUST. So sei auch sie durch keine Zeit gebunden!
  Hat doch Achill auf Pherä sie gefunden,   7435
  Selbst außer aller Zeit. Welch seltnes Glück:
  Errungen Liebe gegen das Geschick!
  Und sollt' ich nicht, sehnsüchtigster Gewalt,
  Ins Leben ziehn die einzigste Gestalt?
  Das ewige Wesen, Göttern ebenbürtig,   7440
  So groß als zart, so hehr als liebenswürdig?
  Du sahst sie einst; heut hab' ich sie gesehn,
  So schön wie reizend, wie ersehnt so schön.
  Nun ist mein Sinn, mein Wesen streng umfangen;
  Ich lebe nicht, kann ich sie nicht erlangen.   7445
CHIRON. Mein fremder Mann! als Mensch bist du entzückt;
  Doch unter Geistern scheinst du wohl verrückt.
  Nun trifft sich's hier zu deinem Glücke;
  Denn alle Jahr, nur wenig Augenblicke,
  Pfleg' ich bei Manto vorzutreten,   7450
  Der Tochter Äskulaps; im stillen Beten
  Fleht sie zum Vater, daß, zu seiner Ehre
  Er endlich doch der Ärzte Sinn verkläre
  Und vom verwegnen Totschlag sie bekehre...
  Die liebste mir aus der Sibyllengilde,   7455
  Nicht fratzenhaft bewegt, wohltätig milde;
  Ihr glückt es wohl, bei einigem Verweilen,
  Mit Wurzelkräften dich von Grund zu heilen.
FAUST. Geheilt will ich nicht sein, mein Sinn ist mächtig;
  Da wär' ich ja wie andre niederträchtig.   7460
CHIRON. Versäume nicht das Heil der edlen Quelle!
  Geschwind herab! Wir sind zur Stelle.

FAUST. Sag an! Wohin hast du, in grauser Nacht,
   Durch Kiesgewässer mich ans Land gebracht?
7465 CHIRON. Hier trotzten Rom und Griechenland im Streite,
   Peneios rechts, links den Olymp zur Seite,
   Das größte Reich, das sich im Sand verliert;
   Der König flieht, der Bürger triumphiert.
   Blick auf! hier steht, bedeutend nah,
7470 Im Mondenschein der ewige Tempel da.

MANTO inwendig träumend.
              Von Pferdes Hufe
              Erklingt die heilige Stufe,
              Halbgötter treten heran.

CHIRON.   Ganz recht!
7475   Nur die Augen aufgetan!

MANTO erwachend.
   Willkommen! ich seh', du bleibst nicht aus.

CHIRON. Steht dir doch auch dein Tempelhaus!

MANTO. Streifst du noch immer unermüdet?

CHIRON. Wohnst du doch immer still umfriedet,
7480 Indes zu kreisen mich erfreut.

MANTO. Ich harre, mich umkreist die Zeit.
   Und dieser?

CHIRON.   Die verrufene Nacht
   Hat strudelnd ihn hierher gebracht.
   Helenen, mit verrückten Sinnen,
7485 Helenen will er sich gewinnen
   Und weiß nicht, wie und wo beginnen;
   Asklepischer Kur vor andern wert.

MANTO. Den lieb' ich, der Unmögliches begehrt.

Chiron ist schon weit weg.

MANTO. Tritt ein, Verwegner, sollst dich freuen!
7490 Der dunkle Gang führt zu Persephoneien.
   In des Olympus hohlem Fuß
   Lauscht sie geheim verbotnem Gruß.
   Hier hab' ich einst den Orpheus eingeschwärzt;
   Benutz es besser! frisch! beherzt!

Sie steigen hinab.

AM OBERN PENEIOS

wie zuvor

SIRENEN.
      Stürzt euch in Peneios' Flut!   7495
      Plätschernd ziemt es da zu schwimmen,
      Lied um Lieder anzustimmen,
      Dem unseligen Volk zugut.
      Ohne Wasser ist kein Heil!
      Führen wir mit hellem Heere   7500
      Eilig zum Ägäischen Meere,
      Würd' uns jede Lust zuteil.

Erdbeben.

SIRENEN.
      Schäumend kehrt die Welle wieder,
      Fließt nicht mehr im Bett darnieder;
      Grund erbebt, das Wasser staucht,   7505
      Kies und Ufer berstend raucht.
      Flüchten wir! Kommt alle, kommt!
      Niemand, dem das Wunder frommt.

      Fort! ihr edlen frohen Gäste,
      Zu dem seeisch heitern Feste,   7510
      Blinkend, wo die Zitterwellen,
      Ufernetzend, leise schwellen;
      Da, wo Luna doppelt leuchtet,
      Uns mit heil'gem Tau befeuchtet.
      Dort ein freibewegtes Leben,   7515
      Hier ein ängstlich Erdebeben;
      Eile jeder Kluge fort!
      Schauderhaft ist's um den Ort.

SEISMOS, in der Tiefe brummend und polternd.
      Einmal noch mit Kraft geschoben,
      Mit den Schultern brav gehoben!   7520
      So gelangen wir nach oben,
      Wo uns alles weichen muß.

SPHINXE.
      Welch ein widerwärtig Zittern,
      Häßlich grausenhaftes Wittern!
      Welch ein Schwanken, welches Beben,   7525
      Schaukelnd Hin- und Widerstreben!

Welch unleidlicher Verdruß!
Doch wir ändern nicht die Stelle,
Bräche los die ganze Hölle.

7530 Nun erhebt sich ein Gewölbe
Wundersam. Es ist derselbe,
Jener Alte, längst Ergraute,
Der die Insel Delos baute,
Einer Kreißenden zulieb'
7535 Aus der Wog' empor sie trieb.
Er, mit Streben, Drängen, Drücken,
Arme straff, gekrümmt den Rücken,
Wie ein Atlas an Gebärde,
Hebt er Boden, Rasen, Erde,
7540 Kies und Grieß und Sand und Letten,
Unsres Ufers stille Betten.
So zerreißt er eine Strecke
Quer des Tales ruhige Decke.
Angestrengtest, nimmer müde,
7545 Kolossale Karyatide,
Trägt ein furchtbar Steingerüste,
Noch im Boden bis zur Büste;
Weiter aber soll's nicht kommen,
Sphinxe haben Platz genommen.

7550 SEISMOS. Das hab' ich ganz allein vermittelt,
Man wird mir's endlich zugestehn;
Und hätt' ich nicht geschüttelt und gerüttelt,
Wie wäre diese Welt so schön? –
Wie ständen eure Berge droben
7555 In prächtig-reinem Ätherblau,
Hätt' ich sie nicht hervorgeschoben
Zu malerisch-entzückter Schau?
Als, angesichts der höchsten Ahnen,
Der Nacht, des Chaos, ich mich stark betrug
7560 Und, in Gesellschaft von Titanen,
Mit Pelion und Ossa als mit Ballen schlug,
Wir tollten fort in jugendlicher Hitze,
Bis überdrüssig noch zuletzt
Wir dem Parnaß, als eine Doppelmütze,

Die beiden Berge frevelnd aufgesetzt...   7565
Apollen hält ein froh Verweilen
Dort nun mit seliger Musen Chor.
Selbst Jupitern und seinen Donnerkeilen
Hob ich den Sessel hoch empor.
Jetzt so, mit ungeheurem Streben,   7570
Drang aus dem Abgrund ich herauf
Und fordre laut, zu neuem Leben,
Mir fröhliche Bewohner auf.

SPHINXE. Uralt, müßte man gestehen,
Sei das hier Emporgebürgte,   7575
Hätten wir nicht selbst gesehen,
Wie sich's aus dem Boden würgte.
Bebuschter Wald verbreitet sich hinan,
Noch drängt sich Fels auf Fels bewegt heran;
Ein Sphinx wird sich daran nicht kehren: 7580
Wir lassen uns im heiligen Sitz nicht stören.

GREIFE. Gold in Blättchen, Gold in Flittern
Durch die Ritzen seh ich zittern.
Laßt euch solchen Schatz nicht rauben,
Imsen, auf! es auszuklauben.   7585

CHOR DER AMEISEN.
                    Wie ihn die Riesigen
                    Emporgeschoben,
                    Ihr Zappelfüßigen,
                    Geschwind nach oben!
                    Behendest aus und ein!   7590
                    In solchen Ritzen
                    Ist jedes Bröselein
                    Wert zu besitzen.
                    Das Allermindeste
                    Müßt ihr entdecken   7595
                    Auf das geschwindeste
                    In allen Ecken.
                    Allemsig müßt ihr sein,
                    Ihr Wimmelscharen;
                    Nur mit dem Gold herein!   7600
                    Den Berg laßt fahren.

GREIFE. Herein! Herein! Nur Gold zu Hauf!
  Wir legen unsre Klauen drauf;
  Sind Riegel von der besten Art,
7605 Der größte Schatz ist wohlverwahrt.

PYGMÄEN. Haben wirklich Platz genommen,
  Wissen nicht, wie es geschah.
  Fraget nicht, woher wir kommen,
  Denn wir sind nun einmal da!
7610 Zu des Lebens lustigem Sitze
  Eignet sich ein jedes Land;
  Zeigt sich eine Felsenritze,
  Ist auch schon der Zwerg zur Hand.
  Zwerg und Zwergin, rasch zum Fleiße,
7615 Musterhaft ein jedes Paar;
  Weiß nicht, ob es gleicher Weise
  Schon im Paradiese war.
  Doch wir finden's hier zum besten,
  Segnen dankbar unsern Stern;
7620 Denn im Osten wie im Westen
  Zeugt die Mutter Erde gern.

DAKTYLE.   Hat sie in einer Nacht
         Die Kleinen hervorgebracht,
         Sie wird die Kleinsten erzeugen;
7625   Finden auch ihresgleichen.

PYGMÄEN-ÄLTESTE. Eilet, bequemen
         Sitz einzunehmen!
         Eilig zum Werke!
         Schnelle für Stärke!
7630   Noch ist es Friede;
         Baut euch die Schmiede,
         Harnisch und Waffen
         Dem Heer zu schaffen.

         Ihr Imsen alle,
7635   Rührig im Schwalle,
         Schafft uns Metalle!
         Und ihr Daktyle,
         Kleinste, so viele,
         Euch sei befohlen,

Hölzer zu holen!   7640
Schichtet zusammen
Heimliche Flammen,
Schaffet uns Kohlen.

GENERALISSIMUS. Mit Pfeil und Bogen
Frisch ausgezogen!   7645
An jenem Weiher
Schießt mir die Reiher,
Unzählig nistende,
Hochmütig brüstende,
Auf einen Ruck,   7650
Alle wie einen!
Daß wir erscheinen
Mit Helm und Schmuck.

IMSEN UND DAKTYLE. Wer wird uns retten!
Wir schaffen 's Eisen,   7655
Sie schmieden Ketten.
Uns loszureißen,
Ist noch nicht zeitig,
Drum seid geschmeidig.

DIE KRANICHE DES IBYKUS.
Mordgeschrei und Sterbeklagen!   7660
Ängstlich Flügelflatterschlagen!
Welch ein Ächzen, welch Gestöhn
Dringt herauf zu unsern Höhn!
Alle sind sie schon ertötet,
See von ihrem Blut gerötet.   7665
Mißgestaltete Begierde
Raubt des Reihers edle Zierde.
Weht sie doch schon auf dem Helme
Dieser Fettbauch-Krummbein-Schelme.
Ihr Genossen unsres Heeres,   7670
Reihenwanderer des Meeres,
Euch berufen wir zur Rache
In so nahverwandter Sache.
Keiner spare Kraft und Blut,
Ewige Feindschaft dieser Brut!   7675
Zerstreuen sich krächzend in den Lüften.

MEPHISTOPHELES, in der Ebne.

Die nordischen Hexen wußt' ich wohl zu meistern,
Mir wird's nicht just mit diesen fremden Geistern.
Der Blocksberg bleibt ein gar bequem Lokal,
Wo man auch sei, man findet sich zumal.
7680 Frau Ilse wacht für uns auf ihrem Stein,
Auf seiner Höh' wird Heinrich munter sein,
Die Schnarcher schnauzen zwar das Elend an,
Doch alles ist für tausend Jahr getan.
Wer weiß denn hier nur, wo er geht und steht,
7685 Ob unter ihm sich nicht der Boden bläht?...
Ich wandle lustig durch ein glattes Tal,
Und hinter mir erhebt sich auf einmal
Ein Berg, zwar kaum ein Berg zu nennen,
Von meinen Sphinxen mich jedoch zu trennen
7690 Schon hoch genug – hier zuckt noch manches Feuer
Das Tal hinab und flammt ums Abenteuer...
Noch tanzt und schwebt mir lockend, weichend vor,
Spitzbübisch gaukelnd, der galante Chor.
Nur sachte drauf! Allzugewohnt ans Naschen,
7695 Wo es auch sei, man sucht was zu erhaschen.

LAMIEN, Mephistopheles nach sich ziehend.

Geschwind, geschwinder!
Und immer weiter!
Dann wieder zaudernd,
Geschwätzig plaudernd.
7700 Es ist so heiter,
Den alten Sünder
Uns nachzuziehen,
Zu schwerer Buße.
Mit starrem Fuße
7705 Kommt er geholpert,
Einhergestolpert;
Er schleppt das Bein,
Wie wir ihn fliehen,
Uns hinterdrein!

MEPHISTOPHELES stillstehend.

7710 Verflucht Geschick! Betrogne Mannsen!
Von Adam her verführte Hansen!

Alt wird man wohl, wer aber klug?
Warst du nicht schon vernarrt genug!

Man weiß, das Volk taugt aus dem Grunde nichts,
Geschnürten Leibs, geschminkten Angesichts.   7715
Nichts haben sie Gesundes zu erwidern,
Wo man sie anfaßt, morsch in allen Gliedern.
Man weiß, man sieht's, man kann es greifen,
Und dennoch tanzt man, wenn die Luder pfeifen!

LAMIEN innehaltend. Halt! er besinnt sich, zaudert, steht;   7720
Entgegnet ihm, daß er euch nicht entgeht!

MEPHISTOPHELES fortschreitend.
Nur zu! und laß dich ins Gewebe
Der Zweifelei nicht törig ein;
Denn wenn es keine Hexen gäbe,
Wer Teufel möchte Teufel sein!   7725

LAMIEN anmutigst. Kreisen wir um diesen Helden!
Liebe wird in seinem Herzen
Sich gewiß für eine melden.

MEPHISTOPHELES. Zwar bei ungewissem Schimmer
Scheint ihr hübsche Frauenzimmer,   7730
Und so möcht' ich euch nicht schelten.

EMPUSE eindringend. Auch nicht mich! als eine solche
Laßt mich ein in eure Folge.

LAMIEN. Die ist in unserm Kreis zuviel,
Verdirbt doch immer unser Spiel.   7735

EMPUSE zu Meph. Begrüßt von Mühmichen Empuse,
Der Trauten mit dem Eselsfuße!
Du hast nur einen Pferdefuß,
Und doch, Herr Vetter, schönsten Gruß!

MEPHISTOPHELES. Hier dacht' ich lauter Unbekannte   7740
Und finde leider Nahverwandte;
Es ist ein altes Buch zu blättern:
Vom Harz bis Hellas immer Vettern!

EMPUSE. Entschieden weiß ich gleich zu handeln,
In vieles könnt' ich mich verwandeln;   7745
Doch Euch zu Ehren hab' ich jetzt
Das Eselsköpfchen aufgesetzt.

MEPHISTOPHELES. Ich merk', es hat bei diesen Leuten

Verwandtschaft Großes zu bedeuten;
7750 Doch mag sich, was auch will, eräugnen,
Den Eselskopf möcht' ich verleugnen.

LAMIEN. Laß diese Garstige, sie verscheucht,
Was irgend schön und lieblich deucht;
Was irgend schön und lieblich wär' –
7755 Sie kommt heran, es ist nicht mehr!

MEPHISTOPHELES.
Auch diese Mühmchen zart und schmächtig,
Sie sind mir allesamt verdächtig;
Und hinter solcher Wänglein Rosen
Fürcht' ich doch auch Metamorphosen.

7600 LAMIEN. Versuch es doch! sind unsrer viele.
Greif zu! Und hast du Glück im Spiele,
Erhasche dir das beste Los.
Was soll das lüsterne Geleier?
Du bist ein miserabler Freier,
7765 Stolzierst einher und tust so groß! –
Nun mischt er sich in unsre Scharen;
Laßt nach und nach die Masken fahren
Und gebt ihm euer Wesen bloß.

MEPHISTOPHELES. Die Schönste hab' ich mir erlesen...
7770 Sie umfassend. O weh mir! welch ein dürrer Besen!
Eine andere ergreifend.
Und diese?... Schmähliches Gesicht!

LAMIEN. Verdienst du's besser? dünk es nicht.

MEPHISTOPHELES. Die Kleine möcht' ich mir verpfänden...
Lacerte schlüpft mir aus den Händen!
7775 Und schlangenhaft der glatte Zopf.
Dagegen fass' ich mir die Lange...
Da pack' ich eine Thyrsusstange,
Den Pinienapfel als den Kopf!
Wo will's hinaus?... Noch eine Dicke,
7780 An der ich mich vielleicht erquicke;
Zum letztenmal gewagt! Es sei!
Recht quammig, quappig, das bezahlen
Mit hohem Preis Orientalen...
Doch ach! der Bovist platzt entzwei!

7785 LAMIEN. Fahrt auseinander, schwankt und schwebet

Blitzartig, schwarzen Flugs umgebet
Den eingedrungnen Hexensohn!
Unsichre, schauderhafte Kreise!
Schweigsamen Fittichs, Fledermäuse!
Zu wohlfeil kommt er doch davon.   7790

MEPHISTOPHELES *sich schüttelnd.*

Viel klüger, scheint es, bin ich nicht geworden;
Absurd ist's hier, absurd im Norden,
Gespenster hier wie dort vertrackt,
Volk und Poeten abgeschmackt.
Ist eben hier eine Mummenschanz   7795
Wie überall, ein Sinnentanz.
Ich griff nach holden Maskenzügen
Und faßte Wesen, daß mich's schauerte...
Ich möchte gerne mich betrügen,
Wenn es nur länger dauerte.   7800

Sich zwischen dem Gestein verirrend.

Wo bin ich denn? Wo will's hinaus?
Das war ein Pfad, nun ist's ein Graus.
Ich kam daher auf glatten Wegen,
Und jetzt steht mir Geröll entgegen.
Vergebens klettr' ich auf und nieder,   7805
Wo find' ich meine Sphinxe wieder?
So toll hätt' ich mir's nicht gedacht,
Ein solch Gebirg in einer Nacht!
Das heiß' ich frischen Hexenritt,
Die bringen ihren Blocksberg mit.   7810

OREAS *vom Naturfels.* Herauf hier! Mein Gebirg ist alt,
Steht in ursprünglicher Gestalt.
Verehre schroffe Felsensteige,
Des Pindus letztgedehnte Zweige!
Schon stand ich unerschüttert so,   7815
Als über mich Pompejus floh.
Daneben das Gebild des Wahns
Verschwindet schon beim Krähn des Hahns.
Dergleichen Märchen seh' ich oft entstehn
Und plötzlich wieder untergehn.   7820

MEPHISTOPHELES. Sei Ehre dir, ehrwürdiges Haupt,
Von hoher Eichenkraft umlaubt!

Der allerklarste Mondenschein
Dringt nicht zur Finsternis herein. –
7825 Doch neben am Gebüsche zieht
Ein Licht, das gar bescheiden glüht.
Wie sich das alles fügen muß!
Fürwahr, es ist Homunculus!
Woher des Wegs, du Kleingeselle?
7830 HOMUNCULUS. Ich schwebe so von Stell' zu Stelle
Und möchte gern im besten Sinn entstehn,
Voll Ungeduld, mein Glas entzweizuschlagen;
Allein, was ich bisher gesehn,
Hinein da möcht' ich mich nicht wagen.
7835 Nur, um dir's im Vertraun zu sagen:
Zwei Philosophen bin ich auf der Spur,
Ich horchte zu, es hieß: Natur, Natur!
Von diesen will ich mich nicht trennen,
Sie müssen doch das irdische Wesen kennen;
7840 Und ich erfahre wohl am Ende,
Wohin ich mich am allerklügsten wende.
MEPHISTOPHELES. Das tu auf deine eigne Hand.
Denn wo Gespenster Platz genommen,
Ist auch der Philosoph willkommen.
7845 Damit man seiner Kunst und Gunst sich freue,
Erschafft er gleich ein Dutzend neue.
Wenn du nicht irrst, kommst du nicht zu Verstand.
Willst du entstehn, entsteh auf eigne Hand!
HOMUNCULUS. Ein guter Rat ist auch nicht zu verschmähn.
MEPHISTOPHELES.
7850 So fahre hin! Wir wollen's weiter sehn. Trennen sich.
ANAXAGORAS zu Thales.
Dein starrer Sinn will sich nicht beugen;
Bedarf es Weitres, dich zu überzeugen?
THALES. Die Welle beugt sich jedem Winde gern,
Doch hält sie sich vom schroffen Felsen fern.
7855 ANAXAGORAS. Durch Feuerdunst ist dieser Fels zu Handen.
THALES. Im Feuchten ist Lebendiges erstanden.
HOMUNCULUS, zwischen beiden.
Laßt mich an eurer Seite gehn.
Mir selbst gelüstet's, zu entstehn!

ANAXAGORAS. Hast du, o Thales, je in einer Nacht
  Solch einen Berg aus Schlamm hervorgebracht? 7860
THALES. Nie war Natur und ihr lebendiges Fließen
  Auf Tag und Nacht und Stunden angewiesen.
  Sie bildet regelnd jegliche Gestalt,
  . Und selbst im Großen ist es nicht Gewalt.
ANAXAGORAS. Hier aber war's! Plutonisch grimmig Feuer, 7865
  Äolischer Dünste Knallkraft, ungeheuer,
  Durchbrach des flachen Bodens alte Kruste,
  Daß neu ein Berg sogleich entstehen mußte.
THALES. Was wird dadurch nun weiter fortgesetzt?
  Er ist auch da, und das ist gut zuletzt. 7870
  Mit solchem Streit verliert man Zeit und Weile
  Und führt doch nur geduldig Volk am Seile.
ANAXAGORAS. Schnell quillt der Berg von Myrmidonen,
  Die Felsenspalten zu bewohnen;
  Pygmäen, Imsen, Däumerlinge
  Und andre tätig kleine Dinge. 7875

              Zum Homunculus.

Nie hast du Großem nachgestrebt,
Einsiedlerisch-beschränkt gelebt;
Kannst du zur Herrschaft dich gewöhnen,
So laß ich dich als König krönen. 7880
HOMUNCULUS. Was sagt mein Thales?
THALES.   Will's nicht raten;
  Mit Kleinen tut man kleine Taten,
  Mit Großen wird der Kleine groß.
  Sieh hin! die schwarze Kranichwolke!
  Sie droht dem aufgeregten Volke 7885
  Und würde so dem König drohn.
  Mit scharfen Schnäbeln, krallen Beinen,
  Sie stechen nieder auf die Kleinen;
  Verhängnis wetterleuchtet schon.
  Ein Frevel tötete die Reiher, 7890
  Umstellend ruhigen Friedensweiher.
  Doch jener Mordgeschosse Regen
  Schafft grausam-blut'gen Rachesegen,
  Erregt der Nahverwandten Wut
  Nach der Pygmäen frevlem Blut. 7895

Was nützt nun Schild und Helm und Speer?
Was hilft der Reiherstrahl den Zwergen?
Wie sich Daktyl und Imse bergen!
Schon wankt, es flieht, es stürzt das Heer.

ANAXAGORAS *nach einer Pause feierlich.*

7900 Konnt' ich bisher die Unterirdischen loben,
So wend' ich mich in diesem Fall nach oben...
Du! droben ewig Unveraltete,
Dreinamig-Dreigestaltete,
Dich ruf' ich an bei meines Volkes Weh,
7905 Diana, Luna, Hekate!
Du Brusterweiternde, im Tiefsten Sinnige,
Du Ruhigscheinende, Gewaltsam-Innige,
Eröffne deiner Schatten grausen Schlund,
Die alte Macht sei ohne Zauber kund! *Pause.*

7910   Bin ich zu schnell erhört?
             Hat mein Flehn
             Nach jenen Höhn
             Die Ordnung der Natur gestört?

Und größer, immer größer nahet schon
7915 Der Göttin rundumschriebner Thron,
Dem Auge furchtbar, ungeheuer!
Ins Düstre rötet sich sein Feuer...
Nicht näher, drohend-mächtige Runde!
Du richtest uns und Land und Meer zugrunde!

7920 So wär' es wahr, daß dich thessalische Frauen
In frevelnd magischem Vertrauen
Von deinem Pfad herabgesungen,
Verderblichstes dir abgerungen?...
Das lichte Schild hat sich umdunkelt,
7925 Auf einmal reißt's und blitzt und funkelt!
Welch ein Geprassel! Welch ein Zischen!
Ein Donnern, Windgetüm dazwischen! –
Demütig zu des Thrones Stufen! –
Verzeiht! Ich hab' es hergerufen. *Wirft sich aufs Angesicht.*

7930 THALES. Was dieser Mann nicht alles hört' und sah!
Ich weiß nicht recht, wie uns geschah,
Auch hab' ich's nicht mit ihm empfunden.

Gestehen wir, es sind verrückte Stunden,
Und Luna wiegt sich ganz bequem
An ihrem Platz, so wie vordem.   7935

HOMUNCULUS. Schaut hin nach der Pygmäen Sitz!
Der Berg war rund, jetzt ist er spitz.
Ich spürt' ein ungeheures Prallen,
Der Fels war aus dem Mond gefallen;
Gleich hat er, ohne nachzufragen,   7940
So Freund als Feind gequetscht, erschlagen.
Doch muß ich solche Künste loben,
Die schöpferisch, in einer Nacht,
Zugleich von unten und von oben,
Dies Berggebäu zustand gebracht.   7945

THALES. Sei ruhig! Es war nur gedacht.
Sie fahre hin, die garstige Brut!
Daß du nicht König warst, ist gut.
Nun fort zum heitern Meeresfeste,
Dort hofft und ehrt man Wundergäste.   7950
Entfernen sich.

MEPHISTOPHELES, *an der Gegenseite kletternd.*
Da muß ich mich durch steile Felsentreppen,
Durch alter Eichen starre Wurzeln schleppen!
Auf meinem Harz der harzige Dunst
Hat was vom Pech, und das hat meine Gunst,
Zunächst dem Schwefel... Hier, bei diesen Griechen 7955
Ist von dergleichen kaum die Spur zu riechen;
Neugierig aber wär' ich, nachzuspüren,
Womit sie Höllenqual und -flamme schüren.

DRYAS. In deinem Lande sei einheimisch klug,
Im fremden bist du nicht gewandt genug.   7960
Du solltest nicht den Sinn zur Heimat kehren,
Der heiligen Eichen Würde hier verehren.

MEPHISTOPHELES. Man denkt an das, was man verließ;
Was man gewohnt war, bleibt ein Paradies.
Doch sagt: was in der Höhle dort,   7965
Bei schwachem Licht, sich dreifach hingekauert?

DRYAS. Die Phorkyaden! Wage dich zum Ort
Und sprich sie an, wenn dich nicht schauert.

MEPHISTOPHELES.
Warum denn nicht! – Ich sehe was, und staune!
7970 So stolz ich bin, muß ich mir selbst gestehn:
Dergleichen hab' ich nie gesehn,
Die sind ja schlimmer als Alraune...
Wird man die urverworfnen Sünden
Im mindesten noch häßlich finden,
7975 Wenn man dies Dreigetüm erblickt?
Wir litten sie nicht auf den Schwellen
Der grauenvollsten unsrer Höllen.
Hier wurzelt's in der Schönheit Land,
Das wird mit Ruhm antik genannt...
7980 Sie regen sich, sie scheinen mich zu spüren,
Sie zwitschern pfeifend, Fledermaus-Vampyren.
PHORKYAS. Gebt mir das Auge, Schwestern, daß es frage,
Wer sich so nah an unsre Tempel wage.
MEPHISTOPHELES. Verehrteste! Erlaubt mir, euch zu nahen
7985 Und euren Segen dreifach zu empfahen.
Ich trete vor, zwar noch als Unbekannter,
Doch, irr' ich nicht, weitläufiger Verwandter.
Altwürdige Götter hab' ich schon erblickt,
Vor Ops und Rhea tiefstens mich gebückt;
7990 Die Parzen selbst, des Chaos, eure Schwestern,
Ich sah sie gestern – oder ehegestern;
Doch euresgleichen hab' ich nie erblickt.
Ich schweige nun und fühle mich entzückt.
PHORKYADEN. Er scheint Verstand zu haben, dieser Geist.
MEPHISTOPHELES.
7995 Nur wundert's mich, daß euch kein Dichter preist.
Und sagt: wie kam's, wie konnte das geschehn?
Im Bilde hab' ich nie euch Würdigste gesehn;
Versuch's der Meißel doch, euch zu erreichen,
Nicht Juno, Pallas, Venus und dergleichen.
8000 PHORKYADEN. Versenkt in Einsamkeit und stillste Nacht,
Hat unser Drei noch nie daran gedacht!
MEPHISTOPHELES.
Wie sollt' es auch? da ihr, der Welt entrückt,
Hier niemand seht und niemand euch erblickt.
Da müßtet ihr an solchen Orten wohnen,

Wo Pracht und Kunst auf gleichem Sitze thronen,   8005
Wo jeden Tag, behend, im Doppelschritt,
Ein Marmorblock als Held ins Leben tritt.
Wo –
PHORKYADEN. Schweige still und gib uns kein Gelüsten!
   Was hülf' es uns, und wenn wir's besser wüßten?
   In Nacht geboren, Nächtlichem verwandt,   8010
   Beinah uns selbst, ganz allen unbekannt.
MEPHISTOPHELES. In solchem Fall hat es nicht viel zu sagen,
   Man kann sich selbst auch andern übertragen.
   Euch dreien gnügt ein Auge, gnügt ein Zahn;
   Da ging' es wohl auch mythologisch an,   8015
   In zwei die Wesenheit der drei zu fassen,
   Der Dritten Bildnis mir zu überlassen,
   Auf kurze Zeit.
EINE.   Wie dünkt's euch? ging' es an?
DIE ANDERN.
   Versuchen wir's! – doch ohne Aug' und Zahn.
MEPHISTOPHELES.
   Nun habt ihr grad das Beste weggenommen;   8020
   Wie würde da das strengste Bild vollkommen!
EINE. Drück du ein Auge zu, 's ist leicht geschehn,
   Laß alsofort den einen Raffzahn sehn,
   Und im Profil wirst du sogleich erreichen,
   Geschwisterlich vollkommen uns zu gleichen.   8025
MEPHISTOPHELES. Viel Ehr'! Es sei!
PHORKYADEN.   Es sei!
MEPHISTOPHELES als Phorkyas im Profil.

                              Da steh' ich schon,
   Des Chaos vielgeliebter Sohn!
PHORKYADEN. Des Chaos Töchter sind wir unbestritten.
MEPHISTOPHELES.
   Man schilt mich nun, o Schmach, Hermaphroditen.
PHORKYADEN.
   Im neuen Drei der Schwestern welche Schöne!   8030
   Wir haben zwei der Augen, zwei der Zähne.
MEPHISTOPHELES.
   Vor aller Augen muß ich mich verstecken,
   Im Höllenpfuhl die Teufel zu erschrecken. Ab.

FELSBUCHTEN DES ÄGÄISCHEN MEERS

Mond im Zenit verharrend.

SIRENEN, auf den Klippen umher gelagert, flötend und singend.

Haben sonst bei nächtigem Grauen
8035   Dich thessalische Zauberfrauen
Frevelhaft herabgezogen,
Blicke ruhig von dem Bogen
Deiner Nacht auf Zitterwogen
Mildeblitzend Glanzgewimmel
8040   Und erleuchte das Getümmel,
Das sich aus den Wogen hebt!
Dir zu jedem Dienst erbötig,
Schöne Luna, sei uns gnädig!

NEREIDEN UND TRITONEN, als Meerwunder.

Tönet laut in schärfern Tönen,
8045   Die das breite Meer durchdröhnen,
Volk der Tiefe ruft fortan!
Vor des Sturmes grausen Schlünden
Wichen wir zu stillsten Gründen,
Holder Sang zieht uns heran.

8050   Seht, wie wir im Hochentzücken
Uns mit goldenen Ketten schmücken,
Auch zu Kron' und Edelsteinen
Spang- und Gürtelschmuck vereinen!
Alles das ist eure Frucht.
8055   Schätze, scheiternd hier verschlungen,
Habt ihr uns herangesungen,
Ihr Dämonen unsrer Bucht.

SIRENEN. Wissen's wohl, in Meeresfrische
Glatt behagen sich die Fische,
8060   Schwanken Lebens ohne Leid;
Doch, ihr festlich regen Scharen,
Heute möchten wir erfahren,
Daß ihr mehr als Fische seid.

NEREIDEN UND TRITONEN. Ehe wir hieher gekommen,
8065   Haben wir's zu Sinn genommen;

Schwestern, Brüder, jetzt geschwind!
Heut bedarf's der kleinsten Reise
Zum vollgültigsten Beweise,
Daß wir mehr als Fische sind. Entfernen sich.

SIRENEN. Fort sind sie im Nu!   8070
Nach Samothrace grade zu,
Verschwunden mit günstigem Wind.
Was denken sie zu vollführen
Im Reiche der hohen Kabiren?
Sind Götter! Wundersam eigen,   8075
Die sich immerfort selbst erzeugen
Und niemals wissen, was sie sind.

Bleibe auf deinen Höhn,
Holde Luna, gnädig stehn,
Daß es nächtig verbleibe,   8080
Uns der Tag nicht vertreibe!

THALES am Ufer zu Homunculus.
Ich führte dich zum alten Nereus gern;
Zwar sind wir nicht von seiner Höhle fern,
Doch hat er einen harten Kopf,
Der widerwärtige Sauertopf.   8085
Das ganze menschliche Geschlecht
Macht's ihm, dem Griesgram, nimmer recht.
Doch ist die Zukunft ihm entdeckt,
Dafür hat jedermann Respekt
Und ehret ihn auf seinem Posten;   8090
Auch hat er manchem wohlgetan.

HOMUNCULUS. Probieren wir's und klopfen an!
Nicht gleich wird's Glas und Flamme kosten.

NEREUS.
Sind's Menschenstimmen, die mein Ohr vernimmt?
Wie es mir gleich im tiefsten Herzen grimmt!   8095
Gebilde, strebsam, Götter zu erreichen,
Und doch verdammt, sich immer selbst zu gleichen.
Seit alten Jahren konnt' ich göttlich ruhn,
Doch trieb mich's an, den Besten wohlzutun;
Und schaut' ich dann zuletzt vollbrachte Taten,   8100
So war es ganz, als hätt' ich nicht geraten.

THALES. Und doch, o Greis des Meers, vertraut man dir;
Du bist der Weise, treib uns nicht von hier!
Schau diese Flamme, menschenähnlich zwar,
8105 Sie deinem Rat ergibt sich ganz und gar.
NEREUS. Was Rat! Hat Rat bei Menschen je gegolten?
Ein kluges Wort erstarrt im harten Ohr.
So oft auch Tat sich grimmig selbst gescholten,
Bleibt doch das Volk selbstwillig wie zuvor.
8110 Wie hab' ich Paris väterlich gewarnt,
Eh sein Gelüst ein fremdes Weib umgarnt.
Am griechischen Ufer stand er kühnlich da,
Ihm kündet' ich, was ich im Geiste sah:
Die Lüfte qualmend, überströmend Rot,
8115 Gebälke glühend, unten Mord und Tod:
Trojas Gerichtstag, rhythmisch festgebannt,
Jahrtausenden so schrecklich als gekannt.
Des Alten Wort, dem Frechen schien's ein Spiel,
Er folgte seiner Lust, und Ilios fiel –
8120 Ein Riesenleichnam, starr nach langer Qual,
Des Pindus Adlern gar willkommnes Mahl.
Ulyssen auch! sagt' ich ihm nicht voraus
Der Circe Listen, des Zyklopen Graus?
Das Zaudern sein, der Seinen leichten Sinn,
8125 Und was nicht alles! Bracht' ihm das Gewinn?
Bis vielgeschaukelt ihn, doch spät genug,
Der Woge Gunst an gastlich Ufer trug.
THALES. Dem weisen Mann gibt solch Betragen Qual;
Der gute doch versucht es noch einmal.
8130 Ein Quentchen Danks wird, hoch ihn zu vergnügen,
Die Zentner Undanks völlig überwiegen.
Denn nichts Geringes haben wir zu flehn:
Der Knabe da wünscht weislich zu entstehn.
NEREUS. Verderbt mir nicht den seltensten Humor!
8135 Ganz andres steht mir heute noch bevor:
Die Töchter hab' ich alle herbeschieden,
Die Grazien des Meeres, die Doriden.
Nicht der Olymp, nicht euer Boden trägt
Ein schön Gebild, das sich so zierlich regt.
8140 Sie werfen sich, anmutigster Gebärde,

Vom Wasserdrachen auf Neptunus' Pferde,
Dem Element aufs zarteste vereint,
Daß selbst der Schaum sie noch zu heben scheint.
Im Farbenspiel von Venus' Muschelwagen
Kommt Galatee, die Schönste, nun getragen, 8145
Die, seit sich Kypris von uns abgekehrt,
In Paphos wird als Göttin selbst verehrt.
Und so besitzt die Holde lange schon,
Als Erbin, Tempelstadt und Wagenthron.
 Hinweg! Es ziemt in Vaterfreudenstunde 8150
Nicht Haß dem Herzen, Scheltwort nicht dem Munde.
Hinweg zu Proteus! Fragt den Wundermann:
Wie man entstehn und sich verwandlen kann.
Entfernt sich gegen das Meer.

THALES. Wir haben nichts durch diesen Schritt gewonnen,
Trifft man auch Proteus, gleich ist er zerronnen; 8155
Und steht er euch, so sagt er nur zuletzt,
Was staunen macht und in Verwirrung setzt.
Du bist einmal bedürftig solchen Rats,
Versuchen wir's und wandlen unsres Pfads!
Entfernen sich.

SIRENEN oben auf den Felsen. Was sehen wir von weiten 8160
 Das Wellenreich durchgleiten?
 Als wie nach Windes Regel
 Anzögen weiße Segel,
 So hell sind sie zu schauen,
 Verklärte Meeresfrauen. 8165
 Laßt uns herunterklimmen,
 Vernehmt ihr doch die Stimmen.

NEREIDEN UND TRITONEN. Was wir auf Händen tragen,
 Soll allen euch behagen.
 Chelonens Riesenschilde 8170
 Entglänzt ein streng Gebilde:
 Sind Götter, die wir bringen;
 Müßt hohe Lieder singen.

SIRENEN. Klein von Gestalt,
 Groß von Gewalt, 8175
 Der Scheiternden Retter,
 Uralt verehrte Götter.

NEREIDEN UND TRITONEN. Wir bringen die Kabiren,
　　　　　Ein friedlich Fest zu führen;
8180　　　Denn wo sie heilig walten,
　　　　　Neptun wird freundlich schalten.
SIRENEN. Wir stehen euch nach;
　　　　　Wenn ein Schiff zerbrach,
　　　　　Unwiderstehbar an Kraft
8185　　　Schützt ihr die Mannschaft.
NEREIDEN UND TRITONEN. Drei haben wir mitgenommen,
　　　　　Der vierte wollte nicht kommen;
　　　　　Er sagte, er sei der Rechte,
　　　　　Der für sie alle dächte.
8190 SIRENEN. Ein Gott den andern Gott
　　　　　Macht wohl zu Spott.
　　　　　Ehrt ihr alle Gnaden,
　　　　　Fürchtet jeden Schaden.
NEREIDEN UND TRITONEN. Sind eigentlich ihrer sieben.
8195 SIRENEN. Wo sind die drei geblieben?
NEREIDEN UND TRITONEN. Wir wüßten's nicht zu sagen,
　　　　　Sind im Olymp zu erfragen;
　　　　　Dort west auch wohl der achte,
　　　　　An den noch niemand dachte!
8200　　　In Gnaden uns gewärtig,
　　　　　Doch alle noch nicht fertig.
　　　　　　Diese Unvergleichlichen
　　　　　Wollen immer weiter,
　　　　　Sehnsuchtsvolle Hungerleider
8205　　　Nach dem Unerreichlichen.
SIRENEN. Wir sind gewohnt,
　　　　　Wo es auch thront,
　　　　　In Sonn' und Mond
　　　　　Hinzubeten; es lohnt.
NEREIDEN UND TRITONEN.
8210　　　Wie unser Ruhm zum höchsten prangt,
　　　　　Dieses Fest anzuführen!
SIRENEN. Die Helden des Altertums
　　　　　Ermangeln des Ruhms,
　　　　　Wo und wie er auch prangt,
8215　　　Wenn sie das goldne Vlies erlangt,

Ihr die Kabiren.

Wiederholt als Allgesang.

Wenn sie das goldne Vlies erlangt,

Wir ⎱
Ihr ⎰ die Kabiren.

Nereiden und Tritonen ziehen vorüber.

HOMUNCULUS. Die Ungestalten seh' ich an
Als irden-schlechte Töpfe, 8220
Nun stoßen sich die Weisen dran
Und brechen harte Köpfe.

THALES. Das ist es ja, was man begehrt:
Der Rost macht erst die Münze wert.

PROTEUS *unbemerkt.* So etwas freut mich alten Fabler! 8225
Je wunderlicher, desto respektabler.

THALES. Wo bist du, Proteus?

PROTEUS, *bauchrednerisch, bald nah, bald fern.* Hier! und hier!

THALES. Den alten Scherz verzeih' ich dir;
Doch einem Freund nicht eitle Worte!
Ich weiß, du sprichst vom falschen Orte. 8230

PROTEUS *als aus der Ferne.* Leb' wohl!

THALES *leise zu Homunculus.*

Er ist ganz nah. Nun leuchte frisch!
Er ist neugierig wie ein Fisch;
Und wo er auch gestaltet stockt,
Durch Flammen wird er hergelockt.

HOMUNCULUS. Ergieß' ich gleich des Lichtes Menge, 8235
Bescheiden doch, daß ich das Glas nicht sprenge.

PROTEUS *in Gestalt einer Riesenschildkröte.*

Was leuchtet so anmutig schön?

THALES, *den Homunculus verhüllend.*

Gut! Wenn du Lust hast, kannst du's näher sehn.
Die kleine Mühe laß dich nicht verdrießen
Und zeige dich auf menschlich beiden Füßen. 8240
Mit unsern Gunsten sei's, mit unserm Willen,
Wer schauen will, was wir verhüllen.

PROTEUS, *edel gestaltet.*

Weltweise Kniffe sind dir noch bewußt.

THALES. Gestalt zu wechseln, bleibt noch deine Lust.

Hat den Homunculus enthüllt.

PROTEUS erstaunt.
8245 Ein leuchtend Zwerglein! Niemals noch gesehn!
      THALES. Es fragt um Rat und möchte gern entstehn.
      Er ist, wie ich von ihm vernommen,
      Gar wundersam nur halb zur Welt gekommen.
      Ihm fehlt es nicht an geistigen Eigenschaften,
8250 Doch gar zu sehr am greiflich Tüchtighaften.
      Bis jetzt gibt ihm das Glas allein Gewicht,
      Doch wär' er gern zunächst verkörperlicht.
      PROTEUS. Du bist ein wahrer Jungfernsohn,
      Eh' du sein solltest, bist du schon!
      THALES leise.
8255 Auch scheint es mir von andrer Seite kritisch:
      Er ist, mich dünkt, hermaphroditisch.
      PROTEUS. Da muß es desto eher glücken;
      So wie er anlangt, wird sich's schicken.
      Doch gilt es hier nicht viel Besinnen:
8260 Im weiten Meere mußt du anbeginnen!
      Da fängt man erst im kleinen an
      Und freut sich, Kleinste zu verschlingen,
      Man wächst so nach und nach heran
      Und bildet sich zu höherem Vollbringen.
8265 HOMUNCULUS. Hier weht gar eine weiche Luft,
      Es grunelt so, und mir behagt der Duft!
      PROTEUS. Das glaub' ich, allerliebster Junge!
      Und weiter hin wird's viel behäglicher,
      Auf dieser schmalen Strandeszunge
8270 Der Dunstkreis noch unsäglicher;
      Da vorne sehen wir den Zug,
      Der eben herschwebt, nah genug.
      Kommt mit dahin!
      THALES.   Ich gehe mit.
      HOMUNCULUS. Dreifach merkwürd'ger Geisterschritt!

      Telchinen von Rhodus auf Hippokampen und Meerdrachen,
                  Neptunens Dreizack handhabend.

8275 CHOR. Wir haben den Dreizack Neptunen geschmiedet,
      Womit er die regesten Wellen begütet.
      Entfaltet der Donnrer die Wolken, die vollen,

Entgegnet Neptunus dem greulichen Rollen;
Und wie auch von oben es zackig erblitzt,
Wird Woge nach Woge von unten gespritzt;   8280
Und was auch dazwischen in Ängsten gerungen,
Wird, lange geschleudert, vom Tiefsten verschlungen;
Weshalb er uns heute den Zepter gereicht –
Nun schweben wir festlich, beruhigt und leicht.

SIRENEN. Euch, dem Helios Geweihten,   8285
    Heitern Tags Gebenedeiten,
    Gruß zur Stunde, die bewegt
    Lunas Hochverehrung regt!

TELCHINEN. Allieblichste Göttin am Bogen da droben!
Du hörst mit Entzücken den Bruder beloben.   8290
Der seligen Rhodus verleihst du ein Ohr,
Dort steigt ihm ein ewiger Päan hervor.
Beginnt er den Tagslauf und ist es getan,
Er blickt uns mit feurigem Strahlenblick an.
Die Berge, die Städte, die Ufer, die Welle   8295
Gefallen dem Gotte, sind lieblich und helle.
Kein Nebel umschwebt uns, und schleicht er sich ein,
Ein Strahl und ein Lüftchen, die Insel ist rein!
Da schaut sich der Hohe in hundert Gebilden,
Als Jüngling, als Riesen, den großen, den milden.   8300
Wir ersten, wir waren's, die Göttergewalt
Aufstellten in würdiger Menschengestalt.

PROTEUS. Laß du sie singen, laß sie prahlen!
    Der Sonne heiligen Lebestrahlen
    Sind tote Werke nur ein Spaß.   8305
    Das bildet, schmelzend, unverdrossen;
    Und haben sie's in Erz gegossen,
    Dann denken sie, es wäre was.
    Was ist's zuletzt mit diesen Stolzen?
    Die Götterbilder standen groß –   8310
    Zerstörte sie ein Erdestoß;
    Längst sind sie wieder eingeschmolzen.
      Das Erdetreiben, wie's auch sei,
    Ist immer doch nur Plackerei;
    Dem Leben frommt die Welle besser;   8315
    Dich trägt ins ewige Gewässer

Proteus-Delphin. Er verwandelt sich.
                    Schon ist's getan!
    Da soll es dir zum schönsten glücken:
    Ich nehme dich auf meinen Rücken,
8320   Vermähle dich dem Ozean.
    THALES. Gib nach dem löblichen Verlangen,
    Von vorn die Schöpfung anzufangen!
    Zu raschem Wirken sei bereit!
    Da regst du dich nach ewigen Normen,
8325 Durch tausend, abertausend Formen,
    Und bis zum Menschen hast du Zeit.
            Homunculus besteigt den Proteus-Delphin.
    PROTEUS. Komm geistig mit in feuchte Weite,
    Da lebst du gleich in Läng' und Breite,
    Beliebig regest du dich hier;
8330 Nur strebe nicht nach höheren Orden:
    Denn bist du erst ein Mensch geworden,
    Dann ist es völlig aus mit dir.
    THALES. Nachdem es kommt; 's ist auch wohl fein,
    Ein wackrer Mann zu seiner Zeit zu sein.
8335 PROTEUS zu Thales. So einer wohl von deinem Schlag!
    Das hält noch eine Weile nach;
    Denn unter bleichen Geisterscharen
    Seh' ich dich schon seit vielen hundert Jahren.
    SIRENEN auf den Felsen. Welch ein Ring von Wölkchen ründet
8340   Um den Mond so reichen Kreis?
            Tauben sind es, liebentzündet,
            Fittiche, wie Licht so weiß.
            Paphos hat sie hergesendet,
            Ihre brünstige Vogelschar;
8345   Unser Fest, es ist vollendet,
            Heitre Wonne voll und klar!
    NEREUS, zu Thales tretend.
    Nennte wohl ein nächtiger Wanderer
    Diesen Mondhof Lufterscheinung;
    Doch wir Geister sind ganz anderer
8350 Und der einzig richtigen Meinung:
    Tauben sind es, die begleiten
    Meiner Tochter Muschelfahrt,

Wunderflugs besondrer Art,
Angelernt vor alten Zeiten.
THALES. Auch ich halte das fürs Beste,   8355
Was dem wackern Mann gefällt,
Wenn im stillen, warmen Neste
Sich ein Heiliges lebend hält.
PSYLLEN UND MARSEN auf Meerstieren, Meerkälbern und -widdern.
In Cyperns rauhen Höhlegrüften,
Vom Meergott nicht verschüttet,   8360
Vom Seismos nicht zerrüttet,
Umweht von ewigen Lüften,
Und, wie in den ältesten Tagen,
In stillbewußtem Behagen
Bewahren wir Cypriens Wagen   8365
Und führen, beim Säuseln der Nächte,
Durch liebliches Wellengeflechte,
Unsichtbar dem neuen Geschlechte,
Die lieblichste Tochter heran.
Wir leise Geschäftigen scheuen   8370
Weder Adler noch geflügelten Leuen,
Weder Kreuz noch Mond,
Wie es oben wohnt und thront,
Sich wechselnd wegt und regt,
Sich vertreibt und totschlägt,   8375
Saaten und Städte niederlegt.
Wir, so fortan,
Bringen die lieblichste Herrin heran.
SIRENEN. Leicht bewegt, in mäßiger Eile,
        Um den Wagen, Kreis um Kreis,   8380
        Bald verschlungen Zeil' an Zeile,
        Schlangenartig reihenweis,
        Naht euch, rüstige Nereiden,
        Derbe Fraun, gefällig wild,
        Bringet, zärtliche Doriden,   8385
        Galateen, der Mutter Bild:
        Ernst, den Göttern gleich zu schauen,
        Würdiger Unsterblichkeit,
        Doch wie holde Menschenfrauen
        Lockender Anmutigkeit.   8390

DORIDEN im Chor an Nereus vorbeiziehend, sämtlich auf Delphinen.

        Leih uns, Luna, Licht und Schatten,
        Klarheit diesem Jugendflor!
        Denn wir zeigen liebe Gatten
        Unserm Vater bittend vor. Zu Nereus.
8395   Knaben sind's, die wir gerettet
        Aus der Brandung grimmem Zahn,
        Sie, auf Schilf und Moos gebettet,
        Aufgewärmt zum Licht heran,
        Die es nun mit heißen Küssen
·8400   Treulich uns verdanken müssen;
        Schau die Holden günstig an!

NEREUS. Hoch ist der Doppelgewinn zu schätzen:
   Barmherzig sein, und sich zugleich ergetzen.

DORIDEN. Lobst du, Vater, unser Walten,
8405   Gönnst uns wohlerworbene Lust,
        Laß uns fest, unsterblich halten
        Sie an ewiger Jugendbrust.

NEREUS. Mögt euch des schönen Fanges freuen,
   Den Jüngling bildet euch als Mann;
8410 Allein ich könnte nicht verleihen,
   Was Zeus allein gewähren kann.
   Die Welle, die euch wogt und schaukelt,
   Läßt auch der Liebe nicht Bestand,
   Und hat die Neigung ausgegaukelt,
8415 So setzt gemächlich sie ans Land.

DORIDEN. Ihr, holde Knaben, seid uns wert,
        Doch müssen wir traurig scheiden;
        Wir haben ewige Treue begehrt,
        Die Götter wollen's nicht leiden.

8420 DIE JÜNGLINGE. Wenn ihr uns nur so ferner labt,
        Uns wackre Schifferknaben;
        Wir haben's nie so gut gehabt
        Und wollen's nicht besser haben.

      Galatee auf dem Muschelwagen nähert sich.

NEREUS. Du bist es, mein Liebchen!

GALATEE.   O Vater! das Glück!
8425 Delphine, verweilet! mich fesselt der Blick.

NEREUS. Vorüber schon, sie ziehen vorüber
  In kreisenden Schwunges Bewegung;
  Was kümmert sie die innre herzliche Regung!
  Ach, nähmen sie mich mit hinüber!
  Doch ein einziger Blick ergetzt,   8430
  Daß er das ganze Jahr ersetzt.
THALES. Heil! Heil! aufs neue!
  Wie ich mich blühend freue,
  Vom Schönen, Wahren durchdrungen...
  Alles ist aus dem Wasser entsprungen!!   8435
  Alles wird durch das Wasser erhalten!
  Ozean, gönn uns dein ewiges Walten.
  Wenn du nicht Wolken sendetest,
  Nicht reiche Bäche spendetest,
  Hin und her nicht Flüsse wendetest,   8440
  Die Ströme nicht vollendetest,
  Was wären Gebirge, was Ebnen und Welt?
  Du bist's, der das frischeste Leben erhält.
ECHO, Chorus der sämtlichen Kreise.
  Du bist's, dem das frischeste Leben entquellt.
NEREUS. Sie kehren schwankend fern zurück,   8445
  Bringen nicht mehr Blick zu Blick;
  In gedehnten Kettenkreisen,
  Sich festgemäß zu erweisen,
  Windet sich die unzählige Schar.
  Aber Galateas Muschelthron   8450
  Seh' ich schon und aber schon.
  Er glänzt wie ein Stern
  Durch die Menge.
  Geliebtes leuchtet durchs Gedränge!
  Auch noch so fern   8455
  Schimmert's hell und klar,
  Immer nah und wahr.
HOMUNCULUS. In dieser holden Feuchte
        Was ich auch hier beleuchte,
        Ist alles reizend schön.   8460
PROTEUS. In dieser Lebensfeuchte
        Erglänzt erst deine Leuchte
        Mit herrlichem Getön.

NEREUS. Welch neues Geheimnis in Mitte der Scharen
8465 Will unseren Augen sich offengebaren?
Was flammt um die Muschel, um Galatees Füße?
Bald lodert es mächtig, bald lieblich, bald süße,
Als wär' es von Pulsen der Liebe gerührt.

THALES. Homunculus ist es, von Proteus verführt...
8470 Es sind die Symptome des herrischen Sehnens,
Mir ahnet das Ächzen beängsteten Dröhnens;
Er wird sich zerschellen am glänzenden Thron;
Jetzt flammt es, nun blitzt es, ergießet sich schon.

SIRENEN. Welch feuriges Wunder verklärt uns die Wellen,
8475 Die gegeneinander sich funkelnd zerschellen?
So leuchtet's und schwanket und hellet hinan:
Die Körper, sie glühen auf nächtlicher Bahn,
Und ringsum ist alles vom Feuer umronnen;
So herrsche denn Eros, der alles begonnen!

8480   Heil dem Meere! Heil den Wogen,
        Von dem heiligen Feuer umzogen!
      Heil dem Wasser! Heil dem Feuer!
      Heil dem seltnen Abenteuer!

ALL-ALLE! Heil den mildgewogenen Lüften!
8485   Heil geheimnisreichen Grüften!
      Hochgefeiert seid allhier,
      Element' ihr alle vier!

DRITTER AKT

VOR DEM PALASTE DES MENELAS ZU SPARTA

Helena tritt auf und Chor gefangener Trojanerinnen.
Panthalis, Chorführerin.

HELENA. Bewundert viel und viel gescholten, Helena,
Vom Strande komm' ich, wo wir erst gelandet sind,
Noch immer trunken von des Gewoges regsamem   8490
Geschaukel, das vom phrygischen Blachgefild uns her
Auf sträubig-hohem Rücken, durch Poseidons Gunst
Und Euros' Kraft, in vaterländische Buchten trug.
Dort unten freuet nun der König Menelas
Der Rückkehr samt den tapfersten seiner Krieger sich.   8495
Du aber heiße mich willkommen, hohes Haus,
Das Tyndareos, mein Vater, nah dem Hange sich
Von Pallas' Hügel wiederkehrend aufgebaut
Und, als ich hier mit Klytämnestren schwesterlich,
Mit Kastor auch und Pollux fröhlich spielend wuchs,   8500
Vor allen Häusern Spartas herrlich ausgeschmückt.
Gegrüßet seid mir, der ehrnen Pforte Flügel ihr!
Durch euer gastlich ladendes Weit-Eröffnen einst
Geschah's, daß mir, erwählt aus vielen, Menelas
In Bräutigamsgestalt entgegenleuchtete.   8505
Eröffnet mir sie wieder, daß ich ein Eilgebot
Des Königs treu erfülle, wie der Gattin ziemt.
Laßt mich hinein! und alles bleibe hinter mir,
Was mich umstürmte bis hieher, verhängnisvoll.
Denn seit ich diese Schwelle sorgenlos verließ,   8510
Cytherens Tempel besuchend, heiliger Pflicht gemäß,
Mich aber dort ein Räuber griff, der phrygische,
Ist viel geschehen, was die Menschen weit und breit
So gern erzählen, aber der nicht gerne hört,
Von dem die Sage wachsend sich zum Märchen spann.   8515
CHOR.   Verschmähe nicht, o herrliche Frau,
         Des höchsten Gutes Ehrenbesitz!
         Denn das größte Glück ist dir einzig beschert,
         Der Schönheit Ruhm, der vor allen sich hebt.
         Dem Helden tönt sein Name voran,   8520

Drum schreitet er stolz;
Doch beugt sogleich hartnäckigster Mann
Vor der allbezwingenden Schöne den Sinn.
HELENA. Genug! mit meinem Gatten bin ich hergeschifft
8525 Und nun von ihm zu seiner Stadt vorausgesandt;
Doch welchen Sinn er hegen mag, errat' ich nicht.
Komm' ich als Gattin? komm' ich eine Königin?
Komm' ich ein Opfer für des Fürsten bittern Schmerz
Und für der Griechen lang' erduldetes Mißgeschick?
8530 Erobert bin ich; ob gefangen, weiß ich nicht!
Denn Ruf und Schicksal bestimmten fürwahr die Unsterb-
Zweideutig mir, der Schöngestalt bedenkliche   [lichen
Begleiter, die an dieser Schwelle mir sogar
Mit düster drohender Gegenwart zur Seite stehn.
8535 Denn schon im hohlen Schiffe blickte mich der Gemahl
Nur selten an, auch sprach er kein erquicklich Wort.
Als wenn er Unheil sänne, saß er gegen mir.
Nun aber, als des Eurotas tiefem Buchtgestad
Hinangefahren der vordern Schiffe Schnäbel kaum
8540 Das Land begrüßten, sprach er, wie vom Gott bewegt:
„Hier steigen sie meine Krieger nach der Ordnung aus,
Ich mustere sie, am Strand des Meeres hingereiht;
Du aber ziehe weiter, ziehe des heiligen
Eurotas fruchtbegabtem Ufer immer auf,
8545 Die Rosse lenkend auf der feuchten Wiese Schmuck,
Bis daß zur schönen Ebene du gelangen magst,
Wo Lakedämon, einst ein fruchtbar weites Feld,
Von ernsten Bergen nah umgeben, angebaut.
Betrete dann das hochgetürmte Fürstenhaus
8550 Und mustere mir die Mägde, die ich dort zurück
Gelassen, samt der klugen alten Schaffnerin.
Die zeige dir der Schätze reiche Sammlung vor,
Wie sie dein Vater hinterließ und die ich selbst
In Krieg und Frieden, stets vermehrend, aufgehäuft.
8555 Du findest alles nach der Ordnung stehen; denn
Das ist des Fürsten Vorrecht, daß er alles treu
In seinem Hause, wiederkehrend, finde, noch
An seinem Platze jedes, wie er's dort verließ.
Denn nichts zu ändern hat für sich der Knecht Gewalt."

CHOR. Erquicke nun am herrlichen Schatz,   8560
Dem stets vermehrten, Augen und Brust!
Denn der Kette Zier, der Krone Geschmuck,
Da ruhn sie stolz, und sie dünken sich was;
Doch tritt nur ein und fordre sie auf,
Sie rüsten sich schnell.   8565
Mich freuet, zu sehn Schönheit in dem Kampf
Gegen Gold und Perlen und Edelgestein.

HELENA. Sodann erfolgte des Herren ferneres Herrscherwort:
„Wenn du nun alles nach der Ordnung durchgesehn,
Dann nimm so manchen Dreifuß, als du nötig glaubst,   8570
Und mancherlei Gefäße, die der Opfrer sich
Zur Hand verlangt, vollziehend heiligen Festgebrauch.
Die Kessel, auch die Schalen, wie das flache Rund;
Das reinste Wasser aus der heiligen Quelle sei
In hohen Krügen; ferner auch das trockne Holz,   8575
Der Flammen schnell empfänglich, halte da bereit;
Ein wohlgeschliffnes Messer fehle nicht zuletzt;
Doch alles andre geb' ich deiner Sorge hin."
So sprach er, mich zum Scheiden drängend; aber nichts
Lebendigen Atems zeichnet mir der Ordnende,   8580
Das er, die Olympier zu verehren, schlachten will.
Bedenklich ist es; doch ich sorge weiter nicht,
Und alles bleibe hohen Göttern heimgestellt,
Die das vollenden, was in ihrem Sinn sie deucht,
Es möge gut von Menschen oder möge bös   8585
Geachtet sein; die Sterblichen, wir ertragen das.
Schon manchmal hob das schwere Beil der Opfernde
Zu des erdgebeugten Tieres Nacken weihend auf
Und konnt' es nicht vollbringen, denn ihn hinderte
Des nahen Feindes oder Gottes Zwischenkunft.   8590

CHOR. Was geschehen werde, sinnst du nicht aus;
Königin, schreite dahin
Guten Muts!
Gutes und Böses kommt
Unerwartet dem Menschen;   8595
Auch verkündet, glauben wir's nicht.
Brannte doch Troja, sahen wir doch
Tod vor Augen, schmählichen Tod;

Und sind wir nicht hier
8600   Dir gesellt, dienstbar freudig,
Schauen des Himmels blendende Sonne
Und das Schönste der Erde
Huldvoll, dich, uns Glücklichen?
HELENA. Sei's, wie es sei! Was auch bevorsteht, mir geziemt,
8605 Hinaufzusteigen ungesäumt in das Königshaus,
Das, lang' entbehrt und viel ersehnt und fast verscherzt,
Mir abermals vor Augen steht, ich weiß nicht wie.
Die Füße tragen mich so mutig nicht empor
Die hohen Stufen, die ich kindisch übersprang. *Ab.*
8610 CHOR.   Werfet, o Schwestern, ihr
Traurig gefangenen,
Alle Schmerzen ins Weite;
Teilet der Herrin Glück,
Teilet Helenens Glück,
8615   Welche zu Vaterhauses Herd,
Zwar mit spät zurückkehrendem,
Aber mit desto festerem
Fuße freudig herannaht.
Preiset die heiligen,
8620   Glücklich herstellenden
Und heimführenden Götter!
Schwebt der Entbundene
Doch wie auf Fittichen
Über das Rauhste, wenn umsonst
8625   Der Gefangene sehnsuchtsvoll
Über die Zinne des Kerkers hin
Armausbreitend sich abhärmt.
Aber sie ergriff ein Gott,
Die Entfernte;
8630   Und aus Ilios' Schutt
Trug er hierher sie zurück
In das alte, das neugeschmückte
Vaterhaus,
Nach unsäglichen
8635   Freuden und Qualen,
Früher Jugendzeit
Angefrischt zu gedenken.

PANTHALIS als Chorführerin.

Verlasset nun des Gesanges freudumgebnen Pfad
Und wendet nach der Türe Flügeln euren Blick!
Was seh' ich , Schwestern? Kehret nicht die Königin   8640
Mit heftigen Schrittes Regung wieder zu uns her?
Was ist es, große Königin, was konnte dir
In deines Hauses Hallen, statt der Deinen Gruß,
Erschütterndes begegnen? Du verbirgst es nicht;
Denn Widerwillen seh' ich an der Stirne dir,   8645
Ein edles Zürnen, das mit Überraschung kämpft.

HELENA, welche die Türflügel offen gelassen hat, bewegt.

Der Tochter Zeus' geziemet nicht gemeine Furcht,
Und flüchtig-leise Schreckenshand berührt sie nicht;
Doch das Entsetzen, das, dem Schoß der alten Nacht
Von Urbeginn entsteigend, vielgestaltet noch   8650
Wie glühende Wolken aus des Berges Feuerschlund
Herauf sich wälzt, erschüttert auch des Helden Brust.
So haben heute grauenvoll die Stygischen
Ins Haus den Eintritt mir bezeichnet, daß ich gern
Von oft betretner, langersehnter Schwelle mich,   8655
Entlaßnem Gaste gleich, entfernend scheiden mag.
Doch nein! gewichen bin ich her ans Licht, und sollt
Ihr weiter nicht mich treiben, Mächte, wer ihr seid.
Auf Weihe will ich sinnen, dann gereinigt mag
Des Herdes Glut die Frau begrüßen wie den Herrn.   8660

CHORFÜHRERIN. Entdecke deinen Dienerinnen, edle Frau,
Die dir verehrend beistehn, was begegnet ist.

HELENA. Was ich gesehen, sollt ihr selbst mit Augen sehn,
Wenn ihr Gebilde nicht die alte Nacht sogleich
Zurückgeschlungen in ihrer Tiefe Wunderschoß.   8665
Doch daß ihr's wisset, sag' ich's euch mit Worten an:
Als ich des Königshauses ernsten Binnenraum,
Der nächsten Pflicht gedenkend, feierlich betrat,
Erstaunt' ich ob der öden Gänge Schweigsamkeit.
Nicht Schall der emsig Wandelnden begegnete   8670
Dem Ohr, nicht raschgeschäftiges Eiligtun dem Blick,
Und keine Magd erschien mir, keine Schaffnerin,
Die jeden Fremden freundlich sonst begrüßenden.
Als aber ich dem Schoße des Herdes mich genaht,

8675 Da sah ich, bei verglommner Asche lauem Rest,
Am Boden sitzen welch verhülltes großes Weib,
Der Schlafenden nicht vergleichbar, wohl der Sinnenden.
Mit Herrscherworten ruf' ich sie zur Arbeit auf,
Die Schaffnerin mir vermutend, die indes vielleicht
8680 Des Gatten Vorsicht hinterlassend angestellt;
Doch eingefaltet sitzt die Unbewegliche;
Nur endlich rührt sie auf mein Dräun den rechten Arm,
Als wiese sie von Herd und Halle mich hinweg.
Ich wende zürnend mich ab von ihr und eile gleich
8685 Den Stufen zu, worauf empor der Thalamos
Geschmückt sich hebt und nah daran das Schatzgemach;
Allein das Wunder reißt sich schnell vom Boden auf,
Gebietrisch mir den Weg vertretend, zeigt es sich
In hagrer Größe, hohlen, blutig-trüben Blicks,
8690 Seltsamer Bildung, wie sie Aug' und Geist verwirrt.
Doch red' ich in die Lüfte; denn das Wort bemüht
Sich nur umsonst, Gestalten schöpferisch aufzubaun.
Da seht sie selbst! sie wagt sogar sich ans Licht hervor!
Hier sind wir Meister, bis der Herr und König kommt.
8695 Die grausen Nachtgeburten drängt der Schönheitsfreund
Phöbus hinweg in Höhlen, oder bändigt sie.

Phorkyas *auf der Schwelle zwischen den Türpfosten auftretend.*

CHOR.   Vieles erlebt' ich, obgleich die Locke
Jugendlich wallet mir um die Schläfe!
Schreckliches hab' ich vieles gesehen,
8700   Kriegrischen Jammer, Ilios' Nacht,
Als es fiel.

Durch das umwölkte, staubende Tosen
Drängender Krieger hört' ich die Götter
Fürchterlich rufen, hört' ich der Zwietracht
8705   Eherne Stimme schallen durchs Feld,
Mauerwärts.

Ach! sie standen noch, Ilios'
Mauern, aber die Flammenglut
Zog vom Nachbar zum Nachbar schon,
8710   Sich verbreitend von hier und dort

Mit des eignen Sturmes Wehn
Über die nächtliche Stadt hin.

Flüchtend sah ich durch Rauch und Glut
Und der züngelnden Flamme Loh'n
Gräßlich zürnender Götter Nahn,   8715
Schreitend Wundergestalten
Riesengroß, durch düsteren
Feuerumleuchteten Qualm hin.

Sah ich's, oder bildete
Mir der angstumschlungene Geist   8720
Solches Verworrene? sagen kann
Nimmer ich's, doch daß ich dies
Gräßliche hier mit Augen schau',
Solches gewiß ja weiß ich;
Könnt' es mit Händen fassen gar,   8725
Hielte von dem Gefährlichen
Nicht zurücke die Furcht mich.

Welche von Phorkys'
Töchtern nur bist du?
Denn ich vergleiche dich   8730
Diesem Geschlechte.
Bist du vielleicht der graugebornen,
Eines Auges und eines Zahns
Wechselsweis teilhaftigen
Graien eine gekommen?   8735

Wagest du Scheusal
Neben der Schönheit
Dich vor dem Kennerblick
Phöbus' zu zeigen?
Tritt du dennoch hervor nur immer;   8740
Denn das Häßliche schaut er nicht,
Wie sein heilig Auge noch
Nie erblickte den Schatten.

Doch uns Sterbliche nötigt, ach,
Leider trauriges Mißgeschick   8745
Zu dem unsäglichen Augenschmerz,

Den das Verwerfliche, Ewig-Unselige
Schönheitliebenden rege macht.

Ja, so höre denn, wenn du frech
8750 Uns entgegenest, höre Fluch,
Höre jeglicher Schelte Drohn
Aus dem verwünschenden Munde der Glücklichen,
Die von Göttern gebildet sind.

PHORKYAS.
Alt ist das Wort, doch bleibet hoch und wahr der Sinn,
8755 Daß Scham und Schönheit nie zusammen, Hand in Hand,
Den Weg verfolgen über der Erde grünen Pfad.
Tief eingewurzelt wohnt in beiden alter Haß,
Daß, wo sie immer irgend auch des Weges sich
Begegnen, jede der Gegnerin den Rücken kehrt.
8760 Dann eilet jede wieder heftiger, weiter fort,
Die Scham betrübt, die Schönheit aber frech gesinnt,
Bis sie zuletzt des Orkus hohle Nacht umfängt,
Wenn nicht das Alter sie vorher gebändigt hat.
Euch find' ich nun, ihr Frechen, aus der Fremde her
8765 Mit Übermut ergossen, gleich der Kraniche
Laut-heiser klingendem Zug, der über unser Haupt,
In langer Wolke, krächzend sein Getön herab
Schickt, das den stillen Wandrer über sich hinauf
Zu blicken lockt; doch ziehn sie ihren Weg dahin,
8770 Er geht den seinen; also wird's mit uns geschehn.

Wer seid denn ihr, daß ihr des Königes Hochpalast
Mänadisch wild, Betrunknen gleich, umtoben dürft?
Wer seid ihr denn, daß ihr des Hauses Schaffnerin
Entgegenheulet, wie dem Mond der Hunde Schar?
8775 Wähnt ihr, verborgen sei mir, welch Geschlecht ihr seid,
Du kriegerzeugte, schlachterzogne junge Brut?
Mannlustige du, so wie verführt verführende,
Entnervend beide, Kriegers auch und Bürgers Kraft!
Zu Hauf euch sehend, scheint mir ein Zikadenschwarm
8780 Herabzustürzen, deckend grüne Feldersaat.
Verzehrerinnen fremden Fleißes! Naschende
Vernichterinnen aufgekeimten Wohlstands ihr!
Erobert-marktverkauft-vertauschte Ware du!

HELENA. Wer gegenwarts der Frau die Dienerinnen schilt,
Der Gebietrin Hausrecht tastet er vermessen an; 8785
Denn ihr gebührt allein, das Lobenswürdige
Zu rühmen, wie zu strafen, was verwerflich ist.
Auch bin des Dienstes ich wohl zufrieden, den sie mir
Geleistet, als die hohe Kraft von Ilios
Umlagert stand und fiel und lag; nicht weniger, 8790
Als wir der Irrfahrt kummervolle Wechselnot
Ertrugen, wo sonst jeder sich der Nächste bleibt.
Auch hier erwart' ich Gleiches von der muntern Schar;
Nicht, was der Knecht sei, fragt der Herr, nur, wie er dient.
Drum schweige du und grinse sie nicht länger an. 8795
Hast du das Haus des Königs wohl verwahrt bisher
Anstatt der Hausfrau, solches dient zum Ruhme dir;
Doch jetzo kommt sie selber, tritt nun du zurück,
Damit nicht Strafe werde statt verdienten Lohns.
PHORKYAS.
Den Hausgenossen drohen bleibt ein großes Recht, 8800
Das gottbeglückten Herrschers hohe Gattin sich
Durch langer Jahre weise Leitung wohl verdient.
Da du, nun Anerkannte, neu den alten Platz
Der Königin und Hausfrau wiederum betrittst,
So fasse längst erschlaffte Zügel, herrsche nun, 8805
Nimm in Besitz den Schatz und sämtlich uns dazu.
Vor allem aber schütze mich, die Ältere,
Vor dieser Schar, die neben deiner Schönheit Schwan
Nur schlecht befitticht', schnatterhafte Gänse sind.
CHORFÜHRERIN.
Wie häßlich neben Schönheit zeigt sich Häßlichkeit. 8810
PHORKYAS. Wie unverständig neben Klugheit Unverstand.

Von hier an erwidern die Choretiden, einzeln aus dem Chor
heraustretend.

CHORETIDE 1.
Von Vater Erebus melde, melde von Mutter Nacht.
PHORKYAS.
So sprich von Scylla, leiblich dir Geschwisterkind.
CHORETIDE 2.
An deinem Stammbaum steigt manch Ungeheur empor.
PHORKYAS. Zum Orkus hin! da suche deine Sippschaft auf. 8815

CHORETIDE 3.
Die dorten wohnen, sind dir alle viel zu jung.
PHORKYAS. Tiresias, den Alten, gehe buhlend an.
CHORETIDE 4. Orions Amme war dir Ur-Urenkelin.
PHORKYAS.
   Harpyen, wähn' ich, fütterten dich im Unflat auf.
CHORETIDE 5.
8820 Mit was ernährst du so gepflegte Magerkeit?
PHORKYAS. Mit Blute nicht, wonach du allzulüstern bist.
CHORETIDE 6. Begierig du auf Leichen, ekle Leiche selbst!
PHORKYAS. Vampyren-Zähne glänzen dir im frechen Maul.
CHORFÜHRERIN.
   Das deine stopf' ich, wenn ich sage, wer du seist.
8825 PHORKYAS. So nenne dich zuerst; das Rätsel hebt sich auf.
HELENA.
   Nicht zürnend, aber traurend schreit' ich zwischen euch,
   Verbietend solchen Wechselstreites Ungestüm!
   Denn Schädlicheres begegnet nichts dem Herrscherherrn
   Als treuer Diener heimlich unterschworner Zwist.
8830 Das Echo seiner Befehle kehrt alsdann nicht mehr
   In schnell vollbrachter Tat wohlstimmig ihm zurück,
   Nein, eigenwillig brausend tost es um ihn her,
   Den selbstverirrten, ins Vergebne scheltenden.
   Dies nicht allein. Ihr habt in sittelosem Zorn
8835 Unsel'ger Bilder Schreckgestalten hergebannt,
   Die mich umdrängen, daß ich selbst zum Orkus mich
   Gerissen fühle, vaterländ'scher Flur zum Trutz.
   Ist's wohl Gedächtnis? war es Wahn, der mich ergreift?
   War ich das alles? Bin ich's? Werd' ich's künftig sein,
8840 Das Traum- und Schreckbild jener Städteverwüstenden?
   Die Mädchen schaudern, aber du, die Älteste,
   Du stehst gelassen; rede mir verständig Wort.
PHORKYAS. Wer langer Jahre mannigfaltigen Glücks gedenkt,
   Ihm scheint zuletzt die höchste Göttergunst ein Traum.
8845 Du aber, hochbegünstigt sonder Maß und Ziel,
   In Lebensreihe sahst nur Liebesbrünstige,
   Entzündet rasch zum kühnsten Wagstück jeder Art.
   Schon Theseus haschte früh dich, gierig aufgeregt,
   Wie Herakles stark, ein herrlich schön geformter Mann.

HELENA. Entführte mich, ein zehenjährig schlankes Reh,   8850
Und mich umschloß Aphidnus' Burg in Attika.

PHORKYAS.
Durch Kastor und durch Pollux aber bald befreit,
Umworben standst du ausgesuchter Heldenschar.

HELENA. Doch stille Gunst vor allen, wie ich gern gesteh',
Gewann Patroklus, er, des Peliden Ebenbild.   8855

PHORKYAS. Doch Vaterwille traute dich an Menelas,
Den kühnen Seedurchstreicher, Hausbewahrer auch.

HELENA. Die Tochter gab er, gab des Reichs Bestellung ihm.
Aus ehlichem Beisein sproßte dann Hermione.

PHORKYAS. Doch als er fern sich Kretas Erbe kühn erstritt, 8860
Dir Einsamen da erschien ein allzuschöner Gast.

HELENA. Warum gedenkst du jener halben Witwenschaft,
Und welch Verderben gräßlich mir daraus erwuchs?

PHORKYAS. Auch jene Fahrt, mir freigebornen Kreterin
Gefangenschaft erschuf sie, lange Sklaverei.   8865

HELENA. Als Schaffnerin bestellt' er dich sogleich hieher,
Vertrauend vieles, Burg und kühn erworbnen Schatz.

PHORKYAS. Die du verließest, Ilios' umtürmter Stadt
Und unerschöpften Liebesfreuden zugewandt.

HELENA. Gedenke nicht der Freuden! allzuherben Leids   8870
Unendlichkeit ergoß sich über Brust und Haupt.

PHORKYAS.
Doch sagt man, du erschienst ein doppelhaft Gebild,
In Ilios gesehen und in Ägypten auch.

HELENA. Verwirre wüsten Sinnes Aberwitz nicht gar.
Selbst jetzo, welche denn ich sei, ich weiß es nicht.   8875

PHORKYAS.
Dann sagen sie: aus hohlem Schattenreich herauf
Gesellte sich inbrünstig noch Achill zu dir!
Dich früher liebend gegen allen Geschicks Beschluß.

HELENA. Ich als Idol, ihm dem Idol verband ich mich.
Es war ein Traum, so sagen ja die Worte selbst.   8880
Ich schwinde hin und werde selbst mir ein Idol.

            Sinkt dem Halbchor in die Arme.

CHOR.   Schweige, schweige!
           Mißblickende, Mißredende du!

Aus so gräßlichen einzahnigen
8885   Lippen, was enthaucht wohl
Solchem furchtbaren Greuelschlund!

Denn der Bösartige, wohltätig erscheinend,
Wolfesgrimm unter schafwolligem Vlies,
Mir ist er weit schrecklicher als des drei-
8890   köpfigen Hundes Rachen.
Ängstlich lauschend stehn wir da:
Wann? wie? wo nur bricht's hervor,
Solcher Tücke
Tiefauflauerndes Ungetüm?

8895   Nun denn, statt freundlich mit Trost reich begabten,
Letheschenkenden, holdmildesten Worts
Regest du auf aller Vergangenheit
Bösestes mehr denn Gutes
Und verdüsterst allzugleich
8900   Mit dem Glanz der Gegenwart
Auch der Zukunft
Mild aufschimmerndes Hoffnungslicht.

Schweige, schweige!
Daß der Königin Seele,
8905   Schon zu entfliehen bereit,
Sich noch halte, festhalte
Die Gestalt aller Gestalten,
Welche die Sonne jemals beschien.

Helena hat sich erholt und steht wieder in der Mitte.

PHORKYAS.
Tritt hervor aus flüchtigen Wolken, hohe Sonne dieses Tags,
Die verschleiert schon entzückte, blendend nun im Glanze
8910   herrscht.
Wie die Welt sich dir entfaltet, schaust du selbst mit holdem
                    Blick.
Schelten sie mich auch für häßlich, kenn' ich doch das Schöne
                    wohl.

HELENA.
Tret' ich schwankend aus der Öde, die im Schwindel mich
                    umgab,

Pflegt' ich gern der Ruhe wieder, denn so müd' ist mein
Gebein:
Doch es ziemet Königinnen, allen Menschen ziemt es
wohl,   8915
Sich zu fassen, zu ermannen, was auch drohend überrascht.
PHORKYAS.

Stehst du nun in deiner Großheit, deiner Schöne vor uns da,
Sagt dein Blick, daß du befiehlest; was befiehlst du? sprich
es aus.
HELENA.

Eures Haders frech Versäumnis auszugleichen, seid bereit;
Eilt, ein Opfer zu bestellen, wie der König mir gebot.   8920
PHORKYAS.

Alles ist bereit im Hause, Schale, Dreifuß, scharfes Beil,
Zum Besprengen, zum Beräuchern; das zu Opfernde zeig' an!
HELENA.

Nicht bezeichnet' es der König.
PHORKYAS.   Sprach's nicht aus? O Jammerwort!
HELENA. Welch ein Jammer überfällt dich?
PHORKYAS.   Königin, du bist gemeint!
HELENA. Ich?
PHORKYAS.   Und diese.
CHOR.   Weh und Jammer!
PHORKYAS.   Fallen wirst du durch das Beil. 8925
HELENA. Gräßlich! doch geahnt; ich Arme!
PHORKYAS.   Unvermeidlich scheint es mir.
CHOR. Ach! Und uns? was wird begegnen?
PHORKYAS.   Sie stirbt einen edlen Tod;
Doch am hohen Balken drinnen, der des Daches Giebel trägt,
Wie im Vogelfang die Drosseln, zappelt ihr der Reihe nach.

Helena und Chor stehen erstaunt und erschreckt, in bedeutender,
wohlvorbereiteter Gruppe.

PHORKYAS.

Gespenster! – Gleich erstarrten Bildern steht ihr da,   8930
Geschreckt, vom Tag zu scheiden, der euch nicht gehört.
Die Menschen, die Gespenster sämtlich gleich wie ihr,
Entsagen auch nicht willig hehrem Sonnenschein;
Doch bittet oder rettet niemand sie vom Schluß;

8935 Sie wissen's alle, wenigen doch gefällt es nur.
Genug, ihr seid verloren! Also frisch ans Werk.

Klatscht in die Hände; darauf erscheinen an der Pforte vermummte Zwerggestalten, welche die ausgesprochenen Befehle alsobald mit Behendigkeit ausführen.

Herbei, du düstres, kugelrundes Ungetüm!
Wälzt euch hieher, zu schaden gibt es hier nach Lust.
Dem Tragaltar, dem goldgehörnten, gebet Platz,
8940 Das Beil, es liege blinkend über dem Silberrand,
Die Wasserkrüge füllet, abzuwaschen gibt's
Des schwarzen Blutes greuelvolle Besudelung.
Den Teppich breitet köstlich hier am Staube hin,
Damit das Opfer niederkniee königlich
8945 Und eingewickelt, zwar getrennten Haupts, sogleich
Anständig würdig aber doch bestattet sei.

CHORFÜHRERIN. Die Königin stehet sinnend an der Seite hier,
Die Mädchen welken gleich gemähtem Wiesengras;
Mir aber deucht, der Ältesten, heiliger Pflicht gemäß,
8950 Mit dir das Wort zu wechseln, Ur-Urälteste.
Du bist erfahren, weise, scheinst uns gut gesinnt,
Obschon verkennend hirnlos diese Schar dich traf.
Drum sage, was du möglich noch von Rettung weißt.

PHORKYAS.
Ist leicht gesagt: von der Königin hängt allein es ab,
8955 Sich selbst zu erhalten, euch Zugaben auch mit ihr.
Entschlossenheit ist nötig und die behendeste.

CHOR. Ehrenwürdigste der Parzen, weiseste Sibylle du,
Halte gesperrt die goldene Schere, dann verkünd' uns Tag
und Heil;
Denn wir fühlen schon im Schweben, Schwanken, Bammeln
unergetzlich
8960 Unsere Gliederchen, die lieber erst im Tanze sich ergetzten,
Ruhten drauf an Liebchens Brust.

HELENA.
Laß diese bangen! Schmerz empfind' ich, keine Furcht;
Doch kennst du Rettung, dankbar sei sie anerkannt.
Dem Klugen, Weitumsichtigen zeigt fürwahr sich oft
8965 Unmögliches noch als möglich. Sprich und sag' es an.

CHOR.

Sprich und sage, sag uns eilig: wie entrinnen wir den grausen,
Garstigen Schlingen, die bedrohlich, als die schlechtesten
                                        Geschmeide,
Sich um unsre Hälse ziehen? Vorempfinden wir's, die Armen,
Zum Entatmen, zum Ersticken, wenn du, Rhea, aller Götter
Hohe Mutter, dich nicht erbarmst.   8970

PHORKYAS.

Habt ihr Geduld, des Vortrags langgedehnten Zug
Still anzuhören? Mancherlei Geschichten sind's.

CHOR. Geduld genug! Zuhörend leben wir indes.

PHORKYAS.

Dem, der zu Hause verharrend edlen Schatz bewahrt
Und hoher Wohnung Mauern auszukitten weiß,   8975
Wie auch das Dach zu sichern vor des Regens Drang,
Dem wird es wohlgehn lange Lebenstage durch;
Wer aber seiner Schwelle heilige Richte leicht
Mit flüchtigen Sohlen überschreitet freventlich,
Der findet wiederkehrend wohl den alten Platz,   8980
Doch umgeändert alles, wo nicht gar zerstört.

HELENA. Wozu dergleichen wohlbekannte Sprüche hier?
Du willst erzählen; rege nicht an Verdrießliches.

PHORKYAS.

Geschichtlich ist es, ist ein Vorwurf keineswegs.
Raubschiffend ruderte Menelas von Bucht zu Bucht,   8985
Gestad' und Inseln, alles streift' er feindlich an,
Mit Beute wiederkehrend, wie sie drinnen starrt.
Vor Ilios verbracht' er langer Jahre zehn;
Zur Heimfahrt aber weiß ich nicht wie viel es war.
Allein wie steht es hier am Platz um Tyndareos'   8990
Erhabnes Haus? wie stehet es mit dem Reich umher?

HELENA. Ist dir denn so das Schelten gänzlich einverleibt,
Daß ohne Tadeln du keine Lippe regen kannst?

PHORKYAS. So viele Jahre stand verlassen das Talgebirg,
Das hinter Sparta nordwärts in die Höhe steigt,   8995
Taygetos im Rücken, wo als muntrer Bach
Herab Eurotas rollt und dann, durch unser Tal
An Rohren breit hinfließend, eure Schwäne nährt.
Dort hinten still im Gebirgtal hat ein kühn Geschlecht

9000 Sich angesiedelt, dringend aus cimmerischer Nacht,
Und unersteiglich feste Burg sich aufgetürmt,
Von da sie Land und Leute placken, wie's behagt.
HELENA.
Das konnten sie vollführen? Ganz unmöglich scheint's.
PHORKYAS.
Sie hatten Zeit, vielleicht an zwanzig Jahre sind's.
HELENA.
9005 Ist einer Herr? sind's Räuber viel, verbündete?
PHORKYAS. Nicht Räuber sind es, einer aber ist der Herr.
Ich schelt' ihn nicht, und wenn er schon mich heimgesucht.
Wohl konnt' er alles nehmen, doch begnügt' er sich
Mit wenigen Freigeschenken, nannt' er's, nicht Tribut.
HELENA. Wie sieht er aus?
9010 PHORKYAS.   Nicht übel! mir gefällt er schon.
Es ist ein munterer, kecker, wohlgebildeter,
Wie unter Griechen wenig', ein verständ'ger Mann.
Man schilt das Volk Barbaren, doch ich dächte nicht,
Daß grausam einer wäre, wie vor Ilios
9015 Gar mancher Held sich menschenfresserisch erwies.
Ich acht' auf seine Großheit, ihm vertraut' ich mich.
Und seine Burg! die solltet ihr mit Augen sehn!
Das ist was anderes gegen plumpes Mauerwerk,
Das eure Väter, mir nichts dir nichts, aufgewälzt,
9020 Zyklopisch wie Zyklopen, rohen Stein sogleich
Auf rohe Steine stürzend; dort hingegen, dort
Ist alles senk- und waagerecht und regelhaft.
Von außen schaut sie! himmelan sie strebt empor,
So starr, so wohl in Fugen, spiegelglatt wie Stahl.
9025 Zu klettern hier – ja selbst der Gedanke gleitet ab.
Und innen großer Höfe Raumgelasse, rings
Mit Baulichkeit umgeben, aller Art und Zweck.
Da seht ihr Säulen, Säulchen, Bogen, Bögelchen,
Altane, Galerien, zu schauen aus und ein,
Und Wappen.
CHOR.   Was sind Wappen?
9030 PHORKYAS.   Ajax führte ja
Geschlungene Schlang' im Schilde, wie ihr selbst gesehn.
Die Sieben dort vor Theben trugen Bildnerein

Ein jeder auf seinem Schilde, reich bedeutungsvoll.
Da sah man Mond und Stern' am nächtigen Himmelsraum,
Auch Göttin, Held und Leiter, Schwerter, Fackeln auch, 9035
Und was Bedrängliches guten Städten grimmig droht.
Ein solch Gebilde führt auch unsre Heldenschar
Von seinen Ur-Urahnen her in Farbenglanz.
Da seht ihr Löwen, Adler, Klau' und Schnabel auch,
Dann Büffelhörner, Flügel, Rosen, Pfauenschweif, 9040
Auch Streifen, gold und schwarz und silbern, blau und rot.
Dergleichen hängt in Sälen Reih' an Reihe fort,
In Sälen, grenzenlosen, wie die Welt so weit;
Da könnt ihr tanzen!

CHOR.   Sage, gibt's auch Tänzer da?

PHORKYAS. Die besten! goldgelockte, frische Bubenschar. 9045
Die duften Jugend! Paris duftete einzig so,
Als er der Königin zu nahe kam.

HELENA.   Du fällst
Ganz aus der Rolle; sage mir das letzte Wort!

PHORKYAS.
Du sprichst das letzte, sagst mit Ernst vernehmlich Ja!
Sogleich umgeb' ich dich mit jener Burg.

CHOR.   O sprich 9050
Das kurze Wort und rette dich und uns zugleich!

HELENA. Wie? sollt' ich fürchten, daß der König Menelas
So grausam sich verginge, mich zu schädigen?

PHORKYAS. Hast du vergessen, wie er deinen Deiphobus,
Des totgekämpften Paris Bruder, unerhört 9055
Verstümmelte, der starrsinnig Witwe dich erstritt
Und glücklich kebste? Nas' und Ohren schnitt er ab
Und stümmelte mehr so: Greuel war es anzuschaun.

HELENA. Das tat er jenem, meinetwegen tat er das.

PHORKYAS. Um jenes willen wird er dir das gleiche tun. 9060
Unteilbar ist die Schönheit; der sie ganz besaß,
Zerstört sie lieber, fluchend jedem Teilbesitz.

Trompeten in der Ferne; der Chor fährt zusammen.

Wie scharf der Trompete Schmettern Ohr und Eingeweid'
Zerreißend anfaßt, also krallt sich Eifersucht
Im Busen fest des Mannes, der das nie vergißt, 9065
Was einst er besaß und nun verlor, nicht mehr besitzt.

CHOR. Hörst du nicht die Hörner schallen? siehst der Waffen
                              Blitze nicht?

PHORKYAS. Sei willkommen, Herr und König, gerne geb' ich
                              Rechenschaft.

CHOR. Aber wir?

PHORKYAS. Ihr wißt es deutlich, seht vor Augen ihren Tod,
9070 Merkt den eurigen da drinne; nein, zu helfen ist euch nicht.

Pause.

HELENA. Ich sann mir aus das Nächste, was ich wagen darf.
Ein Widerdämon bist du, das empfind' ich wohl
Und fürchte, Gutes wendest du zum Bösen um.
Vor allem aber folgen will ich dir zur Burg;
9075 Das andre weiß ich; was die Königin dabei
Im tiefen Busen geheimnisvoll verbergen mag,
Sei jedem unzugänglich. Alte, geh voran!

CHOR.   O wie gern gehen wir hin,
               Eilenden Fußes;
9080   Hinter uns Tod,
               Vor uns abermals
               Ragender Feste
               Unzugängliche Mauer.
               Schütze sie ebenso gut,
9085   Eben wie Ilios' Burg,
               Die doch endlich nur
               Niederträchtiger List erlag.

Nebel verbreiten sich, umhüllen den Hintergrund,
auch die Nähe, nach Belieben.

               Wie? aber wie?
               Schwestern, schaut euch um!
9090   War es nicht heiterer Tag?
               Nebel schwanken streifig empor
               Aus Eurotas' heil'ger Flut;
               Schon entschwand das liebliche
               Schilfumkränzte Gestade dem Blick;
9095   Auch die frei, zierlich-stolz
               Sanfthingleitenden Schwäne

In gesell'ger Schwimmlust
Seh' ich, ach, nicht mehr!

Doch, aber doch
Tönen hör' ich sie,   9100
Tönen fern heiseren Ton!
Tod verkündenden, sagen sie.
Ach daß uns er nur nicht auch,
Statt verheißener Rettung Heil,
Untergang verkünde zuletzt;   9105
Uns, den Schwangleichen, Lang-
Schön-Weißhalsigen, und ach!
Unsrer Schwanerzeugten.
Weh uns, weh, weh!

Alles deckte sich schon   9110
Rings mit Nebel umher.
Sehen wir doch einander nicht!
Was geschieht? gehen wir?
Schweben wir nur
Trippelnden Schrittes am Boden hin?   9115
Siehst du nichts? Schwebt nicht etwa gar
Hermes voran? Blinkt nicht der goldne Stab
Heischend, gebietend uns wieder zurück
Zu dem unerfreulichen, grautagenden,
Ungreifbarer Gebilde vollen,   9120
Überfüllten, ewig leeren Hades?

Ja auf einmal wird es düster, ohne Glanz entschwebt der
                                                    Nebel
Dunkelgräulich, mauerbräunlich. Mauern stellen sich dem
                                                    Blicke,
Freiem Blicke starr entgegen. Ist's ein Hof? ist's tiefe Grube?
Schauerlich in jedem Falle! Schwestern, ach! wir sind ge-
                                                    fangen,   9125
So gefangen wie nur je.

INNERER BURGHOF

umgeben von reichen phantastischen Gebäuden des Mittelalters

CHORFÜHRERIN.
Vorschnell und töricht, echt wahrhaftes Weibsgebild!
Vom Augenblick abhängig, Spiel der Witterung,
Des Glücks und Unglücks! Keins von beiden wißt ihr je
9130 Zu bestehn mit Gleichmut. Eine widerspricht ja stets
Der andern heftig, überquer die andern ihr;
In Freud' und Schmerz nur heult und lacht ihr gleichen Tons.
Nun schweigt! und wartet horchend, was die Herrscherin
Hochsinnig hier beschließen mag für sich und uns.

9135 HELENA. Wo bist du, Pythonissa? heiße, wie du magst;
Aus diesen Gewölben tritt hervor der düstern Burg.
Gingst etwa du, dem wunderbaren Heldenherrn
Mich anzukündigen, Wohlempfang bereitend mir,
So habe Dank und führe schnell mich ein zu ihm;
9140 Beschluß der Irrfahrt wünsch' ich. Ruhe wünsch' ich nur.

CHORFÜHRERIN.
Vergebens blickst du, Königin, allseits um dich her;
Verschwunden ist das leidige Bild, verblieb vielleicht
Im Nebel dort, aus dessen Busen wir hieher,
Ich weiß nicht wie, gekommen, schnell und sonder Schritt.
9145 Vielleicht auch irrt sie zweifelhaft im Labyrinth
Der wundersam aus vielen einsgewordnen Burg,
Den Herrn erfragend fürstlicher Hochbegrüßung halb.
Doch sieh, dort oben regt in Menge sich allbereits,
In Galerien, am Fenster, in Portalen rasch
9150 Sich hin und her bewegend, viele Dienerschaft;
Vornehm-willkommnen Gastempfang verkündet es.

CHOR. Aufgeht mir das Herz! o, seht nur dahin,
Wie so sittig herab mit verweilendem Tritt
Jungholdeste Schar anständig bewegt
9155 Den geregelten Zug. Wie? auf wessen Befehl
Nur erscheinen, gereiht und gebildet so früh,
Von Jünglingsknaben das herrliche Volk?
Was bewundr' ich zumeist? Ist es zierlicher Gang,
Etwa des Haupts Lockhaar um die blendende Stirn,

Etwa der Wänglein Paar, wie die Pfirsiche rot 9160
Und eben auch so weichwollig beflaumt?
Gern biss' ich hinein, doch ich schaudre davor;
Denn in ähnlichem Fall, da erfüllte der Mund
Sich, gräßlich zu sagen! mit Asche.

    Aber die schönsten, 9165
    Sie kommen daher;
    Was tragen sie nur?
    Stufen zum Thron,
    Teppich und Sitz,
    Umhang und zelt- 9170
    artigen Schmuck;
    Über überwallt er,
    Wolkenkränze bildend,
    Unsrer Königin Haupt;
    Denn schon bestieg sie 9175
    Eingeladen herrlichen Pfühl.
    Tretet heran,
    Stufe für Stufe
    Reihet euch ernst.
    Würdig, o würdig, dreifach würdig 9180
    Sei gesegnet ein solcher Empfang!

Alles vom Chor Ausgesprochene geschieht nach und nach.

Faust. Nachdem Knaben und Knappen in langem Zug herabgestiegen,
erscheint er oben an der Treppe in ritterlicher Hofkleidung des Mittelalters und kommt langsam würdig herunter.

CHORFÜHRERIN, *ihn aufmerksam beschauend.*
  Wenn diesem nicht die Götter, wie sie öfter tun,
  Für wenige Zeit nur wundernswürdige Gestalt,
  Erhabnen Anstand, liebenswerte Gegenwart
  Vorübergänglich liehen, wird ihm jedesmal, 9185
  Was er beginnt, gelingen, sei's in Männerschlacht,
  So auch im kleinen Kriege mit den schönsten Fraun.
  Er ist fürwahr gar vielen andern vorzuziehn,
  Die ich doch auch als hochgeschätzt mit Augen sah.
  Mit langsam-ernstem, ehrfurchtsvoll gehaltnem Schritt 9190
  Seh' ich den Fürsten; wende dich, o Königin!

FAUST, herantretend, einen Gefesselten zur Seite.
Statt feierlichsten Grußes, wie sich ziemte,
Statt ehrfurchtsvollem Willkomm bring' ich dir
In Ketten hart geschlossen solchen Knecht,
9195 Der, Pflicht verfehlend, mir die Pflicht entwand.
Hier kniee nieder, dieser höchsten Frau
Bekenntnis abzulegen deiner Schuld.
Dies ist, erhabne Herrscherin, der Mann,
Mit seltnem Augenblitz vom hohen Turm
9200 Umherzuschaun bestellt, dort Himmelsraum
Und Erdenbreite scharf zu überspähn,
Was etwa da und dort sich melden mag,
Vom Hügelkreis ins Tal zur festen Burg
Sich regen mag, der Herden Woge sei's,
9205 Ein Heereszug vielleicht; wir schützen jene,
Begegnen diesem. Heute, welch Versäumnis!
Du kommst heran, er meldet's nicht; verfehlt
Ist ehrenvoller, schuldigster Empfang
So hohen Gastes. Freventlich verwirkt
9210 Das Leben hat er, läge schon im Blut
Verdienten Todes; doch nur du allein
Bestrafst, begnadigst, wie dir's wohlgefällt.

HELENA. So hohe Würde, wie du sie vergönnst,
Als Richterin, als Herrscherin, und wär's
9215 Versuchend nur, wie ich vermuten darf –
So üb' ich nun des Richters erste Pflicht,
Beschuldigte zu hören. Rede denn.

TURMWÄCHTER LYNKEUS.
            Laß mich knieen, laß mich schauen,
            Laß mich sterben, laß mich leben,
9220   Denn schon bin ich hingegeben
            Dieser gottgegebnen Frauen.

            Harrend auf des Morgens Wonne,
            Östlich spähend ihren Lauf,
            Ging auf einmal mir die Sonne
9225   Wunderbar im Süden auf.

Zog den Blick nach jener Seite,
Statt der Schluchten, statt der Höhn,
Statt der Erd- und Himmelsweite
Sie, die Einzige, zu spähn.

Augenstrahl ist mir verliehen 9230
Wie dem Luchs auf höchstem Baum;
Doch nun mußt' ich mich bemühen
Wie aus tiefem, düsterm Traum.

Wüßt' ich irgend mich zu finden?
Zinne? Turm? geschloßnes Tor? 9235
Nebel schwanken, Nebel schwinden,
Solche Göttin tritt hervor!

Aug' und Brust ihr zugewendet,
Sog ich an den milden Glanz;
Diese Schönheit, wie sie blendet, 9240
Blendete mich Armen ganz.

Ich vergaß des Wächters Pflichten,
Völlig das beschworne Horn;
Drohe nur, mich zu vernichten –
Schönheit bändigt allen Zorn. 9245

HELENA. Das Übel, das ich brachte, darf ich nicht
Bestrafen. Wehe mir! Welch streng Geschick
Verfolgt mich, überall der Männer Busen
So zu betören, daß sie weder sich
Noch sonst ein Würdiges verschonten. Raubend jetzt, 9250
Verführend, fechtend, hin und her entrückend,
Halbgötter, Helden, Götter, ja Dämonen,
Sie führten mich im Irren her und hin.
Einfach die Welt verwirrt' ich, doppelt mehr;
Nun dreifach, vierfach bring' ich Not auf Not. 9255
Entferne diesen Guten, laß ihn frei;
Den Gottbetörten treffe keine Schmach.
FAUST. Erstaunt, o Königin, seh' ich zugleich
Die sicher Treffende, hier den Getroffnen;
Ich seh' den Bogen, der den Pfeil entsandt, 9260
Verwundet jenen. Pfeile folgen Pfeilen,

Mich treffend. Allwärts ahn' ich überquer
Gefiedert schwirrend sie in Burg und Raum.
Was bin ich nun? Auf einmal machst du mir
9265 Rebellisch die Getreusten, meine Mauern
Unsicher. Also fürcht' ich schon, mein Heer
Gehorcht der siegend unbesiegten Frau.
Was bleibt mir übrig, als mich selbst und alles,
Im Wahn das Meine, dir anheimzugeben?
9270 Zu deinen Füßen laß mich, frei und treu,
Dich Herrin anerkennen, die sogleich
Auftretend sich Besitz und Thron erwarb.

LYNKEUS mit einer Kiste, und Männer, die ihm andere nachtragen.
        Du siehst mich, Königin, zurück!
        Der Reiche bettelt einen Blick,
9275   Er sieht dich an und fühlt sogleich
        Sich bettelarm und fürstenreich.

        Was war ich erst? was bin ich nun?
        Was ist zu wollen? was zu tun?
        Was hilft der Augen schärfster Blitz!
9280   Er prallt zurück an deinem Sitz.

        Von Osten kamen wir heran,
        Und um den Westen war's getan;
        Ein lang und breites Volksgewicht,
        Der erste wußte vom letzten nicht.

9285   Der erste fiel, der zweite stand,
        Des dritten Lanze war zur Hand;
        Ein jeder hundertfach gestärkt,
        Erschlagne Tausend unbemerkt.

        Wir drängten fort, wir stürmten fort,
9290   Wir waren Herrn von Ort zu Ort;
        Und wo ich herrisch heut befahl,
        Ein andrer morgen raubt' und stahl.

        Wir schauten – eilig war die Schau;
        Der griff die allerschönste Frau,
9295   Der griff den Stier von festem Tritt,
        Die Pferde mußten alle mit.

Ich aber liebte, zu erspähn
Das Seltenste, was man gesehn;
Und was ein andrer auch besaß,
Das war für mich gedörrtes Gras. 9300

Den Schätzen war ich auf der Spur,
Den scharfen Blicken folgt' ich nur,
In alle Taschen blickt' ich ein,
Durchsichtig war mir jeder Schrein.

Und Haufen Goldes waren mein, 9305
Am herrlichsten der Edelstein:
Nun der Smaragd allein verdient,
Daß er an deinem Herzen grünt.

Nun schwanke zwischen Ohr und Mund
Das Tropfenei aus Meeresgrund; 9310
Rubinen werden gar verscheucht,
Das Wangenrot sie niederbleicht.

Und so den allergrößten Schatz
Versetz' ich hier auf deinen Platz;
Zu deinen Füßen sei gebracht 9315
Die Ernte mancher blut'gen Schlacht.

So viele Kisten schlepp' ich her,
Der Eisenkisten hab' ich mehr;
Erlaube mich auf deiner Bahn,
Und Schatzgewölbe füll' ich an. 9320

Denn du bestiegest kaum den Thron,
So neigen schon, so beugen schon
Verstand und Reichtum und Gewalt
Sich vor der einzigen Gestalt.

Das alles hielt ich fest und mein, 9325
Nun aber, lose, wird es dein.
Ich glaubt' es würdig, hoch und bar,
Nun seh' ich, daß es nichtig war.

Verschwunden ist, was ich besaß,
Ein abgemähtes, welkes Gras. 9330
O gib mit einem heitern Blick
Ihm seinen ganzen Wert zurück!

FAUST. Entferne schnell die kühn erworbne Last,
Zwar nicht getadelt, aber unbelohnt.
9335 Schon ist Ihr alles eigen, was die Burg
Im Schoß verbirgt; Besondres Ihr zu bieten,
Ist unnütz. Geh und häufe Schatz auf Schatz
Geordnet an. Der ungesehnen Pracht
Erhabnes Bild stell' auf! Laß die Gewölbe
9340 Wie frische Himmel blinken, Paradiese
Von lebelosem Leben richte zu.
Voreilend ihren Tritten laß beblümt
An Teppich Teppiche sich wälzen; ihrem Tritt
Begegne sanfter Boden; ihrem Blick,
9345 Nur Göttliche nicht blendend, höchster Glanz.
LYNKEUS.   Schwach ist, was der Herr befiehlt,
            Tut's der Diener, es ist gespielt:
            Herrscht doch über Gut und Blut
            Dieser Schönheit Übermut.
9350   Schon das ganze Heer ist zahm,
            Alle Schwerter stumpf und lahm,
            Vor der herrlichen Gestalt
            Selbst die Sonne matt und kalt,
            Vor dem Reichtum des Gesichts
9355   Alles leer und alles nichts. Ab.
HELENA zu Faust. Ich wünsche dich zu sprechen, doch herauf
An meine Seite komm! Der leere Platz
Beruft den Herrn und sichert mir den meinen.
FAUST. Erst knieend laß die treue Widmung dir
9360 Gefallen, hohe Frau; die Hand, die mich
An deine Seite hebt, laß mich sie küssen.
Bestärke mich als Mitregenten deines
Grenzunbewußten Reichs, gewinne dir
Verehrer, Diener, Wächter all' in einem!
9365 HELENA. Vielfache Wunder seh' ich, hör' ich an,
Erstaunen trifft mich, fragen möcht' ich viel.
Doch wünscht' ich Unterricht, warum die Rede
Des Manns mir seltsam klang, seltsam und freundlich.
Ein Ton scheint sich dem andern zu bequemen,
9370 Und hat ein Wort zum Ohre sich gesellt,
Ein andres kommt, dem ersten liebzukosen.

FAUST. Gefällt dir schon die Sprechart unsrer Völker,
  O so gewiß entzückt auch der Gesang,
  Befriedigt Ohr und Sinn im tiefsten Grunde.
  Doch ist am sichersten, wir üben's gleich;   9375
  Die Wechselrede lockt es, ruft's hervor.
HELENA. So sage denn, wie sprech' ich auch so schön?
FAUST. Das ist gar leicht, es muß von Herzen gehn.
  Und wenn die Brust von Sehnsucht überfließt,
  Man sieht sich um und fragt –
HELENA.   wer mitgenießt.   9380
FAUST. Nun schaut der Geist nicht vorwärts, nicht zurück,
  Die Gegenwart allein –
HELENA.   ist unser Glück.
FAUST. Schatz ist sie, Hochgewinn, Besitz und Pfand;
  Bestätigung, wer gibt sie?
HELENA.   Meine Hand.

CHOR.   Wer verdächt' es unsrer Fürstin,   9385
        Gönnet sie dem Herrn der Burg
        Freundliches Erzeigen?
        Denn gesteht, sämtliche sind wir
        Ja Gefangene, wie schon öfter
        Seit dem schmählichen Untergang   9390
        Ilios' und der ängstlich-
        labyrinthischen Kummerfahrt.

        Fraun, gewöhnt an Männerliebe,
        Wählerinnen sind sie nicht,
        Aber Kennerinnen.   9395
        Und wie goldlockigen Hirten
        Vielleicht schwarzborstigen Faunen,
        Wie es bringt die Gelegenheit,
        Über die schwellenden Glieder
        Vollerteilen sie gleiches Recht.   9400

        Nah und näher sitzen sie schon
        An einander gelehnet,
        Schulter an Schulter, Knie an Knie,
        Hand in Hand wiegen sie sich
        Über des Throns   9405

Aufgepolsterter Herrlichkeit.
Nicht versagt sich die Majestät
Heimlicher Freuden
Vor den Augen des Volkes
9410   Übermütiges Offenbarsein.

HELENA. Ich fühle mich so fern und doch so nah,
Und sage nur zu gern: Da bin ich! da!

FAUST. Ich atme kaum, mir zittert, stockt das Wort;
Es ist ein Traum, verschwunden Tag und Ort.

9415 HELENA. Ich scheine mir verlebt und doch so neu,
In dich verwebt, dem Unbekannten treu.

FAUST. Durchgrüble nicht das einzigste Geschick!
Dasein ist Pflicht, und wär's ein Augenblick.

PHORKYAS, heftig eintretend.
Buchstabiert in Liebesfibeln,
9420   Tändelnd grübelt nur am Liebeln,
Müßig liebelt fort im Grübeln,
Doch dazu ist keine Zeit.
Fühlt ihr nicht ein dumpfes Wettern?
Hört nur die Trompete schmettern,
9425   Das Verderben ist nicht weit.
Menelas mit Volkeswogen
Kommt auf euch herangezogen;
Rüstet euch zu herbem Streit!
Von der Siegerschar umwimmelt,
9430   Wie Deiphobus verstümmelt,
Büßest du das Fraungeleit.
Bammelt erst die leichte Ware,
Dieser gleich ist am Altare
Neugeschliffnes Beil bereit.

9435 FAUST. Verwegne Störung! widerwärtig dringt sie ein;
Auch nicht in Gefahren mag ich sinnlos Ungestüm.
Den schönsten Boten, Unglücksbotschaft häßlicht ihn;
Du Häßlichste gar, nur schlimme Botschaft bringst du gern.
Doch diesmal soll dir's nicht geraten; leeren Hauchs
9440 Erschüttere du die Lüfte. Hier ist nicht Gefahr,
Und selbst Gefahr erschiene nur als eitles Dräun.

Signale, Explosionen von den Türmen, Trompeten und Zinken,
kriegerische Musik, Durchmarsch gewaltiger Heereskraft.

FAUST.　Nein, gleich sollst du versammelt schauen
　　　　Der Helden ungetrennten Kreis:
　　　　Nur der verdient die Gunst der Frauen,
　　　　Der kräftigst sie zu schützen weiß.　　　　　　9445

Zu den Heerführern, die sich von den Kolonnen
absondern und herantreten.

　　　　Mit angehaltnem stillen Wüten,
　　　　Das euch gewiß den Sieg verschafft,
　　　　Ihr, Nordens jugendliche Blüten,
　　　　Ihr, Ostens blumenreiche Kraft.

　　　　In Stahl gehüllt, vom Strahl umwittert,　　　9450
　　　　Die Schar, die Reich um Reich zerbrach,
　　　　Sie treten auf, die Erde schüttert,
　　　　Sie schreiten fort, es donnert nach.

　　　　An Pylos traten wir zu Lande,
　　　　Der alte Nestor ist nicht mehr,　　　　　　　9455
　　　　Und alle kleinen Königsbande
　　　　Zersprengt das ungebundne Heer.

　　　　Drängt ungesäumt von diesen Mauern
　　　　Jetzt Menelas dem Meer zurück;
　　　　Dort irren mag er, rauben, lauern,　　　　　　9460
　　　　Ihm war es Neigung und Geschick.

　　　　Herzoge soll ich euch begrüßen,
　　　　Gebietet Spartas Königin;
　　　　Nun legt ihr Berg und Tal zu Füßen,
　　　　Und euer sei des Reichs Gewinn.　　　　　　　9465

　　　　Germane du! Korinthus' Buchten
　　　　Verteidige mit Wall und Schutz!
　　　　Achaia dann mit hundert Schluchten
　　　　Empfehl' ich, Gote, deinem Trutz.

　　　　Nach Elis ziehn der Franken Heere,　　　　　9470
　　　　Messene sei der Sachsen Los,

Normanne reinige die Meere
Und Argolis erschaff' er groß.

Dann wird ein jeder häuslich wohnen,
9475   Nach außen richten Kraft und Blitz;
Doch Sparta soll euch überthronen,
Der Königin verjährter Sitz.

All-einzeln sieht sie euch genießen
Des Landes, dem kein Wohl gebricht;
9480   Ihr sucht getrost zu ihren Füßen
Bestätigung und Recht und Licht.

Faust steigt herab, die Fürsten schließen einen Kreis um ihn, Befehl
und Anordnung näher zu vernehmen.

CHOR.   Wer die Schönste für sich begehrt,
Tüchtig vor allen Dingen
Seh' er nach Waffen weise sich um;
9485   Schmeichelnd wohl gewann er sich,
Was auf Erden das Höchste;
Aber ruhig besitzt er's nicht:
Schleicher listig entschmeicheln sie ihm,
Räuber kühnlich entreißen sie ihm;
9490   Dieses zu hinderen, sei er bedacht.

Unsern Fürsten lob' ich drum,
Schätz' ihn höher vor andern,
Wie er so tapfer klug sich verband,
Daß die Starken gehorchend stehn,
9495   Jedes Winkes gewärtig.
Seinen Befehl vollziehn sie treu,
Jeder sich selbst zu eignem Nutz
Wie dem Herrscher zu lohnendem Dank,
Beiden zu höchlichem Ruhmesgewinn.

9500   Denn wer entreißet sie jetzt
Dem gewalt'gen Besitzer?
Ihm gehört sie, ihm sei sie gegönnt,
Doppelt von uns gegönnt, die er
Samt ihr zugleich innen mit sicherster Mauer,
9505   Außen mit mächtigstem Heer umgab.

FAUST. Die Gaben, diesen hier verliehen –
An jeglichen ein reiches Land –,
Sind groß und herrlich; laß sie ziehen!
Wir halten in der Mitte stand.

Und sie beschützen um die Wette,   9510
Ringsum von Wellen angehüpft,
Nichtinsel dich, mit leichter Hügelkette
Europens letztem Bergast angeknüpft.

Das Land, vor aller Länder Sonnen,
Sei ewig jedem Stamm beglückt,   9515
Nun meiner Königin gewonnen,
Das früh an ihr hinaufgeblickt,

Als mit Eurotas' Schilfgeflüster
Sie leuchtend aus der Schale brach,
Der hohen Mutter, dem Geschwister   9520
Das Licht der Augen überstach.

Dies Land, allein zu dir gekehret,
Entbietet seinen höchsten Flor;
Dem Erdkreis, der dir angehöret,
Dein Vaterland, o zieh es vor!   9525

Und duldet auch auf seiner Berge Rücken
Das Zackenhaupt der Sonne kalten Pfeil,
Läßt nun der Fels sich angegrünt erblicken,
Die Ziege nimmt genäschig kargen Teil.

Die Quelle springt, vereinigt stürzen Bäche,   9530
Und schon sind Schluchten, Hänge, Matten grün.
Auf hundert Hügeln unterbrochner Fläche
Siehst Wollenherden ausgebreitet ziehn.

Verteilt, vorsichtig abgemessen schreitet
Gehörntes Rind hinan zum jähen Rand;   9535
Doch Obdach ist den sämtlichen bereitet,
Zu hundert Höhlen wölbt sich Felsenwand.

Pan schützt sie dort, und Lebensnymphen wohnen
In buschiger Klüfte feucht erfrischtem Raum,

9540 Und sehnsuchtsvoll nach höhern Regionen
Erhebt sich zweighaft Baum gedrängt an Baum.

Alt-Wälder sind's! Die Eiche starret mächtig,
Und eigensinnig zackt sich Ast an Ast;
Der Ahorn mild, von süßem Safte trächtig,
9545 Steigt rein empor und spielt mit seiner Last.

Und mütterlich im stillen Schattenkreise
Quillt laue Milch bereit für Kind und Lamm;
Obst ist nicht weit, der Ebnen reife Speise,
Und Honig trieft vom ausgehöhlten Stamm.

9550 Hier ist das Wohlbehagen erblich,
Die Wange heitert wie der Mund,
Ein jeder ist an seinem Platz unsterblich:
Sie sind zufrieden und gesund.

Und so entwickelt sich am reinen Tage
9555 Zu Vaterkraft das holde Kind.
Wir staunen drob; noch immer bleibt die Frage:
Ob's Götter, ob es Menschen sind?

So war Apoll den Hirten zugestaltet,
Daß ihm der schönsten einer glich;
9560 Denn wo Natur im reinen Kreise waltet,
Ergreifen alle Welten sich.

Neben ihr sitzend.

So ist es mir, so ist es dir gelungen;
Vergangenheit sei hinter uns getan!
O fühle dich vom höchsten Gott entsprungen,
9565 Der ersten Welt gehörst du einzig an.

Nicht feste Burg soll dich umschreiben!
Noch zirkt in ewiger Jugendkraft
Für uns, zu wonnevollem Bleiben,
Arkadien in Spartas Nachbarschaft.

9570 Gelockt, auf sel'gem Grund zu wohnen,
Du flüchtetest ins heiterste Geschick!
Zur Laube wandeln sich die Thronen,
Arkadisch frei sei unser Glück!

Der Schauplatz verwandelt sich durchaus. An eine Reihe von
Felsenhöhlen lehnen sich geschloßne Lauben. Schattiger Hain bis an
die rings umgebende Felsensteile hinan. Faust und Helena werden
nicht gesehen. Der Chor liegt schlafend verteilt umher.

PHORKYAS.
  Wie lange Zeit die Mädchen schlafen, weiß ich nicht;
  Ob sie sich träumen ließen, was ich hell und klar   9575
  Vor Augen sah, ist ebenfalls mir unbekannt.
  Drum weck' ich sie. Erstaunen soll das junge Volk;
  Ihr Bärtigen auch, die ihr da drunten sitzend harrt,
  Glaubhafter Wunder Lösung endlich anzuschaun.
  Hervor! hervor! Und schüttelt eure Locken rasch!   9580
  Schlaf aus den Augen! Blinzt nicht so und hört mich an!

CHOR. Rede nur, erzähl', erzähle, was sich Wunderlichs
                              begeben!
  Hören möchten wir am liebsten, was wir gar nicht
                              glauben können;
  Denn wir haben Langeweile, diese Felsen anzusehn.

PHORKYAS. Kaum die Augen ausgerieben, Kinder,
                      langeweilt ihr schon? 9585
  So vernehmt: in diesen Höhlen, diesen Grotten,
                              diesen Lauben
  Schutz und Schirmung war verliehen, wie idyllischem
  Unserm Herrn und unsrer Frauen.   [Liebespaare,
CHOR.   Wie, da drinnen?
PHORKYAS.   Abgesondert
  Von der Welt, nur mich, die eine, riefen sie zu stillem
                              Dienste.
  Hochgeehrt stand ich zur Seite, doch, wie es Vertrauten
                              ziemet,   9590
  Schaut' ich um nach etwas andrem. Wendete mich hier-
                              und dorthin,
  Suchte Wurzeln, Moos und Rinden, kundig aller
  Und so blieben sie allein.   [Wirksamkeiten,
CHOR. Tust du doch, als ob da drinnen ganze Welten-
                              räume wären,
  Wald und Wiese, Bäche, Seen; welche Märchen
                      spinnst du ab!   9595

PHORKYAS.
Allerdings, ihr Unerfahrnen! das sind unerforschte Tiefen:
Saal an Sälen, Hof an Höfen, diese spür' ich sinnend aus.
Doch auf einmal ein Gelächter echot in den Höhlenräumen;
Schau' ich hin, da springt ein Knabe von der Frauen
                                    Schoß zum Manne,
9600 Von dem Vater zu der Mutter; das Gekose, das Getändel,
Töriger Liebe Neckereien, Scherzgeschrei und Lustge-
Wechselnd übertäuben mich.   [jauchze
Nackt, ein Genius ohne Flügel, faunenartig ohne Tierheit,
Springt er auf den festen Boden; doch der Boden gegen-
                                    wirkend
9605 Schnellt ihn zu der luft'gen Höhe, und im zweiten,
Rührt er an das Hochgewölb.   [dritten Sprunge
Ängstlich ruft die Mutter: Springe wiederholt und
                                    nach Belieben,
Aber hüte dich, zu fliegen, freier Flug ist dir versagt.
Und so mahnt der treue Vater: In der Erde liegt die
                                    Schnellkraft,
Die dich aufwärts treibt; berühre mit der Zehe nur den
9610   Boden,
Wie der Erdensohn Antäus bist du alsobald gestärkt.
Und so hüpft er auf die Masse dieses Felsens, von der Kante
Zu dem andern und umher, so wie ein Ball geschlagen springt.
Doch auf einmal in der Spalte rauher Schlucht ist er
                                    verschwunden,
Und nun scheint er uns verloren. Mutter jammert,
9615   Vater tröstet,
Achselzuckend steh' ich ängstlich. Doch nun wieder
                                    welch Erscheinen!
Liegen Schätze dort verborgen? Blumenstreifige Gewande
Hat er würdig angetan.
Quasten schwanken von den Armen, Binden flattern um
                                    den Busen,
9620 In der Hand die goldne Leier, völlig wie ein kleiner Phöbus,
Tritt er wohlgemut zur Kante, zu dem Überhang;
                                    wir staunen.
Und die Eltern vor Entzücken werfen wechselnd sich
                                    ans Herz.

Denn wie leuchtet's ihm zu Haupten? Was erglänzt, ist
         schwer zu sagen,
Ist es Goldschmuck, ist es Flamme übermächtiger
          Geisteskraft?
Und so regt er sich gebärdend, sich als Knabe schon
          verkündend   9625
Künftigen Meister alles Schönen, dem die ewigen Melodien
Durch die Glieder sich bewegen; und so werdet ihr ihn hören,
Und so werdet ihr ihn sehn zu einzigster Bewunderung.
CHOR.   Nennst du ein Wunder dies,
     Kretas Erzeugte?   9630
     Dichtend belehrendem Wort
     Hast du gelauscht wohl nimmer?
     Niemals noch gehört Ioniens,
     Nie vernommen auch Hellas'
     Urväterlicher Sagen   9635
     Göttlich-heldenhaften Reichtum?

     Alles, was je geschieht
     Heutigen Tages,
     Trauriger Nachklang ist's
     Herrlicher Ahnherrntage;   9640
     Nicht vergleicht sich dein Erzählen
     Dem, was liebliche Lüge,
     Glaubhaftiger als Wahrheit,
     Von dem Sohne sang der Maja.

     Diesen zierlich und kräftig doch 9645
     Kaum geborenen Säugling
     Faltet in reinster Windeln Flaum,
     Strenget in köstlicher Wickeln Schmuck
     Klatschender Wärterinnen Schar
     Unvernünftigen Wähnens.   9650
     Kräftig und zierlich aber zieht
     Schon der Schalk die geschmeidigen
     Doch elastischen Glieder
     Listig heraus, die purpurne,
     Ängstlich drückende Schale   9655
     Lassend ruhig an seiner Statt;
     Gleich dem fertigen Schmetterling,

Der aus starrem Puppenzwang
Flügel entfaltend behendig schlüpft,
9660   Sonnedurchstrahlten Äther kühn
Und mutwillig durchflatternd.

So auch er, der Behendeste,
Daß er Dieben und Schälken,
Vorteilsuchenden allen auch
9665   Ewig günstiger Dämon sei,
Dies betätigt er alsobald
Durch gewandteste Künste.
Schnell des Meeres Beherrscher stiehlt
Er den Trident, ja dem Ares selbst
9670   Schlau das Schwert aus der Scheide;
Bogen und Pfeil dem Phöbus auch,
Wie dem Hephästos die Zange;
Selber Zeus', des Vaters, Blitz
Nähm' er, schreckt' ihn das Feuer nicht;
9675   Doch dem Eros siegt er ob
In beinstellendem Ringerspiel;
Raubt auch Cyprien, wie sie ihm kost,
Noch vom Busen den Gürtel.

Ein reizendes, reinmelodisches Saitenspiel erklingt aus der Höhle. Alle merken auf und scheinen bald innig gerührt. Von hier an bis zur bemerkten Pause durchaus mit vollstimmiger Musik.

PHORKYAS.   Höret allerliebste Klänge,
9680   Macht euch schnell von Fabeln frei!
Eurer Götter alt Gemenge,
Laßt es hin, es ist vorbei.

Niemand will euch mehr verstehen,
Fordern wir doch höhern Zoll:
9685   Denn es muß von Herzen gehen,
Was auf Herzen wirken soll.

Sie zieht sich nach den Felsen zurück.

CHOR.   Bist du, fürchterliches Wesen,
Diesem Schmeichelton geneigt,
Fühlen wir, als frisch genesen,
9690   Uns zur Tränenlust erweicht.

> Laß der Sonne Glanz verschwinden,
> Wenn es in der Seele tagt,
> Wir im eignen Herzen finden,
> Was die ganze Welt versagt.

Helena, Faust, Euphorion in dem oben beschriebenen Kostüm.

EUPHORION. Hört ihr Kindeslieder singen, 9695
Gleich ist's euer eigner Scherz;
Seht ihr mich im Takte springen,
Hüpft euch elterlich das Herz.

HELENA. Liebe, menschlich zu beglücken,
Nähert sie ein edles Zwei, 9700
Doch zu göttlichem Entzücken
Bildet sie ein köstlich Drei.

FAUST. Alles ist sodann gefunden:
Ich bin dein, und du bist mein;
Und so stehen wir verbunden, 9705
Dürft' es doch nicht anders sein!

CHOR. Wohlgefallen vieler Jahre
In des Knaben mildem Schein
Sammelt sich auf diesem Paare.
O, wie rührt mich der Verein! 9710

EUPHORION. Nun laßt mich hüpfen,
Nun laßt mich springen!
Zu allen Lüften
Hinaufzudringen,
Ist mir Begierde, 9715
Sie faßt mich schon.

FAUST. Nur mäßig! mäßig!
Nicht ins Verwegne,
Daß Sturz und Unfall
Dir nicht begegne,
Zugrund uns richte 9720
Der teure Sohn!

EUPHORION. Ich will nicht länger
Am Boden stocken;
Laßt meine Hände,
Laßt meine Locken, 9725
Laßt meine Kleider!
Sie sind ja mein.

HELENA. O denk! o denke,
9730 Wem du gehörest!
Wie es uns kränke,
Wie du zerstörest
Das schön errungene
Mein, Dein und Sein.

9735 CHOR. Bald löst, ich fürchte,
Sich der Verein!

HELENA UND FAUST. Bändige! bändige
Eltern zuliebe
Überlebendige,
9740 Heftige Triebe!
Ländlich im stillen
Ziere den Plan.

EUPHORION. Nur euch zu Willen
Halt' ich mich an.

Durch den Chor sich schlingend und ihn zum Tanze fortziehend.

9745 Leichter umschweb' ich hie
Muntres Geschlecht.
Ist nun die Melodie,
Ist die Bewegung recht?

HELENA. Ja, das ist wohlgetan;
9750 Führe die Schönen an
Künstlichem Reihn.

FAUST. Wäre das doch vorbei!
Mich kann die Gaukelei
Gar nicht erfreun.

*Euphorion und Chor tanzend und singend bewegen sich
in verschlungenem Reihen.*

9755 CHOR. Wenn du der Arme Paar
Lieblich bewegest,
Im Glanz dein lockig Haar
Schüttelnd erregest,
Wenn dir der Fuß so leicht
9760 Über die Erde schleicht,
Dort und da wieder hin
Glieder um Glied sich ziehn,
Hast du dein Ziel erreicht,

Liebliches Kind;
All' unsre Herzen sind   9765
All' dir geneigt.

Pause.

EUPHORION. Ihr seid so viele
          Leichtfüßige Rehe;
          Zu neuem Spiele
          Frisch aus der Nähe!   9770
          Ich bin der Jäger,
          Ihr seid das Wild.
CHOR.   Willst du uns fangen,
          Sei nicht behende,
          Denn wir verlangen   9775
          Doch nur am Ende,
          Dich zu umarmen,
          Du schönes Bild!
EUPHORION. Nur durch die Haine!
          Zu Stock und Steine!   9780
          Das leicht Errungene,
          Das widert mir,
          Nur das Erzwungene
          Ergetzt mich schier.
HELENA UND FAUST.
          Welch ein Mutwill'! welch ein Rasen!   9785
          Keine Mäßigung ist zu hoffen.
          Klingt es doch wie Hörnerblasen
          Über Tal und Wälder dröhnend;
          Welch ein Unfug! welch Geschrei!
CHOR, einzeln schnell eintretend.
          Uns ist er vorbeigelaufen;   9790
          Mit Verachtung uns verhöhnend,
          Schleppt er von dem ganzen Haufen
          Nun die Wildeste herbei.
EUPHORION, ein junges Mädchen hereintragend.
          Schlepp' ich her die derbe Kleine
          Zu erzwungenem Genusse;   9795
          Mir zur Wonne, mir zur Lust
          Drück' ich widerspenstige Brust,

Küss' ich widerwärtigen Mund,
Tue Kraft und Willen kund.
9800 MÄDCHEN. Laß mich los! In dieser Hülle
Ist auch Geistes Mut und Kraft;
Deinem gleich ist unser Wille
Nicht so leicht hinweggerafft.
Glaubst du wohl mich im Gedränge?
9805 Deinem Arm vertraust du viel!
Halte fest, und ich versenge
Dich, den Toren, mir zum Spiel.

Sie flammt auf und lodert in die Höhe.

Folge mir in leichte Lüfte,
Folge mir in starre Grüfte,
9810 Hasche das verschwundne Ziel!
EUPHORION, *die letzten Flammen abschüttelnd.*
Felsengedränge hier
Zwischen dem Waldgebüsch,
Was soll die Enge mir,
Bin ich doch jung und frisch.
9815 Winde, sie sausen ja,
Wellen, sie brausen da;
Hör' ich doch beides fern,
Nah wär' ich gern.

Er springt immer höher felsauf.

HELENA, FAUST UND CHOR.
Wolltest du den Gemsen gleichen?
9820 Vor dem Falle muß uns graun.
EUPHORION. Immer höher muß ich steigen,
Immer weiter muß ich schaun.
Weiß ich nun, wo ich bin!
Mitten der Insel drin,
9825 Mitten in Pelops' Land,
Erde- wie seeverwandt.
CHOR. Magst nicht in Berg und Wald
Friedlich verweilen?
Suchen wir alsobald
9830 Reben in Zeilen,
Reben am Hügelrand,

                    Feigen und Apfelgold.
                    Ach in dem holden Land
                    Bleibe du hold!

EUPHORION. Träumt ihr den Friedenstag?   9835
                    Träume, wer träumen mag.
                    Krieg! ist das Losungswort.
                    Sieg! und so klingt es fort.

CHOR.   Wer im Frieden
                    Wünschet sich Krieg zurück,   9840
                    Der ist geschieden
                    Vom Hoffnungsglück.

EUPHORION. Welche dies Land gebar
                    Aus Gefahr in Gefahr,
                    Frei, unbegrenzten Muts,   9845
                    Verschwendrisch eignen Bluts,
                    Den nicht zu dämpfenden
                    Heiligen Sinn,
                    Alle den Kämpfenden
                    Bring' es Gewinn!   9850

CHOR.   Seht hinauf, wie hoch gestiegen!
                    Und er scheint uns doch nicht klein:
                    Wie im Harnisch, wie zum Siegen,
                    Wie von Erz und Stahl der Schein.

EUPHORION. Keine Wälle, keine Mauern,   9855
                    Jeder nur sich selbst bewußt;
                    Feste Burg, um auszudauern,
                    Ist des Mannes ehrne Brust.
                    Wollt ihr unerobert wohnen,
                    Leicht bewaffnet rasch ins Feld;   9860
                    Frauen werden Amazonen
                    Und ein jedes Kind ein Held.

CHOR.   Heilige Poesie,
                    Himmelan steige sie!
                    Glänze, der schönste Stern,   9865
                    Fern und so weiter fern!
                    Und sie erreicht uns doch
                    Immer, man hört sie noch,
                    Vernimmt sie gern.

9870 EUPHORION. Nein, nicht ein Kind bin ich erschienen,
          In Waffen kommt der Jüngling an;
          Gesellt zu Starken, Freien, Kühnen,
          Hat er im Geiste schon getan.
          Nun fort!
9875   Nun dort
          Eröffnet sich zum Ruhm die Bahn.

HELENA UND FAUST.
          Kaum ins Leben eingerufen,
          Heitrem Tag gegeben kaum,
          Sehnest du von Schwindelstufen
9880   Dich zu schmerzenvollem Raum.
          Sind denn wir
          Gar nichts dir?
          Ist der holde Bund ein Traum?

EUPHORION. Und hört ihr donnern auf dem Meere?
9885   Dort widerdonnern Tal um Tal,
          In Staub und Wellen, Heer dem Heere,
          In Drang um Drang, zu Schmerz und Qual.
          Und der Tod
          Ist Gebot,
9890   Das versteht sich nun einmal.

HELENA, FAUST UND CHOR.
          Welch Entsetzen! welches Grauen!
          Ist der Tod denn dir Gebot?

EUPHORION. Sollt' ich aus der Ferne schauen?
          Nein! ich teile Sorg' und Not.

9895 Die VORIGEN. Übermut und Gefahr,
          Tödliches Los!

EUPHORION. Doch! – und ein Flügelpaar
          Faltet sich los!
          Dorthin! Ich muß! ich muß!
9900   Gönnt mir den Flug!

Er wirft sich in die Lüfte, die Gewande tragen ihn einen Augenblick,
     sein Haupt strahlt, ein Lichtschweif zieht nach.

CHOR.   Ikarus! Ikarus!
           Jammer genug.

Ein schöner Jüngling stürzt zu der Eltern Füßen, man glaubt in dem
Toten eine bekannte Gestalt zu erblicken; doch das Körperliche verschwindet sogleich, die Aureole steigt wie ein Komet zum Himmel
auf, Kleid, Mantel und Lyra bleiben liegen.

HELENA UND FAUST. Der Freude folgt sogleich
    Grimmige Pein.

EUPHORIONS STIMME aus der Tiefe.
    Laß mich im düstern Reich,   9905
    Mutter, mich nicht allein! Pause.

CHOR. Trauergesang.
    Nicht allein! – wo du auch weilest,
    Denn wir glauben dich zu kennen;
    Ach! wenn du dem Tag enteilest,
    Wird kein Herz von dir sich trennen.   9910
    Wüßten wir doch kaum zu klagen,
    Neidend singen wir dein Los:
    Dir in klar- und trüben Tagen
    Lied und Mut war schön und groß.

    Ach! zum Erdenglück geboren,   9915
    Hoher Ahnen, großer Kraft,
    Leider früh dir selbst verloren,
    Jugendblüte weggerafft!
    Scharfer Blick, die Welt zu schauen,
    Mitsinn jedem Herzensdrang,   9920
    Liebesglut der besten Frauen
    Und ein eigenster Gesang.

    Doch du ranntest unaufhaltsam
    Frei ins willenlose Netz,
    So entzweitest du gewaltsam   9925
    Dich mit Sitte, mit Gesetz;
    Doch zuletzt das höchste Sinnen
    Gab dem reinen Mut Gewicht,
    Wolltest Herrliches gewinnen,
    Aber es gelang dir nicht.   9930

    Wem gelingt es? – Trübe Frage,
    Der das Schicksal sich vermummt,

Wenn am unglückseligsten Tage
Blutend alles Volk verstummt.
9935   Doch erfrischet neue Lieder,
Steht nicht länger tief gebeugt:
Denn der Boden zeugt sie wieder,
Wie von je er sie gezeugt.

Völlige Pause. Die Musik hört auf.

HELENA zu Faust.
Ein altes Wort bewährt sich leider auch an mir:
9940   Daß Glück und Schönheit dauerhaft sich nicht vereint.
Zerrissen ist des Lebens wie der Liebe Band;
Bejammernd beide, sag' ich schmerzlich Lebewohl
Und werfe mich noch einmal in die Arme dir.
Persephoneia, nimm den Knaben auf und mich!

Sie umarmt Faust, das Körperliche verschwindet, Kleid und Schleier
bleiben ihm in den Armen.

PHORKYAS zu Faust.
9945   Halte fest, was dir von allem übrigblieb.
Das Kleid, laß es nicht los. Da zupfen schon
Dämonen an den Zipfeln, möchten gern
Zur Unterwelt es reißen. Halte fest!
Die Göttin ist's nicht mehr, die du verlorst,
9950   Doch göttlich ist's. Bediene dich der hohen,
Unschätzbaren Gunst und hebe dich empor:
Es trägt dich über alles Gemeine rasch
Am Äther hin, so lange du dauern kannst.
Wir sehn uns wieder, weit, gar weit von hier.

Helenens Gewande lösen sich in Wolken auf, umgeben Faust, heben
ihn in die Höhe und ziehen mit ihm vorüber.

PHORKYAS nimmt Euphorions Kleid, Mantel und Lyra von der Erde,
tritt ins Proszenium, hebt die Exuvien in die Höhe und spricht:

9955   Noch immer glücklich aufgefunden!
Die Flamme freilich ist verschwunden,
Doch ist mir um die Welt nicht leid.
Hier bleibt genug, Poeten einzuweihen,
Zu stiften Gild- und Handwerksneid;

Und kann ich die Talente nicht verleihen,   9960
Verborg' ich wenigstens das Kleid.

Sie setzt sich im Proszenium an eine Säule nieder.

PANTHALIS.
Nun eilig, Mädchen! Sind wir doch den Zauber los,
Der alt-thessalischen Vettel wüsten Geisteszwang,
So des Geklimpers vielverworrner Töne Rausch,
Das Ohr verwirrend, schlimmer noch den innern Sinn.   9965
Hinab zum Hades! Eilte doch die Königin
Mit ernstem Gang hinunter. Ihrer Sohle sei
Unmittelbar getreuer Mägde Schritt gefügt.
Wir finden sie am Throne der Unerforschlichen.

CHOR.   Königinnen freilich, überall sind sie gern;   9970
Auch im Hades stehen sie obenan,
Stolz zu ihresgleichen gesellt,
Mit Persephonen innigst vertraut;
Aber wir im Hintergrunde
Tiefer Asphodelos-Wiesen,   9975
Langgestreckten Pappeln,
Unfruchtbaren Weiden zugesellt,
Welchen Zeitvertreib haben wir?
Fledermausgleich zu piepsen,
Geflüster, unerfreulich, gespenstig.   9980

PANTHALIS. Wer keinen Namen sich erwarb noch Edles will,
Gehört den Elementen an; so fahret hin!
Mit meiner Königin zu sein, verlangt mich heiß;
Nicht nur Verdienst, auch Treue wahrt uns die Person. *Ab.*

ALLE.   Zurückgegeben sind wir dem Tageslicht,   9985
Zwar Personen nicht mehr,
Das fühlen, das wissen wir,
Aber zum Hades kehren wir nimmer.
Ewig lebendige Natur
Macht auf uns Geister,   9990
Wir auf sie vollgültigen Anspruch.

EIN TEIL DES CHORS.
Wir in dieser tausend Äste Flüsterzittern, Säuselschweben
Reizen tändelnd, locken leise wurzelauf des Lebens Quellen
Nach den Zweigen; bald mit Blättern, bald mit Blüten
                                   überschwenglich

9995 Zieren wir die Flatterhaare frei zu luftigem Gedeihn.
Fällt die Frucht, sogleich versammeln lebenslustig Volk
und Herden
Sich zum Greifen, sich zum Naschen, eilig kommend,
emsig drängend;
Und wie vor den ersten Göttern bückt sich alles um uns her.

EIN ANDRER TEIL.
Wir, an dieser Felsenwände weithinleuchtend glattem
Spiegel
Schmiegen wir, in sanften Wellen uns bewegend,
10000 schmeichelnd an;
Horchen, lauschen jedem Laute, Vogelsängen, Röhrigflöten,
Sei es Pans furchtbarer Stimme, Antwort ist sogleich bereit;
Säuselt's, säuseln wir erwidernd, donnert's, rollen unsre
Donner
In erschütterndem Verdoppeln, dreifach, zehnfach
hintennach.

EIN DRITTER TEIL.
Schwestern! Wir, bewegtern Sinnes, eilen mit den Bächen
10005 weiter;
Denn es reizen jener Ferne reichgeschmückte Hügelzüge.
Immer abwärts, immer tiefer wässern wir, mäandrisch
wallend,
Jetzt die Wiese, dann die Matten, gleich den Garten um
das Haus.
Dort bezeichnen's der Zypressen schlanke Wipfel, über
Landschaft,
10010 Uferzug und Wellenspiegel nach dem Äther steigende.

EIN VIERTER TEIL.
Wallt ihr andern, wo's beliebet; wir umzingeln, wir
umrauschen
Den durchaus bepflanzten Hügel, wo am Stab die Rebe
grünt;
Dort zu aller Tage Stunden läßt die Leidenschaft des
Winzers
Uns des liebevollsten Fleißes zweifelhaft Gelingen sehn.
Bald mit Hacke, bald mit Spaten, bald mit Häufeln,
Schneiden, Binden
10015 Betet er zu allen Göttern, fördersamst zum Sonnengott.

Bacchus kümmert sich, der Weichling, wenig um den
                                    treuen Diener,
Ruht in Lauben, lehnt in Höhlen, faselnd mit dem
                                    jüngsten Faun.
Was zu seiner Träumereien halbem Rausch er je bedurfte,
Immer bleibt es ihm in Schläuchen, ihm in Krügen und
                                    Gefäßen,   10020
Rechts und links der kühlen Grüfte, ewige Zeiten aufbewahrt.
Haben aber alle Götter, hat nun Helios vor allen,
Lüftend, feuchtend, wärmend, glutend, Beeren-Füllhorn
                                    aufgehäuft,
Wo der stille Winzer wirkte, dort auf einmal wird's lebendig,
Und es rauscht in jedem Laube, raschelt um von Stock
                                    zu Stock.   10025
Körbe knarren, Eimer klappern, Tragebutten ächzen hin,
Alles nach der großen Kufe zu der Keltrer kräft'gem Tanz;
Und so wird die heilige Fülle reingeborner saftiger Beeren
Frech zertreten, schäumend, sprühend mischt sich's,
                                    widerlich zerquetscht.
Und nun gellt ins Ohr der Zimbeln mit der Becken Erz-
                                    getöne,   10030
Denn es hat sich Dionysos aus Mysterien enthüllt;
Kommt hervor mit Ziegenfüßlern, schwenkend
                                    Ziegenfüßlerinnen,
Und dazwischen schreit unbändig grell Silenus' öhrig Tier.
Nichts geschont! Gespaltne Klauen treten alle Sitte nieder,
Alle Sinne wirbeln taumlich, gräßlich übertäubt das Ohr. 10035
Nach der Schale tappen Trunkne, überfüllt sind Kopf
                                    und Wänste,
Sorglich ist noch ein und andrer, doch vermehrt er
                                    die Tumulte,
Denn um neuen Most zu bergen, leert man rasch den
                                    alten Schlauch!

Der Vorhang fällt. Phorkyas *im Proszenium richtet sich riesenhaft
auf, tritt aber von den Kothurnen herunter, lehnt Maske und Schleier
zurück und zeigt sich als* Mephistopheles, *um, insofern es nötig wäre,
im Epilog das Stück zu kommentieren.*

VIERTER AKT

HOCHGEBIRG

starre, zackige Felsengipfel

Eine Wolke zieht herbei, lehnt sich an, senkt sich auf eine vorstehende
Platte herab. Sie teilt sich.

FAUST tritt hervor.

    Der Einsamkeiten tiefste schauend unter meinem Fuß,
10040 Betret' ich wohlbedächtig dieser Gipfel Saum,
    Entlassend meiner Wolke Tragewerk, die mich sanft
    An klaren Tagen über Land und Meer geführt.
    Sie löst sich langsam, nicht zerstiebend, von mir ab.
    Nach Osten strebt die Masse mit geballtem Zug,
10045 Ihr strebt das Auge staunend in Bewundrung nach.
    Sie teilt sich wandelnd, wogenhaft, veränderlich.
    Doch will sich's modeln. – Ja! das Auge trügt mich nicht! –
    Auf sonnbeglänzten Pfühlen herrlich hingestreckt,
    Zwar riesenhaft, ein göttergleiches Fraungebild,
10050 Ich seh's! Junonen ähnlich, Leda'n, Helenen,
    Wie majestätisch lieblich mir's im Auge schwankt.
    Ach! schon verrückt sich's! Formlos breit und aufgetürmt
    Ruht es in Osten, fernen Eisgebirgen gleich,
    Und spiegelt blendend flücht'ger Tage großen Sinn.

10055 Doch mir umschwebt ein zarter lichter Nebelstreif
    Noch Brust und Stirn, erheiternd, kühl und schmeichelhaft.
    Nun steigt es leicht und zaudernd hoch und höher auf,
    Fügt sich zusammen. – Täuscht mich ein entzückend Bild,
    Als jugenderstes, längstentbehrtes höchstes Gut?
10060 Des tiefsten Herzens frühste Schätze quellen auf:
    Aurorens Liebe, leichten Schwungs bezeichnet's mir,
    Den schnellempfundnen, ersten, kaum verstandnen Blick,
    Der, festgehalten, überglänzte jeden Schatz.
    Wie Seelenschönheit steigert sich die holde Form,
10065 Löst sich nicht auf, erhebt sich in den Äther hin
    Und zieht das Beste meines Innern mit sich fort.

    Ein Siebenmeilenstiefel tappt auf. Ein anderer folgt alsbald.
    Mephistopheles steigt ab. Die Stiefel schreiten eilig weiter.

MEPHISTOPHELES. Das heiß' ich endlich vorgeschritten!
Nun aber sag, was fällt dir ein?
Steigst ab in solcher Greuel Mitten,
Im gräßlich gähnenden Gestein?   10070
Ich kenn' es wohl, doch nicht an dieser Stelle,
Denn eigentlich war das der Grund der Hölle.
FAUST. Es fehlt dir nie an närrischen Legenden;
Fängst wieder an, dergleichen auszuspenden.
MEPHISTOPHELES ernsthaft.
Als Gott der Herr – ich weiß auch wohl, warum –   10075
Uns aus der Luft in tiefste Tiefen bannte,
Da, wo zentralisch glühend, um und um,
Ein ewig Feuer flammend sich durchbrannte,
Wir fanden uns bei allzugroßer Hellung
In sehr gedrängter, unbequemer Stellung.   10080
Die Teufel fingen sämtlich an zu husten,
Von oben und von unten auszupusten;
Die Hölle schwoll von Schwefelstank und -säure,
Das gab ein Gas! Das ging ins Ungeheure,
So daß gar bald der Länder flache Kruste,   10085
So dick sie war, zerkrachend bersten mußte.
Nun haben wir's an einem andern Zipfel,
Was ehmals Grund war, ist nun Gipfel.
Sie gründen auch hierauf die rechten Lehren,
Das Unterste ins Oberste zu kehren.   10090
Denn wir entrannen knechtisch-heißer Gruft
Ins Übermaß der Herrschaft freier Luft.
Ein offenbar Geheimnis, wohl verwahrt,
Und wird nur spät den Völkern offenbart. (Ephes. 6, 12.)
FAUST. Gebirgesmasse bleibt mir edel-stumm,   10095
Ich frage nicht woher und nicht warum.
Als die Natur sich in sich selbst gegründet,
Da hat sie rein den Erdball abgeründet,
Der Gipfel sich, der Schluchten sich erfreut
Und Fels an Fels und Berg an Berg gereiht,   10100
Die Hügel dann bequem hinabgebildet,
Mit sanftem Zug sie in das Tal gemildet.
Da grünt's und wächst's, und um sich zu erfreuen,
Bedarf sie nicht der tollen Strudeleien.

MEPHISTOPHELES.

10105 Das sprecht Ihr so! Das scheint Euch sonnenklar;
Doch weiß es anders, der zugegen war.
Ich war dabei, als noch da drunten siedend
Der Abgrund schwoll und strömend Flammen trug;
Als Molochs Hammer, Fels an Felsen schmiedend,
10110 Gebirgestrümmer in die Ferne schlug.
Noch starrt das Land von fremden Zentnermassen;
Wer gibt Erklärung solcher Schleudermacht?
Der Philosoph, er weiß es nicht zu fassen,
Da liegt der Fels, man muß ihn liegen lassen,
10115 Zuschanden haben wir uns schon gedacht. —
Das treu-gemeine Volk allein begreift
Und läßt sich im Begriff nicht stören;
Ihm ist die Weisheit längst gereift:
Ein Wunder ist's, der Satan kommt zu Ehren.
10120 Mein Wandrer hinkt an seiner Glaubenskrücke
Zum Teufelsstein, zur Teufelsbrücke.

FAUST. Es ist doch auch bemerkenswert zu achten,
Zu sehn, wie Teufel die Natur betrachten.

MEPHISTOPHELES. Was geht mich's an! Natur sei, wie sie sei!
10125 's ist Ehrenpunkt: der Teufel war dabei!
Wir sind die Leute, Großes zu erreichen;
Tumult, Gewalt und Unsinn! sieh das Zeichen! —
Doch, daß ich endlich ganz verständlich spreche,
Gefiel dir nichts an unsrer Oberfläche?
10130 Du übersahst, in ungemeßnen Weiten,
Die Reiche der Welt und ihre Herrlichkeiten. (Matth. 4.)
Doch, ungenügsam, wie du bist,
Empfandest du wohl kein Gelüst?

FAUST. Und doch! ein Großes zog mich an.
Errate!

10135 MEPHISTOPHELES. Das ist bald getan.
Ich suchte mir so eine Hauptstadt aus,
Im Kerne Bürger-Nahrungs-Graus,
Krummenge Gäßchen, spitze Giebeln,
Beschränkten Markt, Kohl, Rüben, Zwiebeln;
10140 Fleischbänke, wo die Schmeißen hausen,
Die fetten Braten anzuschmausen;

Da findest du zu jeder Zeit
Gewiß Gestank und Tätigkeit.
Dann weite Plätze, breite Straßen,
Vornehmen Schein sich anzumaßen;   10145
Und endlich, wo kein Tor beschränkt,
Vorstädte grenzenlos verlängt.
Da freut' ich mich an Rollekutschen,
Am lärmigen Hin- und Widerrutschen,
Am ewigen Hin- und Widerlaufen   10150
Zerstreuter Ameis-Wimmelhaufen.
Und wenn ich führe, wenn ich ritte,
Erschien' ich immer ihre Mitte,
Von Hunderttausenden verehrt.

FAUST. Das kann mich nicht zufriedenstellen.   10155
Man freut sich, daß das Volk sich mehrt,
Nach seiner Art behäglich nährt,
Sogar sich bildet, sich belehrt –
Und man erzieht sich nur Rebellen.

MEPH. Dann baut' ich, grandios, mir selbst bewußt, 10160
Am lustigen Ort ein Schloß zur Lust.
Wald, Hügel, Flächen, Wiesen, Feld
Zum Garten prächtig umbestellt.
Vor grünen Wänden Sammetmatten,
Schnurwege, kunstgerechte Schatten,   10165
Kaskadensturz, durch Fels zu Fels gepaart,
Und Wasserstrahlen aller Art;
Ehrwürdig steigt es dort, doch an den Seiten
Da zischt's und pißt's in tausend Kleinigkeiten.
Dann aber ließ ich allerschönsten Frauen   10170
Vertraut-bequeme Häuslein bauen;
Verbrächte da grenzenlose Zeit
In allerliebst-geselliger Einsamkeit.
Ich sage Fraun; denn ein für allemal
Denk' ich die Schönen im Plural.   10175

FAUST. Schlecht und modern! Sardanapal!

MEPHISTOPHELES. Errät man wohl, wornach du strebtest?
Es war gewiß erhaben kühn.
Der du dem Mond um so viel näher schwebtest,
Dich zog wohl deine Sucht dahin?   10180

FAUST. Mit nichten! dieser Erdenkreis
  Gewährt noch Raum zu großen Taten.
  Erstaunenswürdiges soll geraten,
  Ich fühle Kraft zu kühnem Fleiß.
10185 MEPH. Und also willst du Ruhm verdienen?
  Man merkt's, du kommst von Heroinen.
FAUST. Herrschaft gewinn' ich, Eigentum!
  Die Tat ist alles, nichts der Ruhm.
MEPHISTOPHELES. Doch werden sich Poeten finden,
10190 Der Nachwelt deinen Glanz zu künden,
  Durch Torheit Torheit zu entzünden.
FAUST. Von allem ist dir nichts gewährt.
  Was weißt du, was der Mensch begehrt?
  Dein widrig Wesen, bitter, scharf,
10195 Was weiß es, was der Mensch bedarf?
MEPHISTOPHELES. Geschehe denn nach deinem Willen!
  Vertraue mir den Umfang deiner Grillen.
FAUST. Mein Auge war aufs hohe Meer gezogen;
  Es schwoll empor, sich in sich selbst zu türmen,
10200 Dann ließ es nach und schüttete die Wogen,
  Des flachen Ufers Breite zu bestürmen.
  Und das verdroß mich; wie der Übermut
  Den freien Geist, der alle Rechte schätzt,
  Durch leidenschaftlich aufgeregtes Blut
10205 Ins Mißbehagen des Gefühls versetzt.
  Ich hielt's für Zufall, schärfte meinen Blick:
  Die Woge stand und rollte dann zurück,
  Entfernte sich vom stolz erreichten Ziel;
  Die Stunde kommt, sie wiederholt das Spiel.
MEPHISTOPHELES ad spectatores.
10210 Da ist für mich nichts Neues zu erfahren,
  Das kenn' ich schon seit hunderttausend Jahren.
FAUST, leidenschaftlich fortfahrend.
  Sie schleicht heran, an abertausend Enden,
  Unfruchtbar selbst, Unfruchtbarkeit zu spenden;
  Nun schwillt's und wächst und rollt und überzieht
10215 Der wüsten Strecke widerlich Gebiet.
  Da herrschet Well' auf Welle kraftbegeistet,
  Zieht sich zurück, und es ist nichts geleistet,

Was zur Verzweiflung mich beängstigen könnte!
Zwecklose Kraft unbändiger Elemente!
Da wagt mein Geist, sich selbst zu überfliegen;   10220
Hier möcht' ich kämpfen, dies möcht' ich besiegen.

Und es ist möglich! – Flutend wie sie sei,
An jedem Hügel schmiegt sie sich vorbei;
Sie mag sich noch so übermütig regen,
Geringe Höhe ragt ihr stolz entgegen,   10225
Geringe Tiefe zieht sie mächtig an.
Da faßt' ich schnell im Geiste Plan auf Plan:
Erlange dir das köstliche Genießen,
Das herrische Meer vom Ufer auszuschließen,
Der feuchten Breite Grenzen zu verengen   10230
Und, weit hinein, sie in sich selbst zu drängen.
Von Schritt zu Schritt wußt' ich mir's zu erörtern;
Das ist mein Wunsch, den wage zu befördern!

*Trommeln und kriegerische Musik im Rücken der Zuschauer, aus
der Ferne, von der rechten Seite her.*

MEPH. Wie leicht ist das! Hörst du die Trommeln fern?

FAUST.
Schon wieder Krieg! der Kluge hört's nicht gern.   10235

MEPHISTOPHELES.
Krieg oder Frieden. Klug ist das Bemühen,
Zu seinem Vorteil etwas auszuziehen.
Man paßt, man merkt auf jedes günstige Nu.
Gelegenheit ist da, nun, Fauste, greife zu!

FAUST. Mit solchem Rätselkram verschone mich!   10240
Und kurz und gut, was soll's? Erkläre dich.

MEPHISTOPHELES.
Auf meinem Zuge blieb mir nicht verborgen:
Der gute Kaiser schwebt in großen Sorgen.
Du kennst ihn ja. Als wir ihn unterhielten,
Ihm falschen Reichtum in die Hände spielten,   10245
Da war die ganze Welt ihm feil.
Denn jung ward ihm der Thron zuteil,
Und ihm beliebt' es, falsch zu schließen,
Es könne wohl zusammengehn

10250 Und sei recht wünschenswert und schön:
       Regieren und zugleich genießen.
       FAUST. Ein großer Irrtum. Wer befehlen soll,
       Muß im Befehlen Seligkeit empfinden.
       Ihm ist die Brust von hohem Willen voll,
10255 Doch was er will, es darf's kein Mensch ergründen.
       Was er den Treusten in das Ohr geraunt,
       Es ist getan, und alle Welt erstaunt.
       So wird er stets der Allerhöchste sein,
       Der Würdigste –; Genießen macht gemein.
10260 MEPH. So ist er nicht. Er selbst genoß, und wie!
       Indes zerfiel das Reich in Anarchie,
       Wo groß und klein sich kreuz und quer befehdeten
       Und Brüder sich vertrieben, töteten,
       Burg gegen Burg, Stadt gegen Stadt,
10265 Zunft gegen Adel Fehde hat,
       Der Bischof mit Kapitel und Gemeinde;
       Was sich nur ansah, waren Feinde.
       In Kirchen Mord und Totschlag, vor den Toren
       Ist jeder Kauf- und Wandersmann verloren.
10270 Und allen wuchs die Kühnheit nicht gering;
       Denn leben hieß sich wehren. – Nun, das ging.
       FAUST. Es ging – es hinkte, fiel, stand wieder auf,
       Dann überschlug sich's, rollte plump zuhauf.
       MEPH. Und solchen Zustand durfte niemand schelten,
10275 Ein jeder konnte, jeder wollte gelten.
       Der Kleinste selbst, er galt für voll.
       Doch war's zuletzt den Besten allzutoll.
       Die Tüchtigen, sie standen auf mit Kraft
       Und sagten: Herr ist, der uns Ruhe schafft.
10280 Der Kaiser kann's nicht, will's nicht – laßt uns wählen,
       Den neuen Kaiser neu das Reich beseelen,
       Indem er jeden sicher stellt,
       In einer frisch geschaffnen Welt
       Fried' und Gerechtigkeit vermählen.
       FAUST. Das klingt sehr pfäffisch.
10285 MEPHISTOPHELES.   Pfaffen waren's auch,
       Sie sicherten den wohlgenährten Bauch.
       Sie waren mehr als andere beteiligt.

Der Aufruhr schwoll, der Aufruhr ward geheiligt;
Und unser Kaiser, den wir froh gemacht,
Zieht sich hieher, vielleicht zur letzten Schlacht. 10290

FAUST. Er jammert mich; er war so gut und offen.

MEPH. Komm, sehn wir zu! der Lebende soll hoffen.
Befrein wir ihn aus diesem engen Tale!
Einmal gerettet, ist's für tausend Male.
Wer weiß, wie noch die Würfel fallen? 10295
Und hat er Glück, so hat er auch Vasallen.

*Sie steigen über das Mittelgebirg herüber und beschauen die Anord-
nung des Heeres im Tal. Trommeln und Kriegsmusik schallt von
unten auf.*

MEPH. Die Stellung, seh' ich, gut ist sie genommen;
Wir treten zu, dann ist der Sieg vollkommen.

FAUST. Was kann da zu erwarten sein?
Trug! Zauberblendwerk! Hohler Schein. 10300

MEPHISTOPHELES. Kriegslist, um Schlachten zu gewinnen!
Befestige dich bei großen Sinnen,
Indem du deinen Zweck bedenkst.
Erhalten wir dem Kaiser Thron und Lande,
So kniest du nieder und empfängst 10305
Die Lehn von grenzenlosem Strande.

FAUST. Schon manches hast du durchgemacht,
Nun, so gewinn auch eine Schlacht!

MEPHISTOPHELES. Nein, du gewinnst sie! Diesesmal
Bist du der Obergeneral. 10310

FAUST. Das wäre mir die rechte Höhe,
Da zu befehlen, wo ich nichts verstehe!

MEPHISTOPHELES. Laß du den Generalstab sorgen,
Und der Feldmarschall ist geborgen.
Kriegsunrat hab' ich längst verspürt, 10315
Den Kriegsrat gleich voraus formiert
Aus Urgebirgs Urmenschenkraft;
Wohl dem, der sie zusammenrafft.

FAUST. Was seh' ich dort, was Waffen trägt?
Hast du das Bergvolk aufgeregt? 10320

MEPHISTOPHELES. Nein! aber, gleich Herrn Peter Squenz,
Vom ganzen Praß die Quintessenz.

Die drei Gewaltigen treten auf. (Sam. II, 23, 8.)

MEPHISTOPHELES. Da kommen meine Bursche ja!
  Du siehst, von sehr verschiednen Jahren,
10325 Verschiednem Kleid und Rüstung sind sie da;
  Du wirst nicht schlecht mit ihnen fahren.
  Ad spectatores. Es liebt sich jetzt ein jedes Kind
  Den Harnisch und den Ritterkragen;
  Und, allegorisch wie die Lumpe sind,
10330 Sie werden nur um desto mehr behagen.
  RAUFEBOLD jung, leicht bewaffnet, bunt gekleidet.
  Wenn einer mir ins Auge sieht,
  Werd' ich ihm mit der Faust gleich in die Fresse fahren,
  Und eine Memme, wenn sie flieht,
  Fass' ich bei ihren letzten Haaren.
  HABEBALD männlich, wohlbewaffnet, reich gekleidet.
10335 So leere Händel, das sind Possen,
  Damit verdirbt man seinen Tag;
  Im Nehmen sei nur unverdrossen,
  Nach allem andern frag' hernach.
  HALTEFEST bejahrt, stark bewaffnet, ohne Gewand.
  Damit ist auch nicht viel gewonnen!
10340 Bald ist ein großes Gut zerronnen,
  Es rauscht im Lebensstrom hinab.
  Zwar nehmen ist recht gut, doch besser ist's, behalten;
  Laß du den grauen Kerl nur walten,
  Und niemand nimmt dir etwas ab.
  Sie steigen allzusammen tiefer.

AUF DEM VORGEBIRG

Trommeln und kriegerische Musik von unten.
Des Kaisers Zelt wird aufgeschlagen.

Kaiser. Obergeneral. Trabanten.

10345 OBERGENERAL. Noch immer scheint der Vorsatz wohl-
  Daß wir in dies gelegene Tal   [erwogen,
  Das ganze Heer gedrängt zurückgezogen;
  Ich hoffe fest, uns glückt die Wahl.
  KAISER. Wie es nun geht, es muß sich zeigen;
10350 Doch mich verdrießt die halbe Flucht, das Weichen.

OBERGENERAL. Schau hier, mein Fürst, auf unsre rechte Flanke!
  Solch ein Terrain wünscht sich der Kriegsgedanke:
  Nicht steil die Hügel, doch nicht allzu gänglich,
  Den Unsern vorteilhaft, dem Feind verfänglich;
  Wir, halb versteckt, auf wellenförmigem Plan;   10355
  Die Reiterei, sie wagt sich nicht heran.
KAISER. Mir bleibt nichts übrig, als zu loben;
  Hier kann sich Arm und Brust erproben.
OBERGEN. Hier, auf der Mittelwiese flachen Räumlichkeiten,
  Siehst du den Phalanx, wohlgemut zu streiten.   10360
  Die Piken blinken flimmernd in der Luft,
  Im Sonnenglanz, durch Morgennebelduft.
  Wie dunkel wogt das mächtige Quadrat!
  Zu Tausenden glüht's hier auf große Tat.
  Du kannst daran der Masse Kraft erkennen,   10365
  Ich trau' ihr zu, der Feinde Kraft zu trennen.
KAISER. Den schönen Blick hab' ich zum erstenmal.
  Ein solches Heer gilt für die Doppelzahl.
OBERGENERAL. Von unsrer Linken hab' ich nichts zu melden,
  Den starren Fels besetzen wackere Helden,   10370
  Das Steingeklipp, das jetzt von Waffen blitzt,
  Den wichtigen Paß der engen Klause schützt.
  Ich ahne schon, hier scheitern Feindeskräfte
  Unvorgesehn im blutigen Geschäfte.
KAISER. Dort ziehn sie her, die falschen Anverwandten,   10375
  Wie sie mich Oheim, Vetter, Bruder nannten,
  Sich immer mehr und wieder mehr erlaubten,
  Dem Zepter Kraft, dem Thron Verehrung raubten,
  Dann, unter sich entzweit, das Reich verheerten
  Und nun gesamt sich gegen mich empörten.   10380
  Die Menge schwankt im ungewissen Geist,
  Dann strömt sie nach, wohin der Strom sie reißt.
OBERGENERAL.
  Ein treuer Mann, auf Kundschaft ausgeschickt,
  Kommt eilig felsenab; sei's ihm geglückt!
ERSTER KUNDSCHAFTER. Glücklich ist sie uns gelungen,   10385
      Listig, mutig, unsre Kunst,
        Daß wir hin und her gedrungen;
        Doch wir bringen wenig Gunst.

Viele schwören reine Huldigung
10390 Dir, wie manche treue Schar;
Doch Untätigkeits-Entschuldigung:
Innere Gärung, Volksgefahr.

KAISER. Sich selbst erhalten bleibt der Selbstsucht Lehre,
Nicht Dankbarkeit und Neigung, Pflicht und Ehre.
10395 Bedenkt ihr nicht, wenn eure Rechnung voll,
Daß Nachbars Hausbrand euch verzehren soll?

OBERGEN. Der zweite kommt, nur langsam steigt er nieder,
Dem müden Manne zittern alle Glieder.

ZWEITER KUNDSCHAFTER. Erst gewahrten wir vergnüglich
10400 Wilden Wesens irren Lauf;
Unerwartet, unverzüglich
Trat ein neuer Kaiser auf.
Und auf vorgeschriebnen Bahnen
Zieht die Menge durch die Flur;
10405 Den entrollten Lügenfahnen
Folgen alle. – Schafsnatur!

KAISER. Ein Gegenkaiser kommt mir zum Gewinn:
Nun fühl' ich erst, daß ich der Kaiser bin.
Nur als Soldat legt' ich den Harnisch an,
10410 Zu höherm Zweck ist er nun umgetan.
Bei jedem Fest, wenn's noch so glänzend war,
Nichts ward vermißt, mir fehlte die Gefahr.
Wie ihr auch seid, zum Ringspiel rietet ihr,
Mir schlug das Herz, ich atmete Turnier;
10415 Und hättet ihr mir nicht vom Kriegen abgeraten,
Jetzt glänzt' ich schon in lichten Heldentaten.
Selbständig fühlt' ich meine Brust besiegelt,
Als ich mich dort im Feuerreich bespiegelt;
Das Element drang gräßlich auf mich los,
10420 Es war nur Schein, allein der Schein war groß.
Von Sieg und Ruhm hab' ich verwirrt geträumt;
Ich bringe nach, was frevelhaft versäumt.

Die Herolde werden abgefertigt zu Herausforderung
des Gegenkaisers.
Faust geharnischt, mit halbgeschloßnem Helme.
Die drei Gewaltigen gerüstet und gekleidet wie oben.

FAUST. Wir treten auf und hoffen, ungescholten;
Auch ohne Not hat Vorsicht wohl gegolten.
Du weißt, das Bergvolk denkt und simuliert,   10425
Ist in Natur- und Felsenschrift studiert.
Die Geister, längst dem flachen Land entzogen,
Sind mehr als sonst dem Felsgebirg gewogen.
Sie wirken still durch labyrinthische Klüfte
Im edlen Gas metallisch reicher Düfte;   10430
In stetem Sondern, Prüfen und Verbinden
Ihr einziger Trieb ist, Neues zu erfinden.
Mit leisem Finger geistiger Gewalten
Erbauen sie durchsichtige Gestalten;
Dann im Kristall und seiner ewigen Schweignis   10435
Erblicken sie der Oberwelt Ereignis.
KAISER. Vernommen hab' ich's, und ich glaube dir;
Doch, wackrer Mann, sag an: was soll das hier?
FAUST. Der Nekromant von Norcia, der Sabiner,
Ist dein getreuer, ehrenhafter Diener.   10440
Welch greulich Schicksal droht' ihm ungeheuer!
Das Reisig prasselte, schon züngelte das Feuer;
Die trocknen Scheite, ringsumher verschränkt,
Mit Pech und Schwefelruten untermengt;
Nicht Mensch, noch Gott, noch Teufel konnte retten,   10445
Die Majestät zersprengte glühende Ketten.
Dort war's in Rom. Er bleibt dir hoch verpflichtet,
Auf deinen Gang in Sorge stets gerichtet.
Von jener Stund' an ganz vergaß er sich,
Er fragt den Stern, die Tiefe nur für dich.   10450
Er trug uns auf, als eiligstes Geschäfte,
Bei dir zu stehn. Groß sind des Berges Kräfte;
Da wirkt Natur so übermächtig frei,
Der Pfaffen Stumpfsinn schilt es Zauberei.
KAISER. Am Freudentag, wenn wir die Gäste grüßen,   10455
Die heiter kommen, heiter zu genießen,
Da freut uns jeder, wie er schiebt und drängt
Und, Mann für Mann, der Säle Raum verengt.
Doch höchst willkommen muß der Biedre sein,
Tritt er als Beistand kräftig zu uns ein   10460
Zur Morgenstunde, die bedenklich waltet,

Weil über ihr des Schicksals Waage schaltet.
Doch lenket hier im hohen Augenblick
Die starke Hand vom willigen Schwert zurück,
10465 Ehrt den Moment, wo manche Tausend schreiten,
Für oder wider mich zu streiten.
Selbst ist der Mann! Wer Thron und Kron' begehrt,
Persönlich sei er solcher Ehren wert.
Sei das Gespenst, das, gegen uns erstanden,
10470 Sich Kaiser nennt und Herr von unsern Landen,
Des Heeres Herzog, Lehnherr unsrer Großen,
Mit eigner Faust ins Totenreich gestoßen!

FAUST. Wie es auch sei, das Große zu vollenden,
Du tust nicht wohl, dein Haupt so zu verpfänden.
10475 Ist nicht der Helm mit Kamm und Busch geschmückt?
Er schützt das Haupt, das unsern Mut entzückt.
Was, ohne Haupt, was förderten die Glieder?
Denn schläfert jenes, alle sinken nieder;
Wird es verletzt, gleich alle sind verwundet,
10480 Erstehen frisch, wenn jenes rasch gesundet.
Schnell weiß der Arm sein starkes Recht zu nützen;
Er hebt den Schild, den Schädel zu beschützen;
Das Schwert gewahret seiner Pflicht sogleich,
Lenkt kräftig ab und wiederholt den Streich;
10485 Der tüchtige Fuß nimmt teil an ihrem Glück,
Setzt dem Erschlagnen frisch sich ins Genick.

KAISER. Das ist mein Zorn, so möcht' ich ihn behandeln,
Das stolze Haupt in Schemeltritt verwandeln!

HEROLDE kommen zurück. Wenig Ehre, wenig Geltung
10490   Haben wir daselbst genossen,
               Unsrer kräftig edlen Meldung
               Lachten sie als schaler Possen:
               „Euer Kaiser ist verschollen,
               Echo dort im engen Tal,
10495   Wenn wir sein gedenken sollen,
               Märchen sagt: – Es war einmal."

FAUST. Dem Wunsch gemäß der Besten ist's geschehn,
Die fest und treu an deiner Seite stehn.
Dort naht der Feind, die Deinen harren brünstig;
10500 Befiehl den Angriff, der Moment ist günstig.

KAISER. Auf das Kommando leist' ich hier Verzicht.
Zum Oberfeldherrn.
In deinen Händen, Fürst, sei deine Pflicht.
OBERGENERAL. So trete denn der rechte Flügel an!
  Des Feindes Linke, eben jetzt im Steigen,
  Soll, eh' sie noch den letzten Schritt getan, 10505
  Der Jugendkraft geprüfter Treue weichen.
FAUST. Erlaube denn, daß dieser muntre Held
  Sich ungesäumt in deine Reihen stellt,
  Sich deinen Reihen innigst einverleibt
  Und, so gesellt, sein kräftig Wesen treibt. 10510
Er deutet zur Rechten.
RAUFEBOLD tritt vor.
  Wer das Gesicht mir zeigt, der kehrt's nicht ab
  Als mit zerschlagnen Unter- und Oberbacken;
  Wer mir den Rücken kehrt, gleich liegt ihm schlapp
  Hals, Kopf und Schopf hinschlotternd graß im Nacken.
  Und schlagen deine Männer dann 10515
  Mit Schwert und Kolben, wie ich wüte,
  So stürzt der Feind, Mann über Mann,
  Ersäuft im eigenen Geblüte. Ab.
OBERGENERAL. Der Phalanx unsrer Mitte folge sacht,
  Dem Feind begegn' er, klug mit aller Macht; 10520
  Ein wenig rechts, dort hat bereits, erbittert,
  Der Unsern Streitkraft ihren Plan erschüttert.
FAUST, auf den Mittelsten deutend.
  So folge denn auch dieser deinem Wort!
  Er ist behend, reißt alles mit sich fort.
HABEBALD tritt hervor. Dem Heldenmut der Kaiserscharen 10525
  Soll sich der Durst nach Beute paaren;
  Und allen sei das Ziel gestellt:
  Des Gegenkaisers reiches Zelt.
  Er prahlt nicht lang auf seinem Sitze,
  Ich ordne mich dem Phalanx an die Spitze. 10530
EILEBEUTE, Marketenderin, sich an ihn anschmiegend.
  Bin ich auch ihm nicht angeweibt,
  Er mir der liebste Buhle bleibt.
  Für uns ist solch ein Herbst gereift!
  Die Frau ist grimmig, wenn sie greift,

10535 Ist ohne Schonung, wenn sie raubt;
   Im Sieg voran! und alles ist erlaubt. Beide ab.
   OBERGENERAL. Auf unsre Linke, wie vorauszusehn,
   Stürzt ihre Rechte, kräftig. Widerstehn
   Wird Mann für Mann dem wütenden Beginnen,
10540 Den engen Paß des Felswegs zu gewinnen.
   FAUST winkt nach der Linken.
   So bitte, Herr, auch diesen zu bemerken;
   Es schadet nichts, wenn Starke sich verstärken.
   HALTEFEST tritt vor. Dem linken Flügel keine Sorgen!
   Da, wo ich bin, ist der Besitz geborgen;
10545 In ihm bewähret sich der Alte,
   Kein Strahlblitz spaltet, was ich halte. Ab.
   MEPHISTOPHELES von oben herunterkommend.
   Nun schauet, wie im Hintergrunde
   Aus jedem zackigen Felsenschlunde
   Bewaffnete hervor sich drängen,
10550 Die schmalen Pfade zu verengen,
   Mit Helm und Harnisch, Schwertern, Schilden
   In unserm Rücken eine Mauer bilden,
   Den Wink erwartend, zuzuschlagen.
                    Leise zu den Wissenden.
   Woher das kommt, müßt ihr nicht fragen.
10555 Ich habe freilich nicht gesäumt,
   Die Waffensäle ringsum ausgeräumt;
   Da standen sie zu Fuß, zu Pferde,
   Als wären sie noch Herrn der Erde;
   Sonst waren's Ritter, König, Kaiser,
10560 Jetzt sind es nichts als leere Schneckenhäuser;
   Gar manch Gespenst hat sich darein geputzt,
   Das Mittelalter lebhaft aufgestutzt.
   Welch Teufelchen auch drinne steckt,
   Für diesmal macht es doch Effekt.
10565 Laut. Hört, wie sie sich voraus erbosen,
   Blechklappernd aneinander stoßen!
   Auch flattern Fahnenfetzen bei Standarten,
   Die frischer Lüftchen ungeduldig harrten.
   Bedenkt, hier ist ein altes Volk bereit
10570 Und mischte gern sich auch zum neuen Streit.

Furchtbarer Posaunenschall von oben, im feindlichen Heere
merkliche Schwankung.

FAUST. Der Horizont hat sich verdunkelt,
  Nur hie und da bedeutend funkelt
  Ein roter ahnungsvoller Schein;
  Schon blutig blinken die Gewehre;
  Der Fels, der Wald, die Atmosphäre,   10575
  Der ganze Himmel mischt sich ein.

MEPHISTOPHELES. Die rechte Flanke hält sich kräftig;
  Doch seh' ich ragend unter diesen
  Hans Raufbold, den behenden Riesen,
  Auf seine Weise rasch geschäftig.   10580

KAISER. Erst sah ich einen Arm erhoben,
  Jetzt seh' ich schon ein Dutzend toben;
  Naturgemäß geschieht es nicht.

FAUST. Vernahmst du nichts von Nebelstreifen,
  Die auf Siziliens Küsten schweifen?   10585
  Dort, schwankend klar, im Tageslicht,
  Erhoben zu den Mittellüften,
  Gespiegelt in besondern Düften,
  Erscheint ein seltsames Gesicht:
  Da schwanken Städte hin und wider,   10590
  Da steigen Gärten auf und nieder,
  Wie Bild um Bild den Äther bricht.

KAISER. Doch wie bedenklich! Alle Spitzen
  Der hohen Speere seh' ich blitzen;
  Auf unsres Phalanx blanken Lanzen   10595
  Seh' ich behende Flämmchen tanzen.
  Das scheint mir gar zu geisterhaft.

FAUST. Verzeih, o Herr, das sind die Spuren
  Verschollner geistiger Naturen,
  Ein Widerschein der Dioskuren,   10600
  Bei denen alle Schiffer schwuren;
  Sie sammeln hier die letzte Kraft.

KAISER. Doch sage: wem sind wir verpflichtet,
  Daß die Natur, auf uns gerichtet,
  Das Seltenste zusammenrafft?   10605

MEPHISTOPHELES. Wem als dem Meister, jenem hohen,
  Der dein Geschick im Busen trägt?

Durch deiner Feinde starkes Drohen
Ist er im Tiefsten aufgeregt.
10610 Sein Dank will dich gerettet sehen,
Und sollt' er selbst daran vergehen.
KAISER. Sie jubelten, mich pomphaft umzuführen;
Ich war nun was, das wollt' ich auch probieren
Und fand's gelegen, ohne viel zu denken,
10615 Dem weißen Barte kühle Luft zu schenken.
Dem Klerus hab' ich eine Lust verdorben,
Und ihre Gunst mir freilich nicht erworben.
Nun sollt' ich, seit so manchen Jahren,
Die Wirkung frohen Tuns erfahren?
10620 FAUST. Freiherzige Wohltat wuchert reich;
Laß deinen Blick sich aufwärts wenden!
Mich deucht, er will ein Zeichen senden,
Gib acht, es deutet sich sogleich.
KAISER. Ein Adler schwebt im Himmelhohen,
10625 Ein Greif ihm nach mit wildem Drohen.
FAUST. Gib acht: gar günstig scheint es mir.
Greif ist ein fabelhaftes Tier;
Wie kann er sich so weit vergessen,
Mit echtem Adler sich zu messen?
10630 KAISER. Nunmehr, in weitgedehnten Kreisen,
Umziehn sie sich; – in gleichem Nu
Sie fahren aufeinander zu,
Sich Brust und Hälse zu zerreißen.
FAUST. Nun merke, wie der leidige Greif,
10635 Zerzerrt, zerzaust, nur Schaden findet
Und mit gesenktem Löwenschweif,
Zum Gipfelwald gestürzt, verschwindet.
KAISER. Sei's, wie gedeutet, so getan!
Ich nehm' es mit Verwunderung an.
MEPHISTOPHELES gegen die Rechte.
10640 Dringend wiederholten Streichen
Müssen unsre Feinde weichen,
Und mit ungewissem Fechten
Drängen sie nach ihrer Rechten
Und verwirren so im Streite
10645 Ihrer Hauptmacht linke Seite.

Unsers Phalanx feste Spitze
Zieht sich rechts, und gleich dem Blitze
Fährt sie in die schwache Stelle. –
Nun, wie sturmerregte Welle
Sprühend, wüten gleiche Mächte   10650
Wild in doppeltem Gefechte;
Herrlichers ist nichts ersonnen,
Uns ist diese Schlacht gewonnen!

KAISER an der linken Seite zu Faust.

Schau! Mir scheint es dort bedenklich,
Unser Posten steht verfänglich.   10655
Keine Steine seh' ich fliegen,
Niedre Felsen sind erstiegen,
Obre stehen schon verlassen.
Jetzt! – Der Feind, zu ganzen Massen
Immer näher angedrungen,   10660
Hat vielleicht den Paß errungen,
Schlußerfolg unheiligen Strebens!
Eure Künste sind vergebens. Pause.

MEPHISTOPHELES. Da kommen meine beiden Raben,
Was mögen die für Botschaft haben?   10665
Ich fürchte gar, es geht uns schlecht.

KAISER. Was sollen diese leidigen Vögel?
Sie richten ihre schwarzen Segel
Hierher vom heißen Felsgefecht.

MEPHISTOPHELES zu den Raben.

Setzt euch ganz nah zu meinen Ohren.   10670
Wen ihr beschützt, ist nicht verloren,
Denn euer Rat ist folgerecht.

FAUST zum Kaiser. Von Tauben hast du ja vernommen,
Die aus den fernsten Landen kommen
Zu ihres Nestes Brut und Kost.   10675
Hier ist's mit wichtigen Unterschieden:
Die Taubenpost bedient den Frieden,
Der Krieg befiehlt die Rabenpost.

MEPHISTOPHELES. Es meldet sich ein schwer Verhängnis:
Seht hin! gewahret die Bedrängnis   10680
Um unsrer Helden Felsenrand!
Die nächsten Höhen sind erstiegen.

Und würden sie den Paß besiegen,
Wir hätten einen schweren Stand.
10685 KAISER. So bin ich endlich doch betrogen!
Ihr habt mich in das Netz gezogen;
Mir graut, seitdem es mich umstrickt.
MEPHISTOPHELES. Nur Mut! Noch ist es nicht mißglückt.
Geduld und Pfiff zum letzten Knoten!
10690 Gewöhnlich geht's am Ende scharf.
Ich habe meine sichern Boten;
Befehlt, daß ich befehlen darf!
OBERGENERAL, der indessen herangekommen.
Mit diesen hast du dich vereinigt,
Mich hat's die ganze Zeit gepeinigt,
10695 Das Gaukeln schafft kein festes Glück.
Ich weiß nichts an der Schlacht zu wenden;
Begannen sie's, sie mögen's enden,
Ich gebe meinen Stab zurück.
KAISER. Behalt ihn bis zu bessern Stunden,
10700 Die uns vielleicht das Glück verleiht.
Mir schaudert vor dem garstigen Kunden
Und seiner Rabentraulichkeit.
Zu Meph. Den Stab kann ich dir nicht verleihen,
Du scheinst mir nicht der rechte Mann;
10705 Befiehl und such uns zu befreien!
Geschehe, was geschehen kann.
                    Ab ins Zelt mit dem Obergeneral.
MEPHISTOPHELES. Mag ihn der stumpfe Stab beschützen!
Uns andern könnt' er wenig nützen,
Es war so was vom Kreuz daran.
FAUST. Was ist zu tun?
10710 MEPHISTOPHELES.   Es ist getan! –
Nun, schwarze Vettern, rasch im Dienen,
Zum großen Bergsee! grüßt mir die Undinen
Und bittet sie um ihrer Fluten Schein.
Durch Weiberkünste, schwer zu kennen,
10715 Verstehen sie vom Sein den Schein zu trennen,
Und jeder schwört, das sei das Sein. Pause.
FAUST. Den Wasserfräulein müssen unsre Raben
Recht aus dem Grund geschmeichelt haben;

Dort fängt es schon zu rieseln an.
An mancher trocknen, kahlen Felsenstelle   10720
Entwickelt sich die volle, rasche Quelle;
Um jener Sieg ist es getan.

MEPHISTOPHELES. Das ist ein wunderbarer Gruß,
Die kühnsten Klettrer sind konfus.

FAUST. Schon rauscht ein Bach zu Bächen mächtig nieder, 10725
Aus Schluchten kehren sie gedoppelt wieder,
Ein Strom nun wirft den Bogenstrahl;
Auf einmal legt er sich in flache Felsenbreite
Und rauscht und schäumt nach der und jener Seite,
Und stufenweise wirft er sich ins Tal.   10730
Was hilft ein tapfres, heldenmäßiges Stemmen?
Die mächtige Woge strömt, sie wegzuschwemmen.
Mir schaudert selbst vor solchem wilden Schwall.

MEPHISTOPHELES. Ich sehe nichts von diesen Wasserlügen,
Nur Menschenaugen lassen sich betrügen,   10735
Und mich ergetzt der wunderliche Fall.
Sie stürzen fort zu ganzen hellen Haufen,
Die Narren wähnen zu ersaufen,
Indem sie frei auf festem Lande schnaufen
Und lächerlich mit Schwimmgebärden laufen.   10740
Nun ist Verwirrung überall.

Die Raben sind wiedergekommen.

Ich werd' euch bei dem hohen Meister loben;
Wollt ihr euch nun als Meister selbst erproben,
So eilet zu der glühnden Schmiede,
Wo das Gezwergvolk, nimmer müde,   10745
Metall und Stein zu Funken schlägt.
Verlangt, weitläufig sie beschwatzend,
Ein Feuer, leuchtend, blinkend, platzend,
Wie man's im hohen Sinne hegt.
Zwar Wetterleuchten in der weiten Ferne,   10750
Blickschnelles Fallen allerhöchster Sterne
Mag jede Sommernacht geschehn;
Doch Wetterleuchten in verworrnen Büschen
Und Sterne, die am feuchten Boden zischen,
Das hat man nicht so leicht gesehn.   10755

So müßt ihr, ohn' euch viel zu quälen,
Zuvörderst bitten, dann befehlen.

Raben ab. Es geschieht, wie vorgeschrieben.

MEPHISTOPHELES. Den Feinden dichte Finsternisse!
Und Tritt und Schritt ins Ungewisse!
10760 Irrfunkenblick an allen Enden,
Ein Leuchten, plötzlich zu verblenden!
Das alles wäre wunderschön,
Nun aber braucht's noch Schreckgetön.
FAUST. Die hohlen Waffen aus der Säle Grüften
10765 Empfinden sich erstarkt in freien Lüften;
Da droben klappert's, rasselt's lange schon,
Ein wunderbarer falscher Ton.
MEPHISTOPHELES.
Ganz recht! Sie sind nicht mehr zu zügeln;
Schon schallt's von ritterlichen Prügeln,
10770 Wie in der holden alten Zeit.
Armschienen wie der Beine Schienen,
Als Guelfen und als Ghibellinen,
Erneuen rasch den ewigen Streit.
Fest, im ererbten Sinne wöhnlich,
10775 Erweisen sie sich unversöhnlich;
Schon klingt das Tosen weit und breit.
Zuletzt, bei allen Teufelsfesten,
Wirkt der Parteihaß doch zum besten,
Bis in den allerletzten Graus;
10780 Schallt wider-widerwärtig panisch,
Mitunter grell und scharf satanisch,
Erschreckend in das Tal hinaus.

*Kriegstumult im Orchester, zuletzt übergehend in militärisch
heitre Weisen.*

DES GEGENKAISERS ZELT

Thron, reiche Umgebung.

Habebald. Eilebeute.

EILEBEUTE. So sind wir doch die ersten hier!
HABEBALD. Kein Rabe fliegt so schnell als wir.

EILEBEUTE. O! welch ein Schatz liegt hier zuhauf!   10785
  Wo fang' ich an? Wo hör' ich auf?

HABEBALD. Steht doch der ganze Raum so voll!
  Weiß nicht, wozu ich greifen soll.

EILEBEUTE. Der Teppich wär' mir eben recht,
  Mein Lager ist oft gar zu schlecht.   10790

HABEBALD. Hier hängt von Stahl ein Morgenstern,
  Dergleichen hätt' ich lange gern.

EILEBEUTE. Den roten Mantel goldgesäumt,
  So etwas hatt' ich mir geträumt.

HABEBALD, die Waffe nehmend.
  Damit ist es gar bald getan,   10795
  Man schlägt ihn tot und geht voran.
  Du hast so viel schon aufgepackt
  Und doch nichts Rechtes eingesackt.
  Den Plunder laß an seinem Ort,
  Nehm' eines dieser Kistchen fort!   10800
  Dies ist des Heers beschiedner Sold,
  In seinem Bauche lauter Gold.

EILEBEUTE. Das hat ein mörderisch Gewicht!
  Ich heb' es nicht, ich trag' es nicht.

HABEBALD. Geschwinde duck' dich! Mußt dich bücken!   10805
  Ich hucke dir's auf den starken Rücken.

EILEBEUTE. O weh! O weh, nun ist's vorbei!
  Die Last bricht mir das Kreuz entzwei.

Das Kistchen stürzt und springt auf.

HABEBALD. Da liegt das rote Gold zuhauf –
  Geschwinde zu und raff es auf!   10810

EILEBEUTE kauert nieder.
  Geschwinde nur zum Schoß hinein!
  Noch immer wird's zur Gnüge sein.

HABEBALD. Und so genug! und eile doch!

Sie steht auf.

O weh, die Schürze hat ein Loch!
  Wohin du gehst und wo du stehst,   10815
  Verschwenderisch die Schätze säst.

TRABANTEN unsres Kaisers.
Was schafft ihr hier am heiligen Platz?
Was kramt ihr in dem Kaiserschatz?
HABEBALD. Wir trugen unsre Glieder feil
10820 Und holen unser Beuteteil.
In Feindeszelten ist's der Brauch,
Und wir, Soldaten sind wir auch.
TRABANTEN. Das passet nicht in unsern Kreis:
Zugleich Soldat und Diebsgeschmeiß;
10825 Und wer sich unserm Kaiser naht,
Der sei ein redlicher Soldat.
HABEBALD. Die Redlichkeit, die kennt man schon,
Sie heißet: Kontribution.
Ihr alle seid auf gleichem Fuß:
10830 Gib her! das ist der Handwerksgruß.
Zu Eilebeute. Mach fort und schleppe, was du hast,
Hier sind wir nicht willkommner Gast. Ab.
ERSTER TRABANT. Sag, warum gabst du nicht sogleich
Dem frechen Kerl einen Backenstreich?
10835 ZWEITER. Ich weiß nicht, mir verging die Kraft,
Sie waren so gespensterhaft.
DRITTER. Mir ward es vor den Augen schlecht,
Da flimmert' es, ich sah nicht recht.
VIERTER. Wie ich es nicht zu sagen weiß:
10840 Es war den ganzen Tag so heiß,
So bänglich, so beklommen schwül,
Der eine stand, der andre fiel,
Man tappte hin und schlug zugleich,
Der Gegner fiel vor jedem Streich,
10845 Vor Augen schwebt' es wie ein Flor,
Dann summt's und saust's und zischt' im Ohr;
Das ging so fort, nun sind wir da
Und wissen selbst nicht, wie's geschah.

Kaiser mit vier Fürsten treten auf.

Die Trabanten entfernen sich.

KAISER.
Es sei nun, wie ihm sei! uns ist die Schlacht gewonnen,
10850 Des Feinds zerstreute Flucht im flachen Feld zerronnen.

Hier steht der leere Thron, verräterischer Schatz,
Von Teppichen umhüllt, verengt umher den Platz.
Wir, ehrenvoll geschützt von eigenen Trabanten,
Erwarten kaiserlich der Völker Abgesandten;
Von allen Seiten her kommt frohe Botschaft an: 10855
Beruhigt sei das Reich, uns freudig zugetan.
Hat sich in unsern Kampf auch Gaukelei geflochten,
Am Ende haben wir uns nur allein gefochten.
Zufälle kommen ja dem Streitenden zugut:
Vom Himmel fällt ein Stein, dem Feinde regnet's Blut, 10860
Aus Felsenhöhlen tönt's von mächtigen Wunderklängen,
Die unsre Brust erhöhn, des Feindes Brust verengen.
Der Überwundne fiel, zu stets erneutem Spott,
Der Sieger, wie er prangt, preist den gewognen Gott.
Und alles stimmt mit ein, er braucht nicht zu befehlen, 10865
Herr Gott, dich loben wir! aus Millionen Kehlen.
Jedoch zum höchsten Preis wend' ich den frommen Blick,
Das selten sonst geschah, zur eignen Brust zurück.
Ein junger, muntrer Fürst mag seinen Tag vergeuden,
Die Jahre lehren ihn des Augenblicks Bedeuten. 10870
Deshalb denn ungesäumt verbind' ich mich sogleich
Mit euch vier Würdigen, für Haus und Hof und Reich.

Zum ersten.

Dein war, o Fürst! des Heers geordnet kluge Schichtung,
Sodann im Hauptmoment heroisch kühne Richtung;
Im Frieden wirke nun, wie es die Zeit begehrt, 10875
Erzmarschall nenn' ich dich, verleihe dir das Schwert.

ERZMARSCHALL.

Dein treues Heer, bis jetzt im Inneren beschäftigt,
Wenn's an der Grenze dich und deinen Thron bekräftigt,
Dann sei es uns vergönnt, bei Festesdrang im Saal
Geräumiger Väterburg zu rüsten dir das Mahl. 10880
Blank trag' ich's dir dann vor, blank halt' ich dir's zur Seite,
Der höchsten Majestät zu ewigem Geleite.

DER KAISER zum zweiten.

Der sich als tapfrer Mann auch zart gefällig zeigt,
Du! sei Erzkämmerer; der Auftrag ist nicht leicht.
Du bist der Oberste von allem Hausgesinde, 10885
Bei deren innerm Streit ich schlechte Diener finde;

Dein Beispiel sei fortan in Ehren aufgestellt,
Wie man dem Herrn, dem Hof und allen wohlgefällt.

ERZKÄMMERER.
Des Herren großen Sinn zu fördern, bringt zu Gnaden:
Den Besten hülfreich sein, den Schlechten selbst nicht
10890   schaden,
Dann klar sein ohne List und ruhig ohne Trug!
Wenn du mich, Herr, durchschaust, geschieht mir schon
                                                              genug.
Darf sich die Phantasie auf jenes Fest erstrecken?
Wenn du zur Tafel gehst, reich' ich das goldne Becken,
10895 Die Ringe halt' ich dir, damit zur Wonnezeit
Sich deine Hand erfrischt, wie mich dein Blick erfreut.

KAISER.
Zwar fühl' ich mich zu ernst, auf Festlichkeit zu sinnen,
Doch sei's! Es fördert auch frohmütiges Beginnen.

                              Zum dritten.

Dich wähl' ich zum Erztruchseß! Also sei fortan
10900 Dir Jagd, Geflügelhof und Vorwerk untertan;
Der Lieblingsspeisen Wahl laß mir zu allen Zeiten,
Wie sie der Monat bringt, und sorgsam zubereiten.

ERZTRUCHSESS.
Streng Fasten sei für mich die angenehmste Pflicht,
Bis, vor dich hingestellt, dich freut ein Wohlgericht.
10905 Der Küche Dienerschaft soll sich mit mir vereinigen,
Das Ferne beizuziehn, die Jahrszeit zu beschleunigen.
Dich reizt nicht Fern und Früh, womit die Tafel prangt,
Einfach und kräftig ist's, wornach dein Sinn verlangt.

KAISER zum vierten.
Weil unausweichlich hier sich's nur von Festen handelt,
10910 So sei mir, junger Held, zum Schenken umgewandelt.
Erzschenke, sorge nun, daß unsre Kellerei
Aufs reichlichste versorgt mit gutem Weine sei.
Du selbst sei mäßig, laß nicht über Heiterkeiten
Durch der Gelegenheit Verlocken dich verleiten!

ERZSCHENK.
10915 Mein Fürst, die Jugend selbst, wenn man ihr nur vertraut,
Steht, eh' man sich's versieht, zu Männern auferbaut.

Auch ich versetze mich zu jenem großen Feste;
Ein kaiserlich Büfett schmück' ich aufs allerbeste
Mit Prachtgefäßen, gülden, silbern allzumal,
Doch wähl' ich dir voraus den lieblichsten Pokal: 10920
Ein blank venedisch Glas, worin Behagen lauschet,
Des Weins Geschmack sich stärkt und nimmermehr
                              berauschet.
Auf solchen Wunderschatz vertraut man oft zu sehr;
Doch deine Mäßigkeit, du Höchster, schützt noch mehr.

KAISER.

Was ich euch zugedacht in dieser ernsten Stunde,   10925
Vernahmt ihr mit Vertraun aus zuverlässigem Munde.
Des Kaisers Wort ist groß und sichert jede Gift,
Doch zur Bekräftigung bedarf's der edlen Schrift,
Bedarf's der Signatur. Die förmlich zu bereiten,
Seh' ich den rechten Mann zu rechter Stunde schreiten.   10930

      Der Erzbischof *(Erzkanzler)* tritt auf.

KAISER.

Wenn ein Gewölbe sich dem Schlußstein anvertraut,
Dann ist's mit Sicherheit für ewige Zeit erbaut.
Du siehst vier Fürsten da! Wir haben erst erörtert,
Was den Bestand zunächst von Haus und Hof befördert.
Nun aber, was das Reich in seinem Ganzen hegt,   10935
Sei, mit Gewicht und Kraft, der Fünfzahl auferlegt.
An Ländern sollen sie vor allen andern glänzen;
Deshalb erweitr' ich gleich jetzt des Besitztums Grenzen
Vom Erbteil jener, die sich von uns abgewandt.
Euch Treuen sprech' ich zu so manches schöne Land,   10940
Zugleich das hohe Recht, euch nach Gelegenheiten
Durch Anfall, Kauf und Tausch ins Weitere zu verbreiten;
Dann sei bestimmt vergönnt, zu üben ungestört,
Was von Gerechtsamen euch Landesherrn gehört.
Als Richter werdet ihr die Endurteile fällen,   10945
Berufung gelte nicht von euern höchsten Stellen.
Dann Steuer, Zins und Beth', Lehn und Geleit und Zoll,
Berg-, Salz- und Münzregal euch angehören soll.
Denn meine Dankbarkeit vollgültig zu erproben,
Hab ich euch ganz zunächst der Majestät erhoben.   10950

ERZBISCHOF.
Im Namen aller sei dir tiefster Dank gebracht!
Du machst uns stark und fest und stärkest deine Macht.
KAISER. Euch fünfen will ich noch erhöhtere Würde geben.
Noch leb' ich meinem Reich und habe Lust, zu leben;
10955 Doch hoher Ahnen Kette zieht bedächtigen Blick
Aus rascher Strebsamkeit ins Drohende zurück.
Auch werd' ich seinerzeit mich von den Teuren trennen,
Dann sei es eure Pflicht, den Folger zu ernennen.
Gekrönt erhebt ihn hoch auf heiligem Altar,
10960 Und friedlich ende dann, was jetzt so stürmisch war.
ERZKANZLER.
Mit Stolz in tiefster Brust, mit Demut an Gebärde,
Stehn Fürsten dir gebeugt, die ersten auf der Erde.
Solang das treue Blut die vollen Adern regt,
Sind wir der Körper, den dein Wille leicht bewegt.
10965 KAISER. Und also sei, zum Schluß, was wir bisher betätigt,
Für alle Folgezeit durch Schrift und Zug bestätigt.
Zwar habt ihr den Besitz als Herren völlig frei,
Mit dem Beding jedoch, daß er unteilbar sei.
Und wie ihr auch vermehrt, was ihr von uns empfangen,
10970 Es soll's der älteste Sohn in gleichem Maß erlangen.
ERZKANZLER.
Dem Pergament alsbald vertrau' ich wohlgemut,
Zum Glück dem Reich und uns, das wichtigste Statut;
Reinschrift und Sieglung soll die Kanzlei beschäftigen,
Mit heiliger Signatur wirst du's, der Herr, bekräftigen.
10975 KAISER. Und so entlass' ich euch, damit den großen Tag
Gesammelt jedermann sich überlegen mag.

Die weltlichen Fürsten entfernen sich.

DER GEISTLICHE bleibt und spricht pathetisch.
Der Kanzler ging hinweg, der Bischof ist geblieben,
Vom ernsten Warnegeist zu deinem Ohr getrieben!
Sein väterliches Herz, von Sorge bangt's um dich.
10980 KAISER. Was hast du Bängliches zur frohen Stunde? sprich!
ERZBISCHOF.
Mit welchem bittern Schmerz find' ich, in dieser Stunde,
Dein hochgeheiligt Haupt mit Satanas im Bunde!

Zwar, wie es scheinen will, gesichert auf dem Thron,
Doch leider! Gott dem Herrn, dem Vater Papst zum Hohn.
Wenn dieser es erfährt, schnell wird er sträflich richten, 10985
Mit heiligem Strahl dein Reich, das sündige, zu vernichten.
Denn noch vergaß er nicht, wie du, zur höchsten Zeit,
An deinem Krönungstag, den Zauberer befreit.
Von deinem Diadem, der Christenheit zum Schaden,
Traf das verfluchte Haupt der erste Strahl der Gnaden. 10990
Doch schlag an deine Brust und gib vom frevlen Glück
Ein mäßig Scherflein gleich dem Heiligtum zurück:
Den breiten Hügelraum, da, wo dein Zelt gestanden,
Wo böse Geister sich zu deinem Schutz verbanden,
Dem Lügenfürsten du ein horchsam Ohr geliehn, 10995
Den stifte, fromm belehrt, zu heiligem Bemühn;
Mit Berg und dichtem Wald, so weit sie sich erstrecken,
Mit Höhen, die sich grün zu fetter Weide decken,
Fischreichen, klaren Seen, dann Bächlein ohne Zahl,
Wie sie sich, eilig schlängelnd, stürzen ab zu Tal; 11000
Das breite Tal dann selbst, mit Wiesen, Gauen, Gründen:
Die Reue spricht sich aus, und du wirst Gnade finden.

KAISER.
Durch meinen schweren Fehl bin ich so tief erschreckt;
Die Grenze sei von dir nach eignem Maß gesteckt.

ERZBISCHOF.
Erst! der entweihte Raum, wo man sich so versündigt, 11005
Sei alsobald zum Dienst des Höchsten angekündigt.
Behende steigt im Geist Gemäuer stark empor,
Der Morgensonne Blick erleuchtet schon das Chor,
Zum Kreuz erweitert sich das wachsende Gebäude,
Das Schiff erlängt, erhöht sich zu der Gläubigen Freude; 11010
Sie strömen brünstig schon durchs würdige Portal,
Der erste Glockenruf erscholl durch Berg und Tal,
Von hohen Türmen tönt's, wie sie zum Himmel streben,
Der Büßer kommt heran zu neugeschaffnem Leben.
Dem hohen Weihetag – er trete bald herein! – 11015
Wird deine Gegenwart die höchste Zierde sein.

KAISER. Mag ein so großes Werk den frommen Sinn
                                    verkündigen,

Zu preisen Gott den Herrn, so wie mich zu entsündigen.
Genug! Ich fühle schon, wie sich mein Sinn erhöht.
ERZBISCHOF. Als Kanzler fördr' ich nun Schluß und
11020   Formalität.
KAISER. Ein förmlich Dokument, der Kirche das zu eignen,
Du legst es vor, ich will's mit Freuden unterzeichnen.
ERZBISCHOF hat sich beurlaubt, kehrt aber beim Ausgang um.
Dann widmest du zugleich dem Werke, wie's entsteht,
Gesamte Landsgefälle: Zehnten, Zinsen, Beth',
11025 Für ewig. Viel bedarf's zu würdiger Unterhaltung,
Und schwere Kosten macht die sorgliche Verwaltung.
Zum schnellen Aufbau selbst auf solchem wüsten Platz
Reichst du uns einiges Gold, aus deinem Beuteschatz.
Daneben braucht man auch, ich kann es nicht
                                    verschweigen,
11030 Entferntes Holz und Kalk und Schiefer und dergleichen.
Die Fuhren tut das Volk, vom Predigtstuhl belehrt,
Die Kirche segnet den, der ihr zu Diensten fährt. Ab.
KAISER. Die Sünd' ist groß und schwer, womit ich mich
                                    beladen;
Das leidige Zaubervolk bringt mich in harten Schaden.
ERZBISCHOF, abermals zurückkehrend, mit tiefster Verbeugung.
11035 Verzeih, o Herr! Es ward dem sehr verrufnen Mann
Des Reiches Strand verliehn; doch diesen trifft der Bann,
Verleihst du reuig nicht der hohen Kirchenstelle
Auch dort den Zehnten, Zins und Gaben und Gefälle.
KAISER verdrießlich.
Das Land ist noch nicht da, im Meere liegt es breit.
ERZBISCHOF.
Wer 's Recht hat und Geduld, für den kommt auch
11040   die Zeit.
Für uns mög' Euer Wort in seinen Kräften bleiben!
KAISER allein.
So könnt' ich wohl zunächst das ganze Reich
                                    verschreiben.

FÜNFTER AKT

OFFENE GEGEND

WANDRER. Ja! sie sind's, die dunkeln Linden,
  Dort, in ihres Alters Kraft.
  Und ich soll sie wiederfinden,   11045
  Nach so langer Wanderschaft!
  Ist es doch die alte Stelle,
  Jene Hütte, die mich barg,
  Als die sturmerregte Welle
  Mich an jene Dünen warf!   11050
  Meine Wirte möcht' ich segnen,
  Hilfsbereit, ein wackres Paar,
  Das, um heut mir zu begegnen,
  Alt schon jener Tage war.
  Ach! das waren fromme Leute!   11055
  Poch' ich? ruf' ich? – Seid gegrüßt,
  Wenn gastfreundlich auch noch heute
  Ihr des Wohltuns Glück genießt!

BAUCIS, Mütterchen, sehr alt.
  Lieber Kömmling! Leise! Leise!
  Ruhe! laß den Gatten ruhn!   11060
  Langer Schlaf verleiht dem Greise
  Kurzen Wachens rasches Tun.

WANDRER. Sage, Mutter: bist du's eben,
  Meinen Dank noch zu empfahn,
  Was du für des Jünglings Leben   11065
  Mit dem Gatten einst getan?
  Bist du Baucis, die geschäftig
  Halberstorbnen Mund erquickt?

              Der Gatte tritt auf.

Du Philemon, der so kräftig
  Meinen Schatz der Flut entrückt?   11070
  Eure Flammen raschen Feuers,
  Eures Glöckchens Silberlaut,
  Jenes grausen Abenteuers
  Lösung war euch anvertraut.

11075   Und nun laßt hervor mich treten,
Schaun das grenzenlose Meer;
Laßt mich knieen, laßt mich beten,
Mich bedrängt die Brust so sehr.

Er schreitet vorwärts auf der Düne.

PHILEMON *zu Baucis*. Eile nur, den Tisch zu decken,
11080   Wo's im Gärtchen munter blüht.
Laß ihn rennen, ihn erschrecken,
Denn er glaubt nicht, was er sieht.

Neben dem Wandrer stehend.

Das Euch grimmig mißgehandelt,
Wog' auf Woge, schäumend wild,
11085   Seht als Garten Ihr behandelt,
Seht ein paradiesisch Bild.
Älter, war ich nicht zuhanden,
Hülfreich nicht wie sonst bereit;
Und wie meine Kräfte schwanden,
11090   War auch schon die Woge weit.
Kluger Herren kühne Knechte
Gruben Gräben, dämmten ein,
Schmälerten des Meeres Rechte,
Herrn an seiner Statt zu sein.
11095   Schaue grünend Wies' an Wiese,
Anger, Garten, Dorf und Wald. –
Komm nun aber und genieße,
Denn die Sonne scheidet bald. –
Dort im Fernsten ziehen Segel,
11100   Suchen nächtlich sichern Port.
Kennen doch ihr Nest die Vögel;
Denn jetzt ist der Hafen dort.
So erblickst du in der Weite
Erst des Meeres blauen Saum,
11105   Rechts und links, in aller Breite,
Dichtgedrängt bewohnten Raum.

Am Tische zu drei, im Gärtchen.

BAUCIS. Bleibst du stumm? und keinen Bissen
Bringst du zum verlechzten Mund?

PHILEMON. Möcht' er doch vom Wunder wissen;
Sprichst so gerne, tu's ihm kund. 11110

BAUCIS. Wohl! ein Wunder ist's gewesen!
Läßt mich heut noch nicht in Ruh;
Denn es ging das ganze Wesen
Nicht mit rechten Dingen zu.

PHILEMON. Kann der Kaiser sich versünd'gen, 11115
Der das Ufer ihm verliehn?
Tät's ein Herold nicht verkünd'gen
Schmetternd im Vorüberziehn?
Nicht entfernt von unsern Dünen
Ward der erste Fuß gefaßt, 11120
Zelte, Hütten! – Doch im Grünen
Richtet bald sich ein Palast.

BAUCIS. Tags umsonst die Knechte lärmten,
Hack' und Schaufel, Schlag um Schlag;
Wo die Flämmchen nächtig schwärmten, 11125
Stand ein Damm den andern Tag.
Menschenopfer mußten bluten,
Nachts erscholl des Jammers Qual;
Meerab flossen Feuergluten,
Morgens war es ein Kanal. 11130
Gottlos ist er, ihn gelüstet
Unsre Hütte, unser Hain;
Wie er sich als Nachbar brüstet,
Soll man untertänig sein.

PHILEMON. Hat er uns doch angeboten 11135
Schönes Gut im neuen Land!

BAUCIS. Traue nicht dem Wasserboden,
Halt auf deiner Höhe stand!

PHILEMON. Laßt uns zur Kapelle treten,
Letzten Sonnenblick zu schaun! 11140
Laßt uns läuten, knieen, beten
Und dem alten Gott vertraun!

PALAST

Weiter Ziergarten, großer, gradgeführter Kanal.

Faust im höchsten Alter, wandelnd, nachdenkend.

LYNKEUS DER TÜRMER durchs Sprachrohr.
Die Sonne sinkt, die letzten Schiffe,
Sie ziehen munter hafenein.
11145 Ein großer Kahn ist im Begriffe,
Auf dem Kanale hier zu sein.
Die bunten Wimpel wehen fröhlich,
Die starren Masten stehn bereit;
In dir preist sich der Bootsmann selig,
11150 Dich grüßt das Glück zur höchsten Zeit.

Das Glöckchen läutet auf der Düne.

FAUST auffahrend. Verdammtes Läuten! Allzuschändlich
Verwundet's, wie ein tückischer Schuß;
Vor Augen ist mein Reich unendlich,
Im Rücken neckt mich der Verdruß,
11155 Erinnert mich durch neidische Laute:
Mein Hochbesitz, er ist nicht rein,
Der Lindenraum, die braune Baute,
Das morsche Kirchlein ist nicht mein.
Und wünscht' ich, dort mich zu erholen,
11160 Vor fremdem Schatten schaudert mir,
Ist Dorn den Augen, Dorn den Sohlen;
O! wär' ich weit hinweg von hier!

TÜRMER wie oben. Wie segelt froh der bunte Kahn
Mit frischem Abendwind heran!
11165 Wie türmt sich sein behender Lauf
In Kisten, Kasten, Säcken auf!

Prächtiger Kahn, reich und bunt beladen mit Erzeugnissen
fremder Weltgegenden.

Mephistopheles. Die drei gewaltigen Gesellen.

CHORUS.   Da landen wir,
                     Da sind wir schon.

Glückan dem Herren,
Dem Patron! 11170

Sie steigen aus, die Güter werden ans Land geschafft.

MEPHISTOPHELES. So haben wir uns wohl erprobt,
Vergnügt, wenn der Patron es lobt.
Nur mit zwei Schiffen ging es fort,
Mit zwanzig sind wir nun im Port.
Was große Dinge wir getan, 11175
Das sieht man unsrer Ladung an.
Das freie Meer befreit den Geist,
Wer weiß da, was Besinnen heißt!
Da fördert nur ein rascher Griff,
Man fängt den Fisch, man fängt ein Schiff, 11180
Und ist man erst der Herr zu drei,
Dann hakelt man das vierte bei;
Da geht es denn dem fünften schlecht,
Man hat Gewalt, so hat man Recht.
Man fragt ums Was, und nicht ums Wie. 11185
Ich müßte keine Schiffahrt kennen:
Krieg, Handel und Piraterie,
Dreieinig sind sie, nicht zu trennen.

DIE DREI GEWALTIGEN GESELLEN.

Nicht Dank und Gruß!
Nicht Gruß und Dank! 11190
Als brächten wir
Dem Herrn Gestank.
Er macht ein
Widerlich Gesicht;
Das Königsgut 11195
Gefällt ihm nicht.

MEPHISTOPHELES. Erwartet weiter
Keinen Lohn!
Nahmt ihr doch
Euren Teil davon. 11200

DIE GESELLEN. Das ist nur für
Die Langeweil';
Wir alle fordern
Gleichen Teil.

11205 MEPHISTOPHELES.   Erst ordnet oben
                         Saal an Saal
                         Die Kostbarkeiten
                         Allzumal!
                         Und tritt er zu
11210   Der reichen Schau,
                         Berechnet er alles
                         Mehr genau,
                         Er sich gewiß
                         Nicht lumpen läßt
11215   Und gibt der Flotte
                         Fest nach Fest.
                         Die bunten Vögel kommen morgen,
                         Für die werd' ich zum besten sorgen.

                  Die Ladung wird weggeschafft.

MEPHISTOPHELES zu Faust.
     Mit ernster Stirn, mit düstrem Blick
11220 Vernimmst du dein erhaben Glück.
     Die hohe Weisheit wird gekrönt,
     Das Ufer ist dem Meer versöhnt;
     Vom Ufer nimmt, zu rascher Bahn,
     Das Meer die Schiffe willig an;
11225 So sprich, daß hier, hier vom Palast
     Dein Arm die ganze Welt umfaßt.
     Von dieser Stelle ging es aus,
     Hier stand das erste Bretterhaus;
     Ein Gräbchen ward hinabgeritzt,
11230 Wo jetzt das Ruder emsig spritzt.
     Dein hoher Sinn, der Deinen Fleiß
     Erwarb des Meers, der Erde Preis.
     Von hier aus —

     FAUST.   Das verfluchte Hier!
     Das eben, leidig lastet's mir.
11235 Dir Vielgewandtem muß ich's sagen,
     Mir gibt's im Herzen Stich um Stich,
     Mir ist's unmöglich zu ertragen!
     Und wie ich's sage, schäm' ich mich.
     Die Alten droben sollten weichen,

Die Linden wünscht' ich mir zum Sitz,   11240
Die wenig Bäume, nicht mein eigen,
Verderben mir den Weltbesitz.
Dort wollt' ich, weit umherzuschauen,
Von Ast zu Ast Gerüste bauen,
Dem Blick eröffnen weite Bahn,   11245
Zu sehn, was alles ich getan,
Zu überschaun mit einem Blick
Des Menschengeistes Meisterstück,
Betätigend mit klugem Sinn
Der Völker breiten Wohngewinn.   11250

So sind am härtsten wir gequält,
Im Reichtum fühlend, was uns fehlt.
Des Glöckchens Klang, der Linden Duft
Umfängt mich wie in Kirch' und Gruft.
Des allgewaltigen Willens Kür   11255
Bricht sich an diesem Sande hier.
Wie schaff' ich mir es vom Gemüte!
Das Glöcklein läutet, und ich wüte.

MEPHISTOPHELES. Natürlich! daß ein Hauptverdruß
Das Leben dir vergällen muß.   11260
Wer leugnet's! Jedem edlen Ohr
Kommt das Geklingel widrig vor.
Und das verfluchte Bim-Baum-Bimmel,
Umnebelnd heitern Abendhimmel,
Mischt sich in jegliches Begebnis,   11265
Vom ersten Bad bis zum Begräbnis,
Als wäre zwischen Bim und Baum
Das Leben ein verschollner Traum.

FAUST. Das Widerstehn, der Eigensinn
Verkümmern herrlichsten Gewinn,   11270
Daß man, zu tiefer, grimmiger Pein,
Ermüden muß, gerecht zu sein.

MEPHISTOPHELES. Was willst du dich denn hier genieren?
Mußt du nicht längst kolonisieren?

FAUST. So geht und schafft sie mir zur Seite! –   11275
Das schöne Gütchen kennst du ja,
Das ich den Alten ausersah.

MEPHISTOPHELES. Man trägt sie fort und setzt sie nieder,
Eh' man sich umsieht, stehn sie wieder;
11280 Nach überstandener Gewalt
Versöhnt ein schöner Aufenthalt.

Er pfeift gellend.
Die Drei treten auf.

MEPHISTOPHELES. Kommt, wie der Herr gebieten läßt!
Und morgen gibt's ein Flottenfest.
DIE DREI. Der alte Herr empfing uns schlecht,
11285 Ein flottes Fest ist uns zu Recht.
MEPHISTOPHELES *ad spectatores.*
Auch hier geschieht, was längst geschah,
Denn Naboths Weinberg war schon da. (Regum I, 21.)

TIEFE NACHT

LYNKEUS DER TÜRMER *auf der Schloßwarte, singend.*
Zum Sehen geboren,
Zum Schauen bestellt,
11290 Dem Turme geschworen,
Gefällt mir die Welt.
Ich blick' in die Ferne,
Ich seh' in der Näh'
Den Mond und die Sterne,
11295 Den Wald und das Reh.
So seh' ich in allen
Die ewige Zier,
Und wie mir's gefallen,
Gefall' ich auch mir.
11300 Ihr glücklichen Augen,
Was je ihr gesehn,
Es sei wie es wolle,
Es war doch so schön! *Pause.*

Nicht allein mich zu ergetzen,
11305 Bin ich hier so hoch gestellt;
Welch ein greuliches Entsetzen
Droht mir aus der finstern Welt!
Funkenblicke seh' ich sprühen
Durch der Linden Doppelnacht,

Immer stärker wühlt ein Glühen,   11310
Von der Zugluft angefacht.
Ach! die innre Hütte lodert,
Die bemoost und feucht gestanden;
Schnelle Hülfe wird gefodert,
Keine Rettung ist vorhanden.   11315
Ach! die guten alten Leute,
Sonst so sorglich um das Feuer,
Werden sie dem Qualm zur Beute!
Welch ein schrecklich Abenteuer!
Flamme flammet, rot in Gluten   11320
Steht das schwarze Moosgestelle;
Retteten sich nur die Guten
Aus der wildentbrannten Hölle!
Züngelnd lichte Blitze steigen
Zwischen Blättern, zwischen Zweigen;   11325
Äste dürr, die flackernd brennen,
Glühen schnell und stürzen ein.
Sollt ihr Augen dies erkennen!
Muß ich so weitsichtig sein!
Das Kapellchen bricht zusammen   11330
Von der Äste Sturz und Last.
Schlängelnd sind, mit spitzen Flammen,
Schon die Gipfel angefaßt.
Bis zur Wurzel glühn die hohlen
Stämme, purpurrot im Glühn. —   11335

Lange Pause, Gesang.

Was sich sonst dem Blick empfohlen,
Mit Jahrhunderten ist hin.

FAUST *auf dem Balkon, gegen die Dünen.*
Von oben welch ein singend Wimmern?
Das Wort ist hier, der Ton zu spat.
Mein Türmer jammert; mich, im Innern,   11340
Verdrießt die ungeduld'ge Tat.
Doch sei der Lindenwuchs vernichtet
Zu halbverkohlter Stämme Graun,
Ein Luginsland ist bald errichtet,
Um ins Unendliche zu schaun.   11345

Da seh' ich auch die neue Wohnung,
Die jenes alte Paar umschließt,
Das, im Gefühl großmütiger Schonung,
Der späten Tage froh genießt.

MEPHISTOPHELES UND DIE DREIE unten.

11350 Da kommen wir mit vollem Trab;
Verzeiht! es ging nicht gütlich ab.
Wir klopften an, wir pochten an,
Und immer ward nicht aufgetan;
Wir rüttelten, wir pochten fort,
11355 Da lag die morsche Türe dort;
Wir riefen laut und drohten schwer,
Allein wir fanden kein Gehör.
Und wie's in solchem Fall geschicht,
Sie hörten nicht, sie wollten nicht;
11360 Wir aber haben nicht gesäumt,
Behende dir sie weggeräumt.
Das Paar hat sich nicht viel gequält,
Vor Schrecken fielen sie entseelt.
Ein Fremder, der sich dort versteckt
11365 Und fechten wollte, ward gestreckt.
In wilden Kampfes kurzer Zeit
Von Kohlen, ringsumher gestreut,
Entflammte Stroh. Nun lodert's frei,
Als Scheiterhaufen dieser drei.

11370 FAUST. Wart ihr für meine Worte taub?
Tausch wollt' ich, wollte keinen Raub.
Dem unbesonnenen wilden Streich,
Ihm fluch' ich; teilt es unter euch!

CHORUS. Das alte Wort, das Wort erschallt:
11375 Gehorche willig der Gewalt!
Und bist du kühn und hältst du Stich,
So wage Haus und Hof und – dich. Ab.

FAUST auf dem Balkon. Die Sterne bergen Blick und Schein,
Das Feuer sinkt und lodert klein;
11380 Ein Schauerwindchen fächelt's an,
Bringt Rauch und Dunst zu mir heran.
Geboten schnell, zu schnell getan! –
Was schwebet schattenhaft heran?

MITTERNACHT

Vier graue Weiber treten auf.

ERSTE. Ich heiße der Mangel.
ZWEITE.   Ich heiße die Schuld.
DRITTE. Ich heiße die Sorge.
VIERTE.   Ich heiße die Not.   11385
ZU DREI. Die Tür ist verschlossen, wir können nicht ein;
  Drin wohnet ein Reicher, wir mögen nicht 'nein.
MANGEL. Da werd' ich zum Schatten.
SCHULD.   Da werd' ich zunicht.
NOT. Man wendet von mir das verwöhnte Gesicht.
SORGE.
  Ihr Schwestern, ihr könnt nicht und dürft nicht hinein.   11390
  Die Sorge, sie schleicht sich durchs Schlüsselloch ein.

Sorge verschwindet.

MANGEL. Ihr, graue Geschwister, entfernt euch von hier.
SCHULD. Ganz nah an der Seite verbind' ich mich dir.
NOT. Ganz nah an der Ferse begleitet die Not.
ZU DREI. Es ziehen die Wolken, es schwinden die Sterne!   11395
  Dahinten, dahinten! von ferne, von ferne,
  Da kommt er, der Bruder, da kommt er, der – – – Tod.
FAUST im Palast. Vier sah ich kommen, drei nur gehn;
  Den Sinn der Rede konnt' ich nicht verstehn.
  Es klang so nach, als hieß' es – Not,   11400
  Ein düstres Reimwort folgte – Tod.
  Es tönte hohl, gespensterhaft gedämpft.
  Noch hab' ich mich ins Freie nicht gekämpft.
  Könnt' ich Magie von meinem Pfad entfernen,
  Die Zaubersprüche ganz und gar verlernen,   11405
  Stünd' ich, Natur, vor dir ein Mann allein,
  Da wär's der Mühe wert, ein Mensch zu sein.

  Das war ich sonst, eh' ich's im Düstern suchte,
  Mit Frevelwort mich und die Welt verfluchte.
  Nun ist die Luft von solchem Spuk so voll,   11410
  Daß niemand weiß, wie er ihn meiden soll.
  Wenn auch ein Tag uns klar vernünftig lacht,
  In Traumgespinst verwickelt uns die Nacht;

Wir kehren froh von junger Flur zurück,
11415 Ein Vogel krächzt; was krächzt er? Mißgeschick.
Von Aberglauben früh und spat umgarnt:
Es eignet sich, es zeigt sich an, es warnt.
Und so verschüchtert, stehen wir allein.
Die Pforte knarrt, und niemand kommt herein.
Erschüttert. Ist jemand hier?

11420 SORGE.   Die Frage fordert Ja!

FAUST. Und du, wer bist denn du?

SORGE.   Bin einmal da.

FAUST. Entferne dich!

SORGE.   Ich bin am rechten Ort.

FAUST *erst ergrimmt, dann besänftigt, für sich.*
Nimm dich in acht und sprich kein Zauberwort.

SORGE.   Würde mich kein Ohr vernehmen,
11425   Müßt' es doch im Herzen dröhnen;
             In verwandelter Gestalt
             Üb' ich grimmige Gewalt.
             Auf den Pfaden, auf der Welle,
             Ewig ängstlicher Geselle,
11430   Stets gefunden, nie gesucht,
             So geschmeichelt wie verflucht. –
Hast du die Sorge nie gekannt?

FAUST. Ich bin nur durch die Welt gerannt;
Ein jed' Gelüst ergriff ich bei den Haaren,
11435 Was nicht genügte, ließ ich fahren,
Was mir entwischte, ließ ich ziehn.
Ich habe nur begehrt und nur vollbracht
Und abermals gewünscht und so mit Macht
Mein Leben durchgestürmt; erst groß und mächtig,
11440 Nun aber geht es weise, geht bedächtig.
Der Erdenkreis ist mir genug bekannt,
Nach drüben ist die Aussicht uns verrannt;
Tor, wer dorthin die Augen blinzelnd richtet,
Sich über Wolken seinesgleichen dichtet!
11445 Er stehe fest und sehe hier sich um;
Dem Tüchtigen ist diese Welt nicht stumm.
Was braucht er in die Ewigkeit zu schweifen!

Was er erkennt, läßt sich ergreifen.
Er wandle so den Erdentag entlang;
Wenn Geister spuken, geh' er seinen Gang,   11450
Im Weiterschreiten find' er Qual und Glück,
Er, unbefriedigt jeden Augenblick!

SORGE.   Wen ich einmal mir besitze,
Dem ist alle Welt nichts nütze;
Ewiges Düstre steigt herunter,   11455
Sonne geht nicht auf noch unter,
Bei vollkommnen äußern Sinnen
Wohnen Finsternisse drinnen,
Und er weiß von allen Schätzen
Sich nicht in Besitz zu setzen.   11460
Glück und Unglück wird zur Grille,
Er verhungert in der Fülle;
Sei es Wonne, sei es Plage,
Schiebt er's zu dem andern Tage,
Ist der Zukunft nur gewärtig,   11465
Und so wird er niemals fertig.

FAUST. Hör auf! so kommst du mir nicht bei!
Ich mag nicht solchen Unsinn hören.
Fahr hin! die schlechte Litanei,
Sie könnte selbst den klügsten Mann betören.   11470

SORGE.   Soll er gehen, soll er kommen?
Der Entschluß ist ihm genommen;
Auf gebahnten Weges Mitte
Wankt er tastend halbe Schritte.
Er verliert sich immer tiefer,   11475
Siehet alle Dinge schiefer,
Sich und andre lästig drückend,
Atemholend und erstickend;
Nicht erstickt und ohne Leben,
Nicht verzweiflend, nicht ergeben.   11480
So ein unaufhaltsam Rollen,
Schmerzlich Lassen, widrig Sollen,
Bald Befreien, bald Erdrücken,
Halber Schlaf und schlecht Erquicken
Heftet ihn an seine Stelle   11485
Und bereitet ihn zur Hölle.

FAUST. Unselige Gespenster! so behandelt ihr
Das menschliche Geschlecht zu tausend Malen;
Gleichgültige Tage selbst verwandelt ihr
11490 In garstigen Wirrwarr netzumstrickter Qualen.
Dämonen, weiß ich, wird man schwerlich los,
Das geistig-strenge Band ist nicht zu trennen;
Doch deine Macht, o Sorge, schleichend groß,
Ich werde sie nicht anerkennen.

11495 SORGE. Erfahre sie, wie ich geschwind
Mich mit Verwünschung von dir wende!
Die Menschen sind im ganzen Leben blind,
Nun, Fauste, werde du's am Ende!

Sie haucht ihn an.

FAUST, erblindet.
Die Nacht scheint tiefer tief hereinzudringen,
11500 Allein im Innern leuchtet helles Licht;
Was ich gedacht, ich eil' es zu vollbringen;
Des Herren Wort, es gibt allein Gewicht.
Vom Lager auf, ihr Knechte! Mann für Mann!
Laßt glücklich schauen, was ich kühn ersann.
11505 Ergreift das Werkzeug, Schaufel rührt und Spaten!
Das Abgesteckte muß sogleich geraten.
Auf strenges Ordnen, raschen Fleiß
Erfolgt der allerschönste Preis;
Daß sich das größte Werk vollende,
11510 Genügt ein Geist für tausend Hände.

GROSSER VORHOF DES PALASTS

Fackeln.

MEPHISTOPHELES als Aufseher voran.
Herbei, herbei! Herein, herein!
Ihr schlotternden Lemuren,
Aus Bändern, Sehnen und Gebein
Geflickte Halbnaturen.

11515 LEMUREN im Chor. Wir treten dir sogleich zur Hand,
Und wie wir halb vernommen,

Es gilt wohl gar ein weites Land,
Das sollen wir bekommen.

Gespitzte Pfähle, die sind da,
Die Kette lang zum Messen;   11520
Warum an uns der Ruf geschah,
Das haben wir vergessen.

MEPHISTOPHELES. Hier gilt kein künstlerisch Bemühn;
Verfahret nur nach eignen Maßen!
Der Längste lege längelang sich hin,   11525
Ihr andern lüftet ringsumher den Rasen;
Wie man's für unsre Väter tat,
Vertieft ein längliches Quadrat!
Aus dem Palast ins enge Haus,
So dumm läuft es am Ende doch hinaus.   11530
LEMUREN, mit neckischen Gebärden grabend.
Wie jung ich war und lebt' und liebt',
Mich deucht, das war wohl süße;
Wo's fröhlich klang und lustig ging,
Da rührten sich meine Füße.
Nun hat das tückische Alter mich   11535
Mit seiner Krücke getroffen;
Ich stolpert' über Grabes Tür,
Warum stand sie just offen!
FAUST, aus dem Palaste tretend, tastet an den Türpfosten.
Wie das Geklirr der Spaten mich ergetzt!
Es ist die Menge, die mir frönet,   11540
Die Erde mit sich selbst versöhnet,
Den Wellen ihre Grenze setzt,
Das Meer mit strengem Band umzieht.
MEPHISTOPHELES beiseite. Du bist doch nur für uns bemüht
Mit deinen Dämmen, deinen Buhnen;   11545
Denn du bereitest schon Neptunen,
Dem Wasserteufel, großen Schmaus.
In jeder Art seid ihr verloren; –
Die Elemente sind mit uns verschworen,
Und auf Vernichtung läuft's hinaus.   11550
FAUST. Aufseher!
MEPHISTOPHELES. Hier!

FAUST.   Wie es auch möglich sei,
Arbeiter schaffe Meng' auf Menge,
Ermuntere durch Genuß und Strenge,
Bezahle, locke, presse bei!
11555 Mit jedem Tage will ich Nachricht haben,
Wie sich verlängt der unternommene Graben.

MEPH. halblaut. Man spricht, wie man mir Nachricht gab,
Von keinem Graben, doch vom Grab.

FAUST. Ein Sumpf zieht am Gebirge hin,
11560 Verpestet alles schon Errungene;
Den faulen Pfuhl auch abzuziehn,
Das Letzte wär' das Höchsterrungene.
Eröffn' ich Räume vielen Millionen,
Nicht sicher zwar, doch tätig-frei zu wohnen.
11565 Grün das Gefilde, fruchtbar; Mensch und Herde
Sogleich behaglich auf der neusten Erde,
Gleich angesiedelt an des Hügels Kraft,
Den aufgewälzt kühn-emsige Völkerschaft.
Im Innern hier ein paradiesisch Land,
11570 Da rase draußen Flut bis auf zum Rand,
Und wie sie nascht, gewaltsam einzuschießen,
Gemeindrang eilt, die Lücke zu verschließen.
Ja, diesem Sinne bin ich ganz ergeben,
Das ist der Weisheit letzter Schluß:
11575 Nur der verdient sich Freiheit wie das Leben,
Der täglich sie erobern muß.
Und so verbringt, umrungen von Gefahr,
Hier Kindheit, Mann und Greis sein tüchtig Jahr.
Solch ein Gewimmel möcht' ich sehn,
11580 Auf freiem Grund mit freiem Volke stehn.
Zum Augenblicke dürft' ich sagen:
Verweile doch, du bist so schön!
Es kann die Spur von meinen Erdetagen
Nicht in Äonen untergehn. –
11585 Im Vorgefühl von solchem hohen Glück
Genieß' ich jetzt den höchsten Augenblick.

Faust sinkt zurück,
die Lemuren fassen ihn auf und legen ihn auf den Boden.

MEPH. Ihn sättigt keine Lust, ihm gnügt kein Glück,
  So buhlt er fort nach wechselnden Gestalten;
  Den letzten, schlechten, leeren Augenblick,
  Der Arme wünscht ihn festzuhalten. 11590
  Der mir so kräftig widerstand,
  Die Zeit wird Herr, der Greis hier liegt im Sand.
  Die Uhr steht still –
CHOR.   Steht still! Sie schweigt wie Mitternacht.
  Der Zeiger fällt.
MEPHISTOPHELES. Er fällt, es ist vollbracht.
CHOR. Es ist vorbei.
MEPHISTOPHELES.   Vorbei! ein dummes Wort. 11595
  Warum vorbei?
  Vorbei und reines Nicht, vollkommnes Einerlei!
  Was soll uns denn das ew'ge Schaffen!
  Geschaffenes zu nichts hinwegzuraffen!
  „Da ist's vorbei!" Was ist daran zu lesen? 11600
  Es ist so gut, als wär' es nicht gewesen,
  Und treibt sich doch im Kreis, als wenn es wäre.
  Ich liebte mir dafür das Ewig-Leere.

GRABLEGUNG

LEMUR. Solo.   Wer hat das Haus so schlecht gebaut,
      Mit Schaufeln und mit Spaten? 11605
LEMUREN. Chor. Dir, dumpfer Gast im hänfnen Gewand,
      Ist's viel zu gut geraten.
LEMUR. Solo.   Wer hat den Saal so schlecht versorgt?
      Wo blieben Tisch und Stühle?
LEMUREN. Chor. Es war auf kurze Zeit geborgt; 11610
      Der Gläubiger sind so viele.
MEPH. Der Körper liegt, und will der Geist entfliehn,
  Ich zeig' ihm rasch den blutgeschriebnen Titel; –
  Doch leider hat man jetzt so viele Mittel,
  Dem Teufel Seelen zu entziehn. 11615
  Auf altem Wege stößt man an,
  Auf neuem sind wir nicht empfohlen;
  Sonst hätt' ich es allein getan,
  Jetzt muß ich Helfershelfer holen.

11620   Uns geht's in allen Dingen schlecht!
Herkömmliche Gewohnheit, altes Recht,
Man kann auf gar nichts mehr vertrauen.
Sonst mit dem letzten Atem fuhr sie aus,
Ich paßt' ihr auf und, wie die schnellste Maus,
11625 Schnapps! hielt ich sie in fest verschloßnen Klauen.
Nun zaudert sie und will den düstern Ort,
Des schlechten Leichnams ekles Haus nicht lassen;
Die Elemente, die sich hassen,
Die treiben sie am Ende schmählich fort.
11630 Und wenn ich Tag' und Stunden mich zerplage,
Wann? wie? und wo? das ist die leidige Frage;
Der alte Tod verlor die rasche Kraft,
Das Ob? sogar ist lange zweifelhaft;
Oft sah ich lüstern auf die starren Glieder –
11635 Es war nur Schein, das rührte, das regte sich wieder.

Phantastisch-flügelmännische Beschwörungsgebärden.

Nur frisch heran! verdoppelt euren Schritt,
Ihr Herrn vom graden, Herrn vom krummen Horne,
Von altem Teufelsschrot und -korne,
Bringt ihr zugleich den Höllenrachen mit.
11640 Zwar hat die Hölle Rachen viele! viele!
Nach Standsgebühr und Würden schlingt sie ein;
Doch wird man auch bei diesem letzten Spiele
Ins künftige nicht so bedenklich sein.

Der greuliche Höllenrachen tut sich links auf.

Eckzähne klaffen; dem Gewölb des Schlundes
11645 Entquillt der Feuerstrom in Wut,
Und in dem Siedequalm des Hintergrundes
Seh' ich die Flammenstadt in ewiger Glut.
Die rote Brandung schlägt hervor bis an die Zähne,
Verdammte, Rettung hoffend, schwimmen an;
11650 Doch kolossal zerknirscht sie die Hyäne,
Und sie erneuen ängstlich heiße Bahn.
In Winkeln bleibt noch vieles zu entdecken,
So viel Erschrecklichstes im engsten Raum!
Ihr tut sehr wohl, die Sünder zu erschrecken;

Sie halten's doch für Lug und Trug und Traum.   11655

Zu den Dickteufeln vom kurzen, graden Horne.

Nun, wanstige Schuften mit den Feuerbacken!
Ihr glüht so recht vom Höllenschwefel feist;
Klotzartige, kurze, nie bewegte Nacken!
Hier unten lauert, ob's wie Phosphor gleißt:
Das ist das Seelchen, Psyche mit den Flügeln,   11660
Die rupft ihr aus, so ist's ein garstiger Wurm;
Mit meinem Stempel will ich sie besiegeln,
Dann fort mit ihr im Feuerwirbelsturm!

Paßt auf die niedern Regionen,
Ihr Schläuche, das ist eure Pflicht;   11665
Ob's ihr beliebte, da zu wohnen,
So akkurat weiß man das nicht.
Im Nabel ist sie gern zu Haus –
Nehmt es in acht, sie wischt euch dort heraus.

Zu den Dürrteufeln vom langen, krummen Horne.

Ihr Firlefanze, flügelmännische Riesen,   11670
Greift in die Luft, versucht euch ohne Rast!
Die Arme strack, die Klauen scharf gewiesen,
Daß ihr die Flatternde, die Flüchtige faßt.
Es ist ihr sicher schlecht im alten Haus,
Und das Genie, es will gleich obenaus.   11675

G l o r i e von oben rechts.

HIMMLISCHE HEERSCHAR. Folget, Gesandte,
Himmelsverwandte,
Gemächlichen Flugs:
Sündern vergeben,
Staub zu beleben;   11680
Allen Naturen
Freundliche Spuren
Wirket im Schweben
Des weilenden Zugs!

MEPH. Mißtöne hör' ich, garstiges Geklimper,   11685
Von oben kommt's mit unwillkommnem Tag;
Es ist das bübisch-mädchenhafte Gestümper,
Wie frömmelnder Geschmack sich's lieben mag.

Ihr wißt, wie wir in tiefverruchten Stunden
11690 Vernichtung sannen menschlichem Geschlecht;
Das Schändlichste, was wir erfunden,
Ist ihrer Andacht eben recht.

Sie kommen gleisnerisch, die Laffen!
So haben sie uns manchen weggeschnappt,
11695 Bekriegen uns mit unsern eignen Waffen;
Es sind auch Teufel, doch verkappt.
Hier zu verlieren, wär' euch ew'ge Schande;
Ans Grab heran und haltet fest am Rande!

CHOR DER ENGEL, Rosen streuend.
Rosen, ihr blendenden,
11700 Balsam versendenden!
Flatternde, schwebende,
Heimlich belebende,
Zweiglein beflügelte,
Knospen entsiegelte,
11705 Eilet zu blühn.

Frühling entsprieße,
Purpur und Grün!
Tragt Paradiese
Dem Ruhenden hin.

MEPHISTOPHELES zu den Satanen.
11710 Was duckt und zuckt ihr? ist das Höllenbrauch?
So haltet stand und laßt sie streuen.
An seinen Platz ein jeder Gauch!
Sie denken wohl, mit solchen Blümeleien
Die heißen Teufel einzuschneien.
11715 Das schmilzt und schrumpft vor eurem Hauch.
Nun pustet, Püstriche! – Genug, genug!
Vor eurem Broden bleicht der ganze Flug. –
Nicht so gewaltsam! schließet Maul und Nasen!
Fürwahr, ihr habt zu stark geblasen.
11720 Daß ihr doch nie die rechten Maße kennt!
Das schrumpft nicht nur, es bräunt sich, dorrt, es brennt!
Schon schwebt's heran mit giftig klaren Flammen;

Stemmt euch dagegen, drängt euch fest zusammen! –
Die Kraft erlischt! dahin ist aller Mut!
Die Teufel wittern fremde Schmeichelglut.   11725

CHOR DER ENGEL. Blüten, die seligen,
             Flammen, die fröhlichen,
             Liebe verbreiten sie,
             Wonne bereiten sie,
             Herz wie es mag.   11730
             Worte, die wahren,
             Äther im Klaren,
             Ewigen Scharen
             Überall Tag!

MEPHISTOPHELES. O Fluch! o Schande solchen **Tröpfen**!   11735
   Satane stehen auf den Köpfen,
Die Plumpen schlagen Rad auf Rad
Und stürzen ärschlings in die Hölle.
Gesegn' euch das verdiente heiße Bad!
Ich aber bleib' auf meiner Stelle. –   11740

      Sich mit den schwebenden Rosen herumschlagend.

Irrlichter, fort! Du, leuchte noch so stark,
Du bleibst, gehascht, ein ekler Gallert-Quark.
Was flatterst du? Willst du dich packen! –
Es klemmt wie Pech und Schwefel mir im **Nacken**.

CHOR DER ENGEL. Was euch nicht angehört,   11745
             Müsset ihr meiden,
             Was euch das Innre stört,
             Dürft ihr nicht leiden.
             Dringt es gewaltig ein,
             Müssen wir tüchtig sein.   11750
             Liebe nur Liebende
             Führet herein!

MEPH. Mir brennt der Kopf, das Herz, die **Leber brennt**,
Ein überteuflisch Element!
Weit spitziger als Höllenfeuer! –   11755
Drum jammert ihr so ungeheuer,
Unglückliche Verliebte! die, verschmäht,
Verdrehten Halses nach der Liebsten späht.

      Auch mir! Was zieht den Kopf auf jene Seite?
11760 Bin ich mit ihr doch in geschwornem Streite!
      Der Anblick war mir sonst so feindlich scharf.
      Hat mich ein Fremdes durch und durch gedrungen?
      Ich mag sie gerne sehn, die allerliebsten Jungen;
      Was hält mich ab, daß ich nicht fluchen darf? –
11765 Und wenn ich mich betören lasse,
      Wer heißt denn künftighin der Tor?
      Die Wetterbuben, die ich hasse,
      Sie kommen mir doch gar zu lieblich vor! –

      Ihr schönen Kinder, laßt mich wissen:
11770 Seid ihr nicht auch von Luzifers Geschlecht?
      Ihr seid so hübsch, fürwahr ich möcht' euch küssen,
      Mir ist's, als kämt ihr eben recht.
      Es ist mir so behaglich, so natürlich,
      Als hätt' ich euch schon tausendmal gesehn;
11775 So heimlich-kätzchenhaft begierlich;
      Mit jedem Blick aufs neue schöner schön.
      O nähert euch, o gönnt mir einen Blick!

  ENGEL. Wir kommen schon, warum weichst du zurück?
      Wir nähern uns, und wenn du kannst, so bleib!

      Die Engel nehmen, umherziehend, den ganzen Raum ein.

  MEPHISTOPHELES, *der ins Proszenium gedrängt wird.*
11780 Ihr scheltet uns verdammte Geister
      Und seid die wahren Hexenmeister;
      Denn ihr verführet Mann und Weib. –
      Welch ein verfluchtes Abenteuer!
      Ist dies das Liebeselement?
11785 Der ganze Körper steht in Feuer,
      Ich fühle kaum, daß es im Nacken brennt. –
      Ihr schwanket hin und her, so senkt euch nieder,
      Ein bißchen weltlicher bewegt die holden Glieder;
      Fürwahr, der Ernst steht euch recht schön;
11790 Doch möcht' ich euch nur einmal lächeln sehn!
      Das wäre mir ein ewiges Entzücken.
      Ich meine so, wie wenn Verliebte blicken:
      Ein kleiner Zug am Mund, so ist's getan.

Dich, langer Bursche, dich mag ich am liebsten leiden,
Die Pfaffenmiene will dich gar nicht kleiden, 11795
So sieh mich doch ein wenig lüstern an!
Auch könntet ihr anständig-nackter gehen,
Das lange Faltenhemd ist übersittlich –
Sie wenden sich – von hinten anzusehen! –
Die Racker sind doch gar zu appetitlich! 11800

CHOR DER ENGEL. Wendet zur Klarheit
Euch, liebende Flammen!
Die sich verdammen,
Heile die Wahrheit;
Daß sie vom Bösen 11805
Froh sich erlösen,
Um in dem Allverein
Selig zu sein.

MEPHISTOPHELES sich fassend.
Wie wird mir! – Hiobsartig, Beul' an Beule
Der ganze Kerl, dem's vor sich selber graut, 11810
Und triumphiert zugleich, wenn er sich ganz durchschaut,
Wenn er auf sich und seinen Stamm vertraut;
Gerettet sind die edlen Teufelsteile,
Der Liebespuk, er wirft sich auf die Haut;
Schon ausgebrannt sind die verruchten Flammen, 11815
Und wie es sich gehört, fluch' ich euch allzusammen!

CHOR DER ENGEL. Heilige Gluten!
Wen sie umschweben,
Fühlt sich im Leben
Selig mit Guten. 11820
Alle vereinigt
Hebt euch und preist!
Luft ist gereinigt,
Atme der Geist!

Sie eheben sich, Faustens Unsterbliches entführend.

MEPHISTOPHELES, sich umsehend.
Doch wie? – wo sind sie hingezogen? 11825
Unmündiges Volk, du hast mich überrascht,
Sind mit der Beute himmelwärts entflogen;
Drum haben sie an dieser Gruft genascht!

Mir ist ein großer, einziger Schatz entwendet:
11830 Die hohe Seele, die sich mir verpfändet,
Die haben sie mir pfiffig weggepascht.

Bei wem soll ich mich nun beklagen?
Wer schafft mir mein erworbenes Recht?
Du bist getäuscht in deinen alten Tagen,
11835 Du hast's verdient, es geht dir grimmig schlecht.
Ich habe schimpflich mißgehandelt,
Ein großer Aufwand, schmählich! ist vertan;
Gemein Gelüst, absurde Liebschaft wandelt
Den ausgepichten Teufel an.
11840 Und hat mit diesem kindisch-tollen Ding
Der Klugerfahrne sich beschäftigt,
So ist fürwahr die Torheit nicht gering,
Die seiner sich am Schluß bemächtigt.

BERGSCHLUCHTEN

Wald, Fels, Einöde.

Heilige Anachoreten gebirgauf verteilt, gelagert zwischen Klüften.

CHOR UND ECHO. Waldung, sie schwankt heran,
11845   Felsen, sie lasten dran,
        Wurzeln, sie klammern an,
        Stamm dicht an Stamm hinan.
        Woge nach Woge spritzt,
        Höhle, die tiefste, schützt.
11850   Löwen, sie schleichen stumm-
        freundlich um uns herum,
        Ehren geweihten Ort,
        Heiligen Liebeshort.

PATER ECSTATICUS, *auf und ab schwebend.*
        Ewiger Wonnebrand,
11855   Glühendes Liebeband,
        Siedender Schmerz der Brust,
        Schäumende Gotteslust.
        Pfeile, durchdringet mich,

Lanzen, bezwinget mich,
Keulen, zerschmettert mich, 11860
Blitze, durchwettert mich!
Daß ja das Nichtige
Alles verflüchtige,
Glänze der Dauerstern,
Ewiger Liebe Kern. 11865

PATER PROFUNDUS, *tiefe Region.*

Wie Felsenabgrund mir zu Füßen
Auf tieferm Abgrund lastend ruht,
Wie tausend Bäche strahlend fließen
Zum grausen Sturz des Schaums der Flut,
Wie strack mit eignem kräftigen Triebe 11870
Der Stamm sich in die Lüfte trägt:
So ist es die allmächtige Liebe,
Die alles bildet, alles hegt.

Ist um mich her ein wildes Brausen,
Als wogte Wald und Felsengrund, 11875
Und doch stürzt, liebevoll im Sausen,
Die Wasserfülle sich zum Schlund,
Berufen, gleich das Tal zu wässern;
Der Blitz, der flammend niederschlug,
Die Atmosphäre zu verbessern, 11880
Die Gift und Dunst im Busen trug –

Sind Liebesboten, sie verkünden,
Was ewig schaffend uns umwallt.
Mein Innres mög' es auch entzünden,
Wo sich der Geist, verworren, kalt, 11885
Verquält in stumpfer Sinne Schranken,
Scharfangeschloßnem Kettenschmerz.
O Gott! beschwichtige die Gedanken,
Erleuchte mein bedürftig Herz!

PATER SERAPHICUS, *mittlere Region.*

Welch ein Morgenwölkchen schwebet 11890
Durch der Tannen schwankend Haar!
Ahn' ich, was im Innern lebet?
Es ist junge Geisterschar.

CHOR SELIGER KNABEN.
>   Sag uns, Vater, wo wir wallen,
11895   Sag uns, Guter, wer wir sind?
>   Glücklich sind wir: allen, allen
>   Ist das Dasein so gelind.

PATER SERAPHICUS.
>   Knaben! Mitternachts Geborne,
>   Halb erschlossen Geist und Sinn,
11900   Für die Eltern gleich Verlorne,
>   Für die Engel zum Gewinn.
>   Daß ein Liebender zugegen,
>   Fühlt ihr wohl, so naht euch nur;
>   Doch von schroffen Erdewegen,
11905   Glückliche! habt ihr keine Spur.
>   Steigt herab in meiner Augen
>   Welt- und erdgemäß Organ,
>   Könnt sie als die euern brauchen,
>   Schaut euch diese Gegend an!

> *Er nimmt sie in sich.*

11910   Das sind Bäume, das sind Felsen,
>   Wasserstrom, der abestürzt
>   Und mit ungeheurem Wälzen
>   Sich den steilen Weg verkürzt.

SELIGE KNABEN, von innen.
>   Das ist mächtig anzuschauen,
11915   Doch zu düster ist der Ort,
>   Schüttelt uns mit Schreck und Grauen.
>   Edler, Guter, laß uns fort!

PATER SERAPHICUS.
>   Steigt hinan zu höherm Kreise,
>   Wachset immer unvermerkt,
11920   Wie, nach ewig reiner Weise,
>   Gottes Gegenwart verstärkt.
>   Denn das ist der Geister Nahrung,
>   Die im freisten Äther waltet:
>   Ewigen Liebens Offenbarung,
11925   Die zur Seligkeit entfaltet.

CHOR SELIGER KNABEN *um die höchsten Gipfel kreisend.*

> Hände verschlinget
> Freudig zum Ringverein,
> Regt euch und singet
> Heil'ge Gefühle drein!
> Göttlich belehret,   11930
> Dürft ihr vertrauen;
> Den ihr verehret,
> Werdet ihr schauen.

ENGEL *schwebend in der höheren Atmosphäre, Faustens Unsterbliches tragend.*

> Gerettet ist das edle Glied
> Der Geisterwelt vom Bösen,   11935
> Wer immer strebend sich bemüht,
> Den können wir erlösen.
> Und hat an ihm die Liebe gar
> Von oben teilgenommen,
> Begegnet ihm die selige Schar   11940
> Mit herzlichem Willkommen.

DIE JÜNGEREN ENGEL.

> Jene Rosen aus den Händen
> Liebend-heiliger Büßerinnen
> Halfen uns den Sieg gewinnen,
> Uns das hohe Werk vollenden,   11945
> Diesen Seelenschatz erbeuten.
> Böse wichen, als wir streuten,
> Teufel flohen, als wir trafen.
> Statt gewohnter Höllenstrafen
> Fühlten Liebesqual die Geister;   11950
> Selbst der alte Satansmeister
> War von spitzer Pein durchdrungen.
> Jauchzet auf! es ist gelungen.

DIE VOLLENDETEREN ENGEL.

> Uns bleibt ein Erdenrest
> Zu tragen peinlich,   11955
> Und wär' er von Asbest,
> Er ist nicht reinlich.
> Wenn starke Geisteskraft

Die Elemente
11960 An sich herangerafft,
Kein Engel trennte
Geeinte Zwienatur
Der innigen beiden,
Die ewige Liebe nur
11965 Vermag's zu scheiden.

DIE JÜNGEREN ENGEL.

Nebelnd um Felsenhöh'
Spür' ich soeben,
Regend sich in der Näh',
Ein Geisterleben.
11970 Die Wölkchen werden klar,
Ich seh' bewegte Schar
Seliger Knaben,
Los von der Erde Druck,
Im Kreis gesellt,
11975 Die sich erlaben
Am neuen Lenz und Schmuck
Der obern Welt.
Sei er zum Anbeginn,
Steigendem Vollgewinn
11980 Diesen gesellt!

DIE SELIGEN KNABEN.

Freudig empfangen wir
Diesen im Puppenstand;
Also erlangen wir
Englisches Unterpfand.
11985 Löset die Flocken los,
Die ihn umgeben!
Schon ist er schön und groß
Von heiligem Leben.

DOCTOR MARIANUS, in der höchsten, reinlichsten Zelle.

Hier ist die Aussicht frei,
11990 Der Geist erhoben.
Dort ziehen Fraun vorbei,
Schwebend nach oben.
Die Herrliche mitteninn

Im Sternenkranze,
Die Himmelskönigin,
Ich seh's am Glanze.

Entzückt.

Höchste Herrscherin der Welt!
Lasse mich im blauen,
Ausgespannten Himmelszelt
Dein Geheimnis schauen.
Billige, was des Mannes Brust
Ernst und zart beweget
Und mit heiliger Liebeslust
Dir entgegenträget.

Unbezwinglich unser Mut,
Wenn du hehr gebietest;
Plötzlich mildert sich die Glut,
Wie du uns befriedest.
Jungfrau, rein im schönsten Sinn,
Mutter, Ehren würdig,
Uns erwählte Königin,
Göttern ebenbürtig.

Um sie verschlingen
Sich leichte Wölkchen,
Sind Büßerinnen,
Ein zartes Völkchen,
Um Ihre Kniee
Den Äther schlürfend,
Gnade bedürfend.

Dir, der Unberührbaren,
Ist es nicht benommen,
Daß die leicht Verführbaren
Traulich zu dir kommen.

In die Schwachheit hingerafft,
Sind sie schwer zu retten;
Wer zerreißt aus eigner Kraft
Der Gelüste Ketten?
Wie entgleitet schnell der Fuß
Schiefem, glattem Boden?

11995

12000

12005

12010

12015

12020

12025

12030   Wen betört nicht Blick und Gruß,
           Schmeichelhafter Odem?
               Mater gloriosa schwebt einher.

CHOR DER BÜSSERINNEN.
               Du schwebst zu Höhen
               Der ewigen Reiche,
               Vernimm das Flehen,
12035   Du Ohnegleiche,
               Du Gnadenreiche!

MAGNA PECCATRIX. (St. Lucae VII, 36.)
               Bei der Liebe, die den Füßen
               Deines gottverklärten Sohnes
               Tränen ließ zum Balsam fließen,
12040   Trotz des Pharisäerhohnes;
               Beim Gefäße, das so reichlich
               Tropfte Wohlgeruch hernieder,
               Bei den Locken, die so weichlich
               Trockneten die heil'gen Glieder –

MULIER SAMARITANA. (St. Joh. IV.)
12045   Bei dem Bronn, zu dem schon weiland
               Abram ließ die Herde führen,
               Bei dem Eimer, der dem Heiland
               Kühl die Lippe durft' berühren;
               Bei der reinen, reichen Quelle,
12050   Die nun dorther sich ergießet,
               Überflüssig, ewig helle
               Rings durch alle Welten fließet –

MARIA AEGYPTIACA. Acta Sanctorum.
               Bei dem hochgeweihten Orte,
               Wo den Herrn man niederließ,
12055   Bei dem Arm, der von der Pforte
               Warnend mich zurücke stieß;
               Bei der vierzigjährigen Buße,
               Der ich treu in Wüsten blieb,
               Bei dem seligen Scheidegruße,
12060   Den im Sand ich niederschrieb –

ZU DREI.   Die du großen Sünderinnen
               Deine Nähe nicht verweigerst

Und ein büßendes Gewinnen
In die Ewigkeiten steigerst,
Gönn auch dieser guten Seele,   12065
Die sich einmal nur vergessen,
Die nicht ahnte, daß sie fehle,
Dein Verzeihen angemessen!

UNA POENITENTIUM, sonst Gretchen genannt. Sich anschmiegend.

Neige, neige,
Du Ohnegleiche,   12070
Du Strahlenreiche,
Dein Antlitz gnädig meinem Glück!
Der früh Geliebte,
Nicht mehr Getrübte,
Er kommt zurück.   12075

SELIGE KNABEN in Kreisbewegung sich nähernd.

Er überwächst uns schon
An mächtigen Gliedern,
Wird treuer Pflege Lohn
Reichlich erwidern.
Wir wurden früh entfernt   12080
Von Lebechören;
Doch dieser hat gelernt,
Er wird uns lehren.

DIE EINE BÜSSERIN, sonst Gretchen genannt.

Vom edlen Geisterchor umgeben,
Wird sich der Neue kaum gewahr,   12085
Er ahnet kaum das frische Leben,
So gleicht er schon der heiligen Schar.
Sieh, wie er jedem Erdenbande
Der alten Hülle sich entrafft
Und aus ätherischem Gewande   12090
Hervortritt erste Jugendkraft.
Vergönne mir, ihn zu belehren,
Noch blendet ihn der neue Tag.

MATER GLORIOSA.

Komm! hebe dich zu höhern Sphären!
Wenn er dich ahnet, folgt er nach.   12095

DOCTOR MARIANUS, auf dem Angesicht anbetend.

> Blicket auf zum Retterblick,
> Alle reuig Zarten,
> Euch zu seligem Geschick
> Dankend umzuarten.
> Werde jeder beßre Sinn
> Dir zum Dienst erbötig;
> Jungfrau, Mutter, Königin,
> Göttin, bleibe gnädig!

CHORUS MYSTICUS.

> Alles Vergängliche
> Ist nur ein Gleichnis;
> Das Unzulängliche,
> Hier wird's Ereignis;
> Das Unbeschreibliche,
> Hier ist's getan;
> Das Ewig-Weibliche
> Zieht uns hinan.

FINIS.

FAUST
in ursprünglicher Gestalt
(Urfaust)

NACHT

In einem hochgewölbten engen gotischen Zimmer

Faust unruhig auf seinem Sessel am Pulten

FAUST. Hab nun, ach, die Philosophei,
Medizin und Juristerei,
Und leider auch die Theologie
Durchaus studiert mit heißer Müh.
Da steh ich nun, ich armer Tor,   5
Und bin so klug, als wie zuvor.
Heiße Doktor und Professor gar,
Und ziehe schon an die zehen Jahr'
Herauf, herab und quer und krumm
Meine Schüler an der Nas' herum   10
Und seh, daß wir nichts wissen können,
Das will mir schier das Herz verbrennen.
Zwar bin ich gescheuter als alle die Laffen,
Doktors, Professors, Schreiber und Pfaffen,
Mich plagen keine Skrupel noch Zweifel,   15
Fürcht mich weder vor Höll noch Teufel.
Dafür ist mir auch all Freud entrissen,
Bild mir nicht ein, was Rechts zu wissen,
Bild mir nicht ein, ich könnt was lehren,
Die Menschen zu bessern und zu bekehren;   20
Auch hab ich weder Gut noch Geld,
Noch Ehr und Herrlichkeit der Welt.
Es möcht kein Hund so länger leben!
Drum hab ich mich der Magie ergeben,
Ob mir durch Geistes Kraft und Mund   25
Nicht manch Geheimnis werde kund.
Daß ich nicht mehr mit saurem Schweiß
Rede von dem, was ich nicht weiß.
Daß ich erkenne, was die Welt
Im Innersten zusammenhält,   30
Schau alle Würkungskraft und Samen
Und tu nicht mehr in Worten kramen.

O sähst du, voller Mondenschein,
Zum letztenmal auf meine Pein,

35 Den ich so manche Mitternacht
   An diesem Pult herangewacht!
   Dann über Bücher und Papier,
   Trübselger Freund, erschienst du mir.
   Ach könnt ich doch auf Bergeshöhn
40 In deinem lieben Lichte gehn,
   Um Bergeshöhl' mit Geistern schweben,
   Auf Wiesen in deinem Dämmer weben,
   Von all dem Wissensqualm entladen
   In deinem Tau gesund mich baden!

45 Weh! steck ich in dem Kerker noch?
   Verfluchtes dumpfes Mauerloch,
   Wo selbst das liebe Himmelslicht
   Trüb durch gemalte Scheiben bricht!
   Beschränkt von all dem Bücherhauf,
50 Den Würme nagen, Staub bedeckt,
   Und bis ans hohe Gewölb hinauf
   Mit angeraucht Papier besteckt,
   Mit Gläsern, Büchsen rings bestellt,
   Mit Instrumenten vollgepfropft,
55 Urväter Hausrat drein gestopft –
   Das ist deine Welt, das heißt eine Welt!

   Und fragst du noch, warum dein Herz
   Sich inn in deinem Busen klemmt?
   Warum ein unerklärter Schmerz
60 Dir alle Lebensregung hemmt?
   Statt all der lebenden Natur,
   Da Gott die Menschen schuf hinein,
   Umgibt in Rauch und Moder nur
   Dich Tiergeripp und Totenbein.

65 Flieh! Auf! hinaus ins weite Land!
   Und dies geheimnisvolle Buch
   Von Nostradamus' eigner Hand –
   Ist dir das nicht Geleit genug?
   Erkennest dann der Sterne Lauf,
70 Und wenn Natur dich unterweist,

Dann geht die Seelenkraft dir auf,
Wie spricht ein Geist zum andern Geist.
Umsonst, daß trocknes Sinnen hier
Die heilgen Zeichen dir erklärt.
Ihr schwebt, ihr Geister, neben mir,   75
Antwortet mir, wenn ihr mich hört!

Er schlägt das Buch auf und erblickt das Zeichen des Makrokosmus.

Ha! welche Wonne fließt in diesem Blick
Auf einmal mir durch alle meine Sinnen.
Ich fühle junges heilges Lebensglück,
Fühl neue Glut durch Nerv und Adern rinnen.   80
War es ein Gott, der diese Zeichen schrieb,
Die all das innre Toben stillen,
Das arme Herz mit Freude füllen
Und mit geheimnisvollem Trieb
Die Kräfte der Natur enthüllen?   85
Bin ich ein Gott? mir wird so licht!
Ich schau in diesen reinen Zügen
Die würkende Natur vor meiner Seele liegen.
Jetzt erst erkenn ich, was der Weise spricht:
,,Die Geisterwelt ist nicht verschlossen,   90
Dein Sinn ist zu, dein Herz ist tot.
Auf! bade, Schüler, unverdrossen
Die irdsche Brust im Morgenrot.‘‘

Er beschaut das Zeichen.

Wie alles sich zum Ganzen webt,
Eins in dem andern würkt und lebt!   95
Wie Himmelskräfte auf und nieder steigen
Und sich die goldnen Eimer reichen!
Mit segenduftenden Schwingen
Vom Himmel durch die Erde dringen,
Harmonisch all das All durchklingen!   100

Welch Schauspiel! aber, ach, ein Schauspiel nur!
Wo faß ich dich, unendliche Natur?
Euch Brüste, wo? Ihr Quellen alles Lebens,
An denen Himmel und Erde hängt,
Dahin die welke Brust sich drängt –   105

Ihr quellt, ihr tränkt, und schmacht ich so vergebens?

Er schlägt unwillig das Buch um und erblickt das Zeichen des Erd-geistes.

Wie anders würkt dies Zeichen auf mich ein!
Du, Geist der Erde, bist mir näher;
Schon fühl ich meine Kräfte höher,
110 Schon glüh ich wie vom neuen Wein.
Ich fühle Mut, mich in die Welt zu wagen,
All Erden Weh und all ihr Glück zu tragen,
Mit Stürmen mich herumzuschlagen
Und in des Schiffbruchs Knirschen nicht zu zagen.
115 Es wölkt sich über mir –
Der Mond verbirgt sein Licht!
Die Lampe schwindet!
Es dampft! Es zucken rote Strahlen
Mir um das Haupt. Es weht
120 Ein Schauer vom Gewölb herab
Und faßt mich an.
Ich fühls, du schwebst um mich,
Erflehter Geist!
Enthülle dich!
125 Ha! wie's in meinem Herzen reißt!
Zu neuen Gefühlen
All meine Sinne sich erwühlen!
Ich fühle ganz mein Herz dir hingegeben!
Du mußt, du mußt! Und kostet es mein Leben.

Er faßt das Buch und spricht das Zeichen des Geists geheimnisvoll aus. Es zuckt eine rötliche Flamme, der Geist erscheint in der Flamme in widerlicher Gestalt.

GEIST. Wer ruft mir?
130 FAUST *abwendend.*   Schröckliches Gesicht!
GEIST. Du hast mich mächtig angezogen,
An meiner Sphäre lang gesogen,
Und nun –
FAUST.   Weh! ich ertrag dich nicht.
GEIST. Du flehst eratmend mich zu schauen,
135 Meine Stimme zu hören, mein Antlitz zu sehn.
Mich neigt dein mächtig Seelenflehn.
Da bin ich! Welch erbärmlich Grauen

Faßt Übermenschen dich! Wo ist der Seele Ruf?
Wo ist die Brust, die eine Welt in sich erschuf,
Und trug, und hegte, und mit Freudebeben   140
Erschwoll, sich uns, den Geistern, gleich zu heben?
Wo bist du, Faust, des Stimme mir erklang,
Der sich an mich mit allen Kräften drang?
Du! der, den kaum mein Hauch umwittert,
In allen Lebenstiefen zittert,   145
Ein furchtsam weggekrümmter Wurm.
FAUST. Soll ich dir Flammenbildung weichen?
Ich bins, bin Faust, bin deinesgleichen.
GEIST. In Lebensfluten, im Tatensturm
Wall ich auf und ab,   150
Webe hin und her!
Geburt und Grab,
Ein ewges Meer,
Ein wechselnd Leben!
So schaff ich am sausenden Webstuhl der Zeit   155
Und würke der Gottheit lebendiges Kleid.
FAUST. Der du die weite Welt umschweifst,
Geschäft'ger Geist, wie nah fühl' ich mich dir!
GEIST. Du gleichst dem Geist, den du begreifst,
Nicht mir! Verschwindet.   160
FAUST zusammenstürzend. Nicht dir?
Wem denn?
Ich, Ebenbild der Gottheit,
Und nicht einmal dir? Es klopft.
O Tod! ich kenns, das ist mein Famulus.   165
Nun werd ich tiefer tief zunichte!
Daß diese Fülle der Gesichte
Der trockne Schwärmer stören muß!
Wagner im Schlafrock und der Nachtmütze, eine Lampe in der Hand.
                    Faust wendet sich unwillig.
WAGNER. Verzeiht, ich hört Euch deklamieren.
Ihr last gewiß ein griechisch Trauerspiel?   170
In dieser Kunst möcht ich was profitieren,
Denn heutzutage würkt das viel;
Ich hab es öfters rühmen hören,
Ein Komödiant könnt einen Pfarrer lehren.

175 FAUST. Ja, wenn der Pfarrer ein Komödiant ist;
Wie das denn wohl zu Zeiten kommen mag.

WAGNER. Ach, wenn man in sein Museum gebannt ist,
Und sieht die Welt kaum einen Feiertag,
Man weiß nicht eigentlich, wie sie zu guten Dingen
180 Durch Überredung hinzubringen.

FAUST. Wenn Ihrs nicht fühlt, Ihr werdets nicht erjagen,
Wenns Euch nicht aus der Seele dringt
Und mit urkräftigem Behagen
Die Herzen aller Hörer zwingt.
185 Sitzt Ihr einweil und leimt zusammen,
Braut ein Ragout von andrer Schmaus
Und blast die kümmerlichen Flammen
Aus Eurem Aschenhäufchen aus!
Bewundrung von Kindern und Affen,
190 Wenn Euch darnach der Gaumen steht!
Doch werdet Ihr nie Herz zu Herzen schaffen,
Wenn es Euch nicht von Herzen geht.

WAGNER. Allein der Vortrag nützt dem Redner viel.

FAUST. Was Vortrag! der ist gut im Puppenspiel.
195 Mein Herr Magister, hab Er Kraft!
Sei Er kein schellenlauter Tor!
Und Freundschaft, Liebe, Brüderschaft,
Trägt die sich nicht von selber vor?
Und wenns Euch Ernst ist was zu sagen,
200 Ist's nötig Worten nachzujagen?
Und all die Reden, die so blinkend sind,
In denen Ihr der Menschheit Schnitzel kräuselt,
Sind unerquicklich wie der Nebelwind,
Der herbstlich durch die dürren Blätter säuselt.

205 WAGNER. Ach Gott, die Kunst ist lang
Und kurz ist unser Leben!
Mir wird bei meinem kritischen Bestreben
Doch oft um Kopf und Busen bang.
Wie schwer sind nicht die Mittel zu erwerben,
210 Durch die man zu den Quellen steigt!
Und eh man nur den halben Weg erreicht,
Muß wohl ein armer Teufel sterben.

FAUST. Das Pergament, ist das der heilge Bronnen,
  Woraus ein Trunk den Durst auf ewig stillt?
  Erquickung hast du nicht gewonnen,   215
  Wenn sie dir nicht aus eigner Seele quillt.

WAGNER. Verzeiht, es ist ein groß Ergetzen,
  Sich in den Geist der Zeiten zu versetzen,
  Zu schauen, wie vor uns ein weiser Mann gedacht,
  Und wie wir's dann zuletzt so herrlich weit gebracht.   220

FAUST. O ja, bis an die Sterne weit!
  Mein Freund, die Zeiten der Vergangenheit
  Sind uns ein Buch mit sieben Siegeln.
  Was ihr den Geist der Zeiten heißt,
  Das ist im Grund der Herren eigner Geist,   225
  In dem die Zeiten sich bespiegeln.
  Da ist's denn wahrlich oft ein Jammer!
  Man läuft euch bei dem ersten Blick davon.
  Ein Kehrichtfaß und eine Rumpelkammer,
  Und höchstens eine Haupt- und Staatsaktion   230
  Mit trefflichen pragmatischen Maximen,
  Wie sie den Puppen wohl im Munde ziemen.

WAGNER. Allein die Welt! Des Menschen Herz und Geist!
  Möcht jeglicher doch was davon erkennen.

FAUST. Ja, was man so erkennen heißt!
  Wer darf das Kind beim rechten Namen nennen?   235
  Die wenigen, die was davon erkannt,
  Die töricht g'nug ihr volles Herz nicht wahrten,
  Dem Pöbel ihr Gefühl, ihr Schauen offenbarten,
  Hat man von je gekreuzigt und verbrannt. –
  Ich bitt Euch, Freund, es ist tief in der Nacht,   240
  Wir müssen diesmal unterbrechen.

WAGNER. Ich hätte gern bis morgen früh gewacht,
  Um so gelehrt mit Euch mich zu besprechen. Ab.

FAUST. Wie nur dem Kopf nicht alle Hoffnung schwindet,   245
  Der immerfort an schalem Zeuge klebt,
  Mit gierger Hand nach Schätzen gräbt,
  Und froh ist, wenn er Regenwürmer findet!

Mephistopheles im Schlafrock, eine große Perücke auf. Student.

STUDENT. Ich bin allhier erst kurze Zeit,
250 Und komme voll Ergebenheit,
   Einen Mann zu sprechen und zu kennen,
   Den alle mir mit Ehrfurcht nennen.
MEPHISTOPHELES. Eure Höflichkeit erfreut mich sehr,
   Ihr seht einen Mann wie andre mehr.
255 Habt Ihr Euch hier schon umgetan?
   STUDENT. Ich bitt Euch, nehmt Euch meiner an!
   Ich komm' mit allem guten Mut,
   Eim leidlich Geld und frischem Blut,
   Meine Mutter wollt mich kaum entfernen.
260 Möchte gern was Rechts hieraußen lernen.
   MEPHISTOPHELES. Da seid Ihr eben recht am Ort.
   STUDENT. Aufrichtig! Möcht schon wieder fort!
   Sieht all so trocken ringsum aus,
   Als säß Heißhunger in jedem Haus.
265 MEPHISTOPHELES. Bitt Euch! Dran Euch nicht weiter kehrt,
   Hier alles sich vom Studenten nährt.
   Doch erst, wo werdet Ihr logieren?
   Das ist ein Hauptstück!
   STUDENT.   Wolltet mich führen!
   Bin wahrlich ganz ein irres Lamm.
270 Möcht gern das Gute so allzusamm,
   Möcht gern das Böse mir all vom Leib,
   Und Freiheit, auch wohl Zeitvertreib!
   Möcht auch dabei studieren tief,
   Daß mir's über Kopf und Ohren lief!
275 O Herr, helft, daß's meiner Seel
   Am guten Wesen nimmer fehl.
   MEPH. kratzt sich. Kein Logis habt Ihr, wie Ihr sagt?
   STUDENT. Hab noch nicht 'mal darnach gefragt.
   Mein Wirtshaus nährt mich leidlich gut,
280 Feines Mägdlein drin aufwarten tut.
   MEPHISTOPHELES. Behüte Gott, das führt Euch weit!
   Kaffee und Billard! Weh dem Spiel!
   Die Mägdlein, ach, sie geilen viel!
   Vertripplistreichelt Eure Zeit.
285 Dagegen sehn wirs leidlich gern,

Daß alle Studiosi nah und fern
Uns wenigstens einmal die Wochen
Kommen untern Absatz gekrochen.
Will einer an unserm Speichel sich letzen,
Den tun wir zu unsrer Rechten setzen. 290
STUDENT. Mir wird ganz greulich vorm Gesicht!
MEPHISTOPHELES. Das schadt der guten Sache nicht.
Dann vordersamst mit dem Logis
Wüßt ich Euch wohl nichts Bessers hie,
Als geht zu Frau Spritzbierlein morgen; 295
Weiß Studiosos zu versorgen,
Hats Haus von oben bis unten voll,
Und versteht weidlich, was sie soll.
Zwar Noaes Arche war saubrer gefacht,
Doch ist's einmal so hergebracht. 300
Ihr zahlt, was andre vor Euch zahlten,
Die ihren Nam aufs Scheißhaus malten.
STUDENT. Wird mir fast so eng ums Herz herum
Als zu Haus im Kollegium.
MEPHISTOPHELES. Euer Logis wär nun bestellt. 305
Nun Euren Tisch für leidlich Geld!
STUDENT. Mich dünkt, das gäb sich alle nach,
Wer erst von Geists Erweitrung sprach!
MEPH. Mein Schatz! Das wird Euch wohl verziehn,
Kennt nicht den Geist der Akademien. 310
Der Mutter Tisch müßt Ihr vergessen,
Klar Wasser, geschiedne Butter fressen,
Statt Hopfenkeim und jung Gemüs'
Genießen mit Dank Brennesseln süß,
Sie tun einen Gänsestuhlgang treiben, 315
Aber eben drum nicht baß bekleiben,
Hammel und Kalb küren ohne End,
Als wie unsers Herrgotts Firmament.
Doch zahlend wird von Euch ergänzt,
Was Schwärmerian vor Euch geschwänzt. 320
Müßt Euren Beutel wohl versorgen,
Besonders keinem Freunde borgen,
Aber redlich zu allen Malen
Wirt, Schneider und Professor zahlen.

325 STUDENT. Hochwürdger Herr, das findet sich.
     Aber nun bitt ich, leitet mich!
     Mir steht das Feld der Weisheit offen,
     Wäre gern so gradezu geloffen,
     Aber sieht drin so bunt und kraus,
330 Auch seitwärts wüst und trocken aus.
     Fern tät sich's mir vor die Sinnen stellen
     Als wie ein Tempe voll frischer Quellen.
     MEPHISTOPHELES. Sagt mir erst, eh Ihr weiter geht,
     Was wählt Ihr für eine Fakultät?
335 STUDENT. Soll zwar ein Mediziner werden,
     Doch wünscht ich rings von aller Erden,
     Von allem Himmel und all Natur,
     Soviel mein Geist vermöcht, zu fassen.
     MEPHISTOPHELES. Ihr seid da auf der rechten Spur,
340 Doch müßt Ihr Euch nicht zerstreuen lassen.
     Mein teurer Freund, ich rat Euch drum,
     Zuerst Collegium logicum.
     Da wird der Geist Euch wohl dressiert,
     In Spansche Stiefeln eingeschnürt,
345 Daß er bedächtger so fortan
     Hinschleiche die Gedankenbahn,
     Und nicht etwa die Kreuz und Quer
     Irrlichteliere den Weg daher.
     Dann lehret man Euch manchen Tag,
350 Daß, was Ihr sonst auf einen Schlag
     Getrieben, wie Essen und Trinken frei –
     Eins, Zwei, Drei – dazu nötig sei.
     Zwar ist's mit der Gedankenfabrik
     Wie mit einem Webermeisterstück,
355 Wo ein Tritt tausend Fäden regt,
     Die Schifflein 'rüber hinüber schießen,
     Die Fäden ungesehen fließen,
     Ein Schlag tausend Verbindungen schlägt.
     Der Philosoph, der tritt herein
360 Und beweist Euch, es müßt so sein.
     Das Erst wär so, das Zweite so
     Und drum das Dritt und Vierte so.
     Und wenn das Erst und Zweit nicht wär,

Das Dritt und Viert wär nimmermehr.
Das preisen die Schüler allerorten, 365
Sind aber keine Weber worden.
Wer will was Lebigs erkennen und beschreiben,
Muß erst den Geist herauer treiben,
Dann hat er die Teil' in seiner Hand,
Fehlt leider nur das geistlich Band. 370
Encheiresin naturae nennt's die Chimie!
Bohrt sich selbst einen Esel und weiß nicht wie.
STUDENT. Kann Euch nicht eben ganz verstehen.
MEPHISTOPHELES. Das wird nächstens schon besser gehen,
Wenn Ihr lernt alles reduzieren 375
Und gehörig klassifizieren.
STUDENT. Mir wird von allem dem so dumm,
Als ging mir ein Mühlrad im Kopf herum.
MEPHISTOPHELES. Nachher vor allen andern Sachen
Müßt Ihr Euch an die Metaphysik machen, 380
Da seht, daß Ihr tiefsinnig faßt,
Was in des Menschen Hirn nicht paßt,
Für was drein geht und nicht drein geht,
Ein prächtig Wort zu Diensten steht.
Doch vorerst dieses halbe Jahr 385
Nehmt Euch der besten Ordnung wahr.
Fünf Stunden nehmt Ihr jeden Tag,
Seid drinne mit dem Glockenschlag.
Habt Euch zu Hause wohl präpariert,
Paragraphos wohl einstudiert, 390
Damit Ihr nachher besser seht,
Daß er nichts sagt, als was im Buche steht.
Doch Euch des Schreibens ja befleißt,
Als diktiert Euch der heilig Geist!
STUDENT. Verzeiht, ich halt Euch auf mit vielen Fragen, 395
Allein ich muß Euch noch bemühn:
Wollt Ihr mir von der Medizin
Nicht auch ein kräftig Wörtchen sagen?
Drei Jahr ist eine kurze Zeit,
Und, Gott! das Feld ist gar zu weit. 400
Wenn man ein' Fingerzeig nur hat,
Läßt sich's schon ehe weiter fühlen.

MEPHISTOPHELES vor sich. Bin des Professortons nun satt,
Will wieder einmal den Teufel spielen.
405 Laut. Der Geist der Medizin ist leicht zu fassen.
Ihr durchstudiert die groß und kleine Welt,
Um es am Ende gehn zu lassen,
Wie's Gott gefällt.
Vergebens, daß Ihr ringsum wissenschaftlich schweift,
410 Ein jeder lernt nur, was er lernen kann.
Doch der den Augenblick ergreift,
Das ist der rechte Mann.
Ihr seid noch ziemlich wohl gebaut,
An Kühnheit wirds Euch auch nicht fehlen,
415 Und wenn Ihr Euch nur selbst vertraut,
Vertrauen Euch die andern Seelen.
Besonders lernt die Weiber führen!
Es ist ihr ewig Weh und Ach
So tausendfach
420 Aus einem Punkte zu kurieren.
Und wenn Ihr halbweg ehrbar tut,
Dann habt Ihr sie all unterm Hut.
Ein Titel muß sie erst vertraulich machen,
Daß Eure Kunst viel Künste übersteigt,
425 Zum Willkomm tappt Ihr dann nach allen Siebensachen,
Um die ein andrer viele Jahre streicht.
Versteht das Pülslein wohl zu drücken,
Und fasset sie mit feurig schlauen Blicken
Wohl um die schlanke Hüfte frei,
430 Zu sehn, wie fest geschnürt sie sei.
STUDENT. Das sieht schon besser aus als die Philosophie.
MEPHISTOPHELES. Grau, teurer Freund, ist alle Theorie
Und grün des Lebens goldner Baum.
STUDENT. Ich schwör Euch zu, mir ist's als wie ein Traum.
435 Dürft ich Euch wohl ein andermal beschweren,
Von Eurer Weisheit auf den Grund zu hören?
MEPHISTOPHELES. Was ich vermag, soll gern geschehn.
STUDENT. Ich kann ohnmöglich wieder gehn,
Ich muß Euch noch mein Stammbuch überreichen,
440 Gönn Eure Gunst mir dieses Zeichen.
MEPHISTOPHELES. Sehr wohl. Er schreibt und gibts.

STUDENT liest. Eritis sicut Deus scientes bonum et malum.
Machts ehrbietig zu und empfiehlt sich.

MEPHISTOPHELES. Folg nur dem alten Spruch von meiner
                            Muhme der Schlange,
Dir wird gewiß einmal bei deiner Gottähnlichkeit bange.

AUERBACHS KELLER IN LEIPZIG

Zeche lustiger Gesellen.

FROSCH. Will keiner saufen, keiner lachen?   445
  Ich werd euch lehren Gesichter machen!
  Ihr seid ja heut wie nasses Stroh
  Und brennt sonst immer lichterloh.

BRANDER. Das liegt an dir, du bringst ja nichts herbei,
  Nicht eine Dummheit, keine Sauerei.   450

FROSCH gießt ihm ein Glas Wein übern Kopf.
  Da hast du beides!

BRANDER.   Esel! Schwein!

FROSCH. Muß man mit euch nicht beides sein?   452

SIEBEL. Drei Teufel! ruht! und singt runda! und drein ge-
soffen, drein gekrischen. Holla he! Auf! He da!

ALTEN. Baumwolle her! Der sprengt uns die Ohren.

SIEBEL. Kann ich davor, daß das verflucht niedrige Gewölbe
so widerschallt? Sing!   5

FROSCH. A! Tara! tara! lara! di! – Gestimmt ist! Und was
nun?

        Das liebe heil'ge Röm'sche Reich,
          Wie hält's nur noch zusammen?

BRANDER. Pfui, ein garstig Lied, ein politisch Lied, ein 10
leidig Lied! Dankt Gott, daß euch das heilige Römische
Reich nichts angeht. Wir wollen einen Papst wählen.

FROSCH.   Schwing dich auf, Frau Nachtigall,
        Grüß mein Liebchen zehntausendmal!

SIEBEL. Wetter und Tod! Grüß mein Liebchen! – Eine 15
Hammelmauspastete mit gestopften dürren Eichenblättern
vom Blocksberg, durch einen geschundnen Hasen mit dem
Hahnenkopf überschickt, und keinen Gruß von der Nach-

tigall. Hat sie mich nicht – Meinen Stutzbart und alle Appartinenzien hinter die Türe geworfen wie einen stumpfen Besen, und das um... Drei Teufel! – Keinen Gruß, sag ich, als die Fenster eingeschmissen!

5 FROSCH, den Krug auf den Tisch stoßend. Ruh jetzt! – Ein neu Lied, Kameraden, ein alt Lied, wenn ihr wollt! – Aufgemerkt und den Rundreim mitgesungen! Frisch und hoch auf! –

    Es war ein Ratt im Kellernest,
10   Lebt nur von Fett und Butter,
    Hätt sich ein Ränzlein angemäst
    Als wie der Doktor Luther.
    Die Köchin hätt ihr Gift gestellt,
    Da wards so eng ihr in der Welt,
15   Als hätt sie Lieb im Leibe!

CHORUS, jauchzend. Als hätt sie Lieb im Leibe.

FROSCH.   Sie fuhr herum, sie fuhr heraus
    Und soff aus allen Pfützen,
    Zernagt, zerkratzt das ganze Haus,
20   Wollt nichts ihr Wüten nützen.
    Sie tät so manchen Ängstesprung,
    Bald hätt das arme Tier genung,
    Als hätt es Lieb im Leibe.

CHORUS.   Als hätt es Lieb im Leibe.

25 FROSCH.   Sie kam vor Angst am hellen Tag
    Der Küche zu gelaufen,
    Fiel an den Herd und zuckt und lag
    Und tät erbärmlich schnaufen.
    Da lachte die Vergiftrin noch:
30   Ha! sie pfeift auf dem letzten Loch,
    Als hätt sie Lieb im Leibe.

CHORUS.   Als hätt sie Lieb im Leibe.

SIEBEL. Und eine hinlängliche Portion Rattenpulver der Köchin in die Suppe! Ich bin nit mitleidig, aber so eine
35 Ratte könnte einen Stein erbarmen.

BRANDER. Selbst Ratte! Ich möchte den Schmerbauch so am Herde sein Seelchen ausblasen sehn!

        Faust, Mephistopheles.

MEPHISTOPHELES. Nun schau wie sie's hier treiben! Wenn dirs gefällt, dergleichen Sozietät schaff ich dir nachtnächtlich.

FAUST. Guten Abend, ihr Herren.

ALLE. Großen Dank!

SIEBEL. Wer ist der Storcher da?

BRANDER. Still! das ist was Vornehmes inkognito, sie haben so was Unzufriednes Böses im Gesicht.

SIEBEL. Pah! Komödianten, wenns hoch kommt.

MEPHISTOPHELES, leise. Merks! den Teufel vermuten die Kerls nie, so nah er ihnen immer ist.

FROSCH. Ich will 'en die Würme schon aus der Nase ziehn, wo sie herkommen! – Ist der Weg von Rippach herüber so schlimm, daß Ihr so tief in die Nacht habt reisen müssen?

FAUST. Wir kommen den Weg nit.

FROSCH. Ich meinte etwa, Ihr hättet bei dem berühmten Hans drüben zu Mittag gespeist.

FAUST. Ich kenn ihn nicht.

Die andern lachen.

FROSCH. O, er ist von altem Geschlecht. Hat eine weitläufige Familie.

MEPHISTOPHELES. Ihr seid wohl seiner Vettern einer?

BRANDER, leise zu Frosch. Stecks ein! der versteht den Rummel.

FROSCH. Bei Wurzen ists fatal, da muß man so lang auf die Fähre manchmal warten.

FAUST. So?

SIEBEL, leise. Sie kommen aus dem Reiche, man siehts 'en an. Laßt sie nur erst fidel werden. – Seid Ihr Freunde von einem herzhaften Schluck? Herbei mit Euch!

MEPHISTOPHELES. Immer zu.

Sie stoßen an und trinken.

FROSCH. Nun, Herrn, ein Liedchen. Für einen Krug ein Liedchen, das ist billig.

FAUST. Ich habe keine Stimme.

MEPHISTOPHELES. Ich sing eins für mich, zwei für meinen Kameraden, hundert wenn Ihr wollt; wir kommen aus Spanien, wo nachts so viel Lieder gesungen werden als Sterne am Himmel stehn.

BRANDER. Das verbät ich mir, ich hasse das Geklimpere,
außer wenn ich einen Rausch habe und schlafe, daß die
Welt untergehen dürfte. – Für kleine Mädchen ist's sowas,
die nit schlafen können, und am Fenster stehen Monden-
5   kühlung einzusuckeln.

MEPHISTOPHELES. Es war einmal ein König,
            Der hätt einen großen Floh –

SIEBEL. Stille! Horch! Schöne Rarität! schöne Liebhaberei!

FROSCH. Noch einmal!

10 MEPHISTOPHELES. Es war einmal ein König,
            Der hätt einen großen Floh,
            Den liebt er gar nit wenig
            Als wie sein eignen Sohn.
            Da rief er seinen Schneider,
15   Der Schneider kam heran:
            Da, meß dem Junker Kleider
            Und meß ihm Hosen an!

SIEBEL. Wohl gemessen! Wohl! Sie schlagen in ein Gelächter
aus. Daß sie nur keine Falten werfen!

20 MEPHISTOPHELES. In Sammet und in Seide
            War er nun angetan,
            Hätte Bänder auf dem Kleide,
            Hätt auch ein Kreuz daran.
            Und war sogleich Minister
25   Und hätt einen großen Stern,
            Da wurden sein Geschwister
            Bei Hof auch große Herrn.

            Und Herrn und Fraun am Hofe,
            Die waren sehr geplagt,
30   Die Königin und die Zofe
            Gestochen und genagt,
            Und durften sie nicht knicken,
            Und weg sie jagen nicht.
            Wir knicken und ersticken
35   Doch gleich, wenn einer sticht.

CHORUS, jauchzend. Wir knicken und ersticken
            Doch gleich, wenn einer sticht.

ALLE, durcheinander. Bravo! Bravo! Schön und trefflich!
Noch eins! Noch ein paar Krüge! Noch ein paar Lieder!

FAUST. Meine Herren, der Wein geht an, geht an, wie in
Leipzig die Weine alle angehn müssen. Doch dünkt mich,
Ihr würdet erlauben, daß man Euch aus einem andern Fasse ⁵
zapfte.

SIEBEL. Habt Ihr einen eignen Keller? Handelt Ihr mit
Weinen? Seid Ihr vielleicht von denen Schelmen aus'm
Reich? –

ALTEN. Wart ein bißchen. Er steht auf. Ich hab so eine ¹⁰
Probe, ob ich weitertrinken darf. Er macht die Augen zu
und steht eine Weile. Nun, nun, das Köpfchen schwankt schon.

SIEBEL. Pah, eine Flasche! Ich wills vor Gott verantworten
und vor deiner Frauen. Euren Wein!

FAUST. Schafft mir einen Bohrer! ¹⁵

FROSCH. Der Wirt hat so ein Körbel mit Werkzeug in der
Ecke stehn.

FAUST nimmt den Bohrer. Gut. Was verlangt Ihr für Wein?

FROSCH. He?

FAUST. Was für ein Gläschen möchtet Ihr trinken? Ich ²⁰
schaffs Euch.

FROSCH. He! He! So ein Glas Rheinwein, echten Nieren-
steiner.

FAUST. Gut. Er bohrt in den Tisch an Froschens Seite. Nun schafft
Wachs! ²⁵

ALTEN. Da, ein Kerzenstümpfchen.

FAUST. So. Er stopft das Loch. Halt jetzo! – und Ihr?

SIEBEL. Muskatenwein! Spanischen Wein, sonst keinen
Tropfen. Ich will nur sehn, wo das hinausläuft.

FAUST bohrt und verstopft. Was beliebt Euch? ³⁰

ALTEN. Roten Wein, einen Französchen! – Die Franzosen
kann ich nicht leiden, so großen Respekt ich vor ihren
Wein hab.

FAUST wie oben. Nun, was schafft Ihr?

BRANDER. Hält er uns für'n Narren? ³⁵

FAUST. Schnell, Herr, nennt einen Wein!

BRANDER. Tokayer denn! – Soll er doch nicht aus dem
Tische laufen!

FAUST. Stille, junger Herr! – Nun aufgeschaut! Die Gläser untergehalten, jeder ziehe den Wachspfropfen heraus! Daß aber kein Tropfen an die Erde fällt, sonst gibts ein Unglück!

5 ALTEN. Mir wirds unheimlich. Der hat den Teufel.

FAUST. Ausgezogen!

Sie ziehn die Pfropfen, jedem läuft der verlangte Wein ins Glas.

FAUST. Zugestopft! Und nun versucht!

SIEBEL. Wohl! trefflich wohl!

10 ALLE. Wohl! Majestätisch wohl! – Willkommner Gast!

Sie trinken wiederholt.

MEPHISTOPHELES. Sie sind nun eingeschifft.

FAUST. Gehn wir!

MEPHISTOPHELES. Noch ein Moment.

15 ALLE singen. Uns ist gar kannibalisch wohl
Als wie fünfhundert Säuen!

Sie trinken wiederholt, Siebel läßt den Pfropf fallen, es fließt auf die Steine und wird zur Flamme, die an Siebeln hinauf lodert.

SIEBEL. Hölle und Teufel!

20 BRANDER. Zauberei! Zauberei!

FAUST. Sagt ichs euch nicht?

Er verstopft die Öffnung und spricht einige Worte; die Flamme flieht.

SIEBEL. Herr und Satan! – Meint Er, Er dürft in ehrliche Gesellschaft sich machen und Sein höllisches Hokuspokus
25 treiben?

FAUST. Stille, Mastschwein!

SIEBEL. Mir Schwein! Du Besenstiel! Brüder! Schlagt ihn zusammen! Stoßt ihn nieder! Sie ziehn die Messer. Ein Zauberer ist vogelfrei! Nach den Reichsgesetzen vogelfrei.

30 Sie wollen über Fausten her, er winkt, sie stehn in frohem Erstaunen auf einmal und sehn einander an.

SIEBEL. Was seh ich! Weinberge!

BRANDER. Trauben um diese Jahrzeit!

ALTEN. Wie reif! Wie schön!

35 FROSCH. Halt, das ist die schönste!

Sie greifen zu, kriegen einander bei den Nasen und heben die Messer.

FAUST. Halt! – Geht und schlaft euern Rausch aus!

Faust und Mephistopheles ab. Es gehen ihnen die Augen auf, sie fahren mit Geschrei auseinander.

SIEBEL. Meine Nase! War das deine Nase? Waren das die Trauben? Wo ist er?

BRANDER. Fort! Es war der Teufel selbst!

FROSCH. Ich hab ihn auf einem Fasse hinausreiten sehn.

ALTEN. Hast du? Da ist gewiß auf dem Markt nit sicher. Wie kommen wir nach Hause?

BRANDER. Siebel, geh zuerst!

SIEBEL. Kein Narr!

FROSCH. Kommt, wir wecken die Häscher unterm Rathaus, für ein Trinkgeld tun die wohl ihre Schuldigkeit. Fort!

SIEBEL. Sollte wohl der Wein noch laufen? Er visitiert die Pfropfen.

ALTEN. Bild dirs nicht ein! Trocken wie Holz!

FROSCH. Fort, ihr Bursche! Fort! *Alle ab.*

LANDSTRASSE

Ein Kreuz am Wege, rechts auf dem Hügel ein altes Schloß, in der Ferne ein Bauerhüttchen.

FAUST. Was gibt's, Mephisto, hast du Eil?
Was schlägst vorm Kreuz die Augen nieder?

MEPHISTOPHELES. Ich weiß es wohl, es ist ein Vorurteil,
Allein genung, mir ist's einmal zuwider.

STRASSE

Faust. Margarete vorübergehend.

FAUST. Mein schönes Fräulein, darf ich's wagen,
Mein Arm und Geleit Ihr anzutragen?

MARGARETE. Bin weder Fräulein weder schön,
Kann ohn Geleit nach Hause gehn. *Sie macht sich los und ab.*

FAUST. Das ist ein herrlich schönes Kind!
   Die hat was in mir angezündt.
   Sie ist so sitt- und tugendreich
   Und etwas schnippisch doch zugleich.
465 Der Lippen Rot, der Wange Licht,
   Die Tage der Welt vergeß ich's nicht!
   Wie sie die Augen niederschlägt,
   Hat tief sich in mein Herz geprägt.
   Wie sie kurz angebunden war,
470 Das ist nun zum Entzücken gar.

      Mephistopheles tritt auf.

FAUST. Hör, du mußt mir die Dirne schaffen!

MEPHISTOPHELES. Nun, welche?

FAUST.   Sie ging just vorbei.

MEPHISTOPHELES. Da die? Sie kam von ihrem Pfaffen,
   Der sprach sie aller Sünden frei.
475 Ich schlich mich hart am Stuhl herbei.
   Es ist ein gar unschuldig Ding,
   Das eben für nichts zur Beichte ging.
   Über die hab ich keine Gewalt.

FAUST. Ist über vierzehn Jahr doch alt.

480 MEPHISTOPHELES. Sprichst, ei, wie der Hans Lüderlich,
   Der begehrt jede liebe Blum für sich,
   Und dünkelt ihm, es wär kein Ehr
   Und Gunst, die nicht zu pflücken wär.
   Geht aber doch nicht immer an.

485 FAUST. Mein Herr Magister Lobesan,
   Laß Er mich mit dem Gesetz in Frieden!
   Und das sag ich Ihm kurz und gut,
   Wenn nicht das süße junge Blut
   Heut nacht in meinen Armen ruht,
490 So sind wir um Mitternacht geschieden.

MEPHISTOPHELES. Bedenkt, was gehn und stehen mag!
   Gebt mir zum wenigst vierzehn Tag,
   Nur die Gelegenheit zu spüren.

FAUST. Hätt ich nur sieben Tage Ruh,

Braucht keinen Teufel nicht dazu, 495
So ein Geschöpfchen zu verführen.

MEPHISTOPHELES. Ihr sprecht schon fast wie ein Franzos;
Drum bitt ich, laßt's Euch nicht verdrießen.
Was hilft so grade zu genießen?
Die Freud ist lange nicht so groß, 500
Als wenn Ihr erst herauf, herum
Durch allerlei Brimborium
Das Püppchen geknet't und zugericht't,
Wie's lehret manche welsch Geschicht.

FAUST. Hab Appetit auch ohne das. 505

MEPHISTOPHELES. Jetzt ohne Schimpf und ohne Spaß!
Ich sag Euch, mit dem schönen Kind
Geht ein vor allmal nicht geschwind.
Mit Sturm ist da nichts einzunehmen,
Wir müssen uns zur List bequemen. 510

FAUST. Schaff mir etwas vom Engelsschatz,
Führ mich an ihren Ruheplatz,
Schaff mir ein Halstuch von ihrer Brust,
Ein Strumpfband meiner Liebeslust!

MEPHISTOPHELES. Damit Ihr seht, daß ich Eurer Pein 515
Will förderlich und dienstlich sein,
Wollen wir keinen Augenblick verlieren.
Will Euch noch heut in ihr Zimmer führen.

FAUST. Und soll sie sehn? Sie haben?

MEPHISTOPHELES.   Nein.
Sie wird bei einer Nachbarin sein. 520
Indessen könnt Ihr ganz allein
An aller Hoffnung künftger Freuden
In ihrem Dunstkreis satt Euch weiden.

FAUST. Können wir hin?

MEPHISTOPHELES.   Es ist noch zu früh.

FAUST. Sorg du mir für ein Geschenk für sie. Ab. 525

MEPHISTOPHELES. Er tut, als wär er ein Fürstensohn.
Hätt Luzifer so ein Dutzend Prinzen,
Die sollten ihm schon was vermünzen;
Am Ende kriegt er eine Kommission. Ab.

ABEND

Ein kleines reinliches Zimmer.

MARGARETE, ihre Zöpfe flechtend und aufbindend.

530 Ich gäb was drum, wenn ich nur wüßt,
Wer heut der Herr gewesen ist.
Er sah gewiß recht wacker aus
Und ist aus einem edlen Haus,
Das konnt ich ihm an der Stirne lesen.
535 Er wär auch sonst nicht so keck gewesen. Ab.
Mephistopheles. Faust.

MEPHISTOPHELES. Herein, ganz leise nur herein!
FAUST nach einigem Stillschweigen. Ich bitte dich, laß mich
MEPHISTOPHELES herumspürend.   [allein!
Nicht jedes Mädchen hält so rein. Ab.
FAUST rings aufschauend.
Willkommen, süßer Dämmerschein,
540 Der du dies Heiligtum durchwebst!
Ergreif mein Herz, du süße Liebespein,
Die du vom Tau der Hoffnung schmachtend lebst!
Wie atmet rings Gefühl der Stille,
Der Ordnung, der Zufriedenheit!
545 In dieser Armut welche Fülle!
In diesem Kerker welche Seligkeit!
Er wirft sich auf den ledernen Sessel am Bett.
O nimm mich auf, der du die Vorwelt schon
In Freud und Schmerz in offnen Arm empfangen!
Wie oft, ach, hat an diesem Väterthron
550 Schon eine Schar von Kindern rings gehangen!
Vielleicht hat dankbar für den heilgen Christ
Mein Liebchen hier mit vollen Kinderwangen
Dem Ahnherrn fromm die welke Hand geküßt.
Ich fühl, o Mädchen, deinen Geist
555 Der Füll und Ordnung um mich säuseln,
Der mütterlich dich täglich unterweist,
Den Teppich auf den Tisch dich reinlich breiten heißt,
Sogar den Sand zu deinen Füßen kräuseln.
O liebe Hand, so göttergleich,
560 Die Hütte wird durch dich ein Himmelreich.

Und hier! Er hebt einen Bettvorhang auf.
       Was faßt mich für ein Wonnegraus!
Hier möcht ich volle Stunden säumen.
Natur! Hier bildetest in leichten Träumen
Den eingebornen Engel aus.
Hier lag das Kind, mit warmem Leben   565
Den zarten Busen angefüllt,
Und hier mit heilig reinem Weben
Entwürkte sich das Götterbild.

Und du! Was hat dich hergeführt?
Wie innig fühl ich mich gerührt!   570
Was willst du hie? Was wird das Herz dir schwer?
Armselger Faust, ich kenne dich nicht mehr!

Umgibt mich hier ein Zauberduft?
Mich drangs, so grade zu genießen,
Und fühle mich in Liebestraum zerfließen!   575
Sind wir ein Spiel von jedem Druck der Luft?

Und träte sie den Augenblick herein,
Wie würdest du für deinen Frevel büßen!
Der große Hans, ach wie so klein,
Läg weggeschmolzen ihr zu Füßen.   580

MEPHISTOPHELES.
  Geschwind! ich seh sie dortunten kommen.

FAUST. Komm, komm! ich kehre nimmermehr!

MEPHISTOPHELES. Hier ist ein Kästchen leidlich schwer,
  Ich hab's wo anderswo genommen.
  Stellt's hier nur immer in den Schrein,   585
  Ich schwör Euch, ihr vergehn die Sinnen.
  Ich sag Euch, es sind Sachen drein,
  Um eine Fürstin zu gewinnen.
  Zwar Kind ist Kind und Spiel ist Spiel.

FAUST. Ich weiß nicht, soll ich?

MEPHISTOPHELES.   Fragt Ihr viel!   590
  Meint Ihr vielleicht den Schatz zu wahren?
  Dann rat ich Eurer Lüsternheit,
  Die liebe schöne Tageszeit

Und mir die weitere Müh zu sparen.
595 Ich hoff nicht, daß Ihr geizig seid.
Ich kratz den Kopf, reib an den Händen –

Er stellt das Kästchen in den Schrein und drückt das Schloß wieder zu.

Nur fort geschwind –,
Um Euch das süße junge Kind
Nach Eurem Herzenswill zu wenden.
600 Und Ihr seht drein,
Als solltet Ihr in'n Hörsaal 'nein,
Als stünden grau leibhaftig vor Euch da
Physik und Metaphysika.
Nur fort! – Ab.

MARGARETE mit einer Lampe.
605 Es ist so schwül und dumpfig hie –

Sie macht das Fenster auf.

Und macht doch eben so warm nicht drauß.
Es wird mir so, ich weiß nicht wie –
Ich wollt, die Mutter käm nach Haus.
Mir läuft ein Schauer am ganzen Leib,
610 Bin doch ein törig furchtsam Weib.

Sie fängt an zu singen, indem sie sich auszieht.

Es war ein König in Thule,
Einen goldnen Becher er hätt
Empfangen von seiner Buhle
Auf ihrem Todesbett.

615   Der Becher war ihm lieber,
Trank draus bei jedem Schmaus;
Die Augen gingen ihm über,
So oft er trank daraus.

Und als es kam zu sterben,
620   Zählt' er seine Städt und Reich,
Gönnt alles seinen Erben,
Den Becher nicht zugleich.

Er saß beim Königsmahle,
Die Ritter um ihn her,
625   Auf hohem Vätersaale
Dort auf dem Schloß am Meer.

Dort stand der alte Zecher,
Trank letzte Lebensglut
Und warf den heil'gen Becher
Hinunter in die Flut.   630

Er sah ihn stürzen, trinken
Und sinken tief ins Meer,
Die Augen täten ihm sinken,
Trank nie einen Tropfen mehr.

*Sie eröffnet den Schrein, ihre Kleider einzuräumen, und erblickt das
Schmuckkästchen.*

Wie kommt das schöne Kästchen hier herein?   635
Ich schloß doch ganz gewiß den Schrein.
Was Guckguck mag dadrinne sein?
Vielleicht bracht's jemand als ein Pfand,
Und meine Mutter lieh darauf?
Da hängt ein Schlüsselchen am Band,   640
Ich denke wohl, ich mach es auf!
Was ist das? Gott im Himmel, schau!
So was hab ich mein Tage nicht gesehn!
Ein Schmuck! Drin könnt eine Edelfrau
Am höchsten Feiertag gehn.   645
Wie sollte mir die Kette stehn?
Wem mag die Herrlichkeit gehören?

Sie putzt sich damit auf und tritt vor den Spiegel.

Wenn nur die Ohrring meine wären!
Man sieht doch gleich ganz anders drein.
Was hilft euch Schönheit, junges Blut?   650
Das ist wohl alles schön und gut,
Allein man läßt auch alles sein.
Man lobt euch halb mit Erbarmen.
Nach Golde drängt,
Am Golde hängt   655
Doch alles! Ach wir Armen!

ALLEE

Faust in Gedanken auf und ab gehend,
zu ihm Mephistopheles.

MEPH. Bei aller verschmähten Lieb! Beim höllischen Element!
Ich wollt, ich wüßt was Ärgers, daß ich's fluchen könnt.

FAUST. Was hast? was petzt dich dann so sehr?
660 So kein Gesicht sah ich in meinem Leben.

MEPH. Ich möcht mich gleich dem Teufel übergeben,
Wenn ich nur selbst kein Teufel wär.

FAUST. Hat sich dir was im Kopf verschoben?
Es kleidt dich gut, das Rasen und das Toben.

MEPHISTOPHELES.
665 Denkt nur, den Schmuck, den ich Margreten schafft',
Den hat ein Pfaff hinweggerafft.
Hätt einer auch Engelsblut im Leibe,
Er würde da zum Heringsweibe!
Die Mutter kriegt das Ding zu schauen,
670 Es fängt ihr heimlich an zu grauen.
Die Frau hat gar einen feinen Geruch,
Schnüffelt immer im Gebetbuch
Und riecht's einem jeden Möbel an,
Ist das Ding heilig oder profan.
675 Und an dem Schmuck da spürt sie's klar,
Daß dabei nit viel Segen war.
,,Mein Kind", rief sie, ,,ungerechtes Gut
Befängt die Seel, zehrt auf das Blut.
Wollens der Mutter Gottes weihn,
680 Wird uns mit Himmels-Mann' erfreun."
Margretlein zog ein schiefes Maul,
Ist halt, dacht sie, ein geschenkter Gaul,
Und wahrlich gottlos ist nicht der,
Der ihn so fein gebracht hierher.
685 Die Mutter ließ einen Pfaffen kommen;
Der hatte kaum den Spaß vernommen,
Ließ sich den Anblick wohl behagen,
Er sprach: ,,Ach christlich so gesinnt!
Wer überwindet, der gewinnt.

Die Kirche hat einen guten Magen, 690
Hat ganze Länder aufgefressen
Und doch noch nie sich übergessen;
Die Kirch allein, meine lieben Frauen,
Kann ungerechtes Gut verdauen."

FAUST. Das ist ein allgemeiner Brauch, 695
Ein Jud und König kann es auch.

MEPHISTOPHELES.
Strich drauf ein Spange, Kett und Ring,
Als wären's eben Pfifferling,
Dankt' nicht weniger und nicht mehr,
Als wenn's ein Korb voll Nüsse wär, 700
Versprach ihnen allen himmlischen Lohn –
Sie waren sehr erbaut davon.

FAUST. Und Gretchen?

MEPHISTOPHELES. Sitzt nun unruhvoll,
Weiß weder was sie will noch soll,
Denkt ans Geschmeide Tag und Nacht, 705
Noch mehr an den, der's ihr gebracht.

FAUST. Des Liebchens Kummer tut mir leid,
Schaff du ihr gleich ein neu Geschmeid!
Am ersten war ja so nicht viel.

MEPHISTOPHELES. O ja, dem Herrn ist alles Kinderspiel. 710

FAUST. Und mach, und richt's nach meinem Sinn,
Häng dich an ihre Nachbarin!
Sei, Teufel, doch nur nicht wie Brei
Und schaff einen neuen Schmuck herbei!

MEPHISTOPHELES. Ja, gnäd'ger Herr, von Herzen gerne. 715
Faust ab.

MEPHISTOPHELES. So ein verliebter Tor verpufft
Euch Sonne, Mond und alle Sterne
Zum Zeitvertreib dem Liebchen in die Luft. Ab.

NACHBARIN HAUS

MARTHE. Gott verzeih's meinem lieben Mann,
Er hat an mir nicht wohl getan! 720
Geht da stracks in die Welt hinein

Und läßt mich auf dem Stroh allein.
Tät ihn doch wahrlich nicht betrüben,
Tät ihn, weiß Gott, recht herzlich lieben. Sie weint.
725 Vielleicht ist er gar tot! – O Pein!

– – – – – –

– – – – – –

Hätt ich nur einen Totenschein!

MARGARETE kommt. Frau Marthe!

MARTHE.   Gretchen, was soll's?

730 MARGARETE. Fast sinken mir die Kniee nieder!
Da find ich so ein Kästchen wieder
In meinem Schrein, von Ebenholz,
Und Sachen herrlich ganz und gar,
Weit reicher, als das erste war.

735 MARTHE. Das muß Sie nit der Mutter sagen,
Tät's wieder gleich zur Beichte tragen.

MARGARETE. Ach seh Sie nur! ach schau Sie nur!

MARTHE putzt sie auf. O du glückselige Kreatur!

MARGARETE. Darf mich, ach, leider auf der Gassen,
740 Nicht in der Kirch mit sehen lassen.

MARTHE. Komm du nur oft zu mir herüber,
Und leg den Schmuck hier heimlich an;
Spazier ein Stündchen lang dem Spiegelglas vorüber,
Wir haben unsre Freude dran.
745 Und dann gibt's einen Anlaß, gibt's ein Fest,
Wo man's so nach und nach den Leuten sehen läßt.
Ein Kettchen erst, die Perle dann ins Ohr,
Die Mutter sieht's wohl nicht, man macht ihr auch was vor.

Es klopft.

MARGARETE. Ach Gott! mag das mein' Mutter sein?

MARTHE durchs Vorhängel guckend.
750 Es ist ein fremder Herr. – Herein!

MEPHISTOPHELES tritt auf. Bin so frei grad hereinzutreten,
Muß bei den Fraun Verzeihn erbeten.

Tritt ehrbietig vor Margareten zurück.

Wollt nach Frau Marthe Schwerdlein fragen!

MARTHE. Ich bin's, was hat der Herr zu sagen?

MEPH. leise zu ihr. Ich kenn Sie jetzt, mir ist das gnug;   755
Sie hat da gar vornehmen Besuch.
Verzeiht die Freiheit, die ich genommen,
Will nach Mittage wiederkommen.

MARTHE, laut. Denk, Kind, um alles in der Welt!
Der Herr dich für ein Fräulein hält.   760

MARGARETE. Ich bin ein armes junges Blut,
Ach Gott, der Herr ist gar zu gut.
Der Schmuck und Schmeid, Herr, ist nicht mein.

MEPHISTOPHELES. Ach, es ist nicht der Schmuck allein.
Sie hat ein Wesen, einen Blick so scharf.   765
Wie freut mich's, daß ich bleiben darf.

MARTHE. Was bringt Er dann? Neugierde sehr.

MEPHISTOPHELES. Ach wollt, hätt eine froh're Mär!
Ich hoff, Sie läßt mich's drum nicht büßen:
Ihr Mann ist tot und läßt Sie grüßen.   770

MARTHE. Ist tot? das treue Herz! O weh!
Mein Mann ist tot, ach, ich vergeh!

MARGARETE. Ach, liebe Frau, verzweifelt nicht!

MEPHISTOPHELES. So hört die traurige Geschicht.

MARGARETE. Ich möchte drum mein' Tag' nicht lieben,   775
Würd mich Verlust zu Tod betrüben.

MEPHISTOPHELES. Freud muß Leid, Leid muß Freude haben.

MARTHE. Erzählt mir seines Lebens Schluß.

MEPHISTOPHELES. Er liegt in Padua begraben
Beim heiligen Antonius,   780
An einer wohlgeweihten Stätte
Zum ewig kühlen Ruhebette.

MARTHE. Habt Ihr sonst nichts an mich zu bringen?

MEPHISTOPHELES. Ja, eine Bitte, groß und schwer:
Laß Sie doch ja für ihn dreihundert Messen singen!   785
Im übrigen sind meine Taschen leer.

MARTHE. Was? nicht ein Schaustück? kein Geschmeid?
Was jeder Handwerksbursch im Grund des Säckels spart,
Zum Angedenken aufbewahrt
Und lieber hungert, lieber bettelt!   790

MEPHISTOPHELES. Madam, es tut mir herzlich leid,
Allein er hat sein Geld wahrhaftig nicht verzettelt.

Und er bereute seine Fehler sehr,
Ach, und bejammerte sein Unglück noch viel mehr.
795 MARGARETE. Ach, daß die Menschen so unglücklich sind!
Gewiß, ich will für ihn manch Requiem noch beten.
MEPHISTOPHELES. Ihr wäret wert, gleich in die Eh' zu treten.
Ihr seid ein liebenswürdig Kind.
MARGARETE. Ach nein, das geht jetzt noch nicht an.
800 MEPH. Ists nicht ein Mann, sei's derweil ein Galan.
Ist eine der größten Himmelsgaben,
So ein lieb Ding im Arm zu haben.
MARGARETE. Das ist des Landes nicht der Brauch.
MEPHISTOPHELES. Brauch oder nicht! Es gibt sich auch.
MARTHE. Erzählt mir doch!
805 MEPHISTOPHELES.   Ich stand an seinem Sterbebette.
Es war 'was besser als von Mist,
Von halbgefaultem Stroh; allein er starb als Christ
Und fand, daß er weit mehr noch auf der Zeche hätte.
„Wie", rief er, „muß ich mich von Grund aus hassen,
810 So mein Gewerb, mein Weib so zu verlassen!
Ach! die Erinnrung tötet mich.
Vergäb sie mir nur noch in diesem Leben!"
MARTHE weinend.
Der gute Mann! ich hab ihm längst vergeben.
MEPH. „Allein, weiß Gott, sie war mehr schuld als ich."
815 MARTHE. Das lügt er! Was? am Rand des Tods zu lügen!
MEPHISTOPHELES. Er fabelte gewiß in letzten Zügen,
Wenn ich nur halb ein Kenner bin.
„Ich hatte", sprach er, „nicht zum Zeitvertreib zu gaffen,
Erst Kinder, und dann Brot für sie zu schaffen,
820 Und Brot im allerweitsten Sinn.
Ich konnte nicht einmal mein Teil in Frieden essen."
MARTHE. Hat er so aller Treu, so aller Lieb vergessen,
Der Plackerei bei Tag und Nacht?
MEPH. Nicht doch, er hat recht herzlich dran gedacht.
825 Er sprach: „Als ich nun weg von Malta ging,
Da betet' ich für Frau und Kinder brünstig.
Uns war denn auch der Himmel günstig,
Daß unser Schiff ein türkisch Fahrzeug fing,
Das einen Schatz des großen Sultans führte.

Da ward der Tapferkeit ihr Lohn,   830
Und ich empfing dann auch, wie sichs gebührte,
Mein wohlgemessen Teil davon."

MARTHE. Ei wie? Ei wo? hat er's vielleicht vergraben?

MEPH. Wer weiß, wo nun es die vier Winde haben.

Ein schönes Fräulein nahm sich seiner an,   835
Als er in Napel fremd umherspazierte,
Sie hat an ihm viel Lieb's und Treu getan,
Daß er's bis an sein selig Ende spürte.

MARTHE. Der Schelm! Der Dieb an seinen Kindern!
Auch alles Elend, alle Not   840
Konnt' nicht sein schändlich Leben hindern.

MEPHISTOPHELES. Ja, seht! dafür ist er nun tot.
Wär ich nun jetzt an Eurem Platze,
Betrauert ihn ein züchtig Jahr,
Visiert dann unterweil nach einem neuen Schatze.   845

MARTHE. Ach Gott! Wie doch mein erster war,
Find ich nicht leicht auf dieser Welt den andern.
Es konnte kaum ein herz'ger Närrchen sein.
Ihm fehlte nichts als allzugern zu wandern,
Und fremde Weiber und der Wein,   850
Und das verfluchte Würfelspiel.

MEPHISTOPHELES. Nun, nun, das konnte gehn und stehen,
Wenn er Euch ohngefähr so viel
Von seiner Seite nachgesehen.
Ich schwör Euch zu, um das Geding   855
Wechselt' ich selbst mit Euch den Ring.

MARTHE. O, es beliebt dem Herrn zu scherzen.

MEPH. vor sich. Nun mach ich mich bei Zeiten fort,
Die hielte wohl den Teufel selbst beim Wort.
Zu Gretchen. Wie steht es denn mit Ihrem Herzen?   860

MARGARETE. Was meint der Herr damit?

MEPHISTOPHELES vor sich.   Du guts unschuldigs Kind!
Laut. Lebt wohl, ihr Fraun!

MARTHE.   O sagt mir doch geschwind!
Ich möchte gern ein Zeugnis haben,
Wo, wie und wenn mein Schatz gestorben und begraben.
Ich bin von je der Ordnung Freund gewesen,   865
Möcht ihn auch tot im Wochenblättchen lesen.

MEPHISTOPHELES.
Ja, gute Frau, durch zweier Zeugen Mund
Wird allewegs die Wahrheit kund.
Habe noch gar einen feinen Gesellen,
870 Den will ich Euch vor den Richter stellen.
Ich bring ihn her.
MARTHE.   O tut das ja.
MEPHISTOPHELES. Und hier die Jungfer ist auch da?
Ein braver Knab, ist viel gereist,
Fräuleins alle Höflichkeit erweist.
875 MARGARETE. Müßt vor solch Herren schamrot werden.
MEPHISTOPHELES. Vor keinem König[e] der Erden.
MARTHE. Da hinterm Haus in meinem Garten
Wollen wir der Herrn heut abend warten. Alle ab.

Faust. Mephistopheles.

FAUST. Wie ist's? Will's fördern, will's bald gehn?
880 MEPHISTOPHELES. Ach bravo! find ich Euch im Feuer!
In kurzer Zeit ist Gretchen Euer.
Heut abend sollt Ihr sie bei Nachbar Marthen sehn.
Das ist ein Weib wie auserlesen
Zum Kuppler- und Zigeunerwesen.
FAUST. Sie ist mir lieb.
885 MEPHISTOPHELES.   Doch geht's nicht ganz umsunst,
Eine Gunst ist wert der andern Gunst:
Wir legen nur ein gültig Zeugnis nieder,
Daß ihres Ehherrn ausgereckte Glieder
In Padua an heil'ger Stätte ruhn.
FAUST.
890 Sehr klug! Wir werden erst die Reise machen müssen.
MEPH. Sancta simplicitas! Darum ist's nicht zu tun.
Bezeugt nur, ohne viel zu wissen.
FAUST. Wenn Er nichts Bessers hat, so ist der Plan zerrissen.
MEPHISTOPHELES.
O heil'ger Mann, da wärt Ihr's nun!
895 Es ist gewiß das Erst in Eurem Leben,
Daß Ihr falsch Zeugnis abgelegt.
Habt Ihr von Gott, der Welt, und was sich drinne regt,
Vom Menschen, und was ihm in Kopf und Herzen schlägt,

Definitionen nicht mit großer Kraft gegeben?
Und habt davon in Geist und Brust   900
So viel als von Herrn Schwerdleins Tod gewußt.
FAUST. Du bist und bleibst ein Lügner, ein Sophiste.
MEPH. Ja, wenn man's nicht ein bißchen tiefer wüßte.
Denn morgen wirst, in allen Ehren,
Das arme Gretchen nicht betören,   905
Und alle Seelenlieb ihr schwören?
FAUST. Und zwar von Herzen!
MEPHISTOPHELES.   Gut und schön.
Dann wird von ew'ger Treu und Liebe,
Von einzig überallmächtgem Triebe –
Wird das auch so von Herzen gehn?   910
FAUST. Laß das, es wird! Wenn ich empfinde
Und dem Gefühl und dem Gewühl
Vergebens Namen such und keine Namen finde,
Und in der Welt mit allen Sinnen schweife
Und alle höchsten Worte greife,   915
Und diese Glut, von der ich brenne,
Unendlich, ewig, ewig nenne,
Ist das ein teuflisch Lügenspiel?
MEPHISTOPHELES. Ich hab doch recht!
FAUST.   Hör, merk dir dies,
Ich bitte dich, und schone meine Lunge!   920
Wer recht behalten will und hat nur eine Zunge,
Der hält's gewiß.
Und komm, ich hab des Schwätzens Überdruß,
Denn du hast recht, vorzüglich weil ich muß.

GARTEN

Margarete an Faustens Arm. Marthe mit Mephistopheles auf
und ab spazierend.

MARGARETE.
Ich fühl es wohl, daß mich der Herr nur schont,   925
Herab sich läßt bis zum Beschämen.
Ein Reisender ist so gewohnt,
Aus Gütigkeit vorlieb zu nehmen,
Ich weiß zu gut, daß solch erfahrnen Mann
Mein arm Gespräch nicht unterhalten kann.   930

FAUST. Ein Blick von dir, ein Wort mehr unterhält
Als alle Weisheit dieser Welt. Er küßt ihre Hand.
MARGARETE. Inkommodiert Euch nicht! Wie könnt Ihr sie
Sie ist so garstig, ist so rauh.   [nur küssen?
935 Was hab ich nicht schon alles schaffen müssen!
Die Mutter ist gar zu genau.
                    Gehn vorüber.
MARTHE. Und Ihr, mein Herr, Ihr reist so immer fort?
MEPH. Ach, daß Gewerb und Pflicht uns dazu treiben!
Mit wieviel Schmerz verläßt man manchen Ort,
940 Und darf doch nun einmal nicht bleiben.
MARTHE. In raschen Jahren gehts wohl an,
So um und um frei durch die Welt zu streifen;
Doch kommt die böse Zeit heran,
Und sich als Hagestolz allein zum Grab zu schleifen,
945 Das hat noch keinem wohlgetan.
MEPHISTOPHELES. Mit Grausen seh ich das von weiten.
MARTHE. Drum, werter Herr, beratet Euch in Zeiten.
                    Gehn vorüber.
MARGARETE. Ja, aus den Augen aus dem Sinn!
Die Höflichkeit ist Euch geläufig.
950 Allein Ihr habt der Freunde häufig,
Und weit verständger als ich bin.
FAUST. O Beste! Glaube, daß, was man verständig nennt,
Mehr Kurzsinn, Eigensinn und Eitelkeit ist.
MARGARETE.   Wie?
FAUST. Ach, daß die Einfalt, daß die Unschuld nie
955 Sich selbst und ihren heil'gen Wert erkennt!
Daß Demut, Niedrigkeit, die höchsten Gaben
Der liebausteilenden Natur –
MARGARETE. Denkt Ihr an mich ein Augenblickchen nur,
Ich werde Zeit genug an Euch zu denken haben.
960 FAUST. Ihr seid wohl viel allein?
MARGARETE. Ja, unsre Wirtschaft ist nur klein,
Und doch will sie versehen sein.
Wir haben keine Magd, muß kochen, fegen, stricken,
Und nähn, und laufen früh und spat.
965 Und meine Mutter ist in allen Stücken
So akkurat.

Nicht, daß sie just so sehr sich einzuschränken hat,
Wir könnten uns weit eh' als andre regen.
Mein Vater hinterließ ein hübsch Vermögen,
Ein Häuschen und ein Gärtchen vor der Stadt.   970
Doch hab ich jetzt so ziemlich stille Tage;
Mein Bruder ist Soldat,
Mein Schwesterchen ist tot.
Ich hatte mit dem Kind wohl meine liebe Not,
Doch übernähm ich gern noch einmal alle Plage,   975
So lieb war mir das Kind.
FAUST.   Ein Engel, wenn dir's glich.
MARGARETE. Ich zog es auf, und herzlich liebt' es mich.
Es war nach meines Vaters Tod geboren,
Die Mutter gaben wir verloren,
So elend wie sie damals lag,   980
Und sie erholte sich sehr langsam nach und nach.
Da konnte sie nun nicht dran denken,
Das arme Würmchen selbst zu tränken,
Und so erzog ich's ganz allein
Mit Wasser und mit Milch, und so ward's mein.   985
Auf meinem Arm, in meinem Schoß
War's freundlich, zappelig und groß.
FAUST. Du hast gewiß das reinste Glück empfunden!
MARGARETE.
Doch auch gewiß gar manche schwere Stunden.
Des Kleinen Wiege stund zu Nacht   990
An meinem Bett, es durfte kaum sich regen,
War ich erwacht.
Bald mußt ich's tränken, bald es zu mir legen,
Bald, wenn's nicht schweigen wollt, vom Bett aufstehn
Und tänzelnd in der Kammer auf und nieder gehn,   995
Und früh am Tag schon an dem Waschtrog stehn,
Dann auf dem Markt und an dem Herde sorgen,
Und immer so fort heut und morgen.
Da geht's, mein Herr, nicht immer mutig zu,
Doch schmeckt dafür das Essen und die Ruh.   1000
                    Gehn vorüber.
MARTHE. Sagt grad, mein Herr, habt Ihr noch nichts ge-
Hat sich das Herz nicht irgendwo gebunden?   [funden,

MEPHISTOPHELES. Das Sprüchwort sagt: Ein eigner Herd,
   Ein braves Weib sind Gold und Perlen wert.
1005 MARTHE. Ich meine: ob Ihr niemals Lust bekommen?
MEPH. Man hat mich überall recht höflich aufgenommen.
MARTHE.
   Ich wollte sagen: ward's nie Ernst in Eurem Herzen?
MEPH. Mit Frauens soll man sich nie unterstehn zu scherzen.
MARTHE. Ach, Ihr versteht mich nicht.
MEPHISTOPHELES.   Das tut mir herzlich leid,
1010   Doch ich versteh – daß Ihr sehr gütig seid.

                 Gehn vorüber.

FAUST. Du kanntest mich, o kleiner Engel, wieder,
   Gleich als ich in den Garten kam?
MARGARETE. Saht Ihr es nicht? Ich schlug die Augen nieder.
FAUST. Und du verzeihst die Freiheit, die ich nahm,
1015   Was sich die Frechheit unterfangen,
   Als du letzt aus dem Dom gegangen?
MARGARETE. Ich war bestürzt, mir war das nie geschehn;
   Es konnte niemand von mir Übels sagen;
   Ach, dacht ich, hat er in deinem Betragen
1020   Was Freches, Unanständiges gesehn,
   Daß ihm sogleich die Lust mocht wandeln,
   Mit dieser Dirne gradehin zu handeln?
   Gesteh ich's doch! Ich wußte nicht, was sich
   Zu Euerm Vorteil hier zu regen gleich begonnte.
1025   Allein gewiß, ich war recht bös auf mich,
   Daß ich auf Euch nicht böser werden konnte.
FAUST. Süß Liebchen!
MARGARETE.   Laßt einmal!
      Sie pflückt eine Sternblume und zupft die Blätter ab,
            eins nach dem andern.
FAUST.   Was soll das? Keinen Strauß?
MARGARETE. Nein, es soll nur ein Spiel.
FAUST.   Wie?
MARGARETE.   Geht, Ihr lacht mich aus.
           Sie rupft und murmelt.
FAUST. Was murmelst du?
MARGARETE halblaut.   Er liebt mich – Liebt mich nicht –
1030 FAUST. Du holdes Himmelsangesicht!

MARG. *fährt fort.* Liebt mich – nicht – liebt mich – nicht –
Das letzte Blatt ausrupfend mit holder Freude.
Er liebt mich!
FAUST. Ja, mein Kind! Laß dieses Blumenwort
Dir Götterausspruch sein: Er liebt dich!
Verstehst du, was das heißt: Er liebt dich!   1035
Er faßt ihr beide Hände.
MARGARETE. Mich überläufts!
FAUST. O schaudre nicht! Laß diesen Blick,
Laß diesen Händedruck dir sagen,
Was unaussprechlich ist:
Sich hinzugeben ganz und eine Wonne   1040
Zu fühlen, die ewig sein muß!
Ewig! – Ihr Ende würde Verzweiflung sein.
Nein, kein Ende! Kein Ende!
Margarete drückt ihm die Hände, macht sich los und läuft weg.
Er steht einen Augenblick in Gedanken, dann folgt er ihr.
MARTHE. Die Nacht bricht an.
MEPHISTOPHELES.   Ja, und wir wollen fort.
MARTHE. Ich bät' Euch länger hier zu bleiben,   1045
Allein es ist ein gar zu böser Ort.
Es ist, als hätte niemand nichts zu treiben
Und nichts zu schaffen,
Als auf des Nachbarn Schritt und Tritt zu gaffen,
Und man kommt ins Gespräch, wie man sich immer stellt. 1050
Und unser Pärchen?
MEPHISTOPHELES.   Ist den Gang dort aufgeflogen.
Mutwillge Sommervögel!
MARTHE.   Er scheint ihr gewogen.
MEPHISTOPHELES.
Und sie ihm auch. Das ist der Lauf der Welt.

EIN GARTENHÄUSCHEN

*Margarete mit Herzklopfen herein, steckt sich hinter die Türe, hält
die Fingerspitze an die Lippen und guckt durch die Ritze.*

MARGARETE. Er kommt!
FAUST.   Ach Schelm, so neckst du mich!
Treff ich dich! *Er küßt sie.*

MARGARETE, ihn fassend und den Kuß zurückgebend.

1055   Bester Mann, schon lange lieb ich dich!

         Mephistopheles klopft an.

FAUST stampfend. Wer da?

MEPHISTOPHELES.   Gut Freund.

FAUST.   Ein Tier!

MEPHISTOPHELES.   Es ist wohl Zeit zu scheiden.

MARTHE. Ja, es ist spät, mein Herr.

FAUST.   Darf ich Euch nicht geleiten?

MARGARETE.

  Die Mutter würde mich! Lebt wohl!

FAUST.   Muß ich dann gehn?

  Lebt wohl!

MARTHE.   Ade!

MARGARETE.   Auf baldig Wiedersehn!

         Faust, Mephistopheles ab.

1060 MARGARETE. Du lieber Gott, was so ein Mann

  Nit alles, alles denken kann!

  Beschämt nur steh ich vor ihm da

  Und sag zu allen Sachen ja.

  Bin doch ein arm unwissend Kind,

1065 Begreif nicht, was er an mir findt. Ab.

GRETCHENS STUBE

GRETCHEN am Spinnrocken allein.

         Meine Ruh ist hin,

         Mein Herz ist schwer;

         Ich finde sie nimmer

         Und nimmermehr.

1070   Wo ich ihn nicht hab,

         Ist mir das Grab,

         Die ganze Welt

         Ist mir vergällt.

         Mein armer Kopf

1075   Ist mir verrückt,

         Mein armer Sinn

         Ist mir zerstückt.

Meine Ruh ist hin,
Mein Herz ist schwer;
Ich finde sie nimmer   1080
Und nimmermehr.

Nach ihm nur schau ich
Zum Fenster hinaus,
Nach ihm nur geh ich
Aus dem Haus.   1085

Sein hoher Gang,
Sein' edle Gestalt,
Seines Mundes Lächlen,
Seiner Augen Gewalt

Und seiner Rede   1090
Zauberfluß,
Sein Händedruck
Und, ach, sein Kuß!

Meine Ruh ist hin,
Mein Herz ist schwer;   1095
Ich finde sie nimmer
Und nimmermehr.

Mein Schoß, Gott! drängt
Sich nach ihm hin.
Ach dürft ich fassen   1100
Und halten ihn

Und küssen ihn
So wie ich wollt,
An seinen Küssen
Vergehen sollt!   1105

MARTHENS GARTEN

Margarete. Faust.

GRETCHEN. Sag mir doch, Heinrich!
FAUST.   Was ist dann?
GRETCHEN. Wie hast du's mit der Religion?
Du bist ein herzlich guter Mann,
Allein ich glaub, du hältst nicht viel davon.

1110 FAUST. Laß das, mein Kind, du fühlst, ich bin dir gut;
Für die ich liebe, ließ' ich Leib und Blut,
Will niemand sein Gefühl und seine Kirche rauben.

GRETCHEN. Das ist nicht recht, man muß dran glauben!

FAUST. Muß man?

GRETCHEN. Ach wenn ich etwas auf dich könnte!
1115 Du ehrst auch nicht die heil'gen Sakramente.

FAUST. Ich ehre sie.

GRETCHEN. Doch ohne Verlangen.
Wie lang bist du zur Kirch, zum Nachtmahl nicht gegangen?
Glaubst du an Gott?

FAUST. Mein Kind, wer darf das sagen:
Ich glaub einen Gott!
1120 Magst Priester, Weise fragen,
Und ihre Antwort scheint nur Spott
Über den Frager zu sein.

GRETCHEN. So glaubst du nicht?

FAUST. Mißhör mich nicht, du holdes Angesicht!
Wer darf ihn nennen?
1125 Und wer bekennen:
Ich glaub ihn?
Wer empfinden
Und sich unterwinden
Zu sagen: ich glaub ihn nicht?
1130 Der Allumfasser,
Der Allerhalter,
Faßt und erhält er nicht
Dich, mich, sich selbst?
Wölbt sich der Himmel nicht da droben?
1135 Liegt die Erde nicht hier unten fest?
Und steigen hüben und drüben
Ewige Sterne nicht herauf?
Schau ich nicht Aug' in Auge dir,
Und drängt nicht alles
1140 Nach Haupt und Herzen dir
Und webt in ewigem Geheimnis
Unsichtbar sichtbar neben dir?

Erfüll davon dein Herz, so groß es ist,
Und wenn du ganz in dem Gefühle selig bist,
Nenn das dann, wie du willst,   1145
Nenn's Glück! Herz! Liebe! Gott!
Ich habe keinen Namen
Dafür. Gefühl ist alles,
Name Schall und Rauch,
Umnebelnd Himmelsglut.   1150

GRETCHEN. Das ist alles recht schön und gut;
Ohngefähr sagt das der Katechismus auch,
Nur mit ein bißchen andern Worten.

FAUST. Es sagen's allerorten
Alle Herzen unter dem himmlischen Tage,   1155
Jedes in seiner Sprache,
Warum nicht ich in der meinen?

GRETCHEN. Wenn man's so hört, möcht's leidlich scheinen,
Steht aber doch immer schief darum,
Denn du hast kein Christentum.   1160

FAUST. Liebes Kind!

GRETCHEN.   Es tut mir lang schon weh!
Daß ich dich in der Gesellschaft seh.

FAUST. Wieso?

GRETCHEN.   Der Mensch, den du da bei dir hast,
Ist mir in tiefer innrer Seel verhaßt;
Es hat mir in meinem Leben   1165
So nichts einen Stich ins Herz gegeben,
Als des Menschen sein Gesicht.

FAUST. Liebe Puppe, fürcht ihn nicht.

GRETCHEN. Seine Gegenwart bewegt mir das Blut.
Ich bin sonst allen Menschen gut;   1170
Aber wie ich mich sehne dich zu schauen,
Hab ich vor dem Menschen ein heimlich Grauen
Und halt ihn für einen Schelm dazu.
Gott verzeih mir's, wenn ich ihm Unrecht tu!

FAUST. Es ist ein Kauz wie's mehr noch geben.   1175

GRETCHEN. Möcht nicht mit seinesgleichen leben.
Kommt er einmal zur Tür herein,

Er sieht immer so spöttisch drein
Und halb ergrimmt;
1180 Man sieht, daß er an nichts keinen Anteil nimmt;
Es steht ihm an der Stirn geschrieben,
Daß er nicht mag eine Seele lieben.
Mir wird's so wohl in deinem Arm,
So frei, so hingegeben warm,
1185 Und seine Gegenwart schnürt mir das Innre zu.

FAUST. Du ahndungsvoller Engel du!

GRETCHEN. Das übermannt mich so sehr,
Daß, wo er mag zu uns treten,
Mein ich sogar, ich liebte dich nicht mehr.
1190 Auch, wenn er da ist, könnt ich nimmer beten.
Und das frißt mir ins Herz hinein;
Dir, Heinrich, muß es auch so sein.

FAUST. Du hast nun die Antipathie!

GRETCHEN. Ich muß nun fort.

FAUST.   Ach kann ich nie
1195 Ein Stündchen ruhig dir am Busen hängen
Und Brust an Brust und Seel an Seele drängen?

GRETCHEN. Ach, wenn ich nur alleine schlief,
Ich ließ dir gern heut nacht den Riegel offen;
Doch meine Mutter schläft nicht tief,
1200 Und würden wir von ihr betroffen,
Ich wär gleich auf der Stelle tot.

FAUST. Du Engel, das hat keine Not.
Hier ist ein Fläschchen, und drei Tropfen nur
In ihren Trank umhüllen
1205 In tiefen Schlaf gefällig die Natur.

GRETCHEN. Was tu ich nicht um deinetwillen!
Es wird ihr hoffentlich nicht schaden?

FAUST. Würd ich sonst, Liebchen, dir es raten?

GRETCHEN. Seh ich dich, bester Mann, nur an,
1210 Weiß nicht, was mich nach deinem Willen treibt,
Ich habe schon für dich so viel getan,
Daß mir zu tun fast nichts mehr überbleibt. Ab.

MEPHISTOPHELES tritt auf. Der Grasaff'! ist er weg?

FAUST.   Hast wieder spioniert?
MEPHISTOPHELES.
  Ich hab's ausführlich wohl vernommen,
  Herr Doktor wurden da katechisiert.   1215
  Hoff', es soll Ihnen wohl bekommen.
  Die Mädels sind doch sehr interessiert,
  Ob einer fromm und schlicht nach altem Brauch.
  Sie denken: duckt er da, folgt er uns eben auch!
FAUST. Du Ungeheuer siehst nicht ein,   1220
  Wie diese engelsliebe Seele
  Von ihrem Glauben voll,
  Der ganz allein
  Ihr seligmachend ist, sich heilig quäle,
  Daß der nun, den sie liebt, verloren werden soll.   1225
MEPHISTOPHELES. Du übersinnlicher, sinnlicher Freier!
  Ein Mägdelein nasführet dich.
FAUST. Du Spottgeburt von Dreck und Feuer!
MEPHISTOPHELES.
  Und die Physiognomie versteht sie meisterlich.
  In meiner Gegenwart wird's ihr, sie weiß nicht wie,   1230
  Mein Mäskchen da weissagt ihr borgnen Sinn,
  Sie fühlt, daß ich ganz sicher ein Genie,
  Vielleicht wohl gar ein Teufel bin.
  Nun, heute nacht –?
FAUST.   Was geht dich's an?
MEPHISTOPHELES. Hab ich doch meine Freude dran.   1235

AM BRUNNEN

Gretchen und Lieschen mit Krügen.

LIESCHEN. Hast nichts von Bärbelchen gehört?
GRETCHEN. Kein Wort, ich komm gar wenig unter Leute.
LIESCHEN. Gewiß, Sibylle sagt' mir's heute!
  Die hat sich endlich auch betört.
  Das ist das Vornehmtun!
GRETCHEN.   Wieso?
LIESCHEN.   Es stinkt!   1240
  Sie füttert zwei jetzt, wenn sie ißt und trinkt.
GRETCHEN. Ach!

LIESCHEN.   Ja, so ist's ihr endlich gangen,
   Wie lang hat s' an dem Kerl gehangen!
   Das war ein Gespazieren,
1245 Auf Dorf und Tanzplatz Führen,
   Mußt überall die Erste sein.
   Kurtesiert ihr immer mit Pastetchen und Wein.
   Bild't sich was auf ihre Schönheit ein,
   War doch so ehrlos, sich nicht zu schämen,
1250 Geschenke von ihm anzunehmen.
   War ein Gekos' und ein Geschleck,
   Ja, da ist dann das Blümchen weg.
GRETCHEN. Das arme Ding!
LIESCHEN.   Bedauer' sie kein Haar.
   Wenn unsereins am Spinnen war,
1255 Uns nachts die Mutter nicht 'nabe ließ,
   Stand sie bei ihrem Buhlen süß.
   Auf der Türbank und dem dunkeln Gang
   Ward ihnen keine Stund zu lang.
   Da mag sie denn sich ducken nun,
1260 Im Sünderhemdchen Kirchbuß tun!
GRETCHEN. Er nimmt sie gewiß zu seiner Frau.
LIESCHEN. Er wär ein Narr. Ein flinker Jung
   Hat anderwärts noch Luft genung.
   Er ist auch durch.
GRETCHEN.   Das ist nicht schön.
1265 LIESCHEN. Kriegt sie ihn, soll's ihr übel gehn.
   Das Kränzel reißen die Buben ihr
   Und Häcksel streuen wir vor die Tür! Ab.
GRETCHEN heimegehend.
   Wie konnt ich sonst so tapfer schmälen,
   Wenn tät ein armes Mägdlein fehlen!
1270 Wie konnt ich über andrer Sünden
   Nicht Worte gnug der Zunge finden!
   Wie schien mir's schwarz, und schwärzt's noch gar,
   Mir's nimmer doch nit schwarz gnug war.
   Und segnet mich und tat so groß,
1275 Und bin nun selbst der Sünde bloß!
   Doch – alles, was mich dazu trieb,
   Gott! war so gut! ach, war so lieb!

ZWINGER

In der Mauerhöhle ein Andachtsbild der Mater dolorosa,
Blumenkrüge davor.

GRETCHEN
gebeugt, schwenkt die Krüge im nächsten Brunn, füllt sie mit
frischen Blumen, die sie mitbrachte.

> Ach neige,
> Du Schmerzenreiche,
> Dein Antlitz ab zu meiner Not!   1280
>
> Das Schwert im Herzen,
> Mit tauben Schmerzen
> Blickst auf zu deines Sohnes Tod!
> Zum Vater blickst du,
> Und Seufzer schickst du   1285
> Hinauf um sein und deine Not!
>
> Wer fühlet,
> Wie wühlet
> Der Schmerz mir im Gebein?
> Was mein armes Herz hier banget,   1290
> Was es zittert, was verlanget,
> Weißt nur du, nur du allein.
>
> Wohin ich immer gehe,
> Wie weh, wie weh, wie wehe
> Wird mir im Busen hier!   1295
> Ich bin, ach, kaum alleine,
> Ich wein, ich wein, ich weine,
> Das Herz zerbricht in mir.
>
> Die Scherben vor meinem Fenster
> Betaut ich mit Tränen, ach!   1300
> Als ich am frühen Morgen
> Dir diese Blumen brach.
>
> Schien hell in meine Kammer
> Die Sonne früh herauf,
> Saß ich in allem Jammer   1305
> In meinem Bett schon auf.

Hilf retten mich von Schmach und Tod!
Ach neige,
Du Schmerzenreiche,
1310   Dein Antlitz ab zu meiner Not!

DOM

Exequien der Mutter Gretchens.

Gretchen, alle Verwandte. Amt, Orgel und Gesang.

BÖSER GEIST hinter Gretchen.
Wie anders, Gretchen, war dir's,
Als du noch voll Unschuld
Hier zum Altar tratst,
Und im verblätterten Büchelchen
1315 Deinen Gebeten nachlalltest,
Halb Kinderspiel,
Halb Gott im Herzen!
Gretchen!
Wo steht dein Kopf?
1320 In deinem Herzen
Welche Missetat?
Betest du für deiner Mutter Seel,
Die durch dich sich in die Pein hinüberschlief?
– Und unter deinem Herzen,
1325 Schlägt da nicht quillend schon
Brandschande-Malgeburt?
Und ängstet dich und sich
Mit ahndevoller Gegenwart?
GRETCHEN. Weh! Weh!
1330 Wär ich der Gedanken los,
Die mir rüber und nüber gehn
Wider mich!
CHOR. Dies irae, dies illa
Solvet saeclum in favilla. Orgelton.
1335 BÖSER GEIST. Grimm faßt dich!
Der Posaunen Klang!
Die Gräber beben!
Und dein Herz,
Aus Aschenruh

Zu Flammenqualen   1340
Wieder aufgeschaffen,
Bebt auf!
GRETCHEN. Wär ich hier weg!
  Mir ist, als ob die Orgel mir
  Den Atem versetzte,   1345
  Gesang mein Herz
  Im Tiefsten löste.
CHOR. Judex ergo cum sedebit,
  Quidquid latet adparebit,
  Nil inultum remanebit.   1350
GRETCHEN. Mir wird so eng!
  Die Mauernpfeiler
  Befangen mich!
  Das Gewölbe
  Drängt mich! – Luft!   1355
BÖSER GEIST. Verbirgst du dich?
  Blieben verborgen
  Dein Sünd und Schand?
  Luft? Licht?
  Weh dir!   1360
CHOR. Quid sum miser tunc dicturus?
  Quem patronum rogaturus?
  Cum vix justus sit securus?
BÖSER GEIST. Ihr Antlitz wenden
  Verklärte von dir ab.   1365
  Die Hände dir zu reichen
  Schauert's ihnen,
  Den Reinen.
  Weh!
CHOR. Quid sum miser tunc dicturus?   1370
GRETCHEN. Nachbarin! Euer Fläschchen! –
                Sie fällt in Ohnmacht.

NACHT
Vor Gretchens Haus.

VALENTIN, Soldat, Gretchens Bruder.
  Wenn ich so saß bei 'em Gelag,
  Wo mancher sich berühmen mag,

Und all und all mir all den Flor
1375 Der Mägdlein mir gepriesen vor,
Mit vollem Glas das Lob verschwemmt
– Den Ellebogen aufgestemmt,
Saß ich in meiner sichern Ruh,
Hört all dem Schwadronieren zu,
1380 Und striche lachend meinen Bart
Und kriege das volle Glas zur Hand
Und sage: „Alles nach seiner Art!
Aber ist eine im ganzen Land,
Die meiner trauten Gretel gleicht,
1385 Die meiner Schwester das Wasser reicht?"
Top! Top! Kling! Klang! das ging herum.
Die einen schrieen: „Er hat recht,
Sie ist die Zier vom ganzen Geschlecht!"
Da saßen alle die Lober stumm.
1390 Und jetzt! – das Haar sich auszuraufen,
Um an den Wänden 'naufzulaufen!
Mit Stichelreden, Nasenrümpfen
Soll jeder Schurke mich beschimpfen!
Soll wie ein böser Schuldner sitzen,
1395 Bei jedem Zufallswörtchen schwitzen!
Und sollt ich sie zusammenschmeißen,
Könnt ich sie doch nicht Lügner heißen.

Faust. Mephistopheles.

FAUST. Wie von dem Fenster dort der Sakristei
Der Schein der ew'gen Lampe aufwärts flämmert,
1400 Und schwach und schwächer seitwärts dämmert,
Und Finsternis drängt ringsum bei;
So sieht's in diesem Busen nächtig.
MEPH. Und mir ist's wie dem Kätzlein schmächtig,
Das an den Feuerleitern schleicht,
1405 Sich leis so an die Mauern streicht.
Wär' mir ganz tugendlich dabei,
Ein bißchen Diebsgelüst, ein bißchen Rammelei.
Nun frisch dann zu! Das ist ein Jammer,
Ihr geht nach Eures Liebchens Kammer,
1410 Als gingt Ihr in den Tod.
FAUST. Was ist die Himmelsfreud in ihren Armen?

Das Durcherschüttern, Durcherwarmen,
Verdrängt es diese Seelennot?
Ha! bin ich nicht der Flüchtling, Unbehauste,
Der Unmensch ohne Zweck und Ruh, 1415
Der wie ein Wassersturz von Fels zu Felsen brauste,
Begierig wütend nach dem Abgrund zu?
Und seitwärts sie mit kindlich dumpfen Sinnen
Im Hüttchen auf dem kleinen Alpenfeld,
Und all ihr häusliches Beginnen 1420
Umfangen in der kleinen Welt.
Und ich, der Gottverhaßte,
Hatte nicht genug,
Daß ich die Felsen faßte
Und sie zu Trümmern schlug! 1425
Sie, ihren Frieden mußt ich untergraben!
Du, Hölle, wolltest dieses Opfer haben!
Hilf, Teufel, mir die Zeit der Angst verkürzen,
Mags schnell geschehn, was muß geschehn!
Mag ihr Geschick auf mich zusammenstürzen, 1430
Und sie mit mir zu Grunde gehn!
MEPHISTOPHELES. Wie's wieder brotzelt! wieder glüht!
Geh ein und tröste sie, du Tor!
Wo so ein Köpfchen keinen Ausgang sieht,
Stellt es sich gleich das Ende vor. 1435

Faust. Mephistopheles.

FAUST. Im Elend! Verzweifelnd! Erbärmlich auf der Erde
lang verirrt! Als Missetäterin im Kerker zu entsetzlichen
Qualen eingesperrt, das holde unselige Geschöpf! Bis
dahin! – Verrätrischer, nichtswürdiger Geist, und das hast 5
du mir verheimlicht! Steh nur, steh! Wälze die teuflischen
Augen ingrimmend im Kopf herum! steh und trutze mir
durch deine unerträgliche Gegenwart! Gefangen! Im unwiederbringlichen Elend bösen Geistern übergeben und
der richtenden gefühllosen Menschheit! Und du wiegst 10
mich indes in abgeschmackten Freuden ein, verbirgst mir
ihren wachsenden Jammer und lässest sie hülflos verderben!
MEPHISTOPHELES. Sie ist die erste nicht!

FAUST. Hund! abscheuliches Untier! – Wandle ihn, du unendlicher Geist, wandle den Wurm wieder in die Hundsgestalt, in der er sich nächtlicher Weile oft gefiel vor mir
herzutrotten, dem harmlosen Wandrer vor die Füße zu
5 kollern und dem Umstürzenden sich auf die Schultern zu
hängen! Wandl' ihn wieder in seine Lieblingsbildung,
daß er vor mir im Sand auf dem Bauch krieche, ich ihn
mit Füßen trete, den Verworfnen! – Die erste nicht! –
Jammer! Jammer! von keiner Menschenseele zu fassen,
10 daß mehr als ein Geschöpf in die Tiefe dieses Elends
sank, daß nicht das erste in seiner windenden Todesnot
genugtat für die Schuld aller übrigen vor den Augen des
Ewigen. Mir wühlt es Mark und Leben durch, das Elend
dieser einzigen, und du grinsest gelassen über das Schick-
15 sal von Tausenden hin!
MEPHISTOPHELES. Großhans! nun bist du wieder am Ende
deines Witzes, an dem Fleckchen, wo euch Herrn das
Köpfchen überschnappt. Warum machst du Gemeinschaft mit uns, wenn du nicht mit uns auswirtschaften
20 kannst? Willst fliegen und der Kopf wird dir schwindlich.
Eh! Drangen wir uns dir auf oder du dich uns?
FAUST. Blecke deine gefräßigen Zähne mir nicht so entgegen, mir ekelt's! – Großer, herrlicher Geist, der du mir
zu erscheinen würdigtest, der du mein Herz kennst und
25 meine Seele, warum mußtest du mich an den Schandgesellen schmieden, der sich am Schaden weidet und am
Verderben sich letzt?
MEPHISTOPHELES. Endigst du?
FAUST. Rette sie! oder weh dir! Den entsetzlichsten Fluch
30 über dich auf Jahrtausende! Rette sie!
MEPHISTOPHELES. Ich kann die Bande des Rächers nicht
lösen, seine Riegel nicht öffnen. Rette sie –? Wer war's,
der sie ins Verderben stürzte? Ich oder du?

Faust blickt wild umher.

35 MEPHISTOPHELES. Greifst du nach dem Donner? Wohl,
daß er euch elenden Sterblichen nicht gegeben ward!
Ist's doch das einzige Kunststück, euch in euern Ver-
worrenheiten Luft zu machen, daß ihr den entgegnenden
Unschuldigen zerschmettert.

FAUST. Bring mich hin! sie soll frei sein!

MEPHISTOPHELES. Und die Gefahr, der du dich aussetzest?
Wisse, daß auf der Stadt noch die Blutschuld liegt, die du
auf sie gebracht hast. Daß über der Stätte des Erschlagenen rächende Geister schweben, die auf den rückkeh- 5
renden Mörder lauern.

FAUST. Noch das von dir! Mord und Tod einer Welt über
dich Ungeheuer! Führe mich hin, sag ich dir, und befrei sie!

MEPHISTOPHELES. Ich führe dich, und was ich tun kann,
höre! Hab ich alle Macht im Himmel und auf Erden? Des 10
Türners Sinne will ich umnebeln, bemächtige dich der
Schlüssel und führe sie heraus mit Menschenhand. Ich
wach und halte dir die Zauberpferde bereit. Das vermag ich.

FAUST. Auf und davon!

NACHT. OFFEN FELD

Faust, Mephistopheles auf schwarzen Pferden daherbrausend.

FAUST. Was weben die dort um den Rabenstein? 1436

MEPHISTOPHELES. Weiß nicht, was sie kochen und schaffen.

FAUST. Schweben auf und ab, neigen sich, beugen sich.

MEPHISTOPHELES. Eine Hexenzunft.

FAUST. Sie streuen und weihen! 1440

MEPHISTOPHELES. Vorbei! Vorbei!

KERKER 15

FAUST mit einem Bund Schlüssel und einer Lampe an einem eiser-
nen Türchen. Es faßt mich längst verwohnter Schauer.
Inneres Grauen der Menschheit. Hier! Hier! – Auf! –
Dein Zagen zögert den Tod heran!

       Er faßt das Schloß, es singt inwendig: 20

    Meine Mutter, die Hur,
    Die mich umgebracht hat!
    Mein Vater, der Schelm,
    Der mich gessen hat!
    Mein Schwesterlein klein 25
    Hub auf die Bein
    An einen kühlen Ort;
    Da ward ich ein schönes Waldvögelein;
    Fliege fort! Fliege fort!

Faust zittert, wankt, ermannt sich und schließt auf, er hört die Ketten
klirren und das Stroh rauschen.

MARGARETE sich verbergend auf ihrem Lager. Weh, Weh! sie
kommen! Bittrer Tod!

5 FAUST leise. Still! Ich komme dich zu befrein.

Erfaßt ihre Ketten, sie aufzuschließen.

MARGARETE wehrend. Weg! Um Mitternacht! Henker, ist
dir's morgen frühe nicht zeitig gnug?

FAUST. Laß!

10 MARGARETE wälzt sich vor ihn hin. Erbarme dich mein und
laß mich leben! Ich bin so jung, so jung, und war schön
und bin ein armes junges Mädchen. Sieh nur einmal die
Blumen an, sieh nur einmal die Kron. Erbarme dich
mein! Was hab ich dir getan? Hab dich mein Tage nicht
15 gesehn.

FAUST. Sie verirrt, und ich vermags nicht.

MARGARETE. Sieh das Kind! Muß ich's doch tränken; da
hatt ich's eben. Da! Ich habs getränkt! Sie nahmen mirs
und sagen, ich hab es umgebracht, und singen Liedcher
20 auf mich! – Es ist nicht wahr – es ist ein Märchen, das sich
so endigt, es ist nicht auf mich, daß sie's singen.

FAUST, der sich zu ihr hinwirft. Gretchen!

MARGARETE, die sich aufreißt. Wo ist er? Ich hab ihn rufen
hören, er rief: Gretchen! Er rief mir! Wo ist er? Ach,
25 durch all das Heulen und Zähnklappen erkenn ich ihn, er
ruft mir: Gretchen! sich vor ihm niederwerfend. Mann!
Mann! Gib mir ihn, schaff mir ihn! Wo ist er?

FAUST, erfaßt sie wütend um den Hals. Meine Liebe! Meine
Liebe!

30   Margarete, sinkt, ihr Haupt in seinen Schoß verbergend.

FAUST. Auf, meine Liebe! Dein Mörder wird dein Befreier.
Auf! – Er schließt über ihrer Betäubung die Armkette auf. Komm,
wir entgehen dem schröcklichen Schicksal.

MARGARETE angelehnt. Küsse mich! Küsse mich!

35 FAUST. Tausendmal! Nur eile, Gretchen, eile!

MARGARETE. Küsse mich! Kannst du nicht mehr küssen? Wie? Was? Bist mein Heinrich und hast 's Küssen verlernt? Wie sonst ein ganzer Himmel mit deiner Umarmung gewaltig über mich eindrang! Wie du küßtest, als wolltest du mich in wollüstigem Tod ersticken! Heinrich, küsse mich, sonst küß ich dich! *Sie fällt ihn an.* Weh! Deine Lippen sind kalt! Tot! Antworten nicht!

FAUST. Folge mir, ich herze dich mit tausendfacher Glut. Nur folge mir!

MARGARETE, *sie setzt sich und bleibt eine Zeitlang stille.* Heinrich, bist du's?

FAUST. Ich bin's, komm mit!

MARGARETE. Ich begreif's nicht! Du? Die Fesseln los? Befreist mich. Wen befreist du? Weißt du's?

FAUST. Komm! Komm!

MARGARETE. Meine Mutter hab ich umgebracht! Mein Kind hab ich ertränkt. Dein Kind, Heinrich! – Großer Gott im Himmel, soll das kein Traum sein? Deine Hand, Heinrich! – Sie ist feucht – Wische sie ab, ich bitte dich! Es ist Blut dran – Stecke den Degen ein! Mein Kopf ist verrückt.

FAUST. Du bringst mich um.

MARGARETE. Nein, du sollst überbleiben, überbleiben von allen. Wer sorgte für die Gräber? So in eine Reihe, ich bitte dich, neben die Mutter den Bruder da. Mich dahin und mein Kleines an die rechte Brust. Gib mir die Hand drauf! Du bist mein Heinrich.

FAUST *will sie wegziehen.* Fühlst du mich? Hörst du mich? Komm! Ich bin's, ich befreie dich.

MARGARETE. Da hinaus?

FAUST. Freiheit!

MARGARETE. Da hinaus? Nicht um die Welt. Ist das Grab drauß, komm! Lauert der Tod, komm! Von hier ins ewige Ruhebett, weiter nicht einen Schritt. Ach Heinrich, könnt ich mit dir in alle Welt!

FAUST. Der Kerker ist offen, säume nicht!

MARGARETE. Sie lauren auf mich an der Straße am Wald.

FAUST. Hinaus! Hinaus!

MARGARETE. Ums Leben nicht! – Siehst du's zappeln?
5 Rette den armen Wurm, er zappelt noch! – Fort! geschwind! Nur übern Steg, gerad in Wald hinein, links
am Teich, wo die Planke steht! Fort! rette! rette!

FAUST. Rette! Rette dich!

MARGARETE. Wären wir nur den Berg vorbei, da sitzt
10 meine Mutter auf einem Stein und wackelt mit dem Kopf!
Sie winkt nicht, sie nickt nicht, ihr Kopf ist ihr schwer.
Sie sollt schlafen, daß wir könnten wachen und uns freuen
beisammen.

FAUST ergreift sie und will sie wegtragen.

15 MARGARETE. Ich schreie laut, laut, daß alles erwacht!

FAUST. Der Tag graut. O Liebchen! Liebchen!

MARGARETE. Tag! Es wird Tag! Der letzte Tag! Der
Hochzeittag! – Sag's niemand, daß du die Nacht vorher
bei Gretchen warst. – Mein Kränzchen! – Wir sehn uns
20 wieder! – Hörst du, die Bürger schlürpfen nur über die
Gassen! Hörst du? Kein lautes Wort. Die Glocke ruft!
– Krack, das Stäbchen bricht! – Es zuckt in jedem Nacken
die Schärfe, die nach meinem zuckt! – Die Glocke! – Hör!

MEPHISTOPHELES erscheint. Auf! oder ihr seid verloren,
25 meine Pferde schaudern, der Morgen dämmert auf.

MARGARETE. Der! der! Laß ihn! Schick ihn fort! Der will
mich! Nein, nein! Gericht Gottes, komm über mich!
dein bin ich; rette mich! Nimmer, nimmermehr! Auf ewig
lebe wohl! Leb wohl, Heinrich.

30 FAUST, sie umfassend. Ich lasse dich nicht!

MARGARETE. Ihr heiligen Engel, bewahret meine Seele!
– mir graut's vor dir, Heinrich.

MEPHISTOPHELES. Sie ist gerichtet! Er verschwindet mit Faust,
die Türe rasselt zu.

35 Man hört verhallend: Heinrich! Heinrich!

KOMMENTARTEIL

GOETHE ÜBER SEINEN „FAUST"
UND
QUELLEN ZUR ENTSTEHUNGSGESCHICHTE
DES „FAUST"

Friedrich Wilhelm Gotter an Goethe. Sommer 1773.

An Gotter aus Erfurt, mit dem er in Wetzlar zusammen gewesen war, sandte Goethe seinen „Götz" mit einem begleitenden Knittelvers-Gedicht (Bd. I, S. 88f.). Gotter dankte in einem ähnlichen Gedicht und schloß mit den Worten:

> Schick' mir dafür den „Doktor Faust",
> Sobald Dein Kopf ihn ausgebraust!

Heinrich Christian Boie, Tagebuch vom 15. Oktober 1774.

Einen ganzen Tag allein, ungestört mit Goethen zugebracht, mit Goethen, dessen Herz so groß und edel wie sein Geist ist! . . . Er hat mir viel vorlesen müssen, ganz und Fragment, und in allem ist der originale Ton, eigne Kraft, und bei allem Sonderbaren, Unkorrekten, alles mit dem Stempel des Genies geprägt. Sein „Doktor Faust" ist fast fertig und scheint mir das Größte und Eigentümlichste von allem.

Karl Ludwig v. Knebel an Friedrich Justin Bertuch. 23. Dezember 1774.

. . . So viel von Goethe! . . . Ich habe einen Haufen Fragmente von ihm, unter andern zu einem „Doktor Faust", wo ganz ausnehmend herrliche Szenen sind. Er zieht die Manuskripte aus allen Winkeln seines Zimmers hervor.

Dichtung und Wahrheit, Buch XVIII.

Goethe hatte Ende März 1775 Klopstock bei sich in Frankfurt zu Gast. Darüber erzählt er:

Einige besondere Gespräche mit Klopstock erregten gegen ihn bei der Freundlichkeit, die er mir erwies, Offenheit und Vertrauen; ich teilte ihm die neusten Szenen des „Faust" mit, die er wohl aufzunehmen schien, sie auch, wie ich nachher vernahm, gegen andere Personen mit entschiedenem Beifall, der sonst nicht leicht in seiner Art war, beehrt und die Vollendung des Stücks gewünscht hatte.

Goethe an Auguste Gräfin zu Stolberg. 17. September 1775.

Ist der Tag leidlich und stumpf herumgegangen; da ich aufstund, war mir's gut, ich machte eine Szene an meinem „Faust". Vergängelte ein paar Stunden. Verliebelte ein paar mit einem Mädchen, davon Dir die Brüder erzählen mögen, das ein seltsames Geschöpf ist. Aß in einer Gesellschaft ein Dutzend guter Jungens, so grad wie sie Gott erschaffen

hat. Fuhr auf dem Wasser selbst auf und nieder, ich hab' die Grille,
selbst fahren zu lernen ... Mir war's in all dem wie einer Ratte, die Gift
gefressen hat, sie läuft in alle Löcher, schlürpft alle Feuchtigkeit, verschlingt alles Eßbare, das ihr in Weg kommt, und ihr Innerstes glüht
von unauslöschlich verderblichem Feuer ... *(Briefe Bd. 1, S. 193.)*

Goethe an Johann Heinrich Merck. Oktober 1775.

Ich habe das Hohelied Salomons übersetzt, welches ist die herrlichste
Sammlung Liebeslieder, die Gott erschaffen hat ... Ich bin leidlich. Hab
am „Faust" viel geschrieben. *(Briefe Bd. 1, S. 196.)*

*Friedrich Leopold Graf zu Stolberg an seine Schwester Henriette Gräfin
Bernstorff. 6. Dezember 1775.*
*Stolberg war in Weimar gewesen und hatte eine Vorlesung des „Faust" in
Gegenwart der Herzogin-Mutter Anna-Amalia und der Herzogin Luise miterlebt.
Einige Tage später berichtete er:*
Einen Nachmittag las Goethe seinen halbfertigen „Faust" vor. Es ist
ein herrliches Stück. Die Herzoginnen waren gewaltig gerührt bei eini-
gen Szenen.

*Im Juni 1786 vereinbarte Goethe mit dem Verleger Göschen in Leip-
zig eine achtbändige Ausgabe seiner Schriften, die erste, die er selbst
zusammenstellte. (Vorher hatten das nur die Raub-Drucker getan.) Die
Druckvorlage für die Bände 1 und 2 lieferte er ab, bevor er am 24. Juli
nach Karlsbad reiste. Dorthin und auf die anschließende Italien-Reise
nahm er die Manuskripte der anderen Werke mit, welche in die Ausgabe
hineinkommen sollten. Schon Göschens erste Vorankündigung im
„Journal von und für Deutschland" und im „Teutschen Merkur" im
Sommer 1786 nennt: „Faust, ein Fragment". Goethe nahm also sein
„Faust"-Manuskript mit auf die Reise, um daran zu arbeiten.*

Frau v. Gravmayer an Caroline v. Beulwitz. 14. Oktober 1786.

Goethe hat *(in Karlsbad)* viel vorgelesen, unter andern „Doctor
Faust", und so schön, daß meine beiden Freundinnen Lanthieri und
Fräulein Asseburg mich recht bedauerten, es nicht gehört zu haben.

Goethe an Herzog Carl August. Rom, 12. Dez. 1786.

Fast bis zur Ermüdung hab ich bisher fortgefahren, Rom zu durch-
wandern ... Daneben hab ich meine „Iphigenie" ganz umgeschrieben,
ein ehrlicher Schweizer macht mir nun eine Copie und um Weihnachten
wird sie abgehn können. Ich wünsche, daß ich mit dieser Mühe überhaupt und auch für Sie etwas getan haben möge. Nun soll es über die
andern Sachen, endlich auch über Faust hergehn. Da ich mir vornahm,

meine Fragmente drucken zu lassen, hielt ich mich für tot; wie froh will ich sein, wenn ich mich durch Vollendung des Angefangenen wieder als lebendig legitimieren kann.

Goethe an Charlotte v. Stein. Rom, 2. Februar 1787.

Man unternimmt nur zu viel! Und ich darf an meine vier letzten Teile *(Band 5–8 der „Schriften")* nicht im Ganzen denken, so möchte mir's schwindelig werden. Ich muß sie einzeln angreifen, und so wird's gehn.

Goethe an Herzog Carl August. Rom, 11. August 1787.

Noch eine andre Epoche denke ich mit Ostern zu schließen: meine erste – oder eigentlich meine zweite – Schriftsteller-Epoche. „Egmont" ist fertig, und ich hoffe bis Neujahr den „Tasso", bis Ostern „Faust" ausgearbeitet zu haben, welches mir nur in dieser Abgeschiedenheit möglich wird ... Daß ich meine älteren Sachen fertig arbeite, dient mir erstaunend. Es ist eine Rekapitulation meines Lebens und meiner Kunst, und indem ich gezwungen bin, mich und meine jetzige Denkart, meine neuere Manier, nach meiner ersten zurückzubilden, das, was ich nur entworfen hatte, nun auszuführen, so lern' ich mich selbst und meine Engen und Weiten recht kennen. Hätte ich die alten Sachen stehen und liegen lassen, ich würde niemals so weit gekommen sein als ich jetzt zu reichen hoffe. *(Briefe Bd. 2, S. 62 f.)*

Goethe an Herzog Carl August. Rom, 8. Dezember 1787.

An „Faust" gehe ich ganz zuletzt, wenn ich alles andre hinter mir habe. Um das Stück zu vollenden, werd' ich mich sonderbar zusammennehmen müssen. Ich muß einen magischen Kreis um mich ziehen, wozu mir das günstige Glück eine eigne Stätte bereiten möge.

Goethe an Herzog Carl August. Rom, 16. Febr. 1788.

Ich habe zeither fleißig an meinen operibus fortgebosselt und -getüftelt. „Erwin", „Claudine", „Lila", „Jeri" ist alles in bester Ordnung. Auch meine kleinen Gedichte so ziemlich. Nun steht mir fast nichts als der Hügel „Tasso" und der Berg „Faustus" vor der Nase ... Ich habe zu beiden eine sonderbare Neigung und neuerdings wunderbare Aussichten und Hoffnungen. Alle diese Rekapitulationen alter Ideen, diese Bearbeitungen solcher Gegenstände, von denen ich auf immer getrennt zu sein glaubte, zu denen ich fast mit keiner Ahndung hinreichte, machen mir große Freude.

Italienische Reise. Rom, 1. März 1788. (Bd. 11, S. 525.)

Nachdem Göschen die Druckvorlagen für die Bände 1–5 der „Schriften" erhalten hatte, begann Goethe die letzten drei Bände vorzubereiten, enthaltend „Tas-

so" und „Lila" (Bd. 6), „Faust", „Jery und Bätely", „Scherz, List und Rache"
(Bd. 7) und „Vermischte Gedichte" (Bd. 8).

Ich habe den Mut gehabt, meine drei letzten Bände auf einmal zu
überdenken, und ich weiß nun genau, was ich machen will; gebe nun
der Himmel Stimmung und Glück, es zu machen! Es war eine reichhal-
tige Woche, die mir in der Erinnerung wie ein Monat vorkommt. –
Zuerst ward der Plan zu „Faust" gemacht, und ich hoffe, diese Opera-
tion soll mir geglückt sein. Natürlich ist es ein ander Ding, das Stück
jetzt oder vor 15 Jahren ausschreiben; ich denke, es soll nichts dabei
verlieren, besonders da ich jetzt glaube, den Faden wieder gefunden zu
haben. Auch was den Ton des Ganzen betrifft, bin ich getröstet; ich
habe schon eine neue Szene ausgeführt, und wenn ich das Papier räu-
chere, so dächt' ich, sollte sie mir niemand aus den alten herausfinden.
Da ich durch die lange Ruhe und Abgeschiedenheit ganz auf das Niveau
meiner eigenen Existenz zurückgebracht bin, so ist es merkwürdig, wie
sehr ich mir gleiche und wie wenig mein Inneres durch Jahre und Begebenheiten gelitten hat. Das alte Manuskript macht mir manchmal zu
denken, wenn ich es vor mir sehe. Es ist noch das erste, ja in den
Hauptszenen gleich so ohne Konzept hingeschrieben. Nun ist es so gelb
von der Zeit, so vergriffen (die Lagen waren nie geheftet), so mürbe und
an den Rändern zerstoßen, daß es wirklich wie das Fragment eines alten
Kodex aussieht, sodaß ich, wie ich damals in eine frühere Welt mich mit
Sinnen und Ahnen versetzte, mich jetzt in eine selbstgelebte Vorzeit
wieder versetzen muß.

Goethe an Herzog Carl August. Weimar, 5. Juli 1789.

„Faust" will ich als Fragment geben, aus mehr als einer Ursache.
Davon mündlich . . .

Goethe an Herzog Carl August. Weimar, 5. Nov. 1789.

Ich bin wohl und fleißig gewesen. „Faust" ist fragmentiert, das heißt,
in seiner Art für diesmal abgetan.

Goethes Tagebuch. Januar 1790.

Faust abgeschickt.

Im Frühjahr 1790 erscheint „Faust, ein Fragment" im 7. Band der
„Schriften" bei Göschen. Der Verleger läßt neben der achtbändigen
Ausgabe eine vierbändige erscheinen, in welcher „Faust" in Band 4,
1791, steht.

Schiller an Goethe. 29. November 1794.

Schiller dankt dafür, daß Goethe die baldige Übersendung des Anfangs der
„Lehrjahre" ankündigt. Und er fügt hinzu:

Aber mit nicht weniger Verlangen würde ich die Bruchstücke von Ihrem ,,Faust", die noch nicht gedruckt sind, lesen; denn ich gestehe Ihnen, daß mir das, was ich von diesem Stücke gelesen, der Torso des Herkules ist. Es herrscht in diesen Szenen eine Kraft und eine Fülle des Genies, die den besten Meister unverkennbar zeigt, und ich möchte diese große und kühne Natur, die darin atmet, so weit als möglich verfolgen.

Goethe an Schiller. 2. Dezember 1794.

Von ,,Faust" kann ich jetzt nichts mitteilen. Ich wage nicht, das Paket aufzuschnüren, das ihn gefangen hält. Ich könnte nicht abschreiben, ohne auszuarbeiten, und dazu fühle ich mir keinen Mut. Kann mich künftig etwas dazu vermögen, so ist es gewiß Ihre Teilnahme.

Goethes Tagebuch. 5. Juni 1797.

. . . Nach Tische ,,Oberons goldene Hochzeit".

Goethe an Schiller. 22. Juni 1797.

Da es höchst nötig ist, daß ich mir in meinem jetzigen unruhigen Zustande etwas zu tun gebe, so habe ich mich entschlossen, an meinen ,,Faust" zu gehn und ihn, wo nicht zu vollenden, doch wenigstens um ein gutes Teil weiter zu bringen, indem ich das, was gedruckt ist, wieder auflöse und mit dem, was schon fertig oder erfunden ist, in große Massen disponiere und so die Ausführung des Plans, der eigentlich nur eine Idee ist, näher vorbereite. Nun habe ich eben diese Idee und deren Darstellung wieder vorgenommen und bin mit mir selbst ziemlich einig. Nun wünschte ich aber, daß Sie die Güte hätten, die Sache einmal in schlafloser Nacht durchzudenken, mir die Forderungen, die Sie an das Ganze machen würden, vorzulegen und so mir meine eigenen Träume als ein wahrer Prophet zu erzählen und zu deuten. – Da die verschiedenen Teile dieses Gedichts in Absicht auf die Stimmung verschieden behandelt werden können, wenn sie sich nur dem Geist und Ton des Ganzen subordinieren, da übrigens die ganze Arbeit subjektiv ist, so kann ich in einzelnen Momenten daran arbeiten, und so bin ich auch jetzt etwas zu leisten imstande.

Schiller an Goethe. 23. Juni 1797.

Ihr Entschluß, an den ,,Faust" zu gehen, ist mir in der Tat überraschend, besonders jetzt, da Sie sich zu einer Reise nach Italien gürten. Aber ich hab' es einmal für immer aufgegeben, Sie mit der gewöhnlichen Logik zu messen, und bin also im voraus überzeugt, daß Ihr Genius sich vollkommen gut aus der Sache ziehen wird. – Ihre Aufforderung an mich, Ihnen meine Erwartungen und Desideria mitzuteilen, ist nicht leicht zu erfüllen. Aber soviel ich kann, will ich Ihren Faden aufzufinden suchen, und wenn auch das nicht geht, so will ich mir einbilden, als ob ich die Fragmente von ,,Faust" zufällig fände und solche auszuführen hätte. So viel bemerke ich hier nur, daß der ,,Faust" (das Stück nämlich) bei aller seiner dichterischen Individualität die Forderung an eine symbolische Bedeutsamkeit nicht ganz von sich weisen kann, wie auch wahrscheinlich Ihre eigne Idee ist. Die Duplizität der menschlichen Natur und das verunglückte Bestreben, das Göttliche und Physische im Menschen zu vereinigen, verliert man nicht aus den Augen; und weil die Fabel ins Grelle und Formlose geht und gehen muß, so will man nicht bei dem Gegenstand stille stehen, sondern von ihm zu Ideen geleitet werden. Kurz, die Anforderungen an den ,,Faust" sind zugleich philosophisch und poetisch, und Sie mögen sich wenden, wie Sie wollen, so wird Ihnen die Natur des Gegenstandes eine philosophische Behandlung auflegen, und die Einbildungskraft wird sich zum Dienst einer Vernunftidee bequemen müssen. – Aber ich sage Ihnen damit schwerlich etwas Neues, denn Sie haben diese Forderung in dem, was bereits da ist, schon in hohem Grade zu befriedigen angefangen. *(Briefe an Goethe, Bd. 1, S. 270f.)*

Goethes Tagebuch. Juni 1797.

23. Juni. Ausführlicheres Schema zum ,,Faust". – 24. Juni. Zueignung an ,,Faust" ... Nachmittag weiter an ,,Faust". – 26. Juni. An Faust. – 27. Juni. An Faust.

Goethe an Schiller. 24. Juni 1797.

Dank für Ihre ersten Worte über den wieder auflebenden ,,Faust". Wir werden wohl in der Ansicht dieses Werkes nicht variieren, doch gibt's gleich einen ganz andern Mut zur Arbeit, wenn man seine Gedanken und Vorsätze auch von außen bezeichnet sieht, und Ihre Teilnahme ist in mehr als Einem Sinne fruchtbar ... Ich werde nur vorerst die großen erfundenen und halb bearbeiteten Massen zu enden und mit dem, was gedruckt ist, zusammenzustellen suchen, und das so lange treiben, bis sich der Kreis selbst erschöpft ...

Schiller an Goethe. 26. Juni 1797.

Den ,,Faust" habe ich nun wieder gelesen, und mir schwindelt ordentlich vor der Auflösung. Dies ist indes sehr natürlich, denn die Sache beruht auf einer Anschauung, und so lang man die nicht hat, muß ein solches wild so reicher Stoff den Verstand in Verlegenheit setzen. Was mich daran ängstigt, ist, daß mir der ,,Faust" seiner Anlage nach auch eine Totalität der Materie nach zu erfordern scheint, wenn am Ende die Idee ausgeführt erscheinen soll, und für eine so hoch aufquellende Masse finde ich keinen poetischen Reif, der sie zusammenhält. Nun, Sie werden sich schon zu helfen wissen. – Zum Beispiel: Es gehörte sich meines Bedünkens, daß der Faust in das handelnde Leben geführt würde, und welches Stück Sie auch aus dieser Masse erwählen, so scheint es mir immer durch seine Natur eine zu große Umständlichkeit und Breite zu erfordern ... Verstand und Vernunft scheinen mir in diesem Stoff auf Tod und Leben miteinander zu ringen ... Der Teufel behält durch seinen Realism vor dem Verstand, und der Faust vor dem Herzen recht. Zuweilen aber scheinen sie ihre Rollen zu tauschen, und der Teufel nimmt die Vernunft gegen den Faust in Schutz ... Ich bin überhaupt sehr erwartend, wie die Volksfabel sich dem philosophischen Teil des Ganzen anschmiegen wird. *(Briefe an Goethe, Bd. 1, S. 272 f.)*

Goethe an Schiller. 27. Juni 1797.

Ihre Bemerkungen zu „Faust" waren mir sehr erfreulich. Sie treffen, wie es natürlich war, mit meinen Vorsätzen und Planen recht gut zusammen ... Ich werde sorgen, daß die Teile anmutig und unterhaltend sind und etwas denken lassen ...

Goethe an Schiller. 1. Juli 1797.

Meinen „Faust" habe ich in Absicht auf Schema und Übersicht in der Geschwindigkeit recht vorgeschoben ...Es käme jetzt nur auf einen ruhigen Monat an, so sollte das Werk zu männiglicher Verwunderung und Entsetzen wie eine große Schwammfamilie aus der Erde wachsen ... *(Briefe Bd. 2, S. 282.)*

Goethe an Schiller. 5. Juli 1797.

„Faust" ist die Zeit zurückgelegt worden, die nordischen Phantome sind durch die südlichen Reminiszenzen auf einige Zeit zurückgedrängt worden, doch habe ich das Ganze als Schema und Übersicht sehr umständlich durchgeführt.

Goethes Tagebuch. 1798.

9. April. Faust wieder vorgenommen ... – 10. April. Früh Faust. – 11. April. Faust. – 14. April. Gegen Abend verschiedenes an Faust ... – 15. April. Beschäftigung an Faust. – 18. April. An Faust. – 19. April. An Faust. – 21. April. An Faust.

Goethe an Schiller. 28. April 1798.

Für Cottas Erklärung danke ich ... Es wäre eine Gelegenheit, manches, wo man sonst nicht mit hin weiß, anzubringen, und was dem Buchhändler nutzt, nutzt auch in jedem Sinne dem Autor ... Ebenso will ich meinen „Faust" auch fertig machen, der seiner nordischen Natur nach ein ungeheures nordisches Publikum finden muß.

Goethe an Schiller. 5. Mai 1798.

Meinen „Faust" habe ich um ein gutes weitergebracht. Das alte, noch vorrätige, höchst konfuse Manuskript ist abgeschrieben, und die Teile sind in abgesonderten Lagen nach den Nummern eines ausführlichen Schemas hintereinander gelegt. Nun kann ich jeden Augenblick der Stimmung nutzen, um einzelne Teile weiter auszuführen und das Ganze früher oder später zusammenzustellen. – Ein sehr sonderbarer Fall erscheint dabei: Einige tragische Szenen waren in Prosa geschrieben, sie sind durch ihre Natürlichkeit und Stärke in Verhältnis gegen das andere ganz unerträglich. Ich suche sie deswegen gegenwärtig in Reime zu bringen, da denn die Idee wie durch einen Flor durchscheint, die unmittelbare Wirkung des ungeheuern Stoffes aber gedämpft wird. *(Briefe Bd. 2, S. 343.)*

Schema zu „Faust".

Dieses Schema, das sich unter den Handschriften erhalten hat, ist nicht genau datierbar, doch stammt es wohl aus der Arbeitsperiode der Schiller-Zeit, etwa 1797–1800. Es schematisiert zunächst nachträglich das schon Vorhandene, dann das Geplante. Für den 2. Teil ist „Tatengenuß, nach außen" geplant, ferner „Genuß mit Bewußtsein, Schönheit" und „Schöpfungsgenuß, von innen": Darin sind Helena-Tragödie und Herrscher-Tragödie vorbereitet. Damals prägte der „Prolog im Himmel" bereits die Grundrichtung des Werks: Faust soll nicht dem Teufel verfallen. Die Schlußworte „Epilog im Chaos – auf dem Weg zur Hölle" sind also wohl auf Mephistopheles zu beziehen. – Facsimile: Witkowski, Bd. 1, 1929, S. 524f. – GJb. 17, 1897, S. 208.

Ideales Streben nach Einwirken und Einfühlen in die ganze Natur.
Erscheinung des Geists als Welt- und Taten-Genius.
Streit zwischen Form und Formlosen.
Vorzug dem formlosen Gehalt vor der leeren Form.
Gehalt bringt die Form mit, Form ist nie ohne Gehalt.
Diese Widersprüche, statt sie zu vereinigen, disparater zu machen.
Helles, kaltes wissenschaftliches Streben Wagner.
Dumpfes, warmes wissenschaftliches Streben Schüler.
(Gestrichen: Lebens Taten Wesen.)
Lebens-Genuß der Person von außen ges. *(gesucht? gesehn?)* 1. Teil.
in der Dumpfheit Leidenschaft.
Taten-Genuß nach außen. und Genuß mit Bewußtsein. Schönheit.
2. Teil.
Schöpfungs-Genuß von innen. Epilog im Chaos auf dem Weg zur Hölle.

Schiller an Cotta. 16. Dezember 1798.

Goethe hat an seinem „Faust" noch viel Arbeit, eh' er fertig wird. Ich bin oft hinter ihm her, ihn zu beendigen; und seine Absicht ist wenigstens, daß dieses nächsten Sommer geschehen soll . . .

Notizzettel Goethes, etwa Sept./Okt. 1799, Jena.

Was sich aber die Menschen mit dem Faust fortquälen! Es ist wie eine Krankheit. Nur nicht reden!
Der Zettel enthält im übrigen nur hauswirtschaftliche Notizen für einen Brief an Christiane. (Goethe-Jahrbuch 98, 1981, S. 258.)

Schiller an Cotta, 24. März 1800.

Nun noch einen guten Rat. Ich fürchte, Goethe läßt seinen „Faust", an dem schon so viel gemacht ist, ganz liegen, wenn er nicht von außen und durch anlockende Offerten veranlaßt wird, sich noch einmal an diese große Arbeit zu machen und sie zu vollenden . . . Sie können ihn, das bin ich überzeugt, durch glänzende Anerbietungen dahin bringen, dieses Werk in diesem Sommer auszuarbeiten . . .

Goethe an Schiller. 11. April 1800.

Cottas Freiheit ist mir sehr angenehm. Ich habe einen Brief von ihm über „Faust", den Sie mir wahrscheinlich zugezogen haben; wofür ich aber danken muß, denn wirklich habe ich auf diese Veranlassung das Werk heute vorgenommen und durchdacht.

Goethes Tagebuch. 1800.

11. April. Brief von Cotta. „Faust" angesehen. – 13. April. Faust. – 14. April. Faust. –
In ähnlicher Weise immer wieder Tagebuchnotizen bis zum 5. September.

Goethe an Schiller. 16. April 1800.

Der Teufel, den ich beschwöre, gebärdet sich sehr wunderlich.

Goethe an Schiller. 12. September 1800.

Nach verschiedenen Abenteuern bin ich erst heute früh wieder zu der Jenaischen Ruhe gelangt und habe gleich etwas versucht, aber nichts getan. Glücklicherweise konnte ich diese acht Tage die Situationen festhalten, von denen Sie wissen, und meine Helena ist wirklich aufgetreten. Nun zieht mich aber das Schöne in der Lage meiner Heldin so sehr an, daß es mich betrübt, wenn ich es zunächst in eine Fratze verwandeln soll . . . *(Briefe Bd. 2, S. 408.)*

Goethes Tagebuch. 1800.

12. September. Früh Helena ... Herrn Hofrat Schiller etwas über Helena. – 13. September. Helena. – 14. September. Helena.
Ähnliche Notzen wiederholt bis Ende September.

Schiller an Goethe. 13. September 1800.

Ich wünsche Ihnen Glück zu dem Schritt, den Sie in Ihrem „Faust" getan. Lassen Sie sich aber ja nicht durch den Gedanken stören, wenn die schönen Gestalten und Situationen kommen, daß es schade sei, sie zu verbarbarisieren. Der Fall könnte Ihnen im 2. Teil des „Faust" noch öfters vorkommen, und es möchte einmal für allemal gut sein, Ihr poetisches Gewissen darüber zum Schweigen zu bringen. Das Barbarische der Behandlung, das Ihnen durch den Geist des Ganzen auferlegt wird, kann den höheren Gehalt nicht zerstören und das Schöne nicht aufheben, nur es anders spezifizieren und für ein anderes Seelenvermögen zubereiten. Eben das Höhere und Vornehmere in den Motiven wird dem Werk einen eigenen Reiz geben, und Helena ist in diesem Stück ein Symbol für alle die schönen Gestalten, die sich hineinverirren werden. *(Briefe an Goethe, Bd. 1, S. 351.)*

Goethe an Schiller. 16. September 1800.

Der Trost, den Sie mir in Ihrem Briefe geben, daß durch die Verbindung des Reinen und Abenteuerlichen ein nicht ganz verwerfliches poetisches Ungeheuer entstehen könne, hat sich durch die Erfahrung schon an mir bestätigt, indem aus dieser Amalgamation seltsame Erscheinungen, an denen ich selbst einiges Gefallen habe, hervortreten.

Schiller an Goethe. 23. September 1800.

Schiller hatte Goethe am 21. September in Jena besucht und dieser ihm dabei den fertigen Teil seiner „Helena" vorgelesen.
Ihre neuliche Vorlesung hat mich mit einem großen und vornehmen Eindruck entlassen, der edle hohe Geist der alten Tragödie weht aus dem Monolog einem entgegen und macht den gehörigen Effekt, indem er ruhig-mächtig das Tiefste aufregt. Wenn Sie auch sonst nichts Poetisches von Jena zurückbrächten als dieses und was Sie über den fernern Gang dieser tragischen Partie schon mit sich ausgemacht haben, so wäre Ihr Aufenthalt in Jena belohnt. Gelingt Ihnen diese Synthese des Edlen mit dem Barbarischen, wie ich nicht zweifle, so wird auch der Schlüssel zu dem übrigen Teil des Ganzen gefunden sein, und es wird Ihnen alsdann nicht schwer sein, gleichsam analytisch von diesem Punkt aus den Sinn und Geist der übrigen Partien zu bestimmen und zu verteilen. Denn dieser Gipfel, wie Sie ihn selbst nennen, muß von allen Punkten des Ganzen gesehen werden und nach allen hinsehen.

Goethes Tagebuch. 1800.

2. November. Früh an Faust . . . Nachmittag an Faust fortgefahren. – 3. November. Früh an Faust. – 5. November. An Faust. – 6. November. An Faust. – 7. November. An Faust. – 8. November. Früh Faust.

Goethes Tagebuch. 1801.

7. Februar. Früh einige Beschäftigung mit Faust. – 8. Februar. Früh an Faust. – 9. Februar. Abends an Faust.

Und so fort mehrfache Eintragungen bis zum 7. April 1801.

Am 14. Februar 1801 und in den folgenden Wochen entleiht Goethe aus der Weimarer Bibliothek mehrere Bücher im Zusammenhang seiner Arbeit an „Faust". Nützlich war: Georg Rudolf Widmann, Das ärgerliche Leben und schreckliche Ende des viel berüchtigten . . . D. Johannis Fausti, vermehrt durch J. N. Pfitzerum. Nürnberg 1684. – Kleinigkeiten ergab: Johann Georg Neumann, Disputatio historica de Fausto praestigiatore. Wittenberg 1683. – Kaum verwendbar waren Bücher mit primitiven Teufels- und Gespenstergeschichten, die gruselig zur Unterhaltung erzählt sind, wie: Erasmus Francisci, Der Höllische Proteus. Nürnberg 1718. – Peter Goldschmid, Höllischer Morpheus. Hamburg 1698. – Magica. Das ist: Wunderbarliche Historie von Gespenstern. Eisleben (1600). – Was Goethe bei seinen langen Aufenthalten in Jena aus der Bibliothek entliehen hat, ist nicht bekannt, weil die Aufzeichnungen über seine dortigen Entleihungen erst im Jahre 1811 beginnen. – Ungewiß ist, ob die Entleihung einiger Bücher über katholische Liturgie im Mai 1800 im Zusammenhang mit der Arbeit an „Faust" (Schlußszenen) steht oder ob sie anderen Zwecken diente (Keudell Nr. 209–212).

Schiller an Goethe. Jena, 16. März 1801.

Viel Glück zu den Fortschritten im „Faust", auf den die hiesigen Philosophen ganz unaussprechlich gespannt sind.

Goethe an Schiller. 18. März 1801.

Keinen eigentlichen Stillstand an „Faust" habe ich noch nicht gemacht, aber mitunter nur schwache Fortschritte. Da die Philosophen auf diese Arbeit neugierig sind, habe ich mich freilich zusammenzunehmen.

Schiller an Cotta. 10. Dezember 1801.

Sie fragen mich nach Goethen und seinen Arbeiten . . . Er ist zu wenig Herr über seine Stimmung; seine Schwerfälligkeit macht ihn unschlüssig; und über den vielen Liebhaber-Beschäftigungen, die er sich mit

wissenschaftlichen Dingen macht, zerstreut er sich zu sehr. Beinahe
verzweifle ich daran, daß er seinen „Faust" noch vollenden wird.

Goethe an Cotta. 30. September 1805.

*Goethe bereitete mit Cotta eine neue große Ausgabe seiner Werke vor, es ist die,
welche in 13 Bänden 1806–1810 erschien. Er schreibt:*

Was ich in den 4. Band bringe, darüber bin ich mit mir selbst noch
nicht einig. Ist es mir einigermaßen möglich, so tret' ich gleich mit
„Faust" hervor . . . Bezeichnen Sie mir den letzten Termin, wann Sie das
Manuskript vom 4. Bande haben müssen, damit ich einigermaßen meinen Überschlag machen kann.

Goethes Tagebuch. 1806.

21. März. „Faust" angefangen durchzugehen mit Riemer. – 24. März.
Faust mit Riemer. Für mich letzte Szene. – 25. März. Faust mit Riemer.

Und so fort weitere Eintragungen bis:

21. April. Faust mit Riemer, letzte Revision. – 22. April. Faust nochmals für mich durchgegangen. – 25. April. Faust, letztes Arrangement
zum Druck.

*Das Druckmanuskript wurde dem Verleger Cotta, der zu dieser Zeit zu Besuch
in Weimar war, persönlich ausgehändigt, aber die Kriegswirren 1806/07 verzöger-
ten die Herstellung. Erst zur Ostermesse 1808 erschien „Faust, 1. Teil" im 8. Band
der bei Cotta herausgegebenen „Werke".*

*Goethes Tagebuch. 13. Mai 1808. Auf der Reise von Weimar nach Karls-
bad mit Riemer.*

De Fausti dramatis parte secunda et quae in ea continebuntur.

*Bald nach dem Erscheinen des Werks zeigt sich an vielen Orten großes Interesse
dafür, trotz der durch die napoleonischen Kriege verursachten schwierigen Zeitver-
hältnisse. Mehrere deutsche Künstler schaffen Illustrationen zu „Faust", Nau-
werck, Retzsch, Cornelius u. a., und Goethe nimmt diese mit Interesse zur
Kenntnis.*

Sulpiz Boisserées Tagebuch. Wiesbaden, 3. August 1815.

„Faust", der erste Teil, geschlossen mit Gretchens Tod, nun muß er
par ricochet noch einmal anfangen; das sei recht schwer; dazu habe jetzt
der Maler eine andere Hand, einen andern Pinsel; was er jetzt zu produzieren vermag, würde nicht mit dem Frühern zusammengehen. – Ich
erwidere, er dürfe sich keine Skrupel darüber machen, ein anderer ver-
möchte sich in einen andern zu versetzen, wie viel eher doch der Meister
in seine früheren Werke. – Goethe: „Ich gebe es gerne zu, vieles ist auch
schon fertig." – Ich frage nach dem Ende. – Goethe: „Das sage ich
nicht, darf es nicht sagen, aber es ist auch schon fertig und sehr gut und

grandios geraten, aus der besten Zeit." – Ich denke mir, der Teufel behalte unrecht. – Goethe: ,,Faust macht im Anfang dem Teufel eine Bedingung, woraus schon alles folgt." –

Skizze des Inhalts von Faust II. 1816.

Im Jahre 1816 diktierte Goethe an Band IV, Buch 18, von ,,Dichtung und Wahrheit". Er wollte darin über den Beginn seiner ,,Faust"-Dichtung berichten und anschließend von dem 2. Teil eine Skizze geben; denn er rechnete in dieser Zeit nicht mehr damit, das Werk zu vollenden. Er entwarf zwischen dem 16. und 20. Dezember eine eingehende Inhaltsangabe; doch wurde sie später, bei der endgültigen Redaktion des 4. Teils von ,,Dichtung und Wahrheit", weggelassen, man Eckermann hatte inzwischen diese Skizze mit Erfolg als Ausgangspunkt genommen, um Goethe zur Vollendung des ,,Faust II" anzuregen. Wieweit sie den Plan der Jugend wiedergibt, wieweit den der späteren Jahre, ist im einzelnen nicht genau feststellbar. Der Vergleich mit dem später vollendeten Drama zeigt aber, wie sehr Goethe noch im hohen Alter schöpferisch den Plan wandelte und steigerte.

Zu Beginn des 2. Teiles findet man Faust schlafend. Er ist umgeben von Geister-Chören, die ihm in sichtlichen Symbolen und anmutigen Gesängen die Freuden der Ehre, des Ruhms, der Macht und Herrschaft vorspiegeln. Sie verhüllen in schmeichelnde Worte und Melodien ihre eigentlich ironischen Anträge. Er wacht auf, fühlt sich gestärkt, verschwunden alle vorhergehende Abhängigkeit von Sinnlichkeit und Leidenschaft. Der Geist, gereinigt und frisch, nach dem Höchsten strebend.

Mephistopheles tritt zu ihm ein und macht ihm eine lustige aufregende Beschreibung von dem Reichstage zu Augsburg, welchen Kaiser Maximilian dahin zusammenberufen hat, indem er annimmt, daß alles vor dem Fenster drunten auf dem Platze vorgeht, wo Faust jedoch nichts sehen kann. Endlich will Mephistopheles an einem Fenster des Stadthauses den Kaiser sehen, mit einem Fürsten sprechend, und versichert Fausten, daß nach ihm gefragt worden, wo er sich befinde und ob man ihn nicht einmal an Hof schaffen könne. Faust läßt sich bereden, und sein Mantel beschleunigt die Reise. In Augsburg landen sie an einer einsamen Halle, Mephistopheles geht aus, zu spionieren. Faust verfällt indes in seine früheren abstrusen Spekulationen und Forderungen an sich selbst, und als jener zurückkehrt, macht Faust die wunderbare Bedingung, Mephistopheles dürfe nicht in den Saal, sondern müsse auf der Schwelle bleiben, ferner, daß in des Kaisers Gegenwart nichts von Gaukelei und Verblendung vorkommen solle. Mephistopheles gibt nach. Wir werden in einen großen Saal versetzt, wo der Kaiser, eben von Tafel aufstehend, mit einem Fürsten ins Fenster tritt und gesteht, daß er sich Faustens Mantel wünsche, um in Tirol zu jagen und morgen zur Sitzung wieder zurück zu sein. Faust wird angemeldet und gnädig aufgenommen. Die Fragen des Kaisers beziehen sich alle auf irdische

Hindernisse, wie sie durch Zauberei zu beseitigen. Fausts Antworten
deuten auf höhere Forderungen und höhere Mittel. Der Kaiser versteht
ihn nicht, der Hofmann noch weniger. Das Gespräch verwirrt sich,
stockt, und Faust, verlegen, sieht sich nach Mephistopheles um, welcher
sogleich hinter ihn tritt und in seinem Namen antwortet. Nun belebt
sich das Gespräch, mehrere Personen treten näher, und jedermann ist
zufrieden mit dem wundervollen Gast. Der Kaiser verlangt Erscheinungen, sie werden zugesagt. Faust entfernt sich der Vorbereitungen wegen. In dem Augenblick nimmt Mephistopheles Fausts Gestalt an,
Frauen und Fräuleins zu unterhalten, und wird zuletzt für einen ganz
unschätzbaren Mann gehalten, da er durch leichte Berührung eine
Handwarze, durch einen etwas derbern Tritt seines vermummten Pfer-
defußes ein Hühnerauge kuriert, und ein blondes Fräulein verschmäht
nicht, ihr Gesichtchen durch seine hagern und spitzen Finger betupfen
zu lassen, indem der Taschenspiegel ihr sogleich, daß eine Sommerpros-
se nach der andern verschwindet, tröstlich zusagt. Der Abend kommt
heran, ein magisches Theater erbaut sich von selbst. Es erscheint die
Gestalt der Helena. Die Bemerkungen der Damen über diese Schönheit
der Schönheiten beleben die übrigens fürchterliche Szene. Paris tritt
hervor, und diesem ergeht's von seiten der Männer, wie es jener von
seiten der Frauen ergangen. Der verkappte Faust gibt beiden Teilen
recht, und es entwickelt sich eine sehr heitere Szene.

Über die Wahl der dritten Erscheinung wird man nicht einig, die
herangezogenen Geister werden unruhig; es erscheinen mehrere bedeutende zusammen. Es entstehen sonderbare Verhältnisse, bis endlich
Theater und Phantome zugleich verschwinden. Der wirkliche Faust,
von drei Lampen beleuchtet, liegt im Hintergrunde ohnmächtig, Mephistopheles macht sich aus dem Staube, man ahndet etwas von dem
Doppeltsein, niemanden ist wohl bei der Sache zu Mute.

Mephistopheles, als er wieder auf Fausten trifft, findet diesen in dem
leidenschaftlichsten Zustande. Er hat sich in Helena verliebt und verlangt nun, daß der Tausendkünstler sie herbeischaffen und ihm in die
Arme liefern solle. Es finden sich Schwierigkeiten. Helena gehört dem
Orkus und kann durch Zauberkünste wohl herausgelockt, aber nicht
festgehalten werden. Faust steht nicht ab, Mephistopheles unternimmt's. Unendliche Sehnsucht Fausts nach der einmal erkannten
höchsten Schönheit. Ein altes Schloß, dessen Besitzer in Palästina Krieg
führt, der Kastellan aber ein Zauberer ist, soll der Wohnsitz des neuen
Paris werden. Helena erscheint; durch einen magischen Ring ist ihr die
Körperlichkeit wiedergegeben. Sie glaubt soeben von Troia zu kommen
und in Sparta einzutreffen. Sie findet alles einsam, sehnt sich nach Gesellschaft, besonders nach männlicher, die sie ihr lebelang nicht entbehren können. Faust tritt auf und steht als deutscher Ritter sehr wunder-

bar gegen die antike Heldengestalt. Sie findet ihn abscheulich, allein da er zu schmeicheln weiß, so findet sie sich nach und nach in ihn, und er wird der Nachfolger so mancher Heroen und Halbgötter. Ein Sohn entspringt aus dieser Verbindung, der, sobald er auf die Welt kommt, tanzt, singt und mit Fechterstreichen die Luft teilt. Nun muß man wissen, daß das Schloß mit einer Zaubergrenze umzogen ist, innerhalb welcher allein diese Halbwirklichkeiten gedeihen können. Der immer zunehmende Knabe macht der Mutter viel Freude. Es ist ihm alles erlaubt, nur verboten, über einen gewissen Bach zu gehen. Eines Festtags aber hört er drüben Musik und sieht die Landleute und Soldaten tanzen. Er überschreitet die Linie, mischte sich unter sie und kriegt Händel, verwundet viele, wird aber zuletzt durch ein geweihtes Schwert erschlagen. Der Zauberer Kastellan rettet den Leichnam. Die Mutter ist untröstlich, und indem Helena in Verzweiflung die Hände ringt, streift sie den Ring ab und fällt Faust in die Arme, der aber nur ihr leeres Kleid umfaßt. Mutter und Sohn sind verschwunden. Mephistopheles, der bisher unter der Gestalt einer alten Schaffnerin von allem Zeuge gewesen, sucht seinen Freund zu trösten und ihm Lust zum Besitz einzuflößen. Der Schloßherr ist in Palästina umgekommen, Mönche wollen sich der Güter bemächtigen, ihre Segenssprüche heben den Zauberkreis auf. Mephistopheles rät zur physischen Gewalt und stellt Fausten drei Helfershelfer mit Namen Raufebold, Habebald, Haltefest. Faust glaubt sich nun genug ausgestattet und entläßt den Mephistopheles und Kastellan, führt Krieg mit den Mönchen, rächt den Tod seines Sohnes und gewinnt große Güter. Indessen altert er, und wie es weiter ergangen, wird sich zeigen, wenn wir künftig die Fragmente oder vielmehr die zerstreut gearbeiteten Stellen dieses 2. Teils zusammenräumen und dadurch einiges retten, was den Lesern interessant sein wird.

Goethes Tagebuch. 11. Juni 1818.
„Dr. Faust" von Marlowe.

Es handelt sich um: „Doktor Faustus. Tragödie von Christoph Marlowe. Aus dem Engl. übers. von Wilhelm Müller. Mit einer Vorrede von Ludwig Achim v. Arnim. Berlin 1818." Arnim sandte das Werk aus Berlin an Goethe als Geschenk „in Auftrag des abwesenden Übersetzers". Es steht noch heute in Goethes Bibliothek.

1819. In Berlin werden im Mai im privaten Kreise des Fürsten Radziwill zwei Szenen des „Faust" aufgeführt. Zu dieser Zeit ist Goethes Sohn August mit Ottilie in Berlin, sie sind bei der Aufführung anwesend, August berichtet darüber in Tagebuch-Briefen an den Vater. Im folgenden Jahre, 1820, wird die Aufführung auch auf weitere Szenen ausgedehnt und wiederum sehr sorgfältig vorbereitet. Fürst Anton Heinrich Radziwill (1775–1833) war verheiratet mit einer Schwester des Königs von Preußen, gehörte also zu dem engsten Berliner Hofkreise. Er hatte starke künstlerische Neigungen, war als Komponist tätig und hatte zu den Faust-Szenen die musikalischen Kompositionen geschaffen. Die Aufführung fand im Schloß Monbijou statt. Zelter berichtet darüber in seinen Briefen an Goethe vom 21. Mai bis 7. Juni 1820, ebenfalls berichtet Graf Brühl, so daß Goethe genaue Informationen hatte. Graf Brühl fragte unter anderem, wie die Erscheinung des Erdgeists darzustellen sei. (Briefe an Goethe, Bd. 2, S. 257 f.)

Goethe an Graf Brühl, 2. Juni 1819.

Als wir uns hier auch einmal vornahmen, dieses Stück anzugreifen und vorzubereiten, war mein Gedanke gleichfalls nur, einen kolossalen Kopf und Brustteil transparent vorzustellen, und ich dachte, dabei die bekannte Büste Jupiters zu Grunde zu legen, da die Worte „schreckliches Gesicht" auf die Empfindung des Schauenden, der vor einer solchen Erscheinung allerdings erschrecken kann, ebensowohl als auf die Gestalt selbst bezogen werden konnten; auch überhaupt hier nichts Fratzenhaftes und Widerliches erscheinen dürfte. *(Briefe Bd. 3, S. 455.)*

Goethes Tagebuch, 25.-28. Sept. 1820.

Vom 24. bis zum 28. September ist Karl Ernst Schubarth aus Breslau (1796–1861) in Weimar. Das Tagebuch berichtet täglich über Gespräche. Schubarth hatte 1820 ein Buch „Zur Beurteilung Goethes" erscheinen lassen, in welchem er sich auch ausführlich mit „Faust" beschäftigt. Goethes Tagebuch notiert die Lektüre dieses Buches am 24. Juni, 4. und 5. Juli, 21. und 22. August.

25. September. Schubarth mittags zu Tische. Ausführliche Verhandlung über mehrere bedeutende Gegenstände. Bis abends 6 Uhr. – 26. Sept. Schubarth zu Tische. Fernere Verhandlung über die literarischen, sittlichen und theologischen Gegenstände; bis gegen Abend. – 27. Sept. Schubarth . . . über die Fortsetzung von Faust. *(Nachmittags:)* Schubarth, fortgesetzte Unterhaltung über das Fragmentarische des „Faust" und zu wünschende Vollendung. – 28. Sept. Schlußunterhaltung mit dem jüngeren Schubarth.

Goethe an Karl Ernst Schubarth. 3. November 1820.

Was Sie von „Zueignung" und „Vorspiel" sagen, ist untadelig. Rührend aber waren mir Ihre Konjekturen über den 2. Teil des „Faust" und über die Auflösung. Daß man sich dem Ideellen nähern und zuletzt darin sich entfalten werde, haben Sie ganz richtig gefühlt; allein meine Behandlung mußte ihren eignen Weg nehmen: und es gibt noch manche herrliche, reale und phantastische Irrtümer auf Erden, in welchen der arme Mensch sich edler, würdiger, höher, als im ersten gemeinen Teile geschieht, verlieren dürfte. – Durch diese sollte unser Freund Faust sich

auch durchwürgen. In der Einsamkeit der Jugend hätte ich's aus Ahnung geleistet, am hellen Tage der Welt säh' es wie ein Pasquill aus. –
Auch den Ausgang haben Sie richtig gefühlt. Mephistopheles darf seine
Wette nur halb gewinnen, und wenn die halbe Schuld auf Faust ruhen
bleibt, so tritt das Begnadigungsrecht des alten Herrn sogleich herein,
zum heitersten Schluß des Ganzen. – Sie haben mich hierüber wieder so
lebhaft denken machen, daß ich's, Ihnen zu Liebe, noch schreiben wollte. *(Briefe Bd. 3, S. 493 f.)*

Gespräch mit Eckermann. 18. Januar 1825.

*In Eckermanns „Gesprächen" ist von „Faust" besonders häufig die Rede. Zum
ersten deswegen, weil Eckermann immer wieder zur Vollendung des „Faust II"
antrieb und das Werk entstehen sah. Sodann aber auch, weil Eckermann, als er
nach Goethes Tode „Faust II" herausgegeben hatte, der Ratlosigkeit der Leser
aufhelfen wollte. Er hat seine „Gespräche" zum Teil erst mehrere Jahre nach
Goethes Tode auf Grund alter Notizen, Briefe oder auch bloßer Erinnerungen
niedergeschrieben. Diese Fragen sind durch Julius Petersen, Die Entstehung der
Eckermannschen Gespräche und ihre Glaubwürdigkeit, 2. Aufl., Frankfurt a. M.
1925, genau untersucht. Wir vernehmen Goethe bei Eckermann selten so unmittelbar wie etwa bei Boisserée. Gerade die Partien über „Faust" sind z. T. sehr spät
entstanden und sollten dazu dienen, Verständnis für dieses Werk zu verbreiten.
Man darf sie nicht als so unmittelbare Äußerungen Goethes über „Faust" nehmen
wie die Briefe. Wer den herben, beziehungsreichen, geheimnisvollen und zugleich
ironischen Sprachstil der an Humboldt gerichteten Briefe über „Faust" im Ohr
hat, wird erkennen, wie sehr die „Faust"-Partien bei Eckermann zunächst von
Goethe auf diesen Jünger, dann aber von diesem bewußt oder unbewußt auf das
Publikum seiner Zeit zugeschnitten sind. Aus diesem Grunde, vor allem aber auch,
da Eckermanns „Gespräche" jedem leicht zugänglich sind, werden im folgenden
von den Gesprächen über „Faust" nur die wichtigsten abgedruckt und die übrigen
nur mit Datum vermerkt, so daß sie in jeder Ausgabe leicht nachgeschlagen werden können.*

... So singt mein Mephistopheles ein Lied von Shakespeare – und
warum sollte er das nicht? Warum sollte ich mir die Mühe geben, ein
eigenes zu erfinden, wenn das von Shakespeare eben recht war und eben
das sagte, was es sollte? Hat daher auch die Exposition meines „Faust"
mit der des „Hiob" einige Ähnlichkeit, so ist das wiederum ganz recht,
und ich bin deswegen eher zu loben als zu tadeln ...

*Ende Februar 1825 beginnt Goethe wieder, an „Faust" zu schreiben,
nachdem die Arbeit viele Jahre geruht hat. Er nimmt den 3. Akt vor und
vollendet ihn. Von hier bis zur Vollendung des Ganzen im Jahre 1831
gibt es zahlreiche Tagebuch-Notizen darüber. Mitunter sagen diese, an
welchem Teil Goethe gearbeitet hat, meist aber heißt es nur „Faust"
oder „Poetisches" oder „Hauptgeschäft". Um festzustellen, welche Teile
in Arbeit waren, gibt es zusätzliche Hilfsmittel: die Manuskripte. Einige*

hat Goethe selbst datiert, z. B. ist eine Handschrift, welche die Rede des
Lynkeus 9273–9332 enthält, unterzeichnet „31. März 1826", und eine
Handschrift, welche den Schluß des III. Akts enthält, unterzeichnet
„9. Juni 1826". Ein Manuskript von Vers 5120–5127 und 5136–5157 ist
unterzeichnet „W. d. 8. Dez. 1827." Außerdem gibt es Goethesche Ent-
würfe, bei denen die Rückseiten der Blätter eine Datierung ermöglichen,
jedenfalls einen Zeitpunkt, nach welchem das Blatt geschrieben ist. Goe-
the diktierte seinem Schreiber mittags und abends die Stichworte für sein
Tagebuch, die dieser dann in die Reinschrift übertrug. Die danach über-
flüssigen, einseitig beschriebenen Blätter benutzte Goethe für Notizen,
auch solche zu „Faust". Ähnlich machte er es mit Manuskripten von
Brief-Entwürfen. Ferner benutzte er gern Theaterzettel; diese tragen
immer Daten, und Goethe pflegte sie bald nach der Aufführung zu
benutzen. Auf diese Weise ergeben die Manuskripte mancherlei Datie-
rungen. In der „Weimarer Ausgabe" sind diese Manuskripte mit den
Daten verzeichnet in Bd. 15, 2 S. 10–13, 37–41, 65–72, 132–133 und
147–149.

Goethes Tagebuch. 1825.

25. Februar. Für mich Betrachtungen über das Jahr 1775, besonders
Faust. – 26. Februar. An Faust einiges gedacht und geschrieben. –
27. Februar. Betrachtungen über Faust. Die älteren Nacharbeitungen
vorgenommen. Einiges zurechte gestellt. – 28. Februar. Einiges zu
Faust. – 2. März. Einiges an Faust geordnet ...

In dieser Art fast tägliche Notizen bis zum 5. April.

Goethes Tagebuch. 1826.

12. März. Abends Dr. Eckermann. Einiges im neuen „Faust" vorgelesen. – 13. März. In Betrachtung des „Faust" fortgefahren ... In den
untern Garten. Das gleiche bedacht. – 14. März. An Faust fortgefahren
...Abends Prof. Riemer ... Auch etwas über die Versifikation von
Faust gesprochen.

Und so fort fast tägliche Eintragungen, vorwiegend über „Helena". Sie finden
ein vorläufiges Ende am 16. Juli. Goethe hatte den 3. Akt damals beendet und ließ
ihn sich von Zelter vorlesen. Ebenso gab er ihn an Eckermann, der ihn am 16. Juli
„hinauslas", d. h. zu Ende las.

8. Juli. Professor Zelter las die „Helena" für sich ... Professor Zelter
blieb bei mir und las mir den Anfang der „Helena" vor. – 10. Juli.
Abends Professor Zelter weiter in der „Helena". – 11. Juli. Las Zelter
die „Helena" hinaus. – 16. Juli. Dr. Eckermann las die „Helena"
hinaus.

Erster Entwurf zur Ankündigung der „Helena".

Goethe entschloß sich 1826, als er den 3. Akt des „Faust" vollendet hatte, ihn nicht länger zurückzuhalten. Auch lag ihm daran, in der „Ausgabe letzter Hand", die nun zu erscheinen begann, möglichst viel zu bringen, was den Lesern neu war. Da nun aber der Zusammenhang dieses Bruchstücks mit dem bisher allein erschienenen „Faust I" nicht zu überblicken war, wollte er seinen Lesern – wohl in der Zeitschrift „Über Kunst und Altertum" – Hilfsmittel zum Verständnis geben. Der Entwurf, der vom 10. Juni 1826 datiert ist, wurde dann aber nicht gedruckt. Er zeigt, daß der Mütter-Mythos und die Galatea-Symbolik damals noch nicht in der Phantasie des Dichters aufgetaucht waren. – Enyo, von der in diesem Entwurf die Rede ist, ist eine der Phorkyaden, die in der ausgeführten „Klassischen Walpurgisnacht" dann alle drei auftreten.

Helena, klassisch-romantische Phantasmagorie, Zwischenspiel zu „Faust".

Dem alten, auf die ältere von Faust umgehende Fabel gegründeten Puppenspiel gemäß, sollte im 2. Teil meiner Tragödie gleichfalls die Verwegenheit Fausts dargestellt werden, womit er die schönste Frau, von der uns die Überlieferung meldet, die schöne Helena aus Griechenland, in die Arme begehrt. Dieses war nun nicht durch Blocksbergs-Genossen, ebensowenig durch die häßliche, nordischen Hexen und Vampyren nahverwandte Enyo zu erreichen, sondern – wie in dem 2. Teile alles auf einer höhern und edlern Stufe gefunden wird – in den Bergklüften Thessaliens unmittelbar bei dämonischen Sibyllen zu suchen, welche durch merkwürdige Verhandlungen es zuletzt dahin vermitteln, daß Persephone der Helena erlaubte, wieder in die Wirklichkeit zu treten, mit dem Beding, daß sie sich nirgends als auf dem eigentlichen Boden von Sparta des Lebens wieder erfreuen solle; nicht weniger mit fernerer Bedingung, daß alles übrige sowie das Gewinnen ihrer Liebe auf menschlichem Wege zugehen müsse; mit phantastischen Einleitungen solle es so streng nicht genommen werden.

Das Stück beginnt also vor dem Palaste des Menelaus zu Sparta, wo Helena, begleitet von einem Chor trojanischer Frauen, als eben gelandet auftritt, wie sie in den ersten Worten sogleich zu verstehen gibt.

Bewundert viel und viel gescholten, Helena,
Vom Strande komm' ich, wo wir erst gelandet sind . . .
Mehr aber dürfen wir von dem Gang und Inhalt des Stücks nicht verraten.

Dieses Zwischenspiel war gleich bei der ersten Konzeption des Ganzen ohne weiteres bestimmt und von Zeit zu Zeit an die Entwicklung und Ausführung gedacht, worüber ich jedoch kaum Rechenschaft geben könnte. Nur bemerke ich, daß in der Schillerschen Korrespondenz vom Jahr 1800 dieser Arbeit als einer ernstlich vorgenommenen Erwähnung geschieht, wobei ich mich denn gar wohl erinnere, daß von Zeit zu Zeit auf des Freundes Betrieb wieder Hand angelegt wurde, auch die lange Zeit her wie gar manches andere, was ich früher unternommen, wieder ins Gedächtnis gerufen ward.

Bei der Unternehmung der vollständigen Ausgabe meiner Werke ward auch dieses wohlverwahrte Manuskript wieder vorgenommen und mit neu belebtem Mute dieses Zwischenspiel zu Ende geführt und um so mehr mit anhaltender Sorgfalt behandelt, als es auch einzeln für sich bestehen kann und in dem 4. Bande der neuen Ausgabe unter der Rubrik „Dramatisches" mitgeteilt werden soll.

Bruchstück eines Goetheschen Briefkonzepts aus dem Jahre 1826.

Über Helena nächstens mehr, das Werk ist abgeschlossen und ist so seltsam und problematisch, als ich je etwas geschrieben habe. Vielleicht geben wir im Laufe dieses halben Jahres davon irgendwo nähere Kenntnis. – Das Merkwürdigste bei diesem Stück ist, daß es, ohne den Ort zu verändern, gerade dreitausend Jahre spielt, die Einheit der Handlung und des Orts aufs genaueste beobachtet, die dritte jedoch phantasmagorisch ablaufen läßt.

An Wilhelm v. Humboldt. 22. Oktober 1826.

Ich habe den ganzen Sommer zuhause zugebracht und ungestört an der Ausgabe meiner Werke fortgearbeitet. Erinnern Sie sich wohl noch, mein Teuerster, einer dramatischen „Helena", die im 2. Teile von „Faust" erscheinen sollte? Aus Schillers Briefen vom Anfang des Jahrhunderts sehe ich, daß ich ihm den Anfang vorzeigte, auch daß er mich zur Fortsetzung treulich ermahnte. Es ist eine meiner ältesten Konzeptionen, sie ruht auf der Puppenspiel-Überlieferung, daß Faust den Mephistopheles genötigt, ihm die Helena zum Beilager heranzuschaffen. Ich habe von Zeit zu Zeit daran fortgearbeitet, aber abgeschlossen konnte das Stück nicht werden als in der Fülle der Zeiten, da es denn jetzt seine vollen 3000 Jahre spielt, von Troias Untergang bis zur Einnahme von Missolunghi. Dies kann man also auch für eine Zeiteinheit nehmen, im höhern Sinne; die Einheit des Orts und der Handlung sind aber auch im gewöhnlichen Sinne aufs genaueste beobachtet. Es tritt auf unter dem Titel: „Helena. Klassisch-romantische Phantasmagorie. Zwischenspiel zu Faust."

Das heißt denn freilich wenig gesagt, und doch genug, hoff' ich, um Ihre Aufmerksamkeit auf die erste Lieferung lebhafter zu richten, die ich von meinen Arbeiten zu Ostern darzubieten gedenke. *(Briefe Bd. 4, S. 204f.)*

An Sulpiz Boisserée. 22. Oktober 1826.

Verzeihen Sie, mein Bester, wenn ich Ihnen exaltiert scheine, aber da mich Gott und seine Natur so viele Jahre mir selbst gelassen haben, so weiß ich nichts Besseres zu tun, als meine dankbare Anerkennung durch jugendliche Tätigkeit auszudrücken. Ich will des mir gegönnten Glücks, so lange es mir auch gewährt sein mag, mich würdig erzeigen, und ich verwende Tag und Nacht auf Denken und Tun, wie und damit es möglich sei.

Tag und Nacht ist keine Phrase, denn gar manche nächtliche Stunden, die dem Schicksale meines Alters gemäß ich schlaflos zubringe, widme ich nicht vagen und allgemeinen Gedanken, sondern ich betrachte genau, was den nächsten Tag zu tun. Das ich denn auch redlich am Morgen beginne und – soweit es möglich – durchführe. Und so tu' ich vielleicht mehr und vollende sinnig in zugemessenen Tagen, was man zu einer Zeit versäumt, wo man das Recht hat, zu glauben oder zu wähnen, es gäbe noch Wiedermorgen und Immermorgen.

Die „Helena" ist eine meiner ältesten Konzeptionen, gleichzeitig mit „Faust", immer nach einem Sinne, aber immer um- und umgebildet. Was zu Anfang des Jahrhunderts fertig war, ließ ich Schillern sehen, der, wie unsere Korrespondenz ausweist, mich treulich aufmunterte, fortzuarbeiten. Das geschah auch. Aber abgerundet konnte das Stück nicht werden als in der Fülle der Zeiten, da es denn jetzt seine volle dreitausend Jahre spielt, vom Untergange Troias bis auf die Zerstörung Missolunghis, phantasmagorisch freilich, aber mit reinster Einheit des Orts und der Handlung.

Und so mag es genug sein! Ist dies aber nicht schlimmer, als wenn ich gar nichts gesagt hätte? Welchen Wert man endlich auch dem Stücke zuschreiben mag, dergleichen habe ich noch nicht gemacht, und so darf es gar wohl als das Neueste gelten.

Da ich nun wieder lese, was hier auf dem Papier steht, so frage ich mich, ob ich es denn auch fortschicken soll. Denn eigentlich soll man nicht reden von dem, was man tun will, nicht von dem, was man tut, noch, was man getan hat. Alles Drei's ist gewissen Inkonvenienzen unterworfen, die nicht zu vermeiden sind. Warum wohnen wir nicht näher aneinander, daß man sich noch einige Zeit freier und vollständiger mitteilen könnte. (*Briefe Bd. 4, S. 206 f.*)

Goethes Tagebuch. 1826/27.

8. November. Das Schema zu „Faust" 2. Teil, bei Gelegenheit der „Helena" vorgenommen ... Meyer las den Anfang der „Helena". – 10. November. Das Schema zu Fausts 2. Teil fortgeführt. – 21. November. Revidierte an der „Helena". – 15. Dezember. Antezedenzien zu „Faust" an John diktiert. – 16. Dezember. Einleitung zur „Helena" an John diktiert. – 17. Dezember. Abschluß des Schema zu den Antezedenzien der „Helena". – 18. Dezember. Ende der Einleitung zur „Helena". – 20. Dezember. Schuchardt schrieb ab an Helenas Antezedenzien.

– 21. Dezember. Abschluß der Antezedenzien der Helena. Abends
Dr. Eckermann, dem ich die Einleitung zur „Helena" zu lesen gab und
mich mit ihm darüber besprach. – 22. Dezember. Herr Professor Riemer. Mit demselben die Antezedenzien zu „Helena". – 29. Dezember.
Mit Herrn v. Humboldt die Unterhaltungen fortgesetzt. Er las die ...
„Helena" und teilte verschiedene Bemerkungen mit. Ingleichen las er
die Antezedenzien zu „Helena", und war auch der Meinung, daß sie
gegenwärtig nicht gedruckt werden sollten. – 25. Januar. „Helena" ein-
gepackt.

Gespräch mit Eckermann. 29. November 1826.

Delacroix ... ist ein großes Talent, das gerade am „Faust" die rechte
Nahrung gefunden hat. Die Franzosen tadeln an ihm seine Wildheit,
allein hier kommt sie ihm recht zu statten. Er wird, wie man hofft, den
ganzen „Faust" durchführen, und ich freue mich besonders auf die
Hexenküche und die Brockenszenen ...

Zweiter Entwurf zu einer Ankündigung der „Helena".

*Im Dezember 1826 diktierte Goethe nochmals – wie schon im Juni – eine
Prosadarstellung der Handlung, die dem Auftreten Helenas vorangeht: „Helenas
Antezedenzien", wie er im Tagebuch sagt. Diese Darstellung weicht in entscheidenden Punkten von der vier Jahre späteren Ausarbeitung ab. Man erkennt also
durch den Vergleich, wie schöpferisch die Phantasie zwischen dem 77. und 80. Le-
bensjahr war, als Goethe dann ernstlich anfing, den Stoff zu bearbeiten. Gerade
die großartigsten Mythen wurden erst jetzt geschaffen: der Mütter-Mythos und die
Galatea-Symbolik. Homunculus ist zwar schon da, aber noch nicht von der tiefen
Symbolik der späteren Fassung. Der Plan bringt einen lückenlosen Handlungszusammenhang. Später wird darauf weniger Wert gelegt, aber der Symbol-Zusam-
menhang wird unendlich vertieft. Ferner zeigt die Darstellung, daß die spätere
„Klassische Walpurgisnacht" in ihrer reichen Fülle nicht Erweiterung eines kurzen
Entwurfs ist, sondern Straffung, Kürzung und sorgfältige Komposition eines ur-
sprünglich noch viel reicheren Stoffes.*

Fausts Charakter, auf der Höhe wohin die neue Ausbildung aus dem
alten rohen Volksmärchen denselben hervorgehoben hat, stellt einen
Mann dar, welcher in den allgemeinen Erdeschranken sich ungeduldig
und unbehaglich fühlend den Besitz des höchsten Wissens, den Genuß
der schönsten Güter für unzulänglich achtet, seine Sehnsucht auch nur
im mindesten zu befriedigen, einen Geist, welcher deshalb nach allen
Seiten hin sich wendend immer unglücklicher zurückkehrt.

Diese Gesinnung ist der modernen so analog, daß mehrere gute Köpfe die Lösung einer solchen Aufgabe zu unternehmen sich gedrängt
fanden. Die Art, wie ich mich dabei benommen, hat sich Beifall erworben; vorzügliche Männer haben darüber gedacht und meinen Text kommentiert, welches ich dankbar anerkannte. Darüber aber mußte ich

mich wundern, daß diejenigen, welche eine Fortsetzung und Ergänzung meines Fragmentes unternahmen, nicht auf den so nahe liegenden Gedanken gekommen sind, man müsse bei Bearbeitung eines zweiten Teils sich notwendig aus der bisherigen kummervollen Sphäre durchaus erheben und einen solchen Mann in höheren Regionen durch würdigere Verhältnisse durchführen.

Wie ich nun von meiner Seite dieses begonnen, lag im stillen vor mir, von Zeit zu Zeit mich zu einiger Bearbeitung aufrufend, wobei ich mein Geheimnis vor allen und jeden sorgfältig verwahrte, immer in Hoffnung, das Werk einem gewünschten Abschluß entgegenzuführen. Jetzo aber darf ich nicht mehr zurückhalten und bei Herausgabe meiner sämtlichen Bestrebungen kein Geheimnis mehr vor dem Publikum verbergen, vielmehr fühle ich mich verpflichtet, alles mein Bemühen – auch fragmentarisch – nach und nach vorzulegen.

Deshalb entschließ' ich mich, zuerst oben benanntes in den 2. Teil des „Faustes" einzupassendes, in sich abgeschlossenes kleineres Drama bei der nächst ersten Sendung sogleich mitzuteilen.

Damit aber die große Kluft zwischen dem bekannten jammervollen Abschluß des 1. Teiles und dem Eintritt einer griechischen Heldenfrau einigermaßen überbrückt werde, so nehme man vorerst eine Schilderung des Vorausgegangenen freundlich auf und finde solche einsweilen hinreichend.

Die alte Legende sagt nämlich und das Puppenspiel verfehlt nicht, die Szene vorzuführen, daß Faust in seinem herrischen Übermut durch Mephistopheles den Besitz der schönen Helena von Griechenland verlangt und ihm dieser nach einigem Widerstreben willfahrt habe. Ein solches bedeutendes Motiv in unserer Ausführung nicht zu versäumen, war uns Pflicht, und wie wir uns derselben zu entledigen gesucht, welche Einleitung dazu wir schicklich gefunden, möge Nachstehendes einsweilen aufklären.

Bei einem großen Feste an des deutschen Kaisers Hof werden Faust und Mephistopheles aufgefordert, eine Geistererscheinung zu bewirken; ungern zwar, aber gedrängt, rufen sie die verlangten Idole von Helena und Paris hervor. Paris tritt auf, die Frauen entzücken sich grenzenlos; die Herren suchen durch einzelnen Tadel den Enthusiasmus abzukühlen, aber vergebens. Helena tritt auf, die Männer sind außer sich, die Frauen betrachten sie aufmerksam und wissen spöttisch den plumpen heroischen Fuß, eine höchst wahrscheinlich angemalte elfenbeinartige Gesichtsfarbe hervorzuheben, besonders aber durch bedenkliche, freilich in der wahrhaften Geschichte nur allzusehr gegründete Nachreden auf die herrliche Persönlichkeit einen verächtlichen Schein zu werfen. Faust, von dem Erhaben-Schönen hingerissen, wagt es, den zu ihrer Umarmung sich neigenden Paris wegdrängen zu wollen; ein Donnerschlag streckt ihn nieder, die Erscheinungen verschwinden, das Fest endet tumultuarisch.

Faust aus einer schweren, langen Schlafsucht, während welcher seine Träume sich vor den Augen des Zuschauers sichtbar umständlich begeben, ins Leben zurückgerufen, tritt exaltiert hervor und fordert von dem höchsten Anschauen ganz durchdrungen den Besitz heftig von Mephistopheles. Dieser, der nicht bekennen mag, daß er im klassischen Hades nichts zu sagen habe, auch dort nicht einmal gern gesehen sei, bedient sich seines früheren probaten Mittels, seinen Gebieter nach allen Seiten hin und her zu sprengen. Hier gelangen wir zu gar vielen Aufmerksamkeit fordernden Mannigfaltigkeiten, und zuletzt noch die wachsende Ungeduld des Herrn zu beschwichtigen, beredet er ihn, gleichsam im Vorbeigehen auf dem Weg zum Ziele den akademischangestellten Doktor und Professor Wagner zu besuchen, den sie in seinem Laboratorium finden, hoch gloriierend, daß eben ein chemisch Menschlein zustande gekommen sei.

Dieses zersprengt augenblicks den leuchtenden Glaskolben und tritt als bewegliches wohlgebildetes Zwerglein auf. Das Rezept zu seinem Entstehen wird mystisch angedeutet, von seinen Eigenschaften legt es Proben ab, besonders zeigt sich, daß in ihm ein allgemeiner historischer Weltkalender enthalten sei, er wisse nämlich in jedem Augenblick anzugeben, was seit Adams Bildung bei gleicher Sonn-, Mond-, Erd- und Planetenstellung unter Menschen vorgegangen sei. Wie er denn auch zur Probe sogleich verkündet, daß die gegenwärtige Nacht gerade mit der Stunde zusammentreffe, wo die pharsalische Schlacht vorbereitet worden und welche sowohl Caesar als Pompejus schlaflos zugebracht. Hierüber kommt er mit Mephistopheles in Streit, welcher, nach Angabe der Benediktiner, den Eintritt jener großen Weltbegebenheit zu dieser Stunde nicht will gelten lassen, sondern denselben einige Tage weiter hinausschiebt. Man macht ihm die Einwendung, der Teufel dürfe sich nicht auf Mönche berufen. Da er aber hartnäckig auf diesem Rechte besteht, so würde sich der Streit in eine unentscheidbare chronologische Kontrovers verlieren, wenn das chemische Männlein nicht eine andere Probe seines tiefen historisch-mythischen Naturells ablegte und zu bemerken gäbe: daß zu gleicher Zeit das Fest der klassischen Walpurgisnacht hereintrete, das seit Anbeginn der mythischen Welt immer in Thessalien gehalten worden und, nach dem gründlichen durch Epochen bestimmten Zusammenhang der Weltgeschichte, eigentlich Ursach an jenem Unglück gewesen. Alle vier entschließen sich, dorthin zu wandern, und Wagner bei aller Eilfertigkeit vergißt nicht, eine reine Phiole mitzunehmen, um, wenn es glückte, hie und da die zu einem chemischen Weiblein nötigen Elemente zusammenzufinden. Er steckt das Glas in die linke Brusttasche, das chemische Männlein in die rechte, und so vertrauen sie sich dem Eilmantel. Ein grenzenloses Geschwirre geographisch-historischer Notizen, auf die Gegenden, worüber sie hinstreifen, bezüglich, aus dem Munde des eingesackten Männleins läßt sie bei der Pfeilschnelle des Flugwerks unterwegs nicht zu sich selbst kommen, bis sie endlich beim Lichte des klaren obschon abnehmenden Mondes zur Fläche Thessaliens gelangen. Hier auf der Heide treffen sie zuerst mit Erichto zusammen, welche den untilgbaren Modergeruch dieser Felder begierig einzieht. Zu ihr hat sich Erichthonius gesellt, und nun wird beider nahe Verwandtschaft, von der das Altertum nichts weiß, etymologisch bewiesen; leider muß sie ihn, da er nicht gut zu Fuße ist, öfters auf dem Arme tragen und sogar, als das Wunderkind eine seltsame Leidenschaft zu dem chemischen Männlein dartut, diesen auch auf den anderen Arm nehmen, wobei Mephistopheles seine bösartigen Glossen keineswegs zurückhält.

Faust hat sich ins Gespräch mit einer auf den Hinterfüßen ruhenden Sphinx eingelassen, wo die abstrusesten Fragen durch gleich rätselhafte Antworten ins Unendliche gespielt werden. Ein daneben, in gleicher Stellung aufpassender Greif, der goldhütenden einer, spricht dazwischen, ohne das mindeste deshalb aufzuklären. Eine kolossale, gleichfalls goldscharrende Ameise, welche sich hinzugesellt, macht die Unterhaltung noch verwirrter.

Nun aber, da der Verstand im Zwiespalt verzweifelt, sollen auch die Sinne sich nicht mehr trauen. Empusa tritt hervor, die dem heutigen Fest zu Ehren einen Eselskopf aufgesetzt hat und, sich immer umgestaltend, zwar die übrigen entschiedenen Gebilde nicht zu Verwandlung, aber doch zu unsteter Ungeduld aufregt.

Nun erscheinen unzählbar vermehrt Sphinxe, Greife und Ameisen, sich gleichsam aus sich selbst entwickelnd. Hin und her schwärmen übrigens und rennen die sämtlichen Ungetüme des Altertums, Chimären, Tragelaphe, Grillen, dazwischen vielköpfige Schlangen in Unzahl. Harpyen flattern und schwanken fledermausartig in unsichern Kreisen; der Drache Python selbst erscheint im Plural, und die stymphalischen Raubvögel, scharf geschnabelt mit Schwimmfüßen, schnurren einzeln pfeilschnell hintereinander vorbei. Auf einmal jedoch über allen schwebt wolkenartig ein singender und klingender Zug von Sirenen, sie stürzen in den Peneus und baden rauschend und pfeifend, dann baumen sie auf im Gehölze zunächst des Flusses, singen die lieblichsten Lieder. Allererst nun Entschuldigung der Nereiden und Tritonen, welche durch ihre Konformation, ohngeachtet der Nähe des Meeres, diesem Feste beizuwohnen gehindert werden. Dann aber laden sie die ganze Gesellschaft aufs dringendste, sich in den mannigfaltigen Meeren und Golfen, auch Inseln und Küsten der Nachbarschaft insgesamt zu ergötzen; ein Teil der Menge folgt der lockenden Einladung und stürzt meerwärts.

Unsere Reisenden aber, an solchen Geisterspuk mehr oder weniger gewöhnt, lassen das alles fast unbemerkt um sich her summen. Das chemische Menschlein, an der Erde hinschleichend, klaubt aus dem Humus eine Menge phosphoreszierender Atome auf, deren einige blaues, andere purpurnes Feuer von sich strahlen. Er vertraut sie gewissenhaft Wagnern in die Phiole, zweifelnd jedoch, ob daraus künftig ein chemisch Weiblein zu bilden sei. Als aber Wagner, um sie näher zu betrachten, sie stark schüttelt, erscheinen, zu Kohorten gedrängt, Pompejaner und Cäsareaner, um zu legitimer Auferstehung sich die Bestandteile ihrer Individualitäten stürmisch vielleicht wieder zuzueignen. Beinahe gelänge es ihnen, sich dieser ausgegeisteten Körperlichkeiten zu bemächtigen, doch nehmen die vier Winde, welche diese Nacht unablässig gegeneinander wehen, den gegenwärtigen Besitzer in Schutz, und die Gespenster müssen sich gefallen lassen, von allen Seiten her zu vernehmen: daß die Bestandteile ihres römischen Großtums längst durch alle Lüfte zerstoben, durch Millionen Bildungsfolgen aufgenommen und verarbeitet worden.

Der Tumult wird dadurch nicht geringer, allein gewissermaßen auf einen Augenblick beschwichtigt, indem die Aufmerksamkeit zu der Mitte der breit und weiten Ebene gerichtet wird. Dort bebt die Erde zuerst, bläht sich auf und ein Gebirgsreihen bildet sich aufwärts bis Scotusa, abwärts bis an den Peneus, bedrohlich sogar den Fluß zu hemmen. Haupt und Schultern des Enceladus wühlen sich hervor, der nicht ermangelte, unter Meer und Land heranschleichend, die wichtige Stunde zu verherrlichen. Aus mehreren Klüften lecken flüchtige Flammen; Naturphilosophen, die bei dieser Gelegenheit auch nicht ausbleiben konnten, Thales und Anaxagoras, geraten über das Phänomen heftig in Streit, jener dem Wasser wie dem Feuchten alles zuschreibend, dieser überall geschmolzene, schmelzende Massen erblickend, perorieren ihre Solos zu dem übrigen Chor-Gesause, beide führen den Homer an und jeder ruft Vergangenheit und Gegenwart zu Zeugen. Thales beruft sich vergebens auf Spring- und Sündfluten mit didaktisch wogendem Selbstbehagen; Anaxagoras, wild wie das Element, das ihn beherrscht, führt eine leidenschaftlichere Sprache, er weissagt einen Steinregen, der denn auch alsobald aus dem Monde herunterfällt. Die Menge preist ihn als einen Halbgott, und sein Gegner muß sich nach dem Meeresufer zurückziehen.

Noch aber haben sich Gebirgsschluchten und Gipfel nicht befestigt und bestätigt, so bemächtigen sich schon aus weit umherklaffenden Schlünden hervorwimmelnde Pygmäen der Oberarme und Schultern des noch gebeugt aufgestemmten Riesen und bedienen sich deren als Tanz- und Tummelplatz, inzwischen unzählbare Heere von Kranichen Gipfelhaupt und Haare, als wären es undurchdringliche Wälder, kreischend umziehen und, vor Schluß des allgemeinen Festes, ein ergötzliches Kampfspiel ankündigen.

So vieles und noch mehr denke sich, wem es gelingt, als gleichzeitig, wie es sich ergibt. Mephistopheles hat indessen mit Enyo Bekanntschaft gemacht, deren grandiose Häßlichkeit ihn beinahe aus der Fassung gebracht und zu unhöflichen beleidigenden Interjektionen aufgeschreckt hätte. Doch nimmt er sich zusammen und in Betracht ihrer hohen Ahnen und bedeutenden Einflusses sucht er ihre Gunst zu erwerben. Er versteht sich mit ihr und schließt ein Bündnis ab, dessen offenkundige Bedingungen nicht viel heißen wollen, die geheimen aber desto merkwürdiger und folgereicher sind. Faust an seinem Teile ist an den Chiron getreten, der als benachbarter Gebirgsbewohner seine gewöhnliche Runde macht. Ein ernst pädagogisches Gespräch mit diesem Urhofmeister wird, wo nicht unterbrochen doch gestört durch einen Kreis von Lamien, die sich zwischen Chiron und Faust unablässig durchbewegen; Reizendes aller Art, blond, braun, groß, klein, zierlich und stark von Gliedern, jedes spricht oder singt, schreitet oder tanzt, eilt oder gestikuliert, so daß, wenn Faust nicht das höchste Gebild der Schönheit in sich selbst aufgenommen hätte, er notwendig verführt werden müßte. Auch Chiron indessen, der Alte, Unerschütterliche, will dem neuen sinnigen Bekannten die Maximen klar machen, wornach er seine schätzbaren Helden gebildet, da denn die Argonauten hererzählt werden und Achill den Schluß macht. Wenn aber der Pädagog auf das Resultat seiner Bemühungen gelangen will, so ergibt sich wenig Erfreuliches; denn sie leben und handeln gerade fort als wenn sie nicht erzogen wären.

Als nun Chiron das Begehren und die Absicht von Faust erfährt, erfreut er sich doch auch wieder einmal einen Mann zu sehen, der das Unmögliche verlange, wie er denn immer an seinen Zöglingen dergleichen gebilligt. Zugleich bietet er dem modernen Helden Förderung und Leitung an, trägt ihn auf breitem Rücken kreuzweis hinüber herüber durch alle Furten und Kiese des Peneus, läßt Larissa zur Rechten und zeigt seinem Reiter nur hie und da die Stelle, wo der unglückliche König von Macedonien Perseus auf der bänglichsten Flucht wenige Minuten verschnaufte. So gelangen sie abwärts bis an den Fuß des Olympus; hier stoßen sie auf eine lange Prozession von Sibyllen, an Zahl weit mehr als zwölfe. Chiron schildert die ersten Vorüberziehenden als alte Bekannte und empfiehlt seinen Schützling der sinnigen, wohldenkenden Tochter des Tiresias, Manto.

Diese eröffnet ihm, daß der Weg zum Orkus sich soeben auftuen werde, gegen die Stunde, wo ehmals, um so viele große Seelen hinabzulassen, der Berg klaffen müssen. Es ereignet sich wirklich und von dem horoskopischen Augenblick begünstigt, steigen sie sämtlich schweigend hinunter. Auf einmal deckt Manto ihren Beschützten mit dem Schleier und drängt ihn vom Wege ab gegen die Felsenwände, so daß er zu ersticken und zu vergehen fürchtet. Dem bald darauf wieder Enthüllten erklärt sie diese Vorsicht, das Gorgonenhaupt nämlich sei ihnen die Schlucht herauf entgegengezogen, seit Jahrhunderten immer größer und breiter werdend; Proserpina halte es gern von der Festebene zurück, weil die versammelten Gespenster und Ungetüme, durch sein Erscheinen aus aller Fassung gebracht, sich alsobald zerstreuten. Sie Manto, selbst als Hochbegabte wage nicht es anzuschauen, hätte Faust darauf geblickt, so wär er gleich vernichtet worden, so daß weder von Leib noch Geist im Universum jemals wieder etwas von ihm wäre zu finden gewesen. Sie gelangen endlich zu dem unabsehbaren, von Gestalt um Gestalt überdrängten Hoflager der Proserpina; hier gibt es zu grenzenlosen Inzidenzien Gelegenheit, bis der präsentierte Faust als zweiter Orpheus gut aufgenommen, seine Bitte aber doch einigermaßen seltsam gefunden wird. Die Rede der Manto als Vertreterin muß bedeutend sein, sie beruft sich zuerst auf die Kraft der Beispiele, führt die Begünstigung des Protesilaus, der Alceste und Euridice umständlich vor. Hat doch Helena selbst schon einmal die Erlaubnis gehabt, ins Leben zurückzukehren, um sich mit dem frühgeliebten Achill zu verbinden! Von dem übrigen Gang und Fluß der Rede dürfen wir nichts verraten, am wenigsten von der Peroration, durch welche die bis zu Tränen gerührte Königin ihr Jawort erteilt und die Bittenden an die drei Richter verweist, in deren ehernes Gedächtnis sich alles einsenkt, was in dem Lethestrome zu ihren Füßen vorüberrollend zu verschwinden scheint.

Hier findet sich nun, daß Helenen das vorigemal die Rückkehr ins Leben vergönnt worden, unter der Bedingung eingeschränkten Wohnens und Bleibens auf der Insel Leuce. Nun soll sie ebenmäßig auf den Boden von Sparta zurückkehren, um, als wahrhaft lebendig, dort in einem vorgebildeten Hause des Menelas aufzutreten, wo denn dem neuen Werber überlassen bleibe, inwiefern er auf ihren beweglichen Geist und empfänglichen Sinn einwirken und sich ihre Gunst erwerben könne.

Hier tritt nun das angekündigte Zwischenspiel ein, zwar mit dem Gange der Haupthandlung genugsam verbunden, aus Ursachen aber, die sich in der Folge entwickeln werden, als isoliert für diesmal mitgeteilt.

Dieses kurze Schema sollte freilich mit allen Vorteilen der Dicht- und Redekunst ausgeführt und ausgeschmückt dem Publikum übergeben werden, wie es aber da liegt, diene es einsweilen die Antezedenzien bekannt zu machen, welche der angekündigten Helena, einem klassisch-romantisch-phantasmagorischen Zwischenspiel zu Faust, als vorausgehend genau gekannt und gründlich überdacht werden sollten.

Gespräch mit Eckermann. 15. Januar 1827.

Goethe ... kam mir sogleich entgegen, indem er sagte, daß er entschlossen sei, jene Skizze nicht drucken zu lassen. „Das ist mir sehr lieb", sagte ich, „denn nun habe ich doch die Hoffnung, daß Sie sie ausführen werden." – „In einem Vierteljahre", sagte er, „wäre es getan, allein woher will die Ruhe kommen! Der Tag macht gar zu viele Ansprüche an mich; es hält schwer, mich so sehr abzusondern und zu isolieren. Diesen Morgen war der Erbgroßherzog bei mir, auf morgen mittag hat sich die Großherzogin melden lassen. Ich habe solche Besuche als eine hohe Gnade zu schätzen, sie verschönern mein Leben; allein sie nehmen doch mein Inneres in Anspruch, ich muß doch bedenken, was ich diesen hohen Personen immer Neues vorlegen und wie ich sie würdig unterhalten will." – „Und doch", sagte ich, „haben Sie vorigen Winter die ‚Helena‘ vollendet, und Sie waren doch nicht weniger gestört als jetzt." – „Freilich", sagte Goethe, „es geht auch, und es muß auch gehen, allein es ist schwer." – „Es ist nur gut", sagte ich, „daß Sie ein so ausführliches Schema haben." – „Das Schema ist wohl da", sagte Goethe, „allein das Schwierigste ist noch zu tun; und bei der Ausführung hängt doch alles gar zu sehr vom Glück ab. Die ‚Klassische Walpurgisnacht‘ muß in Reimen geschrieben werden, und doch muß alles einen antiken Charakter tragen. Eine solche Versart zu finden, ist nicht leicht. Und nun den Dialog!" – „Ist denn der nicht im Schema miterfunden?" sagte ich. – „Wohl das Was", antwortete Goethe, „aber nicht das Wie. Und dann bedenken Sie nur, was alles in jener tollen Nacht zur Sprache kommt! Fausts Rede an die Proserpina, um diese zu bewegen, daß sie die Helena herausgibt; was muß das nicht für eine Rede sein, da die Proserpina selbst zu Tränen davon gerührt wird. Dieses alles ist nicht leicht zu machen, und hängt sehr viel vom Glück ab, ja fast von der Stimmung und Kraft des Augenblicks."

Gespräch mit Eckermann. 25. Januar 1827.

Bei Absendung der „Helena" zum Druck (in Band 4 der Ausgabe letzter Hand) spricht Goethe die Hoffnung aus, daß das Werk bald Verständnis finden möge. Auf Eckermanns Bedenken, es stelle hohe Anforderungen an die Leser, sagt er, es sei durchaus alles sinnlich und er denke auch an eine Aufführung, wobei Tragödien- und Opernstil sich vereinigen müßten.

Gespräch mit Eckermann. 18. April 1827.

Darauf bei Tische waren wir sehr heiter. Der junge Goethe hatte die „Helena" seines Vaters gelesen und sprach darüber mit vieler Einsicht eines natürlichen Verstandes. Über den im antiken Sinne gedichteten Teil ließ er eine entschiedene Freude blicken, während ihm die opernartige romantische Hälfte, wie man merken konnte, beim Lesen nicht lebendig geworden. – „Du hast im Grunde recht, und es ist ein eigenes Ding", sagte Goethe. „Man kann zwar nicht sagen, daß das Vernünftige immer schön sei; allein das Schöne ist doch immer vernünftig oder wenigstens es sollte so sein. Der antike Teil gefällt dir aus dem Grunde, weil er faßlich ist, weil du die einzelnen Teile übersehen und du meiner Vernunft mit der deinigen beikommen kannst. In der zweiten Hälfte ist zwar auch allerlei Verstand und Vernunft gebraucht und verarbeitet worden; allein es ist schwer und erfordert einiges Studium, ehe man den Dingen beikommt und ehe man mit eigener Vernunft die Vernunft des Autors wieder herausfindet."

Gespräch mit Eckermann. 6. Mai 1827.

„Die Deutschen sind übrigens wunderliche Leute! Sie machen sich durch ihre tiefen Gedanken und Ideen, die sie überall suchen und überall hineinlegen, das Leben schwerer als billig. Ei, so habt doch endlich einmal die Courage, euch den Eindrücken hinzugeben, euch ergötzen zu lassen, euch rühren zu lassen, euch erheben zu lassen ... Da kommen sie und fragen, welche Idee ich in meinem ,Faust' zu verkörpern gesucht. Als ob ich das selber wüßte und aussprechen könnte! ... Daß der Teufel die Wette verliert und daß ein aus schweren Verirrungen immerfort zum Bessern aufstrebender Mensch zu erlösen sei, das ist zwar ein wirksamer, manches erklärender guter Gedanke, aber es ist keine Idee, die dem Ganzen und jeder einzelnen Szene im besondern zugrunde liege ... Es war im ganzen nicht meine Art, als Poet nach Verkörperung von etwas Abstraktem zu streben. Ich empfing in meinem Innern Eindrücke, und zwar Eindrücke sinnlicher, lebensvoller, lieblicher, bunter, hundertfältiger Art, ... und ich hatte als Poet weiter nichts zu tun, als solche Anschauungen und Eindrücke in mir künstlerisch zu runden und auszubilden ..."

Goethes Tagebuch. 1827.

Im Mai 1827 beginnt wieder die Arbeit an „Faust". Das Tagebuch vermerkt „Helena" oder „Faust"; vor allem findet sich jetzt aber das Wort „Hauptgeschäft". Mit ihm bezeichnet Goethe diejenige Arbeit, die jeweilig im Vordergrund steht. Im Jahre 1827 war es die Herstellung der Druckvorlage von Bd. 11–20 der „Ausgabe letzter Hand". Die Ausgabe sollte planmäßig erscheinen, jedes Jahr 10 Bände, 1827 Bd. 1–10, 1828 Bd. 11–20, 1829 Bd. 21–30, 1830 Bd. 31–40. Goethe hat die Termine eingehalten. Die Anordnung, Durchsicht und Vereinheitlichung machte viel Arbeit. Zugleich aber wollte er Neues bringen und zu diesem Zweck ältere Arbeiten fertig machen. So plante er für Band 12, der im Frühjahr 1828 erscheinen sollte, nicht nur den Wiederabdruck von „Faust I", sondern auch den Druck des 1. Akts von „Faust II", dieser aber mußte erst vollendet werden. Die Arbeit daran war also ein Stück der Arbeit an der „Ausgabe letzter Hand". Darum läßt sich an zahlreichen Stellen des Tagebuchs nicht mit Sicherheit entschei-

den, ob ,,Faust", d.h. Bd. 12 der Frühjahrs-Lieferung von 1828, gemeint ist oder ein anderer Band.

21. Mai. Beredung wegen ,,Helena". Sodann einiges über den zweiten Teil von ,,Faust". – 22. Mai. Einiges über den zweiten Teil von ,,Faust" gedacht. Auch schematisiert. – 24. Mai. Ich bedachte den zweiten Teil von ,,Faust" und regulierte die vorliegenden ausgeführten Teile. – 27. Mai. Ich behandelte das Schema von ,,Faust" anschließend an das schon Vollendete.

An Zelter. 24. Mai 1827.

Kund und zu wissen sei hiermit dem teuersten Freunde, daß ich Sonnabend den 12. Mai ganz unschuldigerweise in meinen untern Garten fuhr ohne auch nur irgend einen Gedanken als daselbst eine freundliche Stunde zu verweilen. Nun gefiel es mir aber daselbst so wohl, die Frühlingsumgebung war so unvergleichlich, daß ich blieb, ohne bleiben zu wollen, und heute am Himmelfahrtsfeste mich noch hier befinde, diese Tage her immer tätig und ich hoffe, andern wie mir erfreulich. Der zweite Teil der ,,Wanderjahre" ist abgeschlossen; nur weniger Binsen bedarf es, um den Straußkranz völlig zusammenzuheften …

Nun aber soll das Bekenntnis im stillen zu Dir gelangen, daß ich durch guter Geister fördernde Teilnahme mich wieder an ,,Faust" begeben habe, und zwar gerade dahin, wo er, aus der antiken Wolke sich niederlassend, wieder seinem bösen Genius begegnet. Sage das niemanden. Dies aber vertrau' ich Dir, daß ich von diesem Punkt an weiter fortzuschreiten und die Lücke auszufüllen gedenke zwischen dem völligen Schluß, der schon längst fertig ist. Dies alles sei Dir aufbewahrt und vor allem in Manuskript aus Deinem Munde meinem Ohre gegönnt. *(Briefe Bd. 4, S. 233.)*

An Nees von Esenbeck. 25. Mai 1827.

Wie ich im stillen langmütig einhergehe, werden Sie an der dreitausendjährigen ,,Helena" sehen, der ich nun auch schon sechzig Jahre nachschleiche, um ihr einigermaßen etwas abzugewinnen … Es liegen so manche Dinge, die ich selbst wert achten muß, weil sie sich aus einer Zeit herschreiben, die nicht wiederkommt, lange Jahre vor mir da und bedürfen eigentlich nur einer gewissen genialen Redaktion: Vollständige Plane, schematisch aufgestellt, einzelnes ausgearbeitet. Und es kommt nur auf einen reinen genialen Entschluß an, so ist es als eine Art von Ganzem brauchbar und gewiß manchem angenehm. So habe ich voriges Jahr mit einem gewaltsamen Anlauf die ,,Helena" endlich zum übereinstimmenden Leben gebracht. Wie vielfach hatte sich diese in langen, kaum übersehbaren Jahren gestaltet und umgestaltet. Nun mag sie im Zeitmoment solidesziert endlich verharren. *(Briefe Bd. 4, S. 234.)*

Gespräch mit Eckermann. 5. Juli 1827.

Gespräch über „Helena". Goethe erklärt die innere Zusammengehörigkeit der symbolischen Motive als Organismus der künstlerischen Phantasie und legt dar, daß das Werk niemals vom Gesichtspunkt des Verstandes aus zu verstehen sei, dem vieles, zumal die Beziehung zu Lord Byron, immer unbegreiflich bleiben müsse.

Ich hatte den Schluß früher ganz anders im Sinne, ich hatte ihn mir auf verschiedene Weise ausgebildet, und einmal auch recht gut ... Dann brachte mir die Zeit dieses mit Lord Byron und Missolunghi, und ich ließ gern alles übrige fahren. Aber haben Sie bemerkt, der Chor fällt bei dem Trauergesang ganz aus der Rolle; er ist früher und durchgehends antik gehalten oder verleugnet doch nie seine Mädchennatur, hier aber wird er mit einem Mal ernst und hochreflektierend und spricht Dinge aus, woran er nie gedacht hat und auch nie hat denken können ...

Goethes Tagebuch. 1827/28.

28. Juli. Einiges am Hauptgeschäft. – 29. Juli. Behandelte ich das Hauptgeschäft. – 30. Juli. Befand mich beim Aufwachen nicht wohl und brachte den Tag meist untätig hin, doch war der Hauptzweck nicht versäumt. – 1. August. Das Hauptgeschäft vorgeschoben. – 4. August. Das Hauptgeschäft verfolgt.

In dieser Art immer wieder kurze Notizen, von denen nur noch wenige angeführt seien:

18. September. Das Hauptgeschäft gefördert. – 27. September. Nachts und früh beschäftigt, einige Lücken am Hauptwerke auszufüllen. – 13. Oktober. Fortgefahren am Hauptgeschäfte. Las Zeltern die Szene des Thronsaals vor. – 23. November. Einiges zum Karneval arrangiert. – 26. November. Gegen Abend Dr. Eckermann vom zweiten Teil zu „Faust" vorgelegt und besprochen. – 30. Dezember. Einiges am Hauptgeschäft. – 1. Januar. Fausts dritte Szene abgeschlossen. Übergang zu der vierten. – 2. Januar. Prof. Riemer. Mit ihm das Karneval durchgegangen. – 15. Januar. Dem Abschluß der Arbeit am „Faust" nähergerückt durch einige Einschaltung ... Abends Prof. Riemer. Konzepte durchgegangen. Sodann den Abschluß des Karnevals in Fausts 2. Teil. – 18. Januar. Die Faustischen Szenen nochmals durchgegangen.

An K. J. L. Iken. 27. September 1827.

Lassen Sie mich nun zuerst das Vergnügen ausdrücken, welches Sie durch den Anteil an „Helena" mir gewährt haben. Bei der hohen Kultur der Bessern unseres Vaterlandes konnte ich zwar ein solches beifälliges Eingreifen gar wohl erwarten, allein die Erfüllung solcher Hoffnungen und Wünsche bleibt doch immer das Vorzüglichste und Notwendigste. In dieser Aussicht habe ich denn diese längst intentionierte und vorbereitete Arbeit vollendet und den Aufwand an Zeit und Kräften, das strenge Beharren auf diesem einen Punkte mir schon während der Arbeit zum Gewinn gerechnet. Ich zweifelte niemals, daß die Leser, für die ich eigentlich schrieb, den Hauptsinn dieser Darstellung sogleich fassen würden. Es ist Zeit, daß der leidenschaftliche Zwiespalt zwischen Klassikern und Romantikern sich endlich versöhne. Daß wir uns bilden, ist die Hauptforderung; woher wir uns bilden, wäre gleichgültig, wenn wir uns nicht an falschen Mustern zu verbilden fürchten müßten. Ist es doch eine weitere und reinere Umsicht in und über griechische und römische Literatur, der wir die Befreiung aus mönchischer Barbarei zwischen dem fünfzehnten und sechzehnten Jahrhundert verdanken. Lernen wir nicht aus dieser hohen Stelle alles in seinem wahren, physisch-ästhetischen Werte schätzen, das Älteste wie das Neueste?

In solchen Hoffnungen einsichtiger Teilnahme habe ich bei Ausarbeitung der „Helena" mich ganz gehen lassen, ohne an irgendein Publikum noch an einen einzelnen Leser zu denken, überzeugt, daß, wer das Ganze leicht ergreift und faßt, mit liebevoller Geduld sich auch nach und nach das einzelne zueignen werde. Von einer Seite wird dem Philologen nichts Geheimes bleiben, er wird sich vielmehr an dem wiederbelebten Altertum, das er schon kennt, ergötzen; von der andern Seite wird ein Fühlender dasjenige durchdringen, was gemütlich hie und da verdeckt liegt: „Eleusis servat, quod ostendat revisentibus". *(Eleusis hält zurück, was es später den Wiederkehrenden zeigt. Seneca, Naturales quaestiones VII, 31,6).* Und es soll mich freuen, wenn diesmal auch das Geheimnisvolle zu öfterer Rückkehr den Freunden Veranlassung gibt.

Auch wegen anderer dunkler Stellen in frühern und spätern Gedichten möchte ich folgendes zu bedenken geben: Da sich manches unserer Erfahrungen nicht rund aussprechen und direkt mitteilen läßt, so habe ich seit langem das Mittel gewählt, durch einander gegenübergestellte und sich gleichsam ineinander abspiegelnde Gebilde den geheimeren Sinn dem Aufmerkenden zu offenbaren. Da alles, was von mir mitgeteilt worden, auf Lebenserfahrung beruht, so darf ich wohl andeuten und hoffen, daß man meine Dichtungen auch wieder erleben wolle und werde. Und gewiß, jeder meiner Leser findet es an sich selbst, daß ihm von Zeit zu Zeit bei schon im Allgemeinen bekannten Dingen noch im Besonderen etwas Neues erfreulich aufgeht, welches denn ganz eigentlich uns angehört, indem es von einer wachsenden Bildung zeugt und uns dabei zu einem frischen Gedeihen hinleitet. Geht es uns doch mit allem so, was irgendeinen Gehalt darbietet oder hinter sich hat. *(Briefe Bd. 4, S. 249f.)*

Gespräch mit Eckermann. 1. Oktober 1827.

Ich habe in dem Kaiser einen Fürsten darzustellen gesucht, der alle möglichen Eigenschaften hat, sein Land zu verlieren, welches ihm denn auch später wirklich gelingt. Das Wohl des Reichs und seiner Untertanen macht ihm keine Sorge . . . Er möchte sich lieber amüsieren. Hier ist nun das wahre Element für Mephisto . . .

An Knebel. 14. November 1827.

Es ist mir, teurer verehrter Freund, höchst wohltätig, wenn ich erfahre, daß meine ältesten, edelsten Zeitgenossen sich mit „Helena" beschäftigen, da dieses Werk, ein Erzeugnis vieler Jahre, mir gegenwärtig ebenso wunderbar vorkommt als die hohen Bäume in meinem Garten am Stern, welche – doch noch jünger als diese poetische Konzeption – zu einer Höhe herangewachsen sind, daß ein Wirkliches, welches man selbst verursachte, als ein Wunderbares, Unglaubliches, nicht zu Erlebendes erscheint . . . *(Briefe Bd. 4, S. 259.)*

An Reichel. 22. Januar 1828.

Reichel war Geschäftsführer im Verlag Cotta. An ihn sandte Goethe die Druckvorlage für die „Ausgabe letzter Hand" und führte mit ihm die darauf bezügliche Korrespondenz. Die im Jahre 1827 entstandenen Szenen des „Faust II" sollten wie schon der „Helena"-Akt nunmehr veröffentlicht werden und gingen Ende Januar 1828 an Reichel ab. Sie erschienen zur Ostermesse 1828 in Band 12 der „Ausgabe letzter Hand" und umfassen die Verse 4613–6036. Der Brief gibt Anweisungen über die Druckgestalt, überläßt die Einzelheiten aber Reichel und dem Druckermeister, die den Satzspiegel herstellen.

Mit dem nächsten Postwagen gehen die ersten Szenen des zweiten Teils von „Faust" an Dieselben ab. Und ich bin überzeugt, daß Sie beim Abdruck dieses Gedichtes den maître en pages ebenso wie bei „Helena" gefällig dirigieren werden. Im ganzen läßt sich wohl so viel davon sagen, daß dasjenige, was von einzelnen Personen gesprochen wird, hervorzurücken, dagegen, was von einer Masse und Menge gesprochen wird, wie z. B. das Gemurmel, welches auch kürzere Verse sind, hineinzurücken sei. Ebenso ist auch alles, was als Lied erscheint oder lyrisch vorgetragen wird (wie der größte Teil des Karnevals), gleichfalls einzurücken. Allein es kommen zweideutige Fälle vor, wo der Geschmack das Urteil zu leiten hat, inwiefern nämlich auf irgendeine Stelle die Aufmerksamkeit des Lesers zu heften sein möchte, welche denn hienach einzurichten wären. Doch kommen dergleichen selten vor und ich überlasse sie gänzlich Ihrer Dijudikatur.

Gespräch mit Eckermann. 11. März 1828.

Jetzt am 2. Teil meines „Faust" kann ich nur in den frühen Stunden des Tages arbeiten, wo ich mich vom Schlaf erquickt und gestärkt fühle und die Fratzen des täglichen Lebens mich noch nicht verwirrt haben. Und doch, was ist es, das ich ausführe! Im allerglücklichsten Fall eine geschriebene Seite, in der Regel aber nur soviel als man auf den Raum einer Handbreit schreiben könnte, und oft bei unproduktiver Stimmung noch weniger ...

1828 zeigt Goethe in seiner Zeitschrift „Über Kunst und Altertum" an: „Faust. Tragédie de Mr. de Goethe, traduite en français par Mr. Stapfer, ornée de 17 desseins par Mr. Delacroix."

Wenn ich die französische Übersetzung meines Faust in einer Prachtausgabe vor mir liegen sehe, so werd' ich erinnert an jene Zeit, wo dieses Werk ersonnen, verfaßt und mit ganz eignen Gefühlen niedergeschrieben worden. Den Beifall, den es nah und fern gefunden und der sich nunmehr auch in typographischer Vollendung ausweist, mag es wohl der seltenen Eigenschaft schuldig sein, daß es für immer die Entwickelungsperiode eines Menschengeistes festhält, der von allem, was die Menschheit peinigt, auch gequält, von allem, was sie beunruhigt, auch ergriffen, in dem, was sie verabscheut, gleichfalls befangen und durch das, was sie wünscht, auch beseligt worden. Sehr entfernt sind solche Zustände gegenwärtig von dem Dichter; auch die Welt hat gewissermaßen ganz andere Kämpfe zu bestehen; indessen bleibt doch meistens der Menschenzustand in Freud' und Leid sich gleich, und der Letztgeborne wird immer noch Ursache finden, sich nach demjenigen umzusehen, was vor ihm genossen und gelitten worden, um sich einigermaßen in das zu schicken, was auch ihm bereitet wird.

Ist nun jenes Gedicht seiner Natur nach in einem düstern Element empfangen, spielt es auf einem zwar mannigfaltigen, jedoch bänglichen Schauplatz, so nimmt es sich in der französischen, alles erheiternden, der Betrachtung, dem Verstande entgegenkommenden Sprache schon um vieles klarer und absichtlicher aus. Seh' ich nun gar ein Folioformat, Papier, Lettern, Druck, Einband, alles ohne Ausnahme bis zum Vollkommen gesteigert, so verschwindet mir beinahe der Eindruck, den das Werk sonst auch alsdann noch auf mich ausübte, wenn ich es nach geraumer Zeit wieder einmal vor mich nahm, um mich von dessen Dasein und Eigenschaften zu vergewissern.

Dabei aber ist eins besonders merkwürdig, daß ein bildender Künstler sich mit dieser Produktion in ihrem ersten Sinne dergestalt befreundet, daß er alles ursprünglich Düstere in ihr eben so aufgefaßt und einen unruhig strebenden Helden mit gleicher Unruhe des Griffels begleitet hat.

Herr Delacroix, ein Maler von unleugbarem Talent, der jedoch, wie es uns Älteren von Jüngeren öfters zu geschehen pflegt, den Pariser Kunstfreunden und Kennern viel zu schaffen macht, weil sie weder seine Verdienste leugnen noch einer gewissen wilden Behandlungsart mit Beifall begegnen können, Herr Delacroix scheint hier in einem wunderlichen Erzeugnis zwischen Himmel und Erde, Möglichem und Unmöglichem, Rohstem und Zartestem, und zwischen welchen Gegensätzen noch weiter Phantasie ihr verwegnes Spiel treiben mag, sich heimatlich gefühlt und wie in dem Seinigen ergangen zu haben. Dadurch wird denn jener Prachtglanz wieder gedämpft, der Geist vom klaren Buchstaben in eine düstere Welt geführt und die uralte Empfindung einer märchenhaften Erzählung wieder aufgeregt. Ein weiteres getrauen wir uns nicht zu sagen, einem jeden Beschauer dieses bedeutenden Werks mehr oder weniger den unsrigen analoge Empfindungen zutrauend und gleiche Befriedigung wünschend.

An Zelter. Dornburg, 27. Juli 1828.

Der im Juni 1828 erfolgte Tod des Großherzogs Carl August, des für Goethes Schicksal entscheidenden Gefährten seit 53 Jahren, bedeutete für Goethe eine starke innere Erschütterung, und die Trauerfeierlichkeiten in Weimar brachten Unruhe mit sich, der er sich durch einen Aufenthalt in Dornburg zu entziehen versuchte. Auch die Arbeit an „Faust" kam zeitweilig ins Stocken. Aus Dornburg berichtete er an Zelter:

Meine nahe Hoffnung, Euch zu Michael die Fortsetzung von „Faust" zu geben, wird mir denn auch durch diese Ereignisse vereitelt. Wenn dies Ding nicht fortgesetzt auf einen übermütigen Zustand hindeutet, wenn es den Leser nicht auch nötigt, sich über sich selber hinauszumuten, so ist es nichts wert. Bis jetzt, denk' ich, hat ein guter Kopf und Sinn schon zu tun, wenn er sich will zum Herrn machen von allem dem, was da hineingeheimnisset ist ... Der Anfang des 2. Akts ist gelungen; wir wollen dies ganz bescheiden aussprechen ... Es kommt nun darauf an, den 1. Akt zu schließen, der bis aufs letzte Detail erfunden ist ... *(Briefe Bd. 4, S. 292.)*

Goethes Tagebuch. 1828/29.

Vom 18. September 1828 bis zum 7. Februar 1829 notiert das Tagebuch häufig, das Hauptgeschäft oder die Hauptarbeit sei gefördert. Zu dieser Zeit arbeitete Goethe mit aller Kraft daran, die „Wanderjahre" für die Bände 21–23 der „Ausgabe letzter Hand" in eine neue Gestalt zu bringen. Die Arbeit war dringlich, weil der Erscheinungstermin – Frühjahr 1829 – eingehalten werden sollte. In dieser Zeit bezieht sich das Wort „Hauptgeschäft" also auf die „Wanderjahre" als Bd. 21–23 der „Ausgabe letzter Hand". (Das ist in den älteren Werken von Pniower und Gräf und im Register der Weimarer Ausgabe nicht erkannt, weil man damals nicht alle Belege für das Wort „Hauptgeschäft" berücksichtigte. Es ist nachgewiesen in: Studien zu Goethes Alterswerken, hrsg. von E. Trunz, 1971, S. 99–121.) Der Winter 1828/29 ist also keine Arbeitsperiode an „Faust".

Gespräch mit Eckermann. 12. Februar 1829.

... Die Musik müßte im Charakter des „Don Juan" sein, Mozart hätte den „Faust" komponieren müssen ...

An Zelter. 19. Juli 1829.

Daß Du auf den zweiten „Faust" zurückkehrst, tut mir sehr wohl ... Der Abschluß ist so gut wie ganz vollbracht, von den Zwischenstellen manches Bedeutende vollendet, und wenn man mich von seiten höchster Gewalten auffangen und auf ein Vierteljahr einer hohen Festung anvertrauen wollte, so sollte nicht viel übrig sein. Ich habe alles so deutlich in Herz und Sinn, daß es mir oft unbequem fällt ... *(Briefe Bd. 4, S. 338.)*

Goethes Tagebuch. 29. August 1829.

Abends allein. Aufführung von „Faust" im Theater.

Das Jahr 1829 brachte die ersten Aufführungen des „Faust I", am 19. Januar in Braunschweig, am 8. Juni in Hannover und dann zur Feier von Goethes 80. Geburtstag die Aufführungen am 27. August in Dresden, am 28. August in Leipzig und am 29. August in Weimar. Goethe nahm an der Weimarer Aufführung nicht teil, billigte sie aber. Über die Leipziger Aufführung erhielt er sofort Nachricht durch Rochlitz, dem er dann umgehend am 2. September dankte.

Goethe an Rochlitz. 2. September 1829.

... Dank für die ausführliche Kenntnis, die Sie mir von der Aufführung „Fausts" geben. Es ist wunderlich genug, daß diese seltsame Frucht erst jetzo gleichsam vom Baume fällt. Auch hier hat man ihn gegeben, ohne meine Anregung, aber nicht wider meinen Willen und nicht ohne meine Billigung der Art und Weise, wie man sich dabei benommen ... *(Briefe Bd. 4, S. 341.)*

Gespräch mit Eckermann. 6. Dezember 1829.

Über das Problem, eine Dichtung 50 Jahre nach der ersten Konzeption zu vollenden. Über die Gestalt des Baccalaureus; er personifizierte die Anmaßlichkeit der Jugend.

Gespräch mit Eckermann. 16. Dezember 1829.

Über das Verhältnis von Mephistopheles und Homunculus; Mephistopheles hat an Homunculus' Entstehen teil; Homunculus gleicht ihm an geistiger Klarheit, ist ihm durch die Tendenz zum Schönen überlegen. – Fausts Leda-Traum als Vorklang der Helena-Szenen.

Gespräch mit Eckermann. 20. Dezember 1829.

Über die Aufführbarkeit des 2. Teils. Bühnenfragen bei Homunculus und Mummenschanz. Publikumswirkung.

„Geht nur", sagte Goethe, „und laßt mir das Publikum, von dem ich nichts hören mag. Die Hauptsache ist, daß es geschrieben steht. Mag nun die Welt damit gebaren, so gut sie kann, und es benutzen, so weit sie es fähig ist." – Wir sprachen darauf über den Knaben Lenker. „Daß in der Maske des Plutus der Faust steckt und in der Maske des Geizes der Mephistopheles, werden Sie gemerkt haben. Wer aber ist der Knabe Lenker?" – Ich zauderte und wußte nicht zu antworten. – „Es ist Euphorion!" sagte Goethe. – „Wie kann aber dieser", fragte ich, „schon hier im Karneval erscheinen, da er doch erst im dritten Akt geboren wird?" – „Der Euphorion", antwortete Goethe, „ist kein menschliches, sondern nur ein allegorisches Wesen. Es ist in ihm die Poesie personifiziert, die an keine Zeit, an keinen Ort und an keine Person gebunden ist. Derselbe Geist, dem es später beliebt, Euphorion zu sein, erscheint jetzt als Knabe Lenker, und er ist darin den Gespenstern ähnlich, die überall gegenwärtig sein und zu jeder Stunde hervortreten können."

Gespräch mit Eckermann. 27. Dezember 1829.

Goethe liest Eckermann die Szene „Lustgarten" mit der Schaffung des Papiergeldes vor. Der Inhalt wird besprochen.

Gespräch mit Eckermann. 30. Dezember 1829.

Goethe liest Eckermann im Anschluß an die Lesung vom 27. Dezember den Anfang der Szene „Finstere Galerie" und die Szene „Rittersaal" vor und spricht mit ihm den Inhalt durch.

Gespräch mit Eckermann. 3. Januar 1830.

Über die neue französische „Faust"-Übersetzung von Gérard de Nerval. Anschließend sagt Goethe:

Der „Faust" ist doch etwas ganz Inkommensurables, und alle Versuche, ihn dem Verstande näherzubringen, sind vergeblich. Auch muß man bedenken, daß der erste Teil aus einem etwas dunkelen Zustand des Individuums hervorgegangen. Aber eben dieses Dunkel reizt die Menschen und sie mühen sich daran ab wie an allen unauflösbaren Problemen.

Goethes Tagebuch. 1829–30.

In dieser Zeit meldet das Tagebuch fast immer nur „Poetisches", doch ist nicht zweifelhaft, daß „Faust" gemeint ist. Der 1. Akt wurde fertiggestellt und dann sogleich der 2. in Angriff genommen. Da der Wortlaut der vielen Eintragungen zwischen 2. Dezember und 27. April sich fast immer wiederholt, sind nur Proben daraus hier angeführt.

2. Dezember. Szenen im „Faust" berichtigt. – 7. Dezember. Poetisches. – 8. Dezember. Gestriges fortgesetzt. Poetisches. – 9. Dezember.

Poetisches. – 10. Dezember. Poetisches ... – 30. Dezember. Poetisches.
Arrangement einiger Konzepte. – 1. Januar. Poetisches redigiert und
mundiert. – 3. Januar. Poetisches gefördert ... Nachher allein. Betrachtete eigene poetische Angelegenheiten näher. – 5. Januar. Poetisches
konzipiert und mundiert. – 6. Januar. Poetisches vorgerückt, konzipiert, mundiert, eingeschaltet, abgerundet. – 31. Januar. Poetisches eingeleitet. – 23. Februar. Einiges Poetische, Mundum. Verschiedenes geheftet und das Nächste beschaut und überlegt ... Abends die weitern
Plane bedacht. – 24. Februar. Munda der Konzepte von gestern abend.
Neues partielles Schema. – 6. März. Poetisches, Konzept und Mundum.
Das Schema umgeschrieben ... Ich fuhr am Hauptgeschäft fort. –
18. März. Poetisches revidiert. – 22. März. Poetisches, Konzept und
Mundum. In der 2. Reinschrift vorgerückt. Das noch übrige zum Gan-
zen durchgedacht. – 18. April. Dr. Eckermann. Wurde die Klassische
Walpurgisnacht rekapituliert. – 27. April. Über die Fortsetzung von
„Faust" gesprochen.

Gespräch mit Eckermann. 10. Januar 1830.

*Goethe liest die Mütter-Szene („Finstere Galerie") bis ans Ende vor, im An-
schluß an die Lesung vom 30. Dezember.*

„Ich kann Ihnen weiter nichts verraten", sagte er darauf, „als daß ich
beim Plutarch gefunden, daß im griechischen Altertume von Müttern
als Gottheiten die Rede gewesen. Dies ist alles, was ich der Überlieferung verdanke, das übrige ist meine eigene Erfindung. Ich gebe Ihnen
das Manuskript mit nach Hause, studieren Sie alles wohl und sehen Sie
zu, wie Sie zurecht kommen."

Gespräch mit Eckermann. 24. Januar 1830.

„Faust ist jetzt mit dem Chiron zusammen, und ich hoffe, die Szene
soll mir gelingen. Wenn ich mich fleißig dazuhalte, kann ich in ein paar
Monaten mit der ,Walpurgisnacht' fertig sein. Es soll mich nun aber
auch nichts wieder vom ,Faust' abbringen. Denn es wäre doch toll
genug, wenn ich es erlebte, ihn zu vollenden! Und möglich ist es; der
fünfte Akt ist so gut wie fertig, und der vierte wird sich sodann wie von
selber machen."

Gespräch mit Eckermann.

*7. März 1830: Goethe unterbricht die Arbeit an der „Klassischen Walpurgis-
nacht", um die letzten Bände der „Ausgabe letzter Hand" durchzusehen. Er lobt
Eckermann als Antreiber bei der Arbeit an „Faust". – 21. März: Die Arbeit an der
„Klassischen Walpurgisnacht" geht weiter, aber nur in guten Stunden. – Im April
reisen Goethes Sohn und Eckermann nach Italien ab.*

Goethe an seinen Sohn. 25. Juni 1830.

Sag Eckermann ..., die „Walpurgisnacht" sei völlig abgeschlossen und wegen des fernerhin und weiter Nötigen sei die beste Hoffnung.

Goethes Tagebuch. 1830–31.

Die letzte große Arbeitsperiode an „Faust", vom 2. Dezember 1830 bis zum 22. Juli 1831, läßt sich im Tagebuch genau verfolgen. Fast jeder Tag meldet „Einiges am Faust" oder „Poetisches" oder „Den Hauptzweck verfolgt". Infolge des Gleichlautens dieser Eintragungen sind hier wieder nur die ersten und die letzten und von den dazwischenliegenden nur einige Proben gegeben.

2. Dezember. Nachts an „Faust" gedacht und einiges gefördert. – 3. Dezember. Nach 1 Uhr einige Stunden gewacht. Verschiedenes in Gedanken gefördert. – 4. Dezember. Einiges am „Faust". – 12. Dezember. Einiges zu „Faust". Mittag Dr. Eckermann. Brachte das Manuskript von „Faust" zurück. Das darin ihm Unbekannte wurde besprochen, die letzten Pinselzüge gebilligt. Er nahm die „Klassische Walpurgisnacht" mit. – 15. Dezember. An „Faust" fortgefahren. – 12. Februar. Das Hauptwerk mutig und glücklich angegriffen. – 20. Februar. John vollbrachte das Einheften der drei ersten Akte von „Faust" in Manuskript. Das Mundum war von mancherlei Seiten zusammenzusuchen. – 9. April. Philemon und Baucis und Verwandtes sehr zusagend. – 7. Mai. Poetisches fortgesetzt. – 14. Mai. Früh Poetisches. – 7. Juni. Mittags Dr. Eckermann. Ich gab ihm den 5. Aufzug von „Faust" mit. – 26. Juni. Fortgeführter Hauptzweck. – 1. Juli. Den Hauptzweck verfolgt ... Blieb für mich, das Hauptgeschäft fördernd. – 11. Juli. Den Hauptzweck verfolgt. – 19. Juli. Im Hauptgeschäft vorgerückt. John mundierte. – 20. Juli. Am Hauptgeschäft fortgefahren. – 21. Juli. Abschluß des Hauptgeschäftes. – 22. Juli. Das Hauptgeschäft zustande gebracht. Letztes Mundum. Alles Reingeschriebene eingeheftet.

An Zelter. 4. Januar 1831.

Die zwei ersten Akte von „Faust" sind fertig ... Helena tritt zu Anfang des dritten Akts nicht als Zwischenspielerin, sondern als Heroine ohne weiteres auf ... Inwiefern mir die Götter zum vierten Akte helfen, steht dahin. Der fünfte bis zum Ende des Endes steht auch schon auf dem Papiere. Ich möchte diesen zweiten Teil des „Faust" ... wohl einmal der Reihe nach weglesen ... in der Folge mögen es andere tun, die mit frischen Organen dazu kommen, und sie werden etwas aufzuraten finden ... *(Briefe Bd. 4, S. 416.)*

Gespräch mit Eckermann. 13. Februar 1831.

Goethe berichtet, er sei an der Arbeit im 4. Akt, der wieder ganz eigenes Gepräge habe. Als Ganzes bleibe das Werk immer „inkommensurabel", gleichsam ein unaufgelöstes Problem, wie das Leben selbst sie aufgibt.

Gespräch mit Eckermann. 17. Februar 1831.

„Faust" ... läßt mich nun nicht wieder los, ich denke und erfinde täglich daran fort. Ich habe nun auch das ganze Manuskript des zweiten Teils heute heften lassen, damit es mir als eine sinnliche Masse vor Augen sei. Die Stelle des fehlenden vierten Aktes habe ich mit weißem Papier ausgefüllt, und es ist keine Frage, daß das Fertige anlockt und reizt, um das zu vollenden, was noch zu tun ist. Es liegt in solchen sinnlichen Dingen mehr, als man denkt, und man muß dem Geistigen mit allerlei Künsten zu Hilfe kommen.

... Der erste Teil ist fast ganz subjektiv. Es ist alles aus einem befangeneren, leidenschaftlicheren Individuum hervorgegangen, welches Halbdunkel den Menschen auch so wohltun mag. Im zweiten Teil aber ist fast gar nichts Subjektives, es erscheint hier eine höhere, breitere, hellere, leidenschaftlosere Welt, und wer sich nicht etwas umgetan und einiges erlebt hat, wird nichts damit anzufangen wissen.

Aus F. W. Riemers „Mitteilungen über Goethe".

Riemer komponierte nicht wie Eckermann lange Gespräche, sondern notierte sich auf Grund seiner Besuche bei Goethe nur einzelne markante Goethesche Aussprüche. Sie sind eine verhältnismäßig zuverlässige Quelle. Die Aussprüche über „Faust II" sind undatiert; sie stammen aus der Zeit, als das Werk vollendet wurde, etwa 1830/31.

Der zweite Teil sollte und konnte nicht so fragmentarisch sein als der erste. Der Verstand hat mehr Forderungen daran als an den ersten, und in diesem Sinne mußte dem vernünftigen Leser entgegengearbeitet werden. – Die Fabel mußte sich dem Ideellen nähern und zuletzt darein entfalten, die Behandlung aber des Dichters eigenen Weg nehmen. – Es gab noch manche andere, herrliche, reale und phantastische Irrtümer, in welche der arme Mensch sich edler, würdiger, höher, als im ersten gemeinen Teil geschieht, verlieren durfte. Die Behandlung mußte aus dem Spezifischen mehr in das Generische gehen, denn Spezifikation und Varietät gehören der Jugend an. Tizian, der große Kolorist, malte im hohen Alter diejenigen Stoffe, die er früher so konkret nachzuahmen gewußt hatte, auch nur in abstracto, z. B. den Sammet nur als Idee davon – eine Anekdote, die Goethe mir mehrmals mit Beziehung auf sich erzählte. – So sind denn freilich einzelne, aber nicht gerade sehr wesentliche Partien nur angelegt und aus dem groben gearbeitet; aber das, worauf es ankam, der Sinn und die Idee des Ganzen wird sich dem vernünftigen Leser entgegenbringen, wenn ihm auch an Übergängen zu supplieren genug übrigbleibt.

Gespräch mit Eckermann. 21. Februar 1831.

Über die „Klassische Walpurgisnacht" und ihre antiken Bildmotive, den Helena-Akt und seine Bühnenfähigkeit.

Abkommen zwischen Goethe und Eckermann, 15. Mai 1831.

Zu nächster Ausgabe eines Nachtrages zu meinen Werken liegen bereit oder werden redigiert, ajustiert zu diesem Zwecke: Neuere Gedichte. – Faust, Zweiter Teil. Abschluß des 1. Akts. 2. Akt, einschließlich der Klassischen Walpurgisnacht. Helena bildet den 3. Akt. Der 4. Akt ist erfunden und schematisiert und erwartet eine glückliche Ausführung. Am 5. Akt fehlt etwa der Anfang, der Schluß des Ganzen aber ist vollendet . . .

An Zelter. 1. Juni 1831.

Es ist keine Kleinigkeit, das, was man im zwanzigsten Jahre konzipiert hat, im zweiundachtzigsten außer sich darzustellen und ein solches inneres lebendiges Knochengeripp mit Sehnen, Fleisch und Oberhaut zu bekleiden, auch wohl dem fertig Hingestellten noch einige Mantelfalten umzuschlagen, damit alles zusammen ein offenbares Rätsel bleibe, die Menschen fort und fort ergötze und ihnen zu schaffen mache. *(Briefe Bd. 4, S. 424.)*

Gespräch mit Eckermann. 6. Juni 1831.

„Mein Philemon und Baucis hat mit jenem berühmten Paare des Altertums und der sich daran knüpfenden Sage nichts zu tun. Ich gab meinem Paare bloß jene Namen, um die Charaktere dadurch zu heben. Es sind ähnliche Personen und ähnliche Verhältnisse, und da wirken denn die ähnlichen Namen durchaus günstig . . . Der Faust, wie er im fünften Akt erscheint, soll nach meiner Intention gerade hundert Jahre alt sein, und ich bin nicht gewiß, ob es nicht etwa gut wäre, dieses irgendwo ausdrücklich zu bemerken . . . Übrigens werden Sie zugeben, daß der Schluß, wo es mit der geretteten Seele nach oben geht, sehr schwer zu machen war, und daß ich bei so übersinnlichen, kaum zu ahnenden Dingen mich sehr leicht im Vagen hätte verlieren können, wenn ich nicht meinen poetischen Intentionen durch die scharf umrissenen christlich-kirchlichen Figuren und Vorstellungen eine wohltätig beschränkende Form und Festigkeit gegeben hätte."

Den noch fehlenden vierten Akt vollendete Goethe darauf in den nächsten Wochen, so daß im August der ganze zweite Teil geheftet und vollkommen fertig dalag. Dieses Ziel, wonach er so lange gestrebt, endlich erreicht zu haben, machte Goethe überaus glücklich.

„Mein ferneres Leben", sagte er, „kann ich nunmehr als ein reines Geschenk ansehen, und es ist jetzt im Grunde ganz einerlei, ob und was ich noch etwa tue."

Goethe an Heinrich Meyer. 20. Juli 1831.

Heinrich Meyer machte zu dieser Zeit in Karlsbad eine Badekur.

Wundersam bleibt es immer, wie sich der von allem absondernde, teils revolutionäre, teils einsiedlerische Egoismus durch die lebendigen Tätigkeiten aller Art hindurchzieht. Den meinen, will ich nur bekennen, hab' ich ins Innerste der Produktion zurückgezogen und den nunmehr seit vollen 4 Jahren wieder ernstlich aufgenommenen zweiten Teil des ,,Faust" in sich selbst arrangiert, bedeutende Zwischenlücken ausgefüllt und vom Ende herein, vom Anfang zum Ende das Vorhandene zusammengeschlossen. Dabei hoffe ich, es soll mir geglückt sein, allen Unterschied des Frühern und Spätern ausgelöscht zu haben ... Und so ist nun ein schwerer Stein über den Berggipfel auf die andere Seite hinabgewälzt. Gleich liegen aber wieder andere hinter mir, die auch wieder gefördert sein wollen, damit erfüllt werde, was geschrieben steht: ,,Solche Mühe hat Gott dem Menschen gegeben." *(Briefe Bd. 4, S. 438.)*

An Zelter. 4. September 1831.

Wenn Du nun aber nach dem ,,Faust" fragst, so kann ich Dir erwidern, daß der II. Teil nun auch in sich abgeschlossen ist. Ich habe seit so vielen Jahren recht gewußt, was ich wollte, habe aber nur die einzelnen Stellen ausgeführt, die mich im Augenblick interessierten. Dadurch wurden Lücken offenbar, welche ausgefüllt werden mußten. Dieses alles nun zurechtzustellen, faßt' ich den festen Vorsatz, es müsse vor meinem Geburtstag geschehen. Und so ward es auch: das Ganze liegt vor mir, und ich habe nur noch Kleinigkeiten zu berichtigen; so siegle ich's ein, und dann mag es das spezifische Gewicht meiner folgenden Bände, wie es auch damit werden mag, vermehren. – Du hast eine wunderliche Szene oder vielmehr einen wunderlichen Teil des Ganzen gesehen; was Du davon Dir auch magst zugeeignet haben, so wird es im Zusammenhang doch noch lustiger erscheinen. *(Briefe Bd. 4, S. 443.)*

Die ,,wunderliche Szene" ist die Klassische Walpurgisnacht, welche Zelter am 25. Juli 1831 zu lesen bekam, als er zum Besuch in Weimar war. (Goethes Tagebuch 25. Juli 1831.)

An Graf Reinhard. 7. September 1831.

... Und es war in der Hälfte des Augusts, daß ich nichts mehr daran zu tun wußte, das Manuskript einsiegelte, damit es mir aus den Augen und aus allem Anteil sich entferne ... Mein Wunsch ist, daß es Ihnen zu guter Stunde in die Hand kommen möge. Aufschluß erwarten Sie nicht; der Welt- und Menschengeschichte gleich enthüllt das zuletzt aufgelöste Problem immer wieder ein neues, aufzulösendes ... *(Briefe Bd. 4, S. 444f.)*

An Sulpiz Boisserée. 8. September 1831.

Und nun will ich denn die Anfrage, womit Ihr Blatt sich schließt, vor allem etwas umständlicher beantworten.

Es ist mir nämlich gelungen, den zweiten Teil des „Faust" in sich selbst abzuschließen. Ich wußte schon lange her, was, ja sogar, wie ich's wollte, und trug es als ein inneres Märchen seit so vielen Jahren mit mir herum, führte aber nur die einzelnen Stellen aus, die mich von Zeit zu Zeit näher anmuteten.

Nun sollte und konnte dieser zweite Teil nicht so fragmentarisch sein als der erste. Der Verstand hat mehr Rechte daran; wie Sie auch schon an dem davon gedruckten Anfang ersehen haben.

Nun bedurft' es zuletzt einen recht kräftigen Entschluß, das Ganze zusammenzuarbeiten, daß es vor einem gebildeten Geiste bestehen können. Da steht es nun, wie es auch geraten sei. Und wenn es noch Probleme genug enthält, keineswegs jede Aufklärung darbietet, so wird es doch denjenigen erfreuen, der sich auf Miene, Wink und leise Hindeutung versteht. Er wird sogar mehr finden, als ich geben konnte.

Und so wird denn das Manuskript endlich eingesiegelt, daß es verborgen bleibe und dereinst, wenn's glückt, die spezifische Schwere der folgenden Bände meiner Werke vermehren möge. Alles, was hiezu gehört, wird sorgfältig redigiert und rein geschrieben in einem aparten Kästchen verwahrt.

Verzeihen Sie, wenn diese vielen Worte doch am Ende nichts Befriedigendes aussprechen. Möge das Ganze zu guter Stunde künftig zu Gesicht kommen. *(Briefe Bd. 4, S. 445 f.)*

An Sulpiz Boisserée. 27. September 1831.

Ihnen darf ich es bekennen: in widerwärtigen Situationen, anstatt mich abzumüden, nahm ich den Abschluß des Dr. Faustus vor. Ich durfte nicht hinter mir selbst bleiben und mußte also über mich selbst hinausgehen und mich in einen Zustand versetzen und erhalten, wo der Tag mit seinen Seiten mir ganz niederträchtig erschien. Nun darf ich sagen, daß mir das Gewonnene Lust und Freude macht, ein Nächstes ebenmäßig anzugreifen.

An Sulpiz Boisserée. 24. November 1831.

Seitdem ich das Glück hatte, meinen „Faust" abzuschließen und zu versiegeln, damit er, wie er auch sei, noch einige Jahre in Ruhe bleiben möge, hab' ich mich wieder in die naturwissenschaftlichen Dinge geworfen ...

Da ich noch ein leeres Blatt vor mir sehe, will ich etwas gestehen, was mir von Zeit zu Zeit in den Sinn kommt. – Als ich meinen abgeschlossenen „Faust" einsiegelte, war mir denn doch nicht ganz wohl dabei zumute. Denn es mußte mir einfallen, daß meine wertesten, im allgemeinen mit mir übereinstimmenden Freunde nicht alsobald den Spaß haben sollten, sich an diesen ernst gemeinten Scherzen einige Stunden zu ergötzen und dabei gewahr zu werden, was sich viele Jahre in Kopf und Sinn herumbewegte, bis es endlich diese Gestalt angenommen. Sogar als Dichter, der sein Licht nicht unter den Scheffel setzen will, mußt' ich verzweifeln, indem ich auf die nächste unmittelbare Teilnahme Verzicht tat. Mein Trost ist jedoch, daß gerade die, an denen mir gelegen sein muß, alle jünger sind als ich und seiner Zeit das für sie Bereitete und Aufgesparte zu meinem Andenken genießen werden . . . *(Briefe Bd. 4, S. 460f.)*

An Wilhelm v. Humboldt. 1. Dezember 1831.

Von meinem „Faust" ist viel und wenig zu sagen. Gerade zu einer günstigen Zeit fiel mir das Dictum ein:

> Gebt ihr euch einmal für Poeten,
> So kommandiert die Poesie.

Und durch eine geheime psychologische Wendung, welche vielleicht studiert zu werden verdiente, glaube ich mich zu einer Art von Produktion erhoben zu haben, welche bei völligem Bewußtsein dasjenige hervorbrachte, was ich jetzt noch selbst billige, ohne vielleicht jemals in diesem Flusse wieder schwimmen zu können, ja, was Aristoteles und andere Prosaisten einer Art von Wahnsinn zuschreiben würden. Die Schwierigkeit des Gelingens bestand darin, daß der 2. Teil des „Faust", dessen gedruckten Partien Sie vielleicht einige Aufmerksamkeit geschenkt haben, seit fünfzig Jahren in seinen Zwecken und Motiven durchgedacht und fragmentarisch – wie mir eine oder die andere Situation gefiel – durchgearbeitet war, das Ganze aber lückenhaft blieb.

Nun hat der Verstand an dem 2. Teile mehr Forderung als an dem ersten, und in diesem Sinne mußte dem vernünftigen Leser mehr entgegengearbeitet werden, wenn ihm auch an Übergängen zu supplieren genug übrigblieb. Das Ausfüllen gewisser Lücken war sowohl für historische als ästhetische Stetigkeit nötig; welches ich so lange fortsetzte, bis ich endlich für rätlich hielt, auszurufen:

> Schließet den Wäßrungskanal, genugsam tranken die Wiesen.

Und nun mußte ich mir ein Herz nehmen, das geheftete Exemplar, worin Gedrucktes und Ungedrucktes ineinandergeschoben sind, zu versiegeln, damit ich nicht etwa hie und da weiter auszuführen in Versuchung käme; wobei ich freilich bedaure, daß ich es – was der Dichter doch so gern tut – meinen wertesten Freunden nicht mitteilen kann. *(Briefe Bd. 4, S. 463.)*

Goethes Tagebuch. 1832.

8. Januar. Gegen Abend . . . Ottilie. Sie hatte das, was vom 2. Teil des „Faust" gedruckt ist, gelesen und gut überdacht. Es wurde nochmals durchgesprochen, und ich las nunmehr im Manuskript weiter. – 9. Januar. Abends Ottilie. Ich las ihr den Schluß des ersten Akts von „Faust" vor. – 12. Januar. Nachher Ottilie und Eckermann. Las im 2. Teil des „Fausts" weiter. – 13. Januar. Später Ottilie. Lasen weiter im „Faust". – 14. Januar. Abends Ottilie. Schluß zur „Klassischen Walpurgisnacht". – 15. Januar. Um 1 Uhr Ottilie zur Vorlesung. Anfang des 4. Akts . . . Lasen *(abends)* weiter im „Faust". – 16. Januar. Später Ottilie, las im „Faust" weiter. – 17. Januar. Einiges im „Faust" Bemerkte nachgeholfen. – 18. Januar. Einiges umgeschrieben. – 20. Januar. Später Ottilie, Anfang des 5. Akts gelesen. – 24. Januar. Neue Aufregung zu „Faust" in Rücksicht größerer Ausführung der Hauptmotive, die ich, um fertig zu werden, allzu lakonisch behandelt hatte. – 27. Januar. Um 1 Uhr Ottilie. „Faust" vorgelesen. – 29. Januar. Abends Ottilie. „Faust" ausgelesen.

Aus Goethes späten Gedichten. (Bd. I, S. 321.)

Den 18. Januar 1832
Der Zaubrer fordert leidenschaftlich wild
Von Höll' und Himmel sich Helenens Bild;
Trät' er zu mir in heitern Morgenstunden,
Das Liebenswürdigste wär' friedlich ihm gefunden.

An Wilhelm v. Humboldt. 17. März 1832.

Es sind über sechzig Jahre, daß die Konzeption des „Faust" bei mir jugendlich von vorne herein klar, die ganze Reihenfolge hin weniger ausführlich vorlag. Nun hab' ich die Absicht immer sachte neben mir hergehn lassen und nur die mir gerade interessantesten Stellen einzeln durchgearbeitet, so daß im 2. Teile Lücken blieben, durch ein gleichmäßiges Interesse mit dem übrigen zu verbinden. Hier trat nun freilich die große Schwierigkeit ein, dasjenige durch Vorsatz und Charakter zu erreichen, was eigentlich der freiwilligen tätigen Natur allein zukommen sollte. Es wäre aber nicht gut, wenn es nicht auch nach einem so lange tätig nachdenkenden Leben möglich geworden wäre, und ich lasse mich keine Furcht angehen, man werde das Ältere vom Neuern, das Spätere vom Frühern unterscheiden können; welches wir denn den künftigen Lesern zu geneigter Einsicht übergeben wollen.

Ganz ohne Frage würd' es mir unendliche Freude machen, meinen werten, durchaus dankbar anerkannten, weitverteilten Freunden auch bei Lebzeiten diese sehr ernsten Scherze zu widmen, mitzuteilen und ihre Erwiderung zu vernehmen. Der Tag aber ist wirklich so absurd und konfus, daß ich mich überzeuge, meine redlichen, lange verfolgten Bemühungen um dieses seltsame Gebäu würden schlecht belohnt und an den Strand getrieben wie ein Wrack in Trümmern daliegen und von dem Dünenschutt der Stunden zunächst überschüttet werden. Verwirrende Lehre zu verwirrtem Handel waltet über die Welt, und ich habe nichts angelegentlicher zu tun, als dasjenige, was an mir ist und geblieben ist, womöglich zu steigern und meine Eigentümlichkeiten zu kohobieren, wie Sie es, würdiger Freund, auf Ihrer Burg ja auch bewerkstelligen. *(Briefe Bd. 4, S. 481.)*

NACHWORT

DER FAUST–STOFF

Goethes Faust-Drama behandelt einen deutschen Stoff, der aus dem 16. Jahrhundert stammt. Im Jahre 1587 ist er zum ersten Male literarisch hervorgetreten in einem Buch, das der Frankfurter Verleger Spieß herausgab.

Es enthält die Geschichte eines Mannes, der einen Bund mit dem Teufel macht; das ist ein mittelalterliches Motiv, das auch in den Geschichten von Simon Magus, Theophilus usw. vorkommt. Aber zu dem Teufelsbund-Motiv kommt hier etwas hinzu, was keine dieser anderen Sagen enthält, was den Geist des 16. Jahrhunderts atmet und früher nicht möglich gewesen wäre. Der Mann, der hier den Bund mit dem Teufel macht, hat sich „fürgenommen, die Elementa zu spekulieren" (Kap. 6). Es heißt: „Dem trachtet er Tag und Nacht nach, nahme an sich Adlerflügel, wollte alle Grund am Himmel und Erden erforschen …" (Kap. 2).

Nicht also Gier nach Reichtum und Lebensgenuß treibt ihn, sondern Drang nach Erkenntnis. Und weil dieser Drang auf keinem anderen Wege zur Erfüllung führt, verschreibt er sich dem, der ihm verspricht, seine Fragen zu beantworten. Wie kommt diese Problematik in das für bürgerliche Leser gedachte Buch? Der engstirnig-unbeholfene Verfasser hatte sie nicht aus sich selbst. Er hatte sie aus einer geistigen Strömung, die durch das Jahrhundert zog, tief beunruhigend für alle schwerfälligen Geister (und auch für ihn selbst); es ist der Erkenntniswille des neuzeitlichen Menschen, der dem Diesseits neuen Wert verleiht. In Deutschland hatte er seine stärkste Ausprägung gefunden in Paracelsus.

Die paracelsische Sehnsucht nach Erkenntnis hat einen religiösen Hintergrund. Wenn man erkennt, wie der Gang der Gestirne geordnet ist, wie im Kosmos alles mit allem zusammenhängt, wie der Mensch hineingefügt ist in die Gesetze des Lebens – heißt das nicht, Gottes Gedanken nachdenken? Die Lehre von den zwei Lichten – lumen fidei (Licht des Glaubens) und lumen naturale (Licht der Natur) –, die im späten Mittelalter von einigen Philosophen in lateinischer Sprache für wenige Fachleute dargestellt und in Handschriften überliefert war, wurde von Paracelsus und seinen Schülern in deutscher Sprache dargestellt und im Buchdruck verbreitet. Paracelsus sieht in dem „Licht der Natur" eine zweite Offenbarung Gottes, die wir mit Sinnen und Geist im Anschauen der Welt zu erfassen fähig sind. (In seinem Buch „Philosophia sagax", 1537, und in anderen Werken.) Das war den an alte dogmatische Geistesbahnen gewohnten Köpfen seiner Zeit unheimlich. Sie hielten dieses umstürzende Denken, das durch das Diesseits ins Ungemessene strebte, für Irrlehre, für teuflisch. Man dichtete Paracelsus an, er habe einen Teufel bei sich; er wurde zur Sagengestalt. Und in der Sage verschmolz dann das Erkenntnisstreben, das ihn und seine Schüler belebte, mit einer anderen Gestalt, die ebenfalls zur Sage wurde: Johann Faust.

Der geschichtliche Faust, von dem nur wenige Lebenszeugnisse erhalten sind, war ein herumreisender Halbgelehrter, der sich mit marktschreierischem Zauberwesen und geschickten Horoskopen durchs Leben brachte. Er war – im Anfang des 16. Jahrhunderts lebend – ein Zeitgenosse des Paracelsus, und nach seinem Tode wurde von ihm berichtet, er sei in Leipzig auf einem Faß aus dem Wirtshaus geritten und habe in Erfurt den Studenten die Gestalten Homers leibhaftig vorgeführt. Diese anekdotischen Geschichten vermischten sich nun – weil er den Zeitgenossen ebenfalls unbegreiflich, unheimlich war – mit dem, was man von Paracelsus sprach. Und der paracelsische Geist gewann am Ende des 16. Jahrhunderts immer mehr an Bedeutung.

Daß der Teufelsbündler böse sei, ist nach altem Glauben selbstverständlich. Aber blickt man nicht nur auf den Pakt, sondern auf seine Ursachen, so ergibt sich die Frage: Diese Sehnsucht, die Welt in ihrer gottgewollten Ordnung zu erfassen, – ist sie denn böse? Hier liegt das tief Beunruhigende des Stoffes. Aber er fand keine gemäße dichterische Gestaltung, bis Goethe ihn ergriff, denn zu meistern war er nur als Seelenbild des Suchenden, und solche psychologische Dichtung schufen erst Goethe und seine Zeit. Die Dichtung des 16. und 17. Jahrhunderts war sachgebundener, objektiver, sie blieb bei Anekdoten und Lebenslauf und Berichten über naturphilosophische Spekulationen. Denkerisch wurde damals die Frage nach dem Wert des Erkenntnisstrebens immer wieder gestellt. Ficino, Paracelsus, Bruno, Kepler, Leibniz – sie alle wollten erkennen, *Wie alles sich zum Ganzen webt, Eins in dem andern wirkt und lebt* ... (447f.). Und sie empfanden, daß solches Streben nicht widergöttlich sei. Sie nannten es Weisheit vom All, Pansophie, und erforschten die Gesetze der Gestirne, aber auch den Klang der Sphärenharmonie, sie untersuchten die chemischen Elemente, aber auch die geheimnisvolle Wirkung dieser Elemente auf den Menschen. Sie bezogen die Grundformen der Geometrie, die Bahnen der Planeten, die Lebenswege der Menschen und die Dogmen der Bibel wechselseitig aufeinander, vertrauend, daß alles verbunden sei durch eine geheime Harmonie , durch Gottes Gedanken des Weltbaus. Sie sprechen immer nur vom Kosmos, nicht von ihrem Ich. Den heutigen Leser ergreift in ihren Werken weniger das sachlich Dargestellte als ihre religiöse Haltung: diese stürmische Religiosität, diese Sehnsucht durch das All zu Gott. Da sie von den Dingen sprachen, wurde daraus Wissenschaft, Pansophie. Hätten sie vom Ich gesprochen, so hätte es Dichtung werden müssen. Dieses stümische, religiös sehnsüchtige Ich, das mit den Mitteln der Wissenschaft durch das All zu Gott will, immer zwischen Verzweifung und Vergötterung, demütig und titanisch zugleich – welcher Stoff für einen Dichter! Daß sie vom Kosmos sprachen, war Geist der Renaissance und des Barock. Vom eigenen Innern zu sprechen, war Geist der Goethezeit. Darum konnte erst jetzt der Fauststoff dichterisch gemeistert werden.

Die Stunde der großen Dichtung war für Deutschland im 16. Jahrhundert noch nicht gekommen. Die deutsche Leistung der Zeit lag auf religiösem Gebiet. Die Dichtung, in eine lateinisch schreibende gelehrte Gruppe und eine im Volkstümlichen verharrende deutsche geteilt, erreichte keine breite Kultur des Schreibens und keine Gipfelleistungen, die daraus erwuchsen. Das war anders in England: das Jahrhundertende brachte hier die hohe Kultur des Dramas hervor, die in Ben Jonson und Shakespeare gipfelt. Und einer aus diesem Kreise, Marlowe, ergreift nun den Faust-Stoff, seine innerliche Größe ahnend. Von da kehrt dieser nach Deutschland zurück, wird zerspielt zum Schauerdrama, schließlich gewandelt zum Puppenspiel. Zugleich lebt er in Deutschland in der alten Form volkstümlicher Prosa fort. Auf diesen zwei Wegen gelangt er in die Hände der deutschen Dichter des 18. Jahrhunderts, in die Hände Goethes.

Das Faustbuch von 1587 ist das Werk eines engherzigen protestantischen Sitteneiferers. Ohne Darstellungskunst vermischt es anekdotischschwankhafte Züge (z. B. zaubert Faust einem Adeligen ein Geweih auf den Kopf) mit salbadernden Ermahnungen, aber dazwischen klingt das Pansophische immer wieder durch: Faust wird „Weltmensch", hilfreicher Arzt (Kap. 1), sein Abfall von Gott wird verglichen mit dem der Titanen und der luziferischen Engel (Kap. 5); er verbindet sich mit dem Geiste Mephostophiles, um „die Elementa zu spekulieren" (Kap. 6), und befragt diesen nach Hölle und Himmel, dem Lauf der Gestirne, den Jahreszeiten und nach astrologischen Zusammenhängen (Kap. 12–22). Als er einem feindlichen Adligen begegnet, zaubert er eine ganze Kriegsschar herbei und besiegt ihn mit dieser (Kap. 56). Er kommt an den Hof des Kaisers und läßt auf dessen Wunsch Alexander den Großen und dessen Gemahlin erscheinen (Kap. 33). Ähnliches tut er vor Studenten: er zeigt ihnen die griechische Helena (Kap. 49). Später erbittet er diese von Mephostophiles für sich selbst und lebt mit ihr zusammen; sie haben einen Sohn, und dieses Kind erzählt Faust viele zukünftige Dinge (Kap. 59). Am Ende wird Faust von Reue geplagt. Seinem Famulus Wagener vermacht er Bücher und Vermögen. Der Teufel holt ihn, und zugleich verschwinden Helena und ihr Sohn. – Diese Motive bildeten fortan den Kern der Faust-Volksbücher, bald um einiges erweitert, dann wieder verringert. Das Buch von 1587 erlebte viele Auflagen und wurde auch in fremde Sprachen übersetzt. – 1599 arbeitete ein Schwabe, Georg Rudolf Widmann, es um, breit und philiströs. 1674 überarbeitete der Nürnberger Arzt Nikolaus Pfitzer dann wiederum das Werk Widmanns, stoffreicher, aber immer noch lehrhaft-eng. Goethe hat das Widmann-Pfitzersche Werk im Jahre 1801 aus der Weimarer Bibliothek entliehen, als er an *Faust I* arbeitete. Pfitzers Buch hatte Erfolg, bis dann 1725 wiederum eine neue Fassung kam. Der Verfasser nennt sich einen „Christlich Meinenden". Er läßt die barock-breiten Moralpredigten fort und beschränkt sich auf die Hauptzüge der alten Geschichte. Der Geist heißt jetzt Mephistopheles. Ein kleines Motiv, das erstmalig bei Pfitzer, 1674, stand, wird auch von ihm nicht übergangen: „Er verliebte sich auch in eine schöne, doch arme Magd, welche bei einem Krämer in seiner Nachbarschaft diente . . ." Wichtiger ist Fausts Verbindung mit Helena, die ihm einen Sohn schenkt, mit dem sie bei Fausts Tode verschwindet. Fausts Selbstmordversuche schlagen fehl, und am Ende holt ihn der Teufel. Sein Famulus Wagner aber kommt zu hohen Ehren. – Dieses Büchlein wurde bis zum Ende des 18. Jahrhunderts immer wieder aufgelegt. Goethe hat es vermutlich früh kennengelernt. Es überlieferte ihm viele Motive der Faust-Fabel, aber von dem stürmischen Gelehrtengeiste, der in dem Buch von 1587 noch lebte, war in dieser Fassung kaum mehr etwas übriggeblieben. Den lernte Goethe besser aus der zweiten Art der Überlieferung kennen: dem Puppenspiel.

Das deutsche Faustbuch von 1587 war rasch nach England gedrungen, wo der geniale junge Dramatiker Christopher Marlowe (geb. 1564) den Stoff ergriff. Im Jahre 1593 starb er; zwischen 1587 und 1593 ist sein Werk entstanden. Mit dem Griff des Dramatikers packt es die großen Situationen: Ein Anfangsmonolog, der die Fakultäten mustert und zur Magie führt, Geisterbeschwörung, Pakt, Eingreifen in die hohe Politik, Beschwörung der Helena, schließlich Reue und Sehnsucht, die Zauberbücher zu verbrennen – als es zu spät ist. Dieser Faust hat die Unerschrockenheit und Diesseitigkeit Shakespearescher Bösewichter: die Geister sollen ihm wunderbare Kriegsmaschinen liefern und die schönste aller Frauen. Er ist grenzenlos im Ergreifen des Lebens, als Magier will er ein irdischer Gott sein, und was danach kommt, kümmert ihn nicht. So hat Marlowe den Titanismus des Stoffes stärker als alle seine Zeitgenossen entwickelt, hat aber anderseits die Motive des Volksbuchs – zuweilen fast allzusehr, bis ins Schwankhafte hinein – beibehalten. Goethe las das Drama von Marlowe erst im Jahre 1818.

Marlowes Werk drang im 17. Jahrhundert nach Deutschland. Es gehörte zum Repertoire der Wanderbühnen. Viele Aufführungen sind uns bezeugt. Aber die damaligen Texte haben wir nicht, sondern nur spätere Fassungen aus der Zeit um 1800. Marlowes Drama wurde in Deutschland bühnensicher und zugleich geistvoll umgearbeitet. Erweitert ist die Rolle des Hanswurst – ergötzlich und zugleich tiefsinnig als Gegensatzgestalt zu Faust. In der Faustgestalt ist im Vergleich zu Marlowe weniger der Titanismus als der Wissensdurst herausgearbeitet. Da lebt noch etwas von der pansophischen Erkenntnissehnsucht des ältesten Volksbuchs. – Das Faustdrama wurde zum Marionettenspiel, und dadurch wuchsen die Bühnenmöglichkeiten der Geisterszenen und gaben zu deren Ausgestaltung Anlaß. In dieser Form hat Goethe das Werk in seiner Jugend gesehen. In *Dichtung und Wahrheit* sagt er: *Die bedeutende Puppenspielfabel ... klang und summte gar vieltönig in mir wider* ...(Bd. 9, S. 413,38 f.). Als 1790 durch Goethes *Faust*-Fragment und vollends 1808 durch *Faust I* das Interesse allgemein erregt war, begann man, sich für die Faust-Puppenspiele zu interessieren. Teils schrieben Literaturfreunde Texte auf, die mündlicher Besitz einer Marionettenspieler-Familie waren, teils wußten sie deren geschriebene Texte zu erhalten. So kamen nach und nach eine ganze Reihe von Puppenspieltexten zum Druck, und Karl Simrock faßte sie 1846 mit Geschick zusammen. Volksdichtung hat niemals nur eine einzige Fassung. Man kann deswegen auch nicht von dem Faust-Volksbuch sprechen, sondern nur von den Faust-Büchern, von denen jedes seine Vorgänger benutzt und umgearbeitet hat; und ebenso gibt es die Puppenspiele nur in der Mehrzahl. Wo und in welcher Fassung Goethe in seiner Jugend das Puppenspiel gesehen hat, das wissen wir nicht. Aber wir merken, daß er es mit Begeisterung gesehen hat, denn der Stoff prägte sich ihm so genau ein, daß er bis in manche Einzelheiten hinein ihm sein Leben lang vor Augen blieb.

Das Thema des erkenntnishungrigen Gelehrten, der das Diesseits in seinen Zusammenhängen erfassen möchte, mußte neu die Geister ergreifen, sobald man in der Aufklärung begann, das Diesseits neu zu bewerten. Daß der Mensch nicht gemacht sei, die ganze Wahrheit zu haben, wußte man sehr wohl, aber das Streben nach Wahrheit wollte man ihm nicht verkümmern. Lessing schreibt: ,,Nicht die Wahrheit, in deren Besitz irgendein Mensch ist oder zu sein vermeinet, sondern die aufrichtige Mühe, die er angewandt hat, hinter die Wahrheit zu kommen, macht den Wert des Menschen ... Wenn Gott in seiner Rechten alle Wahrheit und in seiner Linken den einzigen immer regen Trieb nach Wahrheit, obschon mit dem Zusatze, mich immer und ewig zu irren, verschlossen hielte und spräche zu mir: ,Wähle‘, ich fiele ihm mit Demut in seine Linke und sagte: ,Vater, gib! Die reine Wahrheit ist ja doch nur für dich allein!‘‘ (Eine Duplik, 1778). War nun nicht Faust jemand, der mit aufrichtiger Mühe ,,hinter die Wahrheit kommen" will?

Und war dann sein Streben nicht im Grunde etwas Wertvolles? Irrend gewiß, doch im Grunde gut? Dann durfte aber Faust am Ende nicht in die Hölle kommen. Lessing, immer bereit, Veraltetes zu widerlegen und fälschlich Verachtete zu „retten", ergriff den Faust-Stoff aus diesem neuen Geiste heraus. Aber er veröffentlichte nur eine kurze Szene in dem berühmten 17. Literaturbrief, 1759. Weitere Pläne und Niederschriften gingen bis auf geringe Reste, die 1786 aus seinem Nachlaß erschienen, verloren.

Als Goethe seinen *Faust* begann, nutzte er als Anregung das Puppenspiel; außerdem hatte er wohl eine der älteren Prosa-Darstellungen zur Hand. Andere Dichter des Sturm und Drang haben erst später als er und zum Teil unter seinem Einfluß den Stoff ergriffen, so der Maler Friedrich Müller, von dessen weitschweifigem Faust-Drama 1776 und 1778 nur Teile erschienen, und Friedrich Maximilian Klinger, dessen Faust-Roman, 1791, eine wilde Erdenfahrt mit der Höllenfahrt enden läßt. Ihre Werke verblassen neben dem Goethes. Nur bei ihm ist die alte Fabel zum Stoff einer großen Weltbild-Dichtung geworden; denn er fand in ihr Motive, die, ins Symbolische erhoben, die Elemente seiner eigenen umfassenden Weltaneignung aussprechen konnten.

Die großen Fragen des 16. Jahrhunderts, die an den Gedanken des „Lichts der Natur" anknüpften, wurden im 18. Jahrhundert neu ergriffen und neu zur Lösung geführt. Die führenden Geister der Goethezeit glaubten freilich nicht mehr wie die alten Pansophen, die Harmonien der Welt seinsmäßig richtig erkennen zu können. Aber sie glaubten wie jene, daß man durch Erkenntnis der Welt zum Gedanken der Weltordnung und also Gottes gelangen könne, indem sie die Welt als Symbol faßten, als *der Gottheit lebendiges Kleid* (509), alles Vergängliche als *ein Gleichnis* (12105) des Ewigen. Doch um die Welt in dieser Gleichnishaftigkeit zu erfahren, muß der Mensch eine tiefe Sehnsucht in sich haben; auf das eigene Innere und seine greifenden Kräfte kommt es an. Das galt es auszubilden, das darzustellen. Die Wissenschaft sprach darum nicht mehr nur von der Ordnung des Kosmos, sondern ebensosehr vom fragenden Menschen (Kant), und die Dichtung gestaltete mit dem Bilde der Welt zugleich das der eigenen Innerlichkeit und entwickelte dafür einen neuen Ausdrucksstil. Die Erkenntnisfrage war also jetzt vor allem eine Frage nach der suchenden Seele. Und wenn man diese dichterisch darstellen wollte – mußte dann nicht die Faustgestalt wie eine Vorformung dieses eigenen Strebens erscheinen? Ist hier doch ein geistiger Mensch, ein Gelehrter, der Erkenntnis sucht durch Natur, Leben und Welt.

Gleichwie das Wesen der Neuzeit sich in Deutschland im 16. Jahrhundert anbahnte, im 18. durchsetzte, wurde die Faustsage im 16. Jahrhundert geschaffen und im 18. dichterisch durchdrungen. Dieser religiös bewegte, erkenntnishungrige, durch die Mittel der weltlichen Wissenschaft strebende Mensch wäre dem Mittelalter unfaßlich gewesen. Er ist eine Schöpfung der Neuzeit, entstanden aus dem geistigen Bereich eines Ficino, Paracelsus, Bruno und Kepler, zeitlich also zwischen 1480 und 1630, räumlich zwischen Florenz, Wittenberg und London. Die Schriftsteller, welche ihm Form gaben, waren Deutsche und ein Engländer. Auch andere Versuche, den erkenntnishungrigen pansophischen Gelehrten dichterisch zu gestalten, liegen in diesem zeitlichen und diesem räumlichen Bereich. Darunter ist in der Problemstellung am kraftvollsten Johann Valentin Andreae mit seinem Drama ,,Turbo", 1616. Aber ihm fehlte die eigentlich dichterische Künstlerschaft. Aus derselben pansophischen Sehnsucht wie dieses Drama schuf auch den Rosenkreuzer-Mythos, die Utopie der gelehrten Bruderschaft, die alle Fakultäten zusammenfaßt (wie Faust sie durchstürmt), um durch Pansophie Gott zu erkennen – ein Akademiegedanke, dem ein letztlich himmelstürmender Drang zugrunde liegt. Beide Mythen wuchsen auf dem gleichen Boden, der Sehnsucht des Gotterkennens durch das ,,Licht der Natur" im 16. und 17. Jahrhundert. Beide wurden von Goethe aufgegriffen. Aber während er *Die Geheimnisse* als Fragment liegen ließ (Bd. 2, S. 271 ff. u. Anmkg.), war *Faust* ein Thema, zu dem er immer wieder zurückkehrte.

Als Knabe schon lernte er die Puppenspiele kennen; vermutlich früh auch eins der Volksbücher. Auch Lessings ,,Faust"-Fragment, 1759 in den ,,Literaturbriefen" erschienen, kannte er wohl schon in seiner Jugend. Im Jahre 1801 entlieh er mehrere Werke über Faust aus der Weimarer Bibliothek. Marlowe las er erst 1818. – Hält man Goethes Drama mit den älteren Stoffquellen zusammen, so ist man immer wieder erstaunt, wie sehr es in Bereiche führt, von denen jene Werke noch nicht das geringste ahnen lassen. Aber nicht weniger erstaunlich ist, wie in dieser großen neuen Symbolwelt die Einzelmotive immer noch bis in Kleinigkeiten hinein auf jene Quellen zurückgehen und wie Goethe an ihnen mit einer Treue festhält, die den großen Sinn und die bildhafte Kraft der alten Volksfabel liebevoll anerkennt.

Faust ist eine Gestalt des 16. Jahrhunderts, und die Verhältnisse der Universitäten, an denen er lebte, reichten in vielen Zügen bis ins 18. Jahrhundert hinein. Goethes Kenntnisse der deutschen Kultur des 16., 17. und 18. Jahrhunderts waren vielseitig und eindringlich, schon in seiner Jugend. Das hing zusammen mit seinem Interesse an Theologie, Philosophie, Naturwissenschaften, Staatsleben, Dichtung und Kunst. Kein anderer deutscher Dichter der Zeit hat in solcher Weise die Kultur dreier Jahrhunderte in sich vereinigt, die Naturschau von Paracelsus bis zu Goethes Zeitgenossen, die Antikenbegeisterung von Johannes Secundus bis zu Winckelmann, die Stellung des Menschen im Staat von

Götz von Berlichingen bis zu Justus Möser. Weil Goethe alle diese Bereiche kannte, hatte er den Hintergrund für das *Faust*-Drama von den Szenen mit den Studenten bis zu denen am Kaiserhof, von der Welt Gretchens bis zum Bereich der Helena, von der Pansophie bis zur Vision der Mater gloriosa.

DIE ENTSTEHUNG

Als Goethe im Herbst 1775 nach Weimar kam, brachte er Skizzen zu einem Faust-Drama mit und las sie vor. Eine besonders begeisterte Zuhörerin, das Hoffräulein Luise v. Göchhausen, lieh sich seine Handschrift aus und schrieb sie ab. Goethes damaliges Manuskript ist nicht erhalten. Er hat es später umgeschrieben und vernichtet. Aber die Abschrift des Fräuleins v. Göchhausen blieb aufbewahrt. Im Jahre 1887 entdeckte Erich Schmidt sie in ihrem Nachlaß und gab sie unter dem Namen ,,Urfaust" heraus. Es ist die erste uns erhaltene Fassung des Dramas und zeigt uns den Zustand, den es im Winter 1775/76 hatte.

Begonnen ist das Werk mehrere Jahre früher. Schon im Sommer 1773 erwähnt Gotter es, im Jahre 1774 bekommen Boie und Knebel Bruchstücke zu hören. Mit der Ankunft in Weimar stockt dann die Arbeit auf viele Jahre hinaus. So ist der ,,Urfaust" das Erzeugnis einer ersten Arbeitsperiode. In dieser Zeit schrieb Goethe aus stürmischen Visionen heraus, sich getrieben fühlend von seinem Genius. So formte er scharf gesehene Einzelbilder und machte sich keine Sorge, wie diese sich zum Ganzen zusammenschließen würden, denn er fühlte, daß sie aus einem gemeinsamen großen Zusammenhange herkämen. Er schrieb nur das, was in ihm Leben war, und so entstanden zwei große Szenengruppen, die Gelehrtentragödie und die Gretchentragödie. Die Gretchenhandlung ist eine Motivreihe, die erst Goethe mit dem Fauststoff verbunden hat; denn in den Volksbüchern ist das Motiv der ,,armen Magd" ganz geringfügig, in den Puppenspielen fehlt es.

Der junge Goethe konnte Fausts Streben, zu erkennen, *wie alles sich zum Ganzen webt* (447), verstehn und gestalten; er kannte auch die Enttäuschung beim Studium: *Fehlt leider nur das geistige Band* (1939). Schon in seiner Frankfurter Zeit 1769 las er Schriften der Pansophen des 16. und 17. Jahrhunderts, welche das System des Alls zu fassen versuchten, und er kannte die Naturwissenschaft des 18. Jahrhunderts mit ihrer Einzelforschung. Deswegen konnte er Fausts Sehnsucht, durch Erkenntnis über sich hinauszugelangen, gestalten und seine Verzweiflung, als der Erdgeist ihn abweist. Doch es gibt noch einen anderen Weg der Entgrenzung, die Liebe. Deswegen folgt die Gretchenhandlung. Das Gegenbild des grenzenlosen Forscherstrebens ist das tote Schulwissen;

daher die Universitäts-Satire. Das Gegenbild der Liebe Gretchens und Fausts sind die Dialoge von Frau Marthe und Mephistopheles. Das sind die Grundelemente des „Urfaust". Goethe kannte die Welt der Wissenschaft so gut, daß er Faust, Wagner, den Studenten und Mephistopheles, der sich ihnen anpaßt, bis ins einzelne gestalten konnte. Und er kannte die Welt der alten kleinen deutschen Städte, so daß er den Lebensumkreis Gretchens, die Stimmung von Stube und Garten, und auch die spießbürgerlichen Nachbarn in dramatischen Bildern einfing. In Frankfurt gab es 1772 den Prozeß einer Kindsmörderin, über den Goethe als Jurist viel erfuhr. Nahes und Fernes, Erlebtes und Gelesenes gaben den Hintergrund, aus welchem sich in seiner Phantasie die Dichtung als eigene Welt bildete.

Die erste Fassung des *Faust* entstand neben mehreren anderen Dramen. *Götz* als lebensvolles Kulturbild war rasch entstanden. Die Bühnenspiele mit Gegenwartsstoffen, *Clavigo* und *Stella*, jeweils auf ein Problem konzentriert, entstanden ebenfalls in kurzer Zeit und blieben, wie sie waren. Dagegen stockte *Prometheus* bald; die mythischen Gestalten, das Problem von Götterferne und Götternähe brachten zu große dramatische Schwierigkeiten. Noch weniger wurde aus dem *Mahomet*-Drama. Die Darstellung des religiösen Genies in der realen und politischen Welt ließ sich ohne gegenständliche Fülle nicht meistern. Im Gegensatz zu diesen Fragmenten war *Faust* ein Entwurf, bei welchem die Weiterführung gut möglich war. Was weiterhin zu gestalten war – Fausts Weltfahrt, Helena, die Gnade am Schluß –, hatte Beziehung zu Goethes eigener geistiger Welt; nicht so, daß er sich mit der Gestalt seines Faust identifizierte – das tat er so wenig wie bei Götz und Egmont –, sondern so, daß die Problemkreise, die sich im Drama ergaben, in seine eigene Welt gehörten.

Der „Urfaust" ist ein Entwurf ohne ausgearbeiteten Handlungszusammenhang. Mephistopheles ist plötzlich da, ohne daß man erfährt, warum und wie. Fausts Entfernung von Gretchen bleibt unbegründet. Was nach der Kerkerszene aus Faust wird, ist nicht abzusehn. Anderseits kommt am Beginn die Gelehrtentragödie voll zum Ausdruck, und die Gretchentragödie läuft lückenlos ab, in straffer Folge. Dieses Fragment war so gelungen und bot so viele Möglichkeiten der Weiterführung, daß Goethe den Wunsch behielt, weiter daran zu arbeiten. In den ersten elf Weimarer Jahren geschah daran aber nichts.

Im Jahre 1786 begann Goethe, seine *Schriften* gesammelt herauszugeben. Zunächst brachte er das, was fertig vorlag, *Werther, Götz, Iphigenie* usw., dann 1789 die Gedichte. *Faust* ließ er sich für den Schlußband. Doch es war ihm nicht möglich, das Werk zu vollenden. Er wollte es anderseits auch nicht länger zurückhalten; und so erschien es denn als: *Faust, ein Fragment*, 1790. Es bricht hinter der Dom-Szene ab. Die letzten Worte sind: *Nachbarin, Euer Fläschen!* Die Zeitgenossen haben das Werk bis 1808 nur in dieser Fassung gekannt, ohne die Kerkerszene. Es steht in dem 8. Band neben zwei unbedeutenden Stücken, *Jery und Bätely* und *Scherz, List und Rache*. Das *Fragment* ist eine Umarbeitung. Noch fehlt der Pakt zwischen Faust und Mephistopheles, aber es gibt nun schon Gesprächsszenen zwischen ihnen vor der Weltfahrt (1770–1850 und 2051–2072). Die Schülerszene hat bereits ihre endgültige Form. Es gibt keine Prosaszenen mehr. In *Auerbachs Keller* – jetzt in Versen – macht nicht mehr Faust den Zauber, sondern Mephistopheles. Dann folgt die *Hexenküche*. An den Gretchen-Szenen war kaum etwas zu ändern; aber die Szene *Wald und Höhle* ist neu eingeschoben. – Goethe hat an diesen Änderungen und Ergänzungen zum Teil in Italien gearbeitet, zum Teil in der ersten Zeit nach der Italien-Reise in Weimar. Die Vollendung von *Iphigenie* und *Tasso* lag hinter ihm. Er schrieb nicht mehr wie in seiner Jugend aus augenblicklichen Einfällen heraus, sondern planend und komponierend. Man merkt es dem Fragment an. Doch es fehlte noch viel. Fausts Weltfahrt mußte noch weiter führen, und alle Stationen mußten unter einen gemeinsamen großen Gesichtspunkt treten: Das geschah erst in der nächsten Arbeitsperiode.

Goethe hat im Alter gesagt, daß die Helena-Szenen zu seinen *ältesten Konzeptionen* gehörten (an Humboldt 22. Okt. 1826; an Knebel 14. Nov. 1827). Zu den vielen Abenteuern, welche die alten Faust-Bücher seit 1587 berichten, gehören auch Szenen am Kaiserhof und die Verbindung Fausts mit Helena. Goethe hat in seiner Jugend auch diese Motive ins Auge gefaßt, doch sie reizten ihn nicht zur Ausarbeitung, anders als die Gelehrtentragödie und das Geschehen um Gretchen. Ferner gehörte zu dem Stoffe als ein unumgänglicher Bestandteil der Pakt mit dem Teufel. Dieses Motiv mußte nun also gestaltet werden. Erfreulicher war für den Dichter, der in den Jahren um 1800 sich in besonderem Maße mit den Werken der Antike beschäftigte, das Helena-Motiv, an das er im Jahre 1800 heranging, ohne zunächst noch die Verknüpfung mit dem übrigen zu haben. Fausts Weltfahrt wird durch dieses Motiv fortgesetzt. Der innere Zusammenhang des ganzen Werks mußte nun hervortreten. Schiller hatte in Gesprächen und Briefen darauf hingewiesen. Jetzt formte Goethe den so eigenartigen, von der Tradition abweichenden Pakt mit dem Teufel und formte durch den *Prolog im Himmel* den großen Rahmen, in den das gesamte Geschehen gestellt wird. Das geschah zwischen 1797 und 1806. Das Ergebnis dieser Arbeitsperiode ist *Faust, I. Teil*, erschienen 1808. Er enthält auch den *Prolog im Himmel*, der ein Prolog zu beiden Teilen ist. – Um 1800 ist auch der Anfang der Helena-Tragödie entstanden (8489–8515, 8524–8559, 8569–8590, 8638–8802), er wurde aber noch zurückgehalten, weil er ohne ersichtlichen Zusammenhang mit *Faust I* war. Goethe hat diesen

Teil, den er *Helena* nannte, Schiller vorgelesen (Schiller an Goethe
23. Sept. 1800); mit den anderen zu dieser Zeit entstandenen Teilen
scheint das nicht geschehen zu sein.

Die letzte Arbeitsperiode ist dann die zwischen 1825 und 1831. In ihr
entsteht der *2. Teil* des Dramas. Pläne dazu waren schon um 1800
geschaffen, wohl auch Stücke der letzten Szenen (das notiert Boisserée
am 3. August 1815). Goethe hatte in diesen Altersjahren eine andere Art
des Produzierens als in seiner Jugend. Jetzt gliederte er erst das Ganze
und machte in Stichworten Pläne dafür, *Schemata*. Das Schematisierte
wird Stück für Stück zum Arbeitspensum; meist abends überdacht und
am Morgen in Arbeit genommen. Nur langsam schreitet die Dichtung
voran. Meist wird das Entstandene bald Eckermann vorgelesen und mit
ihm besprochen. 1826 wird der Helena-Akt vollendet. Goethe mag ihn
jetzt nicht länger zurückhalten und veröffentlicht ihn 1827 im 4. Band
der *Ausgabe letzter Hand* unter dem Titel: *Helena. Klassisch-romantische Phantasmagorie. Zwischenspiel zu Faust.* Danach macht er sich an
die Szenen am Kaiserhof. Sie wurden 1827 fertig und erschienen ebenfalls sogleich, im 12. Bande der *Ausgabe letzter Hand*, 1828. (Vers
4613–6036). Die Lücke zwischen diesen beiden Teilen wurde 1830
durch die Vollendung des 2. Akts mit der *Klassischen Walpurgisnacht*
geschlossen. Dann nimmt Goethe den 5. Akt in Angriff und vollendet
ihn. Er hatte seinerzeit den Beginn der Helena-Handlung erst schaffen
können, nachdem die große Griechensehnsucht über ihn gekommen
war und er *Iphigenie* geschrieben hatte. Die Verbindung Helenas mit
Faust konnte erst entstehen, als sein eigener Hochklassizismus vorüber
war und er – durch Nibelungen, van Eyck, Hafis und Calderon in
andere Regionen geführt – bereit war, Antike und Mittelalter zu verbinden, wie es schon der Titel *Klassisch-romantische Phantasmagorie* ausdrückt. Fausts Herrschervision des *freien Volks* auf *freiem Grund*
(11559–11580) setzte dann Staatsdenken und weltweite Siedlungspläne
voraus, wie sie Goethe im Alter im Gefüge der *Wanderjahre* – die
2. Fassung erschien 1829 – durchgedacht hatte. – Im Frühling 1831 war
Faust II im Allgemeinen fertig, nur der 4. Akt hatte noch Lücken. Goethe nahm sich vor, sie bis zu seinem Geburtstag auszufüllen; und es
gelang. In der verhaltenen Bewegtheit der Briefe aus dieser Zeit spürt
man, was dieser Abschluß für ihn bedeutete. – Er wußte, daß das, was er
gegeben hatte, schwer zu verstehen sei. Er blickte in dieser Zeit ins
Weite. *Ich muß nun an die Enkel denken* ... (Bd. I, S. 324). Wann
würde die Zeit kommen, da man dieses Werk verstehen würde? Er
meinte, es werde *doch gewiß denjenigen erfreuen, der sich auf Miene,
Wink und leise Hindeutung versteht. Er wird sogar mehr finden, als ich
geben konnte.* (An Sulpiz Boisserée, 8. Sept. 1831.) Nur aus Abstand,
nur als Ganzheit, nur nach langem liebevollem Betrachten war dieses

Werk zu verstehn; er mochte die Stimmen derer, die sofort zu allem etwas zu sagen wissen, nicht hören. Er bestimmte dieses Werk der Zukunft und siegelte das Manuskript ein. Es erschien, seinem Wunsche entsprechend, erst nach seinem Tode. Eckermann und Riemer gaben es noch im Jahre 1832 heraus als Band 1 der ,,Nachgelassenen Werke".

So hatte er vom Erwachen seiner Dichterkraft bis an sein Ende daran gearbeitet, in sehr wechselvoller Art: schnell, langsam, impulsiv, aus Sehnsucht, die Poesie kommandierend, absichtsvoll, Material benutzend, schematisierend, intuitiv schauend. Der Fauststoff enthielt eine Vielfalt von Motiven, die alle für Goethe reizvoll wurden, freilich erst nach und nach. Und umgekehrt: Goethe durchlebte in seiner reichen Entwicklung viele verschiedene Lebensgebiete, und für sie alle fand er Symbole in dem Fauststoff. Die Verzweiflung an der Fakultätswissenschaft und die Seligkeit und Schuld der Liebe waren die Themen seiner Jugend. Im Mannesalter fesselten ihn die klassische Schönheit der Helenagestalt und das allgemeine Bild des Menschen, das durch den Pakt und den *Prolog im Himmel* gegeben wird. Den Greis bewegte Faust als Handelnder, Herrschender, dazu das Geheimnis des Schöpferischen, Urbildlichen, die Symbolik der Klassischen Walpurgisnacht. Es ist ein Stoff, der ihn in allen Lebensstufen anzog; umgekehrt aber auch einer, den er, da er immer nur schrieb, was sich ihm organisch ergab, niemals in einer Altersstufe vollenden konnte. Zwischen den in dem Faust-Stoff angelegten Motiven und den von Goethe in seinem langen Leben durchlaufenen geistigen Bereichen ergaben sich also immer wieder glückhafte Entsprechungen. Wahrhaft eine besondere Beziehung zwischen Stoff und Dichter. Aus ihr erklärt sich, warum Goethe von seiner Jugend bis ins höchste Alter an diesem Werk gearbeitet hat und warum es also auch aus allen seinen Lebensperioden Kraft, Weisheit und Geheimnis in sich aufnehmen konnte.

DAS WERK

Bild der Welt. Das *Faust*-Drama zeigt ein Weltgeschehen zwischen Gott und Mephistopheles und zeigt es an einem einzelnen Menschen. Dieser ist freilich nicht beispielhaft für den Durchschnitt der Menschen; er ist vielmehr ein Ausnahmemensch, im Sehnen und Wollen, in Verfehlen und Schuld. Doch gerade dadurch, daß er sich an den Grenzen des Menschseins bewegt, wird das Wesen des Menschen deutlich.

Das Drama beginnt mit dem *Prolog im Himmel*, durch welchen das folgende Geschehen in einen großen Zusammenhang gestellt wird und die Gestalt des Mephistopheles ihren Ort erhält. Die Engel rühmen

Gottes Größe. In dem anschließenden Dialog gibt der Herr dem Teufel die Freiheit, Faust *von seinem Urquell abzuziehn* (324), jedoch nur *solang er auf der Erde lebt* (315). Er nennt Mephistopheles einen *Schalk* (339), d. h. einen Nein-Sager mit Witz. Diese Rolle spielt Mephistopheles in dem ganzen Drama; er ist anmaßend, aber mit Geschick, deswegen spricht er von einer *Wette* (331); doch Gott wettet nicht mit einem niederen Geist, dessen begrenzte Stelle in der großen Ordnung er kennt und der – im Gegensatz zu ihm – das Kommende nicht weiß.

Mephistopheles ist eine dämonische Gestalt, nicht nur Allegorie des Bösen, sondern eine individuelle Figur. Goethe hat – in einer Zeit, als die Dichter nicht mehr Geister darzustellen pflegten – verstanden, ihm persönliche Züge zu geben. Er ist in seinem Bereich klug und hat viel gesehen; er ist witzig und scharfsinnig, der stete Zyniker; sein Blick ist durchdringend; nur für eins hat er kein Organ, kann es nicht haben: für die Werte des menschlichen Daseins. Als den Verneiner deutet er sich selbst (1338–1344, 1346–1358, 1362–1378), nur verdreht er dabei die Wahrheit. Durch den Prolog im Himmel wird deutlich: er ist ein Verminderer des Guten, welches das Seiende ist. Er selbst aber deutet das Nichts als Ursprung und als Ziel der Welt und das Gute als Verminderung des Bösen. Als Verneiner wird er auch von den Sphinxen gedeutet (7134–7137), die dabei seine Begrenztheit durchschauen. Er nimmt das Streben Fausts als Erscheinung wahr (300–307), versteht es aber nie. Auch die innere Entscheidung Gretchens erkennt er nicht. Er sieht nur, daß sie vernichtet ist, und sagt *Sie ist die erste nicht* (S. 137,15); er bemerkt nicht, daß dieser Weg ins Verderben zugleich Anlaß wird zu einer klaren Entscheidung zum Guten (4605, 4607–09) und zu ihrer Begnadigung und Erhöhung (4611, 12094f.). Als Helena entschwindet, zeigt Mephistopheles sich in seiner wahren Gestalt, um anzudeuten, alles Geschehene sei Trug und Schein gewesen. Doch Faust hat Helena so gesehen, wie sie war, ihre echte Gestalt, und das, was dabei in ihm vorging, ist etwas, was Mephistopheles nicht sieht und was er mit seinem Spott nicht zersetzen kann. – Mephistopheles gehört in den Weltplan Gottes. Seine Bedingtheit besteht darin, daß er nicht einsieht, daß er für die göttliche Ordnung notwendig ist. Darum wird er immer wieder sein Spiel beginnen; wird es im kleinen gewinnen und muß es im großen verlieren. Durch das Gespräch mit dem Herrn erhält er die Freiheit, sich an Faust zu versuchen.

Faust ist der Strebende. Zum menschlichen Leben gehört Tätigkeit, Bewegung, Zielsetzung. Doch bei ihm wird daraus Maßlosigkeit. Das Wort *streben* (697, 767, 1075, 1676, 1742, 7291, 11936) ist bezeichnend für Fausts geistige Welt; noch seine letzten Worte sind Befehle, die ein erstrebtes Ziel erreichen wollen (11503–11510) und das *Vorgefühl* einer erstrebten Zukunft ausdrücken (11585). Niemals gelingt es Mephistopheles, dieses Streben zu lähmen; immer bleibt es in voller Kraft, und es greift in viele Richtungen. Daraus ergeben sich die Gelehrten-Tragödie, die Gretchen-Tragödie, die Helena-Tragödie und die Herrscher-Tragödie. Goethe gestaltet hier keine psychologische Einheit des Charakters in dem Sinne, wie Götz oder Egmont Charaktere sind; doch es bleibt die Einheit der Gestalt, die unabänderlich und furchtlos auf äußerste Ziele zugeht. Die Bilder aus Fausts Leben, die das Drama vorführt, zeigen keine Entwicklung, sondern das Problem des Strebenden, Maß-losen, Grenzenstürmenden, das sich in verschiedenen Lebensbereichen wiederholt. Das ist es, was diese Bereiche zusammenhält: jedesmal die Sehnsucht nach Entgrenzung und ein Ausgriff in Übermenschliches, und jedesmal die Erfahrung der Grenzen des Ich, im Erlebnis des Er-kenntnissuchenden, des Liebenden, des in schöpferische Innenwelt Hinabsteigenden, des Herrschenden.

In Faust ist eine Sehnsucht, über die Grenzen seines Ich hinauszuge-langen, doch diese Sehnsucht führt ihn nicht ins Religiöse empor, wo sie ursprünglich hinstrebt, sondern sie überstürzt sich, greift fehl, ver-mischt Hohes und Niederes und verstrickt sich dadurch immer tiefer ins Irdische. So wird Faust da, wo er ins Übermenschliche auszugreifen versucht, sein Ungenügen besonders spürbar. Seine Maßlosigkeit und die damit zusammenhängende Verzweiflung führen ihn dazu, den Pakt mit dem Teufel zu schließen. Dadurch ist dann das ganze Drama bis zu Fausts Tode bestimmt. Faust und Mephistopheles trennen sich nicht mehr. Beide sind immer mit der gleichen Sache beschäftigt. Doch sie betreiben sie auf ganz verschiedene Weise. Die Auseinandersetzung bei-der ist ein Grundzug des Dramas. – Faust ersehnt als Gelehrter höchste Erkenntnis, doch da er sich nicht zu begrenzen vermag, wählt er die Magie. Als sich ihm, der durch die Wissenschaft und auch durch die Erdgeist-Beschwörung enttäuscht ist, Mephistopheles anbietet, nimmt er den Vorschlag an und bindet sich an ihn und seinen dunklen Bereich. Nachdem das Gelehrtenstreben keinen Weg innerer Entgrenzung erge-ben hat, öffnet sich ein neuer Weg in der Liebe. Doch nun ist Faust bereits an Mephistopheles gebunden. Die Liebe führt in Bereiche, die zur bittersten Schuld werden. Später strebt Faust danach, sich die Schönheit des griechischen Altertums zu eigen zu machen, doch auch hier will er zuviel und scheitert. Schließlich erstrebt er Herrschaft und Macht, doch da er mit mephistophelischer Hilfe arbeitet, wird nichts Sinnvoll-Bleibendes daraus.

Bei allen diesen Ausgriffen in verschiedene Bereiche ist Faust so sehr verstrickt in die Netze des Mephistopheles, daß das Böse und die Ver-nichtung siegen. Es gelingt Mephistopheles, alles, was Faust beginnt, ins Böse zu verkehren. Faust will Gretchens Mutter einen Schlaftrunk ge-ben, Mephistopheles aber gibt ihr tödliches Gift; Faust gerät mit Valen-

tin in Streit, Mephistopheles bringt ihn um. Im 2. Teil will Faust als
Herrscher Handel treiben, Mephistopheles macht daraus Seeräuberei;
Faust will zwei alten Leuten statt ihres Landgutes ein anderes, frucht-
bareres geben, Mephistopheles aber verbrennt das Haus und die Menschen. Doch jedesmal, wenn Faust schuldig wird und Mephistopheles
zu siegen scheint, kommt eine Wende; und nie erreicht Mephistopheles
ganz, was er will. Mephistopheles will einen Pakt, in welchem Faust
sinnenhafter Lebensgenuß versprochen wird, Faust aber macht daraus
eine Wette, daß er stets ein geistig Strebender bleiben werde. Mephistopheles will ihn in reine Geschlechtlichkeit führen, und bei Faust wird es
Liebe. Mephistopheles will ihn im Wirbel der Walpurgisnacht versinken
lassen, doch Faust denkt dort an Gretchen zurück (4183 ff.). Mephistopheles will die ganze Helena-Welt als Trug enthüllen, doch bei Faust
wird sie ein inneres geistig-schöpferisches Erlebnis. Mephistopheles will
Faust zum Tyrannen machen, der Räuber und Mörder in seinem Dienst
beschäftigt, doch Faust kommt zu einem politischen Ziel, das edel ist.
Die schlimmsten Taten Mephistos geschehen hinter Fausts Rücken: der
Mord an Gretchens Mutter und der an Philemon und Baucis. Doch weil
Faust hineinverstrickt ist, ist er nicht frei von Schuld. Mephistopheles
wirkt als Kraft in seiner Richtung, eben dadurch aber wird offenbar,
daß Faust sich in anderer Richtung bewegt und immer, wenn er Mephistopheles folgte, eine Umkehr erlebt. So wird seine Gegenkraft deutlich; sie erlahmt nicht; doch Faust wird andererseits auch nicht besser.
Im Alter, als er die Hütte der beiden Alten begehrt, ist er genau so
schuldhaft wie früher, als er Gretchen im Stich läßt.

Dieses Spiel von Kraft und Gegenkraft, das die ganze Handlung
durchzieht, wird noch besonders hervorgehoben durch die beiden Gespräche mit ihren Abmachungen. Das Gespräch im Himmel gibt Mephistopheles Freiheit zum Handeln und bezeichnet zugleich Fausts Wesen mit seinem *dunklen Drange* (328). Um dieses Faustische Streben
handelt es sich auch in der Abmachung zwischen Faust und Mephistopheles. Faust sagt, dieses Streben werde nie ermatten, nie werde er im
Genuß Ruhe finden. Mephistopheles dagegen ist sicher, daß er ihn ganz
in seinen Bereich ziehen werde. So glaubt er am Ende (11589f.), Faust
habe das Wort *Verweile doch* (1700) zum Augenblick gesprochen, während dieser nur eine Zukunftshoffnung meint, mit welcher er wie nur je
ein Strebender ist (11581–11586). In ähnlicher Weise hat Mephisto-
les ihn schon oft mißverstanden. Und Faust beachtet vielfach nicht, was
Mephistopheles sagt oder tut; er ist der Einsame, mit sich selbst beschäftigte. – Fausts Wesen enthüllt sich am besten in seinen langen
Monologen, welche seine innere Größe zeigen. Tritt Mephistopheles zu
ihm, so nimmt er meist einen anderen Ton an. Doch ihm macht der
Teufel keinen Eindruck – schon allein dadurch zeigt sich seine Größe.

Er hat einen Dämon neben sich, einen absoluten Nihilisten, und behauptet sich dennoch. Er wagt sich ohne Bedenken zur Walpurgisnacht wie zum Bereich der Mütter. Von sich aus hat er wenig Zusammenhang mit der Welt. Diesen schafft Mephistopheles.

Fausts Weg wird also ein Weg durch die Welt. Er sucht sie, um seiner Sehnsucht Genüge zu tun, Mephistopheles führt ihn hinein, weil er auf diese Weise sein Ziel zu erreichen glaubt. Faust erlebt die Bereiche Gretchens, des Kaiserhofs, Helenas und des Herrschertums am Meeresstrand. Goethe hat diese Bereiche breit ausgemalt, denn sie sind nicht nur um Fausts willen da, sie sind auch um ihrer selbst willen bedeutsam. Faust bleibt der große Einsame, der mit einem Dämon lebt. Er überschätzt seine Kraft. Er lernt nie, zu entsagen. Er denkt fast immer nur an sich. Erst am Ende seines Lebens geht ihm eine soziale Idee auf. Er lernt es auf Erden nie, das Göttliche still zu verehren. Die Gestalt dieses Ausnahmemenschen, der durch die Magie frei von allen materiellen Sorgen ist, hebt sich von den anderen Menschen des Dramas ab, die – von den Bauern unter der Linde bis zu dem Kaiser – in ihrem Alltag stehen. Die Dichtung gibt mit einer Fülle von Einzelzügen ein lebendiges Bild von dem begrenzten Leben dieser Menschen. Aus dem Kreise dieser Gestalten ist Gretchen herausgehoben; in vielem ist sie ein Mädchen wie andere, doch in ihrer Religiosität ist sie mehr. Trotz ihrer Liebe trennt sie sich in der Kerkerszene von Faust, weil er bei Mephistopheles bleibt. Sie übergibt sich dem *Gericht Gottes* (4605) und damit auch dem der Menschen. Sie tut das Schwerste, weil Gott es will. Deswegen kehrt sie – in verwandelter Gestalt – in der Schlußszene wieder. Heilige Frauen bitten für Gretchen, Gretchen bittet für Faust. Zu Anfang erschien Faust als der Große, zu dem Gretchen aufblickt; am Ende blickt er zu ihr auf, denn sie steht höher. Zu Anfang scheint es, als wisse er mehr von dem Göttlichen als sie; doch dann zeigt sich, daß sie mehr davon weiß. Beide sind immer polare Ergänzung: männlich und weiblich, bewußt und unbewußt, einsam und gemeinschaftsgebunden, welterfahren und kindlich, der Teufelsbündler und die Fromme.

Die Bilder der Welt zeigen viele Züge, welche Faust und Mephistopheles nicht haben (und nicht erkennen) und die gerade darum notwendig sind, damit das Bild ganz sei. Da ist das Gesunde und Schlichte, sei es in der Welt Gretchens, sei es in der von Philemon und Baucis. Und da ist der Humor, der zumal im 2. Teil so reich in Erscheinung tritt. Er fehlt Faust, und Mephistopheles hat nur Ironie und spöttischen Witz. Voll Humor sind die Szenen am Kaiserhof (6319ff.), die Szenen in Fausts Zimmer mit den Insekten im Pelz, die den Mephistopheles begrüßen (6592ff.), und dem Baccalaureus (6689ff.), vor allem aber die Klassische Walpurgisnacht. Das zeigt sich in Chirons Gespräch mit Faust (7331ff.), Mephistos Angleichung an die Phorkyaden (8022ff.)

und dann in den drei so verschiedenartigen Alten – Thales, Proteus und Nereus –, die kritisch, kauzig, neugierig, weise und hilfreich das Geschehen begleiten. Während manche Szenen einen scharfen, zur Satire neigenden Humor zeigen, folgt am Ende der Klassischen Walpurgisnacht unmittelbar vor der Apotheose der Galatea der schwebend-leichte liebevolle Humor in der Szene von den Doriden und den Schifferknaben (8391–8423). Humor bricht auch späterhin durch, so als Mephistopheles die Seele holen will und sich dabei in seiner Dummheit zeigt (11612–11843). Und vielleicht gibt es auch im Himmel noch Humor, wenn der Doctor Marianus von dem *zartem Völkchen* der Büßerinnen spricht (12016), wodurch das Wunder der Gnade und die Großartigkeit des Anschauens Gottes nicht im geringsten gestört wird. – So sehr *Faust* ein Drama der großen Situationen, der symbolischen Bilder ist, es ist zugleich ein Drama der einzelnen scherzhaften oder bissigen Pointen, die sich stellenweise wie in der Klassischen Walpurgisnacht zu einem Feuerwerk des Alterswitzes – halb behaglich, halb ironisch – verdichten.

So sind viele Szenen da, um das Bild der Welt abzurunden, nicht um Fausts Weg darzustellen. Das gilt sogar von einigen Szenen, in denen Faust selbst auftritt. Der große Monolog vom *farbigen Abglanz* (4679–4727) gibt Goethes Bild der Welt. Des Menschen Geist ersehnt das Absolute, er will in die Sonne blicken, doch das ist ihm versagt. Der Mensch steht aber auch nicht im Dunkel. Er sieht die farbige Welt, die nur farbig ist, weil das Licht der Sonne sie beleuchtet. Im *Abglanz* des Irdischen hat er mittelbar das Licht der Sonne, in der Erkenntnis der Welt mittelbar die Erkenntnis Gottes. Diese Einsicht ist Begrenzung. Es ist für das Drama als Ganzes bedeutsam, daß diese Szene da ist, so wie es für die Lyrik als Ganzes wesentlich ist, daß es in ihr das – inhaltlich entsprechende und ebenfalls als Einleitung benutzte – Gedicht *Proömion* (Bd. 1, S. 357) gibt. Faust als dramatische Gestalt aber beherzigt das, was er hier ausspricht, keineswegs. Er begrenzt sich nicht. Wenn er es täte, würde er schon jetzt sagen: *Könnt' ich Magie von meinem Pfad entfernen ... Stünd' ich, Natur, vor dir ein Mann allein ...* (11404ff.) und würde nicht unbedacht nach dem Zauberbild Helenas greifen (6553–6563). Man darf Szenen wie diese also nicht im Sinne realistischer Dramatik auffassen. Sie haben ihre Bedeutung in sich. Sie gehören innerlich in den Zusammenhang des Ganzen, doch nicht so, daß jede die vorigen voraussetzt und in den folgenden sich auswirkt. Das Drama *Faust* ist seiner Entstehung nach ein Werk aus vielen Perioden. Goethe war überzeugt, daß es innerlich schlüssig sei, weil seine Grundvorstellungen sich gleich geblieben waren. In den Einzelheiten durfte eine gewisse Mosaik-Technik bestehen bleiben. Für seine Zeit war sie befremdlich.

Die Akte sind locker aneinandergereiht, sie haben verschiedene Themenkreise, und mit diesen wechseln die Personen. Nur Faust und Mephistopheles sind in allen Akten da. Schon Eckermann sah ganz richtig: „lauter für sich bestehende Weltenkreise, die, in sich abgeschlossen, wohl aufeinander wirken" (13. Febr. 1831) – „Kreise", aber eben solche, die zusammen eine „Welt" ausmachen. Eckermann meinte, der Dichter „benutze die Fabel eines berühmten Helden bloß als eine Art von durchgehender Schnur"; damit hat er zwar recht, doch es gibt noch eine andere, geheimere Art der Verbindung. Goethe selbst hat sie in einem Brief an Iken (27. Sept. 1827) angedeutet, indem er sagt, er habe *durch einander gegenübergestellte und sich gleichsam ineinander abspiegelnde Gebilde den geheimeren Sinn dem Aufmerkenden* offenbart. Hier weist er auf einen inneren Zusammenhang der Bilder, den wir vielleicht Symbolzusammenhang nennen dürfen.

Durch das ganze Drama geht das Faustische Streben hindurch und das Mephistophelische Materiell-Machen. Dieser inneren Einheit entspricht als äußere Verklammerung das Gespräch im Himmel und der Pakt mit Mephistopheles. Alles in diesen zwei Gesprächen Behandelte bleibt am Ende des 1. Teils offen; erst am Schluß des 2. Teils rundet sich das Drama. Der *Prolog im Himmel* gehört inhaltlich wie stilistisch enger zum 2. Teil als zum ersten. Erst die *Bergschluchten*-Szene beantwortet die Frage, die er stellt. Der 2. Teil bezieht sich mehrfach auf den ersten: wir sehen Fausts Studierstube wieder, der einstige Schüler tritt als Baccalaureus auf, es gibt wieder eine Walpurgisnacht, und am Ende erscheint Gretchen. Dennoch zeigen beide Teile beträchtliche Unterschiede. Der erste hat mehr Realismus, der zweite mehr Symbolik, ja gelegentlich Allegorie. Im 2. Teil erscheint eine Welt von größerer Weite, dementsprechend wird die Sprachmusik reicher, ja es kommen stellenweise opernhafte Elemente hinzu (9679–9938). Der 2. Teil hat die Kennzeichen des Goetheschen Altersstils in seiner zyklischen Anordnung, lockeren Reihung, seiner Symbolik. Doch in dem Altersstil sind zugleich Elemente aus allen früheren Epochen gegenwärtig. Manches im 2. Teil geht auf die Arbeitsperiode um 1800 zurück und verrät das auch stilistisch. Anderseits ist im 1. Teil bereits manches, was mit dem Abstand der Spätzeit gearbeitet ist – wie die Volksszene *Vor dem Tor* – und was den großartig-hohen Stil des 2. Teils vorwegnimmt wie der *Prolog im Himmel*. So schließt sich das Werk, aufs Große gesehen, zur Ganzheit zusammen trotz der Verschiedenheit der Teile.

Die Vielformigkeit des Werks beruht zum Teil schon darin, daß Goethe stoffliche Anregungen aus verschiedensten Bereichen hier vereinigt. Das Stück spielt in einer spätmittelalterlichen deutschen Umwelt. Die Mummenschanz am Kaiserhofe zeigt Elemente der italienischen Renaissance. Am Schluß, wo von der göttlichen Liebe die Rede ist, benutzt das

Werk Bilder aus christlich-mittelalterlicher Tradition. Im Helena-Akt
dagegen knüpft es an altgriechische Dramen an, was aber nicht hindert,
daß da, wo allgemein von dem untergehenden Dichter die Rede ist, das
Bild Lord Byrons erscheint. Trotz aller Anregungen bleibt das Ganze
und das Einzelne selbständig und von eigener Art. Goethe fand für viele
seiner Gestalten fast nichts als die Namen vor, und so sind der Erdgeist,
Homunculus und die Mütter seine eigenen Schöpfungen. Alle Gestalten
und Bilder ergeben durch ihre Verknüpfung im Drama eine einheitliche
Gesamtschau, die immer Polarität zeigt, wo irdische Welt ist, Licht und
Dunkel, Engel und Teufel, und Steigerung, wo es sich um Mensch und
Gott handelt. Als Bild der Steigerung kann ein Naturmotiv dienen wie
das der Wolke oder ein kirchliches Motiv wie das der heiligen Gestalten
der Schlußszene. In anderen Werken hat Goethe diese seine Vorstellun-
gen gedanklich ausgesprochen (Bd. 9, S. 351 ff.; Bd. 13, S. 48,21 ff.); das
Faust-Drama bleibt bei einer Reihe von Bildern, der reinen Sprache der
Dichtung. Daher das Anschauliche, zugleich der Eindruck des locker
Gereihten, fast Zusammenhanglosen, daher aber auch das Tiefsinnige,
Vieldeutige, wie es jeder Symbolik eigen ist.

Die Bedeutung der Symbolsprache bringt mit sich, daß ein Handlungszusammenhang in der Art realistischer Dramen an Bedeutung verliert. Im 1. Teil ist er noch verhältnismäßig fest gewahrt. Die Szenen in
der Studierstube und die Gretchentragödie bilden eine unmittelbare
Folge. Doch dann wird es anders. Am Ende seines Lebens ist Faust sehr
alt. Wann in der Zwischenzeit die Szenen am Kaiserhofe und das Hele-
na-Geschehen, wann die Belehnung mit dem Meeresstrande anzusetzen
sind und was Faust sonst noch in diesen Jahrzehnten erlebt haben mag,
das alles wird nicht gesagt. Wesentlich ist nur, welche Bilder der Welt
überhaupt da sind. Um das Drama zu verstehen, muß man zwar zunächst den Geschehniszusammenhang kennen; doch er ist nur der Faden, an den die bunten Edelsteine gereiht sind, die nun in ihrer Beziehung zueinander gesehen sein wollen. Zunächst die Beziehung zwischen Gelehrtenwelt, Gretchen, Helena und Herrschertum; jedesmal
aus höchster Sehnsucht ein Ausgriff in edlen Bereich, doch ohne Maß
und darum auch nie ohne Magie. Die Erfahrungen Fausts, des Leidenschaftlichen, Großen und Hybriden, spiegeln sich in dem, was Gestalten des Mittelmaßes auf verwandten Gebieten erleben, wie Wagner und
der Schüler bzw. Baccalaureus. Wechselseitige Spiegelung eines Motivs
(der Poesie, der Freiheit im Geistigen) sind auch der Knabe Lenker und
Euphorion. In Beziehung zueinander stehen alle Szenen, in denen von
Herrschertum, Regierung, Krieg, Revolution die Rede ist, ob sie nun
am Hofe, in der Klassischen Walpurgisnacht, im kaiserlichen Feldlager
oder im Neulande Fausts sich abspielen. Ähnliches gilt von allen Szenen, in denen es sich um Augenblick und Vergangenheit, um Zeitliches

und Überzeitliches handelt: die Mütter, der Hades, Helena und die Chormädchen, Gretchen als Una poenitentium. – Besondere Bedeutung gewinnt die sinnbildliche Darstellung da, wo Faust selbst für das Geschehen zurücktritt. Als er nach dem Schatten Helenas gegriffen hat, sinkt er in Schlaf. Erst in der klassischen Walpurgisnacht erwacht er wieder. Was dazwischen in ihm vorgeht, sprechen andre Gestalten aus, zumal Homunculus: Sehnsucht nach Griechenland und nach Helena. Und wieder entschwindet Faust, er geht zu Persephone in den Hades. Und nun spiegelt sich das Hinaufholen Helenas in dem Geschehen, das von anderen Gestalten getragen wird: das ewige Gestalten und Umgestalten der Natur, bis ihr höchstes Geschöpf geschaffen wird. Auch ganz am Ende des Dramas ist Faust stumm. Heilige Gestalten umschweben ihn, heben ihn empor, führen ihn zur Läuterung. Was um ihn geschieht, geschieht in bezug auf ihn und sagt aus, was in ihm und mit ihm geschieht.

Symbolik. Außer dem Handlungszusammenhang gibt es also in diesem Drama einen Symbolzusammenhang, und beide sind aufs engste miteinander verbunden. Goethe hat, wie es seine Art war, seinen Lesern zunächst einmal das Geschehen als etwas an sich Reizvolles dargeboten und es ihnen überlassen, was sie etwa noch darüber hinaus für sich entdeckten. Er hat einzelne Szenen, die er anfangs für den Handlungsverlauf geplant hatte, später nicht ausgeführt, weil sie in der Reihe symbolischer Bilder ihn nicht reizten; so Fausts Losbittung der Helena bei Persephone und Fausts Belehnung mit dem Meeresstrand. Er hat dafür andere, symbolhaltige Szenen breit ausgeführt, obgleich sie für den Handlungszusammenhang fehlen könnten: das Fest der Meergötter, die Verleihung der Reichsämter u. a. m. Vergleicht man die ursprünglichen Entwürfe zum 2. Teil (abgedruckt in der Dokumentation „Goethe über seinen Faust“) mit der späteren Ausführung, so sieht man, daß anfänglich immer ein schlüssiger Handlungszusammenhang entworfen war und daß dieser später zugunsten eines immer stärker sich herausbildenden Symbolzusammenhangs zurücktrat. Das galt auch für Entwurf und Ausführung der Walpurgisnacht im 1. Teil. – Der Handlungszusammenhang in den ersten Akten des 2. Teiles ist folgender: Faust wird von Mephistopheles in die Welt des Kaiserhofs eingeführt; er wird aufgefordert, Helena zu beschwören; er geht zu den Müttern und führt Helenas Schatten vor; er sucht sie dann auf der Klassischen Walpurgisnacht; er bittet sie bei Persephone frei; er lebt danach mit ihr auf der Oberwelt in Griechenland. Der Symbolzusammenhang hebt anderes heraus. Die Gesellschaft, die vielen, die Oberfläche; sie begehren Kunst als Unterhaltung; der große Einzelne beginnt sie zu schaffen und versinkt in Tiefstes; seine Einsamkeit, die Versenkung als Wagnis der Existenz; Helena als höchstes Kunst- und Natur-Gebilde zugleich, wie die höchste Kunst zugleich höchste Natur ist, darum der Weg zu ihr einerseits die Sehnsucht des Schaffenden in Faust als Traum unter Mithilfe des Bewußtseins (Homunculus), anderseits die Werdegesetzlichkeit der Natur, in der ein schaffender Eros als Höchstes den schönen Menschen hervorbringt (Klassische Walpurgisnacht). Die Symbolfolge ist schlüssig – mit der besonderen Logik des Symbols – und geradezu überreich aufgebaut; die Handlung bleibt dagegen sprunghaft; Fausts Weg in die Unterwelt fehlt. – Im 4. und 5. Akt bringt der Handlungsverlauf dann dies: Faust hilft dem Kaiser im Kriege; er wird dafür mit dem Meeresstrande belehnt; er schafft das neue Polderland und bevölkert es. Die symbolische Bilderreihe spiegelt in mehreren Szenen von verschiedenen Seiten das Problem Herrschaft, Ethos, Dämonie, Macht, Volk und Einzelner, läßt Fausts Belehnung weg und bringt dafür die Verleihung der Reichsämter, weil dieses Bild des alten Reichs mit seiner starren Brüchigkeit und dem Herrscherleichtsinn so gut hineinpaßt in die Reihe, die beginnt mit Krieg und dämonischen Kräften und endet mit der Hybris der Macht und der Idee des freien Volkes. – Und ähnlich ist es auch mit Anfang und Schluß des Dramas. Der Handlungszusammenhang bringt anfangs die Abmachung zwischen Gott und Mephistopheles, später die zwischen Mephistopheles und Faust. Man könnte beide geradezu juristisch formulieren, und dann entstünde die Forderung, am Ende beide Abmachungen noch einmal zur Sprache zu bringen und auf das Geschehene anzuwenden. Doch Goethe löst das Problem nicht als Jurist, sondern als Dichter, er löst es in seiner Symbolsprache. Und in ihr ist die *Bergschluchten*-Szene eine Lösung, die nichts mehr offen läßt, sondern alles rundet.

Jede Szene ist Geschehnis und Symbol zugleich. Faust ist zu Beginn im engen gotischen Zimmer mit Büchern und Instrumenten. Das fordert die Handlung. Und doch ist es zugleich Sinnbild des Eingeengten, Naturfremden, mit Mauern Begrenzten; dann *Wald und Höhle:* die seelische Offenheit für die Natur findet ihr Sinnbild im Wald, und er ist – und erst recht ist es die Höhle – zugleich Sinnbild des Bergenden, Umfangenden; anders die Szene *Hochgebirg:* auch da Natur, aber der Mensch ausgesetzt dem Höchsten, Weitesten, gefährdet, darum auch das Erlebnis der Blendung und Umkehr; schließlich die Düne, das Marschland, der gerade Kanal; auch hier Weite, aber eine künstliche, von Menschenhand geformte Landschaft, Menschenmacht, aber zugleich die Grenze, wo ein falscher Schritt zur Hybris wird und die Rache der göttlichen Naturkräfte aufruft. Jedesmal fordert die Handlung das Bild, aber jedesmal ist es zugleich ein Symbol.

Das ganze Drama ist reich an Bildsymbolen, die vielfach leitmotivisch sich wiederholen. Die göttliche Sphäre erscheint als Licht und Schwerelosigkeit, die mephistophelische als Materie und Dunkel, der

Mensch als das Trübe, zwar materiell, aber Licht in sich aufnehmend und es zu Farbe machend, Abglanz des Urlichts. Faust spricht seine Sehnsucht nach dem Unbedingten aus als Sehnsucht ins Licht: *Vor mir den Tag und hinter mir die Nacht* ... (1087), *Nun aber bricht aus jenen ewigen Gründen / Ein Flammenübermaß* ... (4707f. Ähnlich 702ff., 1070ff. u. a. m.). Damit verbindet sich das Bild des Fliegens; er möchte emporfliegen ins Licht: *In deinem lieben Lichte gehn, / Um Bergeshöhle mit Geistern schweben* ... (393f.), *Ein Feuerwagen schwebt, auf leichten Schwingen, / An mich heran! Ich fühle mich bereit* ... (702ff.), *O daß kein Flügel mich vom Boden hebt* ... (1074ff.). Ähnlich an anderen Stellen (1122; 4704ff u. a. m.). Auch Fausts Sohn, Euphorion, möchte fliegen; bevor er fliegt – und das Ikarus-Schicksal erleidet –, schnellt er in Sprüngen empor, und seine Sprache in ihrer Gespanntheit und elastischen Kraft versinnbildlicht diese Bewegung: *Nun laßt mich hüpfen, / Nun laßt mich springen; / Zu allen Lüften / Hinaufzudringen, / Ist mir Begierde, / Sie faßt mich schon* ... (9711ff.). *Doch! – und ein Flügelpaar / Faltet sich los! / Dorthin! Ich muß! ich muß! / Gönnt mir den Flug!* (9897ff.). Doch Euphorion kommt damit an die Grenzen des Menschseins. Hat Mephistopheles recht, der den Menschen mit der Zikade vergleicht, die zwar emporspringt, aber immer wieder ebensotief herabfällt (287ff.)? Wird der Mensch, den es ans Licht emporzieht, in gleicher Weise wieder von Erdenschwere herabgerissen? Die Lichtwelt hat ihre Gegensymbolik in der mephistophelischen Welt des Dunkels und der Materie (1350ff.); Mephistopheles als Materialist sieht nur Gold und Geschlecht als Triebkräfte des Menschenlebens, darum sind die Symbole seines Bereichs immer wieder aus diesen Gebieten gewählt (3932ff., 4140ff., 5646ff., 5781ff. usw.). Doch sein Bild des Menschen ist einseitig. In die Menschenwelt leuchtet das Licht des Ewigen hinein. Mephistopheles selbst muß im *Prolog im Himmel* zugeben, daß der Mensch den *Schein des Himmelslichts* habe; in der Mitte des Werkes spricht der Mensch selbst, Faust, davon: *Am farbigen Abglanz haben wir das Leben* (4727); und am Ende sagen es die Engel: *Alles Vergängliche / Ist nur ein Gleichnis*... Das Absolute kann freilich dem Menschen nie unmittelbar erscheinen: *Ein Feuermeer umschlingt uns, welch ein Feuer!* ... *So daß wir wieder nach der Erde blicken; / Zu bergen uns in jugendlichstem Schleier* ... (4710ff.). Die Himmelsklarheit erscheint im *Schleier*, sie erscheint uns vermischt mit dem Irdischen; den Stein kann sie nicht durchdringen, sondern nur von außen farbig bescheinen; die Wolke, den Schleier, kann sie durchleuchten. Es gibt Irdisches, das ganz leicht, luftig, geistig ist, das sich mit Licht sättigen kann, zwar noch irdisch, aber schon lichtdurchdrungen; es steigt auf und löst sich auf in Himmelsglanz. In der Schlußszene erheben sich zwischen den Felsen der Erde und dem Lichtglanz der Himmelskönigin die *leichten Wölkchen*

der seligen Knaben und der Büßerinnen (11890, 11966ff., 12013ff.).
Die Wolke ist das Leichteste aller Materie, sie steigt empor und löst sich
auf, Sinnbild der Steigerung. Goethes Denkbild der Steigerung durchzieht das ganze Werk, anfangs als Sehnsucht, am Ende als Erfüllung.
Faust sehnt sich immer wieder nach dem Aufstieg ins Licht: *O daß kein
Flügel mich vom Boden hebt* ... (1074ff), *Des Lebens Fackel wollten wir
entzünden* ... (4709ff.), aber immer klagt er dann: *O daß dem Menschen nichts Vollkommnes wird, / Empfind' ich nun* ... (3240f.). Er ist
das ganze Drama hindurch abgetrennt von dem Vollkommenen, von
der großen kosmischen Ordnung, die das erste ist, was wir in der Dichtung erfahren: *Die Sonne tönt nach alter Weise / In Brudersphären
Wettgesang* ... Zwei Symbole sind es, mit denen das Werk hier im
Beginn das Göttliche ausspricht: das Licht *(Sonne)* und die Sphärenharmonie. Später in der Elfenszene wird das Motiv noch einmal aufgenommen (4666ff.). Faust ahnt diese Harmonie und möchte sie erkennen,
aber er sieht von ihr nur ein Zeichen, das *Zeichen des Makrokosmus*,
ihr selbst bleibt er fern, er bleibt begrenzt, beschränkt in jeder Weise.
Seine Sehnsucht nach Entgrenzung, nach Teilhabe an der Sphärenharmonie wird aber ganz am Ende erfüllt: das Bild des stufenweisen Emporsteigens (12094f.) führt die bisher getrennten Bilder, das der Sphärenharmonie und das der Entgrenzungssehnsucht (Fliegen ins Licht),
zusammen. Insofern ist die Bildsymbolik des Endes die genaue Antwort und Lösung der in den Bildsymbolen des Anfangs gestellten
Frage.

Das Bild der Welt ist also in dem ganzen Drama einheitlich. Die
irdische Welt ist etwas von Gott Geschaffenes und insofern Bedingtes.
Zu ihr gehört Polarität, d. h. Licht und Finsternis, Geist und Materie.
Der Mensch hat an beiden teil, und nur weil es Finsternis gibt, weiß er,
was Licht ist. Faust ist eine Gestalt, an der das besonders deutlich wird.
Die Mischung von Licht und Materie ist das Trübe. (Goethe liebt es,
Vorstellungen aus seiner Farbenlehre dichterisch zu gestalten.) Erst als
Faust in himmlische Regionen aufsteigt, ist er der *nicht mehr Getrübte*
(12074). Vorher aber muß die *geeinte Zwienatur*, in welcher *Erdenrest*
und Himmelslicht sich mischten, durch die *ewige Liebe* geläutert werden (11954–11965). Solange Faust lebt, gehört er zu beiden Bereichen.
Er kann das Lichtüberglänzte erkennen, doch dringt das Licht in ihn
selbst nur mühsam ein, denn er verbindet sich allzusehr mit dem Irdischen, Materiellen, Luziferischen. Erst ganz am Ende erfolgt der Aufstieg in höhere Bereiche. Die Engel singen: *Wer immer strebend sich
bemüht, / Den können wir erlösen* ... (11936f.). Das Streben muß da
sein; doch es berechtigt zu nichts; die Erlösung ist ein Dennoch, trotz
aller Vergehen des Menschen, und eben darum Gnade (11938f.). – So
verschieden die Themenkreise des Dramas sind, die Sinnbildlichkeit von

Licht und Dunkel, von Abglanz und Farbe, von Wolke und Erde zieht
sich einheitlich und verbindend durch alles hindurch.

Klang und Wort. Der reichen Bild-Symbolik der *Faust*-Dichtung
entspricht eine nicht minder reiche, einzigartig instrumentierte Klangsymbolik. Diese rauschende, wechselnde Fülle der rhythmischen Formen ist für ein Drama völlig außergewöhnlich. Da erklingen Knittelver-
se, Blankverse, Trimeter, Liedstrophen, Alexandriner und viele andere
Versmaße. Das entspricht der inneren Weite des Werks; denn wie vieles
vereinigt es in sich: Altdeutsches und Antikes, Feierliches und Alltägliches, Magie, Gesellschaft, Politik, Liebe, Religion ... Das geistige Kli-
ma der einzelnen Szenen, die verschiedene innere Haltung findet Ausdruck in den wechselnden Rhythmen. In der Gelehrtenstube, in Helenas Welt und der *Bergschluchten*-Szene vernehmen wir jeweils andere
Klänge, und schon allein aus dem Klang läßt sich meist vieles über das
Wesen einer Szene erschließen.

Das Stück beginnt in Knittelversen:

> *Hábe nun, ách! Philosophíe,*
> *Júristeréi und Médizín*
> *Und léider áuch Théologie ...*

Sie sind vierhebig, die Taktfüllung ist unregelmäßig; dadurch haben sie
immer etwas besonders Charakteristisches, fast Holzschnittartiges; in
diesem Rhythmus kann die Faustische Heftigkeit und Unausgeglichen-
heit sich entladen. Zwischen den Hebungen stehen ein, zwei oder drei
Senkungen, gelegentlich auch gar keine; der Vers kann ohne Auftakt
sein, kann aber auch eine oder mehrere Silben als Auftakt haben. Der
Reim gibt ihm dazu das Farbige. Goethe benutzt meist paarigen Reim,
bringt mitunter aber auch andere Reimstellungen und erzielt dann damit meist eine besondere Wirkung.

Dieser Verstyp geht oft in andere Formen über. Wird er gleichmäßig,
regelmäßig, so ergibt sich folgender Typ:

> *Und frágst du nóch, warúm dein Hérz*
> *Sich báng in déinem Búsen klémmt?*
> *Warúm ein únerklärter Schmérz*
> *Dir álle Lébensrégung hémmt?*   (410 ff.)

Auch dies sind Vierheber, aber regelmäßige. Ein Auftakt, und danach
Hebung und Senkung in gleichmäßigem Auf und Ab (,,alternierend'').
Der Klangcharakter ist fließender als beim Knittelvers und vielfältig
brauchbar als Sprache des Ungehemmten, Strömenden und insofern der
Sehnsucht, raschen Bewegung, leichten Lebens und glatten Flusses.

Dieser regelmäßige Viertakter geht nun wiederum über in einen anderen Typ:

Er sóll mir záppeln, stárren, klében,
Und séiner Únersättlichkéit
Soll Spéis' und Tránk vor gíer'gen Líppen schwében;
Er wird Erquíckung sích umsónst erflèhn,
Und hätt' er sích auch nícht dem Téufel übergében,
Er müßte dóch zugrúnde gèhn!   (1862ff.)

Diese Verse haben mit den vorigen gemeinsam, daß Hebung und Senkung regelmäßig wechseln. Aber die Taktzahl ist verschieden. In den ersten beiden Zeilen sind es je 4, in den beiden folgenden je 5, dann folgt eine Zeile mit 6 Takten (ein richtiger Alexandriner), und nach diesem Langvers macht nun der folgende Kurzvers mit seinen 4 Takten besonderen Effekt; das Ohr ist auf längere Zeilen eingestellt, und durch die Kürze, den Reim schon am Ende des 4. Takts, wird nun dieser Versinhalt besonders herausgehoben. Sogar noch kürzere, nur zweitaktige Verse sind in dieser Versart möglich:

Ihr dúrchstudíert die gróß' und kléine Wélt,
Ùm es am Énde gèhn zu làssen,
Wie's Góttdes gefällt.   (2012ff.)

Wie wird mit solchen überraschenden Kurzversen, die den Reim eines vorhergehenden längeren Verses aufnehmen, gerade die Mephistophelische Pointe herausgearbeitet, scharf und lässig zugleich! Es ist ein Vers, dem das Lässige und Rationale, das Plaudernde und Bewußte des 18. Jahrhunderts anhaftet, die Fähigkeit zur Pointe und zur Weltläufigkeit, ein Vers wie geschaffen für die Mephistophelische Sprache, ihr witziges Geplauder und ihre kalten desillusionierenden Schlüsse; aber auch darüber hinaus vielfältig brauchbar in seiner Biegsamkeit, die ihn den freien Rhythmen annähert und fähig macht, zum feinnervigen Instrument des Goetheschen Ausdrucksstils zu werden, der jeder Wendung im Geistigen durch Wandel im Klang entspricht. Man nennt diesen Verstyp Madrigalvers, weil er sich im 17. Jahrhundert im Madrigal entwickelte und von da in die Dichtung eines Brockes, Gellert, Wieland einging, die Dichtung der Aufklärung, der er durch seinen flüssigen, unbefangenen und pointierenden Ton entgegenkam. Goethe lernte ihn in früher Jugend kennen und behielt ihn sein Leben lang bei.

Durch die wechselnde Taktzahl (und wechselnde Länge) ist dieser Verstyp verwandt mit den freien Rhythmen; aber er hat ein gleichmäßiges Auf und Ab von Hebung und Senkung, das haben diese nicht. Ihre Taktfüllung ist frei (darin sind sie wiederum den Knittelversen verwandt); so sind sie in jeder Beziehung ungebunden, auch in bezug auf den Reim; er kann dasein, kann aber auch fehlen:

> *Die Lámpe schwìndet!*
> *Es dámpft! – Es zúcken róte Stráhlen*
> *Mìr um das Háupt – Es wèht*
> *Ein Scháuer vom Gewŏlb° heráb*
> *Und fáßt mich àn!*
> *Ich fühl's, du schwèbst um mìch, erfléhter Gèist.*
> *Enthŭlle dìch!*   (470ff.)

Die Erdgeistbeschwörung, Fausts Glaubensbekenntnis (3431 ff.) – solche Stellen leidenschaftlicher Gefühlssprache werden zu freien Rhythmen. Die Zahl der Takte wechselt in den sieben angeführten Zeilen zwischen 2 und 5; zwischen den Hebungen steht meist eine Senkung, mitunter zwei, ja auch drei *(Scháuer vom Gewŏlb')*. Diese Freiheit vom Regelzwang ist eine Verpflichtung zur Ausdrucksform. Gerade hier muß Kürze und Länge des Verses, muß die musikalische Phrasierung durch die Versteilung, muß das weite Spannen von Hebung zu Hebung über mehrere Silben hinweg oder das schwere, betonende Zusammentreffen der Hebungen innerlich begründet sein.

Jeder dieser Verstypen kann ohne weiteres in den anderen übergehen. Dem unbefangenen Leser und Hörer kommt dieser Wandel meist nicht ins Bewußtsein, auch wenn er als Ton, als Stimmung gefühlsmäßig auf ihn wirkt. Der Wechsel zwischen Versen mit freier Taktfüllung (Knittelversen und freien Rhythmen) und solchen von regelmäßiger Art ist schon deshalb einfach, weil auch regelmäßige Verse im Deutschen fast niemals wirklich regelmäßig sind. Sie sind es immer nur stellenweise, dann werden sie unregelmäßig, und eben dadurch entsteht der charaktervolle Klang, die ewig wechselnde Melodie.

> *Und fragst du noch, warum dein Herz*
> *Sich bang in deinem Busen klemmt?*
> *Warum ein unerklärter Schmerz*
> *Dir alle Lebensregung hemmt?*
> *Statt der lebendigen Natur …*   (410ff.)

Vier Zeilen sind regelmäßig, Hebung und Senkung wechseln in gleichartigem Auf und Ab. Die fünfte Zeile ist im Typ nichts anderes als die vorigen. Doch es ist klar, man kann nicht lesen: *Statt dér lebéndigén Natúr,* sondern nur: *Státt der lebéndigen Nàtúr.* Der individuelle Klang der Zeile weicht vom Typus ab. Und das gilt für fast alle Verse bei Goethe: sie sind ein lebendiger, immer wechselnder Rhythmus; ein Grundmaß steht dahinter, aber der Reiz beruht darin, daß es Freiheit läßt.

Diese Vielheit in der Einheit gilt auch besonders für den Fünftakter. Er gab *Iphigenie* und *Tasso* die Form und hat auch an *Faust* Anteil; er kommt teils ohne Reim vor – als Blankvers –, teils gereimt. Da im Madrigalvers gereimte Vier- und Fünftakter dauernd wechseln, ist der Übergang spielend leicht. Regelmäßige gereimte Fünftakter (immer mit Auftakt) sind bezeichnend für das Feierliche, Hohe, Geformte, den Aufschwung ohne Zerrissenheit:

> *Des Lebens Pulse schlagen frisch lebendig,*
> *Ätherische Dämmerung milde zu begrüßen;*
> *Du, Erde, warst auch diese Nacht beständig*
> *Und atmest neu erquickt zu meinen Füßen . . .*   (4679 ff.)

Seltener sind reimlose Fünftakter, Blankverse. Sie haben nicht so viel Glanz und Klang, aber ebenfalls das Erhabene, Ernste; sie sind ein Maß, das fähig ist, sehr Verschiedenes zu fassen und es zu vereinen auf einer Ebene hoher Kunst (darum der klassische deutsche Dramenvers, in ,,Nathan", ,,Wallenstein", ,,Sappho" usw.).

> *Erhabner Geist, du gabst mir, gabst mir alles,*
> *Warum ich bat. Du hast mir nicht umsonst*
> *Dein Angesicht im Feuer zugewendet.*
> *Gabst mir die herrliche Natur zum Königreich . . .*   (3217 ff.)

Auch diese Versart ist voll von Unregelmäßigkeiten und hat gerade daraus ihr Kraft: *Gábst mir die hérrliche Natúr* – die Hebungen befinden sich durchaus nicht da, wo sie dem Versschema nach stehen müßten *(Gabst mír die hérrliché . . .)*. Wie verwandt ist dieser Klang dem freien Viertakter, ja den freien Rhythmen! Und eben darum die steten Übergänge vom einen zum anderen Versmaß. Das Schema bildet nur den Grundtypus, der zwar allen Versen zugrunde liegt und die Einheit gibt, über den aber die meisten in charaktervoller Eigenart hinausgehen und hinausgehen dürfen. So kommt das Wandelbare im Gleichmäßigen zustande, wie bei Naturerscheinungen, wie bei den Wogen des Meeres. Eben in diesen steten Variationen liegt die Fülle und Ausdruckskraft dieser Versart.

Es gibt in *Faust* aber auch Partien, in welchen das Schema der regelmäßigen Versarten genau eingehalten ist, und zwar immer da, wo es sich um Konvention handelt, um Gesellschaft, Spiel, Virtuosität, zur zweiten Natur gewordene Kunst:

> *Euren Beifall zu gewinnen,*
> *Schmückten wir uns diese Nacht,*
> *Junge Florentinerinnen*
> *Folgten deutschen Hofes Pracht . . .*
> *Niedlich sind wir anzuschauen,*
> *Gärtnerinnen und galant;*

> *Denn das Naturell der Frauen*
> *Ist so nah mit Kunst verwandt ...*   (5088 ff.)

Das ist Sprachmusik wie ein Menuett, Konvenienz und Glanz in vorbe-
stimmter Form, die zum Spiel, zur Virtuosität der Beherrschung wird;
wie passen hierher die Fremdwörter *galant, Naturell!* Da wäre ein faustischer Rhythmenwechsel nicht am Platze. – In solcher Weise sind die
Rhythmen mit Charakteren, Stimmungen und gesellschaftlichem Gefüge verbunden.

   Das zeigt sich auch besonders deutlich, wenn man betrachtet, wo der
Alexandriner benutzt ist. Der Erzbischof spricht zum Kaiser:

> *Mit welchem bittern Schmerz find' ich in dieser Stunde*
> *Dein hochgeheiligt Haupt mit Satanas im Bunde!*
> *Zwar, wie es scheinen will, gesichert auf dem Thron,*
> *Doch leider! Gott dem Herrn, dem Vater Papst zum Hohn ...*
>   (10981 ff.)

Es ist die Szene, in welcher der Kaiser die Reichsämter neu verteilt und
der Erzbischof für die Kirche sorgt (10849–11042); das alte Reich,
ungefüge, kraftlos, alte Einrichtungen weiterführend, ist keine innere,
sondern nur noch äußere Form, aber als solche großartig und majestätisch. Und so der Vers: pomphaft, lang, majestätisch, aber klappernd,
ohne innere Seele, der erstarrte Barock-Vers der Haupt- und Staatsak-
tionen. Schärfster Gegensatz zur Faustischen Sprache, die individuell und
voll innerem Drange ist; hier dagegen alles konventionell und äußerlich,
ein Weiterführen leblos gewordener Form, die groß klingt (und auch
einst groß war), aber nun erstarrt ist. Das Versschema: Alternierende
Sechstakter, in der Mitte ein Verseinschnitt (Zäsur), Reimpaare, und
zwar genau abwechselnd stumpfe und klingende. Das war die alte Ba-
rockform, die Goethe als Kind kennen lernte und die er hier bewußt
noch einmal aufgreift und streng einhält.

   Äußerlich gesehen steht gar nicht fern von dieser Form eine andere,
die in ihrem Wesen doch völlig anders wirkt: der antikisierende (aus
dem altgriechischen Drama übernommene) Trimeter; auch er ein sechs-
taktiger Langvers, aber ohne Zäsur und ohne Reim:

> *Bewundert viel und viel gescholten, Helena,*
> *Vom Strande komm' ich, wo wir erst gelandet sind ...*
> *Laßt mich hinein! und alles bleibe hinter mir,*
> *Was mich umstürmte bis hierher, verhängnisvoll ...* (8488 ff.)

Lange, strömende Verse; im Unterschied zum Alexandriner (dem scharf
Markierten, Klappernden) zeigt sich hier das rhythmisch Wechselrei-
che, die Halbtöne, die unendliche Melodie, majestätisch und zugleich

beseelt, kraftvoll. Es ist die Sprache Helenas im 3. Akt, Sprache der
antiken Heroine, erhaben, königlich und schön. Diese Verse werden –
wie im antiken Drama – unterbrochen von Chorgesängen, die ein frei-
rhythmisches Schema strophisch wiederholen und zum kunstreichen
Gefüge von Strophen und Gegenstrophen zusammenschließen.

Durch das ganze Werk ziehen sich Chöre und Lieder, jeweilig zu den
Sprechversen kontrastierend und zugleich auf sie abgestimmt. Zwischen
die antiken Trimeter passen die Chorstrophen wie zwischen die Madrigalverse in Auerbachs Keller die deutschen Liedstrophen. Die Geister-
chöre heben sich immer wieder von der Sprache des Faust und Mephistopheles ab, schwerelos, geheimnisvoll, klangreich, meist in Kurzzeilen:

> *Schwindet, ihr dunkeln*
> *Wölbungen droben!*
> *Reizender schaue*
> *Freundlich der blaue*
> *Äther herein ...*   (1447 ff.)

Aber nicht nur die Chöre singen. Auch Gretchen singt, volksliedhaft, in
alten schlichten Strophen; und im 2. Teile Euphorion; er ist die Dichtung, darum ist seine Sprache Gesang, aber er ist zugleich Fausts Sohn,
ist Neuzeit, Streben, Individualität; darum gibt es bei ihm nicht die
alten festen Formen, sondern eine eigene, neue, kühne und leidenschaftliche Sprache. Ganz anders die Gesänge, welche das Bleibende, Überin-
dividuelle, das kosmische Gefüge oder kirchliche Tradition aussprechen. Man kann, um Uralt-Überliefertes, Überzeitliches auszudrücken,
nicht etwas völlig Neues schaffen, denn eben dann wirkte es zu neu und
einmalig; man muß an Altes zumindest anknüpfen. Darum geht Goethe
zurück auf die alten Hymnenklänge. Mitunter so, daß er ganz unmittelbar mittellateinische Strophen einschiebt, wenn er das überlieferte
kirchliche Gefüge meint:

> *Dies irae, dies illa*
> *Solvet saeclum in favilla ...*   (3798 f.)

Mitunter auch so, daß er sie im Deutschen frei nachbildet, wenn dem
Geiste mehr die christliche Botschaft in weiterem Sinne zum Bewußtsein kommt:

> *Christ ist erstanden!*
> *Freude dem Sterblichen*
> *Den die verderblichen,*
> *Schleichenden, erblichen*
> *Mängel umwanden ...*   (737 ff.)

Und so klingen alte Hymnenrhythmen auch durch in den Strophen, die das Drama großartig-feierlich enden:

> Uns bleibt ein Erdenrest
> Zu tragen peinlich ...

Der Inhalt dieser Schlußverse ist Begegnung des Bedingten mit dem Unendlichen, ist Erlösung und Gnade, aber zugleich das Goethesche Bild der stufenweisen Steigerung und der Grundgedanke seiner Weltfrömmigkeit, die Gleichnishaftigkeit des Diesseits:

> Alles Vergängliche
> Ist nur ein Gleichnis ...

Der Klang dieser neuzeitlich gewandelten alten Religiosität ist entwikkelt aus der jahrhundertealten Hymnik, ist Form aus großer abendländischer Tradition. Und so eng wie nur je gehören hier Klang und Inhalt zusammen, und erst beide gemeinsam sagen das Ganze.

Schon allein der Klang sagt immer etwas aus über die Stimmung, die geistige Welt; er gibt Farbe und Grundton. Als die Elfen an Faust ihr Werk der Heilung vollendet haben, spricht er erwachend in Terzinen (4679 ff.). Und nachdem er mit Helena gelebt hat, spricht er in Trimetern (10039 ff.). Der Gipfelpunkt dieser Klangsymbolik, der Punkt, wo sie sich selbst ausspricht und zu hellem Bewußtsein wird, ist die Szene, in der Helena in Reimen sprechen lernt, indem sie als Liebende den Gleichklang mit dem Geliebten findet – ein Symbol von überwältigender Schönheit, das als Phänomen bereits alles aussagt (9365–9384). Es deutet nicht nur den Sinn dieser Liebesszene, sondern sagt, was Klang überhaupt ist.

Am Beginn des *Faust*-Dramas herrschen Fausts unregelmäßige Vier- und Fünftakter, aus altdeutscher Überlieferung kommend, aber modern umgewandelt zur individuellen Ausdrucksform, passend zu der Faustgestalt. Im 2. Teil erklingen wechselnde konventionelle Formen für alles, was am Kaiserhofe spielt, dann die antiken Maße der Helena-Welt; dort ein Bereich der Gesellschaft, hier einer der Kunst, der Bildung, des erlesenen Geistes, stammend aus Antike und Humanismus. Den Schluß bestimmen Formen aus abendländischer Tradition, altüberliefert, Sinnbild eines großen überindividuellen Gefüges; doch auch sie anverwandelt, mit neuem Inhalt gefüllt. Das Streben eines großen Ich, der ewig gleiche Klang der Menschengesellschaft und die Harmonie des Kosmos leben in diesen Rhythmen. Ihre Folge hat die innere Logik des Aufbaus einer Symphonie. Und der Schlußsatz führt mit dem neuen Motiv seiner hymnenartigen Formen das religiöse Thema des ganzen Werks zum Höhepunkt.

Zum Klang der Verse kommt der Charakter der Sprache. Sie bringt in

den jeweilig einheitlichen Farbton, der von der Versform ausgeht, die
individualisierende Mannigfaltigkeit. Faust kann in Knittelreimen oder
Blankversen sprechen, er behält seine eigene Sprache, gefühlsbetont,
ausgreifend, gewaltsam, übersteigernd:

> *Und sollt' ich nicht, sehnsüchtigster Gewalt,*
> *Ins Leben ziehn die einzigste Gestalt?*   (7438f.)

Und Mephistopheles behält stets die seine, sarkastisch, desillusionie-
rend und logisch-kalt mit scharfer Pointe:

> *Am Ende hängen wir doch ab*
> *Von Kreaturen, die wir machten.*   (7003f.)

Von dem erhabenen Sprachstil der Erzengel bis zu dem Kleinstadt-
klatsch der Mädchen am Brunnen – welche Fülle von Sprachschichten,
die jeweilig durch Wortwahl und Satzbau verschieden sind! Gretchen
spricht ihre eigene Sprache und Helena die ihre. Der Kaiserhof mit
Zeremoniell und Schein hat die seine, entweder als gesellschaftlich-ge-
wandte Konvention:

> *Niedlich sind wir anzuschauen,*
> *Gärtnerinnen und galant...*   (5104f.)

oder mit dem Pergamentgeruch der Kanzlei:

> *Zugleich das hohe Recht, euch nach Gelegenheiten*
> *Durch Anfall, Kauf und Tausch ins Weitere zu verbreiten...*
>   (10941f.)

Es ist viel Welt, die Faust sieht; und jedes Stück Welt hat seine Sprache.
Wie seine Seele bleibt seine Sprache meist von der der anderen getrennt;
so in Auerbachs Keller, aber auch am Kaiserhof. Nur selten ergibt sich
zwischen seiner Sprache und der fremden ein wirkliches Gespräch; so
bei Gretchen und bei Helena – also nur, wo er liebt. Bezeichnend für
Faust sind seine vielen großen Monologe, die als eine Folge für sich der
Betrachtung wert sind. Auch die Sprachsphären haben ihre Symbolik
und ihre wechselseitige Spiegelung. Da ist zu Beginn die ruhige erhabene Sprache der Erzengel, Sinnbild der unendlichen Ordnung; und dann
die individuelle religiöse Sehnsucht Fausts in ihren sich übersteigernden
wilden Worten und Perioden. Die Schlußszene aber – bringt sie nicht
beide Sprachschichten zum Zusammenklang? Ist in den Worten der
Patres nicht ein Stück Faustischer Sprache erhalten mit ihren Übersteigerungen und ihrer Leidenschaft, mit der glühenden Ausdruckskraft
der Komposita (11854ff.), aber schon emporgehoben ins Geistige, Heilige, angenähert und in Beziehung gesetzt zu der Sprache der Geister

und Erzengel? So entspricht der Symbolik der Sprachklänge hier die Symbolik der Bilder, die ebenfalls diese zwei Schichten zusammenführt.

Die einzigartige Weite des *Faust*-Dramas zeigt sich auch in Hinblick auf die Sprache. Es hat keine strenggefügte sprachliche Einheit wie etwa *Tasso*. Sondern ebenso wie in den Versarten herrscht auch in den Sprachschichten die wechselreichste Fülle: Alltägliches, Heiliges, Derbes, Zartes, Nüchternes und Gefühltestes, Schlichtes und Raffiniertestes – alles ist darin enthalten. Die Sprache schöpft aus vielen Bereichen: Religion, Wissenschaft, Bürgerhaus, Kanzlei, Mundart, Humanismus. Wie Lynkeus blickt Goethe in alle Richtungen und führt die Fülle des Erblickten zusammen im Ich. Denn dies alles ist nicht nur Sprache der Welt, sondern seine eigenste Sprachschöpfung, Leistung des Dichters, der dies alles prägt: Engelsang und Gelehrtensehnsucht, Saufgelage und Liebesspiel, Wahnsinn, Politik, Künstlertum, Religion und alles andere. Es lebt in diesem Werke zugleich die Sprache des Sturm und Drang und die der Klassik und die des Goetheschen Altersstils, der fast nirgendwo sich sprachlich so stark ausprägt wie hier mit seinen seltsamen Zusammensetzungen, kühnen Neubildungen, formelhaften Knappheiten, umständlichen Verbreiterungen und vielen anderen Besonderheiten. Kaum eine andere Dichtung Goethes (mit Ausnahme der Lyrik) hat eine so persönliche Sprache; keine eine so mannigfaltige, reiche. Doch Sprachklänge, Versformen und Bildsymbole schließen sich zusammen zum Bilde des Menschen, der in allen Bereichen, in Wissensdrang, Liebe, Kunst und Herrschaft gespannt ist in die Polarität luziferischer Erde und göttlichen Lichts und in die Steigerung von irdischer Bedingtheit zu erlösender Freiheit. Der Dichter, dessen Weltweite einzigartig ist, hat mit allen Seiten seines Wesens daran teil, und zugleich schließt er durch die Einheit und Kraft seines Wesens alle diese Elemente zum Organismus zusammen.

Die Stellung des *Faust* in Goethes Werk. Das *Faust*-Drama nimmt in Goethes Werk eine besondere Stelle ein, nicht nur durch die Weite des Horizonts und die Fülle der Bilder und Klänge, sondern auch durch sein Thema: der Ausnahmemensch und sein Dämon. Ganz anders sind die *Wanderjahre* mit ihren Menschen, die das Dämonische bändigen und die entsagen lernen, ganz anders ist die *Novelle*, deren Held trotz Jugend und Leidenschaft still sich selbst überwindet. In den *Maximen und Reflexionen* heißt es: *Es ist nichts trauriger anzusehen als das unvermittelte Streben ins Unbedingte in dieser durchaus bedingten Welt* (Bd. 12, S. 399, Nr. 252); und: *Unbedingte Tätigkeit, von welcher Art sie sei, macht zuletzt bankrott.* (Bd. 12, S. 517, Nr. 1081.) Strebt nicht Faust *ins Unbedingte?* Als er es nicht erreichen kann, klagt er: *O daß dem Menschen nichts Vollkommnes wird, / Empfind' ich nun ...* (3240f.), doch er denkt nicht daran, daß er in sich selbst behutsam und ehrfürchtig die Organe entwickeln müsse, um den *Abglanz* (4727), den er sieht, immer reiner zu verstehen. Er will das Höchste, will es unmittelbar, will es sogleich, will es erzwingen – und greift fehl. Die Magie ist nur die Steigerung dieser seiner Haltung. Er läßt nichts wachsen, er kann sich nicht begrenzen.

Im Gegensatz dazu zeigt der Roman *Wilhelm Meisters Wanderjahre* uns Menschen, die es lernen, vielen Wünschen zu entsagen und in beschränktem Kreise Nützliches zu tun. Sie erfahren – oft unter Schmerzen –, daß man im Erkennen, im Lieben, im Handeln sich begrenzen muß. In diesem Roman wird nicht nur die Entsagung als Haltung, sondern auch die allmähliche Entwicklung zu ihr dargestellt, während es für Faust keine Entwicklung dieser Art gibt. Freilich sind es in dem Roman – meist – Menschen der bürgerlichen Wirklichkeit, während das Drama *Faust* eine Ausnahmegestalt zeigt und mit ihr den Bereich menschlichen Begehrens durchschreitet. Dieses Drama ist als Neudichtung des altüberlieferten Stoffes konzipiert, und der Dichter war durch diesen Stoff weitgehend gebunden. Deswegen kann der Gedanke der sittlichen Entsagung hier nicht zur Darstellung kommen. Er ist ein Grundzug des Dramas *Iphigenie,* in welchem die Heldin so handelt, wie das sittliche Gesetz in ihrem Innern es befiehlt, von dem sie weiß, daß es ein göttliches Gesetz ist. In Goethes Gedichten gibt es ein stilles Betrachten der Landschaft und der Blumen in der Erkenntnis, daß dies alles von höchster Hand geordnet sei. Diejenige Gestalt, welche den Gegenpol zu der des Faust bildet, ist Makarie in den *Wanderjahren.* Sie denkt nicht an sich, sondern an andere, und wirkt gütig und helfend in einem Kreise von jüngeren Menschen, welche sie verehren. Sie selbst ist leidend und nimmt das Leiden willig auf sich. Mit tiefer Religiosität betrachtet sie ehrfürchtig die Welt als Werk des Schöpfers, und dank dieser Haltung werden ihr dann gnadenhaft höhere Erkenntnisse zuteil. Ihre Grundeigenschaften sind Ehrfurcht, Entsagung, weibliche Liebe, Tätigkeit für andere. Diese Züge kommen in dem *Faust*-Drama nur nebenher zur Geltung, wie umgekehrt in den *Wanderjahren* die Gefährdung und Dämonie. Von *Werther* und *Tasso* bis zu den *Wahlverwandtschaften* und zu *Faust* hat Goethe immer wieder den gefährdeten und scheiternden Menschen gestaltet, er hat aber auch immer wieder die heilenden Kräfte, die dem Menschen von außen und innen erwachsen, dargestellt, von seinen Jugendgedichten wie *Der Wandrer* (Bd. 1, S. 36–42) bis zur *Novelle,* den *Wanderjahren* und der Alterslyrik (Bd. 1, S. 304–391). Wir lernen Goethes Bild der Weltordnung und seinen Rat, wie der Mensch leben solle, vor allem aus den späten Gedichten (Bd. 1, S. 304–391) und aus den *Wanderjahren* kennen; in *Faust* sprechen davon der *Prolog im Himmel* und die *Bergschluchten*-Szene, d. h. diejenigen Teile, welche den großen Rahmen darstellen.

Zu der Gestalt des Faust hatte Goethe Abstand. In seiner Rezension von Stapfers *Faust*-Übersetzung charakterisiert er Faust als jemanden, *der von allem, was die Menschheit peinigt, auch gequält, von allem, was sie beunruhigt, auch ergriffen, in dem, was sie verabscheut, gleichfalls befangen* sei, und fährt fort: *Sehr entfernt sind solche Zustände gegenwärtig von dem Dichter* (1828). Noch deutlicher spricht das kleine Selbstbildnis mit Faust aus dem Beginn des Jahres 1832 diesen Abstand aus:

> *Der Zaubrer fordert leidenschaftlich wild*
> *Von Höll' und Himmel sich Helenens Bild;*
> *Trät' er zu mir in heitern Morgenstunden,*
> *Das Liebenswürdigste wär' friedlich ihm gefunden.*
>
> (Bd. 1, S. 321.)

Gegen Faust, der *leidenschaftlich* und *wild fordert*, der sich an *Höll' und Himmel* wendet, wird das Ich abgesetzt, das bescheiden im Irdischen bleibend *friedlich* dasjenige findet, was es sucht, das *Liebenswürdigste*, d. h. das Bild des Schönen, in *Morgenstunden*, d. h. den Stunden der Arbeit in dem kargen Arbeitszimmer mit dem Blick auf den Garten, und diese Stunden sind *heiter*, d. h. zu Geist werdend, vergeistigt. Es ist der Geist, den Goethe (ungefähr gleichzeitig) in seinem Ratschlag an junge Dichter als den des *heiter Entsagenden* (Bd. 12, S. 359,19) bezeichnete.

Faust ist unerreicht als eine weltweite bunte Bilderwelt – von Gretchens Zimmer bis zum Kaiserhof, vom deutschen Meeresstrand bis zum Palast des Menelaos –, als Fülle der Klänge und Figuren, d. h. als gestaltende Dichtung. Als Vermächtnis einer Weltanschauung und Lebenslehre müssen dagegen besonders die *Wanderjahre* und die späten Gedichte herangezogen werden. Wenn man das *Faust*-Drama im Zusammenhang der übrigen Werke sieht, verliert es nichts von seiner Größe als Dichtung, doch es erschließt sich bei dieser Sicht erst in vollem Maße die Größe seines Dichters.

Es gibt zu *Faust* eine Anzahl Kommentare – z. T. in den kommentierten Ausgaben, z. T. als Einzelveröffentlichungen –, außerdem Gesamtdeutungen des Werkes, sei es als Monographien, sei es im Rahmen allgemeiner Goethe-Darstellungen. Man findet diese Titel in der Bibliographie: die kommentierten Ausgaben von Düntzer, Erich Schmidt, Witkowski, Petsch, Beutler, Erler usw., die Deutungen von Gundolf, Hefele, Jockers, Staiger, Fairley, Atkins, Fuchs, Requadt, Arens u. a. Diese Werke sind so angelegt, daß man in ihnen die Stellen zu den einzelnen

Szenen leicht findet. In dem vorliegenden Kommentar ist in den Anmerkungen zu den einzelnen Szenen nicht jedesmal auf sie verwiesen, denn sonst müßten diese Werke immer wieder genannt werden. Die Literaturangaben bei den einzelnen Szenen beschränken sich auf Spezialliteratur, und auch hier auf eine Auswahl. Ausführlichere Literaturangaben findet man in der Bibliographie von Hans Pyritz, die nach Szenen geordnet ist. Ebenso ist die Faust-Bibliographie von Hans Henning so gegliedert, daß man leicht die Forschungsliteratur zu jeder einzelnen Stelle findet. Auch das Bibliographische Handbuch der deutschen Literaturwissenschaft von C. Köttelwesch, 1973, ist in solcher Weise geordnet. Das Literaturverzeichnis am Ende des vorliegenden Bandes verweist auf diese Hilfsmittel.

Goethes eigene Äußerungen über seinen *Faust* und eine Fülle von Äußerungen der Zeitgenossen findet man in dem Werk von Hans Gerhard Gräf, Goethe über seine Dichtungen, und zwar im 2. Teil: Die dramatischen Dichtungen. Dort stehen Goethes Äußerungen zu *Faust* in Bd. 2, 1904, S. 1–608; dazu gehören die ausführlichen Register, welche die benutzten Bücher, die Briefe, Gespräche, die Äußerungen über die Entstehung des Ganzen und einzelner Teile, Aufführungen, Illustrationen usw. nennen. Diese Register stehen in Bd. 4, 1908, S. 556–591. – Über das, was Goethe für die Arbeit an *Faust* gelesen hat, sind wir verhältnismäßig gut informiert durch seine Tagebücher und Briefe. Ein Verzeichnis der väterlichen Bibliothek ist erhalten und ist gedruckt (Nassauische Annalen, 1953). Wir kennen Goethes Entleihungen aus der Weimarer Bibliothek (veröffentlicht in dem Buch von E. v. Keudell, 1931). Seine Privatbibliothek ist glücklicherweise erhalten geblieben; 1958 ist ein Katalog von ihr, bearbeitet von Hans Ruppert, erschienen. Ebenso sind seine Kunstsammlungen vorhanden, welche ihm viele Bildmotive lieferten. 1848 hat Christian Schuchardt einen Katalog dieser Sammlungen veröffentlicht (Reprint 1976). Zieht man diese Materialien heran, so sieht man Goethes Verwurzelung in der Tradition und die Art, wie er als Dichter mit ihr umging.

Goethe hat wie kein anderer deutscher Dichter seiner Zeit die Kultur des 16., 17. und 18. Jahrhunderts in sich aufgenommen, ihre Denkweisen und ihre künstlerischen Ausdrucksarten. Er kannte die Einrichtungen des alten Reiches, wie sie im 16. Jahrhundert waren und zum Teil bis 1803 erhalten geblieben waren. Er kannte das Universitäts-Leben in allen Fakultäten. Er hatte im Anschluß an Arnolds „Kirchen- und Ketzerhistorie" sich schon in seiner Jugend mit der Geschichte der Theologie beschäftigt und auf Anregung des Fräuleins v. Klettenberg mit der paracelsisch-pansophischen Naturauffassung. Er kannte die Begeisterung der Humanisten für das Altertum und dessen wissenschaftliche Aufarbeitung vom 16. Jahrhundert bis zu seiner Gegenwart. Er ergriff, was aus der Dichtung und aus der bildenden Kunst Europas zu ihm kam. Die einzelnen Goetheschen Werke zeigen, wie gut er die geschichtlichen Bereiche kannte: *Götz* zeigt das alte Deutschland, *Tasso* die italienische Renaissance, *Iphigenie* die Antike. Alle Überlieferungselemente – antike, deutsche und christliche – sind vereinigt in *Dichtung und Wahrheit* und in *Faust*. Die Anfangsszenen gehen auf Universitätsleben und Pansophie des 16. Jahrhunderts zurück, die Klassische Walpurgisnacht auf die durch den Humanismus erarbeitete Kenntnis der Antike, die Schlußszenen auf die kontinuierlich überlieferte christlich-mittelalterliche Tradition, und ähnlich ist es mit allen Szenen des Werks. Der Kommentar versucht, in knapper Form diese Hintergründe anzudeuten, nicht um Stoff anzuhäufen, sondern um dem Leser den Einblick in die Bereiche, mit denen Goethe geistig umging, zu erleichtern.

ANMERKUNGEN

Zueignung

Die *Zueignung* entstand wohl am 24. Juni 1797 (die Tagebuchnotiz läßt darauf schließen), als Goethe nach langer Pause das Werk wieder aufnahm. Die Anfänge lagen damals mehr als zwei Jahrzehnte zurück. Das Schaffen erscheint hier fast als etwas Passives; kein Wort von Plan, von Idee, nur von Vision: *Gestalten ... drängen sich zu*; der Dichter nur Instrument wie die *Äolsharfe*, die erklingt, wenn der Wind in ihre Saiten greift. Die zarte Beziehung von Ich und Werk findet gemäßen Ausdruck in der zarten lyrischen Sprache; als Prolog, als Dichtung von der Dichtung, hat die *Zueignung* die feierlich-klangvolle Form der Stanze (wie Bd. I, S. 127, 149 ff., 261 f., 344, 359 f.). Das Gedicht wurde an den Beginn des Ganzen gesetzt, als der erste von drei Prologen, obgleich es weder den Zustand des Werkbeginns noch den der Vollendung ausspricht, sondern den der Wiederaufnahme; doch gerade an diesem Motiv ließ sich das Verhältnis von Dichter und Werk aussprechen, und darauf kam es hier an. – Hefele S. 95–98. – Werner Keller, Der Dichter in der *Zueignung* und im *Vorspiel auf dem Theater*. In: Aufsätze zu Faust I. Hrsg. von W. Keller. 1974, S. 151–191.

1. *schwankende Gestalten*. In seinen morphologischen Schriften bezeichnet Goethe als *schwankend* eine Gestalt, die noch nicht feste Form gefunden hat. *Betrachten wir aber alle Gestalten, besonders die organischen, so finden wir, daß nirgend ein Bestehendes, nirgend ein Ruhendes, ein Abgeschlossenes vorkommt, sondern daß vielmehr alles in einer steten Bewegung schwanke.* (Bd. 13, S. 55, 30–33). So haben die dichterischen Gestalten hier noch nicht feste Form gefunden, sondern sind noch *in einer steten Bewegung*. Ähnlich *Schwanken* = ,,die Gestalt wandeln" auch 348, 5082, 8445, 10051. – Dorothea Kuhn in (Jb.) Goethe 14/15, 1952/53, S. 347–349.

2. *trüb*. Ein Wort, das Goethe in seiner Farbenlehre benutzte für ein Medium, welches das Licht nur teilweise hindurchläßt; von da aus Metapher in seiner Dichtung: der *trübe Blick* sieht die Dinge undeutlich, nicht in klarem Licht, aber auch nicht in Dunkel.

4. *Wahn* = Phantasiegebilde.

12. *erste Lieb' und Freundschaft*: die Freunde aus dem Straßburger und Frankfurter Kreis. Friederike Brion, auch wohl die Freunde der ersten Weimarer Jahre, denen der *Faust*-Entwurf vorgelesen wurde. – Das Motiv wird wieder aufgenommen in Vers 65.

16. *vor mir hinweggeschwunden*: die Schwester Cornelia, der Goethe seine Werke vorzulesen pflegte, der Vater, der immer Interesse für die

Arbeiten seines Sohnes hatte, Susanna Katharina v. Klettenberg, die durch ihre Studien der Pansophie auf den *Faust*-Dichter wirkte, Merck, Lenz und andere.

21. *Lied.* Der Text des Erstdrucks 1808 hat *Leid.* Goethes Tagebuch von 1809 enthält am Schluß ein Verzeichnis (von Riemers Hand): *Druckfehler meiner Werke in der Cottaischen Ausgabe.* (Weim. Ausg., Tagebücher 4, S. 374). Da steht zu dieser Stelle *Leid lies: Lied.* Dennoch blieb in den folgenden Ausgaben *Leid* stehn mit Ausnahme eines Nachdrucks von 1816. Da mehrere Vermerke aus dem Druckfehler-Verzeichnis später nicht berücksichtigt sind, kann man annehmen, daß dieses Verzeichnis später vergessen worden ist. Möglich bleibt auch, daß Goethe den Druckfehler hingehen ließ, denn dadurch wird das noch zweimal folgende Wort *Lied* (23, 28) variiert, und der Gedanke, daß Dichtung aus dem Schmerz des Dichters aufsteige, ist Goethe nicht fremd (Vers 13; Bd. 1, S. 381 u. 390; *Tasso* 195, 3433 u. ö.). – J. Petersen, Die Wiss. von der Dichtung. Bln. 1939, S. 90. – E. Grumach in (Jb.) Goethe 24, 1962, S. 288–290.

28. *lispelnd.* In der für das 16.-19. Jahrhundert geltenden Bedeutung: flüstern. Wie 1141, 4638, 5708, 7252. – *Äolsharfe:* Windharfe, wie vor Vers 4613. Ein in Goethes Zeit beliebtes Instrument. Die harmonisch gestimmten Saiten werden vom Wind erregt und geben einen geheimnisvollen Klang. Als dichterische Metapher: Bd. 1, S. 376f. und Bd. 12, S. 328,7. – Riemann, Musik-Lexikon. Sachteil. 12. Aufl. Mainz 1967, S. 9. – The New Grove Dictionary of Music 1, 1980, S. 115–117.

29. Das Motiv der *Träne* bezeichnet nicht nur die innere Erschütterung, sondern auch das Hindurchfinden zu einer neuen Lösung durch die Erschütterung (*Faust* 784, Bd. 1, S. 316, 386; Bd. 2, S. 124; Bd. 5, S. 116); so hier ein Zurückfinden des Dichters zu seiner Dichtung, die tief in seinem Inneren verwurzelt ist und von welcher er doch in seinem Bewußtsein ferngerückt war. – Bd. 14, Sachregister: „Träne".

Vorspiel auf dem Theater

Der zweite der drei Prologe, stilistisch ein Gegenpol der *Zueignung*, jedoch auch wiederum ihr verbunden: wie dort spricht der Dichter in Stanzen (59–74) und gedenkt der Konzeption seines Werkes (184 bis 197). Seinem Standpunkt der Eigengesetzlichkeit der Kunst tritt der Theaterdirektor als Geschäftsmann entgegen (wie gut kannte Goethe als Schauspielleiter auch diesen Standpunkt!); und der Schauspieler, der die *lustige Person* spielt, vermittelt: des Dichters Visionen, aber zugleich eine reiche Bilderwelt für die Menge. – Sie sprechen in wechselnd langen alternierenden Versen (Madrigal-Versen), die hier, wo ein buntes, anschauungsreiches Werk gefordert wird, als Vorklang des Kommenden am Platze sind. – Die Idee, diese Gestalten auftreten zu lassen, kam Goethe durch ein ähnliches Vorspiel in dem von ihm sehr geliebten Drame „Sakuntala" des altindischen Dichters Kalidasa, das er 1791 zum ersten Male las. (Bd. 1, S. 206 u. Anmkg.) Das *Vorspiel* entstand vermutlich Ende der neunziger Jahre. – Daß das Drama hier als ein zu schreibendes, zu vollendendes besprochen wird und anschließend dann sogleich über die Bretter geht, gehört zum Wesen der Zeit in der Dichtung, die innerliche, nicht äußerliche Kausalität fordert. – Storz S. 152–154. – Erich Schmidt in der Jubiläums-Ausg. Bd. 13, S. 265–269.

52. *Gnadenpforte*: Pforte zum Glück, das gnädig geboten wird. Das aus weltlichem Bereich stammende Bild der Pforte war üblich geworden in der religiösen Sprache, anknüpfend an Matthäus 7,13–14; bei Jacob Böhme kommt es mehrfach vor, auch der Ausdruck *Gnadenpforte*. Goethe hat es hier ins Weltliche zurückversetzt.

59. *bunten Menge . . . 64 Dichter*. Über Publikum und Dichter gibt es bei Goethe viele verwandte Äußerungen. Bd. 14, Sachregister „Publikum", „Dichter", „Dichter und Publikum" usw.; und HA Briefe Bd. 4, Sachregister.

79. *Knabe*: junger Mann, unverheiratet; wie 832, 1844, 3019, 6514.

178. *aufgeregt*: in Bewegung gebracht, angeregt, GWb. Bd. 1.

209. *Irren*: Hin- und hergehen, umherschweifen; wie 24, 317, 5515, 9145. Das künstlerische Schaffen geht nicht geradesweges auf die Endgestalt des Werkes zu, sondern versucht phantasievoll verschiedene Möglichkeiten, bis sich das Werk herausbildet.

Prolog im Himmel

Entstanden um 1800. – Kanzler v. Müller berichtet (17. Dez. 1824), Goethe habe gesagt, er habe aus dem Buch Hiob sich etwas für *Faust* angeeignet. Dasselbe berichtet H. M. Robinson (2. August 1829). Goethe meint Hiob 1, Vers 6–12 das Gespräch zwischen Gott und dem Teufel in Anwesenheit von Engeln. Sie sprechen über Hiob. Diese Partie bildet den Anfang des Buches, und in ähnlicher Weise bildet bei Goethe das Gespräch den *Prolog* und gibt den großen Rahmen, in welchem fortan die ganze Handlung erscheint. Im Stil steht der *Prolog im Himmel* dem 2. *Teil* näher als dem ersten. Zu Beginn die Erzengel mit ihrem Preisgesang der Schöpfung (243–270), am Ende wendet der Herr sich ihnen wieder zu; dazwischen der Dialog zwischen dem Schöpfer und dem Verneiner des Geschaffenen. Zum Schluß ein Monolog des Mephistopheles (350–353), typisch für seine Epiloge (6305 f.; 6564 f.; 6807 ff.; 7003 f.).

Der Gesang der Erzengel 243–270: feierlich klingende, langsame, regelmäßige Viertakter, strophisch gegliedert. (Die Strophenform kam im 17. und 18. Jahrhundert häufig im Kirchenlied vor; H. J. Franck, Handbuch der dt. Strophenformen, 1980, S. 649 f.). Bei Mephistopheles 271 ff. setzen Fünfheber ein, zunächst noch regelmäßig und mit Kreuzreim und insofern dem Vorhergehenden angeähnelt, dann aber beginnt 281 der Madrigalvers und damit der besondere Klang von Mephistos Sprache.

Unter Goethes Zeichnungen gibt es einen Entwurf für ein Bühnenbild des *Prologs im Himmel* (Corpus der Goethezeichnungen Bd. IV B, 1968, Abb. 222. – W. Hecht, Goethe als Zeichner, 1982, Abb. 144.).

Die besondere Stellung der drei Erzengel im Bereich des Himmels war allgemeine christliche Tradition, der Goethe sich hier anschließt. Darüber die Artikel „Engel" in: Lex. f. Theologie u. Kirche; RGG.; Evangel. Kirchen-Lexikon.

Seit dem Volksbuch von 1587 und Marlowe heißt der Teufel, der zu Faust kommt, Mephostophiles oder Mephostophilis oder so ähnlich. Im Volksbuch des „Christlich Meynenden": Mephistophiles. Woher der Name stammt, ist nicht bekannt.

Gundolf S. 753–755. – Hefele S. 99 ff. – Hohlfeld S. 3–28. – Atkins S. 17–22. – Storz S. 154–164.

243 ff. *Die Sonne tönt* ... Seit der Antike gibt es die Vorstellung von der Sphärenharmonie, d. h. daß die Planeten eine Musik vollführen, welche die Menschen nicht hören, weil sie von Geburt an daran gewöhnt sind. Da dieses Motiv in wissenschaftlichen und dichterischen Texten zahlreich überliefert war, war es Goethe bekannt. Auch in den *Lehrjahren* erwähnt er den *Gesang der Sphären* (Bd. 7, S. 73,36). Hier als Bild der Geordnetheit und Schönheit des Alls, der Weltharmonik. Es gibt den Einleitungsakkord, und alles Folgende erscheint also als etwas in dieser Ordnung Stehendes.

Hans Schavernoch, Die Harmonie der Sphären. Freiburg u. München 1981. – MGG 5, 1956, Sp. 1594–1598, Art. „Harmonie", Abschnitt „musica mundana". – Riemann, Musik-Lexikon. 12. Aufl. Hrsg. von W. Gurlitt. Sachteil. Mainz 1967, Art. „Sphärenharmonie".

248. *Wenn*: während anderseits; auch wenn (Fischer, Goethe-Wortschatz S. 735 f.). In ähnlicher Bedeutung das Wort *da* in Vers 268. – *mag*: kann, imstande ist (wie 7215). – In dieser Strophe hängt inhaltlich alles mit allem zusammen. Vers 1 und 2 bilden eine Gruppe, ebenso 3 und 4. Doch am Ende von Vers 6 folgt kein entsprechender Einschnitt, denn *Wenn keiner sie ergründen mag* gehört in erster Linie zu *Werke* im folgenden Vers; solche Wortstellung im Satz ist für Goethe in Versen möglich. Anderseits bezieht sich *sie* auch auf die *Sonne* in Zeile 1. Dieser verbindende Beziehungsreichtum ist die besondere Möglichkeit der dichterischen Sprache. In der Interpunktion hat sich Goethe immer

weitgehend dem Gebrauch seiner Zeit angeglichen. Am Versende achtete er am wenigsten auf Interpunktionszeichen, weil die Stimme dort im allgemeinen eine Pause macht und weil der Sprecher je nach dem Inhalt Zusammenhang oder Trennung herausarbeiten muß.

254. *schauervoll*: Schauer erregend.

274. *Gesinde.* Ursprünglich alle Lehensleute, alle im Dienst eines Fürsten stehenden Männer, der Hofstaat. Da Goethe in *Faust* auf Vorstellungen und Sprache des 16. Jahrhunderts zurückgreift, hier in diesem allgemeinen Sinne, der die Rangstufe offenläßt. – Dt. Wb. 4, 1, 2, Sp. 4109 ff.

279. *Von Sonn' und Welten* . . . Mephistopheles nimmt hier die Motive von 243 ff. auf. In 282 *wie am ersten Tag* wiederholt er Worte aus Vers 270, doch handelt es sich dort um die Schöpfung, hier um den Menschen. Jene wird von den Engeln *herrlich* genannt, dieser von Mephistopheles in seiner Unzulänglichkeit charakterisiert.

281. *Der kleine Gott der Welt.* Mephistopheles, Meister des ironischen Zitats, bringt eine Formulierung, die vom 16. bis 18. Jahrhundert mehrfach benutzt war, und zwar zunächst für Fürsten, dann für den Menschen allgemein. – Bd. 7, S. 71,25.

Dt. Wb. 4, 1, 5, Sp. 1121–1123. – Leibniz, Theodizee, Teil II, § 147: „L'Homme y est donc comme un petit Dieu dans son propre monde, ou Microcosme, qu'il gouverne a sa mode." (Leibniz, Die philos. Schriften, hrsg. von C. I. Gerhardt. Bd. 6. Bln. 1885. (Reprint 1961) S. 197.) „Der Mensch ist hier also gleichsam ein kleiner Gott in seiner eigenen Welt, seinem Mikrokosmus, den er auf seine Art regiert." – Herder benutzt das Wort in seiner Schrift „Älteste Urkunde des Menschengeschlechts", 1774, für Adam im Paradiese (Werke hrsg. von Suphan, Bd. 6, S. 275, 283 u. ö.) wie schon Antoinette Bourignon, Le nouveau ciel et la nouvelle terre. Amsterdam 1679, S. 92. – Klopstock, Ode „Bardale".

288. *Zikaden.* Dieser Vergleich bringt prägnant Mephistos Bild des Menschen: ein Auf und Ab, und zwar so, daß er immer auf gleicher Höhe bleibt. Keine Steigerung. Diese ist aber für Goethes Bild des Menschen das Wesentliche. So im *Faust*-Schluß und im Makarien-Mythos der *Wanderjahre*, in *Höheres und Höchstes* im Divan (Bd. 2, S. 116 f.) und in dem Satz, den er 1828 über seine Ergebnisse langjähriger Naturbetrachtung schrieb: *die Anschauung der zwei großen Triebräder aller Natur: der Begriff von Polarität und von Steigerung, jene der Materie, insofern wir sie materiell, diese ihr dagegen, insofern wir sie geistig denken, angehörig; jene ist in immerwährendem Anziehen und Abstoßen, diese in immerstrebendem Aufsteigen. Weil aber die Materie nie ohne Geist, der Geist nie ohne Materie existiert und wirksam sein kann, so vermag auch die Materie sich zu steigern* . . . (Bd. 13, S. 48). Zwar hat Goethe erst im Alter sein Denkbild der Steigerung theoretisch ausgesprochen, aber als Anschauung lebt es schon früher, auch in dem

Prolog im Himmel. Mephistopheles verneint die Steigerung: *Staub soll er fressen . . . –* „Steigerung" im Sachregister Bd. 14.

312. *Was wettet Ihr?* Der Herr wettet nicht, zumal nicht mit einem untergeordneten Geist. Mephistopheles weiß das; seine Formulierung ist nur eine zudringliche Art, seine Meinung zu sagen. Das Dt. Wb. 14,1,2, Sp. 694f. bringt zahlreiche Beispiele aus Goethes Epoche und der Zeit vor ihm für Wendungen wie „ich wette, daß . . .", die keine wirkliche Wette beabsichtigen, sondern nur den Gegensatz der Meinungen und die Überzeugung, recht zu behalten, betonen. Mephistopheles benutzt das Wort halb in diesem Sinne, halb aber so, daß er tatsächlich eine Wette anbietet. Und es ist eine typisch mephistophelische Unverschämtheit, daß er bald darauf (331) von einer *Wette* spricht, obgleich Gott gar nicht gewettet hat. Auch im Buch Hiob wird nicht gewettet. Gott gibt dort Hiobs Schicksal dem Teufel frei. Die Situation ist also ganz anders als zwischen Faust und Mephistopheles 1698ff. Schon hier zeigt sich, daß Mephistopheles ein Verdreher der Wahrheit ist, der zwar mitunter Zutreffendes sagt, anderseits aber die Dinge in seinen Aussagen pervertiert.

323ff. *Nun gut, es sei. . .* Die entscheidenden Worte dieses Gesprächs, die vorausweisen auf den zweiten Teil, insbesondere den 5. Akt, wo aber nicht unmittelbar an den *Prolog im Himmel* angeknüpft wird.

332. *Zweck:* Ziel. In diesem Sinne häufig bei Goethe. Man wußte damals noch, daß „Zweck" der Holznagel in der Mitte einer Zielscheibe war, also das Ziel beim Schießen.

334. *Staub soll er fressen . . .* Im Anklang an 1. Mose 3,14. Das Wort *Staub* kommt in bildhafter Verwendung oft in der Bibel vor, wie jede Bibel-Konkordanz zeigt.

336. *darfst* wie im 18. Jahrhundert häufig = Ursache haben (nicht: Befugnis haben); also: du brauchst auch da nur so zu sein, wie du bist. – Vgl. 3139.

339. *Schalk.* Wie das Wort hier gemeint ist, zeigen die folgenden Verse 340–343, sowie Vers 1338. Mephistopheles ist ein Verneiner mit Intelligenz, Scharfsinn und Witz. Goethe benutzt das Wort *Schalk* in *Faust* noch mehrmals, 4885, 5792, 6600, 6885, 9652, 9663, auch sonst, oft in der Bedeutung „jemand, der etwas verneint und zu Fall bringt, Schaden anrichtet, Possen spielt". Bd. 1, S. 288; Bd. 8, S. 55,33; 91,27; 114,11; 266,3; Bd. 9, S. 506,11; Bd. 10, S. 21,26. – Dt. Wb. – Fischer, Goethe-Wortschatz. – M. Mommsen in (Jb.) Goethe 14/15, 1952/53, S. 171–202.

344. *die echten Göttersöhne:* die Engel im Gegensatz zu den Teufeln, welche abtrünnige Söhne Gottes sind. Dieses Motiv wird noch einmal in Vers 11770 aufgenommen. Es hat eine Geschichte, die bis ins Frühchristentum zurückgeht (Lukas 10,18) und im Barock stark ins Bewußt-

sein trat. Gott schuf die Engel, der schönste unter ihnen ist Luzifer. Dieser überredet eine Anzahl Engel, von Gott abzufallen, sie werden Teufel. Im Abfall merkt Luzifer, daß er falsch handelt, findet aber nicht mehr den Weg zurück. Dieser Stoff war ein dankbares Thema der Dichtung, bei Du Bartas, ,,La Semaine", 1579; bei Vondel, ,,Lucifer" 1654, und bei Milton, ,,Paradise Lost", 1667. Von da übernahm ihn Klopstock; er schilderte Abbadona als reuigen gefallenen Engel. Durch ihn war der Stoff zu Goethes Zeit in Deutschland sehr bekannt. Für Goethe war eine andere Traditionskette wichtiger, die pansophische. Dort ist der Gegensatz der getreuen Engel und der abtrünnigen Engel verbunden mit der Polarität von Licht und Materie, die Goethes künstlerischem Weltempfinden entsprach. Er hat deswegen in *Dichtung und Wahrheit, Buch 8* (Bd. 9, S. 341,33–353, 24) ausführlich darüber berichtet. – Die Formulierung *Göttersöhne*, nicht ,,Gottessöhne" ist dichterische Freiheit, anknüpfend an Antikisierendes (Dt. Wb. 4,1,5, Sp. 1187–1189).

Die pseudo-paracelsische Schrift ,,De secretis creationis" in der Huserschen Paracelsus-Ausgabe von 1602 schildert ausführlich die Luzifer-Geschichte. (Neudruck: Paracelsus, Studien-Ausgabe, Bd. 5. Darmstadt 1976, S. 28 f.) – Bei J. O. v. Hellwig, Curiosa Physica, 1714, spielt Luzifer eine große Rolle und wird mit der Polarität von Licht und Materie (Finsternis) in Verbindung gebracht (insbes. S. 9 f. und 35 f.). Dieses Werk war in der Bibliothek von Goethes Vater vorhanden, und Goethe hat es später nach Weimar übernommen, wo es noch jetzt unter seinen Büchern steht. – Ein anderes Werk, das Goethe gelesen hat und das er in *Dichtung und Wahrheit* erwähnt, ist die ,,Aurea catena Homeri", 1723. Auch dort kommt die Luzifer-Geschichte vor, schon auf den ersten Seiten, und zwar ebenfalls in Verbindung mit Licht und Dunkel, Anziehung und Ausdehnung. – Besonders hat Goethe sich in Frankfurt mit Wellings ,,Opus mago-cabbalisticum" befaßt (1735, 2. Aufl. 1760). Ein Exemplar des Werkes steht noch heute in Weimar unter seinen Büchern. Dort ist Luzifer der mächtigste Sohn Gottes, der Schöpfer der Materie. (Die vielen Stellen über ihn sind bei Welling im Register verzeichnet.) Luzifer ist ,,der allermächtigste Fürst, und um ihn herum die anderen Hierarchien oder Engel-Welten" (S. 494). Welling bringt dazu einen Kupferstich, der das verdeutlicht. (Reproduziert in Bd. 9, Kommentar zu *Dichtung und Wahrheit, Buch 8*.) Luzifer verließ dann das göttliche ,,Liebes-Licht" und ,,suchte an dessen Statt seinen eigenen Gewalt" (S. 103). Mit ihm fallen viele Engel von Gott ab. Da nun in der Sphäre der Abgefallenen das Licht Gottes nicht mehr wirkt, entsteht dort eine ,,materialische Finsternis" (S. 104). Welling fügt hinzu: ,,Beelzebub ... ist unser Verkläger Tag und Nacht (Apocal. 12,10), dann er annoch kommt bis in den Kreis der Söhne Gottes, davon zu lesen beim Hiob im ersten Kapitel Vers 6 und im zweiten Kapitel Vers 1, allda das hebräische Wort eigentlich heißet: kam auch der Satan in ihren Mittel usw., welches dann klärlich zeiget, daß dieser gewaltige und grimmige Geist annoch bis in den Circulum der Söhne Gottes ... kommen kann, uns allda für dem Angesicht des Allerheiligsten zu verklagen." (S. 113.)

DER TRAGÖDIE ERSTER TEIL

Nacht

Schon der „Urfaust" enthält Fausts Anfangsmonolog, die Erdgeist-Beschwörung und das Gespräch mit Wagner bis zu Vers 605. Als Goethe 1790 *Faust, ein Fragment* zum Druck gab, reichte die Szene ebenso weit. Alles folgende ist wohl in der Arbeitsepoche um 1800 hinzugekommen. Als 1806 *Faust I* zum Druck abgesandt wurde, hatte die Szene ihre endgültige Gestalt.

Die Bühnenanweisung spricht von einem *hochgewölbten, engen gotischen Zimmer*. Ähnlich wie in anderen Szenen des Dramas hat das Bild nicht nur realistische, sondern auch symbolische Züge: die Richtung nach oben, aber zugleich die Enge. Goethe hat auf einer skizzenhaften Zeichnung einmal Faust in seinem Zimmer dargestellt (Corpus der Goethezeichnungen Bd. IV B, Nr. 223; Wolfg. Hecht, Goethe als Zeichner, 1982, S. 172), der Raum hat ein gotisches Gewölbe und ist verhältnismäßig schmal. Vielleicht stammt diese Skizze aus der Zeit, als man in Weimar daran dachte, *Faust* aufzuführen (November 1810). – Mit einem Monolog Fausts beginnt schon das Puppenspiel, das Goethe kannte. Dieser Monolog geht zurück auf Marlowe, der einen Gelehrten des 16. Jahrhunderts zeigt, welcher unbefriedigt von allen vier Fakultäten sich dem zuwendet, was man damals Magie (magia) nannte. Goethe konnte in seiner Jugend an diesem Stoff seine eigene Erkenntnissehnsucht darstellen, die oft an ihre Grenzen stieß. Er erkannte, daß es nicht nur die Grenzen seines Individuums seien, sondern die der neuzeitlichen Wissenschaft seit dem 16. Jahrhundert. Er hatte in seinen Studienjahren die erkenntnishungrigen Bemühungen des 16., 17. und 18. Jahrhunderts an einigen typischen Beispielen studiert. In *Dichtung und Wahrheit* (Bd. 9, S. 341–353) erwähnt er sie verhältnismäßig ausführlich: Paracelsus und die Paracelsisten, Basilius Valentinus, J. B. v. Helmont, die „Aurea catena Homeri" und insbesondere das Werk von Welling, das viele Motive dieser Tradition weiterführt. Diese Forscher bemühten sich um eine Wissenschaft vom All, Pansophie (von „pan" = All; „sophia" = Weisheit); sie wollten den Makrokosmos (Weltall) und Mikrokosmos (Mensch) im Zusammenhang sehen und wollten das „Licht der Natur" (Naturwissenschaft) mit dem „Licht der Gnade" (Offenbarung, christliche Tradition, Bibel) in Einklang bringen. Sie glaubten an Geister und unterschieden dabei die Naturgeister (Elementargeister) von den Teufeln (Höllengeistern). Diese Vorstellungen bilden den Hintergrund von Fausts Wendung zur *Magie*, seiner Betrachtung des Makrokosmos-Zeichens und seiner Beschwörung des Erdgeists. *Faust* ist für Goethe ein Drama mit einem Stoff aus dem

16. Jahrhundert. Ähnlich wie *Götz* das Rittertum und die Fürsten des 16. Jahrhunderts schildert und *Egmont* das Städteleben und den Kampf gegen die Spanier, ist *Faust* ein Drama des Gelehrtenlebens im 16. Jahrhundert bis in viele Kleinigkeiten hinein, und manches von den alten Sitten hatte sich bis ins 18. Jahrhundert erhalten. Die Szene *Nacht* enthält viele Züge dieser Art, jedoch verknüpft mit der Sprache der Innerlichkeit des 18. Jahrhunderts. Faust spricht anfangs seine Sehnsucht nach Erkenntnis aus (378–385), dann aber denkt er an das Leben in der Welt (464–468). Auf diese Weise ist die spätere Weltfahrt mit ihren *Stürmen* (466) hier schon vorgezeichnet. Sie entspricht Fausts Wesen ebenso wie der Erkenntnisdrang. – Wie der innere Sturm hier dichterisch geformt wird, das gilt seit je als eine der größten Leistungen des jungen Goethe. Der inneren Unruhe Fausts entsprechend wandeln sich die Verse: der Überdruß spricht sich aus in Knittelversen 354–385, die Sehnsucht in alternierenden Viertaktern 386–429, die Konzentration auf Erkenntnis in Madrigalversen 430–467, welche dann bei der Erdgeistbeschwörung sich aus in Freie Rhythmen auflösen 468–479.

Goethes Beziehungen zur Pansophie: Bd. 9, S. 341–353 u. Anm. – Goethes Zeichnungen zu *Faust*: Wolfg. Hecht, Goethe als Zeichner. 1982. S. 168–173. – Harold Jantz, Goethe's Faust as a Renaissance Man. Princeton 1951. – R. D. Gray, Goethe the alchemist. Cambridge 1952.

354 f. *Philosophie, Juristerei und Medizin* ... Alle Universitäten hatten vom Mittelalter bis zum Ende des 19. Jahrhunderts vier Fakultäten: Theologie, Rechtswissenschaft, Medizin, Philosophie. In ihnen war alles, was es in der Wissenschaft gab, untergebracht. Wenn Faust die vier Fakultäten nennt, bedeutet das: er hat alles studiert, was es überhaupt zu studieren gibt.

360. *Heiße Magister, heiße Doktor gar.* Wer im 16. Jahrhundert die philosophische Fakultät (die damals „Artisten-Fakultät" genannt wurde, weil sie die „artes" vermittelte) durchlaufen hatte, wurde *Magister*. Diesen Titel hatten die meisten Gelehrten. Wer dann in einer der vier Fakultäten etwas Besonderes leistete, konnte Professor werden. Keineswegs aber war jeder Universitäts-Professor auch Doktor. Diesen Titel erhielt man nur für besondere Leistungen. Es gab tüchtige Hochschullehrer, die ihn niemals erworben haben.

E. Reicke, Der Gelehrte in der dt. Vergangenheit. Lpz. 1900. – Erman-Horn, Bibliographie der dt. Universitäten. Bd. 1. 1904, S. 252–275. – Dt. Barockforschung. Hrsg. von R. Alewyn. Köln 1965, S. 149 ff.

377. *Magie.* Was Faust mit diesem Wort meint, wird durch die nächsten zwei Zeilen deutlicher. Er will Beziehung zu Geistern haben und will durch sie Erkenntnisse gewinnen. Diese Erkenntniswünsche bezie-

hen sich auf Weltzusammenhänge (382–384) und sind an sich nichts Böses. Faust spricht von *der lebendigen Natur, da Gott die Menschen schuf hinein* (414 f.). Er ergreift die Magie nicht, um Reichtum, Macht, Frauen usw. zu erhalten. Er will Erkenntnis, und weil die Wissenschaften ihm diese nicht geben können, will er sie durch Magie, *durch Geistes Kraft und Mund*. Dann aber weist der Erdgeist ihn ab, später gesellt sich Mephistopheles zu ihm, der manches für ihn tut, ihm aber keineswegs erklärt, *was die Welt im Innersten zusammenhält*. Nach dem Pakt mit Mephistopheles kommt dann das Wort *Magie* mehrfach vor, es wird benutzt von Faust (5986, 11404), von Mephistopheles (6316) und dem Astrologen (6793). Immer bezeichnet es nun Zauberei. Ähnlich das Wort *Magier* (6436) und das Wort *magisch* (1158, 5518, 6301, 6416, 7921). Die Zauberei Mephistos, wenn er den Gefängniswärter einschläfert und Zauberpferde holt (S. 138,34 ff.) oder mit seinen Mitteln die Truppen des Gegenkaisers bekämpft (10710 ff.), ist aber nicht das, woran Faust denkt, als er hier im Anfangsmonolog von *Magie* spricht. Magie hat zwei Seiten, die durch den Erdgeist und Mephistopheles bezeichnet sind, durch einen Naturgeist und einen Teufel. Es ist für Faust bezeichnend, daß er von der erkenntnissuchenden Magie, an die er anfangs denkt, zu Zauberbüchern wie „Salomonis Schlüssel" (1258) kommt, die er 1271 ff. benutzt, und dann zu der Magie des Mephistopheles; speziell an diese denkt er am Schluß in dem Satz *Könnt' ich Magie von meinem Pfad entfernen* (11404). Die Beziehung Fausts zur Magie gehört zu dem Faust-Stoff von Anbeginn. Und die Literatur über Magie vom 16. Jahrhundert bis zu Goethes Zeit zeigt immer die Zweiseitigkeit des Begriffs; auch hier knüpft Goethe an die Tradition an. Zusammenfassungen dessen, was man unter Magie verstand, geben Morhof im „Polyhistor", 1688 u. ö. (Bd. 2, Buch II, Kap. 9 „De magia", auch an anderen Stellen) und Zedlers „Universal-Lexicon" Bd. 19, 1739, Sp. 288–304. – Im allgemeinen war Magie das Bestreben, die Kenntnis geheimer Dinge zu erwerben, und zwar durch Mittel, welche von der üblichen Wissenschaft abweichen. Der Erkenntniswille richtete sich auf den Aufbau des Weltalls (Makrokosmos) und die Ursprünge aller Dinge (semina rerum). Dabei ergab sich die Frage, ob Gott dem Menschen für immer oder nur zeitweise Erkenntnisse vorenthalten habe und mit welchen Mitteln man nach diesen streben dürfe. Im allgemeinen unterschied man einerseits „natürliche" oder „weiße" Magie und anderseits „teuflische" oder „schwarze". Jene strebt nur nach Naturerkenntnis, diese nach Genuß, Macht usw. Immer steht die Magie mit dem Geisterreich in Verbindung, die „weiße Magie" mit den Naturgeistern, die „schwarze" mit den teuflischen Geistern. Die Trennung dieser Bereiche ist auch in Wellings „Opus mago-cabbalisticum", 1760, deutlich, d. h. in dem Werk, von welchem Goethe in seiner Frankfurter

Zeit besonders beeinflußt ist. Welling sagt von den Elementargeistern, daß sie für den Menschen mitunter ansprechbar seien; da aber der Teufel die Gedanken der Menschen kenne, dränge er sich dann ein und wisse sich an die Stelle des Elementargeistes zu setzen: „Kommen wir also wieder zu den Geschöpfen der Erde ... weilen sie das einfachste Wesen des Elements sind, so ist dieser Geister Vermögen gleich der Erde, ihrem Element, sehr gewaltig und erschrecklich, und ihr Wissen und Erkenntnis in vergangenen, gegenwärtigen und zukünftigen Dingen unermeßlich, dabei aber sehr verwirrt, falsch und betrüglich ... Und ob sie wohl durchgehends dem Menschen gut und geneigt sind, so ist sich doch ihrer Gesellschaft zu haben, über die Maße wohl fürzusehen, und gehöret nur den wahren Magis, Cabbalisten und Theosophis ... Weil aber der Teufel als ein Fürst der Erde die Gedanken der Menschen sehr wohl zu erkennen ... weiß, so mischt er sich sofort mit ein ... und dieses weiß der Bösewicht so lange zu treiben, bis er den elementarischen Geist gänzlich von dem Menschen abtreibt." (S. 119f.) In ähnlicher Weise beschwört Faust zunächst den Erdgeist, dann aber, als dieser sich ihm entzogen hat, drängt sich Mephistopheles ein und versteht es, Faust an sich zu binden. Vorstellungen dieser Art bei Welling u. a., d. h. in der nicht-dichterischen Literatur, bilden den allgemeinen geistigen Hintergrund dessen, was bei Goethe dargestellt ist. Von dort können Anregungen für ihn ausgegangen sein.

In den Darstellungen des 16. bis 18. Jahrhunderts ist Magie Erkenntnis auf ungewöhnlichem Weg, und sie kann etwas Gutes sein. Die drei Weisen aus dem Morgenland, die einen Stern gesehen haben, ihn richtig gedeutet haben und an die Wiege Christi kommen, um anzubeten, heißen im lateinischen Bibeltext „magi", im griechischen Urtext „magoi" (Matth. 2,1). An diesem Beispiel zeigt die Schrift „De philosophia occulta" (Husersche Paracelsus-Ausgabe Bd. 9, Basel 1590), daß Magie gottzugewandt sein könne. Dasselbe Beispiel benutzt Baco von Verulam „De dignitate et augmentis scientiarum", Buch III, Kap. 5. – Die Schrift „De philosophia occulta" sagt: „Magica ist an ihr selbst die verborgenst Kunst und größt Weisheit übernatürlicher Dingen auf Erden. Und was menschlicher Vernunft unmöglich zu erfahren und zu ergründen ist, das mag durch diese Kunst der Magica erfahren und ergründt werden; dann sie ist eine große verborgene Weisheit, so die Vernunft eine offentliche große Torheit ist. Darumb wär' auch gut und hoch von nöten, daß die Theologi auch etwas wüßten darvon zu sagen, und auch erführen, was Magica wäre, und nicht so unbilliger Weis, ungegründet, eine Zauberei nennten." (Paracelsus, Husersche Ausg., Bd. 9, Basel 1590, S. 362.) – Morhof hat in seinem „Polyhistor", 1688, ein Kapitel über Magie (Liber II, part. I, cap. 9) und sagt dort, Magie sei eine geheime Naturforschung (Physica abscondita), welche dem nachgehe, was dem menschlichen Geist verborgen sei, und das sei der größte Teil der Natur. – Anderseits ist von Magie auch in den Schriften über Teufelsbündner die Rede, all den Büchern über Hexen, Zauberei und teuflische Künste. Das sehr verbreitete, auch von Protestanten viel benutzte Werk des Jesuiten Martin Delrio, „Disquisitionum magicarum libri sex", 1599, (bis 1755 in vielen

Auflagen gedruckt), unterscheidet Magia naturalis (Magia bona) und Magia dae-
monica (Magia mala) und wendet sich besonders zu der bösen Magie, dem Teufelspakt, dem Umgang der Hexen mit dem Teufel und den Hexenprozessen. So ist
in der Literatur von Paracelsus bis Welling von den zwei Seiten der Magie die
Rede. Über die Bedeutung Wellings für Goethe: Bd. 9, S. 341–353 u. Anm. – Vgl.
auch die Anm. zu 461 *Geist der Erde*. – Morhof, Polyhistor, 1688 u. ö. Lib. II,
part. I, cap. 9. – Gottfried Arnold, Kirchen- und Ketzer-Historie. Bd. 2. Frankf.
a. M. 1700. 4. Teil, S. 159–168. – Martin Ruland, Lexicon Alchemiae. 1612. S. 313
,,Magia". – HWbPhil. 5, 1980, Sp. 631–636. – N. Henrichs, Scientia magica. In:
Aufs. zu Faust I. Hersg. von W. Keller. 1974. S. 607–624.

384. *Samen*. Das in die expressive Sprache des jungen Goethe so gut
hineinpassende Wort ist der Sprache der älteren Pansophie entnommen.
Die mittelalterliche Alchemie bezeichnete Anorganisches gern mit
Bildern aus dem Organischen und benutzte in diesem Zusammenhang
das Wort ,,Samen". Paracelsus übernahm es, und es geht durch die
pansophische Literatur bis zu Welling 1735 und Swedenborg 1765.

Paracelsus in seinem Buch ,,Von der Bergsucht": ,,Es ist gesäet in die Erde der
Same der Metalle und der Mineralien. Dieselben haben ihren Herbst und Ernte
miteinander, nach der göttlichen Ordnung." (3. Buch, 2. Traktat, 2. Kap.) Paracelsus, Werke. Hrsg. von W. Peuckert. Bd. 2, 1965, S. 343; Bd. 5, 1976, S. 45 u. 185. –
In den Basilius-Valentinus-Schriften ist ,,Same" das ,,primum ens", dient dem
Fortbestand aller Dinge, auch Metalle haben ihren Samen. Basilius Valentinus,
Chymische Schriften. Hamburg 1677 (Reprint 1976). Bd. 1, S. 11, 149 f., 287, 429
und Register; Bd. 2, S. 18–22 und Register. ,,Wisse, daß alle Dinge herkommen
aus einer himmlichen Influenz und Impression, daß aus solcher Vermischung
nachmals die Elementa entspringen als Wasser, Luft und Erden . . . Wann solche
drei zusammengesetzt werden, geben sie nach Art ihres Samens – es sei in welchem Reich, der Mineralien, Vegetabilien, der Animalien – . . . alle Dinge der
ganzen Welt." Im folgenden werden ,,alle Dinge", ,,Wirkung" und ,,Samen" im
Zusammenhang genannt – wie bei Goethe (Bd. 2, S. 228 f.). – Bei Jacob Böhme ist
das Wort ,,Same" sehr häufig, ebenso in ,,Musaeum Hermeticum reformatum",
Francof. 1678, S. 763 ff. u. ö. – Welling schreibt S. 557: ,,Weil nun die Erde ein
Behältnis ist derer Samen aller Dinge, und alle Würkungen der Elementen, als die
subtilen Strahlen der Sonne, des Mondes, wie auch aller himmlischen Einflüssen,
auffasset, ja weil sie eine Mutter, Ernährerin und Zeugerin aller Dinge ist; so
kommt aus der Erde alles hervor . . . indem sie in ihrem Mittelpunkt alle Samen
verschlossen hat, welche sie durch den Archaeum der Natur . . . kochet und subli-
miert und das Verborgene offenbar macht." – Auch bei Swedenborg kommt der
,,Same" vor, z. B. in dem Kapitel über Detlev Clüver in dem Buch ,,Swedenborgs
und anderer irdische und himmlische Philosophie, ans Licht gestellt von Fr.
Chr. Oetinger". Frankf. u. Lpz. 1765, das in der Bibliothek von Goethes Vater
vorhanden war. – Alchimia. Hrsg. von E. E. Ploß, H. Schipperges u. a. München
1970, S. 111, 148.

395. *weben* in der Bedeutung: sich bewegen, sich in einen Zusammenhang hineinbegeben. – Dt. Wb. 13, Sp. 2639.

418. *Totenbein:* Totenknochen, ein Skelett (als medizinisches Studienmaterial).

420. *Nostradamus.* Hier nur allgemein als Name eines Erforschers von Geheimnissen. Michel de Notredame, 1503–1566, französischer Astrolog und Naturforscher, über dessen Prophezeiungen noch der von Goethe gern gelesene Gottfried Arnold berichtet. – HwbA. 6, S. 1124–1137.

430. *das Zeichen des Makrokosmus.* Das Wort *Makrokosmus* ist die lateinische Form des griechischen „makrokosmos", von „makros"= groß und „kosmos" = Welt; ähnlich gebildet ist das Wort „Mikrokosmus", von „mikros" = klein. Die Wissenschaft des 16. und 17. Jahrhunderts, die sich selbst oft als „Pansophie" bezeichnet (von „pan" = All und „sophia" = Weisheit), sah in dem Menschen einen Mikrokosmos, betrachtete ihn als einen „Auszug" aus dem Makrokosmos und glaubte an Beziehungen im All zwischen Planeten, Metallen und Organen des Menschen z. B.: Sonne – Gold – Herz; Mond – Silber – Gehirn; Jupiter – Zinn – Leber usw. Die Beziehungen zwischen Gestirnen, Metallen, menschlichen Organen, Lehren der Bibel usw. ließen sich schematisch aufzeichnen, indem man sie im Kreis oder als Dreieck hinschrieb und mit Strichen dasjenige verband, was aufeinander wirkt. So ergab sich ein Zeichen der Weltzusammenhänge, des Makrokosmos. Ein solches Zeichen sieht Faust hier in dem Buch, das er vor sich hat. Es ist ein Zeichen, menschlich erdacht, nicht das Seiende selbst. Daher Fausts Unbefriedigtsein. Er wendet sich davon ab, wie das 18. Jahrhundert sich von dem alten Traum der Pansophie abwandte. Er sucht das Leben unmittelbar, daher seine Wendung zu dem Erdgeist.

Ein besonders eindrucksvolles Werk der Pansophie sind Keplers „Harmonices mundi libri quinque", 1619. (Eine deutsche Übersetzung unter dem Titel „Weltharmonik" gab Max Caspar, 1939 u. ö.). Er verbindet darin Planetenbahnen, stereometrische Formen, musikalische Harmonien, Zahlen aus der Bibel, Formen der Dichtung und anderes zu einer einheitlichen Grundharmonik. Er dankt im Schluß des Werkes mit bewegten Worten dafür, daß er in solcher Weise in Gottes Weltordnung hineinschauen dürfe. Ein anderes bekanntes Beispiel pansophischer Systematik findet sich bei Jacob Böhme, in vielen seiner Schriften. Diese Konstruktionen der Zusammenhänge führten zu bildhaften Darstellungen. Der Kupfertitel von Oswald Croll, „Basilica chymica", 1609, setzt in Beziehung: 1. Cabalia theologica, ignis, anima, animalia; 2. Magia astronomica, aer, spiritus, vegetabilia; 3. Alchymia medica, aqua, corpus, mineralia. Ein solches Schema zeigt auch der „Arbor Pansophiae" (Baum der Pansophie) in Theophil Schweighardt, „speculum sophicum", 1618. (Abb. in: Peuckert, Pansophie. 1956, S. 379.) Das „Musaeum hermeticum reformatum", 2. Aufl. 1678, enthält S. 442 ein Diagramm und am Schluß vier große Kupferstiche, von denen zwei die Weltzusammenhänge deuten, indem sie Lumen gratiae, Mundus archetypus, Mundus elementaris, die Tierkreiszeichen, die Grundelemente Mercurius, Sulphur, Sal, die menschlichen Körperteile usw. in Beziehung setzen. (Vgl. auch Hartlaub, Der Stein d. Weisen. München 1959.) Die Jacob-Böhme-Ausgabe von 1682 erhielt Stiche dieser Art, von denen einige auf Böhmes eigene Angaben zurückgehen. (Reproduziert in der Ausgabe von Faust und Peuckert, 1942–1961; dazu das Vorwort von A. Faust in Bd. 3, 1942, S. 29.) Weniger eindrucksvoll sind die Abbildungen in der „Aurea catena Homeri" (Abb. in Gray, Goethe the Alchemist, 1952). Desto ansprechender sind die Abbildungen in Welling, Opus mago-cabbalisticum. Goethe hat in seiner Frankfurter Zeit dieses Werk in der Ausgabe von 1760 gelesen und betrachtet. Das Anschauliche sagte ihm zu und regte ihn an, Ähnliches zu versuchen. In einem Entwurf zu *Dichtung und Wahrheit* sagt er, daß er seine Vorstellungen *durch eine Art mathematischer Symbolik nach Art meiner Vorgänger zu versinnlichen strebte* (Bd. 9, Entwurf zum 8. Buch). Von da aus wird verständlich, was er am 13. Febr. 1769 an Friederike Oeser schreibt: er habe sich der *Philosophie gewidmet* und brauche dazu *Zirkel, Papier, Feder.* (Briefe HA, Bd. 1, S. 91,32). Die Kupferstiche bei Welling veranschaulichen die Beziehungen von Gott, Luzifer, Schöpfung, Licht und Dunkel, Gutem und Bösem, Sphären der Engel und Sphäre der Teufel usw. (Ein Beispiel daraus reproduziert in Bd. 9 im Kommentar zu *Dichtung und Wahrheit, Buch 8).* Goethe nennt in *Dichtung und Wahrheit* eine Anzahl Bücher dieser Art, die er gelesen hat (Bd. 9, S. 341–353). Welche er außerdem noch gekannt hat, wissen wir nicht. Der Dechant Du Meiz, mit dem er bekannt war, besaß eine ganze Sammlung solcher Werke. (Adolf Bach, Goethes Dechant Dumeiz. 1964, S. 186–192.) Jedenfalls schwebt ihm bei dem Zeichen des *Makrokosmus* wohl der allgemeine Typ dieser schematischen Zeichnungen vor, die es vom 16. bis zum 18. Jahrhundert gab. Der *Makrokosmus* ist eine Idee, die man in Zeichnungen schematisch darstellen kann. Man kann ihn nicht beschwören. Deswegen ist der Makrokosmus in der Literatur des 16. bis 18. Jahrhunderts etwas ganz anderes als die Geister, welcher Art sie auch seien. So auch bei Goethe. Wie immer in *Faust* vereinigen sich hier Motive aus dem 16. Jahrhundert mit Goethes eigenen Vorstellungen. Er blieb dem Neuplatonismus immer verbunden. Der pansophische Kernsatz „Omnia ex uno, omnia ad unum" (alles aus einem, alles zu einem), der vom 16. bis zum 18. Jahrhundert oft zitiert wurde, hat Verwandtschaft mit dem Vers *Wie alles sich zum Ganzen webt* (447) und mit einem viel späteren Satz aus einem Brief Goethes an Sartorius: *Wahrscheinlich komm ich ... weiter in meinem alten Wunsch, der Tonlehre auch von meiner Seite etwas abzugewinnen, um sie unmittelbar mit dem übrigen Physischen und auch mit der Farbenlehre zusammenzuknüpfen. Wenn ein paar große Formeln glücken, so muß das alles Eines werden, alles aus Einem entspringen und zu Einem zurückkehren.* (19. Juli 1810. Briefe HA, Bd. 2, S. 130,37ff.) Auch in der *Farbenlehre, § 748* sucht er *eine höhere Formel* (Bd. 13, S. 491,4f.). – Über Makrokosmos: Walter Kranz, Kosmos. Bonn 1957. = Archiv f. Begriffsforschung 2,2, insbes. S. 174–199. – HWbPhil., Bd. 5, Sp. 640–649 Art. „Makrokosmos-Mikrokosmos". – Joh. Georg Triegler, Sphaera. Lpz. 1622. S. 153–164.

432. *heil'ges Lebensglück.* Das Wort *heilig* wird von Goethe in seiner Jugend (und gelegentlich auch später) in der Bedeutung „höchst wertvoll, heilbringend, aus Gottes Weltordnung stammend" benutzt. In *Faust* kommt es mehr als 60 mal vor. Der religiöse Hintergrund ist mitunter deutlich (1202, 1222, 2699, 2820), in anderen Fällen schwach

(4633, 4643, 7378), fehlt aber fast niemals. Hier ist er durch Vers 434 angedeutet.

449. Wie Himmelskräfte auf und nieder steigen. Dieses Motiv paßt in das Bild von Makrokosmos und Mikrokosmos. Die *segenduftenden Schwingen* erinnern an Engel und dadurch an das Bild der Jakobsleiter (1. Buch Mose 28,10–19), welches Goethe seit seiner Jugend aus bildlichen Darstellungen kannte. Er sah es in Abraham Kyburz, Historien-Kinder- Bet- und Bilderbibel, Augsburg 1737, die in der Bibliothek des Vaters stand und für die Kinder da war, und er sah es bei Merian: *Die große Foliobibel mit Kupfern von Merian ward häufig von uns durch-blättert* (Bd. 9, S. 35,6f.). In Vers 453 ist von der Sphärenharmonie die Rede. Das Bild bezeichnet also das Wirken der göttlichen Kraft in das All hinein; das sind neuplatonistische und pansophische Vorstellungen.

459. schmacht' ich. Adelungs Wörterbuch, das den Sprachstand des ausgehenden 18. Jahrhunderts festhält und das Goethe selbst (in der Ausgabe von 1774–86) besaß und benutzte, erläutert: ,,Schmachten: den höchsten Grad des Hungers und Durstes empfinden . . . Einen hohen Grad der Sehnsucht, des sehnsüchtigen Verlangens empfinden . . .'' – Dt. Wb. 9, Sp. 885–890.

461. Geist der Erde. Der Geist, welchem Faust sich hier zuwendet, schildert alsbald sich selbst in den Versen 501–509. Er bleibt geheimnisvoll, und es gehört zu dem Geisterreich, daß es dem Menschen immer nur in ganz kleinen Stücken faßlich wird, niemals in den Zusammenhängen. In der Literatur des 16.-18. Jahrhunderts gibt es kein klares Bild des Geisterreichs. In Goethes *Faust* treten zwar ein Erdgeist, Mephistopheles, Geisterstimmen (1259ff., 1447ff., 1607ff.), die Gestalten der Hexenküche und die der Walpurgisnacht, Ariel und seine Naturgeister usw. auf, doch auch hier nimmt der Mensch nur das wahr, was die Geister ihm zeigen, doch deren Wesen und Beziehung bleiben geheimnisvoll. In der Literatur von Paracelsus bis Welling ist aber eins deutlich: es gibt – wenn man von den Engeln absieht – die Teufel, und es gibt die andersartigen Naturgeister, welche mit den ,,Elementen'' Erde, Wasser, Feuer und Luft zusammenhängen. Fausts Anrede lautet *Geist der Erde. Erde* kann der Planet sein oder das ,,Element''. In den Beschreibungen vom 16. bis zum 18. Jahrhundert (so noch in dem Artikel ,,Archaeus'' in Zedlers Universal-Lexicon, Bd. 2, 1732) gehen beide Bedeutungen ineinander über. Deutlich ist hier: Faust wendet sich nicht dem Teufel zu, sondern einem Naturgeist, der in den Bereich der ,,weißen Magie'' gehört. Mit einem teuflischen Geist kommt er erst zusammen, als Mephistopheles zu ihm kommt. Auch da vermutet Faust in dem Pudel zunächst einen Elementargeist aus Feuer, Wasser, Luft oder Erde und spricht die entsprechende Anrede aus (1273–1282), und als sie nicht wirkt, ahnt er einen *Flüchtling der Hölle* und spricht ein Zeichen für die *schwarzen Scharen* (1299–1302). Der *Geist der Erde* ist ein Naturgeist. Das paßt zu Fausts Erkenntnissehnsucht, die von *Gott* als Menschenschöpfer (415) und *Himmelskräften* (449) spricht, und es paßt zu den Worten des Geistes, daß er der *Gottheit lebendiges Kleid* wirke. Die Selbstschilderung des Erdgeistes (402–509) ist eine im Stil der Goetheschen Jugendhymnen (Bd. 1, S. 33–52) geschriebene großartige Darstellung des irdischen Lebens im Ganzen. Goethe gibt hier sein Bild des Lebens, aus dem Lebensgefühl der Epoche des Sturm und Drang. Die Erdgeist-Szene ist seine eigene Erfindung, sie gehört nicht zu dem überlieferten Faust-Stoff wie der Monolog des von den vier Fakultäten enttäuschten Gelehrten und die Verbindung mit Mephistopheles. Dennoch benutzt Goethe auch hier Motive aus der Literatur des 16.–18. Jahrhunderts. Das *Zeichen des Makrokosmus* betrachtet Faust nur in dem aufgeschlagenen Buch und macht sich Gedanken darüber, den *Geist der Erde* beschwört er, er *spricht das Zeichen des Geistes geheimnisvoll aus,* aber Fausts Sehnsucht wirkt mit, das sagt der Geist selbst in den Versen 483–484, also eine Verbindung des Subjektiven und Objektiven. Das Schema, das viele Jahre nach der Entstehung des *Faust*-Beginns entworfen wurde, etwa um 1799, bezeichnet den Erdgeist als *Welt- und Taten-Genius.*

Der Erdgeist gehört der ersten Arbeitsperiode an. Damals dachte Goethe wohl noch nicht an den *Prolog im Himmel.* Für Faust bleibt später unklar, wo Mephistopheles herkommt und ob er mit dem Erdgeist zusammenhängt. Die Verse 1746f., 3217ff. und S. 137,16f., 138,11f. scheinen sich auf ihn zu beziehen. – Unter Goethes Zeichnungen gibt es eine Skizze der Erscheinung des Erdgeistes, von dem man nur den antikisierend dargestellten kolossalen Kopf und ein Stück der Brust sieht, während Faust seitlich neben seinem Lesepult mit einem großen aufgeschlagenen Buch steht. Sie stammt wahrscheinlich aus der Zeit, als man in Weimar überlegte, ob und wie man *Faust I* aufführen könne (November 1810). Abgebildet: Wolfgang Hecht, Goethe als Zeichner. 1982, S. 171. Und: Corpus der Goethe-Zeichnungen Bd. IV B. 1968, Abb. 224. – Als *1790 Faust, ein Fragment,* in den *Schriften* bei Göschen erschien und jeder Band einen Kupferstich erhielt, ließ Goethe durch Lips einen Nachstich der Radierung Rembrandts herstellen, die man ,,Faust" nennt. Der Gelehrte bei Rembrandt sieht eine geheimnisvolle Lichterscheinung mit einzelnen Buchstaben. Das ist also etwas anderes als der Erdgeist, ist auch etwas anderes als das Zeichen des Makrokosmus in dem Buch, doch Goethe genügte die allgemeine Beziehung, der Gelehrte und die Erscheinung aus der Geisterwelt. Er nahm es bei den Kupferstichen, die seinen Werken beigegeben wurden, auch sonst nicht genau mit der Entsprechung zum Text. – Das Wort *Erdgeist* kommt in der Literatur vor Goethe nicht vor, wohl aber Verwandtes. Johann Kepler spricht von der ,,anima terrae" (Erdseele) und sagt, die Erde reagiere auf die Wirkung von Sonne, Mond und Gestirnen in einer Weise, die man nicht nur physikalisch erklären könne, so daß er an eine ,,anima terrae" glaube. (Weltharmonik, übers. von M. Caspar, 1939, S. 227f., 255ff. u. ö.; Max Caspar, J. Kepler. 3. Aufl. 1958, S. 107, 331, 461.) Auch Giordano Bruno spricht von der ,,anima terrae". Von Paracelsus über die Basilius-Valentinus-Schriften bis zu Welling benutzt man auch den Ausdruck „archeus terrae"; „archeus" oder „archaeus" ist ein aus dem Griechischen (archaios = ursprünglich) ins Neulatein übernommenes Wort. Martin Ruland, Lexicon alchemiae, 1612, erläutert: „Archaeus ist der Scheider der Elementen, der es ordnet und regiert, jedes an seinem Ort, Geschlecht und Wesen ... Ein irriger (= umherschweifender) unsichtbarer Geist, der sich absondert und aufsteigt von den corporibus, ist der Künstler und Arzt der Natur und der Natur verborgene Kraft und Tugend." Noch Zedlers Universal-Lexikon, Bd. 2, 1732, hat einen langen Artikel „archeus" und einen kurzen „anima mundi". – Ausführlich ist dann bei Welling, 1760, von den Naturgeistern die Rede. Es gibt „Einwohner der elementarischen Welt, des Feuers, der Luft, des Wassers und der Erde" (S. 479), die der Erde verstehen sich auf „die Metalle und deren Veränderung". „Die Weisen sagen, daß sie gleich seien den Menschen nach ihrer Form und Figur, sie sind nicht so subtil wie die Engel, auch nicht von einer solchen groben Composition gleichwie des Menschen Leib ist." (S. 480) „Diesem nach kommen wir zu unserem Zweck und untersuchen ferner, 1. ob man noch heutiges Tages in die Gemeinschaft sotaner fürtrefflicher Creaturen gelangen und dann 2. durch was Mittel man zu ihrer Gemeinschaft kommen und von ihnen die verborgensten Werke der Natur erlangen und erlernen könne? Was das Erstere anbetrifft, so sind diese Geschöpfe noch eben also vorhanden und lassen sich noch heut zu Tage finden ..." (S. 482) „Und ob sie wohl durchgehends dem Menschen gut und geneigt sind, so ist sich doch ihrer Gesellschaft zu haben, über die Maßen wohl fürzusehen, und gehöret nur den wahren Magis, Cabbalisten und Theosophis, die da in der Natur-Sprache, das ist, in der Bezeichnung der Dinge und Characteribus der Geister vollkömmlich geübet ... Weil aber der Teufel die Gedanken der Menschen sehr wohl zu erkennen weiß, so mischt er sich sofort mit ein und betreugt den Menschen gewaltig durch die ganz unartigen Geister ... Und dieses weiß der Bösewicht so lange zu treiben, bis er den elementarischen Geist gänzlich von den Menschen abtreibt ... darum sich ein jeder zuvor wohl prüfen und examinieren wolle, ehe er sich in dergleichen Umgang einlasse." (S. 120) – Über die Bedeutung Wellings für Goethe: Bd. 9, S. 341–353 u. Anm. – Lit.: Petsch in seinem Kommentar (1925), S. 639f. und im Jb. des fr. dt. Hochstifts 1926. – Rickert S. 115 ff. und im Jb. des fr. dt. Hochstifts 1930. – Hefele S. 104. – E. Grumach in (Jb.) Goethe 14/15, 1952/53, S. 92–104, wieder abgedruckt in: Aufsätze zu Faust I. Hrg. v. W. Keller. 1974, S. 310–326. – Eudo C. Mason, Goethes Erdgeist und das Pathos des Irdischen. In: Mason, Exzentrische Bahnen. Göttingen 1963, S. 24–59, 321–339.

486. *eratmend*: tief atmend, hier als Zeichen der Erregung, zugleich als Sinnbild des In-sich-Aufnehmens von Umwelt. Das Wort kommt auch in *An Schwager Kronos* vor (Bd. 1, S. 47).

490. *Übermenschen*. Der Erdgeist meint: Welch Grauen faßt dich, der du über menschliches Maß hinaus willst. – Das gleiche Wort Bd. 1, S. 151, Vers 61. – Das Wort kommt seit dem 17. Jahrhundert gelegentlich im Deutschen vor, es hat, wie so vieles, seine Vorstufe im Neulatein: In J. V. Andreaes Drame „Turbo", 1616, wird der Gelehrte, der über alle Wissenschaft hinaus will, genannt „homo supra quam huma-

nus" (Andreae, Turbo. Übers. von W. Süß. Tüb. 1907, S. 184). Mehrfach bei Herder. – Dt. Wb. 11,2, Sp. 417f.

517. *Webe hin und her.* Das von Goethe gern benutzte Webe-Gleich-
nis als Ausdruck für Verbindungen schaffen, etwas herstellen. – Wegen
der Lesart *Wehe* vgl. den Abschnitt „Zur Textgestalt".

516. *Ebenbild der Gottheit.* Nach 1. Mose 1,27 ist der Mensch nach
dem Bilde Gottes geschaffen. Die Lehre von der „Ebenbildlichkeit"
war seit dem Frühchristentum Bestandteil der kirchlichen Lehre und
wurde im 16. und 17. Jahrhundert oft behandelt. Wie das Nachbild, das
Abbild aufzufassen sei, blieb aber fraglich. Goethe hat das Bild des
Menschen als *der Gottheit ähnlich,* zugleich aber *beschränkt* in *Dichtung und Wahrheit* behandelt (Bd. 9, S. 352,28f.). – RGG., Art. „Gottebenbildlichkeit" und „Mensch". – Lex. f. Theol. u. Kirche, Bd. 4,
1960, Sp. 1087–1092, Art. „Gottebenbildlichkeit". – Zu Goethes Um-
bildung der „Ebenbild"-Lehre: Wolfgang Binder, Aufschlüsse. 1976,
S. 50 u. 89–92.

518. *Famulus.* Im antiken Latein „Diener", im Neulatein der Gelehrten des 16. und 17. Jahrhunderts: Assistent, persönlicher Gehilfe eines
Professors. Schon in den Puppenspielen gibt es Fausts „Famulus" mit
dem Namen Wagner.

521. *Schleicher.* Das „Schleichen" sinnbildlich für die Geistesart.
Dasselbe Wort in Vers 9488. – Dt. Wb. 9, Sp. 571f.

522ff. *Verzeiht! ich hör' . . .* Die Wagnerszene, die hier beginnt, spiegelt die humanistisch-rhetorische Geistigkeit des 16. und 17. Jahrhunderts, ähnlich wie die vorhergehende Faust-Szene die pansophische
Geistigkeit aufnimmt. Doch während diese durch die Gestalt Fausts in
ihrer Großartigkeit verkörpert ist, tritt von jener durch Wagner nur ein
verknöchertes Zerrbild hervor.

Über die rhetorische Theorie im 16. und 17. Jahrhundert: Wilfried Barner,
Barock-Rhetorik, Tüb. 1970. – Wichtiger als die rhetorische Theorie war die
oratorische Praxis, lateinisch an den Universitäten, deutschsprachig als Kanzelre-
de. Ein Beispiel dafür, daß es dort inhaltlich bedeutende Werke mit kunstvoller
sprachlicher Fügung gab, sind die religiösen und sozialkritischen Schriften von
Johann Matthäus Meyfart (1590–1642): Meyfart, Tuba novissima, Das ist Von den
vier letzten Dingen des Menschen. 1626. Mit einem Anhang: Ausgewählte Stücke
aus Meyfarts Schriften. Tübingen 1980.

530. *Museum*: ursprünglich ein den Musen geweihter Ort. Da die
Wissenschaft eine Sache der Musen ist, ein Ort der Wissenschaft. Im
Neulatein der Barock-Humanisten: das Studierzimmer eines Gelehrten.

533. *Überredung*, lat. „persuasio", ist ein Kernwort in der Theorie
der Rhetorik seit der Antike. Es ist für Wagner typisch, daß er Gedanken und Wendungen aus der humanistischen Gelehrsamkeit vorbringt.
Der bekannteste und wirksamste Rhetorik-Theoretiker der neueren

Zeit, Johann Gerhard Vossius, schreibt im 1. Kapitel seines Lehrbuchs „Rhetorica contracta": „Finis oratoris ultimus est persuadere. Officium oratoris est videre, quid ad persuadendum conducat, sive dicere ad persuadendum accommodate" (§ 4–5). „Das Endziel des Redners ist, zu überreden (überzeugen). Das Geschäft des Redners ist zu sehen, was zum Überreden beiträgt oder das zum Überreden Geeignete zu sagen."

534. Wenn ihr's nicht fühlt . . . Die Antwort Fausts ist so typisch für seine Denkweise wie vorher Wagners Worte für die seine; zugleich die Antwort des Sturm und Drang auf die Rhetorik des Barockhumanismus, und damit auch die des Künstlers auf den Rationalisten.

539. ein Ragout von andrer Schmaus: eine Mischung aus Einzelheiten, welche andere vorher bereitet haben. Die Rhetorik des Barock empfahl, möglichst gute Gedanken und Formulierungen aus anderen Werken zu übernehmen, um durch die Zusammensetzung das Beste über die Sache zu sagen. Es gab zu diesem Zweck Blütenlesen, die man dafür benutzen konnte. Das Gegenteil war der im 18. Jahrhundert in den Vordergrund tretende Gedanke der schöpferischen Persönlichkeit.

546. der Vortrag, lat. „pronuntiatio", spielt bei Quintilian und anderen Rhetorik-Lehrern der Antike eine große Rolle, deswegen auch bei den Neulateinern und Barockgelehrten. Noch Gottsched in seiner „Ausführlichen Redekunst" widmete dem „Vortrag" ein ausführliches Kapitel. (5. Aufl. Lpz. 1759, S. 380–398.) Er sagt, „daß derselbe einem Redner höchst nötig sei", und schildert dann, daß Demosthenes durch Unterricht bei Schauspielern lernte, „seinen an sich guten und gewaltigen Reden durch den guten Vortrag den rechten Nachdruck und das nötige Gewicht zu geben". (S. 380f.) – Vossius, Rhetorica contracta. 1621, Buch V, Kap. 8. – Meyfart, Teutsche Rhetorica. 1634, II. Buch. Neudruck: Tübingen 1977.

549. schellenlauter Tor. Der Tor, d. h. der Narr, trug nach mittelalterlichem Gebrauch Schellen (Glöckchen), daher das Wort „Narrenschelle" und Sprichwörter wie „Hänge dem Narren nicht Schellen an, man kennt ihn so". Um den Gegensatz von gefühlter und erlernter Sprache zu bezeichnen, greift Goethe zu einer Wendung, die an das Lutherdeutsch bzw. die Bibel anklingt, wo es 1. Kor. 13,1 heißt: „Wenn ich mit Menschen- und mit Engelzungen redete und hätte der Liebe nicht, so wäre ich ein tönend Erz oder eine klingende Schelle." Das Wort *schellenlaut* vielleicht Goethesche Neubildung, das Dt.Wb. bringt keinen anderen Beleg (Bd. 8, Sp. 2498.). – Bd. 9, S. 316,33.

555. Schnitzel kräuselt: das Abgeschnittene zurechtstutzt. Das Wort steht hier im Zusammenhang mit *eure Reden* (554); diese benutzen herausgelöste, neu zurechtgemachte, aber dabei kraftlos gewordene Worte und Gedanken aus anderen Werken, die ursprünglich wohl über das Wesen des Menschen *(Menschheit)* Beachtliches aussagten.

558. *die Kunst ist lang* ... Wagners Worte klingen überall an humanistische oder antike Autoren an, so hier an Hippokrates. Am Anfang von dessen „Aphorismen" steht der Satz „Das Leben ist kurz, die Kunst ist lang" in griechischer Sprache, der seit dem 16. Jahrhundert oft in der lateinischen Fassung „Vita brevis, ars longa" zitiert wurde.

560. *kritischen Bestreben.* Was Wagner hier meint, wird durch die folgenden Worte deutlicher, das Vordringen zu den *Quellen*, das Finden, Lesen und Interpretieren antiker Autoren, das für die Wissenschaft des Humanismus so wesentlich war. Weil Wagner nur an die *Quellen* denkt und an die *Mittel* gelehrten Bemühens, folgt Fausts spöttische Antwort (566/7) mit dem Hinweis auf das Primäre des Subjekts (568/9), wieder ein Gegensatz von Denkformen und Zeitaltern zugleich.

583. *Haupt- und Staatsaktion.* Ein im 18. Jahrhundert gebräuchlicher Ausdruck für Schauspiele, welche Geschicke von Fürsten und Staaten darstellen. Hier benutzt für die Geschichtsschreibung, die Faust eine *Rumpelkammer* von Tatsachen nennt, dazu *pragmatische Maximen*, d. h. moralisierende allgemeine Betrachtungen, wie der Geist des Rationalismus sie in der Geschichtsdarstellung liebte. Wagner aber glaubt, auf dem Wege über die geschichtlichen Quellen *des Menschen Herz und Geist* kennenzulernen (586f.). – Dt.Wb. 10,2,1. Sp. 287–289.

590ff. *Die wenigen* ... Die Mahnung zum Zurückhalten, zum Schweigen ist ein Motiv, das in Goethes geistige Welt ebenso hineingehört wie das Bekennen. Bd. 2, S. 18 *Sagt es niemand, nur den Weisen* ... – Bd. 14, Sachregister „Schweigen"; Briefe HA, Bd. 4, Begriffsregister.

614. *Ebenbild der Gottheit.* Vgl. 516 u. Anm.

618. *Cherub.* Ein Cherub ist ein Engel; seit dem Mittelalter nahm man mehrere „Engelchöre" an, die Cherubim gehören zu den höchsten.

644. *Sorge.* Das Motiv der Sorge, hier Gegenmotiv zu dem Höhenflug der Gedanken, kommt auch im 2. Teil an bedeutsamer Stelle und ausführlicher vor (11384–11498). – Bd. 14, Sachregister, „Sorge". – Paul Stöcklein, Fausts zweiter Monolog und der Gedanke der Sorge. In: Stöcklein, Wege zum späten Goethe. Hamburg 1949, S. 67–87. 2. Aufl. Hbg. 1960, S. 93–117. Wieder abgedruckt in: Aufs. zu Faust I. Hrsg. v. W. Keller. 1974, S. 327–347.

668. *Instrumente.* Die folgende Charakteristik *Rad und Kämme* usw. ist allgemein gehalten. Es ist also nicht an bestimmte Instrumente gedacht. Goethe wußte, daß die Gelehrten vom 16. bis zum 18. Jahrhundert verschiedene, mitunter unhandliche Instrumente benutzten. Deswegen die Bühnenanweisung vor 6819: *weitläufige unbehülfliche Apparate.*

678. *Rolle.* Schriftstück in Rollenform, vorwiegend für Urkunden; im Mittelalter häufig, schon im 16. Jahrhundert seltener. Deswegen hier wohl als Zeichen, daß es sich um ein Schriftstück aus älterer Zeit han-

delt. Aber noch im 18. Jahrhundert gab es Schriftrollen, und so kommen sie in den *Lehrjahren* vor (Bd. 7, S. 496,7 und 497,5).

690. *Phiole* (griech. phiale, lat. phiala). Adelungs Wörterbuch, das den Sprachstand der Goethezeit darstellt und von Goethe benutzt wurde (er besaß es in der Ausgabe von 1774–1786 und hatte 1780 begonnen, es bandweise zu beziehen) erläutert: ,,eine Flasche mit einem langen Halse und rundem Bauche".

692. *Menschenwitz*: Menschenklugheit, Menschengeist.

694. *tödlich feinen Kräfte.* Die *Phiole* enthält also ein Gift, mit welchem Faust sich das Leben nehmen kann. Der Gedanke an den Tod verbindet sich – bezeichnend für Faust, aber auch bezeichnend für Goethe – mit der Vorstellung von *neuen Sphären reiner Tätigkeit* (705). Das erinnert an das 1821 entstandene Gedicht *Eins und alles*, in welchem das Ich sich im Tode *im Grenzenlosen* findet und seine Kräfte an dem *Weltgeist* steigert (Bd. 1, S. 368 f.). Bei Faust ist der Wunsch nach vollem Leben verbunden mit einem hier durchbrechenden religiösen Wunsch, sich aufzugeben im Weltganzen durch den Tod. Gewandelt erscheint dieses Motiv auch im Prometheus-Drama (Bd. 5, S. 185–187, Vers 325–414) und in der *Seligen Sehnsucht* (Bd. 2, S. 18), andeutungsweise auch in der *Elegie* (Bd. 1, S. 385, Vers 118). Die Phantasie sieht das Absolute im Licht-Gleichnis (702 f.) hier erscheint als Sehnsucht das, was in der Schlußszene des 2. Teils Erfüllung wird: Entgrenzung im Tode.

718. *heiter*: klaren Geistes. Ein Wort in Goethes Sprachschatz, das seine besondere Bedeutung hat und mit der Licht-Metaphorik zusammenhängt. – Bd. 14, Sachregister, ,,heiter".

726. *Bilder.* Es handelt sich anscheinend um ein Trinkgefäß aus *Glas* (743), welches mit bildlichen Darstellungen geschmückt ist.

737. *Chor der Engel.* In der nahe gelegenen Kirche wird in einem Früh-Gottesdienst der Ostertag mit Gesängen gefeiert. Ein Teil des Chors singt die Worte der Engel, ein anderer Teil die der Frauen, die zum Grabe gehen, es folgt der Chor der Jünger (entsprechend Lukas 24, 34 und Johannes 20, 1–18). Wagner hatte schon auf den kommenden *Ostertag* hingewiesen (598). Goethes Genialität des Ergreifens und Anverwandelns, die in den vorigen Szenen auf humanistische und paracelsische Züge des 16. Jahrhunderts zurückgegriffen hatte, ergreift hier noch älteres Gut und hebt aus der mittelalterlich-kirchlichen Tradition Geformtestes, Klangvolles heraus: Hymnik, welche das Osterwunder in ihrer feierlichen Sprache preist. Die Chöre nehmen in ihren langsamen schreitenden Kurzversen und preisenden Adjektiven etwas von Rhythmus und Sprache der mittellateinischen Hymnik ins Deutsche herüber, ähnlich wie später in den Versen 11699 ff. Die Worte *Christ ist erstanden* sind der Anfang zahlreicher alter Osterlieder. (Das dt. Kir-

chenlied, hrsg. von Ph. Wackernagel. Bd. 2, 1867. Reprint 1964, Nr, 935–951.) Aus diesem einen übernommenen Vers ließ sich rhythmisch die Folge der anderen entwickeln.

741. *Mängel*: die durch die Erbsünde dem Menschen anhaftenden Fehler.

749. *Mit Spezereien*. In Luthers Übersetzung lautet der Abschnitt Lukas 23, 55 ff.: „Es folgeten aber die Weiber nach, die mit ihm kommen waren aus Galiläa, und beschaueten das Grab und wie sein Leib gelegt ward. Sie kehreten aber um und bereiteten Spezereien und Salben, und den Sabbat über waren sie stille nach dem Gesetz. Aber an der Sabbater einem (am ersten Wochentage) sehr frühe kamen sie zu dem Grabe und trugen die Spezerei, die sie bereitet hatten, und etliche mit ihnen. Sie fanden aber den Stein abgewälzet von dem Grabe; und gingen hinein und fanden den Leib des Herrn Jesu nicht. Und da sie darum bekümmert waren, siehe, da traten bei sie zween Männer mit glänzenden Kleidern ... Da sprachen sie zu ihnen: Was suchet ihr den Lebendigen bei den Toten! Er ist nicht hie, er ist auferstanden ...“ (entsprechend Markus 16,1–8). Die Szene, wie die Frauen zum Grabe kommen, um den Leichnam zu salben, das Grab aber leer finden und von den Engeln angesprochen werden, ist seit dem Mittelalter lyrisch, dramatisch und musikalisch dargestellt worden, von Wechselchören in der Kirche über die Osterspiele auf dem Marktplatz bis zu neueren Oratorien. Welche Anregung Goethe gehabt hat, ist nicht bekannt.

774. *Genuß.* Das Wort *Genuß* bedeutet ursprünglich das In-sich-Aufnehmen, Verwerten, Verarbeiten, Sich-zu-eigen-Machen, entsprechend „genießen“, und wandelte sich dann in Richtung auf Lustempfindung, Freude. Bei Goethe kommen *Genuß* und *genießen* in der ganzen Breite der Bedeutungsmöglichkeiten vor und müssen jeweils bestimmt werden; jedenfalls darf man keineswegs immer die heutige Bedeutung ansetzen. – Dt.Wb. 4,1,2, Sp. 3454–3467 und 3518–3524. – *brünstig*: ursprünglich „brennend“. Metapher für das in der Tiefe Bewegende, Leidenschaftliche, ähnlich 2972, 10499, 11011. – W. Binder hat in seinem Buch „Aufschlüsse“, 1976, einen Aufsatz über die Bedeutung des Wortes „Genuß“ im 18. Jahrhundert veröffentlicht und auf S. 82 zu Vers 774 gesagt: „Solche Wendungen drücken nicht nur ein Fühlen, sondern ein Haben aus; das Gefühl ergreift und besitzt, wenn auch nur im Aufschwung eines Augenblicks, ein göttliches Sein und in diesem das eigene Selbst.“ – Vgl. 1770 u. Anm.

784. *Die Träne.* Das Motiv der Träne bezeichnet oft die Überwindung einer Krise. Noch im Gedicht *Aussöhnung* (Bd. 1, S. 385 f.) erfolgt durch Musik eine innere Lösung, die sich in *Tränen* äußert. Vgl. Anm. zu *Faust*, Vers 29. – P. Stöcklein, Wege zum späten Goethe. Hamburg 1960. S. 107–111. Wieder abgedruckt in: Aufsätze zu Goethes Faust I. Hrsg. von W. Keller. 1974, S. 339–343.

794. *Schmachtend*: sehnsuchtsvoll; ähnlich wie 459, 2690.

801 ff. *Tätig ihn Preisenden* ... Euch, den ihn tätig Preisenden, euch,

die ihr Liebe beweist (usw.), ist der Meister nah. Die freie Anordnung der Satzteile gehört zu dem hymnischen Stil ähnlich wie 11676 ff.

Vor dem Tor

Die Szene stammt aus der Schaffensperiode um 1800. Als Weltspiel, wie es die Prologe wollen, muß das Drama auch das bürgerliche Mittelmaß bringen (wie später den Kaiserhof) und Fausts Verhältnis zu Menschen dieser Art. Bisher allein oder nur mit Wagner, erscheint er hier unter Menschen, und seine Besonderheit tritt dadurch auf neue Weise hervor, außerdem auch seine Lebensgeschichte. Die Szene ist die erste Einleitung der Beziehung zu Mephistopheles, nicht nur dadurch, daß dieser als Pudel erscheint, sondern auch dadurch, daß Fausts Gefühlsleben mit seinen Wechseln, Gegensätzen und Spannungen deutlich wird. Diese Seelenlage ist die Vorbedingung für das allmähliche Eindringen des Mephistopheles. Die Szene hat eine klare Gliederung in vier Teile (808–902; 903–948; 949–1010; 1011–1177). – Storz S. 174–179. – Atkins S. 33–37. – Hefele S. 107 f.

824. *Plan*: Tanzplatz im Freien.

828. *Schüler*: hier in der Bedeutung „Student" wie 1868 ff. (Dt.Wb. 9, Sp. 1938 f.). – *Dirnen*: Mädchen (ohne tadelnden Anklang), ebenso 960.

832. *Knaben*: junge unverheiratete Männer.

845. *karessieren* (frz. caresser): liebkosen.

856. *leiern*: auf der Leier (Leyer) spielen. Dazu Adelungs Wörterbuch: „Unsere heutige Leyer ist ein sehr unvollkommenes eintöniges Saiteninstrument, welches vermittelst eines mit einer Kurbel versehenen Rades gespielt wird und nur noch unter dem großen Haufen einigen Beifall findet."

872. *junge Blut*: formelhaft für einen jungen Menschen, insbesondere in der Sprache des 16. und 17. Jahrhunderts und des Volksliedes. Ebenso in Vers 2636 und 2907.

878. *Sankt Andreas' Nacht*: am 30. November. Nach dem Volksaberglauben ist es die Nacht für zauberische Erkundungen der Mädchen bezüglich zukünftiger Liebe und Ehe. – HwbA Bd. 1, 1927, Art. „Andreas". – Wörterbuch der dt. Volkskunde von O. A. Erich u. R. Beitl. 1974 u. ö., Art. „Andreas".

880. *im Kristall*. Im Volksaberglauben dienten der Kristallspiegel oder die Kristallkugeln dazu, Künftiges zu sehen. Es gibt vom 16. bis 18. Jahrhundert viele Quellen dafür. HwbA Bd. 5, 1933, Art. „Kristall" und „Kristallomantie".

939. *Zufrieden jauchzet* ... Am Ende dieser Zeile steht in allen Drukken aus Goethes Lebenszeit ein Doppelpunkt. Um ihn zu verstehen, muß man die Interpunktion der Goethezeit kennen. Der Doppelpunkt gliedert damals eine Satzperiode stärker als ein Komma, weniger als ein

Punkt, ähnlich wie ein Semikolon, aber mit dem Sinn, daß hier der Satz sich inhaltlich für etwas Neues öffnet, das sich eng an das vorige anschließt oder aus ihm hervorgeht. Dieser Art sind die Doppelpunkte in *Faust* 389, 1927, 2549, 2816, 3679, 3712 (die alle schon in den Drucken von 1808, 1817, 1828 stehen) usw. Besonders deutlich wird die Funktion des Doppelpunkts in langen Prosasätzen, deswegen gibt es viele Beispiele dafür in *Dichtung und Wahrheit* (z. B. Bd. 9, S. 427,36); in dem Abschnitt „Zur Textgestalt" in Bd. 9 hat Lieselotte Blumenthal auseinandergesetzt, daß oft eine lange Satzperiode zunächst durch Kommata gegliedert wird, daß dann aber, als Zeichen, daß es auf den Schluß zugeht, ein Doppelpunkt folgt. So ist es auch hier. 1. Satz: Vers 937, 2. Satz: Vers 938, 3. Satz: Vers 939, alle durch Kommata getrennt. Nun wird etwas angeschlossen, was den Schluß bildet, und das Tor dazu ist der Doppelpunkt. Der Satz *Hier bin ich Mensch . . .* spricht die Stimmung Fausts in diesem Augenblick aus; diese ist – und das ist ihm bewußt – hervorgerufen dadurch, daß er unter anderen Menschen ist (937–939). Es gibt moderne Ausgaben, die Vers 940 in Anführungszeichen gesetzt haben; das ist ein Mißverständnis des Inhalts, hervorgerufen durch Unkenntnis der Zeichensetzung der Goethezeit. Da heutigen Lesern ein Doppelpunkt am Ende von Vers 939 erfahrungsgemäß Schwierigkeiten bereitet, ist in unserem Druck an dieser Stelle ein Semikolon eingesetzt. Es entspricht in heutiger Zeichensetzung am ehesten dem, was Goethe und seine Mitarbeiter mit dem Doppelpunkt bezeichnen wollten. – Burdach in: Aufsätze zu Goethes Faust I. Hrsg. von W. Keller, 1974, S. 29.

1002. *in jedes Krankenhaus*: in das Haus jedes Kranken.

1021. *Venerabile*: die Monstranz mit der Hostie, welche der Priester mit sich trägt, wenn er zu einem Kranken geht, dem er die Kommunion bringt.

1034. *dunkler Ehrenmann*. Er war zwar ein ehrlicher Mann, aber seine Arbeit bewegte sich in *dunklen* Regionen, nämlich in der Alchemie. Diese befaßte sich unter anderem mit der Herstellung von Arzneien. In seiner *Geschichte der Farbenlehre* spricht Goethe von den *Dunkelheiten* der Alchemisten (Bd. 14, S. 78,11 f.). Es war in der Alchemie üblich, Herstellungsweisen geheim zu halten, sie nur persönlichen Schülern zu überliefern und sie nicht zum Druck zu geben.

1038. *Adepten*: die Eingeweihten der Alchemie.

1041. *Das Widrige*: das Widerstrebende, das, was sich schwer vereinigen läßt.

1042 f. *roter Leu . . . Lilie.* In der Alchemie wurden chemische Stoffe und chemische Vorgänge oft durch bildhafte Ausdrücke bezeichnet. In alchemistischen Traktaten ist seit dem Mittelalter davon die Rede, daß man einen Stoff nehmen müsse, der als der „rote Leu" oder „grüne

Leu" bezeichnet wurde. Diesem soll ein anderer beigemischt werden, genannt „Lilie" oder „philosophisches Gold". Die Vermischung soll in einem Glasgefäß vor sich gehen, sie wird als „Vermählung" bezeichnet (daher Goethes Wort *Brautgemach*). Oft sind mehrere solche Prozesse nötig. Dann erhält man den Stein der Weisen, der alle Krankheiten heilt. – Goethe hat in seiner Frankfurter Zeit alchemistische Schriften kennengelernt. Die Szene *Vor dem Tor* stammt aus einer späteren Schaffensperiode. Da hatte er sich für seine *Geschichte der Farbenlehre* erneut mit den *Alchymisten* beschäftigt und sie dort in einem Kapitel dargestellt (Bd. 14, S. 78–80), in welchem er auch von dem *poetischen Teil der Alchymie* spricht, der ein *auf einen gehörigen Naturgrund aufgebautes Märchen ist* (Bd. 14, S. 79,11 f.).

Über den *Roten Leu* in der Alchemie: Hermann Kopp, Die Alchemie in älterer u. neuerer Zeit. Bd. 1. Heidelberg 1886 (Reprint 1962), S. 6 und Bd. 2, S. 379. – Alchimia. Hrsg. von E. E. Ploss u. a. München 1970. (Register). – Ausführlich über den *roten Leu* die pseudoparacelsische Schrift „Thesaurus Alchemistarum"; dazu Peuckert, Pansophie, 1956, S. 253 u. 289. – Martin Ruland, Lexicon Alchemiae, 1612, schreibt S. 303: „Leo rubeus, der rote Löw, ist roter Schwefel, welcher in mercurium resolviert wird, genennet sanguis leonis, wird auch Gold gemacht." – Basilius Valentinus, Chymische Schriften, Hamburg 1677 (Reprint 1976), bespricht den „Roten Löwen" Bd. 1, S. 80 u. 205; Bd. 2, S. 327 u. 347 u. ö. – Über die *Lilie*: Kopp Bd. 1, S. 6 und Bd. 2, S. 378. – Alchimia ed. Ploss u. a. 1970. (Register.) – Ruland S. 304: „Lilium est mercurius, und seine flores der pellicanierte Lili in tinctura philosophorum Floresierter sulphur fixum." – Bei Martin Ruland, Lexicon Alchemiae, auch Artikel „Balneum" (Bad) S. 98 f. und „Coniugium" (Vermählung) S. 167.

1047. *Die junge Königin*: das durch den alchemistischen Vorgang erzielte Heilmittel. Häufiger wird in der alchemistischen Literatur von „König" gesprochen, seltener von „Königin". – Ruland, Lexicon Alchemiae, Stichwort „Rex". – Alchimia. Hrsg. von E. E. Ploss u. a. 1970, S. 225. – In alchemistischen Bilddarstellungen gibt es Königinnen mit einer Krone auf dem Haupt in einer Retorte, z. B. Alchimia. 1970, S. 156, 158.

1050. *Latwergen*. Arzneien.

1053. *den Gift*: als Maskulinum mehrfach bei Goethe, aber auch als Neutrum in der heutigen Bedeutung (zu unterscheiden von dem Femininum *die Gift* = die Gabe.) Wenn Faust im folgenden sich selbst als *frechen Mörder* bezeichnet, ist das ein Zeichen seines Pessimismus, der an das *Meer des Irrtums* (1065) denkt. Jeder Arzt, der zu Pestkranken ging, gefährdete in hohem Maße sein eigenes Leben. Bei der Lungenpest starben alle Infizierten, bei der Beulenpest viele. Der Versuch, mit einem (aufgrund der üblichen Methoden) selbst hergestellten Mittel zu helfen, war deswegen nicht zu tadeln.

1059. *pünktlich*: genau, ordentlich.

1084. *die Göttin*: die Sonne.

1108. *Pergamen*: eine Handschrift aus Pergament, gedacht ist wohl an einen durch Abschrift überlieferten Text der Antike.

1116. *Dust*: Spreu, Staub, wie 6758. (Dt.Wb. 2, Sp. 1761.)

1120. *Duft*: Dunst. (Bd. 1, S. 27; 151; 190; Briefe HA, Bd. 1, S. 173,26 u.ö.).

1126. *die wohlbekannte Schar*. Wagner meint die *Geister*, von denen Faust 1118 gesprochen hat, und nennt deren gefährliche Eigenschaften, während Faust in den Versen 1118–1125 anscheinend nicht an teuflische Geister denkt. Das Wort *Magie* zu Beginn (377) nannte einen zweiseitig-geheimnisvollen Bereich. Es ist für Faust bezeichnend, daß er die gute Seite wünscht und bei der schlechten landet, wie später im 5. Akt des 2. Teils. Goethe hatte, um an *Faust* weiter zu arbeiten, sich im Februar und März 1801 sechs Werke über Geister und Geisterbeschwörer aus der Weimarer Bibliothek entliehen, in welchen er besonders die schädlichen, bösen Geister dargestellt fand. (Keudell Nr. 243–245, 249–250, 252.)

1139. *weil* in der alten Bedeutung „weilen, während", wie mitunter bei Goethe, ähnlich wie 1141 *wenn*.

1141. *lispeln englisch*: flüstern freundlich wie Engel – und dabei lügen sie. Zu *lispeln* vgl. Vers 28 u. Anm.; zu *englisch* 11984.

1147. *schwarzen Hund*. Daß Mephistopheles in Gestalt eines Hundes erscheint, kommt in einigen – keineswegs allen – der alten Faustge-schichten vor, z. B. in zwei Büchern, die Goethe im Februar 1801 aus der Weimarer Bibliothek entlieh und bis zum 9. Mai 1801 behielt. Es sind: Johann Georg Neumann, Disputatio historica De Fausto praesti-giatore. (Wittenberg 1683) und: Magica. Das ist: Wunderbarliche Hi-storien von Gespenstern. Eisleben (1600). Bd. 1, S. 124.

1177. *Skolar*: Student, Lehrling. Die Studenten hielten sich oft Hun-de, und diese wurden von ihnen dressiert; deswegen nennt Wagner sie scherzhaft die *Skolaren* der Studenten.

Studierzimmer (1178–1529)

Der religiöse Drang spricht inniger, ruhiger, als in der vorigen Szene. Aber nun wird er von außen gestört, denn Mephistopheses ist wohl von den Bibelworten nicht eben ergötzt. Schon rein klanglich bringen die Worte an den Pudel einen veränderten Ton; die sprachliche Unruhe wächst in den Beschwörungsworten (1271 ff.) und entspannt sich (in alternierenden Versen), sobald Mephistopheles auftritt (1323 f.). Er stellt sich vor. Faust läßt vorfühlend das Wort vom Pakt fallen (1414). Doch Mephistopheles zögert. Findet er Faust noch nicht in geeignetem Zustand? Er schläfert ihn ein; die Traumvisionen erscheinen als Geistergesang, der einen Wunschtraum Fausts ausspricht. – Dieses erste Gespräch ist in vielen Zügen ein Vorklang dessen, was später zwischen Faust und Mephistopheles – auch gerade im zweiten Teil – geschieht.

Rickert S. 166–176. – Karl Wolff, Fausts Erlösung. Nürnberg 1949, S. 58 ff. – Storz S. 179–187. – A. Dauer, 1950, S. 47–56. – Ulrich Maché, Studierzimmer I und Geisterchor. In: Euphorion 65, 1971, S. 200–205. Und in: Aufsätze zu Faust I. Hrsg. v. W. Keller. 1974, S. 369–379. – E. Staiger, Bd. 2, S. 342.

1185. *Liebe Gottes*: Liebe zu Gott (Genetivus objectivus).

vor 1224. *Volum*: Buch, Band eines mehrteiligen Werkes.

1224. *Im Anfang war das Wort.* Der Anfang des Johannes-Evangeliums. Der griechische Ausdruck „logos" ist hier mit „Wort" wiedergegeben. In der antiken Philosophie bedeutete „logos" Begriff, Vernunft, Weltgeist. Das Wort wurde aufgenommen von dem Frühchristentum, bedeutete die göttliche Vernunft und das Schöpfungsprinzip, wurde dann auch auf Christus angewandt. – Faust will zwar, wie er sagt, *übertragen*, doch geht er sogleich dazu über, über das entscheidende Wort nachzudenken. Es handelt sich um das, was *im Anfang war*, und deswegen kommt er im Sinne der Schöpfungsgeschichte (1. Mose 1) auf *die Tat.* – Herder als Theologe hat im Jahre 1775 in seinen „Erläuterungen zum Neuen Testament" geschrieben: „Im Anfang war das Wort... Was wissen und begreifen wir vom Wesen des Unendlichen, des Unerforschten?... Ließ sich also die väterliche, erziehende Gottheit herab, sich, den Unbegreiflichen, uns... begreiflich zu machen: wie anders, als Menschen menschlich, in einem Bilde unserer Bilder... Das innigst Begriffene, Heiligste, Geistigste, Wirksamste, Tiefste wählte sie, das Bild Gottes in der menschlichen Seele, Gedanke! Wort! Wille! Tat! Liebe!" (Werke, hrsg. von Suphan, Bd. 7, S. 355 f.)

Harold Jantz, Goeths's Faust as a Renaissance Man. Princeton 1951, S. 113–116. – Elizabeth M. Wilkinson: Faust in der Logosszene. In: Dichtung, Sprache, Gesellschaft. Akten des IV. internat. Germanisten-Kongresses 1970 in Princeton. Hrsg. von Victor Lange. Frankf. a. M. 1971, S. 115–124.

1258. *Salomonis Schlüssel.* Seit dem Mittelalter gab es handschriftliche „Zauberbücher", die geheimgehalten wurden. Im 16., 17. und 18. Jahrhundert galten sie bei ihren Besitzern als Kostbarkeit. Sie enthielten Beschwörungsformeln. Da Salomo als besonders weise galt, mußte sein Name herhalten für Titel wie „Clavicula Salomonis", „Salomonis Schlüssel". Indem Faust jetzt *Salomonis Schlüssel* benutzt und von den Formeln für Elementargeister zur Formel für Höllengeister übergeht, geht er selbst – ohne von Mephistopheles getrieben zu sein – den Weg von der weißen zur schwarzen Magie, der später sein Unheil ist, den er aber in den Anfangsworten *Fürchte mich weder vor Hölle noch Teufel* (369) schon für möglich gehalten hat.

In dem Widmann-Pfitzerschen Faust-Buch, das Goethe 1801 las, wird im 3. Kapitel von Zauber-Handschriften erzählt, die Faust sich besorgte und die er sich abschrieb. – Goethe hat die alten Zauberbücher auch in späteren Jahren als kultur-geschichtliche Quellen im Blick behalten. An C. G. von Voigt schreibt er am 16. Mai 1817: *Euer Exzellenz werden gewiß lächeln, wo nicht gar mich tadeln, daß ich 52 Taler Sächsisch für eine magische Handschrift gezahlt, unserer Bibliothek einzuverleiben ... Eine auf dem Lande Oppurg bei Neustadt wohnende Alchymi-stenfamilie hält es im Geheim seit mehreren Jahren für den größten Schatz und bringt es nur an Tag, weil der Glaube sich mindert und die Not sich mehrt.* – Im 15. Jahrhundert erwähnen Johann Hartlieb und Johann Trithemius Werke mit dem Titel ,,Clavicula Salomonis``, im 16. Jahrhundert Paracelsus (Werke, hrsg. von Peuckert. Bd. 5, S. 135). Welling im 18. Jahrhundert sagt, die ,,Clavicula Salo-monis`` enthalte ,,grausame Beschwörungen und gotteslästerlichen Mißbrauch des allerheiligsten Namens Gottes`` (S. 118). – Peuckert, Pansophie. 1976, S. 46 f., 155, 442 ff. – Zedler, Universal-Lexicon 33, Sp. 1099. – HwbA 2, S. 88–93 ,,Clavicula Salomonis``.

1272. *Spruch der viere*: Beschwörungsspruch, der sich auf die Geister der vier Elemente bezieht. *Salamander* = Feuergeist, *Undene* = Was-sergeist, *Sylphe* = Luftgeist, *Kobold* = Erdgeist. Diese Gruppierung der Elementargeister war allgemein. Über sie schreibt z. B. Basilius Va-lentinus (in der Ausgabe Hbg. 1677, S. 54 ff.). Welling sagt S. 110 ff., daß nach dem Sturz Luzifers Gott Geister in die vier Elemente einsperrte und außer ihnen noch die Teufel zuließ, die überall sich bewegen kön-nen. Faust versucht zunächst, einen der Elementargeister anzusprechen. Erst als das nicht gelingt, vermutet er in der Erscheinung einen teufli-schen Geist. – HwbA. Art. ,,Geisterbeschwörung`` Bd. 3, Sp. 523–526.

Goethe benutzt hier die Form *Undene*, in Vers 10712 die Form *Undine*, die in der Zeit seines Alters üblich geworden war. – Dt. Wb. 11,3 Sp. 434.

1290. *Incubus*. Wie aus den vorigen Versen hervorgeht, ist hier ein Geist der Erde angesprochen. In Vers 1276 heißt er *Kobold*, denn zum Element der Erde gehören die Kobolde, Zwerge, Wichtelmänner, die mitunter *häusliche Hilfe* bringen. Dazu paßt aber nicht das Wort Incu-bus, denn dieses bezeichnet in der Literatur des 16. und 17. Jahrhun-derts den Teufel, der eine Frau verführt, oder auch einen ,,Alp``, den bösen Geist, der im ,,Alptraum`` einem Menschen auf der Brust sitzt.

In den Faustbüchern und Hexenschriften des 16. und 17. Jahrhunderts kommt das Wort öfters vor, auch in dem Widmann-Pfitzerschen Faustbuch von 1674, das Goethe 1801 las (Buch 2, Kap. 22). – HwbA Bd. 4, Art. ,,Inkubus`` S. 695 f. – Wb. d. Dt. Volkskunde von Erich und Beitl, Art. ,,Incubus``.

1299. *Flüchtling der Hölle*: ein aus der Hölle Entsprungener, aus ihr Kommender.

1306 ff. *Den nie Entsproßnen* ... Bezeichnungen für Christus, der gedeutet wurde als schon vor seiner Geburt bei Gott seiend (praeexistent) und als kosmisch, anknüpfend an Ev. Johannis 1, 1–5; Epheser 4, 10; Hebräer 1,8 und 13,8. – RGG., Art. „Christologie". – Requadt S. 116.

1324. *fahrender Skolast*: ein Student, der auf der Wanderung zur Universitätsstadt ist (so auch schon in der Bühnenanweisung kurz davor). Das Wort stammt aus der Universitäts-Sprache, ebenso wie das folgende *Casus* = Fall. In der Philosophie des 16. und 17. Jahrhunderts sprach man von der Gattung (typus universalis) und dem einzelnen Fall (casus); dieses Wort war von da aus in die Alltagssprache des Universitätslebens übernommen. Faust weiß auf Grund der Beschwörung (1298 ff.), daß er einen Höllengeist vor sich hat. Aber sein Ton ist spöttisch. Er fürchtet sich in der Tat *weder vor Hölle noch Teufel* (369). Schon vorher, 1250 ff., war das deutlich.

1334. *Fliegengott*: Übersetzung des hebräischen „Beelzebub". Dasselbe Wort benutzt Goethe im *Divan* Bd. 2, S. 118. Faust sagt gegenüber Mephistos ausweichenden Worten, daß er sehr wohl wisse, wen er vor sich habe: einen Teufel. Dieser wird in der Bibel mehrfach Beelzebub genannt (Matth. 10,25; 12,24; 12,27; Markus 3,22), einmal auch in der alten Form „Baal-Sebub" (2. Könige 1,2). Sodann heißt der Teufel in der Bibel oft *Verderber* (2. Mose 12,23; 2. Samuelis 24,16; Jeremia 6,26; 1. Korinther 10,10) oder *Lügner* (Sirach 51,7; Johannis 8,44; 8,55). Diese Bibelstellen waren im 16., 17. und 18. Jahrhundert bekannt, die Bezeichnung *Fliegengott, Verderber, Lügner* also deutlich.

1335 f. *Ein Teil von jener Kraft* ..., dazu 1338 ff., 1349 ff. Mephistopheles sagt, wer er ist, mit der Klarheit seiner Rationalität und mit der Einseitigkeit seines Nihilismus. Zwar ordnet er sich in einen Zusammenhang, doch dieser sieht anders aus als im *Prolog im Himmel*. Er nennt natürlich Gott nicht. Mit den Worten *Ich bin ein Teil des Teils, der anfangs alles war, / Ein Teil der Finsternis* (1349 f.) spielt er an auf 1. Mose 2: „Die Erde war wüst und leer, und es war finster auf der Tiefe." Er läßt aber sehr geschickt weg, was davor steht: „Im Anfang schuf Gott Himmel und Erde", und ebenso die folgenden Sätze: „Gott sprach: Es werde Licht" usw. Dieses Gespräch ist ganz anders als die Gespräche in den alten Volksbüchern. Dort fragt Faust den Geist nach Himmel und Hölle, nach Gestirnen und Jahreszeiten, und der Teufel gibt Auskunft, und zwar sachlich, nicht anders als es damals in gelehrten Büchern steht. Goethes Mephistopheles pervertiert alles: die Welt geht vom Dunkel aus und läuft auf das Nichts hin – ein Gegenbild zu dem, was der *Prolog im Himmel* zeigte. Ein Gegenbild auch zu dem, was als Weltentstehungsmythos – anschließend an die pansophische Literatur von Paracelsus bis Welling – in *Dichtung und Wahrheit* (Ende des *8. Buches*) steht. Dort fängt es mit Gott an und geht mit Luzifer weiter. Mephistopheles fängt mit dem Zustand nach Luzifers Abfall an

(Bd. 9, S. 351,34f.: *Materie...finster*). Von diesem Zustand wird gesagt, in ihm *hätte die sämtliche Schöpfung ... sich selbst aufreiben, sich mit ihrem Vater Luzifer vernichten* müssen (352, 5ff.), hätte nicht Gott eingegriffen. Dazu paßt, daß in Mephistos kurzer Rede (1338ff.) von *Zerstörung, Finsternis* und immer wieder von *Körper* die Rede ist. Mephistopheles ist *von Luzifers Geschlecht* (11770) und kann seiner Natur nach seine Bedingtheit im Gesamtzusammenhang nicht erkennen und anerkennen. – M. Kommerell, Geist und Buchstabe der Dichtung, 1944, S. 24ff.: ,,Ist Faust die Person, so ist Mephisto das Nein zu diesem Prinzip, obschon ihn die Person nicht entbehren kann. In der Umwandlung Mephistos aus dem Urbösen zu einem bloß entgliedernden Prinzip kommt die Daseinszuversicht der Aufklärung zu Wort ... Die Ironie Fausts gegen Mephisto ist gelassen, die Mephistos gegen Faust todfeindlich, was dem von Gott uranfänglich abgewogenen Kraftverhältnis der Parteien entspricht. Dreimal ist Mephisto auf den Begriff gebracht: durch Gott im Prolog (338ff.), durch sich selbst im Ersten Teil (1335ff.), durch die Sphinx im Zweiten Teil (7134ff.) ... Es erinnert an Leibniz, wenn das Böse im großen Haushalt gerechtfertigt wird. Gott setzt den Teufel; nicht sich selbst, aber dem Leben zur Belebung. Damit Farbe sei, bedarf es der Mithilfe des Finsteren. Immer neu muß Mephisto den nur für ihn, nicht im höheren Plan sinnlosen Ansturm gegen die Baugewalten der Natur beginnen. Im ganzen umsonst; doch gibt es Baufälligkeiten der Monade. Vernichten kann er keine, aber eine schwache kann er sich selbst entfremden, sie zur Hörigkeit unter Stärkeres entführen durch den Tod ...Der Haushalt, der ihn einschränkt, sichert ihn auch. Er wird immer kleine Spiele gewinnen und große Spiele verlieren, vor allem: er wird immer spielen."

Storz 184f. – K. Vietor, Goethe. Bern 1949, S. 34ff. – A. Daur, Faust und der Teufel. 1950. – Erich Franz, Mensch und Dämon. 1953. S. 149–157. – Oskar Seidlin, Das Etwas und das Nichts. The Germanic Review, 19, 1944, S. 170–175. Wieder abgedruckt in: Aufsätze zu Faust I. Hrsg. von W. Keller. 1974, S. 362–368. – Albert Fuchs, Mephistopheles. In: Fuchs, Goethe-Studien. Berlin 1968. S. 42–52.

1347. *kleine Narrenwelt*: der närrische Mikrokosmos.

1395f. *Drudenfuß*, in der folgenden Zeile mit dem Fremdwort *Pentagramma* (von griech. ,,pente" = fünf; ,,gramma" = das Gezeichnete) bezeichnet, fünfzackiger Stern, im Schrifttum der Zauberer, Alchemisten und Pansophen des Mittelalters und noch des Barock viel benutzt; sofern die fünf Zacken die Buchstaben des Namens Jesus bedeuten, ein heiliges Zeichen, daher hinderlich für böse Geister. – Die Schrift ,,De occulta philosophia" nennt das Pentagramm ein Mittel ,,gegen die bösen Geister, davor sie sich alle entsetzen und furchtsam werden" (Paracelsus, Straßburger Ausgabe von 1602. Entsprechend: Studienausgabe, hrsg. von Peuckert, Bd. 5, 1976, S. 141). – HwbA. 1, Sp. 297f., 1698; 3, Sp. 524; 6, Sp. 670; 8, Sp. 1598.

1405. von ungefähr: durch Zufall. Mehrere Drucke zu Goethes Lebzeiten schreiben die ältere Form *von ohngefähr*.

1445. Bereitung braucht es . . .: es bedarf keiner Vorbereitung.

1445ff. Schwindet, ihr dunkeln . . . Kurzverse, z. T. gereimt, einzelne Bilderreihen. Dadurch ein Vorherrschen des Klanglichen und Sinnenhaften. Die Verse des Geisterchors sind kurz, zweihebig. Rhythmisch ähnlich sind Verse in *Claudine von Villa Bella* (Bd. 4, S. 217), es ist also ein Verstyp, der Goethe aus dem Singspiel des 18. Jahrhunderts und aus seinen eigenen Singspielen bekannt war. Inhaltlich eine Vision, keineswegs teuflisch-düster, sondern licht (1455ff.), arkadisch (1466ff., leiser Vorklang zu 9586ff.), dionysisch in antiker Daseinslust – eine innere Möglichkeit Fausts, eine der Formen seiner Sehnsucht. Mephistopheles will auf seine *Sinne* (1436) wirken, und die Erinnerung an Mephistopheles soll sich mit der an diese Traumvision verbinden. Als Bild einer arkadischen Welt ist dieser Traum ein Vorklang dessen, was Faust im 2. Teil wünscht und erlebt (6903–6920, 6932–6933) und wozu ihm dort Mephistopheles verhelfen muß. Die Parallelen gehen bis in Einzelheiten: *Laube, Liebende* 1466ff. entsprechend 9586ff.; *Traube, Kelter* 1472ff. entsprechend 10012ff; *Seen, Geflügel* 1481ff. entsprechend 6903ff. – Als Goethe im Jahre 1816 eine Skizze des Inhalts von *Faust II* diktierte (vgl. die Zusammenstellung „Goethe über seinen Faust"), sagte er von den *Geister-Chören*: *Sie verhüllen in schmeichelnde Worte und Melodien ihre eigentlich ironischen Anträge*. Mit dem Wort *ironisch* ist gemeint, daß die Geister Faust Schönes und Großes vorspiegeln, um ihn aber letzten Endes zugrunde zu richten. Ähnlich darf man wohl den Geisterchor hier auffassen. Er wurde in der Arbeitsperiode 1797–1803 geschrieben, vermutlich in der Zeit vom Oktober 1800 bis April 1801, bald nachdem die ersten Helena-Szenen im September 1800 entstanden waren. Zu diesem Zeitpunkt lag die Entstehung der Gretchen-Szenen etwa 25 Jahre zurück; Goethe befaßte sich innerlich schon mit den Antikes beschwörenden Motiven des zweiten Teils, und den Hintergrund bildete seine Beschäftigung mit antiker Kunst. Kein Wunder also, daß arkadische Motive in den Traum hineinkommen.

1525. Fauste: lateinischer Vocativ (ebenso 6560, 10239, 11498) von dem Nominativ *Faustus*, der 6654, 6663 vorkommt.

Studierzimmer (1530–2072)

Zwei unmittelbar aneinander gefügte Szenen, die Szene der Wette und die des Gesprächs mit dem Studenten; beide zusammen beenden das erste tragische Thema des Werks, die Gelehrtentragödie. Die Szene der Wette weist gleichzeitig voraus und leitet alles Folgende ein. Wann Goethe sie geplant hat, wissen wir nicht; vollendet wurde sie in der Zeit der Freundschaft mit Schiller. Die Studentenszene steht schon im ,,Urfaust", wurde aber verändert, schon für den Druck von 1790. – In den Volksbüchern und Puppenspielen ist das Motiv des Pakts mit dem Teufel eine Kernszene der Werke. Eine entsprechende Szene gibt es auch bei Goethe, doch ist sie gegenüber jenen älteren Werken grundlegend gewandelt. Dort ist es ein Pakt: Mephistopheles schafft Faust, solange er lebt, Reichtum, Sinnengenuß, Zauberkunst und gibt Antwort auf alle Fragen, dafür gehört Faust nach dem Tode dem Teufel. Bei Goethe ist es eine Wette. Faust sagt: Wenn du mich träg und genußfreudig findest – aber so werde ich niemals sein –, dann magst du mein Leben enden und über eventuelles Kommendes bestimmen. (Vgl. die Anm. zu 1692 ff.) Mephistopheles geht auf die Wette ein, weil er merkt, daß er mehr als dies nicht erreichen kann. Faust geht auf sie ein, obgleich ihm Mephistos Charakter deutlich ist, weil er immer noch – oder wieder – in Verzweiflung am Ich und der Welt ist, in Lebensüberdruß, in Selbstmordstimmung. Sein erster langer Monolog (1544–1571) beginnt mit der *Pein* des *engen Erdelebens* und endet damit, ihm sei *das Dasein eine Last, der Tod erwünscht, das Leben mir verhaßt,* sein zweiter Monolog (1583–1606) ist ein Fluch gegen das, was die Menschen im Leben anstreben und was ihm selbst wertlos ist. Und noch ein drittes Mal folgt eine Rede, die seine augenblickliche Verzweiflung ausspricht (1765–1775). Aus dieser Stimmung heraus schließt Faust die Wette mit Mephistopheles. Er ist überzeugt, daß er niemals den Augenblick in der Weise genießen werde, welche die Wette bezeichnet. – Auch in dem Widmann-Pfitzerschen Faustbuch, das Goethe 1801 las, kommt es bei der zweiten Begegnung zum Pakt. Der Teufel verlangt dort, Faust solle Gott abschwören, allen Menschen Feind sein, vor allem die Geistlichen anfeinden, nie zur Kirche gehen, den Ehestand hassen. Bei Goethe ist nichts von diesen Bedingungen geblieben. Der Geist der Volksbücher ist ein Teufel, der alles Christliche bekämpft. Goethes Mephistopheles verneint das Seiende schlechthin, er ist beschäftigt, es zu stören und zu vernichten. Das Seiende aber ist das Gottgewollte und Gute, so wie es die Erzengel im *Prolog im Himmel* besungen haben. – Die Wette wird in den vielen folgenden Gesprächen zwischen Faust und Mephistopheles niemals erwähnt. Die Verbindung beider ist fortan etwas Bestehendes. Aber bedarf es dafür überhaupt der Wette? Mephistopheles wäre auch ohne die Wette bei Faust geblieben, jedenfalls wäre er ohne sie im gleichen Sinne tätig; Faust ins Leben hineinführend und dabei überall, wo es geht, Verschlechterung oder Vernichtung bringend. Faust nimmt Mephistos Dienste in Anspruch und damit auch alles Negative, das Mephistopheles bringt. Das Wesentliche ist in dem Drama das Verhältnis von Faust und Mephistopheles. Faust hat immer neue Wünsche, Ziele, Leidenschaften; Mephistopheles hilft ihm auf seinen Wegen, ist aber insgeheim unentwegt beschäftigt, Seiendes zu beschädigen oder zu vernichten. So zu handeln ist seine Natur. Dieses Verhältnis, das durch beide Teile des Dramas geht, wird durch die Wette pointiert, der Zuschauer oder Leser hat in ihr den sichtbaren Anfang der Beziehung und zugleich die Spannung, wie es enden werde. Die begrenzte Stellung des Mephistopheles ist aber durch den *Prolog im Himmel* deutlich, und dadurch auch die begrenzte Bedeutung der Wette. Wichtiger als die Wette ist das unaufhörliche, in den Grundzügen gleichbleibende, in den Einzelheiten sich ständig wandelnde Verhältnis von Faust und seinem bösen Dämon. – Der Vers der Szene ist meist der für das ganze Drama typische ,,Faustvers", ein frei gehandhabter Madrigalvers, meist vierhebig, seltener fünfhebig, von Mephistopheles bis zum Sechsheber (Alexandriner) geweitet. Er drückt bei Faust in zügiger Sprache die ihn ganz erfüllende Verzweiflung aus und wird dann, als Faust an das neue, ihm vorschwebende sinnliche Leben denkt (1750–1759), rhythmisch schwankend. Mephistopheles benutzt die gleiche Versart für seine Sätze, die knapper, rationaler und spitzer sind. Der Geisterchor bringt ein lyrisches Element hinein, damit Faust nicht nur den kalten Partner mit seiner nüchternen Sprache vor sich hat.

H. A. Korff, Geist der Goethezeit. Bd. 1. Lpz. 1923, S. 317–321; Bd. 2. Lpz. 1930, S. 408–412. – Rickert S. 166–204. – Storz S. 187–194. – Requadt S. 126–202. – Wolfgang Binder, Goethes Faust: Die Szene ,,Und was der ganzen Menschheit zugeteilt ist". Gießen 1944. = Gießener Beitr. z. dt. Philol., 82.

1531. *Du mußt es dreimal sagen.* Der Verkehr mit Höllengeistern hat in den alten Büchern einen seltsamen Formalismus. Goethe hat Züge davon beibehalten. Mephistopheles kann nicht hinaus, wo ein Pentagramm steht (1393 ff., 1511 ff.), und er kann nur herein, wenn dreimal *Herein* gerufen ist.

1535. *edler Junker.* Während Mephistopheles in der vorigen Szene als *fahrender Scholasticus* aufgetreten ist, erscheint er hier in der Kleidung eines Adligen; dafür ist besonders der *Degen* bezeichnend, den Bürgerliche nicht tragen durften.

1549. *Entbehren* ... Die Worte des Mephistopheles *losgebunden, frei* (1542) sind für Faust Stichworte, um zu sagen, daß es dies niemals gebe, geben könne. Das Nicht-frei-Sein bedeutet *Entbehren;* die Klage, die

nun folgt, spricht wie schon so viele bisherige Stellen von den Grenzen
des Ich (ein Leitmotiv, das erst in der Schlußszene des 2. Teils seine
Lösung findet); und wieder als Folge daraus die Todessehnsucht (1571).
– Das Wort *entbehren* kommt bei Goethe mehrfach vor, anderseits aber
auch der erfüllte Augenblick, die Freude an Schönheit, die sinnvolle
Tat. Es ist die Aufgabe des Menschen, ein umfassendes Bild des Lebens
zu finden und das *Entbehren* als etwas in bestimmtem Grade Notwendiges einzusehen; dann kommt er zum *Entsagen*. Davon sprechen viele
Werke, vor allem die *Wanderjahre*. Die Worte Fausts über das *Entbehren* zeigen seine Einseitigkeit, seine augenblickliche Stimmung mit ihrem unausgewogenen Menschenbild. Im 2. Teil zeigt Faust als Gemahl
der Helena ganz andere Züge. – Vgl. die Anm. zu 1699 *Augenblick* und
in Bd. 14, Sachregister „Entbehren" u. „Entsagung".

  1577. *des hohen Geistes.* Faust denkt hier wohl an den Erdgeist.

  1583. *Wenn*: wenn auch, obgleich; fortgeführt durch *so* (1587) im
Sinne von: so fluche ich doch aus Lebensverzweiflung allem . . . usw. –
Dt.Wb. 14. Sp. 63. – Hermann Paul, Dt. Grammatik. Bd. 4. 1959 S. 277;
§ 647.

  1588. *Lock- und Gaukelwerk.* Was Mephistopheles bieten kann, ist
Geld, Sinnengenuß, vielleicht eine hohe ruhmvolle Stellung (am Kaiserhof). In diesem Zusammenhang ist für Faust charakteristisch, daß sein
Fluch sich gerade auf diese Dinge richtet: Selbstgefälligkeit, Äußerlich-
keit, Ruhm, Besitz, Geld, Alkohol. Da er in dieser Richtung nichts
erhofft, an den Wert dieser Dinge nicht glaubt, auf sie nicht warten will,
schließt er hier den Fluch gegen *Liebe, Hoffnung, Glaube* und *Geduld*
an, der aus der Empfindungsweise des am Leben Verzweifelten, der
soeben gesagt hat, daß ihm *der Tod erwünscht, das Leben verhaßt* sei,
ganz folgerichtig ist, denn für den, der zu sterben wünscht, gibt es
keinen Glauben an den Wert des Diesseits, keine Geduld – sie wäre nur
Verlängerung seiner Qualen – und keine Hoffnung. Das Motiv des
Fluchs kommt in 11409 wieder vor, diese spätere Stelle hilft zur Deutung von 1591 ff.

  1606 ff. *Geisterchor.* Der Geisterchor geht auf Fausts Nihilismus ein.
Er schmeichelt ihm, nennt ihn *Halbgott* und *Mächtigen der Erdensöhne*
und rät, *Neuen Lebenslauf* zu beginnen. Das ist es, was Mephistopheles
brauchen kann. Er nimmt das Motiv auf: *Höre, wie zu Lust und Taten /
Altklug sie raten!* Faust fühlte im Augenblick nur seine Verzweiflung an
der Welt, seine Selbstmordgedanken. Unbewußt ist in ihm noch Le-
benswille und Erlebnismöglichkeit. Die Geister des Chors sind so klug,
das zu erkennen. Sie passen sich ihm an, indem sie sagen, er habe eine
schöne Welt zerstört. Sie schmeicheln ihm und suggerieren ihm, daß er
sich mit ihrer Hilfe eine neue Welt aufbauen könne. Faust hat nirgendwo einen Weg aus seiner Verzweiflung angedeutet gesehen, nur hier

bietet er sich an. Deswegen sind Fausts lange Rede und der Geisterchor die Vorbereitung zu der Wette. Würde Faust so fortfahren wie in den Versen 712–719 und 1570–1571, so würde er sich von dem in der Anfangsszene unterlassenen Selbstmord bald nicht mehr abhalten lassen – und davon hätte Mephistopheles nichts. Der Geisterchor überredet zum Weiterleben, zum *Neuen Lebenslauf*, und das ist das, was Mephistopheles braucht. – Storz S. 189f. – Witkowski und Petsch in ihren Kommentaren. – Ulrich Maché in Euphorion 65, 1971, S. 202–205.

1652. *um Gottes willen*: ohne Lohn zu nehmen, umsonst.

1675 ff. *Was willst du armer Teufel geben?* Faust zählt eine Anzahl Dinge auf, die für ihn alle nutzlos und sinnlos sind, etwa Geld, das bald dahin ist, oder Ehre, die rasch vergessen ist. Alle diese Dinge haben den Keim des Untergangs und den Widerspruch zu dem Wert, den die Menschen ihnen beimessen, in sich. Das ist es nach Fausts Meinung, was Mephistopheles bieten könne. Die Anrede *armer Teufel* faßt es zusammen. Eine Parallelstelle ist 1765–1767 mit den Formulierungen: *schmerzlichsten Genuß, / Verliebtem Haß, erquickendem Verdruß* – jedesmal widerspricht das Adjektiv dem Substantiv. So auch hier 1678 ff. – Mephistopheles antwortet mit dem Hinweis, daß es für jeden Menschen doch einen Lebensgenuß gebe (1688 ff.). Daraufhin Fausts Erwiderung, die rasch zum Angebot der Wette führt, welche Faust keineswegs vorher überlegt hat, sondern aus der Stimmung des Augenblicks heraus ausspricht.

1692 ff. *Werd' ich beruhigt je.* Fausts Worte, welche zu der Wette führen. Es ergibt sich eine Vereinbarung, die ganz anders ist als in den Volksbüchern und in den Puppenspielen. Dort wird ein Pakt geschlossen: Mephistopheles muß Faust bis zu dessen Tode dienen und ihm Geld, Frauen und anderes besorgen, muß ihm auch Auskunft geben über den Aufbau der Welt; dafür muß Faust ihm dann nach dem Tode dienen, in der Hölle. Hier ist es anders: nicht ein Pakt, sondern eine Wette (1698). Faust hält in Bezug auf sich selbst für unmöglich: Faulheit, Selbstzufriedenheit, Genuß, Genügefinden im Augenblicklichen. Falls es jemals so würde, sei es für ihn *der letzte Tag*, d. h. Mephistopheles könne ihn holen. Er verschreibt sich Mephistopheles unter einer bestimmten Bedingung, verspricht also weniger als der Faust der Sage. Aber er erwartet auch weniger (*was willst du armer Teufel geben?* 1675), nicht ein neues, unbedingtes Leben, nicht Beantwortung der Frage, *was die Welt im Innersten zusammenhält*, nach *Wirkungskraft und Samen*, sondern nur Ausweitung aus seinem bisherigen theoretischen Bereich in den der Sinne (1749f.). Diese Abmachung ist wohl nicht das, was Mephistopheles vorhatte. Doch er geht auf sie ein, und fortan besteht die Spannung: Wird Faust einen Augenblick erreichen, der so ist, daß Mephistopheles gewinnt? Zwar sagt Faust *Die Wette biet' ich,* und Mephistopheles sagt *Topp!,* doch eine normale Wette ist es nicht. Bei einer gewöhnlichen Wette sind beide Partner erst dann zu etwas verpflichtet, wenn das erwartete Ereignis eingetreten ist und sich dadurch zeigt, wer recht hatte; dann muß der Verlierer dem Gewinner etwas geben, der Einsatz ist für beide gleich. So ist es hier aber nicht. Zwar warten beide, was geschehen wird, aber das, was einer dem anderen zu geben hat, ist durchaus verschieden, auch die Termine sind es. Faust hat dann, wenn er die Wette verliert, etwas zu geben. Aber Mephistopheles hat sogleich und weiterhin etwas zu geben; und eben daran liegt ihm, weil er dadurch darauf hinarbeiten kann, daß Faust die Wette verliert. Es ist also keine normale Wette, sondern eine Vereinbarung, die zwar klar ist, aber ein Mittelding von Pakt und Wette darstellt. – H. A. Korff, Geist der Goethezeit. Bd. 2. S. 409: ,,Es war eine höchst geniale Idee . . ., dem alten Teufelspakte die Gestalt einer Wette zu geben, durch die sich Faust dem Teufel nur bedingungsweise verschrieb . . . Aber freilich mußte diese so formuliert sein, daß eine schließliche ,Rettung trotz alledem' noch möglich würde . . . Und nie genug kann man auch die feine Mischung von Helle und Dunkelheit bewundern, in der sowohl bei ihrem Abschlusse wie bei ihrem Ausgange, aber auch während der ganzen Dichtung die Wette verbleibt. Es ist nämlich eine der vielen Merkwürdigkeiten der Faustdichtung, daß sie, trotzdem ihre ganze Entwicklung von dem dramatischen Knoten der Wette ideell zusammengehalten wird, diese Wette im weiteren Verlaufe überhaupt nicht mehr erwähnt . . .'' – Rickert S. 183: ,,Weder Faust noch Mephistopheles wissen genau, was kommen wird. Sie setzen beide etwas aufs Spiel. Faust seine irdische Existenz, falls er verliert, und Mephistopheles seine Dienste, die er umsonst getan hat, wenn Faust gewinnt . . . Daß Mephistopheles, der zuerst den traditionellen Pakt gewollt hat, trotzdem Fausts Vorschlägen zustimmt, ist daraus zu verstehen, daß auch die Wette ihm im Falle des Gewinnes den Triumph gegenüber Gott und damit zugleich Fausts Seele sichert. Dieser Umstand aber gibt nicht das geringste Recht, zu sagen, Faust habe für irdische Genüsse seine Seele verkauft. Das zu tun, hat er schroff abgelehnt (1660–1670, 1675–1687), und dabei bleibt es.'' –

Storz S. 190–191: ,,Hat im Eingang der Szene Mephistos Munterkeit Faust gereizt, so setzt jetzt sein erst vorsichtiges, dann schließlich selbstbewußtes Anerbieten (*ich gebe dir, was noch kein Mensch gesehen*) Fausts Rasen in neuen Brand: allein nach dem Widersprüchlichen, nur nach dem Scheinhaft-Wertlosen, nach dem Nichtigen also, verlangt er (*doch hast du Speise, die nicht sättigt?*). Solch krankes Verlangen und die gleich hernach von Faust angebotene Wette bedeuten dasselbe und nichts anderes, als daß Faust auch gegenüber allen künftigen Gaben Mephistos an der Gültigkeit seiner Verfluchung aller Qualität und allen Wertes festhalten, also sich an der Endgültigkeit seiner Absage festklammern will. Der

Pakt, den Mephistopheles zu Beginn, diesmal von sich aus, angeboten hat, ist jetzt für Faust dasselbe wie alles Vorhandene und Denkbare, nämlich nichts: er schließt ihn ganz und gar beiläufig ab, ohne Zögern, ohne Begeisterung. ... Fausts Wette und sein Fluch hängen so eng zusammen wie Ausführungsbestimmungen und Gesetz: die Wette dehnt lediglich Fausts Nein, seine Verneinung von jeglichem Wert und Sinn, aus auf das künftige Dienen Mephistos. Die Wette ist nur eine andere, erweiterte Form des gleichen Protestes, den schon der Fluch erhoben hat ... Was es aber mit dem einen Etwas auf sich hat, das Faust verblieben ist und zu dem er sich bekennt, mit dem *Streben meiner ganzen Kraft* – das lehrt der letzte, dritte Anlauf des Rasenden: An die Stelle des Erkennens, aber auch der imaginierenden Schau soll künftig allein das Erleben treten – wohlgemerkt, ein Erleben, das Faust selbst als *Taumel* durch Wechsel und Widerspruch hindurch, als bloße Bewegung zum Nichts hin versteht. Diese Absicht, genauer gesagt, seine grenzenlose, aber auch einsichtslose, blinde Lebenswilligkeit, stellt Faust neben das Wesen des Erdgeistes, der in der ewigen Wiederkehr von Auf und Ab, Hin und Her kreist. Als einzige Möglichkeit ... ist dem Faust dies geblieben: die bloße, zum höchsten Grad, zur äußersten Reichweite gesteigerte Lebensbewegung, Bewegung um der Bewegung willen, bloße, vitalistische Dynamik. In dreifachem Sturz hat der aus Fausts Innerstem brechende Katarakt dreimal dieselbe Bodenlosigkeit erreicht." – Bd. 14, Sachregister „Augenblick flüchtiger" und „Augenblick, erfüllter"; und das Entsprechende im Sachregister Briefe HA, Bd. 4.

1698. *Topp!* Adelung schreibt: „Topp! eine Interjektion, welche noch im gemeinen Leben sehr häufig ist, die Gültigkeit einer Wette oder eines mit dem bloßen Handschlag geschlossenen Vertrages auszudrücken." – Dt. Wb. 11, 1, 1, Sp. 863–866. – Mephistopheles gibt mit dem kurzen Wort *Topp* sein Einverständnis. Faust antwortet *Schlag auf Schlag*. Das Dt. Wb. 9, Sp. 323 zitiert diese Stelle bei der Bedeutung „schnell, so daß ein Schlag unmittelbar auf den anderen folgt"; das Wort kann hier aber außerdem noch die Nebenbedeutung haben „Handschlag, Zuschlag, Schlag beim Kauf oder Vertrag" (ebd. Sp. 330).

1705. *Die Uhr mag stehn* ... Wiederholt in 11593 und 11594. Witkowski: „Das Fallen des Zeigers wird am einfachsten als Herabfallen auf die VI gedacht, nachdem das Werk, das ihn bewegte, zerstört ist."

1710. *Wie ich beharre.* Das Wort *beharren* ist das Gegenteil von *streben*, es faßt in einem Wort das, was in Vers 1699 f. gesagt ist. *Wie* = Sowie, sobald; ähnlich in *Die Braut von Korinth* Vers 33. – Dt. Wb. 14,1,2, Sp. 1491 f.

1712. *Doktorschmaus.* Faust lebt in der akademischen Umwelt. Wenn im 16. oder 17. Jahrhundert jemand zum Doktor ernannt war, pflegte ein Festessen für alle Professoren der Fakultät zu folgen. Faust ist anscheinend zu einem solchen eingeladen, und Mephistopheles verspricht, ihm dabei zu etwas Besonderem zu verhelfen, etwa zu einem Geschenk für den Doktor oder zu hervorragendem Wein für alle.

1738. *Fratze.* Goethe pflegte mit diesem Wort etwas zu bezeichnen, was eine Mißgestalt hat, ein Zerrbild. Faust empfindet den schriftlichen

Kontrakt mit Blut als etwas seinem Wesen Widersprechendes, Grotes-
kes, Karikaturartiges, geht aber dennoch darauf ein. – E. A. Boucke,
Wort und Bedeutung in Goethes Sprache. Bln. 1901, S. 172–174, 295.
  1746. *Der große Geist.* Faust meint hier wohl den Erdgeist.
  1770. *Menschheit ... genießen.* Das Wort *Menschheit* bedeutet im
18. Jahrhundert Menschenwesen, Menschsein. In der Goethezeit Übergang zu der Bedeutung: Summe der Menschen. Goethe benutzt es meist
in der alten Bedeutung, so auch hier. – *genießen*: in sich aufnehmen,
verarbeiten. Das Wort schwankt bei Goethe zwischen dieser alten Bedeutung (die heute noch in dem Wort „ungenießbar" weiterlebt) und
der neueren, welche Lustempfindung einschließt. Hier in der Bedeutung: in sich aufnehmen. Darüber: Wolfgang Binder, Aufschlüsse. Zürich u. München 1976, S. 28–32, 79–84. – Der Faust des Spieß'schen
Volksbuches von 1587 beginnt nach dem Pakt den Teufel auszufragen
nach Hölle und Himmel, Astronomie und Astrologie, Jahreszeiten und
Kometen. In dem Faustbuch von Pfitzer 1674, das Goethe 1801 benutzte, führt Faust mit Mephistopheles Gespräche über Luzifer und seinen
Abfall von Gott, Himmel und Engel, die Ordnung der Teufel, die
Hoffnung der Teufel, am Ende der Zeit zu Gott zurückzukehren usw.
(Buch 1, Kap. 18–22). Auch das Volksbuch des „Christlich Meynenden" von 1725 berichtet, daß Faust nach Himmel und Hölle fragt und
von Mephistopheles in der Astrologie gefördert wird. Im Gegensatz zu
diesen alten Faustbüchern setzt Goethes Faust, nachdem er im Anfangs-
Monolog sein Erkenntnisstreben stürmischer ausgesprochen hat als der
Faust der Volksbücher, dieses Streben nach dem Pakt nicht fort. Faust
fragt Mephistopheles nicht nach aller Dinge *Wirkungskraft und Samen*
(384). Goethes Faust weiß, daß Mephistopheles diesen Wissensdrang
nicht befriedigen kann, er fängt mit Fragen dieser Art erst gar nicht an.
Dazu kommt, daß er aus Verzweiflung sagt *Des Denkens Faden ist
zerrissen, / Mir ekelt lange vor allem Wissen* (1748 f.). Er geht – bezeichnend für seine Art – von einem Extrem in das andere: jetzt will er das
Leben, das Erlebnis. Auch dabei schwankt er in der Formulierung,
zunächst nennt er das sinnliche Erleben (1750 f.), dann erst bezeichnet
er umfassender und klarer, daß er das, was dem Menschen allgemein
(*Menschheit*) zugeteilt ist, in sich aufnehmen und verarbeiten (*genießen*)
wolle (1770 f.). Auch in den Volksbüchern gibt es zunächst die Gespräche mit Mephistopheles, dann Fausts Weltfahrt mit Zechgelagen, Kaiserhof und Helena. Goethe hat das Edelste des alten Fauststoffes, das
Pansophische, nicht in die Mephistopheles-Dialoge hineingenommen.
Dadurch wird die Begrenztheit des Mephistopheles deutlich, der Faust
auf diesem Gebiet nichts bieten kann. Darin zeigt sich aber auch das
Wesen Fausts, der von einem Extrem ins andere schwankt und jetzt
nicht mehr nach Erkenntnis, sondern nach Erlebnis fragt. Er will das

ganze Menschsein kennenlernen (1770–1775). Mephistopheles spottet darüber: wer das zustande brächte, wäre ein *Mikrokosmus* (1802), ein Auszug aus allem anderen. Faust übertreibt zwar in seinem Wunsch, ähnlich wie in vielem hier, Goethe läßt aber der Faust-Gestalt zugleich noch viele Möglichkeiten, so daß Fausts Erlebniswunsch hier (1803–1805) nicht bloßer Wahn ist. Ihm steht noch vieles bevor, und so folgt dann auf die Tragödie des Denkers die des Liebenden, des Künstlers und des Herrschers. – Storz S. 191–193.

1792. *Ehrenscheitel.* Nachdem Faust gesagt hat, er wolle alle Seiten des Menschenwesens in sich erfahren (1770 f.), antwortet Mephistopheles spöttisch, das sei nicht im Leben möglich, nur in der Literatur. Wenn ein Dichter im Stil der Lobgedichte des 16. und 17. Jahrhunderts Faust besinge, dann würde er alle *Ehren* auf seinen *Scheitel* häufen. Im Lobgedicht ließen sich sämtliche – auch einander ausschließende – Eigenschaften verbinden, und Mephistopheles deutet sogleich an, daß das in einer kräftigen Bildersprache üblich sei (1793 ff.). Mephistopheles ironisiert Fausts Worte und zugleich den Typ des barocken Lobgedichts.

1802. *Mikrokosmus.* Mephistopheles benutzt das Wort hier spöttisch für Fausts Wunsch, das Leben allseitig kennenzulernen. Er hat schon in Vers 1347 den Mikrokosmus-Begriff angewandt, der polar mit dem *Makrokosmus*-Begriff zusammenhängt, der anfangs (430 ff.) vorkam. Beide Begriffe kehren in Vers 2012 wieder. Das Drama spielt in der Welt der pansophisch-magischen Begriffe des 16. Jahrhunderts, der vorneuzeitlichen Naturauffassung. Dieser Hintergrund wirkt sich bis in kleine Züge aus. – Vgl. Anm. zu Vers 430. – Bd. 9, Anm. zu 342,16 f.

1808. *Socken* von lat. soccus = Schuh, Kothurn der antiken Bühne (Erich Schmidt); von ital. zocco = Sockel einer Säule (O. Pniower, Euphorion 31, 1930, S. 367).

1810 ff. *vergebens hab' ich alle Schätze …* Nochmals wie in den Versen 1749 und 1768 die Verzweiflung des Gelehrten; dazu leitmotivische Bildsymbole einerseits das *Raffen,* anderseits das *Höher*-Wollen. Nach den drei großen Reden Fausts (1544–1571, 1583–1606, 1741–1759) bringt das Gespräch nun das Schlußakkorde des Themas der Wissens-Verzweiflung. Der Abschluß der Gelehrtentragödie ist zugleich (1836 ff.) die Vorbereitung des Satyrspiels der Studentenszene, die nun folgt.

1829. *mit in die Welt hinein!* W. Leithe in der Zeitschr. f. dt. Philologie 60, 1935, S. 414 vermutet, die Stelle heiße ursprünglich „grad mitt' in die Welt", d. h. „mitten in die Welt" nach Goethes Sprachgebrauch seiner Jugend.

1830. *spekuliert*: theoretisch nachdenkt, abstrakt bleibt. Bei Kant ist „spekulativ" oft „theoretisch" im Gegensatz zu „praktisch, vom Objekt her". Da nun in Jena in den 90er Jahren weitgehend von Kant aus philosophiert wurde, schreibt Goethe am 28. März 1797 an Knebel über Fichte und die *spekulative Tendenz des Kreises* (Briefe HA, Bd. 2, S. 260) und an Humboldt über die *cimmerischen Nächte der Spekulation* (16. Sept. 99; ebd. Bd. 2, S. 396). Das Wort hat bei Mephistopheles natürlich nur die allgemeine Bedeutung ,,theoretisiert", aber doch mit einem großen philosophiegeschichtlichen Hintergrund, der vom Altertum bis in die Neuzeit reicht. – Bd. 14, Sachregister ,,spekulieren"; Briefe HA, Bd. 4, Sachregister ,,Spekulation".

1838. *Nachbar Wanst*: ,,ein bequemer, wohlbeleibter Mensch ohne abmagernde Leidenschaften, der sich in solchem Einerlei wohlfühlt" (Witkowski).

1860. *Unbedeutenheit*. Goethe benutzt hier und in *Die natürliche Tochter* Vers 480 diese Form statt ,,Unbedeutendheit". Das Dt. Wb. sagt dazu: ,,mit feinem Gefühl für ungezwungen-natürliche Aussprache" (Bd. 11,3, Sp. 262 f.).

1868 ff. *Ich bin allhier ...* Die Studentenszene beginnt. Der Besucher kommt vom Gymnasium und will beginnen zu studieren. Er kennt den Professor Faust noch nicht, deswegen ist möglich, daß Mephistopheles sich für diesen ausgibt. Die Szene ist voll von Anspielungen auf Sitten des Universitätslebens im 16. und 17. Jahrhundert, die z. T. im 18. Jahrhundert nachwirkten. In der Zeit, als die Studentenzahlen klein waren, war beim Studienbeginn ein Besuch bei einem Professor zur Beratung üblich. Es war Sitte, diesem das Stammbuch vorzulegen. Das Studium sollte möglichst nach etwa vier Jahren abgeschlossen sein. Es begann an der ,,Artisten-Fakultät" (philosophischen Fakultät) mit Logik und meist auch Metaphysik, dann ging man zu einer der ,,höheren" Fakultäten über, zu Theologie, Rechtswissenschaft oder Medizin. Es war üblich, daß die Dozenten ein Lehrbuch zugrunde legten, das sie kapitelweise in ihren Vorlesungen erklärten. Diese Sitten bilden den Hintergrund des Gesprächs, das in den Kreis der Universitäts-Satire gehört, welche das Gegenbild zu Fausts unbegrenztem Streben bildet. – Das Schema, das um 1798 entstand, notiert: *helles kaltes wissenschaftliches Streben: Wagner. Dumpfes warmes wissenschaftliches Streben: Schüler.* Beide natürlich Vergleichsgestalten zu Faust, das zeigt sich besonders in Versen wie 1898–1901. – Die Szene steht schon im ,,Urfaust", wurde aber bereits für das *Fragment* von 1790 weitgehend umgearbeitet.

Über das Universitätsleben: August Tholuck, Das akademische Leben des 17. Jahrhunderts, 2. Bde. Halle 1853–54. – F. Paulsen, Gesch. des gelehrten Unterrichts, 3. Aufl. 2 Bde. Lpz. 1919–1921. – W. Erman und E. Horn, Bibliographie der dt. Universitäten. 3 Bde. Lpz. und Bln. 1904–1905 (Reprint 1965).

1911. *Collegium Logicum*: Vorlesung über Logik. Im 16., 17. und noch 18. Jahrhundert begann das Studium aller Wissenschaften damit, daß man in der philosophischen Fakultät Vorlesungen über Logik, Rhetorik, Metaphysik usw. mitmachte. Die Schulung in Logik war sehr gründlich, wurde aber mitunter zu geistlosem Formalismus. Goethe berichtet in *Dichtung und Wahrheit* über eine Logik-Vorlesung dieser Art, die er in Leipzig hörte (Bd. 9, S. 247,37ff.).

Zedler, Universal-Lexicon, Bd. 18, 1738, Sp. 260–272 sagt u. a.: ,,Logica artificialis ist eine durch Unterricht erlangte Fertigkeit, den wahren Verstand der logicalischen Regeln recht, das ist deutlich, einzusehn, und jede ins besondere in einem jeden vorkommenden besonderen Falle ... anzuwenden. Sie wird auch Schulwitz genennet ... Von der natürlichen gehet sie in so fern ab, daß jene die logicalischen Regeln nur undeutlich sowohl erkennet als anwendet; diese aber beides, eine deutliche Erkenntnis als deutliche Anwendung der logicalischen Regeln gewähret.'' (Sp. 262.) – Wilhelm Risse, Die Logik der Neuzeit. Stuttgart 1964ff.

1913. *spanische Stiefel*: Marterinstrument, wie Daumenschrauben.

1940. *Encheiresin naturae*: ,,Handgriff der Natur'' (von griech. cheir = Hand). *Encheiresin* ist der Akkusativ, der Nominativ ist Encheiresis. Goethes Straßburger Lehrer, der Chemiker Spielmann, benutzte dieses Wort für Verfahrensweisen der Natur im Zusammensetzen und Aufbauen, die vom Menschen nicht künstlich nachgeahmt werden können. Goethe spricht von *Encheiresis ... der Natur* noch in einem Brief an den Jenaer Chemiker H. W. F. Wackenroder vom 21. Januar 1832 (Briefe HA Bd. 4, S. 468). – E. O. Lippmann in GJb. 29, 1908, S. 163f. – HWbPhil., Bd. 2., 1972, Art. ,,Encheiresis naturae''.

1944f. *reduzieren*: zurückführen. Ein Fachausdruck, der in verschiedenen Wissenschaften angewandt wurde; *klassifizieren*: in eine bestimmte Klasse einordnen; die Logik lehrte, den einzelnen Fall, den ,,casus'', in eine Gruppe einzuordnen, zu *klassifizieren*.

380. *Metaphysik*. Nach der vom 16. bis 18. Jahrhundert üblichen Lehrmethode folgte auf den Unterricht in der Logik der in der Metaphysik, die sorgfältig abgegrenzt war von der Theologie, welche die Krönung aller Wissenschaften bildete. Es handelte sich um ,,Schulmetaphysik'' als Lehrfach und Unterricht auf Grund von Lehrbüchern, nicht etwa um Gedankensysteme eigenwilliger Denkerpersönlichkeiten. – M. Wundt, Die dt. Schulmetaphysik des 17. Jahrhunderts. Tüb. 1939. – M. Wundt, Die dt. Schulmetaphysik im Zeitalter der Aufklärung. Tüb. 1945.

1959. *Paragraphos*: Akkusativ des Plurals von lat. ,,paragraphus'' (nach dem griech. ,,paragraphos''), Ton auf der zweiten Silbe.

1961. *im Buche steht*. Die akademische Lehrmethode im 16. bis 18. Jahrhundert bestand vorwiegend darin, ein Lehrbuch zugrunde zu legen, das nach und nach durchgesprochen wurde.

1972. *Gesetz' und Rechte*. Goethes Vater war Jurist und besaß eine gute juristische Bibliothek (Nassauische Annalen 64, 1953, S. 58–63).

Goethe studierte Rechtswissenschaft in Leipzig und in Straßburg und äußerte sich später darüber in *Dichtung und Wahrheit;* dort schildert er den Geist der Juristen, welche sagten: *es wird nicht nachgefragt, wo und wie ein Gesetz entsprungen, was die innere und äußere Veranlassung dazu gegeben* ... *Wir fragen nach dem, was gegenwärtig besteht* ... usw. (Bd. 9, S. 359,27–361,7.) Goethe behielt in Weimar die Rechtswissenschaft immer im Auge, schon wegen ihrer Beziehung zur Verwaltung, und sammelte im Lauf der Jahre eine wohlausgewogene juristische Bibliothek von etwa 125 Werken. Er hat seit seiner Jugend das damals viel behandelte Thema des Naturrechts, das zu dem positiven Recht in einem Spannungsverhältnis steht, gekannt und durchgedacht. Die erste und die letzte seiner Thesen (*Positiones juris*), die er zum Examen in Straßburg einreichte, betreffen das Naturrecht. – Gertrud Schubart-Fikentscher, Goethes Straßburger Thesen. Weimar 1949. Insbes. S. 28–38. – W. Witte, Goethe and Jus naturale. Publ. of the English Goethe Society 22, 1953, S. 107–128.

2012. groß' und kleine Welt. Der Arzt muß die Beziehung von Mensch (Mikrokosmos) und Umwelt (Makrokosmos) kennen: der Mikrokosmos Mensch wird mit Mitteln des Makrokosmos geheilt, wenn der Arzt die Beziehungen zwischen beiden recht *durchstudiert* hat. Dies war seit Paracelsus eine oft wiederholte Definition der ärztlichen Kunst.

2045. Stammbuch. Es war im 16. und 17. Jahrhundert Sitte, daß jeder Student ein Stammbuch hatte, das er seinen Professoren vorlegte, die sich dort eintrugen. Da es keine Studienbücher gab (wie später), waren die Stammbücher nicht nur eine Autogramm-Sammlung, sondern auch eine Art Zeugnis für das Studium und die Begegnung mit Gelehrten. – Bibliographie der dt. Universitäten von W. Erman und E. Horn. Bd. 1. Lpz. u. Bln. 1904, Nr. 13758–13800.

2048. Eritis sicut Deus ... Die lateinische (in der Vulgata stehende) Fassung des Satzes 1. Mose 3,5. Die Schlange im Paradiese will Eva verführen, von dem verbotenen Baum zu essen. Eva antwortet, dann würden sie und Adam sterben. Die Schlange erwidert, das werde keinesfalls so sein, sondern: ,,Ihr werdet sein wie Gott und wissen, was gut und böse ist".

2052. die kleine, dann die große Welt: hier nicht wie in Vers 2012, sondern: die bürgerliche und die fürstlich-staatliche Welt. Insofern erstes Auftauchen des Motivs, daß Faust an den Kaiserhof kommt. – Ähnlich die Formulierung *die große Welt* in Bd. 7, S. 154,7.

2054. durchschmarutzen. Das Wort *schmarutzen* ist eine Nebenform zu ,,schmarotzen" = auf Kosten anderer leben, Parasit sein. Mephistopheles sagt also, Faust werde seine Weltfahrt mühe- und kostenlos machen. *Cursum* ist der Akkusativ von cursus. Es war im Deutsch der Gelehrten üblich, eingeflochtene griechische und lateinische Wörter in dem durch den deutschen Satz gegebenen Casus zu gebrauchen (so auch 1940 und 1958).

Auerbachs Keller in Leipzig

Auerbachs Keller, eine alte Studentenkneipe, war Goethe seit seiner Leipziger Studentenzeit bekannt, es gab dort zwei Wandgemälde, auf dem einen sitzt Faust zwischen trinkenden Studenten, auf dem anderen reitet er auf einem Faß, während die Studenten zusehen. Die Szene *Auerbachs Keller* steht schon im ,,Urfaust", aber in Prosa. Für den Druck des Fragments von 1790 arbeitete Goethe sie um in Verse. Der Vergleich zeigt, wieviel an künstlerischer Geformtheit und psychologischer Verfeinerung dabei gewonnen wurde. Fausts Anteil an dem Geschehen in ,,Urfaust" wird in der Vers-Fassung stark reduziert. Er bleibt passiv, und als im Höhepunkt des Gelages das Quartett im Chore schmettert (2293 f.), äußert er den Wunsch *abzufahren* (2296) – ein Zeichen dafür, daß Mephistopheles ihn nicht in die Umgebung gebracht hat, die seinen Wünschen günstig ist. – Es ist die erste Szene, in welcher Mephistopheles Menschen mit Wahn betört. Der Leser weiß es fortan. Was hier in Auerbachs Keller noch grotesk und harmlos erscheint, enthüllt später am Ende der Gretchen-Szenen und am Kaiserhof seine düsteren und unheimlichen Seiten. – Das Versmaß ist der wandlungsfähige *Faust*-Vers, meist vierhebig, aber auch länger, so daß einige Verse Sechstakter (Alexandriner) sind (2104 f., 2108, 2110, 2190, 2245 f. usw.), dazwischen die Kurzverse der Gesänge.

Vincenzo Errante in der Zeitschrift ,,Thema" 1949, Heft 2, S. 40: ,,Die Szene bewegt sich einmal ganz und gar in einer Orgie von Klang, in Ton-Malerei. Schon Trendelenburg hat bemerkt, daß diese erste Episode (mit dem vokalen Widerpart der vier lustigen Gesellen – Frosch und Brander: Tenor; Siebel und Altmayer: Baß) ein echtes Quartett darstellt, genauer: ein Quartett der komischen Oper. In dieses Quartett fügen sich als ,Rezitativ' die verschiedenen ,Romanzen' ein . . . Das von dem Bariton Mephistopheles gesungene Flohlied . . . leitet zum Schlußstück des komischen Opernauftritts über, den Zauberkunststücken des Mephistopheles, d. h. damit zur zweiten Episode, die ganz in einem erregten ,Crescendo' der Bewegung und der Klangstärke abläuft, das an den ,Rhythmus einer musikalischen Fuge' erinnert." – Beutler S. LV: ,,Die Wagnerszene stellt die Persönlichkeiten der Lehrenden bloß, die Schülerszene die Schwäche des Fakultätswissens, die Szene in Auerbachs Keller die Plattheit und Leere der Studenten. Für den Regisseur ist die letzte die gefährlichste im ganzen Stück, wenn die törichte Lautheit der Trinker den bestimmenden Ton durchhält; aber sie kann eine ganz große Szene Mephistos werden, wenn seine Dämonie schon bei seinem Eintreten in den Keller die Burschen wie Opfer umkrallt und in Trance setzt und so das primitiv unheimliche Grausen, das die älteste Schicht der Sage durchzieht, lebendig und wirksam wird."

2074. *Gesichter machen*: unfreundliche Gesichter machen. Speziell der Plural war in dieser Bedeutung üblich (Adelung). Ähnlich *Stella* Bd. 4, S. 326,26 und *Lehrjahre* Bd. 7, S. 10,15.

2082. *Runda*: Im 17. und 18. Jahrhundert Refrain in geselligen Liedern, dann auch Bezeichnung für ein Lied dieser Art. (Dt. Wb. 8, Sp. 1505 f.).

2098. *Papst erwählen*: einen wählen, der das Präsidium führt. Belege aus anderen Darstellungen des Studentenlebens (Laukhard, Arnim u. a.) nennt Erich Schmidt in seiner Ausgabe des „Urfaust", 5. Aufl., 1901, S. XLIV. – Dt. Wb. 7, Sp. 1449. – Fr. Kluge, Dt. Studentensprache. Straßburg 1895. S. 110.

2150. *Bursche*: Studenten, darüber hinaus allgemein: Mitglieder einer Gesellschaft. Das mittellateinische Wort „bursa" = Studentenwohnheim wurde zu „Bursche" = Studentengruppe; dann wurde „Bursche" als Plural aufgefaßt (wie hier) und der Singular „der Bursch" gebildet.

2154. *kahlen Platte*: Glatze. Ein Zeichen, daß Siebel nicht mehr im Studentenalter ist. (Dt. Wb. 7, Sp. 1909.)

2176. *die Würmer aus der Nase* ziehn: jemanden aushorchen, ihm ein Geheimnis entlocken. (Dt. Wb. 14, Sp. 2256.)

2180. *ist schraube sie*: ich necke sie (Dt. Wb. 9, Sp. 1655). Frosch will die Ankömmlinge durch Worte in die Enge treiben, so daß sie sagen, wer sie sind.

2189. *Rippach*: Dorf zwischen Leipzig und Naumburg. „Hans Arsch von Rippach" war eine Figur des Leipziger Studentenwitzes. Frosch nimmt an, daß die Fremden davon nichts wissen und also nur seine Kameraden die Anspielung verstehn; aber Mephistopheles pariert den Hieb und schlägt zurück, indem er Froschs Worte so deutet, als sei jener mit *Herren Hans* verwandt. – Dt. Wb. 4,2, Sp. 459.

2207 ff. *Es war einmal ein König* . . . Also doch ein *politisch Lied*, aber so bildhaft, so karikaturistisch und so künstlerisch-gekonnt, daß die Runde ganz davon hingenommen ist.

2235. *knicken*. Adelung: „mit Hervorbringung des Schalles ‚knick' zerbrechen. Läuse knicken (oder knacken) = zerdrücken".

2254. *judizieren*: urteilen, ein Urteil abgeben.

2257. *Schafft . . . an*: bringt herbei. – GWb. 1. Sp. 655.

2312. *vogelfrei*. Adelung sagt zu diesem Wort: „man gebraucht es nur von geächteten Personen, die jeder fangen oder auch töten darf, der da will oder kann." – Dt. Wb. 12,2, Sp. 407f.

2332. *Mein!* Volkstümliche Formel, wohl verkürzt aus „mein Freund" oder dergl. Hermann Paul, Dt. Wb. 6. Aufl. 1966, S. 424:„Zeichen für die Inanspruchnahme der Aufmerksamkeit". – Dt. Wb. 6, Sp. 1919f.

Hexenküche

Wenn man Eckermanns Aufzeichnung vom 10. April 1829 trauen darf, ist diese Szene in Rom im Garten Borghese entstanden. In „Urfaust" ist Faust ein junger Professor und bedarf keiner Verjüngung. Das umgearbeitete Drama verfährt anders. Die Szene *Hexenküche* bringt die erwünschte Verjüngung. Mephistopheles braucht diese als Weg in die Sinnlichkeit und in die Welt. Faust ist äußerlich, nicht innerlich passiv. Seine Vision (2429–2440) ist in magischer Weise subjektiv und objektiv zugleich; darum ähnlich wie in der Traum-Vision (1447–1505) die Wendung ins Faustisch-Große. Die Wirkung der Verwandlung zeigt sich schon in der folgenden Szene. Aber wie immer entwickelt sich nicht einfach das, was Mephistopheles beabsichtigt hat, sondern es erhält auch von Faust seine Prägung infolge seiner Innerlichkeit. In der Szene *Hexenküche* ist außer Faust und Mephistopheles nur eine Hexe anwesend, außerdem ihre Tiere. *Meerkatzen* sind Affen mit langen Schwänzen, sie werden im Text mehrfach nur als *Katzen* bezeichnet. Während in der Szene *Auerbachs Keller* Tiere nur metaphorisch vorkommen (2079, 2113, 2126 ff., 2156, 2164, 2208 ff., 2285, 2294 u. ö.), treten sie hier handelnd auf. Kurzverse sind ihre Sprache, deren sich auch die Hexe mitunter bedient. Die Mischung dieser Kurzverse und der Madrigalverse Mephistos und der Hexe paßt zu dem Ungeordneten, Wandelbaren, Verwandelnden der Hexenküche. Auch Fausts Verse gehören zu dem Typ der Vier- bis Sechsheber, heben sich aber im Sprachklang (nicht nur im Inhalt) von den Worten der anderen ab.

Edmond Vermeil, Revolutionäre Hintergründe in Goethes „Faust". In: Spiegelungen Goethes in unserer Zeit. Hrsg. von Hans Mayer. Wiesbaden (1949), S. 302–313. – Werner Keller in: Goethes Dramen. Neue Interpretationen. Hrsg. von W. Hinderer. Stuttg. 1980, S. 270.

2348. *Dich.* So steht es in *Faust, ein Fragment*, 1790. Alle späteren Drucke zu Goethes Lebzeiten haben *Doch.* Vermutlich ist in dem Druck von 1808 das *Doch* ein Druckfehler, der dann weiter übernommen wurde. Erich Schmidt setzte in der WA *Dich* in den Text ein.

2358. *acht es nicht für Raub*: sieh es nicht als Mißbrauch an. Diese Wendung auch in dem Brief an Schiller vom 28. April 1797 über *Faust*: *Freund Meyer wird es auch für keinen Raub achten, zu dieser barbarischen Produktion Zeichnungen zu verfertigen.*

2361. *Auf achtzig Jahr*: bis zum achtzigsten Jahr.

2392. *Bettelsuppen*: Suppen, wie sie an Bettler ausgegeben wurden. Am 26. Juli 1797 nennt Goethe im Brief an Schiller ein schwaches Drama von G. K. Horst *eine Bettelsuppe, wie das deutsche Publikum sie liebt.*

2401. *Lotto.* Italienische Form des Lotteriespiels, die im 18. Jahrhundert nach Deutschland übernommen wurde.

2416. *Sieb.* Im Volksaberglauben kommt das Sieb in vielerlei Zusammenhängen vor, z. B. erkennt man mit seiner Hilfe einen Dieb. Das Sieb ist ein Hilfsmittel der Hexen bei mancherlei Zauber. – HWbA 7, S. 1662–1701. – Dt. Wb. 10,1, Sp. 777.

2430. *Zauberspiegel.* Auch dies ein Motiv aus dem Volksaberglauben, ein Spiegel, mit dessen Hilfe man Zukünftiges oder Verborgenes sehen kann. – HWbA 9, S. 547–577. – Dt. Wb. 15, Sp. 365. – Da der *Zauberspiegel* nur als Gegenstand zu der Hexenwelt gehört, nicht in dem, was er zeigt, kann sich hier im Kontrast zu der mephistophelisch-hexischen Sphäre das Faustisch-Veredelnde auswirken.

2497. *Das nordische Phantom:* die Phantasiegestalt des Nordens. Goethe schreibt am 5. Juli 1797 an Schiller: „*Faust" ist die Zeit zurückgelegt worden, die nordischen Phantome sind durch die südlichen Reminiszenzen auf einige Zeit zurückgedrängt worden.*

2518. *schafft:* das Verbum „schaffen" hat zur Goethezeit – und darüber hinaus in Mundarten – mitunter die Bedeutung: auftragen, befehlen (mit dem Akkusativ der Sache). – Dt. Wb. 8, Sp. 2030.

2540–2552. *Hexen-Einmaleins.* Goethe am 4. Dezember 1827 an Zelter, die Frage nach der Verfasserschaft einzelner *Xenien* abweisend: *Ebenso quälen sie sich und mich mit den „Weissagungen des Bakis", früher mit dem Hexeneinmaleins und so manchem andern Unsinn, den man dem schlichten Menschenverstande anzeignen gedenkt. Suchten sie doch die psychisch-sittlich-ästhetischen Rätsel, die in meinen Werken mit freigebigen Händen ausgestreut sind, sich anzueignen und sich ihre Lebensrätsel dadurch aufzuklären!* (Briefe HA Bd. 4, S. 264.)

2577. *Sibylle.* Ursprünglich bezeichnet das Wort eine Wahrsagerin, in der griechischen, römischen und mittelalterlichen Sage gedacht als würdige Frau. Im 18. Jahrhundert bekommt das Wort in der deutschen Umgangssprache mitunter die Bedeutung „häßliche alte Frau, Hexe". Mephistopheles wählt also geschickt und witzig eine vieldeutige Anrede, die er mit dem Beiwort *trefflich* würzt. – Band 7, S. 37,17; 75,7f.; 476,9.

2581. *ein Mann von vielen Graden.* Die akademischen Grade sind Magister, Professor, Doktor, doch in Mephistos zweideutiger Sprache ist immer möglich, daß er auch noch an ganz anderes denkt.

2590. *Walpurgis.* Erste Hindeutung auf die Walpurgisnacht, auf der sich der Teufel mit den Hexen trifft. *So darfst du . . .:* so brauchst du es mir nur zu sagen, wenn wir uns bei der Walpurgisnacht sehen.

2604. *Helenen:* hier bedeutet *Helena* nur die schönste, begehrenswerteste aller Frauen. Noch kein Hinweis auf das Helena-Motiv des 2. Teils. Wieder ist die flektierte Form benutzt, der griechische Akkusativ; Akzent auf der ersten Silbe.

Straße

Beginn der Gretchenszenen, die nun in geschlossener Folge bis zum Ende des 1. Teils – nur durch die *Walpurgisnacht* unterbrochen – mit der inneren Logik und Unerbittlichkeit tragischen Geschehens sich entwickeln. Von Anbeginn hat Mephistopheles seine Hand im Spiel, und die Spannung zwischen Innerlichkeit und Schuld ergibt eine Verflechtung im Spiel zu dreien. Mephistopheles will Sinnlichkeit, bei Faust wird es Liebe, Mephistopheles will *flache Unbedeutenheit* (1861), bei Faust wird es allhaltige Seligkeit, und insofern siegt das Faustische. Aber Faust bedient sich fortgesetzt Mephistos und verwickelt sich dadurch in Lüge, Verführung, Mord und Untreue; insofern siegt das Mephistophelische. So sehr es das äußere Geschehen bestimmt, so wenig kann es aber innerlich Gretchen etwas anhaben, und im höchsten Elend, im Kerker, entscheidet sie sich völlig rein zu ihrer Welt. Die Unbewußte und Sanfte wird zur sicheren und klaren Gegenspielerin des Teufels, und diese Tendenz, die hier nur in menschlicher Perspektive erscheint, wird am Ende des 2. Teils dann aus göttlicher Ordnung anerkannt und von aller Bedingnis gelöst. Im Gegensatz zu der bisherigen Szenenreihe, die ganz von Faust beherrscht war, männlich, gedanklich, düster und stürmisch, folgt jetzt das Weibliche, Gefühlte, Lichte und Sanfte. Auf das Gelehrte das Volksliedhafte. Faust und Gretchen sind Polarität, die sich anzieht; sie und Mephistopheles Gegensätze, die sich fliehen. Gretchen kommt, als wir sie zum ersten Male sehen, aus der Kirche. Auch später erscheint immer wieder ihre Verbundenheit mit christlicher Religiosität. Der Gegensatz zu Mephistopheles wird schon hier zu Beginn deutlich.

E. Beutler in Bd. 5 der Gedenk-Ausgabe (Artemis-Verlag) 2. Aufl. 1962, S. 721f., 724f. und im Jahrbuch des Freien Deutschen Hochstifts 1936–1940, S. 594–686. – H. A. Korff, Geist der Goethezeit. Bd. 1, S. 244–251. – Vermeil in: Spiegelungen Goethes in unserer Zeit. Wiesbaden (1949), S. 282–298. – Wolfgang Kaysers Faustkolleg, nachgezeichnet von Ursula Kayser. Privatdruck Göttingen 1962. S. 15–31. – Pyritz, Goethe-Bibliographie, Bd. 1, S. 701f. – Barker Fairley, The Gretchen Tragedy. In: Fairley, Goethe's Faust. Six essays. Oxford 1953. S. 44–65. – Georg Lukács, Die Gretchen-Tragödie. In: Lukács, Goethe und seine Zeit. Bln. 1953, S. 225–240. Wieder abgedruckt in: Aufsätze zu Faust I. Hrsg. von W. Keller. 1974, S. 476–495. – Werner Keller in: Goethes Dramen. Neue Interpretationen. Hrsg. von Walter Hinderer. Stuttg. 1980. S. 270–275.

2605. *Fräulein*. Adelung schreibt noch 1808: „Fräulein: ein Ehrenname unverheirateter adeliger Frauenzimmer." Bürgerliche Mädchen wurden mit „Jungfer" angeredet. Ebenso 2906, 3020. – Hermann Paul, Dt. Wb.

2617. *kurz angebunden war*: mit kurzen Worten mich abtat, mit wenig Worten die Zurückhaltung deutlich machte.

2619. *Dirne*: Mädchen, wie 828, 960, 3174 u. ö.

2623. *Stuhl*: Beichtstuhl.

2630. *dünkelt ihm*: es dünkt ihn in seiner Überheblichkeit, er meint in seinem Dünkel. Wie 6748.

2633. *Magister Lobesan*. Seit dem Mittelalter wurde das Adjektiv „lobesan" oder „lobesam" (= löblich) formelhaft einem Titel nachgesetzt, so bei Goethe in dem Gedicht *Wenn einen sel'gen Biedermann, Pastor oder Ratsherrn lobesan* ... (Bd. 1, S. 88). Seit dem Erstdruck ist *Lobesan* hier groß geschrieben. Das entspricht dem Gebrauch der Zeit, die daraus eine Art Eigennamen machte (Dt. Wb. 6, Sp. 1083 f.), ähnlich wie vorher in Vers 2628 *Hans Liederlich* (Dt. Wb. 6, Sp. 991).

2636. *junge Blut*: in der Sprache des 16. Jahrhunderts und des Volksliedes formelhaft für einen jungen Menschen, für Jugend. In diesem Sinne auch in 872 und 2798.

2639. *was gehn und stehen mag*: was überhaupt geht, was im Bereich der Möglichkeiten liegt. Dieselbe Wendung 2998.

2654. *Schimpf*: Scherz.

2674. *Gleich schenken* ... Sowie Mephistopheles allein ist, fällt er in seine eigene spöttisch-kühle Sprache, rhythmisch gekennzeichnet durch den Alexandriner (2674).

Abend

2690. *schmachtend*: sehnsuchtsvoll; wie 459, 794.

2705. *Teppich*. „Eine jede zierliche, besonders gewirkte Decke, womit die Wände, Fußböden, Tische, Sitze, Altäre usf. zur Zierde bekleidet werden" (Adelung).

2706. *den Sand*. Witkowski sagt hierzu: „Die ungestrichenen Dielen sind mit weißem Sand in krausen Linien bestreut". – Dt. Wb. 8, Sp. 1756f.

2711. *Natur! hier bildetest* ... Die Natur bildete leicht, traumhaft das aus, was Gretchen von Geburt an wesenseigen war. Die Sprache hier und im Folgenden stark lyrisch, mit der Ausdruckskraft des Sturm und Drang (Bd. 1, S. 33 ff. u. Anm.), die innere Berührtheit Fausts durch die Atmosphäre symbolisierend. *Engel* für einen geliebten jungen Menschen öfters in der Sprache der Zeit (Dt. Wb. 3, Sp. 472; Adelung), auch bei Goethe, z. B. in dem Gedicht *Warum ziehst du mich* ... (Bd. 1, S. 97).

2716. *Entwirkte sich*: entwickelte sich. Das Wort *wirken* für den Vorgang naturgemäßer Entfaltung kommt auch 346, 441 und öfter vor, zumal auch in der Verbindung mit dem Bilde des *Webens* der Natur wie in 503 und 509. – Dt. Wb. 3, Sp. 660. – Fischer, Goethe-Wortschatz S. 197.

2727. *Der große Hans*: seit dem 16. Jahrhundert volkstümliche Wendung für einen Mann, der etwas ist und darstellt, eine bedeutende Stellung hat. – Dt. Wb. 4, 2, Sp. 456f. – Morris, 6, S. 543.

2730. *kehre*. Das Verbum *kehren* für „zurückkehren" ist bei Goethe häufig, z. B. *Faust* 2113, 9988; *Wanderers Sturmlied* 44; *Iphigenie* 954 u. ö. – Zu dieser Stelle macht Morris Bd. 6, S. 545 die Anmerkung: „Mephisto greift ein und vernichtet Fausts Entschluß zu entsagen." – Requadt S. 227 erklärt das Wort von den Versen 2711–2724 her, in welchen Faust Gretchens Welt in ihrer Besonderheit und sein eigenes ganz anders gerichtetes Wesen erkennt.

2744. *Ich kratz' den Kopf*: Geste des Nachdenkens, um einen Ausweg zu finden. Ähnlich die Regieanweisung in „Urfaust" bei Vers 277 und im *Divan* die Wendung *Die Mädchen krauten hinter den Ohren* Bd. 2, S. 114.

2759. *Es war ein König in Thule*. Im „Urfaust" lautet die Fassung etwas anders, in den Gedichten wiederum anders (Bd. 1, S. 79–81). – Max Kommerell, Gedanken über Gedichte. Frankf. a. M. 1943, S. 331f.: „Der *König in Thule* ist ... der Szene so unentbehrlich wie die Märchenverse vom Machandelboom der letzten Szene (Kerkerszene) ... sind. Im einen Fall hat Goethe selbst das altertümliche Gebilde geschaffen, das ihm not war, im anderen Fall hat er es gefunden, gewürdigt und eingesetzt. Wann, wo wird dieser *König in Thule* gesungen? Ein Mädchen singt ihn in ihrem gewohnten Schlafgemach, in dem plötzlich etwas anderes ist. *Mir läuft ein Schauer übern ganzen Leib – Bin doch ein töricht furchtsam Weib!* Kann man das Alleinsein mit sich selber inniger vorstellen als in einem Mädchen, das sich zum Schlaf entkleidet? Sie tut alles von sich ab, ist nur noch sie, dann kommt der Schlaf: dazwischen Gedanken und Gefühle, ungewollt, ungestanden. Sie hat den Mann gesehen, der sie anredete und den sie abwies. An den sie doch am Abend denken mußte, als sie vor dem Ausgehen ihre Zöpfe aufband. Dazwischen ist er dagewesen, hat auf ihr Bett geblickt, er und sein dämonischer Geselle. Die Luft ist belagert, ihr Schicksal hat schon begonnen, sie weiß und versteht es nicht, aber es ist da, spricht aus ihr selber, und sie fährt zusammen. Und so singt sie den *König in Thule*. Man sollte nicht fragen, was er mit ihr zu tun hat; sie singt ihn, gerade weil er ein fremdes, altes Lied ist. Das betroffene Herz ist, anders als sonst, sehr alten oder auch ganz neuen Dingen und dem Besuch aller Geister aufgetan. Da fallen uns Lieder ein, oder wir machen sie gar selber; Lieder, von denen wir nicht wußten, daß sie in uns waren ... ein einsamer, von geahntem Schicksal betroffener Mensch ... wird von der Ballade angeweht; weil sie ihm fremd ist, löst sie die Bangigkeit seines Herzens. Ein Mensch entrückt sich selbst, wenn er so etwas singt ..." – Werner Ross, „Es war ein König in Thule". In: Aufsätze zu Faust I. Hrsg. von W. Keller. 1974, S. 544–550.

2761. *Buhle*: Geliebte. Die Dichter des 18. Jahrhunderts übernahmen das Wort aus dem Volkslied, wo es ohne den tadelnden Nebensinn vorkommt, den es in der bürgerlichen Literatur dann erhielt. – Dt. Wb. 2, Sp. 499f. – Hermann Paul, Dt. Wb.

2765. Die Augen gingen ihm über: sie strömten über von Tränen, er weinte. Luther übersetzte Ev. Joh. 11,35 „Und Jesu gingen die Augen über", wo die Vulgata sagt „Et lacrimatus est Jesus".

2777. heiligen Becher. Das Wort *heilig* wird von Goethe, zumal in seiner Jugend, benutzt für das, was jemandem sehr kostbar, durch Gefühl verbunden, von persönlicher Bedeutung ist.

2781. Die Augen täten ihm sinken: die Augen brachen im Tode. Formal parallel zu 2765, dadurch Betonung der inneren Beziehung der beiden Situationen. Indikativisch; inhaltlich vorbereitet durch *letzte* in der Zeile davor. Die Augen „sinken" dem Einschlafenden, dem Sterbenden, in diesem Doppelsinne auch „die Augen schließen", „die Augen zutun" (Dt. Wb. 10,1, Sp. 1100). Die Umschreibung *täten ... sinken* statt „sanken" paßt zum Charakter eines alten Liedes. Sie war in der Umgangssprache zu Goethes Zeit, zumal in seiner Heimat, üblich, wobei die alte Form *täten* statt „taten" benutzt wurde (Dt. Wb. 11,1,1 Sp. 446). Vgl. auch *Faust* 2145, 2869f., 2880. Es ist bezeichnend, welche Personen so sprechen.

2798. junges Blut: wie in Vers 872 und 2636.

Spaziergang

vor 2805. Spaziergang: Spazierweg. Im „Urfaust" lautet die Regieanweisung *Allee,* also ein Weg im Freien, wo Faust auf Mephistopheles gewartet hat, der wieder auskundschaftete, was sich tun ließe.

2805. Bei war das formelhafte Wort in Schwüren, Beteuerungen usw., so z.B. „bei Gott", „bei meiner Treu", „bei meiner Seele" usw. Mephistopheles schwört bei dem, was ihm entspricht.

2818. Schnuffelt: von „schnuffeln, schnüffeln" = die Nase hineinstecken, den Geruch einziehen.

2823 ff. ungerechtes Gut. Die Mutter Gretchens und der Geistliche, von dem berichtet wird, benutzen in ihrer Sprache biblische Wendungen, welche in die Umgangssprache eingegangen waren, z.B. Sprüche Salomonis 10,2 „Unrecht Gut hilft nicht"; Offenbarung Johannis 2, 17 „Wer überwindet, dem will ich zu essen geben von dem verborgenen Manna". – *Befängt*: fesselt, lähmt. GWb 2, Sp. 180.

2826. Manna: biblischer Ausdruck für eine Himmelsgabe; die dem Volke Israel in der Wüste vom Himmel gespendete Nahrung; so 2. Mose 16,15 und 31; 4. Mose 11,7; Psalm 78,24. Die deutschen Bibelübersetzungen behielten meist die Form Manna aus der lateinischen Vulgata bei. Sie war deswegen in der Sprache des 18. Jahrhunderts allgemein bekannt. Daneben kam die Form „Man" vor, die dem Hebräischen entspricht.

2828. *ein geschenkter Gaul.* Mephistopheles benutzt das Sprichwort ,,einem geschenkten Gaul schaut man nicht ins Maul", d. h. bei einem Geschenk fragt man nicht, wie es beschaffen ist, wieviel es wert ist, sondern behält es.

Der Nachbarin Haus

2867. *Geht da stracks.* Frau Marthens Mann ist ins Ausland gegangen, die Ursachen werden nur angedeutet; es ist von *Gewerb* die Rede (2956) und *er liebte . . . das Wandern* (2995). Mephistopheles hat ausgekundschaftet, daß er nicht heimgekommen ist, und führt sich ein, um den Tod zu bezeugen. Da nach Rechtsgebrauch aber zwei Zeugen nötig sind, bringt er das nächste Mal auch Faust mit, und so ist die erwünschte Beziehung zu Gretchen hergestellt.

2887. *Spazier . . . dem Spiegelglas vorüber*: gehe vor dem Spiegel hin und her. – Dt. Wb. 12,2, Sp. 1804.

2898. *erbeten*: erbitten. Im Brief an Boisserée 16. Juni 1826: *Mitteilungen mir erbetend.*

2904. *Nachmittage.* Adelung schreibt: ,,Auch adverbialiter gebraucht: ,Ich komme Nachmittag', im gemeinen Leben ,nachmittage'". Mephistopheles spricht also bei Frau Marthe so, wie man ,,im gemeinen Leben" spricht.

2906. *Fräulein*: adlige Dame, wie 2605.

2911. *scharf*: ,,durchdringend" (Fischer, Goethe-Wortschatz S. 523), ,,prüfend" (Fischer-Lamberg Bd. 5, S. 478).

2921. *Ich möchte drum . . .* Nach dem Erstdruck, 1808. Die übrigen Drucke aus Goethes Lebzeit haben *Ich würde drum,* doch ist dies wohl ein Druckfehler, das Wort *würde* aus der folgenden Zeile vorwegnehmend.

2933. *Schaustück*: Schaumünze, Medaille, wie sie im 16., 17. und 18. Jahrhundert beliebt waren. – Adelung unter ,,Schaugeld".

2937. *Madam.* Die Anrede *Madam* kam in Deutschland im 17. Jahrhundert auf. Sie ist, genau genommen, ein Anachronismus; doch man darf *Faust* nicht allzu sehr auf das 16. Jahrhundert festlegen; auch das *Wochenblättchen* 3012 paßt ins 18. und nicht ins 16. Jahrhundert.

2962. *fabelte*: er redete irre, phantasierte. – Dt. Wb. 3, Sp. 1216.

2977. *sich.* In der Oktavausgabe der *Ausg. l. Hd.* steht *sich;* die früheren Drukke und der ,,Urfaust" haben *sich's.*

2982. *Napel*: Napoli, Neapel. Da Mephistopheles gern zweideutig spricht und im folgenden sagt, daß Herr Schwerdtlein die Folgen des Umgangs mit der Dame *bis an sein selig Ende spürte,* deutet er an, daß diese ihm die ,,neapolitanische Krankheit", die Syphilis, hinterließ.

3019. *Knab'* in der Bedeutung ,,junger unverheirateter Mann" oft im Volkslied; in *Faust* 79, 832, 6514, 8395; ferner Bd. 1, S. 78 u. ö. – Dt. Wb. 5, Sp. 1311–1323.

Straße (3025–3072)

3025. *fördern*: vorwärtskommen, Fortschritte machen. Fischer, Goethe-Wortschatz S. 240.

3034. *ausgereckte*: ausgestreckte. Adelung: „nur in der niedrigen Sprechart üblich". – GWb. 1, Sp. 1201.

3037. *Sancta Simplicitas*: heilige Einfalt.

3040. *Da wärt Ihr's nun*. Bezieht sich auf *heil'ger Mann*. „Du redest wie ein Heiliger; in diesem Falle willst du es plötzlich sein, während du doch . . ." usw.

3068. *Hör! merk dir dies . . .* Die Verse sind im Klang sehr unregelmäßig, abgerissen, gezwungen, Ausdruck davon, daß Faust nur mit innerem Widerstreit, leidenschaftsgetrieben in den Plan willigt, den er vorher (3039) aus seinem Denken heraus ablehnte. Er sagt zu Mephistopheles, dieser wolle recht behalten, doch er solle seine Beredsamkeit sparen, denn nicht durch sie sei Faust zu dem mephistophelischen Plan zu bringen, er sei schon bei ihm, aber aus einem inneren *Muß*.

Garten

3081. *Inkommodiert Euch nicht*: Macht Euch nicht Mühe. – Bd. 6, S. 17,32.

3098. *häufig*: einen Haufen, viele.

3101. *Kurzsinn*: „Beschränktheit, Kurzsichtigkeit" (Fischer, Goethe-Wortschatz S. 393). Ähnlich das Adjektiv *kurzsinnig* Bd. 7, S. 129,5.

3139. *es durfte kaum sich regen*: sobald es sich nur regte, erwachte ich. Das Verbum *dürfen* im Sprachgebrauch des 18. Jahrhunderts, etwa in der Bedeutung „aus gegebener Situation handeln, etwas nötig haben", in diesem Sinne auch *Faust* 2590, 3258, 4747, 11748. Meist wird aber *dürfen* von Goethe in der modernen Bedeutung „Erlaubnis zu etwas haben" benutzt. Typische Stellen für die alte Bedeutung auch in Bd. 9, S. 222,10; S. 465,39; Bd. 10, S. 52,32; S. 121,3.

3172. *Unanständiges*: der guten Sitte nicht Entsprechendes, dem Anstand nicht Geziemendes.

3203. *Sommervögel*. Wörtlich: Vögel, die nur im Sommer da sind. Im 18. Jahrhundert aber „im engern und gewöhnlichen Verstande", wie Adelung sagt, die Schmetterlinge. So auch Bd. 1, S. 144, Vers 20. – Adelung. – Dt. Wb. 10, 1, Sp. 1563–65.

Ein Gartenhäuschen

Die Szene *Ein Gartenhäuschen* ist zeitlich nicht festgelegt. Inhaltlich ist sie die Überleitung von der vorhergehenden Szene zu der folgenden, eins der ganz kurzen Bilder, die Goethe in seiner Jugend im Drama liebte, wie die Szene *Nacht, offen Feld* (S. 139) und viele Szenen in der 1. Fassung des *Götz.*

Wald und Höhle

Der Schluß der Szene, die Verse 3342–3369, steht schon in „Urfaust", aber in anderer Fassung und an anderer Stelle. Der Hauptteil kam hinzu, als Goethe den Druck des *Fragments* von 1790 vorbereitete. Dort steht die Szene zwischen *Am Brunnen* und der Szene *Zwinger.* Die Hauptteile gehören also der Arbeitsperiode 1787–89 an.

Die Szene *Wald und Höhle* unterbricht die Reihe der Gretchenszenen; während deren Zauber immer mehr unseren Blick auf die Mädchengestalt lenkt, steht hier Faust allein; er scheint innerlich gewandelt; ist es der Einfluß des Erlebten? Noch einmal einer seiner großen Monologe, Bild seines Seelenzustands, als Selbstbildnis des Ruhelosen, Maßlosen (3345–3365) zurückweisend auf die Anfangsmonologe (354–517, 602–784, 1064–1099, 1112–1125), aber als beglückendes Erfassen der Natur, des Unendlichen im Endlichen, vorausweisend zu dem großen Monolog vom *farbigen Abglanz* (4679–4727), daher auch die beide verbindende Ausgewogenheit des Versmaßes. Neben Faust tritt Mephistopheles. Und er ist es, der von Gretchen spricht. Faust hat sich von ihr entfernt, er will nicht weiter *ihren Frieden untergraben.* Aber man spürt, daß Mephistopheles die Waagschale der Rückkehr, die ohnehin der anderen fast gleich steht, zum Überwiegen bringen wird. – Der Monolog, in welchem Fausts Innerlichkeit und Ernst sich ausspricht, ist in fünffüßigen Jamben gehalten, ohne Reim. Sobald Mephistopheles zu sprechen beginnt, setzt der Viertakter ein, verbunden mit dem Reim, den Mephistopheles für seine knappe, pointierte Sprache braucht.

Helene Herrmann in Zeitschr. f. Ästhetik, 12, 1916/17, S. 125ff. – Ernst Jokkers, Faust und die Natur. In: Jockers, Mit Goethe. Heidelb. 1957. Insbes. S. 100f. – Hans Jaeger in: „Aufsätze zu Goethes Faust I". Hrsg. von W. Keller, 1974, S. 428–442, legt dar, daß Faust die *Kraft, die Natur zu fühlen, zu genießen,* dem Erlebnis der Liebe verdankt und daß die Liebe immer in Goethes Werk dergleichen aufschließende Kraft hat. Ähnlich Albert Fuchs, Goethe-Studien. Berlin 1968, S. 55.

3217. *Erhabner Geist.* Faust redet hier den Erdgeist an, dieser hat ihm sein *Angesicht im Feuer zugewendet.* Es hieß bei Vers 482: *der Geist erscheint in der Flamme.* Faust sagt im folgenden, er habe jetzt Kraft, die *Natur* zu *fühlen* (3221). Er widmet sich ferner der Betrachtung der einzelnen Naturgegenstände, der *Reihe der Lebendigen.* Das ist ungefähr die Betrachtungsweise eines Naturforschers. Dann geht Faust weiter zum Bedenken der eigenen inneren Möglichkeiten (3233 f.) und der Gestalten der Geschichte (3238 f.). Wenn Faust hier sagt: *du gabst mir, gabst mir alles, warum ich bat,* so erinnert er sich nicht genau, um was er gebeten hat. Er wollte wissen, *was die Welt im Innersten zusammenhält,* er wollte Kenntnis von aller Dinge *Wirkungskraft und Samen;* er wollte *die Quellen alles Lebens, an denen Himmel und Erde hängt.* Diese umfassende Kenntnis hat er nicht erhalten, wohl aber eine im Bereich menschlicher Möglichkeiten liegende Beziehung zur Natur. Faust sagt fortfahrend, der Erdgeist habe ihm *den Gefährten* gegeben (3243), Mephistopheles. Damit ist nicht gesagt, daß Mephistopheles von dem Erdgeist kommt, sondern nur, daß Faust es so deutet. Der Leser, der den *Prolog im Himmel* kennt, weiß es besser. Entscheidend ist, daß Faust, nachdem seine edlen Seiten sich ausgesprochen haben, zugibt, daß er den Teufel *nicht mehr entbehren kann* (3243 f.) und seinem *Anfachen eines wilden Feuers* nachgibt. – Daß manches in diesem Monolog nicht recht zu dem Anfangsmonolog paßt, hängt natürlich mit der Entstehung in ganz verschiedenen Lebensepochen zusammen. Goethe hat gewußt, daß nicht alles aus einem Guß ist, aber er vertraute darauf, daß seine eigene Geistigkeit dem Ganzen in den Grundzügen ein einheitliches Gepräge gebe.

A. Daur, Faust und der Teufel. Heidelberg 1950, S. 408–410. – Eudo C. Mason, Exzentrische Bahnen. Göttingen 1963, S. 24–59.

3218. *Warum:* um was. Im 19. Jahrhundert setzte sich die Form ,,worum'' durch. – Dt. Wb. 13, Sp. 2195.

3233. *meiner eignen Brust geheime tiefe Wunder.* Neben die Offenbarung durch die Natur (3220–3231) tritt hier die durch das menschliche Innere, aber es ist für Faust bezeichnend: dieser Gedanke wird nur gestreift, er kommt nicht zum Tragen. Goethe dachte anders: *Im Innern ist ein Universum auch* ... (Bd. 1, S. 357), *Sofort nun wende dich nach innen* ... (Bd. 1, S. 370). Er hat den sittlichen Charakter des Geistes erkannt, ihn wiederholt ausgesprochen, z. B. in den *Wanderjahren,* und ihn im Leben zu verwirklichen versucht.

3258. *Du darfst.* Im alten Wortsinne: ,,Du brauchst mir's nicht im Ernste zu sagen'', ,,Es ist nicht nötig, daß du ernst zu reden anfängst''. – Vgl. 3139 u. Anm.

3265. *ennuyiert:* langweilt.

3268. *Kribskrabs:* Durcheinander. Frankfurter umgangssprachliche Form des seit dem 16. Jahrhundert belegten Wortes ,,Kribbes-krabbes''. – Dt. Wb. 5, Sp. 2203 f.

3273. *Schuhu:* der Uhu; lautmalende Bezeichnung, seit dem 16. Jahrhundert in der Literatur; zu Goethes Zeit vielfach benutzt. – Dt. Wb. 9, Sp. 1865 ff. – *versitzen:* tatenlos sitzen.

3300. *abgetrieben*: erschöpft, ermüdet. – GWb 1, Sp. 204.

3337. *Zwillingspaar*. Nach: Hoheslied 4,5. Goethe hat 1775 Teile des Hohenliedes übersetzt (Fischer-Lamberg Bd. 5, S. 360–365; WA 37, S. 299–310), darunter auch diese Stelle: *Deine beiden Brüste wie Rehzwillinge, die unter Lilien weiden*. Luther: „die unter den Rosen weiden".

3349. *Zweck*: in der alten Bedeutung „Ziel". Dt. Wb. 16, Sp. 955–963.

Gretchens Stube

3374ff. *Meine Ruh' ist hin* ... Horst Joachim Frank, Handbuch der deutschen Strophenformen. München 1980, S. 80: „Dieser einfache Vierzeiler aus betont endenden jambischen Zweihebern zeigt in seiner Schlichtheit und Kürze eine eigentümliche Schwere. Die gleichförmigen, viersilbigen Verse erlauben keine syntaktische Entfaltung. Sie nehmen meist kurze Fügungen auf, in denen ein sinnschweres Substantiv oder Verbum dominiert ... Gretchens Lied gab dieser nur scheinbar volkstümlichen Strophe jenen beklommen sehnenden Ton, dessen Natürlichkeit durch die metrischen Unregelmäßigkeiten noch überzeugender wirkt." – Ausführlich interpretiert von Albert Fuchs in: Deutsche Weltliteratur von Goethe bis Ingeborg Bachmann. Festgabe für A. Pfeffer. Hrsg. von K. W. Jonas. Tübingen 1972. S. 28–44. – Faust und Gretchen sind getrennt. Seinen Monolog bringt die vorige Szene, den ihren diese. Der seine beginnt in großartigen Blankversen und endet in dem schwankenden Gefüge der Madrigalverse, mischt Worte des weltanschaulich-wissenschaftlichen Denkens und solche der wilden Leidenschaft, männlich, ausgreifend, zerrissen. Gretchens Wort ist wie ein Lied, ein Volkslied, durchgehend auf einen Klang gestimmt, weiblich, gerundet, seelenhaft. Sie ahnt nicht die Schlußworte seines Monologs und er nicht die des ihren; der Hörer aber, beide erfahrend, sieht nun Kommendes aufsteigen, und so haben die zwei Monologe die Handlung nicht unterbrochen, sondern zu einem entscheidenden Punkte getrieben.

Marthens Garten

3415. *Wie hast du's mit der Religion?* Der Schluß von Gretchens Monolog war: *Vergehen* in der Liebe; hier steht der Mensch nur noch vor einer höchsten religiösen Instanz, das Ich, und ebenso das Du. Darum gerade jetzt – nach der Bereitschaft in der vorigen Szene, vor dem Geschehen in der folgenden – die Frage nach dem Religiösen; dazu ein letztes Sich-Wehren gegen Mephistopheles (3470), durch den später das Verhängnis kommt. Für Gretchen kann Religiosität nur kirchliche Frömmigkeit sein; dieser religiöse Zug – schon in ihrer ersten Szene, zunächst noch ganz von außen gesehen, als Kirchgang (2621) – gewinnt immer mehr Tiefe bis zu den Jenseits-Visionen im Kerker (4585, 4607–4609). – E. Beutler, Jb. des fr. dt. Hochstifts, 1936–40, S. 623 ff. – H. Herrmann S. 125 ff.

3432 ff. *Wer darf ihn nennen* ... Fausts religiöses Bekenntnis, ausgehend vor allem von der Größe der Natur und dem Erleben des Unendlichen in der Endlichkeit des schönen, geliebten Menschen (3446) sowie dem inneren Gefühl der Abhängigkeit und des Eingeordnetseins in ein Erhabenes. Nicht genannt wird hier das sittliche Sollen, dem Goethe später so große Bedeutung beilegt (Bd. 1, S. 370 und *Wilhelm Meisters Wanderjahre*). Die Worte Fausts stehen ganz im Zusammenhang des Dramas; es sind die Worte des verjüngten Faust, in gewisser Weise auch das Bekenntnis des Sturm und Drang. Goethe selbst dachte weiter; seine Lehre vom Symbol ist präziser; und ebensosehr wie den ästhetischen Weg bewertet er – freilich vorwiegend in Äußerungen der Mannes- und Altersjahre – auch die Idee, die Pflicht, *schwerer Dienste tägliche Bewahrung* (Bd. 2, S. 105). Das Leidenschaftliche, Gefühlsgetragene, aber auch Schwankende des Faustischen Bekenntnisses spricht sich aus in freien Rhythmen. Erst mit Gretchens Worten beginnen wieder der Reim und die Vierhebigkeit. So wenig wie im Glauben geht sie in der Sprache aus einem festen Rahmen heraus. Fausts Worte sind ehrlich als Aussage dessen, was ihm im Augenblick vorschwebt. Gretchens Frage (3415) kommt aus tiefster Besorgnis: Faust erkennt das (3533). Als er über Mephistopheles spricht (3476, 3483, 3501), weiß er, daß er Phrasen macht. Unwillkürlich erkennt er Gretchens Wahrheit der Ahnung an (3494).

Beutler im Jb. des fr. dt. Hochstifts 1936–40, S. 623. – E. M. Wilkinson, The Theological Basis of Faust's Credo. German Life and Letters 10, 1957, S. 229–239. Dasselbe in deutscher Sprache in: Aufsätze zu Goethes Faust I. Hrsg. von W. Keller. 1974, S. 551–571.

3436. *sich unterwinden.* Aus dem Sprachbereich Luthers (Apostelgeschichte 19,13), im 16. und 17. Jahrhundert häufig. Dt. Wb. 11,3, Sp. 1909: ,,sich vermessen, anmaßen, getrauen, sich zu etwas versteigen, wagen, sich erdreisten, erkühnen, erfrechen u. dgl.''.

3469. *Es tut mir lang schon weh.* Die Worte Gretchens über Mephistopheles schließen unmittelbar – und nicht zufällig – an den Satz *Denn du hast kein Christentum*. Gretchen hat ein intuitives Grauen vor Mephistopheles, so sehr, daß sie sich, wenn er hinzutritt, ihrer Liebe nicht mehr bewußt ist (3497). Sie glaubt – bezeichnend für ihre Situation –, in seiner Gegenwart nicht beten zu können (3498). Später dagegen, in der

Kerkerszene, rettet sie sich, als Mephistopheles eintritt, ins Gebet (4607); sie gibt sich Gott anheim und löst sich damit aus ihrer Verstrickung in Schuld. Von Faust muß sie sich trennen, denn er bleibt dem Bösen verbunden (4610); ihre Liebe bleibt aber trotzdem bis in den Tod bestehen (4612).

3476. *Puppe.* Adelung: „ein liebreicher, schmeichelhafter Ausdruck für ein Kind, besonders weiblichen Geschlechts ... Geliebte auch erwachsene Personen des anderen Geschlechtes pflegt man in vertraulicher Zärtlichkeit gleichfalls mit diesem Namen zu belegen."

3496f. *Daß, wo er nur mag zu uns treten* ... Ein erster Vorklang des späteren Verses 4610, der ebenfalls nur dadurch möglich ist, daß Mephistopheles zu Faust tritt.

3521. *Der Grasaff*: „ein vielleicht ursprünglich mundartliches Wort, das von Goethe in die Literatursprache gehoben wurde" (Dt. Wb. 4, 1, 5, Sp. 1942). Bei Goethe auch in Briefen als Ausdruck für junge Mädchen und Frauen. – Briefe HA Bd. 1, S. 273,23. – Fischer, Goethe-Wortschatz S. 305. – Frankfurter Wörterbuch S. 397f.

Am Brunnen

3564. *nachts.* In südwestdeutschem Sprachgebrauch: abends nach dem Dunkelwerden. Goethe schreibt am 20. Sept. 1775 an Auguste Gräfin Stolberg: *Jetzt ist's bald achte nachts.* (Briefe HA Bd. 1, S. 398, 30f.).

3569. *Kirchbuß*. Zedlers Universal-Lexicon, Bd. 15, 1737, bringt einen Artikel „Kirchen-Buße" und sagt, diese sei „durch Gewohnheit eingeführt" und der Superintendent habe darüber zu entscheiden. Es wird darauf verwiesen, daß in Sachsen durch Verordnung vom 15. Aug. 1607 diejenigen, „die vor der Trauung sich fleischlich vermischet haben", öffentliche Abbitte leisten sollen und danach dann wieder das Abendmahl empfangen dürfen, aber als letzte in der Reihe. Die öffentliche Abbitte wurde von dem Prediger im Namen des Sünders von der Kanzel verlesen. – Für das Geheime Consilium des Herzogs Carl August verfaßte Goethe einen vom 14. Dezember 1780 datierten Aufsatz über die Abschaffung der Kirchenbuße (WA 53, S. 234–239; Goethes Amtliche Schriften. Bd. 1. Hrsg. von W. Flach. Weimar 1950, S. 115–119). Goethe setzt sich in diesem Aufsatz dafür ein, die Kirchenbuße in der um 1780 üblichen, für das Empfinden der Zeitgenossen veralteten Form abzuschaffen. – HWbA. 4, Sp. 509. – Handwörterbuch zur dt. Rechtsgeschichte, Bd. 2, 1978, Art. „Kirchenbuße".

3575f. *Das Kränzel ... Häckerling.* Den Kranz durften bei der Hochzeit nur unbescholtene Jungfrauen aufsetzen. „Setzte eine gefallene Braut doch den Kranz auf, so durften ihn die Mädchen mit Gewalt

herunterreißen." (HWbA 5, Sp. 413). ,,Häckerling, Häcksel, klein ge-
hacktes oder geschnittenes Stroh wird als Sinnbild einer wenig werten,
geringen und leichten Sache gefallenen oder mißbeliebten oder verlasse-
nen Mädchen am Maifeste, der Hochzeit und anderen Gelegenheiten
vor die Tür gestreut." (HWbA 3, Sp. 1299).

3578. *fehlen*: einen Fehler machen, einen Fehltritt tun.

3584. *bloß*: ,,wehrlos preisgegeben" (Fischer, Goethe-Wortschatz,
S. 125); ,,bloßgestellt, preisgegeben, ausgesetzt" (Dt. Wb. 2, Sp. 148).

Zwinger

vor 3587. *Zwinger*: Raum zwischen innerer und äußerer Ringmauer
der Stadt, also meist einsam. (Dt. Wb. 16, Sp. 1270.) In Nischen An-
dachtsbilder, so hier ein Madonnenbild. Die ersten neun Zeilen (drei
kleine Strophen) wie ein geformtes übernommenes Gebet, dann freies
Überströmen eigener Empfindung und Wechsel des Rhythmus. Die
Wendung *Das Schwert im Herzen* stammt aus den Worten des Simeon
zu Maria ,,und es wird ein Schwert durch deine Seele dringen" (Lukas 2,
35), sie war vielfach in die kultischen Anreden an Maria und in die
Hymnik übernommen, so in den Hymnus ,,Stabat mater dolorosa", in
die Sequenz ,,Planctus ante nescia" und die von diesen abgeleiteten
deutschsprachigen Werke. Goethe hat sich nicht viel mit lateinischer
Hymnik befaßt, aber er hat mit seiner Genialität des Ergreifens auch
hier Schönstes herausgefühlt und angeeignet. Während in der Domsze-
ne (3798 ff.) Hymnenverse feierlich-streng als Chorgesang erklingen,
sind hier Motive aus den Hymnen in Gretchens Gebet hineingewoben:
ein Schwert geht durch Marias Herz. Es mag für Gretchen früher nur
ein frommes Wort gewesen sein – jetzt plötzlich klingt es stimmungs-
haft-erlebnisstark in ihr auf, als sie in eigener Not betet. – Metrische
Analyse der Verse 3587 ff.: A. Heusler, Kl. Schriften, 1943, S. 480.

3598. *Gebein*: die Glieder des Körpers; wie 2474 und 8914.

3608. *Scherben*: Blumentöpfe. (Dt. Wb. 8, Sp. 2563.)

Nacht

3622. *Flor*: Blüte.

3624. *verschwemmt*: ,,hinuntergespült" (Fischer, Goethe-Wortschatz S. 694);
,,mit starkem Trunk das Lob bekräftigt" (Dt. Wb. 12,2, Sp. 1206); ,,mit Rede-
schwall gepriesen" (Witkowski, Faust-Kommentar).

3634. *Topp!* Ausruf zur Zustimmung, Bekräftigung. Wie 1698.

3640. *Stichelreden, Naserümpfen.* Das Motiv der Verachtung im Gefüge der Mitmenschen wird hier nur kurz angedeutet. Goethes Zeitge-

nossen wußten, was bei solchen Worten und bei Gretchens Wort *Schmach* (3616) gemeint war: die für die bürgerlichen Kreise jener Zeit bezeichnende grausame Behandlung eines „gefallenen" Mädchens, das von allen gemieden, von allen verachtet wurde. Die folgenden Angstvisionen Valentins von Gretchen als *Metze* (3753) zeigen, wie sehr er in eingefahrenen Bahnen denkt und dem Geschehen hilflos gegenübersteht. Dies ist die Denkart der Umwelt, in welcher Gretchen lebt. Die *Kirchenbuße* (3569) machte die Sünderin vor der Gemeinde verächtlich. Der ursprüngliche Sinn, daß die Büßende wieder in den Kreis der Gemeinde aufgenommen wird, war vergessen worden. Gretchen lebt in einem sozialen Gefüge, das den Einzelnen nur so lange trägt, als er konform lebt, ihn anderenfalls aber ausstößt. Sie ist nicht ein Mensch, der sich auf eigene Füße stellen kann. Ihr Bruder zeigt, wie sehr er in den überkommenen Begriffen lebt und von der Meinung der anderen abhängig ist. Gretchens spätere Verzweiflung ist nicht nur bedingt durch Fausts Enfliehen, sondern auch durch diese ihre Situation im Gefüge der kleinen Stadt, der Mitmenschen, die nun alle zu Feinden werden.

3651. *flämmert*: flammt.

3658. *tugendlich*: ironisch gemeint, wie es zu Mephistos Sprache paßt. An welche „Tugenden" er denkt, sagt schon die nächste Zeile. – Dt. Wb. 11,1,2, Sp. 1667.

3659. *Rammelei*. In den folgenden Zeilen sagt Mephistopheles, daß er an die *Walpurgisnacht* denkt, die ein Fest der Sexualität ist. – Dt. Wb. 8, Sp. 77.

3669. *Löwentaler*: Taler mit dem Löwenwappen.

3682. *Was machst du mir* ... In Anlehnung an das Lied Ophelias in „Hamlet" IV, 5. Darüber Goethe zu Eckermann am 18. Januar 1825 und ähnlich zu Kanzler v. Müller am 17. Dezember 1824. – Beutler, 1940, S. 554: „Dämonischer Hohn Mephistos über das Schicksal seines Opfers".

3698. *beim Element!* Adelung: „In den niedrigen Sprecharten ist „beim Element", „zum Element", „Potz Element" eine Art des Fluches, oder vielmehr eines sinnlosen Ausdrucks einer heftigen Leidenschaft".

3706. *Flederwisch*. Ursprünglich: Gänseflügel, Federbesen; in der Sprache der Soldaten scherzhaft für Degen.

3715. *Blutbann*: Gericht in Strafsachen, zumal solchen, die über Mord entscheiden und Todesurteile aussprechen. (HandWb. zur dt. Rechtsgeschichte. Bd. 2, 1978, Art. „Hochgerichtsbarkeit".) – Mephistopheles kann Valentins Hand lahm machen und könnte in ähnlicher Weise auch die *Polizei* für den Augenblick durch Zauber binden. Er kann aber nicht hindern, daß Faust verurteilt wird und dann von jedem ergriffen werden darf. Das sagt er dann auch in der Szene *Trüber Tag*,

Feld. Mephistopheles erreicht es auf diese Weise, Faust zur Flucht zu bewegen.

3753. *Metze:* Konkubine, Hure.

3756. *goldne Kette.* Nach altem Recht durfte eine „Buhlerin" keine goldene Kette tragen, auch war sie von kirchlichen Handlungen ausgeschlossen; darauf zielt der folgende Vers.

3762. *dann* nach der Handschrift; die Drucke haben *denn.*

3769. *reiche Maß.* Von dem Femininum „die Maß", das bis zu Goethes Zeit üblich war, adverbial formelhaft in der Bedeutung „in reichem Maße". – Dt. Wb. 6, Sp. 1727 ff.

3774. *Ich gehe durch den Todesschlaf* ... Beutler, 1940, S. 553: „Durch Valentins Tod verliert Gretchen, gerade da sie am meisten der Hilfe bedarf, ihre einzigen Beschützer, den Geliebten und den Bruder zugleich. Faust flieht als Mörder. Der Bruder fällt für den Schutz Gretchens und mehr noch für die eigene Geltung. Im Tod brandmarkt er – bei weitem nicht so ehrenwert, wie er glaubt, daß er sei – die eigene Schwester gegen Wahrheit und Wissen vor den Mitbürgern als öffentliche Dirne und stößt sie durch diesen Verrat noch tiefer ins Unglück. Gretchen ist allein, verfemt, allem und jedem preisgegeben."

Dom

vor 3776. *Amt:* Gottesdienst, Messe (GWb 1, Sp. 454). Wie im Brief an Frau v. Stein 3. Februar 1787: *In der Sixtinischen Kapelle war Amt, wo die Kerzen geweiht werden,* u. ö. Da im folgenden die Sequenz *Dies irae, dies illa* ertönt, die zur Seelenmesse, dem Requiem gehört, handelt es sich um eine Totenmesse, ohne daß gesagt ist, wem sie gilt. Die Sprache des Bösen Geistes und Gretchens – die ganze Szene hindurch Freie Rhythmen – hat etwas Schwankendes, Unruhiges und insofern Subjektives. Und dazwischen das Gegenteil, viermal die Hymnenworte in festen, objektiven Versen und sicheren Reimen, alt, sachgebunden, erhaben über das Einzelschicksal. Während der Rhythmus in dieser Weise verschieden ist, berührt sich das Inhaltliche: Motive der Sequenz kehren, ins Persönliche gewandelt, in den Worten des Bösen Geistes wieder, etwa wenn er an die *Posaune* des jüngsten Gerichts erinnert. Der Hymnus *Dies irae, dies illa* hat 18 Strophen; Goethe hat nur drei davon ausgewählt, welche von der Angst des Sünders vor dem Gericht sprechen. Der Hymnus spricht aber auch – und ausführlicher – von dem verzeihenden Erbarmen und der Vergebung der Schuld, und ebenso spricht davon die Liturgie der Totenmesse als Ganzes. Es ist bezeichnend für Gretchen in diesem Augenblick, daß sie nur bestimmte Motive hört: Gericht, Ausbreiten aller Schuld, verzweifeltes Suchen nach einem Fürbitter. Die Worte, welche Gretchen von dem Bösen Geist vernimmt haben Beziehung zu den Worten der Sequenz. 3801 *Die Posaune tönt* „Tuba mirum spargens sonum / Per sepulcra regionum / Coget omnes ante thronum." 3821 f. *Sünd' und Schande / Bleibt nicht verborgen*: „Quidquid latet adparebit ..." 3828 f. *Ihr Antlitz wenden /Verklärte von dir ab*: „Quem patronum rogaturus?" Die Worte des Hymnus knüpfen ihrerseits an Bibelworte an: Matth. 24,31; 25,31 ff.; 1. Kor. 15,52; 1. Petrus-Brief 4,18; Offenbarung Johannis 20,12 u. a. – Goethe war in lutherischer Umgebung aufgewachsen, doch Frankfurt hatte auch katholische Kirchen, und der Dom war katholisch. Goethe hatte von Jugend an Aufmerksamkeit für die katholische Kirche, und in der Zeit, bevor er *Faust* begann, hatte er Verbindung zu katholischen Familien wie den Brentanos und zu dem Domdechanten Du Meiz, den er seit 1771 kannte. In *Dichtung und Wahrheit* sagt er, daß dieser ihm *über den Glauben, die Gebräuche, die äußern und innern Verhältnisse der älteren Kirche schöne und hinreichende Aufschlüsse* gab. (Bd. 9, S. 586, 15 ff. u. Anm.) Den Text von *Dies irae* konnte Goethe in jedem katholischen Meßbuch finden. Er ist eine Sequenz (Sonderform des lateinischen Hymnus), die seit dem Mittelalter zur Liturgie der Totenmesse gehörte. Sie wird Thomas von Celano (gest. 1250) zugeschrieben. Daß Goethe Gretchen in einer katholischen Umwelt ansiedelt, hatte wohl innere Gründe; es war im Rahmen der Dichtung des Sturm und Drang etwas Ungewöhnliches.

Lex. f. Theol. u. Kirche. 2. Aufl. Bd. 10, Art. „Totenoffizium". – F. G. Lisco, Dies irae. Bln. 1840. – Ein Jahrtausend lat. Hymnendichtung. Hrsg. von G. M. Dreves und C. Blume. Bd. 1. Lpz. 1909, S. 329 f. – Die kirchl. Hymnen u. Sequenzen. Dt. Nachdichtungen mit den lat. Texten. Hrsg. von O. Hellinghaus. Mönchen-Gladbach 1926, S. 530–537. – Der lat. Text auch in: Das dt. Kirchenlied. Hrsg. von Ph. Wackernagel. Bd. 1. Lpz. 1864 (Reprint 1964), S. 137 f. – Wilhelm Nicolay, Goethe u. das katholische Frankfurt. Frankf. a. M. 1933.

3788. *zur langen, langen Pein hinüberschlief.* Mephistopheles hat Faust für Gretchens Mutter ein Schlafmittel gegeben: sie ist daran gestorben. Gretchen ist völlig vereinsamt, Mutter und Bruder tot, Faust als Mörder geflohen, sie selbst durch Valentins letzte Worte vor den Leuten entehrt. Der grausamen sozialen Ächtung (3568 f., 3575 f., 3750 ff.) und den inneren Vorwürfen hat sie nichts entgegenzusetzen, da sie nur innerhalb der allgemeinen religiösen und sozialen Begriffe ihr Leben entwickelt hat. Auch hat sie keinen anderen Menschen als Halt. – Korff, Geist der Goethezeit. Bd. 1 S. 244 ff.

3798 ff. *Dies irae ...* In deutscher Übersetzung: „Der Tag des Zornes, jener Tag löst die irdische Welt in Asche auf."

3804. *Aschenruh*: der Tote ruht als „Asche" in der Erde (Hiob 34,15 u. a.), er wird auferweckt (*wieder aufgeschaffen*) zum Jüngsten Gericht, das den Schuldigen zu *Flammenqualen* führt.

3813 ff. *Judex ergo* ... ,,Wenn der Richter auf seinem Richterstuhl sitzen wird, wird offenbar werden, was verborgen ist, nichts wird ohne Vergeltung bleiben.''

3825 ff. *Quid sum* ... ,,Was soll ich Elender dann sagen? Wen als Fürsprecher anflehen? Da doch nicht einmal der Gerechte sicher ist.'' Gretchen kann nicht Latein, aber sie weiß: der Hymnus beim Seelenamt handelt von den Posaunen des Jüngsten Tages, der Auferweckung der Toten und dem Gericht. Sie bezieht dies nun auf sich selbst. Das Denken an die Gnade, das am Ende des Gebets im Zwinger stand (3619), fehlt hier.

3834. *Nachbarin! Euer Fläschchen!* Adelung: ,,Riechfläschchen, ein kleines, mit einem stark riechenden Spiritus angefülltes Fläschchen, in Ohnmachten u. s. f. daran zu riechen.'' Jahrhunderte haben nicht nur psychische, sondern auch physische Eigenheiten; zu denen des 18. Jahrhunderts gehören die häufigen Ohnmachten. Man trug als Gegenmittel Riechfläschchen bei sich. Gretchens Ruf sagt nur: ,,Ich werde ohnmächtig'' und bedient sich dabei einer Wendung, die damals häufig vorkam. Neben die zwei Sprachschichten der Szene – die von Gretchens verwirrtem Innern und die des kirchlich-objektiven Gefüges – tritt hier eine dritte, die des Alltags, deren sich Gretchen überall sonst bediente und von der sie nur durch die Übermacht inneren Erlebens sich fortentwickelt hat.

Walpurgisnacht

Fausts erstes großes Erlebnis seiner Weltfahrt ist ein Erlebnis der Leidenschaft. Was bisher als Handlung erschien, erscheint jetzt als Symbolik. Goethe scheut nicht, die Erotik in Faust auszusprechen, aber (es ist seine zurückhaltende Art) nicht als Realität, sondern als Symbolik, und nicht im menschlichen Bereich, sondern in dem der Geister. Walpurgisnacht ist Sinnlichkeit; nicht an sich böse, sondern durch das, was der Mensch daraus macht. Fausts Weg dahin ist Freude am Naturhaft-Starken (3838–3847); der Blick auf Lilith (4118 ff.) und der Tanz mit der jungen Hexe (4128 ff.) freilich sind bloße Geschlechtlichkeit. Aber es folgt die Gretchen-Vision mit Worten reiner Liebe (4184 bis 4205); eine Umkehr also. Das Ganze ist Spiegelung dessen, was in Faust in seiner Beziehung zu Gretchen lebendig ist, das eine und das andere, beides verbunden. Den Weg zur Walpurgisnacht (wie zur Hexenküche) führt Mephistopheles; aber Faust bleibt er selber und gibt dem Erleben auch von sich aus Form, Physisches und Psychisches verbindend (4184 ff.). Darum ist nach dem Wandel vom Hexentanz zur Liebesvision das innere Geschehen (und die symbolische Bilderreihe) abgeschlossen. Entwürfe zu einer weiteren Ausgestaltung der Walpurgisnacht als objektives Bild wurden beiseitegelegt. Mephistopheles erwartet Geschlechtlichkeit (wie später Machtgier), Faust macht daraus Liebe (ähnlich wie er auch im 2. *Teil* nicht nur das tut, was Mephistopheles will), freilich niemals rein, aber doch als Ansatz, aus seinem Wesen heraus. Die Symbolik der Seele als magische Welt ist (anders als die Gretchenszenen) sprachlich klangrauschend, opernhaft, sinnbetörend, virtuos; alles Rationale scheidet aus; Klang und Bild sind alles. Die Szene beginnt mit den schon so häufig benutzten Madrigalversen, dann aber folgen gleichmäßige Viertakter. Um die *Traum- und Zaubersphäre* (3871) zu gestalten, greift Goethe zu den Mitteln des Gesanges wie in der Oper. Nicht nur Faust und das Irrlicht singen, sondern auch Mephistopheles, und zwar nicht ein witziges Lied wie in Auerbachs Keller, sondern ein Lied von der geheimnisvoll-unheimlichen Natur (3871–3911). Später benutzt Mephistopheles Freie Rhythmen mit Reim (3938–3955), auch dies passend zu dem Bild der chaotischen Natur. Die Hexenchöre bringen knappe feste Rhythmen. So wechseln die verschiedensten Klänge, und mitunter wechselt Faust mitten im Satz den Rhythmus (4178–79). Die Fülle der Klänge entspricht der Fülle der Themen. Die Szene beginnt mit einem starken, sinnenhaften Naturgefühl (3841 ff.), es folgt das großartige Bild des Berges, dessen Metalladern glühen (3915–3935), dann der Wirrwarr der nächtlichen Wälder (3938–3955), bevor die Hexenszenen folgen. Goethes reicher Sprachschatz wird der Fülle dieser Bilder gerecht und fügt sich mit den Rhythmen zusammen.

Die Szene ist zwischen 1797 und 1805 entstanden. Im Februar 1801 entlieh Goethe aus der Weimarer Bibliothek mehrere Bücher über Zauberwesen; seine Bestellungen sind im Ausleihbuch in Weimar verzeichnet (Keudell Nr. 243 ff.); das Tagebuch nennt einige derselben, die er durchsah: Erasmus Francisci, Der Höllische Proteus. Nürnberg 1708. – Johann Praetorius, Blockes-Berges Verrichtung. Lpz. 1669. – Georg Rudolf Widmann, Das ärgerliche Leben ... des Schwarzkünstlers Johannis Fausti. Nürnberg 1674. – Nicolaus Remigius, Daemonolatria. Hbg. 1693. – Das sind Bücher von drittrangigen Autoren mit Kupferstichen von unbedeutenden Stechern, welche das Geschehen auf dem Blocksberg auf primitive Weise darstellen, möglichst mit Satan in der Mitte und den Hexen um ihn herum tanzend, während eine ihm den Hintern küßt. Goethe, der so leicht auf Anregungen reagierte, hat auf Grund des Gelesenen begonnen, eine Szene zu schreiben, in welcher Satanas von den Hexen in obszöner Weise verehrt wird. Doch er hat diesen Entwurf nicht weitergeführt und ihn unter den vielen anderen Entwürfen (den „Paralipomena") liegen lassen. Über die Gründe hat er nichts gesagt. Man könnte meinen, er habe seinen Lesern eine solche Szene nicht zumuten wollen, da die Zeitgenossen ihn ohnehin schon zu frei in seinen Äußerungen fanden. Doch der Grund sitzt vermutlich tiefer. Was ist in *Faust* das Böse? Es ist eine Kraft, die immer daran arbeitet, das Gute umzudrehen, es zu pervertieren, es auszulöschen. Deswegen ist Mephistopheles unentwegt tätig, um das, was in Fausts Bereich sinnvoll gestaltend werden will, sinnlos und böse zu machen und möglichst ganz auszulöschen. Mephistopheles ist im *Prolog im Himmel* in Gottes Weltall zugelassen, er hat seine begrenzte Stellung, von der aus er aber grauenhaftes Unheil anrichten kann – vom Tod von Gretchens Mutter bis zum Untergang des neugewonnenen Landes im 5. *Akt* des *Faust II*. Für Faust wie für jeden Menschen gibt es das tägliche Sich-Auseinandersetzen mit dieser herabziehenden Macht, und es gibt die göttliche Weltordnung – mehr erkennt der Mensch nicht. Deswegen sind diese Mächte dargestellt, die Weltordnung am Anfang und am Schluß, die Macht des Bösen in dem ganzen Drama. Der Mensch kann seinem Wesen nach das Geisterreich nicht überblicken. Deswegen erscheint in dem ganzen Drama Mephistopheles als der zu Faust passende Teufel, aber nicht als ein Unterteufel, der sich seine Befehle von Satanas holt, auch nicht als der Teufel schlechthin, der für alles Böse in der Welt zuständig ist. Mephistopheles ist immer tätig, eben weil es das Seiende gibt, und weil er der Geist ist, *der stets verneint* (1338). Dieses durch das ganze Drama einheitliche Bild würde gestört, wenn es eine Szene gäbe, in welcher Satanas auftritt, nicht als der Zerstörer des Seienden wie Mephistopheles, sondern als ein Fürst in seinem eigenen Bereich. In den Entwürfen, die Goethe begonnen hat, besteht keine Beziehung von Satanas zu Mephistopheles, erst recht nicht von Satanas zu dem Herrn, ebenso nicht zu Faust. Dieser würde nur zusehen, wie die Hexen den Oberteufel hofieren. Das Bild des Bösen in der Welt, das in dem ganzen Drama so grauenhaft ist durch seine unentwegte Verminderung des Guten, wäre also weniger einheitlich durch eine Szene der Satansherrlichkeit, die in die Gefahr käme, ins Groteske abzugleiten. Das Reich Satans in den Büchern, die Goethe las, besteht abseits neben der Menschenwelt, nur die Hexen fahren dorthin. Das Böse in Goethes Dichtung ist unmittelbar in der Menschenwelt, es ist die dauernde zerstörende Macht am Rande des Guten. Dies ist wohl der tiefere Grund, warum Goethe die Szene mit Satanas weggelassen hat. Es kam ihm darauf an, Faust nach dem Tanz mit der Hexe das Bild Gretchens sehen zu lassen. Damit war das Wesentliche gesagt. Als Goethe im Sommer 1799 Miltons ,,Paradise Lost" las, schrieb er am 3. August 1799 an Schiller: *Der Hauptfehler, den er begangen hat, ... ist, daß er seine Personen, Götter, Engel, Teufel, Menschen, sämtlich gewissermaßen unbedingt einführt und sie nachher, um sie handeln zu lassen, von Zeit zu Zeit, in einzelnen Fällen bedingen muß.* Dieser *Hauptfehler* sollte in *Faust* vermieden werden.

Goethes Buch-Entleihungen für diese Szene: Keudell Nr. 243–252; Gräf, Bd. 2, 2 S. 104ff. – Über die Motive aus dem Volksaberglauben HwbA., Artikel „Brokken", „Irrlicht", „Hexe", „Maitag" (Walpurgisnacht), „Lilith", „Haar", „Uhr", „Kauz", „Häher", „Molch", „Eule" usw. – Max Morris, Die Walpurgisnacht. In: Morris, Goethe-Studien. Bd. 1. Berlin 1902, S. 54–96. – Siegfried Scheibe, Zur Entstehungsgeschichte der Walpurgisnacht in Faust I. Sitzungsberichte der dt. Akad. d. Wissenschaften zu Berlin, Klasse für Sprachen, Literatur und Kunst. Jg. 1965, Nr. 4, S. 5–61. – E. Vermeil, Revolutionäre Hintergründe in Goethes Faust. In: Spiegelungen Goethes in unserer Zeit. Wiesbaden 1949. S. 313–321. – Daur, Faust und der Teufel, 1950, S. 111–120 u. insbes. 414–416. – Staiger, Bd. 2, S. 356–362. – Albrecht Schöne, Götterzeichen, Liebeszauber, Satanskult. München 1982. S. 107–230. – Ausführliche Bibliographie: Pyritz, Bd. 1. 1965, S. 703; Bd. 2, 1968, S. 212.

vor 3835. *Walpurgisnacht*: die Nacht vom 30. April zum 1. Mai. – *Schierke und Elend*: Dörfer am Fuß des Brocken. Goethe kannte die Gegend von seinen Harzreisen.

3855. *Irrlicht*: ein Flämmchen, aus Sumpfboden aufsteigend. Von Goethe in *Dichtung und Wahrheit, Buch 6,* beschrieben (Bd. 9, S. 243, 10–26). Im Volksglauben auch als irreführender Dämon gedeutet. – Günther Schmidt, Irrlicht und Sternschnuppe. (Jb.) Goethe 13, 1951, S. 268–277. – HwbA. 4, Sp. 779–785.

3857. *fodern*: fordern; alte Form, bei Goethe häufig.

3871ff. *In die Traum- und Zaubersphäre* ... Mit den vierfüßigen Trochäen, die immer klingende Reime haben, d.h. viele Reimsilben, beginnt das Klanghaft-Opernartig-Sinnenprächtige. Die Landschaftsschilderung 3871–3911 vermischt Subjektives und Objektives, dämonisiert die Natur und wird zum Bilde magischer Welt wie nun die ganze Szene fortan.

3889. *Schuhu*: lautmalende Nachahmung des Rufes des Uhus, deswegen auch als Name für ihn angewandt, wie 3273.

3898. *Masern*: „knorriger Auswuchs eines Baumstammes" (Dt. Wb. 6, Sp. 1700).

3915. *Mammon*. Das Wort *Mammon* kommt im Neuen Testament vor (Matthäus 6,24; Lukas 16,9 und 16,11) als Bezeichnung des Reichtums. Luther hatte es (wie die lateinische Vulgata) in seiner Übersetzung unübertragen gelassen, weil es eine Art Personifikation ist. Durch die Bibel war das Wort im Deutschen bekannt. In Pfitzers Faustbuch Name eines Teufels; bei Milton ein Teufel, der Satan einen Palast mit feurigen Goldadern baut. (Über Goethes Beschäftigung mit dem „Verlorenen Paradies": Tagebuch 28. Juli 1799; an Schiller 31. Juli und 3. August 1799. Briefe HA Bd. 2, S. 385 und 387.) In der Walpurgisnacht kommen zwei Lieblingsgebiete des Teufels zur Darstellung, Gold und Geschlechtlichkeit. Das Gold-(oder Silber-)Motiv wird hier mit der bergmännischen Kenntnis dargestellt, die Goethe sich erarbeitet hatte, zugleich aber mit der Phantasie des Dichters. Die Metall-*Adern* (3925) leuchten auf, und so ergibt das Gebirge einen Anblick, wie es ihn nur in der Walpurgisnacht geben kann. Von den *Adern* der Metalle hatte Goethe schon in dem Gedicht *Harzreise im Winter* (Vers 87) gesprochen. Da es sich um ein für die Walpurgisnacht symbolisches Motiv handelt, ist es gleichgültig, ob der Harz Edelmetalle barg oder nicht. Das Gold-Motiv kehrt in *Faust* mehrfach wieder: 2802, 5664, 5686, 5785 ff., 7582 ff. u. ö.

3919. *wittert er hinein*: macht er sich bemerkbar (als Lichterscheinung). Dt. Wb. 14,2, Sp. 819.

3921. *Flor*: Schleier, Nebelschleier. Ähnlich 4395, 4807, 6449.

3956. *Die Hexen zu dem Brocken ziehn* ... Bisher die Erde der Walpurgisnacht, jetzt der Luftbereich. Veränderte Klangmittel: das sausende Fliegen der Hexen symbolisiert im wilden Tempo der vierfüßigen Jamben, ganz anders in der Wirkung als die Trochäen 3871 ff.

3959. *Herr Urian*: ursprünglich Bezeichnung für: irgendjemand, ein Unbekannter; oder: jemand, den man nicht zu nennen braucht. Darum übertragen: der Teufel, Dt. Wb. 11,3, Sp. 2441–2444.

3961. *Es f–t.* Zu dieser Szene ist eine Goethesche Handschrift vorhanden, sie hat: *Es farzt die Hexe.* Alle Drucke aus Goethes Zeit haben die Schreibung *f–t*, ebenfalls die Weimarer Ausgabe.

3962. *Baubo*: eine Hexe. Ursprünglich in der antiken Sage eine alte Dienerin, die der über die Entführung ihrer Tochter Persephone traurigen Demeter derbe Witze erzählt, um sie abzulenken.

3978 ff. *Hexenmeister*. Da Hexenprozesse und Hexenbücher im 16., 17. und 18. Jahrhundert ausschließlich von Männern gemacht wurden, hören wir fast nur von weiblichen Hexen, ihrer Unzucht mit dem Teufel (incubus); nur selten von männlichen Hexenmeistern und ihrem Umgang mit dem Teufel in Weibsgestalt (succuba). Goethe, die Schuld nicht so einseitig verteilend wie die alten Jahrhunderte, zieht absichtlich auch dieses seltene Motiv heran.

4008. *Die Salbe*. Die Hexen pflegten sich einzusalben, wenn sie zur Walpurgisnacht fahren wollten. Diese viel erzählte Geschichte geht wohl darauf zurück, daß es Betäubungsmittel gab, die in Salbenform von der Haut rezipiert wurden. – Peuckert, Gabalia. 1967, S. 129. – Albrecht Schöne, Götterzeichen, Liebeszauber, Satanskult. 1982. S. 137 f.

4016. *ruscht*: lautmalend, ebenso „ruscheln": sich mit Geräusch bewegen. Dt. Wb. 8, Sp. 1537 f.

4023. *Junker Voland*: der Teufel. Alte Bezeichnung; mittelhochdeutsch heißt der Teufel vâlant. – Dt. Wb. 12,2, Sp. 453.

4037. Doch droben möcht' ich lieber sein! Faust weist auf die Stelle, wo die Hexen zusammenkommen und Satanas sich in ihre Mitte stellen wird für obszöne Szenen. Faust wäre dort nur ein Zuschauer, Mephistopheles zieht ihn zum Hexentanz, in welchem Faust dann mitwirkt. Außerdem ist das, was um Satanas geschieht – jedenfalls so wie Praetorius und die alten Kupferstiche es schildern – eine Sache für weibliche Hexen (von denen man im 16. und 17. Jahrhundert fast ausschließlich sprach). Faust als Mann muß das Teuflische in weiblicher Gestalt sehen, darum führt Mephistopheles ihn zu Lilith (4118ff.).

4064. Ein Knieband: der Hosenbandorden.

4072. Ihr alten Herrn ..., Hierzu Beutler S. 560: ,,Spott auf Zeitgenossen, die Goethe zum Teufel wünscht und deshalb unter sein Gefolge versetzt, die ewig mit der Welt Mißzufriedenen, die doch selbst nichts tun, daß sie besser wird. Nach Joh. Praetorius, Blockes-Berges Verrichtung, Lpz. 1669, S. 129, waren auf dem Blocksberg nicht nur Hexen versammelt: ,auch hohes Stands Personen, Kaiser, Fürsten, Freiherrn, Edelleute und dergleichen ..., auch gelehrte und berühmte Doctores ...'. Diese Stelle hat Goethe vermutlich veranlaßt, ihm mißliche Politiker und Doctores hier zu erwähnen und die Zeitsatire in die Blocksberghandlung einzuflechten.''

4118. Lilith. Da Gott 1. Mos. 1,27 ,,ein Männlein und Fräulein'' (Luther) erschafft, dann aber 2,21 f. aus Adams Rippe Eva entstehen läßt, bildete sich die altrabbinische Sage von Adams erster Frau, Lilith. Sie trennt sich im Streit von ihm und verbindet sich mit dem obersten der Teufel; ihre Kinder sind Gespenster; sie selbst ist der weibliche Satan (succuba), worauf 4122 anspielt. In der barocken Hexenliteratur wird Lilith mehrfach erwähnt.

4120. vor ihren schönen Haaren. Daß in den Haaren eine geheimnisvolle Kraft läge, ist ein weitverbreiteter Glaube, der im Alten Testament vorkommt und ebenfalls im deutschen Volksaberglauben. – Art. ,,Haar'' in RGG und in HWbA 3, Sp. 1239–1288.

4128. einen schönen Traum. In der magisch-traumhaften Sphäre werden erotische Motive zu Symbolen.

4138. In allen Drucken aus Goethes Zeit stehen hier und im folgenden Striche. Die Handschrift hat 4138 *ungeheures Loch;* 4139 *groß;* 4142 *rechten Pfropf;* 4143 *das große Loch.*

4144. Proktophantasmist. Das Wort *Phantasmist* wäre etwa als ,,Geisterseher'' zu übersetzen, *Proktos* aber heißt im Griechischen ,,der Hintere''. Satire gegen den Berliner Aufklärer Nicolai, der seinerzeit Goethes *Werther* verurteilt hatte und seither immer wieder durch seine aggressive Verständnislosigkeit Goethe und Schiller lästig fiel. 1797 wurde in Berlin erzählt, es spuke in Humboldts Schloß in Tegel (4161).

Nicolai hielt daraufhin in der Berliner Akademie der Wissenschaften einen Vortrag, in welchem er mitteilte, er selbst sei im Jahre 1791 durch Geistererscheinungen geplagt worden, doch nachdem ein Arzt ihm Blutegel angesetzt habe (an den Körperteil, den Goethe altgriechisch bezeichnet), sei er davon befreit gewesen. Die Tatsache, daß der platte Rationalist an Geister geglaubt hatte, war ebenso grotesk wie seine Methode der Heilung. 1796 in den *Xenien* wurde Nicolai scharf verspottet (Bd. 1, S. 215 f., Nr. 51–55 und Anmkg.). In seiner Jugend hatte Goethe in dem Gedicht *Ein junger Mann, ich weiß nicht wie* Nicolais *Werther*-Kritik abgewehrt. Nun führte er den geistersehenden Aufklärer auf die Walpurgisnacht, wo Mephistopheles über das seltsame Heilmittel berichtet (4174 f.). Nicolai aber wird auch dieses Erlebnis ausnutzen, um darüber zu berichten in seiner „Beschreibung einer Reise durch Deutschland" (4169), die ihm schon in den *Xenien* so viel Spott eingetragen hatte. – Das Wort *Phantasmist* auch Bd. 12, S. 90,14. – Athenäum Bd. 2, 1799, S. 337 f. „Entdeckung". – E. T. A. Hoffmann, „Der goldene Topf", 2. Vigilie. Werke, hrsg. von Ellinger, Bd. 1, S. 186,2 ff.

4173. *soulagiert*: beruhigt, erleichtert, Linderung verschafft.

4184. *Ein blasses, schönes Kind*. Die Magie der Walpurgisnacht bringt die Wechselseitigkeit des Innen und Außen mit sich. Die mit Faust tanzende Hexe spiegelt Fausts Sexualität wieder, das Innere Fausts wird Form als Vision: Gretchen erscheint. Magische Welt überwindet Ort und Zeit (wie im Zweiten Gesicht, Hellsehen usw.): Gretchen, die Entfernte, erscheint, und zwar zugleich als die Zukünftige, bereits tot (4195), der Kopf ist ihr bei der Hinrichtung abgeschlagen (4203 ff.). Zum Symbol des Halsstreifs kommt das individuell Charakterisierende der Haltung: das rührend Hilflose und Reine der Gestalt (4184–86).

4190. *Idol*. Mephistopheles gebraucht hier und im Folgenden Wörter, die er speziell gegenüber dem humanistisch gebildeten Faust anwenden kann: *Idol, Meduse, Perseus*. Das griechische Wort „eidolon", das Schattenbild, Trugbild, Gespenst bedeutete, war in der Form „idolum" in gleicher Bedeutung ins Lateinische übernommen und von dort ins Deutsche. Das Wort kommt auch in den Versen 8879 und 8881 vor.

4194. *Meduse*. In der altgriechischen Sage gibt es drei geflügelte Ungeheuer mit Schlangenhaaren, die Gorgonen; eine von diesen ist Medusa, deren Anblick bewirkt, daß der Betrachter zu Stein wird.

4208. *Perseus* schlug der Medusa das Haupt ab. Von den Nymphen mit Flügelschuhen ausgerüstet, schwebte er dann mit dem Kopf der Medusa in der Hand über Meer und Länder.

4214. *Servibilis*: Weiterbildung des lateinischen Wortes „servilis": der Dienstfertige; also ein dienstbarer Geist des Theaters, das nun folgt.

Walpurgisnachtstraum

Ein *Intermezzo*, wie schon der Titel sagt, der Entstehung und dem Stil nach ursprünglich nicht im Zusammenhang des *Faust*. Nachdem Goethe und Schiller im Herbst 1796 die *Xenien* veröffentlicht hatten (Bd. 1, S. 208–234 u. Anmkg.), bildete sich in Goethes einmal in diese Richtung des Zeitkritischen gelenkter Phantasie noch manches Weitere ähnlicher Art, aber nicht mehr in antikisierenden Distichen, sondern in deutschen Reimstrophen. Er gedachte diese für Schillers ,,Musenalmanach" zusammenzustellen, aber Schiller riet in seinem Brief vom 2. Oktober 1797 ab; es sei fürs erste mit den *Xenien* genug des Polemischen. Goethe behielt also sein Manuskript, und am 20. Dezember 1797 meldete er Schiller: ,,*Oberons goldene Hochzeit" haben Sie mit gutem Bedachte weggelassen, sie ist die Zeit über nur um das Doppelte an Versen gewachsen und ich sollte meinen, im ,,Faust" müßte sie am besten ihren Platz finden.* Ob diese Eingliederung günstig war, ist immer wieder bezweifelt worden. Bei Goethe selbst war anscheinend mehr der Wunsch, das kleine Werk irgendwo unterzubringen, maßgebend als das Gefühl innerer Zugehörigkeit zu *Faust.* Denn eine Verbindung besteht fast nur zu den zeitsatirischen Teilen der *Walpurgisnacht,* und diese sind selbst wiederum ein Einschiebsel. Die Form ist also eine Aneinanderreihung epigrammatisch-kurzer Strophen, die einzelnen Gestalten in den Mund gelegt werden, die auf diese Weise sich selbst charakterisieren. Ein dramatischer Zusammenhang wird nur andeutungsweise hergestellt, indem das Motiv der Versöhnung Oberons und Titanias (bekannt durch Shakespeares ,,Sommernachtstraum", übernommen in Wielands ,,Oberon" und in der um 1800 beliebten Operette Wranitzkys ,,Oberon, König der Elfen") Anlaß gibt für ein Huldigungsspiel der Elfen – und hier treten nun die Gestalten der zeitgenössischen Literatur auf (ähnlich wie in den *Xenien* bei der Buchhändlermesse): Schriftsteller (4259–4330), Philosophenschulen (4331–4362) und politische Zeittypen (4367–4386). Das Ganze bleibt spielerisch und wird am Ende, als ernstere Töne hervorzutreten scheinen, in leichten Dunst aufgelöst. Wie bei den *Xenien* macht nur genaue Kenntnis der Zeitliteratur es möglich, die Anspielungen im einzelnen zu verstehen, anderseits sind die Gestalten meist auch als bloße Typen ergötzlich. Die Gestalten *Oberon, Titania* und *Puck* stammen aus Shakespeares ,,Sommernachtstraum", *Ariel* aus Shakespeares ,,Sturm".

Erich Schmidt in Bd. 13 der Jubiläums-Ausg., 1903, sieht Beziehungen zur romantischen Zeitsatire bei Tieck. Walter Dietze zu Goethes Beschäftigung mit der Oper. W. Dietze, der Walpurgisnachtstraum in Goethes ,,Faust". In: Dietze, Erbe und Gegenwart. Bln. u. Weimar 1972, S. 193–219. Vorher in PMLA 84, 1969, S. 476–491. – Max Morris, Walpurgisnacht. In: Morris, Goethe-Studien.

Bd. 1. Bln. 1902, S. 54–96. – Hefele S. 134ff. – Vermeil, 1949, S. 320f. – Staiger, Bd. 2. S. 356f. – Requadt, 1972, S. 306–323. – A. Schöne, 1982, S. 112ff.

4224. *Mieding* war der erste Weimarer Theatermeister (vgl. Bd. 1, S. 114–120 *Auf Miedings Tod* u. Anmkg.); seine *Söhne* hier: die Bühnenarbeiter.

4235 ff. *Puck* kommt als erster der Geister, die Revue passieren, und kündigt viele weitere an.

4251 ff. Das *Orchester* setzt ein zur Begleitung des Festzugs, es schildert sich selbst (wie überhaupt alle hier), es besteht aus Fliegen, Mükken, Fröschen und Grillen, die summen, quaken und zirpen.

4255 ff. Eine *Seifenblase* erscheint; was sie hervorbringt, sind stumpfe Dudelsacktöne, *Schneckeschnickeschnack.* Zu deuten im Zusammenhang der folgenden Strophen auf Künstler und Dichter.

4259 ff. Ein *Gedichtchen,* bei dem so verschiedenartige Dinge wie *Flügelchen* und *Spinnenfuß* vereinigt sind, Streben ins Hohe, aber Stekkenbleiben im Irdisch-Niedrigen, eins jener unorganischen Gebilde, die Goethe in seinen Briefen an Schiller gelegentlich als *Tragelaph* (d. h. Bockshirsch, nach dem Griechischen) bezeichnete.

4263 ff. Als Charakterisierung anmutig und deutlich; die spezielle Beziehung ist unbekannt.

4267 ff. Vielleicht Nicolai wie 4158 ff.

4271 ff. Man sagte im 18. Jahrhundert „der Orthodox", „ein Orthodox". – Oberon ist der Elfenkönig, also ein Naturgeist. Für das Denken des *Orthodoxen* ist er ein Teufel.

4279 ff. Das Wort *Purist* bezeichnete meist einen Sprachrichter, Sprachreiniger, wie z. B. Campe es zu Goethes Zeit war. Doch der Zusammenhang hier legt nahe, an einen Sittenrichter, Sittenreiniger zu denken, der sich über das *Nackte* (4285) so aufregt wie viele Leser sich über die *Römischen Elegien* aufgeregt hatten, als diese 1795 in den „Horen" erschienen. Es folgt die Antwort der jungen Hexe 4283 ff.

4287 ff. Nach der abfälligen Bemerkung über die *alten Weibchen* (4284) antwortet eine von diesen, sie nehme es nicht übel, und gibt doppelt zurück.

4291 ff. Die Musiker, begeistert von der jungen Hexe, fallen aus dem Takt.

4295 ff. Jemand, der einerseits die größten Liebenswürdigkeiten (4295–4298), anderseits die größten Unfreundlichkeiten (4299–4302) sagt, sich nach dem Winde richtend. – W. Dietze: „Im ständig wachsenden Kreis der Goethe-Feinde gab es zweifellos mehr als einen mit *Windfahnen*-Charakter." (S. 506).

4303 ff. *Xenien,* die satirischen Distichen Goethes und Schillers aus dem „Musenalmanach für das Jahr 1797" auf die zeitgenössische Literatur, die so viel Staub aufgewirbelt hatten. (Bd. 1, S. 208–221 und die Anmerkungen dazu.)

4307–4318. Der Schriftsteller August v. *Hennings* hatte Goethe und Schiller „Immoralität" vorgeworfen in seiner Zeitschrift „Genius der Zeit" (1794–1800), die eine literarische Ergänzung in sechs Heften „Der Musaget" (1798–99) hatte. Seit 1801 hieß sie „Der Genius des 19. Jahrhunderts"; daher hier als *ci-devant*, d. h. „bisher" *Genius der Zeit* bezeichnet. – (Jb.) Goethe 23, 1961, S. 299–325: Heinz Moenkemeyer, August Hennings als Kritiker Goethes.

4319ff. Vermutlich Nicolai, der groß darin war, überall Jesuitisches zu wittern.

4323ff. Wenn man die Parallele zu einigen *Xenien* bemerkt (Bd. 1, S. 209, Nr. 7), die auf Lavater zielen, so wird deutlich, daß er wohl auch hier gemeint ist. Dazu bei Eckermann, 17. Februar 1829, die Bemerkung: *Lavaters Gang war wie der eines Kranichs, weswegen er auf dem Blocksberg als Kranich vorkommt.*

4327. Da Goethe sich selbst gelegentlich als *Weltkind* bezeichnet hat (Bd. 1, S. 90), nehmen die Kommentare an, er habe als solches sich selbst hier eingeführt.

4331ff. Eine neue Gruppe erscheint; wie sich später herausstellt, die der Philosophen, die auch in den *Xenien* wegen der Art, wie jeder von ihnen etwas anderes behauptet, verspottet waren (Bd. 1, S. 219–220, Nr. 76–89). Man hört sie schon von fern lärmen, alle reden zugleich, jeder seine eigene Lehre. Sie hassen sich gegenseitig (4339) und sind hier nur literarisch, gleichsam in einer Geschichte der Philosophie, vereinigt. – *Dommeln*: Rohrdommeln, großschnäbelige Vögel mit weitschallendem Geschrei.

4343ff. Erich Schmidt, S. 338f.: „Alle vorkantischen Dogmatiker der Philosophie, die aus dem Begriff auf die Existenz schlossen; hier ein lustiges Pendant zum ontologischen Beweis für die Existenz Gottes."

4347ff. Während dem *Dogmatiker* der Walpurgisnachtspuk Wirklichkeit ist, sieht der *Idealist* ihn nur als Emanation seines Ich und ist demgemäß entsetzt; der dann folgende *Realist* fühlt sich überall sicher, nur nicht in dieser Zauberwelt, dagegen ist der *Supernaturalist* beglückt, denn hier ist sein Glaube an eine übernatürliche Welt bewiesen – wenn auch zunächst nur an einem weniger erwünschten Objekt.

4359ff. Der *Schatz*, dem der Idealist und Supernaturalist nah zu sein glauben, ist sichere, absolute Erkenntnis. Der *Skeptiker* zweifelt daran, und da Zweifel etwas Negatives ist, paßt er zum Teufelselement der Walpurgisnacht.

4363ff. Die Strophe des Kapellmeisters leitet eine dritte Gruppe ein, diesmal eine politische, Gestalten der durch die französische Revolution aufgewirbelten europäischen Gesellschaft.

4367 ff. Die, welche überall durchkommen, gewandt, sich keine Sorgen machend, intelligent.

4371 ff. Emigrierter französischer Hofadel.

4375. Wie alle revolutionären Zeiten, so brachten auch die nach 1789 Gestalten hervor, die aus dem Sumpfe aufstiegen und plötzlich glänzend dastanden, aber doch nichts als *Irrlichter* waren, ohne Bestand und ohne anderen Licht zu geben.

4379 ff. Kamen die vorigen von unten herauf, so fallen diese von oben herab und verlieren ihren Glanz. – Vermeil S. 321: ,,Eintagsberühmtheiten, die wie Sternschnuppen aufblitzen und verschwinden." – Vgl. Bd. 9, S. 451,13; Bd. 10, S. 12,4 f. – Günther Schmid, Irrlicht und Sternschnuppe. (Jb.) Goethe 13, 1951, S. 268–289.

4383 ff. Beutler, Artemis-Ausg. S. 770: ,,*Die Massiven* sind die mit dem Ellenbogen. Während Puck, selbst ein derber Elfengeist, sich an ihre Spitze stellt, ruft Ariel die Elfen auf, ihm zum Rosenhügel, wo nämlich Oberons Feenpalast steht, zu folgen. Damit wird die Szene leer. Nur das Orchester spielt noch ein zartes Pianissimo als Abschluß, und diese vier schönen Verse, in denen der ganze Spuk zerstiebt, sind der dichterische Gewinn des Walpurgisnachtstraums." – Erich Schmidt zu 4387 ff.: ,,Zwei Kontraststrophen und ein entzückendes alliterierendes Pianissimo, wie auf Zaubergeigen gespielt, beim Morgengrauen zum Abschluß."

Trüber Tag, Feld

Die Szene *Trüber Tag, Feld* steht bereits im ,,Urfaust" und wurde später nur in Kleinigkeiten verändert. Als einzige Szene des alten Entwurfs ist sie nicht in Verse umgewandelt. Andere Prosaszenen trugen latent ein Klangelement in sich, die Szene *Auerbachs Keller* durch ihre virtuose Bildhaftigkeit, die Kerkerszene durch ihre Durchseeltheit; diese Szene aber scheint anderer Art: ihr unruhiger Rhythmus, der Zickzacklauf ihrer Sprache, die innere Zerrissenheit Fausts – das scheint gerade in Prosa am deutlichsten. Nach der poetischen Seelenwelt der Gretchenszenen und der magischen Geisterwelt der Walpurgisnacht ist hier plötzlich nackteste (und eben darum ,,prosaische") Wirklichkeit: Gretchen im Kerker, hilflos, unter schwerer Anklage. Gegen Fausts Entsetzen stellt Mephistopheles die nüchterne Bemerkung, so sei es schon vielen anderen ebenfalls ergangen. Nie ist Faust sein Gefährte so zuwider gewesen wie in diesem Augenblick. Faust hatte einen höheren Geist ersehnt, aber der Erdgeist stand zu hoch. Mephistopheles entsprach ihm. Jetzt möchte er Mephistopheles los sein, doch im gleichen Augenblick nimmt er wieder dessen Hilfe an. Die Worte *Wandle ihn, du unendlicher Geist* ... (S. 137, Z. 16 f.) und *Großer herrlicher Geist, der du mir zu erscheinen würdigtest* ...(S. 138, Z. 11 ff.) wenden sich an den Erdgeist und sprechen bittend zu ihm. Faust weiß, daß Mephistopheles nicht bei ihm wäre ohne Wissen einer höheren Macht. Er vermutet den Erdgeist als den höheren Geist dahinter. Er bedenkt hier nicht, daß Mephistopheles sich vorgestellt hat als *ein Teil von jener Kraft, die stets das Böse will* (1335) und als *Geist, der stets verneint* (1338). Das paßt nicht zu einem Abgesandten des Erdgeistes, welcher von sich sagte, er *wirke der Gottheit lebendiges Kleid* (509). Doch wie sollte Faust die Hintergründe erkennen? Er weiß nichts von dem *Prolog im Himmel.*

Die Forschung hat vielfach die Anrufung des Erdgeistes hier dadurch erklärt, daß Goethe diese Szene in seiner Jugend geschrieben habe, und da habe Mephistopheles eine andere Stellung im Geisterreich gehabt als später, als der *Prolog im Himmel* entstand. Doch die früheste Stufe der Dichtung steht im Zusammenhang mit der pansophischen Tradition von Paracelsus bis Welling. Dort gibt es weiße und schwarze Magie, Naturgeister und teuflische Geister und die bösen Geister drängen sich ein, wenn der Suchende sich an die guten gewandt hatte. Wenn Goethe in seiner Jugend im Zusammenhang der Tradition bleibt, spricht nichts dafür, daß Mephistopheles ein Sendling des Erdgeistes sei. – Vgl. die Anm. zu 377 und 461.

137,4. *verirrt*: vom rechten Wege abgekommen, in die Irre gegangen, hilflos ohne Orientierung.

137,16f. *du unendlicher Geist* ebenso wie 138,11 *Großer herrlicher Geist* Anreden an den Erdgeist, von dem Faust annimmt, daß er den Mephistopheles geschickt habe.

138,5. *Witz*: Verstand, Scharfsinn.

138,8f. *Drangen wir uns dir auf, oder du dich uns?* Der Satz ist eine der geschickten mephistophelischen Verdrehungen unter Ausnutzung der Situation. Faust hat den Erdgeist angesprochen (137,16f.). Mephistopheles macht aus dem Erdgeist und sich ein *wir*. Faust hat aber in der Szene 460ff. nur den Erdgeist beschworen. In bezug auf den Erdgeist könnte man sagen, Faust habe sich ihm aufgedrängt. Ganz anders bei Mephistopheles, der als Pudel kam. Dieser drängte sich Faust auf. Dadurch, daß Mephistopheles den Erdgeist und sich selbst zusammennimmt, verschiebt er das wahre Bild.

138,24. *Entgegnenden*: Entgegenkommenden. Das Wort in gleicher Bedeutung Bd. 1, S. 102, Zeile 8; *Pandora* 695; Bd. 8, S. 50,6 u. ö.

138,28. *Blutschuld*: „eine Schuld, d. i. ein Verbrechen, welches durch Blutvergießen begangen wird" (Adelung). Gemeint ist der Tod Valentins, den Mephistopheles und Faust verursacht haben, so daß nach den Schuldigen gefahndet wird.

138,35. *Türner*. Goethe benutzt hier – wie in seiner Jugend meistens

– die ältere Form mit *n*, später – so in Vers 11340 – die neuere mit *m*. Gretchen ist im Turm gefangen, der *Türner* ist der Gefängniswärter. Dt. Wb. 11,1,1, Sp. 471f.

Nacht. Offen Feld

Die Szene *Nacht. Offen Feld* ist eine ganz kurze Szene wie sie in dieser Art sonst in *Faust* nicht vorkommt, wohl aber in *Götz*, zumal in der Urfassung. Das balladeske Motiv der Einweihung der Richtstätte Gretchens durch böse Geister kommt gerade durch die Knappheit, durch die wenigen andeutenden Züge in seiner Unheimlichkeit zur Geltung, zumal die Sprache in ihren wechselnden Rhythmen schon in wenigen Worten höchste klangliche Kraft ausströmt. Übergang von den vorigen Szenen zu der folgenden Szene: Gretchens Hinrichtung steht für den nächsten Tag bevor. Faust und Mephistopheles sind in Eile unterwegs zu Gretchens Kerker. Die Szene hat im besonderen Maße die Illustratoren angeregt. Goethe erwähnt besonders Delacroix' das Dämonische herausarbeitende Darstellung (in dem Aufsatz *Aus dem Französischen des „Globe"* WA 41,2 S. 233f.).

4399. *weben*: sich hin- und herbewegen, wirksam sein. *Rabenstein*: „der gemauerte Richtplatz unter dem Galgen" (Dt. Wb. 8, Sp. 11); „ein erhabener gemauerter Platz, auf welchem man die Missetäter zu enthaupten pflegt" (Adelung). Es ist der Ort, an welchem man Gretchen hinrichten wird.

4402. *Eine Hexenzunft*: diese weihen den Richtplatz auf ihre Weise ein für die kommende Hinrichtung Gretchens.

Kerker

Die Kerkerszene steht schon in „Urfaust". Sie ist ein berühmtes Beispiel dafür, was Umarbeitung in Verse vermag. Der französische Literarhistoriker Edmond Vermeil spricht von dem „tragischen Grauen dieser in der Weltliteratur einzig dastehenden Szene" (S. 287). Gegenüber der Schicht, in welcher Faust lebt, der Gretchen fortführen will, ist sie in einer ganz anderen, die das Wesentliche faßt; gleichzeitig geistesverwirrt und hellsichtig; gelöst von früheren Bindungen; sie spricht viel mehr als Faust. Diese Schicht des Geistes äußert sich nur in Symbolen: da sind der Märchenvogel, Kranz und Blumen, Gräber und Degen, die Mutter auf dem Stein, schließlich Engel und Richtergott. Faust sieht nicht nur, daß er Gretchen ins Unglück gestürzt hat, sondern er sieht auch, daß er sie verliert. Zu Beginn ist in ihr noch Todesfurcht und Entsetzen vor der Schande; dann immer stärker werdend das religiöse

Motiv: *O laß uns knien, die Heilgen anzurufen* ... (4453), *Wir werden uns wiedersehen* ... (4585) – das meint ein Wiedersehen im Jenseits; sie will nicht fort: *Ich darf nicht* ...(4544), sie will nicht *mit bösem Gewissen* leben (4547), sie will selbst ihren Tod, ihr irdisches Gericht, das zugleich einzige Möglichkeit zur Sühne vor Gott ist, darum fühlt sie sich am *heiligen Ort* (4603). Und schließlich, völlig deutlich, allem anderen enthoben: *Gericht Gottes! Dir hab' ich mich übergeben* ... *Dein bin ich, Vater! Rette mich! Ihr Engel, ihr heiligen Scharen, Lagert euch umher, mich zu bewahren!* Sie geht immer mehr ein in diesen ihren eigensten Bereich. Mit ihm hängt wohl die Liebe noch zusammen, aber nicht der wirkliche Faust, der vor ihr steht: *Mir ist's als müßt ich mich zu dir zwingen* (4533); und als nun gar Mephistopheles herbeitritt, fallen die Worte: *Heinrich, mir graut's vor dir*, die schon in der Szene glücklichster Liebe einen Vorklang hatten: ... *wo er nur mag zu uns treten, Mein ich sogar, ich liebte dich nicht mehr. Auch, wenn er da ist, könnt' ich nimmer beten* ... (3496ff.) – Gretchens Verse sind von aufgelöster Rhythmik (anders als ihre Sprache zu Beginn), zuweilen zu kleinsten Kurzversen sich zusammenziehend, zuweilen weit ausholend; die Motivik sprunghaft, aufgelöst wie ihr Seelenzustand, aber dabei eine ganz reine Entwicklungslinie: Gretchen wird immer mehr sie selbst, sie kann beten trotz Mephistos Nähe, und damit schiebt sie ihn und Faust von sich. Mephistopheles spricht am Ende von dem irdischen Gericht (4611), Gretchen nur noch von dem himmlischen. Faust, zwischen beiden, bleibt stumm. Gretchens Entwicklung und Entscheidung führt zu der Grenze, wo das Menschliche aufhört und das Göttliche anfängt. Und hier werden wir erinnert, daß *Faust* ein Weltspiel ist, das im Himmel begann. Was hier im menschlichen Bereiche geschah, wird zugleich auch aus göttlichem Bereiche gedeutet durch die *Stimme von oben* als ein Vorklang des Endes des 2. Teils, wo Gretchens Gestalt verklärt in jenen Sphären erscheint, welche hier diese Stimme nur andeutet.

4406. *Menschheit:* das Menschsein.

4412ff. *Meine Mutter, die Hur'* ... In dem Märchen vom Machandelbaum (Wacholder) kommt ein Lied vor, das Gretchen in abgewandelter Form hier singt. Die ersten zwei Zeilen sprechen von ihr und ihrem Kind. Dann aber verschmilzt dieses Kind mit dem aus dem Märchen. Die Mutter kocht das Fleisch des von ihr getöteten Kindes, der Vater ißt es. Die Schwester sammelt die Knochen, legt sie unter den Machandelbaum, und aus ihnen wird ein schöner Vogel. Er fliegt fort, wird später zum Rächer der Untat und verwandelt sich schließlich wieder in den getöteten Knaben. Gretchens Sehnsucht nach Sühne und ihre Sehnsucht, das Getötete lebendig zu machen, spricht sich in diesem aus dem Märchen entnommenen Lied aus. Wir kennen das Märchen heute aus der Fassung in den „Kinder- und Hausmärchen", Bd. 1, 1812, der Brü-

der Grimm. Sie haben es in der niederdeutschen Fassung wiedergegeben, in welcher der Maler Runge es aufgezeichnet hatte. Das geschah im
Zuge der romantischen Märchenbegeisterung. Als Goethe – vor 1775 –
die Kerkerszene entwarf, achtete man noch nicht auf Volksmärchen.
Gretchen singt im Kerker wie sie auch vorher sang, sie singt Märchenverse von dem getöteten Kind, dessen Knochen sich wandeln in einen
scheuen Vogel. Wie mischt sich hier Erlebtes, Kindliches, Magisches,
Märchenhaftes! Kein Satz des Sinns könnte so sehr wie der Wahnsinn
diese reine Symbolik der Bilder und Klänge erreichen. Aus dem Bereich
des Märchens, den Goethe ganz nebenher kennen gelernt hatte, ergreift
er gerade das, was wie nichts anderes hierher paßt – so wie er aus alten
Kirchenhymnen oder pansophischen Alchemistenbüchern gerade das
ergriff, was als symbolisches Motiv sich in die große Bilderreihe dieses
Dramas fügte. Die Sicherheit und Selbständigkeit des Griffs und die
Fülle der Weltkenntnis bleibt immer wieder bewundernswert – und
damit ist an den eigentlichen Zauber der Szene, ihre künstlerische Fügung und menschliche Größe, noch gar nicht gerührt.

4417. *die Bein'*: die Knochen; wie im Märchen vom Machandelbaum.

4436. *die Kranz, die Blumen.* Die gleichen Bilder in Vers 4583. Die
Mädchen trugen beim Tanz Kränze, diese waren das Zeichen der Jungfrauen im Gegensatz zu den aufgebundenen Haaren der verheirateten
Frauen. Vor allem war der Kranz die allgemein gebräuchliche Sitte bei
der Hochzeit. Er galt als Zeichen der Reinheit. Wo diese nicht bestand,
wurde oft in grausamer Weise verfahren. Deswegen sagt Lieschen 3575:
Das Kränzel reißen die Buben ihr . . . Der zerrissene Kranz, die ver-
streuten Blumen sind ein symbolisches Bild aus dem Bildkreis, der
Gretchen geläufig ist.

HwbA 5, 1933, Art. ,,Kranz'' Sp. 381–428, insbes. 409–417. – Dt. Wb. 5, Sp.
2051 f und 2058. – Wörterbuch der Volkskunde von Erich u. Beitl. Stuttgart 1974
u. ö. Art. ,,Krone''.

4448. *Sie singen Lieder auf mich!* In der Zeit, als es noch keine Zei-
tungen gab, oder als diese nur die wichtigsten politischen Nachrichten
brachten, wurden örtliche Ereignisse, welche breites Interesse erregten,
oft zu Liedern verarbeitet, die als ,,Zeitungslied'' oder ,,Bänkelsang''
verbreitet wurden. Gretchen meint, daß auch ihr Schicksal in solcher
Weise verbreitet werde.

4516. *Degen.* Gretchen sieht in ihrer Phantasie den Degen, mit welchem Faust ihren Bruder getötet hat, doch er hat weder diesen jetzt zur
Hand noch ist an seiner Hand das *Blut* (4514) Valentins, das Gretchen
wahrzunehmen glaubt.

4535. *fromm.* Das alte Wort ,,fromm'', das im 16., 17. und 18. Jahrhundert die Bedeutung hatte ,,so, wie man sein soll; rechtschaffen'',

wird von Goethe in vielen Abtönungen gebraucht. Günter Niggl in seinem Buch ,,Fromm bei Goethe", Tübingen 1967, hat diesen Wortgebrauch untersucht; er stellt eine Gruppe fest ,,fromm im Sinne von zärtlich-innig zwischen Liebenden" (S. 321–324) und deutet Vers 4535 in diesem Sinn.

4583. *Weh meinem Kranze!* Gretchen denkt hier an den Hochzeitkranz. Vgl. 4436 u. Anm.

4590. *Die Glocke ruft, das Stäbchen bricht.* Die *Glocke* ist die ,,Armsünderglocke", welche geläutet wird, wenn ein Verbrecher zur Hinrichtung geführt wird. Das *Stäbchen* zerbricht der Richter nach der Verlesung des Todesurteils als Zeichen dafür, daß das Leben verwirkt sei. – Dt. Wb. 10,2,1, Sp. 349f.

4592. *Blutstuhl:* Schafott; Gerüst für die Hinrichtung durch Enthauptung.

4603. *heiligen Ort.* Die übernächste Zeile *Gericht Gottes* ... erklärt, warum Gretchen hier diesen Ausdruck benutzt.

DER TRAGÖDIE ZWEITER TEIL

ERSTER AKT

Anmutige Gegend

Faust ist *ermüdet, unruhig;* das deutet zurück auf die Ereignisse des
1. Teils der Dichtung. Doch nur mit wenigen Worten wird daran angeknüpft (4623–4625), denn es handelt sich jetzt um Vergessen und um
Genesung. Diese ist Geschenk der Natur; daher Naturgeister, Elfen;
deren Wirkung symbolisiert als Gesang mit Äolsharfen. Danach ist
Faust erquickt und verwandelt. Für die symbolische Szene spielt die
reale Zeit keine Rolle. Wir sehen im Folgenden Faust am Kaiserhof, und
das Geschehen mit Helena schließt unmittelbar an. Später hilft er dem
Kaiser und wird Herr des Meeresstrandes, da ist er ein Greis. Das
Nacheinander im Drama ist fast nur noch ein Nebeneinander im Sein,
die einzelnen Szenen *einander gegenübergestellte und sich gleichsam
abspiegelnde Gebilde* (an Iken 27. Sept. 1827).

Wie in der Anfangsszene des 1. Teils ist Faust allein, ohne Mephistopheles, und wir hören einen Monolog, der sein bestes Streben ausspricht. Doch dort das enge dumpfe Zimmer und ein Buch; hier weite
Landschaft mit Blick auf die Berge (4695). Dort die Begegnung mit dem
Erdgeist, der ihn abweist; hier nach der Hilfe durch die Elfen ein freier
Blick in die Natur. Dort die Extreme – höchste Erkenntnis oder Tod –,
hier ein Finden der Mitte. Und doch ist es der gleiche Faust: Die Licht-
und Flug-Symbolik in seiner Sprache bleibt sich gleich. In dieser Szene
ist Mephistopheles nicht anwesend, und Faust denkt auch nicht an ihn.
Dadurch zeigt sich sein inneres Wesen. Sobald Mephistopheles zu ihm
tritt, drängt dieser zur Tat; Faust folgt ihm, aber nicht im Sinne der
Lebensregel, die in den *Wanderjahren* ausgesprochen ist, *das Tun am
Denken, das Denken am Tun zu prüfen* (Bd. 8, S. 263,20).

Der Genesungsvorgang als naturhafte Wirkung wird vor allem in den
vier Strophen der Elfen ausgesprochen (4634–4665), welche auf eine
besondere Weise Naturmotive und Seelenmotive mischen. Um diesen
Vorgang zu verdeutlichen, wird er gegliedert: Ariel spricht von vier
Zeitstufen (4026) und bezeichnet sie einzeln (4628–4631); entsprechend
gliedert sich der Chorgesang der Elfen in vier Strophen. Dann spricht
noch einmal Ariel und mahnt die Elfen zum Abschied.

Danach folgt der große Monolog Fausts. Wie im 1. Teil will er das
Höchste, spricht von *dem höchsten Wunsche* (4705). Doch der Blick
dorthin übersteigt die Fassungskraft. Die Frage *ist's Lieb'? ist's Haß?*
übersetzt das Absolute bereits in menschliche Begriffe, die nicht zu ihm
passen. Zwar gibt der Weltgeist dem Menschen Gutes und Schönes, als
sei es *Liebe,* doch auch Not, Qual, Verzweiflung, als sei es *Haß* – alle

menschlichen Begriffe reichen da nicht zu. Die Frage nach dem Menschen und dem Höchsten wird als Bild gestaltet. Im Anfangsmonolog des 1. Teils der abweisende Erdgeist, hier die Blendung durch die Sonne; dort folgt der Osterspaziergang, hier der Blick auf die Landschaft. Vorher dunkel und gleichsam leblos, ist sie jetzt voll leuchtender Farbe; über dem Wasserfall glänzt in feuchtem Dunst ein Regenbogen. Dies alles wäre nicht ohne die Sonne, aber es ist nicht die Sonne selbst, es ist ihr *Abglanz* (4727) in den irdischen Dingen. Das Auge ist nicht gemacht, in die Sonne zu schauen; aber wir stehen auch nicht im Dunkel; denn das Auge erkennt das herrliche Spiel der Farbe. Und so ist der menschliche Geist nicht gemacht, das Göttliche unmittelbar zu erkennen, aber er ist auch nicht in Dunkel gebannt; er erkennt es im *Abglanz*. Es ist eine Grundanschauung, die sich durch Goethes sämtliche Werke zieht: Die Welt, die uns gegeben ist, ist Widerschein des Unendlichen. Er hat dafür mehrere Wörter: *Gleichnis, Symbol,* vor allem aber das zu seiner Zeit seltene, bildhaft-tiefsinnige Wort *Abglanz*. Sein *Versuch einer Witterungslehre* sagt: *Das Wahre, mit dem Göttlichen identisch, läßt sich niemals von uns direkt erkennen, wir schauen es nur im Abglanz, im Beispiel, Symbol, in einzelnen und verwandten Erscheinungen; wir werden es gewahr als unbegreifliches Leben und können dem Wunsch nicht entsagen, es dennoch zu begreifen. Dieses gilt von allen Phänomenen der faßlichen Welt.* (Bd. 13, S. 305,26–32.) Den gleichen Gedanken stellte er an den Anfang seiner weltanschaulichen Gedichte in dem Gedicht *Prooemion* (Bd. 1, S. 357 u. Anmkg.), in welchem er als Dichter und als Naturforscher spricht und ein gleichnishaftes Sehen der Welt lehrt. Gott selbst bleibt dem Menschen *unbekannt,* aber *So weit das Ohr, so weit das Auge reicht, / Du findest nur Bekanntes, das Ihm gleicht, / Und deines Geistes höchster Feuerflug / Hat schon am Gleichnis, hat am Bild genug* ... Auch hier das Bild des Fluges in die Sonne, wie im *Faust*-Drama. Am *Gleichnis,* am *Bild* hat der Mensch *genug,* wenn er es richtig zu sehen versteht. Und so hören wir es immer wieder; noch in feierlichen Klängen des *Faust*-Schlusses wird wiederholt, daß *alles Vergängliche,* das uns begegnet, *ein Gleichnis* des Absoluten sei. Der Mensch ist gemacht, *Erleuchtetes zu sehen, nicht das Licht (Pandora 958).* Diese Symbolik zieht sich durch Goethes Dichtung von Beginn bis ans Ende und erhält gerade in der Spätzeit ihre reinste Ausformung. Der *Westöstliche Divan* ist davon erfüllt; dort ist die Sonne das Sinnbild, um *Gott auf seinem Throne zu erkennen, / Ihn den Herrn des Lebensquells zu nennen* ... *(Buch des Parsen* Bd. 2, S. 104). Und die Sonnensymbolik erfüllt auch die Periode nach der *Divan*-Zeit, die späte Lyrik: *Sonnenauf- und -untergänge / Preisen Gott und die Natur (Wilhelm Tischbeins Idyllen;* Bd. 1, S. 375), und gipfelt in dem Dornburger Sonnengedicht *Früh, wenn Tal, Gebirg und Garten* ... (Bd. 1, S. 391 u. Anm.), das noch einmal mahnt, *reiner Brust der Großen, Holden* Dank und Anbetung zu geben. Die Symbole Licht, Farbe, Auge ziehen sich durch Goethes ganzes Werk, ebenso das Sinnbild der Sehnsucht, das Fliegen. So in *Selige Sehnsucht* im *Divan* (Bd. 2, S. 18); so im Gedicht *Prooemion: Und deines Geistes höchster Feuerflug* ... (Bd. 1, S. 357); so an mehreren Stellen des *Faust* (394 ff., 762 ff., 1074 ff., 1122 u. a. m.); auch die Euphorion-Gestalt verkörpert dieses Symbol. Euphorion ist verwandt mit *Ikarus* (9901), der in die Sonne fliegen will. Er ist Fausts Sohn, Widerspiegelung Faustischen Wesens. Faust wendet den Blick von der Sonne auf die 4686–4694 beschriebene Landschaft, die *jugendlich* ist, weil morgendlich, im *Schleier,* weil dunstig, doch lichtdurchflossen. Das Bild ist zugleich symbolisch: *Schleier* ist das Irdische da, wo es am leichtesten und lichtdurchlässigsten ist, zart und geistig (Gegensatz: das Starre, der Stein). Der in ihm *sich bergende* Mensch ist hoffnungsvoll, gläubig, im Abglanz das Licht erkennend, und paßt dadurch zu dieser *jugendlichen* Atmosphäre.

Die ganze Szene ist nicht nur optisch eindrucksvoll (Gebirge, Dämmerung, Sonnenaufgang, Wasserfall, Regenbogen), sondern auch klanglich. Die Wirkung der naturhaften Kräfte ist symbolisiert in den achtzeiligen Strophen Ariels (4613–4620) und der Elfen (4634–4665). Der lyrische Charakter dieser Verse verbindet sie mit manchem aus der späten Lyrik (Bd. 1, S. 371–391); in dem Gedicht *Dämmerung senkte sich von oben* (Bd. 1, S. 389) sind nicht nur Versmaß und Strophenform die gleichen wie hier, sondern auch die exakte, reihende aber zugleich ganz lyrische Nennung von Naturmotiven und am Ende deren Wirkung auf die Seele. Die vier Strophen der Elfen sprechen nicht nur inhaltlich von Einschlafen, Ruhe, Kraftschöpfen, Erwachen, sondern bringen auch als Sprachmusik diese Entwicklung, erst einhüllend – mit ü- und l-Lauten –, dann Sternenklarheit – *glitzern, glänzen* –, und am Schluß imperativisch hinausweisend in die Welt. Ariel spricht in fünftaktigen Versen mit Reim (4621–4673), das Regelmäßige, Schöne wirkt hier mühelos und leicht. Als dann Faust erwacht, spricht er ebenfalls in regelmäßigen Fünftaktern, aber dynamischer; bei ihm ist die Reimstellung anders: es sind Terzinen. Der Dreireim, der, bevor er sich rundet, ein neues Reimwort einschließt, hat eine starke Bewegung in sich (jedenfalls im Deutschen, wo Dreireime selten sind); in diesen Versen verbindet sich die Kraft, die Faust von den Elfen empfangen hat, mit der, die ihm seit je eigen ist. Es ist nicht wie im Anfangsmonolog des 1. Teils die Kraft des stoßhaften Knittelverses, sondern der Klang ist hier gleichmäßiger, geformter. Goethe hat die erlesene, klangvolle Form der Terzine selten benutzt, z. B. in dem Gedicht *Im ernsten Beinhaus war's* (Bd. 1, S. 366). Es ist die Form von Dantes „Divina commedia". Das Tagebuch vermerkt vom 10. August bis 25. September 1826 mehrfach Beschäftigung mit diesem Werk, auch schrieb Goethe damals einen Aufsatz darüber (Bd. 12, S. 339–342). Vermutlich ist ungefähr in dieser Zeit der Monolog Fausts entstanden. Dann fällt die Entstehung mitten in die Arbeit an dem Helena-Akt, und zu diesem paßt das, was Faust in dem Monolog ersehnt, besonders gut.

Da *Faust* nicht ein Drama mit zügigem Handlungszusammenhang ist, sondern eine Bilderreihe mit innerer Beziehung, steht die Szene *Anmutige Gegend* nicht in unmittelbarer Beziehung zu der folgenden Szene *Kaiserliche Pfalz*. Daß Faust am Karneval teilnimmt und dem Kaiser Papiergeld schafft, bedeutet nicht ein Streben *zum höchsten Dasein* (4685), sondern eher ein Hinabgleiten in mephistophelische Niederungen. Die Szene bezeichnet – neben allen anderen Bildern des 2. Teils – eine Möglichkeit menschlichen Geistes, auch eine Möglichkeit Fausts, und hat vor allem eine innere Beziehung zu den Helena-Szenen, die später folgen.

Helene Herrmann, 1916, S. 88f. Wiederabgedruckt in: Mandelkow, Goethe im Urteil seiner Kritiker. Bd. 3, S. 461f. – Kurt May, 1936, S. 1–22. – Peter Michelsen, Fausts Schlaf und Erwachen. Jb. des Freien dt. Hochstifts 1983, S. 21–61.

vor 4613. *Ariel*: Elfenkönig, bekannt aus Shakespeares „Sturm". Vgl. 4239. – *Äolsharfen*: Als eine Art „Naturinstrument" – der Wind ruft die Töne hervor – passen die Äolsharfen zu den Naturgeistern, auch in ihrem sanften lyrischen Charakter. – Vers 28 u. Anm.

4619. *heilig* hier im Gegensatz zu *böse*, also: gut, schuldlos. Das Wort ist bei Goethe aufgefächert in verschiedene Bedeutungen. Es kommt in *Faust* häufig vor (427, 432, 566, 1035, 1180, 1202, 1222, 1317 usw.).

4623. *Strauß*: Streit, Kampf, Zwiespalt.

4626. *Pausen* hier: Abschnitte. Ariel kennzeichnet sie in Vers 4628–4631. Entsprechend gliedert sich dann der Chorgesang der Elfen in 4 Strophen. Goethe hat diese in einem ersten handschriftlichen Entwurf mit Bezeichnungen aus der Musik versehen: *Serenade* (Abendmusik), *Notturno* (Nachtmusik), *Matutino* (Morgengesang), *Reveille* (Weckruf).

4626. *Weile*: Zeit, Zeitspanne. Dt. Wb. 14,1,1 Sp. 792.

4629. *Lethe*: In der griechischen Mythologie Fluß in der Unterwelt; die Verstorbenen trinken aus ihm und vergessen dadurch ihr irdisches Dasein. Das (auch bei Dante vorkommende) Motiv wurde in der Goethezeit vielfach als Ausdruck des Vergessens benutzt. Goethe verwendet es mehrfach, ihm psychologische Vertiefung gebend, z. B. an Zelter 15. Febr. 1830: *Man bedenke, daß mit jedem Atemzug ein ätherischer Lethestrom unser ganzes Wesen durchdringt, so daß wir uns der Freuden nur mäßig, der Leiden kaum erinnern. Diese hohe Gottesgabe habe ich von jeher zu schätzen, zu nützen und zu steigern gewußt.* (Briefe Bd. 4, S. 372.) – Namenregister in Bd. 14 und Briefe Bd. 4.

4634. *Wenn sich lau* ... Die 4 Strophen der Elfen sind zwar nicht ausdrücklich wie vorher die Strophe Ariels 4613–4620 als *Gesang* bezeichnet, doch sie sind wohl ebenso gemeint; darauf deutet die Regieanweisung *zu zweien und vielen* usw. und die mit der Ariel-Strophe übereinstimmende Form.

4655. *buschen sich*: bilden Büsche. Wortgebrauch des lyrischen Altersstils; ähnlich Bd. 1, S. 352 *bewollt sich, braunt*, Bd. 2, S. 15 *bebuscht*.

4662. *erdreisten*. Die Wörter *dreist* und *erdreisten* haben bei Goethe nur selten die abwertende Bedeutung, welche sie im 19. Jahrhundert bekamen; also: kühn zupacken, mit Zuversicht etwas in Angriff nehmen; ähnlich 6299 und 7287. Dagegen mit negativem Nebensinn 6688. – Dt.Wb., Bd. 2, Art. ,,dreist''.

4666. *Horen.* Dasselbe Motiv in Goethes *Achilleis* Vers 61 f. (Bd. 2, S. 517). Goethes Freund Karl Philipp Moritz sagt in seiner ,,Götterlehre der Alten'', 1791: ,,Unter den Namen der Horen wurden in den Dichtungen der Alten sowohl die Göttinnen der Gerechtigkeit, welche Jupiter mit der Themis erzeugte, als auch die Jahreszeiten begriffen, welche gleichsam mit gerechter Teilung ihrer Wohltaten, durch ihren immerwährenden Wechsel, das schöne Gleichgewicht in der Natur erhalten ... Ihr Geschäft ist, die Türen des Himmels zu öffnen und zu schließen ... Auch spannten die Horen jeden Morgen die Rosse an den Sonnenwagen.'' – Ilias 5,749: ,,Des Himmels Tür krachte auf, die die Horen hüteten.''

4670. *Phöbus*: Apollo, der Sonnengott (griech. Helios). In der *Achilleis* Vers 62: *Und das wilde Gespann des Helios, brausend erhub sich's.* (Bd. 2, S. 517) 1821 beschäftigte Goethe sich mit dem ,,Phaeton''-Fragment des Euripides und schrieb einen Aufsatz darüber (Bd. 12, S. 310–320), dort ist viel von dem Viergespann des Helios die Rede. Vgl. auch *Faust* 8285 und 10022. Goethe kannte antike Helios-Darstellungen aus der Dichtung (Homer, Euripides u. a.) und aus der bildenden Kunst, z. B. von Gemmen, wonach sie dann in neueren Werken reproduziert waren, z. B. Moritz, Götterlehre, Figur 56. – Heinrich Meyer erwähnt in seiner ,,Geschichte der Kunst'' die ,,Aurora'' von Guido Reni.

4674. *Unerhörtes hört sich nicht.* Die Elfen sollen das ihre Fassungskraft übersteigende Geräusch nicht hören. Vor 4666 ist von *ungeheurem Getöse* die Rede, wieder 4671, näher ausgeführt 4672. Schon Vers 246 spricht vom *Donnergang* der Sonne. Die alte Vorstellung von der Sphärenharmonie verbindet sich hier wohl mit dem Motiv des Krachens der Himmelstür Ilias 5,749.

4680. *milde* hier im Sinne von: freundlich, ruhig, liebreich; ähnlich 30, 1455, 5883, 6506, 8902, 9708; dagegen in der alten Bedeutung ,,freigebig'' 5554, 7456.

4685. *immerfort.* Seit Luthers Bibelübersetzung geläufiges schriftdeutsches Wort in der Bedeutung ,,in steter Dauer, in regelmäßiger Wiederholung, immer wieder neu''. Bd. 8, S. 358, 39 u. 360, 33 f.; Briefe Bd. 3, S. 317, 28.

4685. *streben.* Dasselbe Wort leitmotivisch in Monologen Fausts 697, 767, 1075, 1676, 1742, 7291, und von höherer Warte gesprochen, jedoch in bezug auf ihn 317 und 11936.

4705. *traulich*: voll Vertrauen, mit Zuversicht; ähnlich 12023.

4714. *jugendlichstem.* Ähnlich im Gedicht *Zueignung* (Bd. 1, S. 149): *Der junge Tag erhob sich mit Entzücken.* Doch man darf wohl auch an weitere Assoziationen denken: Im *Divan* heißt es: *Will mich freun der Jugendschranke, / Glaube weit, eng der Gedanke* (Bd. 2, S. 7), d. h.:

zwar begrenzt, aber gläubig, hoffnungsvoll, am Anfang einer weiteren
Entwicklung. Ähnlich in der *Zueignung* zu *Faust,* Vers 7: *Mein Busen
fühlt sich jugendlich erschüttert.*

4727. *Abglanz.* Das Wort kommt seit der Mitte des 18. Jahrhunderts
vor. Adelung erläutert: „ein glänzendes Ebenbild, doch nur von Gott
gebraucht". In diesem Sinne bei Herder (Werke ed. Suphan Bd. 8,
S. 246; Bd. 15, S. 319) und Oetinger, dann auch in allgemeinerem Sinne.
Dt. Wb., Neubearbeitung, Bd. 1, 1966, Sp. 314f. – Von Goethe seit
seiner ersten Weimarer Zeit gern benutztes Wort, zumal im Zusammenhang seiner Licht-Metaphorik. (GWb. 1, Sp. 75f.)

Kaiserliche Pfalz

Der Kaiser hat auf Wunsch des Kanzlers und der höchsten Würden-
träger den Thronrat zusammengerufen (4769–4771). Es sprechen: der
Kanzler – nach altem Brauch der Erzbischof von Mainz –, der *Heermeister* (Oberbefehlshaber des Heeres), der *Schatzmeister* und der *Marschalk* (Marschall, Hofmarschall, Oberster aller Hofämter). Ihnen stehen gegenüber: der Kaiser, Mephistopheles (als Narr) und der Astrolog.
Und anstatt daß die Gedanken der erfahrenen Männer weitergeführt
werden, wird alles so, wie Mephistopheles es wünscht. Er, der neu
Hinzugekommene, hat sie alle von Anbeginn im Griff, wie einst die
Studenten in Auerbachs Keller. Die Inhaber der Hofämter klagen offen
über den Zustand im Reich. Später, im 4. Akt, erfahren wir dann, daß er
zum Bürgerkrieg führt. Mephistopheles will Faust zu dem Kaiser bringen und tut das auf seine Weise. Er betäubt den Hofnarren, tritt als
dessen Ersatzmann auf, weiß den Kaiser sich gefügig zu machen und hat
den Astrologen so in seiner Gewalt, daß dieser nur spricht, was er ihm
vorsagt; und so ist klar, daß aus diesem allen nichts Gutes werden kann.
Anderseits läuft das höfische Leben weiter, und daß es auch andere
Elemente hat – künstlerischer Art –, zeigt die folgende Mummenschanz.
Die Szene steht zu der vorigen in vielfachem Gegensatz. Sie hat zahlreiche realistische Motive – die chaotischen Zustände im Reich –, sie ist
eine Szene der Gesellschaft, anderseits aber auch eine Szene des Mephistopheles mit unheimlichen düsteren Zügen; sprachlich also einerseits
das Konventionelle, anderseits der mephistophelische Witz und Hohn
(5006, 5039–5046, 5061–5064 u. ö.). Während in der Szene *Anmutige
Gegend* die Kräfte der Natur in der lyrischen Sprache der Elfen Gestalt
werden und dann die Weltdeutung des menschlichen Geistes in Fausts
Monolog folgt, hören wir hier die Sprache der Politik, der Gesellschaft,
der Konvention. Der Dichter läßt seine Kritik zwischen den Zeilen und
nimmt die Hofgesellschaft mit allen ihren Schwächen in sein dichterisches Bild hinein. Während in der Anfangsszene die gleichmäßigen

Rhythmen der Liedstrophen und der Terzinen erklingen, sind es hier die wechselreichen lässigen Faustverse, bald vier-, bald fünfhebig, meist mit Paarreim, mitunter auch mit Kreuzreim, zumal da, wo Mephistopheles seine besonderen Pointen anbringt (z. B. 5061–5064).

Goethes Tagebuch notiert, daß er die Szene als etwas neu Entstandenes am 1. Oktober 1827 Eckermann vorlas und am 13. Oktober Zelter. Hinter der Darstellung steht sein umfassendes Bild der alten Reichverfassung, das auf die Jahre im Elternhaus zurückging (Bd. 9, S. 158, 1–10), im Jura-Studium erweitert wurde und durch spätere Lektüre lebendig gehalten war.

Helene Herrmann, 1916, S. 90f. Wieder abgedruckt in: Goethe im Urteil seiner Kritiker. Hrsg. von R. Mandelkow. Bd. 3, 1979, S. 462f. – Dorothea Lohmeier, 1975, S. 69–82. – Kurt May, 1936, S. 23–37.

Vor 4728. Pfalz: Schloß des Kaisers, Amtssitz, Palast. – *Astrolog*: Im 16. und 17. Jahrhundert gab es Astrologen an den Höfen zahlreicher Fürsten.

4731. Allein wo ist der Narr geblieben? Manche Fürsten des 16. und 17. Jahrhunderts hielten sich Hofnarren, manche wie Kaiser Rudolf II. taten es nicht. Es ist bezeichnend für den Kaiser hier, daß er einen Narren hat. Mephistopheles hat diesen durch Betäubung beseitigt und tritt als dessen Ersatz auf, um dann später Faust einführen zu können.

4743ff. Was ist verwünscht ... Mephistopheles formuliert spannungweckend und vieldeutig, beginnend mit *Was – Wen – Was*. Mit *Wen* meint er den Narren; *dürfen* in der damaligen Bedeutung (wie 336, 2590, 3139, 3258 u. ö.): Wen braucht du nicht herbeizurufen (weil er schon da ist)? Da er später auf *Verstand* (4881, 4892, 4896) und *Geld* (4890, 4894, 4937f., 5010ff.) hinweist, liegt nahe, daß er bei den *Was*-Fragen schon hier darauf zielt, zugleich aber meint er sich selbst, der alles in sich vereinigt: Verstand, Geld, Narr, Teufel.

4761. ihr Getreuen, Lieben. Zeremonielle Anrede wie schon 4728, passend zu Thronsaal, Trompeten beim Eintritt des Kaisers usw. Der Kaiser fragt, warum der Staatsrat tagen solle, jetzt in der Fastnachtszeit (4765ff.), und damit wird sogleich sein Charakter deutlich.

4767. Schönbärte: volksetymologische Abwandlung des altdeutschen Wortes Schembart, d. h. Maske. Des Kaisers Worte weisen voraus auf das Fastnachtstreiben der folgenden Szene. – Dt. Wb. 9, Sp. 1486–1488.

4785. überwaltet: vorherrscht, Gewalt hat. – Dt. Wb. 11,2 Sp. 630f.
4792. Pfühl: gepolsterter Richter-Stuhl.

4811. Geht ... zu Raub. Das Wort *zu* in der üblichen Bedeutung „in Richtung auf". Dt. Wb. 8, Sp. 216 deutet *Raub* passivisch „einer wird zum Raube". Fischer, Goethe-Wörterbuch S. 270 deutet aktivisch

,,sieht selbst der Kaiser sich zum Raub (an seinen Untertanen) gezwungen". Aus dem Zusammenhang der Reden des Kanzlers und des Heer-
meisters, zumal aus den unmittelbar davor und danach stehenden Sätzen *Wenn alle schädigen, alle leiden* und *Ein jeder schlägt und wird
erschlagen* halte ich für möglich, daß 4811 aktivisch und passivisch zugleich gemeint ist: wird in das allgemeine *Schädigen* und *Leiden*, Rauben und Beraubt-Werden hineingezogen, und so wäre die der *Majestät*
angemessene *Gerechtigkeit* (4755) dann nicht mehr möglich.

4824. *gestört*: hineingestochen. Die Verbindung mit *Wespennest* war schon vor
Goethe traditionell. – Dt. Wb. 10,3 Sp. 385 ff.

4829 f. *Es sind noch Könige* ... In den Nachbarstaaten.

4832. *Subsidien*: Hilfsgelder von den auswärtigen Fürsten (4829).

4845. *Ghibellinen ... Guelfen*: Hier wie in Vers 10772 allgemein für politische
Parteien.

4866. *Stadtrat*: die Ratsherren einer Stadt, Magistrat. – *verzapfen*: ausschenken.
Dasselbe Wort Bd. 10, S. 415, 21. – Dt. Wb. 12, 1 Sp. 2439.

4871. *Antizipationen*: durch Geldvorschüsse erworbene Anrechte auf die den
Fürsten und Adligen zukommenden ,,Gefälle", die Einkünfte von Seiten der
Bauern.

4875. *vorgegessen Brot*: in der Sprache des 16. und 17. Jahrhunderts häufige
Wendung für ,,alles, was man zu seiner Notdurft von seinem künftigen Verdienste
vorweg nimmt" (Adelung). – Dt. Wb. 12,2 Sp. 1011 f.

vor 4897. *Kanzler.* Nach der Verfassung des alten Deutschen Reiches
hatte der Erzbischof von Mainz, ein geistlicher Fürst, die oberste Stelle
unter den 7 Kurfürsten und war Erzkanzler des Reichs. Deswegen wird
er später (10931 ff.) abwechselnd *Erzbischof* und *Erzkanzler* genannt.
Er vertritt hier einen engstirnig-kirchlichen Standpunkt (4897 ff.), doch
er hat anderseits ein richtiges Gespür: Er ahnt, daß Mephistopheles
etwas mit Hexerei (4911) zu tun hat, daß er einen *begabten Mann* (4896)
in den Kreis des Kaisers bringen will, auf unkorrektem Weg (*schwärzen*
4914), und daß dieser und der *Narr* (4916) irgendwie zusammengehörig
(*verwandt* 4916) sind.

4906. *Die Heiligen*: die Geistlichen.

4910. *Entwickelt sich*: aus dem Pöbelsinn ... entwickelt sich, wickelt sich heraus; *entwickeln* mit Dativ auch Bd. 2, S. 83, Vers 29.

4915. *Ihr hegt euch*: Ihr haltet Euch an; Ihr habt Vorliebe für. – Dt.
Wb. 4,2 Sp. 781. – Zu der Anrede *Ihr* sagt Düntzer: ,,die übrigen
Staatsräte, die jenes Wort von Natur und Geist (4896) haben durchge-
hen lassen".

4938. *Der Boden ist des Kaisers.* Nach altem Recht, schon im ,,Sach-
senspiegel" und ,,Schwabenspiegel" verzeichnet, gehören alle Schätze,
die tiefer im Boden liegen, als ein Pflug geht, dem Kaiser.

4949. *Haus.* Die Astrologie teilte das Himmelsgewölbe nicht nur in
12 Tierkreisbilder, sondern außerdem in „Häuser" ein, und aus der
Stellung der Planeten in diesen wurden Schlüsse auf deren Auswirkung
gezogen. – Georg v. Welling, Opus mago-cabbalisticum. Frankf. u.
Lpz. 1760. S. 377 ff. (Ruppert, Goethes Bibliothek Nr. 3192.)

4955 ff. *Die Sonne selbst* . . . Die Astrologie war eine Wissenschaft, die
den Laien große Weisheiten versprach und für sie schwer zu verstehen
war. Was der Astrolog hier sagt, klingt geheimnisvoll, ist aber das Einfachste, Elementare des spätmittelalterlichen Weltbildes der Analogien
im All: Sonne – Gold – Herz; Mond – Silber – Gehirn; Venus – Kupfer
– Geschlechtsorgane usw. Der Astrolog sagt: Die *Sonne* entspricht dem
Gold. Merkur ist in der Mythologie der *Bote* der Götter. In der Alchemie ist Mercurius meist das Quecksilber, mitunter auch allgemein ein
Mittel, das die Metalle reinigt. *Venus* wird hier nur als Göttin der Liebe
erwähnt, alchemistisch ist sie das Kupfer. *Luna,* der Mond, hat astrolo-
gisch Wirkung auf die menschliche Laune, Stimmung; als Metall gehört
zu *Luna* das Silber; in der antiken Mythologie ist sie eine *keusche*
Göttin. *Mars* ist der Gott des Krieges, ist ein Planet und in der Alchemie
das Eisen. *Jupiter* hat als ein besonders heller und großer Planet den
schönsten Schein, ihm entspricht das Zinn, das im 16. Jahrhundert das
beliebte Metall für Teller, Kannen usw. war. Dem Planeten *Saturn* entspricht *als Metall* das Blei. – Die Rede des Astrologen, von Mephistopheles eingeflüstert, endet mit *Gold* und *Silber,* also dem Geld, das der
Kaiser braucht, und ist damit bei dem Thema, das Mephistopheles haben
will, weil er auf die Erfindung des Papiergeldes zielt.

Knappe Zusammenfassung der Planeten-Metall-Entsprechungen: Paracelsus,
Liber de imaginibus. Husersche Ausgabe, Bd. 9, Basel 1590, S. 369–393, insbes.
379. Sudhoffs Ausgabe Bd. 13, 1931, S. 361–386. Ferner die (pseudo-) paracelsische Schrift „De secretis creationis". Paracelsus, Werke. Hrsg. von Peuckert. Bd.
5, 1976, S. 40. – M. Ruland, Lexicon Alchemiae. Frankfurt 1612. Reprint: Hildesheim 1964. – Joh. Georg Triegler, Sphaera. Lpz. 1622. Insbes. S. 153–164. – Über
Mercur auch: Welling, Opus mago-cabbalisticum, 1760, S. 341–377. – Alchimia.
Hrsg. von E. E. Ploss u. a. München 1970.

4961. *Und Jupiter bleibt doch der schönste Schein.* In Triegler,
„Sphaera". Lpz. 1622, heißt es S. 155: „Jupiter ist der größte unter den
Planeten. Ist dem menschlichen Geschlecht sehr zuträglich und gibt
einen solchen schönen Schein von sich, daß man fast darvon einen
Schatten spüret." Ähnlich andere Werke. Aus dieser Tradition stammt
des Astrologen Wort vom *schönsten Schein.*

4974. *Kalenderei*: das übliche Gerede über den Stand der Gestirne und deren
Wirkung auf die Menschen. Es ist „abgedroschen": *Gedroschner Spaß.* Ebenso die
Chymisterei, die Alchemie.

4976. *er*: der *hochgelahrte Mann* von 4969. *Gauch*: Schelm (Dt. Wb. 4,1 Sp. 1530).

4979. *Alraunen*: Alraunpflanze, altes Zaubermittel, Gesundheit und Reichtum bringend; man muß sie durch einen *schwarzen Hund* aus dem Boden ziehen lassen. – HWbA. 1, 1927, S. 312–324.

4992. *Da liegt der Spielmann*. Eine alte Redensart war, wenn jemand stolperte: „Da liegt ein Spielmann begraben." Mephistopheles sagt, man werde ebenso leicht durch eine plötzliche Reaktion die Stelle finden, wo ein Schatz vergraben liegt. – Dt. Wb. 10,1 Sp. 2411. – Briefe HA., Bd. 3, S. 106,5 f.

5011. *Salpeter*: Kalk-Salpeter. *Leimenwand*: Lehmwand. Salpeter bildete sich in den Viehställen an den Lehmmauern. Auch stellte man eigens Mauern aus Lehm und Stallmist her, um den austretenden Salpeter zu gewinnen, der an die Schießpulver-Fabriken geliefert wurde. – Encyclopädie der Staats- und Landwirtschaft, hrsg. von J. G. Krünitz. Bd. 131. Bln. 1822. Art. „Salpeter" S. 253–694, insbes. S. 330–349.

5039. *Nimm Hack' und Spaten* ... Dasselbe Motiv schon 2353 ff.

5041. *goldner Kälber*: nach Mose 32,4, als Sinnbild für Schätze.

5051. *uns versöhnen* (versöhnen): uns mit dem Himmel aussöhnen (durch Beichte und Absolution vor Ostern). Auf Rosenmontag (5048) folgt die Fastenzeit und Ostern (5051–5056). Der Astrolog ist von Berufs wegen der, welcher die rechte Zeit für etwas weiß. Er mahnt hier zum Aufschub, da Mephistopheles Zeit gewinnen will.

nach 5061. *Exeunt* (lat.) = sie gehen hinaus. Übliche Formulierung im älteren Drama, auch bei Shakespeare.

5063. *Stein der Weisen* („lapis philosophicus", „medicina universalis"): er bewirkt die Metallverwandlung („transmutatio metallorum") und heilt alle Krankheiten, gibt dem Menschen also Gold und Gesundheit. Das Thema kommt wieder in Vers 6988–6998 vor. Goethe hat in seiner *Geschichte der Farbenlehre* das Motiv des *Steins der Weisen*, der *Gold, Gesundheit und langes Leben gibt* (Bd. 14, S. 78, 8–79,23) in die Geistesgeschichte des Mittelalters eingeordnet. – M. Ruland, Lexicon Alchemiae, 1612, S. 292. – Vgl. 6988 u. Anm.

Weitläufiger Saal mit Nebengemächern

Die *Mummenschanz* ist ein großer Aufzug am Fastnachtsdienstag. Im Palast des Kaisers nimmt der ganze Hof in Kostümen daran teil. Fest-Ordner ist der Herold, der vom Kaiser amtlich eingesetzt ist. Er trägt als Zeichen seiner Würde den Heroldsstab. Er allein kennt die Gruppen, die auftreten wollen. Er hat die Aufgabe, sie nötigenfalls zu erklären. Er weiß, daß der Kaiser als Pan mit Gefolge erscheinen wird. Die Teilnehmer haben sich italienische, speziell Florentiner Vorbilder genommen. In Florenz wurden einerseits Gestalten aus dem Volke dargestellt – Gärtnerinnen, Gärtner, Fischer –, anderseits antike mythologische Gruppen, Parzen, Furien usw. Ähnlich ist es hier, und zwar nicht nur allgemein, sondern auch im einzelnen: Pulcinelle, Holzhauer, Mutter und Tochter usw. sind Florentiner Renaissance-Aufzügen nachgebildet. Die Anordnung aber ist Goethes Eigentum. Die Gestalten haben hier etwas von dem Reiz des Zitats: die Wiederholung in anderem Zusammenhang, die Einpassung in Neues, verbunden mit der Freude an der Tradition. Ähnlich wie der Dichter zu Beginn des 3. Akts mit Elementen aus Euripides arbeitet, so hier mit Motiven aus der Sammlung der Florentiner ,,Trionfi'', die er 1827 las.

Die Szene ist in sich gegliedert, und dabei tritt der Anteil von Mephistopheles und Faust immer stärker hervor. Einleitung des Herolds (5065–5087), Masken aus dem Volksleben (5088–5214), erste antike Figuren (5215–5262), kurze Einlage mit dem Trunkenen und den Poeten (5266–5298), weitere antike mythologische Gestalten (5299–5392), dann eine große Gruppe mit einer politischen Allegorie (5393–5456). Hier tritt nun Mephistopheles auf (5457–5470). Der Herold weiß, daß er nicht zu den angemeldeten Teilnehmern gehört, empfindet seine Worte als störend und will ihn zurückweisen; als Zeichen dafür berührt er ihn mit seinem Stab (5472). Da verwandelt sich Mephistopheles in ein Ei, aus welchem eine Schlange und eine Fledermaus herauskommen (5471–5483). Die Atmosphäre wird unheimlich. Sowohl die Festteilnehmer wie der Herold sprechen von *Spuk und Zaubereien* (5484–5505). Doch wird die Aufmerksamkeit zunächst in Anspruch genommen durch eine neue Gruppe: Ein Wagen mit vier Drachen davor, darauf eine fürstliche Gestalt (Faust) und ein Lenker (5506ff.). Der Herold weiß von dieser Gruppe nichts. Er kann sie nicht erklären, nur beschreiben. Ihn schaudert (5519), er fühlt das Gespenstische, doch er hält sich wacker und beginnt seinen Dialog mit den Ankömmlingen. Der Jüngling, der den Wagen lenkt, bezeichnet den, welchen er bringt, als *Plutus, des Reichtums Gott* (5569), damit wird zu dem Thema hingeführt, auf welches Mephistopheles und Faust hinauswollen; sie wollen dem Kaiser Geld besorgen, Papiergeld. Der *Knabe Lenker* stellt sich vor als *Poesie* (5573), wirft seine Gaben ins Volk, doch die Empfänger haben nichts Reales davon. Hinten auf dem Wagen sitzt Mephistopheles als Habgier, *Avaritia* (5646ff.). Von dem Wagen des Plutus wird ein Gefäß herabgenommen (5683–5688). Plutus entläßt den Jüngling, der die Dichtung verkörpert, *zur Einsamkeit* (5696). Dieser fährt mit dem Drachengespann fort (5689–5708). Jetzt ist Plutus ohne ihn nur mit seinen materiellen Schätzen anwesend. Bisher hatten die Drachen Abstand geschaffen (5676–5682), jetzt sind sie fort und das Volk drängt sich ungebührlich heran. Der Herold hat bis jetzt immer *amtsgemäß* (5507) die Pflichten, welche man ihm *aufgeladen* (5495), durchgehalten: *Bei meinem Stabe! Ruh gehalten* (5675). Nun aber ist er der Situation nicht mehr Herr. Ob er unter dem Einfluß der mephistophelischen Magie steht, bleibt unausgesprochen. Jedenfalls tut er etwas, was er als Herold nicht darf: Er gibt seinen Stab der Gestalt des Plutus, also einem Unbekannten (5737–5747). Dieser schafft Ordnung. Plutus behält von da an den Heroldsstab in der Hand – ein Zeichen dafür, daß nun Faust und Mephistopheles regieren, nicht mehr der kaiserliche Herold. Als der Herold den Stab wiederhaben will (5796), gibt Faust ihn ihm nicht. Jetzt kommt die Gruppe des Kaisers, der als *Pan* mit *Faunen, Satyrn* und *wilden Männern* auftritt (5801 ff.). Die Gnomen sprechen von den Schätzen, die sie heben, und lenken wieder den Gedanken auf Gold und Reichtum (5840–5913). Jetzt soll die von Faust und Mephistopheles geplante Begegnung des Kaisers mit dem Golde folgen. Plutus bereitet den Herold kurz auf Erschreckendes vor. Eine ganze Zeit hat Plutus den Heroldsstab gehalten (5739–5919). Jetzt faßt der Herold ihn ebenfalls an (5920), sie halten ihn gemeinsam – ein Zeichen, daß die Welt des Kaisers und die Welt Fausts sich vereinigen. Der Herold beschreibt das Geschehen, wie der Kaiser in das Goldgefäß schaut und in Flammen aufgeht (5920–5969). Dann läßt Faust die ganze gefährliche Zauberei verschwinden (5970–5986). Damit endet die Szene. Der letzte Satz spricht von *Magie.*

Diese Magie beginnt mit dem Auftreten des Mephistopheles als *Zoilo-Thersites* (5457). Der Herold will ihn zur Ordnung rufen, doch nun herrscht Zauberei, unheimlich sowohl für das Volk (5487) wie für den Herold (5501 ff.). Auch die Szene mit Plutus hat diesen unheimlichen Charakter, der sich steigert, sobald der *Knabe Lenker* fortgegangen ist. Faust gibt an, was geschehen soll (5914–5986), und es geschieht, d. h. Mephistopheles verwirklicht es. Ihr Zusammenwirken ist vollkommen. Im 1. Teil des Dramas machte Mephistopheles den Zauber in Auerbachs Keller, Faust sah zu. Mephistopheles holte die Zauberpferde, Faust bestieg eins. Hier aber gibt Faust an und Mephistopheles führt aus. Am Schluß der Szene wird das gefährliche Feuer durch Faust und seine *Magie* (5986) gelöscht. Faust ist also ganz in die Welt des Mephistopheles verstrickt. Anderseits: Mephistopheles will nur das Geld schaffen und Faust als Plutus auftreten lassen, Faust aber läßt außerdem die Poesie, den *Knaben Lenker,* erscheinen, an welchem Mephistopheles nicht interessiert ist, und Faust setzt insofern seinen eigenen Geist durch. So ist die Szene als Ganzes eine Mischung: einerseits geistvoller Karneval mit Renaissance-Motiven, anderseits Zauberei mit allem Düsteren, das zu Mephistopheles gehört, und allem Geistvollen, das zu Faust gehört. Die mephistophelische Zauberei läßt ahnen, daß aus diesem allen nur Unheil erwachsen könne – wie es dann im 4. Akt auch geschieht. Aber Fausts Schöpfung des Knaben Lenker läßt erkennen, welche edlen Möglichkeiten sein Geist in sich birgt, und diese werden dann in dem 2. und 3. Akt entfaltet.

Da die auftretenden Gruppen sehr verschiedenartig sind – von den harmlos-graziösen Gärtnerinnen bis zu dem zynischen Mephistopheles – und da sie etwas vorspielen, ist die Sprache sehr wechselreich. Zu Beginn Liedverse, z. T. mit Musikbegleitung (5088 ff., 5158 ff.), dann kurze zweihebige Verse (5199 ff.), im Gegensatz dazu regelmäßige Fünftakter (5345 ff.). Selbst der Herold, die Leitgestalt der Szene, wechselt zwischen Vierhebern und Fünfhebern. Insgesamt also eine Szene, die nicht nur viel für das Auge bietet, sondern auch reich an Klängen ist.

Unter den auftretenden Gestalten sind antike Figuren wie *Parzen, Furien* und Allegorien wie *Klugheit, Hoffnung* usw. Solche Gestalten gab es in der Dichtung und in Fest-Aufzügen an verschiedenen Orten Europas seit dem 16. Jahrhundert. Die Tradition hatte sich fortgesetzt bis zu Goethes Zeit; noch bei Weimarer Hoffesten traten allegorische Gestalten auf. Ein Blick auf die Renaissance-Vorbilder zeigt Goethes Verbundenheit mit der Überlieferung.

Unter den Anregungen, welche Goethe für diese Szene nutzte, steht an erster Stelle ein Werk, das er am 11. August 1827 aus der Bibliothek entlieh: Tutti i Trionfi, carri, mascherate o Canti carnascialeschi andati per Firenze dal tempo del Magnifico Lorenzo de' Medici fino all'anno 1559. Cosmopoli (d. i. Lucca) 1750. (Keudell Nr. 1855) Goethes Tagebuch notiert am 11. August: *Canti Carnascialechi nach langer Zeit wieder angesehn. Herrliches Denkmal der florentinischen Epoche unter Lorenz Medici.* Und am 13. August: *Fuhr fort, in den Florentinischen Gedichten zu lesen.* Dieses Werk bringt viele Gestalten, die Goethe übernahm, Gärtnerinnen, Gärtner, Mutter und Tochter, Fischer und Vogelsteller, Holzhauer, Parasiten, einen Trunkenen, die Parzen, die Furien, die Klugheit, Victoria u. a. Bis zu der Stelle, wo Faust und der Knabe Lenker auftreten, sind alle Figuren aus diesem Werk übernommen, da ja der Karneval am Kaiserhof eine Übernahme des Florentiner Karnevals sein soll. Als weitere Anregungen kamen hinzu Goethes eigene Erlebnisse im Karneval in Rom, welche er in der Schrift *Das Römische Karneval* (Bd. 11, S. 484–515) dargestellt hat; sodann Andrea Andreanis zweifarbige Holzschnitte nach Mantegna, Cäsars Triumphzug, die Goethe 1820 erhielt. Unter den 10 Blättern ist eins, das eine Szene mit einem Elefanten darstellt; es wurde zum Vorbild für die Szene 5393 ff. Goethe hat sich mit den Blättern Mantegnas ausführlich beschäftigt und in den Jahren 1820–22 zwei Aufsätze darüber geschrieben (Bd. 12, S. 182–202). Seit dem 9. Februar 1826 besaß er (wie das Tagebuch meldet): Francesco Valentini, Trattato su la commedia dell'arte ossia improvvisa. Maschere italiane ed alcune scene del carnevale di Roma. Berlino 1826. Gleichzeitig erschien eine deutsche Ausgabe, welche Goethe ebenfalls besaß (Ruppert Nr. 2543). Dort gibt es Masken von Gärtnerinnen, Gärtnern usw. Weitere Motive boten Goethes umfangreiche Kunstsammlung und seine reiche Bibliothek.

Zur Entstehung: Am 11. August 1827 entleiht Goethe „Tutti i Trionfi"; und zwar die 1750 erschienene, verbesserte und vermehrte Ausgabe der erstmalig 1559 von Anton-Francesco Grazzini („il Lasca" genannt) herausgegebenen Festaufzüge und Lieder. Am 17. Sept. verspricht er Cotta die Szene für Bd. 12 der *Ausg. l. Hd.* Tagebuch 8. Nov.: *Eckermann. Abends mit letzterem das Carneval im Faust.* 23. Nov.: *Einiges zum Carneval arrangiert.* 11. Dez.: *Einiges an Faust.* 1. Jan. 1828: *Fausts dritte Szene abgeschlossen.* Es gibt mehrere Schemata (WA 15, 2 S. 191–193; Welt-Ausg. S. 306–308), zum Teil datierbar auf Spätherbst und Dezember 1827. Sieht man die Tagebuch-Aufzeichnungen von August bis Dezember 1827 mit der Fülle der Besucher, Gespräche, Briefe, der Lektüre, der Ausfahrten usw., so ist erstaunlich, wie Goethe in dieser Zeit die Szene schreiben konnte. Vermutlich konnte er nicht viel Zeit an sie wenden, doch er wollte den Termin einhalten. Am 22. Januar wird die Szene an den Verlag gesandt. Sie erschien im Frühling 1828 in Band 12 der *Ausg. l. Hd.* Dieser enthält *Faust I* und außerdem von *Faust II* die Verse 4613–6036 mit der Bemerkung *Ist fortzusetzen.*

Erich Schmidt, Jubil.-Ausg. Bd. 14, S. 306ff. mit ausführlicher Berücksichtigung der literarischen Anregungen. – Witkowski in seinem Kommentar. –Gundolf S. 757–764. – Helene Herrmann S. 91. Im Neudruck bei Mandelkow Bd. 3, S. 462ff. Ferner Helene Herrmann S. 107f. – Kommerell S. 52f. – Dorothea Lohmeyer 1940 S. 31. – Dorothea Lohmeyer 1975 S. 83ff. – Beutler, Artemis-Ausg. Bd. 5, 1962, S. 727, 771f. – Inge Jensen in Festschr. f. Lieselotte Blumenthal. Weimar 1968. S. 165–177. – Die „Tutti i trionfi" erschienen in 1. Auflage in Florenz 1559. Goethe benutzte die Auflage von 1750. Eine wissenschaftliche Ausgabe veröffentlichte Charles S. Singleton: Nuovi Canti carnaleschi del Rinascimento. Modena 1940. – Über die Feste der Renaissance allgemein: Jacob Burckhardt, Die Kultur der Renaissance in Italien. 5. Abschnitt, 8. Kapitel.

Vor 5065. *Mummenschanz:* Maskerade. In dieser Bedeutung seit dem 16. Jahrhundert gebräuchlich, meist als Femininum, so auch bei Goethe. – Dt. Wb. 6, Sp. 2665.

5065. *Herold.* Seit dem Mittelalter gab es am Hofe des Kaisers und der Fürsten Herolde. Sie leiteten die Turniere und mußten alle Wappen kennen. Sie waren die Ordner bei Festen. Wenn ein Herrscher gestorben war, standen sie bei der aufgebahrten Leiche. Sie mußten in ihrer Tätigkeit erfahren, sicher und sprachgewandt sein. Deswegen waren es meist vornehme Männer. Sie trugen die Farben des Fürsten, ihr Abzeichen war der Heroldsstab. Bei Festen hatte jeder Teilnehmer dem Herold (Ehrenhold) zu gehorchen. Dieser durfte seinen Stab niemandem anders geben, ähnlich wie ein kaiserlicher Feldhauptmann das Kommando über seine Truppe nicht einem Fremden geben durfte. Im 17. Jahrhundert ging der Beruf des Herolds zum Teil in den des Zeremonienmeisters über.

Zedler, Universal-Lexicon Bd. 12, 1735, Sp. 1772–1775. – K. Schottenloher, Kaiserliche Herolde im 16. Jahrhundert. Histor. Jahrbuch 49, 1929, S. 470ff. – E. v. Berchem, D. L. Galbreath, O. Hupp, Beiträge zur Gesch. der Heraldik, Bln. 1939. S. 117–223. – K. Schottenloher, Bibliographie zur dt. Gesch. im Zeitalter der Glaubensspaltung. Bd. 4, 1938, S. 271; Bd. 7, 1966, S. 430. – Dt. Wb. 4,2 Sp. 1122f.

5072. *an heiligen Sohlen.* Die Krönung des deutschen Königs zum Kaiser wurde durch den Papst vollzogen. Zum Zeremoniell der Ehrung des Papstes gehörte, daß man ihm den Schuh küßte.

5075. *die Kappe:* Die Narrenkappe, die Karnevalsmaske. Der Festaufzug am Hofe ahmt italienische, insbesondere florentiner Karnevals-Aufzüge nach.

5082. *schwankend:* formverändernd. Vgl. Vers 1 u. Anm.
5083. *Zudringlich:* herzudrängend. *Chor:* Gruppe. Bei Goethe immer als Neutrum.
5089. *Nacht:* Abend.

5090. *Florentinerinnen:* Die Damen, die sich hier als *Gärtnerinnen* darstellen, ahmen etwas nach, was die Florentinerinnen in ihren Festaufzügen boten.

5116. *Feilschet ...* Kauft nun scherzhaft ein, aber ohne zu handeln *(Markten, 5117).*
5137. *Theophrast:* antiker Philosoph und Botaniker.
vor 5144. *Ausforderung:* Herausforderung zum Wettstreit. – GWb. 1, Sp. 1144.
vor 5158. *Theorben:* italienische Baßlauten.

5162. *Bieten bräunliche Gesichter ...* Konditionalsatz: Wenn die Gärtner mit ihren bräunlichen Gesichtern ... anbieten, dann kauft ... *Pfirschen:* Pfirsiche; *Königspflaumen:* eine große saftige Pflaumenart. Dt. Wb. 5, Sp. 1714. – Die illustrierte Ausgabe von Goethe *Das Römische Carneval,* die 1789 erschien, hat als Tafel X einen kolorierten Kupferstich von G. M. Kraus in Weimar, der einen Karnevals-Gärtner darstellt, welcher zwei Damen Früchte anbietet. – Facsimile-Druck: Lpz. 1905 und Dortmund 1978.
5178. *Mutter und Tochter.* Schon in dem von Goethe benutzten Werk von Grazzini gibt es ,,Canto di vedove, che menano le figliuole a mostra, per trovar loro marito". Dort sind es mehrere Witwen mit Töchtern, bei Goethe nur eine. In einem Schema aber, das sich erhalten hat, heißt es: *Mütter und Töchter.* Jedenfalls sind Mutter und Tochter eine darstellende Gruppe wie die anderen, nicht etwa ein Zwiegespräch von zwei Teilnehmerinnen. – Tutti i trionfi, 1750, Bd. 1, S. 323. In der Ausg. von Ch. S. Singleton, 1940, S. 22f.
5194. *dritter Mann:* Gesellschaftsspiel (,,Drittermann", ,,Zweiten, Dritten abschlagen"). Dt. Wb. 2, Sp. 1424.

5216. *Pulcinelle.* Der italienische Hanswurst, Pulcinella, ist eine feste Figur in der Komödie und im Karneval. Häufig erwähnt in *Das römische Karneval* Bd. 11, S. 491 ff. Das Register zu Bd. 11 nennt weitere Stellen. In dem Druck von 1789 zeigt Tafel I zwei Pulcinelle und Tafel XIII mehrere Pulcinelle.

5237. *Parasiten*: Gestalten des antiken gesellschaftlichen Lebens, typisiert zu Figuren der Komödie, insbesondere aus Plautus und Terenz bekannt: Gäste, die sich selbst einladen, aber von den Reichen geduldet werden, weil sie ihnen schmeicheln und kleine Dienste erfüllen. Auch bei Grazzini gibt es „Parassiti".

5244. *Doppelblasen.* Die folgende Zeile erklärt den Ausdruck. Der Parasit kann so oder so sprechen, je nachdem es ihm günstig erscheint; *wärmt und kühlet*: warm und kalt aus einem Munde blasen, seit dem 16. Jahrhundert übliche Wendung im Anschluß an Äsop, Fabel 26. – Dt. Wb. 13, Sp. 2046.

5250. *Kohlentrachten*: eine *Tracht* ist das, was jemand trägt.
5255. *prudeln*: brodeln.
5264. *frank und frei*: ungebunden und frei; zu Goethes Zeit häufige volkstümliche Redewendung.
5272. *Rümpfte*: rümpfte die Nase wegen des Maskenkostüms.
5293. *Span.* Adelung: „Dünne, durch Spalten entstandene Bretter".

5294. *dem ist's getan.* Witkowski in seinem Kommentar: „Der refrainartige Schluß der vier Strophen mit *getan* bedeutet 5270 und 5278 so ist's gut, 5286 es sei immer so gewesen, 5294 mit dem ist's aus." – Dt. Wb. 11,1,1 Sp. 442 „er ist fertig".

vor 5295. *Naturdichter.* Es gab zu Goethes Zeit mehrere sogenannte „Naturdichter" (Goedeke, Grundriß, Bd. 7, S. 572–579), z. B. J. K. Grübel (Goedeke Bd. 7, S. 557f.), G. Hiller (ebd. S. 577), A. Fürnstein (ebd. Bd. 4,2 S. 514), die in Goethes Werken und Briefen gelegentlich erwähnt sind (Briefe HA Bd. 2, S. 328,1; 362,3; Bd. 4, S. 49,30). *Hof- und Rittersänger* waren Fouqué, E. K. F. Schulze (KDN Bd. 147) und zahlreiche Romantiker. Bei den *Nacht- und Grabdichtern*, die mit einem *Vampyren* sprechen, ist gedacht an den englischen Sensationsroman „The Vampyre" von J. W. Polidoro, 1819, wohl auch an manches von E. T. A. Hoffmann und an Mérimée, La Guzla, 1825, ein Werk, über das Goethe schrieb (aber nicht zum Druck gab): *Der Dichter ... ruft als ein wahrer Romantiker das Gespensterhafte hervor ... nächtliche Kirchen, Kirchhöfe ... und nun erscheinen kurz Verstorbene drohend und erschreckend ... der gräßliche Vampirismus mit allem seinen Gefolge ...* (WA 42,1 S. 281f.). Dazu einige Sätze in den *Maximen und Reflexionen* (Bd. 12, S. 487f. Nr. 865–867) und im Brief an Zelter vom 18. Juni 1831: *Das Häßliche, das Abscheuliche, das Nichtswürdige ... ist ihr satanisches Geschäft ... Auch entschiedene Talente sind's, die der-*

gleichen unternehmen. (Briefe Bd. 4, S. 431). Da die Modedichter das schreiben, was alle interessant finden, muß der Satiriker, wenn er sie ablehnt, schreiben, *was niemand hören wollte* (5298). – Selbstverständlich ist dieser Abschnitt ein Anachronismus in dem Drama, das im 16. Jahrhundert spielt; doch dergleichen gehört zu seinem Stil, wie auch das Auftreten von Zeitgenossen in der *Walpurgisnacht* (4076 ff., 4144 ff.) und der Trauergesang auf Lord Byron im Helena-Akt (9907 bis 9938).

vor 5299. *Grazien.* Sie kommen in Goethes Dichtung mehrfach vor (Bd. 14, Namen-Register). Goethes Mitarbeiter Riemer behandelt die ,,Charitinnen" in seinem griech.-dt. Wörterbuch, 4. Aufl. 1825, verhältnismäßig ausführlich und betont Anmut, Wohltaten im Geben sowie Dankbarkeit. Ähnlich K. Ph. Moritz, Götterlehre der Alten.

5305. *Die Parzen.* K. Ph. Moritz: ,,Klotho hält den Rocken, Lachesis spinnt den Lebensfaden, und Atropos mit der furchtbaren Schere schneidet ihn ab." Hier für den Festaufzug haben Klotho und Atropos die Rollen getauscht, und Klotho führt die Funktion der Atropos nicht aus. Die Strophen der Parzen setzen Kenntnis der Handspinnerei voraus, die zu Goethes Zeit selbstverständlich war. Die Parzen wurden mitunter als alte Frauen, aber oft auch als jung und schön abgebildet. K. Ph. Moritz, Götterlehre, 1791, bringt 2 Abbildungen (Taf. 3, Abb. 9 u. 10) von Gemmen aus der Sammlung Stosch, welche je eine Parze ,,in jugendlicher Schönheit" zeigen. Asmus Jacob Carstens stellte die Parze Atropos in einer Plastik als junge und hübsche Gestalt dar; Goethe erhielt 1825 durch Friedrich Tieck einen Gipsabguß davon, der noch heute in dem kleinen Eßzimmer steht.

5349. *Die Furien.* Noch mehr als bei den Parzen ist hier alles der Atmosphäre des höfischen Festes anverwandelt und also von der Tradition, die von Vergil zu Dante führt, abgewichen. Die Furien sind in der Antike furchtbare Rachegöttinnen. In den ,,Tutti i trionfi", 1750, kommen an 2 Stellen Furien vor: in Bd. 1, S. 254 ,,Trionfi delle furie", wo sie als Rachegöttinnen erscheinen, um Verbrecher in die Unterwelt zu schleppen, und Bd. 2, S. 581 ,,Canto in Risposta delle Furie", wo die Gläubiger und die Sbirren (Polizeidiener) als Furien bezeichnet werden und das Gefängnis als Hölle. Goethe hat also das Motiv der Furien übernommen, die Gestaltung aber ganz selbständig ausgeführt im Rahmen der ganzen Mummenschanz.

5378. *Asmodi.* Der Name stammt aus Tobias 3,8. Er wurde im 16. Jahrhundert in den sogenannten ,,Teufelsbüchern" zur Gestalt des Eheteufels. Vgl. Vers 6961. – GWb 1, Sp. 855 f. – Teufelsbücher: Goedeke Bd. 2, S. 479–483.

5386. *Gischt*: ,,wallender, spritzender Schaum" (Dt. Wb. 4,1,4 Sp. 7564). Da zu Goethes Zeit die Verbindung ,,Gift und Galle" üblich war (Dt. Wb. 4,1 Sp. 1186

u. 4,1,4 Sp. 7434) ist *Gischt* hier auffallend. Es gibt eine Goethesche Handschrift der Verse 5317–5392, deutlich geschrieben, also wohl für John zum Abschreiben bestimmt; dort steht eindeutig *Gischt*.

5393. *Belieb' es euch ...* Die Hauptgruppe des Festzuges, eine politische Allegorie: der Elefant (die Kraft, die Masse), gelenkt durch eine *zierlich-zarte Frau* (die Klugheit) trägt eine Göttin (die des Sieges, die hier zugleich zur Göttin sinnvoller Tätigkeit wird 5456); daneben, angekettet, zwei Genien, die man in der Politik im Zaume halten muß: *Furcht* und *Hoffnung;* denn frei würde die eine die Kraft lähmen und die andere sie auf Irrwege führen. Die Staatsklugheit kann Angst nicht brauchen, aber auch nicht Hoffnung als Phantasterei, welche die Realitäten falsch einschätzt und ins Unglück führt. Goethe zeigt hier in der politischen Allegorie diese gefährliche Seite der Hoffnung; wenn er in bezug auf das individuelle Leben von *Hoffnung* spricht, in den *Urworten, orphisch,* in *Pandora* usw. ist seine Auffassung anders, viel positiver: Hoffnung gehört immer zum Leben, sie verleiht ihm Spannkraft. (Bd. 14, Sachregister ,,Hoffnung".) – Die Gestalt dieser Gruppe ist z. T. angeregt durch Mantegna, dessen ,,Triumphzug Cäsars" Goethe seit 1820 in den zweifarbigen Holzschnitten Andrea Andreanis besaß. 1820–22 schrieb er zwei Aufsätze darüber (Bd. 12, S. 182–202). Im Tagebuch kommt Mantegnas ,,Triumphzug" mehr als 50 mal vor. Das Blatt 5 der Serie zeigt Elefanten, einer von ihnen ist im Vordergrund ganz sichtbar, auf ihm ein Jüngling, der ihn mit Stäbchen lenkt. Der Elefant hat einen Teppich als Schabracke, reich mit Schmuck behängt (wie Vers 5396ff.). Goethes Tagebuch notiert am 26. Febr. 1827: *Abends Hofrat Meyer, den Prachtzug des Ptolemaeus Philometer aus dem Athenaeus vorlesend.* In dem *Prachtzug,* den der griechische Schriftsteller Athenaios darstellt (V, 34), gibt es einen Elefanten und auf ihm die Siegesgöttin Nike. – Sodann: Grazzini, Tutti i Trionfi, 1750, und zwar hier: ,,Trionfo della Prudenza".

5455. *Viktorie,* dann 5460 *Viktoria* genannt, wird als *Göttin* (5450) bezeichnet, mit *behenden breiten Flügeln* (5450f.). Das ist die Haltung der antiken Nike-(Victoria-)Statuen. Von berühmten griechischen Plastiken war sie weiterüberliefert bis zu römischer Kleinkunst. Goethe erwarb 1796 aus Dresden eine römische Kleinplastik, welche Victoria mit entfalteten Flügeln darstellt (Schuchardt Bd. 2, S. 14, Nr. 36), er beschrieb sie ausführlich in einem Brief an Heinrich Meyer vom 20. Mai 1796. Er besaß außerdem einen Gipsabguß der spätantiken Victoria-Statuette aus Fossombrone (Schuchardt Bd. 2, S. 334, Nr. 96), der noch heute auf dem Tisch im Juno-Zimmer steht. Zu Goethes Zeit waren die griechischen Nike-Statuen, die wir heute bewundern, die Nike im Museum von Olympia und die Nike von Samothrake in Paris, noch nicht gefunden. Goethe hat in den späten und provinziellen Nachbildungen das Urbild geahnt, die Trägerin des Göttergeschenks, plötzlich nahend in großartiger Bewegung mit rauschendem Schwung der Flügel. Goethe sieht *Victoria* hier nicht nur als Siegesgöttin, sondern auch als *Göttin aller Tätigkeiten*, wie es seinem Denken entspricht. – Max Wegner, Goethes Anschauung antiker Kunst. Bln. 1944. S. 86–88 u. Abb. 33. – Grumach, Goethe u. die Antike, 1949, S. 566–568. – Heinrich Meyer, Geschichte der Kunst. Register ,,Nike". – Bd. 14, Sachregister ,,Tätigkeit".

5457. *Zoilo-Tersites*. In dieser Maske steckt Mephistopheles. Sie entspricht innerhalb des Maskenzuges am besten seiner Natur. *Tersites* ist bei Homer unter den Männern vor Troja derjenige, welcher alles Heldentum schimpfend verkleinern will. *Zoilos*, athenischer Redner des 3. vorchristlichen Jahrhunderts, wollte Homer viele Fehler nachweisen. In der antikisierend-allegorischen Revue wählt Mephistopheles diese Maske, wie später die der Phorkyas; er verwandelt sich dann in häßliche Tiere (5479). Beutler, 1943, S. 576: ,,Je näher wir der Helena-Handlung kommen, umso mehr wird das Böse zugleich das Häßliche."

5472. *frommen Stabes* = des Stabes, der für das Richtige sorgt, der die Gerechtigkeit und Ordnung repräsentiert.

5479. *Otter*: Schlange, aus der Familie der Vipern, z. B. die Kreuzotter. – Wie Bd. 2, S. 131.

5495. *Heroldspflichten*. Der Herold hat die Aufgabe, die Gruppen vorzustellen und nötigenfalls zu erklären; doch bei der, die jetzt kommt, kann er es nicht, denn sie kommt ungemeldet. Ebenso hat er die Pflicht, für Ordnung zu sorgen und Störer zu strafen; so tut er es mit Zoilo-Thersites (5471 ff.) – aber was soll er tun, als dieser sich verwandelt und als nun eine Festgruppe kommt, die gespenstisch nahend keinen Raum bei der Auffahrt braucht? Sie ist besonders prächtig. In dieser Gruppe befindet sich Faust.

5520. *Knabe Wagenlenker*. Das Wort *Knabe* hier wie oft: Jüngling.

5521. *Rosse, hemmet eure Flügel* ... Ein Wagen, den man sich wohl ähnlich wie einen zweirädrigen römischen Triumpfwagen vorstellen muß. Auf ihm *Plutus*, der Reichtum (Faust), hinten auf dem Schlag *der Geiz* (Mephistopheles), vorn als Lenker ein Jüngling, der sich selbst als *die Verschwendung, die Poesie* bezeichnet. Der Herold vermag die Gruppe nicht zu deuten, nur zu beschreiben; die Deutung gibt der *Knabe Lenker* selbst. Nachdem die vorige Gruppe die Macht des Staates und die Klugheit seiner Führung versinnbildlichte, schließt diese, so sehr sie für sich steht, gut an: Reichtum und Kunst sind die Folge von dem, was das vorige Bild zeigte. Der Kaiser kann es als gute Vorbedeutung nehmen, und die Verbindung zu der vorangegangenen Beratungsszene stellt der Knabe Lenker selbst her (5571). Die Plutus-Gruppe zeigt nicht nur mephistophelische Zauberei, sondern vor allem auch faustischen Geist, wie die Gestalt des Knaben Lenker zeigt. Eckermann verzeichnet unter dem 20. 12. 1829 ein Gespräch über die Mummenschanz-Szene, in welchem ihm Goethe die Gestalt des Knaben Lenker erklärt.

Da schon bei der Elefanten-Gruppe Mantegna-Motive aufgenommen sind, kann man bei dem *Wagenthron* (5553) an Blatt 9 der Mantegna-Folge denken mit Cäsar auf einem Triumphwagen. Der wird dort natürlich von Pferden gezogen; hier aber erfahren wir in Vers 5679f. und 5684, daß es *Drachen* sind. Zwar hat die Menge vor diesen Angst (5682), doch da es sich um einen höfischen Festzug handelt, dürfen wir annehmen, daß sie ähnlich wie die Parzen und Furien sich angeglichen haben. Vielleicht geht auch das Drachengespann auf einen optischen Eindruck zurück. Goethe betrachtete in dieser Zeit oft Kupferstiche nach den Wandmalereien aus Pompeji. Dort gibt es einen zierlichen Triumphwagen, darauf ein Putto (kein Jüngling), davor zwei Drachen oder Greifen, die ihre schlanken Beine wie gute Kutschpferde setzen, ihre langohrigen Köpfe mit Raubvogelschnäbeln wie freundliche Papageien drehen und ihre kleinen Flügel hübsch gerade halten – Drachen wie für einen Festaufzug. – Le Pitture antique d'Ercolano. Tome 1. Napoli 1757. – Antiquités d'Herculanum, gravées par F. A. David, avec leurs explications par P. Sylvain (Maréchal). Tome 1. Paris 1781.

5546. *Socken:* Schuhe der antiken Schauspieler, wie 1808.

5563. *Mondgesicht* und 5565 *Turban:* Das Bild des Reichtums hat, wohl von dem Reichtum östlicher Herrscher her, orientalische Züge – ein leichter Anklang von *Divan*-Sprache im *Faust*-Drama. Das Wort *Mondgesicht* hat Josef v. Hammer in seiner Hafis-Übersetzung oft benutzt. Im Persischen hat es lobenden Klang. Goethe übernahm es in einem seiner *Divan*-Gedichte. – Bd. 2, S. 81 f. u. Anm.

5569. *Plutus* ist das lateinische Wort für Reichtum, Wohlstand, griech. Plutos. Schon in der Antike personifiziert. – Riemer, Gr.-dt.Wb., 1825, Bd. 2, S. 629f. – A. Hirt, Bilderbuch für Mythologie, Bd. 2, 1816, S. 105 f. über Plutus als Folge des Landbaus und Grundlage der Künste.

5573. *Bin die Verschwendung, bin die Poesie.* Herrschertum, Reichtum, Kunst, Gesellschaft in ihren Wechselbeziehungen sind ein Thema, das fortan in verschiedenen Bildern dargestellt wird. Auch im 3. Akt kommt es vor, dort ist Faust der Vater Euphorions, hier nennt er den Knaben Lenker seinen *Sohn* (5629). Poesie stammt aus strebendem, leidenschaftlichem, suchendem Geiste und zugleich aus Fülle, Reichtum, Unerschöpflichkeit. Der Knabe Lenker streut seine Gaben unter die Hofgesellschaft, die diese ebensowenig fassen kann wie später die Erscheinung Helenas. Dieser Kreis ist der Poesie nicht gemäß, und darum sendet Plutus den Knaben Lenker in seine eigentliche Region, die *Einsamkeit* (5696). – Das Motiv des Goldregens 5583ff. ist erwähnt bei A. Hirt, Bilderbuch für Mythologie (einem Werk, das in Goethes Bibliothek stand), Bd. 2, S. 106 und zwar bei Plutus. Auch bei Goethe in seinem Aufsatz *Philostrats Gemälde* (WA 49,1 S. 110).

5620. *Lorbeer* war in der Antike der Schmuck des im Triumph erscheinenden Feldherrn oder Fürsten. Im 16. und 17. Jahrhundert pflegten Fürsten keinen Lorbeer zu tragen, aber die Dichter, die Maler und Kupferstecher stellten sie mit einem Lorbeerkranz dar, durch sie wurde der Fürst verherrlicht.

5649. *Avaritia* (lat.): Habsucht, Geldgier, Geiz.

5660. *erspulen*: durch Spinnen erarbeiten.

5670. *Schlappe*: Schlag. Der Herold hat die Aufgabe, für Ordnung zu sorgen. Er gibt dem, der sich vordrängt, einen Schlag. Darauf wird auch in Vers 5796 verwiesen.

5671. *Marterholz*: hier „als Schelte für einen Abgemagerten" (Dt. Wb. 6, Sp. 1683).

5692. *fratzenhaft*. Goethe benutzt die Wörter *Fratze* und *fratzenhaft* ganz individuell für das falsch Proportionierte, das Zerrbild. Vgl. 1739, 4241, 4739, 5672, 7456 und Bd. 14, Sachregister unter „Fratze, fratzenhaft". – Boucke, Wort u. Bedeutung in Goethes Sprache. Bln. 1901. S. 172 f.

5709. *Nun ist es Zeit . . .* Der *Knabe Lenker* ist in seine Region, die *Einsamkeit,* fortgegangen. Die Bemerkung *Ab, wie er kam* bedeutet: mit dem Drachenwagen. Plutus bleibt zurück und ist nun nur noch Reichtum im materiellen Sinne. Die Handlung führt auf die Verbindung Fausts mit dem Kaiser und die Schaffung des Papiergelds hin.

5741. *Sud*: das Sieden (gebräuchlich bei Wasser, Metallen usw.), auch das Aufwallen einer siedenden Masse. Dt. Wb. 10,4 Sp. 912 ff.

5747. *Umgang*. Plutus hat (5740) von dem Herold dessen Heroldsstab übernommen. Er will die Menge zurückhalten von der geheimnisvollen Kiste. Er tut es, indem er mit Hilfe des Stabs als Herold waltet. Sein *Umgang* ist ein Herumgehen im Kreis um das Gefäß, eine Hegung des Ortes. Den von ihm gezogenen Kreis darf niemand überschreiten. Er braucht diese Maßnahme, um Platz zu schaffen für den Kaiser und dessen Gruppe, von der er weiß, daß sie jetzt kommen wird, und um dann den Kaiser ungestört an das geheimnisvolle Gefäß zu führen. Solche Abgrenzung eines Ortes war üblich bei bürgerlichen und höfischen Festaufzügen und vor allem auch im geistlichen Schauspiel, das auf dem Marktplatz stattfand. Der Herold gab dort an, welcher Raum für das Spiel freibleiben müsse und hatte die Aufgabe, diejenigen, welche sich vordrängten, zurückzuweisen.

5785. *Er knetet alles Gold zu Teig.* Mephistopheles meint, daß außer dem Geld nur Sexualität die Welt regiert, und deutet das an mit dem, was er aus dem Golde knetet.

5791. *widerwärtig*: abweisend, widerstrebend. Ähnlich 8085, 9798.

5792. *übelfertig*: rasch tätig in übler Richtung; *fertig* in der alten Bedeutung zu verstehen: bereit zu etwas, schnell in der Ausführung einer Sache.

5797. *was uns von außen droht*: was von außen auf uns zukommt. Plutus (Faust) weiß, daß jetzt der Kaiser mit seiner Schar kommt. Zwar könnte der Herold den Geiz zurechtweisen *(Gesetz ist mächtig)*, doch das ist unnötig, denn dieser wird durch die kommende Situation einfach ausgeschaltet werden, die Ankunft des Kaisers bringt die Notwendigkeit *(Not)*, Platz zu machen.

5798. *Narrenteidung*: Narretei, Narrenpossen.

5801. *Das wilde Heer*, auch „Wilde Jagd" genannt, von dem „Wilden Jäger" geführte Sagengestalten, die als Geisterschar durch die Luft brausen, besonders in den Nächten zwischen Weihnachten und dem 6. Januar (Epiphanias). Das Wort wurde oft auch metaphorisch benutzt für eine wilde Menschenschar, so auch hier: Die Ankommenden bezeichnen sich selbst so. Was sie darstellen, zeigt sich im folgenden: Naturgeister, Faunen, Satyrn, Gnomen usw. Der Anführer ist Pan. – Das Motiv des *wilden Heers* auch in der Ballade *Der getreue Eckart* Bd. 1, S. 286. – Wörterbuch d. dt. Volkskunde, begr. von O. A. Erich u. R. Beitl. Stuttg. 1974 u. ö. Art. „Wilde Jagd".

5805. *Sie wissen doch, was keiner weiß*: wer in der Maske des Pan steckt. Da das Fest im Renaissance-Geschmack antike Motive aufnimmt, muß der Kaiser als antiker Gott erscheinen: *Pan*, Gott der Hirten, Anführer der Satyrn und Nymphen. Es entspricht durchaus dem Stil der Feste des 16. und 17. Jahrhunderts, daß die antiken Gestalten, *Faunen* und *Satyrn*, sich mischen mit deutschen Sagengestalten ähnlicher Art, den *Gnomen* und den *wilden Männern*. Alle diese Motive waren Goethe seit seiner Jugend geläufig, z. B. aus Bildern in Gottfrieds „Historischer Chronik" (Bd. 9, S. 35,7). *Faunen* auch 9397 und 10018 und an vielen Stellen in anderen Werken. Bd. 14, Namen-Register. *Satyr*: Tischbein malte Satyrn *gemsenartig auf Bergeshöhn* (5833), Goethe beschrieb dieses Gemälde 1821 in seinem Aufsatz *Wilhelm Tischbeins Idyllen*. Bd. 14, Namen-Register.

5848. *Gütchen*: Hausgeister, Wichtelmänner, die den Menschen wohlgesonnen *(fromm)* sind. Als Sagengestalten besonders im thüringisch-sächsischen Gebiet bekannt. HWbA 3, 1233–1236.

5849. *Felschirurgen*. Die Gnomen verstehen Felsen zu spalten und Metalle zu gewinnen, wie die folgenden Zeilen sagen. Die Metalle werden von den Menschen aber nicht immer zu guten Zwecken benutzt, sondern auch zum *stehlen*, zum *kuppeln* (5857) und zum *Mord* (5859); damit verstoßen sie gegen die *drei Gebote* (5860), man solle nicht stehlen, nicht ehebrechen und nicht töten.

5864. *Die wilden Männer* waren im Mittelalter, im Barock und bis in die Neuzeit hinein ein beliebtes Motiv für Wappenbilder, für Hauszeichen, für Teppiche, Plastiken usw. Sie erschienen als kräftige Männer, nackt, mit einem breiten Schurz von Laubblättern (5869 f.). Bei Festaufzügen traten sie dramatisch auf.

Knappe Orientierung mit Bild geben meist schon Konversations-Lexika. Spezialliteratur: Lise Lotte Möller, Die wilden Leute des Mittelalters. (Ausstellungskatalog) Museum f. Kunst u. Gewerbe, Hamburg 1963. – Fr. Sieber, Volk u. volkstümliche Motivik im Festwerk des Barock. Bln. 1960. = Dt. Akad. d. Wiss. zu Berlin, Veröff. f. Volkskunde, 21. Insbes. S. 100, 102, Abb. 72–75.

5873. *Das All der Welt.* Pan, ursprünglich ein Hirten- und Fruchtbarkeitsgott, wurde in der Spätantike auf Grund des griechischen Adjektivs „pan" = „alles, das Ganze" gedeutet als ein Gott, der „auf eine geheimnisvolle Weise das Ganze und die Natur der Dinge bezeichnet" (Moritz, Götterlehre der Alten, 1791). Hier natürlich doppelsinnigschmeichlerisch auch auf den Kaiser bezogen.

5891. *seine Stimm'.* Die Stimme Pans galt als schreckenerregend; deswegen das Wort vom „panischen Schrecken".

5899. *Fadenweis:* sich gleichsam in Fäden hinzieht durch das umgebende Gestein.

5903. *Troglodytisch:* von „Troglodyte" = Höhlenbewohner.

5917. *eräugnen:* vor Augen sehen lassen; wie 7750. Adelung in seinem „Wörterbuch der hochdeutschen Mundart", 1774–1786, das Goethe seit den achtziger Jahren besaß und gelegentlich benutzte – es stand in seinem Arbeitszimmer (Ruppert Nr. 638) –, hat das Stichwort „eräugnen", verweist bei diesem aber auf „ereignen". Dort schreibt er: „sich ereignen: sichtbar werden, sich zeigen; in dieser eigentlichen Bedeutung nur noch im Oberdeutschen. Im Hochdeutschen gebraucht man es nur in engerer Bedeutung von Begebenheiten, für unvermutet wirklich werden ... Aus allem erhellet, daß ‚ereignen‘ unstreitig von ‚Auge‘ abstammt, und wenn die Abstammung das höchste und einzige Schreibgesetz wäre, so müßte man allerdings ‚eräugnen‘ schreiben." – Vgl. auch *Ereignis* Bd. 1, S. 389; *Faust* 10436.

5919. *Protokoll.* Die Herolde hatten öfters die Aufgabe, nicht nur als Fest-Ordner zu wirken, sondern auch nachträglich eine Fest-Beschreibung zu liefern. So hat z. B. Wolfgang Ferber das Coburger herzogliche Schieß-Fest von 1614 nicht nur geleitet, sondern auch im Auftrag des Herzogs beschrieben.

5972. *heil'gen Stabs Gewalt.* Der Stab hat eine feierliche, allgemein anerkannte Funktion, er repräsentiert die Macht des kaiserlichen Herolds.

Lustgarten

Der Kaiser schildert, wie er die magische Szene erlebte. Sein Selbstgefühl läßt die Schmeichelei des Mephistopheles zu. Es stellt sich heraus, daß er in der magischen Situation die Papiergeld-Verordnung unterschrieben hat (6066 ff.), und nun ist infolge der Hilfsmittel des Mephistopheles das Papiergeld vervielfältigt vorhanden (6037 ff.). Weil Magie im Spiel ist, ist es kein Wachsen-Lassen, sondern ein Ergreifen der Sache ohne Arbeit, ist Gewaltsamkeit, Überschreitung einer Grenze. Ebenso wie früher die Geldnot wird jetzt die Geldfülle von mehreren Sprechern berichtet, so daß die verschiedensten Gruppen zu Worte kommen. Faust spricht nur wenige Sätze (5987, 6054, 6111–6118), wobei er vom realen Projekt ins Ideale geht, so daß Mephistopheles ihm rasch ins Wort fällt. Der Kaiser zeigt sich verschwenderisch, die böse Wendung ist für die Zukunft vorauszusehn.

Papiergeld gab es in Europa, seitdem John Law es 1720 in Frankreich eingeführt hatte, wo es bald zu einer völligen Entwertung kam. Goethe hat im Zusammenhang seiner Tätigkeit als Weimarischer Beamter sich auch mit Volkswirtschaft beschäftigt, seine Bibliothek auf diesem Gebiet ist reichhaltig und ausgewogen (Ruppert Nr. 2925–3008), die Werke von Büsch und von Sartorius befassen sich auch mit dem Papiergeld. In der Praxis erlebte Goethe bei dem Feldzug in Frankreich 1792 den Verfall und die Fälschungen des französischen Papiergeldes (Bd. 10, S. 190, 278 f., 287), *ein verzweiflungsvoller Zustand* (Bd. 10, S. 287,30). Bei seinen Badereisen nach Böhmen sah er den Verfall des österreichischen Papiergeldes, das durch kaiserliche Verordnung vom 20. Febr. 1811 auf ein Fünftel des Nennwertes herabgesetzt wurde. An Christiane 27. Mai 1810: *Das Papiergeld steht niedrig ... Und so macht es die Menschen durchaus verwirrt, und man wird es selbst.* An Graf Reinhard 8. Mai 1811: *Die Konfusion mit den Bankzetteln und dem Gelde ist groß ... Nur die Handelsleute, besonders die Bankiers, wissen, was sie wollen, und werden reich dadurch.* Entsprechend in den *Tag- und Jahresheften* im Abschnitt *1811: Ein ergangenes Patent hatte alle Welt verwirrt gemacht, die vorhandenen Zettel hatten allen Wert verloren ... Der Zustand war von der Art, daß er auch den Besonnensten zur Verrücktheit hinriß.* Dieser Abschnitt *1811* wurde 1825 fertig, nicht lange vor der Vollendung der Szene *Lustgarten.* Sie wurde bis zu Vers 6036 im 12. Band der *Ausg. l. Hd.*, 1828, abgedruckt. Als Ganzes erschien sie erst nach Goethes Tode in der Gesamtveröffentlichung des *Faust II.*

6002. *Salamander.* Im 16. Jahrhundert glaubte man, daß der Salamander sich im Feuer am wohlsten fühlt. Häufiges Motiv in Dichtung und Emblematik. Deswegen wurden die Elementargeister, die im Feuer leben, *Salamander* genannt. – *Faust* 1273, 1284.

Paracelsus, Liber de nymphis, sylphis, pygmaeis et salamandris. In der Peuk-
kertschen Paracelsus-Ausg. Bd. 3, 1976, S. 462–498. – M. Ruland, Lexicon alchemiae, 1612, S. 409f. – Emblemata, hrsg. von Henkel u. Schöne, 1967, Sp. 739–742.
– Dt. Wb. 8, Sp. 1679.

6015. *Meerwunder*: seltsame Seetiere; wie *Pandora* 1025.

6025. *Thetis*, Meergöttin, Tochter des Nereus und der Doris. Sie
wurde die Gattin des Peleus und gabar ihm den Achill, den stärksten
aller Helden. Mephistopheles in geschickt-frecher Schmeichelei sagt, sie
würde den Kaiser als *zweiten Peleus* wählen.

6033. *Scheherezade*: die Erzählerin der Märchen von 1001 Nacht.

6036. *widerlichst*. Das Wort *widerlich* bedeutet bei Goethe oft: in anderer
Richtung strebend als das Ich. Ähnlich 10215, 11194; Urfaust, Regieanweisung
vor 129.

6045. *Abschläglich*: man hat vorsichtshalber den Soldaten, damit sie nicht weg-
laufen, erst einen Teil des ausstehenden Soldes bezahlt, eine ,,Abschlag-Zahlung".
– GWb. Art. *Abschlag* und *abschläglich*.

6081. *Das Alphabet* . . . ,,Man braucht nichts als den Namen des Kaisers, alle
Buchstaben des Alphabets, auf dessen Verminderung man so lange ausgeht, sind
jetzt überflüssig" (Düntzer KDN). *In diesem Zeichen*: mit der Unterschrift des
Kaisers.

6088. *sperrig*: weit offen, mit aufgesperrten Türen. Dt. Wb. 10,1 Sp. 2187.

6100. *Schedel* von lat. ,,schedula": Zettel, Banknote.

6126. *amortisiert*: eingelöst. – GWb. 1, Sp. 451.

vor 6149. *Bannerherr*: ein Adliger, der ein Stück Land zum Lehen hat und
unter seiner eigenen Fahne (Banner) Soldaten halten darf. – Joh. Hübner, Reales
Staats- u. Zeitungs-Lexicon. Lpz. 1706 u.ö. – Dt. Wb. 1, Sp. 1117. – GWb. 2,
Sp. 54.

vor 6172. *solus* (lat.): allein. *Witz* in der alten Bedeutung ,,Verstand", wobei –
bezeichnend für Mephistopheles – die im 18. Jahrhundert aufgekommene zweite
Bedeutung ,,überraschender Einfall, Scherz", die zu dem Narren paßt, mitklingt.
– Dt. Wb. 14,2 Sp. 861–888.

Finstere Galerie

Ein Gespräch zwischen Faust und Mephistopheles. Das Bühnenbild
Finstere Galerie gibt eine andere Stimmung als das vorige. An Fausts
Sprache merkt man, daß er aus dem *bunten Hofgedränge* (6175)
kommt. Er eröffnet Mephistopheles, daß der Kaiser, nachdem er den
Karneval genossen, nun Geister sehen wolle, und zwar Helena und
Paris. Faust hat zugesagt, aber was er damit übernommen, ist ihm in
diesem Augenblick noch nicht klar; erst durch das Gespräch mit Mephistopheles, der im Geisterreiche Bescheid weiß, kommt die Wendung
ins Ernste, Tiefsinnige. Mephistopheles spricht von den *Müttern* (6216);
er kann von ihnen schon deshalb nur *ungern* (6212) berichten, weil er
wünscht, daß alles zugrunde geht (1339f., 1357f.), während sie gerade

die ewigen Bewahrerinnen des Seienden sind. Sie sind für ihn fremder Bereich. Eckermann verzeichnet (10. Jan. 1830) Goethes Mitteilung, er habe diesen Namen von Plutarch, doch sonst alles frei erfunden. Jede Nachforschung hat das bestätigt. Goethes Dichtung ist hier selbständig. Von Plutarch stammt nur das Wort *Mütter* (aus seiner Schrift „Leben des Marcellus" Kap. 20) und vielleicht der Hinweis, es gebe einen Bereich der Urbilder alles Lebens (in der Schrift „Über den Verfall der Orakel" Kap. 22). Der Weg zu den *Müttern* führt in die *Einsamkeit* (6213). Auch der Knabe Lenker, der die Dichtung verkörpert, ging zur *Einsamkeit*, wo er *seine Welt schafft* (5696). Der Knabe Lenker gehört zu Plutus-Faust wie Euphorion zu dem Faust der Helena-Welt. Beide sind eine Weiterführung seines Wesens. Die Hofwelt faßt die Gaben des Knaben Lenker nicht, und sie faßt nicht, was Faust nun bietet; jener geht in die *Einsamkeit*, dieser kommt aus ihr. Die Gedanken Fausts auf diesem Weg sind ausgesprochen in den Worten: *Doch im Erstarren such' ich nicht mein Heil, / Das Schaudern ist der Menschheit bestes Teil* (6271 f.). Hier bedeutet *Menschheit* das Menschsein; der wertlose Teil des Menschseins ist das *Erstarren*, d. h. materiell werden, ungeistig, ohne Fähigkeit zur Steigerung. Das Gegenteil ist das *Schaudern*, ein Erschüttert-Sein, das „Staunen" in dem Sinne der Griechen, die es an den Anfang aller Philosophie stellten; es ist das *Beste* des Menschseins; es macht geistiger, es führt den Weg aufwärts. Immer wieder hören wir in Goethes Alter: *Zum Erstaunen bin ich da* (Bd. 1, S. 358); *Vor den Urphänomenen, wenn sie unseren Sinnen enthüllt erscheinen, fühlen wir eine Art von Scheu, bis zur Angst* ... Der nächste Satz in den *Maximen und Reflexionen* lautet dann: *Die wahre Vermittlerin ist die Kunst.* (Bd. 12, S. 367 Nr. 17 u. 18). Welche Seelenhaltung hat Faust also hier? Gewiß ist das, was Goethe das *Schaudern*, das *Staunen* nennt, allgemein menschlich, aber vor allem ist es die Haltung des Künstlers, des Denkers und Naturbetrachters (und Helena ist die höchste Hervorbringung der Natur). Zu den Müttern gehen heißt etwa: Urbilder des Lebens schauen. Unter den Gestalten in Goethes Dichtung gibt es vor allem eine, die solche Urbilder sieht, Makarie in den *Wanderjahren*. Sie ist still und geduldig; zu ihr kommt die Einsicht wie eine Gnade. Faust ist anders; er ist der Wollende, Begehrende, Gewaltsame hier wie schon oft, und deswegen kann er letztlich Helena nicht halten. Er nähert sich ihr zwei mal. Das erste mal holt er ihr Bild von den Müttern. Das zweite mal holt er die wirkliche Helena aus der Unterwelt, wo sie bei den Toten ist, von wo sie aber schon einmal für ein zeitweiliges Leben (mit Achill) auf die Erde freigegeben war (7435, 8876 ff.). Das erste mal ist Faust in seiner alten Weise gewaltsam: nach dem Hinweis Mephistos, den dieser nur *ungern* (6212) gibt, entführt er unrechtmäßig den Drei-fuß. Es gelingt ihm, das Bild zu beschwören, doch anstatt es als Bild anzuschauen, will er es ergreifen, und das Ende ist eine *Explosion* (6563). Das zweite mal nähert er sich Helena anders. Er sucht sie zunächst im Traum. Nicht Mephistopheles hilft ihm, sondern Homunculus, der mit den antiken Gestalten Bescheid weiß. Die Sehnsucht nach Helena erfüllt hier Fausts Unbewußtes, deswegen sein Schlaf, dessen Träume Homunculus deutet. Die Beschwörung Helenas im 1. Akt ist nur ein Kennenlernen. Der Weg zu Helena im 2. Akt ist ein inneres Geschehen, ein schöpferischer Vorgang. Deswegen kann Mephistopheles im 3. Akt so wenig helfen und so wenig zerstören. Er kann nur im Bereich des Schönen den Gegenpol des Häßlichen bilden. Da die Welt des 3. Akts das Bild einer geistigen Schöpfung ist, rückt Faust hier in die Nähe der geistigen Schöpfer und Künstler. Dieses Thema beginnt hier im 1. Akt. Was 6285–6290 gesagt ist, kommt genau mit 6427–6438 überein: Bei den Müttern sind die Urbilder des Lebens. Diese werden entweder unmittelbar zu Leben (6435) oder sie werden geistig beschworen (6436). In der Handschrift lauteten die Verse 6435 ff. ursprünglich:

> *Die einen faßt des Lebens holder Lauf,*
> *Die andern sucht getrost der Dichter auf,*
> *Der spendet nun den Weihrauch voll Vertrauen,*
> *Was jeder will, das Schöne, läßt er schauen.* (WA 15,2 S. 35)

Durch diese Fassung wird von der Entstehungsgeschichte her die Auffassung gestützt, die Helena-Tragödie des 2. und 3. Akts sei das Bild eines geistigen Findens, eines schöpferischen Vorgangs.

Helena gibt es schon in den Volksbüchern seit 1587, bei Marlowe und im Puppenspiel, aber ganz anders als bei Goethe. Dort beschafft Mephistopheles sie für Faust als Geliebte. An ganz anderer Stelle der alten Bücher kommt das Motiv vor, daß Faust an den Hof des Kaisers gelangt. Vor diesem und der Hofgesellschaft läßt er Alexander den Großen und dessen Gemahlin als Zaubergestalten auftreten. Diese Motive hat Goethe zusammengezogen. Er gewann dadurch vieles, unter anderem die Szene mit Helena vor der Hofgesellschaft. Die entscheidende Änderung aber ist: Nicht Mephistopheles bringt Helena, sondern Faust selbst. Er bekommt von Mephistopheles nur den Schlüssel, alles andere muß er selbst tun. Diese Linie der Handlung – die geistige Produktivität Fausts und das Zurücktreten Mephistos – wird dann im 2. und 3. Akt fortgesetzt.

Beutler 1940, S. LXIVf. – Schadewaldt 1963, S. 165 ff., 185 ff. – Dorothea Lohmeyer 1975, S. 116–138.

vor 6173. *Galerie*: ,,ein langer zierlicher Gang" (Adelung); Gang in einem Renaissance-Schloß; ,,offene" Galerien hatten nach einer Seite hin, meist nach dem Hof zu, nur Säulen. Während der Festsaal bei abendlicher Benutzung erleuchtet war, war die daneben gelegene *Galerie* dunkel.

6178. *an den Sohlen abgetragen*: etwas, zu dem man oft gelaufen ist und das man also gut kennt. – Dt. Wb. 10,1 Sp. 1411. – Fischer, Goethe-Wortschatz S. 598.

6199f. *Hexen-Fexen*: von *Fex* = Faxenmacher, Possenreißer, Narr. – *kielkröpfig* von „Kielkropf" = Mißgeburt, durch den Teufel geschaffenes Wesen. – Dt. Wb. 5, Sp. 680.

6209. *Das Heidenvolk* ... Hier zeigt sich Mephistos Grenze. Fausts Sprache ist drängend, ja befehlend.

6216. *Die Mütter.* Eckermann gibt an (10. Jan. 1830), Goethe habe ihm gesagt, das Motiv stamme aus Plutarch. Dasselbe sagt Riemer in seinen „Mitteilungen über Goethe". Die Stelle bei Plutarch in „Leben des Marcellus", Kap. 20, lautet: „Engyum ist eine zwar nicht große, aber uralte Stadt in Sizilien und wegen der Erscheinung der Göttinnen, welche die Mütter heißen, berühmt." Goethe hat diese Stelle im Jahre 1821 gelesen. Er arbeitete an seinem Aufsatz „Cäsars Triumphzug" (Bd. 12, S. 182–202) und las zu diesem Zweck Plutarchs „Leben des Marcellus", weil darin zwei Triumphzüge beschrieben werden. In dem ausführlichen Plan von 1816 fehlen die Mütter, deswegen ist zu vermuten, daß sie durch die Lektüre von 1821 angeregt sind.

Ganz unsicher ist, ob auch eine Beziehung zu Plutarchs Schrift „Über den Verfall der Orakel" besteht. Sie steht in den „Moralischen Schriften". Diese las Goethe mit Riemer bei seinem Badeaufenthalt in Karlsbad 1811, also viel früher (Goethe, Tagebuch; Riemer, Mitteilungen). Die Stelle lautet: „Die Natur selbst hat uns gewisse sinnliche, in die Augen fallende Bilder dargestellt ... Es gibt nicht unzählige, nicht eine, auch nicht fünf Welten, sondern hundertunddreiundachtzig. Diese sind nach der Figur des Triangels gestellt ... Die Fläche innerhalb des Triangels ist ein für alle gemeinschaftlicher Herd anzusehn und heißt das Feld der Wahrheit. In demselben liegen die Gründe, Gestalten und Urbilder aller Dinge, die je existiert haben und noch existieren werden, unbeweglich. Diese umgibt die Ewigkeit, von welcher die Zeit, wie ein Ausfluß, in die Welten hinübergeht." (Kap. 22.)

Aus Notizen Goethes von 1821 geht hervor, daß er den Abschnitt über die Stadt Engyum (Engyon) bei Plutarch gelesen hat (WA 42,2 S. 446f.). – Goethe und die Antike. Hrsg. von E. Grumach. 1949. S. 848–861. – Riemer, Mitteilungen über Goethe. Hrsg. von A. Pollmer, Lpz. 1921. S. 187f. – J. Petersen im Jahrb. d. Fr. dt. Hochstifts 1936–40, S. 229ff. – Beutler 1940, S. LXIVf. – Schadewaldt S. 165ff., 185ff. – Dorothea Lohmeyer 1975, S. 128–137. – Harold Jantz, The Mothers in Faust, Baltimore 1969, macht darauf aufmerksam, daß Sandrart in „Iconologia Deorum", 1680, eine Abbildung von weiblichen Göttinnen gibt, welche die Ewigkeit verkörpern, wiederholt in der Sandrart-Ausg. von 1768–75. Diese war in der Bibliothek von Goethes Vater (Nassauische Annalen 1953, S. 57) und in Goethes Bibliothek (Ruppert Nr. 2322). Die üblichen Darstellungen der Ewigkeit waren anders: Pauly-Wissowa, Real-Encyclop. d. class. Altertumskunde 1,

1894, Sp. 694–696. – Reallex. zur dt. Kunstgesch. 6, 1973, Sp. 617–639. – Ferner die in der Bibliographie genannte Literatur.

6235. *widerwärtig*: Widerstand leistend, gegnerisch. *Streichen*: Schlägen.

6236. *Wildernis*: Wildnis. Alte Form, gelegentlich bei Goethe, auch bei Schiller.

6237. *versäumt*: Das Dt. Wb. umschreibt „hemmen, hindern, vernachlässigen, unbeachtet lassen". Bd. 12,1 Sp. 1045. – Vgl. Bd. 10, S. 260,2.

6239 ff. *Und hättest du* . . . Mephistopheles beginnt mit dem klangvollen Fünftakter; man erwartet danach einen gleichen Vers, aber der letzte Takt fehlt; eine Pause; man glaubt den Taktschlag zu vernehmen, aber kein Klang folgt – ein Nichts. So symbolisiert sich im Rhythmus der Gehalt. Die Zeilen 6246 f. wiederholen diesen Klang.

6249 f. *Mystagog*: Priester, der in die Geheimnisse eines Mysterienkults einführt, z. B. in die Eleusinischen Mysterien. *Neophyten*: die Neulinge.

6253. *wie jene Katze*. Anspielung auf die Fabel, in welcher der Affe sich von der Katze die gerösteten Kastanien aus der Glut holen läßt. – La Fontaine, Fables IX, 17.

6259. *Schlüssel*. Der Schlüssel ist oft Sinnbild für das Erschließen eines geistigen Bereichs; im Volksglauben hat er vielfach Zauberkraft. – Dt. Wb. 9, Sp. 854–859. – HWbA 7, Sp. 1224–1228. – Bei Goethe oft bildhaft; *Faust* 670, 1258, 5398, 6650.

6272. *Das Schaudern*. Sach-Register in Bd. 14 „schaudern", „Schauer", „Erstaunen", „Ehrfurcht".

6273. *ihm*: dem Menschen. Das Beziehungswort ergibt sich aus dem vorausgehenden *Menschheit* (= Menschsein). – *verteure*: schwer zugänglich mache, rar mache, Dt. Wb. 12,1 Sp. 1891.

6277. *losgebundne*: die wörtliche Übertragung von „absolute". Die *losgebundenen* Bereiche im Gegensatz zu dem Bereich des *Entstandenen* und Vergänglichen. Die prägnante Formulierung gibt bildhaft wie begrifflich Klarheit und löst dennoch das Mythische nicht auf.

6283. *Dreifuß*: Gestell mit drei Beinen, für verschiedene Zwecke, insbesondere zum Tragen eines Gefäßes. Im griechischen Altertum Sinnbild der Weissagungen und Orakel, zumal in Delphi. Auf Grund antiker Tradition noch im Mittelalter gelegentlich Erwähnungen des Dreifußes als zauberisches Gerät. Einen Dreifuß-Raub gibt es schon in der antiken Sage. Als Apollon sich weigert, dem Herakles wahrzusagen, nimmt dieser ihm (seinem Halbbruder) den goldenen Dreifuß weg, bis Apollon sein Verlangen erfüllt. – Faust holt aus dem Mütter-Bereich nicht die Bilder von Helena und Paris unmittelbar, sondern den Dreifuß. Als er diesen hat, kann er dann *Held und Heldin aus der Nacht rufen* (6298). – Pauly-Wissowa, Real-Encyclop. 10, 1905, Art. „Dreifuß" S. 1669–1696. – HWbA 2, Sp. 444–447.

6290. *Schemen*: Schattenbilder.

Hell erleuchtete Säle

Berichtet die vorige Szene ernst von dem Mütterbereich, so diese desto leichter nur von der Gesellschaft. Die folgende Szene setzt dann beide Bereiche zusammen wie zwei musikalische Themen, die erst getrennt und dann zugleich erklingen. Für den Hörer schwingt auch in dieser Szene die Faust-Linie unsichtbar mit, in Mephistos Ausruf 6366 tritt sie einen Augenblick ans Licht. Aber eben weil die Anteilnahme so stark bei Fausts Gang ist, muß die Pointierung der Einzelbilder dieser Szene besonders scharf sein; und wie im Gegensatz zum vorigen Bühnenbild hellste Beleuchtung herrscht, so im sprachlichen Bereich funkelnder Wortwitz und Schlagfertigkeit.

vor 6307. *Kämmerer*. Ursprünglich war der Kämmerer der Verwalter der kaiserlichen Schatzkammer und Vorräte. Im späten Mittelalter wurde aus diesem Hofamt ein Ehrenamt.

6313. *laboriert*: arbeitet im Laboratorium, wie es in der Bühnenanweisung vor 6819 beschrieben ist.

6325. *kohobiert* (ebenso 6863): Alchemistischer Ausdruck, der mehrfach bei Paracelsus vorkommt; chemische Behandlung, Konzentration von Flüssigkeiten. – M. Ruland, Lexicon alchemiae, 1612, unter „Cohobatio" und „Cohoph" S. 163. – Paracelsus hrsg. von Peuckert, Bd. 5, 1976, S. 413.

6329. *umschranzen*: nach Höflingsart schmeichlerisch umdrängen.

6336. *Zu Gleichem Gleiches*. Anspielung auf die zu Goethes Zeit neue Methode der Homöopathie, welche Chr. F. S. Hahnemann (1755–1843) eingeführt hatte.

6349. *Kohle*. Sie kommt von einem *Scheiterhaufen* (6357), womit wohl an Hexenverbrennungen gedacht ist.

6369. *Anständig*: wie es ihnen ansteht, nach gebührendem Zeremoniell.

6373. *Teppiche*: Wandbehänge, Gobelins. – *spendiert*: dargeboten, ausgebreitet.

Rittersaal

Das Thema Geselliges und Dämonisches, den ganzen 1. Akt durchziehend, kommt hier zum Höhepunkt. Die Gesellschaft (in ihrer Beurteilung der Kunst) zeigt sich in starrer Flachheit, Faust im Innersten entzückt; jene Welt erscheint als Komödie, Sprache des Geplauders, diese als Tragödie des Einsamen, des Schöpfers, des Leidenschaftlichen, auch stilistisch-sprachlich ins Tiefste greifend. Beides mischt sich wundersam und geht am Ende auseinander wie eine Gegenbewegung zweier Stimmen, von denen die eine die Tonleiter aufwärts, die andere sie abwärts läuft. Das Paris-Helena-Spiel erfahren wir nur aus seinen Wirkungen. Während später die aus dem Hades geholte Helena sprechend auftritt, bleibt der Schemen, den Faust hier schafft, wortlos. Bevor aber

das Bildhaft-Pantomimische beginnt, wird die Welt des Ästhetischen zu
Klang, zu Musik; nichts könnte sie besser symbolisieren. *Der Säulen-
schaft, auch die Triglyphe klingt* ... (6447).

Faust erscheint *im Priesterkleid* (6421), gemeint ist ein antiker Priester, ein „vates" (Gottbegeisterter, Seher, Sänger); er spricht selbst von
seiner *Priesterschaft* (6491); der *Dreifuß* (6423) ist antik. Fausts antike
Wendung, welche den 2. und 3. Akt erfüllt, deutet sich also hier bereits
an. Zur Erklärung des fremdartigen Spiels läßt Mephistopheles wieder
den Astrologen sprechen, *Einbläsereien* (6400), wie schon 4955–4970,
doch wird dessen Sprache gegen Ende der Szene selbständiger. – Es
entspricht dem Wesen des Theaters, daß zuerst das Bühnenbild erscheint, dann die Gestalten. Dadurch wird hier etwas Bedeutsames erreicht: Weil der Tempel echt griechisch ist, ahnt man, daß auch die
Gestalten es sein werden. Die Hofgesellschaft kritisiert an dem Gebäude dasselbe wie dann an den Gestalten: *plump* nicht nur die dorischen
Säulen (6410), sondern auch der Fuß der Helena (6503). Das Auge ist
gewöhnt an spätantike Formen, die in Renaissance und Barock weiter-
gebildet sind auf das Schlanke, Leichte hin. In das Spiel am Kaiserhof
des 16. Jahrhunderts mischt sich die Kritik der Generation der Romantik, die für gotische *Schmalpfeiler* und *Spitzbogen* (6412f.) begeistert ist.
Helena und Paris sind so fremdartig-griechisch wie die Säulen. Ihr Spiel
wiederholt typische Bewegungsmotive der bildenden Kunst. Paris lehnt
zum Schlaf *den Arm so zierlich übers Haupt* (6465) wie der schlafende
„Barberinische Faun" oder die „Schlafende Ariadne", die man zu Goethes Zeit gut kannte. Neben der Welt der höfischen Zuschauer und
derjenigen Fausts steht Mephistopheles, und hier zeigt sich nun seine
Bedingtheit. Er kann zwar Faust den Schlüssel geben, aber alles andere
muß Faust selbst tun. Mephistopheles wußte nicht, wie es weitergehen
werde. Der Satz *Neugierig bin ich, ob er wiederkommt* war keine Ironie. Auch jetzt weiß er es nicht, kann aber Faust und sich selbst in
Sicherheit bringen. – Das Helena-Motiv entwickelt sich dann im 2. und
3. Akt in anderer Weise weiter. Die Gestalt Helenas wird im Hades
freigegeben, Faust gleicht sich ihr an. Hier im 1. Akt beschwört Faust
einen Schatten, aber anstatt ihn wieder verschwinden zu lassen, will er
ihn festhalten, in sein Leben hineinziehen. Wieder übersteigert er sich
und hält keine Grenze ein; daher die Katastrophe.

Kommerell, S. 54f.: „Gesellschaft, der Kunst begegnend ... Für
Faust ist es mehr als Kunst, weil er zusammenzuckt unter der Berührung seines Schicksals; für die andern ist es weniger als Kunst, weil sie
nicht loskommen von der stofflichen Anziehung und Abstoßung ...
Der Dichter stellt gelassen fest, welche Leidenschaft den Menschen zur
Kunst treibt: die Neugier; und daß er sich gegenüber dem Vollkommenen durch Mäkeln sicherstellt. Dabei erliegt er doch, freilich ohne Ge-

fahr, der geschlechtlichen Anziehung, die sich mit den Wirkungen der Kunst für alle Zeiten unauflöslich verbunden hat. Die Herren, gegen Paris unerbittlich, schmelzen vor Helena, die Damen umgekehrt ... Ihre Glossen haben viele Töne: nörglerisch, kennerhaft, geil, neckisch, abgebrüht, hochnäsig, dichterisch, weise, gouvernantenhaft ... Es ist boshaft und heiter erzählt, wie ein Mann doppelt lebt, der seine Geister einem unverständigen Volk erscheinen lassen muß und, während er selber jede Art von Mißverständnis um sich her gewahrt, seinerseits einem dämonischen Mißverständnis ausgeliefert ist."

Zur Datierung: Das Tagebuch notiert 3. Jan. 1828: *Vorgerückt an den drei letzten Szenen des 1. Akts.* Doch fertig geworden sind diese Szenen erst 1829, denn eine Handschrift der Verse 6427–6438 enthält einen Entwurf zu dem Brief an König Ludwig von Bayern vom 29. August 1829, und eine Handschrift der Verse 6549–6559 enthält auf der Rückseite Tagebuchnotizen vom 28.–30. August 1829. Goethe nahm öfters für dichterische Entwürfe die leere Rückseite erledigter Briefentwürfe usw., er benutzte aber nie dichterische Entwürfe für Tagebuch- und Brief-Notizen.

Helene Herrmann, 1916, S. 324–326. – Kurt May S. 72f. – Zu 6447f.: H. v. Einem, ,,Man denke sich den Orpheus". Goethes Reflexion über die Architektur als verstummte Tonkunst. Jahrb. des Wiener Goethe-Vereins 81/83, 1979, S. 103–116.

vor 6377. *Rittersaal:* ,,ein Saal, in dem sich Ritter und Adel bei festlichen Gelegenheiten versammeln" (Dt. Wb. 8, Sp. 1067).

6383. *Tapeten:* Gobelins, Wandbehänge; vorher *Teppiche* genannt (6373, 6394). – Vgl. Bd. 11, S. 361, 14ff.

6410. *plump und überlästig.* Seit dem 16. Jahrhundert übernahm man in der Baukunst antike Formen, aber man leitete sie aus der römischen Spätantike ab. Man liebte die schlanken Säulen auf dem Forum in Rom, man begeisterte sich für den Vesta-Tempel in Rom und den zierlichen korinthischen Rundtempel in Tivoli. Von da aus erschienen Werke wie die dorischen Tempel von Paestum plump; noch Winckelmann hat sie nicht geschätzt. Goethe schreibt: *Der erste Eindruck konnte ... furchtbar erscheinen.* (Bd. 11, S. 219,31–39.)

6421. *Im Priesterkleid:* also etwa so, wie man sich im 16. Jahrhundert auf Grund der schriftlichen und bildlichen Überlieferung einen griechischen oder römischen Priester vorstellte.

6435. *Die einen faßt des Lebens ...* Vgl. das in der Einleitung zu der Szene *Finstere Galerie* Gesagte.

6438. *Wunderwürdige:* Wunderbare, Bewundernswerte. Dt. Wb. 14,2 Sp. 1998–2001.

6447. *Triglyphe:* Platte mit dreifacher vertikaler Kerbung am Fries der dorischen Ordnung.

6454. *Pfirsche:* Pfirsich.

6465. *Er lehnt den Arm* . . . Die Haltung des Schlafenden auf antiken Statuen, z. B. bei dem „Barberinischen Faun" (München) und der „Schlafenden Ariadne" (Rom, Vatikan), mit welcher Goethe sich besonders 1815 beschäftigte, als er von Chr. Fr. W. Jacobs dessen Schrift „Über die Bildsäule der schlafenden Ariadne" zugeschickt bekam (Ruppert Nr. 2073). – Heinrich Meyer, Gesch. der Kunst, S. 62, bespricht beide Werke.

6483. *Feuerzungen.* Dasselbe Wort *Iphigenie* 1030 für: höchste Wortkraft.

6487ff. *Hab' ich noch Augen* . . . Einer der großen Monologe Fausts, sein ganzes Inneres enthüllend. Ein neues Verhältnis zur Welt (6490), eine neue Funktion (6491) und eine neue Leidenschaft, symbolisch dafür die Worthäufung (6499f.), die von *Neigung* bis *Wahnsinn* führend ein Höchstmaß innerer Gespanntheit entlädt. Die Katastrophe des Szenenschlusses, das Begehren des Unmöglichen, ist hier bereits zwangsläufig vorbereitet. Die Sprache beginnt in leidenschaftlicher Frage, wird zum Ausruf, kann sich nicht genugtun und kommt so zur Häufung (6492, 6499f.); prächtige Komposita zeigen die Höhenlage des Feierlich-Großen. Zunächst regelmäßige Fünfheber, dann dazwischen kürzere Zeilen.

6495. *die mich voreinst entzückte.* Faust denkt wohl an die 2429–2440 von ihm in dem *Zauberspiegel* gesehene Gestalt.

6477. *Ambrosia*: die Speise der Götter. Seit dem Humanismus des 16. Jahrhunderts oft metaphorisch benutzt. Bd. 1, S. 99 Vers 29.

6509. *Endymion*, der schöne Jüngling, wurde geliebt von der Göttin Diana, die mit *Luna* identifiziert wurde. Sie ließ sich nachts zu ihm herab und küßte ihn, während er schlief. Das Motiv war in der Malerei seit dem 16. Jahrhundert beliebt. Goethe besaß Reproduktionsstiche von Darstellungen dieser Art. – Schuchardt Bd. 1, S. 31 Nr. 277 und S. 200 Nr. 61. – Reallexikon zur dt. Kunstgesch. 5, 1967, Sp. 326–333. – Andreas Pigler, Barockthemen. Bd. 2, 2. Aufl. Budapest 1974.

vor 6513. *Duenna*: Erzieherin, Gouvernante.

6530. *Vom zehnten Jahr an* . . . Die Sagen, auf die hier angespielt wird, werden später von Chiron ausführlicher berichtet (7415ff.) und auch von Helena selbst erwähnt (8850f.).

6534. *ob sie die rechte sei.* Eine Sage erzählte, Paris habe nur eine Nachbildung der Helena nach Troia gebracht, die wirkliche Helena sei nach der Insel Pharos (vor der Küste von Ägypten) entrückt, wo Menelaos sie nach dem Troianischen Kriege wiederfand. Diese Fassung der Geschichte hat Euripides in seinem Drama „Helena" dargestellt. Vgl. 8872 u. Anm.

6537. *Da les' ich denn*: Ilias III, 154ff.

6543. hebt er sie hoch empor. Es ist das Bewegungsmotiv der berühmten Statue ,,Der Raub einer Sabinerin" von Giovanni da Bologna, die in Florenz in der Loggia de' Lanzi steht, und von Berninis ,,Raub der Proserpina" (Rom, Villa Borghese). Wegen der bildhauerischen Möglichkeit, eine männliche und eine weibliche Figur in ganz verschiedenen Bewegungen zu einer Gruppe vereint darzustellen, waren solche Motive (,,Raptus-Gruppen") in der Kunst des 16. und 17. Jahrhunderts beliebt.

6551. Graus: Grauen, Grausen, Entsetzen; auch: Ort mit grauenhaftem Charakter. Vgl. 3302, 4625, 7045, 8123.

6559. darf: etwa im Sinne ,,der braucht sie nicht zu entbehren", ,,sollte sie nicht entbehren", ,,hat Ursache . . ."

6561. schon trübt sich die Gestalt. Mephistopheles hatte 6290 gesagt, daß bei den Müttern nur *Schemen* sind.

6563. Nu! im Nu!: Im Augenblick ist es geschehen. (Fischer, Goethe-Wortschatz S. 463.) Das Wort *Nu* auch 8070, 10238, 10631. – Dt. Wb. 7, Sp. 994.

ZWEITER AKT

Hochgewölbtes enges gotisches Zimmer

Faust liegt ohnmächtig; aber es gibt nach dem Überspannen der Kraft ein gütiges Eingreifen der Natur: Versenken in Schlaf, aus dem ein neuer Anfang möglich ist. (Wie oft erklingt in Goethes Dichtung, die immer organisch empfindet, das Lob des Schlafs!) Will Mephistopheles sein Werk weiterführen, so muß Faust leben. Er bringt ihn in sein altes Zimmer. Da Faust schläft, wird Mephistopheles zum Handelnden, und nun folgt eine seiner großen Szenen, voll sprühendem Witz, geistvollem Humor, schlagfertiger Ironie. Wir erleben die Wissenschaftswelt, die sich an Fausts alter Stätte entwickelt hat. Wagner, der Wissensmensch, arbeitet als Alchimist, und zwar an dem künstlichen Geschöpf, Homunculus. Hiermit trifft nun zeitlich und räumlich Fausts Schlaf und Sehnsucht zusammen. Das Bewußte und das Unbewußte im Schöpfungsvorgang ist ein Problem vom 1. bis zum 3. Akt. Es scheint eine seltene *Sternenstunde* (6667) zu sein, d. h. eine günstige Konstellation. Mephistopheles, an Faust denkend, hat Interesse an Wagners Werk. Wieweit er mitwirkt, bleibt im Dunkel, denn seinem Wort *Ich bin der Mann, das Glück ihm zu beschleunen* (6684) ist so wenig zu trauen wie seinen Worten überhaupt. Bevor uns die für die Weiterführung des Geschehens entscheidende Begegnung Fausts mit Homunculus gezeigt wird, schiebt sich die Baccalaureus-Szene dazwischen. Fast jeder Bereich im *Faust*-Drama (und in den Alterswerken überhaupt) erscheint in wechselseitigen Spiegelungen, so hier die Welt des Denkens, Wissens, Phantasierens, Produzierens in Wagner, Faust, Homunculus, Baccalaureus. Einerseits Faust, der das Helena-Bild schafft, *der kühne Magier* (6436), *Machst du's doch selbst, das Fratzengeisterspiel* (6546), anderseits der Baccalaureus, der, ohne schöpferisch zu sein, in großen Worten von der schöpferischen Magie des Ich spricht. Das Weltschaffen des Ich kann Tragödie sein, aber auch Satyrspiel, und hier ist dieses in jene hineingezogen. Die Szene enthält – was im 2. Teil selten ist – eine Rückbeziehung zu dem 1. Teil, sowohl durch Fausts Zimmer als auch durch den Baccalaureus, der einst als Student hierher gekommen ist (1868ff.).

Zur Entstehung: Handschriften, welche datierbar sind, weisen auf Herbst 1827 (WA 14,2 S. 37). An Zelter 26. Juli 1828: *Der Anfang des 2. Akts ist gelungen.*

Helene Herrmann S. 92f., 324f. – K. May 77ff., 81ff. – Kommerell S. 43f.

6567. *schwergelöst*: schwer lösbar, nur mit Schwierigkeit in Zukunft aufgelöst.

6568. paralysiert: lähmt. Was gemeint ist geht aus dem Geschehen hervor. Faust ist bewußtlos. Es ist ein anderer Zustand als zu Beginn des 1. Akts, als Faust *unruhig, schlafsuchend* ist und dann Schlaf und Genesung findet. Das Wort *paralysieren* auch Bd. 9, S. 252,1; 293,1; 579,31.

6583. Schnaken: Scherze, Späße. Das Wort *Schnaken* bezeichnet aber auch eine Art langbeinige Mücken. Die Doppeldeutigkeit ist beabsichtigt. Die deutsche Redensart „jemandem eine Laus in den Pelz setzen" wird im folgenden in anschaulich-theatralische Handlung umgesetzt und in Vers 6602 wörtlich angedeutet.

6587. Rauchwarme Hülle: warme Pelzhülle; von „rauch" = behaart, struppig; „Rauchwerk" = Pelzwerk.

vor *6592. Farfarellen:* Motten, kleine Schmetterlinge; ital. „farfalla" ist der Schmetterling, „farfarello" der Kobold, die Beziehung ist ähnlich wie bei den deutschen Wörtern „Schnaken" und „Grillen".

6593. Patron: Schutzherr. Ähnlich 11170, 11172.
6617. Prinzipal: Hausherr, Chef.
vor *6620. Famulus:* Gehilfe eines Gelehrten. Wie 518.
6623. Wittern: Gewitter, Dt. Wb. 14,2 Sp. 818.
6624. Estrich: Fußboden. Wie 4891.
6629. Vlies: Pelz. Wie 6716, 8215, 8217, 8888.

6635. Oremus: „beten wir" – daher Mephistos kühle Antwort. Die akademische Sphäre bringt wieder die akademische Sprache mit sich, deswegen hier das Latein. Aus der Studentensprache stammt: 6638 *bemoost:* jemand der schon lange studiert; 6704 *Fuchs:* Anfänger; 6689 *Baccalaureus:* jemand, der den ersten akademischen Grad erreicht hat, aber noch nicht Magister ist.

6670. kamt ... herein: wäret ... hereingekommen. Ähnlich Bd. 1, S. 77 Vers 226; Bd. 2 S. 59 Gedicht 54, letzte Zeile *war* = wäre gewesen; S. 328 Vers 250f.; Bd. 5 *Epimenides* Vers 860 u. ö. – Dazu: Paul, Kurze dt. Grammatik § 257,9.
6681. So lechzt er. Die Konstruktion mit Dativ ist ungewöhnlich. In der Handschrift stand zunächst *jeden* (WA 14,2 S. 41); gewissermaßen Kombination von: er lechzt jeden Augenblick danach; und: er lechzt dem großen Augenblick entgegen; *lechzen:* sehnlich verlangen, ursprünglich: dürsten. Bd. 1, S. 376 Vers 3; Bd. 2 S. 526 Vers 325; Bd. 4 S. 185 Vers 347; Bd. 6 S. 19,10; Bd. 7 S. 73,18.

6688. erdreusten: meist in der Form *erdreisten,* so 4662, 6299, 7287. Mundartlicher Sprachklang wie 6814.
vor *6689. Baccalaureus:* jemand, der den ersten akademischen Grad erreicht hat, aber noch nicht Magister ist. Das Baccalaureus-Examen machte man im 16. Jahrhundert in Deutschland an der philosophischen Fakultät und ging dann zu Spezialstudien an eine der „höheren" Fakultäten weiter. – Bibliographie der dt. Universitäten, hrsg. von W. Erman u. E. Horn, Bd. 1, 1904, S. 252ff., 262f.

6704. *Fuchs*: Anfänger.

6721. *Wenn* ...: Wenn Ihr nicht alles vergessen habt ... *Lethe* wie 4629 der Fluß in der Unterwelt, der Vergessen bringt.

6729. *Chrysalide*: Schmetterlingspuppe.

6734. *Schwedenkopf*: kurzer Haarschnitt. – Briefe HA, Bd. 1, S. 299,8. – Dt. Wb. 9, Sp. 2385 f.

6736. *absolut*: Mephistos Wort für den Baccalaureus; wie gut er ihn erkannt hat, zeigen dessen folgende Worte 6758 und 6794. Eine junge Generation glaubt, das einzig Richtige zu erkennen; sie findet eine Philosophie, die ihr zu entsprechen scheint und macht sich deren Wortschatz zu eigen (ob in richtiger Art, ist eine andere Sache), so die Jugend um 1820 den der idealistischen Philosophie. Fichte hatte von dem absoluten Ich gesprochen, Schelling von dem Absoluten als Identität des Realen und Idealen; für Schopenhauer war es die Welt als Wille und Vorstellung. Goethe nahm von diesen Gedanken interessiert Kenntnis, blieb aber distanziert, zuweilen mit einem Lächeln, zumal wo man die Bedeutung der *Erfahrung* unterschätzte, die ihm nicht nur in der Naturwissenschaft wichtig war. Deswegen Verse wie 6758. Der Baccalaureus spricht 6793 ff. vom Welt-schaffenden Ich, aber ohne in die Tiefe zu gehn. Die vorigen Szenen haben gezeigt, daß es so etwas gibt – wenn man zu den Müttern geht. Doch davon ahnt dieser energische selbstsichere Jüngling nichts. Seinen Abgang schmückt ein schwungvolles Bild (6806) – es ist dieselbe Lichtsymbolik, die Faust in sehnsüchtigen Augenblicken gebrauchte, z. B. 1087, und so ist auch der Baccalaureus eine – wenn auch entfernte – Spiegelung Faustischen Wesens. Deswegen Goethes Mischung von Ironie und gütiger Zukunftshoffnung (6813). – Bd. 1, S. 324 Nr. 120. – Briefe HA 3, S. 349,34 ff. – GWb. 1, Sp. 168 ff. – Histor. Wb. der Philosophie. Bd. 1, 1971, Sp. 12–31 ,,Absolut".

6753. *frommen*: in der Bedeutung wie 6741 *guten treuen Jungen*. ,,Ehrfurchtsvoll aufblickend" (G. Niggl, Fromm bei Goethe. Tübingen 1967, S. 309).

6758. *Dust*: Spreu, Staub, Nichtiges. Wie 1116.

6776. *lebt im Blut*. Der Baccalaureus ist in seiner Sprache nicht so originell, wie er es wohl meint. Im 3. Buch Mose 17,11 und 17,14 heißt es: ,,Des Leibes Leben ist im Blut".

6794. *eh' ich sie erschuf* ... Das Wort *ich* (oder *mein*) wird im folgenden ständig wiederholt, bezeichnend für den *absolut* (6736) denkenden Baccalaureus. Beim Sprechen muß das *Ich* stark betont werden.

6807. *Original*. Das Wort *Original* wurde in der Zeit des Sturm und Drang ein Schlagwort für das selbständige Denken und Schaffen der literarischen Jugend. Zur Zeit der Romantik versuchte eine neue Generation wiederum, *original* zu sein. Durch Goethes Briefe und Werke ziehen sich seit seiner Jugend Gedanken über das Originelle und das

Traditionelle, über echte und falsche Originalität. An Knebel 13. Nov. 1813: *Ich glaube nicht, daß irgend eine Nation eine solche Lust am Krebsgang hat als die deutsche. Kaum schreiben unsre Mädchen und Jünglinge ... einen natürlichen Stil ..., so treten junge Männer auf, um etwas ganz Fremdes, Ungehöriges, Unverständliches und Abgeschmacktes geltend zu machen. Und hinter diesem steckt doch eigentlich nur die falsche Sucht, Original sein zu wollen.* An Zelter 2. Jan. 1829: *Es gibt sehr vorzügliche junge Leute, aber die Hansnarren wollen alle von vornen anfangen und unabhängig, selbständig, original, eigenmächtig ... und wie man die Torheiten alle nennen möchte, wirken und dem Unerreichbaren genugtun.* An Langermann 16. Okt. 1824: *Wenn die liebe Jugend sich nicht so original fühlte ...* An Boisserée 7. Nov. 1830: *Die großen Alten scheuten sich nicht, dem Guten, Löblichen nachzugehen und, was einmal gelungen war, wieder hervorzubringen, welches immer sehr viel voraussetzt; unsre Neuern sind dagegen lauter Originale ...* Dazu viele Sätze aus den *Max. u. Refl.* und anderen Werken, z. B. *Das sogenannte Aus-sich-Schöpfen macht gewöhnlich falsche Originale und Manieristen* (Bd. 12. S. 480). – Bd. 14, Sachregister „Original", „Originalität, falsche und echte" und Briefe, Bd. 4, Register „Originalität". – *fahr hin* = gehe deines Wegs.

6814. *e' Wein.* Die Pointen Mephistos, die in der ganzen Szene faszinierend funkeln, kennzeichnen auch den Schluß der Szene, und als die Sprache auf den Wein kommt, wird sie Rheinfränkisch, Frankfurtisch.

Laboratorium

Faust liegt schlafend. Seine letzten Worte waren: *Wer sie erkannt, der darf sie nicht entbehren.* Später erwacht er in Hellas mit den Worten *Wo ist sie?* Dazwischen lebt er im Traum, und was in diesem vorgeht, erfahren wir durch Homunculus. Dieser berichtet den Traum von der Zeugung der Helena (6903–6920) und erkennt, daß es nicht gut sei, wenn Faust in seiner alten Studierstube erwache (6930f.), denn er sei jetzt nur in Hellas in *seinem Elemente* (6943).

Helena finden (oder sie im Traum neu erzeugen) kann nur Faust allein. Aber den Weg zu ihr zeigen kann der wissende Geist, Homunculus. Und diesen schaffen kann der fleißige Gelehrte, Wagner. Ohne die fleißigen Gelehrten hätte das neuzeitliche Abendland nie von den Griechen erfahren, nie Editionen ihrer Schriften erhalten und Nachschlagewerke, in denen alles Wissen über sie gespeichert ist. Doch Helena ist nicht nur die schönste Griechin, sondern die höchste Schönheit überhaupt. Goethe schreibt in Italien: *Ich habe die Vermutung, daß sie* (die Griechen) *nach eben den Gesetzen verfuhren, nach welchen die Natur verfährt.* (*Ital. Reise* 28. 1. 1787.) Und in dem *Winckelmann*-Aufsatz schreibt er: *Das letzte Produkt der sich immer steigernden Natur ist der schöne Mensch.* (Bd. 12, S. 102,36 f.) Der neuzeitliche Abendländer muß etwas den Griechen Vergleichbares schaffen mit Sinn für Schönheit und Sinn für organisches Wachstum. *Jeder sei auf seine Art ein Grieche! Aber er sei's.* (Bd. 12, S. 176,21 f.) Der 2. Akt gestaltet in verschiedenen Bildern das Zusammenwirken von Wissen und Schaffen, von Bewußtem und Unbewußtem, von Geist und Leben. Wir sehen Faust nur in drei Situationen: ohnmächtig zusammengesunken, in Hellas erwachend, Helena begegnend. Alles andere wird indirekt ausgedrückt durch Gestalten und Ereignisse, die symbolisch sind für das, was aus schöpferischem Eros entsteht. Das ist der tiefere Sinn der Klassischen Walpurgisnacht, die für den Handlungszusammenhang die Fahrt nach Griechenland und die Freibittung Helenas im Hades bringt. In ihr entfalten sich auch die Wesenszüge des Homunculus noch weiter.

Kommerell, S. 35 f., 41 ff., 68 f.: ,,Die Seelentätigkeit des schlafenden Faust richtet sich auf etwas Unmögliches, das mit dem Recht der Dichtung als möglich behandelt wird: ein Gewesenes von höchstem Rang wiederzubeleben. Es gelingt, und zwar durch leidenschaftliches geistiges Verlangen. Nun erzählt die Dichtung nicht die Geschichte dieses Versuchs, sondern sie zergliedert ihn in eine Reihe von Verrichtungen und beteiligten Kräften, die zusammen sein Gesetz ausmachen – dem *Märchen* Goethes vergleichbar. Für die Verrichtungen werden Vollstrecker erfunden, die Namen haben und Personen scheinen ... Das eigentliche höhere Walten, der totenbeschwörende Eros, der in Faust wirksam ist, bleibt geheim ... Homunculus ist Geist schlechthin ..., aber damit ebenso dem Bekörperten überlegen wie im Nachteil gegen dieses ... Der Dichter phantasiert in ihm naturphilosophisch über die Seinseinheit, sofern sie ohne stoffliches Substrat gedacht werden kann. Er sondert, was nur zusammen mit anderm da ist; er erzählt als Vorgang in der Zeit, was als fertiges Ergebnis allem Leben zugrunde liegt." – Gundolf, S. 769 f.: ,,Das Denken – Goethe hat es öfter betont – ist absolut, d. h. es gibt nichts, was sich nicht erdenken ließe, und so kann auch Wagner, der Nur-Kopf-Mensch, seinen Homunculus in die Welt setzen. Das Leben dagegen, die Wirklichkeit, ist immer bedingt, und nur durch Bedingtheit läßt sich das Vollkommene erreichen, und nach dieser Vollkommenheit sehnt sich das Geistmännlein, welches alle Einsicht und Durchsicht, allen Sinn der Welt in sich hat und dennoch, genau wie das absolute Denken, kein eigentliches Dasein besitzt. Danach strebt es durch alle Elemente und Gestaltenreiche hindurch, um zu entstehen, um sich zu beleiben ..." – Helene Herrmann, S. 316–333: ,,Homunculus ist ganz unbeschränkte und unbedingte Geistigkeit ... Bei all den Gebilden, zu denen Homunculus und Euphorion gehören, bestimmt die innere Form ... den Stil der Darstellung ... Welche Stile eignen sich am besten dazu? Wohl alle die, in denen die Spielfreiheit des Geistes am ungebundensten von irdischen Stoffen hervortritt: das Launisch-Groteske, das Märchenhafte, das Ironisch-Geistreiche. Und anderseits die Form, in die zwar genug Stoff der inneren Erfahrung eingeht, aber sogleich eingeschmolzen von der Kraft des Gefühls, so daß er zu reinem Gefühlsausdruck wird und die Seele auch hier nur aus sich zu leben scheint: es ist die lyrisch-gesanghafte Form ... Das Entbundene und Unbedingte, das solche Wesen kennzeichnet, muß in der Form sinnlich werden ... Homunculus ist ganz aus Einfällen und Ironien gebildet, lebt nur im Element des Geistreichen ... Und Euphorion wiederum lebt ebenso rein im Musikalisch-Lyrischen."

Zur Datierung: Eckermann berichtet unter dem Datum 16. Dez. 1829, daß Goethe ihm die neuentstandene Szene *Laboratorium* vorgelesen habe. Da Goethes Tagebuch am 16. Dez. vermerkt *Mittag Dr. Eckermann ... Sodann Vortrag des neust Poetischen,* ist Eckermanns Angabe vermutlich zuverlässig (was sonst nicht immer der Fall ist).

Albert Daur, 1950, S. 184–197 und 432–437 mit ausführlicher Sichtung der Forschung bis 1950. – K. Kerényi, Das Ägäische Fest. Wiesbaden 1950. S. 69–74. – Fritz Strich, Homunculus, Publ. of the English Goethe Society 18, 1949, S. 84–116. – Ronald D. Gray, Goethe the Alchemist. Cambridge 1952. S. 205–220.

6820. *durchschauert:* durchdringt mit schaurigem Klang. Schon die Bühnenanweisung vor 6620 spricht davon, daß die Glocke ertönt; dort in Bewegung gesetzt durch Mephistopheles, hier ist es, wie man alsbald sieht (6831) wohl ebenso.

6824. *Phiole:* Glasgefäß der Alchemisten, wie 690.

6824. *Karfunkel:* roter Rubin, oft als Metapher für Glanz, Schein; so Bd. 2, S. 63 u. S. 84 u. Anm.

6835. *Es wird ein Mensch gemacht.* Das Motiv des *Homunculus* kommt zuerst 1826 in dem 2. Entwurf zu einer Ankündigung der *Helena* vor. Am 16. Dez. 1829 las Goethe Eckermann die Szene vor. Über seine Auffassung der Homunculus-Gestalt gibt es wenige Gesprächs-Aufzeichnungen (Eckermann 16. und 20. Dez. 1829), über die Herkunft der Gestalt nichts. Das lateinische Wort „homunculus" (Verkleinerungswort von „homo") bedeutet „kleiner Mensch, Menschlein". Es wurde im 16. Jahrhundert gebraucht für Zwerge, Wichtelmänner, außerdem aber für einen künstlichen Menschen, wie er in der alchemistischen, kabbalistischen und sagenhaften Tradition seit dem späten Mittelalter vorkam. Paracelsus oder einer seiner Schüler beschreibt in der Schrift „De natura rerum" die Herstellung eines künstlichen Menschen (homunculus), teils aus dem Sperma eines Mannes, teils durch chemische Behandlung. Der homunculus ist ein „Zwergel" und weiß „alle heimlichen und verborgenen Ding, die allen Menschen sonst nicht möglich sein zu wissen". Wie Goethe zu dem Motiv gekommen ist, ist nicht bekannt. In seiner Jugend hat er sich mit Paracelsus beschäftigt (Bd. 9, S. 342,16f. u. Anm.), später, als er an der *Geschichte der Farbenlehre* arbeitete (Bd. 14, S. 77f.), nochmals. In seiner Bibliothek, wie sie überliefert ist, befindet sich keine Paracelsus-Ausgabe. Das Motiv kann auch durch indirekte Überlieferung zu ihm gelangt sein. Der Vergleich mit Paracelsus zeigt, daß er es etwas geändert hat.

Im folgenden die wichtigsten diesbezüglichen Sätze aus der paracelsischen oder pseudoparacelsischen Schrift „De natura rerum". Der Wortlaut unverändert, die Schreibweise und Interpunktion modernisiert, in Klammern Worterklärungen hinzugesetzt. „Es ist auch zu wissen, daß also Menschen mögen geboren werden ohne natürliche Väter und Mütter. Das ist, sie werden nit von weiblichem Leib auf natürliche Weis wie andere Kinder geboren, sonder durch Kunst und eines erfahrnen Spagirici (Alchemist, Chemiker) Geschicklichkeit mag (kann) ein Mensch wachsen und geboren werden, wie hernach wird angezeigt ... Wie aber solches zugang (zugehe) und geschehen möge, ist nun sein Prozeß also, nämlich daß der Sperma eines Manns in verschloßnen Cucurbiten (Kolben) ... putrefiziert (verwandelt) werde auf 40 Tag oder so lang, bis er lebendig werde und sich beweg und rege, welchs leichtlich zu sehen ist; nach solcher Zeit wird es etlichermaßen einem Menschen gleichsehen, doch durchsichtig ohn ein Corpus (Körper) ... Aus solchen homunculis, so sie zu menschlichem Alter kommen, werden Riesen, Zwerglein und ander dergleichen große Wunderleut, die zu einem großen Werkzeug und Instrument gebraucht werden, die ... alle heimlichen und verborgene Ding wissen, die allen Menschen sonst nicht möglich sein (sind) zu wissen, dann durch Kunst überkommen (bekommen) sie ihr Leben, durch Kunst überkommen sie Leib, Fleisch, Bein (Knochen) und Blut, durch Kunst werden sie geboren, darumb so wird ihnen die Kunst eingeleibt und angeboren und dörfen (brauchen) es von niemands lernen, sonder man muß von ihnen lernen ... darumb daß (so daß) sie mit ihren Kräften und Taten nit Menschen sondern sich Geistern vergleichen."

Paracelsus (oder einer seiner Schüler), „De natura rerum". Erster Druck in: Metamorphosis Doctoris Theophrasti von Hohenheim ... durch Adamen von Bodenstein. Basel 1572. In Sudhoffs Ausgabe Bd. 11, 1928, S. 307–403, die zitierten Stellen S. 313 u. 317. In Peuckerts Ausgabe Bd. 5, 1976, S. 53–133, die zitierten Stellen S. 58, 62f. – In etwas anderem Sinne berichtet „Liber de homunculis", Sudhoff Bd. 14, 1933, S. 325–336; Peuckert Bd. 3, 1976, S. 427–438. – Über Homunculus bei Paracelsus berichtet kurz Joh. Friedr. Gmelin, Gesch. d. Chemie, Göttingen 1797, Bd. 1, S. 219. Goethe entlieh dieses Werk langfristig 1801–1802 und wieder 1809. – M. Ruland, Lexicon alchemiae, 1612, S. 255 „Homunculi". – HWbA. 4, 1931/32, Sp. 286–289. – W.-E. Peuckert, Gabalia. Bln. 1967. S. 173–179 und 545f. mit Zitat der Stelle aus „De rerum natura". – Der junge Goethe. Hrsg. von Fischer-Lamberg. Bd. 1, 1963, S. 426–430, 509. – Bd. 9, S. 342,16f. u. Anm. – Bd. 14, Namenregister „Paracelsus". – Nicht überall, wo in der älteren Literatur „homunculi" genannt werden, sind künstliche Menschlein gemeint, sondern oft die Wichtelmänner, Zwerge; so z.B. bei Morhof, Polyhistor, Lib. II, Part. I, Cap. II, 5.

6842. *bestimmt, sich selbst zu zeichnen*: von Natur daraufhin angelegt, die ererbten Charakteristica zu entwickeln; ähnlich in der 1. Strophe der *Urworte, orphisch* (Bd. 1, S. 359).

6844. *entsetzt*: abgesetzt, enthoben. Wie *Reineke Fuchs* IV, 101: *Werther* Bd. 6,
S. 38,32.

6852 f. 6852 f. *verlutieren*: verkitten, verkleben. Dt. Wb. 12,1 Sp. 831. – *kohobieren* (wie 6325): abklären, läutern. Briefe Bd. 2, S. 280,8 und Bd. 4, S. 481,28. –
Ruland, Lexicon alchemiae, 1612, S. 163 „Cohobatio". – Das Wort stammt nicht
aus dem antiken Latein.

6864. *Kristallisiertes Menschenvolk*: Anspielung auf Lots Weib, das
zur „Salzsäule" wurde (1. Mose 19,26), als sie auf Sodom und Gomorra
zurückblickte; denn bei dem, was in diesen Orten geschah, war Mephistopheles dabei.

6879 ff. *Nun Väterchen . . .* Homunculus' erste Worte. Die Lage der
Stimme scheint hoch, hell; die Sätze kurz, ohne langen Atem. Die Ausdrucksweise klar, geistvoll. Sogleich die Antithese *natürlich – künstlich*
(6883 f.). Er nennt Mephistopheles *Herr Vetter*. Daß dieser zum Entstehen mitwirkte, bleibt nur angedeutet (6685 ff., 7003 f.). Sogleich drängt
Homunculus zu einer Wirkung (6889).

6894 ff. *Wie Seel' und Leib . . .* Das Problem von Seele und Leib, das
Wagner (6894 f.) und Mephistopheles (6898) von verschiedenen Seiten
sehen, führt zu Faust, dessen Leib erstarrt daliegt, dessen Seele ihre
Erfüllung sucht. Homunculus wendet sich sofort diesem zu.

6903. *Bedeutend*. Im ursprünglichen Sinne: „Dies hat eine besondere Bedeu-
tung". Und diese weiß Homunculus zu erklären. Das Wort *bedeutend* ist ein
Lieblingswort Goethes, zumal im Zusammenhang des Ästhetischen benutzt.
GWb. 2, Sp. 154–156.

6903 ff. *Klar Gewässer . . .* Das Bild der Zeugung Helenas durch Leda
und Zeus, der sich in einen Schwan verwandelt hat. Sprachlich ein neuer
Ton innerhalb des Dramas, ein erster Vorklang der Helena-Welt des 3.
Akts. Klar, bildhaft, einem an der Antike geschulten Schönheitsideal
entsprechend. Während Faust schlafend daliegt, deutet Homunculus,
der Wissende, was dieser im Traum vor sich sieht. Es bahnt sich das an,
was dann in der *Klassischen Walpurgisnacht* geschieht, der Weg zu Helena. Dabei wird ihr Name hier nicht genannt. Dieser Traum Fausts
taucht in den Versen 7271–7312, als er auf der *Klassischen Walpurgisnacht* Helena sucht, wieder in seiner Erinnerung auf, das Bild wird
nochmals beschrieben. Helena wird später die *Schwanerzeugte* (9108)
genannt, Faust gedenkt auch späterhin ihrer Zeugung (9518) und ihrer
Mutter *Leda* (10050). So zieht sich das Leda-Motiv durch den ganzen
Helena-Teil der Dichtung, von der Sehnsucht hier (6903 ff.) bis zur
Erinnerung nach dem Abschied (10050). Es ist ihre physische Erzeu-

gung in der Sage, entsprechend ihrer geistigen Erzeugung in der Welt Fausts.

Goethe kannte das Leda-Motiv aus vielen bildlichen Darstellungen. In seinem Aufsatz *Philostrats Gemälde*, der 1818 in *Über Kunst und Altertum* erschien, erwähnt er: *Leda mit dem Schwan, unzähligemal wiederholt.* (WA. 49, 1 S. 70.) Er besaß Coreggios Gemälde ,,Leda und Jupiter als Schwan" in einem großen Kupferstich von E. Desrochers und in einem kleineren Stich (Schuchardt I, S. 5 Nr. 21 u. 22. Weitere Leda-Darstellungen Schuchardt I, S. 18 Nr. 144, 145). Ob er den Gipsabguß eines Reliefs ,,Leda und der Schwan" (Schuchardt II, S. 337 Nr. 122), der im Büstenzimmer des Goethehauses hängt, schon besaß, als er diese Szene schrieb, ist mir nicht bekannt. – Kurt May S. 90f. – Kommerell S. 31–33.

6935. *der Bequemste*: der sich allen Lagen anzupassen weiß. Ähnlich 7373. – Fischer, Goethe-Wortschatz S. 100.

6941. *Klassische Walpurgisnacht*. Sowohl das Wort als auch die Sache selbst sind von Goethe selbständig erfunden, als Gegenstück zur Walpurgisnacht des 1. Teils; eine einmal im Jahr stattfindende Versammlung der antiken Geister; im Zusammenhang des Themas der Überzeitlichkeit des Zeitlichen, der Wiederbelebung des Vergangenen.

6946f. *Romantische Gespenster*: mittelalterliche Gespenster; *klassisch*: antik.

6955. *Pharsalus, alt und neu*: Pharsalus ist eine Stadt in Thessalien; dazu das lateinische Wort ,,Pharsalia": die Gegend von Pharsalus. Goethe entlieh 14. Juni bis 19. Sept. 1825: E. Dodwell, Classische und topographische Reise durch Griechenland. Übers. von K. F. L. Sickler. Meiningen 1821. Sein Tagebuch vermerkt, daß er mehrfach in dem Werke las. Dort Bd. 2, Abt. 1, S. 207: ,,Strabo gibt zwei Pharsaliae an, ein altes und ein neues."

6956. *jene Streite*. Die Gegend von Pharsalus ist das Schlachtfeld der Entscheidungsschlacht zwischen Cäsar und Pompeius im Jahre 48 v. Chr. Mephistopheles sagt, die eine Partei triebe *Tyrannei*, die andere *Sklaverei*, d. h. sie taugen beide nichts, denn sie sind sich im Unterjochen der Gegner gleich.

6961. *Asmodeus*: ein böser, teuflischer Geist. Tobias 3,8; 6,8 u. ö. – Zedler Bd. 2, 1732, Sp. 1858f. – HWbA. 1, Sp. 621f.

6977. *Thessalische Hexen* galten als besonders zauberkundig und böse. Homunculus weiß also, womit er Mephistopheles in den südlichen Bereich, der diesem unsympathisch ist, locken kann. – Goethe notiert im Tagebuch 5. April 1826 (also bevor die Szene *Laboratorium* geschrieben wurde): *Abends Lucan, 6. Buch.* Dort wird in den Versen 434–506 ausführlich über die Thessalischen Hexen berichtet.

6988. *Wichtigstes*, später genannt *der große Zweck* (6995), wobei *Zweck* die alte Bedeutung ,,Ziel, Aufgabe" hat (wie 332, 3349, 10303).

Wagner arbeitet als Alchimist, das zeigt schon die Bühnenanweisung vor der Szene. Das große Ziel der Alchimisten war die Herstellung des Steins der Weisen, über die es viele Schriften gab. Der Stein der Weisen gibt *Gold, Ehre, Ruhm, gesundes langes Leben* (6997). In der ersten, handschriftlichen Fassung heißt es: *Gold-Überfluß und lang-gesundes Leben*. Fast wörtlich ebenso schildert Goethe in seiner *Geschichte der Farbenlehre* das Streben nach dem *Stein der Weisen*, welcher *Gold, Gesundheit und langes Leben* gibt (Bd. 14, S. 78,25–79,23). Dort wird die Herstellung des Steins der Weisen *das große Werk* genannt (Schr. zur Naturwiss., Leop.-Ausg. 6, S. 131,13), als Übersetzung der Bezeichnung „Magnum opus", die in den alchimistischen Schriften üblich war. Goethe beschäftigte sich für seine *Geschichte der Farbenlehre* in den Jahren 1807–1809 mit der Alchemie des ausgehenden Mittelalters, die bis in das 17. Jahrhundert hineinreicht. Er bringt als Beispiel eine Übersetzung aus dem alchimistischen Dialog, der unter dem Titel „Morienus" überliefert ist. In den Traktaten der Alchimisten wurde gesagt, man müsse zunächst die Schriften der großen Lehrer lesen – die Tabula smaragdina, Geber, Morienus, Lullus usw. –, dann müsse man die Zutaten und deren Behandlung bedenken. Genau entsprechend hier: erst *die alten Pergamente*, dann das *Was* und das *Wie*. Wenn den Alchimisten des 16. Jahrhunderts die Herstellung des Steins der Weisen und die Metallverwandlung nicht gelang, dann pflegten sie zu sagen, ihnen habe eine letzte Zutat gefehlt, die Tinktur, es habe aber jemanden gegeben, der diese besaß. Noch Morhof in seiner Schrift „De metallorum transmutatione", 1673, schreibt, Edward Kelley habe vor Kaiser Rudolf II. in Prag Gold gemacht. „Sed tincturam aliunde habuit" (Aber die Tinktur hatte er anderswo her). Diese „Tinktur" war die kleine aber entscheidende Beigabe, die nur geheimnisvoll zu erhalten war. Die Wichtigkeit der Tinktur bei der Herstellung des Steins der Weisen blieb bis ins 18. Jahrhundert bekannt; noch Zedlers Universal-Lexicon spricht ausführlich davon. Dies meint (meines Erachtens) Homunculus mit dem *Tüpfchen auf das i*. Er sagt, er werde vielleicht für Wagner diese wichtige Kleinigkeit finden. Die handschriftliche Fassung lautete zunächst: *Ich setze dir ein Tüpfchen auf das i, / Da ist ein Buchstab und uns fehlt es nie.* Homunculus endet mit dem Satz, daß der Stein der Weisen *Gold* und *langes Leben* gibt – das war die alte Lehre – und setzt von sich aus skeptisch hinzu: *Und Wissenschaft und Tugend – auch vielleicht.* Das ist ähnlich wie der Satz des Mephistopheles: *Wenn sie den Stein der Weisen hätten, / Der Weise mangelte dem Stein* (5063 f.). Die Kommentare von Witkowski, Scheithauer, Ernst Traumann, Erler u. a. deuten *das Tüpfchen auf das i* als das, was Homunculus noch fehlt, die Körperlichkeit, beziehen das Wort also auf Homunculus selbst, nicht auf Wagner und sein Werk. Daß Homunculus *entstehen* will, ist in der Klassischen Walpurgisnacht mehrfach gesagt (7831, 7858, 8133, 8249ff.), es fragt sich nur, ob das schon an dieser Stelle gemeint ist. Zu beachten bleibt, daß das Wort vom *Tüpfchen auf das i* mitten in der Partie über die Herstellung des Steins der Weisen (6988–6998) steht; auch ist die handschriftliche Fassung zu bedenken; in ihr bringt Homunculus Wagner das Fehlende, und dann haben beide den Stein der Weisen, mit dessen Hilfe es ihnen an nichts fehlt.

Der Bleistift-Entwurf *Ich setze dir das Tüpfchen auf das i / Da ist ein Buchstab und uns fehlt es nie* ist schwer leserlich. Erich Schmidt hat ihn in W 15,2 S. 42 mitgeteilt. Ich lese die Stelle genau so. – Die Wendung *Tüpfchen auf das i* kommt im Alter mehrfach in Briefen vor, wenn der eine eine Kleinigkeit braucht, um ein Ganzes abzuschließen, und der andere sie ihm liefert; z. B.: Goethe besaß 9 Holzschnitte von A. Andreani nach Mantegnas „Triumphzug Cäsars" und wollte darüber schreiben, doch hatte er das Gefühl, der Zyklus müsse noch eine Fortsetzung haben. Da schickte ihm Schulz das fehlende Blatt (Bd. 12, S. 189,19–23; S. 196,31f.) und nun dankte ihm Goethe für *das Tüpfchen auf's i* (29. April 1821). Ähnlich an Schlosser 28. Okt. 1811; an Seebeck 14. Jan. 1817; an Zelter 17. April 1815.

Goethe hatte aus seiner Jugend Kenntnisse der Alchemie (Bd. 9, S. 341–353) und verbreiterte diese in den Jahren 1798–1809 für seine *Geschichte der Farbenlehre*. In dieser ein Abschnitt *Lust am Geheimnis* und ein Kapitel *Alchymisten*, dem eine Übersetzung aus Morienus angehängt ist. Goethe hatte den Text aus Gotha bekommen (Tgb. 24. Nov. 1807): „Artis auriferae Volumen I. Basileae 1593." Er las außerdem nach in Morhofs „Polyhistor" und in Friedrich Rothscholz „Theatrum chemicum", benutzte J. F. Gmelin, Gesch. d. Chemie, Bd. 1, 1797, und das auch ins Gebiet der Geheimwissenschaften ausgreifende Werk von J. G. Buhle, Gesch. d. neueren Philosophie, 1800. Da er auch in Jena Bücher für diese Arbeiten entlieh, ferner in Göttingen 1801, kann man seine Lektüre nicht so genau feststellen wie in den Fällen, wo er nur Bücher aus eigenem Besitz und der Weimarer Bibliothek benutzte. Die Abschnitte aus der *Geschichte der Farbenlehre* zeigen jedenfalls, wie gut er mit der Alchemie Bescheid wußte.

Die Geschichte des Kelley bei Morhof ist typisch. Auch von dem Eremiten Trautmannsdorf, von Philipp Jacob Güstenhöver, Alexander Seton, Johann Baptist van Helmont und anderen wurde berichtet, sie hätten die Tinktur gehabt und mit ihr Gold gemacht, indem sie etwas von der Tinktur dem zusetzten, was sie aus Metallen vorbereitet hatten. Bei jedem heißt es dann aber, er habe die Tinktur irgendwo gefunden; Kelley hat sie aus einem aus dem Mittelalter stammenden Grab. Sendivogius bekommt die Tinktur des Setonius, als er dessen Witwe heiratet. Helmont erhält sie von einem geheimnisvollen Fremden (peregrinus).

Faust 1034–1055 u. Anm. – Bd. 14, S. 67,14–68,24 und 78,7–80,2. – Goethe, Die Schriften zur Naturwissenschaft. (Leopoldina-Ausg.) Bd. 6, 1957, und 2. Abt. Bd. 6, 1959. – M. Ruland, Lexicon alchemiae. 1612. (Reprint 1964.) S. 292–300 „Lapis philosophicus". – Theobald van Hoghelande, Historiae aliquot transmutationis metallicae. Coloniae 1604. – Theatrum chemicum. 6 Bde. Argentorati (Verlag Zetzner) 1613–1661. Dieses Sammelwerk enthält eine Fülle von Schriften zur Alchemie, die im 16. und 17. Jahrhundert berühmt waren. Jeder Band ist fast 1000 Seiten stark und hat ein Sachregister, das z. B. zu „lapis philosophicus" und

„tinctura" die wichtigsten Stellen nachweist. – Musaeum Hermeticum reformatum. Francofurti 1678. S. 215 ff., 246 ff. u. ö. – Morhof, De transmutatione Metallorum. Hamburgi 1673. Wiederabgedruckt in: Morhof, Dissertationes academicae. Hamburgi 1699. Dort die zitierte Stelle S. 296. – Zedler, Universal-Lexicon 39, 1744, Sp. 1547–1569. – Karl Christoph Schmieder, Gesch. der Alchemie. Halle 1832. (Reprint 1959.) – H. Kopp, Die Alchemie. Heidelberg 1886. (Reprint 1962.) – Alchimia. Hrsg. von E. E. Ploß u. a. München 1970.

7003. *Ad spectatores*: an die Zuschauer.

Klassische Walpurgisnacht

Die *Klassische Walpurgisnacht*, mit ihren 1483 Versen fast ein Drama im Drama (*Epimenides* hat 986 Verse, *Pandora* 1086, *Iphigenie* 2174), wurde in dem Entwurf vom Dezember 1826 skizziert und im Laufe des Jahres 1830 ausgeführt. Bei dieser Arbeit trat der Handlungszusammenhang immer mehr zurück und der Symbolzusammenhang entsprechend hervor. Faust, der Helena *ins Leben ziehen* will (7439), wird von Homunculus und Mephistopheles zur Klassischen Walpurgisnacht geführt, wird dort ans Tor der Unterwelt gewiesen und schreitet hinab, wo er dann bei Persephone Helena freibittet. Der Gang in die Unterwelt geschieht schon nach dem ersten Drittel der Klassischen Walpurgisnacht (7494); was sich danach vollzieht, ist für die Handlung entbehrlich, für die Bedeutung desto wesentlicher. Es ist Symbol für dieses *Ins-Leben-Ziehen* des Schönen. Die Faust-Handlung ist kurz; das symbolische Spiel der übrigen Gestalten ist breit. Das Böse wandelt sich in das Häßliche; damit ist ein negativer Pol gesetzt, und nun tritt auch der positive immer deutlicher hervor: das naturhafte Sein steigert sich ins Schöne und bringt, vom Eros bewegt, vom Geiste durchfeuert, die höchste menschliche Schönheit hervor, für die Helena zeitloses Sinnbild ist. Soll das alles symbolisch sich aussprechen, so kann das nur in einer magischen Welt, einer Märchenwelt, in Bildern und Klängen geschehen, in einer Walpurgisnacht. Helena ist immer wieder eine Schöpfung der großen Künstler. Sie ist auch eine Schöpfung Fausts. Aber höchste Geistigkeit ist zugleich höchste Natürlichkeit. Goethe stand also vor der Aufgabe, bei der symbolischen Darstellung des schöpferischen Vorgangs diesen nicht nur als menschliche Innenwelt, sondern zugleich als Naturgeschehen zu zeigen; und gleichzeitig die Handlung weiterzuführen. Dies alles zugleich wurde dadurch, daß er eine Klassische Walpurgisnacht einführte, erfüllt. Helena wird aus dem Hades geholt, und zugleich vollzieht sich ein mythischer Vorgang, der sowohl Naturschöpfung als auch Kunstschöpfung darstellt. Da nun in der Fülle der Gestalten, die im Geistigen und Natürlichen möglich sind, Helena die höchste ist, muß der Weg zu ihr, muß diese Fülle selbst gezeigt werden.

Darum die Größe der Dimension (die zugleich für den Altersstil typisch ist). In dieser magischen Welt, diesem märchenhaften Walpurgisspuk, vermischen sich Natur und Geist: es erscheinen Bilder, die zugleich Mythologisches, Psychologisches, Soziologisches, Geologisches und Biologisches bedeuten; es ist wie in Goethes *Märchen* eine Symbolsprache, die tiefer greift als diese Einzelsprachen es tun.

Der Ort ist die Ebene von Thessalien und die angrenzenden Buchten des ägäischen Meeres. Die Zeit ist der 9. August, der Jahrestag der Schlacht bei Pharsalus, die im Jahre 48 v. Chr. hier stattfand. Goethe wußte als Kenner der Antike, daß Thessalien als Hexenland galt, er wußte als Kenner der Geschichte, daß es Stätte welthistorischer Ereignisse war, und als Geologe sah er dort eine Landschaft, die zugleich von neptunischen und von vulkanischen Kräften geformt war und also für alle Werdeformen der Natur beispielhaft ist. Hier läßt er in seiner Dichtung die antiken Geister sich versammeln. Die *Klassische Walpurgisnacht* ist nicht ein überliefertes Motiv, sondern seine eigene Erfindung. Es sind nicht die olympischen Götter sondern die tiefer als sie stehenden Gestalten, von den Ameisen und Greifen bis zu den Kabiren und zu Galatea, die ans Olympische heranreicht. Goethe hat diesen Bereich mit tiefem Ahnen für das Urtümliche, Magische, Kultische lebendig gemacht. Diese Nacht ist etwas Einmaliges; in ihr trifft Chiron die Zauberin Manto; in ihr sieht Nereus seine geliebte Tochter Galatea; und in ihr öffnen sich die Pforten der Unterwelt (wie einmalig es ist, daß ein Mensch hineinfindet in solche magische Welt, in welcher diese Pforte sich öffnet, wird mehrfach angedeutet, ohne irgendwie allegorisch zu werden). Faust kann Präzedenz-Fälle nennen: Herakles holte Alkestis, Orpheus holte Eurydike; und er weiß: Helena war schon einmal aus der Unterwelt freigegeben, um mit Achill droben zu leben – soll ihm nicht das gleiche gelingen?

Das Geschehen ist gegliedert durch die drei nordischen Besucher und ihre Erlebnisse. Faust begegnet den Sphinxen, den zeitüberdauernden, wird von ihnen an Chiron, den alles durchwandernden, gewiesen, der von allen Helden Nachricht geben kann, und von diesem zu Manto gebracht, der verstehenden, heilenden, die ihm den Weg zur Unterwelt zeigt. (7056–7079, 7181–7213, 7249–7494.) Die Persephone-Szene der Losbittung fehlt. – Mephistopheles begegnet Sphinxen, Greifen, Lamien und anderen bizarren Gestalten. Man hat ihn zum besten, und er verliert die Lust. Um sich der Antike anzugleichen, wählt er die Gestalt einer der Phorkyaden. (7080–7248, 7676–7850, 7951–8033.) – Homunculus, der ins Leben eingehen will, schließt sich zwei Naturphilosophen an; Thales nimmt sich seiner an und führt ihn ins Wasserbereich zu Nereus; Proteus, der Geist alles Gestaltwandels in der Natur, trägt ihn zu Galatea, und er zerschellt an deren Muschelwagen, eingehend in das

All der organischen Naturkräfte. (7830–7950, 8082–8159, 8219–8487.) Jede der 3 Gestalten hat also 3 Abschnitte der Handlung; und jede hat 3 Begegnungen. Faust: Sphinxe, Chiron, Manto. Mephistopheles: Sphinxe, Lamien, Phorkyaden. Homunculus: Thales, Proteus, Galatee. – Dieses Geschehen spielt an verschiedenen Stellen des weiten Schauplatzes und ist in 5 Szenen aufgeteilt. Zunächst die *Pharsalischen Felder,* das Schlachtfeld, düster, historische Erinnerungen; dann am oberen Peneios (7080 ff.) Greife und Sphinxe, dämonisch und zeitlos, in dunklen Tönen, elementare Landschaft; ganz anders am untern Peneios (7249 ff.): alles ist heller, freundlicher, voll Pflanzenwuchs, liebliche Flußufer und idyllische Gesänge, die Landschaft der Nymphen und Chirons, der Weg zu Helena, ein Bereich schöner, edler Gestalten, in dem Faust seinen Weg findet; danach noch einmal die Region *am obern Peneios* (7495 ff.), wieder Bergland, einen kosmischen Mythos darstellend, Bereich des Seismos und der Naturphilosophen; schließlich die *Felsbuchten des ägäischen Meers* (8034 ff.), die hellste Landschaft im vollen Mondenglanz, als herrschendes Element nicht mehr die Erde, sondern das Wasser und die Luft, eine Werdefreude überall, Eros, Kult der Elemente und der Götter. – In der verschlungenen Durchführung der Themen lebt eine deutliche Steigerung. Zuerst ganz oder halb tierhafte, düstere, unheimliche Wesen: Greife, Ameisen, Sphinxe im Bereiche des Landes, des starren Steins; dem Meere näher im lieblichen Flußtal Nymphen und Chiron; schließlich der heitere Bereich der See: Nereus, Proteus, die Nereiden, Doriden und Galatea; zartere Seelentöne, Halbgötter in Menschengestalt, vollendete Schönheit.

Faust auf der Suche nach Helena findet Förderer in Chiron, der ihn zwar ironisch nimmt, aber ihm hilft, und in Manto, die ihn versteht. Er ergreift das höchste Schöne und damit ein ewig Lebendiges, das schon einmal Leben in der Vergangenheit war. Aus der Sphäre des Gespenstischen hebt sich in Chirons Reden und Galateas Erscheinen die Sphäre des Heroischen und Göttlichen heraus. Mephistos Abenteuer sind das Gegenspiel. Während Faust findet, was er sucht, wird Mephistopheles nur enttäuscht. Man behandelt ihn schlecht, und er fühlt sich nicht wohl in dieser Welt, in der man ihn nicht wichtig nimmt. Er wählt die ihm gemäße antike Gestalt von den Phorkyaden. Er, der Verneinende, Lebensfeindliche, muß hier, wo wir uns dem Bereich des Schönen nähern, zu dem Häßlichen werden. – Homunculus findet in den Bereich der Naturgewalten, und auch er findet Förderer: Thales und dann Proteus, der als Geist der ewigen Wandlung und Umwandlung organischen Lebens ihm aus seiner unkörperlichen Existenz ins lebendige, schöpferische, zeugende Element hilft.

Das höchste griechische Bild des Menschen, Göttliches in sich schließend, das Götterbild in Menschengestalt, war nicht nur höchstes

Geisteserzeugnis, sondern zugleich höchste Natur. Und so auch jedes große neuere Schöpfungswerk. Darum ist der Weg zu Helena zugleich ein Weg der Natur. Deren Bild in ihrer Vielgestalt tut sich kund in dem Durcheinanderwogen der zahlreichen Gestalten dieser Nacht. Von den Greifen bis zu Galatea – welche Fülle! Zuerst ist noch von Zeit und Geschichte die Rede (Chiron gibt Bericht von den Heroen, und die Sphinxe sprechen vom Wandel der Jahrhunderte), doch in der zweiten Hälfte herrschen allein die naturphilosophischen Bilder, die zum Mythos der großen Verwandlung werden; und naturverbundene Alte wie Thales und Proteus führen die Handlung zum Ziel. Dazu eignet sich der Schauplatz, weil er Erde und Wasser vereinigt, weil Thessalien neptunisch und vulkanisch geformt ist – was Goethe dazu anreizt, Anspielungen auf den Neptunismus und Vulkanismus seiner Zeit einzuflechten, bis er am Ende alles in Gesprächen in Fluß und Meer und Gesängen des großen kultischen See-Festes ausklingen läßt. Im Feuchten vollzieht sich der Anfang alles Lebens, und das *Wunder* der Verbindung von Wasser und Feuer ist der Höhepunkt; alle Elemente vereinigen sich, um schöpferisch organisches Leben hervorzubringen; dieses als Ganzes ist Steigerung. Hier sind Geist und Leben vereint.

Je mehr die Handlung sich diesem Ziel nähert, desto mehr ist sie von Licht überglänzt. Ihr Gestirn ist der Mond (während später, als Helena da ist, die Sonne zum Gestirn wird). In ihm vereinigt sich das Natürliche, das Kultische, das Magische. Immer wieder, in allen Szenen, wird er genannt und erscheint heller und heller, bis er schließlich bei dem Fest der Seegötter *im Zenit verharrt*. Das Kultische wird am Schluß durch das feierliche Herantragen der Kabiren besonders betont. Festliche Gesänge ertönen, heiter, unterbrochen von Ironie und Scherz; denn hier werden die Mythenforscher verspottet ähnlich wie in der Szene davor die allzu einseitigen Geologen. Es ist ein altgriechisches Mysterium, anders als das christliche am Ende des 5. Akts, anders auch als die Walpurgisnacht des 1. Teils, die in Lilith gipfelt, wie diese in Galatea. Ein Kult von Mond, Meer und Eros, von Feuer und Erde, vor allem aber der Schönheit, die in den Doriden erscheint und in Galatea gipfelt, sich aussprechend im Zauber der Sprache und der Rhythmen.

Das Ineinanderwogen der Bilder und Klänge, die Magie des Geisterspuks bedingt einen farbigen, leichten, gesangnahen Vers, daher die meist kurzen Reimverse, unterbrochen durch das Rezitativ längerer Sprechverse, die bei Mephistopheles den scharfen madrigalischen Klang haben, bei Faust seinen steten sehnsuchtsvoll ausgreifenden Sprachstil. Die antiken Geister verhalten sich ironisch; scharf gegen Mephistopheles, gutmütig gegen Faust, dem Chiron weiterhilft, obgleich er als südlich-antike Gestalt die Sehnsucht des Nördlich-Modernen nicht versteht, sowenig wie der naive Geist den sentimentalischen. Die Fülle der

Rhythmen und Klänge zieht Antikes und Modernes in ein geheimnisvolles Spiel zusammen und gipfelt in den Hymnischen Gesangversen um Galatea.

Für das reiche Geschehen, das Drama im Drama, nutzte Goethe Anregungen aus vielen Büchern und aus Werken der bildenden Kunst, in denen er allzeit die Kentauren, Nereiden, Tritonen usw. geliebt hatte. Zumal seine eigene Sammlung von Reproduktionsstichen gab viel dafür her. Aus spätantiken Bildern und Dichtungen hat er das Archaische, Kultische, Dämonische, Magische des Stoffes herausgefühlt. In einer Arbeitsperiode seines hohen Alters, während der er täglich durch vielerlei andere Dinge beschäftigt war – das Tagebuch zeigt es –, hat er das Werk vollendet, überreich, breit, aber klar bis in jede Einzelheit. Vergessen hat er lediglich die szenischen Anweisungen vor den Versen 7080 und 7249, die von allen neueren Ausgaben sinngemäß eingesetzt sind.

Goethe hat sich zeitlebens mit antiker Dichtung, Mythologie und bildender Kunst beschäftigt, deswegen waren ihm die vielen Gestalten, die er hier auftreten läßt, vertraut. Wer wissen will, welche Nachschlagewerke und Bücher Goethe für dieses Gebiet besaß, findet sie verzeichnet in: Goethes Bibliothek. Katalog. Bearb. von Hans Ruppert, Weimar 1958. Dort gibt es Abteilungen Griechische und lateinische Sprach- und Literaturwissenschaft, Mythologie, griechische Literatur, lateinische Literatur, Archäologie usw. Zu den Anregungen aus der Literatur kommen solche aus der bildenden Kunst. Hier ist immer noch unentbehrlich: Christian Schuchardt, Goethes Kunstsammlungen. 3 Bde. Jena 1848–1849. (Reprint: Hildesheim 1976.) Als neuere Veröffentlichung liegt vor: Die Gemmen aus Goethes Sammlung. Bearb. von G. Femmel und G. Heres. Lpz. 1977. Goethe besaß 58 Gemmen, darunter – als Motive der *klassischen Walpurgisnacht* – ein Greif und zwei Tritonen. Er besaß außerdem 4500 (viertausendfünfhundert) Gemmen-Abgüsse. Wieviel Motive aus der *klassischen Walpurgisnacht* auf ihnen vorkommen, hat noch niemand untersucht. Wir haben heute eine Gesamt-Ausgabe von Goethes Zeichnungen. Da sehen wir Sirenen (IVb 228; VIa 73), Sphinxe (II 287, III 109a, IVb, 243, VIb 71 und N 28), Greifen (III, 52, 216, 219, IVb 10), Kraniche (VIa 59), eine Mondbeschwörung (VIb 224), Tritonen (II, 322), einen Dreizack (VIa 87), Delphinreiter (VIa 48) und zahlreiche Felsenlandschaften am Meer mit Mondschein (IVa 24, 38, 54, 56, 64 u. a.) – alles Motive, die in der *klassischen Walpurgisnacht* vorkommen. Goethes optisches Gedächtnis bewahrte sie auf, sie standen ihm für die Dichtung zur Verfügung. Er hatte in Italien viel gesehen, und er bemühte sich, diese Eindrücke durch Betrachtung von Reproduktionsstichen festzuhalten und zu erweitern. Zwei illustrierte Werke über Pompeji und Herculanum hat er im Lauf der Jahre mehrmals und lange entliehen, ,,Le pitture antiche d'Ercolano" dreimal, das von F. A. David ,,Antiquités d'Herculanum" viermal. Als der Maler Zahn 1827 Zeichnungen nach pompejanischen Fresken brachte, beschäftigte sich Goethe ausführlich mit ihnen, ebenso mit dem Werk Zahns, das dann im Druck erschien, ,,Die schönsten Ornamente und merkwürdigsten Gemälde aus Pompeji, Herculanum und Stabiae", Berlin 1828–29. Das Tagebuch verzeichnet das an vielen Stellen. Mit Bild-Eindrücken dieser Art lebte Goethe, sie boten den Stoff zur *klassischen Walpurgisnacht*. Was an mythologischem

Wissen hinzukam, stammt aus vielen literarischen Quellen. Goethes ständiger Berater in Sachen der Antike war F. W. Riemer, mit dem er auch die *klassische Walpurgisnacht* durchsprach. Deswegen ist es mitunter aufschlußreich zu sehen, wie dieser in seinem Griechisch-deutschen Wörterbuch, 4. Aufl. 1823–25, Wörter, Begriffe, Namen usw. behandelt. – Als im 19. Jahrhundert die Goethe-Forschung begann und man noch nicht die Edition der Tagebücher und Briefe hatte, sah man, daß Goethe in einem Brief an Schiller (25. Okt. 97) auf Hederichs ,,Mythologisches Lexikon'' hinweist, und nun glaubte man, die ,,Quelle'' für alles Mythologische bei Goethe zu haben. Doch Goethe, der Homer, Sophokles, Euripides, Vergil usw. gelesen hatte, konnte aus Hederichs Werk nicht viel holen. In seinem Tagebuch kommt es nur ein einziges Mal vor: *Mythologische Salbadereien über Herkules von Hederich* (21. Mai 1818) – also mit negativem Akzent. Dagegen wird Zahns Werk mit den Abbildungen aus Pompeji sehr oft erwähnt (das Register zu den Tagebüchern in der WA. nennt 48 Stellen), auch Hirts ,,Bilderbuch für Mythologie'' kommt in Werken und Briefen mehrmals vor. Goethe hatte in Rom das Entstehen von K. Ph. Moritz ,,Götterlehre der Alten'' erlebt. In der *Italienischen Reise* spricht er mehrmals darüber (Bd. 11, S. 174, 384, 391). Sie steht noch jetzt in Goethes Bibliothek mit einem Rückenschild, das Goethe selbst beschriftet hat. In späteren Jahren las er die neuen mythologischen Werke von Voß, G. Hermann, Schelling, Creuzer u. a. Seit 1814 besaß er: Joh. Chr. L. Schaaff, Encyclopädie der class. Altertumskunde. 2 Bde. Magdeburg 1806. (Im Tagebuch 14.–16. Mai 1814 genannt.) – Für die Forschung unentbehrlich ist das Werk von E. v. Keudell, Goethe als Benutzer der Weimarer Bibliothek, Weimar 1931. Hier sieht man die Fülle dessen, was er las, aber nur in einzelnen Fällen kann man deutlich erkennen, daß er ein Werk im Zusammenhang der Arbeit an *Faust* benutzte, etwa 1825/26 die griechischen Reisebeschreibungen von William Gell und Edward Dodwell und 1830 die Schriften von Meursius und von Schelling über griechische Gottheiten. – Eine nützliche Zusammenstellung ist: Goethe und die Antike. Bearb. von E. Grumach. 1949. Darin S. 683–726 über Mythologie, Mythenforschung usw.

Wenn auch die einzelnen Motive der *klassischen Walpurgisnacht* aus der Antike stammen, so ist doch die Zusammenstellung Goethes eigene Erfindung. In der antiken Literatur gibt es keine Walpurgisnacht. Goethe behandelt die Einzelheiten mit Freiheit. In seinem Zusammenhang fügt es sich am besten, daß Manto die Tochter des Arzt-Gottes Asklepios ist. Bei den antiken Schriftstellern ist sie es nicht. Die zwei Philosophen treten so auf, als sei das selbstverständlich. Da es sich aber in der Walpurgisnacht um Geister handelt, von den Phorkyaden und Sirenen bis zu Galatea, gehören Thales und Anaxagoras eigentlich nicht in diesen Bereich; ihre innerliche Verbindung mit dem Geschehen ist freilich deutlich.

Für den modernen Leser sind heutige Hilfsmittel wie die Realenzyklopädie von Pauly-Wissowa, Nachschlagewerke wie ,,Der kleine Pauly'', das ,,Lexikon der alten Welt'' usw. nützlich, doch muß man dabei immer im Auge behalten, daß in den Werken, die Goethe benutzte, manches anders aussah, zumal in der Archäologie, die durch Funde und Forschungen in den letzten hundert Jahren ein verändertes Bild der Antike geschaffen hat.

Goethe und die Antike. Hrsg. von Grumach. 1949. S. 683–726. – Erich Schmidt in der Jubiläums-Ausgabe Bd. 14, 1906, S. 352ff. – Karl Kerényi, Das ägäische Fest. 3. Aufl. Wiesbaden 1950. – Karl Reinhardt, Die klass. Walpurgisnacht. In: Reinhardt, Von Werken und Formen. Godesberg 1948. S. 348–405. – Kommerell

S. 44–46. – Dorothea Lohmeier S. 199–282. – Beutler 1940 S. LXVII–LXXII u. 589–610. – Kurt May S. 95–136. – Emrich S. 205–359. – Katharina Mommsen, 1968. – Wolfgang Binder, Aufschlüsse. Zürich u. München 1976. S. 104–112. – Ferner die in der Bibliographie genannte Literatur.

Pharsalische Felder

Das Schlachtfeld von Pharsalus, wo Pompeius von Cäsar besiegt wurde und dadurch die Republik zu Ende ging und das Kaisertum sich anbahnte, Ort also einer weltgeschichtlichen Stunde.

7005 ff. *Erichtho* ist eine antike Hexe, vor allem bekannt durch Lukan, in dessen Epos ,,De bello civili" (auch ,,Pharsalia" genannt) sie im 6. Buch auftritt. Goethe notiert in seinem Tagebuch am 5. April 1826: *Abends Lucan 6. Buch.* An den nächsten Tagen folgen Notizen *Einiges zu Faust,* und im Laufe des Jahres wird der Plan der *Klassischen Walpurgisnacht* skizziert. Auch bei Ovid, Heroides 15,139 wird Erichtho genannt, jedenfalls in den Ausgaben zu Goethes Zeit (heutige Editionen setzen hier die Lesart Enyo ein). Später kommt Erichtho bei Dante, Divina Commedia, Inferno IX, 22 f. vor; dort führt sie den Vergil in die Hölle. Das sind also *die leidigen Dichter,* die sie meint (7007), insbesondere zielt sie auf Lukan, dessen manieristische Häufung gräßlicher Motive sie mit den Worten *abscheulich* und *verlästern* bezeichnet. Lukan schildert, daß Sextus, der Sohn des Pompeius, den Ausgang des bevorstehenden Kampfes wissen will und deswegen zu Erichtho geht, die einen Toten belebt, der eine Weissagung ausspricht und dann wieder starr hinsinkt. Erichtho spricht bei Goethe im Versmaß der attischen Tragödie und beginnt ihren Monolog wie bei Euripides eine Heldin am Anfang eines Dramas, indem sie sich selbst nennt *ich ... Erichtho.* Sie spricht aber nicht nur als die Zauberin der Antike, sondern auch als die, welche von den Dichtern weiß, also gegenwärtig ist, eine in der klassischen Walpurgisnacht wiederaufgelebte antike Gestalt mit einem Wissen, daß Zeit vergangen ist und sie selbst Dichtergestalt geworden ist. Insofern bereitet sie den Leser auf den Auftritt Helenas im 3. Akt vor, die ebenfalls als antike Gestalt auftritt, doch etwas davon ahnt, daß sie eine Wiederbelebte, ein Zauberbild, ein *Idol* ist (8872–8881) und von sich sagt *viel gescholten* (8488).

7010. *Vor grauer Zelten Woge.* Sie glaubt, die Zelte im Tal vor sich zu sehen wie vor der Schlacht bei Pharsalus.

7022. *Magnus* = Pompeius. Wie Lucanus VII, 7 ff.

7031. *Der Mond, zwar unvollkommen.* Hierzu Wolfgang Binder, Aufschlüsse. Zürich 1976. S. 109: ,,Halb ist alles, was an der Klassischen Walpurgisnacht teilnimmt. Nicht nur die eigentlichen Halbwesen, die Greife (halb Vogel, halb Löwe), die Sphinxe (halb Mensch, halb Löwe), die Sirenen (halb Vogel, halb Mensch) und Chiron (halb Pferd, halb Mensch); auch Homunculus, der reiner Geist ist und noch auf einen Körper wartet, ist erst halb, was er werden soll. Faust sucht in Helena seine andere Hälfte ... Dieser Halbheit wegen beleuchtet der halbe Mond die Klassische Walpurgisnacht." Der Mond wird im folgenden noch oft genannt, vielfach unter dem Namen Luna (7127, 7513, 7905, 7934, 7939, 8043, 8079, 8208, 8288, 8372, 8391). Er erhellt die Ebene, jetzt sieht Erichtho, daß keine Zelte dort stehen. Die Feuer, um welche die Gespenster sich gruppieren, erschienen, solange es ganz dunkel war, rot; jetzt, weil der Mond und die herankommende Lichtkugel des Homunculus Helligkeit verbreiten, erscheinen sie blau. Goethes optische Phantasie zeigt stets die Geschultheit durch seine Farbenlehre (Bd. 13, S. 344 § 60ff., S. 348 § 76).

7039. *Weich ich aus...* Erichtho entfernt sich, ihre Worte haben eine Atmosphäre geschaffen. Sie ist die Hexe, die um das ewige Wiederholen der Dinge weiß, der Schlachten wie der Walpurgisnächte. Es scheint für sie keine Zeit zu geben, nur Wiederbelebungen – und will nicht Faust gerade die Zeit leugnen und Helena wiederbeleben? Insofern leitet sie nicht nur die Klassische Walpurgisnacht, sondern die ganze Helena-Handlung ein.

7070ff. *Wo ist sie?* Wieder einer der Faustischen Monologe, zwar nicht lang, aber bedeutsam, gipfelnd in dem Bilde von *Antäus*, dem Riesen, der immer durch Berührung der Erde Kraft erhielt – gesprochen, als er nun griechische Erde berührt.

Am oberen Peneios

Die Mephistopheles-Handlung beginnt. Wie am Ende das Schöne, Halbgöttliche steht, Galatea, Eros, Gesang und kultische Feier, so am Beginn das Rauhe, Schnarrende, Habgierige, Gespenstische, Fratzenhafte. Im folgenden werden *Greife* (7083ff.), *Ameisen* (7104ff.) und *Arimaspen* (7106ff.) genannt. Diese Motive stammen aus Herodot, und zwar dem 3. und 4. Buch. Eine kurze Skizze der *klassischen Walpurgisnacht* wurde am 10. Juni 1826 fertig, im Dezember 1826 ein ausführlicherer Entwurf. Nun notiert Goethes Tagebuch am 15. April 1826: *Las Herodots zweites Buch ...*, und am 16. April: *An Faust weiter gedacht. Herodot ferner gelesen.* Sodann notiert er am 19., 20., 22. und 24. April Herodot-Lektüre. Da er mit dem 2. Buch begann und dann weiterlas, hat er also das 3. und 4. Buch gelesen, in welchem die *Greifen, Ameisen* und *Arimaspen* vorkommen. Er benutzte eine französische und eine deutsche Übersetzung, die er 12.–27. April 1826 aus der Weimarer Bibliothek entliehen hatte (Keudell Nr. 1704, 1705, 1707).

7093. *Greife*: Fabelwesen mit Vogelkopf, Löwenleib, Flügeln und

Krallen. Beliebt in der Kunst der Griechen, der Römer und von da auch im Abendland, wo sie zu Wappentieren wurden.

Goethe kannte das Motiv seit seiner Jugend, sah es oft in Italien. Als er 1804 die „Jenaische allgemeine Literatur-Zeitung" in Gang brachte, regte er Voß an, ihm dafür seinen Aufsatz „Über den Ursprung der Greife" zu geben. Er ließ deshalb eine Greifen-Gemme aus dem Besitz der Fürstin Gallitzin in Kupfer stechen (Band 10, S. 353,17–22). Der jüngere Voß notiert Ende Februar 1804 über einen Besuch bei Goethe: „Wir sprachen von Hyperboreern, Greifen und Arimaspen." (Herwig 1, S. 922.) Als der Aufsatz erschienen war, schrieb Goethe an Eichstädt: *Für die Greife, die gut um sich gegriffen haben, danken Sie Freund Voß aufs beste.* (12. Dez. 1804) Also schon hier das Wortspiel wie in Vers 7098–7103. Das von Goethe sehr geschätzte Werk von Wilhelm Zahn, Die schönsten Ornamente von Pompeji, Bln. 1829, hat auf Tafel 73 einen *Greif* und eine *Sphinx.* Goethe hatte diese Abbildungen schon 1827 bei Zahns Besuch in Weimar ausführlich betrachtet. Goethe besaß 58 Gemmen, teils antik, teils der Antike nachgebildet, darunter eine mit einem Greifen. (Die Gemmen aus Goethes Sammlung. Hrsg. von G. Femmel und G. Heres. 1977. Nr. 29, Abb. 22.) Er hat gelegentlich selbst Greife gezeichnet (Corpus der Goethe-Zeichnungen III Nr. 52, 216, 219, 220; IV B 10). Riemer, Gr.-dt. Wb. schreibt: „gryps = Greif, ein fabelhaftes, von Aristeas zuerst erwähntes Tier, welches die Goldgruben bewachte und mit welchem die Arimaspen Krieg führten" und verweist auf Herodot und Aischylos. – Das Motiv wird fortgeführt 7093 ff., 7582 ff., 7602 ff. – Vgl. auch Band 10 S. 475,19; Band 11 S. 169,5 ff.

7104. *Ameisen.* Herodot (3,102) erzählt, es gebe in Asien Ameisen, so groß wie kleine Hunde, und sie trügen Gold zusammen. Stärker noch als bei den Greifen ein Hinüberspielen ins Politische. Das Motiv wird fortgesetzt 7586 ff. – Auch in den *Wanderjahren* als Märchen-Motiv (Bd. 8, S. 370,6; 374,21).

7109. *Arimaspen.* Herodot 3,116: „Im Norden von Europa ist viel Gold ... Man erzählt, daß es den Greifen weggenommen wird von den Arimaspen, die angeblich einäugig sind." Auch Herodot 4,27.

7114. Die *Sphinxe,* zwischen die Mephistopheles sich setzt, sind weiblich, Kopf und Brüste menschlich, das übrige in Löwengestalt (vgl. 7146 f.); sie verkörpern in den folgenden Szenen das Überzeitliche, Bleibende, Unveränderliche. Goethe kannte Sphinxe aus vielen alten und neuen Darstellungen. Er hat gelegentlich selbst Sphinxe gezeichnet (Corpus der Goethe-Zeichnungen II 287, III 109a, IV B 243, VI B 71, N 28). Er erwähnt sie in den *Lehrjahren* (Band 7, S. 539,36) und in der *Ital. Reise* (Band 11, S. 393,36 f. und 403,4 u. 14). Eine eindrucksvolle Sphinx-Zeichnung sah er bei Zahn.

7123. *Old Iniquity,* Allegorie des Lasters, des Bösen im altenglischen Theater.

7127. *Stern schießt nach Stern*: Sternschnuppen, kein Vollmond: der Jahrestag der Schlacht bei Pharsalus liegt im Monat August.

7131. *Gib Rätsel auf*: wie die thebanische Sphinx Ödipus Rätsel aufgab.

7134 ff. *Dem frommen Manne* ... Eine der drei Stellen, in denen das Wesen Mephistos in Worte gefaßt wird, wie 338–343 und 1338–1344, und ebenso wie dort als Gegenkraft, von Gott *(Zeus)* gewollt, weil die Welt Polarität sein muß und also ohne das Böse kein Gutes wäre. Dem Frommen ist er ein Stichleder *(Plastron)*, an dem dieser übt, den Degen der Askese gut zu führen, dem Bösen ein Helfer bei seinen Taten.

7152. Die *Sirenen,* wie auf antiken Bilddarstellungen (nicht beim Homer), Vogelkörper mit Mädchenköpfen. Sie *präludieren,* d. h. machen Musik als Vorspiel zu dem, was sie dann 7156 ff. singen. Goethe kannte bildliche Darstellungen von Sirenen, z. B. auf Gemmen, und er hat selbst im Anschluß daran Sirenen gezeichnet (Corpus IV B 228; VI A 73). Riemer gibt in seinem Griechisch-deutschen Wörterbuch einen verhältnismäßig ausführlichen Artikel über diese ,,bezaubernden Sängerinnen", die aber auch Flöte spielen.

7153. *Des Pappelstromes.* Die früheren handschriftlichen Fassungen *Der Peneus-Pappeln* und *Der Stromes-Pappeln* zeigen, daß der von Pappeln umgebene Strom gemeint ist.

7154. *Gewahrt euch*: seht euch vor!

7156. *verwöhnen*: an etwas Falsches gewöhnen.

7181. *Wie wunderbar!* ... Faust sieht die Fabelwesen anders als Mephistopheles, und diese sprechen zu ihm anders. Er sucht Größe und fragt nur nach Helena. Nicht Witzelei wie in dem Wortgeplänkel mit Mephistopheles. Seine Sprache hat das Strebende, Sehnsuchterfüllte, und die Sphinxe geben ihm den guten Rat, Chiron zu suchen.

7182. *Widerwärtig*: fremdartig, grotesk.

7197 ff. *Wir reichen nicht hinauf* ... Die Sphinxe gehören – nach den Worten von K. Ph. Moritz – zu den ,,Ungeheuern" der Urzeit. ,,Es sind lauter unnatürliche Erzeugungen, welche von den Göttern und Helden nach und nach hinweggetilgt wurden". Als Ödipus das Rätsel der Sphinx gelöst hatte, stürzte diese sich vom Felsen hinab. (Nach anderen Darstellungen tötete Ödipus sie.) Die Chimära wurde von Bellerophontes erschlagen. Erst in der Zeit danach kam der troianische Krieg. Die Sphinxe haben also Helena nicht erlebt. – Goethe besaß eine antike Bronze-Statuette einer Sphinx. (Schuchardt Band 2, S. 16f Nr. 64. – M. Wegener S. 34 u. Abb. 7.) – Zu 7199 vgl. 7331 ff.

7202 ff. *Sollte dir's* ... Die Sirenen wollen Faust zu sich locken. Die Sphinxe, alt und weise, warnen ihn.

7220. *Stymphaliden*: ,,Eine Art gräßlicher Vögel an dem Stymphalischen See in Arkadien. Die Einbildungskraft der Dichter malt ihr Bild auf das fürchterlichste aus; sie hatten eherne Klauen und Schnäbel, mit denen sie verwunden und töten und jede Waffenrüstung durchbohren konnten" (K. Ph. Moritz). Sie wurden erlegt durch Herakles, der als Enkel des Alkaios (Alcaeus) oft, z. B. Aeneis VIII, 203 und X, 321, *Alcides* genannt wurde.

7227. lernäische Schlange: eins der Ungeheuer der Urzeit, mit vielen Köpfen, auch Hydra genannt. Herakles schlug ihr die Köpfe ab. Oft in der Dichtung erwähnt (Horaz, Oden IV, 4,61; Ovid, Metamorphosen IX, 69 usw.).

7235. Lamien. Vereinzelt kommen in der Spätantike drei Lamien vor, meist ist es nur eine Lamia, eine Zauberin, ein Vampyr. Horaz, ,,Über die Dichtkunst", Vers 340 sagt, daß sie einen Knaben verschlungen habe, und da dieses Werk des Horaz seit dem 16. Jahrhundert sehr viel gelesen wurde, blieb auch Lamia bekannt. Riemer, Gr.-dt. Wb.: ,,Lamia, ein fabelhaftes Ungeheuer, das Kinder- und Menschenfleisch fressen soll . . . auch sollte es junge Leute unter der Maske schöner Mädchen anlocken". Goethe las Horaz, De arte poetica – ein Werk, das er seit seiner Jugend kannte – wieder 31. 8.–2. 9. 1806, dann 3.–5. 6. 1812.

7244. Mond- und Sonnentage. Die Sphinxe stammen aus Ägypten. Von dort kommen auch die Obelisken, die man als Zeiger monumentaler Sonnenuhren nach Rom brachte. Goethe beschreibt in der *Ital. Reise* einen Obelisken *als Zeiger der großen Sonnenuhr, die auf den Boden des Campus Martius gezeichnet war,* und fügt hinzu: *Ich lasse jetzt eine Sphinx der Spitze abformen* (Bd. 11, S. 393, 25–37). Schon hier also der Zusammenhang von *Sonnenuhr* und *Sphinx,* ebenso an einer zweiten Stelle, wo von einem *Obelisk* als *Sonnenweiser* mit *Sphinxen* als Schmuck die Rede ist und betont wird, daß alles aus *Granit* sei (Bd. 11, S. 404, 3–22). Goethe sah den Granit als das älteste Gestein der Erde an (Bd. 13, S. 254,21 ff.). Die Sphinxe überdauern also alle Epochen, sehen die Wandlungen mit an und regeln die Zeit. – Emrich S. 314.

7246. Hochgericht. Das Dt. Wb. sagt zu dieser Stelle: ,,in freiem Sinne, unter Anlehnung an die Bedeutung: Recht auf Handhabung der Gerichtsbarkeit in allen wichtigen zivilen und peinlichen Sachen." (Bd. 4,2 Sp. 1619.)

7317. Wüßt' ich nur . . . Fischer, Goethe-Wortschatz S. 770 faßt den Satz folgendermaßen auf: Ich möchte wohl wissen, wer die Botschaft von dieser Nacht denen, die sich hier einfinden, zugetragen hat.

Am untern Peneios

Die Landschaft ist anders als in der vorigen Szene, lieblicher, mehr von Pflanzen erfüllt; auch die Gestalten sind anderer Art, nicht mehr gespenstisch-urtümlich, sondern Naturgötter. Faust kommt in einen Bereich des Naturhaften und Schönen und findet den Weg, den er sucht: er geht von hier zu Helena in das Reich der Unterwelt. Die Sprache der Szene ist von Anbeginn anders als die der vorigen: anmutig und edel. Man fühlt: hier ist man dem Reiche Helenas näher. Es ist eine antik-heroische Idylle, wie sie von Goethe und Tischbein bis zu Rilke und Böcklin immer wieder Dichter und auch Maler angezogen hat. Das

Gespräch Fausts mit Chiron und mit Manto ist eine der größten dichterischen Leistungen des späten Goethe.

7276 ff. *Schon einmal* ... Das Leda-Bild wie schon 6903 ff. Ein Leitmotiv, das zu Helena führt; und zugleich wieder ein Höchstmaß lyrischer Schilderung.

7316 ff. *von Pferdes Hufe* ... Sie hören Chiron kommen.

7330. *Halt, Chiron* ... Faust findet Chiron, den Sohn der Nymphe *Philyra,* an den ihn die Sphinxe gewiesen haben (7199). Chiron ist Kentaur. Goethe liebte das antike Kentaurenmotiv und hat es dichterisch auch in einem der Gedichte zu *Tischbeins Idyllen* dargestellt (Bd. 1, S. 375), es gehörte in die Welt schöner bildhafter mythologischer Szenen, in denen sich seine Phantasie gern bewegte. Chiron war als Erzieher (7337) berühmt; man hatte ihm Herakles, Achilleus und andere Helden als Knaben zur Erziehung gegeben. Er galt auch als guter Arzt. – Goethe besaß eine antike Gemme mit einer Kentauren-Darstellung (Femmel-Heres Nr. 21). Als 1827 der Maler Zahn, von Pompeji kommend, bei ihm war, notierte er im Tagebuch: *Maler Zahn ... legte Durchzeichnungen vor, Chiron und Achill.*

7341 ff. *Das lassen wir* ... Auf Fausts überschwengliche Begeisterung antwortet Chiron mit liebenswürdiger Ironie – die Reaktion des ,,Naiven" auf den ,,Sentimentalischen", des Antiken auf den Modernen, dessen, der Grieche ist, auf den, der das Griechische sucht.

7342. *Pallas* Athene belehrt im 2. Gesang der ,,Odyssee" den Telemachos in Gestalt des *Mentor.*

7365. *Argonautenkreise.* Jason (7374) beschloß, das ,,Goldene Vlies" zu holen. Er baute deswegen das Schiff ,,Argo", auf welchem als Schiffer (griech.,,nautes", lat. ,,nauta") die berühmtesten Helden Griechenlands mit ihm fuhren: Kastor und Pollux (7369), die *Boreaden* (7372), der thrazische Sänger Orpheus (7376) und Herakles (7381).

7369. *Die Dioskuren*: Kastor und Pollux.

7372. Die *Boreaden,* Kalais und Zetes, Söhne des Boreas, befreiten während der Argonautenfahrt Phineus von den Harpyien und erwiesen sich hilfreich gegen ihre Schwester Kleopatra.

7377. *Lynceus,* ein messenischer Königssohn, diente den Argonauten als Steuermann.

7389. *untertänig* war Herakles freiwillig dem Eurystheus, auf dessen Wunsch er seine berühmten 12 Arbeiten verrichtete. Eurystheus ist aber in der Sage sein Verwandter, nicht sein Bruder.

7403 f. *Die Schöne bleibt* ... Dem Wortlaut nach ist fraglich, ob *Die Schöne* bedeutet: die schöne Frau; oder: die Schönheit; da aber *die Schöne* in Entsprechung steht zu *die Anmut,* ist wahrscheinlich, daß Schönheit gemeint ist. Dasselbe Wort auch *Faust* 345, 1458, 1616, 6497, 8030, 8523, 8917 und mehrfach in anderen Werken. (Fischer, Goethe-

Wortschatz S. 546.) Für das Wort *selig* hat sich der Anwendungskreis seit Goethes Zeit stark geändert. In *Faust* kommt es oft vor, z. B. 626, 758, 1573, 2984, 3452, 3532 usw. (Fischer S. 566f.) – Riemer in seinem Griech.-Dt. Wörterbuch übersetzt ,,kallos" = ,,Schönheit, Schöne"; ,,Charis" = ,,Anmut". – Schadewaldt, Goethestudien, 1963, S. 171: ,,Kallos – das ist das Ideale, streng auf sich selber ruhende, abgemessene Sein der Vollkommenheit, das nur ist und sich um dich nicht kümmert. Und daneben ,charis', die Freudigkeit, genauer ,Erfreuendheit', Anmut die dich lebendig anspricht. Für die Auffassung Goethes vom Schönen ist es äußerst bezeichnend, daß er die Anmut nicht wie die Kunstlehre der Aufklärung und etwa auch Schiller in Gegensatz zur Schönheit stellt, sondern als die Integrierung des Schönen ansah."

7415. *Die Dioskuren.* Theseus sah Helena als Kind im Dianatempel in Sparta tanzen und entführte sie nach Aphidnä, aber die Dioskuren Kastor und Pollux holten sie wieder zurück. Vgl. 8848–8853.

7426ff. *Ich seh', die Philologen* ... Scherzhaft-ironisch und zugleich hindeutend auf das Mysterium der Zeitlosigkeit, der Wiederholungen, des neuen Ins-Leben-Ziehens des Schönen durch die Kunst, von dem schon Erichtho sprach und das sich später durch den ganzen Helena-Akt zieht, den Gestalten etwas seltsam Unwirkliches, Geistiges gebend.

7435. *Hat doch Achill* ... Eine späte Sage berichtet, Achilleus habe auf Bitten seiner Mutter Thetis nach seinem Tode noch einmal in die Oberwelt kommen dürfen, wo er aber an einem bestimmten Ort bleiben mußte. Dorthin durfte dann auch Helena, die er, seit er sie einmal auf den Mauern Trojas sah, geliebt hatte, ebenfalls aus dem Schattenreich kommen und ihn heiraten. Dieser Bericht bestärkt Faust darin, daß man Helena losbitten und mit ihr *außer aller Zeit* leben könne. Goethe macht von diesem Motiv des Aufhebens der Zeitlichkeit dann noch einmal Gebrauch an der Stelle, als Helena verwirrt und ihres Seins ungewiß sich selbst *ein Idol* wird. (8876ff.)

In dem 2. Entwurf zu einer Ankündigung der *Helena*, 1826 (vgl. den Abdruck in ,,Goethe über seinen Faust"), nennt Goethe am Schluß entsprechend den antiken Quellen den Ort, wo Achill Helena trifft, *Leuke*. Ebenso in handschriftlichen Notizen (WA 15,2 S. 190 u. 225). Der Name *Pherä* ist hier also ein Versehen.

7442. *heut:* bezieht sich auf die Szene 6479–6563.

7444. *streng:* fest, unauflöslich.

7446ff. *Mein fremder Mann* ... Auf Fausts Worte, die – aus seinem Innersten kommend – das Unerreichbare wirklich machen wollen, antwortet Chiron wieder in seiner Mischung von Ironie und Güte, antwortet als Arzt. Er will Faust zu Manto bringen, weil er ihn für krank hält und Manto Heilkräfte hat.

7460. *niederträchtig* = nach unten sich ziehen lassend. Der Gegensatz wäre: nach oben strebend. Faust will nicht wie der Durchschnittsmensch ein hohes Sehnen nivellieren und beruhigen, sondern das hohe Ziel immer reiner erkennen und unbedingt anstreben.

7465. Hier trotzten Rom ... Das Schlachtfeld von Pydna, wo im Jahre 168 v. Chr. die Römer unter ihrem Konsul Aemilius Paullus über die Mazedonier unter König Perseus siegten.

7469. bedeutend wie schon vorher 6903: bedeutungsvoll, eine Deutung gebend. (GWb. 2, Sp. 154–156).

7471. Manto, eine antike Seherin, in altgriechischer Sage Tochter des Teiresias, bei Goethe Tochter des Arztgottes Asklepios (7451), sitzt in ihrem Tempel, indes Chiron draußen stehenbleibt. Er hat Faust zu ihr getragen, damit sie ihn heile. Sie aber blickt tiefer als Chiron, und ihr Wort *Den lieb' ich, der Unmögliches begehrt* ist aus antikem Munde eine Anerkennung Faustischen Wesens, die Chiron nicht geben konnte. Der niemals rastende, sie umkreisende, viele Gestalten kennende Chiron erscheint ihr gegenüber wie die fließende Zeit, indes sie, die ins Innerste Blickende, wie ein Sinnbild des Zeitlosen wirkt und deshalb auch den Weg ins Überzeitliche, in die Unterwelt, zeigen kann. Ganz wenige Worte genügen; das eine, in welchem sie Fausts Wesen deutet; und dann sogleich die Wegweisung. Der Weg führt ihn zur Königin des Hades, Persephoneia, die, von ihrem Gatten Pluton zurückgehalten, sich über jeden Gruß der Oberwelt freut (7492). Hier hat Manto einst auch Orpheus den Weg zur Unterwelt gewiesen. Er wollte Ähnliches wie Faust, wollte die tote Eurydike losbitten. Es gelang ihm, doch er drehte sich auf dem Rückweg – wider Gebot – um und verlor sie dadurch zum zweiten Male. Daher ihr Wort: *Benutz es besser!* Die Sprache wendet sich aus dem Tiefsinnigen rasch ins Energische, Imperativische, und Faust befolgt die Aufforderung sofort.

7492. verbotnem Gruß: weil Pluton es nicht will.

7493. eingeschwärzt: „schwarz" hineingebracht, heimlich, gegen das Gesetz eingeschmuggelt. Wie Bd. 2, S. 182,34f.

Am obern Peneios

Der erste Teil der Klassischen Walpurgisnacht ist vorüber. Faust hat seinen Weg angetreten. Auf den Bereich des Idyllischen, Heroischen und Schönen folgt noch einmal der des Erdhaften, Gewaltsamen und Häßlichen. Mephistopheles findet hier seine Form. Homunculus ist noch unterwegs, aber er gewinnt einen Förderer in Thales. – Bevor in der Schlußszene die Welt des Wassers und des organischen Werdens dargestellt wird, tritt hier etwas ganz anderes in Erscheinung. Der Erdbebengeist Seismos drückt einen Berg empor, auf dem sich alsbald verschiedene Bewohner einnisten. Dieses Motiv geht zurück auf den Streit zwischen ,,Neptunisten'' und ,,Vulkanisten'', den Goethe so unerfreulich fand, daß er meinte, er passe in eine Walpurgisnacht. Goethe war als Geologe sehr an der Forschung über die Geschichte der Erde interessiert und hat eine Anzahl geologischer Aufsätze geschrieben (Bd. 13, S. 251–303 u. Anm.). Er bedauerte, daß der Streit zwischen ,,Vulkanisten'' und ,,Neptunisten'' die Forschung seiner Zeit hinderte. Die Neptunisten wollten die Erdgestalt, auch die Gebirgsformen, vorwiegend durch Einwirkung des Wassers erklären. Die ,,Vulkanisten'' deuteten nicht nur die Vulkane als rasch entstandene, durch inneren Druck emporgehobene Berge, sondern glaubten auch Faltengebirge wie die Alpen in kurzer Zeit durch Druck aus der Erde emporgehoben. Goethe, der an eine langsame, allmähliche Entwicklung glaubte, konnte sich dieser Anschauung nicht anschließen. Die im späteren 19. Jahrhundert allgemein gewordene Auffassung der Gebirgsentstehung in riesigen Zeiträumen war zu seiner Zeit noch unbekannt. Wie sich später herausstellte, hatten also weder die einen noch die anderen Recht. Die Neptunisten übertrieben die Einwirkung des Wassers; die (Pseudo-)Vulkanisten glaubten, Gebirge würden rasch emporgetrieben und blieben dann unverändert stehen. Sie hielten es für naturgemäß, *die Erschaffung einer Welt mit kollossalem Krachen und Heben, mit wildem Toben und feurigem Schleudern vorgehen zu lassen.* (Bd. 8, S. 262, 5–8) Es ist also erklärlich, daß Goethe sich keiner Richtung ganz anschließen konnte. Seiner Grundtendenz nach mußte er der *Polterkammer* (Bd. 13, S. 299, 23) der (Pseudo-)Vulkanisten widersprechen. Ebenso wie in die *Wanderjahre* (Bd. 8, S. 260, 27–262, 10) nahm er in *Faust II* die geologischen Motive hinein, weil sie ihn stark beschäftigten und sich in seiner Phantasie mit dem alten Stoff vermischten. Weil er sich aber über vieles bei den Geologen ärgerte, brachte er diese Motive in die *Klassische Walpurgisnacht,* ähnlich wie er andere Polemik in die *Walpurgisnacht* und den *Walpurgisnachtstraum* des *1. Teils* gebracht hatte.

Um für die zwei Richtungen der Geologie Sprecher zu haben, läßt er zwei Naturphilosophen auftreten. In der Zusammenkunft der Dämonen und Geister sind sie zwar andersartige Gestalten, doch Goethe behandelt sie so, als sei ihre Anwesenheit ganz selbstverständlich, denn die innere Beziehung ist vorhanden. Es ist eine Nacht des geheimnisvollen Werdens und Wachsens, und dem, was ringsum geschieht, geben die Philosophen den sprachlichen Ausdruck. Anaxagoras sieht als die weltformenden Geschehnisse die gewaltsamen Bewegungen des Seismos; Thales die stille Wirkung des Wassers, das zugleich für alles organisch Werdende und Lebendige notwendiges Element sei. Der antike Thales, etwa 650–560 v. Chr., lehrte, daß alles Leben aus dem Wasser entstanden sei; insofern konnte Goethe ihn hier zum Vertreter des ,,Neptunismus'' machen. Anaxagoras, der Athenische Philosoph der Perikleischen

Zeit, ist entsprechend hier als „Vulkanist" eingeführt, ohne daß aber die geschichtlichen Quellen ihn eindeutig dazu qualifizieren. Der Gegensatz ist überhaupt kein antiker, sondern einer der Goethezeit. Goethe hat ihn auch in den *Wanderjahren* (Bd. 8, S. 260,34 – 261,10) dargestellt: Wilhelm Meister ist in einem Kreise von Bergleuten ... *und da war von nichts Geringerem die Rede als von Erschaffung und Entstehung der Welt. Hier aber blieb die Unterhaltung nicht lange friedlich, vielmehr verwickelte sich sogleich ein lebhafter Streit. Mehrere wollten unsere Erdgestaltung aus einer nach und nach sich senkend abnehmenden Wasserbedeckung herleiten; sie führten die Trümmer organischer Meeresbewohner auf den höchsten Bergen sowie auf flachen Hügeln zu ihrem Vorteil an. Andere heftiger dagegen ließen erst glühen und schmelzen, auch durchaus ein Feuer obwalten, das, nachdem es auf der Oberfläche genugsam gewirkt, zuletzt ins Tiefste zurückgezogen, sich noch immer durch die ungestüm sowohl im Meer als auf der Erde wütenden Vulkane betätigte und durch sukzessiven Auswurf und gleichfalls nach und nach überströmende Laven die höchsten Berge bildete ...* Der hier geschilderte Streit bewegte zu Goethes Zeit die gelehrte Welt. Der Freiberger Geologe Werner und der Jenaer Naturphilosoph Oken, beide Goethe nahestehend, waren Neptunisten. L. v. Buch, A. v. Humboldt u. a. waren Vulkanisten. Goethe, in Einzelheiten diesen recht gebend, neigte im großen zu der Theorie des Neptunismus, die seinem ganzen Denken, seinem stillen Anschauen des Waltens der Natur gemäß war. Aber in der Klassischen Walpurgisnacht ist der Gegensatz nicht aufs Geologische beschränkt, er meint auch das Soziologisch-Politische. Zur Vulkanwelt des Seismos gehört die Gewaltherrschaft der Pygmäen, ihr Frevel gegen die schönen Reiher und dann wiederum die Rache der Kraniche: aus Gewalt entsteht neue Gewalt, und Unheil reiht sich an Unheil, das zeigt sich dann in den Versen 7884 ff. Dieses düstere Bild ist aber – dem Stil der ganzen *Klassischen Walpurgisnacht* entsprechend – von vielen humoristischen Elementen durchzogen. Mephistopheles findet seine antike Gestalt. Nur Homunculus sucht noch, aber da er in Thales einen Führer gefunden hat – wie vorher Faust in Chiron –, leitet die Handlung auch auf seine Veränderung und damit auf den großen Abschluß der ganzen Walpurgisnacht hin.

Goethe hat die Probleme der Erdgeschichte oft ausführlich in Briefen behandelt, z. B. an Nees von Esenbeck 13. Juni 1823 (Briefe Bd. 4, S. 67,34 ff.), an seinen Sohn 2. Juli 1822 (Briefe Bd. 4, S. 41,10 ff.), an Graf Sternberg 14. Dez. 1824, an S. A. W. v. Herder 21. Juli 1830 u. a. m. – Bd. 8, S. 260,27–262,32 u. Anm. – Bd. 13, S. 251–303 u. Anm. – Bd. 14, Sachregister „Vulkanismus", „Vulkanisten und Neptunisten". – Briefe, Bd. 4, Begriffsregister „Naturwissenschaft, Mineralogie, Neptunismus, Vulkanismus". – Goethe, Die Schriften zur Naturwissenschaft. (Leopoldina-Ausg.) Bd. 1 und 2. Hrsg. von Günther Schmid. Weimar 1947 u.

1949. – Karl Alfred v. Zittel, Gesch. der Geologie u. Paläontologie. München u. Lpz. 1899. = Gesch. d. Wissenschaften in Deutschland, 23. – Max Semper, Die geologischen Studien Goethes, Lpz. 1914. – Helmut Hölder, Geologie und Paläontologie in Texten u. ihre Geschichte. Freiburg u. München 1960. Darin S. 139–165 „Neptunismus und Pseudo-Vulkanismus" mit Bibliographie S. 535 f. – Günther Schmid, Irrlicht und Sternschnuppe. Goethe (Jb.) 13, 1951, S. 268 bis 289, insbes. S. 287 ff. – Goethes Bibliothek. Katalog. Bearb. von Hans Ruppert. Weimar 1958. S. 562–759, insbes. die Schriften von L. v. Buch, Chladni, K. E. A. v. Hoff, A. v. Humboldt, Chr. Keferstein, J. G. Lenz, C. C. v. Leonhard, J. A. de Luc, K. W. Nose, H. B. de Saussure.

7495. *Sirenen.* Wie 7152 ff.

7498. *Dem unseligen Volk.* Im Handlungszusammenhang: den Dämonen der Walpurgisnacht; da aber in dieser Szene fast alles noch eine zweite (und z. T. dritte) Bedeutung hat (die mitunter fast wichtiger ist), auch: den Erklärern der Erdgeschichte, den Geologen.

7499. *Ohne Wasser* ... Der Hinweis auf das Ägäische Fest ist in dieser pointierten Formulierung zugleich Anspielung auf den Neptunismus, der dann in Thales seinen Sprecher findet.

7500. *mit hellem Heere*: alle, „in hellen Haufen".

7505. *staucht*: das Wasser des Peneios-Flusses wird durch den Erdbebendruck von unten am Fließen gehemmt, es wird gestaut. (Dt. Wb. 10,2,1 Sp. 1135 f.)

7510. *Zu dem seeisch heitern Feste*: Zu dem heitern See-Feste.

7513. *Luna* am Himmel und in der Widerspiegelung des Wassers.

7519. *Seismos*: griech. „Erdbeben". Als Personifikation schon in der Antike, und von da in mittelalterlichen Darstellungen (Roscher, Lex. d. griech. u. röm. Mythologie 4, 1909–1915, Sp. 640 f.). Raffael auf dem Wandteppich „Paulus im Gefängnis zu Philippi" stellte den Erdbebengeist dar, wie er die Erde mit kräftigen Armen emporstemmt. (Raffael, Gemälde. Hrsg. von G. Gronau. Stuttg. u. Lpz. 1909. = Klassiker der Kunst, Bd. 1. S. 142.) Goethe besaß einen Reproduktionsstich (Beischrift des alten Kupferstechers: „Terrae motus"), das Aussehen des Seismos dort entspricht den Versen 7520, 7532 ff. hier. Von da kam das Motiv auf das Diplom der „Mineralogischen Sozietät zu Jena", die 1798 gegründet wurde. (Abb.: Goethe, Die Schriften zur Naturwiss., Leop.-Ausg., Bd. 1, Tafel XV.) Da Goethe Mitglied und später Präsident der „Sozietät" war, hatte er mit diesen Diplomen, die jedes Mitglied erhielt und die er als Präsident unterschreiben mußte, vielfach zu tun. Auf den Diplomen sind außer dem Raffael nachgebildeten Erdbeben-Geist auch der Meergott Poseidon und Wolken-Genien abgebildet. – Vgl. Bd. 8, S. 261,3–22 u. Anm.; Bd. 11, S. 293,29 ff. u. Anm.; Bd. 13, S. 295,19 ff.; Bd. 14, Sachregister „Erdbeben", „Vulkanismus", „Vulkanisten".

7523 ff. *Welch ein widerwärtig Zittern* ... Während die Sirenen beim

Nahen des Seismos eilig fliehen, bleiben die Sphinxe auch hier uner-
schütterlich, wie schon 7247f. Auch dies bildhaft-mythisch, geologisch
und politisch.

7533. *Der die Insel Delos baute.* Poseidon ließ die Insel Delos vom
Meeresgrunde aufsteigen, damit die von Hera verfolgte Leto (Latona)
dort einen Zufluchtsort zur Geburt von Apollon und Artemis habe.
Poseidon war Gott des Erdbebens.

Hyginus, Fabel 140. – Goethe an Zelter 27. März 1830. (Briefe Bd. 4,
S. 375,16–18.) – Goethe las laut Tagebuch zwischen 25. Sept. und 14. Nov. und
20.–21. Nov. 1808 in Seneca, Naturales quaestiones. Am 18. Nov. schreibt er an
den Mineralogen Karl Cäsar v. Leonhard, er habe dort (Buch II, Kap. 26) gelesen,
daß die Inseln des Ägäischen Meers vulkanisch emporgehoben seien. Eine dieser
Inseln ist Delos, deren vulkanisches Entstehen in einem Brief an Zelter vom
27. März 1830 erwähnt wird. Goethe interessierte der antike Bericht im Zusammenhang seiner Forschungen über Vulkane, insbesondere den Kammerberg bei
Eger (Bd. 13, S. 258–270, 278–280). Seneca wird in der *Geschichte der Farbenlehre*
ausführlich behandelt und dabei auch seiner Schilderung der *Erdbeben* gedacht
(Bd. 14, S. 44,8 u. 23).

7540. *Letten* = Lehm, Tonerde; wie Bd. 11, S. 110,22.

7545. In der *Ausg. l. Hd.* schreibt die Oktavausgabe *Kolossal-Karyatide,* die
Taschenausgabe – ebenso wie Johns Reinschrift – *Kolossale Karyatide.* – *Karyatide*
= plastische Figur in der Architektur, wie eine Säule verwendet; durch den Kopf-
ring zum Tragen Ähnlichkeit mit den Mädchen von Karyai, daher der Name.

7561. *Mit Pelion und Ossa als mit Ballen schlug,* d. h. Ball spielte mit
den beiden thessalischen Bergen, die durch die Giganten bekannt sind.
Die etwas renommistische Sprache paßt zu dem Muskelmann, der sich
von unten heraufgearbeitet hat.

Altgriechische Sage erzählt, daß zwei Söhne des Poseidon, Otus und Ephialtes,
den Himmel der olympischen Götter ersteigen wollten und deswegen den Pelion
auf den Ossa türmten. Dieses Motiv, bei Ovid, Vergil, Horaz und anderen Dichtern vorkommend, war in der Goethezeit bekannt. K. Ph. Moritz erwähnt es
mehrmals in seiner ,,Götterlehre der Alten". In der *Klassischen Walpurgisnacht*
vermischt es sich nun – sehr bezeichnend für Goethes Phantasie – mit Motiven aus
der zeitgenössischen Geologie. Seismos spricht Meinungen der ,,Vulkanisten" aus.
Die Form *Ballen* ist die bei Goethe übliche. – GWb. 2, Sp. 26f.

7572ff. *zu neuem Leben.* Der neue Berg ist entstanden, und – so will
es die Natur – alsbald wird er belebt durch Pflanze und Tier. Das aus
dem Erdinnern hervorgehobene Gestein – das *Emporgebürgte* – ist
goldhaltig, darum zieht es Greife, Ameisen und Pygmäen an. Ihr be-
hend-unruhiges Wesen hebt sich gegen das der unbeweglichen Sphinxe
auch im Sprachklang deutlich ab.

7586. *Ameisen:* wie 7104f.
7601. *Berg* hier im Sinne der Bergmannssprache: taubes Gestein.

7602. Die *Greife* zeigen sofort ihre greifende Art wie 7098 ff. Die Rhythmik verklanglicht das Aggressive wie 10809 ff., 11167 ff.

7606 ff. *Pygmäen*: die Zwerge der antiken Sage. Sie sind tätig als Schmiede. Sie beherrschen die noch kleineren, die *Daktyle* und *Ameisen* (*Imsen* 7634). Sind die Feinde der Kraniche. Vgl. 7667. u. Anm.

7622. Die *Daktyle* sind noch kleiner als die Pygmäen, sind ,,Däumlinge" (Daktylos = Finger). Sie sind geschickte Bergleute und sind gezwungen, für die Pygmäen, die größer sind, zu arbeiten.

7635. *Schwalle*. Das Wort *Schwall* bezeichnet zugleich die Menge und die flutende Bewegung. – Bd. 1, S. 282. – Dt. Wb. 9,2193.

7655 f. *Wir schaffen's*. Der Ton liegt auf dem Gegensatz von *Wir* und *Sie*. Die Tragik aller Unterdrückten, für den Unterdrücker zu arbeiten, um im Augenblick sich am Leben zu halten, aber dadurch das Gefüge zu verstärken, in dem man schmachtet – und dennoch die Hoffnung auf Freiheit, sofern man *geschmeidig* bleibt.

7660. *Die Kraniche des Ibykus*. In den vorangehenden Versen ist die Gewaltherrschaft geschildert, und zwar nicht die eines Großen, sondern die der Kleinen, der Pygmäen. Sie lassen sich Gold, Eisen und Holz heranschleppen, und im Machtrausch töten sie die schönen Reiher. Ameisen und Daktyle können sich selbst nicht befreien. Die Rettung muß von außen kommen, durch die Kraniche. Die Pygmäen, gegen die Kleineren so herrisch, sind für sie nur *Fettbauch-Krummbein-Schelme*, deren Treiben sie nicht mehr lange zusehen werden. Das zeigt sich dann in den Versen 7884–7899. Das Vulkanische, Gewaltsame, das, was Seismos hervorgebracht hat, führt also zu Kampf, Streit und Mord. Das Neptunische, das stille Walten des Wachstums, das in der Meergötterszene gipfelt, zeigt dagegen die schöne Macht des Eros, der Liebe. In der antiken Sage und Dichtung seit Ilias III, 5 f. sind die Kraniche die Feinde der Pygmäen. Goethe kannte das Motiv aus bildlichen Darstellungen, zumal aus Pompeji. Werke über Pompeji mit Abbildungen hat er in Weimar häufig betrachtet. Schon in seinem Fragment *Reise der Söhne Megaprazons*, um 1791, kommt der Kampf der Kraniche und Pygmäen vor. Weil die Kraniche in der *Klassischen Walpurgisnacht* als Rachegeister auftreten, werden sie *Kraniche des Ibykus* genannt. Antike Autoren wie Antipatros von Sidon, Plutarch in seinen ,,Moralia" und andere erzählen die Geschichte vom Mord des Ibykus, der mit Hilfe der Kraniche gerächt wurde. Durch Schiller wurde der Stoff sehr bekannt.

7666. *Mißgestaltete Begierde*: Begierde der Mißgestalteten.

7667. *edle Zierde*: die Reiher-Federn.

7676. *Die nordischen Hexen* ... Mephistopheles, den wir 7239 verließen, hat das Entstehen des Berges mitangesehen. Im Harz, wo Ilsenstein, Heinrichshöhe, Schnarcher und das Dorf Elend ihm bekannt sind und kein neuer Berg entsteht, fühlt er sich wohler.

7677. just hier: ,,geheuer, gehörig, recht" (Dt. Wb. 4,2 Sp. 2406. – Fischer, Goethe-Wortschatz).

7696. Lamien. Vgl. 7235 u. Anm. Mephistopheles wünscht sich einen Tanz wie den mit der Blocksberghexe 4136 ff., statt dessen wird er hier als *alter Sünder* verspottet.

7710. Mannsen: Männer; ähnlich ,,Weibsen"; sprachgeschichtlich zurückgehend auf ,,Mannesname". Dt. Wb. 6, Sp. 1604.

7732. Empuse. Riemer, Griech.-dt. Wörterbuch: ,,Empusa, eine Art von Gespenst, Fee oder Hexe; bei Aristophanes, ,Die Frösche' (2. Szene) mit einem Eselsfuß." – Schon in Goethes Inhaltsangabe vom Dezember 1826 kommt *Empusa* vor, *sich immer umgestaltend* (wie bei Aristophanes, Frösche 288 ff.).

7750. eräugnen: wie 5917 und *Ereignis* 10436.

7774. Lacerte: von lat. ,,lacerta" = Eidechse. In Goethes Sprachgebrauch scherzende Bezeichnung für Mädchen, deren Gewerbe sonst weniger freundliche Namen trägt; mehrfach in den *Venetianischen Epigrammen*.

7777. Thyrsusstange: Stab mit Epheu- oder Weinlaub umwunden, getragen von Mänaden und von Priestern des Dionysos, Teilnehmern am Dionysos-Kult.

7778. Pinienapfel: der Zapfen der Pinie, des für die Mittelmeerländer charakteristischen Nadelbaums.

7782. quammig, quappig: dick, fleischig. – M. Mommsen in (Jb.) Goethe 13, 1951, S. 296 weist dieselben Worte nach in J. J. Reiske, Proben der arabischen Dichtkunst, Lpz. 1765, einem Werk, das Goethe 15. Sept. 1818 bis 3. Juni 1819 entlieh.

7784. Bovist: kugelförmiger Pilz, innen hohl mit Sporenpulver. In der Goethezeit allgemein bekannt, schon deswegen, weil es ein Spaß der Kinder war, Boviste platzen zu lassen. – Bei Adelung und im Dt. Wb. unter ,,Bofist".

7811. Oreas: die Bergnymphe. Der *Naturfels* im Gegensatz zu dem soeben von Seismos geschaffenen Berge.

7830. Ich schwebe so ... Die Homunculus-Handlung fängt an. Wie Faust mit den Worten *Wo ist sie* beginnt, so sagt ähnlich auch Homunculus sogleich sein ganzes Anliegen: er *möchte gern im besten Sinn entstehn.* Darum sucht er die beiden Philosophen, die über das Entstehen nachdenken. Und so wie Faust seinen Helfer fand in Chiron, findet Homunculus ihn in Thales. Durch ihn kommt er zum Fest der Meergötter, in welchem der *Eros* (8479) waltet.

7851. Anaxagoras, griechischer Philosoph, etwa 498 bis 428 v. Chr., lebte zeitweise in Athen, später in Lampsakus. Als Goethe sich 1823 mit Euripides, ,,Phaethon" beschäftigte (Bd. 12, S. 310–320), bemerkte er, daß Euripides in seiner Naturanschauung von Anaxagoras beeinflußt sei. Bei Diogenes Laertius fand er Angaben darüber, daß Anaxagoras die Sonne als glühende Metallmasse aufgefaßt habe, die Meteore (Sternschnuppen) als abgesprungene Teile derselben, und daß er einmal einen Meteoritenfall vorausgesagt habe. – Goethe-Handbuch 1, 1961, Art. „Anaxagoras". – Goethe u. die Antike, hrsg. von Grumach S. 737–740.

7853. *Thales* aus Milet, etwa 650–560 vor Chr., einer der Begründer der griechischen Philosophie. Schriften von ihm sind nicht überliefert, nur spätere Berichte über ihn. In diesen wird gesagt, er habe das Wasser als den Urstoff bezeichnet, aus welchem alles organische Leben hervorgegangen sei. Goethe nennt ihn schon in der Inhalts-Skizze der Walpurgisnacht vom Dezember 1826. Er konnte sich über ihn orientieren in dem Handbuch, das er für solche Zwecke benutzte und das er 1793 aus der Bibliothek seines Vaters übernommen hatte: J. J. Brucker, Institutiones historiae philosophicae. Lpz. 1756. (Ruppert Nr. 3027.)

7866. *Äolisch*: Aeolus (gr. Aiolos) ist der Gott der Winde.

7873. *Myrmidonen*, ein thessalischer Volksstamm (die *Klassische Walpurgisnacht* spielt in Thessalien), welcher der Sage nach auf Bitten des Aiakos aus Ameisen (Myrmex = Ameise) entstanden ist (Ovid, Metamorphosen VII, 614ff.). Daher hier als scherzhafte Bezeichnung für die Ameisen, die (7586ff.) den Berg in Besitz nehmen.

7875. *Imsen*: Ameisen. So auch 7587, 7634, 7898.

7884. *die schwarze Kranichwolke*: Fortsetzung des Geschehens von 7570–7675.

7886. *dem König*. Wäre Homunculus an die Spitze der Herrschaft getreten (7879f.), die durch Erdbeben entstand (7519–7549), durch Gewalt sich behauptete (7626–7659) und in Untaten sich auswirkte (7644–7669), so hätte auch ihn die rächende Tat vernichtet. Was für Homunculus ersehnt, erfüllt sich – sagt Thales – nicht darin, daß man sich gewaltsam sofort an eine beherrschende Stelle setzt, sondern darin, daß man mit dem Einfachsten anfängt und organisch wachsen läßt. Der Geist soll sich nicht der vulkanischen Erdgewalt, sondern dem wachstümlichen Eros des organischen Lebens verbinden. Das Wachsen vollzieht sich im feuchten Element, und dorthin weist er ihn also (7949), nachdem er die Katastrophe der Seismos-Welt angesehen hat.

7905. *Diana, Luna, Hekate!* Anaxagoras ruft die Mondgöttin an unter drei Namen, die alle für sie benutzt wurden. Er glaubt dann, der Mond fiele zur Erde (7925ff.), aber in Wirklichkeit fällt ein Meteor herab, und zwar auf den neuentstandenen Berg (7937), wo er sowohl die Pygmäen wie die Kraniche tötet (7941). Einerseits setzt sich der politische Unterton fort: auch die Kraniche, die Rächer böser Tat, gehn zugrunde, nachdem sie ihren Himmelsbereich verlassen und sich auf die Seismos-Schöpfung begeben haben; anderseits das Geologische: Zu der Veränderung der Erde durch Kräfte aus dem Erdinnern kommt jetzt die durch den Fall eines Meteors (entsprechend Bd. 8, S. 261,23–32). Homunculus hat sich zurückgehalten; die Anrede *Mein Thales* (7881) zeigt, daß sein heller Sinn erkannt hat, wer sein Mann sei. Thales weist ihn nun zum Meergötterfest (7949), und sie machen sich dorthin auf. Doch bevor wir diesen Gipfel des nächtlichen Geschehens miterleben, wird erst noch die Mephistopheles-Handlung zu Ende geführt und dem Schönen, das entsteht, wird der Gegenpol des Häßlichen gesetzt.

7920 ff. *So wär' es wahr* ... Daß thessalische Zauberinnen den Mond auf die Erde ziehen, ist ein traditionelles Motiv (Platon, Gorg. 513a; Horaz, Epod. 5,46; 17,77; Vergil, Eclogen 8, 69; Ovid, Met. 7, 207f.), das auch vorkommt in Lucanus, „Bellum civile" VI, 499ff. Goethe las dieses Werk für die *Klassische Walpurgisnacht.* Tagebuch 5. April 1826: *Abends Lucan, 6. Buch.*

7930 ff. *Was dieser Mann* ... Ein Meteor ist herabgefallen. Während die Volksmeinung seit je außerirdische Herkunft der Meteore vermutete, lehnte die Wissenschaft des 18. Jahrhunderts diese Meinung als „Märchen" ab. Dann veröffentlichte E. F. F. Chladni 1794 sein Buch „Über den Ursprung der von Pallas gefundenen und anderer ihr ähnlicher Erdmassen", in welchem er den kosmischen Ursprung der Sternschnuppen deutlich machte. Er ließ ein „Chronologisches Verzeichnis der herabgefallenen Stein- und Eisenmassen", 1812 folgen (Ruppert Nr. 4463). Chladni besuchte Goethe 1803, 1810, 1812 und 1816, und das Tagebuch notiert 20. Juli 1816: *Dr. Chladni, Unterhaltung über Meteorsteine.* Anderer Meinung war der aus der Schweiz stammende, zeitweilig in Göttingen wirkende Geologe Jean André de Luc, von dem Goethe mehrere Schriften besaß (Ruppert 4847–4849), darunter „Abrégé de principes de faits concernant la cosmologie et la géologie. Brunswig 1803." Da ist die außerirdische Herkunft der Meteorsteine für Phantasie erklärt; De Luc schreibt, er würde nicht an Meteore glauben, auch wenn er selbst einen herabfallen sähe. Er sagt S. 52 ff., die Meteore seien nicht (wie die einen meinen) in der Erd-Atmosphäre gebildet, sie seien auch nicht (wie andere meinen) von dem Mond vulkanisch ausgestoßen; sie seien überhaupt nicht herabgefallen (elles ne sont pas tombées), sondern irdischen Ursprungs wie andere Steine. Er schließt: „Après des considérations aussi précises que celles que je viens de présenter, si quelqu'un me disoit: ,mais j'ai vu, cette pierre quand elle est tombée!' je répondrois, comme quelqu'un que je ne me rapelle pas: je le crois, parce que vous dites l'avoir vu, mais je ne croirois pas si je l'avois vu." (S. 57 f.). Goethe hat das Buch von De Luc sogleich nach dem Erscheinen gelesen (Tagebuch 1. Nov. 1803). Ob er später, als er die *Klassische Walpurgisnacht* schrieb, an dessen – allerdings sehr einprägsame – Sätze dachte, läßt sich nicht genau sagen; jedenfalls aber dachte er an eine Geistesart wie die, welche sich hier ausspricht.

Bd. 12, S. 318,6–9. – K. A. v. Zittel, Gesch. der Geologie. München u. Lpz. 1899. Darin S. 239–246: Meteoriten und Sternschnuppen. – Günter Schmid, Irrlicht und Sternschnuppe. (Jb.) Goethe 13, 1951, S. 268–289. – Günter Hoppe, Goethes Ansichten über Meteorite. GJb. 95, 1978, S. 227–240.

7946. *Es war nur gedacht.* Es ist ein Meteor niedergefallen. Anaxagoras deutet das Phänomen falsch. Er glaubt, den Mond beschworen zu haben und meint, dieser sei herabgefallen. Er sieht nicht mehr hin. Thales dagegen stellt fest, daß *Luna* am alten Platz steht (7934f.). Doch auch Thales geht von seiner Theorie aus, nicht von einem beobachteten Phänomen. Weil es nach seiner Theorie keine Meteore gibt, kann auch keiner herabgefallen sein; vielleicht eine Anspielung auf den Satz von J. A. de Luc, er würde nicht an Meteorsteine glauben, selbst wenn er einen niederfallen sähe. (Vgl. Anm. zu 7930ff.) Das Problem wie *Theorie* und *Erfahrung* zu einander stehen, hat Goethe beständig beschäftigt. In den *Maximen und Reflexionen* (Bd. 12, S. 433–436, 440–449) handeln viele Sätze davon. Thales und Anaxagoras entsprechen hier dem Satz: *Theorien sind gewöhnlich Übereilungen eines ungeduldigen Verstandes, der die Phänomene gern los sein möchte und an ihrer Stelle deswegen Bilder, Begriffe, ja oft nur Worte einschiebt.* (Bd. 12, S. 440 Nr. 548) Für Goethes Denkart typisch ist die Tagebuchnotiz vom 7. Januar 1832. Salinendirektor Glenck besucht ihn, Goethe findet ihn einen *tüchtig praktischen Menschen,* jedoch erfüllt mit *theoretischen Irrtümern,* die im Praktischen *bloß Worte sind;* und er schließt: *Dies belehrt uns, in dem menschlichsten Sinne, tolerant gegen Meinungen zu sein.* – Schon der Prosa-Entwurf der *Klassischen Walpurgisnacht* vom Dezember 1826 zeigt erdgeschichtliche Motive, die mit antiken Naturphilosophen verbunden werden. Thales, der von den Nilüberschwemmungen wußte, wird hier zum Neptunisten. Anaxagoras wird zum Plutonisten. Er hatte gesagt, daß es vom Himmel fallende Meteore gibt, und hatte im Jahre 476/7 den Fall eines großen Meteors ,,aus der Sonne" vorausgesagt; tatsächlich fiel ein Meteor herab. Das steht bei Plinius (Hist. nat. II, II, 149). Goethes Tagebuch 11. Dez. 1826: *Aristoteles über die Meteore. Plinius wegen eben der Angelegenheit.* Die Meteore haben Goethe seit den neunziger Jahren bis zu seinem Tode beschäftigt. Die zeitgenössische Forschung befaßte sich viel damit. Chladnis Meinung gewann Anhänger und wurde dann von manchen wiederum übertrieben. Goethe schreibt am 12. März 1820 an Nees von Esenbeck: *Unser guter Heim* (der Mineraloge Joh. Ludw. Heim in Meiningen, 1741–1819) *ließ Fichtelgebirg und Thüringer Wald, Petersberg und Harz vom Himmel fallen; dem Vulkanisten war und ist es etwas Leichtes, dergleichen Massen aus der Tiefe herauszubefördern. Was mag in beiden Fällen nicht durcheinander gepurzelt sein? Und wer möchte sich mit einer solchen Polterkammer nur noch abgeben?*

7959. *Dryas*: Baumnymphe.

7967. *Die Phorkyaden,* auch Graien genannt. K. Ph. Moritz sagt von ihnen: ,,Phorkys, ein Sohn des Pontus, erzeugte mit der schönen Ceto, einer Tochter des Pontus, die Gräen, Dino, Pephredo und Enyo (von Schrecken, Schauer und Entsetzen benannt), die ewigen alten drei schwanenweißen Jungfrauen, die von ihrer Geburt an grau waren, nur einen Zahn und ein Auge hatten und an den äußersten Grenzen der Erde wohnten, wo die Behausung der Nacht ist und wo sie nie von der Sonne noch von dem Lichte des Mondes beschienen wurden.''

7972. *Alraune*: Wurzeln, die einer Menschengestalt ähnlich sehen und als Zaubermittel benutzt werden, wegen ihres Aussehens auch ,,Galgenmännlein'' genannt. Vgl. 4979 u. Anm.

7981. *Fledermaus-Vampyren.* Fledermäuse wurden mitunter als Vampyren bezeichnet, weil man glaubte, daß sie Blut saugten. Hier, um das Unheimliche der Gestalten im Dunkel anzudeuten. (Dt. Wb. 12,1 Sp. 10.)

7989. *Ops*: altitalische Göttin, Gattin des Saturnus; später mit Rhea identifiziert. – *Rhea*: altgriechische Göttin, Gattin des Kronos (Saturn), Mutter des Zeus. Beide aus dem ältesten, vorolympischen Göttergeschlecht.

8023. *alsofort.* In einer Goetheschen Handschrift: *Und laß alsdann.* Dadurch ist deutlich, was *alsofort* bedeutet: von jetzt an, hinfort. Das Wort kommt beim späten Goethe auch sonst vor, ähnlich wie *alsobald.* – GWb. 1, Sp. 406.

8026. *Da steh' ich schon* ... Mephistopheles nimmt die Gestalt der Phorkyas an, um eine ihm gemäße antike Form zu finden. In dieser Gestalt tritt er dann im 3. Akt auf. Wie er, ohne Auge und Zahn zu übernehmen, sich den Phorkyaden angleicht, ist mit der für Goethe als Augenmenschen und Theaterpraktiker bezeichnenden Präzision dargestellt. – Kommerell S. 45: ,,Einer der größten Gestaltwitze des dramatischen Humors''.

8028. *Des Chaos Töchter.* Am Anfang der altgriechischen Mythologie steht das Chaos, der Urgrund, der an sich nicht schöpferisch ist. Es war der Raum, in welchem Urwesen wie Nacht und Erde lebten, in diesen Bereich gehören auch die Phorkyaden. Mephistopheles benutzt sehr geschickt die Tatsache, daß die biblische Kosmogonie Verwandtschaft mit der altgriechischen hat. Er nennt sich selbst *Sohn des Chaos,* entsprechend seinen Sätzen, daß *Zerstörung* sein *Element* sei und daß es besser wäre, *daß nichts entstünde* (1338–1344). – Vgl. 1335 f. u. Anm.

8029. *Hermaphroditen.* Die in Sage und Bildkunst vorkommenden *Hermaphroditen* waren männlich und weiblich zugleich. Mephistopheles ist männlich, die Phorkyaden sind weiblich. Wenn er ihre Gestalt annimmt, ist er also ein Mischwesen antiker Art.

Felsbuchten des Ägäischen Meers

Höhepunkt und Ende der Klassischen Walpurgisnacht. Auch Mephistopheles ist nun ausgeschieden, wie Faust. Nur Homunculus ist noch da, aber er wirkt unter den antiken Geistern nicht wie ein Fremder. Er ist überall zu Hause und überall nur halb. Man nimmt ihn auf und man hilft ihm zum Entstehen. Es ist ein großes Fest der Elemente. Schon Goethes Künstlergedichte des Sturm und Drang hatten davon gesprochen, daß der gleiche Eros im Kunstschaffen und physischen Zeugen sei (Bd. 1, S. 61f.). Auch in diesem Fest des Eros verbinden sich Natur und Geist in schöpferischer Gewalt. In dieses große Bild der Naturkräfte ist als ein Unterton heiterer Spott über die Mythenforscher hineingenommen, ohne den symphonischen Klang, der auf ein Finale hinführt, zu stören. Das Großartige mischt sich mit dem Heiteren, und noch kurz vor dem feierlichen Schluß ist die freundliche Szene mit den Fischerknaben eingeflochten, die ans Land gesetzt werden sollen, dann aber doch bei den Doriden bleiben: *Wir haben's nie so gut gehabt / Und wollen's nicht besser haben.* (8422f.)

Die verschiedenen Gestalten, Sirenen, Nereus, Nereiden, Proteus, die Doriden, Thales, Homunculus, haben ihre eigenen Klänge und Rhythmen, und so einheitlich die Szene aufs Ganze gesehen ist, so vielfältig ist sie im einzelnen. Da erklingen Fünftakter (8094ff.), Viertakter (8321ff.), Dreitakter (8160ff.), manche Partieen sind daktylisch (8464ff.). Es ist nicht ausdrücklich gesagt, wie stark das Ganze musikalisch gedacht ist; nur anfangs heißt es von den Sirenen *singend*; und später *wiederholt als Allgesang* (8216).

Der Fülle der Klänge entspricht die Fülle der Bilder; die Sirenen oben auf den Felsen, unten auf dem Wasser die Nereiden und Tritonen, später der Festzug mit den Kabiren, und dann als Höhepunkt Galatea auf ihrem Muschelwagen mit den Doriden. Man konnte zu Goethes Zeit eine solche Szene nicht aufführen, heute ist es möglich, und die moderne Bühne kann zum Schluß das Bild allmählich verdunkeln, nur die Gestalt Galateas in der Mitte bleibt noch hell, bis auch sie im Dunkel verschwindet. Und dann, wenn der 3. Akt beginnt, zunächst wieder Dunkel, dann wird es heller, wieder in der Mitte eine weibliche Gestalt, doch nicht Galatea, sondern Helena – gewissermaßen die verwandelte Galatea, die Geburt der *Klassischen Walpurgisnacht*.

Goethe läßt in dieser Szene eine Anzahl von Meerwesen auftreten, welche in der antiken Dichtung und bildenden Kunst mit viel Phantasie dargestellt sind, in Tiergestalt, in Menschengestalt, vor allem aber Mischwesen. Tiere sind die *Delphine* (8425); Mischwesen sind die Reittiere der Psyllen und Marsen, die *Meerstiere, Meerkälber* und *Meerwidder* (vor 8359); es gibt sie zahlreich in antiken Darstellungen, der Hinterleib besteht aus einem Fischschwanz. Die Telchinen erscheinen *auf Hippokampen und Meerdrachen* (vor 8275). Die *Hippokampen* haben Kopf, Brust und Vorderbeine eines Pferdes, der Hinterleib bildet einen Fischkörper, der sich ringeln kann. Die *Meerdrachen* haben einen Kopf wie ein Greif, einen langen Hals, an der Brust sitzen große Flossen, die fast wie Flügel aussehen, der Hinterleib ist der einer Schlange. Die heutigen Archäologen bezeichnen ein Mischwesen dieser Art mit dem griechischen Wort Ketos. Die Gestaltenreihe geht fort zu den *Tritonen* (vor 8044); sie haben Kopf, Arme und Brust eines Mannes; der Unterleib endet in einem Fischschwanz; mitunter haben sie die Vorderbeine eines Pferdes. Die *Nereiden* (vor 8044) sind anderer Art: sie haben menschliche Gestalt, wie die Nymphen. Besonders schön sind die *Doriden* (vor 8391), und die Schönheit gipfelt in Galatea. – Goethe kannte die Meerwesen aus Wandbildern in Pompeji, die er in Kupferstich-Werken und in den Nachzeichnungen Zahns wiedersah, er hatte sie an der Igeler Säule gesehn, mit der er sich ausführlich beschäftigt hatte (WA 49,2 S. 35–45 u. 326–329). Zu den vielen bildlichen Überlieferungen kamen die literarischen. Die Seegottheiten gibt es bei Homer, Vergil, Ovid und anderen. Plinius, Historia naturalis XXXVI, 26 schildert das Relief am Circus Flaminius: ,,Nereides supra delphinos et cete aut hippocampos sedentes, item Tritones chorusque Phorci et pistrices ac multa alia marina" (Nereiden auf Delphinen und Wasserdrachen oder Meerpferden sitzend, dazu Tritonen und die Begleiter des Meergottes Phorcus, große Fische und andere Meerwesen). – Eine Zusammenstellung dieser Gestalten findet man in: Andreas Rumpf, Die Meerwesen auf den antiken Sarkophagreliefs. Bln.1939. = Die antiken Sarkophagreliefs, 5. – Guntram Koch u. Hellmuth Sichtermann, Römische Sarkophage. München 1982. S. 195.

8044 ff. *Nereiden*: Meernymphen, Töchter des Nereus. Sie werden in menschlicher Gestalt dargestellt. *Tritonen*: männliche Seedämonen, welche oft zusammen mit Nereiden dargestellt werden. Im Gegensatz zu diesen haben sie einen Fischunterleib (Delphinschwanz). Goethe kannte Nereiden und Tritonen aus der Dichtung und aus der bildenden Kunst. Er besaß 2 antike Gemmen mit Tritonen-Darstellungen (Femmel-Heres Abb. 23,24) und hat auf einer seiner Zeichnungen einen Tritonen skizziert (Corpus der Goethezeichnungen Bd. 2, Nr. 322). Das Wort *Meerwunder* meint wohl: wundersame Gestalten, die aus dem Wasser auftauchen und wunderbar geschmückt sind (8051 ff.).

8063. *mehr als Fische*. Die Nereiden und Tritonen können die Kabiren über das Meer tragen.

8067. *Heut bedarf's der kleinsten Reise* . . . Sie entfernen sich, um die Kabiren zu holen, mit denen sie 8168 ff. zurückkehren.

8071. *Samothrace*: die wichtigste Kultstätte der Kabiren.

8074. *Kabiren*: aus der Urzeit stammende Götter, die in Mysterienkulten verehrt wurden. Die antiken Quellen sind vielfältig, aber bruchstückhaft und ergeben kein einheitliches Bild. In der Zeit der Romantik, die sich für archaische Gestalten, Mythen und Symbole interessierte, steigerte sich plötzlich das Interesse an den Kabiren. Goethe las etliches von den Schriften darüber und schrieb am 22. Juni 1823: *Die Kabiren machen mich gleich verwirrt.* (Briefentwurf an Knebel WA Briefe 37, S. 341). Am einfachsten ist das, was K. Ph. Moritz und Riemer über die Kabiren sagen. Moritz: ,,Auch waren eine Art geheimnisvolle Götterbildungen aus dem höchsten Altertum, welche unter dem Namen der Kabiren in Ägypten und Samothracien verehrt wurden, nach einer alten Sage, Söhne oder Abkömmlinge des Vulkan, dessen Erscheinung hierdurch auf einmal weit zurücktritt und in den Nebel der grauen Vorzeit sich verhüllt.'' Und Riemer in seinem griech.-dt. Wörterbuch: ,,Kabeiroi: wurden als Söhne des Vulkanus von den Pelasgern in Lemnus und Samothrazien verehrt und mit großen Zeugegliedern und in Zwerggestalt abgebildet. Ihnen schrieb man auch gewisse Mysterien zu (Herodot). Kabeiros ist übrigens einerlei mit Kameiros, wovon die Stadt auf Rhodus, von den Telchines angelegt, ihren Namen hat.'' – Die Kabiren werden 8160ff. gebracht. Sie sprechen nicht, sie treten nicht hervor. Sie sind aber da. Ob sie bei dem Eingehen des Homunculus in den Werdegang der Natur (8464ff.) beteiligt sind, bleibt undurchsichtig. Alle Entstehung des Lebens ist geheimnisvoll. Insofern passen sie als geheimnisvolle Fruchtbarkeitsdämonen zu dem, was am Ende der *Klassischen Walpurgisnacht* geschieht.

Goethe hatte von den Schriften über die Kabiren einiges unter seinen eigenen Büchern, anderes entlieh er aus der Weimarer Bibliothek: Johannes Meursius, Creta, Rhodus, Cyprus. Amstelodami 1675. – Fr. W. J. Schelling, Über die Gottheiten von Samothrace. Stuttg. u. Tüb. 1815. – Fr. Creuzer, Symbolik u. Mythologie der alten Völker. Lpz. u. Darmstadt 1810–1812. 2. Aufl. Darmstadt 1819–1821. – Gottfried Hermann, De mythologia Graecorum antiquissima. Lipsiae 1817. – G. Hermann, Über das Wesen und die Behandlung der Mythologie. Lpz. 1819. – Fr. G. Welcker, Die Aeschyleische Trilogie Prometheus und die Kabirenweihe zu Lemnos. Darmstadt 1824. – Und andere Werke. – Ruppert, Goethes Bibliothek. Nr. 1963, 1970, 1978, 1233. – Keudell Nr. 1572, 1704, 1705, 1707 u. a. – Von neueren Werken seien genannt: Roscher, Lex. d. griech. u. röm. Mythologie. Bd. 2,2. 1894–1897. Insbes. Sp. 2525f. – Art. ,,Kabeiros und Kabeiroi'' in Pauly-Wissowa, insbes. Sp. 1423ff. über den Kult in Samothrake. – Über den modernen Stand der Kabirenforschung: Bengt Hemberg, Die Kabiren. Uppsala 1950. (In dt. Sprache.) – S. G. Cole, Theoi Megaloi: The Cult of the Great Gods at Samothrace. Leiden 1984.

8085. *widerwärtig*. Wie in der älteren Sprache nicht subjektiv, sondern objektiv: widerstrebend, das Gegenteil tuend oder sagend, Wider-

stand leistend, widerspenstig. Ebenso 9798. – Dt. Wb. 14, 1. Abt., 2. Teil.
– *Sauertopf*: ,,Bezeichnung eines mürrischen, verdrießlichen Menschen'' (Dt. Wb.).

8094 ff. *Nereus*: ein Meergott, oft erwähnt bei Homer, Euripides, Vergil u. a. Wegen seiner Weisheit gepriesen und oft nur ,,der Greis'' genannt. – Thales hofft bei ihm einen Rat für Homunculus zu erhalten.

8110 ff. *Wie hab' ich Paris* . . .: Angeregt durch Horaz, Oden 1, 15.

8134. *Verderbt mir nicht* . . . Das Wort *Humor* in der alten Bedeutung ,,Stimmung'', die er wegen der einmaligen (*seltensten*) Situation hat. Er ist ganz erfüllt von der Erwartung seiner fünfzig Töchter, die er von Doris hat, und zumal deren schönster, Galatea. Deswegen kann er sich nicht Homunculus widmen. Er weist ihn an Proteus.

8137. *Doriden*: die Töchter des Nereus und der Doris. Vgl. 8391 ff.

8141. *Vom Wasserdrachen auf Neptunus' Pferde*. Mit *Neptunus' Pferde* sind die Hippokampen gemeint, die Kopf und Brust von Pferden haben, deren Leib aber in einem Fischschwanz endet. Sie werden vor 8275 wieder genannt. Hippokampen kommen in der antiken bildenden Kunst häufig vor, Goethe kannte viele Abbildungen. In seiner Bibliothek hatte er: Hemsterhuis, Lettre sur une pierre antique (Ruppert 2053) mit einer guten Abbildung, die er folgendermaßen beschreibt: *Eine Meernymphe an einem Meerpferd herschwimmend, von herrlichster Kunst* (WA 49,2 S. 109). Das Wort *Wasserdrachen* meint vermutlich (ebenso wie *Meerdrachen* vor 8275) diejenigen Mischwesen, welche die Archäologen heute Ketos (Plural: Kete) nennen, im Anschluß an Plinius, Hist. nat. XXXVI, 26: Nereides supra delphinos et cete aut hippocampos (Nereiden auf Delphinen und Wasserdrachen oder Hippokampen). Sie haben einen Adlerkopf, große Flossen, die wie Flügel aussehen, den Leib eines Reptils oder auch eines Löwen, den Schwanz einer Schlange. Goethe sah solche Wasserdrachen in dem Werk von Zahn, Blatt 23, 50 und 53. In einem undatierten Schema zur *Klassischen Walpurgisnacht* (WA 15,2 S. 215) heißt es: *Sirenen flötend und singend. Mond im Gewässer. Najaden. Tritone. Drachen und Meerpferde. Der Muschelwagen der Venus.* Ähnlich in einem datierten Schema vom 6. Februar 1830 (WA 15,2 S. 216): *Najaden. Tritonen. Drachen und Meerpferde. Muschelwagen der Venus.* Das Wort *Drachen* kann hier in den Schemata nicht Metapher für Delphine sein. Es sind also Wasserdrachen gemeint, in den Entwürfen und in der Ausführung. – Das Werk von A. Rumpf, Die Meerwesen, 1939, behandelt die Wasserdrachen (Kete) S. 112–115; das Werk von Guntram Koch u. H. Sichtermann, 1982, erwähnt sie S. 195.

8145. *Galatee* (Goethe benutzte diese ihm seit seiner Jugend geläufige französische Namensform) hat mit Venus gemeinsam, daß sie schön ist und Liebe erregt. Doch Venus (Aphrodite) gehört zu den olympischen

Göttern, und diese ließ Goethe in der *Klassischen Walpurgisnacht* ganz aus dem Spiel. Galatea gehört zu den Meernymphen, deswegen kann sie hier erscheinen und als deren schönste den Höhepunkt der *Klassischen Walpurgisnacht* bilden. Im Gegensatz zu Venus bleibt Galatea kühl und unnahbar und lebt immer nur auf dem Meere, umgeben von Nereiden und Tritonen. Diese Motive konnte Goethe hier gebrauchen. Galatea zieht ihre Bahn, ohne Homunculus wahrzunehmen. Er als geistiges Wesen wird durch ihren Anblick vom Eros berührt. Als er an ihrem *Muschelwagen* zerschellt, leuchtet das Meer auf, und das Fest der *Klassischen Walpurgisnacht* hat seinen Höhepunkt erreicht.

Goethe hat sich mit Philostrats Beschreibung eines Galatea-Gemäldes ausführlich beschäftigt und sie liebevoll nacherzählt (WA 49,1 S. 104–107). Er besaß in seiner Majolica-Sammlung eine Schale mit einer Galatea-Darstellung (Schuchardt Bd. 2, S. 354, Nr. 336). In seiner Sammlung von Reproduktionsstichen hatte er zwei Stiche nach Raffaels „Galatea" und einen nach Annibale Carraccis „Galatea" (Schuchardt Bd. 1, S. 27 Nr. 233 u. S. 68 Nr. 642 u. 643). Er las 1803 in Schlegels Übersetzung Calderons Drama „Über allen Zauber Liebe" (El mayor encanto amor), das in der letzten Szene den Zug der Galatea im Muschelwagen zeigt. Die Geschichte der Galatea war bekannt dadurch, daß sie bei Theokrit, Idylle XI, und bei Ovid (Met. XIII, 750–897) vorkommt. – H. Dörrie, Die schöne Galatea. München 1968. (96 S., 8 Taf.)

8152. *Proteus*: einer der bedeutendsten Meergötter. Er pflegt sich in verschiedensten Gestalten zu zeigen. Als ein Gott, der sich dauernd verwandelt, wird er hier am Ende bedeutsam, ist er doch gleichsam die ewig sich wandelnde Materie und bezieht nun Homunculus in dieses Gestalten und Umgestalten alles Lebendigen mit ein.

8168. *Was wir auf Händen tragen* ... Nereiden und Tritonen kommen zurück und bringen die Kabiren.

8170. *Chelonens Riesenschilde*. Das griechische Wort „chelone" oder „chelys" bedeutet: Schildkröte. Es ist also ein riesiges Schildkrötenschild, das die Nereiden und Tritonen als Schale benutzen, auf welcher sie die Kabiren heranbringen.

8171. *streng*: bindend, Anerkennung fordernd; ähnlich wie 3239, 7444, 10903, 11507; hier etwa in dem Sinne „gültig und verpflichtend für uns alle", vielleicht mit der Nebenbedeutung „archaisch-herb in der Form" wie *Röm.Eleg.* IV, 5 (Bd. 1, S. 159).

8174f. *Klein von Gestalt*. Schelling, Über die Gottheiten von Samothrace, 1815, sagt – auf Grund älterer Quellen – S. 34, die Kabiren seien zwar „große Götter", aber von kleiner Gestalt.

8186. *Drei haben wir* ... Schelling S. 7: „In Samothrace empfängt man die Weihen der Kabiren. Mnaseas sagt, es seien drei der Zahl nach ... Einige fügen auch einen vierten hinzu."

8194. *Sind eigentlich ihrer sieben*. Creuzer, „Symbolik und Mythologie", sagt, es habe sieben oder acht Kabiren gegeben. (1. Aufl., Bd. 2, S. 285 f., 292 f.)

8198. *der achte.* Fr. G. Welcker, Die Aeschyleische Trilogie Prometheus und die Kabirenweihe, 1824, sagt S. 244, die Meinung, es gäbe einen achten Kabiren, sei irrig.

8202. *alle noch nicht fertig.* Schelling S. 16: Die Kabiren verkörpern „die Vorstellung der Sehnsucht als Anfangs, als ersten Grundes zur Schöpfung". Und S. 37: „Die ganze Kabirenreihe bildet also eine vom Tiefsten bis ins Höchste reichende Zauberkette."

8204. *Sehnsuchtsvolle Hungerleider* . . . Schelling S. 11: Der Name des ersten Kabiren, Axieros, bedeutet „den Hunger, die Armut, und was daraus folgt, das Schmachten, die Sucht". S. 17: Die Kabiren sind „der Hunger nach Wesen"; sie sind verwandt mit Ceres, durch sie wird „wie durch Zauber alles zur Wirklichkeit oder Gestaltung gebracht".

8212. *Die Helden des Altertums.* Die Tritonen brachten die Kabiren, dagegen verblaßt der Ruhm der menschlich-zeitlichen Helden, die das *goldne Vlies* brachten. Die Sirenen singen preisend: *Ihr* brachtet *die Kabiren,* und der Chor der Tritonen und Nereiden *(Wir)* und der Sirenen *(Ihr)* wiederholt den Vers, das Einholen der Kabiren dem des Goldenen Vlieses vergleichend.

8220. *irden-schlechte Töpfe.* Das Wort *schlecht* in der Bedeutung: schlicht, einfach. – Creuzer, Bd. 2, 1811, S. 284 schreibt, die Phönizier hätten die Kabiren als Haus- und Schiffsgötter mit sich geführt, „als irdene, mitunter goldene Krüge, und wenn ein Kopf darauf gesetzt war, als Kruggötter". Die *Weisen,* die sich den Kopf zerbrechen, sind die neuen Mythenforscher, die in verschiedene Lager gespalten sind, Creuzer, Schelling, Hermann, Voß u. a. Homunculus, der aus der Gelehrtenstube stammt, kennt diese Lage in der Forschung.

8253. *Jungfernsohn.* Das altgriechische Wort „parthenios" übersetzt Fr. L. Stolberg in seiner Reisebeschreibung (Werke Bd. 8, S. 203) mit „Jungfernsohn", Goethes Mitarbeiter Riemer in seinem Griech.-dt. Wb., 1825, mit „Jungfernkind".

8266. *Es grunelt.* Von „grüneln", „gruneln"; mundartliches Wort für „nach frischem Grün riechen", „grün zu werden beginnen", von Goethe ins Literarische erhoben; bei ihm immer im Zusammenhang von Feuchtigkeit und Wachstumsatmosphäre, darum hier, wo Homunculus dem Eingehen in die *Lebensfeuchte* (8461) näherkommt. Auch im *Divan* (Bd. 2, S. 18 u. 124 u. Anm.) und im Brief an Nees von Esenbeck vom 18. 6. 1816: *Sonnenstaub, den ein Gewitterregen . . . sogleich belebt, wie der grunelnde Geruch erquicklich andeutet.* – Dt. Wb. 4, 1, 6 Sp. 938 f.

8275. *Telchinen.* Sie waren die Ureinwohner von Rhodos. Das erzählt der antike Schriftsteller Diodorus Siculus, von ihm übernimmt es Meursius (den Goethe 1829/30 las) auf S. 6. Welcker in seinem Buch über die Kabirenweihe, 1824, schreibt S. 174 ff., die Telchinen und die Kabiren stünden in einem Zusammenhang. Riemer in seinen Gr.-dt. Wb. sagt: ,,Telchin ein Zauberer, Hexenmeister ... Die Telchinen waren die ältesten Bewohner der Inseln Kreta und Rhodus, kunstvolle aber neidische Menschen (Hexenmeister, Schwarzkünstler)". Die Telchinen werden überall in der Literatur, die Goethe las, mit den Kabiren und mit Zauberei in Verbindung gebracht. Deswegen passend zur *Klassischen Walpurgisnacht*, obgleich sie keine mythologischen Gestalten sind.

8275. *Hippokampen.* Von griech. hippos = Pferd, kampos = Seetier. Riemer, Gr.-dt.Wb.: ,,Hippokampos: ein fabelhaftes Seetier, von Roßgestalt, mit gebogenem Fischschwanze, auf welchem die Maler und Bildhauer die Meergötter fahrend vorstellen". Oft auf griechischen und römischen Vasen, Gemmen, Münzen, Reliefs usw. – *Meerdrachen*: vermutlich dasselbe wie *Wasserdrachen* 8141. Vgl. die Anm. dort.

8275. *Wir haben den Dreizack* ... Fr. G. Welcker, Die Aeschylische Trilogie, 1824, schildert S. 182 ff.: Die Telchinen stammen aus Rhodos; sie sind Metallkünstler; sie haben für Poseidon den Dreizack hergestellt. Goethe spinnt das Motiv dahin weiter, daß für die *Klassische Walpurgisnacht* Poseidon ihnen den Dreizack ausgeliehen hat (8283). Unter Goethes Zeichnungen gibt es die Skizze eines Dreizacks (Corpus VI a 87).

8285. *dem Helios Geweihten.* Rhodos galt als ein Ort, der dem Sonnengott *Helios* geweiht war, die Telchinen gehören dorthin, dort wird ihm ein Lobgesang (*Päan* 8292) gesungen. Helios (Sol) ist der Bruder (8290) der Mondgöttin *Luna* (8288), welche diese Stunde der *Klassischen Walpurgisnacht* regiert und also in den Herzen der Teilnehmenden *Hochverehrung* (8288) hervorruft (*regt*).

8299. *in hundert Gebilden.* Es gab Statuen des Helios in verschiedenster Gestalt. *Riesen*: die kollossale Bronzestatue des Helios auf Rhodos.

8301. *Wir ersten, wir waren's* ... Die Telchinen waren die ersten, die Götterbilder herstellten. Das steht schon bei Diodorus Siculus, dann bei Meursius, bei Welcker S. 184 und anderen.

8327. *geistig*: als Geist.

8330. *Orden*: Ordnungen, Stufen der Ordnung.

8336. *hält ... nach*: dauert an, bleibt bestehn, wirkt nachhaltig.

8341. *Tauben.* Sie kommen von *Paphos*, der Kultstätte der Aphrodite (vgl. 8147). Sie erscheinen jetzt hier als Vögel der nahenden Galatea und umgeben den Mond als *Wölkchen*. Nereus gibt diese mythische Deutung, die in die Geisternacht gehört, weiß aber, daß ein rationaler Mensch den *Mondhof* anders erklären würde (8347 f.). Wenn bei dem späten Goethe eine Gestalt von sich selbst sagt, sie habe die *einzig*

richtige Meinung (8350), muß man immer vermuten, daß etwas Humor
oder Ironie im Spiel ist; dadurch wird das großartige Spiel des Eros, das
jetzt beginnt, nicht gestört (so wenig wie die Ironie gegenüber den
Mythenforschern störte), sondern es wird nur noch einmal angedeutet,
daß dies alles Spiel, Walpurgisnacht, Geistgebilde ist. Nereus sagt treffend: *wir Geister* (8349). Thales als antiker Naturweiser stellt sich keineswegs auf den Standpunkt des rationalen Erklärers, sondern lobt, daß
ein Heiliges still bewahrt sei (8355ff.). Damit ist übergeleitet zu den
folgenden Versen, die von den *Höhlegrüften* und von dem *Bewahren*
des Kultischen *wie in den ältesten Tagen* sprechen. Die *Psyllen* und
Marsen, die dies sagen, sind *stillbewußt* (8364) und *leise geschäftig*
(8370), eine Haltung, die nicht nur treu bewahrt, sondern auch Gutes
und Neues geduldig wachsen läßt – Eigenschaften, welche dem Entstehen des Homunculus und dem Wunsche des Faust günstig sind.

8359. *Psyllen und Marsen.* Goethe wurde auf diese beiden alten
Volksstämme wohl durch Meursius aufmerksam, der sie in seinem Buch
über Kreta und Rhodos neben den Telchinen als zauberkundige Urvölker nennt. Bei Lucanus IX, 891 sind die Psyllen Schlangenbeschwörer,
ihre Stimme wirkt wie Zauberkraut. Bei Vergil, Aeneis VII, 750–755
kommt ein Marsen-Priester vor, der Giftschlangen einschläfert. Goethe
konnte die zauberkundigen Gestalten der Urzeit hier, wo es auf ein
Zaubergeschehen mit Hilfe der als Fruchtbarkeitsdämonen wirksamen
Kabiren hinausläuft, als Helfer brauchen, bevor er den Blick ganz auf
den Bereich der Schönheit, auf die Doriden und Galatea, wendet. Die
hier genannten *Meerstiere, Meerkälber, Meerwidder* begegnen mehrfach in antiken Darstellungen (A. Rumpf, 1939, S. 84).

8365. *Cypriens Wagen.* Die Insel Cypern war der Hauptsitz des
Dienstes der Aphrodite (Venus), deswegen wurde Venus auch Cypria
genannt. Die Psyllen und Marsen bringen hier Galatea auf dem Seefahr-
zeug der Aphrodite, das später *Muschelthron* (8450) genannt wird.

8371. *Adler ... Leuen ...* Cyperns Beherrscher waren zu verschiedenen Zeiten Rom (*Adler*), Venedig (*geflügelter Leu*), christliche Ritter
(Kreuz) und Türken (*Mond*). Im Gegensatz zu der wechselreichen Geschichte gibt es dort eine unveränderte Natur (8359–8362), in deren
Rhythmus die Urvölker der Psyllen und Marsen leben (8363ff.), den
Wagen der Aphrodite (*Cypria*), *d.h. der Liebesgöttin, bewahrend*
(*8365*).

8381. *Zeil' an Zeile*: eine Reihe nach der anderen. Das Wort *Zeile* in ähnlicher
Bedeutung auch 5998 und 9830.

8384. *derbe Fraun.* Das Adjektiv *derb* hat bei Goethe keinen abfälligen Sinn
oder Anklang, sondern bedeutet: kräftig, tüchtig, gesund, rustikal. *Faust* 1114,
3898, 4286, 4390, 5818, 5870, 6747, 9794. Bd. 2, S. 16 u. Anm. – Boucke, Wort u.
Bedeutung in Goethes Sprache. Bln. 1901. S. 18f.

8391 ff. *Doriden*, die fünfzig Töchter des Nereus von Doris; sie sind hier unterschieden von den Nereiden (8044 ff.), die seine Töchter von anderen Frauen sind. – Die Doriden-Szene ist liebenswürdig-heiter gehalten; zwar die Tatsache, daß Nereus ihnen die Schifferknaben nicht für immer lassen kann, ist bitter genug; aber diese bleiben ihnen für den Augenblick, und der Genuß des Augenblicks wird zur Feier des Lebens – das Thema Zeitliches und Überzeitliches in einer neuen Variation.

vor 8424. *Galatee auf dem Muschelwagen.* Goethe hat dieses Bild schon in seinem Philostrat-Aufsatz beschrieben (WA 49,1 S. 106): Der Muschelwagen, vier Delphine davor, neben einander gespannt, auf dem Muschelwagen Galatea in purpurnem Gewand. Schon 8144–8149 ist davon die Rede, daß Galatea den *Muschelwagen* der Venus benutzen darf. Auch die Schemata notieren: *Muschelwagen der Venus* (WA 15,2 S. 215 f.). Ähnlich wie Poseidon den Telchinen für die Walpurgisnacht seinen Dreizack geliehen hat (8275–8284), hat Venus der Galatea ihren Muschelwagen abgetreten. Dadurch leuchtet in die Walpurgisnacht ein Abglanz der olympischen Götter hinein, und es ist angedeutet, daß es Stufen der Verbindung zu ihnen gibt. – Vgl. 8145 u. Anm.

8435. *Alles ist aus dem Wasser entsprungen.* In seinen Sprüchen in Versen schreibt Goethe: *Da, wo das Wasser sich entzweit, / Wird zuerst Lebendig's befreit.* Ferner: *Und wird das Wasser sich entfalten, / Sogleich wird sich's lebendig gestalten; / Da wälzen sich Tiere, sie trocknen zum Flor, / Und Pflanzengezweige sie dringen hervor.* (Bd. 1, S. 304 f.) Vgl. auch das Gedicht *Weltseele* (Bd. 1, S. 249, Vers. 23). Das Lob des Wassers und des ewigen Werdens führt zum Höhepunkt der kultischen Feier. Die Sprache wird immer mehr zur chorischen Kantate, unterbrochen durch enthusiastische Einzelstimmen. Proteus führt Homunculus zu Galatea, dieser zerschellt an ihrem Muschelwagen, sein Geist, zu Feuer werdend, verbindet sich dem flüssigen Element. Alle Elemente werden gepriesen, eine kultische Verehrung der Natur – einer der Höhepunkte des ganzen *Faust*-Dramas.

8445. *schwankend:* die Form verändernd, in anderer Anordnung. Ähnlich 1, 348, 5082, 7785, 9236.

8458. *In dieser holden Feuchte . . .* Die Rhythmen werden gegen Ende der Szene immer bewegter. Die Dreiheber des Homunculus (8458 ff.) werden abgelöst durch die viertaktigen Daktylen des Nereus (8464 ff.), und als sie inhaltlich auf den Höhepunkt gekommen sind – *So herrsche denn Eros, der alles begonnen* – springt das Finale um in die langsamfeierlichen Trochäen des Chors (8480 ff.).

8469. *verführt:* fortgeführt; ohne tadelnden Nebensinn.

DRITTER AKT

Der dritte Akt – Goethe nannte ihn meist einfach *Helena* – ist eine alte Konzeption. Das Helena-Motiv gehörte zur Faust-Sage der Volksbücher. Dort ist Helena eine scheinbar irdische Gestalt, eine Teufelsschöpfung, mit welcher Faust seine Nächte verbringt. Bei Goethe verkörpert sie das klassische Altertum in seiner edelsten Gestalt; sie muß als antike Heldin auftreten. Im Jahre 1800 begann Goethe diesen Teil des Dramas zu schreiben und schuf ein Fragment von 265 Versen. Es fängt an mit dem Auftreten Helenas: *Vom Strande komm' ich* ... (8489) und reicht bis zu dem Gespräch mit Phorkyas und deren Worten *Durch langer Jahre weise Leitung wohl verdient* (8802). Dann bricht das Fragment ab. Es bleibt also ganz innerhalb der antiken Welt. Die Verbindung zu Faust brachte es noch nicht. Die Helena des Fragments kommt von Troia. Nichts deutet darauf, daß oder wie sie mit Faust zusammengeführt werden kann. Das war in der Dichtung schwer zu bewerkstelligen. Der Plan, den Goethe 1816 diktierte, spricht bereits von einem Zusammentreffen auf einem mittelalterlichen Schloß, es liegt in Deutschland. Die Einzelheiten dieses Plans wurden später verändert. Im Frühjahr 1825 machte Goethe sich daran, den Helena-Akt auszuarbeiten. Doch jeder Tag brachte Aufgaben anderer Art. Die *Ausgabe letzter Hand* sollte gegen Nachdrucke geschützt werden. Der neue Deutsche Bundestag konnte kein Privileg geben, das mußten die einzelnen Kleinstaaten tun. Nicht Cotta, sondern Goethe führte die Verhandlungen; so gingen zahlreiche Briefe in allen Richtungen hin und her, und nicht überall zeigte man Verständnis. Im Frühjahr 1825 brannte das Weimarer Theater ab, und der Großherzog zog Goethe als Gutachter für den Neubau heran. Dann kam das 50jährige Regierungsjubiläum des Großherzogs, bei welchem man auch Goethes 50jährigen Aufenthalt in Weimar feierte – da ließ man ihm keine Zeit für seine Arbeiten. In dieser Weise gab es immer wieder neue Aufgaben, zeitraubend und mitunter ärgerlich – das Tagebuch und die Briefe zeigen es –, und es ist bewundernswert, wie Goethe sich dann doch wieder auf den Helena-Akt konzentrierte. Die Arbeit zog sich hin bis in den Herbst 1826. Die Briefe dieser Zeit sprechen davon, wie froh er war, diese Aufgabe, die er sich gesetzt hatte, erfüllt zu haben.

Goethe wollte den Akt nun auch bald gedruckt sehn und ließ ihn 1827 im 4. Band seiner *Ausgabe letzter Hand* erscheinen unter dem Titel *Helena, klassisch-romantische Phantasmagorie, Zwischenspiel zu Faust.* In der Sprache der Zeit bedeutet *klassisch* „antik", und *romantisch* „mittelalterlich". Das Wort *Phantasmagorie* ist abgeleitet von dem altgriechischen Wort „Phantasma": Traumgestalt, Vorstellung, Erscheinung. Im Französischen hatte man am Ende des 18. Jahrhunderts das Fremdwort „fantasmagorie" gebildet für die künstliche Darstellung von Erscheinungen auf der Bühne, z. B. Gespenstern, mit Hilfe eines optischen Geräts, das der Physiker Etienne-Gaspard Robertson aus der „laterna magica" entwickelt hatte. Das Wort war in dieser Bedeutung ins Deutsche übernommen. Als Goethe am 2. April 1825 ein Stück des Helena-Akts an Riemer schickte, schrieb er: *Mögen Sie beikommendem Helden- und Gespensterspuk ferner Aufmerksamkeit gönnen.* Auch hier also die Betonung dessen, was das Wort *Phantasmagorie* sagt: es bezeichnet das Bildlich-Anschauliche und zugleich Künstliche, Vorgespiegelte. Faust findet Helena, er lebt mit ihr und ist mit ihr glücklich. Er spricht es selbst aus (9417–9418, 9703–9706). Warum tritt Mephistopheles nun nicht mit dem Pakt hervor? Weil dies alles ein inneres Geschehen, etwas Geistiges, eine *Phantasmagorie* ist.

Die dichterische Verbindung der zwei Bereiche – griechisches Altertum und deutsches Mittelalter – hatten als Hintergrund Goethes Geschichtsschau im Alter. So sehr seine Liebe zum Griechischen erhalten blieb, er hatte sich dank der Beschäftigung mit den Bildern der Sammlung Boisserée, mit dem Kölner Dom, mit dem Nibelungenlied, mit Raumers „Geschichte der Hohenstaufen" und ähnlichen Werken ein erweitertes Verhältnis zum deutschen Mittelalter geschaffen. Er sprach es in Gedichten aus – *Wie aber kann sich Hans von Eyck / Mit Phidias nur messen* (Bd. 1, S. 326), in Aufsätzen (Bd. 12, S. 338f., 348ff.) und in Briefen (Bd. 3, S. 95,5f.; 164,20ff., 281,26f.). Er wußte die mittelalterlich-höfische Welt, in welcher er jetzt Faust zeigt, zu schätzen.

Wie konnte Faust, der nordisch-mittelalterliche, mit Helena, der antik-griechischen, zusammengeführt werden? Er konnte nicht ins Altertum versetzt werden. Aber sie sollte auch nicht aus allen ihren Bindungen gelöst in die nordische Studierstube kommen (wie im Volksbuch), Goethe läßt Helena auf ihrem Boden und läßt Faust in seiner Zeit, und mit dem genialen Griff, der auch sonst in diesem Drama mitunter aus abgelegenem Bereich ein Stoffmotiv zieht, das symbolhaltig wird (wie später das Deich-Motiv), ergreift er hier ein Motiv aus der mittelalterlichen Geschichte: daß abendländische Ritter bei einem Kreuzzug sich ein Reich im Peloponnes gründeten und nicht weit vom alten Sparta sich eine Burg erbauten. Faust trifft Helena in ihrem Land, aber sie ihn in seiner Zeit. Damit treffen sich der antike – Goethe sagt *klassische* – und der mittelalterliche – Goethe sagt *romantische* – Geist und verbinden sich. Der Augenblick des Einswerdens ist Vollendung des Gesunden, Glücklichen und insofern arkadisch. Ein Augenblick, der ins Zeitlose hineinreicht.

Die Fortsetzung des im Jahre 1800 abgebrochenen Helena-Fragments gelang ohne Bruch. Dazu trug bei, daß das Vorhandene einer Umarbeitung unterzogen und durch Einschaltungen erweitert wurde.

Das an *Iphigenie* erinnernde Gefügig-Schöne, Schlicht-Klare wich einem spröderen, härteren und zugleich reicheren Stil; dieser Wandel lag in der Richtung des Goetheschen Altersstils, aber zugleich ist diese Sprache griechisch-echter, altertümlicher als das Fragment von 1800, weiß mehr von Geheimnis und Fremdheit der hellenischen Welt. Und ein hoher Grad von Echtheit, von antikem Klang, gehörte hier wesensmäßig dazu: war es doch die möglichst tief und rein erkannte Antike, die Form gewinnen sollte. *Iphigenie* war ein antiker Stoff, dargestellt von einem modernen Dichter. Dies hier aber war die Begegnung des modernen Abendländers, für den Faust zum Repräsentanten wurde, mit der Antike. Diese mußte in ihrem So-Sein und Anders-Sein erscheinen, bevor dann die Vereinigung stattfindet. Hier hatte die Dichtung also streckenweis eine Aufgabe, die ihr sonst wesensfremd ist, das Fremde mit dem Hauch antiquarischer Echtheit zu vermitteln, wie es sonst höchstens die Aufgabe einer Übersetzung ist. Deswegen die Verwandtschaft der ersten Szene des Akts mit damaligen Übersetzungen antiker Dramen.

Um den Stil des Helena-Fragments von 1800 zu zeigen, sei aus diesem eine Partie eines Chorgesangs angeführt, die später zu den Versen 8707–8718 wurde:

> *Ach! sie standen noch,*   *Flüchtend sah ich*
> *Ilions Mauern;*   *Durch Rauch und Glut*
> *Aber die Glut zog*   *Zürnender Götter*
> *Schon, vom Nachbar*   *Gräßliches Nahen;*
> *Zum Nachbar sich*   *Wundergestalten*
> *Verbreitend,*   *In dem düstern*
> *Hier und dort her,*   *Feuerumleuchteten Qualm.*
> *Über die Stadt.*

In dem 3. Akt steht Helena überall im Mittelpunkt des Geschehens. Die *Klassische Walpurgisnacht* ist mit dem Wogen ihrer Gestaltenfülle zu Ende gegangen. Es war ein Zusammenklingen aller Elemente, aus dem sich schließlich eine Gestalt heraushob: Galatea, die schöne Menschengestalt. Der Vorhang senkt sich und hebt sich wieder. Die wogende Fülle des Elementaren ist vorbei, und was dort am Ende nahte, steht nun da: die höchste Gestalt; eine einzige, im Gegensatz zu den vielen dort. Das Fest des Eros am Ende der Walpurgisnacht war wie ein Zeugen des Schönen. Und jetzt ist es gleichsam geboren. Helena ist erschienen. Sie spricht in der gestalthaftesten Sprache, die es gibt, in der der griechischen Tragödie. Es ist ein Monolog wie am Eingang eines Euripideischen Dramas. Sie nennt sich selbst: *Helena, ich.* Und sie spricht in dem Versmaß, das die deutsche Entsprechung des altgriechischen Trimeters ist, in sechsfüßigen Iamben (im Deutschen also ein Sechstakter mit Auftakt). Dieses Maß klingt feierlich, gehoben. Goethe handhabt es nicht schulmäßig, sondern oft sehr frei (z. B. 8954–56). Helena hat mit ihren Worten stets Bezug auf das, was sich ziemt, auf Götter, Schicksal, Königtum und geordnete Menschenwelt, es ist eine Sprache des Bleibenden, Gesetzhaften. Der Chor unterbricht. Es sind gefangene Frauen aus Troia, wie in den ,,Troerinnen" des Eupripides junge Frauen, die das Mittelmaß des Lebens verkörpern, aber in dem, was sie Allgemeingültiges, Mythisches sagen, darüber hinauswachsen wie griechische Chöre immer. Ihre Strophen mit ihrer wechselreichen Fülle unterbrechen den Fluß der Trimeter, und in ihnen lebt das Griechisch-Altertümliche fast noch mehr als in jenen; schwierig gebaute spröde Sätze (8882–8908); seltsame Wortwahl: *Geschmuck* (8562), *angefrischt* (8637), *befitticht* (8809). Nach einem Chorgesang, während Helena, verwirrt, in welcher Wirklichkeit sie lebe, in Ohnmacht liegt, gleichsam halb wieder zum Orkus zurückgekehrt, verkündet Phorkyas, Menelaos wolle Helena und die Frauen opfern. Diese Szene der Aufregung benutzt ein anderes Versmaß (8909 ff.): achttaktige Trochäen; auch dieses ist antik; im Deutschen wirkt es unruhig, aufgeregt, unübersichtlich, zerfließend; es taucht nach dieser Szene der Bedrohung dann noch einmal auf in der Szene der Aufregung, als die Hörner der Blutgierigen zu erschallen scheinen (9067 ff.) und die Frauen rasch ins Ungewisse entfliehen (9122 ff.).

Dann folgt die Szene in Fausts Burg. Der Klang wandelt sich. Faust spricht in Fünftaktern (mit Auftakt), ein nordisches, neueres Maß, aber dem antiken Trimeter verwandt; ernst, würdevoll. Und Helena antwortet im gleichen Maß (9213 ff.); sie nähert sich ihm. Und nun entwickelt sich mit jeder Rede und Gegenrede in Klang und Wort weiter dieses Einander-Finden bis zu jenem schönen Sinnbild, da Helena beginnt, den Reimklang zu Fausts Worten zu finden. Er ist hier der Herrscher, sie die Schutzsuchende; aber ihre Stimme ist und bleibt die ruhende, seine die suchende; diese Stimmen finden sich und verschlingen sich ineinander. Diese Klangsymbolik geht mit der Bildsymbolik zusammen. Jede Szene Helenas ist bildhaft, und jedes Bild von geheimer Bedeutung. Die drei Szenen des Akts heben sich scharf von einander ab; Helena vor dem antiken Palast, allein mit dem Chor und mit Phorkyas, die schöne Einzelgestalt; dann Helena und Faust in der Ritterburg, Begegnung zweier Welten, eine ausgewogene Gruppe, Verbindung, Vereinigung; im Klang vollzieht sich symbolisch die Hochzeit. Und schließlich Arkadien, Landschaft, Zeitlosigkeit, goldenes Zeitalter. Diese Verwandlung ins Arkadische ist durchaus Symbol eines inneren Zustands, ist Ausdruck einer Seelenlandschaft. Darum auch der Höhepunkt lyrischer Schilderung in dem Preislied Arkadiens (9526–9561). Die Symbolik der Bilder und Klänge ist so rein entwickelt, daß alles

Reale keine Rolle mehr spielt. Es ist magische Zeit. Das Werden Euphorions vollzieht sich gleichsam in einer Märchenwelt, die nur sinnbildliche Situationen aneinanderreiht.

Helena erscheint als höchste Schönheit; alle sprechen es aus; den Choretiden ist es schon zur Selbstverständlichkeit geworden; auch Phorkyas behandelt es als Tatsache (8519, 8602, 8737, 8755, 8808, 8917 u. a. m.); und dann Lynkeus! Hymnisch, hingerissen, vor dem einen höchsten Superlativ alles andere, Tod und Leben, vergessend. Helena weiß von ihrer Schönheit, aber sie allein weiß auch von deren Tragik (8839f., 9246ff.). Sie erfährt in diesem Akt sehr mannigfache Schicksale: auf das Wiedersehen der Heimat folgt das – Euripides entnommene – Motiv, daß Menelaos sie opfern will, erst als Möglichkeit (8528ff.), dann als Bedrohung (8925); Flucht zu Faust; Begegnung, Verbindung; Geburt, Wachstum und Tod des Sohnes; Abschied. In diesem allen ist Helena stets die gleiche, ist immer ganz sie selbst; sie schwankt nie; im Bewußtsein eigenen Wertes und eigener Gefährlichkeit lebt sie immer aus ihrem Mittelpunkt, immer im Hinblick auf eine überlieferte Wertwelt und immer ganz für den Augenblick. Sie weist nicht über sich hinaus, sie ist vollkommen; sie ändert sich nicht, aber sie ist und wirkt niemals kalt. Ihre Sprache formt eine feste, geordnete Welt. Sie denkt stets an das, was sich für sie geziemt als Frau und Königin (8507, 8604, 8647, 8915 usw.), und ruht im Vertrauen auf den Ratschluß der Götter (8583). Was sie aus der Fassung bringt (8881), ist nicht Not oder Sorge, sondern einzig ein Eingriff in ihre – antike – Welt im Innersten: Phorkyas' Hinweis, daß ihr Ruhen in der Gegenwart falsch sei; die Verwirrung ihres Zeitgefühls. Sie glaubt aus Troia zu kommen. Aber zugleich hat sie ein Ahnen von ihrem ganzen früheren Leben, davon, daß sie Sage und Dichtung ist (8488, 8515). Sie ahnt auch, daß sie dem Orkus angehört; als Phorkyas und die Choretiden, einander beschimpfend, Gestalten der Unterwelt nennen (8815ff.), ergreifen diese Namen sie auf eine besondere Weise, indem sie Erinnerung wecken an *unsel'ge Bilder*, die sie *umdrängen* (8835ff.). Und sie fragt sich vergebens, was *Wahn*, was Wirklichkeit sei.

Helenas Gegenspielerin ist Phorkyas. Diese ist sicher, was sie für Wirklichkeit zu halten habe; ihr gilt die Wirklichkeit des Verstandes. Aber sie ist dadurch ebenfalls bedingt. Phorkyas-Mephisto sieht die niedere Wirklichkeit des Realen und siegt damit am Ende äußerlich. Faust sieht die höhere Wirklichkeit des Idealen; ihm ist Helena wirklich; er scheitert damit im Leben tragisch (denn das Ende des Akts bringt Helenas Entschwinden), aber aufs Große gesehen bewährt er sich eben darin. Weil Mephistopheles diese Wirklichkeit nicht erkennen und anerkennen kann, greift er nicht ein und fragt nicht, wie es mit dem Pakte stehe. Er ist zeitweilig abwesend, denn mit dieser Welt hat er nichts zu tun. Zugleich ist Phorkyas-Mephistopheles gegenüber der Antike die Stimme der modernen abendländischen Welt; er bleibt dem Altertum fremd und betont die Kluft, während Faust die Verbindung findet. Mephistopheles hat im *Prolog im Himmel* gesagt, er werde Faust *seine Straße führen* (314). Davon ist hier nichts zu merken. Deswegen kann er auch mit dem Pakt nichts anfangen.

Faust scheint gewandelt, herrscherlich. Aber unverändert ist sein Streben. Was ist das ganze *Ins-Leben-Ziehn* der *einzigsten Gestalt* (7439) letztlich anderes als ein geistiger Vorgang des Schaffens, also höchste Konzentration, höchste Tätigkeit? Daß der Dichter diese geistige Begegnung als Eros, dieses *Erkennen* (6559) als Vereinigung, Zeugung erfährt, ist das Besondere. Da gibt es wohl Seligkeit, aber es gibt nicht ein Genießen des Augenblicks in jenem Sinne, von dem der Pakt sprach. Der Mensch gelangt dabei in ein arkadisches Reich, und solch Augenblick ist zeitlos; aber er muß wieder ins Leben zurück. Arkadien ist die Seligkeit, die Goethe empfand, als ihm das *Faust*-Drama gelang, und Mozart, als er ,,Don Giovanni" vollendete. Das ist kein *beruhigt sich auf ein Faulbett legen*. Mephistopheles hat da nichts zu sagen. Aber in diesem Arkadien kann der Mensch nicht bleiben. Entweder geht er an ihm zugrunde, oder er muß ins Leben zurück. Helena entschwindet. Doch ihr Schleier bleibt Fausten zur Hand, das Geistigste, Leichteste des Irdischen, das zur Wolke wird und in den Äther emporführt. –

Für den gesamten geistigen Zusammenhang sind aufschlußreich Goethes Ausführungen in seiner Schrift über *Winckelmann*, in dem Abschnitt *Schönheit*. Dort heißt es: ... *das letzte Produkt der sich immer steigernden Natur ist der schöne Mensch. Zwar kann sie ihn nur selten hervorbringen, weil ihren Ideen gar viele Bedingungen widerstreben, und selbst ihrer Allmacht ist es unmöglich, lange im Vollkommenen zu verweilen und dem hervorgebrachten Schönen eine Dauer zu geben. ... Dagegen tritt nun die Kunst ein: denn indem der Mensch auf den Gipfel der Natur gestellt ist, so sieht er sich wieder als eine ganze Natur an, die in sich abermals einen Gipfel hervorzubringen hat. Dazu steigert er sich, indem er sich mit allen Vollkommenheiten und Tugenden durchdrängt, Wahl, Ordnung, Harmonie und Bedeutung aufruft und sich endlich bis zur Produktion des Kunstwerkes erhebt, das neben seinen übrigen Taten und Werken einen glänzenden Platz einnimmt. Ist es einmal hervorgebracht, steht es in seiner idealen Wirklichkeit vor der Welt, so bringt es eine dauernde Wirkung, es bringt die höchste hervor: denn indem es aus den gesamten Kräften sich geistig entwickelt, so nimmt es alles Herrliche, Verehrungs- und Liebenswürdige in sich auf und erhebt, indem es die menschliche Gestalt beseelt, den Menschen über sich selbst, schließt seinen Lebens- und Tatenkreis ab und vergöttert ihn für die Gegenwart, in der das Vergangene und Künftige begriffen ist.* (Bd. 12, S. 102, 36ff.)

Über den Stil des Helena-Akts im Zusammenhang des *Faust*-Dramas und des Altersstils überhaupt sagt Richard Alewyn in seinem Aufsatz „Goethe und die Antike" in „Das humanistische Gymnasium", 1932, wiederabgedruckt in: Alewyn, Probleme und Gestalten, Frankf. 1974, S. 262 f., 269 f.: „Allen Äußerungen des alten Goethe ist die größere, bisweilen fast verschwenderische Weite ihrer Anlage, der größere, fast unorganisierte Reichtum ihrer Inhalte, die handwerkliche, fast artistische Meisterung der Formen und die unmittelbare, fast nackte Aussage des Gehalts wesentlich. An Stelle des klassischen Strebens nach innigster Vereinigung vergrößern sich nun die Zwischenräume und Abstände: zwischen Dichter und Welt, zwischen Dichter und Werk und innerhalb des Werks zwischen Sinnlichem und Geistigem. Es entstehen Verhältnisse, die an barocke Stilformen gemahnen. Die suggestive Eindringlichkeit nimmt ab, die Deutlichkeit und Klarheit der Einzelformen und des Einzelgehalts nimmt zu. Es tritt insbesondere jene Figur des Abstands zwischen geistigem Gehalt und sinnlicher Einkleidung auf, die wir Allegorie nennen (im Gegensatz zum Symbol als ihrer Einheit), und jene Kompositionsform der losen Reihung von Bildern, die auf dem Theater (im weitesten Sinne) beheimatet ist ... Der Helena-Akt ist der Mittelakt des *Faust II* ... Die ungewohnte Breite der Verse und die harte Fügung der Sätze, die zierliche Ornamentik des Bildwerks und die unbeugsame Gnomik, das feierliche Strömen der Rede und die unerhörte Sparsamkeit des Gefühls, das strenge Ritual der Bewegung der Personen, des Gesprächs und der Handlung, das Gemessene in Wortschlag, Gang und Gebärde, alles das ist freilich undeutsch, wenn auch mit bewunderungswürdiger Kunst und zu unvergänglichem Ruhm und Gewinn deutscher Sprachkunst geschaffen. Es ist nicht deutsch, weder in faustischem noch in iphigenischem Sinne, und nur eben darum um so griechischer ...Griechentum wie Germanentum sind in dieser Begegnung beide auf einer neuen Stufe gesehen, beide in ihrem ‚Mittelalter', in der heldisch-kriegerischen Zeit, die dort in den troianischen Kriegen wie hier in den Kreuzzügen ein durch Sage und Dichtung verklärtes Symbol gefunden hat. Und ebenso wie das faustische Mittelalter bedeutet die Erweckung des archaischen Griechentums in der *Helena* die Schau und dichterische Einkörperung einer Welt, die dem klassischen Griechenbild fremd, ja feindlich gegenübersteht ... Es ist der alte Goethe mit seinem eminenten Sinn für Abstände, der hier das Griechentum abrückt, um jenen naiven Verwechslungen vorzubeugen, die eine trügerische Intimität vortäuschten, die in Wirklichkeit nichts war als eine naive Selbstbespiegelung ... Aus dem klassischen Schmerz der Distanz wird jenes altgoethische Pathos der Distanz, das nicht nur demütigend, sondern auch erhebend ist ..."

Über den allgemeinen Charakter des 3. Akts schrieb Julius Petersen

1940: „Wäre das alles Wirklichkeit im Sinne des körperlichen Besitzes, so hätte Mephistopheles das vollste Recht, seinen Pakt vorzuweisen ... Der Pakt wird durch die Annahme einer Traumhandlung außer Gültigkeit gesetzt ... Es handelt sich nicht um passiven Genuß, sondern um Tätigkeit, die schöpferisch werden muß ... Diese Helena aber gehört nach allen Existenzbedingungen der Welt der Dichtung an ... Immer ... bedeutete Goethe Dichtung ein Werk der Liebe, und der wahrhaft Liebende war immer ein Dichter ..." (Jahrb. d. Fr. Dt. Hochstifts 1936–1940, S. 229 ff.)

Sprachliche Analyse: Helene Herrmann S. 133 f., 336 f.: „Helena ... stets weiß sie ihr Geschick ihrem Wesen verbunden und fühlt es so immer wieder als ein gemäßes, gerechtes. Auf eine wunderbar beständige Weise gehört sie stets dem Augenblick an ... Heidnisch liebt sie das Leben, aber immer bleibt sie dabei Herrscherin und Halbgöttin ..., so bleibt, was sie tut, königlich und sie selber unerniedrigt ... So ist sie reinstes, in sich beruhendes Dasein und damit die volle Ergänzung zu Fausts ewig ausgreifendem Suchergeist. Denn ihre Eingegrenztheit ist nicht mehr Einschränkung von außen wie bei Gretchen, sondern die Grenze, die das Wesen sich selbst unbewußt bestimmt aus dem Lebensgesetz heraus. So kann Faust in ihrem Anblick endlich die Welt einmal als ruhige, sichere Gegenwart halten. Ein solches Gefühl still wachsender, gedeihender, in sich sicherer Existenz von der Pflanze aufwärts bis zum Menschen bewegt wie ruhiges Aus- und Einatmen die Sprache in den Versen, die Arkadien schildern ... Ruhig schildernd steigen sie auf von der gesunden Schönheit körperlichen Daseins zu dem göttlichen Menschentum, das solchem Grunde entwächst."

Über die drei Schauplätze des 3. Akts und ihre Symbolik schreibt Wolfgang Binder in dem Aufsatz „Faust II, mit den Augen gesehen" in seinem Buch „Aufschlüsse", 1976, S. 112–115: „Die Schauplätze des Helena-Aktes: Der erste spielt *vor dem Palaste des Menelas zu Sparta*, der zweite im *inneren Burghof, umgeben von reichen phantastischen Gebäuden des Mittelalters*, und der dritte in einer arkadischen Landschaft die als *eine Reihe von Felsenhöhlen, geschloßne Lauben* und *schattiger Hain* beschrieben wird, alles von *rings umgebender Felsensteile* umschlossen ... Zuerst befinden wir uns außen, vor der Burg des Menelaos; die Szene spielt im Freien, wie auf dem griechischen Theater bildet ein Gebäude den Hintergrund. Dann gelangen wir in den inneren Burghof, jetzt sind wir halb innen und halb außen. In Arkadien aber ist alles Innenraum: Höhlen, Lauben, Hain, und zwar ein Naturinnenraum ... Der Palast des Menelaos besteht aus *zyklopisch plumpem Mauerwerk*, das die Väter einst *mir nichts dir nichts aufgewälzt* (9018 f.). Wir befinden uns nicht in archaischer Zeit, sondern im Heroenzeitalter, dem Menelaos und Helena angehören ... Im Inneren Burghof verwandelt sich der Baustil durchaus ... Hier ist alles *senk- und waagerecht und regelhaft* (9022). Die Mauern sind *spiegelglatt wie Stahl* (9024). Wir denken an romanische Baukunst. Dann heißt es: *Da seht ihr Säulen, Säulchen, Bogen, Bögelchen, / Altane, Galerien, zu schauen aus und ein* (9028 f.). Damit können romanische Zwerggalerien und Triforien gemeint sein ... Goethe kannte die Geschichte des vierten Kreuzzuges. Wir befinden uns also in der Zeit um 1200, der staufischen Blütezeit ... Aber die Symbolik des Schauplatzes läßt sich genauer erläutern. Phorkyas spricht von Galerien *zu schauen aus und ein* (9029), dann von Sälen drinnen, *grenzenlosen, wie die Welt so weit* (9043) und schließlich die Chorführerin vom *Labyrinth der wundersam aus vielen einsgewordenen Burg* (9145 f.). Auf Begriffe gebracht bedeuten diese Beschreibungen: Vielfältige Vermittlung von Außen und Innen, grenzenlose Innenwelten und Ganzheiten, die aus vielen Einzelteilen zusammengefügt sind ... Wenn sich der Grieche, der homerische zumal, aus den Gegebenheiten seiner Welt versteht, so lebt er ein objektives Leben im Objektiven. Darum bemüht sich Helena immerzu, das Geziemende zu tun, das also, was die soziale Ordnung ihr zu tun gebietet. Der frühe Grieche hat gleichsam sein Ich nicht entdeckt. Also bedarf er auch keiner Vermittlung von Außen und Innen. Sein Innenleben spielt sich außen, im Kreis seiner Gefährten, in der Polis ab. Dem entspricht eine Architektur, die, streng genommen, den Innenraum nicht kennt ... Und nun betritt Helena eine Burg, in der man nach Belieben aus- und einschauen kann, Sinnbild der Moderne, deren Problem gerade die Vermittlung von Außen und Innen ist: wie kommt die Wirklichkeit in mich hinein, und wie kann ich in die Wirklichkeit hinauswirken? ... *Bogen, Bögelchen, Altane, Galerien* (9028 f.); und dennoch ist in diesem Chaos eine Einheit des Stils vorhanden. Offenbar will die Beschreibung auf die unendliche Differenziertheit des modernen Bewußtseins anspielen, dessen Einheit – Kant würde sagen: dessen Synthesis – das eigentliche Problem ist. ... Diese Symbolik setzt nun der Schauplatz der dritten, der Arkadienszene fort: *Felsenhöhlen, geschloßne Lauben, schattiger Hain bis an die rings umgebende Felsensteile hinan.* Der freie Himmel ist also nicht sichtbar ... Wieder befinden wir uns in modernen Innenwelten. Und auch diese sind grenzenlos. *Tust du doch, als ob da drinnen ganze Weltenräume wären* (9495) fragt der Chor der Mädchen Phorkyas, und diese erwidert: *Allerdings, ihr Unerfahrnen! Da sind unerforschte Tiefen ...* (9596 f.) Ein eigentümliches Arkadien. Auch das traditionelle Arkadienbild kennt Haine und Grotten, wo Hirt und Herde in der Stunde des Pan Kühlung suchen. Aber das sind nur schattige Plätze im sonnigen Gelände. Hier aber ist die ganze Natur überdacht. Sie setzt sich in *unerforschte Tiefen* (9596) fort, und in diesen unterirdischen Sälen finden sich wieder Naturdinge: *Wald und Wiese, Bäche, Seen* (9594). Natur in der Architektur. Nicht mehr grenzt die Architektur Innenräume aus der freien Natur aus, sondern beide, Landschaft und Architektur, Natur und Kunst sind innen. Den Sinn dieser Tatsache spricht der Chor sogleich aus, und zwar in seinen ersten Reimstrophen, also in modernen Versen; er hat den ersten Schritt in die moderne Welt getan: *Laß der Sonne Glanz verschwinden, / Wenn es in der Seele tagt, / Wir im eignen Herzen finden, / Was die ganze Welt versagt* (9691 ff.). Was die Welt draußen versagt, wird in der Seele gefunden. Die Wirklichkeit der Antike ist verschwunden, aber ihr ideales Bild – Natur und Kunst – lebt im Herzen fort. Das Arkadien der letzten Szene ist also gar nicht das wirkliche und antike Arkadien, sondern ein modernes, Idee und Seelenlandschaft gewordenes Arkadien. Das dürfte der Sinn der zum Innenraum gewandelten Natur sein, in der sich Gebäude mit Innenräumen und in diesen wieder Wälder, Wiesen, Bäche und Seen befinden. Ein potenziertes Innensein also, und daher Symbol der Idealität, vermöge deren die Moderne die Antike allein noch zu ergreifen vermag."

Als Goethe den Helena-Akt schrieb, hatte er sich seit seiner Jugend immer wieder mit altgriechischer Dichtung beschäftigt. Da er sehr gut Latein konnte, jedoch weniger Griechisch, bevorzugte er griechisch-lateinische Ausgaben, wie sie vom 16. bis zum 18. Jahrhundert üblich waren (Ruppert 1226, 1257, 1258, 1337). Die griechischen Satzkonstruktionen ließen sich im Lateinischen leichter nachbilden als im Deutschen. Als 1781 G. Chr. Tobler in Weimar war und Tragödien von Aischylos, Sophokles und Euripides ins Deutsche übersetzte, befaßte sich Goethe intensiv mit diesen Übertragungen und den Originalwerken. Das wirkte sich aus auf den Entwurf *Elpenor* (Bd. 5, S. 309–331). Eine neue Epoche der Beschäftigung begann 1797. In dieser Zeit übersetzte Schiller Euripides „Iphigenie in Aulis" und Humboldt Aischylos „Agamemnon". Goethe las 1797–1800 die Werke der drei Tragiker. Im Jahre 1800 entstand das Helena-Fragment, Vers 8489–8802. In den Jahren 1804 und 1809 befaßte er sich viel mit Sophokles. Diese Beschäftigung ging neben allen anderen Arbeiten weiter, von Zeit zu Zeit angeregt durch Sendungen des Leipziger Philologen G. Hermann. Als dieser ihm 1821 seine Edition der „Phaeton"-Fragmente des Euripides sandte, beeindruckten diese Goethe so stark, daß er sie – mit Hilfe Göttlings – übersetzte und eine Rekonstruktion der verlorenen Teile versuchte, die er 1823 zum Druck gab (Bd. 12, S. 310–320). Sodann beschäftigte er sich 1821 ausführlich mit den „Bakchantinnen", übersetzte ein Stück daraus und veröffentlichte es 1827 in seiner Zeitschrift *Über Kunst und Altertum* Bd. 6 (WA 41,2 S. 237–242). Diese Arbeiten waren noch frisch in seiner Erinnerung, als er in den Jahren 1825 und 1826 den Helena-Akt schrieb. Zu der Kenntnis der Tragiker kam die Kenntnis Homers. Aus der sorgfältigen Lektüre in den Jahren 1797 und 1798 war die Inhaltsangabe der „Ilias" hervorgegangen, die er 23 Jahre später, 1821, in *Über Kunst und Altertum* veröffentlichte (WA 41,1 S. 266–327). Goethes steter Berater in Dingen der Antike war Riemer, der ein ausgezeichneter Gräzist war. Das Tagebuch zeigt, wie oft sie mit einander sprachen, immer sachbezogen, auf antike oder Goethesche Texte gerichtet. Auch die Studien zur antiken Kunst standen für Goethe hinter seiner Arbeit an dem Helena-Akt. In dem Aufsatz *Polygnots Gemälde in der Lesche zu Delphi* hat er sich

ausführlich über das Helena-Motiv geäußert (WA 48, S. 107–110). Hier wird Helena bezeichnet als *Sinnbild der höchsten Schönheit*, als eine Gestalt, die *mitten
unter der Masse von Gefangenen als eine Fürstin ruht* und auch in dieser Situation
ihre Wirkung tut. (Vgl. auch die Anm. zu 8872.) – Die antiken mythologischen
Namen pflegten in Goethes Zeit nicht zu befremden. Goethe fügt sie ohne weiteres in seinen Text ein. Ebenso verfährt er mit seinen kühnen Sprachkonstruktio-
nen: sie gehören zu dem Besonderen dieses Akts, von dem Monolog Helenas zu
Beginn bis zu dem Chor der Frauen am Schluß.

Anderer Art als Goethes Beschäftigung mit der griechischen Antike war seine
Beschäftigung mit dem deutschen Mittelalter. Es war eine Welt, die noch in seine
Gegenwart hineinragte. Der Dom in Frankfurt war mittelalterlich, und die Kaiser-
krönung dort fand nach einem Ritus aus dem Mittelalter statt (Bd. 9, S. 178,22 ff.).
Die jugendliche Beschäftigung mit Olenschlagers Werk über die „Goldene Bulle"
war Hineindenken in das Mittelalter (Bd. 9, S. 158,1–10). Das deutsche Reich war
bis zu seinem Erlöschen im Jahre 1806 ein Lehensstaat, dessen Verfassung aus dem
Mittelalter stammte. Die Prozesse zwischen den einzelnen Territorien, welche
Goethe als junger Jurist am Reichskammergericht in Wetzlar kennen lernte, gingen vielfach auf Rechte zurück, die aus dem Mittelalter stammten. Goethe kannte
seit seiner Kindheit Gottfrieds „Historische Chronik" mit ihrer Darstellung des
Mittelalters (Bd. 9, S. 35,7), und er las früh viele der Volksbücher, die er *schätzba-
re Überreste der Mittelzeit* nennt (Bd. 9, S. 36,4). Die Begeisterung für das Straßburger Münster weckte den Sinn für die Gotik (Bd. 12, S. 7–15). Die Beschäftigung mit der Geschichte führt zu der Gestalt des Götz von Berlichingen, deren
Schicksale in ihrer Eigenart nur im Gefüge des alten deutschen Reiches möglich
waren. In die Welt des Lehensystems führte ihn auch das Reineke-Fuchs-Epos
von 1498, in das er sich 1793 vertiefte, um bei seiner Bearbeitung nicht nur das
Überzeitliche, sondern auch den Hauch des Mittelalterlichen zu vermitteln. Die
Studien zur Geschichte der Farbenlehre erforderten Beschäftigung mit der Naturwissenschaft des Mittelalters, zumal der Alchemie (Bd. 14, S. 58–80), die dann in
Faust mannigfach nachwirkte (1034–1049, 6988–6998). Im Dienste des Herzogs
von Weimar mußte Goethe oft nach Eisenach; er kannte die Wartburg genau, auch
von ihr könnte man sagen sie sei eine *wundersam aus vielen eingeswordene Burg*
(9146). Es gab in Thüringen manche Zeugnisse mittelalterlicher Kultur, und allmählich entwickelte sich der Gedanke, daß die Staaten die Aufgabe hätten, für
deren Erhaltung zu sorgen. Die Jenaer Bibliothek besaß eine der wenigen großen
Liederhandschriften aus dem Mittelalter. Als 1807 F. H. v. d. Hagens Ausgabe des
Nibelungenliedes erschienen war, beschäftigte Goethe sich eingehend mit ihr; als
1827 Simrocks Übersetzung kam, rezensierte er sie (Bd. 12, S. 348–350). Zeitweilig
dachte er an eine Tragödie, die zur Zeit Karls des Großen spielt (WA 11,
S. 335–348 u. 442 ff.; Bd. 53, S. 363–365). Die Rheinreisen 1814 und 1815 lenkten
den Blick auf die mittelalterlichen Gemälde in der Sammlung Boisserée (heute in
der Alten Pinakothek, München) und auf den Kölner Dom, und um ein Meister-
werk des romanischen Stils zu sehn, fuhr Goethe mit dem Freiherrn vom Stein
nach Maria Laach. Aus diesen Reisen erwuchs die Schrift *Kunst und Altertum am
Rhein und Main*, die sich großenteils mit Werken des Mittelalters beschäftigt
(Bd. 12, S. 142 ff.). Sogar die Externsteine zog Goethe in den Kreis seiner Betrachtungen und schrieb einen Aufsatz darüber (Bd. 12, S. 206–209). Als 1824 der Berliner Historiker Friedrich v. Raumer seine „Geschichte der Hohenstaufen" veröf-

fentlichte, sandte er Goethe die 4 Bände. Dieser las sie sorgfältig durch (Tagebuch 5. Sept. bis 23. Okt. 1824) und schrieb über sie in seiner Zeitschrift *Über Kunst und Altertum* Bd. 5, 1825 (Bd. 12, S. 338f.). Dann folgten noch zwei weitere Bände Raumers, welche eine allgemeine Kulturgeschichte der Zeit bringen und in dem meisterhaften Kapitel über das Rittertum gipfeln. Goethe verzeichnete im Tagebuch (9.–14. Mai 1825) wieder die Lektüre und vermerkt diesmal sogar wichtige Themen: *Sittengebräuche, Ritterwesen* (10. Mai 1825). Raumer gibt in Bd. 3 (6. Buch, 7. Hauptstück) eine ausführliche Darstellung, wie auf dem 4. Kreuzzug Byzanz erobert und dort das „Lateinische Kaisertum" errichtet wird, zu welchem Griechenland gehörte. In diesem Zusammenhang heißt es: „Wir finden fränkische Herren in Argos, Sparta, Korinth, Athen usw." (S. 234) Hier sah Goethe also das Motiv, das er für *Faust* brauchte. Bisher hatte er daran gedacht, Helena auf eine Burg nach Deutschland zu holen; doch das paßte nicht recht: Faust und sie sollten jeder dem anderen entgegenkommen, er ihr im Raum, sie ihm in der Zeit. Das war nun durch die Burg bei Sparta möglich. Genau zu der Zeit, bevor er an den Helena-Akt ging, fand Goethe das Motiv bei Raumer, er fand es dank der Weite seiner Interessen und der Genauigkeit seines Lesens, und nun verwertete er es für den 3. Akt. Durch die Lektüre der 6 Bände hatten seine Mittelalter-Kenntnisse eine Abrundung erhalten. Wie sehr er sie nutzte, zeigt die Szene *Innerer Burghof*.

Zum Wort *Phantasmagorie*: Die im Verlag Brockhaus erschienene „Allg. dt. Real-Encyclopaedie (Conversations-Lexicon)", Lpz. 1824–1829, schreibt in Bd. 6, S. 482: „Phantasmagorie: die Kunst, Scheinbilder, z. B. menschliche Gestalten, durch täuschende Mittel, z. B. Hohlspiegel, erscheinen zu lassen." Goethe bezog dieses Werk, als es erschien, durch seinen Weimarer Buchhändler; es stand in seinem Arbeitszimmer. Zur Geschichte des Worts: Grand Larousse de la langue Française 3, 1973, S. 1882. – La grande Encyclopédie. Tome 16. Paris. (o. J.), Art. „Fantasmagorie" und „Fantascope". – Grand Larousse 14, 1961, S. 906. – Über den Erfinder, Etienne-Gaspard Robertson, 1763–1837: Nouvelle biographie générale 42, 1866, Sp. 394.

Zu den Beziehungen des 3. Akts zur Antike: Sachregister und Namen-Register in Bd. 14: Antike, Aeschylos, Sophokles, Euripides. Und Bibliographie, Abschnitt „Antike Literatur", „Antike Kunst". – Goethe u. die Antike. Hrsg. von E. Grumach. Potsdam 1949. – Helene Herrmann S. 98–101, 132–137, 161–178. – Gundolf S. 765–772. – Richard Alewyn, Goethe und die Antike. In: Das humanistische Gymnasium 1932, S. 114–124. Wiederabgedruckt in: Alewyn, Probleme und Gestalten. Frankf. 1974. S. 255–280. – Julius Petersen, Helena und der Teufelspakt. Jahrb. d. Fr. dt. Hochstifts 1936–1940, S. 199–236. – Kurt May S. 137–199. – Kommerell S. 57–64. – Emrich S. 360–431. – H. Trevelyan, Goethe und die Griechen. Hbg. 1949. S. 266ff. – Wolfgang Schadewaldt, Goethestudien. Zürich u. Stuttg. 1963. Insbes. S. 165–206: Faust u. Helena. – Inge Wiemann, Goethe und die griechischen Tragiker. Diss. Kiel 1966. – H. Ruppert, Goethes Bibliothek. Katalog. 1958. S. 173–175.

Zu den Beziehungen des 3. Akts zum Mittelalter: Sachregister und Personenregister in Bd. 14 und Briefe Bd. 4, Stichworte: Mittelalter, Nibelungenlied, Minnesänger, Gotik usw., dazu die entsprechenden Abschnitte in der *Geschichte der Farbenlehre* Bd. 13, S. 46–68. – Bibliographie in Bd. 14, Abschnitte: Geschichte, Deutsche Literatur vor 1700, Kunst des Mittelalters u. a.

Vor dem Palaste des Menelas zu Sparta

8488. *Bewundert viel* ... Von wem bewundert und gescholten? Von den Troern und Griechen? Gewiß, doch vielleicht auch von den Dichtern, ebenso wie im Eingang der Klassischen Walpurgisnacht Erichtho gleich zu Beginn von sich als Gestalt der Dichtung spricht (7007 ff.) und Helena später von sich selbst als *Idol* redet (8879 ff.). Doch deutlich ausgesagt wird es nicht, und eben dies Schwebende ist Absicht, es deutet auf die Mehrschichtigkeit der Wirklichkeit, die in diesem Akt herrscht. Und da Goethe erst im Alter dazu kam, diese nur geistige Wirklichkeit dichterisch auszusprechen, ist es bezeichnend, daß dieser Eingangsvers erst im Alter geschaffen wurde. Das Helena-Fragment von 1800 begann: *Vom Strande komm' ich* ... Dieser monologische Beginn ist stilgerecht der eines euripideischen Dramas. ,,Hippolytos" beginnt: ,,Auf Erden vielgefeiert und nicht namenlos / Bin ich, die Göttin Kypris, und in Himmelshöhn ..." Und ,,Die Bakchantinnen", ein Werk, mit dem Goethe sich viel beschäftigt hat, beginnen: ,,Ins Land der Theber kam ich hier, der Sohn des Zeus, / Dionysos, den einst Kadmos Tochter, Semele ..." Ähnlich andere Dramen. Auch der Rückblick auf Herkunft, Verwandtschaft und Schicksale ist bezeichnend für Euripideische Anfangsmonologe. Da Helena die Verkörperung der Schönheit ist, bildet Goethes Auffassung des Schönen den geistigen Hintergrund; dazu: Sachregister in Bd. 14 ,,das Schöne", ,,Schönheit".

8489. *erst*: vor kurzem. Ähnlich 2205, 4375.

8491. *phrygischen Blachgefild*. Phrygien ist die Ebene bei Troia. *Blachgefild* ist Abwandlung des Wortes ,,Blachfeld" = Ebene. Beide Wörter waren zu Goethes Zeit schon ungebräuchlich, aber durch Luthers Bibelübersetzung, in welcher ,,Blachfeld" mehrfach vorkommt, bekannt. – Dt. Wb. 2, Sp. 59.

8492. *sträubig*: gelegentlich von der Mähne des Pferdes gesagt (Dt.Wb. 10,3 Sp. 959). Hier also der Kamm der Wellen dem Kamm des Pferdes verglichen.

8493. *Euros* (griech.), lat. ,,Eurus": der Südostwind.

8494. *Menelas*: die modern-französische Namensform – auch die altgriechisch-dorische –, Goethe von Kindheit an geläufig und von ihm sein Leben lang beibehalten wie z. B. auch die Namensform *Ulyß*. Die altgriechisch-ionische Form ist Menelaos.

8496. *hohes Haus*. Die Anrede an Haus und Tür (8502) ist ein Motiv der antiken Tragödie, z. B. Aischylos, Agamemnon (ein Werk, mit dem Goethe sich viel beschäftigt hat), Vers 518 ff.; Euripides, Orestes Vers 345 f.

8497. *Tyndareos*, König von Sparta, war Gemahl der Leda. Während er vertrieben in Äolien war, kam Zeus in Gestalt eines Schwans zu Leda, und sie gebar ihm Helena, Kastor und Pollux. Goethe hatte in seiner

Handschrift *Tyndareus* – was im Versklang besser paßt –, änderte aber auf Anraten des Philologen Göttling in *Tyndareos*.

8498. *Pallas' Hügel*: ein Hügel, auf welchem ein Tempel der Pallas Athene steht; also wohl Athen.

8511. *Cytherens Tempel*: der Tempel der Aphrodite, wo Helena ein Opfer darbrachte. Dort sah Paris, der aus Phrygien stammte, sie und entführte sie nach Troia.

8516ff. *Verschmähe nicht* ... Hier beginnt die erste Chorstrophe. Diese Chorlieder sind ähnlich gebaut wie die bei Aischylos, Sophokles und Euripides. Goethe besaß einen handschriftlichen Aufsatz von Wilhelm von Humboldt über antike Chorlieder und beschäftigte sich mit deren Bau auch an Hand der Arbeiten des klassischen Philologen Gottfried Herrmann. – 8516–8523 ist die Strophe, 8560–8567 die genau so gebaute Antistrophe (Gegenstrophe); 8591–8603 die dazu gehörige Epode (Abgesang). – Es folgen 8610–8618 Strophe, 8619–8627 Gegenstrophe, 8628–8637 Epode. – 8697–8701 Strophe, 8702–8706 Gegenstrophe, 8707ff. neue Strophe (anderer Bauart), 8713–8718 Gegenstrophe zu der vorigen, 8719–8727 Mesode (Mittelstrophe), 8728–8735 Strophe (eine dritte Form), 8736–8743 Gegenstrophe dazu, 8744 bis 8748 Strophe (vierte Bauform), 8749–8753 Gegenstrophe dazu. Im ganzen stehen also 8697–8753 vier Strophengruppen (Strophe und Gegenstrophe) symmetrisch um die Mittelstrophe geordnet. – 8882–8886 Proode (Vorstrophe), 8887–8894 Strophe, 8895–8902 Gegenstrophe zu der vorigen, 8903–8908 Epode (Nachgesang). Ähnlich gebaut im folgenden 9078–9087 Vorstrophe, 9088–9098 Strophe, 9099–9109 Gegenstrophe zu der vorigen, 9110–9121 Abgesang (Epode). – 9152–9164 ist eine Strophe ohne formale Entsprechung. Goethe hat sich im Entwurf notiert *Anapäste* (Weim. Ausg. 15,2 S. 228). Eine Strophe für sich ist auch 9165–9181. Dagegen ist 9385–9410 wieder ein Chorlied mit Strophe, Gegenstrophe und Epode; ebenso 9482–9505. – Vierteilig ist 9629–9678: Strophe, Gegenstrophe, neue Strophe und Gegenstrophe. – Von 9687 an spricht der Chor in Reimstrophen, also nicht antik. Nur zum Schluß folgen noch zwei antike Chorstrophen, jedoch als Einzelstrophen, ohne Gegenstrophe: 9970–9980 und 9985–9991. – Über Goethe und die antiken Versformen: Bd. 1, Anmerkungen zu ,,Die Zeit der Klassik", mit Bibliographie. – Schr.G.Ges. 61, 1980, S. 110–155 mit Angaben weiterer Literatur.

8528. *Komm' ich ein Opfer*: Helena hält für möglich, daß Menelaos sich an ihr rächen will, wie es später dann Phorkyas verkündet (8925). Das Motiv kommt bei Euripides vor, Troerinnen 861–869.

8537. *gegen mir*: mir gegenüber.

8578. *geb' ich deiner Sorge hin.* Das Fragment von 1800 schreibt *geb' ich ... heim*, die späteren Handschriften und Drucke: *geb' ich ...hin.*

8580. *Lebendigen Atems.* Im Fragment von 1800: *Lebendiges bezeichnet mir...*

8582f. *doch ich sorge weiter nicht, / Und alles bleibe hohen Göttern heimgestellt* ... Es ist für Helena bezeichnend, daß trotz bedenklicher Situationen ihr, der antiken Heldin, die Sorge in dem Sinne, wie sie in Vers 644ff. und später 11420ff. vorkommt, fremd ist; so auch 8962. – Helene Herrmann, S. 174: ,,Helena ist dadurch bezeichnet, daß sie in ihrem Geschick ruht, daß sie wissend und in einer stolzen Frommheit damit einverstanden ist. Des Gottverhängten in ihrem Leben ist sie gewiß wie nur irgend ein Grieche es sein kann, sie ist ihrer selbst inne als Macht wie als Gefahr.''

8591ff. *Was geschehen werde* ... Das Chorlied der gefangenen Troerinnen spricht die Bemühung aus, sich in der neuen Situation in Lakonien zu orientieren, doch steht ihnen dabei immer noch der grauenhafte Untergang Troias vor Augen. In der antiken Literatur ist er an vielen Stellen dargestellt, z.B. in Euripides Tragödie ,,Die Troerinnen'' und im 2. Gesang von Vergils ,,Äneis''. Dort wird erzählt, wie grausam die Griechen manche gefangenen Männer ermordeten und die Frauen als Sklavinnen wegschleppten.

8609. Der Zusatz ,,Ab'', zum Verständnis förderlich, ist von Goethe vergessen und in späteren Ausgaben meist von den Herausgebern hinzugesetzt.

8611. *Traurig gefangen*: es sind Troerinnen, die als Gefangene mitgenommen sind.

8622. *der Entbundene*: der nicht mehr durch Ketten Gefesselte. Helena und die Chorfrauen waren bei der Einnahme Troias zunächst Gefangene und wurden als solche behandelt, d.h. als Sklavinnen. Jetzt aber bewegen sie sich frei in dem durch das soziale Gefüge von Sparta gegebenen Aufgabenkreis.

8653. *die Stygischen*: die Götter der Unterwelt.
8681. *eingefaltet*: in ein Faltengewand gehüllt.
8685. *Thalamos*: Ehebett, Schlafgemach.

8703. *hört' ich die Götter.* Das Motiv, daß die Götter bei dem Kampf um Troia rufen, stammt aus Homer, Ilias V, 785, 860; XIV, 148. Goethe hat in seiner Inhaltsangabe der ,,Ilias'', die er 1798 entwarf, später überarbeitete und 1821 in *Über Kunst und Altertum* veröffentlichte, dieses Motiv vermerkt: *Here ruft als Stentor ... Ares brüllt* (WA 41,1 S. 277).

8704. *Zwietracht*: die Göttin Eris. In Goethes Inhaltsangabe der ,,Ilias'' heißt es zum 11. Gesang: *Zeus schickt die Eris* (WA 41,1 S. 288).

8711. *Mit des eignen Sturmes Wehn.* Der Feuerbrand erzeugte raschen Zustrom kalter Luft, und so bildete sich ein *Sturm* eigener Art, welcher das Weitergreifen des Feuers verstärkte.

8728f. *Welche von Phorkys' Töchtern* ... Die Frauen des Chors beurteilen Mephistopheles in der Gestalt der Phorkyas, die er 8012–8033 übernommen hat, durchaus treffend. *Phorkys' Töchter* werden 8735 mit ihrem anderen Namen *Graien* genannt.

8735. *Graien,* griech. „Graiai", die Töchter des Meergotts Phorkys. Vgl. 7967 u. Anm.

8739. *Phöbus:* der Sonnengott.

8772. *Mänadisch wild:* die ekstatischen Mänaden (Bakchantinnen) gehörten zu dem Gefolge des Dionysos.

8779. *Zu Hauf:* als Haufen. Wie 3958, 3967, 5755, 5852, 6648, 7602.

8810. *Wie häßlich neben Schönheit* … Von hier bis 8825 ein Streitgespräch, in welchem jede Rede eine Zeile umfaßt; eine in der antiken Tragödie geläufige Form, die sogenannte Stichomythie (Stichos: Vers, mythos: Gespräch, Rede).

8812. *Erebus* (griech. Erebos): die Finsternis, die Unterwelt, der Gott der Unterwelt, welcher mit *Mutter Natur* verheiratet ist. Beide sind aus dem Chaos hervorgegangen. Die Choretide trifft das Wesen des Mephistopheles besser als sie es ahnt, ist er doch *des Chaos wunderlicher Sohn* (1384).

8813. *Scylla.* Riemer: „fabelhaftes Ungetüm in der sizilischen Meerenge, hundsköpfig … Von skyllo = zerzausen, weil sie, was ihr Lebendiges nahe kam, zauste und zerriß".

8817ff. *Tiresias, den Alten* … Es folgen mehrere Vergleiche, um Alter und Häßlichkeit zu bezeichnen. *Tiresias,* der Seher, wurde ungewöhnlich alt. *Orion:* mythischer Riese und Jäger der Urzeit. *Harpyen:* räuberische, schmutzige Dämonen, halb Vogel, halb Mensch.

8823. *Vampyr:* Gespenst, das seinem Opfer das Blut aussaugt.

8829. *unterschworner Zwist:* heimlich schwärender Zwist. – An Zelter 6. 11. 1827: *unterschworne und übertünchte Familienverhältnisse.* (Bd. 9, Anmkg. zu 285, 13f.) – Von „schwären" (eitern, anschwellen). – Dt. Wb. 11,3. Sp. 1805f.

8836ff. *daß ich selbst zum Orkus mich* … Helena erinnert sich jetzt deutlicher an den Orkus, aus dem sie heraufgeholt ist.

8848ff. *Schon Theseus* … Phorkyas nennt im folgenden Helenas Liebesabenteuer. Theseus soll sie, die zehnjährige, geraubt haben (worauf schon 7415ff. anspielt); später liebte Helena Patroklos, das Ebenbild des Achilleus. Sie wurde vermählt mit Menelaos. Dann kam Paris (8861) und entführte sie.

8864f. *Auch jene Fahrt* … Bisher hat Mephistopheles-Phorkyas Ereignisse genannt, welche Helena selbst erlebt hat. Jetzt aber bringt er Neues. Während Paris Helena entführte, war Menelaos auf einem Kriegszuge, und von diesem brachte er sie, die alte Phorkyas, als kretische Sklavin mit und setzte sie als Schaffnerin ein. Daher kennt Helena sie nicht.

8872. *doppelhaft Gebild.* Nach einer späten Sage, die Euripides für sein Drama ,,Helena" benutzt hat, erschuf Hera ein Schattenbild Helenas, das Paris nach Troia mitnahm, während die echte Helena in Ägypten lebte. Diese Darstellung des Euripides meint Goethe in seinem Aufsatz *Polygnots Gemälde,* wo er schreibt: *Außerordentliche Menschen als große Naturerscheinungen bleiben dem Patriotismus eines jeden Volks immer heilig. Ob solche Phänomene genutzt oder geschadet, kommt nicht in Betracht ... So scheint auch den Griechen das Andenken seiner Helena entzückt zu haben ... und so verdiente nach vieljähriger Kontrovers Euripides gewiß den Dank aller Griechen, wenn er sie als gerechtfertigt, ja sogar als völlig unschuldig darstellte und so die unerläßliche Forderung des gebildeten Menschen, Schönheit und Sittlichkeit im Einklang zu sehen, befriedigte.* (WA 48, S. 107 f.)

8876. *Dann sagen sie ...* Eine Sage berichtet (schon 7435 vor davon die Rede), Achilleus sei es erlaubt gewesen, eine Zeitlang aus der Unterwelt emporzusteigen und mit Helena, die ebenfalls wieder aus dem Totenreich emporsteigen durfte, in Pherä verheiratet zu leben. – Helena in ihren bisherigen Reden glaubte aus Troia zu kommen. Indem aber Phorkyas von dieser Achilleus-Episode berichtet, die nach Helenas Tode spielte, ist diese Zeitrechnung plötzlich hinfällig. In Helena steht ein Ahnen auf, daß es eine zweite Zeitrechnung und Wirklichkeit gebe und Phorkyas irgendwie recht habe; und das überwältigt sie, da das sichere Stehen im Sein, in eindeutiger Gegenwarts-Wirklichkeit gerade ihr Wesen (als antike Heldin) ausmacht.

8879. *Idol.* Das deutsche Wort *Idol* stammt von dem lateinischen ,,idolum", und dieses wiederum von dem griechischen ,,eidolon": Bild, Schattenbild, Bild in der Seele, Trugbild, Gespenst. Goethe benutzt es im altgriechischen Sinne. So ist hier Achill als *Idol* zeitweilig aus der Unterwelt entlassen (8876 f.), und ähnlich ist in Euripides' Drama ,,Helena" die Helena in Troia ein *Idol,* die in Ägypten aber Wirklichkeit. Dasselbe Wort schon 4190.

8889 f. *dreiköpfigen Hundes:* Cerberus in der Unterwelt.

8896. *Letheschenkenden:* Lethe ist der Fluß in der Unterwelt, aus dem alle dorthin Kommenden trinken, wodurch sie dann das Vergangene vergessen. Die Chorfrauen wollen, um sich der Gegenwart zu stellen, das düstere Vergangene jetzt zurückdrängen und tadeln deswegen Phorkyas, die alles in Erinnerung ruft.

8908. *Tritt hervor ...* Hier beginnt eine andere Versart, und der rhythmische Wandel bezeichnet einen Wandel in Stimmung und Haltung. Der achtfüßige Trochäus kommt in der altgriechischen Tragödie partienweis zwischen den sechsfüßigen Jamben vor. Im Deutschen entspricht ihm ein Acht-Takter ohne Auftakt mit einer Zäsur in der Mitte, welche oft einer Satzgliederung entspricht (Komma vor Nebensatz) oder einer Aufteilung des Verses unter zwei Sprecher wie in den Versen 8923–8927. Diese Versart bringt Unruhe in die Rede, geht rasch voran, und in diesem Zusammenhang folgt nun die entscheidende Wendung in Vers 8924. Nachdem Mephistopheles-Phorkyas die düstere Voraussage ausgemalt hat, geht er 8930 wieder in den sechsfüßigen Jambus über.

8924. *Königin, du bist gemeint.* In dem raschen Dialog in Halbversen sagt Phorkyas hier ganz knapp das Wesentliche. Dieser Satz löst die Wendung im 3. Akt aus, die Wanderung Helenas und ihrer Frauen zu Faust auf seine Burg. Die Zusammenkunft Fausts und Helenas auf einer Ritterburg des Peloponnes ist Goethes Erfindung; aber die Bedrohung Helenas, die ermordet werden soll, ist ein antikes Motiv, am ausführlichsten dargestellt in Euripides Tragödie ,,Die Troerinnen". Dort sagt Menelaos (Übers. von J.J.C. Donner, 1852. Die Verszahlen in den alten Ausgaben sind ein wenig anders als in den neuen):

> ... Hier im Zelte wurde sie
> Den Troerfrau'n als Kriegsgefangne beigezählt.
> Denn die sie mir erstritten, übergaben sie
> Mir nun zu töten oder, wollt ich dieses nicht,
> Sie wieder heimzuführen ins Argeierland.
> Doch mir gefiel es, nicht in Troias Gauen ihr
> Den Tod zu geben, sondern sie heimwärts im Schiff
> Zu führen, daß zur Sühne dort die Danaer
> Sie töten, deren Freunde hier gefallen sind. (871–879)

Menelaos sagt weiterhin im Dialog mit Helena, die seinen Entschluß unrecht findet:

> Nicht um zu streiten, dich zu töten bin ich hier.   (905)

Auch andere mahnen Menelaos, Helena zu töten (1029–1032), und er antwortet:

> Nach Argos kommend wird die Schlimme schlimmen Tod
> Erleiden, wie sie's würdig ist ...   (1055 f.)

Dieses Motiv hat Goethe übernommen. Was Phorkyas droht, ist etwas, was in dem Denken der Griechen der heroischen Zeit durchaus seinen Platz hatte. Helena hat von vorn herein damit gerechnet (8528 f.), und sie antwortet deswegen auf die Worte der Phorkyas: *Gräßlich! Doch geahnt.* (8926)

8939. *goldgehörnten.* Bei der Zauberhandlung mit den *Zwerggestalten* des Mephistopheles kommt es nicht auf kunstgeschichtliche Richtigkeit an. Tragaltäre mit Hörnern gab es in Palästina, anknüpfend an 2. Mose 27,1 f. ,,Und du sollst einen Altar machen von Akazienholz, viereckig, und mache Hörner an seine vier Ecken."

8956. *Ehrwürdigste der Parzen* ... Der Chor spricht nicht nur inhaltlich plötzlich ganz anders zu Phorkyas, sondern nimmt auch einen anderen Rhythmus auf: Vers 8957–8961 und 8966–8970 sind achttaktige Trochäen wie vorher 8908–8929.

8969. *Rhea*: Gattin des Kronos (Saturn), Mutter des Zeus.

8996. *Taygetos* (viersilbig): Gebirge, das Lakonien von Messenien trennt. Der Hauptkamm, etwa 2100 m hoch, liegt westlich von Sparta und war von dort aus zu sehen.

8998. *Rohren*: Schilfrohr. Dasselbe Motiv 4333, 7250.

8999f. *ein kühn Geschlecht ... aus cimmerischer Nacht.* Gemeint sind Faust und seine Männer. Sie stammen aus dem Norden; *cimmerisch* (von lat. cimmerius) sagt Goethe öfters für: weit nördlich (Bd. 9, S. 490, 17; Bd. 11, S. 47,14; 104,30; Bd. 12, S. 128,23). Mephistopheles-Phorkyas treibt hier die Handlung entscheidend vorwärts, indem Helena nun zu Faust auf seine Burg geht. Als Goethe im Oktober 1824 Raumers „Geschichte der Hohenstaufen" las, fand er dort in Bd. 3 ein Kapitel über die Errichtung des „lateinischen Kaisertums" in Byzanz im Jahre 1204 und darin den Satz „Wir finden fränkische Herren in Argos, Sparta, Korinth, Athen usw." (S. 234) Den Notwendigkeiten und Sitten der Zeit entsprechend hatte der deutsche Ritter, der Sparta beherrschte, dort einen befestigten Platz. Über die Reste solcher Burgen steht etwas in den Reisebeschreibungen, die Goethe las. Schon Erich Schmidt hat darauf hingewiesen, daß William Gell, Narrative of a journey in the Morea, London 1823, S. 123 eine Burg – a castle – erwähnt. Goethe entlieh dieses Werk 7.–30. April 1825, 28. Mai–15. Okt. 1825 und 13. Sept. 1827–10. April 1828. Er las in dieser Zeit auch andere Werke über Griechenland (Keudell 1640, 1641, 1650), die ihn z. T. wegen des griechischen Befreiungskrieges und Lord Byron interessierten. Die Tagebücher sagen viel über seine Lektüre, insbesondere über die sorgfältige Beschäftigung mit Raumers „Geschichte der Hohenstaufen". Mehr als das einfache Motiv, daß ein deutscher Ritter den Peloponnes beherrschte und eine Burg hatte, brauchte er nicht. Moderne Forscher haben in der Nähe von Sparta nach mittelalterlichen Resten gesucht und haben die eine oder andere Ruine als „die" Faustburg bezeichnet. Es bleibt aber zu bedenken, daß der ganze 3. Akt eine *Phantasmagorie* ist. Die Burg, wie sie hier geschildert ist (9017–9043, 9145–9149, dazu die Regieanweisung vor 9127), ist ein Phantasiegebilde, kombiniert aus schönsten Schlössern und Burgen in Deutschland. Sie ist in der Wirklichkeit ebensowenig zu finden wie das Arkadien der folgenden Szene.

Johanna Schmidt, Sparta-Mistra. Forschungen über Goethes Faustburg. (Jb.) Goethe 18, 1956, S. 132–157. – Richard Hauschild, Mistra – die Faustburg Goethes. Abhandl. d. Sächs. Akad. d. Wiss. zu Leipzig. Phil.-hist. Kl., Bd. 54. 1963.

9009. *Freigeschenke.* Der Freie gibt dem Fürsten freiwillige Abgaben, wie in Tacitus „Gemania" Kap. 15. Daraus wurde später das Lehenssystem.

9015. *menschenfresserisch.* Ilias 22,346f. Achill zu Hektor: „Würde ich selbst nur so von Grimm und Rache getrieben, / Roh für dein Tun dein Fleisch zu schneiden und runterzuschlingen."

9017. *Und seine Burg* ... Phorkyas-Mephistopheles rühmt im folgenden die mittelalterliche Burg. Er will Helena und ihre Frauen dorthin locken. Während ihm das Antike fremd bleibt, kann er hier einen Bereich schildern, der ihm bekannt ist. Es tauchen Motive auf, die schon 6409ff. zur Sprache kamen.

9054. *Deiphobos,* Sohn des Priamos und der Hekabe, heiratete Helena nach dem Tode des Paris. Bei der Einnahme Troias wurde er von Menelaos in lebendem Zustand grausam verstümmelt, bevor dieser ihn umbrachte. Äneis VI, 495ff.: „Deiphobos ... / Arme und Hände zerhaun und entstellt, die Schläfe der beiden / Ohren beraubt, die Nase von schmählichen Hieben verstümmelt ..."

9057. *kebste:* zur Geliebten machte. R. Hildebrand sagt im Dt.Wb. 5, Sp. 374 zu diesem Wort hier: „Es hatte sich dem Dichter wohl aus den Nibelungen (XIV, 853) eingeprägt."

9068. *Sei willkommen* ... Phorkyas redet so, als ob Menelaos schon da wäre. Es sind aber nur Trompetentöne zu hören.

9117. *Hermes* geleitet die Verstorbenen zur Unterwelt; *der goldene Stab* ist sein Kennzeichen.

Innerer Burghof

Die Regieanweisung *Innerer Burghof, umgeben von reichen phantastischen Gebäuden des Mittelalters* ist absichtlich allgemein gehalten, da der ganze Akt eine *Phantasmagorie* ist und es hier auf die Symbolik ankommt. Das Motiv, daß deutsche Ritter auf einem Kreuzzug sich auf dem Peloponnes einrichten, verweist auf die Zeit um 1200. Faust ist eine Gestalt des 16. Jahrhunderts. Hier werden mit dichterischer Freiheit diese Epochen in eins gesehen. In der folgenden Szene, in welcher Euphorion binnen kurzer Zeit geboren wird und aufwächst, mit wenigen Schritten aus dem Tal auf einen hohen Berg steigt und schließlich zu Lord Byron wird, ist noch deutlicher, daß alles nur symbolische Motive sind, deren innere Beziehung gerade durch das Ausschalten der realen Zeit anschaulich wird. Ähnlich ist es auch hier. Einige allgemein gehaltene mittelalterliche Motive geben den Hintergrund für das Zusammentreffen Fausts mit Helena, wobei sich zeigt, daß der Sinn für Maß und Form, für hohe Gesinnung, vornehme Bewegung und edle Sprache sowohl zu der Welt einer griechischen Königin gehört wie zu der eines mittelalterlichen deutschen Fürsten, als welcher Faust hier erscheint.

9128. *Witterung*: das Wetter, die jeweilige Situation. Nachdem die Chorführerin ganz allgemein gesagt hat *Spiel der Witterung*, fügt sie hinzu *Des Glücks und Unglücks*. In ähnlicher Weise *Tasso* 1189 *Witterung des Glücks*.

9135. *Pythonissa*. Helena meint mit dieser Anrede Phorkyas, die sich zeitweilig entfernt hat und erst 9419 wieder auftritt; griech. „Pytho" die Gegend von Delphi, wo das Orakel des Gottes Apollo war; lat. „pythonicus" weissagerisch; französ. „pythonisse" Wahrsagerin.

9142. *das leidige Bild*: Phorkyas.

9147. *halb* = halber; nachgestellte Präposition der Begründung; in der Form *halben* in *Reineke Fuchs* 1,15.

9163 f. *da erfüllte der Mund sich ... mit Asche*. Düntzer: „Der Chor fürchtet, die Jünglinge möchten gespenstige Wesen sein; er gedenkt dabei ähnlicher Sagen, nicht seiner eigenen Erfahrungen."

9176. *Pfuhl*: gepolsterter Thronsessel.

9192. *Statt feierlichsten Grußes ...* Faust begrüßt Helena in fünffüßigen Jamben, einer Versform, welche den sechsfüßigen Jamben, in welchen Helena und die Chorführerin gesprochen haben, verwandt ist. Wenn Faust in früheren Szenen in fünffüßigen Jamben sprach, waren diese gereimt, so 4679 ff., 6249 ff., 6427 ff. usw. Hier aber hat diese Versart keinen Reim, sich den antiken Versen angleichend. Als Helena spricht, 9213 ff., nimmt sie dann das Faustische Versmaß auf. Diese wechselseitige Angleichung ist ein Vorklang dessen, was dann 9367–9384 geschieht.

9218. *Lynkeus*, wörtlich „der Luchsäugige" (worauf 9231 anspielt), hieß der Steuermann der Argonauten. Goethe nimmt in *Faust II* mehrfach antike Namen auf (Euphorion, Philemon und Baucis), und so nennt er den Turmwächter hier Lynkeus, wie dann später auch im 5. Akt. Lynkeus spricht in strophischen Reimversen von hinreißendem Schwung; zum ersten mal tritt hier in die Helena-Welt diese Versform ein. Auch Lynkeus ist eine Spiegelung Faustischen Wesens, aber ohne dessen Größe und Kraft.

Die *Ausg.l.Hd.* hat in Bd. 4, 1827, *Turmwärter*, wie Johns Reinschrift. Der Druck von 1832 hat *Turmwächter*. – Über Lynkeus, Sohn des Aphareus: Horaz, Episteln I, 1, 28. – Ovid, Metamorphosen VIII,304. – K. Ph. Moritz, Götterlehre der Alten. 1791 u. ö. – J. G. G. Scheller, Lat.-dt. Wörterbuch. 2. Aufl. 1788.

9225. *im Süden*. Schon 8995 ist gesagt, daß das Gebirge, in welchem Fausts Burg liegt, *nordwärts* von Sparta liegt.

9254 f. *doppelt*: Anspielung darauf, daß Helena in Ägypten war und ihr Scheinbild in Troia, wie 8872; *dreifach, vierfach*: dazu Düntzer:

„*dreifach* nachdem sie aus dem Hades gestiegen und wieder zu Sparta aufgetreten war; *vierfach* nach ihrer Aufnahme in Fausts Burg."

9261. *Pfeile folgen Pfeilen* ... Das alte Pfeil-Motiv, schon eine Metapher der Barockdichtung, verwendete Goethe in der Symbolsprache seines Alters mehrfach zur Kennzeichnung verwundender, festhakender, ins Innerste dringender Liebe (vgl. Bd. 1, S. 378; Bd. 8, S. 321; Bd. 9, S. 449).

9283. *Volksgewicht*: „gewichtige Volksmasse, gewaltige Volksmenge" (Fischer, Goethe-Wortschatz).

9310. *Tropfenei aus Meeresgrund*: die Perle. Zugrunde liegt die Goethe geläufige poetische Vorstellung, daß ein Tropfen vom Himmel ins Meer fällt, von einer Muschel aufgenommen wird und dort zur Perle reift. Bd. 2, S. 100 *Vom Himmel sank* u. Anm.

9326. *Nun aber, lose, wird es dein*: Nun aber löst es sich los von mir und wird dein.

9327. *bar*: „wertvoll, materiellen Gewinn eintragend" (GWb 2,54).

9346f. *Schwach ist* ...: Wo übermächtige Schönheit herrscht, wird das, was geschehen soll, von den Beauftragten gleichsam wie ein schönes beglückendes Spiel vollzogen, aus Freiwilligkeit; die Erfüllung übertrifft den Befehl des Herrn, und weil der Befehl dahinter zurückbleibt, ist dessen Bedeutung und Kraft nur *schwach*. Diesem Gedanken des Spiels, der freiwilligen Regel, entspricht die Form der Verse: durchaus regelrecht, alternierend, reimend, zugleich spielend, tanzend, jubelnd – Überschwang im Geregelten als Form und Gehalt zugleich.

9349. *Übermut*. Das Wort *Mut* im Sinne von Stimmung, Geist; *über* als knappste Bezeichnung der Sonderstellung; also etwa in der Bedeutung: über alles andere hinausgehender Geist.

9367ff. *warum die Rede / Des Manns mir seltsam klang* ... Helena meint den ihr unbekannten Reim in den Worten des Lynkeus und deutet den Zusammenklang als Sinnbild der Liebe. Und von hier aus ergibt sich dann, daß sie selbst reimen lernt, indem sie Fausts Worte vollendet. Damit ist symbolisch ihre und seine Liebe, ihre Vereinigung zum Ausdruck gebracht. Welch zartes Symbol! Zugleich das Hineinwachsen Helenas, der antiken Schönheit, in die abendländische Welt (im Klang), während Fausts Sprache (als Wortwahl, Haltung, Stil) zugleich antike Elemente von ihr aufnimmt. Goethe hat den Reim als Symbol des seelischen Zusammenklangs, des glücklichen Eros, schon einmal benutzt im *West-östlichen Divan*, im *Buch Suleika*, in dem Gedicht *Behramgur, sagt man, hat den Reim erfunden* ... (Bd. 2, S. 79 u. Anmkg.); das Motiv ist ursprünglich altpersisch. – Helene Herrmann, S. 100: „An dieser Stelle verlangt die Symphonik des Werks für Faust nach so viel Drang und Sehnsucht schon etwas ganz rein Klingendes,

namenlos Erheitertes. Und das ist hier erfüllt in der Form göttlich-
seligen, entrückten Spielens. Wem dies zu leicht, ja spielerisch scheint,
der empfindet nicht ganz, welche Steigerung des Erfülltseins in diesem
scheinbaren Leichtwerden liegt. Dies höchste Glück spielt mit sich
selbst. Einen Augenblick ist nun auch Fausts Stimme voll reiner Da-
seinsfreude, und allmählich steigt dann, sie füllend, ein sieghafter, herr-
scherlicher Klang in ihr auf. Er kann sich hier nicht aktiv-dramatisch
entfalten, aber er offenbart sich in der Art des Schauens und Fühlens
(die Schilderung Arkadiens 9526ff.)."

9400. *Vollerteilen*: Goethesche Neubildung: erteilen in vollem Maße.

9410. *Übermütiges*: der Gesinnung des Hochstehenden entsprechend. Adjektiv
zu der Sonderbedeutung von *Übermut* 9349, die dem aus der Antike stammenden,
im Neulatein des 16. und 17. Jahrhunderts gewichtig benutzten Wort „magnani-
mitas" (Adj. „magnanimus") nahekommt.

9415. *verlebt* = zu Ende gelebt. Helena fühlt, daß sie schon einmal
gelebt habe, und dennoch fühlt sie sich jung und neu lebendig (ähnlich
in Vers 9411); aus diesem Gegensatz heraus wird deutlich, wie sehr sie
dem Augenblick lebt und wie vollkommen dieser ist. – Ähnlich gebraucht Goethe das Wort *abgelebt* Bd. 1, S. 123.

9431. *Fraungeleit*. In der Sprache der Jahrhunderte vor Goethe bedeutete *Geleit* nicht einfach Begleitung, sondern auch Schutz und also
auch die Verpflichtung, den Geleiteten zu verteidigen. So auch in dieser
Zusammensetzung.

9444. *die Gunst der Frauen*. Goethe flektiert das Wort „die Frau"
meist in altertümlicher Art mit dem schwachen Singular-Genitiv *der
Frauen* (9221, 9588, 9599); vermutlich ist auch hier die Form ein Singular: „die Gunst der Herrin". Der Chor 9482ff. variiert und paraphra-
siert das Motiv.

9454. *Pylos*: Hafenstadt des Peloponnes.

9456. *kleine Königsbande*: die einzelnen Bindungen an einen König von Seiten
territorialer Kleinfürsten.

9457. *das ungebundene Heer*: das in jeder Richtung frei voranschreitende Heer.

9466ff. *Germane du* . . . Die einzelnen Landschaften des Peloponnes
werden an die Germanenstämme verteilt, die Oberherrschaft bleibt Helena und Faust in Sparta (9476).

9512. *Nichtinsel*: der Peloponnes. Goethe bildet das Wort entsprechend dem lat. „paeninsula".

9514–9561. *Das Land, vor aller Länder Sonnen* . . . Lob Arkadiens,
das seit Vergils Hirtengedichten (Bucolica) das Sinnbild glücklichen
natürlichen Lebens war. In dieser Bedeutung war es in der Neuzeit
aufgenommen von Jacopo Sannazaro in seinem Roman „Arcadia"
(1480–85, endgültige Fassung 1504), daran schlossen sich Ph.Sidney

(1580–1593) und zahlreiche Schäferdichtungen in ganz Europa vom 16. bis zum 18. Jahrhundert. Die traditionelle Verbindung des Arkadien-Motivs mit dem des „goldenen Zeitalters" wird von Goethe beibehalten (9565). Arkadien ist hier das Sinnbild heroisch-idyllischer Schönheit, glücklichen Lebens: felsige Berge, im Tal üppige Matten, Hirten mit ihren Herden. Goethe hat das idyllische Arkadien auch in seinem Aufsatz *Wilhelm Tischbeins Idyllen* dargestellt, aber nirgendwo in einer Großartigkeit wie an dieser Stelle mit der herben Weite und Charakterisierungskraft des lyrischen Altersstils, der hier in seiner vollendeten Kraft erscheint. Wo arkadisches Leben ist, ist goldenes Zeitalter, immer und überall, darum Zeitlosigkeit. Nachdem Faust hier von Arkadien gesprochen hat, erscheint es in der nächsten Szene. Dadurch ist angedeutet, wie sehr es geistige Schöpfung ist, ein *grenzunbewußtes Reich* (9363).

Bruno Snell, Arkadien. In: Snell, Die Entdeckung des Geistes. Hamburg 1955. S. 371–400. – Lieselotte Blumenthal, Arkadien in Goethes *Tasso*. (Jb.) Goethe 21, 1959, S. 1–24. – Hans-Joachim Mähl, Die Idee des goldenen Zeitalters im Werk des Novalis. Heidelberg 1965. – Studien zu Goethes Alterswerken. Hrsg. von E. Trunz. Frankfurt 1971. S. 7–74. – Bd. 5 *Tasso* Vers 979 ff. u. Anm. – Bd. 11, S. 7 u. Anm. – Elisabeth Frenzel, Motive der Weltliteratur. Stuttg. 1980 u.ö., Art. „Arkadien".

9520 f. *Geschwister*: singularische Kollektivform; gemeint sind Kastor und Pollux; *überstach*: durch Glanz blendete. In dem ganzen Abschnitt über Arkadien treten die Kühnheiten und Eigenheiten des Altersstils besonders stark zutage.

9526 ff. *Und duldet auch* . . . Der Rhythmus springt von den Viertaktern in die volleren, größeren Fünftakter, während die Strophenform die gleiche bleibt. 9526–9561 der Preis Arkadiens, eine der großen lyrischen Schilderungen, ähnlich wie der Leda-Traum 6903–6920. Goethe bleibt auch im Lyrischen sachlich und folgerecht: Die Landschaft vom Berg bis zu den Tälern, die Tiere, die Menschen. Nur die Beiwörter legen Glanz über das Bild. Erst zum Schluß Verallgemeinerndes (9550). Fast jede Silbe enthält auch Lautsymbolik, der Felsbereich in kalten scharfen Klängen *Zackenhaupt* usw., der grünende Wiesenbereich in wärmeren üppigeren Lauten, *feucht erfrischt, von süßem Safte trächtig*, die Linienführung der Eichenäste *eigensinnig zackt*. Die Schilderung Arkadiens entspricht dem neuen inneren Zustand Fausts – was 9502–9565 auch ausdrücklich gesagt ist –, der nur durch Helena in ihm geschaffen werden konnte, und leitet über zu der Szene, die nun anschließt, und zwar nicht wie andere Szenen abgetrennt, sondern als Verwandlung, Weiterführung. – Das Motiv des stufenweisen Wachstums vom *Fels* bis hinab zu den *Ebenen* auch in dem Gedicht *Am feuchten Fels* Bd. 1. S. 352. – R. Alewyn 1932 in der Ztschr. „Das humanistische Gymnasium", wiederabgedruckt in: Alewyn, Probleme und Gestalten. 1974. S. 267f.: „Helenas vollkommene Schönheit hebt für einen Augenblick Fausts titanisches Streben auf, aber er selbst ist seinerseits gegen den zerstörenden Fluch gefeit, der ihre Schönheit dämonisch beschattet, und so erlebt er nicht die vernichtende, sondern nur die beglückende Macht ihrer Vollkommenheit. Zum Zeichen der Weltvergessenheit seines Glückes siedelt das Paar aus der fränkischen Burg nach Arkadien über und tritt damit aus dem heroischen Bereich der Geschichte in den idyllischen der Natur. Arkadien ist hier nicht ein Land wie jedes andere, obwohl Sparta benachbart, es ist vielmehr ein Zustand: das Goldene Zeitalter, das auch nicht ein Zeitalter ist wie andere, sondern der Zustand außer der Zeit. Arkadien ist für Griechenland und die abendländische Renaissance der mythologische Ort einer schlichten wunschlosen Seligkeit, zu der ihre Vollkommenheit ebenso gehört, als daß sie verloren ist. Der Zustand des wunschlosen Glücks der Liebenden war als solcher nicht darzustellen, nur zu versinnbildlichen, und Goethe kannte dafür kein reineres Symbol als die südliche Landschaft, wie er sie einmal in Sizilien hatte schauen dürfen – *Et in Arcadia ego!* (Bd. 11, S. 7) Und wie Goethe in Italien, so erlebt Faust in Arkadien ein einziges Mal das Vollkommene – aller Wunsch, alle Zeit steht still." – Vgl. auch die Zitate von H. Herrmann, W. Binder und R. Alewyn in den Notizen zum 3. Akt im allgemeinen.

9538. *Lebensnymphen*: lebenspendende Nymphen der Quellen.

9558. *Apoll den Hirten zugestaltet*: ihnen zugesellt und in der Gestalt angeglichen (sprachliche Neubildung Goethes für diese Stelle). Apollo tötete die Kyklopen und mußte auf Befehl des Zeus deswegen ein Jahr lang bei Admetos in Thessalien als Hirt dienen.

9561. *Ergreifen alle Welten sich*: die Bereiche der Götter und die der Menschen.

9565. *Der ersten Welt*: dem goldenen Zeitalter. Ihm folgte das zweite, das silberne; dann das eherne und das eiserne. So die Schilderung bei Ovid, Metamorphosen I, 89–150.

9566. *umschreiben*: umgrenzen, mit einer Linie umschließen (Dt.Wb. 11,2 Sp. 1110–1112).

9567. *zirkt*: „breitet sich als Bezirk aus, liegt ringsum ausgebreitet da" (Dt.Wb. 15, Sp. 1615).

Schattiger Hain

Diese Szene entwickelt sich durch Verwandlung aus der vorigen, die Regieanweisung sagt es. Goethe hat ihr nicht eine eigene Bezeichnung gegeben. Die vorigen Szenen benennt man nach den knappen Ortsbezeichnungen, die Goethe darüber gesetzt hat: *Laboratorium – Vor dem Palaste des Menelas zu Sparta – Innerer Burghof* usw. Hier fehlt eine solche knappe Bezeichnung. Weil die Philologen aber für diese Szene (die vom Inhalt und Raum her eine Szene für sich ist) einen Namen brauchten, um sich kurz und eindeutig zu verständigen, hat man meist aus der Regieanweisung die Wörter *Schattiger Hain* herausgenommen und als Namen gewählt. Einige haben *Arkadien* geschrieben. – Unsere Ausgabe bleibt bei der Druckeinrichtung des Erstdrucks von 1827 (*Ausgabe letzter Hd., Bd. 4*) und des Drucks von 1832. Als Seitentitel ist *Schattiger Hain* eingesetzt, ebenso als Szenenbezeichnung im Kommentar.

Nachdem in Fausts Worten in der vorigen Szene 9514–9573 Arkadien geschildert ist, erscheint es hier im Bilde. Goethe bleibt in der Tradition darin, daß er Arkadien als ,,goldene Zeit" schildert; er ist aber anders als alle Vorgänger darin, wie er es schildert, einen vielfältig in sich gegliederten symbolhaltigen Raum, mit Vorgängen, die sich wie Traumbilder aneinanderreihen, und als eine Welt, die aus innerer Notwendigkeit sich auflöst. Neu ist, daß er in die Arkadien-Welt die Gestalt Euphorions einführt.

Es ist ein altes Motiv der Volksbücher, daß Helena Faust einen Sohn schenkt. Ebenso wie Helena bei Goethe etwas anderes bedeutet als in der alten Sage, so auch dieser Sohn, den Goethe Euphorion nennt. Er hat viel Faustisches: er ist das Streben, die sich emporreckende Seele; aber er ist auch der Sohn Helenas: geformt, künstlerisch, im Augenblick lebend. Ähnlich wie Helena einmalige persönliche Gestalt ist und zugleich die antike Schönheit schlechthin, so ist auch Euphorion dramatische Person und zugleich ein Allgemeines: die Dichtung, und zwar die moderne Dichtung. Darum entspricht er dem Knaben Lenker des I. Akts. Aber über jenen hinaus wird er individuelle Gestalt und hat eine Lebensgeschichte: Geburt – Spiel – Jünglingstum – Liebe – Männlichkeit – Kriegertum – Tod; er erreicht seine Grenzen, überschreitet sie (und gerade hier erscheint er liebenswert und durchaus Fausts Sohn) und endet tragisch. Dieses Geschehen erscheint in kurzen Bildern, die von dem Bezaubernden, Leuchtenden ins Herbe und Tragische führen. Nirgends ist der Symbolstil so rein ausgeprägt wie hier. Am Ende wird Euphorion zum Kämpfer für hohe Ziele, zum Krieger. *Man glaubt in dem Toten eine bekannte Gestalt zu erblicken.* Und nun setzt der Chor mit einem Klagegesang ein, der offenbar weniger auf eine allgemein gehaltene dramatische Gestalt als vielmehr auf eine Porträtfigur zielt. Goethe hat gesagt, wer jene *bekannte Gestalt* sei: Lord Byron. Er hatte sich im Alter daran gewöhnt, für jedes Allgemeine sich einzelne Repräsentanten zu denken (sie können als einzelne wechseln) und in jedem einzelnen ein Allgemeines zu sehn (besonders die *Maximen und Reflexionen* sprechen darüber); darum konnte hier Euphorion zu Lord Byron werden. Denn dieser ist der am ehesten zu nennende einzelne, der das widerspiegelt, was Euphorion als verallgemeinernde Gestalt ist. In der Sprache des Symbols hat diese Verwandlung nichts Erstaunliches. – Aus Fausts glücklicher Vereinigung mit Helena entsteht ein Neues, und in diesem lebt der Faustische Geist weiter. Für das arkadische Idyll aber bedeutet Euphorion eine sprengende Kraft. Durch das Neue, das er bringt, wird diese Szene auch klanglich etwas anderes als die bisherigen Szenen des Akts. Zwar das Strebende, Drängende, aufs Unbedingte Zielende in Euphorions Sprache ist Faustisch. Aber im Gegensatz zu Fausts Sprache ist Euphorions Ausdruck Gesang oder ist Sprache in klangvollen kurzen Liedzeilen, die von Saitenspiel begleitet sind. Und nicht minder weicht diese Szene von den majestätischen Sprechversen Helenas ab; dort stand das Wort mit seiner Inhaltsschwere im Vordergrund; jetzt, seit dem Entstehen Euphorions, überwiegt das Klanglich-Melodiöse; Rhythmus und Reim erhalten gesteigerte Bedeutung; das Einzelwort verliert an Gewicht. Der Chor singt den Klagesang in Reimstrophen. Erst nach Euphorions Tode findet er wieder zu den antiken Formen zurück. Der Schluß des Aktes führt alles zu Ende: die Euphorion-Handlung, das Geschehen zwischen Faust und Helena und schließlich auch das Schicksal von Helenas Umwelt. Ähnlich wie vorher die Walpurgisnacht eine Aufwärtsbewegung war von den Elementen zur Gestalt, ist dieser Aktschluß eine Rückkehr ins Elementare. Und hier tritt nun wieder der achttaktige Trochäus in Funktion wie vorher bei der Ängstigungs-Szene (8909 ff.) und der Gefahr-Szene (9067 ff.); auch hier verkörpert er unablässige Bewegung. Mangel an Sicherheit, Chaos, fehlende Gestalt; er zerstiebt in eine Vielheit kleiner Parallelsätze und klangvoller Worthäufungen und verkörpert so das entgestaltende Ins-Element-Zerfließen der Choretiden. Aus dem Elementaren hatte sich Helena herausgehoben: *einzigste Gestalt* (7439); auch Panthalis hob sich heraus, wenn auch in großem Abstand; immerhin: *Nicht nur Verdienst, auch Treue wahrt uns die Person.* (9984; bezeichnenderweise ist dies noch im Trimeter gesagt.) Der Aktschluß ist ein dichterisches bildhaftes Geschehen, hinter dem freilich Vermutungen und Ahnungen stehen, daß bedeutendes irdisches Leben auch eine *Beschäftigung* in anderen Regionen hoffen lasse (an Zelter 19. März 1827; Briefe Bd. 4, S. 219; zu Eckermann 4. Febr. 1829). Das Gestaltgewordene bleibt als Entelechie; die Choretiden werden Element. Und weil solche Verwandlung ins Natürliche kosmische Schauder mit sich bringt, erklingt am Ende der Dithyrambus des Dionysos-Mysteriums als kultische Feier des Elementaren. Daß am Ende alles sich in Nichts auflöst, weiß Mephistopheles von Anbeginn. In der Arkadien-Szene kümmern Faust und Helena sich nicht um ihn. Faust spricht in dem ganzen 3. Akt nur ein einziges Mal mit ihm, und da in ablehnendem Sinne (9438 ff.). In allen anderen Akten gibt es ausführliche Dialoge. Mephistopheles hat Faust in die Burg gebracht, Faust kann ihn nicht einfach wegsenden. Er denkt aber nicht mehr an ihn, sobald die Verbindung mit Helena geschaffen ist. Zu den Chorfrauen sagt Phorkyas, sie sei von Faust und Helena *hochgeehrt* (9590), doch was man von solchen Äußerungen zu halten hat, weiß man, wenn man den Charakter des Mephistopheles bedenkt. Vermutlich weiß Mephistopheles, daß Euphorion zugrunde gehen wird und damit alles andre sich ebenfalls auflösen wird. Dadurch erhalten seine Worte über Euphorion (9598 ff.) einen Nebensinn, der erst deutlich wird, als er am Schluß sich hochreckt und andeutet, daß alles ein Schein war und er allein es gewußt hat.

Vgl. das Zitat von Wolfgang Binder in dem allgemeinen Abschnitt zum 3. Akt. – Bd. 14 Sachregister ,,Unsterblichkeit". – Helene Herrmann S. 316–351. – Gundolf S. 772–774. – Walter Weiß, Goethes Mephisto. Diss. Innsbruck 1952. S. 79 ff.

Vor 9574. *Der Schauplatz* ... Während später der 4. Akt mit Hochgebirge und Weitblick beginnt, ist hier die Sicht nah umgrenzt. Grotten und Lauben sind ein Motiv der Malerei, sofern sie Phantasielandschaften schuf. Hinter ihnen schließen Felsen das Bild ab. Das Wort *Steile* kommt bei Goethe mehrfach vor (Bd. 1, S. 196,7; Bd. 8, S. 459,6). In Goethes Zeichnungen gibt es mehrfach *Felsenhöhlen*, aber nicht als *Reihe* und nicht vereint mit *Lauben* (Corpus der Goethezeichnungen Bd. IV A, Register unter ,,Grotte"). Das Motiv der *Höhlen* ist schon 9537 erwähnt, es wird 9586 wiederholt und bildet einen Teil des Bühnenbildes. Zu dem Optischen, das eine Phantasiewelt, Innenwelt andeutet, kommt die Zeit, welche zusammenraffend Motive zusammenstellt. Goethe war sich darüber klar und leitete dieses Stilprinzip aus der Antike ab. In seinem Aufsatz *Phaeton, Tragödie des Euripides* sagt er: *Man muß es dem Dichter zugeben, daß er in einen kurzen Zeitraum sehr viel zusammenpreßt. Es ließen sich hievon ältere und neuere Beispiele wohl anführen, wo das Dargestellte in einer gewissen Zeit unmöglich geschehen kann und doch geschieht. Auf dieser Fiktion des Dichters und der Zustimmung des Hörers und Schauers ruht die oft angefochtene und immer wiederkehrende dramatische Zeit- und Ortseinheit der Alten und Neuern.* (Bd. 12, S. 313,8–16.)

9578. *Ihr Bärtigen auch* ... Ein Satz an die Zuschauer wie schon 6773 f. und 6815–6818. Auf einem der handschriftlichen Blätter, die für die endgültige Fassung dann nicht benutzt wurden, hat Goethe diese Worte ans Publikum noch breiter ausgeführt (WA 15,1 S. 233–235 Paralipomenon 176).

9582 ff. *Rede nur, erzähl'* ... Der Rhythmus wandelt sich aus dem Trimeter in den beweglich-raschen Achttakter, in welchem die Geburt Euphorions berichtet wird. Doch dadurch daß von Zeit zu Zeit Viertakter eingeschaltet sind (also halb so lang wie die Verse davor), werden Ruhepunkte geschaffen.

9594. *da drinnen ganze Weltenräume* ... Sogleich erfolgt die Antwort *Allerdings, ihr Unerfahrnen! das sind unerforschte Tiefen* ... Hier wird deutlich, daß es sich um Phantasieraum handelt, Symbol inneren Vorgangs; und wie der Raum so die Zeit: Die Chorfrauen schlafen ein und wachen auf und in dieser Zeit haben Faust und Helena sich vereinigt, sie hat einen Sohn geboren und dieser ist bereits zum Jüngling herangewachsen. Sieht man in dieser Weise alles als Bedeutungsträger, so erklärt sich die Symbolik weiterhin, das Springen, das Leuchten des Kopfes, die Leier. Eine Phantasiewelt, die ihre eigene Struktur hat, ähnlich wie die im *Märchen* (Bd. 6, S. 209–241).

9599. *ein Knabe.* Erst vor Vers 9695 wird er *Euphorion* genannt. Dies ist ein altgriechischer Name, zusammenhängend mit dem Verb „euphoreo" = „Früchte tragen" und dem Adjektiv „euphoros" = „leicht tragend, behend, geschwind". Als Eigenname kommt Euphorion in der Antike mehrfach vor. Bei dem spätantiken Schriftsteller Ptolemaios Chennos (Pauly-Wissowa 46, Sp. 1862) ist Euphorion der Sohn des Achilleus und der Helena; er ist geflügelt; er wird von einem Blitzstrahl des Zeus erschlagen; die Nymphen, die ihn bestatten, werden von Zeus in Frösche verwandelt. Hederich in seinem „Mythologischen Lexicon" und Voß in seinen „Mythologischen Briefen" nahmen diese Geschichte auf. Goethe hat sie vermutlich durch solche indirekte Vermittlung kennen gelernt.

W. Pape, Wörterbuch der griech. Eigennamen. 3. Aufl, bearb. von G. E. Benseler. Braunschweig 1911. S. 429. – W. H. Roscher, Ausführliches Lexikon der griech. u. röm. Mythologie, Bd. I. Lpz. 1884–90. Sp. 56 (Achill und Helena), Sp. 1408 (Euphorion). – Der kleine Pauly. Lexikon der Antike. 2, 1967, Sp. 432 f.

9604 ff. *Springt er auf den festen Boden* ... Das Motiv des Springens ist hinfort bezeichnend (geradezu Leitsymbol) für Euphorion, es ist die Fortsetzung des Faustischen Emporstrebens und wird zum Schluß zum Fliegen (entsprechend dem Faustischen Flug-Symbol 394 ff., 702 ff., 1074 ff., 1122 u. a. m.). Damit vereinigt sich das *Antäus*-Motiv (9611), das ebenfalls schon für Faust (7077) Anwendung fand: das Kraftschöpfen aus der Erde.

9619. *Busen*: Brust.

9623. *Denn wie leuchtet's ihm zu Haupten?* Dieses Motiv kommt 9902 ff. dann verstärkt vor. Dort benutzt Goethe dafür das Wort *Aureole*, das er in einem Brief erläutert hat. Vgl. 9902 u. Anm.

9630. *Kretas Erzeugte* nennt der Chor Phorkyas, weil diese sich selbst 8864 als *freigeborene Kreterin* bezeichnet hat.

9644. *Söhne ... der Maja.* Der Gott Hermes ist der Sohn des Zeus und der Maja. Nachdem Phorkyas die Geburt Euphorions in der arkadischen Grotte berichtet hat, spricht der Chor davon, daß Ähnliches schon früher vorgekommen sei, und erzählt von der Geburt des Hermes; auch hier das Leichte, Spielende, Rasche, Wunderbare.

9648. *Strenget*: wickelt fest ein.
9669. *Trident*: Dreizack des Neptun.
9677. *Cyprien*: Venus.

9679 ff. *Höret allerliebste Klänge* ... Daß Phorkyas so bejahend über Musik spricht, liegt daran, daß die Musik, welche hier erklingt, moderne Kunst ist, nicht griechische, und daß Phorkyas in diesem Akt stets Vertreterin des Abendländisch-Neuzeitlichen ist (z. B. 8754ff., 9017ff.). Anschließend charakterisiert dann der Chor diese Musik, zunächst als *Schmeichelton*, dann aber als ein Finden des Höchsten *im eignen Herzen*: Die Innerlichkeit des Menschen schafft die Ordnung der Welt neu; Größe und Gefahr der modernen subjektiven Kunst, deren bestes Beispiel die Musik ist (ohne daß der Gegensatz zu der alten Kunst weiter ausgeführt wird). Hierdurch erhält das Euphorion-Thema seinen besonderen Charakter.

9682. *Laßt es hin*: laßt es dahingehen, geht ihm nicht weiter nach.

9687. *fürchterliches Wesen* nennt der Chor hier Phorkyas, für die er schon so viele verschiedene Anreden hatte. Warum sie *fürchterlich* erscheint, erfahren wir aus den Versen 9962–9965. Dort ist von dem *Geisteszwang*, den sie ausübt, die Rede.

9689. *frisch genesen*. Der Chor, der 9424ff. von dem neuen Anmarsch des Menelaos hörte, 9482ff. an Kampf dachte, ist jetzt in dem friedlichen Arkadien und vom Schlaf erquickt (Bühnenanweisung vor 9574). Die *vollstimmige Musik* (Bühnenanweisung vor 9679) bewegt die immer leicht beeinflußbaren Chorfrauen innerlich.

9710. *Verein*: Verbindung, Gemeinschaft.

9711. *Nun laßt mich hüpfen* ... Wieder ein Umschwung im Metrum. Der eigentliche Euphorion-Rhythmus mit seiner Schnellkraft setzt ein. Euphorions Hang zum Unbedingten, das rücksichtslose Sich-Wagen, der Drang empor tritt nun immer stärker hervor.

9782. *widert mir*: mag ich nicht. Ähnlich 6949.
9798. *widerwärtig*: widerstrebend. Vgl. 8085 u. Anm.
9804. *in Gedränge*: in Bedrängnis.

9835 ff. *Träumt ihr den Friedenstag?* Euphorion, Verkörperung der Dichtung, wird nun zugleich zum Genius heroischen Lebens. Die Beziehung zu Lord Byron beginnt sich abzuzeichnen. In seinem Aufsatz *Goethes Beitrag zum Andenken Lord Byrons* spricht Goethe davon, daß er 1823 hörte, *der Lord werde seinen großen Sinn, seine mannigfaltigen Kräfte an erhaben-gefährliche Taten über Meer verwenden* (Bd. 12, S. 326,22 ff.).

9843 ff. *Welche dies Land gebar* ... Die Verse 9843–9850 sind eine der sprachlich kühnsten Partien des Altersstils, ohne normalen Satzbau. *Verschwenderisch eignen Bluts,* sie alle haben *Den nicht zu dämpfenden Heiligen Sinn.* Das Wort *heilig* in der Bedeutung wertvoll, hoch (lat. magnanimus). Ähnlich formuliert der Aufsatz *Zum Andenken Lord Byrons,* der Dichter habe *großen Sinn* an *erhaben-gefährliche Taten* gewendet (Bd. 12, S. 326,22 f.). Die, welche das Land geboren hat, kommen aus einer Lage der Gefahr und sind in eine neue Gefahr hineingeraten. Ihr Geist wird durch die Genetiv-Konstruktionen *eignen Muts* und *eignen Bluts* (ein beliebtes Mittel des Altersstils) charakterisiert. Allen den Kämpfenden bringe Gewinn, was hier unternommen wird von ihnen (den Griechen) und mir (Euphorion). Das Wort *alle* steht unflektiert (also nicht „allen") vor *den Kämpfenden;* das ist eine Eigenart der Sprache Goethes; zahlreiche Beispiele für unflektiertes *alle* im GWb 1, Sp. 340. Euphorion spricht die Verse 9835–9838 und 9843–9850, nachdem er in der symbolischen Landschaft mit wenigen Schritten den höchsten Berg erstiegen hat, von welchem er den ganzen Peloponnes überblickt (9821–9826), dabei sieht er auch die politische Situation (9835–9838) und zieht daraus die Folge.

9856. *sich selbst bewußt*: „voll Selbstbewußtsein, von seiner eigenen Tüchtigkeit überzeugt, auf sich selbst vertrauend" (Fischer, Goethe-Wortschatz).

9863. *Heilige Poesie* ... Das Wort *heilig* hat oft die Bedeutung „höchst wertvoll, auf das Höchste gerichtet, ideal", ohne spezifisch religiös zu sein. Vgl. 427, 432, 566, 1035, 2777, 4633, 7378, 8949, 10028 usw.

9879. *Schwindelstufen*: eine Höhe, auf welcher man leicht vom Schwindel erfaßt werden kann.

9897 f. *Doch! – und ein Flügelpaar* ... Das Motiv des Fliegens ist die Fortsetzung des Motivs des Springens 9603 ff., 9612, 9711 f., 9723 ff., Regieanweisung vor 9819, 9821 f., und es ist zugleich die Fortsetzung des Flug-Motivs bei Faust 394 ff., 702 ff., 1074 ff., 1122 u. ö. – Über die Ausrufe Euphorions sagt Helene Herrmann S. 135 f.: „Der Abschluß dieser Szenen ist ein dichterischer Gipfel; Euphorions letzter Schrei von hinreißender Gewalt ... Dies *Doch!,* syntaktisch losgerissen, rhythmisch hinausgeschleudert mit der Gewalt seines Klanges, antwortet schon keiner irdischen Abmahnung mehr. Es ist schon eine Zwiesprache der verzückten Seele mit Mächten, die nur sie sieht und hört, ist ein Widerstand gegen alles, was verweigern will, der tragische Trotz, der ‚Ja' will, wo ewig ‚Nein' ist. *Dorthin! Ich muß! ich muß! / Gönnt mir den Flug!* Dies stammelnde Drängen, der Nachdruck des Wiederholens, die plötzlich erneute Wendung der Anrede ins Unbekannte hinein mit wieder fast kindlicher Bitte, das ist die höchste Steigerung eines immerfort anwachsenden Linienschwunges."

9901. *Ikarus* und sein Vater Dädalus wurden in Kreta von Minos festgehalten. Da baute Dädalus ihnen Flügel, mit denen sie entflohen. Ikarus flog trotz der Warnung des Vaters zu nahe zur Sonne, so daß das Wachs der Flügel schmolz. Er fiel ins Meer und starb. Die Geschichte war bekannt durch Ovid, Metamorphosen VIII, 183–235. Eine ähnliche Geschichte ist die des Phaeton, der gegen den Willen seines Vaters den Flug durch die Luft wagt und tot niederstürzt. Goethe hatte sich mit dem Phaeton-Drama des Euripides in den Jahren 1821–1823 ausführlich beschäftigt und darüber geschrieben (Bd. 12, S. 310–320).

nach 9902. *eine bekannte Gestalt.* Eckermann verzeichnet unter dem Datum 5. Juli 1827 ein Gespräch über den Zusammenhang von Euphorion und Lord Byron. Goethe hat sich viel mit Byrons Werk und Persönlichkeit beschäftigt, und seine Äußerungen über Byron haben mit dem Trauergesang 9907–9938 so viele Übereinstimmungen, daß man auch ohne Eckermann wüßte, an wen er hier gedacht hat. – Vgl. die Anm. zu 9907ff.

nach 9902. *Aureole.* In Vers 9623 ist von dem *Leuchten* um das Haupt die Rede, die Regieanweisung nach 9900 spricht von *Lichtschweif*, nun folgt *Aureole.* Als Goethe in einem Brief Ikens vom 25. August 1827 (Briefe an Goethe Bd. 2, S. 462,1) nach der Bedeutung dieses Wortes gefragt wurde, antwortete er in einer Beilage zu seinem Brief vom 27. September: *Aureole ist ein im Französischen gebräuchliches Wort, welches den Heiligenschein um die Häupter göttlicher oder vergötterter Personen andeutet. Dieser kommt ringförmig schon auf alten pompeianischen Gemälden ...vor. In den Gräbern der alten Christen fehlen sie nicht ...Hiedurch wird auf alle Fälle eine höhere geistige Kraft aus dem Haupte gleichsam emanierend und sichtbar werdend angedeutet ... Und so heißt es auch in ,,Helena'': Denn wie leuchtet's ihm zu Haupten? ... ist es Flamme übermächtiger Geisteskraft? (9623f.) Und so kehrt denn diese Geistesflamme bei seinem Scheiden wieder in die höhern Regionen zurück.* (WA Briefe Bd. 43, S. 85.) Die Licht-Geist-Symbolik ist keineswegs etwas nur Christliches, und Goethe meint sie hier in einem allgemeinen Sinne, ähnlich wie sie schon in seinem *Märchen* vorkommt. – GWb. 1, Sp. 1091.

9907ff. *Nicht allein ...* Es gehört zu den großartigsten klanglichen Symbolen dieses an Klängen so reichen Werks, wie das verhallende Wort Euphorions ... *nicht allein!* nun von dem Chor aufgenommen wird: *Nicht allein!* – *wo du auch weilest* ... und dabei in ein anderes rhythmisches Maß und zugleich in einen neuen geistigen Zusammenhang übertragen wird; dort ein ,,letztes Verhallen'', hier ein ,,voll schwellender Einsatz'' (Helene Herrmann, S. 345). Der Trauergesang ist deutlich auf Lord Byron bezogen, aber zugleich allgemein gehalten, zu Euphorion passend. Goethe, der in Byron einen dämonischen Men-

schen sah, dessen unerschöpfliches Künstlertum aus innerster Tiefe
kommend mit seiner ganzen Existenz verwachsen war, hat Byrons Werke seit ihren Anfängen mit stärkster Anteilnahme verfolgt, ist später in
persönliche Beziehungen zu ihm gekommen und hat ihn in zwei bedeutenden, tiefsinnigen Gedichten besungen (Bd. 1, S. 348 f. u. Anmkg.).

Über die Beziehungen zu Lord Byron: Bd. 12, S. 324–327 u. Anm. – Briefe
Bd. 4, Namenregister. – Briefe an Goethe. Bd. 2. Namenregister. – Gundolf 1916.
S. 697–701. – J. G. Robertson, Goethe and Byron. London 1926. = Publ. of the
English Goethe Society. New Series, 2. – Fritz Strich, Goethe und die Weltlitera-
tur. Bern 1946. S. 297–312. – GHb. 1, 1961, Sp. 1514–1528.

9935. *erfrischet* = stimmt frisch an. – Es ist bezeichnend für Goethes
Art, wie dieser Klagesang endet. Erst der Tiefpunkt in düsterem Moll,
die engen Grenzen des Menschseins aussprechend: *Wem gelingt es? –
Trübe Frage* ... Zum Schluß aber der Hinweis vom Tod auf das Leben:
Denn der Boden zeugt sie wieder ..., wobei leise das *Antäus*-Motiv
(9611) nachklingt. Das ohne Beziehungswort bleibende *sie* ist eine der
Hindeutungen des Spätstils, die der Hörer selbsttätig weiterführen
muß. Gedacht ist natürlich an die, *welche dies Land gebar* (9843). Im
Gedankengang ähnlich der Ausklang des Totengesangs auf Mignon
(*Lehrjahre VIII, 8*): *Schreitet, schreitet ins Leben zurück!* ... (Bd. 7,
S. 578,13 f.)

9939 f. *Ein altes Wort* ... Helena sieht hier wie immer ihr Schicksal in
eine Ordnung eingefügt. Es ist aber nicht ein bestimmter antiker
Satz gemeint. Die Zeile 9939 lautete zunächst

> *An mir bewährt sich leider auch das alte Wort*

Für die folgende gibt es 10 handschriftliche Varianten:

> *Daß hoher Schönheit holdes Glück sich nicht gesellt.*
> *Daß daurend Glück die Schönheit nicht begleiten mag.*
> *Daß nie vom Glück begleitet sei die schönste Frau.*
> *Erfreuen darf sich nie die Schönheit großen Glücks.*
> *Die schönste Frau entbehrt gewiß des süßen Glücks.*
> *Nie war ein daurend Glück der Schönsten zugeteilt.*
> *Ein daurend Glück entbehret stets die schönste Frau.*
> *Daß dauerhaft sich Glück und Schönheit nicht vereint.*
> *Daß Glück und Schönheit lange nicht zusammengehn.*
> *Vor allem unglückselig ist die schönste Frau.*

Die Verse 9939–9944 sind Helenas erste Worte nach Euphorions Tod,
zugleich ihre Abschiedsworte an Faust; königlich groß wie alles an ihr,
wieder Trimeter, das Persönliche an einer allgemeinen Ordnung mes-
send, in maßvoller Strenge und zugleich durchzittert von innerstem

gefühltestem Leid. – Helene Herrmann, S. 136: *„Laß mich im düstern Reich! / Mutter, mich nicht allein!* Aus dem letzten Wort, *allein,* das echoweit verhallt, steigt wie ein langsam anschwellender Orgelton die ‚Nänie' des Chors. Sie beginnt im Klageton menschlicher Trauer, sie steigt ins Gefühl tragischen Schicksals und endlich bis hinauf in jene letzte groß-vertrauende Heiterkeit, die nur dem ganz erschütterten Geiste zuteil wird ... Aus diesem Hinströmen leidbewegter Stimmen aber hebt sich nun eine einzige Stimme, klar wie ein Bildwerk und doch leicht wie ein Hauch: Helenas Abschiedswort. Gegliedert, besonnen, gehalten gibt es noch einmal die Erscheinung ganz, nur mit einem ergreifenden Ton menschennaher Trauer, hier zum ersten Mal. Es hat jenen Vers, der nach zehnmaliger Feile endlich dasteht in der reinen Durchsichtigkeit hüllenloser Gegensätze (9940), und hat jenen letzten, der so volltönenden Halles ist, der den klangvollen Namen der Totengöttin so rhythmisiert, daß er zu einer feierlichen Majestät der Klage wird: *Persephoneia, nimm den Knaben auf und mich!"*

Die Verse 9939/40 standen ursprünglich nicht in der Johnschen Reinschrift. Goethe schickte sie am 27. März an den Faktor Reichel zur Einfügung (WA Briefe, Bd. 42, S. 90). In der Reinschrift wurden sie, von ihm eigenhändig auf einen Zettel geschrieben, als Einschaltung eingeklebt.

9944. *Persephoneia* oder Persephone, die Göttin der Unterwelt, lat. Proserpina. Goethe hat hier um des Klanges willen die vollere Namensform gewählt.

9945. *Halte fest* ... Hierzu Witkowski in seinem Kommentar: „Phorkyas muß hier in Ermangelung eines anderen Sprechers die symbolische Bedeutung von Helenas Gewändern erklären. Sie bedeuten die Form der Antike, die allein schon genügt, den modernen Menschen, so lange seine eigene Kraft dazu fähig ist, in die Höhe reiner Bildung zu erheben." Und Kommerell S. 60: „Wenn Mephistopheles ... ganz in Umkehr seines Wesens und seiner Absicht Fausten Helenens Gewande überreicht, damit sie ihn über das Gemeine hinwegtragen, so muß man dies nicht auf eine gewundene Weise mit der Teufelheit reimen, sondern darin die Macht des Stils begreifen, der gegen Schluß auch das Widerspenstige in den großen Ton der heroischen Barockoper auflöst und gelegentlich dem Mephisto nicht aus dessen Geist, sondern aus dem Geist der Szene die Rolle des idealen Sprechers zuweist."

9954. *Helenens Gewande lösen sich in Wolken auf* ... Hinter diesem groß gesehenen Bilde steht die Goethesche Wolken-Symbolik (Bd. 14, Sachregister „Wolke" mit 34 Belegen). – R. Alewyn, Probleme und Gestalten, 1974, S. 268: „Wie es überhaupt schon unrichtig ist, die *Faust*-Dichtung nur von ihrem Ziele aus und nicht auch jedes Glied für sich selbst zu betrachten, so täte man nirgends mehr als hier unrecht, in der Vergänglichkeit dieser Verbindung einen Einwand zu sehen. Das vollkommene Glück ist vergänglich nur von außen betrachtet, für den Glücklichen ist es reine Gegenwart, als Zeit nicht zu messen. So endet dieses Glück, endet ohne Folge und – einzig bei Goethe – weder in Entsagung, die eine Reifung, noch in Schuld, die eine Erlösung wirkt. Darin liegt für den nördlichen Menschen allerdings die Scheinhaftigkeit, aber das ist nur die Art, wie das Griechische wirklich ist." – Gundolf S. 771: ,,Durch Fausts Wesen ist auch hier das Verweilen unmöglich. Was er besitzen kann, muß er auch überwinden, und sein Gesetz (darum versinkt die Helena-Welt) ist nicht das ruhige, selbstgenugsame Sein im Raum – Helena und Arkadien –, sondern das Werden und Wirken in der Zeit: das selbstgenugsame Sein kann er wohl begehren, mit ihm zeugen, aber nicht behalten. Die Schönheit ist ein Gut, keine Form seines Lebens.''

vor 9955. *Exuvien* (lat. exuviae): das einem anderen Abgenommene (Gewand, Rüstung u. dgl.).

9956. *Die Flamme freilich* ... Erich Schmidt: ,,Satire auf Byrons Nachahmer ohne Genieflamme''; natürlich auch verallgemeinernd.

9975. *Asphodelos* (griech.), lat. asphodelus: Wiesenpflanze in den Mittelmeerländern, Lilienart. Bei Homer, Hesiod und anderen Schriftstellern: die Pflanze der Wiesen in der Unterwelt. Die Schilderung des Hades 9971–9980 enthält mehrere Motive aus Homer (Odyssee 10, 494f.; 11,539 u. 573; 24,5–9).

9981. *Wer keinen Namen* ... Die Faust-Helena-Handlung ist beendet. Nun wird das Schicksal der Chorfrauen und der Chorführerin noch zu Ende geführt, vermutlich wegen der geistigen Zusammenhänge. Das Thema Zeitlichkeit und Überzeitlichkeit, Elementares und Geistiges, Natur und Entelechie, Person und Chaos erscheint nochmals in neuen Bildern. Was hier über das Fortleben der tätigen Individualität gesagt ist, steht im Zusammenhang mit Gedanken, die Goethe meist nur in Andeutungen geäußert hat, da man über diese Dinge nichts Gewisses aussagen kann. Sachregister ,,Unsterblichkeit'', ,,Person'', ,,Individualität'', ,,Tätigkeit'' in Bd. 14 und in Briefe Bd. 4.

9992. *Wir in dieser tausend Äste* ... Einige der Choretiden werden zu Baumnymphen, Dryaden (9992–9998); andere zu Bergnymphen, Oreaden (9999–10004); wieder andere zu Quellnymphen, Wassernymphen, Najaden (10005–10010); die letzten werden zu Nymphen der Weinberge (10011–10038). – Formanalyse: Helene Herrmann S. 346–350.

10002. *Antwort*: das Echo.

10007. *mäandrisch*: in Form des Flusses Maiandros in Kleinasien, der viele Windungen macht. Nach ihm benannte man in der bildenden Kunst das Mäander-Band.

10010. *steigende* gehört zu *Wipfel*. Der Satzbau ist ähnlichen Konstruktionen im Lateinischen nachgebildet.

10012. *durchaus*: Überall, ganz und gar.

10016. *fördersamst*: am meisten nutzbringend ist ihm das Gebet zum Sonnengott.

10018. *faselnd*. Adelung 1808: „faseln: flatterhaft, tändelhaft, leichtsinnig denken und handeln, Munterkeit ohne Verstand äußern".

10026. *Tragebutten*: hölzerne Gefäße zum Tragen von Früchten usw., so geformt, daß sie auf dem Rücken getragen werden können.

10027. *Kufe*: großer Bottich, Holzgefäß. Hier werden die Trauben hineingetan. Sie wurden mit den Füßen zerquetscht, das ist gemeint mit *der Keltrer kräft'gem Tanz*. Der ganze Abschnitt zeigt Goethes Kenntnisse des Weinbaus und der dazu gehörigen Fachsprache. Das Wort *Kufe* auch Bd. 9, S. 199,12.

10031. *Dionysos*. Hier beginnt das Schlußmotiv, ein Dionysos-Fest. Goethe kannte zahlreiche antike Werke, aus denen er einzelne Züge übernehmen konnte, z. B. Euripides, „Die Bakchen". Dazu kamen Darstellungen aus der bildenden Kunst. Er besaß z. B. seit 1818 von Claude Gillot die Radierung „Feste de Bacchus, celebrée par des Satyres et des Bacchantes" (Fest des Bacchus, gefeiert von Satyrn und Bakchantinnen. Goethes Grafiksammlung. Die Franzosen. Lpz. 1980. Abb. K 27,2.).

10033. *öhrig Tier*: der Esel als Tier des Silen.

10034. *Gespaltne Klauen* (Ziegenfüße) haben die Satyrn. Über die Satyrn ein Kapitel bei Moritz, Götterlehre.

10035. *übertäubt*. Eine der knappen Goetheschen Konstruktionen: das Ohr ist *übertäubt*, d. h. durch allzuviel Lärm betäubt.

10038. *Phorkyas ... zeigt sich als Mephistopheles*. Die Geste des Mephistopheles, welche den *III.* Akt schließt, besagt, daß er überzeugt ist, alles Geschehene sei Schein und er allein sei wissend. Doch er hat damit – wie immer – nur die halbe Wahrheit; er und Faust denken wieder an einander vorbei. Das Äußere des Geschehens – die Burg in Griechenland und die Trompeten des Menelaos – sind Magie des Mephistopheles (wie später die magischen Helfer im Krieg des *IV. Akts* und beim Deichbau im *V. Akt*). Doch das Innere des Geschehens ist Fausts Erkenntnis der antiken Schönheit, eine Wahrheit, die Mephistopheles überhaupt nicht wahrnimmt (wie Gretchens innere Entscheidung am Ende des *I. Teils* oder den hohen Geist von Fausts Schlußvision im *V. Akt*). Außerdem ist die Helena der *III. Akts* nicht auf die Weise wie die des *II. Akts* herbeigeholt. Es wiederholt sich hier also nur, was sich im ganzen Drama abspielt (in den Szenen um Gretchen, den Deichbau usw.): Mephistopheles sieht die Dinge in seiner Art, Faust macht innerlich etwas anderes daraus; keiner erkennt dabei den anderen; an Fausts Innerlichkeit kann Mephistopheles nicht heran. Er zeigt sich auch hier als *der Geist, der stets verneint* und der wünscht, *daß nichts entstünde* (1338 ff.). Falls dieser Akt-Schluß auf der Bühne gespielt wird, welchen Ausdruck muß der Mephistopheles-Darsteller hier haben? Es kann wohl nur der bei Mephistopheles oft vorkommende sein: Es war alles Schein und ist in nichts zerstoben.

VIERTER AKT

Das Ende des 3. Akts schließt die Helena-Tragödie ab, die Begegnung mit der höchsten Schönheit des Altertums. Damit ist neben die Tragödie des Erkennenden und die des Liebenden die des künstlerisch Schauenden und Gestaltenden getreten; die Grenzen des Menschseins sind überall in gleicher Weise offenbar geworden. Wenig hervorgetreten ist aber bisher ein Gebiet, an das man als Lebensfeld eines strebenden Geistes vielleicht am ehesten denken könnte, das tätige Leben im gesellschaftlichen Gefüge. Es kann aus Idealismus entspringen und Gutes leisten, es kann aus Machtwillen entstehen, in den Mitteln fehlgreifen, zu Ichsucht und Gewalt werden. Es ist, wie alles, gespannt zwischen Licht und Dunkel. Im Leben dieser Art steht Faust im 5. Akt. Dort sehen wir ihn als Herrscher, sehen seine Fehlentscheidungen, seine mephistophelischen Helfer und seine Katastrophe. Davor aber, im 4. Akt, entfalten sich Bilder aus dem Staatsleben mit Kaiser, Kurfürsten, Feldherren, Soldaten und allegorischen Gestalten. Zwar ist in den meisten Szenen Faust anwesend, aber es ist nicht seine Welt, sondern die des Kaisers, eines Durchschnittsmenschen, nicht klug, nicht bösartig, leicht bestimmbar, Gutes wollend, in Böses hineingeratend, aber auch wieder sich nicht darin verstrickend, eine Welt, die sehr unvollkommen ist, sich aber als Gesamtgefüge immer wieder so hält, daß sie weiterlebt. Für den Kaiser ist Mephistopheles eine Episode, für Faust eine feste Bindung. Im 5. Akt überspannt er das, was er will, er wird schuldig und sein Werk geht zugrunde. Der 4. Akt bringt für den Handlungsverlauf Fausts neue Berührung mit dem Kaiser und die Belehnung mit dem Meeresstrande, die er sich wünscht. Er bringt für die Bilderreihe des Ganzen die Darstellung der politischen Welt am Kaiserhof, wo die Kurfürsten zwar dem Kaiser versichern, wie gern sie seine Lehensleute sind, aber zugleich an die Ausweitung ihrer eigenen Macht denken, und wo der Erzbischof von Mainz richtig erkennt, daß der Kaiser durch Mephistopheles und Faust *mit Satanas im Bunde* sei (10982), aber anstatt den Kaiser innerlich zu stärken und dessen gute Seiten zur Entfaltung zu bringen, von ihm Land für die Kirche verlangt. Der 4. Akt ist also ein Bild des staatlichen Lebens. Deswegen sind einige Szenen, die dafür bezeichnend sind, verhältnismäßig breit ausgemalt, obgleich sie mit dem Handlungsverlauf kaum etwas zu tun haben. Das für die Handlung wichtige Motiv der Belehnung Fausts mit dem Meeresstrand wird nur nebenher in 2 Zeilen erwähnt (11035 f.).

Als Form herrscht anfangs noch der antike Trimeter, Faust ist gleichsam noch in der Wolke Helenas. Dann aber tritt er aus ihr heraus in die Wirklichkeit, und hier ist dann auch Mephistopheles wieder da und mit ihm der Madrigalvers (10067 ff.). Später unterbrechen die Kundschafter mit knappen Viertaktern (10385 ff.), ebenso Habebald und Eilebeute (10525 ff., 10783 ff.). Dagegen sind die Szenen zwischen Kaiser, Kurfürsten und Kanzler in Alexandrinern geschrieben (10849 ff.), diese klingen barock, großartig, etwas steif, und verkörpern dadurch das Gefüge der alten Reichsordnung. Hier in der Szene der Reichsämter greift die Sprache in den Wortschatz der Rechtsordnung, bis ins Umständlich-Trokkene der Kanzleisprache. Vorher, wo die Sprache bei Raufebold, Eilebeute und ihresgleichen die rohe Gewalt symbolisiert, scheut sie nicht das Vulgäre (10331 ff., 10511 ff., 10783 ff.). Dazwischen, in der Ausdrucksweise Fausts, des Kaisers und der anderen herrscht ein mittlerer Bereich. Auch die Sprache gibt also ein Bild der Gesellschaft und des Reichs, im Negativen wie im Positiven.

In großen Zügen geplant war der 4. Akt schon seit langem, ausgeführt wurde er erst 1831. Es gibt einige Schemata aus älterer Zeit, sie sind anders als die spätere Ausführung. Am 15. Mai 1831 gibt Goethe Eckermann ein Papier mit Aufzeichnungen, was mit Faust II zu tun sei, falls er noch weiter daran arbeite, und auch für den Fall, daß er das Werk fragmentarisch hinterlasse. Hier heißt es: *Der 4. Akt ist erfunden und schematisiert und erwartet eine glückliche Ausführung.* Vom folgenden Tage stammt ein Schema der Handlung: *Faust aus der Wolke im Hochgebirge. Siebenmeilenstiefeln. Mephistopheles steigt aus. Sagt, Faust habe nun die Reiche der Welt und ihre Herrlichkeit gesehen. Ob er sich etwas ausgesucht habe. Faust läßt den Schein der Welt am Sonnentage gelten. Jener schildert die Zustände der besitzenden Menschen. Faust hat immer etwas Widerwärtiges. Mephistopheles schildert ein Sardanapalisches Leben. Faust entgegnet durch Schilderung der Revolte. Beneidenswert sind ihm die Anwohner des Meeresufers, das sie der Flut abgewinnen wollen. Zu diesen will er sich gesellen. Erst bilden und schaffen. Vorzüge der menschlichen Gesellschaft in ihren Anfängen. (Später zu bringen.) Mephistopheles läßt's gelten, zeigt die Gelegenheit dazu. Trommeln und kriegerische Musik ...* Das Schema skizziert in dieser Weise den ganzen 4. Akt und endet mit den Worten: *Faust bringt seine Ansprüche vor an die unfruchtbaren Meeresufer. Man ist zufrieden, ihn so leicht abzufinden. Er wird damit beliehen und geht, um davon Besitz zu nehmen.*

Dieses Schema zeigt, daß Faust in eine neue Situation seines Lebens eintritt. Mephistopheles will ihn tiefer in seine Netze ziehn und schildert ihm verlockend *die Zustände der besitzenden Menschen.* Die folgenden Worte *Faust hat immer etwas Widerwärtiges* bedeuten: Faust hat immer etwas dagegen; ihm widerstrebt das, was Mephistopheles vorschlägt. Er denkt an etwas anderes: *die Anwohner des Meeresufers, das sie der Flut abgewinnen wollen ... Erst bilden und schaffen.* Es ist durchaus ein sinnvolles Ziel, das ihm hier vorschwebt, ähnlich wie auch im Erkenntnisstreben zunächst ein gutes Ziel vorhanden war. Mephistopheles in seiner anpassungsfähigen Art *läßt's gelten*. Er ahnt, daß er auch auf diese Weise Faust in seine Welt verstricken könne, ja vielleicht noch mehr als auf dem Wege, der ihm selbst anfangs vorschwebte. Und der 5. Akt zeigt dann, daß Mephistopheles dies gelingt. Bei dem Stichwort *Vorzüge der menschlichen Gesellschaft in ihren Anfängen* hat Goethe an den Rand geschrieben: *Später zu bringen*. Das bedeutet, daß dieses Motiv im 5. Akt entfaltet werden soll, wo es zunächst in dem Blick auf das neue Land vorkommt (11083–11106), dann als Fausts Zukunfts-Vision (11559–11586).

Eine Handschrift, welche die Verse 10598–10639 enthält, hat das Datum *16. Mai 1831*. Die Arbeit beschäftigte Goethe von da an im Mai, Juni und Juli. Vom 14. bis 22. Juli entlieh er Olenschlagers ,,Neue Erklärung der Goldenen Bulle". Da war er also bei der Schluß-Szene des 4. Akts. Am 20. Juli spricht er in einem Brief an Heinrich Meyer davon, das Werk sei fertig bis auf *Kleinigkeiten*. Am 22. Juli verzeichnet das Tagebuch: *Das Hauptgeschäft zustande gebracht*. Er meldet die Vollendung des Werkes dann in Briefen an Zelter, 4. September, an Reinhard, 7. September, an Boisserée, 8. September 1831. Im Vergleich mit den anderen Akten zeigt sich, daß er den 4. Akt in einem Zuge verfaßt hat. Weil der 5. Akt bereits vorlag, konnte die Verschiedenheit der beiden Akte desto besser herausgearbeitet werden.

Die Bildphantasie des 81jährigen hat die Einzelheiten des 4. Akts mit großer Klarheit aufgebaut. Zunächst die Szene *Hochgebirg* mit dem Dialog, dann die Szene *Auf dem Vorgebirg*, wo von den Bergen aus die Schlacht gegen die anmarschierende Macht des Gegenkaisers geschlagen wird. Die Belehnungsszene (10849ff.) schließt unmittelbar an. Sie setzt das, was die ,,Goldene Bulle", 1356, festgelegt hatte, in Handlung um. Die ,,Goldene Bulle" war das Grundgesetz des Reiches und blieb 450 Jahre lang in Kraft, also noch in Goethes Jugend. Sie bildete die Grundlage für das, was bei der Kaiserwahl in Frankfurt geschah, die Goethe als Knabe 1764 mit wachem Interesse miterlebt und später in *Dichtung und Wahrheit* ausführlich beschrieben hatte (Bd. 9, S. 178–209). Er berichtet dort über Johann Daniel Olenschlager, einen Freund seiner Eltern, der ihm und seinen Gefährten beim häuslichen Theaterspielen half. *Ich war um ihn, als er eben seine ,,Erläuterung der Güldenen Bulle" schrieb; da er mir denn den Wert und die Würde dieses Dokuments sehr deutlich herauszusetzen wußte. Auch dadurch wurde meine Einbildungskraft in jene wilden und unruhigen Zeiten zurückgeführt, daß ich nicht unterlassen konnte, dasjenige, was er mir geschichtlich erzählte, gleichsam als gegenwärtig, mit Ausmalung der Charakter und Umstände und manchmal sogar mimisch darzustellen* (Bd. 9, S. 158,1–9). Schon in den Knabenjahren also Ideen, die ,,Goldene Bulle" dramatisch zu verarbeiten. Der Vers, der ihm damals als der einzig würdige galt, war der Alexandriner, den er aus französischen Dramen und aus dem „Canut" von Johann Elias Schlegel kannte. Er hat ihn im Alter beibehalten. Als er 1772 in Wetzlar am Reichskammergericht arbeitete, spielten dort die alten Fürstenrechte aus der „Goldenen Bulle" immer noch eine Rolle. Als er dann 1811 in *Dichtung und Wahrheit* die Kaiserkrönung darstellte, entlieh er dafür Olenschlagers Werk aus der Weimarer Bibliothek. Und als er im Juli 1831 an die letzte Szene des 4. Akts kam, entlieh er es wieder und las, was darin über die Kurfürsten steht, über Gerichtshoheit, Abgaben, Zoll und Wegschutz, Bergrecht und Münzrecht, und er nutzte es bis in Kleinigkeiten für seine Szene. Indem er diese schrieb, vollendete er den 2. Teil, an welchem er seit 1800, dann intensiver seit 1825 gearbeitet hatte, und zugleich das Werk als Ganzes, das 1773 begonnen war, und er knüpfte dabei an noch Älteres an: die Belehrung durch Olenschlager, Dramenideen der Knabenjahre und die Kaiserkrönung von 1764. Der Bogen spannte weit, und es gehört zu den Besonderheiten von Goethes Leben, daß dies in solcher Weise möglich war.

Wolfgang Wittkowski, Faust und der Kaiser. Dt.Vjs. 43, 1969, S. 631–651. – Paul Requadt, Die Figur des Kaisers in Faust II. In: Jahrb. d. dt. Schillerges. 8, 1964, S. 153–171. – Joachim Müller, Der 4. Akt im II. Teil von Goethes Faust. Sitzungsber. der Sächs. Akad. d. Wiss. zu Leipzig. Phil.-hist.Kl., Bd. 122. Bln. 1981. – Dorothea Hölscher-Lohmeyer, Auf dem Hochgebirg. In: Jahrbuch d. dt. Schillerges. 25, 1981, S. 249–284. – Ingeborg Frandsen, Die Alexandrinerszene in „Faust II". Diss. Kiel 1967.

Hochgebirg

10039–10066. *Der Einsamkeiten tiefste . . .* Einer der großen Monologe Fausts, bedeutsam für sein Wesen. Faust sieht die Wolke und ihre Bewegung. In diesen Bildern lebt die Wolken-Symbolik, durch welche Goethe von der Jugend bis ins Alter die Steigerung des Irdischen ausdrückt (Bd. 14, Sachregister, „Wolke"). Die Wolke wandelt sich, erinnert an eine Frauengestalt, es wird der Name *Helena* genannt (10050). So erinnert sie an *flücht'ger Tage großen Sinn*, an das Helena-Erlebnis. Nun aber folgt eine andere Wolke, *zart, licht* (10025), sie erinnert an *jugenderstes längstentbehrtes höchstes Gut* (10059). Deuten wir falsch, wenn wir hier an Gretchen denken? Ein Schema verzeichnet: *Die Wolke steigt halb als Helena nach Süd-Osten, halb als Gretchen nach Nord-Westen.* Hier ist ausgesprochen, was am Ende des Monologs zarte Andeutung bleibt. Faust kommt aus der Wolke, die er am Ende des 3. Akts (nach Vers 9954) bestiegen hat, auf die Erde. Dort wird er dann im 5. Akt ein tätiger Mann, ein Herrscher. Die Wolke war das Helena-Erlebnis, weltentrückt. Aber schon einmal vorher gab es eine solche Entgrenzung des Ich, das Gretchen-Erlebnis. Was war das Entgrenzende? Die Liebe. Sie allein hebt empor. Wenn der Mensch dereinst nach dem Tode emporgehoben wird in höhere Regionen, was kann es sein als Liebe, eine höhere Liebe? So weist dieser Monolog auf den Schluß des ganzen Werkes voraus. Und er weist zugleich zurück auf Fausts Leben mit seinen zwei Höhepunkten der entgrenzenden Liebe. Dadurch ist er einer der großen Wendepunkte und Sammelpunkte (ähnlich wie der Anfangsmonolog des 2. Teils, 4679–4727), eine Verbindung von Monumentalität und Zartheit, die schwer zu vereinigen sind. Bedeutsam jedes Wort, weil dahinter der Vorstellungskreis des ganzen Goetheschen Denkens steht. Wie alle großen Faust-Monologe, in denen sich seine besten Seiten entfalten, ist es eine Situation ohne Mephistopheles. *Hochgebirg,* aber nicht wie im Anfangsmonolog des 2. Teils, wo es *anmutige Gegend* ist, sondern *starre, zackige Felsengipfel.* Dazu Fausts Worte *Der Einsamkeiten tiefste . . .* Das ist seine Situation nach dem Helena-Erlebnis. Die Wolke ist in Goethes Dichtung das Irdische in seiner höchsten, leichtesten Form. Sie kann emporsteigen und sich auflösen in Sonnenklarheit. Das nennt Goethe *steigern* (Bd. 14, Sachregister). Das Wort taucht hier am Ende des Monologs auf (10064). Die Symbolik bleibt aber nahe der naturwissenschaftlichen Beobachtung. In dem Gedicht *Howards Ehrengedächtnis* (Bd. 1, S. 349–352) ist die Form der Wolken beschrieben und die Symbolik angedeutet. Hier in der Faust-Szene kommt es auf die Symbolik an, doch die Anschauung bleibt der Beobachtung getreu. Die Helena-Wolke ist eine Kumulus-Wolke. Das Howard-Gedicht sagt über sie: *Steht Wolke hoch, zum Herrlichsten geballt, / Verkündet, festgebildet, Machtgewalt . . .* Das paßt zu der Gewalt antiker Schönheit, Helena und ihrem Vater Zeus, geformt auch noch in göttlichen Sphären. Anders die andere Wolke (10057, 10065), es ist eine Cirrus-Wolke, von der das Howard-Gedicht sagt: *Doch immer höher steigt der edle Drang! / Erlösung ist ein himmlisch leichter Zwang . . . So fließt zuletzt, was unten leicht entstand, / Dem Vater oben still in Schoß und Hand.* Die Cirrus-Wolke wird zum Sinnbild der religiösen Liebe. War das Bild Gretchens am Ende des 1. Teils noch ganz irdisch, aber durch die Stimme von oben (4611) mit höheren Regionen verbunden, und ist ihr Bild am Ende des 2. Teils ganz verklärt, der Mater gloriosa *sich anschmiegend* (vor 12069), so steht diese Stelle – die einzige, an der zwischen jenen beiden von Gretchen die Rede ist – genau dazwischen: vergeistigt, zur Steigerung geworden, Symbol des Emporsteigens in den Glanz des Äthers. Dieser Monolog zeigt, wessen Faust innerlich fähig ist. Von diesem Monolog aus ist zu verstehen, daß höhere Mächte ihm am Ende unverdiente Gnade zukommen lassen. Von dieser Stelle aus wird aber auch deutlich, welche Macht

Mephistopheles hat; denn hinfort geht es mit Faust abwärts, und als er spät wieder zu sich selbst findet (11404–11407), bleibt diese letzte Wendung ohne Auswirkung im Leben.

Zu Goethes Wolkensymbolik insbesondere die Gedichte *Ganymed* und *Howards Ehrengedächtnis* (Bd. 1, S. 46 u. 350 u. Anm.) und Bd. 14, Sachregister, „Wolke".

10056. *erheiternd*: vergeistigend, klärend. Das Wort *heiter* gehört zu den Goetheschen Formel-Wörtern und bedeutet: geistig, klar. (Vgl. Bd. 14, Sachregister.) *schmeichelhaft*: wohltuend, Gütiges tuend; „der Begriff des anschmiegenden Liebkosens tritt deutlich hervor" (Dt. Wb. 9, 1899, Sp. 977).

10061. *Aurorens Liebe*. Aurora ist die Morgenröte. Um die innere Situation der Jugend anzudeuten, das Bild, das zugleich Frühe und Leuchten bezeichnet.

10063. *überglänzte* kann grammatisch nicht nur die Vergangenheit bezeichnen, sondern auch den Irrealis „überglänzen würde". In der Goethezeit wird häufig der Irrealis durch Indikativ des Praeteritums ausgedrückt, so *Faust* 11691; Bd. 1, S. 77 Vers 226; Bd. 2, S. 59 Nr. 54; S. 257,8–13; S. 458 Vers 77. Dazu H. Paul, Dt. Grammatik IV, § 463. Paul, Kurze dt. Grammatik, bearb. von H. Stolte, 1962, § 463. – Da Faust die Liebe Gretchens nicht festgehalten hat, glaube ich, daß die Form *überglänzte* hier die Bedeutung „überglänzen würde" hat.

vor 10067. *Siebenmeilenstiefel*. Motiv aus Märchen: Stiefel, in denen man mit jedem Schritt sieben Meilen zurücklegt. – Dt. Wb. 10,1 Sp. 814f.

10067. *endlich*: beharrlich, auf ein Ziel zu. Dt. Wb. 3, Sp. 462–464.

10075 ff. *Als Gott der Herr . . .* Mephistopheles trägt die Lehren des Plutonismus vor. Es ist nicht Goethes Art, eine Beziehung zu dem Politischen auszusprechen, das im weiteren Verlauf (10234 ff.) geschildert wird. Wenn der Leser will, muß er sie selbst herstellen, mit der Vorsicht, die bei allem Symbolischen geboten ist. Vom Plutonismus ist schon in der Klassischen Walpurgisnacht die Rede 7519 ff., 7851 ff. Vgl. die Anm. zu der Szene *Am oberen Peneios* 7495 ff. und Bd. 14, Sachregister „Vulkanismus".

10094. *Ephes. 6,12.* „Denn wir haben zu kämpfen mit Fürsten und Gewaltigen, nämlich mit den Herren der Welt, die in der Finsternis dieser Welt herrschen, mit den bösen Geistern unter dem Himmel." Hier und an einigen folgenden Stellen stehen Hinweise auf Bibelstellen: 10131, 10322f., 12037 u. ö. Goethe hat sie in die Johnsche Reinschrift des Textes eigenhändig eingefügt. Er kannte sich seit seiner Jugend in der Bibel gut aus und zog Beispiele aus ihr heran für Erscheinungen des Lebens, z. B. 11287. Die Notiz *Ephes. 6,12* schon in einem handschriftlichen Entwurf zu dieser Stelle.

10098. *rein* hier: in klarer schöner Weise. – Boucke, Wort und Bedeutung in Goethes Sprache. Bln. 1901. S. 81–94.

10102. *gemildet*: leise übergehen lassen. – Bd. 1, S. 376 *abgemildet.*

10109. *Moloch*, im Alten Testament ein Götze der Ammoniter (3. Mos. 18,21), auch bei Milton (I, 392) vorkommend und bei Klopstock (Messias 2,352 ff.), wo er ein böser Geist ist (wie Belial) und in den Bergen lebt.

10111. *fremden Zentnermassen*: große Stücke einer fremden Gesteinsart wie die erratischen Blöcke in Norddeutschland.

10121. *Teufelsstein, Teufelsbrücke*: Namen aus der Schweiz, die Goethe geläufig waren. Bd. 10, S. 146,31 f.

10131. *Die Reiche der Welt* ... Matth. 4, 8: ,,Wiederum führte ihn der Teufel mit sich auf einen sehr hohen Berg und zeigte ihm alle Reiche der Welt und ihre Herrlichkeit." (Luther.)

10136. *Ich suchte mir* ... Schon hier im Bilde der Stadt beginnt die Thematik, welche sich durch viele Szenen des 4. und des 5. Akts zieht: Gesellschaft als Notwendigkeit und als Aufgabe, als Qual und als Idee; damit verbunden die Fragen: Menge und einzelner, Bürger und Fürst, mephistophelische und faustische Sehweise.

10166. *durch Fels zu Fels gepaart*. Künstlich sind Felsen so angebracht, daß sich ein Wasserfall – *Kaskadensturz* – ergibt.

10176. *Sardanapal*: legendärer assyrischer König, von dem berichtet wird, er sei sehr reich und ausschweifend gewesen. Herodot (2,150) spricht von ihm, und danach viele andere antike Schriftsteller. – In Gottfriedts ,,Historischer Chronik", die Goethe seit seiner Jugend kannte (Bd. 9, S. 35,7 u. Anm.) ist Sardanapal verhältnismäßig ausführlich behandelt, mit einem eindrucksvollen Kupferstich. Goethe erwähnt Sardanapal 1820 bei Otto von Freisingen (WA 42,1 S. 11) und 1823 bei Byron (Tagebuch 25. März).

10193. *Was weißt du, was der Mensch begehrt?* Bevor die Herrschertragödie beginnt – und sie beginnt 5 Zeilen danach: *Mein Auge war aufs hohe Meer gezogen* – wird hier die grundsätzliche Frage noch einmal gestellt, genau wie vor der Liebestragödie. Dort hieß es: *Ward eines Menschen Geist in seinem hohen Streben / Von deinesgleichen je gefaßt?* (1676 f.)

10194. *widrig*: widerstrebend, der Denkweise Fausts entgegengesetzt.

10215. *widerlich*: wahrscheinlich in der Bedeutung ,,Unlust oder Widerwillen erregend" wie 6036 und 10029. Möglich ist in Goethes Sprachgebrauch auch die Bedeutung ,,widerstrebend" (die Erde leistet dem Wasser Widerstand) wie 11194.

10232. *erörtern*: nach allen Seiten hin klarmachen.

10237. *auszuziehen*: ,,eine bestimmte Situation für seine Pläne ausnutzen" (GWb 1, Sp. 1294).

10252 ff. *Wer befehlen soll* ... In den *Maximen und Reflexionen* heißt es: *Herrschen und Genießen geht nicht zusammen. Genießen heißt, sich und andern in Fröhlichkeit angehören; herrschen heißt, sich und andern im ernstlichsten Sinne wohltätig sein.* (Bd. 12, S. 378, Nr. 101.)

10302. *bei großen Sinnen.* Mephistopheles rät, das Ziel fest ins Auge zu fassen, damit Faust durch die Mittel – er hat richtig das Gefühl, Faust werde von diesen nicht erbaut sein – nicht davon abgezogen werde. *Sinnen*: Gedanken, Begehren, Denkweise; bei *groß* denkt Mephistopheles wohl weniger an das Ziel als an die Mentalität der Großen, der Politiker, der Herrscher.

10311. *Das wäre mir die rechte Höhe.* Seit dem 17. Jahrhundert übliche ironische Redensart für ,,das wäre der Gipfel des Sinnlosen". – Dt. Wb. 4,2 Sp. 1708.

10321. *Peter Squenz*: bei Gryphius ein Handwerker, der mit dilettantischen Kumpanen eine Theateraufführung veranstaltet. Den Stoff hatte Gryphius aus Shakespeares ,,Sommernachtstraum", dort lautet der Name ,,Peter Quince". Schlegels Übersetzung, 1797, hat die Namensform ,,Peter Squenz" übernommen.

10322. *Praß*: In Adelungs Wörterbuch unter ,,Braß": ,,ein Haufe schlechter, unnützer Dinge". Adelung sagt über das Verbreitungsgebiet des Wortes: ,,Im gemeinen Leben sowohl Ober- als Niedersachsens".

10323. *Die drei Gewaltigen.* Mephistopheles sagt ein paar Zeilen weiter: *Und, allegorisch wie die Lumpe sind* ... Es gab in den vorigen Akten schon Allegorien, so war der Knabe Lenker die Allegorie der Poesie. Wir treten in die Sphäre der Gewalt, des Krieges ein. Sie verkörpert sich in diesen Gestalten. Und da es eine Welt ist, die es schon immer gab, wählt Goethe alte biblische Typen; 2. Sam. 23,8–13 werden drei Kriegshelden genannt, die viele auf einmal erschlagen. Jesaia 8,1–3 kommen in Luthers Übersetzung die Namen Raubebald und Eilebeute vor. Vergleicht man die Bibelstellen, so sieht man, wie sehr Goethe aus den Anregungen eigene Gestalten gemacht hat. Sie sind seine Schöpfung, werden als Allegorien eingeführt, doch nachdem sie den Mund zu kurzen Reden geöffnet haben, sind sie mehr als Allegorien, man glaubt ihre Bewegungen zu sehn und ihre Gewalt zu spüren, so wirklich und bedrohlich, daß sie Schauder und Grauen hinterlassen. Damit ist das Entsetzliche der Welt, in die Faust nun eintritt, gekennzeichnet, wie vorher im Gedanken des neuzuschaffenden Landes (10198 ff.) und im Herrscherideal (10252 ff.) das Große und Hohe. Noch sind erst die Maßstäbe da; ein weites Kraftfeld; schon fängt es an, sich mit Geschehen zu füllen: im Tal marschiert man auf zur Schlacht, und Mephistopheles ist am Werk.

10323. *Bursche*: Pluralform ohne Endungs-n, wie 2150.

10327. *Es liebt sich jetzt* ... Anspielung auf die romantische Vorliebe für Mittelalterliches in Dichtung, Malerei, Festaufzügen usw.

Auf dem Vorgebirg

vor 10345. *Trabanten*: Leibwächter des Kaisers, wie 10853.

10353. *gänglich*: gangbar, zugänglich. – Dt. Wb. 4,1 Sp. 1252.

10355. *Plan*: Waldwiese. Ähnlich 4635, 9742.

10360. *Phalanx*: die Schlachtordnung, das in Reih und Glied aufge-
stellte Heer. Im 18. Jahrhundert und bei Goethe Maskulinum; im Altgriechischen und im heutigen Deutsch Femininum.

10363. *Quadrat*. Der Hauptteil des Heeres, quadratisch formiert. Es war im
16. und 17. Jahrhundert üblich, daß Truppenteile in quadratischer Formation ins
Gefecht rückten. Das sieht man auf vielen Holzschnitten und Kupferstichen jener
Zeit, z. B. in den ersten drei Bänden des ,,Theatrum Europaeum", die Goethe 1796
entlieh. Da er mit der altlateinischen und neulateinischen Literatur aufgewachsen
war, war ihm der Ausdruck ,,agmen quadratum" (Gevierthaufe) geläufig. – Hans
Delbrück, Gesch. d. Kriegskunst. Bd. 4. 1920. S. 197.

10413. *Ringspiel*: Ringrennen, Ringelrennen, eine Sportart des
16. Jahrhunderts, bei welcher Ritter in vollem Galopp mit der Lanzen-
spitze einen aufgehängten Ring erfassen mußten. Entstanden als Vor-
übung zum Lanzenstechen mit einem Gegner, dem *Turnier* (10414).
Die Sitte hielt sich bis ins 18. Jahrhundert. Goethe entlieh 20. Febr. 1804
und wieder 7. März 1805 aus der Weimarer Bibliothek: Georg Rüxner,
Thurnierbuch. 2 Bde. Frankf. 1578–1579. – Dt. Wb., Art. ,,Ringelren-
nen" Bd. 8, Sp. 999. – Stuttgarter Hoffeste. Hrsg. von L. Krapf u. Chr.
Wagenknecht, Tübingen 1979. Insbes. S. 195f. – Zedler Bd. 31, 1742,
Art. ,,Ringrennen".

10418. *dort im Feuerreich*. Der Kaiser erinnert an seine inneren Erlebnisse bei dem durch Mephistos und Fausts magische Künste geschaffenen Flammenzauber der Mummenschanz (5989–6002), die sein
Selbstgefühl so sehr bestärkten.

10425. Das *Bergvolk*, von dem Faust spricht, sind, wie aus seinen
folgenden Worten hervorgeht, die Berggeister, Wichtelmänner usw.

10430. *Düfte*: Dünste.

10435. *Schweignis*. Das Dt. Wb. hat außer dieser Stelle keinen Beleg; also wohl
Goethesche Neubildung.

10439. *Der Nekromant von Norcia*. Um sich und seine magischen
Helfer einzuführen, erzählt Faust eine Geschichte, die 10603–10619 und
10987–10990 fortgesetzt wird. In Rom war ein Zauberer aus Norcia im
Sabinergebirge zum Tode verurteilt. Eben damals befand sich der Kaiser
in Rom zu seiner Krönung. Anschließend an diese hatte er das Recht,
jemanden zu begnadigen, und er ließ es diesem Zauberer zuteil werden.
Das weitere, was Faust sagt, ist seine für den Augenblick geschaffene
Erfindung: Der Zauberer, dem Kaiser zeitlebens dankbar, sende dem

Kaiser jetzt, da diesem Gefahr drohe, die Berggeister zu Hilfe. Die Geschichte ist richtig berechnet, um dem Kaiser zu gefallen und das neue Geschehen hinzunehmen. Auf diese Weise erscheinen Faust und Mephistopheles nicht allein verantwortlich. – In der Autobiographie des Benvenuto Cellini, die Goethe 1796–97 übersetzte, ist ausführlich von Zauberei die Rede. Goethe nimmt in seinem *Anhang* das Thema auf und berichtet von einem Nekromanten aus den Bergen von Norcia (WA 43, S. 184 ff.; 44, S. 358 f.).

10469. *Gespenst.* Der Kaiser bezeichnet den Gegenkaiser als *Gespenst,* der Gegenkaiser bezeichnet den Kaiser als *Märchen* (10496). – J. Hennig, Zu Goethes Gebrauch des Worts „Gespenst". Dt. Vjs. 28, 1954, S. 487–496.

10488. *Schemeltritt* nach Psalm 110,1 „Setze dich zu meiner Rechten, bis ich deine Feinde zum Schemel deiner Füße lege."

10514. *graß:* gräßlich, grauenerregend.

10518. *Geblüte:* Blut aus Wunden. Dt. Wb. 4,1 Sp. 1794.

10574. *Gewehre* in der alten Bedeutung: Waffen aller Art.

10585. *Nebelstreifen:* Fata Morgana. – Dasselbe Motiv in anderem Zusammenhang Bd. 2, S. 43; Bd. 7, S. 207,2.

10596. *behende Flämmchen:* das „Elmsfeuer". Man hatte es schon in der Antike beobachtet, an den Mastspitzen der Schiffe, und deutete es als Zeichen für die rettende Hilfe der *Dioskuren* (10600).

10606 f. *dem Meister:* gemeint ist der Nekromant von Norcia, von dem 10439 ff. die Rede war.

10612. *Sie jubelten* . . . Da Faust von dem Magier spricht, den der Kaiser nach seiner Krönung begnadigte, denkt der Kaiser an jene Situation zurück: Man führte ihn *pomphaft* umher, er machte Gebrauch von seinem neuen Kaisertum und schenkte dem alten Magier (*dem weißen Bart*), der im Gefängnis saß und verbrannt werden sollte, die Freiheit (*kühle Luft*).

10618. *seit* hier in der Bedeutung von „nach".

10625. *Greif.* Hier nicht wie die Greifen in den Versen 7083–7139 auf antike Motive zurückgehend, sondern ein *Greif* als Wappentier des Mittelalters; allegorisch für den Gegenkaiser, während der Adler Wappentier des Kaisers ist.

10667. *leidigen Vögel.* Die Raben galten im allgemeinen als Unglückszeichen. So faßt der Kaiser sie auf (10702). Sie sind hier die Vögel des Mephistopheles – wie 2491 – und dienen ihm im Zusammenhang der Schlacht.

10689. *Pfiff:* Kunstgriff, schlaues Handeln. Ähnlich 5594.

10698. *Ich gebe meinen Stab zurück.* Wie seinerzeit der Herold 5737 ff. spürt der Obergeneral den Teufelsspuk und will sein Amt zurückgeben. In beiden Fällen ist ein *Stab* das Sinnbild des Amts.

10772. *Guelfen* . . . *Ghibellinen:* die zwei großen unversöhnlichen

Parteien im Mittelalter in Italien. Obgleich die Ziele sich änderten, blieben die Parteinamen bis ins 16. Jahrhundert gebräuchlich. – Schon in Vers 4845 erwähnt.

10774. *wöhnlich*: gewöhnlich, üblich. – Dt. Wb. 14,2 Sp. 1224.
10780. *panisch*: Schrecken erregend, wie die Töne des Feldgotts Pan.

Des Gegenkaisers Zelt

10789. *Teppich*: ,,Eine jede zierliche, besonders gewirkte Decke, womit die Wände, Fußböden, Tisch, Sitze, Altäre usw. zur Zierde bekleidet werden" (Adelung). Vgl. 10852.

10792. *Morgenstern*: Waffe, eine mit Nägeln besetzte Keule. – Dt. Wb. 6, Sp. 2582f.

10817. *Trabanten*: Leibwächter des Kaisers. Da sie auftreten, weiß man, daß der Kaiser bald folgen wird, wie es dann 32 Verse danach geschieht. Das Wort *Trabanten* kommt häufig vor in den Frankfurter Krönungs-Diarien des 18. Jahrhunderts.

10817. *heiligen*: hochrangig, mit Ehrfurcht zu betrachten.

10828. *Kontribution* wird von den Heerführern der Bevölkerung eines eroberten Gebietes abverlangt. Habebald sagt: Dort, wenn die Großen es tun und es den Feinden abgepreßt wird, nennt ihr es *Redlichkeit*, hier, wenn die Kleinen es tun und es sich um Beute handelt, nennt ihr es Diebstahl.

10844. *Es sei nun, wie ihm sei!* Die Formulierung zeigt, daß der Kaiser an etwas vorher Gesagtes anknüpft. Es ist anscheinend davon die Rede gewesen, ob die Wendung mit oder ohne dämonische Mittel gekommen sei und wie sie demgemäß zu beurteilen sei. Der Kaiser schiebt solche Überlegungen von sich, und das ist bezeichnend für sein Wesen. Er hat anderseits aber auch keine Neigung, sich von Mephistopheles und Faust fernerhin helfen zu lassen. – Die formale Zweiteiligkeit des Verses mit seiner Dialektik knüpft an barocke Alexandriner an.

10851. *verräterischer Schatz*: Schatz des Verräters.

10858. *uns nur allein gefochten*: für uns allein. Der Kaiser versucht, die dämonische Hilfe ins Unwichtige umzudeuten, indem er sagt, er und sein Heer seien letztenendes die Kämpfenden gewesen.

10871. *Deshalb ... verbind' ich mich ...* Von hier bis zum Ende der Szene (10976) wird die Verteilung der Reichsämter an die Kurfürsten dargestellt. Sie war geregelt durch die ,,Goldene Bulle", das Grundgesetz des Reiches von 1356, das auf Gewohnheitsrechte und übliche Normen zurückging und dann genau 450 Jahre gültig blieb, bis zum Ende des Deutschen Reiches 1806. Dort heißt es, der Kurfürst von Sachsen sei *Erzmarschall*, der Markgraf von Brandenburg *Erzkämme-*

rer, der Pfalzgraf bei Rhein *Erztruchseß* und der König von Böhmen *Erzschenk.* Von den Erzbischöfen von Mainz, Trier und Köln, welche ebenfalls die Kurwürde hatten, läßt Goethe nur einen auftreten, den Kurfürsten von Mainz. Wenn die 7 Kurfürsten den neuen Römischen König wählten, gab der Kurfürst von Mainz erst nach Abfragung der anderen seine Stimme ab, er entschied also bei Stimmengleichheit. Der *Erzbischof* von Mainz war zugleich *Erzkanzler* des Reiches, er war *der erste nach dem Kaiser* (Bd. 9, S. 185,15 f.). Schon im 1. Akt hat der Kanzler als geistlicher Herr gesprochen (4897 ff.), im folgenden betont er die zwei Seiten seiner Würde als *Kanzler* und *Bischof* (10977). Die Ämter, die der Kaiser in den Versen 10873–10976 verteilt, waren schon im Mittelalter symbolisch, denn jeder Fürst lebte in seinem Lande und versorgte also nicht Haus und Hof des Kaisers. Doch bei der Kaiserkrönung vollzog jeder sinnbildlich die Aufgabe für den kaiserlichen Haushalt, das war noch im 18. Jahrhundert so und ist deswegen in *Dichtung und Wahrheit* (Bd. 9, S. 204,4 – 205,7 und 206,22–29) geschildert. Goethe kannte seit seiner Jugend die kommentierte Ausgabe der ,,Goldenen Bulle" von Olenschlager, die er in *Dichtung und Wahrheit* beschrieb (Bd. 9, S. 157, 31–158, 22). Er entlieh sie wieder am 14. Juli 1831 aus der Weimarer Bibliothek, als er diese Szene vollendete. Er hatte die Ereignisse bei der Kaiserwahl von 1764 noch gut im Kopf, aus eigener Anschauung und aus der Lektüre der Krönungsdiarien, die er 1764 und dann wieder 1811 für *Dichtung und Wahrheit* gelesen hatte. Was 10877 ff. über die zeremoniellen sinnbildlichen Amtshandlungen gesagt ist, entspricht dem, was noch im 18. Jahrhundert bei den Kaiserkrönungen üblich war.

Es gibt außer den alten Ausgaben der ,,Goldenen Bulle" mehrere moderne wissenschaftliche Ausgaben, genannt seien die von Wolfgang D. Fritz, Weimar 1972 (Fontes iuris Germanici, 11), und die von K. H. Straub und J.-U. Fechner, Darmstadt 1982. – In den Krönungsdiarien von 1711, 1742, 1745, 1791 findet man die zeremoniellen Funktionen der Kurfürsten. – Bd. 9, Anm. zu S. 178,24 f. u. 178,28.

10881. *Blank trag' ich's dir dann vor.* Über das zeremonielle Vortragen des Schwerts durch den Kurfürsten von Sachsen als Erzmarschall handelt Olenschlager in Kap. 102, S. 396 f. Darüber auch: Continuatio Diarii Und Ausführliche Erzählung alles desjenigen, so bei . . . der Krönung des Herrn Caroli VI., Römischen Kaisers . . . sich zugetragen. Frankfurt 1712. S. 32 u. 48.

10883. *zart:* feinfühlig. Zum Sprachgebrauch dieses Worts: 1439, 2714, 5181, 6677, 7298, 7375, 7441, 8142, 12002, 12016, 12097.

10894. *das goldne Becken:* für die zeremonielle Handwaschung. – Goldene Bulle XXVII, 3 und Olenschlager S. 373. Die ,,Continuatio diarii" von 1712 berichtet darüber S. 50 f.

10900. *Vorwerk*: landwirtschaftlicher Kleinbetrieb außerhalb des Herrenhofs. – Dt. Wb. 12,2 Sp. 1927 ff.

10904. *Wohlgericht*: ,,angenehm schmeckende, bekömmliche Speise" (Dt. Wb. 14,2 Sp. 1143).

10927. *Gift*: Gabe.

10929. *Signatur*: Unterschrift, Namensunterzeichnung, wie 10974.

10931. *Der Erzbischof tritt auf.* Im Folgenden wird er dann *Erzkanzler* genannt. Er ist beides zugleich, denn nach der Verfassung des alten Deutschen Reichs hatte der Erzbischof von Mainz, ein geistlicher Fürst, die oberste Stelle unter den Kurfürsten und war Erzkanzler des Reichs. Goethe setzte das als bekannt voraus. Neuere Ausgaben haben z. T. überall das Wort *Erzbischof* eingesetzt oder in der Regieanweisung die Formulierung *Erzbischof-Erzkanzler* gewählt, die bei Goethe nur an einer Stelle in der Handschrift vorkommt (vor Vers 10977; W. A. 15,2 S. 146).

10931. *Schlußstein*: Stein, welcher einen Bogen oder ein Gewölbe abschließt, also meist der keilförmige Stein oben im Gewölbe. Seine Besonderheit ist nicht nur, daß er als letzter eingesetzt wird, sondern auch daß ohne ihn alles zusammenstürzen würde. Deswegen bei Goethe mehrfach bildlich gebraucht: Bd. 2, S. 260; Bd. 8, S. 218; auch in Briefen (an Schulz 1. Okt. 1820; an d'Alton 28. Dez. 1828). – H. v. Einem, Goethe-Studien, München 1972, S. 166–178: Das Bild des Schlußsteins bei Goethe.

10942 ff. *Anfall, Kauf und Tausch* ... Der Zusammenhang bringt mehrere Wörter aus der alten Rechtssprache mit sich. *Anfall*: zufallendes Erbe; *Gerechtsame*: Rechte (wie Bd. 9, S. 184,34); *Beth'* (Bethe, Bede): Abgabe von Naturalien (wie 11024); *Geleit*: Geld, das die Landesherren dafür bekamen, daß sie Kaufleuten und anderen Reisenden auf Wunsch polizeilichen Schutz stellten; *Münzregal*: Münzrecht, Hoheitsrecht; das Recht, Münzen herstellen zu lassen.

10943. *bestimmt.* Die Formulierung ist grammatisch (nicht inhaltlich) etwas unklar. Vermutlich ist *bestimmt* eine adverbiale Bestimmung zu *vergönnt* in der Bedeutung ,,auf klare Weise festgelegt, in schriftlich fixierter Form". Möglich ist auch, daß *bestimmt* eine Verbform ist, parallel zu *vergönnt*, also: es sei schriftlich festgelegt und euch vergönnt ... Der Vers hat in der Handschrift und in der *Ausg. l. Hd.* keine Interpunktion. Inhaltlich anknüpfend an 10928 f.

10987 f. *den Zauberer befreit.* Der Erzbischof-Erzkanzler erinnert daran, daß der Kaiser nach seiner Krönung in Rom den Nekromanten von Norcia befreit und dadurch sich die Geistlichkeit zu Feinden gemacht hat. Es wird also das Motiv von 10439–10454 und 10606–10619 fortgesetzt.

11010. *erlängt, erhöht*: das Kirchenschiff entwickelt sich im Bau in die Länge und in die Höhe.

11024. *Landgefälle*: die durch den Besitz eines Landes dem Fürsten zufließenden Steuern und Abgaben.

11035 f. *dem sehr verrufnen Mann / Des Reiches Strand verliehn* ... Fausts Belehnung mit dem Meeresstrand – für den Handlungszusammenhang ein wichtiges Motiv – wird im 4. Akt nur mit diesen zwei Zeilen erwähnt. Der in 10227–10233 ausgesprochene Wunsch ist also in Erfüllung gegangen. Fortsetzung des Motivs 11115 f.

11042. *zunächst*: sogleich anschließend, als Nächstes.

FÜNFTER AKT

Am Ende des 4. Akts erwähnt der Erzbischof, daß Faust der Meeresstrand verliehen wurde (11035). Jetzt besitzt er ihn schon lange Jahre. Die Komposition des Akt-Beginns stellt Fausts Werk zunächst von außen dar, von dem Wanderer und den beiden Alten. Diese denken zurück an die Zeit, als ein Herold die Belehnung kundtat und dann Fausts Palast erbaut wurde (11117ff.). Dann erst sehen wir Faust. Er ist sehr alt; Eckermann verzeichnet eine Äußerung, er solle *gerade hundert Jahre alt sein* (6. Juni 1831). Die Verbindung zum 4. Akt ist nicht nur handlungsmäßig durch die Belehnung gegeben, sondern auch innerlich: die drei Gewaltigen sind immer noch bei Faust, er ist immer noch in einer Welt der Gewalt. Sein Anfangsmotiv, als er sich dieser Welt näherte, war einer seiner titanischen Ausgriffe: Land aus Meeresboden gewinnen (10198ff.) – er wollte es nicht, um notleidenden Menschen zu helfen (davon kein Wort), sondern um über die Elemente zu triumphieren. Seine Helfer sind Mephistopheles und die drei Gewaltigen, und damit ist er verstrickt in Böses. Doch er sehnt sich davon weg: *Könnt' ich Magie von meinem Pfad entfernen ...* (11404). Dennoch bleibt er dieser Welt verbunden; eins seiner letzten Worte ist: *Bezahle, locke, presse bei!* (11554). Erst in seiner letzten Vision (11559ff.) ist das Kolonisationswerk nicht mehr da, um dem Element zu trotzen, sondern um Menschen zu sinnvollem Leben zu verhelfen, und vollzieht sich nicht mehr durch mephistophelische Helfer, sondern durch gemeinsame Arbeit tüchtiger Menschen. Da erst ist Freiheit. Vorher hieß es: *Noch hab' ich mich ins Freie nicht gekämpft* (11403). Faust fühlt sich als Herrscher – wie in allem – bedingt durch die engen Grenzen menschlichen Könnens; um weiter greifen zu können, bedient er sich der Magie; aber anstatt frei zu sein, ist er nun wiederum bedingt, nur auf andere Weise. Alle Szenen des Akts sprechen von Freiheit und Bedingtheit, im Zusammenhang damit von Reinheit und Gewalt, und weiterhin von betrachtendem und tätigem Leben. *Der Handelnde ist immer gewissenlos; es hat niemand Gewissen als der Betrachtende. (Maximen und Reflexionen; Bd. 12, S. 399, Nr. 251.)* Aber der Mensch darf auch nicht nur ein Betrachtender sein. Fausts neugeschaffene Welt ist groß, aber gewaltsam: Palast, Ziergarten, Kanal und Deich. Er begehrt Philemons Hütte, weil sie ein Stück fremder Welt in seiner Welt ist, die durch ihr bloßes Dasein seine Welt in Frage stellt. Seine Existenz zeigt noch einmal – wie vorher in der Gelehrtentragödie, Gretchentragödie und Helenatragödie – Größe und Frevel zugleich, so eng miteinander verstrickt, daß später selbst die Engel diese *Zwienatur* nicht trennen können: *Die ewige Liebe nur / Vermag's zu scheiden.* (11964f.)

Die Schlußszene *Bergschluchten* ist eine religiöse Szene, Übergang in eine höhere Welt, die Einwirkung der *ewigen Liebe* (11964). Doch schon die Anfangs-Szene ist reich an religiösen Motiven: das Gebet des Wandrers (11077f.), die Frömmigkeit der beiden Alten (11139–11142) und dazwischen das Gegenmotiv *Gottlos ist er* (11131), das fortgesetzt wird in Fausts Absage an die Gerechtigkeit (11272) und seiner Absage an jedes Jenseitsdenken (11443), die sich von früheren Äußerungen (3432–3458; 4704–4727) abhebt. So beginnen die religiösen Motive bereits in der Anfangsszene und setzen sich dann fort. Sie gipfeln am Schluß in der göttlichen Liebe und Gnade. Das Wesen der Gnade ist, daß sie nicht Gerechtigkeit ist, sondern den, der Böses getan hat, dennoch aufnimmt, und daß sie darin kein Maß anlegt, während Gerechtigkeit immer an ein Maß der Strafe denken muß. Diese Gnade in der Schlußszene trifft einen Schuldigen, und daß er ein solcher ist, wird durch die Philemon-und-Baucis-Handlung noch einmal in scharfen Zügen deutlich. Faust spricht in Bezug auf die beiden Alten und auf sein Kolonisationswerk von seines *allgewaltigen Willens Kür* (11255). Das Wort *Kür* betont die freie Wahl. Er hält seinen Willen für *allgewaltig*; aber kein Mensch ist allgewaltig, auch der Teufelsbündner nicht, es ist keineswegs alles machbar, es gibt Grenzen, und jedes Tun bringt neue Bedingtheit. Fausts *Wille* zu seinem Werk ist hier verbunden mit seiner Diesseitigkeit (11441–11452), während der Wandrer und die beiden Alten an eine gottgewollte Ordnung denken, der sie sich einfügen wollen. Die Schlußszene gibt Antwort auf die Frage, welche hier gestellt ist.

Eine großartige Bilderreihe wird geboten, vom Auftritt des Wandrers bis zum Schlußgebet des Doctor Marianus. Während in den *Wanderjahren* das Erzählen unterbrochen wird durch theoretische Betrachtungen, bleibt hier alles Bild. Was die Gestalten aussprechen, ist ihr Wort als dramatische Gestalt, nicht die Meinung des Autors. Diese erfährt man nur, wenn man die Bilderreihe als Ganzes betrachtet.

Der 5. Akt wurde im Jahre 1831 fertig. Vermutlich sind größere Partien 1825 und 1826 entstanden. Einiges reicht aber in die Zeit um 1800 zurück. An Humboldt schreibt Goethe am 15. September 1800, die Beschreibung der Einsiedler auf dem Montserrat habe seine Phantasie angeregt; das deutet auf die Szene *Bergschluchten*. Boisserée notiert in seinem Tagebuch am 3. August 1815, Goethe habe auf seine Frage nach dem Ende des Dramas geantwortet, es sei *schon fertig* und *aus der besten Zeit*. Er sah 1815 auf die Zeit seit 1806 als eine für sein Leben und Schaffen schwierige Epoche zurück und betrachtete die Epoche der Zusammenarbeit mit Schiller als seine beste Zeit (Bd. 2, S. 7 *Zwanzig Jahre* u. Anm. dazu). An Zelter schreibt er am 24. Mai 1827 von dem *völligen Schluß, der schon längst fertig ist*; d.h.: nicht der 5. Akt fertig, sondern der Schluß desselben. Eine Handschrift der Verse 11519–11526 läßt sich auf das Jahr 1825 datieren. Am 7. April 1825 sendet Goethe an Boisserée ein Blatt für Mademoiselle Cuvier, die um ein Autograph gebeten hatte. Das Blatt enthält die Verse 11699–11709, also ein Stück aus der Szene *Grablegung*. Er hätte es schwerlich gewählt, wenn er sich nicht zu dieser

Zeit mit dieser Szene beschäftigt hätte. Am 18. Dezember 1830 schrieb er eine
Frage betreffs *Pater Marianus* an die Universitäts-Bibliothek Jena. So entstand der
5. Akt nach und nach. Am 15. Mai setzte Goethe mit Eckermann eine Vereinba-
rung über die Fortsetzung der Ausgabe letzter Hand auf. Darin heißt es: *Am 5.
Akt fehlt etwa der Anfang, der Schluß des Ganzen aber ist vollendet.* Für den
Anfang des Akts fand Goethe erst in dieser Zeit das Motiv, nicht mit Faust als
Herrscher zu beginnen, sondern sein Werk von außen sehen zu lassen, durch
andere Augen, durch den Wanderer und die beiden Alten. Das Tagebuch notiert
am 9. April 1831: *Philemon und Baucis und Verwandtes sehr zusagend.* Die antike
Geschichte von Philemon und Baucis berichtet, daß diese am Ende in dem Tal
alles überschwemmt und vernichtet sehen. Die bloßen Namen genügten, um diese
Parallele anzudeuten, ohne sie darzustellen. Im Frühling 1831 wurde diese Partie
des 5. Akts fertig; danach im Sommer schrieb Goethe den 4. Akt. Vielleicht hat er
zu Beginn des Jahres 1832 noch Kleinigkeiten verändert und ergänzt, darauf deuten Tagebuch-Notizen vom 17.–24. Januar. Alles Wesentliche war im Sommer
1831 fertig geworden.
    Literatur: Vgl. die Bibliographie.

Offene Gegend

Fausts neue Welt wird vom Gegensatz her gezeigt. Er hat Meeresboden entwässert. Daneben liegt die frühere Stranddüne, dort wohnen
zwei alte Leute. Von ihrer Hütte aus überblickt man das neue Land, *ein
paradiesisch Bild* (11086, 11095 f.). Fausts Palast steht in der Nähe. Er
will diese Hütte mit dem Grundstück erwerben (11131 f.), weil er von
dort den besten Blick auf seinen Besitz hätte. Aber die Alten wollen
bleiben, zumal Baucis, die als Frau gefühlssicherer ist. Faust traut dem
Deichwerk von Menschenhand, sie aber nur dem alten Dünenboden; er
denkt ans Diesseits, sie im Gebet an den *alten Gott.* Zu den beiden
Alten kommt ein Mann, den Philemon vor vielen Jahren hier aus Seenot
gerettet hat. Sie erklären ihm das neue Werk, Philemon mehr die natürlichen, Baucis mehr die magischen Vorgänge; das Verhältnis beider ist
nicht abzuschätzen; doch die folgenden Szenen verdeutlichen zur Genüge: Mephistopheles hat auch hier weitgehend seine Hand im Spiel. –
Die Begrenztheit, Geborgenheit, Ruhe des Alters wird Klang in kurzen
Viertaktern; sie haben nicht das Tempo, das diesem Maße sonst meist
eigen ist. Sprachlich eine gewisse Umständlichkeit des Alters, zugleich
eine fast kindliche Art, zumal bei Philemon (Baucis ist rüstiger), die
Sätze meist schlicht-aufzählend aneinander gereiht. Wo der Reim
schließt, endet auch jedesmal der Satz. Wie anders dieses Altsein als das
Fausts! Wir fühlen eine Ahnung aufsteigen, daß diese Welt bedroht ist
von der seinen; denn Faust empfindet seine Welt verneint durch diese.
Die Szene hat den ganzen Zauber des Idylls (darum auch durch die
Namen anknüpfend an ein antikes Idyllenmotiv). Als Stimmung und
Bild ist sie der Gegensatz zu der weltweiten Herrschaft, zu Willen und

Härte der folgenden Szenen. Auch in ihrer schlichten Sprache kontrastiert sie ebenso zu dem harten Ton der folgenden Faustszenen wie zu dem Hofstil des vorhergehenden Aktschlusses.

Bei Marlowe sagt Faust vor dem Pakt: „Ja, soll nicht mein die Herrschaft Emden werden?" Goethe bekam Ende Mai 1818 Marlowes „Doktor Faustus" in der Übersetzung von Wilhelm Müller geschenkt, er las sie laut Tagebuch am 11. Juni, sie stand dann unter seinen Büchern (wo sie noch heute ist, Ruppert Nr. 1510) und 1829 äußerte er im Gespräch mit Henry Crabb Robinson seine Hochschätzung des Werks. Goethe, der niemals die Nordsee gesehen hat, wählte das Motiv des Herrschertums am Strande, weil es ihm besonders gelegen kam, um Gewalt und Grenze des menschlichen Planens und Wirkens zu zeigen. Wäre Faust mit einem Gebiet im Binnenland belehnt worden, mit einer Bevölkerung, die alte Rechte hat, unter Augen von Nachbarfürsten, hätte er nicht so frei schalten können wie hier. –

Im Februar 1825 erlebte die Nordseeküste eine Springflut mit Deichbrüchen, mehr als 800 Menschen kamen ums Leben. Goethe notiert in seinem Tagebuch *Betrachtungen* darüber (25. 2. und 4. 3. 1825). Diese gingen dann ein in den damals entstehenden *Versuch einer Witterungslehre* (Bd. 13, S. 308,35–310,38). Zu dieser Zeit arbeitete er an *Faust*. 1826 machte Eckermann, der aus Winsen stammte, eine Reise in das Küstengebiet. Nach seiner Rückkehr notiert das Tagebuch: *Dr. Eckermann erzählte von Hamburg, Stade und den dortigen Anschwemmungen, Einrichtungen, Ansiedlungen.* Durch ihn wird Goethe wohl einen Spezialausdruck wie *Buhnen* (11545) kennengelernt haben. Zur gleichen Zeit interessierte er sich für die damals erst in der Idee auftauchenden großen Kanalbaupläne (Rhein-Donau-Kanal, Suez-Kanal, Panama-Kanal; Eckermann 29. 2. 1824; 21. 2. 1827; Tagebuch 7. 3. 1825; 21. 2. 1827). Im Jahre 1830 machte Graf Sternberg eine Fahrt nach Helgoland und berichtete Goethe brieflich über die Küstenlandschaft, wobei er Schmuggel (Zeit der Kontinentalsperre) und Seeräuberei (Mittelalter) erwähnt. So gab es bei Goethes vielseitiger Lektüre und seinem großen Bekannten- und Korrespondentenkreis immer wieder Hinweise auf Nordsee und Küstenland. Mit dem Motiv des neugewonnenen Landes hinter dem Deich verband Goethe nun das antike Motiv von Philemon und Baucis, das er seit seiner Jugend kannte, insbesondere aus Ovids „Metamorphosen", die er schon früh gelesen hatte und deren Eindruck fest haftete, zumal da er das Buch in späteren Jahren oft wieder vornahm (Tagebuch 4. 2. 1813; 22. 6. 1819; 29. 3. 1822; 11. 3. 1827 u. ö.). Hinzu kamen die bildlichen Darstellungen des Motivs, die im 16., 17. und 18. Jahrhundert häufig waren und von denen Goethe mehrere kannte (Elsheimer, Baur u. a.). In seinen Werken werden Philemon und Baucis mehrfach erwähnt (Bd. 4, S. 208,29; Bd. 6, S. 361,19f.; Bd. 9, S. 430,39; Bd. 12, S. 27,31ff.).

Bei Ovid (VIII, 618–724) wird erzählt, daß Jupiter und Merkur in Menschengestalt durch Phrygien wandern, um Obdach bitten und überall abgewiesen werden, bis sie zu den armen Alten Philemon und Baucis kommen, die in einer bescheidenen Hütte wohnen, an einem Hügel, von dem aus man in das besiedelte Tal blickt, in welchem niemand die Wanderer aufgenommen hat. Die Alten geben sich größte Mühe, für die Gäste zu sorgen, und bereiten ein Mahl. Die

Götter geben sich zu erkennen und fordern beide auf, mit ihnen den Hügel zu besteigen. Als sie dessen Gipfel erreichen, sehen sie das Tal von Wasser überflutet. Die Hütte aber verwandelt sich in einen Tempel. Die Götter stellen den beiden Alten einen Wunsch frei. Diese bitten, Priester des neuen Tempels zu werden und dort einst zur gleichen Zeit zu sterben. Die Götter gewähren ihnen diese Bitte. Von dem Ort aber, wo sie vergeblich Obdach gesucht haben, heißt es: ,,einst besiedeltes Land, jetzt Gewässer, belebt von Tauchern und Wasserhühnern" (VIII, 624 f.).

Auf Grund der antiken Dichtungen des Ovid und des Kallimachos hat J. H. Voß in einem Gedicht von 164 Hexametern die Geschichte von Philemon und Baucis dargestellt. Er beginnt mit dem Motiv, daß der Wandrer einen See sieht, und ihm wird berichtet, daß dies einst fruchtbares Land war, das Jupiter und Merkur durchwanderten, um ,,Übermut und Frömmigkeit" zu prüfen. Goethe hat 1804 die Gedichte von Voß ausführlich rezensiert. Den Kupferstich ,,Philemon und Baucis" von Goudt nach Elsheimer kannte er seit seiner Jugend (Bd. 12, S. 27,31 ff.) und besaß ihn in seiner Sammlung. Zu diesen Anregungen kommen aber wahrscheinlich noch andere. In den *Wanderjahren* (Bd. 8, S. 159, 12 ff.) wird darauf hingewiesen, daß es *unter allen Völkern gleichbedeutende und Gleiches deutende Nachrichten* gibt, Motive aus Israel und aus Griechenland werden hier parallel gesetzt. Eine Entsprechung zu dem Besuch der Götter bei Philemon und Baucis ist der Besuch Gottes mit 2 Engeln bei Abraham und Sara (1. Mose 18). Diese nehmen die Besucher ähnlich liebevoll auf wie Philemon und Baucis. Es folgt hier die Wasserkatastrophe, dort der Untergang von Sodom und Gomorra. Goethe kannte aus der Merian-Bibel den eindrucksvollen Kupferstich des Besuchs bei Abrahem und Sara, und da sein Bildgedächtnis solche Motive lebenslang aufhob, ist möglich, daß auch hier das biblische Motiv mitwirkt im Sinne der in den *Wanderjahren* bezeichneten Verwandtschaft.

Bd. 9, S. 35,11–18 (Ovid-Lektüre). – Schuchardt, Goethes Kunstsammlungen 1, S. 122 Nr. 185 (Elsheimer-Goudt). – Neudruck Voß: KDN 49, S. 148 ff. – Grumach, Goethe und die Antike, S. 377–385 (Ovid). – Manfred Beller, Philemon und Baucis in der europäischen Literatur. Heidelberg 1967. – Elisabeth Frenzel, Stoffe der Weltliteratur. Stuttg. 1970 u. ö., Art. ,,Philemon und Baucis". – Karl Lohmeyer, Das Meer und die Wolken in den beiden letzten Akten der Faust. Jb. G. Ges. 13, 1927, S. 106–133. – Arthur Henkel, Erwägungen zur Philemon- und Baucis-Szene. Études Germaniques 38, 1983, S. 128–137. – Ein Aufsatz von Ernst Beutler, ,,Die Philemon und Baucis-Szene, die Merianbibel und die Frankfurter Maler", ist leider schwer erreichbar. Er wurde 1942 gesetzt, Beutler erhielt einige Sonderdrucke, die er verschenkte, dann sollte das Buch, für das er bestimmt war, gedruckt werden, doch alles wurde durch Bomben vernichtet. Das Buch ist nie erschienen.

11053. *Das, um heut mir zu begegnen* . . . Das eigentlich damals schon zu alt war, um mir heute noch begegnen zu können.

11071 f. *Eure Flammen* . . . Ein Feuer, das Philemon (wohl als Leuchtzeichen) unterhielt, und das Läuten der Kapellenglocke halfen seinerzeit dem Schiffbrüchigen (11049 f.).

11087 f. *Älter, war ich nicht zuhanden.* Da ich schon zu den Alten gehörte, als die Arbeit begann, war ich nicht mit dabei tätig.

11133. *Wie er sich als Nachbar brüstet* . . . Während er sich als Nachbar groß tut . . ., In dem Maße, wie er . . .

Palast

Im Gegensatz zu *Düne* und *offener Gegend* der vorigen Szene stehen hier *Ziergarten* und *gradgeführter Kanal,* eine Geformtheit von Menschenhand, die, sinnvoll verwendet, Gutes hat, aber zum Übermut (Hybris) werdend Gefahr bringt und wieder zu Vernichtung führt. Daß in diesem Falle das Gewaltsame vorherrscht, zeigt sich sogleich: die drei gewaltigen Gesellen aus dem 4. Akt sind auch hier vorhanden und verkörpern die Welt, die schon vorher in Baucis' Erzählung aufklang: *Menschenopfer mußten bluten* . . . (11127ff.), und die Mephistopheles zynisch benennt *Krieg, Handel und Piraterie* (11170–11188). Im Gegensatz dazu ist Lynkeus nur Auge, ist rein kontemplativ. Die heranziehenden Schiffe sind Symbole dafür, wie Faust herrscherlich-weitgreifend Welt an sich heranzieht (im Gegensatz zur Beschränkung der vorigen Szene). Dieses Welt-Erfassen gehört zu seinem Wesen. Weder Deiche-Bauen noch Handel-Treiben ist an sich böse, aber Fausten ist das, was er mit natürlichen Kräften erreichen würde, zu wenig; er braucht Mephistopheles und die drei Gewaltigen. Trotz seiner Weltweite lebt er eingesponnen in seinen Bereich, in dem er nur sieht, daß es vorwärts geht, nicht achtend auf die Menschenopfer. Aber mitten in dieser seiner Welt bemerkt er wie einen Splitter einer anderen Welt Hütte, Linden, Kirchlein und Glocke der beiden Alten. Es mag unbewußt wie ein Vorwurf wirken; denn diese neue Faustische Welt kann nur leben, wenn sie nichts sieht als sich selbst. Darum begehrt Faust jenen Besitz. Er will den Tausch erzwingen: *Das schöne Gütchen kennst du ja, / Das ich den Alten ausersah.* (11276f.) Wir fühlen: Es wird auch hier nicht anders gehn als bisher: Einst wollte er von Mephistopheles ein Schlafmittel (für Gretchens Mutter), und dieser brachte Gift. Als Kauffahrer sandte Faust seine Schiffe aus, als Piratenflotte kamen sie zurück. Jetzt will er Tausch – kennt er Mephistopheles nicht? Daß er nicht ohne Selbstkritik ist und in sich selbst uneins ist, zeigt Vers 11272. Philemon und Baucis bietet der kleine Platz Raum für ein erfülltes Leben. Faust hat *Weltbesitz* und fühlt sich beengt. Der Wanderer kommt von außen wie Faust, hat aber Sinn für das Dasein von Philemon und Baucis.

11143. *Lynkeus.* Ebenso wie im 3. Akt (9218ff.) ist der Türmer hier Lynkeus genannt. Nicht, weil es sich um die gleiche Person handelt, sondern weil es die gleiche Funktion ist; Lynkeus ist jemand, der ganz Auge ist; so war jener es gegenüber Helena, so ist dieser es gegenüber der weiten Landschaft und allem, was in ihr geschieht.

11149. *In dir.* Anrede an Faust, etwa im Sinne von: Dir, deinem

Bereich zugehörig. Vergleichbar Bd. 2, S. 40 *Uns ist für gar nichts bang,* */In dir lebendig* ... und Bd. 4, S. 142,6f.

11150. *Zur höchsten Zeit.* Vgl. 10987 und 11586; auf dem Höhepunkt von Fausts Leben und Leistung. Da das Eigenschaftswort „hoch" auch mit „Alter" zusammengesetzt wird und „hohe Zeit" oft „letzte Zeit" bedeutet, ist die Formulierung eine knappe Zusammenziehung, in der anklingt, daß der Höhepunkt von Fausts Leben und Leistung in sein Alter fällt.

11157. *Baute*: Baude, Hütte.

11194. *Widerlich Gesicht*: Abweisendes, widerstrebendes Gesicht.

11195. *Das Königsgut*: Gut, das so köstlich ist, daß es eines Königs wert wäre.

11217. *Die bunten Vögel*. Mephistopheles denkt die Matrosen zu versorgen ähnlich wie er es für Faust plante 10174f. Adelung: „Figürlich pflegt man einen leichtfertigen, losen Menschen einen leichtfertigen Vogel zu nennen."

11255: *Kür* = Wahl, Entschluß. Das Wort „Willkür" ist durch diese Teilung vermieden und zugleich verstärkt.

11268. *verschollen*: „verschallend, unklar in Tönen verschwebend" (Witkowski).

11287. *Naboths Weinberg.* Im I. Buch der Könige, Kap. 21, wird erzählt, daß der reiche König Ahab von Samaria den seinem Palast benachbarten Weinberg des frommen Naboth haben will. Dieser verkauft ihn aber nicht. Ahab mag vor Ärger nichts mehr essen. Daraufhin intrigiert seine Frau Isebel ohne sein Wissen gegen Naboth; dieser wird verklagt; bestochene Zeugen sagen gegen ihn aus, und er wird wegen Gotteslästerung durch Steinigung getötet. – *Ad spectatores*: An die Zuschauer.

11287. *(Regum I, 21.)* In der großen Reinschrift des Dramas, die Goethe durch seinen Schreiber John anfertigen ließ, hat er nachträglich eigenhändig bei Vers 11287 hinzugesetzt *(Regum I,21.)*. Entsprechende eigenhändige Zusätze machte er vor den Versen 12037, 12045 und 12053, wie man an der Handschrift (im Goethe- und Schiller-Archiv, Weimar) sehen kann. Daß er die Bibelstellen lateinisch benennt, liegt daran, daß die Theologie auch bei den Protestanten als Wissenschaftssprache das Latein benutzte – bis zu Goethes Zeit – und daß diese Bezeichnungen weitgehend bekannt waren.

Tiefe Nacht

Die beiden Anfangs-Szenen des Akts zeigten im Licht der Abendsonne erst die offene Landschaft, dann Kanal und Garten. Jetzt herrscht Dunkelheit. Man erkennt den Palast. Oben auf der Warte singt Lynkeus. Danach, in mittlerer Höhe, erscheint Faust auf dem Balkon. Schließlich unten Mephistopheles mit den drei Gewaltigen. Zwischen das grausige Geschehen, das sich schon drohend ankündigte (in Mephistos Vergleich mit Naboth) und nun sich vollzieht, ist im schärfsten Kontrast das Türmerlied gestellt, als Lyrik und Weltbejahung. Faust ist tätig, aber bleibt bei Mephisto. Lynkeus ist nur Auge, aber kann nicht helfen. Er preist die Natur und beklagt, was er in der Menschenwelt sieht. Könnte Fausts Welt nicht auch so sein, daß Lynkeus sie preisen könnte? Damit das tätige herrscherliche Ordnen einbezogen werden könnte in das große bejahende Schauen, müßte es ein Bild bieten, wie es später der Schlußmonolog (11559–11586) schildert. Faust als Herrscher: Tat und Wirklichkeit, aber keine Schönheit. Lynkeus: Schönheit und Wirklichkeit, aber keine Tat. Fausts Schlußmonolog: Tat und Schönheit, aber keine Wirklichkeit.

Lynkeus spricht in Liedrhythmen, wiegend-leicht; es ist die „glatte Fügung" Goethes: den Satzgliedern und Sätzen entsprechen die Verse, einer stellt sich neben den anderen, eine selige Schau von innerer Heiterkeit. – Helene Herrmann, S. 104: „Wenn dann die reine Heiterkeit dieser Stimme untergegangen ist in der angstvollen Schilderung der Vernichtung, die Fausts Herrscherwille über das einfache Glück verhängt hat, wenn dann auch Fausts Stimme unruhig fragend auffährt, kommt erbarmungslos kalt, blechern, der Bericht der grausamen Tat durch die Täter, mit der ganzen Gefühllosigkeit des äußeren Lebens, bis dann die gleichgültigen Stimmen im dumpfen Hohn der Schlußworte sich zu drohender Anklage wandeln. Man beachte, wie beinahe bänkelsängerisch die Verse klappen: *Da kommen wir mit vollem Trab; / Verzeiht! es ging nicht gütlich ab.* Die brutale Wirkung dieser absichtlichen Trivialität wird gesteigert durch das monotone, seelenlose Aufzählen der Geschehnisse (11362–11365). Prachtvoll ist es dann aber, wie in den Schlußversen des Chorus *Das alte Wort, das Wort erschallt* ... das gleiche Versmaß und die gleiche Monotonie der Sprache durch eine leichte Veränderung ins Großartig-Drohende übergeht. Und wenn nun die einsame Stimme, ganz allein gelassen, sich erhebt, scheint ihr tiefer Schauer die Dämonen aus dem Raum heraufzuziehen, von denen die Seele sich jetzt plötzlich willenlos gelenkt fühlt."

11314. *gefodert.* Die Form *fodern* war bis in Goethes Zeit hinein üblich neben „fordern", das sich im 19. Jahrhundert dann durchsetzte. Vgl. 3857. – Dt. Wb. 3, Sp. 1866–1968.

11382/3. Zwei scheinbar unverbundene Sätze. Aber der Reim bindet und deutet die innere Beziehung an.

Mitternacht

Ohne Pause schließt diese Szene sich an die vorige; doch jene spielte draußen, man sah Fausts gewaltsam geschaffene Welt mit Palast und

Kanal; diese spielt in einem Innenraum, und sie behandelt ein Innen der Seele. Mangel, Schuld, Sorge und Not engen den Menschen ein, würgen ihn und zehren an seinem Leben, darum sind sie dem Tode verwandt. Faust hat durch Mephistopheles Reichtum und Gesundheit; deswegen können Mangel, Schuld (vgl. die Anmkg. zu 11384) und Not nicht zu ihm. Am Ende der vorhergehenden Szene stieß Faust mit Abscheu Mephistopheles und seine Helfer für den Augenblick von sich (11373, 11382). Jetzt spricht er deutlich aus, daß er ganz ohne die Magie leben möchte (11404f.). So hat er bisher nie gesprochen. Es ist ein bedeutsamer Widerruf, und darum denkt er hier zurück an den Zeitpunkt, da die Magie für ihn begann, und die Zeit davor, als er ohne sie lebte (11408ff.). Besteht ein inerer Zusammenhang zwischen dem Widerruf der Magie und dem Erscheinen der Sorge? Faust war durch Mephistopheles aller äußeren Sorge enthoben, und auch sein Kolonisierungswerk war gesichert. Wie soll es jetzt weitergehn? Wenn er in dem Leben mit Mephistopheles der Sorge zugänglich gewesen wäre, hätte er an die Zeit nach dem Tode denken müssen – doch daran dachte er nicht: *Das Drüben kann mich wenig kümmern* (1660). Auch jetzt schiebt er diesen Gedanken fort. Den Kampf mit der Natur will er auch ohne magische Mittel aufnehmen: Vers 11406 *Stünd' ich, Natur ...* bezieht sich auf den Deichbau, ist aber darüber hinaus auch verallgemeinernd gesprochen. Das große Selbstbildnis im Monolog (11433ff.) bekennt die Leidenschaft des *Begehrens*, und dieses *Begehren* brauchte viel *Welt* (11446), und immer gelang es, diese zu ergreifen. Dieses Wort *Welt* nimmt die Sorge auf (11454), denn sie versteht es, sich zwischen die Menschen und die Welt zu stellen. Faust will zwar hinfort ohne Magie den Kampf mit der Natur aufnehmen, doch Sorge macht ihm auch das nicht. Faust beweist seine Kraft, indem er die Sorge von sich weist. Die Sorge beweist ihre Kraft, indem sie das Verhältnis von Welt und Ich stört und Faust blind macht: er denkt, der Aufseher ließe den neuen Entwässerungskanal graben, doch Mephistopheles läßt nur sein Grab schaufeln. Doch wieder bewährt sich Fausts Stärke: in sich selbst gedrängt, zeigt sich sein Wesen in dem neuen Monolog (11499–11510) in reinster Gestalt. – Klanglich ist diese Szene eine der großartigsten Leistungen des Spätstils. Fausts Sprache völlig in alter Kraft und zugleich jetzt mit dem Ton des Befehlsgewohnten; seine Stimmlage ist tief, zugleich aber wechselreich; eine bewegte Kurve der Leidenschaft. Die Stimme der Sorge ist hoch; sie spricht gleichmäßig, einlullend, lähmend; ihr Rhythmus (11424ff., 11453ff., 11471ff.) ist wiegend, eintönig, benebelnd. Fausts Sprachklang wird nicht im geringsten von ihr beeinflußt und hebt sich herrisch-gewaltsam von dem ihren ab.

K. Burdach, Faust u. die Sorge. Dt. Vjs. I, 1923, S. 1–60. – H. Herrmann, Faust u. die Sorge. Ztschr. f. Ästhetik 31, 1937, S. 321–337. – H. Herrmann, Ztschr. f.

Ästh. 12, 1917, S. 104–106. – Kommerell S. 75–111. – Emrich S. 463–480. – Stöcklein S. 88–124. – Hefele 1946 S. 187ff. – Ernst Jockers, Faust und die Natur. PMLA 62, 1947, S. 436–471, 707–734. Wiederholt in: Jockers, Mit Goethe. Heidelberg 1957. S. 90–147. – Albert Fuchs, Le Faust de Goethe. Paris 1973. S. 99ff. – Peter Michelsen, Fausts Erblindung, Dt. Vjs. 36, 1962, S. 26–35.

11384. *Schuld.* Adelung, Wörterbuch (1808): ,,Jede Verbindlichkeit, welche man einem andern zu leisten verbunden ist", d. h. die zu bringende Abgabe an Geld, Getreide, Arbeitsleistung usw.; in den sozialen Verhältnissen des 16., 17., 18. Jahrhunderts das ,,debitum" des kleinen Mannes, zumal des leibeigenen Landmannes, das oft Sorge, Not und ein Sich-Abarbeiten mit sich brachte, weil es manchmal kaum aufzubringen war und doch aufgebracht werden mußte, da er sonst in den ,,Schuldturm" kam. Deswegen hier im Zusammenhang der lebeneinengenden, quälenden Gewalten genannt, die einem *Reichen* nichts anhaben können. (So auch Erich Schmidt und Daur, Faust u. der Teufel, 1950, S. 466.) Die Bedeutung von ,,sittlicher Schuld" (so Moritz Heyne im Dt. Wb. 9, Sp. 1880, und andere) halte ich hier für nicht zutreffend, zumal Faust gerade sittliche Schuld auf sich geladen und sie sogar halb eingesehen hat.

11403 ff. Die handschriftlichen Entwürfe zeigen mehrere Fassungen, u. a.: *Noch seh ich mich ins Freie nicht gekämpft / Magie hab ich schon längst entfernt / Die Zauberfrevel (Zaubersprüche) williglich verlernt* (W. A. Bd. 15,2. S. 154).

11408. *Das* (d. h. *ein Mensch,* wie die vorige Zeile sagt, ein freier Mensch) *war ich sonst, eh' ich's:* vor dem Sich-Einlassen mit der Magie (377) und vor dem Teufelspakt.

11409. *Mit Frevelwort . . .* Vers 1591–1606.

11414. *von junger Flur:* von dem neu gewonnenen Land hinter dem Deich. Vermutlich zugleich allgemein: von frühlingshaft aufsprießendem Leben in der Natur.

11417. *Es eignet sich* = es tritt vors Auge, erscheint. Goethe schreibt meist *sich eräugnen* (5917, 7750), sprachgeschichtlich richtig (Zusammenhang mit ,,Auge"; mittelhochdeutsch ,,eröugen"); ihm, dem Augenmenschen von bildhafter Phantasie, war diese Wortform willkommen. Dazu Jacob Grimm in Bd. 3 seines Wörterbuchs, 1862, Sp. 105.

11423. *Nimm dich in acht . . .* Faust spricht den Satz zu sich selbst (anknüpfend an 11405); er verzichtet darauf, mit einem *Zauberwort* die Sorge fortzubannen, und leistet ihr lieber inneren Widerstand, seines Erfolgs gewiß.

11426. *in verwandelter Gestalt:* in wechselnder Gestalt.

11429. *ängstlich:* Angst machend, Enge machend, beklemmend. Ähnlich 7516; 9655; 11651.

11429. *Geselle:* Gefährte, Weggenosse. Hausgenosse.

11442. *Nach drüben* ... Faust spricht diese Sätze im Hinblick auf die Sorge und läßt diese nicht auf sich wirken. Vielleicht darf man folgern: Wer die Sorge kennt, der denkt an das *Drüben*, d. h. daran, was aus ihm nach dem Tode wird. Faust schiebt diesen Gedanken weg. Seine Sätze sind nicht ein Bild des Menschen schlechthin (wie man sie manchmal aufgefaßt hat), sondern ein Selbstbildnis, zumal seines Alters, tätig, zielstrebig, dämonenumgaukelt, unbefriedigt. Wieder ist in Faustischer Weise das Tüchtige mit dem Vorschnellen, Hybriden und Dämonischen verbunden. Als bald darauf in den Schlußszenen Gestalten des *Drüben* auftreten, werden Grenzen und Mängel dieser Sätze besonders deutlich.

11449. *den Erdentag entlang*: während des Erdentags. Temporales *entlang* auch sonst bei Goethe, z. B. Bd. 1, S, 360 *den Frühlingstag entlang*.

11461. *Grille*: wie 1534, 5371, 10197 Phantasiegebilde, Hirngespinst. – Dt. Wb. 4, 1, 6 Sp. 320 ff.

11481. *Rollen*: Kreisen, Drehen.

11482. *Lassen*: Loslassen, aufgeben.

11492. *streng*: fest bindend. Vgl. 3239, 7444, 8171, 11543. In Zusammenhang mit dem Verb *strengen* (9648). Die Verbindung *geistigstreng* typisch für den Altersstil; „das feste geistige Band".

11498. *Fauste*: lat. Vocativ von Faustus, wie 1525, 6560, 10239. Die Namensform *Faustus* 6654, 6663.

Großer Vorhof des Palasts

Die Szene spielt im Gegensatz zur vorigen wieder draußen, auf dem Hof. Faust tritt heraus, aber jetzt sieht er das Außen nicht mehr. So ergibt sich die tragische Ironie, daß sein Grab geschaufelt wird und er meint, es sei der Graben der großen neuen Landentwässerung. Er denkt nur an sein tätiges Ziel. Sofern es sich um die Idee handelt, hebt sich das Hohe und Rechte heraus; es findet Form in dem großen Schlußmonolog. Doch wenige Zeilen davor stehen andere Worte: Wo es sich um die Wirklichkeit handelt, greift Faust zu Mitteln, bei denen neben dem Rechten das Unrecht steht: *Bezahle, locke, presse bei!* (11554). So ist Faust am Ende nicht anders und nicht besser als am Beginn. Wie einst seine Liebe, die Ewigkeit und Reinheit wollte, zu gestohlenen Geschenken und verhängnisvollem Schlafmittel griff, so greift hier Tätigkeit an idealen Zielen zum Locken und Pressen der Arbeitskräfte. Noch einmal tritt diese Verstricktheit hervor, noch einmal aber auch Fausts Größe; ihr Symbol ist das kraftvoll und liebevoll geformte Bild des glücklichen Volks im Lande hinter dem Deich. In diesem Augenblick, da Faust ganz er selber ist in seinem Ausgriff ins Weite, holt ihn der Tod. Er ist auch jetzt ein Strebender: seine Vision ist nur *Vorgefühl*, Zukunftsplan. Wenn sie in Erfüllung ginge, könnte er zum Augenblicke sagen: *Ver-*

weile doch ... Aber solche Erfüllung ist fern. Mephistopheles hat nicht acht darauf, daß diese Rede Irrealis, optativisch-futurisch ist *(wär'* ..., *möcht' ich* ..., *dürft' ich* ...), er hört nur die Worte, die einst beim Paktschluß fielen (11581f., entsprechend 1699f.); er glaubt gewonnen zu haben. – Fausts Rede bringt Kernwörter Goetheschen Lebensglaubens: *tüchtig, frei, tätig*; aber zugleich übersteigert sie: Faust spricht von *Äonen* der Wirkung – sehr ungoethesch. Hier steht der Dichter tief ironisch daneben: Während Faust von Ewigkeit redet, ist der Tod und damit der Verfall seines Werks ganz nah. Während er von *Gemeindrang* spricht, ist ringsum eine *frönende Menge* (11540), die verlockt und gepreßt ist (11554). Und doch ist seine Vision groß und edel. Größe und zugleich Hybris war schon in Fausts Anfangsmonolog, als das Streben nach Erkenntnis sich dazu verstieg, erfahren zu wollen, *was die Welt / Im Innersten zusammenhält*. Größe und Hybris auch hier. Darum Anerkennung und zugleich Ironie, weit mehr als in dem früh entstandenen 1. Teil. So schafft diese Szene die höchste Spannung, ob Größe oder Frevel den Ausschlag geben wird, eine Spannung, die dann in der Schlußszene ihre Lösung findet. – Was bleibt? Faust glaubt: ein unvergängliches irdisches Werk (11583f.); doch davon wird nichts bleiben (11544–47). Sehr bald erfahren wir, was bleibt: *ein Erdenrest, zu tragen peinlich* (11954f.); und wir erfahren auch, daß Faust noch einmal neu anfängt: er, der so selbstgewiß und so viel sprach, lernt schweigen; er, der immer an sich dachte, lernt an andere denken im Kreise der Liebenden; er, der nur Irdisches sah, lernt Jenseitiges sehen; er, der auf sich und die Dämonen baute, erfährt als einzige hilfreiche Kraft *die Liebe von oben* (11938f.).

A. R. Hohlfeld, Zum irdischen Ausgang von Goethes Faustdichtung. (Jb.) Goethe 1, 1936, S. 263–289. Stark erweitert in: Hohlfeld, Fifty years ... S. 61–126. – Kommerell S. 79,111. – Hefele S. 190ff. – Daur S. 471–479. – Atkins S. 253–256. – Pierre Grappin, Faust aveugle. Études Germaniques 38, 1983, S. 138–146.

11515 ff. Die *Lemuren* (lemures) kannte Goethe aus seinen Studien antiker Kunst. K. L. Sickler, Hauslehrer bei Wilhelm v. Humboldt in Rom, dann Gymnasialdirektor in Hildburghausen, hatte die bildlichen Lemuren-Darstellungen eines Grabes bei Cumae veröffentlicht (Ruppert Nr. 2125), und Goethe schrieb daraufhin den Aufsatz *Der Tänzerin Grab*, 1812, in dem es u. a. heißt: *Ich gehe zum zweiten Blatt. Wenn auf dem ersten die Künstlerin uns reich und lebensvoll ... erschien, so sehen wir hier in dem traurigen lemurischen Reiche von allem das Gegenteil ... alles gibt den Ausdruck des Stationären, des Beweglich-Unbeweglichen: ein wahres Bild der traurigen Lemuren, denen noch so viel Muskeln und Sehnen übrigbleiben, daß sie sich kümmerlich bewegen können, damit sie nicht ganz als durchsichtige Gerippe erscheinen und zusammenstürzen.* – Die Lemuren sind Geister von Verstorbenen, die als Gespenster umgehen, und zwar nicht als friedliche, sondern ruhelose und erschreckende. Goethe besaß seit 1814: Joh. Chr. Ludw. Schaff, Encyclopaedie der class. Altertumskunde. 2 Bde. Magdeburg 1806. Dort steht Bd. I, S. 338: ,,Außerdem hatten die Römer von den Etruskern den Glauben an die herumwandernden Seelen der Verstorbenen angenommen und verehrten diese deshalb unter den Namen ,,manes", gute Geister. Eine andere Abart derselben waren die ,,lemures" oder ,,larvae", d. i. die Seelen verstorbener Bösewichter, gegen deren furchtbare Erscheinungen man sich durch ein besonderes Fest zu verwahren suchte." – Abbildung: Weim. Ausg. 48, S. 146.

11517, *ein weites Land*: Andeutung, daß das mit Hilfe Mephistos eingedeichte Land später wieder überflutet sein werde, wie es schon die Namen Philemon und Baucis andeuten, ferner die Verse 11546–11550.

11523. Das *künstlerisch Bemühn*, das Mephistopheles für überflüssig hält, bezieht sich auf die Meßkunst, von der die Lemuren soeben sprachen, um kunstgerecht die verlangte Form herzustellen.

11531ff. Das Lemurenlied ist (ähnlich wie Mephistos Lied in der Valentinszene, 3682ff.) freie Bearbeitung eines Liedes aus Shakespeares ,,Hamlet", und zwar des Totengräberliedes im 5. Akt. Goethe kannte es seit seiner Jugend, und zwar in der Fassung, die Percy in seinen ,,Reliques of ancient poetry", 1765, Bd. I, S. 161, mitgeteilt hatte: ,,I loth that I did love, / In youth that I thought swete, / As time requires; for my behove / Methinks they are not mete. / For Age with steling steps / Hath clawde me with his crowch; / And lusty Youthe awaye he leapes, / As there had bene none such."

11541. *versöhnet*: friedlich verbindet; wie 11222.

11545. *Buhnen.* Bei dem Bilde der Deichlandschaft benutzt Goethe diesen Fachausdruck, den er vielleicht durch Eckermann kennen gelernt hatte. *Buhnen* sind in die See hinaus gebaut, *Dämme* parallel zum Ufer.

11554. *presse bei*: *bei* = ,,herbei"; also: ,,hole unter Druck her".

11559ff. Fausts großer Schlußmonolog. Faust hat, wie aus der Anfangsszene des Akts hervorgeht, bereits einen beträchtlichen Landstreifen vor dem alten Strande entwässert und dort Bewohner angesiedelt. Doch dies Errungene erscheint ihm wenig im Vergleich zu dem, was er plant. Er denkt an noch weit größere *Räume*, wenn er ein Sumpfgebiet ebenfalls entwässert haben wird. (Anscheinend liegt es am Fuße des alten Landes, denn es liegt neben *Gebirge*, und damit ist doch wohl bergiges Küstengebiet gemeint; das Bild ist, gegen sonstige Goethesche Art, nicht völlig klar; vielleicht spielt hier die Entstehung in verschiedenen Arbeitsperioden mit.) Es ist Zukunftsphantasie. Da er den Meeresstrand zum Lehen erhielt, wäre er Beherrscher auch dieses neuen

Marschlandes. Er spricht nun von dem Zustand der Bewohner (er denkt an *Millionen*). Der *Hügel* (11567), hinter dem sie angesiedelt sind, ist der Deich (wie 10223). Seine Pflege ist Sache der Gemeinschaft. Wenn alle dabei tätig sind, sind sie sicher vor der andrängenden Meeresflut. Dafür haben sie das fruchtbare Land, das bei sachgemäßer Bearbeitung reichen Ertrag gibt. So ist das Leben *tüchtig*, es ist *tätig* und durch Tätigkeit *frei*. Was hier gegeben ist, ist schlechthin ein Bild des Menschen: in Gemeinschaft lebend, tätig, das Elementare in Grenzen haltend und dadurch glücklich und frei, zwar äußerlich *umrungen von Gefahr*, aber um sie wissend, ihr gemeinsam begegnend und dadurch sie bändigend. Welch Gegenbild zu Faust! Er war kein Mensch der Gemeinschaft, er gehörte, bis er den Strand erwarb, nicht zum tätigen Leben, er hat sich nie in selbstgesteckten Grenzen zufrieden gegeben; er hat nicht wie diese Menschen selbst etwas erarbeitet, sondern es sich durch Mephistopheles bringen lassen, und darum war er nicht wie sie frei. Das Wort *frei* meint hier vor allem: frei von Mangel, Schuld, Sorge und Not (das ist die unausgesprochene Beziehung zur vorigen Szene), aber auch frei von Magie. Es ist ein Bild des Menschen, wie er sein soll. Das Drama *Faust* bringt im allgemeinen ein Bild des Menschen, wie er ist. Sein Bild des Menschen, wie er sein soll, hat Goethe in den *Wanderjahren* gegeben, eines entsagenden, tätigen, in Gemeinschaft wirkenden Menschen, der sich bedingt; während Faust sich nie bedingen wollte, wie er soeben selbst ausgesprochen hat: *Ich bin nur durch die Welt gerannt* ... (11433 ff.) Auch in den *Maximen und Reflexionen* hat er von Bedingung und Freiheit gesprochen, und der dortige Gebrauch des Wortes *frei* kann auch zum Verständnis der *Faust*-Stelle förderlich sein: *Es darf sich einer nur für frei erklären, so fühlt er sich den Augenblick als bedingt. Wagt er es, sich für bedingt zu erklären, so fühlt er sich frei.* (Bd. 12, S. 520, Nr. 1117). – *Niemand ist mehr Sklave, als der sich für frei hält, ohne es zu sein.* (Ebd., S. 520, Nr. 1116). – *Unbedingte Tätigkeit, von welcher Art sie sei, macht zuletzt bankerott.* (Ebd., S. 517, Nr. 1081.) – Die Bewohner des Marschlandes wissen ihre Bedingtheit: sie müssen den Deich pflegen und den Acker bauen; dann aber sind sie frei. Faust möchte an dieser Freiheit teilhaben, als der Leiter von ihnen. Dies vor allem ist mit dem Worte ausgesagt. Das Politische mag mitklingen – frei vom Zwang einer drückenden Lehensordnung –, aber es ist nicht das Wichtigste und ist in jenem enthalten. Auch bei dem Worte *Volk* ist der Goethesche Wortgebrauch zu beachten, der, ans 18. Jahrhundert anknüpfend, anders ist als der heutige, durch Romantik und 19. Jahrhundert geprägte. *Volk* bedeutet für Goethe meist einfach eine Menge von Menschen, wie Mephisto von den Lamien sagt: *Man weiß, das Volk taugt aus dem Grunde nichts.* (7714.) So fast immer in *Faust* (43, 82, 863, 938, 2161, 2295, 4078, 4090, 4092, 4144, 5738, 5815, 7090

usw.). Was Faust an dieser Stelle meint, ist eine Menge freier Menschen.
Und der Grund ist frei, weil er niemandem als ihm gehört und die
Bewohner das, was sie erarbeiten, zu eigenem Genuß haben sollen.
Insofern ist es, wie das Schema sagt (vgl. die Einleitung zum 4. Akt),
Gesellschaft in ihren Anfängen, ein Thema, das in den *Wanderjahren*
breiter behandelt ist. *Nur der verdient sich Freiheit wie das Leben, / Der
täglich sie erobern muß* – es wäre ein Leben ohne Magie, ohne Egois-
mus, ohne Zweifel am Sinn, insofern ist dieses Bild die Fortsetzung des
Wunsches *Könnt' ich Magie von meinem Pfad entfernen ...* (11404).
Während Mephistopheles damit rechnet, daß das ganze entwässerte
Land wieder eine Beute des Meeres wird (11544–11550), glaubt Faust
eine Leistung für alle Zeiten zu vollbringen, superlativisch wie immer.
Doch er hat erst das *Vorgefühl* davon. Er genießt nicht, daß er schon ein
Stück Meeresboden entwässert hat, er denkt nur an das weit größere
Geplante, das er im Geiste schon vollendet vor sich sieht. So ist dieser
sein letzter Augenblick: Streben, Bewegung auf etwas hin, keineswegs
Besitz und Genuß. – Wilhelm Mommsen, Die politischen Anschauun-
gen Goethes. Stuttgart 1948. S. 225–234.

11574. *letzter Schluß.* Fachausdruck aus der Logik, welche Goethe in
seiner Jugend geläufig geworden war; das *collegium logicum* (1910 ff.)
gehörte auch damals noch zum Studiengang (Bd. 9, S. 247, 37 ff.), und
zwar in der Form, welche die Logik seit Christian Wolff hatte. Dieser
schreibt in ,,Vernünftige Gedanken von den Kräften des menschlichen
Verstandes und ihrem richtigen Gebrauche in Erkenntnis der Wahrheit'', Halle 1725, S. 92 f.: ,,Solchergestalt ist ein Beweis ein Haufen
ordentlich an einander hangender Schlüsse ... Und man nennt ihn eine
Demonstration, wenn man seine Schlüsse so weit hinaus führen kann,
bis man in dem letzten Schlusse nichts als Erklärungen, klare Erfahrungen ... zu Förder-Sätzen hat.'' (Ähnlich dort S. 65 und 141). *Schluß*
bedeutet hier: syllogismus, ratiocinatio, conclusio. Faust als Gelehrter
benutzt das ihm bekannte Wort, gibt ihm aber einen neuen Sinn; denn
es ist nicht der logische Schluß am Ende einer rationalen Kette von
Vordersätzen, sondern *der Weisheit letzter Schluß*, also ein Satz, der am
Ende seiner Lebenserfahrung, seiner Lebensweisheit steht und der aus
dieser Erfahrung hervorgeht wie der logische Schluß aus den Vordersätzen. Sein Inhalt ist ein Bild des Menschen, der *täglich* neu sich *Leben*
und *Freiheit erobert*, – ein Bild, das Faust erst jetzt deutlich geworden
ist.

11580. *Auf freiem Grund ...* Der Vers lautete in der frühesten erhaltenen
Fassung (in welcher der jetzige Abschnitt 11559–11586 aus nur 9 Versen bestand):
Auf eignem Grund und Boden stehn. Goethe hat hier eigenhändig verändert in:
Auf wahrhaft eignem Grund und Boden stehn. Dann folgt die erweiterte Fassung.
Jetzt lautete der Vers in der Johnschen Reinschrift: *Auf wahrhaft freien Grund*

und Boden stehn. Diese Zeile hat Goethe dann eigenhändig in die endgültige Fassung umgewandelt.

11584. *Äonen.* Das altgriechische Wort „aion" = Zeit, lange Zeit, Zeitabschnitt, Weltalter, Ewigkeit, kam ins Neue Testament, kam dann als Fremdwort ins Lateinische, z. B. bei Tertullian, und wurde Ausgangspunkt christlich-mittelalterlicher Spekulation über die „Äonen". Goethe hat es in der Bedeutung „lange Zeit, Weltalter" in seiner Spätzeit mehrfach benutzt, z. B. Bd. 1, S, 360 am Ende des Gedichts *Urworte, orphisch,* und Bd. 9, S. 352, 10. – Lex. f. Theol. u. Kirche, Bd. 1, 1957, Sp. 680–683. – Evangel. Kirchenlex., Bd. 1, 1956, S. 157 f. – Es ist bezeichnend für Faust, daß er seine Landgewinnung als Werk für riesige Zeiträume ansieht. Goethe wußte von dem Deichbruch an der Nordsee 1825, bei dem mehr als 800 Menschen umgekommen waren und das Land überschwemmt war. Er hatte 1829 seine Studien über die *Eiszeit* (Bd. 13, S. 296–299) geschrieben und wußte, daß die Natur durch Vorgänge solcher Art das Menschenwerk zerstören kann.

11593 f. *Die Uhr steht still ...* Die Worte des Pakts: *Die Uhr mag stehn, der Zeiger fallen* (1705) werden hier wiederaufgenommen.

11597 ff. Mephistopheles spricht hier am Ende nochmals sein Wesen aus wie bei seinem ersten Auftreten (1341).

Grablegung

Die letzten Szenen zeigten in Fausts Seele das Mephistophelische und das ins Licht Strebende. Jetzt, da er tot ist, werden diese Gegensätze Gestalt als Teufel und Engel. Aus dem persönlichen Schicksal wird ein kosmisches Geschehen. Mephistopheles ist im Haushalt des Kosmos notwendig als Verneiner. Er weiß, daß er es ist, aber er weiß nicht, wozu er es ist und daß er es soll. Das ist seine Bedingtheit. Es kommt nicht so, daß er den *blutgeschriebnen Titel* (11613) vorzeigt und dann von den Engeln auf seine Bedingtheit hingewiesen wird, sondern diese wird unmittelbar deutlich in einem Geschehen: Mephisto erkennt das Wesen der Engel nicht, er kann es seinem Charakter nach nicht erkennen, und dadurch wird seine Begrenztheit so deutlich wie nie vorher; er zeigt sich als der lüsterne und dumme Teufel; der bloß Verneinende ist letztlich der Perverse und als solcher grotesk. Fausts Seele würde auch ohne dies den Engeln gehören. Aber Mephistos Grenzen im Haushalt Gottes würden ohne dieses Geschehen nicht do deutlich werden. Wir sahen ihn zuletzt in der Menschenwelt, und da war er mächtig. Jetzt erscheint er im Zusammenhang des Geisterreichs, und damit kehrt das Geschehen wieder in den Rahmen zurück, den der *Prolog im Himmel* setzte. War die Szene mit der Sorge der Anfang des Sterbens (Zurückführung der Entelechie auf sich selbst), die folgende Szene der Augenblick des Sterbens, so bringt diese nun die Frage, was an dem Toten Element sei, und erst die folgende gibt das Letzte: die Wandlung der Entelechie, ihre Befreiung vom letzten Stofflichen. – Die Szene ist zum größten Teil Monolog Mephistos, der in gewohnter Weise in Madrigalversen spricht. Scharf heben sich die Engelchöre ab (11676 ff. vgl. 737 ff.); in den schwebenden Rhythmen der reimreichen Kurzverse werden bildhaft, andeutend-knapp Wahrheiten der göttlichen Ordnung ausgesprochen. – Briefe HA Bd. 1. S. 360, 11–33.

11604 ff. Das Lemurenlied hat wieder Anklänge an das Totengräberlied in ,,Hamlet": ,,A pickaxe and a spade, a spade, / For – and a shrouding sheet; / Oh, a pit of clay for to be made / For such a guest is meet."

11606 f. *Dir, dumpfer Gast* . . . : für den Gast im Sterbehemd ist das Haus (Grab) noch viel zu gut.

11613. *Titel* = Urkunde, Dokument. Dt. Wb. 11,1,1 Sp. 524.

11635 f. *flügelmännisch*: Goethe gebraucht das Wort auch sonst öfters, so bald darauf in Vers 11670. *Flügelmann* ist bei einer Mannschaft der, nach dem sich die anderen richten; so nennt Goethe z. B. Cellini einen *Flügelmann* für die Florentiner Kunst seiner Zeit. Wenn Mephistopheles hier *flügelmännische Gebärden* macht, sind es Gebärden, nach denen sich die Teufel, die er im Folgenden anredet, richten sollen. In Vers 11670 ist die Bedeutung des Wortes ein wenig anders: der Flügelmann ist meist besonders groß, und hier dient das Adjektiv zur Bezeichnung der Größe. – Beispiele bei P. Fischer, Goethe-Wortschatz. Lpz. 1929; E. A. Boucke, Wort und Bedeutung in Goethes Sprache. Bln. 1901; bei Erich Schmidt (Jubil.-Ausg.) u. a. m.

11639. *Höllenrachen*. Die Bildphantasie des Volkes und der Künstler hat den Eingang der Hölle oft als Rachen eines Tieres, z. B. eines Drachens, dargestellt, anknüpfend an Bibelstellen wie Jesaia 5,14 ,,Daher hat die Hölle den Rachen aufgetan ohn alle Maße." Goethe brauchte für seine Schlußszenen nur wenige Anregungen in allgemeiner Form. Seine Bildphantasie knüpfte an Gesehenes und Gelesenes an, bildete dieses aber dann weiter. Er befaßte sich 1826 mit Dante, entwarf einen Aufsatz über ihn (Bd. 12, S. 339–342) und erwähnt darin ein *Gemälde des Orcagna*. An Heinrich Meyer schreibt er am 6. Sept. 1826: *Ich erinnere mich eines Bildes von Orcagna, Dantes Hölle vorstellend, und finde sie nicht in der Etruria pittrice. Wissen Sie mir anzudeuten, wo ich suchen soll?* Meyer verweist in seiner Antwort auf 1) ein Bild im Dom in Florenz, Dante darstellend, 2) die Darstellung der Hölle in der Capella Strozzi der Kirche S. Maria Novella in Florenz (darüber: Meyer, Gesch. d. Kunst, 1974, S. 137 f.), 3) die Gemälde des Campo Santo in Pisa, von denen es Kupferstiche gab. Wir haben aus dieser Zeit keine entsprechende Buchbestellung Goethes aus der Weimarer Bibliothek, wohl aber aus früherer Zeit eine Tagebuch-Notiz: *1. Nov. 1818. Die Kupfer des Campo Santo zu Pisa angesehen.* Auch die *Tag- und Jahreshefte* erwähnen am Ende des Jahres 1818: *Das Kupferwerk vom Campo Santo in Pisa erneuerte das Studium jener älteren Epoche.* Das hier genannte Werk ist: Pitture a Fresco del Campo Santo di Pisa intagliate dal Cav. Carlo Lasinio. Firenze 1812–1822. Die Blätter dieses Werkes erschienen nach und nach. Die für Goethe wichtigen Tafeln XII ,,Gli anacoreti" und XIII ,,Il Giudizio universale e l'inferno" waren damals schon vorhanden. Die ausführliche italienische Beschreibung verweist auf Dante. Auf den Zusammenhang zwischen Lasinios Werk und dem *Faust*-Schluß hat der Kunsthistoriker G. Dehio in einem Aufsatz im Goethe-Jb. 7, 1886, S. 251–266, hingewiesen. Damals lagen die Hilfsmittel der Goethe-Philologie noch nicht vor, die W. A. mit ihren Registern, das Verzeichnis von Goethes Bibliothek, das Verzeichnis seiner Buchentleihungen, sein Briefwechsel mit Meyer, dessen Geschichte der Kunst usw. Der ganze Fragenkreis der Bildanregungen wäre heute neu zu untersuchen. Ein Expl. von Lasinios Werk ist im Goethe-Museum Düsseldorf.

11656. *Schuften.* Goethe gebraucht neben der Pluralform *Schufte* auch mehrfach die Form *Schuften.*

11660. *Psyche* bedeutet im Griechischen ,,Seele" und auch ,,Schmetterling", weil die Seele bildlich als Schmetterling oder als Figur mit Schmetterlingsflügeln dargestellt wurde.

11665. *Schläuche*: Dickbäuche, Schlemmer (wie 6162).

11672. *strack*: ausgestreckt, gerade; wie 11870 und Bd. 8, S. 155,24.

11676ff. *Gesandte.* Das griech. Wort ,,Angelos", von dem das deutsche Wort ,,Engel" abgeleitet ist, bedeutet ,,Gesandter, Bote, Mittelsperson". *Himmelsverwandte*: im 18. Jahrhundert bezeichnet das Wort *Verwandte*, zumal in Zusammensetzungen: Zusammengehörige, gemeinsam Wirkende; es gibt bei Goethe *Kunstverwandte, Ratsverwandte, Kanzleiverwandte* usw. Das Wort *Himmelsverwandte*, das uns eigenwillig erscheint, blieb damals im Rahmen des Üblichen, während andere Wendungen Goethes, die seinerzeit neuartig und kühn klangen, in unserer durch ihn und seine Nachfolger bereicherten Sprache nicht mehr so erscheinen.

11679ff.: ,,Folgt, um Sündern zu vergeben und die Toten zu neuem Leben zu erwecken; allen Naturen hinterläßt durch euer Wirken freundliche Spuren ..."

11691. *Das Schändlichste* ... Die Stelle ist verschieden gedeutet. Düntzer: ,,Die ärgsten Sünden". Erich Schmidt: ,,Anspielung auf Hermaphroditentum". Witkowski: „Die Qualen der Seelen in der Hölle; die Frommen beschäftigen sich in ihrer Andacht mit diesen Höllenqualen." Beutler: „Gottes Sohn an das Kreuz zu schlagen". Buchwald: „Kastratentum". Erler: „Vermutlich Anspielung auf die noch zu Goethes Zeit berühmten Kirchenchöre, deren Sänger Kastraten waren". – Der Satz steht im Zusammenhang der Verse 11687–11692 und im Zusammenhang der ganzen Szene. Das Wort *bübisch-mädchenhaft* bezieht sich weniger auf die Art der Musik als auf die Art, wie Mephistopheles die Engel sieht. Später (11763, 11767 f., 11771, 11794–11800) wird diese Sicht noch deutlicher: Sätze wie *Ich mag sie gerne sehn, die allerliebsten Jungen* und *So sieh mich doch ein wenig lüstern an* und vollends 11799 sind deutlich genug. Mephistopheles weiß: Die Engel sind nicht normal-geschlechtlich. Statt an das kontradiktorische Gegenteil zu denken – asexuell, ungeschlechtlich –, denkt er seinem Wesen entsprechend an das kontra-diktionäre Gegenteil: gleichgeschlechtlich, homosexuell. So erscheinen sie ihm, allesamt. Das erinnert ihn an eine Idee, welche die Teufel einmal hatten: Alle Männer homosexuell, alle Frauen lesbisch – *Vernichtung menschlichem Geschlecht*. Das Wort *ihrer Andacht* bezieht sich auf das andächtige Wesen der Engel, nicht das Objekt der Andacht.

11696. *Es sind auch Teufel, doch verkappt.* Mephistopheles verdreht hier die Tatsachen wie schon oft. Nicht die Engel sind verkappte Teufel, sondern die Teufel sind gefallene Engel. Luzifer fiel von Gott ab und zog eine Anzahl von Engeln mit sich (11770) während die anderen Engel bei Gott blieben. Wegen dieser ursprünglichen Verwandtschaft die seltsame Haßliebe Mephistos. Während die Engel klar ihre Aufgabe erfüllen, ist er in sich selbst verwirrt; so zeigt sich seine Bedingtheit im Gesamtgefüge der Welt, und darum muß er den Streit verlieren. Über die Luzifer-Geschichte, die Goethe seit seiner Jugend beschäftigte: Bd. 9, S. 351–353,24 u. die Anmkg.

11699 ff. Das *Rosen*-Motiv, durchaus symbolisch, durchzieht die folgenden Verse. Die Kraft in ihnen beweist sich an denen, welchen die Engel sie zuwerfen (11702), sie bringt den Toten etwas Paradiesisches (11708 f.). Die Teufel versuchen sie durch ihr Pusten zu vernichten (11716 ff., 11721 f.), aber vergebens (11741 ff., 11786); Mephistopheles wird von der Berührung der Rosen körperlich mit Wunden bedeckt, er bezeichnet sie als *Irrlichter* (11741). In der folgenden Szene berichten die Engel noch einmal von dem Kampf mit Hilfe der Rosen, die sie *aus den Händen liebend-heiliger Büßerinnen* empfingen (11942–11953). Die Rosen kommen aus der himmlischen Liebe, sie tragen das göttliche Licht; daher ihre brennende Wirkung: sie vernichten Irdisches und steigern Geistiges. Bei Mephistopheles kann sich diese Liebeskraft natürlich nicht auswirken, da sie aber auch nicht wirkungslos bleibt, erfolgt bei ihm die Umkehr ins Teuflische, Perverse.

11707. *Purpur und Grün.* Über *symbolischen* und *mystischen Gebrauch* dieser Farben spricht Goethe in seiner *Farbenlehre*, zumal § 794–796, 802, 810, 915–919. (Bd. 13.)

11716. *Püstriche.* Ein feuerspeiender Geist im alten Bildwerk wurde „Püsterich" genannt: Goethe schreibt in seiner Polemik gegen Pustkuchen, den Verfasser der falschen „Wanderjahre": *Püsterich, ein Götzenbild, / Gräßlich anzuschauen, / Pustet über klar Gefild / Wust, Gestank und Grauen ...*

11730. „wie (das) Herz es mag", nach dem Wunsch des Herzens.

11741 ff. *Irrlichter.* In Schwaiggers „Journal für Chemie und Physik" Bd. 6, 1812, S. 40 (Goethe kannte den Band) schrieb R. L. Ruhland über die Irrlichter: „wenn man sie hascht, so findet man eine gallertartige, froschlaichartige Masse, die etwas klebrig ist und gleich der Materie der Sternschnuppen und Feuerkugeln Schwefelgeruch verbreitet". – (Jb.) Goethe 13, 1951, S. 275.

11745 ff. *Was euch nicht angehört ...* Die Engelchöre sagen die Botschaft der Engel aus, sie sind nicht Dialog mit dem Teufel. Diese Verse sprechen zu den irdischen *Naturen* (vgl. 11681). 11749 ff.: „Wenn es (das, was euch das Innre stört, das Böse) mit Gewalt auf euch eindringt, müssen wir (die Engel) tüchtig sein ..." Für den ganzen 5. Akt ist bezeichnend, daß Gestalten ihre Botschaft aussprechen, ohne andere direkt anzureden.

vor 11780. *Proszenium*: vorderster Teil der Bühne, zwischen Vorhang und Orchester.

11797. *anständig* in der Bedeutung: das würde euch besser stehn, besser zu euch passen.

11803. *Die sich verdammen*: sich dem Bösen zuwenden.

11831. *weggepascht* = weggeschmuggelt, heimlich beiseitegebracht.

Bergschluchten

Notizzettel Goethes lassen erkennen, daß er in einem frühen Stadium der Dichtung in Erwägung gezogen hat, als Gegenstück zu dem *Prolog im Himmel* an das Ende der Dichtung wiederum eine Gesprächsszene im Himmel zu stellen. Doch in seiner Schöpferphantasie stiegen andere Visionen auf, und so schrieb er statt dessen die Szene *Bergschluchten.* Ihre Bilder der Steigerung brachten seine religiösen Ahnungen besser zum Ausdruck als ein Gespräch, das wie ein Prozeß mit einem Urteil über das Geschehene geendet hätte. Goethe schuf hier wieder eine ganz eigene, seinen bildhaften Weltvorstellungen entsprechende Szene. Die Grundvorstellungen dieser Szene hatte er schon 1821 in dem Gedicht *Eins und Alles* (Bd. 1, S. 368 f.) ausgesprochen, den Aufstieg der Seele in einen Bereich, in welchem *Weltseele* und *Weltgeist* sie aufnehmen, wobei *gute Geister* teilnehmend mitwirken. Was er hier in lyrischer Form ganz knapp ausgesprochen hatte, mußte im Drama festere und ausführlichere Gestalt erhalten. Eckermann notiert am 6. Juni 1831 einen Hinweis Goethes, er habe die *scharf umrissenen christlich-kirchlichen Figuren und Vorstellungen* gewählt, um sich nicht *im Vagen* zu verlieren. Goethe ergänzte also die ihm eigenen Vorstellungen durch zahlreiche paßrechte Anregungen. Es ist eine christliche Landschaft, wie Legende und Malerei sie prägten: Berge, Wälder, Einsiedler, schwebende Engel. Er kannte dergleichen Motive aus Dante, aus alten Heiligenlegenden, aus Humboldts Montserrat-Beschreibung, aus italienischen Gemälden des 14. und 15. Jahrhunderts u. a. m. Die Szene entstand in der letzten großen Schaffensperiode, wahrscheinlich 1830. Aus jenen Jahren stammen auch Goethes späte, sich in mythisch-bildhafte Form kleidende Äußerungen über seine Ahnungen einer Fortdauer unserer Existenz; eine große Entelechie werde auch nach dem Tode sich als solche bewähren und, sich umgestaltend, aufsteigen; die Bewegung zur Weltseele führe, wenn dieses Dasein vorüber sei, in einer uns nur ahnbaren Form weiter. So an Zelter am 19. 3. 1827: *Wirken wir fort, bis wir, vor oder nach einander, vom Weltgeist berufen, in den Äther zurückkehren! Möge dann der ewig Lebendige uns neue Tätigkeiten, denen analog, in welchen wir uns schon erprobt, nicht versagen! Fügt er sodann Erinnerung und Nachgefühl des Rechten und Guten, das wir hier schon gewollt und geleistet, väterlich hinzu, so würden wir gewiß nur desto rascher in die Kämme des Weltgetriebes eingreifen. Die entelechische Monade muß sich nur in rastloser Tätigkeit erhalten; wird ihr diese zur andern Natur, so kann es ihr in Ewigkeit nicht an Beschäftigung fehlen. Verzeih diese abstrusen Ausdrücke! Man hat sich aber von jeher in solche Regionen verloren, in solchen Sprecharten sich mitzuteilen versucht, da, wo die Vernunft nicht hinreichte und wo man doch die Unvernunft nicht wollte walten lassen.* (Ähnlich zu Eckermann am 4. 2. 1829.)

Faust ist gestorben. Aber wir begegnen ihm noch einmal. Engel nähern sich und tragen *Faustens Unsterbliches* (in einer Handschrift heißt es *Faustens Entelechie*). Dieses spricht nicht, auch wird sein Name nicht mehr genannt. Aber es beginnt in ein Geschehen einzugreifen, es wächst in eine Ordnung hinein, und diese Ordnung wird zum Bild. Was hier geschieht, geschieht in Bezug auf Faust. Schon in anderen Szenen des 2. Teils war er stumm, und die Handlung spiegelte symbolisch, was er lebte. Seine Entelechie ist jetzt nach dem Tode mehr als je vorher nur noch Beispiel einer bedeutenden strebenden Menschengestalt schlechthin.

Das Bild der Szene zeigt Berg und Bäume, Einsiedler und schwebende Engel, es ist ein Bild, in dem die Vertikal-Bewegung besonders betont ist. Allmählich zieht sich die Handlung von den unteren Regionen in die obere. Einleitend spricht der Pater ecstaticus; sein Thema ist die Verbindung von Mensch und Gott; seine Bewegung ist entsprechend ein vermittelndes Hinauf und Hinab, darum macht diese den Beginn, wie ein Leitsymbol. Der Pater profundus, in tieferer Region, ist noch dem Sinnenhaften verbunden, aber dieses wird ihm zum Gleichnis des Ewigen; sein Bereich ist die Natur. Unmittelbarere Offenbarungen des Göttlichen zeigen die folgenden Bilder. Der Pater Seraphicus hat bereits Verbindung zu den Engeln. Aber auch er ist noch nicht ganz vom Boden gelöst, und darum kann er den Seligen Knaben die Welt zeigen. Über Fels und Wald schweben himmlische Gestalten, manche tiefer, andere höher. Auch einer der Patres schwebt. Denn zwischen Erde und Licht gibt es zahllose Übergänge (nicht eine Kluft), und die Szene ist ein Bild dieser Steigerung.

Die Bilder zeigen das Geschick der Entelechie nach dem Tode, ein Erhaltenbleiben und zugleich ein Sich-Auflösen. Die einleitenden Worte des Pater ecstaticus bitten, *Daß ja das Nichtige / Alles verflüchtige* (11862f.); der Doctor Marianus spricht von dem *Umarten* (12099), die Engel von der Reinigung der *geeinten Zwienatur* (11962). Das, was hier geschehen muß, ist das Aufhören, das allmähliche Sich-Ablösen des Materiellen (und insofern ein *Erlösen*). Fausts Entelechie ist zwar nicht mehr irdisch, aber sie ist erst *im Puppenstand* (11982), d. h. ist von der Vollendung noch so entfernt wie die Puppe vom Schmetterling. Die Wandlung, die er durchzumachen hat, führt noch weiter. Die Region, in die er nun eintritt, ist ein Geisterreich. Die Seinsform dieser Gemeinschaft der Heiligen ist ein liebendes Einander-Helfen, Für-einander-Bitten, Einander-Lehren. Der Pater Seraphicus hilft den Seligen Knaben zu Erkenntnis, indem er sie die Welt sehen läßt; die Engel geben Fausts Entelechie an die Seligen Knaben zur Pflege (11978ff.); der Doctor Marianus bittet für die drei Büßerinnen; diese bitten dann für Gretchen; und Gretchen bittet ebenfalls nicht für sich, sondern für *den früh Geliebten*. Seine Entelechie wird, sobald sie erscheint, in dieses Füreinander-Sein hineingezogen. Ihm begegnen die Seligen Knaben, die gleich nach der Geburt starben; was ihnen mangelt, ist Welt, was sie haben, ist Reinheit; somit sind sie Fausts Gegenteil, und nun bitten sie, von ihm belehrt zu werden, und zugleich geben sie ihm, was sie zu geben haben. Dadurch, daß in diesem Reich ein stetes Geben und Nehmen ist und zugleich ein Höher und Tiefer, kann die Darstellung ein dichterisch-dramatisches Geschehen daraus machen. Es führt zweimal an Punkte, wo die Bewegung stockt, bis sie durch die Wechselwirkung der Liebe wieder gelöst wird. Die Engel tragen Fausts Unsterblichkeit empor, aber die älteren Engel sprechen aus, daß nun ihr Können erschöpft sei. Die Seligen Knaben übernehmen ihn und geben ihm in *treuer Pflege* (12078) Wesentliches, dessen er bedarf. Doch immer noch bleibt die *Zwienatur* zu reinigen vom letzten Materiellen. Nur die *ewige Liebe* vermag es. Und nun greift diese ein durch die *Una Poenitentium* und die Mater gloriosa. Nun ist auch der weitere Weg geöffnet. Die Mater gloriosa verkörpert den höchsten Bereich.

Diese stete Bewegung und Wandlung, dieses Geben und Nehmen, dieses Lehren und Lernen (d. h. zum höchsten Geiste hinführen, nicht im Wissen, sondern im Sein), dieses Durch-fremde-Augen-sehen-Lernen, dieses *Umarten* (12099) und Aufsteigen spricht sich sehr stark in der Wortwahl aus; immer wieder folgen Wörter, die von einem Zustand in einen anderen hineinführen: *Steigt hinan* (11918), *wachset* (11919), *entfaltet* (11925), *steigender Vollgewinn* (11979), *Puppenstand* (11982), *schwebend nach oben* (11992), *in die Ewigkeiten steigerst* (12064), *er überwächst uns* (12076), *hebe dich zu höhern Sphären* (12094) usw. Während die Wortwahl diese Bewegung und Entfaltung zum Ausdruck bringt, spricht der Rhythmus eine Hoheit aus, die überirdische Sphären fühlen läßt. Es gibt fast keine der früheren Sprechverse mehr, alle Worte werden klangvoll und melodiös, und die Chorstrophen sind reine Musik der Sprache. Das Schwebende, Leichte und zugleich das Ernste, Betonte (rhythmisch: die Häufigkeit der Hebungen) gibt den Eindruck des Heiligen, Gottesdienstlichen. Betrachtet man diese klangvollen, schönwortigen Verse auf ihren Inhalt hin – fast vergißt man über dem Klang, sie genau daraufhin zu befragen –, so zeigen sie sich als tiefsinnig-bedeutungsschwer; Worte über Geist und Element, über Tod und Verwandlung, über den Stufenbau der Gotteswelt und über die Liebe; in ganz kurzen Formeln die ganze Goethesche Lehre vom Gleichnischarakter der Welt und von der Rückkehr der durchgeisteten Welt in Gott. Diese Verbindung reinster Sprachmelodie mit tiefstem Sinn, des leichtesten Stoffes mit schwerster Bedeutung macht diese Chöre zu wahrhafter Geistermusik. Sie haben in Goethes Dramen nicht ihresgleichen, und nur einige höchste Erzeugnisse seiner Lyrik könnte man ihnen zur Seite stellen.

Der Schlußchor ist ein *Chorus mysticus*. Mystik richtet sich auf das *Unbeschreibliche*. Sie deutet es an. Aussagen kann sie es nicht. Sie weist hin im Symbol, und ihre Sprache hält die Sicht ins Unendliche offen. So deutet diese Szene darauf hin, wie das Stoffliche durch die Liebe weggeschmolzen wird, wie der Geist vom Erdhaften abgelöst, erlöst wird, wie das Unsterbliche Fausts *umgeartet* (12099) wird. Die Liebe erscheint stufenweise: Gott – Maria – Büßerinnen – Gretchen, und die Person der Liebenden darf auch in diesen Regionen für die des *früh Geliebten* bemüht sein. Was Gretchen für den irdischen Faust bedeutete, sagte der Anfang des 4. Aktes; sie zog *in den Äther hin … das Beste meines Innern mit sich fort* (10065 f.). Faust ist immer der Strebende gewesen. Jetzt singen die Engel: *Wer immer strebend sich bemüht, / Den können wir erlösen.* (11936 f.) Das Streben setzt sich fort in höhere Regionen. Aber dort muß ihm die Liebe von oben begegnen. Ohne sie wäre alles

Streben vergebens. Die Engel sagen nicht, sie wollten oder würden oder
müßten erlösen, sondern sie könnten es. Daß es geschieht, ist Gnade.
Der Bewegung von unten muß die Bewegung von oben antworten (wie
im Gedicht *Ganymed* Bd. 1, S. 46). Daß es geschieht, ist ein Geschenk.
Die Liebe, die emporhebt, hatte einst ihren Abglanz in irdischer Liebe.
Abglanz, Symbol, Gleichnis ist alles Irdische. Gretchens Liebe war es,
und die Natur war es, wie Faust sie bei Sonnenaufgang sah (und wie der
Pater profundus sie jetzt sieht), und die Schönheit Helenas war es. Aber
das Irdisch-Unzulängliche weist nur gleichnishaft hin auf das, was hier
Wirklichkeit, *Ereignis* ist. Gott strömte sich aus in die Welt, nur darum
kann sie sein Gleichnis sein. Als Schöpfergott erscheint er menschlichen
Augen männlich. Aber alles Irdische sehnt sich ins höchste Licht zurück
und wird wieder zu ihm emporgehoben. Hier aber, wo das Göttliche
sich offenbart als das Liebende, Gütige, erscheint es menschlichen Augen weiblich. Darum führt eine Linie von dem irdischen Gretchen zu
der Una Poenitentium, zu den drei heiligen Büßerinnen, zur Mater
gloriosa und ins Urlicht göttlicher Liebeskraft hinein. Man kann ihren
Anfang erkennen und gleichnishaft verstehen, man kann ihren Fortgang
symbolisch anzudeuten versuchen, dann aber verliert sie sich ins Unbeschreibliche. Dorthin noch zu blicken, ist Mystik. Und so ist es ein
Chorus mysticus, der das Stück abschließt.

Über die Entstehung der Schlußszene wissen wir nicht genau Bescheid. Boisserée notiert am 3. August 1815, Goethe habe gesagt, der Schluß sei *schon fertig* und
stamme *aus der besten Zeit*. An Zelter schreibt Goethe am 24. Mai 1827, der
Schluß sei *längst fertig*. Das läßt vermuten, daß um 1800 schon viel geschehen sei.
Im Sommer 1800 schickte Wilhelm v. Humboldt aus Spanien eine Beschreibung
des Montserrat, und Goethe antwortete am 15. Sept. 1800: *Durch Ihren Montserrat haben Sie uns ein großes Vergnügen gemacht. Die Darstellung ist sehr gut
geschrieben und man kann sie aus der Einbildungskraft nicht loswerden. Ich befinde mich seit der Zeit, ehe ich mich's versehe, bei einem oder dem andern Ihrer
Eremiten.* Zu diesem literarischen Hinweis auf eine Eremitenlandschaft kamen
solche aus der bildenden Kunst. 1818 sah Goethe den Lasinios Stich der Eremiten vom
Campo Santo in Pisa (Tagebuch 1. Nov. 1818). Er besaß zahlreiche Darstellungen
von Eremiten-Landschaften in seiner eigenen Sammlung. Als er 1818 sich die
Geschichte der Landschaftsmalerei deutlich machte, notierte er: *Verbindung mit
dem Einsiedlerwesen* (Bd. 12, S. 216,12), und in den anschließenden späteren Ar-
beiten wird dieses Motiv weiter verfolgt (Bd. 12, S. 218,32; 221,9–11; 222, 8–12).
Es sind Bilder von Tizian, Brueghel, Muziano, Saverij, Bourdon und anderen
(Schr. G. Ges., 61: Weimarer Goethe-Studien. 1980. Abb. 12, 14, 18, 19, 26, 50).
Da für die Gestalten der Schlußszene Motive aus der christlichen, speziell katholi-
schen Welt verwertet wurden, griff Goethe auf seine beträchtlichen Kenntnisse auf
diesem Gebiet zurück. Sie stammten aus seiner Beschäftigung mit italienischer
Kunst, aus seinen Reisen nach Böhmen, aus vielerlei Büchern von Dante bis
Manzoni, aus Gesprächen mit Boisserée usw. Seine private Bibliothek enthielt eine
große Abteilung Theologie (Ruppert Nr. 2603–2739), darunter ein ,,Officium

Beatae Virginis Mariae" (Nr. 2693) und ein „Officium secundum Missale et Breviarium Romanum. Venetiis 1784" (Nr. 2694) und 83 Werke zur Kirchengeschichte. Eins davon war Joh. Chr. Fr. Wundemann, Geschichte der christlichen Glaubenslehren bis auf Gregor den Großen. Lpz. 1798–1799. Goethe schreibt am 28. Febr. 1814, daß dieses Werk ihm *schon seit einem halben Jahr nicht mehr von der Seite kommt*, obgleich er darin auch manchem *Abgeschmackten* begegne (WA, Briefe Bd. 24, S. 365). 1820 bat er den katholischen Pfarrer in Weimar, ihm den Text des „Veni creator spiritus" zu senden, dessen ehernen Klang er dann in schlichter Großheit übersetzte. 1829 beschäftigte er sich mit Dante. Dort gibt es in der Nähe der Madonna die gestorbene Beatrice, es gibt einen belehrenden Heiligen, es gibt die unschuldigen Kinderseelen, und das Werk endet mit dem Thema der göttlichen Liebe (Paradiso, Gesang 32 und 33). Dies war der geistige Hintergrund, aus dem er die Motive für die Schlußszene wählen konnte. Die Tatsache, daß sie aus der mittelalterlichen Tradition stammen, besagt noch nichts darüber, in welcher Weise sie angewandt ist. Dargestellt ist ein Stufenreich der Liebe, nicht die Auswirkung des stellvertretenden Todes Christi auf die Vergebung der Sünden. – Über Goethes Beziehung zu der katholischen Welt: Johannes Urzidil, Goethe in Böhmen. 2. Aufl. Zürich u. Stuttg. 1965. S. 239–263. – Goethe und der Kreis von Münster. (Westfäl. Briefwechsel u. Denkwürdigkeiten, 6.) 2. Aufl. Münster 1974. S. XLII–LVII. – Aus der Weimarer Bibliothek hat Goethe wiederholt katholische Werke entliehen: Keudell Nr. 73, 74, 130, 132, 156, 209–212, 637, 644, 770, 907, 993, 997, 998, 1000, 1315, 1352, 1437, 1486, 1810, 1823, 1992, 2131, 2132.

C. G. Carus, Briefe über Goethes Faust. Lpz. 1835. Insbes. S. 85. – K. J. Obenauer, Der faustische Mensch. 1922. S. 208–223. (Der Verf. vermerkt S. 252 „gleichzeitige eindringende Beschäftigung mit der Welt Rudolf Steiners"). – Heinrich Rickert, Fausts Tod und Verklärung. Dt. Vjs. 3, 1925, S. 1–74. – Wilh. Hertz, Fausts Himmelfahrt. In: Die Ernte. Festschrift für Fr. Muncker. Halle 1926. S. 59–92. – Kommerell S. 112–131. – Reinhold Schneider, Fausts Rettung. Bln. 1946. – W. Flitner, Goethe im Spätwerk. 1947. S. 298–304. – Eduard Spranger, Heilige Liebe. In: Spranger. Goethe. Seine geistige Welt. Tübingen 1967. S. 392–415. – Daur, Faust und der Teufel S. 481–489. – Albert Fuchs, Le Faust de Goethe. Paris 1973. Insbes. S. 77–88. – Ilse Graham, Der Faust-Schluß in mittelalterlicher Sicht. Akten des 6. internat. Germanisten-Kongresses, Basel 1980. Jahrb. f. Internat. Germanistik, Reihe A, Bd. 8, 1. S. 85–111. – G. Dehio, Alt-Italienische Gemälde als Quelle zu Faust. GJb. 7, 1886, S. 251–266. – Erich Schmidt, Danteskes in Faust. Archiv f. das Studium der Neueren Sprachen 107, 1901, Bd. 1, S. 241–252. – Kurt Wais, Die Divina Commedia als dichterisches Vorbild im 19. und 20. Jahrhundert. Arcadia 3, 1968, S. 27–47. – Dieter Breuer, Goethes christliche Mythologie. Zur Schlußszene des „Faust". Jahrbuch des Wiener Goethe-Vereins, Bd. 84/85, 1980/81, S. 7–24.

11844 ff. Die ersten Verse schon geben klanglich den Charakter der Szene an. Die Hebungen stehen nah beieinander, dadurch das Langsame, Betonte; zugleich aber gibt das Melodische, Gelockerte, Pausenreiche den Eindruck des Leicht-Seins und Schwebens. Ernst und Heiligkeit des Klanges bleiben durch die ganze Szene hindurch. Zu Beginn herrschen die längeren, schwereren Rhythmen vor, am Ende die kürzeren, leichteren; es ist, als wolle auch der Versklang auf diese Weise den allmählichen Aufstieg in höhere Regionen andeuten. Zu Beginn ist der langsame Vers mit vielen Hebungen schon dadurch deutlich, daß das erste Wort nur 2 Silben hat, beide betont, dann folgt eine kleine Pause, äußerlich durch das Komma bezeichnet. Man könnte die Akzente folgendermaßen setzen: *Wáldùng, sie schwánkt heràn, / Félsèn, sie lásten dràn.* – Zur Rhythmik kommt die Wortwahl mit ihren bewegten Bildern: *Waldung, die heranschwankt,* d. h. in verschiedenen Formen näher und ferner ist; auch Felsen und Wurzeln in Bewegung, in Funktion. Durchaus eine seeleninnere Landschaft und reiner Ausdrucksstil, so daß die Aussprache des innersten Gefühls in den anschließenden Worten des Pater ecstaticus völlig im gleichen Stil bleiben kann wie diese Worte des Chors, die (äußerlich gesehen) nur die Landschaft schildern. – Eine (etwas eigenwillige) metrische Analyse der Verse der Schlußszene gibt Andreas Heusler, Dt. Versgeschichte, Bd. 3, 1929 (2. unveränderte Aufl. 1956), S. 400.

11850. *Löwen* sind typisch für die Umwelt frommer Einsiedler auf Darstellungen vom Mittelalter bis ins 17. Jahrhundert. Goethe kannte den Stich von Lasinio nach dem Fresco des Campo Santo in Pisa (ein Exemplar war in der herzoglichen Sammlung, die 1825 in das neugegründete Museum kam), vor allem war ihm das Motiv geläufig aus vielen Stichen seiner eigenen Sammlung (Bd. 12, S. 221,10). Er besaß unter anderem von Dürer einen Hieronymus-Stich mit dem Löwen (Schuchardt S. 114 Nr. 100) und einen Hieronymus-Holzschnitt (ebd. S. 118 Nr. 141), von Tizian die Landschaft mit Hieronymus und zwei Löwen, von Brueghel die Landschaft mit Hieronymus und einem Löwen, dasselbe Motiv von Roelant Saverij (Schr. G. Ges. 61, Abb. 12, 19, 26) u. a. – Das Symbol der Umwandlung des Wilden durch die Güte lebt auch in dem Löwen-Motiv der *Novelle* (Bd. 6, S. 511,7–513,8).

11854. *Pater ecstaticus, auf und ab schwebend.* Goethe nennt in seinem Aufsatz über Philipp Neri (Bd. 11, S. 462–473) den Zusammenhang von Ekstase (S. 465,22; 470,1 f.) und Schweben (470,10f.): *Die Gabe der tiefen wortlosen Anbetung, der Ekstase, und zuletzt sogar des Aufsteigens vom Boden* (327,22ff.). Er hat für die Einsiedler der Schlußszene Beiwörter – *ecstaticus, profundus* usw. – die im Mittelalter vorkamen und dort verschiedenen Kirchenlehrern beigelegt wurden. Er meint hier natürlich nicht die eine oder andere historische Gestalt, sondern nur ganz allgemein Typen religiösen Daseins.

Goethes Handschrift hat hier ursprünglich: *Ein Bruder auf dem Felsen in Entzückung.* Das hat er dann durchgestrichen und darüber geschrieben *Pater ecstaticus auf und ab schweifend.* (Facsimiliert: Schr. G. Ges., 42.) In der Johnschen Reinschrift steht *auf- und abschweifend.* Der Druck von 1832, den Eckermann und Riemer besorgten, hat dann *auf und ab schwebend.* Der Philologe Max

Hecker setzte auf Grund der Handschrift *schweifend* in seinen Text. Doch aus der Bildsymbolik der Szene, dem Höher und Tiefer, der Aufwärtsbewegung, dem Übergang aus der Region der Patres in die der schwebenden Engel, liegt das Bild des Schwebens nahe, ebenso durch die Beziehung zu den Sätzen über Philipp Neri. – Tagebuch 2. Mai 1829: *Las in den Actis Sanctorum nach geraumer Zeit das Leben des Philippus Neri wieder.* – Lex. f. Theol. u. Kirche 6, 1961, Art. „Levitation".

11854ff. Ewiger Wonnebrand ... Siedender Schmerz ... Nicht nur beglückend, auch qualvoll wird im Irdischen das Durchbrechen des Überirdischen erlebt, doch eben dadurch wird das Materielle vernichtet und die *Liebe* wird dauernd und herrschend. Die Sprache vereinigt Ausdrücke von *Lust* und *Schmerz* in kraftvollsten Bildern, um diese innere Erfahrung auszudrücken, die Goethe schon einmal in seiner Jugend in dem Gedicht *Sehnsucht* (Bd. 1, S. 97f.) gestaltet hatte.

11866. Pater profundus. Lat. *profundus* = tief. Das Wort kommt an einer berühmten Stelle vor: Psalm 130 (129) „De profundis clamavi ad te, Domine", „Aus der Tiefe rufe ich, Herr, zu dir". Hier: ein Eremit, der sich nach Erleuchtung sehnt (11889), aber noch in der *Sinne Schranken* (11886) lebt, deswegen in der *tiefen Region.* Das Beiwort „profundus" wurde im Mittelalter Denkern, die in der Tiefe des menschlichen Innern den rechten Weg suchten (Mystikern), beigelegt. Die beiden Bedeutungen schließen einander übrigens nicht aus.

11870. strack: gerade; straff aufgerichtet.

11890. Pater Seraphicus. Mit dieser Gestalt sehen wir bereits die *mittlere Region.* Die Seraphim sind Engel. Man sprach von 9 Ordnungen (Chören) der Engel; die Seraphim sind die höchsten, am nächsten bei Gottes Thron. Der *Pater Seraphicus* hat ein Gemüt, das sich diesen Engeln nähert. Der Beiname *Seraphicus* kam in der kirchlichen Literatur mehrfach vor. Goethe entlieh am 17. Mai 1800 – vielleicht im Zusammenhang der *Faust*-Dichtung –: Breviarium Romanum. Venetiis 1646. Dort kommt die Bezeichnung *Seraphicus* mehrfach vor, z. B. „Oratio Seraphici Doctoris Bonaventurae" (Blatt 52[b]), ähnlich an anderen Stellen (Blatt 37[b], 39[b]).

11894ff. Chor seliger Knaben. Der emporschwebende Knabenchor erscheint in einem *Morgenwölkchen:* die Wolkensymbolik klingt wieder auf (wie auch später in Vers 12014). Der Pater Seraphicus nennt diese Knaben *Mitternachts Geborne* (11898). Dem Volksglauben nach sterben Kindern, die zur zwölften Stunde geboren werden, bald nach der Geburt. (HwbA 3, 1930/31, Sp. 410). Darum bedürfen diese Knaben noch der Belehrung, ehe sie höher gelangen. Sie haben Liebe als irdisch-himmlische Macht noch nicht erfahren. Ihnen fehlt jede Welt-Aneignung. Faust als eine Entelechie, die viel Welt in sich aufgenommen hat, kann sie belehren: er ist ihnen an Erfahrung überlegen wie sie ihm an Reinheit. Indem er ihnen sich verbindet, geht er ein in die Lebensform dieses Geisterreichs: wechselseitiges Einander-Helfen und -Fördern. Die Seligen Knaben bleiben bis zum Ende der Szene zwischen den übrigen Gestalten, gleichsam wie die kindlichen kleinen Engelfiguren auf einem Gemälde. Das Motiv der gestorbenen unschuldigen Kinder hat Goethe schon in seiner Jugend beschäftigt. In seinen Straßburger *Ephemerides* vermerkt er ein Buch darüber: Antonius Cornelius, Infantium in limbo clausorum querela. 1531.

11906ff. *Steigt herab ... Der Pater Seraphicus* nimmt die Seligen Knaben in sich auf, und sie sehen nun durch seine Augen. Bedenkt man, daß alle Bilder hier Symbol sind, so ist diese Vorstellung nicht befremdlich, sondern nur sinnfällig. Jeder entwickelt Erkenntnis nicht nur aus sich allein, sondern lernt durch andere, lernt mit ihren Augen die Welt sehen. Goethe hatte in seiner Jugend aus Swedenborg (von dem in der Bibliothek des Vaters 3 Werke standen, darunter: Von den Erdkörpern der Planeten und des gestirnten Himmels Einwohnern, aus dem Lat. von Fr. Chr. Oetinger. Ansbach 1771) das Bild, daß ein Geist andere Geister in sich aufnimmt, kennen gelernt, und es wurde eine der optischen Vorstellungen, die sich ihm so einprägten, daß er sie nie mehr vergaß. Er hat es mehrfach benutzt, in verschiedenen Zeiten. So schreibt er an seine Mutter am 3. Oktober 1785: *Wenn man nach Art Schwedenborgischer Geister durch fremde Augen sehen will, tut man am besten, wenn man Kinderaugen dazu wählt.* Und an F. A. Wolf am 28. November 1806: *Warum kann ich nicht sogleich mich wie jene Schwedenborgischen Geister, die sich manchmal die Erlaubnis ausbaten, in die Sinneswerkzeuge ihres Meisters hineinzusteigen und durch deren Vermittlung die Welt zu sehen, auf kurze Zeit in Ihr Wesen versenken?* (Ähnlich an Charlotte v. Stein, 1. 10. 1781 und an J. W. E. d'Alton, 20. 8. 1824.) – Der Pater Seraphicus läßt die Seligen Knaben die Welt durch seine Augen sehen, sie erblicken Felsen, Gebirgsbach und Bäume; sie sehnen sich nach höheren, lichteren Bildern, und so entläßt er sie mit den Worten: *Steigt hinan zu höherm Kreise ...*

11911. *abestürzt* = abwärtsstürzt; ähnlich *Pandora* 762 und 778: *mit abegewendetem* (abwärtsgewendetem) *Blick.* Durch alte und mundartliche Formen angeregt.

11934ff. *Engel, ... Faustens Unsterbliches tragend.* Eine Goethesche Handschrift hat vor 11954 ursprünglich: *Chor der Engel, über dem Berggipfel, Faustens Entelechie heranbringend.* Das Wort *Entelechie* bezeichnet die auf ein Ziel zustrebende lebendige Einheit. Die Worte *Chor der Engel* bestätigen, daß *Engel* vor 11934 ein Plural ist. Die Verse 11936f. *Wer immer strebend ...* stehen in Goethes Handschrift ohne irgend eine Heraushebung. (Facs.: Schr. G. Ges., 42.) In Johns Reinschrift haben sie Anführungszeichen, die mit Bleistift hinzugesetzt sind; Erich Schmidt meint: von Goethe selbst. Demgemäß auch im Erstdruck Anführungszeichen. Diese dienten damals zur Heraushebung. In moderner Schreibweise entspricht dem am ehesten die Sperrung. – Noch einmal taucht hier das Wort *streben* auf, das geradezu leitmotivisch für Faust war (317, 697, 767, 1075, 1676, 1742, 7291). Die Mystik aller Zeiten hat sich zur Andeutung der Polarität und Vereinigung mit dem Absoluten der Sprache der Liebe bedient, und bei Goethe wird diese aus innerem Erleben neugeboren. Das Wort *erlösen* bezeichnete in jahrhundertelanger christlicher Tradition, daß der infolge der Erbsünde der Hölle verfallene Mensch durch die Tat Jesu Christi für eine Aufnahme in den Himmel fähig gemacht sei. Dieser dogmatische Inhalt war in der Sprache des Pietismus und der Empfindsamkeit abgeschwächt, und bei Goethe klingt oft die konkret-natürliche Bedeutung ,,ablösen" mit (wie in Vers 11806) oder ,,auflösen", wie er von der *Erlösung* der Wolken in den Äther spricht (in dem Howard-Gedicht, Bd. I, S. 351). *Erlösen* ist hier: Frei-Machen, ein Ablösen der Entelechie vom Erdhaften, Starren, Dunkeln, Mephistophelischen; und ist Auflösung ins Lichte, Geisthafte, Göttliche.

11942 ff. *Jene Rosen* ... Rekapitulation des Geschehens der vorigen Szene, 11699–11824.

11954 ff. *Uns bleibt ein Erdenrest* ... Die Engel sprechen seit ihrem Erscheinen von Flammen, die das Geistige vom Irdischen trennen (11727, 11802, 11817), so auch der Pater ecstaticus (11854 f.). Während die jüngeren Engel jubilieren, die Seele dem Teufel entrissen zu haben, spüren die vollendeteren Engel, daß Fausts Unsterbliches sich noch sehr wandeln müsse.

11955. *peinlich*: quälend, schmerzlich.

11956. *Asbest*: ein weicher Stein, der sich zu einem Gespinst verarbeiten läßt, das dem Feuer standhält. (Adelung 1, 1808, Sp. 445.) Hier im Zusammenhang der Feuer-Symbolik etwa: ,,und wäre er auch schon lange dem Feuer ausgesetzt und ganz durchglüht, er ist doch noch irdisch ...". Fausts *starke Geisteskraft* hat Elementares und Geistiges so eng vermischt, daß kein Engel beides trennen könnte (so ist das konjunktivische *trennte* zu verstehn); nur die *ewige Liebe* (die bald darauf eingreift) vermag es.

Goethe war der *Asbest* aus seinen geologischen Studien vertraut. Er hat öfters etwas naturwissenschaftlich Bekanntes als dichterisches Gleichnis benutzt. Übrigens war der Asbest schon in der Barock-Metaphorik beliebt (Picinelli, Mundus symbolicus; Dilherr, Christl. Betrachtung des glänzenden Himmels, 1657, u. a.).

11981 ff. *Puppenstand*: nicht etwa Goethesche Neubildung oder manierierte Seltenheit, sondern eine der im 18. Jahrhundert gebräuchlichen, im 19. Jahrhundert abgekommenen Zusammensetzungen mit „-stand". Goethe gebraucht auch das Wort *Raupenstand* (Bd. 9, S. 334, 27). Adelungs Wörterbuch (das Goethe besaß und gebrauchte) schreibt: „Puppenstand: derjenige Zustand eines Insektes, da es eine leblose, wenigstens unbewegliche Puppe ist, derjenige Stand, welcher auf den Raupenstand folgt und unmittelbar vor dem Stande des vollkommenen Insektes vorher gehet." Goethe benutzt das alte Sinnbild der Seele als Schmetterling und bezeichnet bildhaft-knapp den Zustand des schweigenden, gleichsam noch „unbeweglichen" Faust vor dem Eingreifen der erlösenden Liebe. Er ist noch in sich versponnen wie die Schmetterlingspuppe; darum *Löset die Flocken* (d. h. das Gespinst) *los*. Das Bild betont, daß Fausts jetziger Zustand anders ist als einst im Leben, doch erst recht anders als der, welcher noch bevorsteht. Metamorphose und Steigerung gehören in Goethes religiöse Vorstellungswelt.

11984. *Englisches Unterpfand.* Das Wort *Unterpfand* schon 5124, 5761. *Also erlangen wir . . .*: „Durch ihn erlangen wir von den Engeln die Gewißheit, daß wir an ihm wachsend im Bereich der Geister mitwirken und uns in ihm entwickeln dürfen." Vgl. 12078–12083.

11985. *Flocken.* Adelung: „ein jedes Büschel leichter und lockerer Materie, welches bei dem geringsten Hauche in die Höhe flieget". Hier im Zusammenhang des soeben gebrachten Bildes vom *Puppenstand* ist es die Hülle der Puppe, die nur noch leicht und locker ist und bald den Schmetterling entläßt.

11989. *Doctor Marianus.* Ein Heiliger, der sich vor allem der Verehrung Marias widmet. Während die bisher genannten Anachoreten als Patres bezeichnet werden, heißt dieser *Doctor,* bezeichnend für die geistige Durchdringung dessen, was ihn bewegt.

Am 18. Dezember 1830 schrieb Goethe aus Weimar an die Universitäts-Bibliothek Jena: *Wenn ich mich recht erinnere, so hat in der mittlern Zeit sich ein Gottesgelehrter durch seine Verehrung der Maria und eine dogmatisch rednerische Verherrlichung derselben den Namen Doctor Marianus erworben, eine nähere Nachricht hierüber würde mir sehr angenehm sein.* (Bulling S. 23.)

12012. *Göttern ebenbürtig.* Es handelt sich hier um dichterische Sprache, und vor dieser Partie steht das Wort *Entzückt.* Da darf man also keinen Maßstab dogmatischer Korrektheit anwenden. Es gibt im christlichen Himmel keine Götter, aber in ihn gehörende Gestalten, wohlabgestuft. In diesen Bereich gehört Maria, die in kirchlicher Sprache als „deipara" oder „Dei genetrix" = Gottesgebärerin bezeichnet wurde. Das Wort *ebenbürtig* deutet hier also nur an: zugehörig dem höchsten Personenkreis.

12023. *Traulich*: voll Vertrauen, d. h. voll Zutrauen, daß ihnen durch sie geholfen wird. – Ähnlich 4705.

12037 ff. *Magna peccatrix*. Lukas 7, 36–39: „Es bat ihn aber der Pharisäer einer, daß er mit ihm äße. Und er ging hinein in des Pharisäers Haus und setzte sich zu Tisch. Und siehe, ein Weib war in der Stadt, die war eine Sünderin. Da die vernahm, daß er zu Tische saß in des Pharisäers Hause, brachte sie ein Glas mit Salbe. Und trat hinten zu seinen Füßen und weinte und fing an, seine Füße zu netzen mit Tränen und mit den Haaren ihres Haupts zu trocknen, und küßte seine Füße und salbte sie mit Salbe. Da aber das der Pharisäer sah, der ihn geladen hatte, sprach er bei sich selbst und sagte: „Wenn dieser ein Prophet wäre, so wüßte er, wer und welch ein Weib das ist, die ihn anrühret; denn sie ist eine Sünderin.'" (Luther.)

12038. *Deines gottverklärten Sohnes* ... Die Reden der drei Büßerinnen (12037–12060) sind diejenige Stelle in der Schlußszene, an welcher Christus erwähnt wird. Die ganze Szene spielt nicht im „Himmel", wie man manchmal gesagt hat, sondern sie zeigt das Höchste des Irdischen: Berggipfel, Bäume, darüber Wolken; einen Heiligen in Levitation, schwebende Engel; in dieser Region läßt sich die Mater gloriosa (die ihrerseits unter Gott steht) für einen Augenblick herab, sie weist hin auf die *höhern Sphären* (12094). Es ist eine Szene, in welcher von der Erlösungsbedürftigkeit des Menschen (11862 ff., 11936 ff., 11954 ff., 12019, 12065 ff.) und auch von Reue (12097) sowie von der göttlichen Liebe und Gnade (12019, 12072, 12103) gesprochen wird. Das, was Faust hier rettet, ist die unmittelbare göttliche Gnade, nicht die Erlösungstat Christi. Goethe gibt keine Schlußszene, in welcher Christus oder der Herr als Richter auftritt oder in der auf den Opfertod hingewiesen wird und dieser sich erlösend auswirkt. Anderseits schließt Goethe das Christus-Motiv hier nicht aus, so wenig wie vorher in den Versen 737 ff. Für den Vorgang in der Szene steht es hier (12037 bis 12060) aber am Rande. Wie weit die göttliche Liebe, welche in dieser Szene erlösend wirkt, zugleich die des (hier so feierlich genannten) *gottverklärten Sohnes* ist, bleibt offen. In dem allen ist die Szene genau ein Ausdruck dessen, was Goethe schaute und innerlich erlebte – durchaus Bekenntnis; in der Art, wie einzelne Motive tragend werden, andere zurücktreten, ist sie ein Bild dessen, was er deutlich sah und was für ihn im Hintergrund oder nicht klar sichtbar war.

12045 ff. *Mulier Samaritana*. Die Worte der Samariterin hier knüpfen genau an das 4. Kapitel des Johannesevangeliums an, in dem erzählt wird, wie Jesus auf der Reise durch Samaria an den Brunnen kommt, aus dem schon Jakob seine Herde tränkte, und wie dort sich ein Gespräch entwickelt von dem Wasser, das Jesus zu geben habe, dem Wasser, „das in das ewige Leben quillet" (Luther). – *überflüssig*: in Überfluß. – Die Namensform *Abram* (12046) kommt 1. Mose 12, 1 bis 17, 3 vor; dann folgt 17, 5 die Umbenennung in Abraham.

12053 ff. *Maria Aegyptiaca.* Von dieser Heiligen wird berichtet, daß sie in ihrer Jugend ein sündhaftes Leben führte, dann an die Grabeskirche in Jerusalem kam (12053 f.), wo eine geheime Kraft sie am Eintritt hinderte (12055 f.), und daraufhin eine innere Wandlung durchmachte und fortan über 40 Jahre in der Wüste als Büßerin lebte (12057 f.), bis sie dort starb; vor ihrem Tode schrieb sie in den Sand die Bitte, ihr Beichtvater möge für sie beten (12059 f.).

12053. *Acta Sanctorum.* Goethe gibt hier wie bei den beiden vorigen Sprecherinnen an, wo man die Geschichte, auf welche angespielt wird, findet. Die *Acta Sanctorum* sind eine große Sammlung von Heiligenlegenden, begonnen von Johannes Bollandus (1596–1665), fortgeführt von einem Kreis von Gelehrten im Jesuitenorden, die man deswegen ,,Bollandisten" nannte. Das sehr ausführliche Werk bringt in lateinischer Sprache die Geschichten aller Heiligen, geordnet nach den Tagen der Feier, beginnend mit dem 1. Januar. Die zahlreichen Bände sind nicht durchnumeriert, sondern nach den Daten der Feste bezeichnet. Das Fest der Maria Aegyptiaca ist der 2. April, deswegen steht ihre Legende in der ersten der April-Bände, S. 67–90. Goethe entlieh diesen Band 27. Okt.–1. Dez. 1815. Gleichzeitig entlieh er ,,Leben der Heiligen. Nürnberg 1488". In der Bibliothek des lutherischen Herzogtums Sachsen-Weimar waren die *Acta Sanctorum* vorhanden, obgleich es ein teures katholisches Werk war, aber man hat in Weimar immer Standard-Werke angeschafft. Goethe entlieh Bände der *Acta Sanctorum* auch zu anderen Zeiten (6. Juli 1799; 2. Mai 1829), z.B. für Philipp Neri, den er in der *Italienischen Reise* darstellte (Bd. 11, S. 327,5–329,30; 462,1–475,3).

12061 ff. *Die du* ... Die drei Büßerinnen haben bisher einzeln gesprochen, jede mit *Bei* ... beginnend, jede gleichsam nur den Vordersatz; der Hauptsatz, die Bitte für Gretchen, folgt jetzt, zu dritt gesprochen, hinüberlenkend in das Chorische, Gemeinsame der anderen himmlischen Stimmen.

12068. *angemessen* : deiner Güte entsprechend und darum der Buße der Sünderinnen entgegenkommend, damit *büßendes Gewinnen* daraus werde. Sowohl eine Handschrift wie die *Ausg. l. Hd.* haben *angemessen*; die öfters ausgesprochene Vermutung, es läge Schreibfehler für ,,ungemessen" vor, läßt sich aus der Überlieferung gar nicht und aus dem Zusammenhang wenig begründen.

12069 ff. *Una Poenitentium* : eine der Büßenden. Ursprünglich standen in der Handschrift nur diese zwei lateinischen Wörter; Goethe fügte dann eigenhändig hinzu: *sonst Gretchen genannt,* verbindend und distanzierend zugleich. Auch in den nun folgenden Worten an die Mater gloriosa tritt im Vergleich mit dem Gebet 3587 ff. (an welches der Klang sogleich erinnert) nicht nur das Gleiche, sondern ebensosehr das

Verschiedene hervor – die Einheit der Person und die Andersartigkeit des Zustands andeutend. – Metrische Analyse: Heusler, Versgesch., Bd. 3, S. 388.

12084. *Vom edlen Geisterchor umgeben* ... bezieht sich auf die Seligen Knaben, aber auch auf die anderen Gestalten, die hier um Fausts Entelechie sind.

12096ff. *Blicket auf* ... Noch einmal spricht der *Doctor Marianus*, der höchste der Patres, wie schon 11989ff. – Es war eine schlechte Bühnentradition des 19. Jahrhunderts, diese Verse nicht den Doctor Marianus, sondern Faust sprechen zu lassen (damit der Schauspieler der Hauptgestalt in der Schlußszene nicht immer schweigen müsse). *Faustens Unsterbliches* muß noch sehr viel lernen, und das geschieht zunächst schweigend. Aber alles um ihn wird in Bezug auf ihn gesprochen, auch diese Worte des Doctor Marianus, der ihm an Erkenntnis weit voraus ist.

12097. *Alle reuig Zarten.* Goethes Alterssprache legt oft das Wesentliche ins Adjektiv; also etwa: alle mit zarter Seele Bereuenden. Wie alles hier steht auch dies in Bezug zu Faust. Reue war bei ihm bisher nur zwei Mal – in Ansätzen – gezeigt (4623 f., 11382); desto bedeutsamer ist das Wort hier 14 Zeilen vor dem Schluß. (Ganz andersartig kam das Motiv bei Gretchen in der Kerkerszene vor, 4547, 4605.) Die Worte des Doctor Marianus beginnen mit der Reue des Menschen und enden mit der Gnade von oben; das für die Szene wesentliche Leitmotiv der *Gnade* (12019, 12072) findet hier (12103) seinen Abschluß.

12098. *seligem Geschick.* Das Wort *selig* hat hier die alte Bedeutung „auf den Himmel bezüglich, zum Himmel gehörig", so wie man von den Verstorbenen, die man im Himmel glaubte, als „Seligen" sprach. – Die reuigen Menschen erleben dankbar, daß sie vollkommen verändert werden zu einem Dasein im Himmel – *seligem Geschick.*

12103. *Göttin.* Daß Maria keine Göttin sei, lernte jedes Kind schon im Religionsunterricht. Goethe verfügte über ein beträchtliches theologisches Wissen. Es handelt sich hier um Dichtung, in kürzester Form soll Maria als dem göttlichen Bereich zugehörig gepriesen werden. Goethe kannte mancherlei von der Dichtung des Barock mit ihren Übersteigerungen. Dort haben katholische Theologen, denen es selbstverständlich war, daß Maria keine Göttin ist, eben darum die Worte „diva" (Göttliche) und „dea" (Göttin) nicht gescheut.

So der Jesuit Jacob Balde, und Herder (ebenfalls Theologe) hat es in seiner Balde-Übersetzung, 1795, übernommen, eben weil er damit rechnete, daß jeder Leser es nicht als theologische Aussage, sondern dichterische Verherrlichung nahm. Jacob Balde III, 7 in der Ode „Ad virginem assumptam": „Qualis ascendit Dea? tota pulcra Gaudiis gemmat liquidis..." „Eine Göttin, in sich, o ganz in sich schön" (Herder, hrsg. von Suphan, Bd. 27, S. 268); Balde IV, 32 „Tota iam vere,

Dea, tota pulcra es." „Göttin, schön bist du; o wie ganz durch dich schön!"
(Herder 27, S. 79); Balde IV, 40 „O quam te memorem, Dea", „Ach, wie dank'
ich, o Göttin, Dir?" (Herder 27, S. 81). Bei dem Augustiner-Priester Abraham a
Sancta Clara heißt es: „Maria, diese schönste irdische Göttin" (Werke, hrsg. von
Strigl, Bd. 1, Wien 1904, S. 55). Dante nennt Maria im „Paradiso" 32, 119 „Augu-
sta". An diese Tradition hat Goethe angeknüpft.

12104 ff. *Chorus mysticus.* Goethes Handschrift (im Goethe-Museum
Düsseldorf) hat erst *Chorus in excelsis,* dann ist *in excelsis* gestrichen
und darüber geschrieben *mysticus.* (Abb.: Goethes Leben in Bilddoku-
menten. Hrsg. von J. Göres. 1981. Abb. 429.) Während *in excelsis* (in
der Höhe) den überirdischen Bereich der singenden Engel bezeichnet,
deutet *Chorus mysticus* mehr auf den Inhalt des Gesangs, die Beziehung
von Vergänglichem und Ewigem. Denn eben dies ist Goethes „Mystik", daß alles Irdische ein *Gleichnis* des Göttlichen sei, und wer dieses
gleichnishafte Sehen sich zu eigen gemacht hat, ist ein Mystiker. Die
Betrachtung der Natur zeigt ihm *Geheimnisse,* darin bestehend, daß
Gott in der Natur, die Natur in Gott, von Ewigkeit zu Ewigkeit, schafft
und wirkt (Bd. 13, S. 31). *Alle Mystik ist ein Transzendieren und ein
Ablösen von irgendeinem Gegenstande ...* (Bd. 12, S. 375.) Goethe
nennt Hafis *in die Geheimnisse der Gottheit von fern hineinblickend*
und deswegen *mystisch* (Bd. 2, S. 159 u. 24). Der *Chorus mysticus*
spricht das Verhältnis der Menschenwelt zur Gotteswelt aus. Er besteht
in einer einzigen achtzeiligen Strophe. Je ein Satz füllt 2 Kurzzeilen.
Und in jedem Satz werden die zwei Bereiche in Beziehung gesetzt. Alles
in unserer Welt ist, recht gesehen, *Gleichnis* eines höheren, göttlichen
Bereichs. Was auf Erden *unzulänglich,* unvollkommen ist, wird dort
vollkommen; dieses ist das schon 11964 f. und 12099 angedeutete *Ereignis.* Da menschliche Sprache zur Bezeichnung des Göttlichen nicht aus-
reicht, bleibt nur ein Negativ als Hinweis, *das Unbeschreibliche;* ähnlich
ist im *Divan* das Emporsteigen in höhere Sphären als Übergang von
menschlicher Sprache in übersprachlichen Ausdruck dargestellt (Bd. 2,
S. 117). So wie die ersten 3 Sätze setzt auch der vierte das Irdische und
das Jenseitige in Beziehung. Die Wortbildung *das Ewig-Weibliche* weist
als solche schon darauf, daß ihm als *Gleichnis* (12105) im *Vergänglichen*
(12104) eine Präfiguration (mit allen menschlichen Bedingtheiten) entspricht und daß es nun darauf ankommt, von dieser aus alles umzuden-
ken ins *Ewige.* (Das Wort *ewig* hatte zu Goethes Zeit Bezug zum
Religiösen. Adelung schreibt: „ewig: in der engsten Bedeutung der Zeit
weder Anfang noch Ende habend, von Gott gebraucht ... Der ewige
Gott." So auch Goethe in dem Aufsatz *Bedenken und Ergebung* Bd. 13,
S. 31 *Gott in der Natur, die Natur in Gott, von Ewigkeit zu Ewigkeit.*
Daher Zusammensetzungen wie 11964 *Die ewige Liebe* und 12109 *Das
Ewig-Weibliche.)* Nachem die ersten drei Sätze von dem Verhältnis des

irdischen und des himmlischen Bereichs gesprochen haben, sagt der vierte, was aus jenem in diesen *hinanzieht.* Was das sei, kann keine Frage mehr sein, nachdem die Szene dieses Motiv als Hauptmotiv immer stärker erklingen ließ; zu Beginn *Heiliger Liebeshort* (11853), *Ewiger Liebe Kern* (11865), *die allmächtige Liebe* (11872), *Liebesboten* (11882), und so fort in vielen Variationen, gipfelnd in Worten wie *Ewigen Liebens Offenbarung, die zur Seligkeit entfaltet* (11924f.) sowie *Und hat an ihm die Liebe gar von oben teilgenommen* (11938f.). Nachdem die Engel gesagt haben *Die ewige Liebe nur vermag's zu scheiden* (11964f.), erscheint diese in Gestalt der *Mater gloriosa.* Sie wird nur durch zwei Zeilen (12094f.) charakterisiert: sie zieht Gretchen und ihr Faust) hinan. Die Schlußzeile spricht dieses *Zieht ... hinan* noch einmal verallgemeinert aus. – Dieser Inhalt des Schlußchors entspricht der Bewegung der Szene, die vom Pater profundus bis zur Mater gloriosa immer weiter emporgeführt hat. Die Engel, die dies singen, schweben ganz oben (*in excelsis*). Aber eben von dort erfahren wir, daß die Welt sinnvoll sei, weil sie *Gleichnis* ist; sie erfährt – rückschauend – Bejahung und Heiligung. Die Deutung der Welt in ihrer Gleichnishaftigkeit – man könnte sie das Hauptanliegen von Goethes Dichtung nennen, das aller seiner Darstellung Klang und Glanz gibt – ist hier am Ende des Dramas noch einmal in kürzeste Formel zusammengefaßt. Und die gedanklich-genaue Sprache wird Musik in den kurzen Versen, die untereinander durch die Kreuzreime so verbunden sind, daß kein Satz in sich geschlossen ist, sondern in übergreifenden Zusammenhängen verklingt. Klanglich nimmt der Schlußchor die Form auf, welche der Engelchor 11954ff. *Uns bleibt ein Erdenrest ...* hatte, und ist nahe verwandt den Chören *Christ ist erstanden* 737f., 785ff., bei denen eine Beziehung zu altkirchlichen Hymnen naheliegt.

Es gibt im Mittelalter Strophen, die dem Verstyp 12104ff. sehr ähnlich sind: ,,Sacris sollemniis / iuncta sint gaudia, / Et ex praecordiis / sonent praeconia ..." von Thomas von Aquino (Dreves-Blume, Ein Jahrtausend Hymnendichtung I, S. 357f.; ähnlich ,,O quanta qualia ..." ebd. I, 225); ebenso gibt es Verwandtes zu dem Verstyp 12096ff.: Salve sancta facies /nostri redemptoris / In qua nitet species / divini splendoris" (ebd. II, S. 74; ähnlich ,,Patris sapientia, / veritas divina" II, S. 69). Goethe hat vermutlich bei seiner Lektüre kirchlicher Werke dergleichen kennen gelernt; ob er von da angeregt ist, bleibt fraglich.

Bei Zacharias Werner, ,,Das Kreuz an der Ostsee" gibt es Rhythmen wie ,,Höre du Segnende, / Sündern Begegnende, / Mutter der Gnaden, mich, / Blitze entladen sich ... (3. Akt, 3. Szene) Goethes Tagebuch 8. Dez. 1807 (Jena): *Abends bei Frommann las Werner den 2. und 3. Akt vom Kreuz an der Ostsee.* Und 13. Jan. 1808 (Weimar): *Die Damen. Werner las den 3. Akt des Kreuzes an der Ostsee.* Doch es bedurfte solcher Anregungen nicht. Goethe hatte längst ähnliche

Rhythmen geschaffen: *Welcher Unsterblichen / Soll der höchste Preis sein?* (Bd. 1,
S. 144) *Zündet das Feuer an! / Feuer ist oben an . . . (Pandora* 168 ff. Bd. 5.) Und in
Faust: Welche dies Land gebar / Aus Gefahr in Gefahr . . . (9843 ff.). Das Wesentliche war, den Kurzvers so zu gestalten, daß er langsam und betont, zugleich leicht
und schwebend klang. – Das dt. Kirchenlied, hrsg. von Ph. Wackernagel, Bd. 1,
1864, Nr. 288, 307. – Dreves-Blume, Ein Jahrtausend lat. Hymnendichtung.
Bd. 1. 1909. S. 225, 357f. – Poesia latina medievale. Ed. A. Vecchi. Parma 1952.
S. 142. – Ingrid Maria Schürk, Dt. Übertragungen mittellat. Hymnen im 18. und
19. Jahrh. Tübingen 1963. S. 112f.

12105. *Gleichnis.* Hier im Schlußchor kann dieses für Goethe zentrale
Thema nur in knappster Form bezeichnet werden, in diesem einen
Wort. Die Gleichnishaftigkeit der Welt ist in anderer Weise schon aus-
gesprochen in dem Monolog Fausts am Beginn des 2. Teils (4695–4727).
Es ist ein Thema, das oft in Goethes Werken vorkommt (Bd. 14, Sachre-
gister „Gleichnis Gottes", „Gleichnisartigkeit der Welt"). Das Thema
Diesseits und Jenseits gibt es auch im *Westöstlichen Divan* Bd. 2, S. 117
Und nun dring ich allerorten . . . Auf einem Blatt mit Notizen über
Agenda vom 13. August 1829 hat Goethe mit flüchtiger Handschrift
notiert: *Vollkommenheit ist die Norm des Himmels, Vollkommenes
Wollen die Norm des Menschen.* (Bd. 12, S. 531. WA. Tagebücher
Bd. 13, S. 247.) Zu *Das Unzulängliche* vgl. Bd. 12, S. 515 Nr. 1062 und
Bd. 8, S. 116, 25. – *Ereignis* (dasselbe Wort schon 10436) hängt sprach-
lich zusammen mit *sich eignen* 11417 und *sich eräugnen* 5917, 7750.
Adelung schreibt: „sich ereignen: sichtbar werden, sich zeigen; in dieser
eigentlichen Bedeutung nur noch im Oberdeutschen. Im Hochdeutschen gebraucht man es nur in engerer Bedeutung von Begebenheiten,
die unvermutet wirklich werden, sich zutragen."

12109. *Hier ist's getan.* Seit der „Weimarer Ausgabe", deren *Faust*-
Band Erich Schmidt 1888 herausgab, haben die neueren Ausgaben fast
alle den Vers in dieser Form gedruckt. Goethes eigenhändige Nieder-
schrift (Goethemuseum Düsseldorf) und Johns Reinschrift (Goethe-
und Schiller-Archiv, Weimar) haben: *Hier ist es getan,* in Vers 12107
aber *Hier wird's Ereignis* mit Apostroph. Es kommt künstlerisch darauf
an, daß Vers 12109 klanglich genau dem Schluß-Vers *Zieht uns hinan*
entspricht. Auf diese Sprechweise wird durch die Schreibung *ist's* hingewiesen. Goethe war in der Schreibung lässig und nicht einheitlich. Er
gab oft den Philologen und den Druckern nach, die Apostrophierungen
vermeiden wollten. Daß die gesprochene Sprache hier zu apostrophie-
ren hat, folgt aus der Struktur der Strophe: Rhythmisch entsprechen
einander 12104 und 12106, ebenso 12105 und 12107; sodann 12108 und
12110, gleichwie 12109 und 12111. In diesem Gefüge darf es keine
Unregelmäßigkeit, kein Holpern geben. Nur wenn man beim Sprechen
diese Harmonie Klang werden läßt, symbolisiert die Form den Aus-

klang, die Läuterung, welche durch die ganze Szene sich steigert und hier ausklingt.

nach 12111. *Finis*: Ende. Lateinisch wie *ad spectatores* 7003, 10210, 10327, 11286, *Exeunt* 5060, *solus* 6172. Auch die Quellenverweise in der Schlußszene sind lateinisch: *Regum* 11287, *St. Lucae* 12037. Im älteren europäischen Drama, auch bei Shakespeare, waren solche lateinische Notizen häufig, und Goethe knüpft mit *Faust* an eine jahrhundertealte Tradition an.

FAUST IN URSPRÜNGLICHER GESTALT
(URFAUST)

Im Jahre 1887 sah der Literarhistoriker Erich Schmidt den Nachlaß des Hoffräuleins Luise v. Göchhausen durch, die als literarisch interessierte, witzige Gesellschafterin der Herzogin Anna Amalia im Weimar des 18. Jahrhunderts eine Rolle gespielt hatte. Er fand hier eine Abschrift von Goethes *Faust*, und zwar von einer Fassung, die uns sonst nicht erhalten ist. Goethe hat sein *Faust*-Fragment, das er aus Frankfurt mitgebracht hatte, in dem ersten Winter in Weimar, 1775/76, vorgelesen und reichen Beifall dafür geerntet. (Stolbergs Brief vom 6. 12. 1775.) Luise v. Göchhausen lieh sich die Handschrift aus und schrieb sie ab. Wann das geschah, wissen wir nicht. Es muß irgendwann zwischen Goethes Ankunft im November 1775 und seiner Abreise nach Karlsbad und Italien im Juli 1786 gewesen sein. Es liegt nahe, zu vermuten, daß es auf Grund des frischen Eindrucks einer Vorlesung geschah, in einer Zeit, als Goethe noch nicht an *Iphigenie* arbeitete. Abschreiben von Dichtungen gab es damals öfters, zumal wenn Dichtungen nicht veröffentlicht wurden; so haben z. B. Verehrer Klopstocks sich Abschriften seiner Gedichte angelegt (Bd. 9, S. 517,1 u. Anmkg.); das Ehepaar Herder sammelte Abschriften Goethescher Gedichte, und Barbara Schulheß in Zürich schrieb *Wilhelm Meisters theatralische Sendung* ab. Luise v. Göchhausen machte die Abschrift wohl nur für sich selbst. Sie schrieb nicht mit der Genauigkeit eines Philologen. Wieweit Abkürzungen, Rechtschreibung und Zeichensetzung auf ihre Rechnung zu setzen sind, kann man nur in allgemeinen Zügen vermuten. Von Goethes ursprünglichen Manuskripten ist nur ein ganz kleines Stück, die Szene *Landstraße*, Vers 453–456, erhalten geblieben, vermutlich deswegen, weil diese Szene in die späteren Fassungen nicht hineinkam. Man kann nicht wissen, ob und wieweit Goethe außer den Szenen, die er Luise v. Göchhausen gab – sie sind alle in sich abgeschlossen –, noch Notizen und Skizzen zu anderen Szenen vorliegen hatte. Viel wird es wohl nicht gewesen sein. Aufs Große gesehen kann man sagen: Diese Abschrift gibt *Faust* so, wie Goethe das Werk nach Weimar mitbrachte. Es ist der Sturm-und-Drang-*Faust*. Erich Schmidt gab ihm den Namen „Urfaust", der sich seither eingebürgert hat.

Manches ist hier anders als in dem späteren Werk. Im Gespräch mit Wagner kommt der Gegensatz von Barock und Sturm und Drang deutlicher zum Ausdruck. Das Schülergespräch ist nicht nur Wissenschafts-Satire, sondern auch Universitäts-Satire, die auf die Verhältnisse des Studentenlebens eingeht; vieles ist hier mehr achtzehntes als sechzehntes Jahrhundert. Es fehlt die Hexenküche mit der Verjüngung, und zwar wohl nicht als Lücke in der Ausführung, sondern weil sie hier nicht geplant und nicht nötig war. Man wurde im 16. wie im 18. Jahrhundert nicht selten schon mit 30 Jahren Professor; Magister – und das heißt Dozent – schon mehrere Jahre früher. Wenn Faust *an die zehen Jahr'* Studenten unterrichtet, braucht er nur wenig über 30 Jahre alt zu sein. Man darf sich den Helden des „Urfaust" als jugendlichen Gelehrten denken, der mit der Leidenschaft dieser Jahre seine Verzweiflung an der Wissenschaft ausdrückt und keiner Verjüngung bedarf, um leidenschaftlich für Gretchen zu erglühen. Begegnung und Pakt mit Mephistopheles fehlen. Aber die Gretchenszenen sind alle schon vorhanden: lückenlos reihen sich hier die Glieder des tragischen Geschehens aneinander. Die wesentlichen Züge des Gehalts sind die gleichen wie in *Faust I.* Die Sehnsucht nach Entgrenzung, erst im Erkennen, dann im Lieben, der Ausgriff des sehnsuchtsvollen Helden in die Welt und das Schuldigwerden dabei – es sind die gleichen Motive, welche später der vollendeten Dichtung ihren Charakter geben.

Fast mehr als im Gehalt unterscheidet sich der „Urfaust" in der Form von dem fertigen Werk. Wichtige Szenen, die später in Versen erscheinen, haben hier eine kräftige, leidenschaftliche Prosa. Die Sprache hat den Stil des Sturm und Drang; alles, was ausdruckskräftig, charakteristisch, lebendig wirkt, ist ihr recht. Deswegen greift sie zu Neubildungen, mehr noch zu Umgangssprachlichem und Mundartlichem. Goethe hatte in den *Mitschuldigen* und in den anakreontischen Gedichten das Mundartliche gemieden. Hier aber herrscht ein anderer Stilwille. Die Sprache der „Genie"-Dichtung nimmt Wörter, die in einer Landschaft, einer Familie oder einem Freundeskreis üblich sind, sowie eigene Neubildungen ohne weiteres in die Dichtung hinein, sofern sie durch Klangsymbolik, Bildlichkeit, Witz, Treffsicherheit zur Charakteristik beitragen. Goethe will die Lebenskreise, in welchen Gretchen lebt, in die der Student kommt und in welchen Mephistopheles sich zu Hause fühlt, durch sprachliche Mittel lebenswarm und atmosphärisch gestalten. Deswegen greift er tief in die Umgangssprache; es ist das Frankfurtisch des 18. Jahrhunderts, eine stark mundartliche Umgangssprache, die auch in den höchsten Kreisen üblich war. Aus dem gleichen Streben nach Charakteristischem kommen die Neubildungen, die hier im „Urfaust" stellenweise ebenso kühn sind wie in den großen freirhythmischen Gedichten (Bd. 1, S. 33–52). Einiges kommt auch aus der Sprache des 16. Jahrhunderts, hatte Goethe sich doch in den Wortschatz und Klang der Lutherbibel, des Paracelsus und des Hans Sachs mit Begeisterung eingelesen. Erst in Weimar, im Gebiet der sächsischen Kanzleien, und mit der Wendung zur „Klassik" kam die Wandlung; nun dachte er an ein normalisiertes Schriftdeutsch und an Leser in allen deutschen Landschaften. Damals hat er in dem alten *Faust*-Manuskript nicht nur wegen des Inhalts, sondern auch wegen der Sprache vieles umgearbeitet und manches gestrichen. So sehr für das spätere Werk als Ganzes, zumal im Zusammenhang mit *Faust II*, dieser Wandel notwendig war – die Eigenheiten der frühen Fassung haben auch wiederum ihren besonderen Reiz. Seit man den „Urfaust" kennt, genießt man ihn als eine Köstlichkeit. Er übt in besonderem Maße jenen Zauber des Unmittelbaren, Lebensprühenden, Innig-Kraftvollen aus, der die Werke der vorweimarer Jahre kennzeichnet, jenen Zauber, der für uns bezeichnet ist in den Worten: der junge Goethe.

Umgangssprachliches in der Wortwahl: *Storcher* 381,6, *eine Kommission kriegen* 529, *Grasaff* 1213; in der Flexion: *Eim* 258, *hätt* 612, *bei'em* 1372, *Liedcher* 418,19; der Lautstand wird besonders deutlich im Reim; in Frankfurter Sprache des 18. Jahrhunderts sind reine Reime *erklärt – hört* 74/76, *steigen – reichen* 96/98, *lag – nach* 980f., *Tage – Sprache* 1155f. – Aus dem Bereich der Neubildungen im Sturm-und-Drang-Stil kommt *Brandschande-Malgeburt* 1326; Neubildungen sind vielleicht auch *schellenlaut* 196, *vertripplistreichelt* 284, *neugierden* 767.

Da die Hambg. Ausg. alle Texte in der Rechtschreibung unserer Zeit bringt, ist das auch bei dem Text des „Urfaust" der Fall; es gibt viele buchstabengetreue Abdrucke von ihm; diese geben die Schreibweise des Fräuleins v. Göchhausen wieder, doch scheint diese sich weitgehend Goethe angeglichen zu haben. Komposita schrieb man damals meist in 2 Wörtern: *Land Straße, Keller Nest* usw.; sie sind in unserem Druck zusammengezogen. Da in Goethes Frankfurter Mundart das g oft als ch ausgesprochen wird, geht die Schreibweise durcheinander; das „Urfaust"-Manuskript schreibt *Gretgen*, gesprochen wurde natürlich „Gretchen"; unser Text hat die Schreibweise *Gretchen*, die schon in dem *Fragment* 1790 eingeführt wurde.

Fraglich bleiben manche Endungen auf -n und -m, da in Frankfurter Mundart die Endkonsonanten nicht deutlich ausgesprochen oder weitgehend weggelassen wurden. Die Göchhausensche Handschrift hat 258 *Ein*, 675 *den*, 909 *mächtgen*, 1181 *ihn*, 1243 *den*, 1256 *ihren* usw., wobei nicht mit Sicherheit zu bestimmen ist, was auf den Dichter, was auf die Abschreiberin zurückgeht. Unser Text schließt sich hier der Normalisierung bei E. Schmidt, Petsch, Witkowski an, gegen die Handschrift. Dagegen folgt er nicht diesen Philologen sondern der Handschrift in den Lesungen 418,6 und 418,28 *erfaßt*; hier zeigt das Manuskript deutlich jedesmal ein Wort, im Unterschied von 417, 20 *Er faßt*.

An einigen Stellen sind Fortlassungen der Abschreiberin ergänzt; so schreibt sie 302 *aufs – Haus* und ersetzt, 380, 12 den Namen Luthers durch Striche; zu 382,30–31 vgl. die Anmkg.

Die Zeichensetzung ist schonend modernisiert.

In der Kommentierung des „Urfaust" ist alles, was bereits im Kommentar zu *Faust I* behandelt ist, fortgelassen.

58. *inn* = innen.

129. *in widerlicher Gestalt*. Das Wort *widerlich* kommt auch in *Faust* 6036, 10029, 10215, 11194 vor. (Ähnlich *widerwärtig* 5791, 6235, 7182, 7523, 8085, 9435, 9798. Vgl. auch Bd. 8, S. 107,1 und Brief an Charlotte v. Stein vom 24. 5. 1807.) *Widerlich* wird bei Adelung erläutert: „1. den

äußern Sinnen zuwider, Widerwillen, Ekel erregend; 2. Widerwillen
verratend, mürrisch, verdrießlich." Morris, Der junge Goethe 6, S. 535,
umschreibt: „in Schrecken erregender Gestalt". Fischer, Goethe-Wortschatz, umschreibt: „in abweisender Haltung" und erinnert an Goethes
Brief an den Grafen Brühl vom 2. Juni 1819: ... *Diese Darstellung des
Erdgeistes stimmt im Ganzen mit meiner Absicht überein. Daß er
durch's Fenster hereinsieht, ist gespensterhaft genug. Rembrandt hat
diesen Gedanken auf einem radierten Blatte sehr schön benutzt. Als wir
uns hier auch einmal vornahmen, dieses Stück anzugreifen und vorzubereiten, war mein Gedanke gleichfalls nur, einen kolossalen Kopf und
Brustteil transparent vorzustellen, und ich dachte, dabei die bekannte
Büste Jupiters zu Grunde zu legen, da die Worte „schreckliches Gesicht"
auf die Empfindung des Schauenden, der vor einer solchen Erscheinung
allerdings erschrecken kann, eben sowohl als auf die Gestalt selbst bezogen werden konnten; auch überhaupt hier nichts Fratzenhaftes und Widerliches erscheinen durfte.* Diese Worte stammen aus einer Epoche, in
der Goethe sein Drama anders sah als in der Zeit, da er den „Urfaust"
schrieb. Doch die Gestalt des Erdgeistes hat er wohl zu allen Zeiten als
großartig, übermenschlich und insofern erschreckend gesehen, wobei
wohl auch mitspricht, daß man dem Erdgeist ansieht, daß er nicht als
ein dienstbarer, „zitierter" Geist kommt, sondern schon beim Erscheinen die Haltung äußert, aus der heraus er dann Faust so scharf in seine
Schranken weist. Faust wird vor ihm zum *weggekrümmten Wurm.* Das
Wort *widerlich,* ähnlich wie *widern* und *widerwärtig,* bezeichnet bei
Goethe eine Richtungstendenz, eine Bewegung von etwas fort. Bevor
der Geist erscheint, glaubt Faust sein *Herz* ihm *hingegeben* (128); im
Augenblick des Erscheinens macht aber das Wort *widerlich* deutlich:
beide müssen auseinanderstreben, sowie sie einander begegnen. – Dt.
Wb. 14. Bd. 1. Abt., 2. Teil. Sp. 1112–1115.

154. *Ein wechselnd Leben!* So lautet die Fassung in der Göchhausenschen
Handschrift. Vielleicht ein Abschreibe-Fehler. Schon das *Fragment* von 1790 hat
die Fassung, welche später in *Faust* 506f. steht.

168. *Schwärmer.* Adelung: „Eine Person, welche undeutliche und – in noch
engerem Verstande – welche verworrene Vorstellungen zum Nachteile deutlicher
und klarer zum Bestimmungsgrund ihrer Urteile und Handlungen macht." –
Bd. 1, S. 179; Bd. 10, S. 156,34. – Dt. Wb. 9, 1899, Sp. 2290–2292.

185. *einweil:* eine Weile. Vgl. Faust 538. – Goethe-Wortschatz S. 183.
195 ff. *Mein Herr Magister, hab Er Kraft* ... Faust spricht hier die
Kunstbotschaft des Sturm und Drang aus. *Kraft* muß der Schöpfer vor
allem haben, er bedarf keiner Regeln. Das starke Gefühl findet seine
Form von selbst: *Freundschaft, Liebe, Brüderschaft, trägt die sich nicht
von selber vor?* Er nennt hier diejenigen Erlebniskreise, aus denen her-

aus im 18. Jahrhundert eine neue Sprache des Herzens und neue Dichtung entstand. Diese Form der Empfindsamkeit und des Sturm und Drang tritt in Gegensatz zu der lehrbaren und lernbaren Form des Barock, von der Wagner spricht. Goethe hat diese Partie später umgearbeitet, wobei aus dem Gegensatz der Zeitalter ein solcher der Menschentypen wurde.

249 ff. Die Schülerszene folgt auf die Wagnerszene. Es besteht also eine Lücke in der Handlung. Mephistopheles ist da, ohne daß wir erfahren, wie er gekommen ist. In der Schülerszene ist ebenso wie in der Wagnerszene viel von den Fragen des 18. Jahrhunderts und auch von Goethes eigenen Anliegen enthalten. Mephistopheles als skeptischer Realist beginnt mit den Themen Wohnung und Essen. Die hier folgende Karikatur knüpft zum Teil wohl an Leipziger Zustände an, daher auch *Kaffee und Billard* (282), die natürlich nicht ins 16. Jahrhundert gehören (so wenig wie später das *Wochenblättchen* der Frau Marthe). Für *Faust I* wurde manches aus der alten Fassung gestrichen (z. B. die ganze Partie 265–332). Mephistos Worte klingen wie reiner Hohn, gehen aber recht genau auf Zustände des 16.–18. Jahrhunderts ein. Ein Mediziner mußte, bevor er in seiner Fakultät studieren durfte, die allgemeinen Kurse der Artisten-Fakultät durchgemacht haben, und dazu gehörte in der Tat als erstes das *Collegium logicum,* wo u. a. nachgewiesen wurde, daß die schulgerechte Logik alles das vollkommen vollziehe, was die natürliche undeutlich täte. Dann kam die Metaphysik an die Reihe, in Form der akademischen Schul-Metaphysik. Immer wurde ein Lehrbuch zugrunde gelegt, das der Student zu Hause lesen konnte. Der Professor erläuterte es in der Vorlesung. Brachte er wesentliche Ergänzungen, so wurden diese wörtlich diktiert. Mephistopheles zielt also auf einen veralteten barocken Unterrichtsbetrieb, und die Ironie besteht darin, daß er das geistig Erstarrte und insofern sinnlos Gewordene gerade als Aufgabe hinstellt. Der Student im „Urfaust" will Mediziner werden (335) und muß zuvor noch in die philosophische Fakultät, deswegen bespricht Mephistopheles diese beiden Fakultäten. In *Faust I* ist der Student noch unentschlossen und veranlaßt dadurch Mephistopheles, über jede der Fakultäten etwas zu sagen.

277. *kratzt sich*: Geste des Nachdenkens, wie *Faust* 2744.

283. *geilen* = „auf unverschämte Art um etwas betteln" (Adelung). – Ph. Diez, Wörterbuch zu Luthers Schriften, Lpz. 1870. Bd. 2, S. 50. – Dt. Wb., Bd. 4, 1897, Sp. 2597.

284. *Vertripplistreichelt*. Das Dt. Wb. 12, 1. Lpz. 1956, Sp. 2003 nennt nur diese Stelle als Beleg („mit trippeln und streicheln hinbringen"), also wohl Goethesche Neubildung.

285. *leidlich* als Adverb, wie in Vers 583, „ziemlich", „einigermaßen". Dt. Wb. 6, 1885, Sp. 679.

287f. *Uns . . . untern Absatz kriechen.* Fischer, Goethe-Wortschatz S. 7: ,,uns zu Füßen Platz nehmen".

299. *gefacht* von *fachen* = fügen, in Fächer gliedern, bauen. – Goethe-Wortschatz S. 220f. – Dt. Wb. 3, 1862, Sp. 1223.

312. *geschiedne Butter.* Mundartlich sagt man ,,Butter scheiden", d. h. die Butter vom Rahm bzw. der Milch trennen. (Luise Berthold, Hessen-Nassauisches Volkswörterbuch, 3. Bd., 1. Lieferung, 1944, Sp. 116.) Petsch in seinem Kommentar S. 705 vermutet: ,,schlechte, käsige Butter mit so wenig Fettgehalt, daß sie auseinanderläuft und das klare Wasser hervortritt".

316. *bekleiben* = haften bleiben, gedeihen (d. h. sie machen nicht fett). – Wilh. Crecelius, Oberhessisches Wörterbuch, Bd. 1, Darmstadt 1897. S. 116.

317. *Hammel und Kalb küren ohne End . . .* Morris 6, S. 538; ,,Ihr müßt euch Hammel- und Kalbfleisch gefallen lassen so endlos wie die Zahl der Sterne."

320. *Schwärmerian* = Herumtreiber, Leichtfuß, der dauernd zu Vergnügungen geht. Wortbildung wie ,,Schlendrian", ,,Lüderian". Dt. Wb. 9, 1899, Sp. 2293. – *geschwänzt* = schuldig geblieben ist. Fischer, Goethe-Wortschatz S. 553. Dt. Wb. 9, Sp. 2269/70.

332. *Tempe*, das schöne Tal am Olymp, in der Sprache des Barockhumanismus und der Aufklärungsdichtung metaphorisch oft genannt, daher paßrecht in der Sprache des Schülers, der zeigen will, daß er schon einiges weiß, und doch nicht mehr als die Phraseologie des Lateinunterrichts aufweisen kann. – Johann Hübner, Staatszeitungslexicon. Lpz. 1711 u. ö., Artikel ,,Tempe".

367. *Lebigs* für ,,Lebendiges": südwestdeutsch mundartlich und umgangssprachlich – Frankfurter Wörterbuch S. 1756.

372. *einen Esel bohren*: verspotten, zum Narren halten (Auch bei Wieland, Klinger u. a.) – Dt. Wb. 2, 1860, Sp. 228; 3, 1862, Sp. 1145f.

445ff. Die Szene *Auerbachs Keller* ist im ,,Urfaust" noch großenteils in Prosa geschrieben. Elemente der Studentensprache des 18. Jahrhunderts sind hier zahlreicher als in der späteren Fassung.

379, 15ff. *Eine Hammelmauspastete . . .* Morris, Bd. 6, S. 539f. gibt zu diesem Satz folgende Erläuterung: ,,*Hammelmaus*: Heimchen, Grille (rheinisch). *Eichenblättern vom Blocksberg*: die das Mädchen als Hexe kennzeichnen sollen. *Hahnenkopf*: zur Andeutung des eigenen Hahnreitums. *Meinen Stutzbart und alle Appartinenzien* (Zubehör): mich. In Siebels Redeweise ahmt Goethe Shakespeares Quibbles nach." – *Hammelmaus*: Frankfurter Wörterbuch S. 1052.

380, 12. Die gut lutherische Luise v. Göchhausen schrieb in ihrer Abschrift: *Als wie der* – – – –.

381, 6. *Storcher* (Storger, Störger): Landfahrer, Hausierer, Quacksalber. Das Wort kommt häufig bei Grimmelshausen vor. Dt. Wb. 10, 3. Lpz. 1957. Sp. 416f.

381, 23f. *der versteht den Rummel.* Das Dt. Wb. 8, 1893, Sp. 1481f. erläutert: *Rummel* = Die Zahl der gleichfarbigen Karten im Piquet-Spiel. Also: ,,der versteht das Spiel". – Frankfurter Wörterbuch S. 2560.

381, 28 *aus dem Reiche;* ähnlich 383,9. In Nord- und Mitteldeutschland (Preußen und Sachsen) bezeichnete man im 18. Jahrhundert vielfach mit diesem Worte den deutschen Süden und Westen, wo die meisten reichsunmittelbaren Herrschaften und Städte lagen und wo der Reichsgedanke lebendiger geblieben war als in den Territorien der modernen Fürsten mit erstarkter Hausmacht. – Wilh. Mommsen, Die polit. Anschauungen Goethes. Stuttg. 1948. S. 60. – Dt. Wb. 8, 1893, Sp. 576 f.

382, 5. *einzusuckeln* = einzusaugen (Iterativbildung).

382, 8. *Schöne Rarität!* war der Ausruf der Männer, die einen Guck-Kasten mit sich führten, in welchen man für Geld hineinschauen durfte. Daher allgemein: etwas, was man sonst nicht zu sehn bzw. zu hören bekommt. – Bd. 6, S. 65,4 f. u. Anmkg.; Bd. 12, S. 226,19 u. Anmkg. – Zedler, Universal-Lexicon, Art. „Raritätenkasten".

382, 11. *hätt* (hett): süddeutsche umgangssprachliche Form für: hatte.

382, 30–31 fehlt in der „Urfaust"-Handschrift, aus Versehen; mit 382,29 hört eine Seite auf, mit 382, 32 fängt die neue an.

383, 34. *schafft* = verlangt, wünscht, befehlt. – Ähnlich *Faust I* 2518 und Bd. 4, S. 100,23.

384, 12 *eingeschifft.* Bildhafter Ausdruck für: in die rechte Situation gebracht.

456. *genung.* So in der Göchhausenschen Abschrift. In Goethes Manuskript – diese Szene ist die einzige des „Urfaust", von der eine Handschrift Goethes erhalten geblieben ist – steht *genug.* An anderen Stellen kommen wechselnd beide Formen vor, auch im Reim: „Urfaust" 68 als Reim auf *Buch,* dagegen 1263 als Reim auf *Jung;* ähnlich in der Jugendlyrik.

475. *hart am Stuhl herbei:* nahe an den Beichtstuhl heran und an ihm vorbei.

520. *Nachbrin.* So im Manuskript. Die Form kommt mundartlich im Hessischen vor.

527. *Luzifer.* Der oberste der Teufel, ursprünglich der von Gott abgefallene höchste Engel. – Bd. 9, S. 351,16.

528. *vermünzen* bedeutet im allgemeinen „in Münzen umprägen" (Dt. Wb.); hier wohl: „an Münzen verbringen, verschwenden" (Goethe-Wortschatz S. 689).

529. *eine Kommission kriegen:* „unter Vormundschaft gestellt werden" (Goethe-Wortschatz S. 840); „*Kommission:* eine gerichtliche Abordnung, die den Verschuldeten unter Kuratel stellt. Frankfurtisch: der lädt sich noch e Kommission uffen Hals" (Morris 6, S. 542).

564. *eingeboren* = „von Geburt an im Innern angelegt" (Goethe-Wortschatz S. 175). – *Faust I* Vers 1092.

612. *hätt.* Im Manuskript *hett,* wie 380,11 u. 13, ferner 382,11 u. 382,23 süddeutsch-mundartlicher Indikativ, entsprechend dem mittelhochdeutschen „hete": „er hatte einen goldenen Becher erhalten von seiner Geliebten".

645. *Feiertag.* Der Klang fordert *Feiertage,* so in *Faust* 2793. Vielleicht hat die Abschreiberin das End-*e* versehentlich ausgelassen.

659. *petzt*: kneift, quält. – Dt. Wb. 7, 1889, Sp. 1580. – Frankfurter Wörterbuch S. 2284.

680. *Mann'*, In *Faust* 2826 die Form *Manna*. Auch bei Luther kommt die Form „Man" vor; die hebräische Form ist „man". Dt. Wb. 6, Sp. 1569f.

763. *Schmeid*: Geschmeide. Laut Dt. Wb. anderweitig nicht belegt. Im Zusammenhang des Verses klangvoller Stabreim. In *Faust I* geändert. – Dt. Wb. 9, 1899, Sp. 996.

767. *neugierden*. Nur hier belegt; wohl Goethesche Neubildung in der Sprechart des Sturm und Drang; in *Faust I* geändert. – Fischer, Goethe-Wortschatz S. 457.

836. *Napel* = Napoli, Neapel.

852. *gehn und stehn*: wie 491 und *Faust* Vers 2639.

855. *Geding*: Bedingung, Übereinkunft. – Dt. Wb. 4, 1. Sp. 2025–30.

1175. *geben*, ähnlich wie Bd. 4, S. 40, Vers 311, vermutlich wegen des pluralisch aufgefaßten *mehr*; Konstruktion nach dem Sinn. (Duden, Grammatik. Hrsg. v. P. Grebe. 1959. § 1186: Constructio ad sensum, Synesis.)

1231. *borgnen* von „bergen", ohne die Vorsilbe „ver-" in Art der Sturm-und-Drang-Sprache, die gern das Simplex statt des Kompositums setzt. *Faust* 3539 *verborgnen*. – Goethe-Wortschatz S. 102.

1255. *'nabe*: hinab (auf die Straße), südwestdt. Sprachgebrauch. – Goethe-Wortschatz S. 444.

1264. *durch* = durchgegangen, entflohen. Dt. Wb. 2, 1860, Sp. 1577.

1282. *taub* = betäubend, dumpf. (Goethe-Wortschatz S. 620.)

1289. *Gebein* = die Glieder, Gesamtheit der Gliedmaßen, wie *Faust* 2474 und 8914.

1311. *Exequien*: die Gesamtheit der zum kirchlichen Begräbnis gehörenden Zeremonien (Überführung der Leiche in die Kirche, Totenamt, Segnung des Sarges, Prozession zum Friedhof, Beerdigung); das Wort ist hier im engeren Sinne gemeint: die Seelenmesse, das Requiem. Das sagt das Wort *Amt*. – In dem lockeren Aufbau des „Urfaust", der bruchstückhaft ist, ist das Psychologische schlüssig: Gretchens wachsende innere Not. Die Frage nach dem „realen" Zusammenhang ist demgegenüber unbedeutend. In *Faust I* steht die Szene *Dom* hinter der Valentin-Szene; dort handelt es sich vermutlich um das Totenamt für Valentin (3789); die Regieanweisung ist geändert.

1326. *Branschande-Malgeburt*. Sprachbildung in der Art des Sturm und Drang, die das im Geist Zusammenschießende unmittelbar zum Wort werden läßt; Gedankenassoziation wird Wortkomposition. Geburt, Schandmal, Brandmal als Zeichen der Schande, Brand innerer Verzweiflung, das alles mischt sich hier. Das Wort *Brandmal* benutzt Goethe auch in seinen *Betrachtungen über die abzuschaffende Kirchenbuße* (vgl. Anmkg. zu *Faust I* Vers 3569) in der Verbindung *Ausstoßung und Brandmal*. Diese Wortbildung – der Böse Geist spricht nur aus, was Gretchen empfindet – ist Vorklang der Sprache (und der Seelenqualen) der Kerkerszene mit ihren wilden symbolhaltigen Denkbild-Verbindungen. Vergleichbare Komposita kommen in Goethes Gedichten in freien Rhythmen aus dieser Zeit vor. (Bd. 1, S. 33–52 u. Anmkg.)

1328. *ahndevoll.* Zum Wortgebrauch: Bd. 1, S. 48 *Ewigen Lebens ahndevoll*; Bd. 1, S. 126 *Sag' ich's euch, geliebte Bäume, Die ich ahndevoll gepflanzt* . . . u. ö.

416, 1f. *du unendlicher Geist* und 416,23 *Großer, herrlicher Geist* . . . Anreden an den Erdgeist.

416, 19. *wenn du nicht mit uns* fehlt im Göchhausenschen Manuskript (wohl versehentlich), ebenso 416,21 *dich. –* Das Wort *auswirtschaften* bedeutet „bis zu Ende wirtschaften".

417, 3. *Blutschuld.* Hinweis darauf, daß durch Mephistopheles und Faust Valentin erschlagen ist – eine Szene, die im „Urfaust" nicht ausgeführt ist.

417, 17. *verwohnt.* Fischer, Goethe-Wortschatz S. 701: „dessen ich mich entwöhnt habe (vereinzelt)". – *Faust* 4405 *entwohnt.*

418, 16. *Sie verirrt:* sie redet irre. – Dt. Wb. 12, 1. 1956. Sp. 600. – Goethe-Wortschatz S. 684.

418, 19. *Liedcher:* mundartlich. Vgl. *Faust* 4448.

ZUR TEXTÜBERLIEFERUNG

Zu *Faust I* gibt es nur wenige Handschriften. Die Szene 3620–3775 ist als Ganzes handschriftlich vorhanden, einige andere Szenen nur in Bruchstücken. Zu den meisten Partien gibt es keine Handschriften, ganz anders als bei *Faust II*. Wichtig für die Textkritik ist: *Faust, ein Fragment*, aus *Goethes Schriften* bei Göschen, Bd. 7, 1790. (Bezeichnung: S.) Seitdem man den „Urfaust" besitzt, hat man auch diesen zur Textkritik herangezogen.

Nachdem im Jahre 1806 *Faust I* im Manuskript fertig geworden war, erschien – durch die Kriegswirren verzögert – das Werk erstmalig gedruckt als *8. Band* von *Goethes Werken* bei Cotta, 1808 (bezeichnet: A). Goethe hat später diesen Druck mit Riemer für den Neudruck durchgesehen, der als *Band 9* der zweiten Cottaschen Ausgabe seiner *Werke* (bez.: B) 1817 erschien. Die Druckvorlage dieses Bandes wurde mit Goethes Genehmigung an den Verlag Kaulfuß und Armbruster in Wien geschickt, der eine Lizenz-Ausgabe druckte, 1817. Diese hat also für die Textkritik ähnlichen Wert wie die gleichzeitige Cottasche Ausgabe. – Die dritte Cottasche Ausgabe ist die *Ausgabe letzter Hand*. Diese erschien in 2 Formaten, erstens in Großoktav (bez.: C) und zweitens in Kleinoktav (C¹). *Faust I* steht in Band 12, 1828. Die Bände in Großoktav erschienen etwas früher als die der „Taschenausgabe"; kleine Fehler in jener konnten also in dieser berichtigt werden.

Anders ist die Lage der Überlieferung bei *Faust II*: Sehr viel handschriftliches Material, aber kein von Goethe selbst herausgegebener Druck, da er *Faust II* erst nach seinem Tode gedruckt haben wollte. Die meisten Handschriften befinden sich im Goethe- und Schiller-Archiv in Weimar. Eine Gruppe der Handschriften sind die ersten Entwürfe, meist mit Bleistift geschrieben in schwer leserlicher flüchtiger Handschrift, vorwiegend kurze Partien. Eine zweite Gruppe sind Abschriften der ersten Entwürfe, die Goethe selbst hergestellt hat, längere Stücke, deutlicher geschrieben, damit John sie lesen konnte, mit Tinte, auch hier noch mancherlei Korrekturen. Goethe faßte dann diese Teile zusammen und ließ sie durch seine Sekretäre abschreiben, Akt 1, 2, 4 und 5 durch John, Akt 3 durch Schuchardt. Dies ist die Reinschrift des *Faust II* in Folio-Format. In ihr wurden dann wiederum Korrekturen angebracht, teils von Goethe selbst, teils durch Eckermann oder Riemer.

John schrieb eine angenehme klare Handschrift, aber er war nicht genau. Wenn John grobe Fehler machte, z.B. 5011 „Leinewand" statt *Leimenwand*, 7076 „Schäfer" statt *Schläfer*, 5114 „sind zu" statt *sind sie zu*, 7335 „durch den Fluß" statt *dich durch den Fluß*, wurde das durch Goethe oder Eckermann oder Riemer korrigiert. Mitunter ließ John ganze Zeilen aus. Das fiel beim Lesen schon wegen des fehlenden Reims auf. Die Zeilen wurden dann eingeschoben. Doch es gab auch unscheinbare Fehler, die von Goethe und seinen Mitarbeitern nicht bemerkt wurden. Wo Goethe geschrieben hatte *tieferm* (11867), schrieb John „tiefem", statt *fremdem* (11160) schrieb er „fremden" usw. Anscheinend hat damals niemand Johns Reinschrift Wort für Wort mit Goethes Manuskripten verglichen. Es wurden in der Reinschrift aber nicht nur Johnsche Fehler korrigiert. Goethe brachte noch Änderungen an. Die letzte Zeile des 1. Akts lautete in der Reinschrift ursprünglich *Das kommt zuletzt uns selbst zu Schaden*. Das hat Goethe eigenhändig in der Reinschrift geändert. Dergleichen gibt es zahlreich. Auch Vers 11580 erhielt erst hier durch Goethe eigenhändig seine endgültige Gestalt.

Nur Teile des *Faust II* hat Goethe selbst in der *Ausg. l. Hd.* zum Druck gebracht: in Bd. 4, 1827, den ganzen 3. Akt, in Bd. 12, 1828, von dem 1. Akt die Verse 4613–6036. Alles andere war bei seinem Tode Handschrift. Eckermann und der Verlag Cotta wollten die „Nachgelassenen Werke" möglichst bald beginnen, schon im Herbst 1832 sollte der 1. Band mit *Faust* erscheinen. Eckermann ließ die Reinschrift des *Faust* abschreiben. Er übergab diese Abschrift dem Kanzler v. Müller, der sie Ende September nach Stuttgart zu dem Verlag brachte. Der Druck erschien noch im Jahre 1832. Die handschriftliche Druckvorlage, die an den Verlag ging, ist nicht erhalten. Die Johnsche Reinschrift mit Goethes Korrekturen befindet sich in Goethe- und Schiller-Archiv. Hierzu: Quellen und Zeugnisse zur Druckgeschichte von Goethes Werken. Teil 3: Die nachgelassenen Werke. Hrsg. von E. und H. Nahler. Bln. 1986.

Der Druck von 1832 war fortan die Grundlage der Text-Drucke des 19. Jahrhunderts. Eckermann hatte das Manuskript, das er an den Verlag schickte, mit der Reinschrift verglichen, nicht aber mit den Handschriften, die Goethe in großer Zahl aufgehoben hatte. Als dann 1885 das Goethe-Archiv sich öffnete, hatten die Philologen die Fülle dieser Handschriften vor sich. Es war klar, daß der *Faust*-Text nun auf Grund dieses Materials zu überprüfen war. Das hat Erich Schmidt für die Weimarer Ausgabe (W) gründlich und vorbildlich getan, schon 1887–88 erschien seine Edition mit ihrem Verzeichnis aller Handschriften und Lesarten. Er hat dabei einige Fehler im Text korrigiert. Später haben sich noch andere um die Korrektheit des Textes bemüht, Georg Witkowski in seiner Ausgabe, die von 1907 bis 1936 in 9 Auflagen erschien, und Max Hecker, der am Goethe- und Schiller-Archiv tätig war, in Bd. 12 und 13 der „Welt-Goethe-Ausgabe", Mainz und Leipzig 1937. Heckers Text-Redaktion wurde dann bis auf Kleinigkeiten von Beutler in seinen zwei Ausgaben übernommen.

Wer sich von den Handschriften einen Eindruck verschaffen will, findet in Bd. 42 der „Schr. G. Ges." zahlreiche Handschriften zum 5. Akt facsimiliert, vorwiegend Handschriften der zweiten Stufe, zusammenhängende längere Partien in gut lesbarer Handschrift, mit Tinte geschrieben, seltener die ersten Entwürfe und Bleistift-Skizzen (S. 14, 16, 18).

Die sogenannten „Paralipomena", kleine handschriftliche Entwürfe die Goethe dann selbst wieder ausgeschieden hat und für die Endfassung nicht benutzt hat, meist schwer leserlich, sind erstmalig in der

Weimarer Ausgabe ediert, in verbesserter Form von Hecker in der
Dünndruck-Ausgabe des Insel-Verlags 1942. Im allgemeinen braucht
man die Paralipomena nicht, um das fertige Werk zu deuten; doch gilt
das Umgekehrte: ohne das fertige Werk wäre eine Deutung der Paralipomena unmöglich. Die vorliegende Ausgabe verzichtet auf die ,,Parali-
pomena" bei *Faust* wie bei den anderen Goetheschen Werken, mit Ausnahme einiger aufschlußreicher Stellen, die entweder in der Zusammenstellung ,,Goethe über seinen *Faust*" oder im Kommentar, z. B. bei den
Notizen zum 4. Akt, mitgeteilt sind.

Goethes Interpunktion sieht man in den Facsimile-Drucken seiner Handschriften. Da sind z. B. die Verse 11408 und 11487 ganz ohne Interpunktion. Am Ende
der Verse fehlen oft Kommata, weil das Versende ohnehin eine Pause bedeutet. Zu
Goethes Zeit hatte sich im allgemeinen eine grammatische Interpunktion durchge-
setzt. Goethe aber lehnte diese ab, weil manche Kommata dieser Art *den Schauspieler, den Vorleser zu einem gehackten Vortrag verführen*, wie er am 3. Juni 1816
an Cotta schreibt. Goethe wollte eine mehr musikalische Interpunktion. Darauf
konnte Cotta aber nicht eingehn, Goethe sah das voraus und fügte hinzu: *Doch
bin ich hier nicht pedantisch und lasse dem Herrn Corrector die völlige Freiheit, in
gewissen Fällen nach eigenem Urteil ein Komma zu setzen.* Im gedruckten Text
glich Goethe also die Interpunktion den zu seiner Zeit üblichen Normen an. Sie ist
Gemeinschaftsarbeit von ihm selbst, Riemer, Eckermann, Göttling und dem sehr
erfahrenen Faktor der Cottaschen Druckerei, Reichel. Goethe hatte viel zu viel zu
tun, als daß er sich um jedes Komma kümmern konnte. Auch lag ihm diese Arbeit
nicht. Wenn man die Interpunktion der Ausgabe letzter Hand reproduziert, ist es
die der Goethezeit, nicht die Goethes. (Quellen und Zeugnisse zur Druckgeschichte von Goethes Werken. Hrsg. von Waltraud Hagen u. Edith Nahler, Bd. 1,
1966, S. 664f.; Bd. 2, 1982, S. 775.) Unsere Ausgabe benutzt moderne Interpunktion, aber so, daß sie der Satzgliederung Goethes und seiner Zeit möglichst nahe
bleibt.

Lesarten und Interpunktionsfragen sind nicht nur etwas für Fach-
Philologen. Allein wegen der Zeichensetzung von Vers 939f. habe ich
viele Fragen aus dem Kreise der Leser erhalten und habe deswegen eine
ausführliche Anmerkung zu dieser Stelle gemacht.

Einige Lesarten sind im Kommentar erwähnt, und zwar an folgenden
Stellen:

| 21 | 1405 | 2348 | 3762 | 8609 | 10931 | 11934ff. |
| 939 | 1829 | 2977 | 7545 | 9218 | 11854 | 12109 |

Außerdem seien noch folgende Stellen genannt, die in den Editionen
nicht einheitlich sind:

503. Von ,,Urfaust" bis zu der 1. Cottaschen Ausgabe 1808 (A) lautet der Text
Webe. Die Ausgabe B von 1817 und die *Ausg. l. Hd.* haben *Wehe*. Erich Schmidt
sagt in W: ,,*Wehe* korrespondiert mit *Tatensturm* wie *Wall'* mit *Lebensfluten*"; er
setzt in W *Wehe* in den Text, in der Jubil.Ausg. *Webe*. Petsch und Hecker bleiben
bei *Webe*.

666. *lichten* Konjektur von Hecker (und Beutler, der Heckers Text nach-druckt).

4685. Hecker (und Beutler) setzen als Konjektur ein: *immer fortzustreben,* durch nichts Handschriftliches gestützt. Das Wort *streben* erscheint durch die Zusammensetzung nicht mehr als das Leitwort wie sonst. *Immerfort* kommt bei Goethe und seinen Zeitgenossen oft vor (Bd. 8, S. 358, 39; Adelung; Dt. Wb.). Durch das Wort *zum* ist gesagt: zu etwas hin; also Hinstreben, nicht Fortstreben.

4721. *ersprießend* hat der 1. Druck. Die große Johnsche Reinschrift hat *ent-sprießend.* Eine eigenhändige Goethesche Handschrift dieser Stelle gibt es nicht.

5117. *finde* in zwei Handschriften, *findet* in dem 1. Druck in Bd. 12 der *Ausg. l. Hd.*

5144–5157. Die Ausg. l. Hd. druckt in Bd. 12, 1828, S. 274:

AUSFORDERUNG.

Mögen bunte Phantasien
Für des Tages Mode blühen,
Wunderseltsam sein gestaltet,
Wie Natur sich nie entfaltet;
Grüne Stiele, goldne Glocken,
Blickt hervor aus reichen Locken! –
Doch wir

ROSENKNOSPEN.   *halten uns versteckt:*
Glücklich, wer uns frisch entdeckt.

Witkowski im Jahrbuch der Sammlung Kippenberg, Bd. 8, 1929/30, S. 304–308 in dem Aufsatz „Notwendige Faust-Emendationen" trug die Meinung vor, daß diese Fassung mißverständlich sei, obgleich Goethe sie handschriftlich in die Johnsche Reinschrift eingesetzt hat. Die Rosenknospen stellen sich in Gegensatz zu den künstlichen Blumen und sprechen von Vers 5144 an. Unser Text schließt sich dem von Witkowski an.

5929. *solchen* Johns Reinschrift und der erste Druck (*Ausg. l. Hd. Bd. 12*); *solchem* Konjektur W. Da man weiß, daß John oft ungenau abschrieb, sind da, wo keine Goetheschen Handschriften vorliegen, solche Konjekturen zu erwägen.

6096. Im Erstdruck hat die Oktav-Ausgabe *klappert* und die Taschenausgabe *klappert's.*

6453. Im Erstdruck fehlt hier die Angabe „Paris hervortretend". Alle neueren Ausgaben haben sie hinzugesetzt entsprechend der Angabe *Helena hervortretend* vor 6479.

7955. *dem* Konjektur von Witkowski; *der* im Erstdruck und in W.

8734. Im Erstdruck hat die Taschenausgabe *wechselsweis,* die Oktavausgabe *wechselweis.* Die *Faust*-Reinschrift – Akt III von Schuchardt geschrieben – hat *wechselsweis.* – Dt. Wb. 13, Sp. 2766–2770.

8783. *Erobert', marktverkauft', vertauschte Ware* Erstdruck. In der Reinschrift ohne Apostroph-Zeichen.

9005. *viel, Verbündete* W.

9847. *Den* nach der Handschrift. *Dem* Erich Schmidt in W (Konjektur). Rie-mer hat für seinen Druck 1832 umgedichtet in: „Mit nicht zu dämpfendem / Heiligen Sinn".

11160. *fremdem* Goethe eigenhändig (facsimiliert Schr. G. Ges., 42), *fremden* Johns große Abschrift des *Faust II,* und der erste Druck.

11372. *unbesonnen* Konjektur Witkowskis in seiner 9. Auflage, wegen des Rhythmus sehr erwägenswert.

11703 f. *Zweigleinbeflügelte, Knospenentsiegelte,* steht im ersten Druck. Die große *Faust*-Handschrift von John hat: *Zweiglein beflügelte, / Knospen entsiegelte.* Goethe hat die Verse 11699–11709 außerdem am 9. April 1825 an Boisserée geschickt, damit dieser sie als Autographen-Geschenk an Clementine de Cuvier weiterleitete. Sie waren also von Goethe eigenhändig geschrieben. Boisserée hat, bevor er das Blatt weitergab, eine Abschrift genommen. Auch da sind die Wörter getrennt. Dieses Blatt liegt jetzt im Boisserée-Nachlaß, Univ.-Bibl. Bonn. Goethe schrieb seit seiner Jugend Komposita oft getrennt, z. B. *Herzens Freundin, Natur Ereignis*; so auch in seinen Handschriften zu *Faust II*, z. B. 11857 *Gottes Lust.* Für Eckermann und Riemer ergab sich also bei dem Erstdruck des *Faust II* die Aufgabe, die von Goethe getrennt geschriebenen Komposita zusammenzuziehn. Dabei können sie gelegentlich zu weit gegangen sein; vielleicht ist es an dieser Stelle so; zumindest ist sie problematisch.

11867. *tieferm Abgrund.* So in Goethes eigener Handschrift (Faks.: Schr. G. Ges., 42). Johns Abschrift hat *tiefen,* infolgedessen auch der 1. Druck. Es ist einer der typischen Johnschen Abschreibe-Fehler, deswegen schon von Witkowski korrigiert (Jb. d. Sammlg. Kippenberg 8, 1929/30, S. 304–308).

11898. Goethe hat in der Handschrift zunächst *Knaben! Nächtig erst Geborene,* das Wort *erst* in der Bedeutung „vor kurzem". Dann hat er *Nächtig erst* durchgestrichen und darüber geschrieben *Mitternacht.* An dieses Wort ist dann mit anderer Feder und anderer Tinte ein *s* angehängt; doch wer vermag mit Sicherheit zu sagen, ob dieses *s* von Goethe, Eckermann oder Riemer stammt? Man könnte also auch drucken *Mitternacht-Geborene.* (Schr. G. Ges., 42.) Die Johnsche Reinschrift hat *Mitternachts Geborne.*

BIBLIOGRAPHIE

Da die Literatur zu Goethes „Faust" außerordentlich zahlreich ist, kann hier nur eine kleine Auswahl genannt werden. Wer weitere Angaben sucht, sei verwiesen auf die in den Abschnitten „Bibliographien" und „Forschungsberichte" genannten Werke.

Abkürzungen

Adelung = Joh. Chr. Adelung, Grammat.-kritisches Wörterbuch der hochdt. Mundart. 5 Bde. Lpz. 1774–86. (Ruppert Nr. 638.)

Atkins = St. Atkins, Goethe's Faust. Harvard Univ. Press. Cambridge, Mass., 1958.

Ausg. l. Hd. = Goethes Werke, Ausg. l. Hd. Bd. 12. Stuttg. u. Tüb. 1828. (Faust I.) Und: Goethes Nachgelassene Werke, Bd. 1. Stuttg. u. Tüb. 1832. (Faust II.)

Beutler = Goethe, Faust und Urfaust. Erläutert von Ernst Beutler. 2. Aufl. Lpz. 1940.

A. Daur = Albert Daur, Faust und der Teufel. Heidelberg 1950.

Dt. Vjs. = Deutsche Vierteljahrsschrift für Literaturwissenschaft und Geistesgeschichte.

Dt. Wb. = Deutsches Wörterbuch. Begründet von Jacob Grimm u. Wilh. Grimm. Lpz. 1854–1962.

Düntzer = Goethe, Faust. Hrsg. von H. Düntzer. Stuttg. o. J. (1882) = Dt. National-Literatur, Bd. 93.

Emrich = Wilhelm Emrich, Die Symbolik von Faust II. Bln. 1943 u. ö.

Fischer-Lamberg = Der junge Goethe. Hrsg. von Hanna Fischer-Lamberg. 5 Bde. u. 1 Register-Bd. Bln. (West) 1963–1973.

GHb. = Goethe-Handbuch. 2. Aufl. Hrsg. von A. Zastrau. Bd. 1 A–F. (Mehr nicht erschienen.) Stuttg. 1961.

GJb. = Goethe-Jahrbuch.

(Jb.) Goethe = Goethe. Jahrbuch der Goethegesellschaft. Weimar 1936–1971. – Da der Titel einfach „Goethe" lautet, ist eine Verwechselung mit einer Goethe-Ausgabe leicht möglich. Deswegen ist (Jb.) hinzugesetzt. Wegen des mißverständlichen Titels wurde 1972 wieder der Titel „Goethe-Jahrbuch" eingeführt.

GR = Germanic Review.

Gräf = Gräf, Goethe über seine Dichtungen 2,2 (Faust). 1904.

Gundolf = Friedrich Gundolf, Goethe. Bln. 1916 u. ö.

GWb. = Goethe-Wörterbuch. Stuttg. 1978 ff.

HA = Goethe. Hamburger Ausgabe.

Hefele = H. Hefele, Goethes Faust. 3. Aufl. Stuttg. 1946.

Helene Herrmann = H. Herrmann, Faust, 2. Teil. Studien zur inneren Form. Ztschr. f. Ästhetik 12, 1916/17. S. 86–137, 161–178, 311–351.

Hohlfeld = A. R. Hohlfeld. Fifty Years with Goethe. Madison 1953.

HwbA = Handwörterbuch des dt. Aberglaubens, hrsg. von H. Bächtold-Stäubli. 10 Bde. Bln. 1927–1942.

HWbPhil. = Historisches Wörterbuch der Philosophie. Hrsg. von J. Ritter und K. Gründer. Darmstadt 1971 ff.

Jb. G. Ges. = Jahrbuch der Goethegesellschaft.

JEGPh = The Journal of English and Germanic Philology. Urbana, Illinois, USA.

KDN. = Deutsche Nationalliteratur, hrsg. von Josef Kürschner. 164 Bde. 1882–1899.

Keudell = E. v. Keudell, Goethe als Benutzer der Weimarer Bibliothek. 1931.

Kommerell = Max Kommerell, Geist und Buchstabe der Dichtung. 3. Aufl. 1944.

Dorothea Lohmeyer = Dorothea Lohmeyer, Faust und die Welt. München 1975.

Kurt May = K. May, Faust, 2. Teil, in der Sprachform gedeutet. Bln. 1936.

MLN = Modern Language Notes.

MLR = Modern Language Review.

Monatshefte = Monatshefte. A Journal devoted to the Study of German Language and Literature. Madison, Wisconsin, USA.

Herman Paul, Dt.Wb. = Hermann Paul, Deutsches Wörterbuch. Bearb. von Werner Betz. 6. Aufl. Tübingen 1966.

PEGS = Publications of the English Goethe Society. New Series.

PMLA = Publications of the Modern Language Association of America.

Requadt = Paul Requadt, Goethes Faust I. München 1972.

RGG. = Die Religion in Geschichte und Gegenwart. 2. Aufl. 5 Bde. u. 1 Registerband. Tübingen 1927–1932. – 3. Aufl. ebd. 1957–1962.

Rickert = Heinrich Rickert, Goethes Faust. Tübingen 1932.

Ruppert = Goethes Bibliothek. Katalog, von H. Ruppert. Weimar 1958. (XVI, 825 S.) – Reprint 1978.

Schadewaldt = Wolfgang Schadewaldt, Goethestudien. Zürich u. Stuttg. 1963.

Erich Schmidt = Goethes Werke. Jubiläums-Ausgabe. Bd. 13 u. 14: Faust, hrsg. v. Erich Schmidt. 1903 u. 1906.

Schuchardt = Goethes Kunstsammlungen. 3 Bde. Hrsg. von Christian Schuchardt. Jena 1848–49. – Reprint 1976.

Staiger = E. Staiger, Goethe. 3 Bde. Zürich 1952–59.

Stöcklein = Paul Stöcklein, Wege zum späten Goethe. Hamburg 1949. – 2. Aufl. 1960.

Storz = Gerhard Storz, Goethe-Vigilien. Stuttg. 1953.

W = }
WA = } Goethes Werke. Weimarer Ausgabe. Weimar 1887–1919.

Witkowski = Goethes Faust, hrsg. v. Georg Witkowski. 8. Aufl. Lpz. 1929.

Bibliographien

Faust-Bibliographie. Bearbeitet von Hans Henning. 3 Teile in 4 Bänden. Bln. u. Weimar 1966–1976.

Goethe-Bibliographie. Begründet von Hans Pyritz, fortgeführt von Heinz Nicolai und Gerhard Burkhardt. Bd. 1. Heidelberg 1965. Bd. 2 Ebd. 1968.

Grundriß zur Geschichte der deutschen Dichtung. Von Karl Goedeke. 3. Aufl. Bd. 4, Abt. 3. Dresden 1912. – Bd. 4, Abt. 5. Bln. 1960.

Katalog der Sammlung Kippenberg. 2. Auflage. 3 Bde. Lpz. 1928.

Bibliographisches Handbuch der dt. Literaturwissenschaft 1945–1972. Hrsg. von
C. Köttelwesch. 3 Bde. Frankf. 1973–1979.
Goethe-Bibliographie. In: Jahrbuch d. Goethe-Ges. bzw. Goethe-Jahrbuch. Seit
1953 alljährlich.
Internationale Bibliographie zur deutschen Klassik. Hrsg. von Hans Henning.
Weimar 1959ff.
Bibliographie der deutschen Literaturwissenschaft. Hrsg. von H. W. Eppelshei-
mer und C. Köttelwesch. Frankfurt 1957ff.

Forschungsberichte

Hans Titze, Die philosophische Periode der dt. Faustforschung (1817–1839). Phil.
Diss. Greifswald 1916.
Alexander Rudolf Hohlfeld, Karl Ernst Schubarth und die Anfänge der Fauster-
klärung. Internationale Forschungen zur dt. Literaturgeschichte. J. Petersen
zum 60. Geburtstag. Lpz. 1938. S. 101–126. – Wiederholt in: Hohlfeld, Fifty
years . . . S. 29–60.
Ada M. Klett, Der Streit um Faust II seit 1900. Jena 1939. = Jenaer germanisti-
sche Forschungen, 33.
Ernst Beutler, Der Kampf um die Faustdichtung. In: E. Beutler, Essays um Goe-
the. Lpz. 1941. (= Sammlung Dieterich, 101). S. 300–318. – 3. Aufl. 1946.
S. 364–386.
Johannes Pfeiffer, Zum Faust-Bild der Gegenwart. Die Sammlung 3, 1948,
S. 687–694.
Werner Milch, Wandlungen der Faust-Deutung. Zs. f. dt. Philol. 71, 1951,
S. 23–38.
Leonhard A. Willoughby, Die Goetheforschung in Amerika seit 1949. Euphorion
48, 1954, S. 220–236.
Stuart Atkins, Faustforschung und Faustdeutung seit 1945. Euphorion 53, 1959,
S. 422–440.
Stuart Atkins, The Interpretation of Goethe's Faust since 1958. Orbis Litterarum
20, 1965, S. 239–267.
Rüdiger Scholz, Goethes „Faust" in der wissenschaftlichen Interpretation von
Schelling und Hegel bis heute. Rheinfelden 1983. (223 S.)

Ausgaben von Goethes und Eckermanns Hand

Goethes Schriften. 7. Band. Lpz. 1790, S. 1–168: Faust, ein Fragment.
Goethes Werke. 8. Band. Tübingen 1808, S. 1–234: Faust, der Tragödie 1. Teil. –
Dasselbe auch als selbständige Veröffentlichung.
Goethes Werke. 9. Band. Stuttg. u. Tübingen 1817, S. 1–234: Faust, 1. Teil.
Goethes Werke. Ausgabe letzter Hand. 12. Band. Stuttg. u. Tüb. 1828. S. 1–247:
Faust I. – S. 249–313: Faust II, Vers 4613–6036. – Bd. 4. 1827. S. 229–307:
Helena, klassisch-romantische Phantasmagorie. Zwischenspiel zu Faust. (Akt
III.)

Goethes Nachgelassene Werke. 1. Band. Stuttg. u. Tüb. 1832. Faust, der Tragödie zweiter Teil. (= Ausg. l. Hd., Bd. 41.)

Wissenschaftliche Text-Ausgaben

Goethes Werke. Weimarer Ausgabe. Bd. 14: Faust I. Bd. 15, 1. Abt.: Faust II. Bd. 15, 2. Abt.: Faust II, Lesarten. Hrsg. v. Erich Schmidt. Weimar 1887–1888.

Goethes Faust in ursprünglicher Gestalt, nach der Göchhausenschen Abschrift, hrsg. von Erich Schmidt. 1. Aufl. 1887. 8. Aufl. 1915.

Goethes Faust. Gesamtausgabe. Textrevision von H. G. Gräf. Lpz., Inselverlag. 1. Aufl. 1909. (= Bd. 6 der Großherzog-Wilhelm-Ernst-Ausgabe.)

Faust, der Tragödie letzter Akt. In Faksimile-Nachbildung hrsg. v. Hans Wahl. Weimar 1929. = Schr. G. Ges., 42.

Goethes Werke. Hrsg. v. A. Kippenberg, J. Petersen u. H. Wahl. Welt-Goethe-Ausgabe. Bd. 12 und 13: Faust I u. Faust II. Hrsg. v. Max Hecker. Mainz u. Lpz. 1937.

Zwei Szenen des Faust von Goethes eigener Hand. Faksimile-Ausg., Hrsg. v. Wilhelm Hansen. Berlin, Maximilian-Verlag, 1941.

Goethe, Urfaust und Faust, ein Fragment. Hrsg. v. L. A. Willoughby. Oxford 1943. 2. Aufl. 1946. (298 S.)

Goethe, Urfaust. Ed. by R. H. Samuel. Melbourne, Australia, 1950 (112 S.) – Dasselbe, neu überarbeitet: London 1958. (XXVIII, 110 S.)

Werke Goethes. Hrsg. v. d. dt. Akad. d. Wiss. zu Berlin. Faust. Bd. 1: Urfaust; Faust, ein Fragment. Bln. 1954. (300 S. und Facsimile der Urfaust-Handschrift.) – Bd. 2: Der Tragödie 1. Teil. Hrsg. von E. Grumach u. I. Jensen. Bln. 1958. – (Ergänzungsbd.:) Urfaust. Faust, ein Fragment. Faust I. Paralleldruck. Bln. 1958. (262 S. Querformat.)

Kommentierte Ausgaben

Goethes Werke. 12. Teil. Faust. Hrsg. v. H. Düntzer. = Dt. National-Literatur, hrsg. v. J. Kürschner. Bd. 93. Bln. u. Stuttg. o. J. (1882.)

Goethes Faust. Ed. by Calvin Thomas. I. The first Part. Boston, Chicago, New York, 1892. 3. Ed.: 1912. – II. The second Part. Boston, Chicago, 1897.

Goethes Sämtliche Werke. Jubiläums-Ausgabe. Bd. 13: Faust I. Bd. 14: Faust II. Hrsg. v. Erich Schmidt. Stuttg. u. Bln. 1903 u. 1906.

Goethes Faust. Hrsg. v. Georg Witkowski. 2. Bde. 1. Aufl. Lpz. 1907. 8. Aufl. Lpz. 1929. 9. Aufl. Leiden 1936.

Goethes Faust. Kritisch durchgesehen und erläutert von Robert Petsch. Lpz. 1924. 2. Aufl. 1925. (Titelauflage von: Goethes Werke, Festausgabe, Bd. 5.)

Goethe, Faust und Urfaust, Erläutert von Ernst Beutler. Lpz. 1939 u. ö. = Sammlung Dieterich, Bd. 25.

Goethe, Die Faustdichtungen. Hrsg. v. E. Beutler, Zürich 1950. = Goethe, Artemis-Gedenk-Ausgabe, Bd. 5. (838 S.)

Goethe. Berliner Ausgabe. Poetische Werke. Bd. 8. Faust. Hrsg. von Gotthard Erler. Bln. (Ost) 1965. (987 S.)

Der junge Goethe. Hrsg. von Hanna Fischer-Lamberg. Bd. 5. Bln. 1973.
S. 272–351 und 464–484. (Urfaust.)

Textkritik und Wortschatz

Georg Witkowski, Notwendige Faust-Emendationen. Jahrbuch der Sammlung
Kippenberg 8, 1929/30, S. 304–307.
Alexander Rudolf Hohlfeld, Zur Textgestalt der neueren Faustausgaben. Mo-
natshefte (U.S.A.). 32, 1940, S. 49–71. – Wiederholt in: Hohlfeld, Fifty years
with Goethe. S. 171–201.
Friedrich Strehlke, Wörterbuch zu Goethes „Faust". Stuttg. 1892. – Dazu die
Rez. von E. Schmidt im Anz. für dt. Altertum 20, 1894, S. 285–311.
Wortindex zu Goethes „Faust". Hrsg. v. A. R. Hohlfeld, Martin Joos und W. F.
Twaddell. Madison (U.S.A.) 1940. – Ergänzend: Der Wortschatz der Bühnen-
prosa in Goethes „Faust". Ein Nachtrag. Von P. M. Kittel, A. R. Hohlfeld u.
N. Fuerst, 2. Aufl. Madison 1946.
Paul Fischer, Goethe-Wortschatz. Lpz. 1929. (VII, 905 S.) Reprint 1968.
Deutsches Wörterbuch. Begründet von Jacob Grimm und Wilhelm Grimm. Lpz.
1854–1962. (Reprint 1984.)
Sondrup, Steven u. Chisholm, David: Verskonkordanz zu Goethes „Faust",
I. Teil. Tübingen 1986, (XV, 825 S.)
Goethe-Wörterbuch. Stuttgart 1978 ff.

Faust vor Goethe

Historia D. Johannis Fausti. Nach der Wolfenbütteler Handschrift hrsg. von Gu-
stav Milchsack. Wolfenbüttel 1892.
Das Faustbuch nach der Wolfenbütteler Handschrift. Hrsg. von G. Haile. Bln.
(West) 1963. (180 S.) = Philol. Stud. u. Quellen 14.
Das älteste Faust-Buch. Mit einer Einleitung von Wilhelm Scherer. Bln. 1884. =
Dt. Drucke älterer Zeit in Nachbildungen, 2. (Faksimile-Druck.)
Das Volksbuch vom Doctor Faust. Nach der 1. Ausgabe, 1587, hrsg. von Robert
Petsch. Halle 1911. = Neudr. dt. Literaturwerke des 16. und 17. Jahrhunderts,
7–8 b.
Historia von D. Johann Fausten. Neudruck des Faust-Buches von 1587. Hrsg.
von Hans Henning. Halle a. S. 1963. (LXXVII, 188 S.) 3. Aufl. Lpz. 1984.
Georg Rodolf Widmann, Die wahrhaftigen Historien von ... Doctor Johannes
Faustus ...Hamburg 1599. Neudruck in: Das Kloster, hrsg. von J. Scheible.
Bd. 2, Stuttgart 1846, S. 273–804.
Das Pfitzersche Faustbuch (Nürnberg 1674). Neudruck, hrsg. v. A. v. Keller. Tü-
bingen 1880. = Bibliothek des Literarischen Vereins Stuttgart, 146.
Das Faustbuch des Christlich Meynenden. Hrsg. v. S. Szamatolski. Lpz. 1892. =
Dt. Literaturdenkmale des 18. u. 19. Jahrhunderts, 39.
Christopher Marlowe, Doktor Faustus. Aus dem Engl. von W. Müller. Mit einer
Vorrede von L. Achim v. Arnim. Bln. 1818. – Neudruck, eingeleitet von
B. Badt. München 1911.

Christopher Marlowe, Doktor Faustus. Übers. von W. Müller. Bln. 1818. Neudruck: Reclams Univ.-Bibl. Nr. 1128. Stuttg. 1964 u. ö.

Doctor Johannes Faust. Puppenspiel in 4 Aufzügen. Hergestellt von Karl Simrock. Frankfurt a. M., 1846 u. ö.

Doctor Johannes Faust. Puppenspiel, hergestellt von K. Simrock. Neuausgabe, hrsg. von R. Petsch. Lpz. 1923. (Reclams Univ.-Bibl.)

Lessings Faustdichtung. Hrsg. von R. Petsch. Heidelberg 1911.

Die Faustdichtungen vor, neben und nach Goethe. Hrsg. von K. G. Wendriner. 4 Bde. Berlin 1913. (355, 308, 302, 352 S.) – Reprint: Darmstadt 1976.

Gestaltungen des Faust. 3. Bde. Hrsg. v. H. W. Geißler. München 1927.

Faust. Dramentexte, hrsg. von Margret Dietrich. Marlowe, Mountfort, Lessing, Simrock, Goethes Urfaust, Weidmann, Maler Müller, Lenz. München 1970. (376 S.)

Philip Mason Palmer and Robert Pattison More, The sources of the Faust tradition from Simon Magus to Lessing. New York, Oxford University Press, 1936.

Franz Neubert, Vom Doctor Faustus zu Goethes Faust. Lpz. 1932. (XXXIII, 248 S. mit 595 Abb.)

Geneviève Bianquis, Faust à travers quatre siècles. Paris 1935. – 2. éd. 1955.

Hans Henning, Faust in 5 Jahrhunderten. Halle a. S. 1963. (128 S.)

Frank Baron, Faustus. Geschichte, Sage, Dichtung. München 1982. (163 S.)

Charles Dédéyan, Le thème de Faust dans la littérature Européenne. 4 Teile in 6 Bänden. Paris 1954–1967.

August Sauer, Das Phantom in Lessings Faust. Vierteljahresschrift für Literaturgeschichte 1, 1888, S. 13–27, 522.

Heinrich Meyer-Benfey, Lessings Faustpläne. Germanisch-Romanische Monatsschrift 12, 1924, S. 78–88.

Anregungen und Literarische Beziehungen Goethes

Franz Götting, Die Bibliothek von Goethes Vater. (Katalog.) In: Nassauische Annalen 64, 1953, S. 23–69.

Goethes Bibliothek. Katalog. Von Hans Ruppert. Weimar 1958. (Reprint 1978.)

Elise v. Keudell, Goethe als Benutzer der Weimarer Bibliothek. Weimar 1931.

Georg Dehio, Altitalienische Gemälde als Quelle zum Faust. Goethe-Jahrbuch 7, 1886, S. 251–266.

Kuno Francke, Mantegna's Triumph of Cesar in the 2. part of Faust. In: Francke, Studies and Notes in Philology and Literature. Harvard University, 1892.

Erich Schmidt. Danteskes im Faust. Herrigs Archiv für das Studium der neueren Sprachen 107, 1901, S. 241–252.

Max Morris, Swedenborg im Faust. In: M. Morris, Goethe-Studien. Bd. 1. 2. Aufl. Bln. 1902, S. 13–41.

Agnes Bartscherer, Paracelsus, Paracelsisten und Goethes Faust. Dortmund 1911.

Konrad Burdach, Faust und Moses. Sitzungsberichte der Preußischen Akademie der Wissenschaften, phil.-hist. Kl., 1912, S. 358–403, 627–659, 736–789.

Willy F. Storck, Goethes Faust und die bildende Kunst. Lpz. 1912.

Otto Pniower, Pfitzers Faustbuch als Quelle Goethes. Zeitschr. für dt. Altertum 57, 1920, S. 248–266.

Clara Stockmeyer, Soziale Probleme im Drama des Sturm u. Drang. Frankfurt a. M. 1922.

Fritz Strich, Goethe und die Weltliteratur. Bern 1946. (408 S.)

Ronald D. Gray, Goethe the Alchemist. Cambridge 1952. (X, 312 S.) Dazu die Rez. von Willoughby PEGS 22, 1953, S. 140–144.

Rupprecht Matthaei, Die Farbenlehre im ,,Faust". Goethe 10, 1947, S. 59–148.

Stuart Atkins, Goethe, Calderon and Faust II. GR 28, 1953, S. 83–98.

Stuart Atkins, Goethe, Aristophanes and the Classical Walpurgisnight. Comparative Literature (Eugene, Oregon, USA) 6, 1954, S. 64–78.

Katharina Mommsen, Goethe u. 1001 Nacht. Bln. 1960. S. 185–290.

Entstehung

Otto Pniower, Goethes Faust. Zeugnisse und Exkurse zu seiner Entstehungsgeschichte Bln. 1899.

Goethe über seine Dichtungen. Hrsg. v. H. G. Gräf, 2. Teil, 2. Band. Frankfurt a. M. 1904, S. 1–608: Faust.

Christian Sarauw, Die Entstehungsgeschichte des Goetheschen Faust. København 1917. = Det Kgl. Danske Videnskabernes Selskab, hist.-fil. Meddelelser, I, 7.

Wilhelm Hertz, Entstehungsgeschichte und Gehalt von Faust II, Akt II. Euphorion 25, 1924, S. 389–406, 609–629.

Wilhelm Hertz, Zur Entstehungsgeschichte von Faust II, Akt 5. Euphorion 33, 1932, S. 244–277.

Karl August Meißinger, Helena. Schillers Anteil am Faust. Frankfurt a. M. 1935.

Ernst Beutler, Der Frankfurter Faust. Jahrbuch des fr. dt. Hochstifts 1936–40, S. 594–686. Ein Teil daraus neu gedruckt unter dem Titel: Die Kindsmörderin. In: Beutler, Essays um Goethe. 5. Aufl. 1957. S. 87–101.

Momme Mommsen, Zur Entstehung u. Datierung einiger Faustszenen um 1800. Euphorion 47, 1953, S. 295–330.

Heinz Otto Burger, Motiv, Konzeption, Idee – das Kräftespiel in der Entstehung von Goethes ,,Faust". Dt. Vjs. 20, 1942, S. 17–64. Wiederabgedruckt in: Burger, Dasein heißt eine Rolle spielen. München 1963. S. 144–193.

John Gearey, Goethe's Faust. The Making of Part I. New Haven and London 1981.

Kommentare

Kuno Fischer, Goethes Faust. 7. Aufl., hrsg v. V. Michels. 4 Bde. Heidelberg 1913.

Ernst Traumann, Goethes Faust. 2. Bde. 1. Aufl. München 1913–1914. 2. Aufl. 1919–1920. 3. Aufl. 1924.

Herman Hefele, Goethes Faust. Stuttgart 1931. 3. Aufl. Stuttgart 1946.

Heinrich Rickert. Goethes Faust. Tübingen 1932.

Reinhard Buchwald, Führer durch Goethes Faustdichtung. Stuttg. 1942. = Kröners Taschenausgaben, 183. – 7. Aufl. 1972.

Albert Daur, Faust und der Teufel. Heidelberg 1950. (VIII, 500 S.)

Vincenzo Errante, Il mito di Faust. 3 Bde. Firenze 1951–1952. (XVII, 423 S., XI, 277 S., 514 S.)

Theodor Friedrich und Lothar J. Scheithauer, Kommentar zu Goethes Faust. Stuttg. (Reclams Univ.-Bibl.) 1959. – Laufend neue Auflagen, überarbeitet 1980. (387 S.)

Paul Requadt, Goethes Faust I. München 1972. (394 S.)

Hans Arens, Kommentar zu Goethes Faust I. Heidelberg 1982. (486 S.)

Deutung

Carl Gustav Carus, Briefe über Goethes Faust. Lpz. 1835. – Neudruck: hrsg. und eingeleitet von Hans Kern. Hamburg 1937.

George Santayana, Three philosophical Poets: Lucretius, Dante, and Goethe. Cambridge, Massachusetts, USA. 1910. 11. Aufl. 1947. (VIII, 216 S.) Auch in: Santayana, Works. Tom. 6. New York 1936.

Ernest Lichtenberger, Le Faust de Goethe. Paris 1911.

Rudolf Steiner, Geisteswissenschaftliche Erläuterungen zu Goethes „Faust". 2 Bde. Dornach (Schweiz) 1982. (334, 284 S.) (Vorträge aus den Jahren 1911–1919.)

Friedrich Gundolf, Goethe. Bln. 1916 u. ö. Insbesondere S. 129–151, 747–786.

Hermann August Korff, Geist der Goethezeit. Bd 1. Lpz. 1923. Insbesondere S. 244–251, 268–271, 274–276, 287–306. Bd. 2. Lpz. 1930. Insbesondere S. 393–423. Bd. 4. Lpz. 1953. Insbesondere S. 657–699.

Konrad Burdach, Vorspiel. Bd. 2. Halle 1926. = Dt. Vjs., Buchreihe, Bd. 3. Auch als Einzelveröffentlichung unter dem Titel: Goethe und sein Zeitalter. Halle 1926.

Robert Petsch, Die Geisterwelt in Goethes Faust. Jahrbuch des freien dt. Hochstifts 1926, S. 145–173.

Robert Saitschick, Fausts Erdenwanderung – eine Lebensdeutung. In: Saitschick, Schicksal und Erlösung. Darmstadt 1927. S. 101–177.

Konrad Burdach, Das religiöse Problem in Goethes Faust. Euphorion 33, 1932, S. 3–83.

Ferdinand Weinhandl, Die Metaphysik Goethes. Bln. 1932.

Wilhelm Böhm, Faust, der Nichtfaustische. Halle 1933.

Johannes Pfeiffer, Goethes Faust. Eine Einführung. Bremen 1946. 5. Aufl. 1959.

Wilhelm Flitner, Goethe im Spätwerk. Hamburg 1947.

Hans Urs von Balthasar, Prometheus. 2. Aufl. Heidelbg. 1947, S. 483–514.

Ernst Jockers, Faust u. die Natur. PMLA 62, 1947, S. 436–471, 707–734. – Wiederabgedruckt in: Jockers, Mit Goethe. Heidelberg 1957. S. 90–147.

Geneviève Bianquis, Faust, poème de la lumière. Études Germaniques 4, 1949, S. 139–147. Wiederabgedrucuckt in: Bianquis, Études sur Goethe. Paris 1951. S. 143ff.

Edmond Vermeil, Revolutionäre Hintergründe in Goethes Faust. In: Spiegelungen Goethes in unserer Zeit. Wiesbaden (1949), S. 237–323.

Karl Viëtor, Goethe. Bern 1949.

Paul Stöcklein, Wege zum späten Goethe. Hamburg 1949. – 2. Aufl. 1960.

Ernst Jockers, Im Anfang war die Tat? The German Quarterly 23, 1950, S. 63–76. – Wiederabgedr.: Jockers, Mit Goethe. Heidelbg. 1957. S. 193–203.

Harold Jantz, Goethe's Faust as a Renaissance Man. Princeton 1951. (XVIII, 198 S.) Dazu die Rez. von Willoughby PEGS 22, 1953, S. 138–140.

Leonhard A. Willoughby, Faust als Lebensorganisation. In: Goethe u. die Wissenschaft. Frankf. a. M. 1951. S. 35–51.

Emil Staiger, Goethe. Bd. 1. Zürich u. Freibg. 1952. Bd. 2. Zürich u. Freibg. 1956. Bd. 3. Zürich u. Freibg. 1959.

Barker Fairley, Goethe's Faust. Six Essays. Oxford 1953. (VI, 132 S.)

Erich Franz, Mensch u. Dämon. Goethes Faust als menschliche Tragödie, ironische Weltschau u. religiöses Mysterienspiel. Tübingen 1953. (246 S.)

Alexander Rudolf Hohlfeld, Fifty Years with Goethe 1901–1951. Collected Studies. Madison, Wisconsin, USA., 1953. (XIV, 400 S.)

Hermann Krings, Der Erlösungsweg in Goethes Faust-Dichtung. In: Christliche Besinnung. Hrsg. v. R. Guardini, H. Kahlefeld u. F. Messerschmid. Würzburg (o. J.). Bd. 5. S. 106–131.

Hans Joachim Schrimpf, Das Weltbild des späten Goethe. Stuttg. 1956. (380 S.)

Alexander Gillies, Goethe's Faust. An Interpretation. Oxford 1957. (VII, 225 S.)

Robert Mühlher, Der Lebensquell. Bildsymbole in Goethes Faust. Dt. Vjs. 31, 1957, S. 38–69. Wieder abgedruckt in: Mühlher, Dt. Dichter der Klassik u. Romantik. Wien 1976. S. 1–57.

Stuart Atkins, Goethe's Faust. A Literary Analysis. Cambridge, Mass., USA., 1958. (XIV, 290 S.)

Wolfgang Schadewaldt, Goethestudien. Zürich und Stuttg. 1963.

Fritz Strich, Goethes Faust. Bern 1964. (167 S.)

Eduard Spranger, Goethe. Seine geistige Welt. Tübingen 1967. (Aufsätze aus den Jahren 1932–1953.)

Eudo C. Mason, Goethe's Faust. Its genesis and purport. Berkeley 1967. (XI, 423 S.)

Albert Fuchs, Goethe-Studien, Bln (West) 1968. Darin S. 26–41: Die Persönlichkeit Fausts. S. 42–52: Mephistopheles. S. 53–63: Faust und die Natur S. 64–81: „Die Mütter".

Goethe. Jahrbuch der Goethe-Gesellschaft. Bd. 32, 1970. Darin die Referate von dem Internationalen „Faust"-Colloquium in Weimar 1969, von H. Holtzhauer, O. Dshinoria, K.-H. Hahn u. a.

Elizabeth M. Wilkinson, Goethe's Faust. Tragedy in the diachronic Mode. Publ. of the English Goethe Society, N. S. 42, 1972, S. 116–174.

Albert Fuchs, Le Faust de Goethe. Mystère, document humain, confession personelle. Paris 1973. (296 S.)

Arthur Henkel, Das Ärgernis Faust, In: Versuche zu Goethe. Festschrift für Erich Heller. Heidelberg 1976. S. 282–304. – Wieder abgedruckt in: Henkel, Goethe-Erfahrungen. Stuttg. 1982. S. 163–179.

Wolfgang Binder, Aufschlüsse. Zürich 1976. Darin S. 63–98: Goethes klassische Faust-Konzeption. S. 99–118: Faust II, mit den Augen gesehen.

Hans Bayer, Goethes „Faust". Religiös-ethische Quellen und Sinndeutung. Jahrbuch des Freien dt. Hochstifts 1978, S. 173–224.

Hans Joachim Schrimpf, Goethes Faust. In: Dt. Dramen. Interpretationen. Hrsg. von Harro Müller-Michaels. Bd 1, 1981, S. 87–127.

Karl Otto Conrady, Goethe. Bd. 2. Königstein 1985. S. 309–324, 531–552, 586 u. ö.

White, Ann: Names and nomenclature in Goethes Faust. London 1980. (XI, 172 S.).

Form

Helene Herrmann, Faust, 2. Teil. Studien zur inneren Form. Zeitschrift für Ästhetik und allgemeine Kunstwissenschaft 12, 1916/17, S. 86–137, 161–178, 311–351.

Andreas Heusler, Deutsche Versgeschichte. Bd. 3, Teil 4 und 5. Bln. 1929. = Grundriß der german. Philologie, 8,3.

Margarethe Bressem, Der metrische Aufbau des Faust II. Bln. 1931. = Germanische Studien, 105. – Dazu die Rez. von Andreas Heusler: Anzeiger für deutsches Altertum 51, 1932, S. 215–220; wiederholt in: A. Heusler, Kl. Schr. Bln. 1943, S. 498–504.

Robert Petsch, Die dramatische Kunstform des Faust. Euphorion 33, 1932, S. 211–244.

Kurt May, Faust, 2. Teil, in der Sprachform gedeutet. Bln. 1936.

Max Kommerell, Faust, 2. Teil. Zum Verständnis der Form. Corona 7, 1937. Wiederholt in: M. Kommerell, Geist und Buchstabe der Dichtung. Frankfurt a. M. 1940. 3. Aufl. 1944, S. 9–74.

Andreas Heusler, Goethes Verskunst. Dt. Vjs. 3, 1925, S. 75–93. Wiederholt in: A. Heusler, Kleine Schriften Bln. 1943. S. 462–482.

Arthur Hübner, Goethe und die dt. Sprache. (Jb.) Goethe 2, 1937, S. 109–124. Wiederholt in: A. Hübner, Kleine Schriften. Bln. 1940, S. 254–267.

Rudolf Alexander Schröder, Zur Formenwelt des Faust. In: Schröder, Werke. Bd. 2. Bln. u. Frankf. 1952. S. 513–560.

Zueignung, Vorspiel, Prolog im Himmel

Stuart Atkins, A Reconsideration of Some Unappreciated Aspects of the Prologues and Early Scenes in Goethe's Faust. MLR 47, 1952, S. 362–373.

Friedrich Bruns, Der Prolog im Himmel in Goethes Faust. Monatshefte 45, 1953, S. 171–180.

Momme Mommsen, Der „Schalk" in den „Guten Weibern" u. in „Faust". Goethe 14/15, 1952/53, S. 171–202.

Jost Schillemeit, Das Vorspiel auf dem Theater zu Goethes „Faust". Euphorion 80, 1986, S. 149–166.

Faust I und Urfaust

Aufsätze zu Goethes Faust I. Hrsg. von Werner Keller. Darmstadt 1974. = Wege der Forschung, 145. (XIV, 639 S.)

Heinrich Meyer-Benfey, Die Kerkerszene in Goethes Faust. Zeitschrift für Deutschkunde 38, 1924, S. 364–370.

Heinrich Rickert, Der Erdgeist in Goethes Faust und die Erdgeisthypothese. Jahrbuch des freien dt. Hochstifts 1930, S. 91–130.

Ernst Beutler, Der Frankfurter Faust. Jahrbuch des freien dt. Hochstifts 1936–40. S. 594–686.

Paul Stöcklein, Fausts zweiter Monolog und der Gedanke der Sorge. Interpretation der Verse 634–651. Germanisch-Romanische Monatsschrift 31, 1943, S. 219–234. Wiederholt in: P. Stöcklein, Wege zum späten Goethe. Hamburg 1949, S. 67–87.

Wolfgang Binder, Goethes Faust: Die Szene ,,Und was der ganzen Menschheit zugeteilt ist". Gießen 1944. = Gießener Beitr. z. dt. Philol., 82. (116 S.)

Hans Jaeger, The ,,Wald und Höhle" Monologue in Faust. Monatshefte 41, 1949, S. 395–404. – Wieder abgedruckt in: Aufsätze zu Goethes Faust I. Hrsg. von W. Keller, 1974, S. 428–442.

Harold Jantz, The Function of the ,,Walpurgis Night's Dream". Monatshefte 44. 1952, S. 397–408.

Stuart Atkins, A Reconsideration of some Misunderstood Passages in the Gretchen Tragedy. MLR 48, 1953, S. 421–434. – Dasselbe in dt. Sprache in: Aufsätze zu Goethes Faust I. Hrsg. von W. Keller, 1974, S. 496–520.

Gerhard Storz, Goethe-Vigilien. Stuttg. 1953. (208 S.)

W. F. Twaddell, The Kerker Lexicon and the Gretchen Episode. Monatshefte 45, 1953, S. 355–370.

Eudo C. Mason, Exzentrische Bahnen. Göttingen 1963. Darin S. 24–59: Goethes Erdgeist u. das Pathos des Irdischen. S. 60–80: Mephistos Wege und Gewalt.

Oskar Seidlin, Von Goethe zu Th. Mann. Göttingen 1963. Darin S. 56–64: Ist das Vorspiel auf dem Theater ein Vorspiel zu ,,Faust"? S. 65–93: Helena. Vom Mythos zur Person.

Walter Dietze, Der Walpurgisnachtstraum in Goethes Faust. PMLA 84, 1969, S. 476–491. Wiederabgedruckt in: Dietze, Erbe und Gegenwart. Bln u. Weimar 1972, S. 193–219. Auch in: Aufsätze zu Goethes Faust I. Hrsg. von W. Keller. 1974.

Paul Requadt, Goethes Faust I. Leitmotivik und Architektur. München 1972. (394 S.)

Werner Keller, Der klassische Goethe u. sein nicht-klassischer Faust. GJb. 95, 1978, S. 9–28.

Rolf Chr. Zimmermann, Das Weltbild des jungen Goethe. Bd. 2. München 1979. S. 235–286.

Werner Keller, Faust I. In: Goethes Dramen. Neue Interpretationen, hrsg. von W. Hinderer. Stuttg. 1980. S. 244–280.

John Gearey, Goethe's Faust. The Making of Part I. New Haven and London 1981.

Albrecht Schöne, Götterzeichen, Liebeszauber, Satanskult. München 1982.

Faust II, Allgemeines

Max Kommerell, Geist und Buchstabe der Dichtung. Frankfurt a. M. 1939. 2., vermehrte Aufl. 1942. 3. Aufl. 1944.

Dorothea Lohmeyer, Faust und die Welt. Zur Deutung des 2. Teils der Dichtung.

Potsdam 1940 (154 S.) – Neue, gänzlich umgearbeitete Aufl.: München 1975.
(427 S.)

Wilhelm Emrich, Die Symbolik des Faust II. Berlin 1943. 2., durchgesehene Aufl.,
Bonn 1957. (481 S.) – 5. Aufl. 1981.

Paul Friedländer, Rhythmen u. Landschaften im 2. Teil des Faust. Weimar 1953.
(VIII, 114 S.)

Walter Weiß, Goethes Mephisto, von Faust II aus gesehen. Diss. Innsbruck 1952.
(201 S.)

Paul Requadt, Die Figur des Kaisers in Faust II. Jahrbuch der dt. Schiller-Ges. 8,
1964, S. 153–171.

Katharina Mommsen, Natur- und Fabelreich in Faust II. Bln. (West) 1968 (VII,
255 S.)

Wolfgang Wittkowski, Faust und der Kaiser. Dt. Vjs. 43, 1969, S. 631–651.

Herman Meyer, Diese sehr ernsten Scherze. Eine Studie zu Faust II. Heidelberg
1970 (54 S.)

Pietro Citati, Goethe. Milano 1970. (Darin S. 183–520, 543–568: Faust II.) – Dasselbe englisch: New York 1974. (XX, 469 S. – Faust II: S. 141–428, 434–451.)

Ehrhard Bahr, Die Ironie im Spätwerk Goethes. Bln. (West) 1972. – S. 131–167:
Faust II.

Heinz Schlaffer, Faust, Zweiter Teil. Stuttg. 1981.

Victor Lange, Faust II. In: Goethes Dramen. Neue Interpretationen, hrsg. von
W. Hinderer. Stuttg. 1980. S. 281–312.

I. Akt

Robert Petsch, Fausts Gang zu den Müttern. In: Vom Geiste neuerer Literaturfor-
schung. Festschr. f. Walzel. 1924, S. 49–57. Wiederholt in: R. Petsch, Gehalt
und Form. Dortmund 1925, S. 446–459.

Carl Enders, Faust-Studien. Müttermythos und Homunculus-Allegorie. Bonn
1948.

Friedrich Bruns, Die Mütter in Goethes Faust. Monatshefte 43, 1951, S. 365–389.

Harold Jantz, The mothers in Faust. Baltimore 1969. (96 S.)

Ulrich Maché, Goethes Faust als Plutus und Dichter. Jahrbuch des freien dt.
Hochstifts 1975, S. 174–188.

II. und III. Akt

Robert Petsch, Goethes Faust und das griechische Altertum. In: R. Petsch, Gehalt
und Form. Dortmund 1925, S. 406–421.

Robert Petsch, Helena und Euphorion. In: R. Petsch, Gehalt und Form. Dortmund 1925. S. 442–445.

Richard Alewyn, Goethe und die Antike. Das humanistische Gymnasium 1932,
S. 114–124. Wiederabgedruckt in: Alewyn, Probleme und Gestalten. Frankfurt
a. M. 1974. S. 225–270.

Walter Rehm, Griechentum und Goethezeit. Lpz. 1936. – 2. Aufl. 1938.

Karl Kerényi, Das ägäische Fest. Die Meergötterszene in Goethes Faust II. Amsterdam 1941. = Albae vigiliae, 11.–3., erweiterte Ausgabe: Wiesbaden 1950. (80 S.)

Humphry Trevelyan, Goethe and the Greeks. Cambridge 1941. – Goethe und die Griechen. Übertragen von Wilhelm Löw. Hamburg 1949.

Karl Reinhardt, Die klassische Walpurgisnacht. In: Antike und Abendland. Hrsg. von Bruno Snell. Hamburg 1945, S. 133–162. Wiederholt in: K. Reinhardt, Tradition und Geist. Hrsg. von C. Becker. Göttingen 1960. S. 309–356.

Fritz Strich, Homunculus. PEGS 18, 1949, S. 84–116.

Werner Kohlschmidt, Klassische Walpurgisnacht u. Erlösungsmysterium in Faust II. In: Kohlschmidt, Form u. Innerlichkeit. München 1955. S. 97–119.

Helmut Rehder, The Classical Walpurgisnight. JEGPh 54, 1955, S. 591–611.

Julius Petersen, Helena und der Teufelspakt. Jahrbuch des freien dt. Hochstifts 1936–1940, S. 199–236.

Rudolf Pannwitz, Die Vereinigung des Klassischen u. Romantischen in Goethes Helena. In: Pannwitz, Der Nihilismus u. die werdende Welt. Nürnbg. 1951. S. 217–237.

Walter Weiß, Der Helena-Akt des 2. Teiles von Goethes Faust und Mephisto. In: Natalicium Carolo Jax. Pars II. Innsbruck 1956. = Innsbrucker Beitr. z. Kulturwiss., 4. S. 75–85.

Wolfgang Schadewaldt, Faust und Helena. Dt. Vjs. 30, 1956, S. 1–40. Wiederabgedruckt in: Schadewaldt, Goethe-Studien. Zürich u. Stuttgart 1963. S. 165–205.

Th. C. van Stockum, Deutsche Klassik und antike Tragödie. II. Goethes Versuch der Neubelebung der antiken Tragödie. Neophilologus 43, 1959, S. 265–277.

Horst Rüdiger, Weltliteratur in Goethes „Helena". Jahrbuch der dt. Schillergesellschaft 8, 1964, S. 172–198.

Inge Wiemann, Goethe und die griechischen Tragiker. Diss. Kiel 1966 (183 S.)

Hans Ost, Goethes Helena als plastische Gestalt. Arcadia 4, 1969, S. 16–42.

Leonard Forster, Lynkeus' masque in Faust. In: Forster, The icy fire. Cambridge 1969. S. 148–168.

Martin Boghardt, Der jambische Trimeter im Drama der Goethezeit. Hamburg 1971. = Hamburger Philologische Studien, 30. (220 S. Text, 155 S. Anmerkungen.)

Christoph Michel, Goethe und Philostrats „Bilder". Jahrbuch des Freien dt. Hochstifts 1973. S. 117–156.

IV. und V. Akt

Karl Lohmeyer, Das Meer und die Wolken in den beiden letzten Akten des Faust. Jb. G. Ges. 13, 1927, S. 106–133.

Konrad Burdach, Faust und die Sorge. Dt. Vjs. 1, 1923, S. 1–60.

Helene Herrmann, Faust und die Sorge. Zeitschr. für Ästhetik und allg. Kunstwiss. 31, 1937, S. 321–337.

Max Kommerell, Faust und die Sorge. Goethe-Kalender auf das Jahr 1939, S. 89–130. Wiederholt in: M. Kommerell, Geist und Buchstabe der Dichtung. Frankf. a. M. 1939. 3. Aufl. 1944, S. 75–111.

Paul Stöcklein, Fausts Kampf mit der Sorge. Dichtung und Volkstum 44, 1944, S. 52–78. Wiederholt in: P. Stöcklein, Wege zum späten Goethe. Hamburg 1949, S. 88–124.

Alexander Rudolf Hohlfeld, Zum irdischen Ausgang von Goethes Faustdichtung. (Jb.) Goethe 1, 1936, S. 263–289.

Konrad Burdach, Die Schluß-Szene in Goethes Faust. Sitzungsberichte der Preuß. Akad. d. Wiss., phil.-hist. Kl. 1931, S. 585–604. Dasselbe als Schlußabschnitt von: K. Burdach, Das religiöse Problem in Goethes Faust. Euphorion 33, 1932, S. 46–83.

Max Kommerell, Die letzte Szene der Faustdichtung. Zeitschrift für deutsches Altertum 77, 1940, S. 175–188. Wiederholt in: M. Kommerell, Geist und Buchstabe der Dichtung. 3. Aufl. 1944, S. 112–131.

Wilhelm Flitner, Fausts Läuterung und Rettung: In: Geistige Gestalten und Probleme. Eduard Spranger zum 60. Geburtstag. Lpz. 1942, S. 63–92.

R. Ayrault, La structure du Ve acte dans la deuxième partie du Faust. Études Germaniques 6, 1951, S. 231–239.

Hans Jaeger, The Problem of Faust's Salvation. Goethe Bicentennial Studies. Bloomington 1950. S. 109–152. Wiederabgedruckt in: Jaeger, Essays on German Literature. (Bloomington) 1968. S. 41–98.

Eduard Spranger, Heilige Liebe. In: Gedenkschrift zur Verleihung des Hansischen Goethe-Preises. Hamburg 1953. Wiederabgedruckt in: Spranger, Goethe. Seine geistige Welt. Tübingen 1967. S. 392–415.

Stuart Atkins, Irony and Ambiguity in the Final Scene of Goethe's Faust. In: On Romanticism and the Art of Translation. Studies in honor of E. H. Zeydel. Ed. by G. F. Merkel. Princeton 1956. S. 7–27.

Ingeborg Frandsen, Die Alexandriner-Szene in „Faust II". Diss. Kiel 1967. (240 S.)

Otar Dshinoria, Das Ende von Goethes „Faust". Goethe-Jahrbuch 70, 1973, S. 57–106.

Arthur Henkel, Erwägungen zur Philemon- und Baucis-Szene. Études Germaniques 38, 1983, S. 128–137.

Bühne und bildende Kunst

Julius Petersen, Goethes Faust auf der deutschen Bühne. Lpz. 1929.

Carl Niessen, Katalog der Ausstellungen „Faust auf der Bühne" und „Faust in der bildenden Kunst", veranstaltet in Braunschweig. Bln. 1929.

Goethes Faust. Mit einer Einleitung „Faust und die Kunst" von Max v. Boehn. Bln. 1924. Neue Aufl.: Bln. 1938.

Goethe, Faust. I. Teil. Mit Illustrationen aus 3 Jahrhunderten. Hrsg. von Hans Henning. Bln. (Ost), Rütten u. Loening, 1969. – 2. Aufl. 1982.

Faust am Goetheanum. Mit Beiträgen von Hagen Biesantz u. a. Stuttg. 1982.

Faustdichtungen nach Goethe

Julius Petersen, Faustdichtungen nach Goethe. Dt. Vjs. 14, 1936, S. 473–494.

Deutsches Literaturlexikon, hrsg. v. W. Kosch. Bd. 1. 2. Aufl. Bern 1948. Artikel „Faust".

Roy Pascal, Lunatscharski, Faust und die Stadt. In: Gestaltung, Umgestaltung. Festschr. f. H. A. Korff. Lpz. 1957. S. 129–138.

André Dabezies, Visages de Faust au XXe siècle. Paris 1967. = Publ. de la Faculté des Lettres de Paris, Série „Recherches", tome XXXIII. (VIII, 554 S.)

Elisabeth Frenzel, Stoffe der Weltliteratur. 3. Aufl. Stuttg. 1970. Art. „Faust".

Charles Dédéyan, Le thème de Faust dans la littérature Européene. 4 Teile in 6 Bänden. Paris 1954–1967.

DIE KOMMENTIERTE HAMBURGER GOETHE AUSGABE

in 14 Bänden auf Dünndruckpapier

Herausgegeben von Erich Trunz, unter Mitwirkung
von Stuart Atkins, Lieselotte Blumenthal, Herbert von Einem,
Eberhard Haufe, Wolfgang Kayser, Dorothea Kuhn, Dieter Lohmeier,
Waltraud Loos, Marion Robert, Hans Joachim Schrimpf,
Carl Friedrich von Weizsäcker und Benno von Wiese.
Etwa 11 000 Seiten, davon etwa 3000 Seiten Kommentar und Register.
14 Leinenbände in Kassette (oder auch einzeln).

GOETHES BRIEFE und BRIEFE AN GOETHE

in 6 Bänden auf Dünndruckpapier

Herausgegeben von Karl Robert Mandelkow
unter Mitarbeit von Bodo Morawe.
Neuauflage der Werkdruckausgabe. 1988.
Insgesamt 4390 Seiten, davon 1220 Seiten Kommentar und Register.
6 Leinenbände in Kassette

*Als Sonderausgabe aus der Hamburger Werkausgabe
liegen außerdem vor:*

GOETHE – GEDICHTE

Sonderausgabe. Herausgegeben und kommentiert von Erich Trunz.
38. Tausend. 1988. 804 Seiten. Leinen

GOETHE – ITALIENISCHE REISE

Sonderausgabe. Herausgegeben und kommentiert von
Herbert von Einem, unter Mitarbeit von Alste Horn.
4. Auflage. 1988. 748 Seiten, davon 168 Seiten Kommentar
mit 40 Illustrationen nach zeitgenössischen Vorlagen.
Leinen

VERLAG C.H.BECK MÜNCHEN